Stefan Blank und Ulrike Niederer
Hella Kothmann und Wolf-Eckart Bühler

Vietnam

» **Does everybody fall in love with the country like I did? I came here and it stole my heart, you know.** «

„Verlieben sich alle so in das Land wie ich?
Ich kam hierher und es hat mir das Herz gestohlen, wissen Sie."
(*Anthony Bourdain*, 1956–2018, über Vietnam)

Impressum

Stefan Blank und Ulrike Niederer,
Hella Kothmann und Wolf-Eckart Bühler

Reise Know-How Vietnam

erschienen im
Reise Know-How Verlag Peter Rump GmbH
Osnabrücker Str. 79
33649 Bielefeld
Deutschland
+49-521-946490
info@reise-know-how.de

14., neu bearbeitete und aktualisierte Auflage 2025

ISBN 978-3-8317-3909-7

Gestaltung und Bearbeitung
Umschlag: Peter Rump, der Verlag
Inhalt: Günter Pawlak, Wayan Rump, der Verlag
Fotonachweis: Stefan Blank (sb), Ulrike Niederer (un), Anemi Wick (aw), Hella Kothmann und Wolf-Eckart Bühler (kb), Christian Oster (co), Phan Van Thong (PVT), Dominik Schacher (ds), Banyan Tree (BT), www.fotolia.de und Adobe Stock (Nachweis direkt am Bild)
Kartografie: Cathérine Raisin
Lektorat (Aktualisierung): der Verlag

Druck und Bindung
Druck- und Verlagshaus Zarbock GmbH & Co. KG,
Frankfurt am Main

Bibliografische Information der Deutschen Nationalbibliothek
Die Deutsche Nationalbibliothek verzeichnet diese Publikation in der Deutschen Nationalbibliografie; detaillierte bibliografische Daten sind im Internet über http://dnb.dnb.de abrufbar.

Anzeigenvertrieb
KV Kommunalverlag GmbH & Co. KG,
Alte Landstraße 23, 85521 Ottobrunn,
Tel. 089 928096-0, info@kommunal-verlag.de

Bildlegende Umschlag und Vorspann
Titelfoto: Reisterrassen von Mu Cang Chai im Nordwesten Vietnams (Adobe Stock © Sasint)
Vordere Umschlagklappe: Fischerboote in Mui Ne (sb); kleines Foto: Konfuzius im Literaturtempel, Hanoi (sb)
S. 1: In der Book Street in Ho Chi Minh City (sb)
S. 2/3: Fischer bei Da Nang (sb)

Stefan Blank
Ulrike Niederer
Hella Kothmann
Wolf-Eckart Bühler

VIETNAM

Vorwort

Wir sind tausende Kilometer im Zug gefahren und im Flieger geflogen, sind durch Reisfelder geradelt und haben Schluchten erwandert, die Beine in Taxis und *Sleeper*-Bussen ausgestreckt und sie eingezogen in übervollen Stadtbussen. Ganz zu schweigen von zahlreichen Roller- und *Jeep*-Trips, Fahrten in Aufzügen und Bootstouren, bis hin zu Paddeltouren im schwankenden Kanu. Unser Fazit: **Vietnam ist in Bewegung** – überall und immer. Keine Atempause, Geschichte wird gemacht, es geht voran. Das gilt für die Menschen, die gelassen und gleichzeitig gespannt nach vorne schauen und der Zukunft entgegen. Das gilt für die ganze Gesellschaft, die noch viel vorhat und dabei den Westen als Vorbild nimmt. Und das gilt für den **Tourismus,** wo die Verantwortlichen große Zahlen und Ziele vor Augen haben und dabei die Umwelt hoffentlich nicht ganz aus den selbigen verlieren. So werden Straßen durch Berglandschaften gebaut und Trabantenstädte an bisher leeren Paradiesstränden aufgereiht. Gleichzeitig gibt es zeitlos schöne und **unberührte Nationalparks,** Kilometer um Kilometer **feinsten Strand** und ein dörfliches Alltagsleben, das sich anscheinend wenig um den vermeintlichen Fortschritt schert.

Vietnam ist ein Land zwischen WiFi und Wasserbüffeln, Wildnis und Wolkenkratzern, Frühlingsrollen und *Kentucky Fried Chicken,* Strohhüten und Smartphones, Baustellenlärm und Gockelgekrähe. Ein Land, das scheinbare **Widersprüche und Einflüsse** aus Ost, West, Nord und Süd vereint, in alle Rich-

Berglandschaft in der Provinz Ha Giang

tungen gleichzeitig in die Zukunft stürmt, sich aber seit jeher herzlich wenig von irgendwem reinreden lässt. Stolz und manchmal auch stur geht es seinen eigenen Weg.

Gleichzeitig hat jede Region ihren ganz eigenen Reiz. Die Südküste glänzt mit den vielleicht schönsten einsamen **Stränden,** der Norden mit **Natur** en masse und die Mitte mit reichlich **Kultur** und **Geschichte.** Mittendrin Megacities wie Hanoi und Ho Chi Minh City, in denen wiederum die **Street-Food-Szene** vielfältig ist wie selten auf der Welt – überhaupt die vietnamesische Küche. *Anthony Bourdain* (1956–2018), US-amerikanischer Starkoch, Bestsellerautor und TV-Moderator, bringt sie wunderbar auf den Punkt, während er in Hue vor einer Garküche sitzt: „Auf diese Weise habe ich viele der großartigen Mahlzeiten meines Lebens genossen. Ich sitze auf der Straße und esse etwas aus

522v aw

einer Schüssel, von dem ich nicht genau weiß, was es ist. Roller fahren vorbei. Es ist so köstlich. Ich fühle mich wie ein Tier. Wo warst du mein ganzes Leben lang? Liebe Reisegefährten, das ist es, was ihr wollt. Das ist es, was ihr braucht. Dies ist der Weg zu wahrem Glück und Weisheit."

Dazu ein **vietnamesischer Kaffee,** der erst langsam und zögerlich durch den Metallfilter tropft und dann mit einer Wucht einfährt, dass es einem den Atem raubt. Manchmal ist er süß, und manchmal ein bisschen bitter, doch eines ist er nie: fade. Ein Rausch der Sinne, so facettenreich wie das Land selbst.

Vietnam verändert sich ständig, und dies in einem atemberaubenden Tempo. Verharren, zurückblicken, warten oder sich hinten anstellen will hier eigentlich niemand. Besucher sollten sich darauf einlassen und sich bei Spaziergängen in Reisfeldern und Bauerndörfern verirren oder in den engen, labyrinthartigen Gassen der Großstädte den Weg aus den Augen verlieren. Jeder sollte sich auf winzige Plastikstühlchen quetschen und sich quer durch Suppen, Reisnudelgerichte und klebrige Desserts essen – mit Chili, Koriander, Kokosnuss, Erdnüssen, Pfeffer, Lotoskernen und Fischsoße. Und dabei kommt man problemlos mit den gastfreundlichen Vietnamesinnen und Vietnamesen ins Gespräch, die in ihrem Optimismus unschlagbar sind.

Höchste Zeit also, die Seele des Landes kennen- und liebenzulernen.

Stefan Blank & Ulrike Niederer

Inhalt

Abkürzungen

BF	Breakfast/Frühstück
KW	Kaltes Wasser
WW	Warmes Wasser
Fan	Ventilator
AC	Air Condition

Karten

Hinweise zur Benutzung

Nicht verpassen!
Die Highlights der Region erkennt man an der **gelben Markierung.**

UNSER TIPP: ...

... steht für spezielle Empfehlungen der Autoren: abseits der Hauptpfade, persönlicher Geschmack.

Der Schmetterling ...

... zeigt an, wo man besonders gut Natur erleben kann oder Angebote im Bereich des nachhaltigen Tourismus findet.

Kinder-Tipps
Das Symbol kennzeichnet Sehenswürdigkeiten und Aktivitäten, an denen auch kleine Urlauber ihre Freude haben.

Verweise auf die Stadtpläne
1 Die **farbigen Nummern** in den „Praktischen Tipps" der Ortsbeschreibungen verweisen auf den jeweiligen **Karteneintrag.**

Preiskategorien (Übernachtung)
Die Angaben gelten für 2 Personen im Doppelzimmer ohne Frühstück in der Hauptsaison.

① bis 15 $
② 15–30 $
③ 30–60 $
④ 60–100 $
⑤ über 100 $

Updates nach Redaktionsschluss
Auf der Produktseite dieses Reiseführers in unserem Internetshop finden Sie **zusätzliche Informationen** und **wichtige Änderungen.**

Steckbrief Vietnam

- **Offizieller Name:** Sozialistische Republik Vietnam (SRV), Internationale Abkürzung: VN
- **Staatspräsident:** *Tô Lâm* (seit Mai 2024)
- **Ministerpräsident:** *Pham Minh Chính* (seit April 2021)
- **Generalsekretär der Kommunistischen Partei:** *Nguyen Phu Trong* (seit 2011)
- **Unabhängigkeit:** 1945/1954 (DRV), 1975 (SRV)
- **Nationalflagge:** Rot, in der Mitte ein gelber fünfzackiger Stern
- **Nationalemblem:** Reisähren und halbes Zahnrad, gelb auf rot
- **Hauptstadt:** Hanoi
- **Bevölkerung:** 98,187 Mio. (davon Vietnamesen (Kinh): 85,3 %), davon 15 Jahre alt und jünger: 23 %; Hanoi: 7,6 Mio.; Ho Chi Minh City (HCMC): 15,1 Mio.
- **Größte Städte:** Ho Chi Minh City, Hanoi, Da Nang, Haiphong, Hue, Nha Trang
- **Lebenserwartung:** 75,8 Jahre
- **Alphabetisierungsrate:** 95,8 %
- **Bruttoinlandsprodukt pro Kopf (PPP):** 14.458 US$
- **Wichtigste Exportprodukte:** Elektronik, Textilien und Bekleidung, Nahrungsmittel, Schuhe, Elektrotechnik
- **Sprache/Schrift:** Vietnamesisch/Romanische Lettern
- **Fläche:** 331.236 km²
- **Nord-Süd-Ausdehnung:** 1650 km
- **Grenzen:** 4616 km (China, Laos, Kambodscha)
- **Küsten:** 3444 km (Südchinesisches Meer, Golf von Siam)
- **Klima:** Süden tropisch, Norden subtropisch
- **Flüsse:** Song Hong (Roter Fluss), Cuu Long (Mekong)
- **Höchster Berg:** Phan Si Pan, 3143 m
- **Währung:** Dong (1 US$ = rd. 24.604 đ, 1 Euro = 27.383 đ, Stand September 2024)

Die Regionen im Überblick

1 Hanoi | 32

Die tausendjährige Metropole, traditionell Hort der Dichter, Denker und Künstler, ist die vietnamesischste Stadt Vietnams. Chaos als Ordnungsprinzip: Die quirlige **Altstadt (S. 41)** ist einzigartig – und sich einmal in ihrem Gassengewirr zu verlieren das ultimative Hanoi-Erlebnis. Allein schon wegen der Straßenküche, eine der besten Asiens (und damit der Welt). Außerdem: **Literaturtempel (S. 57), Ethnologisches Museum (S. 62), Ho-Chi-Minh-Mausoleum (S. 50).** In der Peripherie magische, aus der Zeit gefallene Orte und Pagoden. Und nicht zuletzt ist Hanoi Ausgangspunkt für Touren ins Bergland und in die Ha-Long-Bucht.

2 Bergland des Nordens | 106

Für viele ist das Bergland der abenteuerlichste und aufregendste Teil Vietnams: Überwältigende Landschaften und eindrückliche Begegnungen mit den Bergvölkern erwarten die Besucher. Einsteiger finden außerhalb des touristisch mittlerweile bestens erschlossenen Städtchens **Sa Pa (S. 127)** ihr Berg-Erlebnis, für Fortgeschittene bietet die **Provinz Ha Giang (S. 151)** an Schönheit kaum zu überbietende Gebirgslandschaften.

3 Nordküste | 156

Vietnams Top-Destination ist das grandiose Naturspektakel der **Ha-Long-Bucht (S. 162)** 180 km östlich von Hanoi mit Tausenden von aus dem Meer emporragenden Karstfelsen. Wobei wir den deutlich entspannteren Zugang über **Cat Ba (S. 168)** – die zweitgrößte

Insel Vietnams mit einem sehenswerten Nationalpark – empfehlen. Praktisch genauso atemberaubend ist die Karstlandschaft in der **Provinz Ninh Binh (S. 192),** die „Trockene Ha-Long-Bucht" kann wunderbar per Fahrrad entdeckt werden. Die Traumlandschaft geht unterirdisch weiter im **Nationalpark Phong Nha-Ke Bang (S. 212),** in gigantischen, märchenhaften Tropfsteinhöhlen.

4 Zentrum | 226

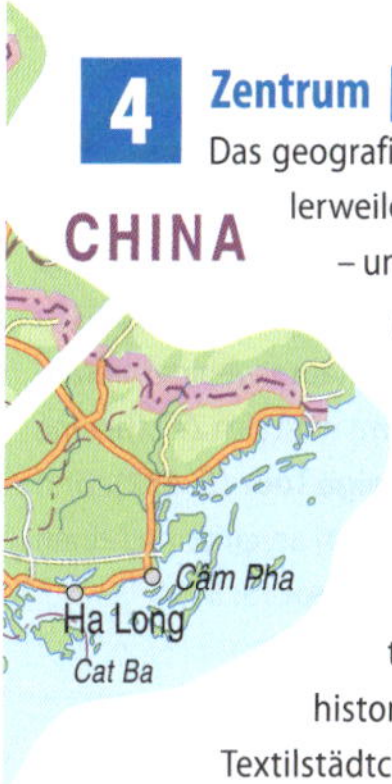

Das geografische Zentrum ist mittlerweile auch das touristische – und zugleich ein Knotenpunkt der Kontraste. Um die **Kaiserstadt Hue (S. 228)** liegen palastartige Kaisergräber in wunderbar verträumter Natur. Das historische Händler- und Textilstädtchen **Hoi An (S. 281)** hat sich zum schnuckeligen Touristen-Liebling gemausert, mit Boutiquen, Strand und tausend bunten Seidenlampions. Doch nur wenige Meter außerhalb des Zentrums, zwischen den Reisfeldern, grasen die Wasserbüffel weiter wie eh und je. Die blühende Boom-City **Da Nang (S. 269)** protzt mit Wolkenkratzern und Luxusresorts an ihren kilometerlangen Stränden.

617v sb

⌃ Auch in den Bergen ist das Fahrrad ein beliebtes Fortbewegungsmittel

5 Südküste | 306

Der Strand von **Nha Trang (S. 329)** ist der Bade- und Party-Hotspot der Russen und Chinesen. Weiter südlich hat sich der Strand von **Mui Ne (S. 347)** als eine Art „Mallorca Vietnams" etabliert. Nördlich wächst **Qui Nhon (S. 315)** zum modernen Urlaubsort der Vietnamesen heran. Und dazwischen tiefste Provinz, Fischerdörfer, einsame Strände, Sanddünen und verborgene Traum-Buchten noch und noch.

6 Zentrales Hochland | 358

Für Entdecker! Kiefernwälder und Steppen statt Palmen, Wasserfälle und Seen, schier endlose Tee- und Kaffeeplantagen; **Buon Ma Thuot (S. 372)** ist die Kaffee-Hauptstadt Vietnams. In der **Provinz Kon Tum (S. 363)** leben Bergvölker weitab von Städten und Straßenstaus, stellen Eichhörnchenfallen auf und betreiben Schamanismus. Der ehemalige Kurort der Franzosen, **Da Lat (S. 379),** ist heute die Flitterwochen-Hochburg der Vietnamesen und hier in der Gegend wird echter vietnamesischer Wein gekeltert.

7 Ho Chi Minh City | 394

Luxusboutique neben Garküche, Neonreklame hinter Räucherspirale – Ho Chi Minh City ist eine rastlose Metropole, die sich ständig neu erfindet. Unter der immer imposanteren Skyline ducken sich die Reste französischer Kolonialarchitektur und amerikanischer Betonkultur. Ein Muss sind das **War Remnants Museum (S. 422)** und die **Tunnel von Cu Chi (S. 449).** Von hier aus lassen sich Exkursionen ins Mekong-Delta unternehmen.

8 Mekong-Delta | 466

Eine Bootstour durch die Flussläufe und Kanäle des Delta ist komplett anders als in der Ha Long-Bucht, aber kaum weniger berauschend. Am besten nimmt man sich Zeit für eine – mindestens – **zweitägige Tour (S. 472).** Und danach entspannt man sich an einem schönen Strand auf der **Insel Phu Quoc (S. 512).**

Unterwegs im Mekong Delta

618v sb

Vietnams Norden
Seite 12

Zehn Fragen …

Welche Dokumente brauche ich für die Einreise? | 537

Deutsche benötigen für einen Aufenthalt bis zu 45 Tagen lediglich einen Reisepass, der sechs Monate über das Einreisedatum hinaus gültig ist sowie ein Rückflugticket. Eine Verlängerung vor Ort ist möglich. Schweizer und Österreicher müssen über die jeweilige Botschaft, das Konsulat oder online ein Visum beantragen.

Was sollte ich in Sachen Gesundheit beachten? | 554

Für die Einreise besteht zurzeit keine Impfpflicht. Nur wer sich innerhalb der letzten sechs Tage vor der Einreise in einem Gelbfieber-Endemiegebiet aufgehalten hat, von dem wird zusätzlich eine gültige Gelbfieber-Impfbescheinigung verlangt. Standardimpfungen nach dem deutschen Impfkalender, speziell Tetanus, Diphtherie, Hepatitis B, Polio, sind empfehlenswert, weiterhin Dengue, Hepatitis A, Typhus und Tollwut.

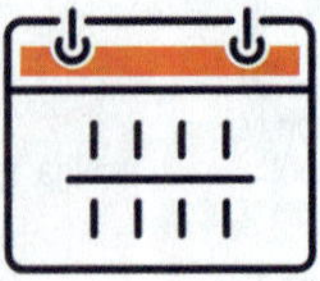

Wann reise ich am besten? | 558

Vietnam kann das ganze Jahr über bereist werden. Allerdings unterscheidet sich das Klima von Norden nach Süden. Der Norden hat vier Jahreszeiten mit dem nordöstlichen Monsun von Okt. bis Dez. Der Süden hat ein tropisches Klima mit nur zwei Jahreszeiten: trocken und nass, in denen der Süd- oder Südwestmonsun von Mai bis Sept. dominiert. Herbst (Sept.–Dez.) und Frühling (März–Mai) sind die günstigsten Jahreszeiten, um das ganze Land zu erkunden.

Wie reise ich am einfachsten an? | 528

Vietnams internationale Flughäfen Hanoi, Da Nang und Ho Chi Minh City werden von zahlreichen Fluglinien angeflogen, wobei es (momentan) nur sehr wenige Direktflüge aus Europa gibt. Alternativ kann man auch auf dem Landweg über Kambodscha oder Laos anreisen.

Wie bewege ich mich im Land? | 585

Der öffentliche Nahverkehr klappt überall im Land gut – wenn man ein wenig Zeit mitbringt. Es gibt Kurz- und Langstrecken-Busse *(Sleeper)*, Minibusse, Taxis und *Grab*, sowie *Xe Om*, sogenannte „Motorradtaxis" und natürlich etliche Zugverbindungen sowie Fähren und/oder Schnellboote. Oft ist Fliegen nicht nur die schnellste, sondern auch die günstigste Möglichkeit, von A nach B zu kommen.

… und Antworten

Wie sind die Zahlungsmöglichkeiten? | 551

An den zahlreichen Geldautomaten (ATM) kann mit der eigenen Kreditkarte normalerweise problemlos Bargeld gezogen werden. Daneben gibt es in der touristischen Orten Wechselstuben. Hier werden Euro, US-Dollar und auch Schweizer Franken gerne angenommen. Größere Hotels können mit Kreditkarte bezahlt werden, oft wird die Kreditkartengebühr (ca. 3 %) auf den Endpreis aufgeschlagen.

Wie kommuniziere ich vor Ort? | 559

So gut wie alle Restaurants, Cafés, Bars und Unterkünfte haben WLAN/WiFi. Es lohnt sich aber, zusätzlich eine vietnamesische SIM-Karte fürs Reise-Smartphone zu kaufen. Die kostet nicht die Welt und man kann überall im Land kommunizieren, googeln, über *WhatsApp* telefonieren und schreiben oder per Karten-App navigieren.

Was nehme ich mit? | 564

Wer in die Berge will, sollte eine wärmende Hülle in den Rucksack packen, regendichte Sachen, einen Fleecepullover und ein paar stabile Schuhe. Biker sollten im Norden auf jedes Wetter vorbereitet sein. Auch ein eigener Helm, den man auch vor Ort kaufen kann, ist keine schlechte Wahl. Eine dünne Daunenjacke verhindert manche Erkältung. Im tropischen Süden ist weniger mehr und leichter besser. Wer ein Amt besuchen will, sollte „ordentliche" Kleidung dabeihaben.

Wie sicher ist es vor Ort? | 565

Vietnam kann als sicheres Reiseziel bezeichnet werden. Diebstahl wird meist von Urlaubern an Urlaubern verübt, hier gelten die üblichen Vorsichtsregeln. Die größte Gefahr geht sicher vom stressigen Verkehr in den Großstädten aus. Wer noch nie mit einem Motorrad oder Roller gefahren ist, sollte damit in Vietnam nicht anfangen.

Was kann ich unternehmen? | 568

Einfache Antwort: alles! Berge wollen erklommen, Höhlen entdeckt, Reisterrassen erwandert, Strände erlebt, Nationalparks erkundet und das Alltagsleben sowie Essen und Trinken erforscht werden. Vietnam ist ungemein vielfältig – vom wolkenverhangenen Bergdorf bis zu tropischer Hitze am blütenweißen Paradiesstrand, von Kolonialarchitektur bis modernsten Skylines, von grandioser Vielfalt in Flora und Fauna bis zum ursprünglichen Alltagsleben der Bergvölker – alles da.

Orientierung und Routenplanung

Vietnam ist anders. Anders als irgendein anderes Land Südostasiens, aber auch anders als China. Und auch die Vietnamesen sind anders. Und die im Süden noch einmal anders als die im Norden.

Geografisch wie klimatisch und historisch wie kulturell genau im Schnittpunkt der Einflusssphären Indiens und Chinas gelegen, präsentiert sich das Land als ein Schmelztiegel der unterschiedlichsten Sitten, Religionen und Gebräuche – und gleichzeitig auch als eines der eigenständigsten und homogensten Länder, die man sich vorstellen kann. 85,3 % der Bevölkerung sind Kinh (Vietnamesen), die auf eine lange gemeinsame Geschichte zurückblicken. Offen, sprachgewandt, nur selten aufdringlich, schroff oder gar fremdenfeindlich und beneidenswert frei von jeder (zumindest nach außen gewendeten) Hysterie – wer sich auf den Märkten und Busbahnhöfen zwischen Mumbai und Beijing auskennt, wird unter den besonnenen Vietnamesen seinen Sinnen nicht trauen.

Von der Außenwelt jahrzehntelang abgeschnitten aufgrund des erst 1994 aufgehobenen US-Boykotts, hat das neue, nur mehr nominell sozialistische, dafür ganz dem Wirtschaftswachstum verpflichtete Vietnam sich zu einem der am raschesten verändernden Länder der Welt entwickelt. Nicht nur Ho Chi Minh City und Hanoi, auch Zentren wie Nha Trang, Da Nang oder Can Tho wandeln sich in einem atemlosen Tempo.

Die generelle **Nord-Süd-Ausrichtung** macht Entscheidungen bezüglich der Reiseroute leicht.

Viele Vietnamreisende folgen der Route von Süd nach Nord – oder Nord nach Süd – entlang der **Achse Ho Chi Minh City – Hanoi** und legen ein- oder mehrtägige Stops in **Da Lat** und/oder **Mui Ne, Nha Trang, Hoi An** und **Hue** ein. Dies sind die Klassiker, jedoch längst nicht mehr unbedingt die Highlights.

Ab Ho Chi Minh City bieten sich Exkursionen ins **Mekong-Delta** und zur Insel **Phu Quoc** an. Und ab Hanoi in die Berge – **Sa Pa** – oder das noch weit weniger entdeckte Gebiet der Provinz Ha Giang – aufs Land in der Provinz Ninh Binh – oder ans Meer – **Cat Ba** und **Ha-Long-Bucht.**

Wer das ganze Land von oben nach unten (oder anders herum) bereist, sieht viel auf einmal – die meisten großen Städte, die wichtigsten Kulturdenkmäler, das Meer, die Berge. Man hat die Wahl zwischen den unterschiedlichsten Transportmitteln und einer großen Palette an Unterkunfts- und Verpflegungsmöglichkeiten aller Art. Und man kann sich täglich unter seinesgleichen bewegen, wenn einem danach zumute ist.

Um auf diese Weise das „wahre" Vietnam und die „wahren" Vietnamesen erleben zu können, braucht man jedoch viel Glück. Wer unterwegs schon einmal, wir zitieren einen Leserbrief, in einem sogenannten „gottverlassenen Nest" gestrandet ist und dort „die beste Zeit seines Lebens" erlebt hat, kann vielleicht nachvollziehen, wovon wir reden.

Alle großen Städte und Touristenzentren zwischen Hanoi und Ho Chi Minh City (mit Ausnahme von Da Lat) liegen entlang der 1730 km langen **Eisenbahntrasse.**

Parallel zu ihr verläuft an der Küste die viel befahrene **Nationalstraße 1,** die sich per Mietwagen, Tourbus oder öffentlichem Bus bewältigen lässt. Im Landesinneren führt der ausgebaute, weit ruhigere (und zum Teil komplett einsame) **Ho Chi Minh Highway** durchs Land – insbesondere für Motorradfahrer (und ambitionierte Fahrradfahrer) eine sagenhafte Route!

Größere Flughäfen liegen in Cam Ranh/Nha Trang, Da Nang und Hue sowie in Vinh, Quang Ngai und Tuy Hoa.

Mit dem **Flugzeug** benötigt man von Ho Chi Minh City nach Da Nang und von Da Nang nach Hanoi je 1¼ Std.

Mit dem **Zug** legt man die beiden Strecken in jeweils 15 bis 17 Std. zurück.

Mit dem **Bus** (Open-Tour) benötigt man etwa 20 Std. pro Etappe.

Reisen bis 14 Tage

Vietnam ist etwa so groß wie Deutschland, erstreckt sich aber fast doppelt so lang von Nord nach Süd (über 2000 km). Angesichts der teilweise immer noch verbesserungswürdigen (jedenfalls aber nicht annähernd vergleichbaren) Infrastruktur sowie organisatorischer Unwägbarkeiten und möglicher jahreszeitlich bedingter Störungen (Taifune, Überschwemmungen etc., speziell im Zentrum) sollte man sich kein Pensum vornehmen, das sich angesichts der Verhältnisse dann als zu groß erweist.

Reisende aus dem Süden bleiben fast immer länger als geplant an den **Stränden** (Mui Ne, Phu Quoc, Bai Xep) und in **Hoi An,** sodass sie zum Schluss keine Zeit mehr für den Norden haben. Umgekehrt sind die meisten derart fasziniert von Hanoi (und Ha Long, Sa Pa etc.), dass sie den Süden nur mehr im Schnelldurchgang absolvieren.

Kurz gesagt: **Wir raten jedem davon ab, in nur zwei Wochen ganz Vietnam im Schnelldurchlauf von Nord bis Süd abhaken zu wollen.** Außer den längst ausgetretenen Pfaden wird man nicht viel sehen, wenig entdecken und erleben – und überall das Schönste verpassen! Die einzelnen Regionen sind für sich unendlich abwechslungsreich und vielseitig, sei es Kultur, Kulinarik, Natur, Stadt- und Landleben und vor allem auch die Menschen abseits des Massentourismus, sodass alleine für den Norden, das Zentrum oder den Süden zwei Wochen eher kurz bemessen sind.

Ho Chi Minh City, Hanoi oder Zentralvietnam?

Hier ist insbesondere die **Reisezeit** ausschlaggebend: Gerade in der Hochsaison, ab Dezember und Januar, Februar und z.T. auch März herrscht im Norden oft kühles Nieselwetter, in Sa Pa kann es sogar schneien, in Hanoi sinken die Temperaturen auf 12, im Extremfall bis auf 6 Grad ab. Da machen Reisen im sonnigen, warmen Süden mehr Spaß.

Wenn **Ho Chi Minh City** in der Hitze brütet (April, Mai) oder in Schauern versinkt (Oktober, November), kann das angenehm temperierte Hanoi attraktiver sein, mit Glück sogar manchmal mit blauem Himmel.

Im **Zentrum** kommen nochmals andere Klima-Aspekte zum Tragen: Insbesondere im Oktober und November wird die Region oft von tropischen Regenfällen heimgesucht, die **Hue, Da Nang** und **Hoi An** tagelang unter Wasser setzen und den gesamten Verkehr (auch Flugverkehr!) lahmlegen können. Zudem treten in dieser Region die Taifune zeitlich immer unberechenbarer auf.

Insgesamt ist die Wetterlage in Vietnam nicht nur regional sehr unterschiedlich, sondern auch nur sehr begrenzt voraussagbar. Auch Online-Wetterprognosen stellen sich häufig als falsch oder ungenau heraus. Es könnte sich also unter Umständen lohnen, Vietnam auf zwei Touren zu besuchen: den Norden ab Mai, den Süden ab November. So sollte man immer das beste Wetter erwischen, was den Mehrwert der Reise deutlich steigert.

Highlights

Im Norden

- **Hanoi.** Ockergelbe Kolonialfassaden, grüne Alleen, Seen, in denen sich Wolken, Pagoden und Drachen spiegeln, und eine der lebendigsten und charmantesten Altstädte, die man sich nur vorstellen kann – Hanoi verzaubert in jedem Licht. Tradition und Stolz, Bürokratie und progressive Künste, Engstirnigkeit und Offenherzigkeit leben hier so eng beieinander wie seine Bewohner. Unzweifelhaft eine der faszinierendsten Städte Asiens!
- **Ha-Long-Bucht.** 3000 bizarre Kalksteinfelsen im Südchinesischen Ozean, steil aus dem Meer emporragende Felsinseln, durchzogen von Höhlen und verwunschenen Grotten. Barockes Naturtheater aus versteinerten Drachen und Mythen des Meeres, 1994 von der UNESCO zum Weltnaturerbe ernannt.
- **Cat Ba.** Die größte Insel des Nordens, nur wenige Seemeilen von der Ha-Long-Bucht entfernt. Das Panorama der Bucht, dazu grüner Dschungel (sehenswerter Nationalpark) und kleine Strände.
- **Bai Tu Long.** Die „Fortsetzung" der Ha-Long-Bucht im Norden, mit größeren und teilweise bewohnten Inseln mit wunderbaren Stränden. Noch kaum erschlossen und besucht. Zeit und Abenteuerlust sind Voraussetzung.
- **Trockene Ha-Long-Bucht.** Ha-Long-Bucht in Grün. Imposante Kalkstein-Kulisse inmitten grüner, mit Pagoden, Grotten, Gräbern, Kirchen, Deichen und Kanälen gespickter Reisfelder. 100 km südlich von Hanoi. Am schönsten per Fahrrad zu erkunden.
- **Sa Pa.** Bergpanorama mit Reisterrassen, Begegnungen mit Minderheitenvölkern und bunte Märkte zu Füßen des höchsten Berges Vietnams, dem Phan Si Pan (3143 m). Trekking und *Homestay* bei Tay, Hmong oder Dao 330 km nordwestlich von Hanoi.
- **Rundfahrt Bergland.** 3000 km durch eine Region, die bis 1994 als eine der unberührtesten und unerreichbarsten der Welt galt. Bergdörfer wie vor hundert Jahren. Unschlagbar mystische Fels-, Dschungel- und Reisfeld-Landschaften, man fühlt sich wie in einer Fantasy-Filmkulisse. Die Fahrt mit einem Auto oder Motorrad dauert – ohne größere Abstecher oder Aufenthalte – mindestens fünf bis sieben Tage.

Im Zentrum

- **Phong Nha-Ke Bang.** Die größte Höhle der Welt. Karst-Grotten und Tropfstein-Wunder noch und noch, 2003 von der UNESCO als Weltnaturerbe anerkannt. 540 km südlich von Hanoi. 215 km nördlich von Hue.
- **Hue.** Von wegen „Alte Kaiserstadt", gerade mal 19. Jh.! Und doch voller Flair und Zauber. Eher idyllisch-anachronistisches Wolkenkuckucksheim als auftrumpfende „Majestät". *Magical Mystery Tour* und ein kräftiger Schuss stimmungsvoller Nostalgie am Fluss der Wohlgerüche. 660 km südlich von Hanoi. 100 km nördlich von Da Nang.

Hauptverkehrswege

0 200 km ©Reise Know-How Vinam01c 14/25

■ **Da Nang.** Wolkenkratzer, blinkende Brücken, ein ewig langer Strand und Surferwellen vor Marmorbergen. Vietnams modernste Stadt, 760 km südlich von Hanoi. 970 km nördlich von Saigon.

■ **Hoi An.** Geschichte, Architektur und die Aura der Vergangenheit: ein Städtchen als Gesamtkunstwerk. Tempel, Handelshäuser und Pagoden, die wie vor Hunderten von Jahren Fremde aus aller Welt anziehen. Reizendes Freiluftmuseum und Shoppingparadies zum Wohlfühlen und Liebhaben. Nur 5 km entfernt die Strände von Cua Dai und An Bang, eine gelungene Kombination aus Flusslandschaft, Lagunen, Reisfeldern und Meer. 30 km südlich von Da Nang.

■ **My Son.** Beinahe im Dschungel versunkenes Shiva-Heiligtum der hinduistischen Cham, die einst den gesamten Süden Vietnams beherrschten. Anfang des 20. Jh. von französischen Archäologen wiederentdeckt, 50 Jahre später als *Free Fire Zone* von der *US Air Force* nahezu komplett ausradiert. 1998 zum Weltkulturerbe erklärt. 45 km südwestlich von Hoi An.

■ **Zentrales Hochland.** Bergvölker in Gebieten, die man nur zu Fuß erreicht; Schamanen, spektakuläre Langhäuser, mystische Skulpturen. Kaffeefelder. Elefanten. Hier steckt der Tourismus noch in den Kinderschuhen. Etwas für Pioniere und Fortgeschrittene.

Im Süden

■ **Ho Chi Minh City.** In der größten Stadt Vietnams, früher Saigon, wächst die Skyline in die Höhe und in die Zukunft. Dazwischen alte französische Gebäude, Spuren der Geschichte, Big Business, experimentelle moderne Jugend, hektische Straßen, und in den versteckten kleinen Gassen immer noch Marktleben wie im Dorf.

■ **Cu Chi.** Ebenso geniales wie gespenstisches Tunnelsystem des Vietcong vor den Toren Saigons. Surrealistisch wie Truppenbetreuer *Bob Hope,* der im Dschungel-Basiscamp „White Christmas" knö-

☑ Der An-Bang-Strand bei Hoi An

509v ds

delt, während nur wenige Meter unter ihm der Feind seine Feste feiert. Halb Freiluftmuseum, halb Zirkus, aber doch sehenswert. 55 km westlich von Ho Chi Minh City.

- **Südküste.** Welcher Strand-Typ sind Sie? Party, tauchen und viel Rummel in Nha Trang, Sanddünen und Kite-Surfing in Mui Ne, joggen bei Sonnenaufgang mit den Einheimischen und dann den Strand für sich alleine in Qui Nhon, oder doch lieber komplett einsame Strände entdecken rund um Phan Rang?
- **Mekong-Delta.** Faszinierendes Kaleidoskop aus Flüssen, Sümpfen, Kanälen, Reisfeldern, Palmenhainen, Obstplantagen, Märkten und Schwimmenden Dörfern. Die „neun Drachen" (Mündungsarme) des längsten Flusses Südostasiens sind am schönsten mit dem Boot zu erkunden. Größte Stadt: Can Tho. Am atmosphärischsten: Sa Dec, Chau Doc (Bootsverbindung mit Phnom Penh und Siem Reap).
- **Phu Quoc.** „Dort, wo der Pfeffer wächst". Phu Quoc ist Vietnams größte Insel, im Golf von Siam. Strand, Palmen, Meer. Im Innern Regenwälder. 370 km südwestlich von Saigon. 1 Std. Flug oder per Boot ab Rach Gia oder Ha Tien.

Strände

Wer privat Strandurlaub machen will, sollte **Phu Quoc** ansteuern. Für Atlantik-Fans allerdings womöglich ein zu stilles Wasser. Für die empfiehlt sich das Kiter-Paradies **Mui Ne.** Dort sind die meisten Touristen, und da ist – in jeder Hinsicht – am meisten los. Höheren Standard – und in den jeweiligen Orten jede Menge preisgünstiger Unterkünfte – findet man an den Stränden von **Da Nang, Hoi An** und **Nha Trang.** Dort kann es im Winter allerdings ungemütlich sein. Nicht ganz billig, aber schön zum Baden und Tauchen ist **Con Dao.**

Nationalparks

Seit Jahrzehnten schrumpfen die Primärwaldflächen Vietnams durch Holzeinschlag und Brandrodung: 2020 standen nach Zahlen der *Food and Agriculture Organization* (FAO) noch 80.000 ha Primärwald. 1990 waren es 384.000 ha. Dennoch wurden im letzten Jahrhundert in keinem Land der Welt so viele endemische Säugetiere, Insekten, Reptilien, Vögel, Fische und Pflanzen entdeckt wie allein in den 1990er-Jahren in Vietnam. 10 % aller auf der Welt bekannten Säugetiere, Fische und Vögel sind in Vietnam vertreten.

Heute gibt es in Vietnam **mehr als 100 Naturschutzgebiete,** die insgesamt eine Fläche von mehr als 15.000 km² einnehmen. Von diesen Natruschutzgebieten wurden **12** als **Nationalparks** ausgewiesen. Wer es auf Großwild abgesehen hat, sollte freilich lieber nach Afrika auf Safari gehen, die wenigen noch frei lebenden Tiger, Elefanten, Kragenbären und Leoparden wird man nicht zu Gesicht bekommen. Wildschweine, Hirsche, Fasane, fliegende Eichhörnchen und selbst Makaken und Gibbons klingen zwar nicht ganz so aufregend, aber allein die üppige, immergrüne Vegetation ist spektakulär genug.

- **Cuc Phuong.** Der älteste (1962) und bestgeführte Nationalpark Vietnams (22.000 ha). Tropischer und subtropischer primärer Regenwald mit Karstbergen, gigantischen Kalksteinhöhlen und bis zu 1000-jährigen Baumriesen. Dank der geschützten Lage in einer lang gezogenen Talsenke extrem vegetations- und artenreich. Gute Wanderwege und Unterkunftsmöglichkeiten. Angeschlossen ist das *Primate Rescue Center* für gefährdete Arten (endemische Delacour-Languren, Makaken und Gib-

510v aw

bons). Trockenzeit Okt. bis März. 100 km südwestlich von Hanoi.

- **Pu Luong.** Das Naturreservat nahe Cuc Phuong (65 km) mit einzigartiger Biodiversität (Regen- und Bambuswald, Kalksteinberge) ist relativ unbekannt, d.h. noch gibt es richtige *Homestays* und kaum überlaufene Trekkingpfade. 110 km westlich von Thanh Hoa.
- **Cat Tien.** Schutzzone für Flora und Fauna der durch die chemische Kriegsführung der Amerikaner vernichteten Wälder und Tierarten des Südens. Die Seen, Flüsse und Sümpfe sind ein Paradies für Vogelbeobachter (Kraniche, Störche, Kormorane). 72.000 ha Gesamtfläche. Gute Unterkünfte, Bootsfahrten auf dem Dong-Nai-Fluss. Trockenzeit Nov. bis März. 120 km nordöstlich von Ho Chi Minh City, auf dem Weg nach Da Lat.
- **Cat Ba.** 28.000 ha Regenwald und Mangrovensümpfe zwischen Meer, Hügeln und Kalksteindolomiten. Zahlreiche Höhlen und Grotten. Außergewöhnlich viele Reptilien sowie Makaken, Gibbons, im Winter Zugvögel. Gut erschlossene Wanderwege, leicht erreichbar. Trockenzeit Sept. bis Febr. 30 km östlich von Haiphong.
- **Bach Ma.** Letztes geschlossenes Feuchtwaldgebiet Zentralvietnams, das sich von der Küstenregion bis zur laotischen Grenze erstreckt (37.400 ha). 1400 Pflanzenarten (1/5 aller Arten Vietnams auf 0,07 % Landesfläche), spektakuläre Wasserfälle und Küstenpanoramen. Vogelparadies (330 Arten). Gute Wanderwege und Unterkünfte. Achtung: Während der Regenzeit (Nov.–Jan.) kann es oft tagelang regnen. 45 km südlich von Hue, 85 km nördlich von Hoi An.
- **Ba Be.** 7510 ha. Kalksteinberge, Monsunwälder, Wasserfälle und Grotten rund um den größten See des Nordens. Schöne Bootsfahrten, doch nur bei entsprechendem Wetter. Gute Unterkünfte. Beste Zeit April bis November 150 km nordwestlich von Hanoi.
- **Yok Don.** Zentrales Hochland, 115.545 ha. Hügelplateau mit Trockenwäldern und Grasland, Heimat von Büffeln, Hirschen, Wildrindern wie Banteng und Gaur, Muntjaks, Elefanten. Es werden Touren angeboten. Trockenzeit Okt. bis März. 45 km nordwestlich von Buon Ma Thuot.
- **Tram Chim.** 7500 ha großes Vogelreservat in der Ebene der Reetgräser (Plain of Reeds) im Mekong-Delta. Brutstätte von über 230 Arten, darunter Störche, Ibisse und die seltenen, bis 1,50 m großen Sarus-Kraniche. Beste Zeit Dez. bis Juni. 180 km südwestlich von Ho Chi Minh City.
- **Phong Nha-Ke Bang.** → „Highlights, Im Zentrum", S. 20.

⌃ Grabstätten im Nationalpark Phong Nha-Ke Bang

› Grabstätte von Khai Dinh bei Hue

Baudenkmäler, Tempel und Pagoden

- **Ho-Chi-Minh-Mausoleum** und -Museum, Hanoi. Realsozialistisches *Disneyworld* für den Mann, der wollte, dass seine Asche über das Land verstreut würde.
- **Van Mieu** (Literaturtempel), Hanoi. Konfuzianische Strenge in Anlage und Architektur; purpurne Schwere, die sich überraschend in Leichtigkeit löst.
- **Chua Huong** (Parfüm-Pagode), bei Hanoi. Wallfahrtsort, in die Kalksteinberge der „trockenen" Ha-Long-Bucht hineingebaut.
- **Chua But Thap,** bei Hanoi. Majestätische Steinpagode in asketischer Landschaft mit einer vielarmigen Quan Am von fast magischer Ausstrahlung.
- **Chua Tay Phuong,** bei Hanoi. „Klassische" nordvietnamesische Pagode mit einer Sammlung meisterhaft geschnitzter Holzstatuen.
- **Chua Thay,** bei Hanoi. Vollendete Harmonie von Landschaft, Pagoden und Tempeln am Drachen-See – ideale Kulisse für das Wasserpuppentheater.
- **Chua Keo,** bei Thai Binh. Bezauberndes Ausflugsziel inmitten künstlicher Teiche und schattiger Bo-Bäume.
- **Zitadelle der Ho Dynastie** (14. Jh.), bei Thanh Hoa. 20 ha Weltkulturerbe (2011) mit 20–25 m breiten Stein-Toren.
- **Kaiser-Gräber,** Hue. Nicht pharaonisch, eher philosophisch: das kurze Leben vor dem langen Tod. Mit Sampan oder Fahrrad erkunden und viel Zeit mitbringen.
- **Zitadelle,** Hue. Ramponierte, aber idyllische Miniatur des Kaiserpalastes von Peking.
- **Chua Thien Mu,** Hue. Noch heute Ziel der Pilger: Pagode der Himmlischen Frau am Parfümfluss; ihr siebenstöckiger Turm ist das Wahrzeichen Hues.
- **My Son.** Im Dschungel versunkenes, zu Dschungel gewordenes Shiva-Heiligtum der Cham. Dazu **Cham-Museum** in Da Nang.
- **Tunnel von Vinh Moc.** Dreistöckiges Tunnelsystem am Ben Hai-Fluss nördlich des 17. Breitengrads, eine der meistbombardierten Regionen des Vietnamkriegs.
- **Cham-Türme,** Nha Trang. Ensemble von Kunst, Kultur und Naturschönheit.
- **Goldene Brücke,** Da Nang. Einer der am meisten besuchten Instagramspots Vietnams: zwei gigantische Hände, die eine geschwungene Brücke tragen. Ideal auch für Hochzeitsfotos.
- **Tunnel von Cu Chi.** Surrealistisch wie das Bild von *Bob Hope,* der im Urwald „White Christmas" singt, während 10 m unter ihm der „Vietcong" feiert.
- **Heiliger Stuhl der Cao Dai,** Tay Ninh. Pittoreskes Sektierertum in Technicolor und *CinemaScope.*

511v ds

Tet: Neujahrsfest nach Mondkalender
Zwischen Ende Januar und Mitte Februar. Tet ist der wichtigste Feiertag in Vietnam, die umliegenden fünf Tage Ferien die schlechteste Reisezeit im ganzen Land: Die Preise steigen, Hotels sind oft ausgebucht, Urlaubsorte überfüllt, einige Geschäfte, Restaurants und Einrichtungen sind geschlossen.

Schmetterlinge zu Tausenden
Im Nationalpark Cuc Phuong flattern im April und Mai zahllose weiße Schmetterlinge herum.

Hue Festival
Das internationale Kunst- und Kulturfestival in Hue findet alle zwei Jahre (in geraden Jahren) an neun Tagen im April statt.

JAN | FEB | MÄR | APR | MAI | JUN

Kältester Monat im Norden
In der Ha-Long-Bucht ist es bis Februar oft neblig und kühl, in Hanoi durchschnittlich um die 12–17 Grad, Temperaturen können bis auf 6 Grad fallen, in Sa Pa bis auf den Gefrierpunkt sinken. In Ho Chi Minh City Durchschnittstemperaturen um die 27 Grad, bis zu 32 Grad.

Gute Reisezeit
In Hanoi kann im März und April endloser Sprühregen fallen. Ab Ende März wird es im Norden und Zentralvietnam angenehm warm, für Phong Nha-Ke Bang und Höhlentouren ist es die beste Zeit. In Sa Pa ist es trocken, und es wird wärmer.

Gute Zeit zum Reisen
Vor allem im Norden und in Zentralvietnam ist der Mai meist weder zu nass noch zu heiß oder zu kalt, und man reist außerhalb der Hochsaison.

Regenzeit
In Ho Chi Minh City, im Mekong-Delta und im Zentralen Hochland ist von Mai bis Oktober Regenzeit, in Hanoi ist es von Mai bis September heiß, mit Höchsttemperaturen bis zu 40 Grad. Im Mai bis August fallen im Delta des Roten Flusses die meisten Niederschläge. Im Mai bis September ist es in der Ha-Long-Bucht oft regnerisch.

Stürmisches Wetter in Zentralvietnam
Im Landeszentrum ist von September bis Dezember mit mehr Regen und Stürmen zu rechnen.

Unabhängigkeitstag
Der 2.9., Nationalfeiertag, an dem Präsident *Ho Chi Minh* im Jahr 1945 die Unabhängigkeitserklärung verlas, wird in den Städten mit Paraden und Straßen-Deko gefeiert.

Hochsaison
Ab Mitte Dezember ist Hochsaison, Hotels und Touren sollten deshalb frühzeitig gebucht werden.

JUL | AUG | SEP | OKT | NOV | DEZ

Hochsaison der Einheimischen
Während der Schulferien im Juli und August in Vietnam sollte man Hotels frühzeitig buchen. Im ganzen Land ist es heiß.

Weihnachten
Weihnachten ist zwar kein offizieller Feiertag, wird aber von Jahr zu Jahr rauschender zelebriert in Städten wie Hanoi und Ho Chi Minh City, mit dekorierten Straßen und Shopping Malls.

Mondfest
Das Mondfest (Tet Trung Thu) wird am 15. Tag des 8. Mond-Monats gefeiert (zwischen Ende September und Anfang Oktober), mit Löwentänzen, Lampions und dem schweren, süßen oder salzigen Mondkuchen *banh trung thu*.

LEGENDE

- Winter
- Frühjahr/Herbst
- Sommer

Fünf Trips für Abenteuerlustige

477v aw

Klettern auf der Insel Cat Ba | 173

Auf einer kleinen Insel die Karstfelsen erklimmen – zur Belohnung bietet sich oben ein herrlicher Blick über die Bucht! Auch absolute Kletter-Anfänger können sich unter professioneller Anleitung in dieses Abenteuer wagen. Fortgeschrittene können sich auch im Bouldern über dem Wasser üben oder mit gemieteter Ausrüstung auf eigene Faust im Butterfly Valley eine Kletterpartie starten.

478v aw

Die „Trockene Ha-Long-Bucht" per Fahrrad entdecken | 192/193

Die Traumlandschaft der Karstfelsen und Feuchtgebiete in der Provinz Ninh Binh inspirierte auch Hollywood: Hier wurden landschaftlich spektakuläre Szenen des Kinofilmes „Kong: Skull Island" gedreht. Am besten lässt sich das Gebiet auf eigene Faust auf Nebenstraßen und Pfaden zwischen Reisfeldern erkunden. Und ab und zu gleitet man auf kleinen Ruderbooten durch die wunderschöne Kulisse!

515v aw

Höhlen-Trekking im Nationalpark Phong Nha-Ke Bang | 212

Beeindruckend sind sie alle: von der einfach begehbaren Einsteiger-Höhle Paradise Cave, in der sich Tropfsteine in den unglaublichsten Formen bestaunen lassen, über das schlammig-nasse Abenteuer mit Stirnlampe durch die Dunkelheit der Dark Cave und zweitägige Höhlentreks mit Camping in der märchenhaft schönen Hang En bis zur fünftägigen Tour durch Son Doong, die größte Höhle der Welt.

477v aw

Hinten auf dem Motorrad auf dem Ho-Chi-Minh-Highway | 218

An den schönsten Ecken Vietnams ist oft der Weg das Ziel – und die landschaftlich atemberaubendsten Strecken per Motorrad zu erleben, ist kaum zu übertreffen. Toll sind u.a. die Strecke auf dem Ho Chi Minh Highway im Gebiet des Nationalparks Phong Nha-Ke Bang, der Wolkenpass, von der Zentralküste ins Zentrale Hochland und das Dong-Van-Plateau in der Provinz Ha Giang.

457v aw

Trek zu den Bergvölkern des Zentralen Hochlandes | 367

Eine Tour zu den ethnischen Minderheitenvölkern in der Provinz Kon Tum, wo es weder Strom noch fließendes Wasser gibt, mit Übernachtung in abgelegenen Pfahlbauhütten, die man zum Teil nur zu Fuß erreicht, Einblicken ins Schamanentum und in die Eichhörnchenjagd, und Mahlzeiten, die die Felder und der Bergdschungel hergeben – ein Erlebnis ohne Folklore-Schnickschnack und Massentourismus.

Fünf Orte für Street-Food-Fans

Hühnchen in der Coladose | 80

Schwarze Hühnerfüße, die aus alten Cola- und Bierdosen ragen ... Das sieht auf den ersten Blick zugegebenermaßen nicht gerade wie ein kulinarischer Höhenflug aus, sondern eher wie ein bizarrer Snack direkt aus der Hölle – und doch schmeckt es ausgezeichnet! Die Rede ist von dem Gericht *Ga Tan,* ein kleines Hühnchen, das kopfüber in der Dose stundenlang gegart wurde. In Hanoi probieren!

405v aw

Bia Hoi trinken in Hanoi | 81

Nur echt auf winzigen bunten Plastikstühlen und -tischen, unter Neonlicht und einem beträchtlichen Lärmpegel: Bia Hoi, das Straßenbier im Offenausschank in den gleichnamigen Straßenkneipen. Gibt's von Nord bis Süd, gesellig etwa in einem der zahllosen Bia Hoi Ha Noi in der Hauptstadt. Prost!

481v aw

Banh Hue – Reisküchlein in allen Varianten probieren | 260

Banh beo, banh bot loc, banh nam & Co.: Die kleinen, meist gedämpften Reisküchlein, mal rund, mal in Blätter gewickelt, mal mit Crevettenfüllung, mal mit Schweinefleisch oder vegetarisch, sind eine Spezialität der Stadt Hue in Zentralvietnam. Ein leckerer Snack aus der reichen Küche der Region.

430v aw

Banh Mi essen in Hoi An | 297

Das berühmte „vietnamesische Sandwich" *banh mi* (oder *banh my*) schmeckt am besten im zentralvietnamesischen Hoi An: ein Baguette in unterschiedlichen Varianten, z.B. gefüllt mit Spiegel- oder Rührei, Pastete, Schweinefleisch, Chilisauce, Koriander. An manchen Ecken schon Kult, an anderen noch ein Geheimtipp. Zum Mitnehmen, im Stehen oder Laufen essen oder in aller Ruhe im Restaurant.

480v aw

Saigons Variante des Banh Xeo genießen | 435

Auch die „Vietnamese Pancakes" *banh xeo* sind ein Muss: große, goldenen gebratene Reismehl-Crêpes, gefüllt mit Crevetten und Sprossen – Kenner zupfen sie mit den Essstäbchen in Stücke, wickeln sie in Salatblätter, geben frische Kräuter hinzu und dippen sie in Fischsauce. Mittags oder abends in der gut besuchten Straßenküche in einer kleinen Gasse der Großstadt.

482v aw

Fünf Tipps zum Selberhandanlegen

486v aw

Die Kunst der Lackmalerei lernen | 87

Die Technik der vietnamesischen Lackmalerei ist faszinierend – man kann sie in Kunstgalerien, Souvenirläden und im Fine Arts Museum in Hanoi bestaunen. Wer mehr Zeit aufwenden und sich eingehender damit beschäftigen möchte, kann einige der zahlreichen Techniken unter Anleitung auch selber lernen. In Hanoi etwa beim Künstler und Kunst-Professor *Tran Anh Tuan* an der Lacquer School Tay Ho.

619v BT

Sich eine gute Tasse Kaffee zubereiten | 266

Vietnam ist nach Brasilien der zweitgrößte Kaffeeexporteur der Welt. Man sollte sich also nicht die Gelegenheit entgehen lassen, hier eine gute Tasse Kaffee zuzubereiten. Vielleicht in einem der *Coffee Workshops,* die Veranstalter und Unterkünfte anbieten – wie das *Banyan Tree* in Lang Co. Wie wär's mit *Egg Coffee* oder einem *Salted Coffee?* Aber auch *Peanut Butter Coffee* ist sicher eine Entdeckung wert.

485v ds

Laternen basteln | 291

Licht an in Hoi An: Abends leuchten sie in allen Farben, und sie sind in Hoi An seit eh und je eines der beliebtesten Fotomotive – die klassischen bunten Seidenlampions. In allen erdenklichen Größen sind sie ein beliebtes Souvenir, und man kann sie in Halbtages-Kursen auch selber basteln; z.B. im Workshop der Wohltätigkeitsorganisation *Lifestart Foundation,* die benachteiligte Familien unterstützt.

484v co

Im Reisfeld arbeiten | 293

Was man in Anbetracht der Großstädte mit all den Luxusgütern oder in den noblen Resorts am Strand vielleicht vergisst: Der Alltag vieler Vietnamesen wird nach wie vor bestimmt von der Knochenarbeit auf dem Reisfeld. Einige Anbieter haben Touren im Programm, bei denen man sich selbst beim Pflügen mit dem Wasserbüffel oder bei der Reis-Aussaat versuchen kann, etwa in Hoi An (z.B. *Jack Tran Tours*).

483v aw

Vietnamesisch Kochen lernen | 294

In der vietnamesichen Küche isst definitiv das Auge, ja essen alle Sinne mit – sie ist ein Fest der Farben, Gerüche und geschmacklichen Kontraste. Und es macht Spaß, die Gerichte auch selber zu kochen. Lernen kann man das in zahlreichen Kochkursen. Beliebt sind z.B. die in Hoi An. Schnuppern Sie sich durch würzige frische Kräuter, rollen Sie Frühlingsrollen, und rühren Sie im Nudelsuppentopf!

Fünf Orte für Tierfreunde

474v aw

Die geretteten Mondbären von Tam Dao sehen | 101

Ihres Gallensaftes wegen, das als Heilmittel gilt, wurden Vietnams Kragenbären gejagt und in engen Käfigen gehalten, um ihnen bei lebendigem Leibe den Saft abzuzapfen. In der Wildnis ist ihr Bestand deshalb stark geschrumpft. Im Tam-Dao-Nationalpark befindet sich eine Rettungsstation für die Bären – wegen ihrer halbmondförmigen weißen Fellzeichnung auf der Brust auch „Mondbären" genannt.

516v aw

Vietnams letzte Delacour-Schwarzlanguren beobachten | 195

Er ist vom Aussterben bedroht und gilt als eine der seltensten Primatenarten der Welt: Der Delacour-Schwarzlangur. Wegen seiner prägnanten Fellzeichnung wird er auch Kurze-Hosen-Affe genannt. Im traumhaft schönen Feuchtgebiet Van Long in der Provinz Ninh Binh kann man mit etwas Glück auf einer Bootstour eine Gruppe der extrem seltenen Tiere sehen, die dort auf den Felsen lebt.

488v aw

Rettungszentren für bedrohte Tierarten besuchen | 199

Eine ganze Reihe bedrohter Tierarten kann man im Cuc-Phuong-Nationalpark in der Provinz Ninh Binh sehen: etwa das Schuppentier (Pangolin), die winzigen nachtaktiven Primaten Loris, die äußerst seltenen Cat-Ba-Languren, Delacour-Schwarzlanguren, Gibbons und mehrere Schildkrötenarten. Hier sind von der Polizei konfiszierte Tiere aus dem Wildtierschmuggel in Rettungsstationen untergebracht.

473v co

Rotschenklige Kleideraffen bewundern | 276

Irrer Name, wunderschön bunter Affe: Auf einem Ausflug auf die noch ziemlich wilde, dschungelige Halbinsel Son Tra („Monkey Mountain") bei Da Nang in Zentralvietnam bekommt man sie mit etwas Glück noch zu Gesicht: die stark gefährdeten Rotschenkligen Kleideraffen *(red-shanked douc)*. Schön sind Touren per *Jeep* oder Motorrad, und auf dem Gipfel bietet sich zudem ein toller Blick.

www.fotolia.de © Iuliia Lodia

Wilde Gibbons singen hören | 391/392

Größere Tiere noch in freier Wildbahn zu sichten, ist in Vietnams Nationalparks leider zur äußersten Seltenheit geworden. Wilderei und Abholzung haben einen großen Teil von der einst so reichen Artenvielfalt bedrohlich zum Schwinden gebracht. Im Cat-Tien-Nationalpark bietet sich die Gelegenheit, auf einer Tour frühmorgens die seltenen Gelbwangen-Schopfgibbons zu sehen – und singen zu hören!

1

Hanoi

» Vietnams Hauptstadt. Neuankömmlinge geraten in Panik: das Gewusel und Gehupe, der Verkehr, die Hitze, die Kälte ... Kenner schwärmen: Chaos, aber mit System und Charme. Die Altstadt: ein Dorf in der Metropole, tausendjährige Tradition zwischen Kitsch, Krach und Kommerz. Würzige Delikatessen auf winzigen Plastikstühlen am Straßenrand. Eine selbstbewusste Stadt der Gegensätze.

[<] Auch im abendlichen Regen ein netter Anblick: das Hanoi Old City Gate

HANOI

Starken vietnamesischen Kaffee schlürfen, die Straße überqueren lernen und sich im Gassen-Labyrinth der Altstadt verirren: Vietnams charmant-chaotische Hauptstadt zu entdecken ist ein Extremsport. Sie befindet sich in einem atemberaubend schnellen Wandlungsprozess – so schnell, dass man dem Aufstieg und dem Zerfall zwischen ockergelben, moosbewachsenen Fassaden, dröhnenden Baustellen und stillen Tempeln förmlich zusehen kann. Und wer sich einen Tag lang ohne Plan einfach so durch die Stadt treiben lässt, sieht und erlebt an jeder Ecke Schönes, Hässliches und Wundersames. Hanoi ist nicht die Antwort auf alles, nein, man hat nach einem Besuch mehr Fragen als davor – und auch darin liegt der Zauber Hanois!

NICHT VERPASSEN!

- Sich in den Nebengassen und Häuser-Tunneln der **Altstadt** verirren – und Hanois verborgene Schätze finden | 41
- Im **Ho-Chi-Minh-Mausoleum** dem einbalsamierten Onkel Ho die Ehre erweisen | 50
- Im **Ethnologischen Museum** in die beeindruckend unterschiedlichen traditionellen Häuser der Bergvölker klettern | 62
- Sich von der Pho-Nudelsuppe bis zum Eierkaffee durch Hanois **Straßenküchen** schmausen und schlürfen – die Stadt ist ein Street-Food-Paradies | 80
- Uralte Holzfiguren auf erstaunliche Art zum Leben erwachen sehen – im **Wasserpuppentheater** | 86

Diese Tipps erkennt man an der gelben Markierung.

Überblick

Die 7,5-Millionen-Stadt Hanoi tickt wie ihr Verkehr: **Sie will vorwärts, in alle Richtungen gleichzeitig.** Anhalten, zurückblicken, warten oder sich hinten anstellen will hier niemand. Auf den Bürgersteigen ist kaum Platz zum Gehen, sie sind zugestellt mit geparkten Mopeds, improvisierten Straßenküchen, mobilen Teestuben und Frucht- und Gemüseauslagen. Vor den Garküchen wird noch ein Tischchen hingestellt und noch eins, und die Motorroller werden meterhoch beladen, mit Kühlschränken, Keramik, Eierkartons, Blumen oder Schweinehälften, mit dem hartnäckigen, entschlossenen Optimismus der Hanoier. Von buddhistischer Gelassenheit und Bescheidenheit ist hier wenig zu spüren – Hanois Menschen wollen im Hier und Jetzt nach den Sternen greifen.

In Hanoi werden **Widersprüche** ignoriert, integriert und kombiniert: Räucherstäbchen und Weihnachtsschmuck, Presslufthammer und Gockelgekrähe, Smartphones unter Strohhüten, *Ho Chi Minh* und *Burger King*, Hammer und Sichel und *Kentucky Fried Chicken*,

499v aw

Skateboarding vor der *Lenin*-Statue, aufsteigender Drache, abtauchende Schildkröte, Duft und Gestank, Tradition und Popmusik. Hanoi ist etwa so undurchschaubar wie die Stromleitungen, die in wirren, wuchernden Geflechten über der Straße hängen. Nichts scheint zu funktionieren, und dann funktioniert's irgendwie doch.

Vietnams Hauptstadt ist kleiner, zurückhaltender und konservativer als Saigon, mit ihrer einzigartigen Altstadt aber auch charmanter und fotogener. Sie ist eine Wiege von Kultur, Kunst und Literatur – auf der anderen Seite allerdings auch von Bürokratie, Zensur und Autoritätshörigkeit.

Hanoi ist aber nicht weniger laut und lärmig als Ho Chi Minh City, und vielleicht noch chaotischer. Und Hanoi bewegt sich **immer schneller.** Beherrschten bis Ende der 1980er-Jahre noch Fahrräder den damals gemächlichen Verkehr, wurden diese mittlerweile fast vollständig von den motorisierten Zweirädern abgelöst. Rund 90 % des Straßenverkehrs besteht aus **Motorrollern.** Doch die Infrastruktur hinkt hinterher. Nach den Motorrollern kommen die Autos, es werden immer mehr, aber für sie ist kaum Platz. Super-Reiche manövrieren ihre *BMWs* und *Bentleys* vorbei an Marktfrauen, die sich weder Schuhe noch einen Motorroller leisten können und ohne mit der Wimper zu zucken, beladen mit ihren schweren Tragekörben, durch den Verkehr marschieren.

⌃ Gockel to go

Für den Ausbau des **Busverkehrs** besteht kaum noch Spielraum. Ein **Metro-Netz** wurde 2021 nach jahrelanger Bauzeit eröffnet: Zu Fuß ist kaum jemand mehr unterwegs hier, einmal abgesehen von Touristen und besagten Marktfrauen. Hanoi ist kein Spaziergang, sondern ein hektischer Hürdenlauf mit Anfassen.

Die Stadt ist ein Dschungel, in dem das Gestern mit dem Morgen verschmilzt. Von der rund hundert Jahre dauernden Herrschaft der **Franzosen** zeugen im Stadtbild zahlreiche Kolonialbauten und französische Villen, mit dem Opernhaus und dem *Hotel Metropole* sollte Hanoi ein Pariser Flair verliehen werden. Der **„Indochina-Stil"** verband französische mit vietnamesischer und chinesischer Architektur, mit Gebäuden wie der Hanoi-Universität, dem Nationalmuseum für Geschichte und dem heutigen Außenministerium. Der **Sowjet-Einfluss** zeigt sich bei Gebäuden wie dem Bahnhof, dem Soviet-Vietnamese Cultural Friendship Palace und dem Mausoleum für den Revolutionär und Präsidenten *Ho Chi Minh*, nach Vorbild der *Lenin*-Grabstätte in Moskau

Wie man in Hanoi eine Straße überquert

Das Prinzip ist einfach, aber auf den ersten Blick beängstigend: Die Verkehrsströme fließen aus und in alle Richtungen gleichzeitig aufeinander zu, durcheinander, aneinander vorbei. Alles schwimmt mit dem Strom. **Angehalten wird nicht** – wer auf eine Lücke im Verkehr wartet, wartet zuweilen ewig. Fußgängern bleibt also nichts anderes übrig, als beherzt draufloszulaufen und in den Schwarm von Motorrollern einzutauchen. Der Verkehrsstrom wird einen umfließen wie ein Fischschwarm. Für Anfänger kann es hilfreich sein, sich beim ersten Mal einem **Einheimischen** an die Fersen zu heften. Oft ist es von Vorteil, nicht schnurgerade zu queren, sondern leicht diagonal mit dem Strom zu trippeln, also im Seitwärts-Wechselschritt über die Straße zu walzern. Dabei gilt es Folgendes zu beachten:

- **Nicht stehen bleiben;** entschlossen, aber langsam und gleichmäßig immer weiter gehen.
- Nicht ruckartig die Richtung wechseln, **im Fluss bleiben.**
- **Zebrastreifen** sind eher Dekoration.
- Vor dem Queren immer zuerst **in beide Richtungen schauen,** auch bei Einbahnstraßen.
- Der **Rechtsverkehr** wird in Vietnam relativ flexibel interpretiert.
- Ein **Kreisverkehr** wird beliebig befahren, das Prinzip hat sich hier noch nicht flächendeckend durchgesetzt.
- Bei **Rotlicht** bleiben nicht alle stehen – insbesondere bei Regen und bei Sonnenschein.
- **Bei Rot rechts abzubiegen** ist in Vietnam erlaubt.
- **Überholt** wird auf beiden Seiten.
- Mit **Lichthupe** wollen Autofahrer sagen: „Hoppla, ich komme!" Die bremsen nicht.
- Allgemein bremsen Fahrzeuge nicht, sie **weichen aus.**
- **E-Bikes** kommen geräuschlos angerollt.
- Bei Stau weichen Motorroller gerne auf den **Gehsteig** aus, manchmal auch Autos und Busse.
- **Mopedfahrer** sind manchmal abgelenkt, weil sie während der Fahrt eine SMS schreiben oder einen Anruf entgegennehmen müssen.
- Da **Bürgersteige oft zugeparkt** sind, müssen Fußgänger nicht selten auf der Straße laufen.

und mit einem vietnamesischen Touch. Viel weiter zurück, auf prä-koloniale Zeiten, geht die Struktur der Hanoier **Altstadt.** Und weiter draußen wächst das neue Hanoi, dort entsteht die Skyline der Zukunft. Das höchste Gebäude ist mit 329 Metern das Hochhaus Keangnam Landmark 72 der südkoreanischen *Keangnam Enterprises* im Distrikt Cau Giay.

Geografie und Klima

Hanoi liegt auf dem 21. Breitengrad etwa auf gleicher Höhe wie Kalkutta, Mekka und Havanna, rund 1600 km nördlich von Ho Chi Minh City und 75 km vom Golf von Tonkin entfernt.

Aufgrund der kontinentalen Luftmassen aus China kennt das seiner geografischen Lage nach subtropische Hanoi, anders als das tropische Ho Chi Minh City, vier Jahreszeiten. Im **Winter,** zwischen Dezember und März, kann das Thermometer trotz milder Durchschnittstemperaturen um 20 °C auch mal tagelang **unter 10 °C** absinken und dabei grauer Nebel und Sprühregen die Stadt einhüllen. Im Sommer dagegen, zwischen Mai und September, ist es oft heißer als in Ho Chi Minh City und sind Höchsttemperaturen **um 40 °C** keine Seltenheit. Blauen Himmel sieht Hanoi selten, am ehesten noch im Frühling und Herbst. Anders als im Süden gibt es auch keinen ausgeprägten Wechsel von Regen- und Trokkenzeit – allerdings sorgen die kurzen, aber oft heftigen Sommergewitter für deutlich höhere Niederschlagsmengen als die feinen Sprühregen der kühlen Jahreszeit.

Orientierung

Hanoi liegt beiderseits des **Roten Flusses,** die städtischen Bezirke *(quan)* befinden sich auf dem rechten (westlichen) Ufer. Derzeit gibt es acht Brücken, die den Fluss überspannen. Laut der Verkehrsplanung für 2030, die eine Vision für 2050 umfasst, wird Hanoi zehn weitere Brücken über den Roten Fluss haben. Ziel ist es, so die Vision: „(...), den Aufbau einer grünen, zivilisierten und modernen Hauptstadt voranzutreiben und den Lebensunterhalt und die Lebensqualität der Menschen vor Ort zu verbessern." Und: „Für Hanois Stadtplanung und Architektur ist der Rote Fluss eine attraktive Naturlandschaft, die den Raum und das Klima der Stadt reguliert und gleichzeitig Vergangenheit mit Gegenwart und Zukunft, Identität mit zeitgenössischem Lebensstil verbindet."

Zentrum Hanois ist der **Hoan-Kiem-See. Nördlich** davon erstreckt sich das Gassengewirr der **Altstadt,** im Osten begrenzt von den Deichen am Roten Fluss, im Westen von der ehemaligen Zitadelle, an die sich noch weiter westlich das Regierungsviertel am **Ba-Dinh-Platz** (Ho-Chi-Minh-Mausoleum) anschließt. Der **Ho Tay** oder Westsee, mit einem Umfang von 14 km der größte unter den zahllosen Seen Hanois, breitet sich nördlich des Platzes aus. Im Norden des Westsees liegt rund um die Straße Xuan Dieu das **Expat-Quartier** mit zahlreichen internationalen Restaurants, Cafés, Bars und Shops, teuren Villen und Wohnungen und einer hohen Dichte von Ausländern.

Südlich sowie östlich des Hoan-Kiem-Sees erstreckt sich das gerasterte Muster der einstigen **Ville Française** mit schnurgeraden Alleen, Repräsentationsbauten (Hotels, Banken, Museen, Post) und der ehemaligen Flanier- und Einkaufsstraße des französischen Hanoi, der **Trang Tien** zwischen Oper und See.

Geschichte

In seiner tausendjährigen Geschichte sah Hanoi unterschiedliche Systeme und Herrscher kommen und gehen und ihre Spuren hinterlassen, sah drei Dekaden Krieg nach der Ausrufung der Unabhängigkeit 1945.

Lange vor den Franzosen und den Amerikanern waren die **Chinesen** hier, rund 1000 Jahre lang beherrschten sie das Land. Zahlreiche Straßennamen und Denkmäler in Hanoi erinnern an vietnamesische Helden aus mehreren Epochen, die gegen die Macht des riesigen Nachbarn im Norden Widerstand leisteten. Die Straße Hai Ba Trung zum Beispiel, die südlich des Hoan-Kiem-Sees von Ost nach West führt, ehrt die beiden legendären Trung-Schwestern, die etwa um 40 n. Chr. eine Revolte anführten.

Die Ruinen von **Co Loa,** der ersten Hauptstadt der Vietnamesen (um 300 v. Chr.), liegen nur 25 km nördlich von Hanoi. Im Lauf ihrer Herrschaft nannten die Chinesen den Verwaltungssitz ihrer südlichsten Provinz zeitweise **Dong Kinh,** „Hauptstadt des Ostens", was unter den Franzosen zu Tonkin und zum Oberbegriff für den gesamten Norden wurde.

Als *Ngo Quyen* 938 die Unabhängigkeit errang, bestimmte er zur Hauptstadt Dai Viets wieder das alte Co Loa der Ahnen. Hanoi wurde erst im Jahre **1010** unter **Kaiser Ly Thai To** Hauptstadt. Der Gründer der Ly-Dynastie hatte die Erscheinung eines emporsteigenden goldenen Drachens und nannte die Stadt **Thang Long,** „Aufsteigender Drache".

vi_388

Diesen Namen behielt Hanoi bis ins 19. Jh. Aus der Zeit von *Ly Thai To,* der Blütezeit des Buddhismus in Vietnam, stammt die Ein-Pfahl-Pagode von 1049, unter seinen Nachfolgern wurden 1070 der Literatur-Tempel und bald darauf die erste Universität des Landes gegründet. Die von Wällen und Gräben umgebene **Kaiserstadt** und die Verbotene Stadt innerhalb der Kaiserstadt waren nach chinesischem Vorbild eingerichtet. Die Quartiere der Diener, Soldaten, Handwerker, Bauern, Fischer und Händler lagerten sich um die Zitadelle herum und waren von Wällen, Deichen und Kanälen umgürtet. Der Rote Fluss bildete die Ostgrenze, der Westsee (das alte Bett des Flusses und damals noch mit ihm verbunden) die Nordgrenze. Die Ausmaße der Metropole sollen bereits nahezu identisch mit denen der heutigen gewesen sein, zeitgenössische Quellen lassen auf eine Einwohnerzahl von mehreren Hunderttausend schließen.

Im 13. Jh. wurde Hanoi gleich dreimal von den Mongolen eingenommen und gebrandschatzt, ehe **Tran Hung Dao** die Armee *Kublai Khans* 1288 zurückschlagen konnte. 1407 besetzten die Chinesen unter der Ming-Dynastie noch einmal Vietnam, doch Nationalheld *Le Loi* vertrieb sie 1427 mit Hilfe der Goldenen Schildkröte (→ Legende vom Hoan-Kiem-See, S. 47) und baute die Stadt wieder auf. Der erste erhaltene Stadtplan stammt aus dem Jahr 1470. 1789 besetzten die Chinesen ein letztes Mal Thang Long, ehe **Nguyen Hue** die 200.000 Mann starke Manchu-Armee über die Grenze zurücktrieb und sich zum *Kaiser Quang Trung* krönen ließ.

1802 verlegte **Gia Long,** der Gründer der letzten Kaiser-Dynastie, aus Misstrauen gegen die „rebellische" Bevölke-

☐☐ Historische Stadtansichten: Heute befinden sich hier Hang Da und Trang Tien mit Oper

vi_389

rung des Nordens die Hauptstadt des wiedervereinigten Vietnam in seine Heimatstadt Hue. Zum Ausgleich (und um die Bewohner Hanois zu besänftigen) ließ er die geschleifte Zitadelle neu errichten; die Mauerreste und der Flaggenturm stammen aus seiner Regierungszeit. Der **Name Ha Noi,** den die Stadt seit **1831** trägt, bedeutet „zwischen den Flüssen" – der Drache, das Symbol der kaiserlichen Macht, sollte *Hue* vorbehalten bleiben.

1883 eroberten die **Franzosen** nach Saigon (1859) auch Hanoi und dehnten ihre Macht auf ganz Vietnam aus. Hanoi wurde Hauptstadt der Indochinesischen Union, die außer den Landesteilen Tonkin, Annam und Cochinchina auch Kambodscha und Laos umfasste. Die rege Bautätigkeit der Kolonialherren ist noch allerorten sichtbar, allerdings machten sie zu diesem Zweck die halbe Stadt dem Erdboden gleich. Kaiserpaläste und Zitadelle mussten weichen, Flüsse, Seen und Kanäle wurden zugeschüttet oder verkleinert, an die Stelle der bedeutendsten Pagoden traten Post, Kathedrale und Kasernen.

Am 2. September **1945** nutzte **Ho Chi Minh** die Wirren des Zweiten Weltkriegs und rief auf dem Ba-Dinh-Platz vor dem Palast des französischen Gouverneurs die Unabhängigkeit aus. Die Franzosen eroberten Hanoi im Dezember 1946 nach monatelangen Kämpfen zwar zurück, doch gelang es ihnen trotz amerikanischer Finanz- und Waffenhilfe nie mehr, den Widerstand der Vietnamesen zu brechen. Nach ihrer Niederlage von Dien Bien Phu gaben sie die Kolonie **1954** als verloren auf und übergaben Hanoi dem siegreichen *Viet Minh.*

Als Hauptstadt der Demokratischen Republik Vietnam avancierte Hanoi für die von den USA repräsentierte „freie Welt" zum Synonym für den „Kampf gegen die kommunistische Gefahr". Die ersten amerikanischen Bombenangriffe auf Hanoi erfolgten Anfang 1966, die letzten Ende 1972; allein zum Weihnachtsfest 1972 wurden über 40.000 Tonnen Sprengstoff über der Stadt abgeworfen. Die Bevölkerung lebte und arbeitete während dieser Jahre nicht selten über Wochen in Höhlen, Gräben und Unterständen, die über die ganze Stadt verteilt waren. Ohne die weltweiten Proteste gegen die Bombardements der Amerikaner und die Angst der Präsidenten *Johnson* und *Nixon* vor ihren eigenen Wählern würde Hanoi heute womöglich gar nicht mehr existieren.

Warum werfen Hanoier Geld ins Feuer?

Auf den Straßen Hanois lässt sich an bestimmten Tagen ein bemerkenswertes Ritual beobachten: Leute kauern am Straßenrand und werfen bündelweise Geld ins Feuer. Es handelt sich dabei um symbolisches Geld, eine Art Spielgeld, als **Opfergabe für die verstorbenen Ahnen im Jenseits.** Auch Papierattrappen vom neuesten Smartphone, von Luxusvillen, Flachbildschirmen und Karaokeanlagen werden verbrannt, damit die Verstorbenen im Himmel nicht auf diese Luxusgüter verzichten müssen. Oft werden diese Opfergaben in eigens dafür hergestellten kleinen Metallöfen verbrannt. Opfergeld und Papierattrappen werden u.a. in den Läden an der Altstadt-Straße Hang Ma verkauft (→ auch „Land und Leute, Religion".)

Sehenswertes

Altstadt

Das alte Geschäfts- und Handelsviertel zwischen Zitadelle (Kaiserhof) und Rotem Fluss (Hauptverkehrsader) hat seinen **Ursprung im 11. Jh.,** als *Kaiser Ly Thai To* die Hauptstadt seines Landes nach Thang Long (Hanoi) verlegte. Handwerker, Bauern und Fischer gründeten Niederlassungen zu Füßen der Zitadelle, um den Hof mit Lebensmitteln und Gebrauchsgütern zu versorgen, und errichteten mit der Zeit, um ihre Waren ausstellen und weiterverarbeiten zu können, feste Gassendörfer. Zünfte, Handwerksinnungen und Kaufmannsgilden entstanden. Und wie jedes der (ursprünglich) **36 Dörfer** auf ganz spezifische Rohstoffe, Fertigungen oder Produkte spezialisiert war, formierten sich auch die **36 Gassen** gemäß ihrer Zugehörigkeit zu Clans und Genossenschaften, die mit Fleisch, Fisch, Obst, Gemüse, Heilkräutern, Salz oder Blumen handelten oder Materialien wie Leder, Seide, Papier, Metall oder Bambus bearbeiteten.

Darum wechseln die Straßen der Altstadt noch heute alle paar Blocks ihre Namen – sie erinnern daran, welche Funktionen sie einst erfüllten bzw. welche **Waren** *(hang)* sie einst vertrieben – Hang Ca die Fischgasse, Hang Bo die Korbgasse, Hang Buom die Gasse der Segelmacher, Hang Tre die Bambusgasse. Oft haben sich die Zünfte (in abgeänderter Form) bis heute erhalten, es gibt eine Gewürzstraße, eine Tuchgasse, eine Straße der Leitern, und in der Hang

„Die Stadt kann man, was ihre Ausdehnung betrifft, mit vielen Städten Asiens vergleichen, sie übertrifft jedoch die meisten durch die Zahl ihrer Einwohner. Besonders am ersten und fünfzehnten Tag des Monats, wenn der große Markt abgehalten wird, strömt aus den umliegenden Ortschaften eine unglaubliche Menge von Menschen mit Waren aller Art herbei. Die Straßen, die an sich breit und geräumig sind, sind dann derart überfüllt, dass man sich glücklich schätzen muss, wenn man in einer halben Stunde hundert Schritte vorwärtsgekommen ist."

(*Samuel Baron,* 1683)

„Die Stadt ist von Kanälen durchschnitten, welche den Warentransport erleichtern und zur Bequemlichkeit der zahlreichen Einwohner dienen. Der König unterhält in seinem Palast 12–15.000 Mann, teils zu seiner Leibwache, teils zu seinem übrigen Dienste, und gegen 300 sehr gut gerüstete Galeeren, die in Kriegszeiten zum Transporte der Soldaten und in Friedenszeiten bei den Reisen des Monarchen dienen, der seinen Palast fast nicht anders als auf einer Galeere verlässt."

(*Abbé Rochon,* 1744)

„Die Straßen sind breit und schön, in Abschnitten oder streifenweise gepflastert; einen Teil pflastert man nicht, er ist für die Pferde, die Elefanten, die Wagen des Königs und das Vieh bestimmt. Die Anzahl der Schiffe ist so gewaltig, dass es schwer ist, an die Ufer des Flusses heranzukommen. Unsere belebtesten Flüsse und Häfen, sogar Venedig, können von dem Treiben und dem Gewimmel, das auf dem Fluss [Ha Noi] herrscht, keinen vergleichbaren Eindruck vermitteln."

(*Abbé Richard,* 1788)

Hanoi, Übersicht

Übernachtung
1 InterContinental Hanoi Westlake
13 Anise
16 Lotte Hotel Hanoi

Essen und Trinken
2 Sushi Dokoro Yutaka
3 Cousins
4 Maison de Tet Décor
9 Foodshop 45
10 State-Run Food Shop 37, Standing Bar
11 Bia Hoi
12 1946
14 Café Giang

Nachtleben
5 Sunset Bar
6 Hanoi Rock City
7 Savage
8 The Summit Bar
15 Eté Resto Bar

Thiec, der Zinngasse, wird von früh bis spät geschweißt und gehämmert.

Noch bis ins 19. Jh. bildete das Quartier der Händler und Handwerker eine quasi autarke „Stadt innerhalb der Stadt“, von der Außenwelt abgeschottet durch Wälle, Dämme und Deiche, die ihre Bewohner gleichermaßen vor Feinden und Überschwemmungen schützten. Von den **16 Toren,** durch die man

Einlass fand, ist nur noch eines erhalten, am Flussende der Hang Chieu, der Mattengasse. Es stammt aus dem 16. Jh.

Im vergangenen Jahrhundert sorgten Kriege, Armut und das Spinnwebnetz des Realsozialismus für den unfreiwilligen Erhalt des Ensembles, aber auch für seinen unaufhörlichen Verfall. Denkmalpflege war lange Zeit ein Fremdwort für Vietnamesen. An die Stelle unkontrollierter Abriss- und Neubauprojekte vergangener Jahre tritt jetzt ein Bewusstsein für den Erhalt und die fachgerechte Restaurierung der Altstadthäuser. Mit ausländischer Hilfe kann selbst auf überlieferte (kostspielige) Techniken zurückgegriffen und wertvolle Bausubstanz konserviert werden. Restauriert sind bereits Häuser der Ta-Hien-Straße sowie einige der kleinen **Tempel** *(den)* **und Gemeinschaftshäuser** *(dinh),* in denen Ahnen und Schutzgeister und die Helden der vietnamesischen Geschichte verehrt werden.

Die **Backpacker-Party-Meile Hanois** befindet sich an der **Ma May** und in den umliegenden Straßen sowie an der **Ta Hien** und damit im Bezirk Hoàn Kiem, die Altstadt. *Backpacker* und Junggebliebene finden in dieser Gegend die besten Hostels. Und der Standard ist in den letzten Jahren gestiegen – auch ein Bett in einem Schlafsaal *(Dorm)* muss nicht unbedingt eine schlechte Wahl sein.

Grundriss eines Altstadthauses (siehe unten)

Jeder Block, ja jedes Haus ist bis auf den letzten Quadratzentimeter genutzt. Hinter undurchdringlichen Mauern und massiven Fassaden tun sich Welten auf. Um so vielen Familien wie möglich eine nutzbringende Straßenfront zu verschaffen, sind die Häuser extrem schmal (in der Regel 5–6 m), besitzen dafür aber umso mehr Tiefe (bis zu 80 m). An das Straßengeschäft schließt sich die Werkstätte bzw. das Lager an. Die Häuser waren früher ein- oder zweistöckig, mit dem Ladengeschäft vorn und der Wohnung im hinteren Teil, die Schlafräume zum Teil im oberen Stockwerk. Später bekamen immer mehr Häuser drei, vier oder fünf Etagen, oft mit fensterlosen Seitenwänden, was die Häuser wie Toastscheiben aussehen lässt, wenn sie zwischen niedrigeren Häusern herausragen. Im Hausinneren, in den eher dusteren Wohnungen, stellen Neonröhren oder nackte Stromspar-Glühbirnen die bevorzugte Beleuchtung dar.

Wohnen und **Arbeiten** sind hier **nicht scharf getrennt,** und es kann passieren, dass die Bewohner beim Essen oder vor dem Fernseher sitzen, wenn man ihren Laden betritt, oder dass man während des Mittagsschlafs hereinplatzt. Wer in einem der kleinen Straßencafés nach der Toilette fragt, betritt oft das, was wir im Westen „Privatsphäre" nennen: Man spaziert durch Küche, Wohn-

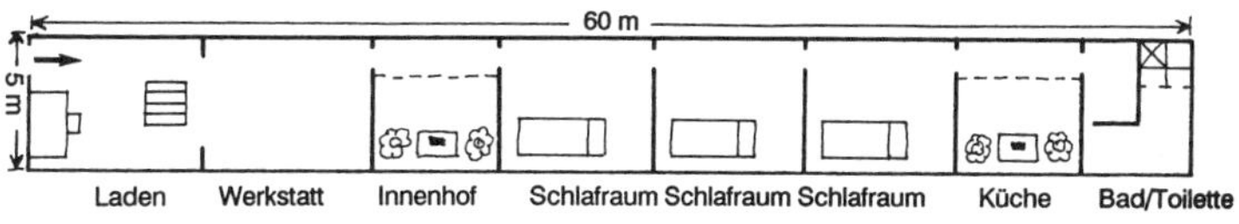

Hanoi, Altstadt

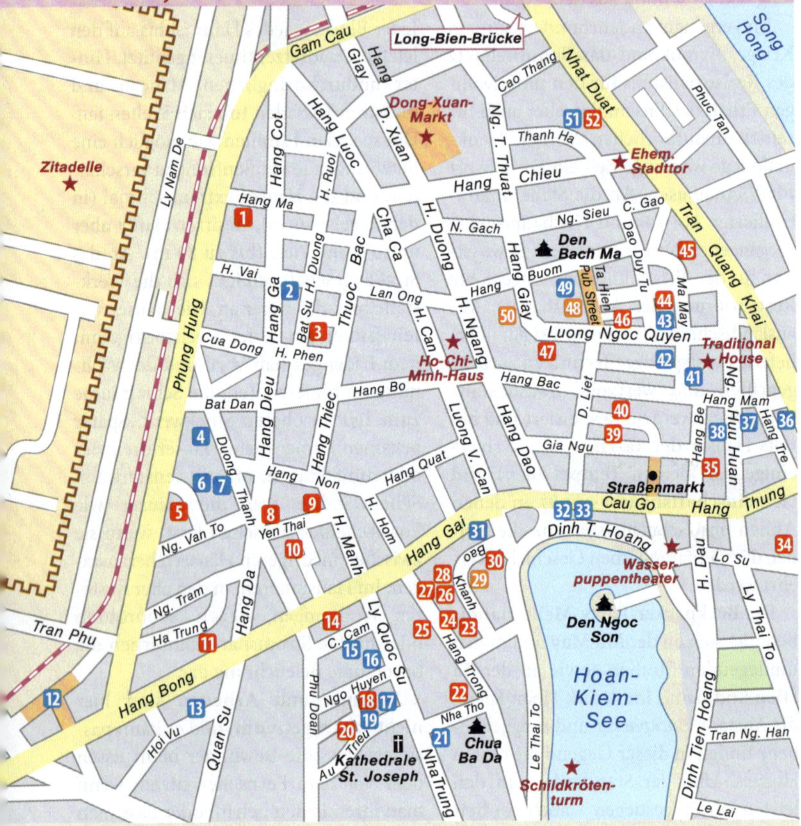

Übernachtung

1 The One Hostel
3 Hanoi Glance Hotel
5 Bespoke Trendy Hotel Hanoi
8 Art Hotel Hanoi
9 Serene Boutique Hotel & Spa
10 Manh Dung, Thu Giang Guesthouse, Tung Trang Hotel
11 Bodega
14 Camellia
18 Splendid Star Suite Hotel
20 Joseph's
22 Apricot Hotel
23 Hanoi Pearl Hotel
24 Maison D'Hanoi Boutique Hotel
25 Hanoi Brilliant Hotel and Spa
26 Sunline
27 Church Boutique
28 Imperial Hotel & Spa
30 Madam Moon
34 Elegance Diamond
35 Classic Street Hotel
39 Tirant Hotel
40 Real Hanoi Hotel, Camellia 6
44 La Siesta Classic Ma May

45 Elegance Emerald
46 Elite Central Hotel
47 Prince 1
52 Central Backpackers Hostel

Essen und Trinken
2 Highway 4 (Bat Su)
4 Cha Ca Thang Long
6 Tranquil Books & Coffee
7 Cha Ca Thang Long
12 Food Street
13 The Hanoi Social Club
15 Madame Hien
16 Joma
17 Marilyn Cafe
19 Oriberry
21 Cong Ca Phe
31 Café Pho Co
32 Highlands Coffee, Legend Beer Brewhouse, City View Café
33 Café Dinh
36 Highway 4 (Hang Tre)
37 Café Giang
38 Café Lam
41 Café Nola
42 Bo Nuong Xuan Xuan
43 Napolis Pizza
49 Bittet Ong Loi
51 Bamichao – Vua Banh Mi Chao

Nachtleben
29 Polite Pub
48 Bars in der Ta Hien
50 King Pirates Pub

und Schlafraum, und dann ins Badezimmer, wo die Zahnbürsten der Familienmitglieder stehen.

Zwischen den Häusern hindurch führen **schmale, dunkle Schluchten** – so eng, dass man sie im bunten Gewusel auf der Straße oft gar nicht bemerkt. Dabei verstecken sich dahinter oft wahre Schätze: An der Hang-Gai-Straße Nr. 11 etwa verbirgt sich hinter einem winzigen Souvenirladen so ein Tunnel, der in den Innenhof eines verwunschen bepflanzten, mehrstöckigen Cafés mit Blick auf den Hoan-Kiem-See führt, über eine alte Wendeltreppe geht es hoch bis zur Dachterrasse. Auf einem Zwischenboden steht ein prächtiger Ahnen-Schrein.

Richtig „alt" ist jedoch kaum ein Haus in der Altstadt, die meisten wurden im **20. Jh.** gebaut, unter Beibehaltung des alten Stils. Hier ist jedoch nichts für die Ewigkeit gebaut. Moos und Flechten kriechen über die Mauern, das feuchte Klima tut das Seine – Verwitterung im Zeitraffer. In den klammen Wintern ist dem Schimmel in den Häusern kaum beizukommen. Und schnell steht wieder ein neues Gebäude, überall wird gehämmert und gebaut, sieben Tage die Woche, die schmalen Lücken wieder ausgefüllt oder noch ein Stockwerk draufgebaut – es ist wie ein ewiges *Tetris*-Spiel.

Dong-Xuan-Markt

Die 1889 von den Franzosen errichteten **Markthallen** wurden exakt 100 Jahre später (1989) wegen Baufälligkeit und Brandgefahr wieder abgerissen – der Neubau fiel fünf Jahre später einem Großbrand zum Opfer. Der zweite Neubau wurde 1997 fertiggestellt und inte-

602v sb

griert einen Teil der ursprünglichen (kolonialen) Fassade. Annähernd 3000 Menschen sollen hier täglich arbeiten. Für Besucher ist der riesige Markt eher eine Sehenswürdigkeit als ein Shopping-Paradies. Am interessantesten ist die „Lebensmittelabteilung“ im hinteren Teil, mit Fisch, Kröten, Schildkröten und einem duftenden Meer an Gewürzen wie Zimt, Sternanis und getrocknetem Chili. Auf den oberen Etagen kann man die unendliche Fülle an Stoffen bewundern.

Traditional House

Unser Tipp: Das **historische Kaufmannshaus** aus dem Jahr 1890 wurde 1999 restauriert und in seinen ursprünglichen Zustand zurückversetzt. Es kann besichtigt werden.

■ **Traditional House,** 87 Ma May, Mo–Fr 8–17, Sa/So 8–22 Uhr, 20.000 đ.

Im Traditional House wird Geschichte lebendig

Long-Bien-Brücke

Die imposante, 1,7 km lange Brücke über den Roten Fluss wurde gebaut vom Büro *Daydé & Pillé*, nach dem Entwurf von *Gustave Eiffel*. Die Stahlkonstruktion, die zum Zeitpunkt ihrer Einweihung (1903) die längste Brücke Indochinas war, hieß anfangs Paul-Doumer-Brücke, benannt nach dem damaligen Generalgouverneur von Indochina, der das Eisenbahnnetz Vietnams ausbauen ließ. Die strategisch wichtige Eisenbahnbrücke wurde später im Vietnamkrieg mehrfach zum Ziel amerikanischer Bomben. Doch den Vietnamesen gelang es immer wieder, die Schäden zu beheben und die Brücke schnell wieder funktionsfähig zu machen. So wurde sie zu einem **Symbol der vietnamesischen Standhaftigkeit.**

Autos sind auf der Long-Bien-Brücke nicht zugelassen, aber auf beiden Seiten der Bahnschiene donnern die Motorroller im Linksverkehr über die Schlaglöcher der altehrwürdigen, zusammengeflickten (und sehr fotogenen!) Eisenbahnbrücke. Auf dem schmalen Gehsteig suchen nach Einbruch der Dunkelheit junge verliebte Paare ein bisschen

Zweisamkeit, indem sie dem ganzen Verkehr und Lärm einfach den Rücken zudrehen und über den Fluss blicken. **Tipp:** Mit dem Fahrrad oder Motorroller ein holprig-schönes Abenteuer, abends und nachts ein romantischer Spaziergang, den nur wenige Touristen entdecken; der Zugang zur Brücke liegt etwas versteckt an der Pho Gam Cau.

Hoan-Kiem-See

Den Chinesen erfolgreich die Stirn zu bieten, gelang Vietnam im Jahre 938 – aber auch dies war nicht das letzte Mal, dass das Land gegen China einen Helden brauchte. Die Legende von **König Le Loi,** der die Chinesen im 15. Jh. mit Hilfe eines magischen Schwertes vertrieb, stieg quasi vom Grund des Hoan-Kiem-Sees empor – dem wohl wichtigsten Wahrzeichen Hanois mitten in der Stadt, mit dem unverkennbaren kleinen, grauen, moosüberwachsenen **„Schildkrötenturm"** (Thap Rua, 1886) in der Mitte des Sees auf einer winzigen Insel. Der Legende nach soll eine Schildkröte aus dem See aufgetaucht sein, als *Le Loi* in seinem Boot auf dem Wasser war, und das Schwert zurückgefordert haben, das sie ihm zuvor gegeben hatte. Der Name des Sees bedeutet übersetzt denn auch „See des zurückgegebenen Schwertes". In Hanoi trifft man häufig auf Abbildungen und Mosaike, die eine Schildkröte mit einem Schwert im Maul zeigen.

An diesem Beispiel zeigt sich, wie dicht **Legenden, Mythen und Realität in Hanoi miteinander verwoben sind:** Denn im Hoan-Kiem-See lebte bis vor wenigen Jahren tatsächlich eine riesige, sehr alte Schildkröte. Sichtungen des Tieres galten als gutes Omen und machten stets Schlagzeilen. Ob dieses Exemplar so alt war, dass es vor sechs Jahrhunderten die Einhaltung von Verleihfristen für Kampfschwerter mit Erfolgsgarantie beaufsichtigt haben könnte, darf bezweifelt werden. Umstritten ist, ob es sich bei dieser Schildkröte um das einzige noch lebende Exemplar einer eigenen Spezies handelte – benannt wurde es von vietnamesischen Biologen nach dem siegreichen König: *Rafetus leloii.* Andere weisen die Schildkröte der Spezies *Rafetus swinhoei* zu, von der noch zwei Exemplare im Suzhou-Zoo im chinesischen Jiangsu leben, und ein wildes Exemplar in Vietnam, im Dong-Mo-See westlich von Hanoi. Die Schildkröte im Hoan-Kiem-See starb am 19. Januar 2016. Ihr Alter wurde auf etwa 100 Jahre geschätzt. Die Todesursachen waren „Kälte und hohes Alter", meldeten die Behörden.

An den Wochenenden werden die Straßen rund um den Hoan-Kiem-See als **Fußgängerzone** für den Verkehr gesperrt.

Tipp für Frühaufsteher: Bei Sonnenaufgang mutiert jede freie Fläche am See zum Freiluft-Fitnesstreff. Aerobic-Gruppen schwenken die Hüften zu lauter Popmusik aus dem Gettoblaster (bevorzugt „Boom boom boom boom" von den *Vengaboys*), ältere Herren schwingen die Arme, einige joggen, da und dort wird auch Tai Chi praktiziert. Zum Beispiel vor der *Ly-Thai-To*-Statue am Ostufer an der Dinh Tien Hoang. Das gleiche Schauspiel bietet sich übrigens auch vor der *Lenin*-Statue an der Dien Bien Phu sowie rund um den Westsee (Ho Tay) – der zudem in aller Herrgottsfrühe von Hunderten von Radfahrern umrundet wird.

603v un

Jadeberg-Tempel (Den Ngoc Son)

Vom Ostufer des Sees führt eine anmutige **rote Holzbrücke,** The Huc (Brücke der Aufgehenden Sonne, 1885), zur Insel Ngoc Son (Jadeberg), die man durch das mit Kalligrafien verzierte Tor der Schrift betritt; der überdimensionale steinerne Tuschpinsel (Thap But) zuvor erinnert an die Kunst der Literatur.

Der ursprüngliche Tempel stammt aus dem 13. Jh., die heutige Substanz aus dem frühen 19. Jh. Aber die Verehrung für *Tran Hung Dao,* den genialen Mongolenbezwinger, sowie für *Van Xuong,* den Schutzherrn der Literatur, und *La To,* den Patron der Ärzte, ist noch die gleiche geblieben. Im Tempel ist in einer Glasvitrine eine riesige ausgestopfte Schildkröte ausgestellt, die 1967 verletzt aus dem Hoan-Kiem-See gefangen wurde und kurz danach verstarb.

■ **Jadeberg-Tempel,** Mo–Fr 7–18, Sa/So 7–21 Uhr, 30.000 đ.

Ville Française

Das ehemalige Europäerviertel mit seinen schattigen Alleen und Fin-de-Siècle-Villen, heute großteils mustergültig restauriert, umschließt den Hoan-Kiem-See und breitet sich südwärts bis etwa auf die Höhe des Bahnhofs aus. An der Südseite des Sees verläuft die Pracht-

und Flanierstraße des französischen Hanoi, die von den stolzen Kolonisten einst als „Rue de la Paix des Fernen Ostens" gefeierte Rue Paul Bert, heute **Trang Tien,** eine merkwürdige Mischung aus Kolonialnostalgie und Realsozialismus (fast alle Häuser sind in Staatsbesitz). Richtung Fluss erblickt man das 1901 erbaute **Opernhaus,** eine verkleinerte Replica der Grand Opera von Paris, noch weiter Richtung Fluss erstreckt sich das langgezogene Gebäude der ehemaligen École d'Extrême Orient, in der heute das **Historische Museum** untergebracht ist.

Gleichfalls am Ostufer des Sees lagen Rathaus und Schatzamt, die **Post** mit ihrem markanten Uhrturm und die wuchtige **Banque de l'Indochine** (1930), heute Verwaltungsgebäude der Außenhandelsbank. Die **Residenz des Gouverneurs** (seit 1954 Gästehaus der Regierung) ist das prachtvolle Art-Déco-Gebäude schräg gegenüber dem 1992 restaurierten **Sofitel Legend Métropole Hanoi** (1901, → Unterkunft, S. 75).

Südlich der Trang Tien erstreckt sich das ehemalige Geschäfts- und Verwaltungsviertel mit schnurgeraden, von mächtigen Bäumen bestandenen Boulevards und Alleen voller prächtiger Villen zwischen Neo-Klassik, Art Déco, Jugendstil und Pariser Renaissance.

Die Heiligabend 1886 eingeweihte **Kathedrale Saint Joseph** liegt westlich des Sees. Die Franzosen ließen dafür die bedeutendste und größte Pagode Hanois, den zehnstöckigen Chua Bao Thien, schleifen und veranstalteten danach eine Lotterie, um ihre Kirche zu finanzieren.

☐ Der Stadtgründer Ly Thai-To wird bis heute verehrt

■ **Kathedrale Saint Joseph,** tgl. (außer 8–11 und So 13–17 Uhr) kostenlos zugänglich. Messen: Mo–Fr 5.30 und 18.15 Uhr, Sa 5.30 und 18 Uhr.

„Hanoi ist sauber, aber entstellt und fleckig; es erinnert an eine Badewanne, die mit scharfen Reinigungsmitteln so oft gescheuert worden ist, bis sie die Glasur verloren hat. Soweit ich sehen konnte, bildete die Behebung von Bombenschäden die einzige Bautätigkeit in der Stadt und ihrer Umgebung. Im Zentrum, wo im August und noch einmal im Oktober zwei dicht bevölkerte Wohnblocks von Bomben getroffen worden waren (als „Industrie"-Ziele kamen nur ein Haushaltswarengeschäft und eine kleine Fahrradreparaturwerkstätte in Frage), steht man noch knietief im Schutt und zwischen verbogenen Federmatratzen. Die Bevölkerung geht wegen des Krieges schon um 6 Uhr morgens zur Arbeit. Die Geschäfte werden um 5, manche schon um 4 Uhr geöffnet. Die Bomber kämen, bedeutete man uns, selten vor 9 Uhr. „Sie wollen wohl damit sagen, dass die Piloten erst noch ein warmes Frühstück zu sich nehmen müssen", sagte ich ironisch. „Wir haben keine Erklärung dafür", erwiderten sie, „aber es ist eine Erfahrungstatsache." In der Innenstadt gibt es alle paar Meter einzelne Betonzylinder, die Ein-Mann-Löchern gleichen; sie sind mit runden Deckeln aus Beton oder geflochtenem Bambus versehen und gewähren Schutz gegen Splitterbomben. Im Notfall bieten sie zwei kleinen Vietnamesen Platz. Hunderte fabrikneuer Betonzylinder lagen auf den Bürgersteigen herum und warteten darauf, in das Pflaster eingelassen zu werden, und tagaus tagein wurden von Lastwagen weitere Zylinder abgeladen."

(*Mary McCarthy*, 1968)

401v aw

Rund um den Ba-Dinh-Platz

Auf dem mehrere Fußballfelder großen Paradeplatz, dem einstigen Zentrum der französischen Macht in Indochina (rund 500 m westlich der Zitadelle), proklamierte *Ho Chi Minh* am 2. September 1945 die Unabhängigkeit Vietnams.

Das Palais des Generalgouverneurs von Indochina – später Sitz des vietnamesischen Ministerpräsidenten – dient heute repräsentativen Zwecken wie Staatsempfängen und dergleichen.

Gegenüber des Ho-Chi-Minh-Mausoleums steht das **Gebäude der Nationalversammlung** (2014), nach dem Entwurf des deutschen Architekturbüros *gmp (Gerkan, Marg und Partner).* Die Architektur greift mit ihrer Grundform aus Kreis und Quadrat, die für Himmel und Erde stehen, vietnamesische Traditionen auf und interpretiert sie auf moderne Art und Weise.

Ho-Chi-Minh-Mausoleum

Ho-Chi-Minh-Mausoleum

Über 55 Jahre ist *Ho Chi Minh* schon tot, aber noch immer lässt er die Partei nicht los. Falsch: Sie lässt ihn nicht los. Sie braucht ihn. Und heute, angesichts **Korruption** und **Verschwendungssucht** in den eigenen Reihen, mehr denn je. Onkel *Ho,* der personifizierte revolutionäre Geist harter Arbeit und spartanischen Lebens im Dienste des Volkes.

In seinem **Testament,** das sein Nachfolger *Le Duan* unterdrückte und das von der Partei erst 1990, mehr als zwei

Jahrzehnte nach seinem Tod, veröffentlicht wurde, hatte *Ho* sich sowohl ein Staatsbegräbnis wie eine Ausstellung seines Leichnams verbeten und stattdessen eine einfache Einäscherung verfügt.

Das 1975 vollendete marmorne Totenhaus wirkt trotz seiner Monumentalität nicht einmal übertrieben klotzig. Besucher defilieren unter Aufsicht einer Eskorte schweigend und zügig im Gänsemarsch um den gläsernen Sarg, um einen Blick auf die wächsernen, effektvoll ausgeleuchteten Züge *Ho Chi Minhs* zu werfen.

Ein besonderes Schauspiel ist die **Parade der Ehrengarde** beim Hissen und Einholen der Flagge unter den Klängen der Nationalhymne (tgl. 7 und 21, im Sommer 6.30 und 20.30 Uhr).

■ **Ho-Chi-Minh-Mausoleum,** an der Hung Vuong, Eingang an der 5 Ngoc Ha, außer Mo und Fr 8–10.30 Uhr, Wartezeiten bis zu 1 Std., normalerweise von Anf. Sept. bis Anf. Nov. zwecks „Auffrischung" der Mumie geschlossen, Eintritt frei.

Ho Chi Minhs Haus

Im weitläufigen Park des Gouverneurspalastes, seinem offiziellen Amtssitz als Präsident der Republik, ließ *Ho Chi Minh* ein schlichtes, im Stil der Tay (bei denen *Ho* nach seiner Rückkehr aus dem Exil Unterschlupf gefunden hatte) gebautes Holzhaus errichten, von dem aus er von 1958 bis zu seinem Tod 1969 über die Geschicke des Landes waltete. Es bestand aus kaum mehr als einem einfach, ja spartanisch eingerichteten Arbeits- und Schlafzimmer, davor ein kleiner Lotosteich mit Goldfischen. Inzwischen hat man das schlichte Häuschen in einen protzigen Hochglanz-Bungalow umgewandelt.

■ **Ho Chi Minhs Haus,** Di–Do und Sa/So 7.30–11 und 13–16 Uhr, 25.000 đ.

Ein-Pfahl-Pagode (Chua Mot Cot)

Die kleine Pagode, die inmitten eines Lotosteichs wie ein etwas zu groß geratenes Geisterhäuschen auf einem massiven Pfeiler thront, ist **eines der ältesten Baudenkmäler Hanois** (1049), in seiner heutigen Gestalt allerdings nur mehr die Rekonstruktion einer Rekonstruktion.

Der Legende nach erschien dem alternden und kinderlos gebliebenen *Kaiser Ly Thai To* eines Nachts im Traum die Göttin *Quan Am,* die auf einer Lotosblüte ruhte und ihm einen kleinen Jungen entgegen hielt. Als daraufhin ein männlicher Nachkomme geboren wurde, ordnete der überglückliche Monarch den Bau der Pagode in Form einer offenen Lotosblüte an.

Der ursprüngliche Chua stand auf einem gewaltigen Baumstumpf (die Annalen sprechen von einer Höhe von bis zu 40 m, was übertrieben erscheint), wurde im Lauf der Jahrhunderte aber mehrfach zerstört und wieder aufgebaut. Als die Franzosen 1954 Hanoi verlassen mussten, machten sie die Anlage dem Erdboden gleich. Aus den Überresten wurde der heutige Chua rekonstruiert, der seitdem auf einem hässlichen Betonstummel ruht. Eine kleine Treppe führt zum Kultraum mit der Statue der „Kinderbringerin" *Quan Am.* Die Schlange der anstehenden Frauen mit Opfergaben zeigt, dass man auf die Barmherzigkeit der Göttin noch heute hofft.

Altstadt-Glossar

Bat Dan	Schüsseln Holz
Bat Su	Schüsseln Keramik
Cau Go	Brücke Holz
Cha Ca	Gericht Fisch
Cho Gao	Markt Reis
Gia Ngu	Boot Fischerei
Hang Bac	Silber
Hang Be	Bambusboot
Hang Bo	Korb
Hang Bong	Baumwolle
Hang Bot	Reismehl
Hang Buom	Segel
Hang Bun	Reisnudeln
Hang Ca	Fisch
Hang Can	Waage
Hang Chai	Flasche
Hang Chi	Faden
Hang Chieu	Matte
Hang Chinh	Keramik
Hang Cot	Sieb/Reuse
Hang Da	Leder
Hang Dao	Seide
Hang Dau	Öl
Hang Dau	Sojabohnen
Hang Dieu	Wasserpfeife
Hang Dong	Bronze
Hang Duong	Zucker
Hang Ga	Huhn
Hang Gai	Hanf
Hang Giay	Schuhe
Hang Giay	Papier
Hang Hanh	Zwiebel
Hang Hom	Truhe
Hang Huong	Räucherstäbchen
Hang Khay	Tablett
Hang Khoai	Kartoffeln
Hang Luoc	Kamm
Hang Ma	Papier, Votivgaben
Hang Mam	Fischsauce
Hang Manh	Bambuswände
Hang Mo	Holzinstrumente
Hang Muoi	Salz
Hang Ngang	Mittelstraße
Hang Non	Strohhut
Hang Phen	Essig
Hang Quat	Fächer
Hang Ruoi	Fliege
Hang Than	Holzkohle
Hang Thiec	Zinn
Hang Thung	Kiste
Hang Tre	Bambus
Hang Trong	Trommel
Hang Vai	Stoff
Hang Voi	Kalk
Lan Ong	(Heil-)Kräuter
Lo Ren	Schmiede
Lo Su	Sarg
Ma May	Rattan
Ngo Gach	Ziegel
Thuoc Bac	Kräutermedizin

Ho-Chi-Minh-Museum

Die Fortsetzung des Mausoleums mit anderen Mitteln. Als das zu seinem 100. Geburtstag errichtete Gemeinschaftswerk vietnamesischer und russischer Künstler und Architekten 1990 seine Pforten öffnete, mutete es in seinem Protz und Symbolismus noch wie ein *Disneyworld* des realexistierenden Sozialismus an. Im 1. Stock die **Vergangenheit:** Dokumente aus *Hos* Leben (Fotografien, Handschriften, Zeitungsartikel, Memorabilien). Im 2. die **Zukunft:** eine fulminante Abfolge von heimlicher Kunst und unheimlichem Kitsch. Auf seine Art durchaus sehenswert!

■ **Bao Tang Ho Chi Minh,** 19 Ngoc Ha, Di–Do und Sa/So 8–12, 14–16.30 Uhr, 40.000 đ.

Ho Tay (Westsee)

Der Westsee ist ein toter Arm des Roten Flusses und mit einem Umfang von 14 km der größte See Hanois. In der Vergangenheit bauten Kaiser und Mandarine dort ihre Sommervillen, hier lagen verwunschene Pagoden und kleine Handwerksdörfer, die Hanoi u.a. mit Blumen und Gemüse belieferten. Heute residieren an seinen Ufern Politprominenz, Neureiche und ausländische Diplomaten und Geschäftsleute – die feinste Adresse der Hauptstadt, eine Welt für sich mit entsprechender Infrastruktur.

Eine Uferstraße ermöglicht eine **Rundfahrt** um den See (per Fahrrad oder Motorbike). Zu entdecken gibt es u.a. romantische Cafés, fast ein Dutzend Pagoden (Chua Kim Lien aus dem 12. Jh.!), Lotosfelder und populäre Restaurants.

Am Südostufer des Sees, knapp 500 m nördlich des Ba-Dinh-Platzes, trennt seit dem 17. Jh. der **Thanh-Nien-Damm** den kleinen **Ho Truc Bach** (Weiße-Seide-See) ab. Er verdankt seinen Namen den unbotmäßigen Konkubinen der Trinh-Fürsten, die an seinem Ufer zur Strafe Seide spinnen mussten. Im Oktober 1967 wurde das Flugzeug von *John McCain* über dem Truc-Bach-See abgeschossen. Er landete mit dem Fallschirm im Wasser und saß dann als Kriegsge-

☒ Lotosfeld im Westsee

518v aw

Hanoi, Zentrum

0
200 m
©Reise Know-How
Vinam76 14/25
Essen und Trinken
2 Old Hanoi
3 Ray Quan
4 Café Kinh Do 252
5 La Badiane, Luna d'Autunno
6 Quan An Ngon
7 Namaste
8 Pho Bien
9 Nang Tam
10 Maison Sen
11 Kaiser Kaffee Restaurant
12 Uu Dam Chay
13 Trang Tien
14 Spice Garden
16 Casa Italia
18 Maison Sen
19 El Gaucho
Westlake
Hang Bac
Hang Dao
Luong Van Can
Straßen-markt
Cau Go
Wasserpuppen-theater
Bach Dang
Tran Quang Khai
Lo Su
Den Ngoc Son
H. Voi
Le Thai To
Hang Trong
Hoan Kiem See
Dinh Tien Hoang
Tran Nguyen Han
Chua Ba Da
Schildkrötenturm
Le Lai
Vietcombank
Ly Thai To
Nha Chung
Hauptpost
Tong Dan
H. Khay
L'Espace (Franz. Kulturzentrum)
Trang Tien
Historisches Museum
Hai Ba Trung
Trang Tien Plaza
Oper
Frauenmuseum
Ngo Quyen
Le Thanh Tong
Pham Ngu Lao
Nguyen Khoai
Ba Trieu
Bai
Hang
Phan Chu Trinh
Nham
Ham Long
Thi
Tran Hung Dao
Han Thuyen
Van Huu
Trieu Viet Vuong
Mai Hac De
Pho Hue
Cho Hom Markt
Ngo
Tran Xuan Soan

Kulinarisches am Truc-Bach-See

Karte Seite 42

■ Auf der kleinen Insel lässt sich in mehreren einfachen Restaurants die Köstlichkeit **Pho Cuon** genießen: Rollen aus Reisnudel-Teig, gefüllt mit Rindfleisch und Kräutern. Auch lecker: **Pho Chien Phong,** frittierte Reisnudel-Teigtaschen mit Rindfleisch, Wasserspinat und Soße.

10 Das urige Nostalgie-Restaurant **State-Run Food Shop 37** (Mau Dich 37) an der 37 Nam Trang serviert traditionelle nordvietnamesische Speisen. Die Rechnung kommt auf Rationen-Coupons geschrieben.

9 Indische Gerichte auf mehreren Etagen serviert **Foodshop 45** an der 59 Truc Bach.

11 In der halboffenen, typischen Bierkneipe **Bia Hoi** neben der 1 Tran Vu gibt es auch einfache Speisen und Snacks.

■ Ein Spaziergang durch den **Chau-Long-Markt** östlich des Sees mit seinen Fleisch-, Fisch- und Früchteständen lohnt sich.

■ **Cafés** gibt es in Hülle und Fülle.

10 In der **Standing Bar** (oben mit Terrasse, man kann übrigens auch sitzen!) gibt es mehr als zehn Sorten Craft Beer, Cider, Mini-Spießchen und Snacks. Regelmäßig Konzerte und Comedy Shows. 170 Tran Vu, www.fb.com/standingbarhanoi.

fangener fünfeinhalb Jahre lang unter anderem im Hoa-Lo-Gefängnis. Beiderseits des von Flammenbäumen bestandenen Dammes kann man romantische Schwanenboote mieten.

[>] Ein stolzer Konfuzius erwartet die Besucher im Literaturtempel

Quang An Blumenmarkt

Für Ultra-Frühaufsteher und Nie-Zubettgeher! Ein Feuerwerk von Blüten in allen Farben und Formen: Jenseits der Deichstraße findet jeden Morgen ein riesiger Blumenmarkt statt. Lkw bringen ihre Ware aus den Blumendörfern außerhalb Hanois wie Nhat Tan und Quang An. Der größte Trubel herrscht ab etwa 2 Uhr morgens, aber es geht schon gegen **Mitternacht** los. Auf der Nebenstraße entlang der Deichstraße an der Mauer vor dem Markt finden sich mehrere Essstände mit Tischen, wo sich Nachtschwärmer mit Nudelgerichten wie *My Xao Bo* (Nudeln mit Rindfleisch) stärken können – um sich danach zum Sonnenaufgang direkt dem Früh-Aerobic am Westsee anzuschließen!

■ **Quang An Blumenmarkt,** 236 Au Co, etwa am Nordende der Xuan Dieu.

Pagoden und Tempel

In der **Altstadt** wurden mit französischer Unterstützung Tempel und Pagoden, die lange als Wohnungen, Lagerhallen o.Ä. zweckentfremdet waren, restauriert und wieder zugänglich gemacht. Die Bewahrung des Kulturerbes durch Verwendung traditioneller Techniken steht dabei im Vordergrund. Den Quan De ist einem General aus der Zeit der Drei Königreiche gewidmet (28 Hang Buom). Dinh Kim Ngan war Gemeindehaus der Gold- und Silberschmiede (42–44 Hang Bac), Dinh Dong Lac (38 Hang Dao) das der Seidenhändler.

Weitere Pagoden und Kultstätten → Umgebung von Hanoi.

Literaturtempel (Van Mieu)

Kaiser Ly Thanh Tong, der dritte Kaiser der Ly-Dynastie, ließ den Tempel **1070** als einen Ort der Verehrung für den chinesischen Philosophen **Konfuzius** erbauen. Wenig später, 1076, begründete sein Nachfolger *Ly Nhan Tong* quasi als „Anbau" das Quoc Tu Giam (Institut der Söhne des Landes), die **erste Universität Vietnams,** an der er persönlich die ersten Examina abhielt. Die Gebäude der Universität liegen im Nordhof und sind Rekonstruktionen.

Die Anlage besteht aus einer streng gegliederten, dem eigentlichen Heiligtum vorgelagerten Abfolge von Toren und Höfen. Die Benutzung der Hauptallee und der mittleren Tore war dem Kaiser vorbehalten, die Mandarine benutzten entsprechend ihrem Rang die äußeren Tore und Wege.

Symbolisch für die vier Prüfungsstufen passiert man nacheinander **vier Tore.** Vom dreiteiligen Haupttor **Van Mieu** Mon, an dem zwei steinerne Drachen Wache halten, führt die gepflasterte Hauptallee über das Tor **Dai Trung** (Große Mitte) zu dem nach einer bedeutungsvollen Sternkonstellation benannten Tor **Khue Van Cac.** Der 1802 über dem Portal errichtete Pavillon war dem Schutzgeist der Dichter und Gelehrten geweiht und als Ort literarischer Debatten und Lesungen berühmt.

Dahinter öffnet sich der wichtigste Hof der Anlage mit dem **Brunnen der Himmlischen Klarheit** (Thien Quang Tinh), zu dessen Seiten je **41 Stelen** auf dem Rücken steinerner Schildkröten ruhen, dem Sinnbild für Weisheit und Dauer. Die Tafeln verewigen die Namen der 1306 Preisträger, die zwischen 1442 und 1779 als Sieger aus insgesamt 82 Li-

604v sb

Hanoi, Literaturtempel

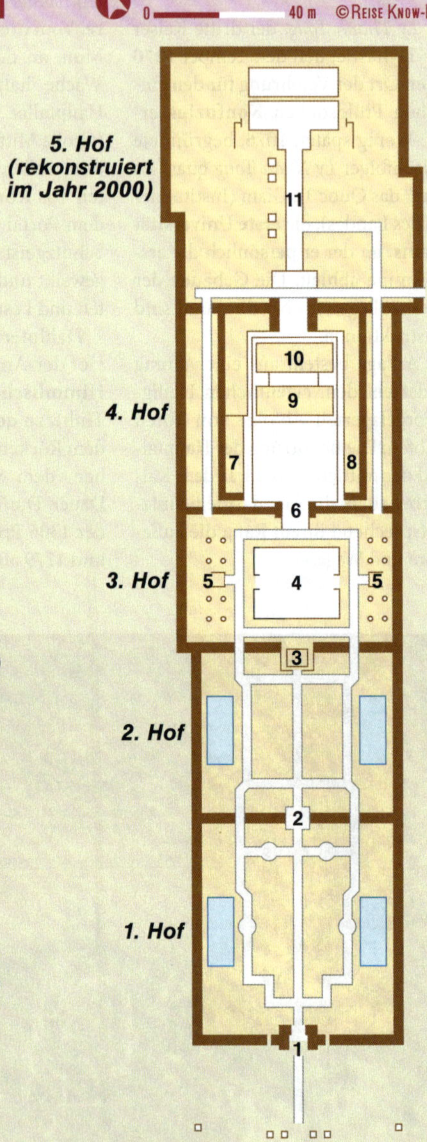

1 Van Mieu Mon (Haupttor)
2 Dai Trung Mon (Tor Große Mitte)
3 Khue Van Cac (Pavillon)
4 Thien Quang Tinh (Hof der Stelen mit Brunnen der Himmlischen Klarheit)
5 Bia Tien Si (Stelen der Gelehrten)
6 Dai Thanh Mon (Tor Großer Erfolg)
7 Schrein der Schüler des Konfuzius
8 Schrein der Schüler des Konfuzius
9 Dai Bai Duong (Haus der Zeremonien)
10 Thuong Dien (Heiligtum des Konfuzius)
11 Thai Hoc Vien (Hof und Klassenzimmer)

teraturprüfungen hervorgegangen waren. Die Auswahlkriterien waren äußerst streng; 1733 bestanden von 3000 Kandidaten lediglich acht die 35 Tage dauernde Prüfung (→ Exkurs „Examina im Zeichen des Konfuzius", S. 60). Bis vor einigen Jahren war es ein verbreiteter Brauch bei Studenten, vor ihrem Examen den Literaturtempel zu besuchen, um den Kopf der Schildkröten zu berühren; dies ist mittlerweile nicht mehr gestattet. Die Spuren des Brauches sind jedoch noch sichtbar, einige der Schildkrötenköpfe sind vom jahrelangen Glückbringen ganz speckig geworden.

Durch das Tor **Dai Thanh** („Großer Erfolg") betritt man den letzten Hof mit den Säulenhallen Ta Vu und Huu Vu, die dem „Kult der 72 Weisen", den besten Schülern des *Konfuzius,* gewidmet waren (zu denen allerdings nur ein Vietnamese, *Chu Van An,* 1293–1370, gehörte). Sie wurden 1947 zerstört und 1954 wieder aufgebaut. An der Stirnseite des Hofs erhebt sich der **Bai Duong,** das Große Haus der Zeremonien, auf dessen geschwungenem Dach sich zwei Drachen gegenüberstehen, die die Mondscheibe halten. Im Inneren befindet sich der **Altar des Konfuzius,** flankiert von zwei überdimensionalen Bronzekranichen, die dem Meister die Ergebnisse der Prüfungen zu melden hatten.

Unmittelbar im Anschluss beginnt das eigentliche Heiligtum **Dai Thanh,** die Ehrenhalle des Großen Erfolgs. Vierzig rot lackierte Säulen aus Ebenholz tragen das geschwungene, mit den Symbolen des Wissens und der Weisheit verzierte Dach. Im Inneren befindet sich ein **vergoldeter Altar** mit einer Statue des *Konfuzius,* ihm zur Seite je zwei seiner Nachfolger und Gedenksteine außerordentlicher Schüler. Am ersten Tag des Mondmonats pilgerten die Schüler des *Quoc Tu Giam* mit ihren Lehrern hierher, um dem Meister ihre Ehrerbietung darzubringen und den Erfolg der Studien zu erflehen. Im Hintergrund kann man eine Sänfte erkennen, in der in einer Zeremonie die **Diplome der Preisträger** durch die Straßen getragen wurden. Die Oberfläche der tischhohen Steine wurde zum Mischen von Tinte benutzt.

■ **Van Mieu,** Eingang an der Quoc Tu Giam, tgl. 8–17 Uhr, 70.000 đ.

Tran-Vu-Tempel

Als *Ly Thai To* Hanoi 1010 zur Hauptstadt ernannte, ließ er zum Schutz der Stadt nahe dem Nordtor den Tempel des *Tran Vu* errichten. Der Den Quan Thanh, wie er auch genannt wird, wurde mehrfach umgebaut, zuletzt 1893, und gilt als der bedeutendste **daoistische Tempel** Hanois.

Der Kult des Zauberers und Dämons *Huyen Thien Tran Vu* („Großer Herrscher des Schwarzen Himmels") war aus **China** eingeführt. Alle seine Attribute korrespondieren mit denen des *yin:* Norden, Tod und Nacht. Der Legende nach sandte ihn der Himmel, um die Stadt von einem **neunschwänzigen Ungeheuer** zu befreien. Bei ihrem ungestümen Kampf stampften sie einen großen Krater in den Boden, der sich mit dem Wasser des Roten Flusses füllte und den Westsee erzeugte.

Die 4 m hohe, 4 t schwere und mit schwarzglänzender Emaille überzogene **Bronzestatue** im Innern wurde wie die große Glocke 1677 gegossen; sie zeigt

Examina im Zeichen des Konfuzius

Ziel der in Abständen von drei Jahren abgehaltenen Examina war, **fähige und qualifizierte** (statt nur durch ihre adelige Herkunft privilegierte) **Staatsdiener** zu rekrutieren. Im Zeitalter des Gottkönigtums (Angkor Wat) und der genetischen Prädestination („ein Affe bleibt immer ein Affe, ein Nobler produziert immer andere Noble") ohne Zweifel ein großer Fortschritt und Keimzelle nahezu „demokratischer" Prinzipien.

Theoretisch war zu den Prüfungen jedermann zugelassen (außer Frauen und „unzuverlässige Elemente"), der fest auf dem Boden des Grundgesetzes und der bestehenden Ordnung stand. Zigtausende Kandidaten versuchten oft ihr ganzes Leben lang, den Maßstäben gerecht zu werden, da selbst noch die niederste Stufe des Mandarinats mit den höchsten Privilegien verbunden war. Erfolglose Kandidaten gingen als hochgeachtete **Privatlehrer,** öffentliche **Schreiber** oder **Heilkundige** in ihre Dörfer zurück und gaben ihr Wissen an die Bevölkerung weiter.

Die **Prüfungen** bestanden aus Abhandlungen über Literatur, Ethik, Politik, poetische Komposition und das „richtige" Abfassen administrativer Texte. Formelhaft und praxisfeindlich, auf die Verewigung des Status Quo ausgerichtet und im Lauf der Zeit immer realitätsfremder, wurden die Prüfungen zwar mehrfach „reformiert", blieben im Prinzip jedoch über die Jahrhunderte hinweg immer gleich. Gelehrsamkeit und Wissen waren alles, Entwicklung, Forschung, Geschichte und das Bewusstsein von Individualität – alles, was ständigem Wandel unterworfen ist – blieb tabu.

An den Prüfungstagen strömten aus allen Teilen des Landes **Aberhunderte Kandidaten** herbei, die als Sieger regionaler Tests hervorgegangen waren. Mit Zelt, Bambusliege und Schreibgerät ausgerüstet, nahmen sie eine etwa fußballplatzgroße, von Bambuszäunen eingegrenzte Fläche in Beschlag, auf der sie 30 bis 35 Tage examiniert wurden; von Wachtürmen und auf dem Rücken von Elefanten kontrollierten Aufseher den ordnungsgemäßen Ablauf. Erstmals 1075 im Quoc Tu Giam durchgeführt, blieb dieses Ritual bis 1915 (Hanoi) bzw. 1918 (Hue) praktisch unverändert erhalten.

Der Literaturtempel ist ein beliebter Fotospot für frisch gebackene Absolventinnen

605v sb

1

Tran Vu auf sein Schwert gestützt, um das sich als Zeichen seiner Macht eine Schlange windet, die Schildkröte zwischen seinen Füßen symbolisiert seine Weisheit. Unter den Franzosen hieß der Den irrtümlich „Temple du Grand Bouddha“, aber nicht jede Statue des Fernen Ostens ist ein *Buddha*. Man beachte die Holzschnitzereien, das Schiff über dem Eingangsportal und die Einlegearbeiten der Spruchtafeln, auf denen Bildmotive chinesische Schriftzeichen formen.

■ **Tran-Vu-Tempel,** am Südostufer des Westsees, tgl. 8–17 Uhr, 10.000 đ.

Bach-Ma-Tempel

Auch dieser Den in der Altstadt, der **Tempel des Weißen Pferdes,** gilt als einer der vier Haupttempel der Thang Long Epoche. Als *Ly Thai To* seine Hauptstadt verlegte, konnte kein sicherer Grund für die Zitadelle gefunden werden. Da erschien dem König ein weißes *(bach)* Pferd *(ma)* und zeigte ihm die Umrisse der Befestigungsmauern an. Es galoppierte von Ost nach West, stoppte drei Mal, scharrte mit dem Huf und verschwand. Der König baute Wälle entlang der Hufspur, und – anders als zuvor – hielten diese sowohl dem Angriff der Feinde als auch der Fluten stand. Natürlich stammt heute nichts mehr aus der „Gründerzeit“ um 1010, aber das „Weiße Pferd“ wird noch verehrt, und der 2010 restaurierte Schutzgeisttempel mit schönen Schnitzereien aus dem 18. Jh. ist durchaus sehenswert.

■ **Bach-Ma-Tempel,** 76 Hang Buom, tgl. 8–11 und 14–20 Uhr.

Tran-Quoc-Pagode

Die Pagode geht auf eine Gründung des 6. Jh. zurück und wurde in ihrer heutigen Gestalt im 15. Jh. aufgebaut – ursprünglich lag sie am Roten Fluss. Eine **Stele von 1639** im Garten inmitten von Totentafeln und Stupas verstorbener Mönche erzählt ihre Geschichte.

Der hübsche Chua auf einer kleinen Insel im Westsee ist mit dem Thanh-Nien-Damm durch einen schmalen Pfad verbunden. Ein schöner Ort, um zwischen schattigen Bäumen und alten Grabmälern und mit Blick auf den See zu entspannen.

■ **Tran-Quoc-Pagode,** Thanh Nien Road, tgl. 8–16 Uhr, Eintritt frei.

Ba-Da-Pagode

1010 kam bei Erdarbeiten für den Bau der Zitadelle eine kleine steinerne Frauenstatue zum Vorschein, der man magische Kräfte zuschrieb. Zu ihrer Verehrung wurde die **Pagode der Steinernen Frau** errichtet; die ursprüngliche Figur ging verloren und wurde später durch eine hölzerne Nachbildung ersetzt. Der von Gläubigen stets gut besuchte Chua besticht durch seine mystische Zeitlosigkeit und intime Aura.

■ **Ba-Da-Pagode,** 3 Nha Tho, tgl. 8–21 Uhr.

Quan-Su-Pagode

Die **Botschafter-Pagode,** seit dem 15. Jh. eine Art Gästehaus für Gesandte anderer buddhistischer Nationen, wurde

1934 Sitz der *Buddhistischen Vereinigung* und von Grund auf erneuert und erweitert. Der Chua ist einer der bestbesuchten der Stadt, besonderen Zuspruch findet die Statue der *Quan Am,* der Göttin mit den hundert Armen („Lady Buddha"). Der Versammlungsraum hinter dem Hauptgebäude zeigt Szenen aus dem Leben *Buddhas.*

■ **Quan-Su-Pagode,** 73 Quan Su (zwischen Ly Thuong Kiet und Tran Hung Dao), tgl. 7.30–11.30 und 13.30–17.30 Uhr.

Hai-Ba-Trung-Tempel

Der 1143 errichtete Tempel ist den ersten Heldinnen der vietnamesischen Geschichte gewidmet. Nach ihrem Sieg über die Han-Besatzer im Jahr 39 hatten sich die beiden Schwestern *Trung Trac* und *Trung Nhi* zu Königinnen krönen lassen; angesichts der Übermacht der rachedurstigen Feinde stürzten sie sich in den Roten Fluss, um den Erzfeinden nicht in die Hände zu fallen. Der Schrein mit ihren Statuen – beide kniend, mit zum Himmel erhobenen Armen, bereit, sich in die Fluten zu werfen –, wird nur zum Tempelfest am 5./6. Tag des 2. Mondmonats geöffnet. An den reich ausgestatteten Den schließt sich eine Pagode zu Ehren der daoistischen Muttergöttin *Mau* an, bei der kinderlose Frauen Zuflucht suchen.

■ **Hai-Ba-Trung-Tempel,** nördlich des Thanh-Nhan-Sees, Pho 337, nur So geöffnet.

[>] In der Eingangshalle des Ethnologischen Museums begegnen den Besuchern alle 54 ethnischen Gruppen, die in Vietnam leben

Museen

Ethnologisches Museum

Trotz seiner etwas abgeschiedenen Lage (8 km nordwestlich des Zentrums) ist das innovative Völkerkunde-Museum inzwischen das beliebteste und am meisten besuchte der Hauptstadt.

In der großen Außenanlage sind Häuser ethnischer Minderheitenvölker aufgebaut, die für Besucher zugänglich sind. Zum Beispiel das imposante, alles überragende Gemeinschaftshaus der **Bahnar,** einem Bergstamm im Zentralen Hochland, mit dem 19 m hohen Dach. Das Haus steht auf Pfählen, 3 m über dem Boden, und lässt sich über vier steile Holztreppen erklimmen. Oder das 42 m lange Langhaus der matrilinealen **Ede:** Nach der Heirat zieht der Ehemann ins Haus der Familie seiner Frau. Die Frauen betreten das Haus durch den Vordereingang, der mit Brust- und Mondsichel-Symbolen verziert ist. Männer nutzen den Hintereingang. 16 Familienmitglieder lebten in diesem Haus einer einflussreichen Familie in der Provinz Dak Lak, jedes Ehepaar hatte sein eigenes Zimmer. Chefin des Hauses war die Großmutter, zusammen mit ihrer ältesten Tochter. Das Grab der **Jarai** ist mit geschnitzten Fruchtbarkeitssymbolen verziert, dargestellt sind schwangere Frauen und Männer mit erigierten Penissen. Auf dem Gelände befinden sich auch ein kleines **Wasserpuppentheater** sowie ein Restaurant. Das 1997 eröffnete **Ausstellungsgebäude** *(Bronze-drum-Building),* ein Entwurf des Architekten *Ha Duc Linh* vom Volk der Tay, stellt eine Bronzetrommel (Dong-Son-Trommel) dar und ermöglicht Einblicke in das

606v sb

Alltagsleben der 54 ethnischen Gruppen, die bis heute über Vietnam verteilt leben. Die Beschreibungen gibt es auf Englisch und Französisch sowie mit multimedialer Begleitung (→ Exkurse zu den Bergvölkern, S. 116 und S. 132).

Im danebenliegenden **Kite Building** laden die Kulturen von Asien, Ozeanien, Amerika und Afrika zum Entdecken ein. Dazu gehört indonesisches Schattenspiel genauso wie Masken aus dem Kongo. Zudem gibt es einen speziellen Raum, in dem Kinder die Welt entdecken können und ein Kino.

■ **Bao Tang Dan Toc Hoc,** Nguyen Van Huyen, Cau-Giay-Distrikt, Tel. 37652193, www.vme.org.vn, Di–So 8.30–17.30 Uhr, 40.000 đ, Grab ca. 3–5 $. Bus Nr. 14 ab Old Quarter.

Historisches Museum

Im kolonialen Prachtbau der ehemaligen Residenz des Generalgouverneurs und späteren *École Française d'Extrême Orient* (1932) werden auf zwei Stockwerken über 2000 Exponate ausgestellt, deren thematische bzw. chronologische Gliederung von der **Bronzezeit** (Dong-Son-Trommeln) über den **tausendjährigen Krieg gegen China** bis zum antikolonialen **Befreiungskampf Ho Chi Minhs** reicht. Anschauliche Darstellungen vergegenwärtigen berühmte Schlachten wie die „Speerfalle" *Tran Hung Daos* am Bach-Dang-Fluss. Ein Kurztrip durch die Geschichte Vietnams mit beeindruckenden Ausstellungsstücken.

■ **Bao Tang Lich Su,** 1 Trang Tien (hinter der Oper), Di–So 8–12 und 13.30–17 Uhr, 40.000 đ.

Museum für Kunstgeschichte

Lohnt allein schon wegen der Kopien der berühmten tausendarmigen **Quan Am** aus dem Chua But Thap und der zwölf überaus lebensnahen **Arhats** des Chua Tay, die beide zu den schönsten und gelungensten buddhistischen Holzskulpturen Vietnams zählen. Im Erdgeschoss Artefakte der Bronzezeit und der großen Dynastien des 11.–17. Jh. (darunter wundervolle Holzfriese aus alten Gemeindehäusern!), im Obergeschoss vornehmlich Gemälde des 20. Jh. (Fazit: Selbst während der Kriege gab es nicht bloß Sozialistischen Realismus!). In einem Seitentrakt ein gelungener Überblick über populäre Volkskunst wie z.B. Tet-Drucke oder die naiv-anrührenden, „polynesisch“ anmutenden Holzstatuen der Jarai des Zentralen Hochlands.

■ **Bao Tang My Thuat** (Fine Arts Museum), 66 Nguyen Thai Hoc (gegenüber dem Literaturtempel), https://vnfam.vn/en, tgl. 8.30–17 Uhr, 40.000 đ.

Armeemuseum

Memorabilia und Modelle von der Rebellion der Schwestern *Trung* im Jahr 39 über die Schlacht von Dien Bien Phu bis zum chinesischen „Vergeltungsschlag“ von 1979. Im Hof ein surrealer Trümmerhaufen abgeschossener Bomber, erbeuteter Panzer, siegreicher Flakgeschütze – eindrucksvoll die zusammengestauchten Massen des **B-52-Bombers.** Der **Wachturm** Cot Co (1812) ist eines der letzten Relikte der alten Zitadelle.

■ **Bao Tang Quan Doi** (Vietnam Military History Museum), 28A Dien Bien Phu, www.btlsqsvn.org.vn, Di–Do und Sa/So 8–11.30 und 13.30–16.30 Uhr, 40.000 đ.

519v aw

Zitadelle Thang Long

Erst zur Tausend-Jahr-Feier Hanois 2010 wurde die Zitadelle der Öffentlichkeit in weiten Teilen zugänglich gemacht und von der UNESCO in die **Welterbeliste** eingetragen. Die Ly-Dynastie begann mit dem Bau im Jahr 1010, als sie Hanoi zur Hauptstadt ernannte und der Stadt den Namen „Thang Long“, „Aufsteigender Drache“, gab. Die Zitadelle blieb über mehrere Jahrhunderte das Zentrum der Macht, bis 1810, als Vietnams letzte Dynastie, die Nguyen-Dynastie, die Hauptstadt nach Hue verlegte. Der Großteil der Gebäude wurde zerstört. Zu den wenigen nach ihren alten Strukturen restaurierten Gebäudeteilen gehören das Haupttor Doan Mon, wiederaufgebaut während der Nguyen-Dynastie, das Nordtor Cua Bac (1805), der Flaggenturm (1812), die Treppen des Kinh-Thien-Palasts mit den Stein-Drachen aus dem 15. Jh. und der Hau Lau-Palast.

Nach 1954 bis zum Ende des Vietnamkrieges 1975 wurde das Areal zum Hauptquartier des Militärs. Den 9 m tiefen **Bunker D67,** der 1967 gebaut wurde, kann man besichtigen. Der berühmte

General *Vo Nguyen Gap* hatte sein Büro hier.

Bei den Bauarbeiten für die neue Nationalversammlung stießen die Arbeiter 2003 auf **Überreste der Zitadelle aus der Thang-Long-Ära.** Einige der Relikte sind vor Ort ausgestellt (auf der gegenüberliegenden Straßenseite).

■ **Hoang Thanh Thang Long,** 9 Hoang Dieu, www.hoangthanhthanglong.vn, Di–So 8–17 Uhr, 30.000 đ.

Frauenmuseum

Das sympathische Museum dokumentiert die Geschichte der vietnamesischen **Frauenbewegung,** die anders als in anderen asiatischen Ländern nicht erst seit den „Märtyrerinnen" des Sozialismus eine große Tradition hat. Angeschlossen ist eine gesonderte Abteilung der ethnischen Minderheiten (Kostüme etc.).

■ **Bao Tang Phu Nhu,** 36 Ly Thuong Kiet, tgl. 8–17 Uhr, 40.000 đ.

Hoa-Lo-Gefängnis

Das berühmt-berüchtigte Zentralgefängnis von Hanoi („Hanoi Hilton"), in dem zwischen 1964 und 1973 Hunderte amerikanische Bomberpiloten logierten, wurde 1997 abgerissen, um zwei Hochhäusern Platz zu machen. Erhalten blieb nur der ursprüngliche Kern, das französische **Maison Central von 1896.** Das gut besuchte Museum erinnert sehr anschaulich – mitsamt Folterinstrumenten, einer Wander-Guillotine usw. – an die brutale Unterdrückung der vietnamesischen Freiheitskämpfer seitens der Kolonialisten.

■ **Hoa-Lo-Gefängnis,** 1 Hoa Lo, tgl. 8–17 Uhr, 50.000 đ.

B-52 Victory Museum, B-52-See und Doi Can

Während der „Weihnachtsbombardierungen" 1972 wurden zwanzig B-52-Bomber über Hanoi abgeschossen. Einer landete in einem kleinen Tümpel südlich des Westsees, seine Überreste (mitsamt Fahrwerk und Reifen) sind dort noch heute zu sehen. In einem kleinen Museum werden der Luftangriff und der heroische Kampf der Hanoier dokumentiert.

■ **B-52 Victory Museum,** 157 Doi Can (unweit des Ho-Chi-Minh-Mausoleums), Di–Fr und So 8–11.30 und 13–16.30 Uhr, Eintritt frei.

■ Den **B-52-See** erreicht man über die Gasse 135 Doi Can (mit hübschen Cafés um den Huu-Tiep-See), dann links in die 158 Ngoc Ha, und dann rechter Hand (auf *Google Maps* als Ho B52 eingetragen).

■ An der 211 Doi Can befindet sich die hübsche, von Touristen kaum besuchte **But-Thap-Pagode** in einem verträumt-ruhigen Garten (Zugang auch durch ein Tor in der Mauer der Gasse 209 Doi Can). Dahinter beginnt ein Labyrinth von verzweigten Gassen, das es zu entdecken gilt.

■ Eine hervorragende *Bun Ca,* Nudelsuppe mit Fisch, bietet das Restaurant **Bun Ca Banh Da Hai Phong** an der 92 Doi Can, www.bunca.vn (auch als *Banh Da Ca* mit den dunklen flachen Nudeln erhältlich).

◁ Flaggenturm der Zitadelle

403v aw

Polizeimuseum

Kleines, neu gestaltetes Museum mit Beschriftungen auf Vietnamesisch, Englisch und Französisch. Präsentiert wird **Polizeigeschichte seit 1945,** es geht um Helden, Spione und Uniformen, unter den Perlen der Ausstellungsstücke sind die Dokumentation einer Razzia mit beschlagnahmten Hühnern, Mogel-Utensilien für Examen einschließlich Perücke und beschlagnahmte gefälschte Luxus-Handtaschen.

■ **Polizeimuseum,** 67 Ly Thuong Kiet, Mo–Fr 8–11 und 13.30–17 Uhr, Eintritt frei, Gratis-Führungen auf Englisch.

Handwerksdörfer

Keramikdorf Bat Trang

Keramikelefant oder Essstäbchenhalter? Kaum einer kehrt ohne ein blau-weißes Souvenir aus dem traditionellen Töpferdorf Bat Trang am Ostufer des Roten Flusses zurück, in dem **seit über 700 Jahren** hochwertige Keramik geformt, koloriert und gebrannt wird. Kein Haus oder Hof des Weilers ohne qualmenden Brennofen – das war einmal. Die handwerkelnden Bewohner haben sich mittlerweile auf gesünderes (allerdings auch teureres) Gas umgestellt, die zahlreichen Besucher danken es ihnen. Mittlerweile sind viele der Waren von anderswo importiert (Stempel beachten).

■ **Anfahrt:** Ca. 16 km südöstlich von Hanoi, über Chuong-Duong-Brücke, dann scharf rechts 8 km am Fluss entlang. Bus Nr. 47. Infos und Touren unter www.authenticbattrang.vn.

Seidendorf Van Phuc

In Van Phuc wird qualitativ hochwertige Seide (Brokat, Satin, Crêpe de Chine) **seit dem 16. Jh.** hergestellt. Rund 900 Weber arbeiten im Dorf, viele noch mit alten Webstühlen. Natürlich ist auch hier jedes Haus ein Laden und die Souvenir-Seide nicht immer beste Qualität. Schnäppchen sind möglich, doch sollte man mit der Materie vertraut sein.

■ **Anfahrt:** 8 km südwestlich des Zentrums, Richtung Ha Dong, Bus Nr. 2 (z.B. ab Trang Tien) bis kurz vor Endstation.

Originelle Töpferkunst

Praktische Informationen

- **Einwohner:** 7,6 Mio. (5,1 Mio. im Zentrum)
- **Vorwahl:** Tel. 024
- **Fläche:** 3329 km²

Ankunft

Flughafen

- Der **Noi Bai International Airport** liegt 35 km nordwestlich der Stadt auf dem linken Ufer des Roten Flusses, www.hanoiairportonline.com.
- **Geld:** In der Ankunftshalle befinden sich Bankschalter mit ATM. Korrekter Kurs.
- **Taxi:** Ein Taxi in die Stadt kostet ca. 320.000 đ. Mit einem *Grab* ist die Strecke für gut 300.000 đ zu schaffen (→ „Praktische Reisetipps A–Z, Verkehrsmittel").
- **Shuttlebus:** 50.000 đ. Mehrere Busse und Minibusse (z.B. von *Vietjet* oder *Jetstar*) stehen vor dem Terminal rechts. Mehrere Stopps im Zentrum. Manchmal muss man lange warten, bis der Bus abfährt. Die Busse halten an den Einfahrten zum Old Quarter. Von dort geht es zu Fuß oder mit dem Taxi oder *Grab* weiter zum Ziel.
- **Stadtbus:** Die Linie 86 verkehrt alle 30 Min. und verbindet die Stadt und das Old Quarter mit dem Internationalen Flughafen. Ab Old Quarter dauert die Fahrt ca. 80 Min., dafür werden 45.000 đ fällig.

Busbahnhöfe für Fernbusse

- **My Dinh,** 20 Pham Hung, ca. 10 km westlich. **Giap Bat,** ca. 6 km südlich. **Gia Lam,** östlich des Roten Flusses an der Ngo Gia Kham (ca. 2 km); → „Weiterreise".

Bahnhof

- **Hauptbahnhof** an der 120 Le Duan, in die Altstadt ca. 1 km.
- **Bus:** Vom Bahnhof Linie 1 bis Hang Ga, Hang Dieu. Vom Busbahnhof Linie 3 (Ben Xe Gia Lam), aussteigen in der Hang Voi, Hang Muoi. 5000 đ.

Geld

- **ATM:** Bankomaten findet man reichlich und über die ganze Stadt verteilt.

Gesundheit

- **Family Medical Practice,** 298 I Kim Ma, Tel. 38430748, www.vietnammedicalpractice.com. Renommierte israelische Privatklinik mit internationalen Ärzten, ein paar Betten, Rettungswagen und einer guten Apotheke. Die Klinik ist eine gute Anlaufstelle bei Krankheit und Notfällen. Rund um die Uhr geöffnet.
- **French Hospital,** 1 Phuong Mai, Notruf 35741 111, Tel. 35771100, www.hfh.com.vn/en/home.
- **Peace Dental Clinic,** Lotte West Tower, 54 Lieu Giai, Tel. 37152286, www.fb.com/peacedentalhanoi. Sehr empfehlenswerte Zahnärzte.
- **Apotheke:** in der Altstadt, 2 Hang Bong. 97 Hang Bac. 119 Hang Gai.

Post

- **Hauptpost** (mit dem großen Uhrturm) am Ostufer des Hoan-Kiem-Sees, 75 Dinh Tien Hoang, tgl. 6.30–21 Uhr. Zu den Internationalen Schaltern Eingang ganz rechts.
- **DHL:** https://mydhl.express.dhl/vn.

Information

- **Tourist Information and Support Center,** 28 Hang Dau Street, Tel. 1336677, www.fb.com/28hangDau, tgl. 9–20 Uhr.

Kulturinstitute

- **Goethe-Institut,** 56–58 Nguyen Thai Hoc, Tel. 37342251, www.goethe.de/ins/vn/de/sta/han.html, Mo–Fr 9–17 Uhr. **Bibliothek** (Mo–Sa 10–12 und 14–17 Uhr) mit Multimedia-PCs, Ausstellungen, Veranstaltungen, Restaurant. In zwei Art-déco-Villen der 1930er-Jahre nahe dem Literaturtempel.
- **L'Espace,** 15 Thien Quang Street, Hai Ba Trung, www.ifv.vn/fr/notre-reseau/institut-francais-de-hanoi. Französisches Kulturzentrum.

Diplomatische Vertretungen

- **Deutschland:** 29 Tran Phu, Ba Dinh District, Tel. 024/32673335 oder (im Notfall) Tel. 0903407033, www.vietnam.diplo.de/vn-de, Mo–Fr 8–12, Mo–Do zusätzlich 13–15 Uhr.
- **Österreich:** 53 Quang Trung, Tel. 024/39433050, dringende Notfälle Tel. 0903424443, www.bmeia.gv.at/oeb-hanoi.
- **Schweiz:** 44B Ly Thuong Kiet, (im *Hanoi Central Office Building,* 15. Etage), Tel. 39346589, Helpline rund um die Uhr Tel. +41 800247365, www.eda.admin.ch/hanoi, Mo–Fr 10–12 Uhr, nachmittags nur mit Termin. (Für alle konsularischen Angelegenheiten ist das Konsulat in Ho Chi Minh City zuständig.)

Reiseagenturen

Ein ebenso breites wie unübersichtliches Spektrum von **Reiseagenturen, Tourveranstaltern** und **Travellercafés** – praktisch allesamt in der Altstadt ansässig – bietet Dienste aller Art (Touren, Visa, Hotelvermittlung, Flug- und Zugbuchung, Auto- und Motorradvermietung etc). Preise wie Leistungen differieren oft ganz erheblich, Vergleichen lohnt sich stets.

Ein- und Mehrtagestouren

- **ODC Travel** (seit 1993), 43 Hang Bo. Tel. 38288729, www.odctravel. com.vn. Gut organisiert, sehr verlässlich. Touren werden ausschließlich online und durch eigene Büros verkauft, d.h. wo *ODC* draufsteht, ist auch *ODC* drin (keine Verschiebung in andere Touren); das Tourprogramm ist ein Muster an Präzision bis ins Detail.
- **Ocean Tours,** 22 Hang Bac, Tel. 0903234628, www.fb.com/oceantoursofficial. Ehrgeiziges und flexibles Team und ebenfalls äußerst zuverlässig. Einer der wenigen Veranstalter, die auf einer Tour sowohl Halong als auch Cat Ba anbieten.
- **APT** *(Asia Pacific Travel),* 87 Hoang Quoc Viet Street, Tel. 0904488850, www.asiapacifictravel.vn. Wohl der günstigste – seriöse! – Anbieter. Nicht frei von Pannen oder Überbuchungen (Kunden werden auf andere Touren abgeschoben).
- **Ethnic Travel,** 35 Hang Giay, Tel. 0912783358, www.ethnictravel.com.vn. Kleiner, sehr individueller Veranstalter für Neugierige und Abenteuerlustige (z.B. Bai Tu Long); kleine Gruppen, abseits der Massen, eher *Homestays* statt Hotels. Von vielen Lesern gelobt.

Individuelle Budget-Trips

Für günstige Touren, aber vor allem auch für Bus- und Bahntickets (mit Hotel-Pickup), Visa, *Homestays* etc. und Beratung für das Reisen auf eigene Faust:

■ **True Color Tours,** 80/1 P. Tu Hoa, Quang An, Tel. 0912223966, www.fb.com/TrueColorTours1. Sehr kompetent und freundlich. Expats vertrauen dem kleinen Reisebüro von *Lai* und *Daniel* seit Jahren.

■ **Backpackers Hostel,** 36 Xuan Dieu Street, Tay Ho, www.vietnambackpackerhostels.com. Kompetentes Reisebüro für entdeckungsfreudige Urlauber jeden Alters. Bieten auch eigene Touren an, die sich v.a. an Backpacker- und Party-Leute richten.

Spezialanbieter

Teurer, aber dafür auch professioneller und besser organisiert, mit hochwertigerem Equipment (Zelte, Kayaks, Bikes) und besser geschultem Personal.

Unser Tipp: **HanoiKultour,** 14, Alley 43/4, Nguyen Thi Dinh Street, Tel. 962848184, www.hanoikultour.com. Der deutsche Journalist *Christian Oster* lebt seit 2004 in Hanoi. Seine Touren zu Fuß (auf Deutsch) durch die Nebengassen und hinter die Kulissen der Altstadt Hanois werden schon seit vielen Jahren von Gästen begeistert weiterempfohlen, mittlerweile organisiert der Vietnamkenner mit seiner kleinen Firma und seinem Kollegen *Ralf Dittko* maßgeschneiderte Privatreisen in ganz Vietnam von Nord bis Süd, von einfach bis luxuriös – z.B. auch nach Ha Giang, Pu Luong, Cuc Phuong, in die Ha-Long-Bucht, Cat Ba, Hue und Ho Chi Minh City.

Handspan Travel Indochina, 78 Ma May, Tel. 39262828, www.handspan.com. Dezidiert als Alternativunternehmen gegründet (ökologisch, individuell). Nicht zuletzt für aufwendigere Touren (Trekking, Kayaking, Mountainbiking etc.) zu empfehlen.

■ **Vietnam Buffalo Tours,** Alley 39C Ly Quoc Su Street, Tel. 982093688, www.vietnambuffalotour.com. Vornehmlich Vertragspartner ausländischer Unternehmen, hat aber auch für Individualreisende einiges zu bieten.

■ **Topas Adventure,** 3 Alley 12/70 Dang Thai Mai, Quang An, Tel. 2473094899, www.topastravel.vn. Dänisch-vietnamesische Expeditionsfirma (Trekking, Bergsteigen usw.).

Per Auto, Geländewagen, Fahrrad, Motorrad

■ **Mietwagen:** Der Preis richtet sich nach Fahrtziel und Dauer, generell sind ca. 50–70 $ am Tag zu veranschlagen.

■ **Motorrad:** Voraussetzung sind Fahrkenntnisse auch auf rauem Terrain, Internationaler Führerschein, private Versicherung.

■ **Cuong's Motorbike Adventure,** 80 Đê Tô Hoàng, Phuong Cau Den Quan Hai Bà Trung, Tel. 3632 0682 oder 0918763515, www.cuongs-motorbike-adventure.com. Pionier der Motorradszene in Vietnam (1998). Motorradtouren und solche mit *Ural Sidecar* und *US Army Jeep.* (Mehr-)Tagestouren, z.B. nördliches Bergland nahe der chinesischen Grenze und Ha Giang (besonders empfehlenswert, die wohl schönste Region für Motorradtouren! Beste Zeit für Fahrten: April/Mai, Sept.–Dez.); Hanoi-Hoi An via Ho Chi Minh Trail; Pu Luong und Mai Chau.

■ **Flamingo Travel,** 66 Dao Duy Tu, Tel. 912214 554, www.flamingotravel.com.vn. Motorrad-Vermietung und Touren – auch *self-guided* GPS-basierte Touren. Professionell, gute Beratung.

Open Tours

Zwischen Hanoi und Hue verkehren deutlich weniger Unternehmen als im Süden:

■ **The Sinh Tourist,** 52 Luong Ngoc Quyen, Tel. 2838389597, www.thesinhtourist.vn. Der Branchenriese aus Ho Chi Minh City ist im Norden weniger zuverlässig als im Süden, aber für die *Open Tour* immer noch die beste Wahl.

Stadtführungen

■ **Altstadttour auf Deutsch: HanoiKultour,** www.hanoikultour.com. Privattouren halb- oder ganztags in Kleingruppen oder exklusiv; witzig, anekdotenreich und anschaulich erklärt *Christian Oster* die Stadt, das Alltagsleben in Vietnam, Religion, Kultur, und alles vom Ahnenaltar über Kaffee, *Konfuzius* und Verkehrschaos bis zum Zentralkomitee. Auf Wunsch z.B. auch mit Schwerpunkt Kulinarik und *Street Food;* →„Spezialanbieter".

■ **Sophie's Art Tour,** www.sophiesarttour.com. Einblicke in die **Kunstszene** bietet diese Tour in Hanoi (wird auch in Ho Chi Minh City angeboten).

■ **Hanoi Free Walking Tours,** 23 Ma May Steet, Hang Buom Ward, Tel. 933190483, www.hanoifreewalkingtours.com. Eine gemeinnützige Organisation, die 2012 von einer Gruppe Universitätsstudenten gegründet wurde. Sie möchten Besuchern bei ihren Spaziergängen ihre Heimatstadt, den Lebensstil und die kulturelle Identität von Hanoi vorstellen. Kosten entstehen offiziell keine, Spenden und ein kleines Honorar werden gerne gesehen.

607v sb

Stadtverkehr

Hanoi, und vor allem die Altstadt, entdeckt man am besten zu Fuß – trotz des Gewusels, der zugeparkten Gehsteige, der Hitze und der Tatsache, dass Einheimische kaum freiwillig einen Schritt zu Fuß gehen.

Per Taxi und Bus kommt man zu Stoßzeiten im Zentrum nur langsam vorwärts, für längere Strecken stellen sie jedoch eine bequeme Option dar. Die kostenfreie **App BusMap Hà Noi** hilft bei allen Fragen ums Weiterkommen: Verbindungen sowie minutengenaue Abfahrts- und Umstiegszeiten, Live-Nachverfolgung und Kosten – alles da.

Stadtbus

■ Die recht zuverlässigen **Buslinien** verkehren in der Regel zwischen 5 und 20 Uhr alle 15–20 Min. Start und Endziel sind an der Frontscheibe angezeigt. Pro Fahrt sind 5000–7000 đ, bei Fahrtunterbrechung oder Umsteigen ist neu zu zahlen.

■ **www.tramoc.com.vn,** auch auf Englisch (Tieng Anh).

Interessante Linien für Besucher

■ **1 (Long Bien – Ha Dong – Yen Nghia):** Zwischen Altstadt (Hang Cot, Hang Ga, Hang Dieu, Tran Hung Dao) und Bahnhof, auch zum Busbahnhof Yen Nghia.

■ **3 (Giap Bat – Gia Lam):** Zwischen Süd-Busbahnhof Giap Bat, Tran Hung Dao, Altstadt (Hang Voi, Hang Tre) und Ost-Busbahnhof Gia Lam jenseits der Chuong-Duong-Brücke.

■ **9 (Bo Ho – Bo Ho):** Rundkurs zwischen Hoan-Kiem-See (Nordufer), Hang Bong, Dien Bien Phu und Ho-Chi-Minh-Mausoleum (aussteigen Le Hong Phong).

■ **14 (Bo Ho – Co Nhue):** Zwischen Hoan-Kiem-See (Nordufer), Dong-Xuan-Markt und Ethnologie-Museum.

Cyclo und Xe Om

■ **Fahrrad-Rikschas** *(Cyclo)*, einst *das* Personen- und Lastengefährt der Hauptstadt, sind fast ausgestorben. Für sie ist in den vollgestopften Straßen kaum noch Platz zum Fahren. Sie transportieren ausnahmslos Touristen. Am Nordende des Hoan-Kiem-Sees, beim Kreisverkehr, können sie angeheuert werden, z.B. für eine Rundfahrt um den See – um den wahnwitzigen Verkehr einmal aus nächster Nähe zu erleben. Preis im Vorfeld aushandeln (150.000 đ pro Stunde und *Cyclo* sollten reichen).

■ **Moped-Taxi** (*Xe Om*, ausgesprochen „ssä om"). Fahrer warten an allen Straßenecken und belebten Plätzen auf Kundschaft (die Jungs, die einen mit „Motobye?" ansprechen). Auch hier sollte der Preis vorab verhandelt werden (Kurzstrecke je nach Verhandlungsgeschick ab 25.000 đ). Wesentlich günstiger und reibungsloser fährt man allerdings mit den Motorbikes von *Grab*.

Fahrrad, Motorrad und E-Auto

■ **Fahrräder** *(Xe Dap)* sind in Hanoi kaum mehr zu mieten. Gute Räder (auch Mountainbikes) bietet das *Hanoi Bicycle Collective* am Westsee, 29 Nhat Chieu, Tel. 37183156, www.fb.com/THBC.VN.

■ **Motorräder:** *Hanoi Motorbikes*, 13 Ngo Gach, Hoan Kiem, Tel. 866569998, http://hanoimotorbike.com. Die Firma verkauft und vermietet Motorräder. *Rent a bike Vietnam* hat ebenfalls einen guten Ruf, 15a Ng. 12 Đ. Dang Thai Mai, Tel. 0904392423, www.rentabikevn.com.

■ **Electric Car:** Entspannt die Altstadt per E-Auto zwischen Hoan-Kiem-See und Dong Xuan Markt erkunden: Es werden 13 Sehenswürdigkeiten angefahren. Start Dinh Tien Hoang am Wasserpuppentheater, 30 Min. 200.000 đ.

Taxi

Meter Taxis sind erschwinglich – schon zu zweit kommen sie meist billiger als ein *Xe Om* – und können auch telefonisch bestellt werden. Für Strecken außerhalb der Stadt werden normalerweise Pauschalen ausgehandelt. Zu den zuverlässigsten gehören:

■ **Mai Linh:** Tel. 38222666.
■ **Hanoi:** Tel. 38535353.
■ **Hanoi CP:** Tel. 38262626.
■ Günstigste Alternative: **Grab.**

Metro

■ Die **Metrolinie 2A** verkehrt von Cat Linh bis Yen Nghia, westlich der Stadtmitte. Für Urlauber ist die Linie sinnvoll, wenn sie die Yen Nghia Busstation anpeilen oder das Ho Chi Minh Trail Museum.

☒ Zum Abschluss einer Stadtführung noch schnell ein Foto auf der berühmten Long-Bien-Brücke

Unterkunft

Hotel, Mini, *Guesthouse* oder Hostel – allein in der Altstadt gibt es Hunderte! Alles in allem wird man geräumige, saubere Zimmer mit AC, Warmwasser, Minibar, Gratis-WiFi, Satelliten-TV, Telefon etc. fast überall finden. **Günstige Zimmer haben oft kein Fenster** – im Zweifelsfall nachfragen. Auch darauf achten, ob der Preis pro Zimmer oder pro Person angegeben wird und ob Frühstück, VAT und *Service Charge* im Preis inbegriffen sind.

Die Unterkünfte mitten in der **Altstadt** von Hanoi nördlich des Hoan-Kiem-Sees bieten den Vorteil, dass sie zentral gelegen sind und vieles zu Fuß erreichbar ist, allerdings ist man direkt mitten im hektischen, lärmigen Geschehen in den vollgestopften Straßen – Unterkünfte im etwas ruhigeren **„French Quarter"** in der Umgebung der Oper, am Rande des **Hoan-Kiem-Quartiers** und im **Westsee-Quartier** bieten mehr Entspannung.

Tipp: Viele Unterkünfte lassen ihre Gäste bei Reservierung vom Flughafen oder Bahnhof abholen; einfach per E-Mail Flugnummer und Ankunftszeit mitteilen und nach dem Tarif fragen. Zu beachten ist zudem, dass in Vietnam alles kopiert wird – auch Hotels. So gibt es oft mehrere Hotels mit dem gleichen Namen, auch wenn sie manchmal nicht das Geringste miteinander zu tun haben, man muss also auf die genaue Adresse achten. Es kommt auch vor, dass Hotels bei Überbuchung ihre Gäste ungefragt in einem anderen Hotel unterbringen wollen, oder dass ein gebuchtes Zimmer bei früher Ankunft vor 14 Uhr noch nicht bereit ist.

Tipp: Im Zweifelsfall lieber ein teureres Zimmer in einer günstigeren Unterkunft buchen als ein Billigzimmer in einem „gehobeneren" Hotel.

Karte Seite 42

16 Lotte Hotel Hanoi⑤, 54 Lieu Giai, Tel. 33331 000, www.lottehotel.com. Im Ba-Dinh-Quartier Nähe Zoo westlich des Zentrums. 318 Zimmer (davon 83 Suiten) im oberen Teil des *Lotte Tower,* dem zweithöchsten Gebäude Hanois (65 Etagen) – die Aussicht ist grandios. Spa, Sauna, Fitnessraum, Außen-Pool.

13 Anise②-④, 22 Quan Thanh, Tel. 39274672, www.anisehotel.vn. Modernes Hotel, Asia-Chic nähe Wasserturm und Hang-Dau-Park im Norden der Altstadt. Gutes Frühstück auf der 11. Etage. Zimmer oberhalb der 4. Etage mit Fenster wählen für gute Aussicht! Frühmorgens kann man die Hanoier im Park beim Fitness, Aerobic und Tai Chi sehen.

1 InterContinental Hanoi Westlake⑤, 5 Tu Hoa Cong Chua, Tel. 62708888, www.ihg.com. Das Domizil wurde 2008 auf Plateaus über dem Westlake errichtet und ist berühmt für seine *Sunset Bar* mit ihrem grandiosen Sonnenuntergang. 360 Zimmer/ Suiten mit großen Balkonen, wahlweise Blick auf Pool oder See.

Karte Seite 44

22 Apricot Hotel⑤, 136 Hang Trong, Tel. 38289 595, www.apricothotels.com. Gutes Hotel im Zentrum zwischen See und Kathedrale, mit Kunstausstellungen lokaler Größen in der Lobby. *Roof Top Bar* mit Pool und Blick auf den Hoan-Kiem-See, Spa, Panorama-Fitnessraum, 123 Zimmer, etwas klein für den Preis.

18 Splendid Star Suite Hotel③-④, 28 Au Trieu, Tel. 39382174, www.splendidstarhotel.com. Zimmer mit Blick auf die Kathedrale, manche mit Balkon. Geräumig, hell, sauber, super für den Preis! Man kann sich für 50 $ auch die Honeymoon-Suite mit rundem Bett ganz oben mit Terrasse gönnen. Sehr freundliches Personal, gutes Frühstück.

26 **Sunline**③-④, 18 Bao Khanh, Tel. 39341818, www.sunlinehotel.vn. Japanisch geführt, in einer Nebenstraße mit wenig Verkehr, Nähe Kathedrale. 35 Zimmer, alle mit Fenster, *Executive Rooms* mit kleinem Balkon.

23 **Hanoi Pearl Hotel**④-⑤, 6 Bao Khanh, Tel. 39 380666, www.hanoipearlhotel.com. Tolle Lage im Zentrum, Nähe See und Kathedrale, in Nebenstraße mit wenig Verkehr. Mit Restaurant, Bar, Fitnessraum, Spa, Lift. 70 Zimmer.

25 **Hanoi Brilliant Hotel and Spa**④-⑤, 44 Hang Trong, Tel. 38220888, www.hanoibrilliantho telandspa.com. 25 Zimmer auf 8 Etagen, Restaurant-Lounge im 9. Stock. Unaufdringlich elegant, sehr gepflegt, viel Platz, exzellente Bäder. Einige Zimmer ohne Fenster, neun fantastische Suiten.

9 **Serene Boutique Hotel & Spa**⑤, 97 Nguyen Duy Hieu, Tel. 39234277, www.sereneboutiqueho tel.com. Erstklassige Lage, gute Ausstattung (alle 15 Zimmer u.a. mit Safe, Föhn, PC). Einige ohne Fenster/Aussicht.

3 **Hanoi Glance Hotel**③-④, 48 Bat Su, Tel. 3923 4568. Ideal für Ruhesuchende – fast alle der 20 Zimmer sind ohne Außenfenster; dafür: schöne Holzböden, sehr gute Bäder, aufmerksamer Service!

39 **Tirant Hotel**③-⑤, 38 Gia Ngu, Tel. 62655999, www.tiranthotel.com. Sehr schöne Lage, ganz besonders guter und aufmerksamer Service. Von den 63 Zimmern haben bis auf fünf alle Außenfenster; *Executives* im 6./7. Stock und Suiten im 8. Stock haben jeweils schöne Balkone zum Sitzen. Auf dem Dach zwei Terrassen, Bar, Pool (eher: Planschbecken), Gym, Spa; gutes BF-Buffet.

UNSER TIPP: **Elegance,** https://ehg.com.vn. In fast allen Punkten herausragend sind die Häuser dieser einheimischen „Kette" (zu der auch das **Elite Central Hotel** zählt, → unten). Design, Qualität sowie Wartung und Service sind vom Feinsten, was man in Vietnam in dieser Kategorie erwarten darf. Hübsche Details (wie frische Blumengestecke überall), pfiffige Lösungen, Höflichkeit ohne Routine, Verlässlichkeit (selbst beim *Travel Desk*). Diese Häuser sind für ihre Betreiber nicht nur Geldmaschinen, sondern Stätten der Gastlichkeit. Alle Zimmer mit Holzboden, WiFi, Laptop, Schreibtisch, Safe, Föhn, Wasserkocher, Früchteplatte, fast alle mit Fenster. Das BF-Buffet ist exzellent.

34 **Elegance Diamond**④-⑤, 32 Lo Su, Tel. 39351 632. 40 Zimmer mit und ohne Fenster. Im 12. Stock das Restaurant *Gourmet Corner,* in dem auch Frühstück gemacht wird.

45 **Elegance Emerald**③-④, 85 Ma May, Tel. 3926 3451. Das älteste und zentralste Haus. 25 Zimmer, nach hinten arg klein ohne Fenster (aber ruhig), nach vorn mit Fenster/Balkon/Terrasse.

44 **La Siesta Classic Ma May**④-⑤, 94 Ma May, Tel. 39263641, www.lasiestahotels.vn/mamay. 2014 wurde das Haus eröffnet und erstrahlt immer noch im alten Glanz. Mit Bar und Retaurant, guter Service, gutes Spa und eigenes kleines „Kino". 50 Zimmer.

5 **Bespoke Trendy Hotel Hanoi**⑤, 12 Nguyen Quang Bich, Tel. 39234026, www.bespokehotels.vn/trendyhn. Freundlich, guter Service. Hinterm Haus führt die Hanoi Railway vorbei. Mit Restaurant *Red Bean* und Bar. 70 moderne, geschmackvolle Zimmer, Suites, einige mit Balkon.

27 **Church Boutique**③-⑤, 35–37 Hang Trong, Tel. 39289955, http://churchhotel.com.vn. Liegt nahe der Kathedrale. Fünf weitere Hotels im Zentrum (→ Website).

24 **Maison D'Hanoi Boutique Hotel**③-④, 35–37 Hang Trong, Tel. 39234999. Hell, geschmackvoll, mit eigener Note – Vorreiter einer neuen Hotel-Generation in Hanoi. Mit Resto, Piano Bar, Spa im 13. Stock. 55 Zimmer, davon 33 Classic mit Innen-/Milchglasfenstern.

28 **Imperial Hotel & Spa**③-⑤, 44 Hang Hanh, Tel. 39335555, www.hanoiimperialhotel.com. Bestlage, großzügige Lobby. Mit Resto, Sauna, Fitness Center. 40 Zimmer, Zimmer unterhalb des 5. Stocks ohne Blick (Fenster sind zugebaut).

46 **Elite Central Hotel**③-④, 10/50 Dao Duy Tu (off Ta Hien), Tel. 39231212, www.elitecentralhotel.com. 12 Zimmer und ohne Lift! Wie bei allen Hotels der Kette: Man tritt in eine andere Welt ein. Höfli-

cher, freundlicher Service, kompetent, angenehme Farben und Formen. Mit Tageslichtschlitz/Fenster.

20 **Joseph's**③, 5 Au Trieu, Tel. 39381046. Gut geführt, freundlich, mit Blick auf die Kathedrale. Zehn Zimmer, zwei mit großem Balkon und kleinem Bett, acht mit Kingsize-Bett und Zierbalkon.

8 **Art Hotel Hanoi**②-③, 65 Hang Dieu, Tel. 3923 3868. 30 geräumige, ansprechend gestaltete DZ; nach hinten ruhig, vorne laute Durchgangsstraße.

35 **Classic Street Hotel**③ (Pho Co), 41 Hang Be, Tel. 383568396, www.classicstreethotelhanoi.com. Das erste modern gebaute Mini der Altstadt (1998) ist immer noch eine Empfehlung. 15 geräumige Zimmer mit großen Fenstern und Komplettausstattung.

Bei vielen Unterkünften ist das Frühstück inklusive, beispielsweise gibt es Pho im Elite Central Hotel

30 **Madam Moon**②-③, 17 Hang Hanh, Tel. 39939 678. Fünf geräumige, gut ausgestattete Zimmer mit Fenster (AC, Kühlschrank, TV etc.), nur die Bäder sind nicht sehr groß.

11 **Bodega**②-③, 133 Hang Bong, Tel. 38257503. Die Zimmer sind ein wenig abgewohnt, aber sauber und geräumig (viele ohne Fenster allerdings), und der Service ist eher besser als der Durchschnitt.

14 **Camellia**②, 12C Chau Cam, Tel. 38285936. Ruhige, hübsche Straße, 17 Zimmer, Lift, zum Teil ohne Fenster, manche richtig groß und mit Balkon/ Fenster, Zimmer ganz oben mit zwei Riesenbetten.

40 **Real Hanoi Hotel**①-②, 16C Trung Yen (off Dinh Liet), Tel. 38259468. Sehr ordentliches Haus in Bestlage (kleine Gasse) mit 16 Zimmern: Von winzig ohne Fenster bis geräumig mit großem Balkon.

40 **Camellia 6**①-②, 16A Trung Yen, Tel. 39260 119. Gleich daneben, im Vergleich etwas abge-

608v sb

609v sb

wohnter, aber sympathisch. 9 Zimmer, DZ oder Twin mit Fenster, einige mit großem Balkon.

47 **Prince 1**②, 51 Luong Ngoc Quyen, Tel. 8280 155. Bewährtes Haus, funktionell, aber geschmackvoll. 15 Zimmer. Gut Zimmer 303, hell, geräumig und ruhig.

10 **Manh Dung**①-②, 2 Tam Thuong, Tel. 38267 201. *Der* Klassiker (seit 1993, Neubau mit Lift 2007) in zentraler Altstadtlage in einer Gasse, in der noch heute Hanoier Alltag gelebt wird. Neun nicht sehr geräumige Zimmer, aber alle mit Fenster oder kleinem Balkon und z.T. Badewanne. Familiäre Atmosphäre am Frühstückstisch in der Küche, zuletzt unter der freundlichen Leitung von *Tung Trang*. Mit Ventilator, mit AC Aufpreis.

10 **Tung Trang Hotel**②, 13 Tam Thuong, Tel. 3828 6267, www.tungtranghotel.com. Sehr sauber. Elf Zimmer mit AC/Fan. Vorderzimmer haben Balkon und Blick auf eine Pagode, Mittelzimmer immerhin Seitenfenster. Super Zimmer 501 ganz oben (kein Lift!) mit Balkon und zwei großen Fenstern.

Im Central Backpackers Hostel trifft sich die jüngere Generation

10 **Thu Giang Guesthouse**①-②, 5A Tam Thuong, Tel. 38285734, thugiang@hotmail.com. In der gleichen Gasse, noch mal rustikaler. Acht Zimmer mit Gemeinschaftsbad, mit/ohne AC. Im Haus II, 35A Hang Dieu, fünf Zimmer.

1 **The One Hostel**①-②, 70 Hang Ma, Tel. 39320 991, www.onehostels.com. Betten von der Stange, aber kleiner, im Viererpack (wie im Zug), auch Family Rooms; *Happy Hour Specials* am Pool.

52 **Central Backpackers Hostel**①-②, 14–16 Thanh Ha, Tel. 366872293, http://centralbackpackers.com. Bei Jungen und Junggebliebenen begehrte Location mit Achter-Dorms, inkl. BF, Handtuch, AC, WW, WiFi, *Walking Tour, Pub Crawl.* Ein Haus, das von einem vietnamesischen Backpacker gegründet wurde, um anderen Backpackern ein Obdach zu geben. Zentrale Lage und ungemein beliebt – wozu sicher auch die *Rooftop Bar* und gratis Bier (19–20 Uhr) beitragen.

Karte Seite 54

UNSER TIPP 14 **Sofitel Legend Métropole** ⑤, 15 Ngo Quyen, Tel. 38266919, www.all.accor.com. Alle logierten sie hier im ehemaligen Grandhotel, von *Charlie Chaplin* bis *Mick Jagger,* 2011 auch

Angela Merkel. Schon seit 1901 macht „man" der großen alten Dame von Hanoi seine Aufwartung. Keine Standard-Weltläufigkeit, sondern auf Tradition und Individualität gegründete Unverwechselbarkeit. Das 400-m²-Spa wurde 2011 zum besten Asiens gekürt. Sehr schöne, atmosphärische Pool-Bar, auch für Nicht-Hotelgäste lohnenswert, sonntags wunderbares Brunch-Buffet. 364 Zimmer.

17 Conifer Boutique Hotel⑤, 9 Ly Dao Thanh, Tel. 32669999, www.coniferboutiquehotel.com. Intimes Haus in einer ruhigen Seitenstraße zwischen Oper und *Hotel Metropole* mit Restaurant/Bar. 34 Zimmer, z.T. klein, aber mit Bestausstattung, Holzboden etc., einige größer und mit Balkon.

21 De Syloia④, 27 DZ. 17A Tran Hung Dao, Tel. 38245346, www.desyloia.com. Intimes „Boutique"-Hotel im französischen Viertel mit gutem Restaurant, Fitness- und Business-Center.

Unser Tipp: **1 AIRA Boutique Hanoi Hotel & Spa**③-④, 38A Tran Phu Street, Tel. 39352 485, www.airaboutiquehanoi.com. Alle 60 Zimmer ausgestattet wie die *Elegance*-Häuser (Holzboden, Laptop etc.) und mit bildschönem hellen BF-Raum. Mit Tageslichtschlitz/Fenster, Verbindungszimmer (für 3–5 Pers.).

Essen und Trinken

Von süßen *bo bia*, kleinen Reispapierröllchen mit Zuckerrohr und Kokosnuss, die Verkäufer spätabends aus einer Box vom Gepäckträger ihrer Fahrräder zaubern, über Klassiker wie Nudelsuppen und Frühlingsrollen bis zum französischen *Fine Dining* bekommt man in Hanoi alles. Für *Street-Food*-Fans und -Blogger ist die Stadt ein Paradies, aber auch wer lieber an und auf „richtigen" Tischen und Stühlen internationale Küche genießen möchte, kommt nicht zu kurz (Restaurants, Bars und Cafés → auch Infokasten, S. 56).

Gehobene einheimische Küche

Karte Seite 44

Unser Tipp: **15 Madame Hien,** 48 Hang Be Street, Tel. 39381588, www.fb.com/MadameHien Hanoi. *Didier Corlous* Zweit-Restaurant (der Name ist eine Hommage an die Großmutter seiner Frau) konzentriert sich auf die Neuinterpretation vietnamesischer Küchenklassiker. Wir empfehlen, wie auf der Straße, eher Snacks à la carte als Menüs, die zu sehr auf Ausländer/Touristen zugeschnitten sind. Untergebracht ist das Restaurant in einer restaurierten französischen Kolonialvilla, die früher als spanische Botschaft diente.

Karte Seite 54

2 Old Hanoi, 18 Ton That Thiep Street, Tel. 37478 337, www.oldhanoi.com. Wer bei Madame *Hien* begeistert war, wird auch dieses Restaurant lieben. Exotik-Chic in einer renovierten Kolonialvilla mit Garten.

14 Spice Garden, im *Hotel Metropole,* www.sofitel-legend-metropole-hanoi.com/dining/spice-garden. Sehr gutes Lunch-Buffet, Fr/Sa Garten BBQ (März bis Nov.).

6 Quan An Ngon, 18 Phan Boi Chau, Tel. 090212 6963, http://quananngon.com.vn. Umfangreiche Auswahl an typischen Speisen von Nord bis Süd, im großen Garten einer Villa oder drinnen. Eine ganze Reihe von vietnamesischen Klassikern und Spezialitäten sind auf der Website mit Foto gelistet. Spaß machen z.B. die Reispapier-Rollen zum Selberwickeln.

▷ Beim Streifzug durch die Gassen Hanois lohnt so mancher Blick ins Schaufenster

610v sb

Vietnam Strong

Karte Seite 42

12 **1946,** 50 P. Mai Anh Tuan, Cho Dua, Tel. 090966 1946, www.1946.vn. Benannt nach dem Jahr des Aufstands gegen Frankreich – bzw. der Überwindung der Hungersnot während der japanischen Okkupation im Zweiten Weltkrieg. Klein, hell, sauber, authentisch (viele Gerichte jenseits des Standardrepertoires), intim und in der nördlichen Altstadt beheimatet (kaum Ausländer). Guter Service.

Karte Seite 44

Unser Tipp: **36** **2** **Highway 4,** 5 Hang Tre und 25 Bat Su, Tel. 39264200, www.fb.com/Highway4HangTre. Vietnamesische Speisen mit einem innovativen Kick, wunderbar ästhetisch und geschmackvoll präsentiert. Berühmt sind die leckeren *Catfish Springrolls* mit Dill, weitere Klassiker etwa das karamellisierte Schweinefleisch mit Kokos im Tontopf, die *Chicken Wings* und das Bergschwein im Bananenblatt sowie die „Steamboats" (Hotpot, Lau). Für Mutige gibts auch Grillen mit Zitronenblatt, Hühnerherz, Froschhaut und Schweineschwanz. Die umfangreiche Speisekarte findet sich auf der Website. Die Einrichtung der Restaurants ist gemütlich-bohemian, man bleibt hier gerne lange sitzen.

49 **Bittet Ong Loi,** 51 Hang Buom (in die enge Häuserschlucht hinein und dort bis ganz hinten), Tel. 383681551, www.fb.com/bittetongloi. *Steak Frites* gehört zum französischen Kulturerbe Hanois. 1989 gegründet, eines der ersten privaten Restos hier. Köstlich sind auch Tauben, Scampis, Krebse oder Pasteten, ein Muss die „Bouillabaisse" *sup tom ca* mit Scampi, Fisch und Croutons. Nur abends (17–21 Uhr).

4 **7** **Cha Ca Thang Long,** 2D und 6B Duong Thanh, Tel. 38286007, https://chacathanglong.com.vn. Die Hanoier Institution serviert seit fünf Generationen nur *ein* Gericht, das *cha ca,* eine Art „Fischpfanne mit Nudeln", die auf einem Tischgrill serviert wird. Tipp: die „Stinkesauce" *mam tom* aus fermentierten Shrimps dazu bestellen – riecht wie alte Sportsocken im Kanalisationsschacht, schmeckt aber unvergleichlich!

Unser Tipp: **51** **Bamichao – Vua Banh Mi Chao,** P. Thanh Hà, Đong Xuân, Hoàn Kiem, Tel. 779770707, www.fb.com/VUABAMICHAO. Wer sich auf die Suche nach dem einzig wahren und leckeren *Banh Mi* macht, könnte hier einen Treffer landen: Das freundliche, eingespielte Frauenteam bereitet die Zutaten immer frisch zu und das Baguette wird aufgebacken. Ergebnis: ein außen knuspriger und innen saftiger *Banh-Mi*-Genuss.

Karte Seite 54

3 Ray Quan, 8A Nguyen Khuyen, Tel. 0913578 588. Spektakuläre Lage direkt an den Bahnschienen! Abends rattern die Züge vorbei. Quirliges kleines Resto, schrullige Deko. Speisen z.B. geräucherte Gänsebrust, Büffel, Taro-Röllchen und traditioneller Reisschnaps *(ruou)* mit Früchten, Kräutern und Getier.

Unser Tipp: **10 Maison Sen,** 61 Tran Hung Dao, Tel. 39339738, www.fb.com/Maisonsens. Ein überbordendes Viet-Buffet-Dinner zum günstigen Sensationspreis – dafür bekommt man bis zum Abwinken u.a. Austern, Sushi, *Sashimi,* Suppen, mehrere Sorten und Zubereitungen von Prawns, Krebsen, Muscheln, Schnecken, auf einer riesigen Grillstation häufen sich Berge von Fleisch-, Fisch- und *Seafood*-Variationen, Salate und Snacks und Desserts noch und noch – unglaublich! Immer voll (fast nur Einheimische), noch bis 22 Uhr herrscht Hochbetrieb! Eine leicht vornehmere **18 Filiale** findet man in der 275 Nguyen Trãi, Tel. 39744192.

8 Pho Bien, 14 Trang Thi, Tel. 39285757. Die überdachte „Meeres-Straße" bietet ein Füllhorn fangfrischer Fische, Shrimps, Krebse, Muscheln, Schnecken etc. Angenehme, lockere Atmosphäre, fast ausnahmslos einheimische Gäste. Ordert man nicht gerade *Lobster* oder *Tiger Prawns,* durchaus kein teures Vergnügen.

☒ Der Hanoi-Klassiker Pho Ga: Reisnudelsuppe mit Huhn

Kneipen, Garküchen, Biergärten

■ **Lau:** Das vietnamesische „Fondue" – mit *bo* (Rind), *ga* (Huhn), *hai san (Seafood)* etc. – findet man auf nahezu jeder Speisekarte. Rund um das Thema „Ziege" – auf dem Tischgrill wie in der Suppe – geht es in dem urigen, mehrgeschossigen **Lau De Nhat Ly,** 15A Hang Cot, www.nhatly.com.vn. Ein guter Tipp für Verwegene – und ein Stück altes Hanoi – ist auch die verschwiegene Fressgasse **Gam Cau** am Bahndamm zwischen Hang Cot und Hang Giay, geschmaust werden *lau* und *nuong,* BBQ.

42 Bo Nuong Xuan Xuan, 47 Ma May, → Karte S. 44, Tel. 936005525, www.fb.com/bonuongxuan xuan. Nichts für Zartbesaitete! *Nuong* heißt Rind, Schwein oder Ziege vom Grill (mit Gemüse, aber Brot extra), man zeigt auf der Speisekarte den Preis (es gibt große und kleine Portionen), und schon wird der Grill auf den Tisch gehievt. Immer voll, immer laut, nur abends (ab 17 Uhr; im Umkreis, wie immer, zahllose Nachahmer).

■ **Oc Ghe:** Schnecken *(oc),* Muscheln, kleine Krebse *(ghe)* sind perfekte Straßenküchen-Gerichte.

■ **Nem Chua Ran:** In Bananenblättern fermentierte gegrillte Hackfleischröllchen – ein populärer Wintersnack. Hochburg dieser Spezialität ist die schmale Ngo Tam Thuong (off Hang Bong).

■ **Com Binh Dan:** „Reis für den kleinen Mann", meint solide Hausmannskost für den schmalen Geldbeutel, mit bedienter Buffet-Auslage zum Draufzeigen. Es gibt einen Teller mit zwei Löffeln Reis und eine Auswahl an Fleisch und Gemüse nach Wunsch, oft auch Tofu und Ei, Frühlingsrollen und manchmal Seidenraupen und geröstete Erdnüsse.

■ **Xoi Yen** *(Sticky Rice):* Populär, gut und günstig. Der Klebreis wird mit Toppings nach Wahl (Schwein, Huhn, Eier, Wurst, Pastete, Gemüse etc.) serviert. Mehrere Stockwerke, englische Karte (auf der aber nur die Hälfte draufsteht).

■ **Com Ga:** Reis und Huhn in den verschiedensten Varianten und Spezialitäten aus Hoi An auf drei Etagen (auch draußen) im *Com Ga Hoi An,* 1 Cua Dong Ecke Hang Ga.

404v aw

■ **Net Hue:** Moderne Restaurantkette mit Hue-Spezialitäten, etwa die berühmte Nudelsuppe mit Rind, *bun bo Hue* oder *bun thit nuong* (mit gegrilltem Rind). Sauber, frisch, gepflegt. 198 Hang Bong, www.nethue.com.vn.

■ **Quoc Huong** *(Charcuterie Chan):* Über 100 Jahre alte Metzgerei mit köstlichen Terrinen und Pasteten von Schwein, Rind, Geflügelleber etc., 9 Hang Bong, Tel. 582202925.

■ **Chicken Street:** Eine ganze Straße mit *BBQ-Chicken!* Serviert mit einer tollen, würzigen Sauce, Baguette und gegrillten Süßkartoffeln. Macht Spaß! Unweit des Literaturtempels an der Ly Van Phuc, die von der Nguyen Thai Hoc abzweigt.

12 **Food Street.** In der „Ess-Gasse" Tong Duy Tan am westlichen Rand der Altstadt (→ Karte S. 44) gibt es rund um die Uhr zu essen; z.B. Klassiker wie *pho* (Reisnudelsuppe), *my xao bo* (Nudeln mit Rindfleisch), *xoi (sticky rice), bun bo Hue, ga tan.* Daneben auch ein paar westliche Restos wie **Puku,** eine Sports Bar mit Burger, Burritos, Frühstück, Kaffee, Kuchen (16/18 Tong Duy Tan, www.fb.com/PukuCafeHanoi).

■ **Hundefleisch:** *Thit cho* oder *Thit cay* ist im Norden verbreiteter als im Süden. Hund wird meist von Männern verspeist (zusammen mit viel Alkohol), meist nur zu bestimmten Zeiten im Mond-Monat, es soll wärmen und Glück im Geschäft bringen. Das Westsee-Quartier war früher eine Hochburg für Thit-Cho-Kneipen, mittlerweile sind sie dort fast verschwunden. Der Verzehr ist unter Einheimischen nicht unumstritten, es gibt auch glühende Hundefleisch-Gegner. Für die neue Mittelschicht stellen Hunde immer häufiger geliebte Schmusetiere dar (Pudel stehen hoch im Kurs), teure Rassen werden zuweilen auch als Accessoire und Statussymbol angeeignet. Hunde-Diebstahl ist im Norden allerdings verbreitet, und streunende Hunde sieht man in Hanoi aus offensichtlichen Gründen kaum (wobei seit einigen Jahren gerade teurere Rassen weniger gegessen, sondern öfter gegen ein hohes „Lösegeld" wieder abgegeben werden). Hunde-Restaurants finden sich u.a. auf der **Nguyen Khac Nhu** in der nördlichen Altstadt, z.B. No. 61, oder, wenige Schritte von der Ma May, an der ehemaligen Marktstraße **Cho Gao** (5 und 9).

Street Food – lokale Spezialitäten

■ **Street-Food-Gasse beim Markt:** Alle wichtigen Spezialitäten werden hier auf engstem Raum angeboten (nur mittags). Ngo Hang Chieu, winzige Gasse in der Nähe des Dong-Xuan-Marktes, die nördlich von der Hang Chieu abzweigt.

■ **Bun Cha:** Die Spezialität Hanois: Gegrilltes Schweinefleisch in Brühe mit dünnen Reisnudeln *(bun)* und frischen Kräutern. Zur Mittagszeit erhältlich zwischen ca. 11 und 13.30 Uhr. Besonders lecker an der Ecke Hang Bun/Pham Hong Thai, auf kleinen Plastikhockern unter einem Banyanbaum. Zentraler und auch abends erhältlich, allerdings sehr touristisch an der 1 Hang Manh. Am Literaturtempel an der 3 Van Mieu. Oder da, wo Ex-Präsident *Obama* während seines Vietnam-Besuchs 2016 *bun cha* probierte: 24 Le Van Huu.

■ **Pho Bo:** Der Klassiker: Suppe mit Rindfleisch und Reisnudeln *(pho)*. Vietnamesen essen sie oft zum Frühstück. Entscheidend ist die würzige Brühe, die stundenlang gekocht wird. Limetten und Chilisauce stehen auf dem Tisch bereit. Gegessen wird sie mit Stäbchen und Löffel. Die Variante mit Huhn heißt *pho ga*. Sehr gut schmeckt die *pho bo* an der 49 Bat Dan im beliebten Restaurant *Pho Gia Truyen*.

■ **Mien Tron Muc:** Herrlich würziger Glasnudel-Mix mit getrocknetem Tintenfisch. Die kleine, versteckte Gasse heißt Ngo Trung Yen und geht von der Gia Nu ab Richtung Norden. Die Gasse macht einen Bogen nach links, dann kommt das Straßenrestaurant auf der linken Seite. Englisch wird hier kaum gesprochen. 1 Ngo Trung Yen.

■ **Banh Cuon:** Gedämpfte, mit Hackfleisch, Pilzen und gerösteten Schalotten gefüllte Reisnudel-Crêpes. Gut an der 12–14 Hang Ga.

■ **Bun Bo Nam Bo:** Reisnudeln mit Rindfleisch, Kräutern und Erdnüssen. Sehr lecker, seit eh und je an der 67 Hang Dieu, mittlerweile eher touristisch und mit englischer Karte, aber trotzdem noch ein Hit.

■ **Ga Tan:** Kleines ganzes Huhn (von Kopf bis Fuß, auch in der Variante schwarz – „den“ – erhältlich), wunderbar zart, gefüllt mit Heilkräutern nach Geheimrezept in einer Brühe mit Lotoskernen. Tag und Nacht erhältlich an der „Food Street“, 29 Tong Duy Tan (englische Karte). Besonders gut ist die Variante kopfüber in der recycelten Cola- oder Bierdose, stundenlang gegart. Wird mit karamellisiertem Baguette serviert. 12C Hang Cot.

405v aw

◁ Sieht fies aus, ist aber köstlich: Ga Tan, Huhn im Kopfstand in der Aludose …

Banh Goi: Beste Adresse für die frittierten Teigtaschen, gefüllt mit Glasnudeln, Pilzen, Schweinefleisch. Weltklasse – hier beherrscht man die Kunst des Frittierens, während anderswo häufig öltriefende Pampe verkauft wird. 52 Ly Quoc Su (bei der Kathedrale).

Che: Buntes Dessert-Kompott in allerlei Varianten. Eine gute Mischung ist die Sorte *che thap cam,* ein herrlich bunter, süßer, klebriger Nachtisch aus Reisgelee, Mungbohnen, Kokosmilch und weiteren Zutaten. *Che* wird serviert mit zerstoßenem Eis. Auch lecker: *sua chua nep cam,* schwarzer Reis mit Joghurt. Eine bebilderte Speisekarte bietet das kleine Che-Restaurant an der 95 Hang Bac.

Banh Xeo: Außerhalb des Zentrums befindet sich an der Doi Can ein Hotspot für die Reismehl-Pfannkuchen, gefüllt mit Mini-Shrimps. Sie werden mit der Bastelschere zerschnitten, mit gegrilltem Schweinefleisch und frischen Kräutern in Reispapier gewickelt und mit Dip-Sauce auf dem Bürgersteig verspeist. Sehr beliebt bei Jugendlichen als Spätabend-Snack. An der Doi Can auf dem Bürgersteig, schräg gegenüber der Giang Van Minh.

Bia Hoi: Ein sehr leichtes, frisches, nicht genauer definiertes Straßenkneipen-Bier im Offenausschank. Die entsprechenden Kneipen nennt man ebenfalls *Bia Hoi.* Nur echt mit kleinen Plastikstühlen und -tischen und brüllenden Männergruppen. In der Altstadt z.B. an der Duong Thanh/Bat Dan; gegenüber des Historischen Museums nahe der Oper an der So 2 Trang Tien; hinter dem Mausoleum an der 19C Ngoc Hoa; 18B Hang Cot (neben und unter der Eisenbahnbrücke); an der 15 Yen Phu beim *Sofitel* gibt es leckere *Spareribs, Bia* und einfache Speisen direkt am Truc-Bach-See neben der 1 Tran Vu.

Vegetarisch, vegan, gesund

Karte Seite 44

Unser Tipp: 13 **The Hanoi Social Club,** 6 Hoi Vu, Tel. 39382117, www.fb.com/TheHanoiSocialClub. Ein sehr schönes Café/Restaurant auf drei Etagen, Expat-Hangout in einem alten französischen Reihenhaus von 1920 am Rande der Altstadt, geführt von einem Australier (8–23 Uhr, Raucherzone auf der Dachterrasse). Guter Kaffee, Weine per Glas, hervorragende gesunde – auch vegetarische – Küche und von Zeit zu Zeit hippe Musikabende. Hauptspeisen um ca. 5 $.

Karte Seite 54

12 **Uu Dam Chay,** 55 Nguyen Du, Tel. 0981349 898, www.fb.com/Uudamchay. Vegan, sehr nobel, chic und stilvoll eingerichtet, Speisen ästhetisch präsentiert, ab ca. 5 $.

9 **Nang Tam,** 79A Tran Hung Dao, Tel. 09364 24140, www.nangtam.com.vn. Populäres vegetarisches Resto mit „Fake Meat"-Gerichten (vegetarisches „Schweinefleisch", „Fisch" etc.).

Internationale Küche

Pizza 4P's, die Restaurants von *Pizza 4P's* sind über ganz Hanoi verteilt, Infos unter https://pizza4ps.com. Sensationelle Pizza! Vor allem die mit dem Burrata-Käse ist Weltklasse. Auch gute Weine und Salate. Gehobene Preise, gehobenes Setting.

Karte Seite 42

2 **Sushi Dokoro Yutaka,** 95 Xuan Dieu, Tel. 3718 6344. Japaner im Westsee-Quartier. Lunch Sets.

3 **Cousins,** Ngo 58 Dao Tan, House 7, Tel. 949925 863, www.fb.com/cousins.daotan. Am Westsee (ca. 15 Min. vom Zentrum), wunderbares Frühstück und überhaupt sehr gute Küche. Französisch geführt. Auch Wein und Kaffee, stimmungsvoller kleiner Hof.

4 **Maison de Tet Décor,** 58 Tu Hoa, Tel. 38239 722, www.fb.com/MaisondeTetdecor. In einer lufti-

gen französischen Villa am Westsee auf mehreren geschmackvoll eingerichteten Etagen. Sehr schön zum längeren Sitzen (muss man allerdings auch, der Service ist manchmal sehr langsam). Gesundes Essen (so „bio", wie es nun mal geht in Vietnam). Gute Qualität, v.a. Frühstück und Kaffee. Eher teuer.
9 **Foodshop 45,** 59 Truc Bach, Tel. 37162959, http://foodshop45.com. Bekannter und seit Jahren beliebter Inder am Truc-Bach-See.

Karte Seite 44

43 **Napolis Pizza,** 66a P. Đào Duy Tu, Hàng Buom, Tel. 989161393. Anfang 2024 eröffnetes Projekt von ein paar hochmotivierten einheimischen Jungs. Die Pizza schmeckt recht authentisch und es ergibt sich immer Zeit für einen Plausch.

Karte Seite 54

5 **Luna d'Autunno,** 27 Nam Ngu, Tel. 388884 052, www.fb.com/lunadautunno.hn. Seit 1999 in Hanoi, immer noch Klasse.
11 **Kaiser Kaffee Restaurant,** 34A Ba Trieu, Tel. 936893636, FB: Kaiser Kaffee Restaurant. Hier schaut man gern vorbei, wegen Herrn *Vinh* und seiner Frau. Sie haben lange in Deutschland gelebt, sprechen Deutsch und servieren Thüringer Bratwurst mit Bratkartoffeln, deutsches Bier, aber auch vietnamesische Gerichte.
5 **La Badiane,** 10 Nam Ngu, Tel. 39424509, www.fb.com/labadiane. Sehr gute, edle französische Küche Hanois in einer Villa mit kleinem Innenhof. Gehobene Preise.

☒ Auf keinen Fall verpassen: der berühmte Kaffee mit Ei im Café Giang

19 **El Gaucho,** 11 Trang Tien, Tel. 38247280, https://vn.elgaucho.asia/location/trang-tien-hoan-kiem-hanoi. *Argentinian Steak House,* erste Adresse für Steaks, nahe der Oper. Es gibt weitere *El-Gaucho*-Retaurants in Hanoi (Infos auf der Website).
7 **Namaste,** 46 Tho Nhuom, Tel. 904224400, www.namastehanoi.com. Guter Inder neben den *Hanoi Towers,* Atmo na ja, geht fast schon Richtung Kantine mit Tischtüchern.

Cafés

Karte Seite 42

14 **Café Giang,** Filiale 106 Yen Phu, Tel. 944740 077, www.fb.com/GiangCafe106YenPhu. Näheres → unten.

Karte Seite 44

31 **Café Pho Co,** 11 Hang Gai, Tel. 39288153. In diesem versteckten Café (Eingang durch einen kleinen T-Shirt-Laden nach hinten) gibt es unter anderem den Ei-Kaffee *ca phe trung.* Auf mehreren Ebenen, bezaubernder Innenhof, bezaubernde halboffene Zwischen-Etagen. Ganz oben befinden sich zwei Terrassen mit (bald zugebautem?) Blick über den Hoan-Kiem-See. Auf dem Weg nach oben kommt man an einem Raum mit einem riesigen geschmückten Ahnenaltar vorbei.
33 **Café Dinh,** 13 Dinh Tien Hoang, Tel. 38242960, www.fb.com/DinhCafe13. Verstecktes, alteingesessenes Studenten-Café am Nordende des Hoan-Kiem-Sees. Man betrete den Taschenladen Hausnummer 13, dann hinten die Treppe hoch. Servieren unter anderem einen legendären *Egg Coffee (ca phe trung,* Kaffee mit Ei) für 20.000 đ! Wer Glück hat, erwischt den kleinen Tisch auf dem Balkon mit Seeblick.
21 **Cong Ca Phe,** 1 Nha Tho, www.congcaphe.com. Witziges, hippes Kult-Café mit augenzwinkerndem Military-Chic-Dekor. Eigene Kaffee-Marke (kann man hier auch im Pack kaufen) und Kaffee-Spezialitäten, wie etwa der Klassiker, Kaffee mit Eis

611v sb

und Kondensmilch *(ca phe sua da),* Kaffee mit Kokosmilch oder Kaffee mit Joghurt und schwarzem Reis. Mehrmals in der Stadt zu finden, zentral gleich neben der St.-Joseph-Kathedrale.

19 **Oriberry,** 23–25 Dang Tien Dong, Dong Da, Tel. 62758669, www.oriberry.com. Kleines Café bei der Kathedrale, wo man auch guten Kaffee sowie Accessoires wie Tropffilter und Keramik kaufen kann. *Oriberry* ist heute ein Fairhandelsunternehmen. Es geht dabei darum, gemeinsam mit den Kaffeebauern Armut zu bekämpfen, „indem wir großartigen vietnamesischen Kaffee und Tee produzieren".

32 **Highlands Coffee,** 5 Dinh Tien Hoang, www.highlandscoffee.com.vn. Im Gebäude am Kreisverkehr am nördlichen Ende des Hoan-Kiem-Sees, mit Balkon. Touristen-Nummer, aber toll, um über den See zu blicken und aus höherer Warte dem Treiben und dem verrückten Verkehr auf der Straße zur *Rush Hour* zuzuschauen und in aller Ruhe Fotos zu schießen. Im selben Gebäude auch **Legend Beer Brewhouse,** Fass-Bier, Kaffee, Eis, Softdrinks und *Fast Food* (qualitativ Kantine), und **City View Café,** 5. Stock (Lift).

16 **Joma,** Nhà lô so 82, Cong A2-TT4, *The Garden Manor,* Nam Tu Liêm, www.joma.biz. Westlich orientierte Café-Bäckerei, draußen und drinnen (AC), gute Kuchen, Bagel-Sandwiches, Salate, Kaffee. Tgl. 7–21 Uhr.

UNSER TIPP: 37 **Café Giang,** 9 Nguyen Huu Huan, Tel. 917002299, www.cafegiang.vn. Vater *Giang,* einst Kellner im *Grandhotel Metropole,* hatte das damalige In-Café Hanois 1946 gegründet; 1959–1976 blieb es zwangsweise geschlossen, danach führte der Sohn das Etablissement bis 2007 weiter, ehe die Grundstücksspekulation ihn an den Rand der Altstadt vertrieb. Berühmt und unerreicht (und tausendmal vergeblich kopiert) ist sein Kaffee mit Ei, *Ca Phe Trung:* Zu Zeiten, als Milch Mangelware war, ersetzte der findige Kellner sie mit Eigelb, verrührt mit Kondensmilch und Butter. Schmeckt wie Espresso-Zabaione bzw. wie Tiramisu – macht süchtig!

41 **Café Nola,** 89 Ma May, www.fb.com/Nola.in.hanoi. Mittlerweile ist dieses Café Kult, Loft-Atmosphäre in einem Hanoier „Röhrenhaus", exzentrisch und gemütlich zugleich. (Meist) ein Hort der Ruhe inmitten des Altstadtchaos. Zum Ruhen/Lesen/Chillen/Tratschen und notfalls sogar essen.

6 **Tranquil Books & Coffee,** 5 Nguyen Quang Bich, Tel. 395049075, www.fb.com/cafetranquil. Kleines, verstecktes, gemütliches Café – eine Oase im Zentrum, mit allerlei Kaffee- und Teesorten, wo

man in Ruhe ein Buch lesen kann. Ein weiteres *Tranquil* gibt es nahe Truc-Bach-See an der 18B Nguyen Bieu.

17 **Marilyn Cafe,** 4 Au Trieu, Tel. 905555369. Hübscher Platz mit Blick auf die Kathedrale; vom Frühstück bis zum Digestif. Kleiner Balkon und Dachterrasse.

38 **Café Lam,** 60 Nguyen Huu Huan, Tel. 38245 940. Seit 1949 betreibt *Nguyen Van Lam* sein Kaffeehaus, das außer für seinen exzellenten Kaffee wegen der zahlreichen Gemälde seiner Malerfreunde wie *Bui Xuan Phai* berühmt ist.

Karte Seite 54

4 **Café Kinh Do 252,** 252 Hang Bong, Tel. 916596 030, www.fb.com/kinhdocafe252. Alte Schule! Zum Frühstücken. Einfaches Resto, sehr vietnamesisch, sehr retro. Klassiker wie *banh mi op la* (Baguette mit Spiegelei), Nudelsuppen, Croissants, hausgemachter Joghurt, Kaffee. Die Schauspielerin *Catherine Deneuve* („Indochine") hat hier gespeist. Etwas versteckt, auf der anderen Seite der großen Kreuzung, wo die Hang Bong noch weitergeht.

13 **Trang Tien,** 35 Trang Tien, nahe der Oper. Eisdiele seit 1958 – an sonnigen Tagen steht traditionsgemäß halb Hanoi an!

16 **Casa Italia,** 18 Le Phung Hieu, Tel. 968882894, www.fb.com/caffeitalia. Café der italienischen Botschaft mit Vespa-Museum im Erdgeschoss und Garten. Exzellente Pizzen (von *Da Paolo*).

Märkte und Supermärkte

- **Intimex,** 22–23 Le Thai To (am Hoan-Kiem-See). Zahlreiche Importe, von Käse- und Wurstkonserven bis Spreewalder Gurken. Tgl. 8.30–22 Uhr, gezahlt werden kann mit Kreditkarte.
- **Gia Ngu,** vornehmlich auf der Cau Go. Von diesem einst wunderbar lebendigen Straßenmarkt in der südlichen Altstadt zwischen Dinh Liet und Hang Be sind heute nur mehr kleine Reste zu bewundern.
- **Cho Dong Xuan,** der größte überdachte Markt Hanois, in der nördlichen Altstadt. Die französischen Hallen von 1889 wurden exakt 100 Jahre danach wegen Baufälligkeit abgerissen und durch einen Neubau ersetzt; lediglich ein Stück der Fassade blieb noch übrig.
- **Cho Hom,** Pho Hue (ca. 1,5 km südlich des Hoan-Kiem-Sees). Unten Lebensmittel, oben Stoffe aller Art. Nirgendwo ist die Auswahl an frischem Fisch, Garnelen, Krabben und Meeresfrüchten so groß, an den zahlreichen Garküchen kann man unbedenklich probieren.

612v sb

◁ Auf dem Cho Dong Xuan, dem größten Markt Hanois, gibt es einfach alles

■ **Cho Chau Long,** an der gleichnamigen Straße beim Truc-Bach-See. Pittoresk – einer der wenigen noch nicht sanierten Stadtteil-Märkte der Innenstadt. Einige *Cooking Classes* kaufen hier ein.

■ **Nachtmarkt,** zwischen Nordufer des Hoan-Kiem-Sees (Hang Dao) und Cho Dong Xuan (→ oben), jedes Wochenende (Fr–So) ab 19 Uhr. Die Straße wird für den Verkehr gesperrt.

■ **BRGMart Hàng Trong,** 63 Hang Trong, Hoan Kiem, www.brgshopping.vn. Wer hier nicht fündig wird, hat irgendetwas falsch gemacht. Hier gibt es wirklich alle Dinge des täglichen Lebens.

Unterhaltung und Freizeit

Bars und Clubs

Karte Seite 42

8 **The Summit Bar,** 1 Thanh Nien, Tel. 38238888, www.panpacific.com. Bar mit Dachterrasse auf der 20. Etage des Hotels *Pan Pacific* (ehem. *Sofitel Plaza*). Chic und teuer, aber grandiose Sicht auf den Truc-Bach- und Westsee.

5 **Sunset Bar,** 5 Tu Hoa, www.hanoi.intercontinental.com/dining/sunset-bar. Die Open-Air-Bar des Hotels *Intercontinental* am Westsee. Edel, sehr schöne Lage.

15 **Eté Resto Bar,** 95 Giang Van Minh, Tel. 976751 331, www.fb.com/EteResto. Alteingesessene Expat-Bar/Café/Resto nähe Mausoleum und B52-See. Bier, Wein, Drinks, Kaffee, Snacks, Burger, Reisgerichte und gute, monströs große Salate. Drei Etagen, ein paar Tische draußen.

7 **Savage,** No. 1, Alley 9 Dang Thai Mai, Tay Ho, Tel. 375079533, www.fb.com/savagehanoi. House- und Techno-Club im Westsee-Quartier. Manchmal mit Eintritt, Getränke teuer.

6 **Hanoi Rock City,** 27/52 To Ngoc Van (per Taxi ca. 5 $), Tel. 988236608, www.fb.com/hanoirockcity.welive. Auf zwei Ebenen, draußen und drinnen, am Westsee. DJs und regelmäßig Live-Events mit Bands aus aller Welt, junges Publikum.

Karte Seite 44

29 **Polite Pub,** 5b Ngo Bao Khanh, Tel. 968949 606, www.fb.com/politeandcohanoi. In der Nachtschwärmerstraße Bao Khanh am Hoan-Kiem-See. Gepflegte Old School Bar, mit Whisky etc., manchmal mit Livemusik. Gleich daneben befindet sich der Schwulen-Hangout *Gc (Gold Cock).*

UNSER TIPP: 50 **King Pirates Pub,** 24b Hàng Giay, Hàng Buom, Hoàn Kiem, Tel. 943631998, www.fb.com/kingpiratespub. Hier kann man im wahrsten Sinne des Wortes über die Planke gehen und reichlich Spaß dabei haben.

48 In der Fußgängerstraße **Ta Hien** in der Altstadt gibt es mehrere Bars, das *Little Hanoi Restaurant,* und abends zahlreiche Snack- und *Streetfood*-Verkäufer. Die Straße ist am Abend dicht bevölkert von jungen Travellern; z.B. **Tet Bar,** 2A Ta Hien.

Karte Seite 54

UNSER TIPP: 15 **Tadioto,** 24 Tong Dan, Tel. 668 09124, www.fb.com/tadiotohanoi. Treffpunkt der Kunst- und Kreativszene ist die stimmungsvolle Bar des Autors und Designers *Nguyen Qui Duc* in der Nähe der Oper. Hier gibt es gute Cocktails, Wein, Kaffee, Tapas, und gleich um die Ecke befindet sich *Ducs* Imbiss *Uber Noodle* mit japanischer Ramen-Suppe, die man auch in der Bar bestellen kann.

20 **Binh Minh Jazz Club,** 1 Trang Tien (hinter der Oper), www.minhjazzvietnam.com. Tgl. Livekonzerte von 21 bis 23.30 Uhr.

Kulturveranstaltungen

■ **www.hanoigrapevine.com**

Theater

■ **Hat Cheo:** Die traditionelle „Volksoper“, eine Art satirisches Musical, wird regelmäßig, wenn auch nur in Auszügen, im winzigen *Hanoi Cheo Theater,* 15 Nguyen Dinh Chieu, gepflegt. Shows in der Regel

502v co

Fr und Sa 20 Uhr (vorher anrufen!), 200.000 đ, Tel. 439437361.

■ **Ca Tru:** Das elitäre, höfische Singspiel wird erst seit 2009 wieder professionell aufgeführt; die meisten Performer sind heute daher schon in ihren Achtzigern. Di, Do, Sa 20 Uhr. *Thang Long Club of Ca Tru,* 28 Hang Buom Street, Tel. 0773266897; Dauer 85 Min., 12 $. Sehr zu empfehlen!

■ **Nha Hat Tuong:** Die Staatstruppe führt Exzerpte verschiedener Theater- und Musikformen im *Hong-Ha-Theater* vor. 51 Duong Thanh (Altstadt), Vorführungen → www.fb.com/NhaHatTuongTrung Uong, Tel. 38252803.

■ **Golden Bell Show:** Potpourri von Liedern und Tänzen aus dem Norden und Süden Vietnams, jeden Do 20 Uhr im alten Theater, 72 Hang Bac, Tel. 09811 21872, www.nhahatcailuonghanoi.com.vn/golden bellshow.

■ **Opernhaus:** Das 1901–11 von den Franzosen erbaute Haus wurde Ende 1997 nach mehrjähriger Restaurierung wiedereröffnet. Auf dem Programm stehen Konzerte, Ballett, Opern mit Künstlern aus dem In- und Ausland. Lohnt sich! Programm → https://hanoioperahouse.org.vn.

Wasserpuppentheater

Faszinierend, wie die Künstler die sperrig aussehenden Puppen zum Leben erwecken und erstaunlich behende und vielseitige Bewegungen auf der Wasseroberfläche zaubern! Mit Spezialeffekten (der Drache spuckt Feuer) und sanfter Musik auf traditionellen Instrumenten. Die kurzen Geschichten – man muss sie nicht verstehen, um die Vorführung genießen zu können – handeln meist vom Landleben (→ Exkurs „Mua Roi Nuoc (Wasserpuppentheater)“, S. 694).

■ Vorführungen (ca. 1 Std.) im **Thang Long Theater** am Hoan-Kiem-See, 57 Dinh Tien Hoang, Tel. 38249494, https://thanglongwaterpuppet.com. Den Spielplan gibt es auf der Website, dort können auch gleich die Tickets (ab 100.000 đ) gebucht werden.

Kunstgalerien

Die Kunstszene im traditionsreichen und „intellektuellen“ Hanoi ist weitaus fruchtbarer und lebendiger als die in Ho Chi Minh City. Fast alle bedeutenden und/oder talentierten Künstler Vietnams sind in Hanoi ansässig.

■ **Art Vietnam Gallery,** 2 Ngo 66 Pho Yen Lac, Tel. 38623184, www.artvietnamgallery.com. Die mit Abstand größte Galerie der Hauptstadt, geführt von der Amerikanerin *Suzanne Lecht.* Ständig wechselnde Ausstellungen, Inventar-Katalog. Mo–Fr 10–18 Uhr.

■ **Lacquer School Tay Ho,** 58A Lane 31 Xuan Dieu, Tel. 946708262, https://lacquertuan.com. Hier kann man sich in der Kunst der vietnamesischen Lackmalerei versuchen, unter Anleitung des Künstlers und Kunst-Professors *Tran Anh Tuan.* Achtung, braucht etwas Zeit, man benötigt auch für ein kleines Werk mehrere Sessions.

■ **Mai's Gallery,** 3A–3B Ton Duc Thang Street, www.maisgallery.vn.

Kino

■ **Megastar Cineplex,** 191 Ba Trieu. Zeigt tgl. mehrere Filme in Originalversionen.

Zirkus

■ Der staatseigene **Rap Xiec** hält noch die Tradition der sowjetischen Zirkuskunst aufrecht. 67–69 Tran Nhan Tong, aktuelle Vorführungszeiten am besten online prüfen, Tel. 0397885032, www.rapxiectrunguong.com, Tickets um die 250.000 đ.

Zoo

■ Der Zoo **Cong Vien Thu Le** liegt im Westen Hanois beim *Daewoo Hotel* an der Kim Ma. Während der US-Bombardierungen hatte man Raubtiere wie Löwen und Tiger evakuiert und in den Bergen ausgesetzt. „Um die Bevölkerung im Fall eines Bombentreffers vor den wilden Tieren zu schützen“, sagten die Behörden. „Weil Hanoi es sich nicht mehr leisten kann, sie mit Fleisch zu füttern“, verbreiteten die westlichen Medien. Heute ist der Zoo ein eher schräger Vergnügungspark, mit Tiergehegen zwischen Karussells sowie einem sonderbaren (aber unterhaltsamen) 6D-Kino. Einige der Gehege wurden modernisiert und die Haltebedingungen für die Tiere verbessert, einige sind aber immer noch eher ungenießbar. Zu sehen bekommt man das *Who is Who* von Vietnams bedrohten Tierarten wie Tiger, Kragenbär und Gibbons, sowie Exoten wie Löwen und Zebras. Tgl. 8–18 Uhr, Eintritt 30.000 đ, http://hanoizoo.com.

Schwimmbäder

■ **Army Hotel,** 33C Pham Ngu Lao (beim Historischen Museum), http://armyhotel.com.vn/service-and-facility/swimming-pool. An Wochenenden oft ziemlich voll.

☒ Abends an der Kathedrale St. Joseph

■ **Thang Loi Hotel,** 200 Yen Phu, https://brghospitality.vn/thangloihotel/spa-wellness. Im Westsee-Quartier, mit Außen-Pool, hübsche Lage.

Shopping

Beste Einkaufsstraßen für Besucher sind die **Hang Gai** in der südwestlichen und die **Hang Bac** in der südöstlichen Altstadt (jeweils mit ihren Seitenstraßen) und die **Nha Tho** westlich des Hoan-Kiem-Sees bei der Kathedrale.

■ **Vincom Center,** 191 Ba Trieu. Mall auf fünf Stockwerken der *Vincom Towers,* mit Kino.

■ **Bücher:** *Bookworm,* 44 Pham Hong Thái, Tel. 37 153711, www.bookwormhanoi.com. Ein toller Laden! Der einzige Buchladen mit einer anständigen Auswahl von Büchern auf Englisch, Fiction und Non-Fiction, auch viele Bücher über Vietnam und Südostasien; mehr als 10.000 Bücher auf Lager, neu und gebraucht. Mit Café. Tgl. 9–19 Uhr.

■ **Optik:** *Hanoi Optic* (seit 1950), 48 Trang Tien, www.hanoioptic.vn.

■ **Propaganda-Poster-Shop,** 5 Hang Bac. Beliebtes Souvenir und ein Stück Geschichte: Die alten Propaganda-Poster wurden während des Krieges von Künstlern hergestellt. In diesem Laden gibt es Hunderte verschiedener Nachdrucke in unterschiedlichen Größen zu kaufen, mit diversen Sujets wie Krieg, Frieden, Patriotismus und Landwirtschaft.

■ **Schneider:** *Handmade Tailor,* 18 Nha Tho. Kreativ und preisgünstig; *Thoi Trang,* 12 Bat Dan. Ready-made-Hemden und -Hosen, angenehme Stoffe.

■ **Mode:** *Chula Fashion,* 43 Nhat Chieu Street, Ho Tay, www.chulafashion.com. Von einem spanischen Paar gegründetes Hanoier Label, No. 1 in Vietnam, mit spektakulärem Showroom; *Indigo Store,* 33A

613v sb

Van Mieu, www.fb.com/IndigoStoreHanoi. Japanisch-vietnamesische Designerware (sie stammt aus Sa Pa); *Metiseko,* 71 Hang Gai, www.metiseko.com. Französisch-vietnamesischer Eco Chic.

■ **Ginkgo,** 44 Hang Be (im Stadtgebiet gibt es drei weitere Shops), www.ginkgotshirts.com. Als das etwas andere Souvenir taugen die T-Shirts mit witzigen Designs, etwa Sujets mit vollgepackten Motorrollern, Stromkabelsalat oder der Anspielung auf Vietnams verrückten Verkehr. Die T-Shirts sind von guter Qualität, es gibt mehrere verschiedene Schnitte für Männer und Frauen.

■ **Outdoor:** Travel- und Outdoor-Bedarf vom Schlafsack bis zum Surfboard für Camping, Trekking, Motorradtouren etc. gibt es bei *Umove,* 2 M1 Khu đô thi Yên Hoà, www.umove.com.vn.

■ **Taschen:** Günstige Taschen und Rucksäcke (*Crumpler, North Face* etc.) finden sich in den Läden am Nordende des Hoan-Kiem-Sees nahe dem Wasserpuppentheater.

■ **Seide:** Erster Anlaufpunkt für Seidenfreunde ist die sogenannte „Hanoi Silk Street" im Old Quarter. Die Hang Gai Street ist für ihre zahlreichen Seidengeschäfte bekannt, die sowohl modische Kleidungsstücke als auch traditionelle handgestickte Produkte verkaufen. Wer die Seidenstraße besucht, kann hier ideal Geschenke für Familie und Freunde kaufen.

UNSER TIPP: **Antiquitäten:** Echtes ist kaum mehr zu finden. Eine herausragende Ausnahme bildet die von einer Vietnamesin *(Nhung)* und einem amerikanischen Sammler *(Mark)* geführte *54 Traditions Gallery,* 44B Hang Bun Street, Tel. 912321487, www.54traditions.vn. Gut 90 % der auf mehreren Etagen ausgestellten Antiquitäten und Artefakte sind *on sale* (und nicht wenige werden von Museen aus aller Welt angekauft). Schwerpunkte der erstaunlichen Sammlung: Kunst der ethnischen Minderheiten (daher der Name der Galerie) und Schamanismus.

■ **Elektronik:** *Media Mart,* 29 Hai Ba Trung (zwischen Ba Trieu/Hang Bai).

■ **Kunsthandwerk:** *Craft Link,* 51 Van Mieu, http://craftlink.com.vn. *Non-profit-organization,* die „faire" Handwerkskunst vertreibt.

■ **Collective Memory,** 20 Nha Chung, www.collectivememory.vn. Witziger Souvenir-Shop bei der Kathedrale.

Sprach- und Kochkurse

■ **Hidden Hanoi,** 147 Nghi Tam (Westsee), Tel. 0987240480, www.hiddenhanoi.vn. Das etwas andere Konzept (→ Website). Auch Stadtführungen und Kochkurse.

Beauty & Wellness

■ **Van Xuan Foot Massage,** 41 Hang Bun, Tel. 0982945628, www.vanxuanfootmassage.com. Gute Massage ab 7 $ (Trinkgeld wird erwartet). Ohne Öl, man bekommt bequeme Pyjamas. Auch für mehrere Personen in einem Raum. Die „foot massage" beinhaltet – wie überall – den ganzen Körper.

■ **Yakushi Center,** 6, Alley 28, Xuan Dieu, Tel. 371 91971, www.yakushicenter.com. Im Westsee-Quartier. Vernünftige Preise, kein Trinkgeld. Diverse Behandlungen wie z.B. Shiatsu, Aroma-Massage, *Hot Stone,* Fußmassage, Akupunktur, *Facials.*

■ **La Spa,** 32 Lo Su, Tel. 39263642, www.lasiestahotels.vn/mamay/la-spa. Preise auf der Website.

■ **Anam Qt,** 26/9 Xuan Dieu (Hoan-Kiem-See), Tel. 39286116, www.anamqtspa.com. Highend Spa, inkl. Haarsalon.

☒ Die Hang Trong Street ist eine der ältesten Straßen im Old Quarter und eine gute Ecke zum günstig Shoppen

Weiterreise

- Eine sehr gute Adresse für alle **Reiseverbindungen** in Vietnam ist das Onlineportal *12go.asia*, www.12go.asia/de.

Entfernungen

- Von Hanoi (in km): Hoa Binh 75, Ninh Binh 90, Nam Dinh 90, Haiphong 100, Thai Binh 110, Do Son 120, Thanh Hoa 150, Lang Son 155, Bai Chay (Ha-Long-Bucht) 160, Hon Gai 165, Cao Bang 270, Vinh 290, Son La 310, Ha Giang 320, Lao Cai 340, Sa Pa 370, Dien Bien Phu 480, Dong Hoi 490, Dong Ha 620, Hue 660, Da Nang 760, Ho Chi Minh City 1710.

Flug

- **Öffentlicher Nahverkehr** zum Internationalen Flughafen → S. 67.

☒ Augen auf und durch!

Zug

- **vietnam-railway.com, www.seat61.com/Vietnam.htm:** Immer aktuell und zuverlässig.
- Der Bahnhof **Ga Ha Noi** liegt in der Stadtmitte an der Einmündung Le Duan und Tran Hung Dao. Reservierungsschalter sind tgl. 7.30–12 und 13.30–18.30 Uhr geöffnet.
- **Nach Süden:** Fast ein Dutzend Züge fahren tgl. Richtung Hue (11–16 Std.) und Ho Chi Minh City (30–42 Std.). Alle Züge unterscheiden sich in puncto Stationen, Fahrzeit, Ausstattung und Preis. → Kapitel „Praktische Reisetipps A–Z".
- **Nach Norden:** Züge nach Norden starten von Station B hinter dem Hauptgebäude (ca. 450 m), Eingang Tran Quy Cap. Tel. 38252628.
- **Nach Haiphong:** Fahrzeit ca. 2–3 Std. Abfahrt meist ab Station Long Bien (Altstadt) unmittelbar an der gleichnamigen Brücke.
- **Nach Lang Son:** Fahrzeit ca. 4 Std.
- **Nach Lao Cai** (Sa Pa): über (u.a.) Phuc Yen, Viet Tri, Phu Tho, Yen Bai, Fahrzeit 8–10 Std. Gut zu wissen: Bei der Ankunft werden die Fahrkarten kontrolliert, also nicht schon im Schlafwagen entsorgen!
- **Spezialwaggons:** Mehrere Privatfirmen (die jedoch nicht bei jedem Zug vertreten sind) führen Schlafwaggons, die in der Regel besser, aber auch teurer sind (35–80 $) als die normalen staatlichen. Abgesehen von Luxuszügen verschiedener Hotelketten wie *The Vietage* (www.thevietagetrain.com), gelten *TSC* und *Livitrans* (www.livitrans.com) als die beste Wahl; → auch www.sapatrain.com.

Fernbus

- **www.vexere.com**
- **Busbahnhöfe: My Dinh,** 20 Pham Hung, ca. 10 km westlich, Taxi ins Zentrum ca. 7 $. **Giap Bat,** ca. 6 km südlich. **Gia Lam,** östlich des Roten Flusses an der Ngo Gia Kham (ca. 2 km).
- **Nach Süden und Osten:** Vom Busbahnhof Giap Bat starten Busse u.a. nach Thai Binh, Nam Dinh,

Ninh Binh, Vinh, Hue, Da Nang, Buon Ma Thuot, Nha Trang, Da Lat, Ho Chi Minh City. Jede Destination hat einen eigenen Schalter, Fahrpreise sind angeschrieben. Abfahrtszeiten sind vormittags, zu näheren Zielen (Ninh Binh, Nam Dinh, Thai Binh, Haiphong) auch noch nachmittags. Tickets besser schon am Vortag kaufen und nach der genauen Abfahrtszeit fragen.

■ **Nach Nordwesten:** Vom Ben Xe My Dinh verkehren Busse u.a. nach Bien Hoa, Son La, Dien Bien Phu (auch Sleeper), Lai Chau, Lao Cai (Sa Pa), Tuyen Quang, Ha Giang, Cao Bang.

■ **Nach Sa Pa:** Am bequemsten mit *Good Morning Sapa*, 6.45 Uhr, ca. 5–6 Std. 20 Hang Muoi Street, Tel. 912536382, www.goodmorningsapa.com.

■ **Nach Haiphong/Cat Ba:** Vom Ben Xe Luong Yen auf dem rechten Ufer des Roten Flusses verkehren Busse u.a. nach Lang Son, Cao Bang, Ha Giang, Xin Man etc. Nach Haiphong alle 20–30 Min., nach Cat Ba (direkt!) alle 30 Min. mit der Privatlinie *Hoang Long*, deren *Sleeper* ab hier 10x tgl. Richtung Ho Chi Minh City fahren (Aussteigen in Dong Ha, Hue, Danang etc. möglich).

■ **Cat Ba:** Mit *Good Morning Cat Ba*, 3½–4 Std., 12 $ inkl. Fähre und Abhol-Service beim Hotel in Hanoi und bis zum Hotel auf Cat Ba. 9B Cho Gao, Hang Buom, Tel. 913096281, www.goodmorning catba.com.

■ **Nach Nordosten:** Vom Ben Xe Gia Lam auf dem linken Ufer des Roten Flusses starten Busse nach Haiphong, Bai Chay (Ha Long), Hon Gai, Mong Cai, Lang Son, Cao Bang, Ha Giang etc. Auch hier hat jede Destination ihren eigenen Schalter mit Preisangabe.

■ **Bus 34** verbindet Nord- und West-Bahnhof (Gia Lam – My Dinh), **Bus 3** Süd- und Nord-Bahnhof (Giap Bat – Gia Lam), **Bus 16** Giap Bat – My Dinh; → auch unter Stadtbus.

■ **Nach Laos:** Hanoi (Giap Bat, Süd-Busbahnhof) nach Vientiane, 18.30 Uhr, Dauer ca. 24 Std., ca. 40 $. Kein Vergnügen. Manche Reisende machen einen Zwischenstopp in Dien Bien Phu.

503v aw

www.fotolia.de © rudiernst

UMGEBUNG VON HANOI

Tausendjährige Geschichte und die abwechslungsreiche Landschaft des Deltas ergeben eine fast unschlagbare Entdeckungsreise.

Weite Ebenen mit Deichen, Kanälen und Zugbrücken, von Bambushainen umfriedete Weiler und das schachbrettartige Muster der Reisfelder vor dem pastellenen Blau ferner Hügelketten prägen das Gesicht der Landschaft bereits in den Außenbezirken der Hauptstadt.

NICHT VERPASSEN!

- Wenn es sich einrichten lässt, ein **Tempelfest** besuchen – z.B. das der Thay-Pagode | 97
- In ein anderes Jahrhundert eintauchen: Dorfleben in **Mong Phu** | 98
- Den Hauch einer vergangenen Zeit atmen im alten Handelsplatz **Cu Da** | 100
- Wenn die Zeit nur für eine Pagode reicht, dann **Chua But Thap** | 103

Diese Tipps erkennt man an der gelben Markierung.

Umgebung von Hanoi

Überblick

„Friedvolle Idylle, rege Aufbruchstimmung und trostlose Rückständigkeit liegen hier so nahe beieinander wie nur selten irgendwo auf der Welt", notierten wir 1990 auf unserer ersten Fahrt vom Flughafen Noi Bai nach Hanoi. Das sind natürlich vergangene Zeiten.

Und dennoch – gerade hier, rund um die krakenartig sich ausbreitende Hauptstadt, findet man immer wieder noch ein **anderes Vietnam.** Kleine Oasen in der Zeit. Manchmal verborgen hinter Deichen und umschlossen von festungsartigem Grün. Manchmal umstellt von Schrott und Schund, von Industrieanlagen im Fadenkreuz mehrspuriger Highways. Und gleich daneben: VIETNAM! Wie es einmal war.

‹ Skulptur an der Parfümpagode

Co Loa

Die **Zitadelle** von Co Loa, der Hauptstadt des Königreichs Au Lac, wurde gegen Ende der Bronzezeit von König *An Duong Vuong* (um 257–208 v. Chr.) begründet. Von den ursprünglich neun Befestigungsringen, die die mächtige Zitadelle spiralförmig umschlossen und ihr den Namen „Muschelstadt" verliehen, sind noch die Überreste dreier Erdwälle zu sehen. Jeder der Wälle, die eine Fläche von 5 km² bedeckten, war bis zu 10 m hoch und von schiffbaren Kanälen umgürtet.

Mitten im Ort steht der Tempel **Dinh Ngu.** Sein 50 m langes Dach wird von 22 massiven Holzsäulen getragen, nicht mitgerechnet die rot lackierten „Ziersäulen" im Innern der Versammlungsstätte, in dem die legendäre Goldene Schildkröte verehrt wird, die der Sage nach dem König beim Bau der Zitadelle zur Hand gegangen sein soll. Der kleine Den zur Linken, halb verdeckt von einem mächtigen Banyan-Baum *(cay da),* ist seiner unglückseligen Tochter *Mi Chau* geweiht, die aus blinder Liebe zu ihrem chinesischen Gatten ihr Vaterland an die Feinde verriet und damit den Anfang vom Ende Au Lacs, dem legendären Vorläufer des heutigen Vietnam, einläutete.

■ **Dinh Ngu,** 18 km nördlich. Bus 17 ab Long-Bien-Brücke (von der Station Co Loa 2–3 km zu Fuß oder *Xe Om*). Eintritt 30.000 đ.

⊡ Räucherstäbchen für die Pagode

Parfümpagode (Chua Huong)

Chua Huong, die Parfüm- (oder besser: Duft-)Pagode, besteht aus einem ganzen Komplex in die Grotten, Höhlen und Felsvorsprünge des Huong Tich (Berg der Duftenden Spuren) gesetzter Pagoden, Tempel und Schreine. Allein schon die grandiose Landschaft der „Trockenen Ha-Long-Bucht" macht den Ausflug zu einem einmaligen Erlebnis.

Die alljährlich nach dem Neujahrsfest stattfindende **Wallfahrt** (die längsten Festlichkeiten Vietnams, von Tet bis zur Mitte des dritten Mondmonats) hat sich über die Jahre zu einem regelrechten Massenspektakel entwickelt – Zigtausende Pilger und Schaulustige schieben und drängen die Treppen hinauf und hinunter.

Der **Lehr- und Andachtspfad** des Pilgers und Touristen beginnt am Fuß des Berges am Trinh-Schrein, dem „Registrierungstempel", der vor der Thien-Tru-Pagode (15. Jh.) liegt. Weitere Wegstationen bilden die Höhlenpagoden Tien Son und Giai Oan. Der steile, stufenreiche Pfad führt gut zwei Kilometer durch **Kalksteinklippen** und üppige Vegetation, bis der Gipfel mit der **Huong-Tich-Grotte** erreicht ist. Die Legende erzählt von einer verstoßenen Prinzessin, die sich nichtsdestotrotz für ihren hartherzigen Vater aufgeopfert hat und als *Quan Am,* Göttin der Barmherzigkeit, wiedergeboren wurde; die Bronzestatue ihr zu Ehren wurde von der Tay-Son-Armee zu Kanonen geschmolzen und 1793 durch eine Statue aus Stein ersetzt. Über dem Eingang der Grotte (für den Pilger ein Drachenmaul) ließ ein Angehöriger der

Trinh-Familie die Worte „Die schönste Grotte unter dem Südlichen Himmel" in den Fels hauen.

Seit ihrer Gründung im 17. Jh. zog die Pagode neben Pilgern auch Dichter und Gelehrte an, die literarische Zirkel bildeten und deren Verse auf Stelen graviert sind.

- **Chua Huong,** 60 km südlich, an der Buslinie Ha Dong – My Duc. In diesem Fall ist eine **Tourbuchung** empfehlenswert (Tagestour um 30–50 $ inkl. Eintrittsgelder, Boote, Brücken- und Wegezölle), man erspart sich viel Ärger und Gefeilsche.
- Der Huong-Tich-Berg ist vom Pier Ben Duc per **Boot** erreichbar. Die schöne Fahrt auf dem Yen-Vi-Fluss vorbei an Kalksteinformationen dauert flussabwärts ca. 45 Min., zurück etwas länger. Aufstieg zur Grotte, Besichtigung der Höhlen und Rückweg nehmen ca. 1–2 Std. in Anspruch und können in der heißen Jahreszeit oder bei Regen u.U. anstrengend sein (festes Schuhwerk ratsam).
- Eine 1200 m lange **Seilbahn** verbindet die Thien-Tru-Pagode mit der Grotte auf dem Gipfel. Die Fahrt kostet 180.000 đ (hin und zurück) bzw. 120.000 đ (einfache Fahrt) p.P.

Tay-Phuong-Pagode

Die Pagode auf einem 50 m hohen, unvermittelt aus der Ebene ragenden und von schattigen Bäumen bestandenen Kalksteinfelsen (260 Stufen) geht auf Gründungen aus dem 8. und 17. Jh. zurück. Erst 1794 erhielt die für ihre ausdrucksstarken Holzstatuen weit über Vietnam hinaus berühmte Pagode ihren heutige Namen.

Der Chua besteht aus drei gestaffelten, einstöckigen Bauten aus Eisenholz mit doppelt geschwungenen Dächern, die in geschnitzten Drachen auslaufen und mit Phönix, Schildkröte und Einhorn verziert sind. Das erste Gebäude, der **Chua Phat Ba,** ist *Quan Am,* der tausendarmigen und tausendäugigen Göttin der Gnade geweiht, die sich aus einer Lotosblüte erhebt, dem Symbol der Reinheit. Der **Chua Trung** wird von drei mächti-

147vi kb

gen Buddhafiguren aus schwarzem Eisenholz beherrscht: dem Gnadenbuddha *A Di Da,* im Lotossitz *Di Lac,* fröhlich und dickbäuchig, und dem von der Askese gezeichneten „Fastenbuddha" *Tuyet Son,* jeder mit Wächtern zur Seite. Rechts vom Altar trägt ein grimmiger grünköpfiger Höllengeist *Phat Ba* auf der Lotosblüte, links findet man *Quan Am Thi Kinh* als die „Kinderbringerin".

Im **Chua Tuong,** dem dritten Gebäude, reihen sich die berühmten **Statuen der 18 La Han** oder „Erleuchteten" (Sanskrit Arhat), die das Ziel des religiösen Lebens erreicht und Erleuchtung erlangt haben.

Die Statuen – jede zeigt eine typische Haltung oder Tätigkeit der heiligen Männer – sind aus dem harten, dauerhaften Holz des Jackfruit-Baums geschnitzt und bestechen durch ihre individuelle Ausdruckskraft. Alle haben geschorene Köpfe und sind in Mönchsgewänder gehüllt, und doch gleicht keine Figur der anderen. (Recht gelungene Kopien findet man im Museum für Kunstgeschichte in Hanoi.) Insgesamt beherbergt die Pagode 62 Holzstatuen aus dem 18. und 19. Jh., von denen jede wegen ihrer meisterhaften Ausarbeitung beispielhaft ist.

■ **Anreise** → Thay-Pagode, 30.000 đ.

☒ Wasserpuppentheater (Hanoi)

Thay-Pagode

Chua Thay, die Pagode des Meisters (auch *Chua Thien Phuc,* Pagode des Himmlischen Glücks genannt), erstreckt sich malerisch an einem See zu Füßen eines Kalksteinberges. Sie ist dem „Meister" *Tu Dao Hanh* geweiht, einem Wunderheiler und Magier des 12. Jh., der seine Pilgerfahrt nach Indien aufgeben musste und sich auf den Berg zurückzog, um zu meditieren und die Lehre *Buddhas* zu verbreiten. Er gilt auch als **Patron der Wasserpuppenspieler,** die ihm jedes Jahr ein großes Fest bereiten. Die Anlage geht auf das 15. Jh. zurück und umfasst eine Reihe kleinerer Tempel und Pavillons, die sich teils um den eigentlichen Chua gruppieren, teils verstreut beiderseits des Pfads zum Gipfel liegen.

Zwei furchteinflößende *Ho Phap,* Beschützer der Lehre, wachen über das Sanktuarium. Hinter den Statuen von *Tu Dao Hanh* und Kaiser *Ly Than Tong* (1127–1138), der als Reinkarnation des „Meisters" gilt, reihen sich die drei *Buddhas* der Gegenwart, Vergangenheit und Zukunft nebst *Bodhisattva* und Wächterfiguren. Die Gestaltung des Steinaltars lässt deutlich Cham-Motive erkennen; man nimmt an, dass Sklaven aus Champa am Bau der Pagode mitgewirkt haben (so werden auch die beiden vor dem Kaiser knienden Diener als Cham gedeutet). In dem Schrein rechts wird noch einmal der „Meister" vergegenwärtigt, sein hinter gelbem Tuch verborgenes Antlitz wird nur zum alljährlichen Pagodenfest enthüllt. In den Seitengalerien sind je neun La-Han-Statuen

(Statuen der Erleuchteten) aufgestellt, die allerdings weit weniger beeindrucken als die des Chua Tay Phuong.

Über eine **überdachte Holzbrücke** aus dem Jahr 1602 gelangt man zum **Den Tam Phu,** dem Heiligtum des daoistischen Jadekaisers *Ngoc Hoang*, der am Altar zwischen dem Erdgeist *Tho Than* rechts und dem Wassergeist *Thuy Than* links thront.

Während des **Pagodenfests** (5.–7. Tag des 3. Mondmonats) finden am See neben anderen Veranstaltungen besonders sehenswerte Aufführungen des **Wasserpuppentheaters** statt.

■ Chua Tay Phuong und **Chua Thay** liegen 5 km voneinander entfernt 33 bw. 38 km südwestlich von Hanoi (26 km Richtung Son Tay, ab Wegweiser 7 km zum Chua Tay). Bus 73 ab My Dinh bis zur Thay Pagode (nicht allzu empfehlenswert); 30.000 đ.

Ba-Vi-Nationalpark

Eher Naherholungszentrum und Vergnügungspark für großstadtmüde Hanoier als ernstzunehmender Nationalpark. Die Ba Vi („Drei Berge") liegen in einer Waldlandschaft mit zwei künstlich angelegten Seen, Ho Suoi Hai und (schöner, aber auch belebter) Ho Dong Mo. Auf den Gipfel des mittleren Berges, den 1287 m hohen Nui Tan Vien, führt eine Straße bis auf 1200 m Höhe; vom Gipfel (1250 Stufen) spektakuläre Aussicht über das Delta mit dem Zusammentreffen von Rotem und Schwarzem Fluss.

Im 74 km² großen Nationalpark gibt es u.a. einen **Vogel- und Orchideen-**

Adobe Stock © Hanoi Photography

park, beim **Tan Da Spa Resort** kann man (außer Übernachten) nach einer Wanderung im heißen Quellwasser baden oder ein Schlammbad nehmen (www.tandasparesort.com.vn).

■ **Ba-Vi-Nationalpark,** 65 km westlich über die N 32, www.vuonquocgiabavi.com.vn, 60.000 đ.

⌃ Das Gemeindehaus in Mong Phu

Mong Phu (Duong Lam)

Ein Weiler aus alter Zeit, der noch gut ein Dutzend **historischer Häuser** aus dem frühen **16. Jh.** beherbergt, die aus **Laterit,** einem für diese Gegend typischen Material, entstanden sind. Japanische Archäologen tauften ihn bereits „Hoi An des Nordens" – was ein wenig übertrieben sein mag. Aber die archaische Stille und Verlassenheit, einige Häuser, einige Gassen, die schlicht-schönen Ziegeldächer, die allgegenwärtigen Brunnen, die zuvorkommenden Menschen: Vieles erinnert tatsächlich an die Zeiten Hoi Ans vor dem Boom. Parkplatz und Eintritt allerdings zeigen, dass die Entwicklung Richtung „Museumsdorf" geht. Hanoi scheint trotzdem Äonen entfernt.

Ortskern ist ein außergewöhnlich ausladender Platz mit dem alten Gemeindehaus **Dinh Mong Phu** (1533, ausgebaut und erweitert 1859), dessen weit geschwungenes, mit Drachen verziertes Dach auf 40 massiven Eisenholzsäulen ruht. Ausnehmend schöne Holzschnitzereien am Mittelportal (Drachen mit Drachenkindern). Außerhalb der Umfriedung ein Andachtshaus, heute als Verkaufskiosk für Tee, Zigaretten und Kaugummi umfunktioniert. Rechter Hand ein nagelneues „Kulturhaus" mit der Statue *Ngo Quyens,* der 939 die tausendjährige Herrschaft der Chinesen beendete und in diesem Dorf geboren und auch begraben wurde (→ unten).

In der Gasse an der gegenüberliegenden Seite des Platzes, links, liegt eine **Gedenkstätte** (Nha Tho Ho) zu Ehren des lokalen Gelehrten *Giang Van Minh,* dessen Name im Hanoier Literaturtempel auf der Stele von 1628 verewigt ist.

Das älteste Haus stammt noch aus der Zeit der Gründung des Dinh und wird heute in der 12. Generation von der Familie *Chin Giap* bewohnt. Typisch die Bauweise aus den aufwendig herzustellenden und schwer zu handhabenden großquaderigen **Laterit-Ziegeln,** die spätestens seit dem 19. Jh. so gut wie ausgestorben ist.

Die **Gedenktempel** zu Ehren der Kaiser *Phung Hung* und *Ngo Quyen,* die beide hier geboren wurden (wie ganz nahebei auch die Heroinen *Hai Ba Trung*) liegen stadtauswärts, sind aber kunsthistorisch nicht interessant.

In derselben Kommune, Duong Lam, liegt weiter nördlich in Dong Sang der sehenswerte **Chua Mia** (Zuckerrohr-Pagode). Die Anlage – mit Stelen von 1632, einem mehrstöckigen Glockenturm von 1734 und einem Kompendium von 287 Holz- und Lehm-Statuen aller Größen – geht auf das frühe 17. Jh. zurück, basiert aber auf einer Gründung der Tran-Dynastie (1225–1406).

■ **Mong Phu,** 51 km westlich. Bis Son Tay (45 km), nach 4 km Wegweiser Duong Lam links. Mong Phu liegt im Umkreis der alten Kirche; 20.000 đ.

Dinh Tay Dong

Das aus massivem Eisenholz errichtete Kult- und **Gemeindehaus** gilt als eines der schönsten und besterhaltenen des Nordens. Seine Grundstruktur stammt aus dem 16. Jh. Das Areal ist auf drei Seiten von einer Mauer geschützt, die vierte wird von einem Teich abgeschlossen. Rechts und links des Hauptgebäudes zwei Nebengebäude mit außergewöhnlichen Doppeldachkonstruktionen. Massive Säulen mit schön geschnitzten Giebeln tragen das vierteilig geschwungene und mit den glückbringenden Symbolen Drache, Phönix, Einhorn und Schildkröte verzierte Dach der Haupthalle. Der Innenraum ist durch mächtige Säulen in fünf Teile unterteilt, mit dem Schutzgeisttempel in der Mitte. An den Oberteilen der Säulen und im Gebälk finden sich einzigartige **Meisterwerke bäuerlicher Schnitzkunst.** Holzfäller und Fischer, Jäger und Musikanten, Frauen, die einander das Haar bürsten, Kinder, die Wasserbüffel hüten – anrührend heitere und lebendige Szenen aus dem Alltagsleben, die einen deutlichen – und bezeichnenden – Kontrast zu der sino-vietnamesischen „Hoch"-Kunst jener Zeit darstellen.

■ **Dinh Tay Dong,** 58 km westlich. Von Mong Phu (→ oben) 7 km weiter Richtung Hung Tra.

Cu Da

Ein weiteres Beispiel eines **außergewöhnlichen Dorfes** ist das noch im Großraum Hanoi gelegene Cu Da. Der Lage am Nhue-Fluss hattte es zu verdanken, dass es einst ein geschäftiger Umschlagplatz für Getreide, Salz und Baumwolle war. Die Händler wurden reich, sie bauten sich Häuser. Erst traditionell, aus Holz, mit geschnitzten Balken, Säulen und repräsentativen Ahnenaltaren. Und später, im frühen 20. Jh., modern, sprich im Stil der französischen Kolonialherren. Rund 25 dieser bis zu dreistöckigen Häuser gibt es noch in Cu Da. Majolikafliesen an bröckelndem Gemäuer. Stuckverzierungen mit sino-vietnamesischen Dekors. Vom Rost zerfressenes Schmiedeeisen. Man muss sich treiben lassen, die schmale Hauptstraße verlassen und in den von Bögen gesäumten Gassen mäandern, um zu entdecken. Nichts Spektakuläres, aber der Hauch einer vergangenen Zeit. Und aktives vietnamesisches Dorfleben. Die Zeiten des Flusshandels sind vorbei, heute haben sich die Bewohner auf die Herstellung von Sojasoße und Reisnudeln *(mien)* spezialisiert. Die archaischen Produktionsstätten und -methoden sind ein zusätzliches Erlebnis.

■ **Cu Da,** 15 km südwestlich Richtung Ha Dong. Von da auf der 21B bis Thanh Oai, jenseits der Flussbrücke liegt Cu Da.

Den Hung

In der flachen Ebene im Nordwesten Hanois, wo der Schwarze (Song Da) und der Klare (Song Lo) in den Roten Fluss (Song Hong) münden und schon die ersten Hügelketten des Berglands spürbar sind, erhebt sich der 175 m hohe Hügel **Nghia Linh,** an dem nach vietnamesischer Geschichtsschreibung die Hauptstadt ihres ersten Reiches Van Lang, das Land der sagenumwobenen Hung-Könige (ca. 700–250 v. Chr.), gelegen war. Archäologen fanden in der Umgebung Keramik, Werkzeuge und Artefakte der frühen Bronzezeit (um 2000 v. Chr.), doch ein letztgültiger Beweis für die These der Vietnamesen steht noch aus.

Vier auf unterschiedlichen Ebenen des Hügels angelegte **Tempelgruppen** aus dem 15. Jh. (erneuert im 19. Jh.) feiern die Vorfahren und Gründer der Nation. Den Ha, am Fuße des Berges, ist der Urmutter *Au Co* geweiht, auf halber Strecke, im Haupttempel Den Trung, gedenkt man der 18 Hung-Könige, und auf der Kuppel des Hügels, auf den 523 Stufen führen, verehrt man im Den Tuong die Götter des Himmels und der Erde. Vom Gipfel führt der Weg hinunter zum vierten Tempel am Fuße des Berges (Den Co), in dem an einer Quelle die Töchter des letzten Hung-Königs verehrt werden.

■ **Den Hung,** 85 km nordwestlich, 14 km hinter Viet Tri (ausgeschildert). Tempelfest am 9.–11. Tag des 3. Mondmonats.

Tam Dao

Das 930 m hohe Cascade d'Argent („Da Lat des Nordens") wurde zwischen 1904 und 1925 als **Kurort** und Sommerfrische für wohlhabende Kolonisten errichtet; die Temperaturen liegen ganzjährig 6–8 °C niedriger als in der Ebene (abends und nachts wird es kühl!). 1954 sprengten die wütenden Franzosen, die Vietnam verlassen mussten, ihre Besitzungen in die Luft, einige der erhaltenen Villen hat man als Erholungsheime oder Hotels wieder hergerichtet.

Tam Dao, „Drei Inseln", verdankt seinen Namen den Gipfeln dreier **Berge** (alle um 1500 m hoch), die oft wie Inseln über dem Meer der Wolken schweben. Zu Füßen des Thien Thi stürzt sich die Silberkaskade (Thac Bac) zu Tal, die der französischen Ansiedlung ihren Namen verlieh. Der Ort ist inzwischen reichlich kommerzialisiert (inkl. Golfplatz) und für Hanoier als kühles Wochenend-Ausflugsziel sehr beliebt. Zudem ist es ein guter Ausgangspunkt für Wanderungen. Hotels, Restaurants etc. sind in erster Linie auf einheimische Besucher eingestellt.

Der seit 1996 bestehende **Tam-Dao-Nationalpark** (35.000 ha) ist 11 km von dem Ort Tam Dao entfernt. Er ist etwas ganz Besonderes in puncto Arten- und Pflanzenvielfalt. Die isolierte Lage des Gebietes am Schnittpunkt unterschiedlicher Klimazonen – hier tropischer Regenwald, dort subalpine Wälder – bietet Lebensraum für über 2000 Tier- und Pflanzenarten, darunter den seltenen rotbäuchigen **Tam-Dao-Salamander** und unzählige Reptilien, Schmetterlinge, Vögel und Orchideen. Allerdings ist deren Bestand durch Jagd und Abholzung dramatisch geschrumpft, und leider landen in zahlreichen Restaurants in Tam Dao wilde und bedrohte Tierarten auf dem Teller.

Auch die bedrohten schwarzen Kragenbären mit der markanten weißen, halbmondförmigen Fellzeichnung auf der Brust findet man hier nicht mehr in freier Wildbahn, aber in der **Bärenstation** der Tierschutzorganisation *Animals Asia*. Mehr als 100 der Tiere leben hier, nachdem sie aus Bärenfarmen gerettet wurden, wo ihnen oft über Jahre hinweg Gallensaft als „Heilmittel" abgezapft wurde. Für Naturfreunde gibt es einen 6 km langen Trekkingpfad (ca. 4 Std., nicht allzu schwierig, aber z.T. steil).

Praktische Informationen

- 1000 Einw., 930 m, Tel. 0211.
- **Bären-Rettungszentrum:** Zweimal im Monat werden Führungen angeboten, Anmeldung erforderlich. Die NGO *Animals Asia* hat ein Büro in Hanoi, Tel. 024 39289264, www.animalsasia.org.
- **Nationalpark:** Eintritt 40.000 đ. *Guides* können für 7–10 $ pro Tag angeheuert werden.

Unterkunft, Essen und Trinken

UNSER TIPP: **Tam Dao Belvedere Resort**④-⑤, QL2B, Tel. 024 73068999, http://bel.vn/ngon-ngu-en. Allein schon eine Reise nach Tam Dao wert (wenn auch besser nicht am Wochenende). Großzügige Chalets mit Wahnsinnspanorama – auch vom schönen Pool – mit 48 Zimmern 70–300 $. Mit Spa und Tennis.

- **Mela,** Khu 1, Tel. 3824321. Das Restaurant des Chalet-Hotels, das seine besten Tage hinter sich hat, ist passabel (vietnamesische und westliche Küche), zudem können hier *Guides* arrangiert werden.

Anreise

■ 85 km nordwestlich, Provinz Vinh Phuc. Ohne Privatfahrzeug umständlich. Bus ab Hanoi (My Dinh) nach Vinh Yen (62 km), von dort Taxi (ca. 15 $ ein Weg) bis zum *Headquarter* (13 km).

Thai Nguyen

Die florierende Industrie-Metropole (Stahlproduktion) am Cau-Fluss ca. 80 km nördlich von Hanoi ist seit jeher ein Schmelztiegel der Völker (Vietnamesen, Tay und Nung leben gleichberechtigt nebeneinander) und zugleich die **Tee-Hauptstadt** Vietnams.

Seit 1960 beherbergt sie das erste und **größte ethnologische Museum** des Landes. Ausstellungstechnisch und didaktisch dem neueren Ethnologischen Museum in Hanoi sicherlich unterlegen, bietet es auf 3000 m² Fläche eine vergleichbare Fülle von Artefakten aller Art.

■ **Museum der Ethnischen Kulturen** *(Bao Tang Van Hoa Cac Dan Toc)*, 1 Doi Can. Klassizistisch-sozialistischer Bau mit Erweiterung 2006. Die meisten Säle sind thematisch geordnet, z.B. nach Ethnien (Tay, Muong, Dao etc.). Tgl. 8–17 Uhr, 40.000 đ.

Praktische Informationen

■ 420.000 Einw., 30 m, Tel. 0208.

■ **Anreise:** 80 km nördlich über die N3. Bus ab Hanoi (Gia Lam) 2½ Std.

⊻ Auf dem Dorfplatz

306vi kb

Dinh Bang

Die Provinzen im Nordosten Hanois (Bac Ninh, Bac Giang) sind berühmt für ihre traditionelle Volkskultur und den schier unerschöpflichen Reichtum an Pagoden und Gemeindehäusern. Über 60 Bauwerke, mehr als in jeder anderen Region, stehen in der Heimat der Ly-Dynastie (1009–1225), die den Buddhismus in Vietnam zur Blüte führte, unter Denkmalschutz.

Der Weiler Dinh Bang spielte in der Geschichte des Landes gleich zweimal eine wichtige Rolle, als Heimatstadt von Kaiser *Ly Thai To,* der 1010 die Hauptstadt Dai Viets nach Hanoi verlegte, und 1946 als Ort der ersten Nationalversammlung unter *Ho Chi Minh.* Das ursprünglich aus dem 12. Jh. stammende, in seiner heutigen Form 1736 aus Eisenholz errichtete **Kult-** und **Gemeindehaus** gilt als das größte seiner Art in ganz Vietnam. Das gedrungene, 25 m lange und 14 m breite Gebäude ruht auf über 60 massiven Säulen mit einem Durchmesser bis zu 65 cm. Schöne Holzschnitzereien an Säulen und Dachgebälk. Aber auch viel Partei-Nostalgie.

Unweit davon der weitläufige Komplex des **Den Do,** 1010 errichtet, im gleichen Jahr als Hanoi Hauptstadt wurde, nach französischen Bombardements 1952 zerstört und 1989 unter Verwendung alter Teile wieder aufgebaut. Im Innern Statuen der 8 Ly-Kaiser in Gelb, bis auf *Ly Thai To,* der rot gewandet ist. In der Galerie rechts eine schöne Sammlung bunter Prozessions-Pferde, vor der Haupthalle ruhen zwei steinerne Elefanten. Berühmt sind die alljährlichen **Tempel-Festlichkeiten** (12.–16. Tag des 2. Mondmonats) mit Cheo- und Wasserpuppentheater, Quan-Ho-Gesängen, Ring- und Hahnenkämpfen.

■ **Dinh Bang,** 16 km nordöstlich, an der alten Straße nach Bac Ninh.

Phat-Tich-Pagode (Van Phuc)

Kaum hatten französische Kunsthistoriker den Ruf der 1057 unter Kaiser *Ly Thanh Tong* erbauten Pagode als eine der schönsten und bedeutendsten Vietnams begründet – ihr Stupa war einst bis in die Hauptstadt sichtbar –, wurde sie 1949 von Kolonialtruppen nahezu vollständig zerstört. Die heutige Anlage ist eine Rekonstruktion von 1992. Erhalten sind außer einigen wertvollen Schnitzarbeiten und Steinreliefs der berühmte meditierende **Buddha A Di Da** aus blauem Stein auf einer Lotosblüte aus der Gründungszeit des Chua (11. Jh., Nachbildung im Historischen Museum von Hanoi).

■ **Phat-Tich-Pagode,** 30 km östlich. 7 km Richtung Haiphong, abbiegen auf die N 1A Richtung Lang Son bis Tu Son (15 km), von dort weitere 8 km.

But-Thap-Pagode

Die **schönste** und wertvollste vollständig **erhaltene Pagode** Vietnams. Die großzügige Anlage und ungewöhnlich reiche Ausstattung des Chua, der 1647 auf den

Überresten eines 400 Jahre älteren Heiligtums errichtet wurde, lässt ihn als ein Auftragswerk der Kaiserfamilie erkennen. Benannt ist er nach seinem fünfstöckigen, wie ein Schreibpinsel sich verjüngenden **„Federkiel"-Turm** Bao Nghiem, der wie der Glockenturm außerhalb der Umfriedung des Chua liegt.

Im Innern der Anlage gelangt man an Wächterfiguren vorbei in eine Halle mit außergewöhnlich schön geschnitzten, rot-blau-weiß kolorierten Drachen und Phönixen. Das anschließende Sanktuarium mit dem rotlackierten Hauptaltar weist eine Vielzahl bemerkenswerter Statuen auf, darunter ein wunderbarer sitzender Fastenbuddha, aber neben einer verblassen sie alle: Die unvergleichliche Darstellung der **Quan Am** mit tausend Armen und tausend Augen (auch die göttlichen Augen in der Handfläche zählen) erhebt sich fast 4 m hoch auf einem reichgeschmückten Lotos-Sockel, den Drachen und mythische Meerestiere säumen. Der zentrale Kopf der Göttin, flankiert von zwei weiteren, seitlichen, trägt eine Tiara mit dem Gnadenbuddha *A Di Da* in der Mitte, und ist wie ein turmartiger Strahlenkranz von weiteren Köpfen umgeben. Die außergewöhnliche Wirkung der Statue findet ihre Vollendung in der irisierenden Lackierung in Rot und Gold. Im Spiel von Licht und Schatten scheinen sich ihre Arme und Hände zu bewegen. Eine Inschrift im Sockel nennt den Stifter und die Jahreszahl 1665. (Nachbildung im Kunsthistorischen Museum, Hanoi.)

Eine mit den Reliefs von Drachen, Phönixen, Pferden, Hirschen, Vögeln

053vi kb

und Fabelwesen reich verzierte Steinbrücke bildet den Übergang zu den drei folgenden Gebäuden. Das erste, das „Haus des Neunstufigen Berges“ (Toa Cuu Pham), birgt, für den vietnamesischen Pagodenbau sonst völlig unüblich, eine immense, fast 8 m hohe Gebetsmühle, die zu bestimmten Festtagen in Bewegung gesetzt wurde. (Heute nur noch am Pagodenfest am 24. Tag des 3. Mondmonats.) Sie ist mit 32 Bildern dekoriert, die buddhistische Legenden und Szenen aus dem Alltagsleben zeigen. Die anschließenden Hallen dienen als Versammlungsraum der Mönche bzw. sind daoistischen Gottheiten und dem Gründer der Pagode, dem Mönch *Minh Hanh*, geweiht.

Die Gegend um But Thap ist reich an bedeutenden Pagoden inmitten von Reisfeldern, hier soll sich ein erstes machtvolles buddhistisches Zentrum ab dem 11. Jh. entwickelt haben. Sehenswert ist u.a. auch **Chua Dau,** der früher wegen seines weithin sichtbaren Glockenturms berühmt war. Am Hauptaltar wird *Phap Van*, die Wolkengöttin, verehrt. Eine Stele im Hof trägt die Jahreszahl 1737, aber viele Elemente des Chua sind deutlich älter. Beim Pagodenfest am 8. Tag des 4. Mondmonats werden Statuen und Kultgeräte in einer Prozession durch das Dorf getragen.

☒ Die tausendarmige Quan Am

■ **But-Thap-Pagode,** 22 km östlich von Hanoi (ab Long-Bien-Brücke). Auf der N 5 Richtung Haiphong geht bei km 8,7 (Phu Thuy) ein unbeschilderter Weg zu den Weilern Cho Sui – Kep – Cho Dau ab; 30.000 đ.

Der Rückweg ist über die N 1A mit einem Zwischenstopp in **Dong Ho** (7 km) möglich, das in ganz Vietnam für seine bunten Holzschnitte und **Tet-Bilder** bekannt ist. Das nahezu ausgestorbene Kunsthandwerk wird bis heute im Dorf am Leben gehalten. Die Themen der Malerei sind eng mit dem Leben der Menschen in der nördlichen Delta-Region Vietnams verbunden und die Gemälde spiegeln eine Vielzahl von Mustern, Genres und Themen, die das Leben in Vietnam zeigen.

Lim

Der **Sängerwettstreit von Lim** findet jedes Jahr vom 13. bis 15. Tag des 1. Mondmonats statt. Die früher auf dem Land weit verbreitete Zeremonie geht auf traditionelle Frühjahrs- und Heiratsmärkte zurück, die Unverheirateten Gelegenheit verschaffen sollten, einander zwanglos zu treffen und zu umwerben. *Quan Ho* sind volksliedhafte Wechselgesänge zwischen Frauen und Männern und bestehen teils aus überlieferten, eher lyrischen, teils aus spontan improvisierten derb-witzigen Versen. Das heute rein folkloristische Fest zieht viele Schaulustige an.

■ **Lim,** 22 km nordöstlich von Hanoi an der N 1A kurz vor Bac Ninh.

379vi kb

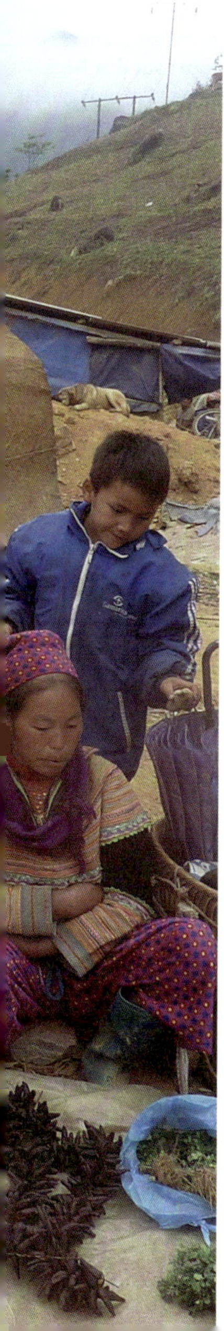

2

Bergland des Nordens

»Sanft geschwungene Reisterrassen. Steile, schroffe Felsen. Gebirgspässe. Wahnsinns-Schluchten. Mystischer Nebel, und im Winter manchmal Schnee. Kiefern neben Bambus, Bananen, Tee. Märkte, Homestays und Bergvölker.

‹ „Supermarkt“ am Straßenrand

BERGLAND DES NORDENS

Für viele ist das an China grenzende, weitgehend von ethnischen Minderheiten bevölkerte Bergland die abenteuerlichste und schönste Region Vietnams. Landschaften wie im Traum. Märkte, Dörfer und Bergvölker, die immer noch ihre traditionellen Trachten tragen – man meint mit einem Bein im Mittelalter zu stehen. Am bekanntesten ist das Bergstädchen Sa Pa in der Provinz Lao Cai, Drehscheibe des Trekking- und Homestay-Tourismus. Eine Seilbahn führt auf den Berg Phan Si Pan, und der neue Freeway hat die Anfahrtszeit von Hanoi auf die Hälfte verkürzt. Spektakulär abgelegene und kaum touristische Regionen des Berglandes wird man allerdings erst auf Fünf- bis Sechs-Tage-Exkursionen erleben, auf dem Motorrad – als Selbst- oder Beifahrer –, im 4WD, Jeep oder gar im Lokalbus. In der Provinz Ha Giang etwa kann man außergewöhnliche Erfahrungen in großartiger Natur machen und dabei in eine (Lebens-)Welt eintauchen, die vom touristischen Massenauftrieb in Sa Pa noch Lichtjahre entfernt ist. Und ganz Eilige, denen die Zeit für ein längeres Nord-Abenteuer nicht reicht, können zumindest als „Schnupperkurs" im Tal von Mai Chau einmal im Stelzenhaus-Homestay übernachten.

NICHT VERPASSEN!

- Gebirgs-Abenteuer light – ganz entspannt im Thai-Langhaus wohnen in **Mai Chau** | 114
- Mit den Hmong ins Gespräch kommen – auf einer mehrtägigen **Trekking-Tour** rund um Sa Pa | 129
- Ein Markttag in den Bergen – kunterbuntes Chaos bei den Flower Hmong von **Can Cau** | 140
- **Mu Cang Chai** – Reisterrassen, weiter als das Auge reicht | 142
- Landschaftlich kaum zu übertreffen: das **Plateau von Dong Van** und seine sagenhaften Steinlandschaften | 153

Diese Tipps erkennt man an der gelben Markierung.

[>] Bergregion bei Sa Pa

504v co

Überblick

Die bis zu 3000 m hohen Berg- und Dschungelregionen beiderseits des Roten Flusses bilden die natürliche Grenze zu China und Laos und sind die Heimat vieler verschiedener Bergstämme.

Der Rote Fluss trennt das Bergland in zwei geologisch wie klimatisch unterschiedliche Regionen, den **Nordwesten** und den **Nordosten.**

Auf mehr als 80.000 km^2 lebten noch 1990 kaum mehr als 5 Mio. Bewohner, d.h. 60 Menschen pro km^2, einer Fläche, auf der sich im Delta rund 1000 und im Großraum Hanoi rund 1500 Menschen drängten. In jüngerer Zeit ist die Bevölkerung jedoch stark angestiegen, insbesondere durch Umsiedlungen aus den übervölkerten Delta-Provinzen. Im Nordosten lebten bereits 2021 über 10 Mio. (200/km^2) und im Nordwesten rund 5,5 Mio. Menschen (110/km^2), wobei der Anteil der Vietnamesen gegenüber den ethnischen Minderheiten stetig im Steigen ist.

Sa Pa oder Ha Giang?

Für manche, die das noch wenig entdeckte Bergland bereisen wollen, ist Sa Pa mittlerweile zu überlaufen, zu touristisch, zu kommerziell geworden. Ihnen sei eine Reise in die Provinz Ha Giang empfohlen. Dies setzt allerdings einiges an Zeit voraus, und man muss größere Strapazen in Kauf nehmen. Es gibt noch

CHINA
128
Pha Long
3120
Mu'o'ng Khu'o'ng
Xín Màn
Cán Cấu
Hekou Yaozu Zizhixian
Lùng Phìn
126
Phong Thô (Pa So)
Lào Cai
Côc Ly
Bac Ha
126
Lai Châu (Tam Đu'o'ng)
Tram Ton 1995
Yen Binh
125
Sin Hô
Sa Pa
Pho Lu
12
Provinz Lai Châu
Tam Đu'o'ng (Binh Lu)
3143 Phan Si Pan
Bao Yen
Mu'o'ng Nhie
Lang Mo
Provinz Lào Cai
125
Mu'o'ng Lay (Lai Châu)
32
279
Van Ban
Ban Po Bai
143
Than Uyên
2907
VIETNAM
Ban Song
142
Tú Lê
142
Mù Cang Chai
6
Muang Va
Muòng Chà
Khau Pha-Pass
Provinz Điên Biên
121
Tuân Giao
2512
142
Nghia Lô
12
2985
32
1890
121
Điên Biên Phu
Thuan Chau
119
So'n La
Điên Biên Đông
Bãc Yên
Tay Trang
Provinz So'n La
Gia Phu
2E
Yên Châu
Muang Khoua
1890
Song Ma
Mu'o'ng Hung
1897
Bang Phu'
Mu'o'ng Lat
LAOS

CHINA
VIETNAM
Malipo
153
Đồng Văn
4C
Yên Minh
Meo Vac
Provinz Quan Ba
Tha Ca 2275
2566
2616
152
Hà Giang
154
Hoàng Sù Phi
151
Provinz Hà Giang
Bac Me
Bao Lac
147
Pac Bo
148
Bản Giốc Wasserfälle
Trùng Khán
34
Provinz Cao Bằng
146
Cao Bằng
Nguyên Bình
Thong Nguyen
2
Tan Quang
149
Ba-Be-Nationalpark
Ba-Be-See
Cho Ra
1554
279
3
Nà Phăc
Đông Khê
Bắc Quang
Na Hang
Provinz Bac Kan
Longzhou
4A
Phú Tông
Thất Khê
Provinz Tinh Tuyên Quang
Provinz Tinh Yên Bái
Bac Kan
Pingxian
93
150
Thac-Ba-See
Binh Giã
Dông Đăng
144
Lang So'n
14
Tuyên Quang
Đinh Cả
Provinz Thai Nguyên
Provinz Lang So'n
1A
Yên Bái
Song Lo
Thai Nguyên
Tam Đao
Phu Tho
Việt Tri
Provinz Vinh Phúc
Luc Nagan
31
Au Chau
Vinh Yen
Phuc Yên
Bắc Giang
Luc Nam
Provinz Bắc Giang
Ngoc Đong
32
141
Bai Thu'o'ng
So'n Tây
Provinz Phú Tho
Mong Phu
Đong Ky
Bắc Ninh
Ba Vi
Tan Vien 1287
Chua Thay
Co Loa
Porte d'Annam
Chi Linh
Chua But Thap
18
Uong Bi
Ba-Vi-Nationalpark
43
Thach That
Chua Tay Phuong
HANOI
Thuan Thanh
Ha Đông
Cu Da
6
5
Hai Du'o'ng
119
Môc Châu
Haiphong
Provinz Hai Duong
114
Hòa Bình
HCMH West
Suoi Rut
Cao Du'o'ng
Pr. Tinh Hu'ng Yên
Provinz Hòa Bình
Mai Chau
Chua Huong
Hu'ng Yên
10
Đo Son
Bo
Muo'ng Khén
Provinz Thai Binh
Pr. Ha Nam
Thanh Oai
15
Phu Ly
Vu Ban
Nam Đinh
Thai Binh
Provinz Thanh Hòa
Cuc Phuong Nationalpark
Van Long Naturreservat
Chua Keo
Dong Chau
Na Meo
Cành Nàng
Xom Bien
Hoa Lu
Ba Thuoc
Pù Luông Naturreservat
Bai Dinh
Trang An
Ninh Binh
Provinz Nam Đinh
Chieng
Câm Thuy
Lang Chanh
Tam Coc
Bich Dong

kaum wirklich luxuriöse Hotels oder interessante Homestays. Zudem wird in der Region kaum Englisch gesprochen.

Sa Pa ist aber immer noch eine Reise wert! Sobald man das Städtchen verlässt und im Umland ins Abenteuer startet, ist die Landschaft wunderschön, ursprünglich und spannend. Und da die Trekking-Guides vom Volk der Hmong in der Regel gut Englisch sprechen, speziell die junge Generation, sind echte Begegnungen und Gespräche mit diesem Bergvolk hier eher möglich und aufschlussreicher als anderswo.

Klima und Reisezeit

In den weitgehend trockenen Wintermonaten Dezember bis März kann es zumal nachts **empfindlich kühl** werden (5–10 °C, im Extremfall, Sa Pa, bis um 0 °C), und falls die Sonne die Nebel nicht durchbricht, erwärmt es sich auch tagsüber nur mäßig, während intensive Sonneneinstrahlung das Thermometer bis auf 18–20 °C ansteigen lassen kann. Die besten Reisemonate sind **November, März** und **Mai** mit weitgehend klarem Himmel und angenehmen Temperaturen (aber auch dann warme Sachen nicht vergessen!). Die Monate von Juni bis September sind warm, aber regenreich.

Praktische Hinweise

Die Regionen entlang der chinesischen Grenze galten noch mehr als ein Dutzend Jahre nach der chinesischen Invasion von 1979 als „militärisch sensitiv" (oder wurden kurzerhand dazu erklärt). Erst nachdem 1992/93 im Zeichen der „neuen Freundschaft" mit Beijing die Grenzen nach China wieder geöffnet wurden, konnte das Bergland auch von Ausländern offiziell besucht werden.

- **Permits:** Nur wenige, nicht immer eindeutig definierte Grenzregionen erfordern noch eine schriftliche Reisegenehmigung (z.B. der Norden von Ha Giang). Man erhält sie über die meisten Hotels.
- **Geld:** Banken und Hotels, die Kreditkarten akzeptieren, sind meist in den größeren Gemeinden und touristischen Orten zu finden.
- **Unterkunft:** Es gibt inzwischen selbst in abgelegenen Gegenden Hotels. Immer mehr Reisegruppen übernachten nicht nur in Hotels von Sa Pa, sondern auch in Orten wie Bac Ha, Phong Tho, Sin Ho etc. (und besonders natürlich an Markttagen). Individualreisende sind daher gut beraten, spezielle Unterkünfte vorab zu buchen.
- **Homestay:** In allen touristisch auch nur einigermaßen erschlossenen Gegenden (Sa Pa, Bac Ha, Ba Be, Mai Chau etc.) werden auch Übernachtungen in traditionellen Holzhäusern (oft Pfahlbau) angeboten. Urlauber können teilweise im Gemeinschaftsschlafraum übernachten oder in Zimmern und Bungalows rund um das Holzhaus. Gegessen wird meist gemeinsam und die Chefin des Hauses entpuppt sich gerne als hervorragende Köchin. Hinweis: ein *Homestay* kann ganz schön kalt sein!

Verkehr

- **Entfernungen ab Hanoi** (in km, je nach Route): Yen Bai 180, Bac Ha 330, Lao Cai 345, Sa Pa 385–685, Hoa Binh 75, Mai Chau 135, Son La 310, Tuan Giao 405, (Dien Bien Phu 485), Muong Lay 505, Phong Tho 580, Lai Chau 610, Tam Duong 645, Son Tay 45, Nghia Lo 210, Mu Cang Chai 310, Than Uyen 350, Tam Duong 410, Lang Son 150, Cao Bang 290, Ba Be 240, Ha Giang 330.
- Die **Hauptrouten,** wenn auch oft schmal und kurvenreich, sind zumindest während der trocke-

505v aw

nen Jahreszeit verhältnismäßig problemlos zu befahren, selbst mit normalen Pkw, mittlerweile oft sogar mit einem einfachen Motorroller. Lediglich für Nebenstrecken – meist schöner und interessanter – ist ein geländegängiges Fahrzeug anzuraten.

■ Das größte Hindernis stellen die allgegenwärtigen **Straßenarbeiten** und Ausbaustrecken dar. Die Arbeiten gehen oft nur sehr langsam vonstatten; andererseits werden die Straßen überall zusehends besser.

■ **Verkehr:** Vorsicht! Gerade auf den verbesserten Straßen und den neuen Schnellstraßen kann es für Motorradfahrer gefährlich sein, weil dort Busse und Lastwagen sehr schnell fahren, Kurven schneiden und waghalsige Überholmanöver durchführen.

■ Für eine **Rundfahrt** – z.B. Hanoi, Muong Lay, Sa Pa, Ha Giang, Cao Bang, Lang Son, Hanoi, alles in allem rund 1200 km – sind wenigstens sieben Tage zu veranschlagen, ohne längere Aufenthalte oder gar Abstecher. Die Route führt durch einige der spektakulärsten Landschaften Vietnams, ist aber nach wie vor nicht ganz unbeschwerlich.

Der Nordwesten

Westlich des Roten Flusses gen Laos zu steigen die Gebirgszüge bis auf **2000–3000 m Höhe** an, hier liegt der höchste Berg Vietnams, der Phan Si Pan bei Sa Pa (3143 m). Der poröse **Kalkstein** der zerklüfteten Höhenzüge und savannenartigen Plateaus lässt Feuchtigkeit rasch versickern, die sedimentierten Böden sind flach und wenig fruchtbar, Ackerböden und Plantagen müssen künstlich bewässert werden, viele Regionen leiden unter Trockenheit. Während der Regenzeit im Sommer schwellen der **Schwarze Fluss** (Song Da) und seine Zu- und Ne-

⌃ Blick von Sa Pa

benflüsse zu reißenden Strömen an und schwemmen fruchtbaren Boden ins Delta ab; Brandrodung und Abholzung tragen zur fortschreitenden Erosion und Verkarstung ganzer Landstriche bei.

Außer in größeren Ortschaften, die durch permanente Zuwanderung durch Vietnamesen aus dem übervölkerten Delta allerdings rapide angewachsen sind, dominieren **ethnische Minderheiten** wie die Muong, Nung, Thai und Hmong, die von den Viets in die Höhenlagen mit weniger fruchtbaren Böden verdrängt worden waren. Sie sprechen ihre eigenen Sprachen und pflegen ihre eigenen Riten und Traditionen (→ Exkurse „Bergvölker des Nordens", S. 116, „Armut und Menschenhandel – ethnische Minderheiten in Vietnam", S. 132).

Hoa Binh

Für viele Vietnamesen ein Synonym für Desaster. Das von den sowjetrussischen „Entwicklungshelfern" 1989 nach mehr als zehnjähriger Bauzeit (während der nahezu 200 Arbeiter starben) fertiggestellte Kraftwerk am Schwarzen Fluss war dank Planwirtschaft und Moskauer Subventionsstopp erst Jahre später zu voller Leistung fähig, weshalb Hanoi noch bis Mitte der 1990er-Jahre ständig im Dunkel versank.

In der Region wurden **Skelette und Werkzeuge prähistorischer Menschen** gefunden – Ethnologen sprechen von einem „Hoa-Binh-Menschen", der ca. 8–10.000 Jahre vor unserer Zeitrechnung als Jäger und Fallensteller gelebt hat. Einige der Funde sind im örtlichen Museum ausgestellt.

Hoa Binh ist Ausgangspunkt für Exkursionen zu Dörfern der Muong sowie der Weißen und Schwarzen Thai.

Praktische Informationen

- 120.000 Einw., 200 m, Tel. 0218.
- **Muong Cultural Space Museum,** Bao Tang Muong, 202 Tay Tien, Tel. 3893688, http://muong.vn/en. Eines der wenigen privaten Museen Vietnams. Original-Pfahlhäuser mit über 3000 Artefakten und Gebrauchsgegenständen der Muong.
- Die **Muong-Dörfer** Ban Dam und Giang liegen nur 6 bzw. 8 km entfernt. Die Großfamilien leben in Langhäusern auf Pfählen, bauen Nassreis und Gemüse an, halten Hühner und Schweine. Gästen wird „traditionell" ein Reisschnaps angeboten, der mit einem dünnen Bambusrohr aus gemeinschaftlichen Tonkrügen getrunken wird.

Mai Chau

Das flache, von Bergen eingerahmte und vornehmlich von **Weißen Thai** besiedelte Tal von Mai Chau ist schon seit 1993 Anlaufstation von Touren aus Hanoi (135 km). Die Weißen Thai leben immer noch ihre Traditionen in den schön anzuschauenden, aber nicht beheizbaren Holzhäusern auf Stelzen, die ältere Generation spricht ihren eigenen Thaidialekt, aber kaum Vietnamesisch.

Dort, wo die meisten Ausflügler übernachten, ist in vielen Häusern ein **Homestay** untergebracht. Die Weißen Thai sind freundliche und liebenswürdige Gastgeber, die gerne zu einem Plausch aufgelegt sind.

▷ Die Reisfelder rund um Mai Chau sind eine echte Augenweide

Erlebnishungrige, denen die hauptsächlich von vietnamesischen Touristen an Wochenenden und Feiertagen besuchten Dörfer Van, Lac oder Pom Coong zu überfüllt und zu „unauthentisch" sind, nehmen sich einfach einen **einheimischen Guide** oder trekken, radeln oder fahren mit einem *Scooter* **auf eigene Faust** drauflos – das Tal ist wunderschön.

Der **Ort Mai Chau** selbst ist eine typische vietnamesische Kleinstadt, die sich an der Hauptstraße entlangzieht. Es gibt etliche Karaoke-Bars, denen man am Wochenende am besten aus dem Weg gehen sollte. Normalerweise und wochentags geht es in Mai Chau sehr ruhig zu. Es ist locker und entspannt in den *Homestays,* manche Urlauber bleiben tagelang hängen. Mai Chau ist übrigens gar nicht so schlecht fürs **Souvenir-Shopping,** von Seidenschals über Schmuck und Taschen bis zu Teppichen.

Das **traditionelle Essen** der Weißen Thai unterscheidet sich gewaltig von der üblichen vietnamesischen Küche: Die Gerichte sind abwechslungsreicher, geschmacklich vielfältiger und erinnern mehr an die thailändische Küche.

Praktische Informationen

- 150–400 m, Tel. 0218.
- **Rock Climbing:** www.asiaoutdoors.com.vn.

Unterkunft

UNSER TIPP: **Homestay: Lim's House**①-②, Alley 1, Group 3, Mo Village, Mai Chau, Tel. 947462 113. Das *Guesthouse* ist ein typischer und wirklich kuscheliger Vertreter der Holzhaus-auf-Stelzen-Klasse. Rund um das Haus der Familie gibt es vier süße und individuell eingerichtete Zimmer, in denen es sich gut aushalten lässt. Gegessen wird das von *Lims* Mutter köstlich zubereitete Frühstück und Abendessen gemeinsam an einem großen Tisch unter dem Dach, aber draußen (unter Umständen sollte man sich dick anziehen). Das Haus verleiht kostenlos Fahrräder. Trinkwasser, Kaffee und Tee stehen rund um die Uhr kostenlos zur Verfügung. *Lim* selbst spricht gut Englisch, erzählt gerne aus ihrem Leben und ist eine Quelle des Wissens rund um ihre Hei-

614v un

Bergvölker des Nordens

Tipp: Als gute Übersicht und Vorbereitung eignet sich ein Besuch im **Ethnologischen Museum** in Hanoi (→ dort), wo man in der Außenanlage die eindrücklich unterschiedlichen Häuser und Baustile der ethnischen Minderheiten bewundern kann und einiges über die Kultur und Lebensweise der Bergstämme erfährt.

Offiziell sind von der vietnamesischen Regierung **54 ethnische Minderheiten** anerkannt; die Einteilung in Völker, Stämme und Unterstämme ist allerdings nicht unumstritten, die Liste hier ist nicht vollständig.

Tay 1,6 Mio.

Lang Son, Cao Bang, Thai Nguyen, Bac Can, Yen Bai, Tuyen Quang

Die **zahlenmäßig stärkste Minderheit** Vietnams. Mehr als alle anderen Völker haben die sesshaften Tay vietnamesische Kultur angenommen, stellen Abgeordnete und selbst hochrangige Funktionäre (Ex-KP-Generalsekretär *Nong Duc Manh*) und huldigen neben ihren alten Naturgeistern buddhistisch-daoistischen Göttern und Dämonen. Ihre Vorfahren besaßen schon vor 2000 Jahren mächtige Königreiche im Bergland, im Krieg gegen die Franzosen zählten sie zu den wichtigsten Verbündeten des Viet Minh. Sie kultivieren unter anderem Zimt, Anis, Tabak, Tee, Bambus, sind gute Tier- und Fischzüchter und leben in soliden Holzhäusern (oft mit umlaufenden Veranden).

Tracht: Schwarz oder Indigo, aufgelockert durch Halstücher, Schärpen, Seidenbänder, Westen mit Silber- oder Perlmuttknöpfen, nach vorne geknotetem Turban; wird selten getragen.

Nung 970.000

Lang Son, Cao Bang, Ha Bac, Bac Thai

Eng mit den Tay verwandt, haben sie einen guten Ruf als **Pferde- und Rinderzüchter** sowie Schmiede und werden als exzellente Gärtner angesehen. In der Vergangenheit galten sie als extrem kriegerisch und revoltierten bereits im 11. Jh. mehrfach gegen die Zentralgewalt. Die Nung unterstützten *Ho Chi Minh*, einige Tausend jedoch zogen 1954 in den Süden, wo sie berüchtigte Eliteeinheiten der südvietnamesischen Armee stellten.

Tracht: Indigo oder Schwarz, weite Wickelhose, weiße Schärpe, rechtsgeknöpfte Jacke oder Weste, schwarzer Turban.

Thai 1,5 Mio.

Son La, Muong Lay, Hoa Binh

Die auch in Laos, Thailand und Burma verbreiteten Thai wanderten zwischen dem 10. und 14. Jh. aus Südchina ein und bevorzugen die mittleren Höhen des Nordwestens. Anders als Tay und Nung kämpften sie meist als Söldner auf Seiten der Franzosen. Obwohl ebenfalls längst sesshaft, haben sie ihre Sitten und Traditionen vergleichsweise gut bewahrt, ihre auf dem Sanskrit basierende Schrift überliefert einen reichen Schatz an Folklore, Legenden, Liedern und Tänzen. Die Klassifikation in **Weiße, Schwarze und Rote Thai** nach der vorherrschenden Farbe ihrer Tracht ist umstritten. Unverkennbar sind ihre aus Holz oder Bambus errichteten, meist penibel sauberen Pfahlhäuser mit den typischen („thailändischen") Dächern.

Tracht: eng anliegendes schwarzes Hüfttuch (Sarong), vorn geknöpfte, leuchtend bunte Bluse mit Silber- oder Perlmutt-Knöpfen (manchmal in Form von Schmetterlingen), lebhaft gemusterte Bordüre, hochgestecktes, geknotetes Haar mit charakteristischem Dreieckstuch. Die

Schwarzen Thai (Son La, Lai Chau) sind dunkelhäutiger und weniger farbenfreudig gewandet als die Weißen und Roten.

Muong 1,7 Mio.

Hoa Binh, Thanh Hoa

Die Muong gelten nach Sitten, Gebräuchen und Sprachverwandtschaft als **direkte Nachfahren der (vietnamesischen) Ureinwohner** der Jungsteinzeit und als die ältesten noch lebenden Bewohner des Landes. Ihre Dialekte erinnern an das Vietnamesische, ebenso viele ihrer teils matriarchalischen, teils patriarchalischen, halbfeudalen Riten und Gebräuche; wie früher die Viets, schwärzen sie sich die Zähne. Viele ihrer Lieder, Reime und Epen wurden ins Vietnamesische übertragen. Ihre Häuser ähneln eher denen der Thai (aber meist ohne Fenster), von denen sie durch engen Kontakt auch viele andere Attribute übernommen haben.

Tracht: Indigo oder Schwarz, breite, bestickte, bis unter die Brust gewickelte Schärpe, weißer Turban.

Hmong 1 Mio.

Lao Cai, Ha Giang, Tuyen Quang, Muong Lay, Son La, Yen Bai

Die Hmong wanderten erst im 18./19. Jh. über Laos und Südchina ein und bevorzugten ursprünglich Höhen über 1000 m, wo sie auf Brandrodungsflächen Reis und Mais anbauten; als passionierte Opiumpflanzer wurden sie von der *CIA* angeworben, um die US-Truppen zu versorgen. Die Hmong sind begabte **Handwerker** (Silber, Bronze, Edelsteine, Stickereien). Anders als die anderen großen Bergvölker verfügen sie über keine eigene Schrift und halten unbeirrt an animistischen und totemistischen Ritualen fest. Ihre schmuck- und fensterlosen Häuser aus Holz oder Bambus stehen, Erbe der überschwemmungsarmen Höhen, fest auf dem Boden.

Tracht: regional extrem unterschiedlich! Bei den Schwarzen Hmong (H. Den) rund um Sa Pa dominiert Indigo (die Bezeichnung „Schwarze Hmong" bezieht sich auf die dunkle Grundfarbe der Tracht). Röcke bis zum Knie, ergänzt durch kunstvoll bestickte Schürzen und Westen – jeder Clan hat sein eigenes Muster. Wadenwickel wärmen die nackten Beine. Dekorativ mit Kämmen gestecktes Haar, große Silberohrringe, schwere Halsketten. Die weiten, langen Faltenröcke der farbenfrohen Flower Hmong (H. Hoa) rund um Bac Ha explodieren in allen Farben des Regenbogens, dazu eine bunte, reich bestickte, mit Glasperlen verzierte Tunika und ein leuchtender Turban, überbunden mit einem karierten Wollkopftuch. Daneben nehmen sich die Blauen Hmong (H. Xanh Lam) aus der Gegend um Cao Bang wie ätherische Fabelwesen aus: Von ihrer dunklen Kleidung stehen zartgrüne, wie Feenflügel geformte Krägen ab, ein schwarz-weißes Stirnband hält das Haar.

> ☒ Im Ethnologischen Museum in Hanoi bekommt man einen hervorragenden Überblick über die Bergvölker des Nordens

615v sb

Dao 750.000

Lao Cai, Ha Giang, Tuyen Quang, Cao Bang

Die Dao (gespr. *Zao*) zählen zur Sprachgruppe der Hmong und zogen nach dem 13. Jh. aus **Südchina** zu. Auch sie kennen keine Schrift, verfügen aber über eine reiche mündliche Überlieferung und Musik. Die meisten Dao-Frauen rasieren Brauen und Stirnansatz oder sogar den gesamten Kopf und türmen dafür riesige, mit bunten Puscheln, Troddeln, Perlen oder Silbermünzen (Dao Tien, Coin Dao) verzierte Turbane oder toupetartige Haarnester auf.

Tracht: regional sehr verschieden. Schwarze Hose (manchmal aber auch Rock), farbenfroh bis etwa zum Knie bestickt, zahlreiche bunte Applikationen (wie Krägen, Manschetten, Kopftücher, Turbane etc.). Speziell die Dao Do (Red Dao, Ha Giang, Tuyen Quang) präsentieren sich in Schwarz und Rot (Ärmel, Rücken, Weste, Schurz).

616v un

Giay 59.000

Muong Lay, Lao Cai, Ha Giang

Die Giay (gespr. *Zay*) zählen zur Thai-Tay-Sprachgruppe und kamen vor rund 200 Jahren aus **Südchina;** sie siedeln häufig in Flusstälern.

Tracht: schwarze Hose, bunt bestickte, bis über die Knie reichende Tunika, farbenprächtige (pink, blau, grün) rechts geknöpfte Bluse, breite, bestickte Bordüre, bunter Turban.

Lu 5600

Muong Lay, Lao Cai

Auch in **China** und **Laos** ansässig.

Tracht: ganz in Schwarz mit leuchtend roten Applikationen, oftmals kunstvoll in Schnecken und Zöpfen mehrfach um den Kopf gelegtes oder hoch aufgetürmtes Haar (Rosshaar-Toupets) und/oder Dreispitzturban, üppiger Silberschmuck, geschwärzte Zähne.

Lo Lo 4500

Lao Cai, Ha Giang, Cao Bang

Die **tibeto-burmesischen** Lo Lo wanderten zwischen dem 15. und 18. Jh. aus Yunnan ein.

Tracht: insbesondere die Lo Lo Hoa (Flower Lo Lo), zählen zu den spektakulärsten überhaupt. Rot, gelb, purpurn, oft mit floralen Mustern bestickte Hose, seitlich geschlitzter Schurz, hochgestecktes Haar, mit Perlen dekorierter Turban.

[<] Lo Van Bau vom Stamm der Lu im Alter von 93 Jahren, fotografiert von Rehahn, samt traditioneller Tracht zu sehen in seiner Galerie in Hoi An

mat Mai Chau. Sie organisiert auch gerne sämtliche Touren bis hin zum Weitertransport in alle Himmelsrichtungen.

■ **Mai Chau Lodge**③-④, Tel. 0862395559, http://maichaulodge.com. Wer eines der wenigen Zimmer mit Lotosteich- und Reisfelderblick erwischt, kann zufrieden sein; die Straßen- bzw. Bergseite ist weniger attraktiv. Angenehm sind Pool, Spa und Restaurant. 16 Zimmer, die meisten mit Balkon. Tgl. Shuttle von/nach Hanoi.

■ **Sol Bungalows**④-⑤, Tel. 0949901155, http://solbungalows.com. Abseits vom *Homestay*-Einerlei in schöner Lage (Chieng Chau, 4,5 km). Acht gut ausgestattete Bungalows mit Balkon.

■ **Mai Chau Valley View**③, Tel. 0972058696, https://maichauvalleyview.com. Sympathisches kleines Hotel eines ortsansässigen und -kundigen Thai *(Mr. Duong)*. Acht Zimmer, der Clou ist die schöne Aussicht vom Balkon.

Anreise

■ Die ständig im Ausbau begriffene N 6 zwischen Hoa Binh und Son La führt direkt an/über Mai Chau vorbei (tolle Panoramasicht ab dem Thung Khe Pass). Die meisten Besucher kommen mit Tourveranstaltern. Von Hanoi ab My-Dinh-Busbahnhof tgl. Verbindungen nach Mai Chau. Von Ninh Binh → dort.

Pu-Luong-Naturreservat

Ähnlich wie Mai Chau, 22 km südöstlich, wunderschön, aber fast komplett touristenfrei (→ Kapitel „Nordküste, Delta des Roten Flusses“, S. 201).

Moc Chau

Über das langgezogene Hochplateau von Moc Chau (800–1000 m) geht es Richtung Son La. Die landschaftlich schöne Route führt streckenweise am **Song Da** (Schwarzer Fluss) entlang. Hier wird intensiv Tee-Anbau und Milchwirtschaft betrieben. In der Region leben ethnische Minderheiten wie Muong, Weiße und Schwarze Thais. Sie bewahren hier ihr reiches kulturelles Erbe. Zu erleben gibt es zahlreiche **Wasserfälle, Kiefernwälder** und reichlich Möglichkeiten für **Outdoor-Aktivitäten** wie Trekking und Paragliding. Wer es bunt mag und vor vietnamesischen Kurzurlaubermassen keine Angst hat, sollte im Februar oder März vorbeikommen, denn dann blühen Pfirsiche und Pflaumen. Ende März kommen die weißen Orchideen dazu.

Praktische Informationen

Unterkunft

■ **Sao Xanh**②, Tieu Khu 14, Km 82, Tel. 3789999. Wie eine Fata Morgana steht 5 km nördlich der „Blaue Stern“ am Wegesrand. Groß (68 Zimmer), blau und modern (Lift). Untadelig, wenn das Haus nicht so hellhörig und die Matratzen nicht so hart wären.

Son La

Fast alle Reisenden nach Dien Bien Phu oder Muong Lay machen hier Station. Ein Moloch von Provinzstadt – allein die Hauptstraße To Hieu mit Post, Markt und protzigem Kulturhaus ist mehrere Kilometer lang –, deren Bauboom dem nahen Staudamm zu danken ist. Für das Projekt wurden mehr als 90.000 Menschen – ethnische Minderheiten – umgesiedelt.

Auf einem Hügel in nördlicher Richtung liegt das ehemalige **Gefängnis**

(*Nha Tu,* ausgeschildert) für Rebellen und antikoloniale Widerstandskämpfer. Die 1908 von den Franzosen errichtete Haftanstalt galt als die schlimmste ihrer Zeit. „Pénitencier" ist noch am Tor zu entziffern. 1952 wurde das Gefängnis zerstört (zu sehen sind u.a. noch die krassen unterirdischen Verliese). Das angeschlossene **Museum** zeigt Dokumente zum Widerstandskampf und zur Kultur der regionalen Ethnien.

7 km von der Stadt Son La entfernt liegt das bei Touristen beliebte Dörfchen **Mong** – umgeben von Bergen, Schluchten, Kaffee- und Teeplantagen sowie prächtigen Wäldern. Son La ist mit einer Anbaufläche von rund 17.000 ha das **größte Anbaugebiet von Kaffee** in Nordvietnam.

☑ Schwarze Dao

070vi kb

Praktische Informationen

- 106.000 Einw., 660 m, Tel. 0212.
- **Geld:** Entlang der Hauptstraße gibt es ATMs.
- **Museum und Gefängnis:** Tgl. 8.30–16.30 Uhr, 30.000 đ.

Unterkunft

- **Ha Noi Hotel**②-③, 228 Truong Chinh, Tel. 3753299. 50 Zimmer mit allem Standard, hinten z.T. schöner Blick ins Grüne.
- **Cong Doan**②-③, 4 Xuan Thuy, Tel. 3855313. Das Gewerkschaftshotel hat sicher schon bessere Tage gesehen, hat aber eine gute Lage (ruhig, Restos, Cafés) am Ende der endlosen Hauptstraße. Freundlicher Service und annehmbares Restaurant. 100 Zimmer.
- **Phong Lan**②, 264 Tô Hieu, Tel. 3855555. Gegenüber dem Zentralmarkt. 30 große, saubere AC-Zimmer und rund ums Haus gibt es Restaurants und reichlich (Klein-)Stadtleben.

Essen und Trinken

- **Thanh Lan,** 96 To Hieu (bei der Post), Tel. 912 740043, www.fb.com/nhahanghuonglantpsonla. Groß, aber oft von einheimischen Gruppen belegt.
- **Son Lau,** 38 Lo Van Gia, www.fb.com/sonlauquansonla. Beliebtes Restaurant mit großer Auswahl.
- **Sonla Cafe,** 16 Nguyen Luong Bang, Tel. 914568 129. Seit etlichen Jahren da, immer gut etwas los.

An- und Weiterreise

- **Entfernungen** (in km): Hanoi 310, Mai Chau 170, Moc Chau 120, Dien Bien Phu 165, Lai Chau 300, Sa Pa 380.
- **Alternativroute Sa Pa** (210 km): 75 km hinter Son La bei Hat Lot abbiegen, über den Schwarzen Fluss (Song Da) auf die N 279, die bei Than Uyen auf die N 32 Richtung Lai Chau mündet. Ruhiger und landschaftlich schöner.
- **Bus:** Von/nach Hanoi (My Dinh) 4 bis 12 Uhr stdl., Fahrzeit ca. 12 Std. Von/nach Dien Bien Phu 2x

tgl., Fahrzeit 6–7 Std. Von/nach Sa Pa umsteigen in Lai Chau. Tgl. von/nach Ninh Binh, Fahrzeit 10 Std. Busbahnhof *(ben xe)* rund 4 km vom „Zentrum" Richtung Hanoi.

Tuan Giao

Hinter dem Weiler Thuan Chau (35 km) gelangt man über den 985 m hohen **Pha-Din-Pass** in die Provinz **Dien Bien,** die mit der Nachbarprovinz **Lai Chau** die mit Abstand unwegsamste und dünnbesiedeltste Region des Landes ist. Neben Weißen und Schwarzen Thai, den vorherrschenden Bevölkerungsgruppen, begegnet man immer häufiger Hmong, die früher in größeren Höhen lebten, aber immer mehr in die Täler umgesiedelt wurden.

Tuan Giao (405 km von/nach Hanoi) ist ein freundlicher Marktflecken mit zahlreichen Cafés und Restaurants. Hier gabelt sich die Route in die N 6 nach Muong Lay (98 km) und die AH 13 nach Dien Bien Phu (82 km).

Praktische Informationen

- **Website:** https://tuangiao.gov.vn

Unterkunft, Essen und Trinken

- **Hong Ky Hotel and Cafe Restaurant**①-②, No. 85, Town Centre, Tel. 3862355, nguyenquocte db@yahoo.com. Hotel von Mr. *Quoc Te* aus Dien Bien Phu, der gut Englisch spricht und auch sehr hilfreiche Reisetipps bietet.
- **Tuan Giao Guesthouse**①, Tel. 3862391. Gleich neben dem Volkskomitee. Ruhig, zentral, die beste Wahl (nicht zu verwechseln mit *Tuan Giao Mini* gegenüber der Post). 20 Zimmer (Fan/AC).

Dien Bien Phu

Überblick

Ein geschichtsträchtiger Ort: Dien Bien Phu, der Name dieses kleinen Städtchens im Muong-Thanh-Tal tief in der unwegsamen nordwestlichen Bergregion nahe der Grenze zu Laos, steht für eine der berühmtesten Schlachten des 20. Jh. Der entscheidende **Sieg der Viet Minh über die französischen Streitkräfte am 7. Mai 1954** bedeutete das Ende der französischen Kolonialherrschaft in Vietnam.

Der Titel des viel gelesenen, seinerzeit auch als „Spiegel"-Serie erschienenen Tatsachenberichts von *Jules Roy* lautete „Der Fall von Dien Bien Phu – Des weißen Mannes Stalingrad in Indochina". Kanzler *Konrad Adenauer* am 29.4.1954 vor dem Bundestag: „Die Soldaten, die in Indochina Blut und Leben opfern, tun dies nicht bloß für Frankreich allein, sondern im Dienste der Freiheit für die ganze Welt." So dachte man eben zu dieser Zeit.

Dien Bien liegt außerhalb der üblichen Touristenrouten. „Nö, dort will eigentlich kaum ein ausländischer Tourist hin – außer ab und zu ein paar Franzosen und Reisende auf dem Weg zum Grenzübergang nach Laos", heißt es bei den Reisebüros in Hanoi. Der Tourismus im Ort Dien Bien Phu ist denn auch – fast schon erfrischend – so gut wie gar nicht auf westliche Besucher eingestellt. Als Exot kommt man sich jedoch überall willkommen vor. Wir trafen auf herzliche, neugierige Menschen. Die wenigen, die Englisch sprachen – meist sehr junge Leute –, kamen auf uns zu, begannen ein Gespräch und halfen mit Ratschlägen.

Sehenswert sind vor allem das **Museum,** das an die Schlacht erinnert, der **Kommandobunker** des *Colonel Christian de Castries* und der **Heldenfriedhof.**

Geschichte

Im September 1945 nutzte **Ho Chi Minh** die Wirren des Zweiten Weltkriegs, um

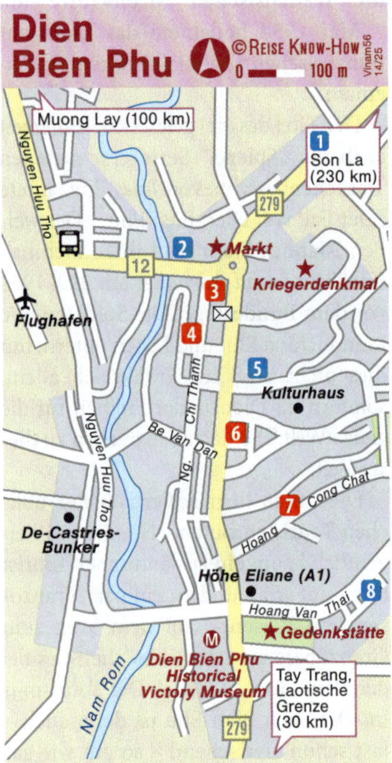

Übernachtung
3 Bao An
4 Ruby
6 Nha Khach UBND
7 Hong Ky Boutique Hotel & Café Restaurant

Essen und Trinken
1 Huong Rung
2 Hai Ha
5 Ngoc Mai
8 Lien Tuoi

die Unabhängigkeit zu proklamieren. Als die Kolonialmacht Frankreich nach Vietnam zurückkehrte, evakuierte *Ho Chi Minh* seine Regierung in den Dschungel von Cao Bang und rief zum Widerstand auf. Als 1950 die neu gegründete VR China sowie die Sowjetunion Partei für die Vietnamesen ergriffen, weitete sich der regionale Konflikt zu einem Stellvertreterkrieg der Weltmächte, in dem die USA bis zu 80 % der französischen Kriegskasse bestritten.

Um dem Viet Minh den Nachschub über Laos und Südchina abzuschneiden, beschloss General *Navarre,* der Oberbefehlshaber der französischen Streitkräfte, das Tal von Dien Bien Phu zu einer Festung auszubauen und dort eine Entscheidungsschlacht zu erzwingen. Die 16.000 Mann starke Besatzung des abgelegenen Forts wurde täglich aus der Luft versorgt und fühlte sich vollkommen sicher, da sein Gegner weder über Flugzeuge noch Lkw verfügte.

General Vo Nguyen Giap, der Gründer der vietnamesischen Volksarmee, befahl das Unmögliche. In Rucksäcken, auf Tragestangen, Fahrrädern, Ponys und Büffelkarren schleppten die Partisanen in monatelanger Arbeit und unter Mithilfe der einheimischen Minderheiten Flakgeschütze und schwere Artillerie durch den Bergdschungel bis vor die Festung. Angesichts des wie aus dem Nichts aufgetauchten Gegners verübte der französische Kommandant *Pirot* Selbstmord.

Die Belagerung begann am **13. März 1954.** Unter der genialen Regie ihres Oberbefehlshabers *Giap,* der erstmals Schützengräben und Tunnel als offensive Kriegstaktiken anwandte, zogen die Partisanen trotz permanenter Bombardierungen durch die französische Luftwaffe den Ring um die Festung immer enger. US-Präsident *Eisenhower* und sein Vize *Nixon* waren bereits zum Einsatz von **Atombomben** entschlossen, wurden aber noch rechtzeitig vom Kongress gestoppt. Am **7. Mai,** nach 55-tägiger Belagerung, ergab sich das Fort. Unter den Toten auf französischer Seite waren einige Tausend deutsche Fremdenlegionäre und Söldner aus Marokko, Algerien und dem Senegal. An der Indochina-Konferenz in Genf wurde vereinbart, dass sich die Viet Minh in den Norden des heutigen Vietnam hinter den 17. Breitengrad zurückzogen und den Süden dem unter westlichem Einfluss stehenden *Kaiser Bao Dai* überließen. Frankreich räumte ganz Indochina.

Dien Bien Phu Historical Victory Museum

Das Museum zeigt eindrückliche Fotos, zudem sind einige **Kriegsszenen mit lebensgroßen Puppen** dargestellt, zum Beispiel Viet Minh in Siegerpose, und schlecht rasierte französische Soldaten, die in einem Bunker in sich zusammengesunken am Boden sitzen, erschöpft und verzweifelt, sich an leere Weinflaschen klammernd, da die Schlacht nicht zu gewinnen war. Zahlreiche französische Weinflaschen, die offenbar aus den Bunkern aufgesammelt wurden, sind zudem in einer Vitrine ausgestellt. Zu weiteren Trophäen gehört etwa die Badewanne des *Colonels de Castries.* Zu sehen sind auch **Waffen,** etwa ein Gewehr, das verwendet wurde, um laut Beschriftung „unehrliche Leute zu bekämpfen und den Feind zu töten, um Dörfer zu beschützen".

Zu bestaunen ist auch das berühmte **Dien-Bien-Phu-Fahrrad,** mit dem bis zu 320 kg Lasten durch den Dschungel transportiert wurden. Wie bei den meisten Museen in Vietnam gilt auch hier: Am besten liest man sich zum besseren Verständnis einiges an Wissen und Kontext vorab an. Nicht alle Erklärungen und Beschriftungen sind übersetzt.

Das Museum wurde 2014 zur 60-Jahr-Feier des Sieges bei Dien Bien Phu neu eröffnet. Das futuristisch wirkende Gebäude in Kuchenform ist den Tarnhelmen der Soldaten der Viet Minh nachempfunden.

Die wichtigsten Positionen des ehemaligen Schlachtfelds können unweit des Museums ebenso besichtigt werden wie der (rekonstruierte) **Bunker von Colonel de Castries,** welcher die Kapitulation verkündete.

Gegenüber dem Museum und neben dem gewaltigen **Heldenfriedhof** der Viet Minh liegt die **Höhe Eliane** (A 1); hier befand sich das untertunnelte Hauptquartier des französischen Gouverneurs. Die Viet Minh gruben sich in wochenlanger Fronarbeit unterirdisch an die Bastion heran und ließen sie am Abend des 6. Mai 1954 mittels 1000 Tonnen Sprengstoff in die Luft gehen; am darauf folgenden Tag kapitulierten die Franzosen. Die Bunkeranlagen sind großteils rekonstruiert, von der Höhe hat man einen schönen Rundblick auf Dien Bien und die strategischen Stellungen rundherum.

Museum: Muong Thanh Ward, Tel. 3831344, Sommer tgl. 7–11 und 13.30–18 Uhr, Winter tgl. 7–11 und 13.30–17.30 Uhr, Eintritt 100.000 đ.

521v aw

Praktische Informationen

- 70.000 Einw., 600 m, Tel. 0215.
- **ATM:** Alle paar Schritte auf der 7/5 Straße, z.B. vor Nr. 847 oder bei der Post.
- **Supermarkt:** Him Lan Plaza an der Thanh-Binh-Brücke.

Unterkunft

UNSER TIPP: 7 **Hong Ky Boutique Hotel & Café Restaurant**②, 60 Hoang Cong Chat, Mobil 0912259179, Tel. 3838287. Der Manager, Mr. *Quoc Te,* hat einige Jahre in den USA gelebt und spricht (als einer der wenigen in DBP) gut Englisch. Sehr hilfsbereit auch beim Buchen der Weiterfahrt, Verladen von Fahrrädern etc. Bietet auch Touren an und Verleih von Motorrollern und Fahrrädern.

4 **Ruby**②, 43, To 11, Phuong Muong Thanh, Tel. 3655793, www.rubyhoteldienbien.com. Modernes, freundliches Hotel, gut für den Preis.

3 **Bao An**②, 19 Đ. Nguyen Chí Thanh Street, Tel. 392605913. Sehr korrekt und sauber, mit Lift. 21 Zimmer auf sieben Stockwerken. Gute **Pho-Stube** gleich nebenan.

6 **Nha Khach UBND**①-②, 847 Duong 7/5, Tel. 3830363. Unauffällig rückversetzt in einem Garten. 28 geräumige Zimmer, z.T. mit Balkon und ordentlicher Ausstattung (Lift, Kühlschrank, AC, Wasserkocher).

Essen und Trinken

Kulinarische Höhenflüge sollte man in Dien Bien Phu nicht erwarten, aber preisgünstige, einfache Speisen findet man überall, z.B. an der Nguyen Chi Thanh.

8 **Lien Tuoi,** 64 Hoang Van Thai. Gute Küche, große Auswahl, englische und französische Karte. Rund 200 m vom Museum.

2 Hai Ha, nahe Thanh-Binh-Brücke. Beliebt und belebt, auch schon zum Frühstück.

5 Ngoc Mai, um das Geviert vor dem „Kulturpalast" reihen sich Garküchen und Cafés. Das *Ngoc Mai* ist ein veritables Restaurant, allerdings ohne englische Karte.

1 Huong Rung, am Ortsausgang Richtung Son La, www.fb.com/nhahanghuongrungdienbien. Populäres, großräumiges Restaurant auf Pfählen.

An- und Weiterreise

- **Entfernungen** (in km): Hanoi 485, Moc Chau 285, Son La 165, Tuan Giao 85, Tay Trang (Grenze zu Laos) 34, Muong Lay 105, Sa Pa 340.
- **Bus:** Bushaltestelle an der Ecke Hwy 12/Tran Dang Ninh. Mehrmals tgl. von/nach Hanoi, 14 Std., (auch Sleeper), Son La (4x tgl., 5–6 Std.), Tuan Giao (3x tgl., 3 Std.), Muong Lay (2x tgl., 3–4 Std.), Sinh Ho (6–7 Std.), Lai Chau (8x tgl., 7–8 Std.), Sa Pa (3x tgl., 10 Std.).
- **Flug:** Tgl. von/nach Hanoi, Flugzeit 1 Std. Der Flughafen liegt ca. 1,5 km vom Zentrum entfernt.
- **Nach Laos:** Grenzübergang Tay Trang/Sop Hun (34 km). 1–2x tgl. per Bus nach Muang Khoua (Meng Khuo, 100 km, 7–8 Std.), Oudomsay und Luang Prabang.

Muong Lay (ehem. Lai Chau)

Das große **Staudammprojekt** am Zusammenfluss dreier Flüsse (Song Da, Nam Nhe und Nam Na) hat die ehemalige Provinzhauptstadt Lai Chau im wahrsten Sinne des Wortes geschluckt. Eine **neue, weitläufige Stadt,** Muong Lay, entstand an den Ufern des keineswegs artifiziell aussehenden Sees am Highway 12.

◁ Im Dien Bien Phu Historical Victory Museum

Praktische Informationen

- 20.000 Einw., 800 m, Tel. 0213.

Unterkunft

- **Lan Anh 1**①-③, 3544+M3M, Duong Khong Ten, Song Da, Tel. 0988888934, http://lananhotel.com. Solide Pfahlhausbauweise mit 52 geräumigen Zimmern teils mit Seeblick, kostenlose Fahrräder, Restaurant.
- **Hoang Long**②, direkt am See und an der N 12 nahe dem Abbieger nach Tuan Giao, Tel. 3871966, www.fb.com/kshoanglongnl. 32 ordentliche Zimmer.

An- und Weiterreise

- **Busbahnhof:** Am Ostufer des Stausees an der N 12. Tgl. 3–4x von/nach Dien Bien und Lai Chau, Umsteigen nach Lao Cai (ca. 10 Std.).
- **Entfernungen** (in km): Hanoi 505, Tuan Giao 98, DBP 103, Pa So 80, Lai Chau 100, Sa Pa 185.
- **Muong Te:** 900 m hoher Außenposten im Dreiländereck Vietnam, China, Laos, vornehmlich besiedelt von Thai und Viets. Der **Sonntagsmarkt** ist Treffpunkt u.a. von Hmong, Ha Nhi, Si La, La Hu und Besuchern aus China. Unterkunft im rustikalen Gästehaus des Volkskomitees. 100 km NW.

Sin Ho

Die auf einem über 1000 m hohen, von Bergen umstandenen Plateau gelegene Ansiedlung der **Red Hmong** war bis vor wenigen Jahren nur über eine raue Piste erreichbar und von der Außenwelt nahezu abgeschnitten. Seit es neue Straßen gibt und der Ort auch kein Sackgasse mehr ist, ist Sin Ho deutlich gewachsen, und haben sich auch Viets hier niedergelassen.

Der attraktive **Samstags- und Sonntagsmarkt** wird außer von Hmong auch von Dao, Ha Nhi, Sa Phang, La Hu u.a. aufgesucht (die Markthalle ist tgl. geöffnet). Die Anfahrt über Serpentinen mit unberührten Landschaften und weiten Panoramen ist sehr schön.

Praktische Informationen

■ 4000 Einw., 1050 m, Tel. 0213.

Unterkunft

■ **Thanh Binh Hotel**②, auf einer Anhöhe am Ortsausgang Richtung Lai Chau, Tel. 3870366, thanhbinhhotel69@yahoo.com. Das vierstöckige „Sin Ho Hilton" hat 17 saubere, geräumige Zimmer und Restaurant.

An- und Weiterreise

■ **Von Muong Lay:** 24 km nördlich Abzweiger hinter Chan Nua, dann 36 km bergauf (1½ Std.). Per Bus ca. 3 Std. Von Lai Chau: 60 km (2½ Std.). 1x tgl. (morgens) Busverbindung, ca. 1½ Std. Von Phong Tho/Pa So: 45 km über Nam Pay, bis zum Abzweig Lai Chau/Sin Ho (9 km).

■ **Vang Ro Lin:** Nur etwa 4 km vor Sin Ho liegt dieses malerische Dorf der Red Dao mit (noch) sehr intakter Dorfstruktur und freundlichen Bewohnern.

■ **Ma Quay:** Von den farbenfreudigen – und seltenen – Lu besiedelter Weiler nordöstlich (20 km Richtung Lai Chau, Abzweig 20 km).

Phong Tho (Pa So)

Zwischen Muong Lay und Lai Chau (100 km) schöne Fahrt z.T. entlang den Ausläufern des Stausees. Üppige, **wildromantische Berglandschaft,** Bananendschungel, im Flusstal leben Weiße Thai von Ackerbau und Fischfang. Bis Pa So enge, aber gut befahrbare Straße, danach bis Lai Chau ist ihr Zustand ziemlich schlecht.

Die weit verzweigte, erst seit 2006 buchstäblich aus dem Lehmboden gestampfte Retortenstadt 80 km nordöstlich von Muong Lay und nur 18 km von der chinesischen Grenze (kein Übergang, Sperrgebiet) hat das schöne Tal von Pa So ziemlich verunstaltet. Gute Trekkingmöglichkeiten, Sonntagsmarkt in Pa So, montags in Muong So (15 km).

Praktische Informationen

Unterkunft

■ **Lan Anh 2**②, Tel. 0231 3896337. Vom Betreiber des *Lan Anh* in Muong Lay (→ oben). Unmittelbar am Fluss gelegen, aber eine Brücke raubt der Anlage jedes Flair. Resto, Café, Tour-Service. 30 Zi., AC.

■ **Hoang Lan**①, ca. 1 km westlich von Lan Anh, Tel. 3896264. Eines von mehreren Minis im Ort. 10 Zimmer mit Fan/AC.

Lai Chau (ehem. Tam Duong)

Die neue – und neu benannte – Hauptstadt der gleichnamigen Provinz (seit 2005) besteht im Wesentlichen aus der langgezogenen Hauptstraße Tran Hung Dao mit Markthalle, Hotels und ein paar Essstuben. Drumherum wuchern freudlos Geisteralleen und Trabantensiedlungen. Und in gebührender Entfernung eine gigantische Beton-Menagerie der roten Provinzfürsten. Das wirkt umso verstörender, da die Landschaft um Lai Chau eine der schönsten des Nordwestens ist. Spitze Kalksteinkegel umgeben das Tal, im Dunst sich magisch übereinander türmend, zu jeder Tageszeit anders, aber immer faszinierend.

Markt ist täglich, hauptsächlich aber So. Besucher sind Black Dao (bestickte Hosen, schwarze Turbane), Red Hmong (mit Faltenrock, ähnlich den Flower Hmong von Bac Ha), gelegentlich Lu (ganz in Schwarz und Rot, Dreispitzturban oder Turmfrisur, geschwärzte Zähne) und Lao.

Praktische Informationen

■ 43.000 Einw., 900 m, Tel. 0213.

Unterkunft, Essen und Trinken

■ **Tay Bac**①-②, 143 Tran Hung Dau, Tel. 3875879. Biederer Bau mit 32 Zimmern (extrem schmale Betten, Twin wählen) mit/ohne AC, im zweistöckigen Pfahlbauhaus schläft sich's sehr beengt.

■ **Phuong Thanh**①-②, So 031, Duong Tran Hung Dao, Phuong Doan Ket, Tel. 3875235. Seit Jahren die Anlaufstelle für Reisende. Simpel, aber sauber, gut geführt. Mit Café und Restaurant. 60 Zimmer.

Tram-Ton-Pass

Der 40 km lang ansteigende Tram Ton mit einer Höhe von 1995 m ist der **höchste Pass Vietnams** und zugleich **Wetterscheide** zwischen der subtropisch warmen, von laotischen Föhnwinden bestrichenen Provinz Lai Chau und dem frischen, kühlen, vom chinesischen Kontinentalklima diktierten Sa Pa, dem kältesten Ort Vietnams. Nicht nur die schöne Aussicht, sondern auch die bizarren, oft ebenso plötzlichen wie radikalen Wetterkapriolen – hier kalter, klammer Nebel, dort milder, wärmender Sonnenschein – haben den Pass zu einem Ausflugsziel von Tourveranstaltern gemacht.

■ **Orientierung:** Die N 32 von Nghia Lo/Mu Cang Chai mündet bei Tam Duong (ehem. Binh Lu) auf die N 40 westlich nach Lai Chau (34 km), östlich nach Sa Pa (40 km).

Sa Pa

Höher, schneller, größer: Das Städtchen Sa Pa in Vietnams nördlichem Hochland ist alles andere als ein Geheimtipp. Zwischen immer mehr Hotels und einer Seilbahn bis hoch auf den Berg Phan Si Pan bleiben aber die hier lebenden Bergvölker, insbesondere die Hmong, die „Hauptattraktion".

In Sa Pa, dem früheren Kurort der Franzosen, einst verträumt und weitab vom Schuss, ist es ziemlich hektisch geworden. Seit die **neue Schnellstraße** zwischen Hanoi und Lao Cai die Fahrzeit um die Hälfte verkürzt hat und es nun direkte Busse gibt, die die Strecke in knapp sechs Stunden schaffen, wird das Städtchen an den Wochenenden von einheimischen Urlaubern aus den Städten geradezu überschwemmt.

Der **Phan Si Pan,** Vietnams höchster Berg, der über Sa Pa thront, hat 2016 eine **Luftseilbahn** bekommen, der Zeitraffer Hanoi – Phan Si Pan ist komplett, der raue Berg ist in Flipflops besiegbar geworden. Allerdings ließen selbst ein paar vietnamesische Medien auch kritische Töne durchscheinen: Die Seilbahn zerstöre nach Meinung einiger Umweltschützer und Tourismusexperten die Naturschönheit des Phan Si Pan und das Bergsteig-Abenteuer. Weltweit in die Medien gelangte die Seilbahn im Juni 2023, als 16 Passagiere in 300 m Höhe über dem Sapa Valley steckenblieben

und erst nach drei Stunden gerettet werden konnten. Daraufhin wurde die Bahn im Herbst/Winter 2023 überholt.

Der alte **Markt** mitten in der Stadt wurde geschlossen, an seiner Stelle entsteht ein Shoppingcenter. In der neuen Markthalle 2 km abseits vom Zentrum werden nun vor allem günstige Waren aus China verkauft. Die Hmong-Frauen findet man ganz hinten im oberen Stock, wo sie noch ein paar Stände mieten.

Ist Sa Pa denn überhaupt noch eine Reise wert, das Nest, das immer mehr zum Rummelpark mutiert, an dessen Bäumen abends grellbunte Leuchtstäbe blinken, über dem Platz vor der Kirche, wo mit Minderheiten-Trachten verkleidete Vietnamesen auf der Bühne Volkstänze vorführen und diese zum Folklore-Kitsch verkommen lassen? Wo der Bauwahn von morgens bis abends die Presslufthämmer knattern lässt? Ja – wenn man Sa Pa nicht als Reiseziel, sondern als Ausgangspunkt für **Trekking-Touren** betrachtet. Von hier aus lassen sich immer noch atemberaubende Reisterrassen-Landschaften und entlegene Bergdörfer entdecken. Starten kann man zu Fuß, per *Jeep* oder auf dem Rücksitz eines Motorrades.

Klima

Achtung: Sa Pa ist im Winter einer der kältesten Orte des ganzen Landes! Speziell von Mitte Dezember bis Mitte/Ende Februar sind Temperaturen **um 0 °C** zwar nicht die Regel, aber häufig genug, und zwischen kurzen Sonnenperioden kann oft tagelang dichter, klammer **Ne-**

bel das Tal einhüllen. Manchmal fällt in dieser Zeit sogar Schnee. Die klimatisch angenehmsten Monate sind September bis November sowie April und Mai, die wärmsten, allerdings auch regenreichsten Juni bis August (im Übrigen auch die bevorzugte Zeit der einheimischen Touristen).

Phan Si Pan

Seit 2016 fährt eine **Gondelbahn** in 15 Minuten die 7 km bis fast zum Gipfel des höchsten Berges Vietnams (3143 m), mit einer Kapazität von 2000 Passagieren pro Stunde. Das 200-Millionen-Dollar-Projekt umfasst außerdem einen Tourismus-Komplex mit Großhotels, Vergnügungspark und Golfplatz.

Zu Fuß: Mit entsprechender Fitness schafft man den Auf- und Abstieg an einem Tag. Auf den Zwei-Tages-Touren sind die Übernachtungscamps (Hütten oder Zelte) rudimentär bis vorsintflutlich ausgestattet, man muss hart im Nehmen sein. Das Wetter ist zudem unberechenbar („Vier Jahreszeiten an einem Tag"), mit plötzlichen Temperaturstürzen und einsetzendem Dauerregen ist jederzeit zu rechnen. Stellenweise muss man Leitern erklimmen, und die Wege können bei schlechtem Wetter zur Schlamm-Rutschbahn werden, entlang derer man sich an Bambusästen festklammern muss. Nicht selten macht dichter Nebel die eigentlich wunderbare Aussicht komplett zunichte.

■ **Seilbahn** tgl. 7.30–17.30 Uhr, 800.000 đ (Kinder unter 1 Meter gratis), die kurze Standseilbahn bis ganz hoch zum Gipfel kostet 150.000 đ extra (oder man erklimmt die ca. 600 Stufen zu Fuß).

Trekking

Die halb vertraut – alpin – und halb fremd, exotisch anmutende Landschaft mit ihren Reisterrassen und Bambuswäldern lädt zum Trekking geradezu ein.

Zu Recht am beliebtesten sind längere Trips durch Berge und Reisterrassen mit einer Englisch sprechenden **Tourleiterin aus dem Volk der Hmong.** Unterwegs kann man lernen, wie die Hmong ihre traditionellen Kleider herstellen, den Hanf spinnen und färben, und wo der Indigo wächst, der dem Hanfstoff die dunkle Farbe verleiht. Viele der Frauen erzählen auch ganz unumwunden aus dem harten Alltagsleben der Hmong, und durch ihre nicht selten verblüffend guten Englischkenntnisse, die diejenigen der Viets meist in den Schatten stellen, werden die Touren zu wunderbaren Begegnungen mit vielen persönlichen Einblicken und Eindrücken. Auf diesen jungen Frauen ruht die Hoffnung, dass der Aufschwung endlich auch zu den Bergvölkern vordringt, in die hintersten Ecken Vietnams. Dass sie mehr vom Tourismus profitieren werden und ihre Kinder nicht mehr frühzeitig aus der Schule nehmen müssen, um sie zum Arbeiten aufs Feld oder auf die Straße zum Souvenirverkauf zu schicken. Dennoch haben die Mehrheitsvietnamesen aus den Städten, die Kinh, in Sa Pa das Sagen – und das Geld. Sie besitzen die Hotels, Restaurants, Shops und Reiseagenturen, bei den Hmong-Guides kommt oft nur ein Bruchteil des Geldes an.

■ **Tagestouren** zu Hmong-Dörfern wie Cat Cat (3 km) oder Sin Chai (7 km) oder zum Felsmassiv Ham Rong oberhalb des Orts lassen sich ohne Weiteres auf eigene Faust unternehmen (Wegzoll je nach Route 40–100.000 đ), von längeren Ausflügen ohne ortskundigen Guide ist jedoch abzuraten.

■ **Ta Phin:** Das 10 km entfernte Red-Dao-Dorf ist mittlerweile durch eine Straße erschlossen und entsprechend kommerzialisiert. Anders gesagt: Der Weg – und die zwar witzigen, aber auch hartnäckigen Dao-Frauen – ist das halbe Vergnügen.

1942 hatten sich hier acht französische Zisterzienserinnen angesiedelt und unter Aufsicht von Legionären ein Konvent zu bauen begonnen. Sie versorgten Sa Pa mit Käse und Butter und planten eine große Klosteranlage. Die Kriegswirren jedoch, die sie zuvor aus Japan vertrieben hatten, holten sie auch hier ein. 1947 mussten sie fliehen, die Ruinen des unvollendeten Klosters stehen noch.

■ **Mehrtages-Touren:** Exkursionen mit Übernachtung im Hmong-*Homestay* werden reichlich angeboten, in Hanoi wie in Sa Pa. Wo buchen? Die Agenturen vor Ort sind nicht weniger professionell als in Hanoi und verfügen zudem über mehr Erfahrung und Kontakte.

■ **Homestay:** Übernachtungen in „Minderheiten-Häusern" werden meist in touristisch aufgepeppten Häusern mit Duschen und modernen WCs angeboten. Offiziell müssen die Häuser gewissen Vorschriften entsprechen, um Touristen beherbergen zu dürfen. Am besten bespricht man seine Erwartungen im Detail mit dem Tour-Anbieter.

■ **Trekkingtouren-Veranstalter:** → Hanoi.

Unser Tipp: **Sapa Hmong Family Trekking,** Tel. 0947895810, www.hmong-family.com. Die junge Hmong-Frau *Chan,* die zu den besten Tourguides von Sa Pa gehört, hat sich vor einiger Zeit selbstständig gemacht. Frühzeitig buchen!

■ **Ethos Adventures,** 79 Nguyen Chi Thanh (Hanoi-Büro 20 Ngo 66/36 Duong Ngoc Lam), Tel. 0366 89 2536 oder 0353651093, www.ethosspirit.com. Tourbegleiter sind Hmong-Frauen. Gute, umfassende Beratung vor der Tour (*Phil* und *Hoa*).

■ **Sapa O'Chau Trekking & Homestays,** 689B Dien Bien Phu Road, Tel. 886861269, http://sapaochau.org. Hmong-Initiative mit Center, Internat und Trekking-Café.

■ **Sapa Sisters Trekking,** 9 Fang Si Pan (im *Graceful Hotel*), http://sapasisters.com. Hmong-Frauen als Tourbegleiter.

Praktische Informationen

■ 53.000 Einw., 1600 m, Tel. 0214.

■ **Information:** *Tourist Information Center,* 2 Fan Si Pan, Tel. 3871975, www.sapa-tourism.com, tgl. 7.30–11.30, 13.30–17.30, 19.30–22 Uhr.

■ **Sapa Culture Museum:** Etwas versteckt im Pfahlhaus hinter der Info (Treppe bis ganz nach oben). Ganz informativ, vorausgesetzt, man hat gute Augen –ziemlich dusterer Raum, die Texttafeln sind auch wegen schlechter Druckqualität zum Teil kaum lesbar. Mo–Fr 8–11.30, 13.30–17 Uhr, frei.

■ **Kultur-Shows:** Aufführung „traditioneller Tänze" der ethnischen Minderheiten auf dem Platz unterhalb der Kirche abends an den Wochenenden. Bei den Tänzern handelt es sich nicht selten um als Hmong verkleidete Vietnamesen.

■ **Geld:** Agribank, 1 Cau May, mit ATM. Weiterer ATM z.B. beim *Royal Hotel,* 54B Cau May, 1 Xuan Vien, 1 Fan Si Pan.

■ **Apotheke:** 26 Cau May.

■ **Erste Hilfe:** Station in der Cau May beim *Royal Hotel.*

■ **Taxi:** Xanh, Tel. 3636363, www.fb.com/taxixanhsapa.

■ **La Dao Spa & Coffee House,** 31 Xuan Vien, Tel. 0946541541, www.ladaospa.com. Viel gelobtes Spa im Dorf Ta Van, ca. 10 km vom Zentrum entfernt. Massagen, Dampfbad, Kräuterbad und weitere Behandlungen, Café und Bungalow-*Homestay.*

Unterkunft

In Sa Pa sieht man vor lauter Hotels den Ort nicht mehr. Und von Monat zu Monat kommen immer größere und höhere hinzu – wo man gestern noch eine Panoramaaussicht genoss, starrt man heute

Übernachtung

1 Hmong Sapa
2 Go Sapa Hostel
3 Silk Path Grand Sapa Resort & Spa
4 Eden Boutique
8 Elegance
9 Sapa Elite Hotel, Sapa Panorama Hotel
10 BB Sapa Resort & Spa
15 Lucky Daisy's Buffalo House
16 Romance Hotel
19 Sapa Scenery Hotel
24 Amazing Hotel Sapa
26 Lotus
29 Bamboo Sapa Hotel, Sapa Lodge
30 Sapa View
31 Topas Ecolodge
32 Pao's Sapa Leisure Hotel
34 Family Guesthouse

Essen und Trinken

5 O'Chau Café
6 Bellevue
7 Nachtmarkt
10 Tavan
11 Romano Pizza Restaurant
12 Quang Minh
13 Viet Discovery
14 Le Gecko
15 Lucky Daisy's Bamboo Bar
17 The Hill Station
20 Nature View
22 Little SaPa
23 Nature Bar & Grill
25 Delta Italian Restaurant

Nachtleben

21 Color
28 The Hmong Sisters
33 Mountain Bar & Pub

Einkaufen

18 Indigo Cat
27 Sapa Silver

Armut und Menschenhandel – ethnische Minderheiten in Vietnam

Vietnams Bevölkerung setzt sich zusammen aus **mehr als 50 ethnischen Gruppen,** jede mit einer eigenen Sprache und Kultur. Die große Mehrheit stellen mit rund 85 Prozent die Kinh (Viet). Der Rest, die „ethnischen Minderheiten", besiedelt vor allem das **zentrale und nördliche Hochland.** Das Hmong-Volk lebt vor allem im Norden von Vietnam sowie in Südchina, Laos und Thailand. Außerdem leben in der Umgebung von Sa Pa auch Rote Dao, Giay und Tay.

Die Realität hinter der idyllischen Kulisse aus sanften Tälern, atemberaubenden Berglandschaften und auf Wasserbüffeln reitenden, lachenden Kindern: Rund die Hälfte der ethnischen Minderheiten ist von **Armut** betroffen. Schuld daran sind ein schlechterer Zugang zu Bildung und Gesundheitssystem und die Verdrängung in die weniger fruchtbaren Bergregionen. Mädchen und junge Frauen in den grenznahen Provinzen laufen zudem Gefahr, **Opfer von Menschenhandel** nach China zu werden. Sie werden entführt oder mit falschen Versprechungen gelockt, oft von Leuten aus dem eigenen Volk, und dann meist verkauft, sprich zwangsverheiratet – eine Folge der Ein-Kind-Politik und dem damit zusammenhängenden Männerüberschuss in China. Das Ausmaß ist schockierend: Praktisch in jedem Hmong-Dorf um Sa Pa herum kennen die Leute Geschichten von Teenagern, die „verschwunden" sind.

Wer sich übrigens fragt, wo in dem ganzen Farbenmeer von Hmong- und Dao-Frauen in bunten Trachten all die **Männer** sind: Die traditionelle Kleidung der Männer ist viel unauffälliger, meist in einfachem dunklen Indigo gehalten. Sie sind deshalb schwieriger von den Viets zu unterscheiden. Man kommt mit ihnen eher selten in Kontakt, denn das Verkaufen auf der Straße sehen sie als „Frauensache". Sie arbeiten auf den Reisfeldern, und in Sa Pa Town sieht

074vi kb

075vi kb

man sie in Straßenkneipen sitzen oder mit den Mopeds herumfahren (was Hmong-Frauen zum größeren Teil nicht erlaubt ist; sie kommen meist entweder zu Fuß aus ihrem Dorf nach Sa Pa oder werden von ihren Männern gefahren).

Die **Familienstruktur** der Hmong ist sehr patriarchalisch, was in einer Doppel- und Dreifachbelastung der Frauen resultiert: Diese müssen nicht nur (meist von Kindesbeinen an) als Verkäuferinnen auf der Straße und im Tourismus Geld verdienen, sondern auch auf dem Reisfeld arbeiten, sie hacken Holz, füttern die Tiere, kochen für die Familie, kümmern sich um die Hausarbeit und die Kinder.

Mehr Infos

- Die australische Organisation **Blue Dragon Children's Foundation** (www.bluedragon.org) in Hanoi hilft Opfern von Menschenhandel bei der Flucht aus China, bei rechtlichen Schritten gegen die Menschenschmuggler und bei der oft schwierigen Wiedereingliederung von Rückkehrern in die Gesellschaft.
- **Sisters for Sale** ist der Dokumentarfilm des Australiers *Ben Randall,* der zwei „verschwundene" Hmong-Mädchen aus Vietnam in China aufspürte, wo sie als Bräute verkauft wurden (www.humanearth.net/documentary).

« Hmong Hoa (Blumen-Hmong) – … in Alltagskleidung

‹ … und herausgeputzt

auf Neubauten und Erweiterungstrakts. Die Konkurrenz ist groß. Weil jedoch der neue Expressway an den Wochenenden so viele Gäste aus Hanoi bringt, werden **Fr/Sa** die Preise teils massiv angehoben! Sie werden auch je nach Saison angepasst, am teuersten wird's an den vietnamesischen Feiertagen.

In Budget-Unterkünften, aber auch in vielen älteren Mittelklasse-Häusern gibt es im Winter keine adäquaten **Heizmöglichkeiten.** Dann wird Sa Pa vor allem abends und nachts ungemütlich kalt! Da zu dieser Jahrzeit – außer an Feiertagen – normalerweise immer ausreichend Zimmer frei sind, sollte man u.U., um notfalls das Hotel wechseln zu können, nur eine Nacht im Voraus buchen.

Während auf der Hauptachse, der Cau May, am meisten Trubel herrscht und sich dort auch ein Restaurant an das andere reiht, geht es auf der Nebenstraße Fan Si Pan bedeutend ruhiger zu.

Hinweis: Bei Ankunft am frühen Morgen sind die gebuchten Zimmer oft noch nicht frei (leider auch manchmal trotz vorheriger Nachfrage am Telefon), man kann sich also häufig nicht kurz hinlegen oder duschen, sondern wird auf später vertröstet und zum Frühstücken geschickt.

First Class

32 **Pao's Sapa Leisure Hotel**④-⑤, Muong Hoa, Tel. 6253999, www.paoshotel.com. Tolle Architektur, tolle Sicht auf die Berge, zentral gelegen und doch nicht mitten im Trubel. 223 Zimmer mit Balkon. Warmwasser-Pool mit Aussicht.

3 **Silk Path Grand Sapa Resort & Spa**⑤, Doi Quan 6, Group 10, Tel. 32668585, http://silkpathhotel.com/sapa. 148 Zimmer, Bergblick, Balkon, zwei Restaurants, Café und Lounge, beheizter Innenpool, Spa.

Unser Tipp: 10 **BB Sapa Resort & Spa**⑤, Xuan Vien, Tel. 979008866, www.bbhotels-resorts.com/bb-sapa-resort-spa-eng. 1999 auf einem Hügel über dem Ort im kolonialen Chalet-Stil errichtet. Komfortabel und gemütlich – eine Klasse für sich. Mit großem beheizten, im Sommer offenen Indoor-Swimmingpool (28 °C) mit Spa rund 50 m vom Haupthaus entfernt. 77 Zimmer.

31 **Topas Ecolodge**⑤, Office 21 Muong Hoa, www.topasecolodge.com. Die sehr schöne, von Dänen geleitete Anlage steht mitten im Grünen 18 km südlich von Sa Pa. 25 frei stehende, kreisrund um einen Hügel angelegte Granithäuser mit Balkon und Solarheizung, inkl. Shuttle von/nach Sa Pa. Resto mit gemütlicher Bar. Trekkingtouren und *Homestay*.

24 **Amazing Hotel Sapa**④-⑤, Dong Loi, Tel. 386 5888, https://amazinghotel.com.vn. Riesiges Gebäude im Zentrum mit begrenztem Charme, aber schöner Aussicht auf der einen Seite. 82 Zimmer.

Economy

4 **Eden Boutique**③, 3B Thac Bac, Tel. 934677 388, https://edenboutiquehotelspa.com. Modern, freundlich, mit Rooftop-Terrasse und in ruhiger Lage – trotzdem stadtnah.

9 **Sapa Panorama Hotel**③-⑤, 10 Hoang Dieu, Tel. 0964267569, https://sapapanoramahotel.com. Gute Aussicht. 45 außergewöhnlich große, gut ausgestattete Zimmer, z.T. mit großem Balkon.

8 **Elegance**③, 3 Hoang Dieu, Tel. 3888668. Sehr freundlich und aufgeräumt, geschmackvoll, man fühlt sich wohl. 11 Zimmer, alle mit Balkon, auch Family, kein Lift.

9 **Sapa Elite Hotel**③, 12 Hoang Dieu, Tel. 81256 5656, www.fb.com/sapahotelelite. Freundlich, intim, kein Lift, relativ wenig Aussicht. 17 helle, sehr große Zimmer.

29 **Sapa Lodge**③, 18A Muong Hoa, Tel. 979672 899, https://sapalodge.com.vn. Sehr schöner Blick. 22 Zimmer auf fünf Etagen (kein Lift).

19 **Sapa Scenery Hotel**①, 69B Fan Si Pan, Tel. 912927972, www.fb.com/lethanhsapa. 31 Zimmer mit Aussicht.

1 **Hmong Sapa**②, 27 Thac Bac, Tel. 3772228. Ruhig, Fußmarsch hügelaufwärts. 30 hübsche Zimmer, Double/Triple, mit Balkon oder großem Fenster, Suites. Kein Lift.

29 **Bamboo Sapa Hotel**③-④, 18 Muong Hoa, Tel. 3871075, www.bamboosapahotel.com.vn. Guter Hotelstandard, mit Lift. 56 Zimmer mit Aussicht.

30 **Sapa View**④, 27 Duong Violet, Tel. 3872188, http://theviewsapahotel.com/en. Etwas abseits, stilsicher dekoriert und gemütlich, Kamin und Holzboden, herrlicher Blick. Nachteil: Kein Lift, vor dem Haus verläuft die Straße. 30 Zimmer, z.T. mit Aussicht.

Budget

16 **Romance Hotel**②, 16 Lane 10 Ngu Chi Son, Tel. 1676399192, FB: Sapa Romance Hotel. Freundlich, sauber, gutes Preis-Leistungs-Verhältnis. Zimmer mit Heizung und Wasserkocher. Fahrradverleih.

26 **Lotus**①, 5 Muong Hoa, Tel. 3871308 oder 0984 345965. Mitten im Ort. Angenehm etwas nach hinten versetzt und die Treppe hoch, mit Terrasse unten. 16 große, einfache Zimmer, zum Teil mit großem Gemeinschaftsbalkon.

34 **Family Guesthouse**②, 28 Muong Hoa, Tel. 3872310, www.fb.com/sapafamilyguesthouse. 12 Zimmer, davon 4 mit Balkon und tollem Blick.

2 **Go Sapa Hostel**①-②, 25 Thac Bac, Tel. 38711 98, www.gosapahostel.com. Vom Zentrum ein Fußmarsch den Hügel hoch. Bett im Dorm ohne oder mit Toilette, DZ.

15 **Lucky Daisy's Buffalo House**②-③, Ta Van Giay 1, Tel. 932234740, www.luckydaisytavan.com. Das *Lucky-Daisy*-Projekt wurde 2012 im Dörfchen Ta Van ins Leben gerufen, um Urlaubern ein echt dörfliches Erlebnis zu ermöglichen und gleichzeitig Mädchen und Frauen aus dem Dorf Zugang zu einer Ausbildung zu verschaffen. Denn diese müssen meist ohne Ausbildung ihr Leben fristen. Hier werden die Urlauber von einem Team von Frauen aus den ethnischen Gruppen Hmong und Giay betreut und gelegentlich auch von Freiwilligen aus der ganzen Welt. Gewohnt wird in Holzhäusern und in

der gemütlichen *Bamboo Bar* gibt's Köstliches und Erfrischendes vom heimischen Herd und aus eigenem Anbau (→ Essen und Trinken).

Essen und Trinken

17 The Hill Station, 37 Fan Si Pan, Tel. 3887111, www.thehillstation.com (mit drei Zimmern④). Das Signature Restaurant des Norwegers *Tommy* und seiner Hmong-Frau *Chai* ist ein absoluter Hingucker: japanisch-skandinavischer Minimalismus mit spektakulärer Aussicht und Hmong-Küche vom Feinsten: langsam geköchelter Schweinebauch, Ingwerhuhn oder Bergforelle im Bananenblatt!

25 Delta Italian Restaurant, 50 Cau May, Tel. 79 2236280, www.fb.com/deltaitalianrestaurants. Pizza, Pasta. Hier wurden bereits Cocktails gemixt, als der Rest von Sa Pa darunter noch „Hahnenschwänze" verstand.

14 Le Gecko, 2 Ngu Chi Son, Tel. 3871224, https://legeckosapa.com. Bar, Hotel und Restaurant in einem. Nettes Ambiente, französische und vietnamesische Küche.

23 Nature Bar & Grill, 24 Cau May. Ordentliche vietnamesische Küche, viel Wild (Hirsch, Wildschwein). Keine Pizzen, aber durchaus auch Sandwiches, Burger und Pasta.

11 Romano Pizza Restaurant, 611 Dien Bien Phu, Tel. 941899898, www.fb.com/romanopizzasapa. Die Pizzen sind hier klar über dem Durchschnitt; wenn es kalt ist, gibt's Glühwein am Kamin.

UNSER TIPP: **22 Little SaPa,** 5 Dong Loi, Tel. 388063526, www.fb.com/Nhahangngonnhatosapa. Sehr beliebt und oft ausgebucht. Kein Wunder: Man sitzt gut, das Team ist ungemein nett und das Essen sehr lecker, authentisch und dazu auch noch günstig.

5 O'Chau Café, 8 Thac Bac. Kaffee, Tee, Fruchtsäfte, Frühlingsrollen, gebratene Nudeln und andere Snacks, manchmal *Fish'n'Chips*.

10 Tavan, Hoang Dieu Street, www.bbhotels-resorts.com/bb-sapa-resort-spa-eng. Gut und gepflegt speist man im *BB Sapa Resort & Spa* in rustikalem Ambiete und bei europäischen Preisen.

6 Bellevue, 8 Cau May, Tel. 871996. Auch gut und etwas gehobener ist das Restaurant im Hotel *U Sapa.*

20 Nature View, 61 Fan Si Pan, Tel. 915449707, www.fb.com/sapanatureview. Tagsüber mit toller Aussicht, abends elegante Kuschelatmosphäre mit Kerzen und Kaminfeuer.

12 Quang Minh, 57 Xuan Vien. Der Gegensatz könnte nicht größer sein: Laut, fröhlich, dampfend. Hier essen die Vietnamesen. Es gibt *lau* (Rind, Huhn, Fisch) und allerlei Wild und Pferd, und man trinkt

Aufdringliche Straßenverkäuferinnen?

„Hello! You want shopping?" Den Touristen, die von Sa Pa aus eine Trekking-Tour ins Umland unternehmen, folgen sie auf Schritt und Tritt, manchmal kilometerweit. Im Zentrum von Sa Pa hatte die Tourismusbehörde Schilder angebracht mit dem Hinweis, dass Touristen den Straßenverkäuferinnen nichts abkaufen sollen. *Phil Hoolihan,* Mitgründer der Organisation *Ethos,* relativiert: „Die Minderheiten-Frauen bestreiten einen Teil ihres Einkommens hier mit dem Verkauf an Touristen, und dies unter harter Konkurrenz. Die älteren von ihnen sind oft Analphabeten und haben deshalb Schwierigkeiten, einen Job in der Tourismusindustrie zu finden. Ideal wäre es, wenn Touristen sich für Anbieter entscheiden, die Einkommensmöglichkeiten für Minderheiten bieten." Wie jedoch soll man mit der zwar oft charmant-witzigen, aber doch eher hartnäckigen Belagerung durch die Verkäuferinnen umgehen? „Wenn Sie nichts kaufen möchten, geben Sie dies klar, aber ruhig und freundlich zu verstehen. Vermeiden Sie es, von Kindern zu kaufen, denn sonst bleiben diese der Schule fern, und der Armuts-Teufelskreis dreht sich weiter."

Reisschnaps dazu – und es ist gut und günstig. Teurer, aber etwas Besonderes ist *ca tam* (Stör).

13 **Viet Discovery,** 15 Thach Son, Tel. 871555. Ort: Zwischen Tradition und Design. Küche: Von Vietnamesen für Vietnamesen (und mutige Langnasen). Huhn, Ente, Gans, Kaninchen, Wildschwein, Tofu.

7 **Nachtmarkt.** Das Angebot ist groß: Mehrere Restaurants hinter- und nebeneinander. Einfache Küche, eine Art *Street-Food*-Essmeile. Keine kulinarischen Höhenflüge, aber vielleicht noch der authentischste Ort zum Essen. Grillspießchen und gegrillter Klebreis im Bambusrohr probieren!

15 **Lucky Daisy's Bamboo Bar,** in Ta Van (10 km, → Unterkunft). Gute-Laune-Café-Bar mit viefältigem, lokalem Angebot. Sehr populär!

Nachtleben

28 **The Hmong Sisters,** 31 Muong Hoa, Tel. 97693 4303, www.fb.com/Thehmongsisterssapa. Bar mit Musik, Cocktails, Billardtisch, Touristen und Einheimische.

21 **Color,** 56B Fan Si Pan, Tel. 974409111, https://colorbarsapa.weebly.com. Witzige Lehmhütten-Bar mit Musik.

33 **Mountain Bar & Pub,** 59 Muong Hoa, Tel. 96 8488088, www.fb.com/SapaMountainBarandPub. Zentral, mit Tischfußball.

407v aw

Shopping

■ Die allgegenwärtigen, geschäftstüchtigen Hmong- und Dao-Frauen verkaufen hübsche Indigo-Decken und -Taschen etc.; Vorsicht, die Stoffe sind nicht fixiert und färben ab! Auf dem **neuen Markt** wurden die Verkäuferinnen der ethnischen Minderheiten in den oberen Stock ganz nach hinten verbannt – an ihren Ständen lohnt sich das Stöbern.

18 **Indigo Cat,** 34 Fan Si Pan, Tel. 982403647, www.fb.com/indigocatsapa. Hmong-Design in Schweizer Qualität.

27 **Sapa Silver,** 19 Muong Hoa.

An- und Weiterreise

■ **Per Zug:** Tgl. Hanoi – Lao Cai (340 km, 8½ Std.), auch Nachtzüge. Preise und **Spezialwaggons** → Zug, Hanoi. **Minibus-Anschluss nach Sa Pa** (35 km, ca. 1 Std., ca. 100.000 đ, Ticketverkauf im Bahnhof). Man sollte sich mit dem Busfahrer klar und deutlich auf einen Preis einigen. Am besten lässt man sich den Transfer vom Hotel organisieren, manche bieten ihn gratis an.

■ **Per Bus:** Direkte Busse Hanoi – Sa Pa und zurück, 6 Std., mit Taxi-Transfer vom und zum Hotel (→ Hanoi, An- und Weiterreise). Nach Dien Bien Phu fahren tgl. Minibusse (ca. 10 Std.).

■ **Per Auto:** Fahrzeit ab Hanoi 5–6 Std.

■ **Per Tour:** Gegen den Preis von Zweieinhalb-Tagestouren für rund 200 $ inkl. aller Transporte, Guide, Trekking, Teilverpflegung und 3 Übernachtungen (2x Zug, 1x Hotel oder *Homestay*) lässt sich absolut nichts sagen, man sollte dabei aber nicht

▷ Hier entsteht ein Souvenir

◁ Beim Färben des Stoffes mit Indigo bleiben die Hände nicht verschont

334vi kb

übersehen, dass man gut die Hälfte der Zeit in Zügen und Bussen verbringt.

- **Nach Bac Ha** (105 km): Zum Sonntagsmarkt von Bac Ha verkehren Tour-Busse. Per Lokalbus umsteigen in Lao Cai.
- **Entfernungen** (in km): Muong Lay 185, Dien Bien Phu 275, Hanoi 370, über DBP 765.

Lao Cai

Der seit 1994 wieder aufgenommene Handel mit China hat den verschlafenen Grenzposten zum chinesischen Yunnan in eine burschikose Retortenstadt zwischen sozialistischem Pomp und parvenühaftem Protz verwandelt (nur ein schwacher Trost, dass es beim chinesischen Nachbarn Hekou noch grauenvoller ausschaut).

Zentrum und Markt liegen auf dem linken, Bahnhof und Grenze, rund 2 km voneinander entfernt, auf dem rechten Ufer des Roten Flusses.

Praktische Informationen

- 100.000 Einw., 600 m, Tel. 0214.
- **Information:** *The Cultural Exchange and Tourist Information Center,* Tran Hung Dao Boulevard, 3. Stock, Tel. 3871975, www.sapa-tourism.com.
- **Geld:** ATM beim Bahnhof, 82 Ho Tung Mau.

Unterkunft, Essen und Trinken

Rund um den Bahnhof gibt es ein großes, auf westliche Gäste eingestelltes Angebot an Hotels, Cafés und Restos aller Art. Grund: Reisende und Tour-Gruppen, die auf die Nachtzüge nach Hanoi warten.

- **Lao Cai Galaxy Hotel**②-③, 268 Minh Khai, Tel. 3837888. Gratis-Shuttle-Service. 56 Zimmer.
- Auf der gleichen Straße findet man auch eine ganze Reihe akzeptabler **Restos.**

An- und Weiterreise

- An- und Weiterreise → Sa Pa bzw. Hanoi. **Nach Bac Ha** ab Busbahnhof Pho Moi am Ende der Phan

Dinh Phung gegenüber dem Bahnhof; zu Fuß keine 5 Min.

■ **China:** Mit dem Bus mehrmals tgl. nach Con Minh (Kunming) ab Hekou, der Grenzstadt auf der anderen Seite des Flusses. Elektrocarts pendeln zwischen Bahnhof und Grenze.

Bac Ha

Der 1200 m hoch in einem Talkessel gelegene Ort selbst ist ohne viel Atmosphäre – einzige echte Attraktion ist der große **Sonntagsmarkt** –, aber für **Trekking** und **Homestay** vielleicht sogar geeigneter als Sa Pa. Bac Ha ist deutlich weniger überlaufen (unter der Woche oft nahezu leer, am Sonntag sollte man den Markt am besten vor 9 Uhr besuchen – dann ist am meisten los, und die Touristenbus-Schwemme vielleicht noch nicht allzu groß). Das Klima ist ein bisschen weniger rau, zumal im Winter, und die Dörfer und Märkte der näheren Umgebung sind – noch – ein wenig ursprünglicher geblieben.

Eine Besonderheit sind die farbenfreudigen **Flower Hmong,** die mit Abstand vorherrschende Ethnie der Region, des Weiteren wird man Tay, Nung, Dao und Giay begegnen. Im Februar ist das sanfte Hügelland um Bac Ha in ein Meer weißer Pflaumenblüten getaucht.

2007 wurden die alten französischen Markthallen abgerissen, aber halbwegs „original" rekonstruiert. Dabei wurde das Gelände auch weitläufig asphaltiert und ein See angelegt.

Der **Song Chay** rund 20 km südlich von Bac Ha ist auf ca. 50 km Länge ein ideales Gewässer für Floßfahrten und Wildwasser-Kayaking.

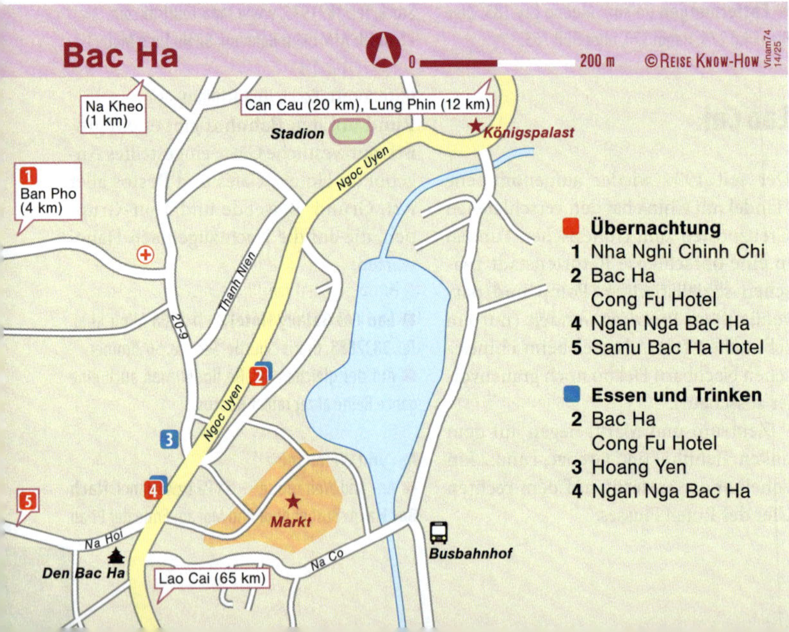

Palast des Hmong-Königs

Der aufwendige, zweistöckige Palast mit Freitreppe und Innenhof wurde 1914–1921 für den von den Franzosen gekürten „König der Hmong" gebaut, um die Hmong auf ihre Seite zu ziehen und gegen aufständische Vietnamesen (und andere Bergvölker) zu mobilisieren. *Hoang Yen Chao* und sein Sohn *Hoang A Tuong* – nach dem der Palast heute benannt ist – waren skrupellose Ausbeuter, die die lokalen Stämme wie Sklaven hielten. Später paktierte der „König" mit den Amerikanern und floh 1973 mit 8000 Getreuen und einem Goldschatz über Laos nach Kalifornien, wo seine Nachfahren noch heute leben.

■ **Dinh Hoang A Tuong,** tgl. 7–17.30 Uhr, Eintritt 20.000 đ.

Praktische Informationen

■ 6000 Einw., 900 m, Tel. 0214.
■ **Geld:** Entlang der Hauptstraße gibt es ein paar ATMs der großen Banken.
■ **Touren:** Kein Hotel ohne Tour-Desk. Hier lassen sich meist recht günstige Halbtages- oder Tagestouren in die Umgebung buchen.

Unterkunft

4 **Ngan Nga Bac Ha**②-③, 117 Ngoc Uyen, Tel. 3880286, www.nganngabachahotel.com. 16 Zimmer, in den oberen Etagen mit Aussicht.
2 **Bac Ha Cong Fu Hotel**②, 152 Ngoc Uyen, Tel. 977415929, http://congfuhotel.com. Mit Restaurant auf drei Etagen. 21 Zimmer, einige mit Balkon und Aussicht.
■ Zahlreiche **Minihotels** liegen in Gehweite.
5 **Samu Bac Ha Hotel**①, 33 Na Hoi (gar nicht weit von der Hauptstraße), Tel. 0386809539. Sehr freundlich (aber wenig Englisch) in schöner Lage mit kleinen Außenpavillons zum Relaxen. Unten Essen, oben Schlafen – durch Vorhänge getrennte Abteile à vier bis sechs Matratzen mit Moskitonetz – Gemeinschaftsbad mit Warmwasser.
1 **Nha Nghi Chinh Chi**①, Tel. 915832045. Pfahlhaus 1 km Richtung Ban Pho. Sauber und freundlich, aber ohne Englisch (die Gastgeber sind Tay), WW in Gemeinschaftsbädern. Zimmer für zwei, aber auch für acht bis zehn Personen.

Essen und Trinken

Lukullische Genüsse sollte man in Bac Ha nicht erwarten. Die Küchen sind darauf ausgerichtet, an den Wochenenden hunderte von Gruppen abzuspeisen, während sie an den restlichen Tagen fast nichts zu tun haben. Das färbt natürlich ab.

2 Die effektivste Küche ist die des **Bac Ha Cong Fu Hotel** (→ Unterkunft). Die Abspeisungsorgien an den Wochenenden sind beeindruckend; Mitte der 1990er-Jahre war es das erste Privatresto vor Ort, das Hotel kam 2008 dazu.
4 Ähnlich effektiv geht es im **Ngan Nga Bac Ha** zu (→ Unterkunft).
3 Anständig isst man auch im **Hoang Yen,** 9 20-9, Tel. 1632805835, www.fb.com/hoangyenrestaurant.

An- und Weiterreise

■ Der **Busbahnhof** liegt jenseits des „Sees" an der Verlängerung der Na Co.
■ **Hanoi:** Tgl. Hai Van-Direktbusse *(Sleeper)* um 20 Uhr, an Busbahnhof My Dinh ca. 5.30 Uhr.
■ **Lao Cai** (65 km): Per Lokalbus oder *Xe Om*.
■ **Sa Pa** (105 km): Zum Sonntagsmarkt per Tour (sehr weit, hin und zurück ca. 10 Std.) oder Lokalbus (umsteigen in Lao Cai, ab dort bis Bac Ha, 2 Std.).
■ **Ha Giang:** → dort.
■ **Tour:** Fast alle Hanoier Tourcafés laufen Bac Ha an, meist in Kombination mit Sa Pa.

Umgebung von Bac Ha

Ban Pho

Soft Trekking auf eigene Faust (4 km), um Ban Pho leben vornehmlich Hmong, die bekannt für ihren exzellenten selbstgebrannten Schnaps sind. Jedes Dorf, ja jede Familie, verfügt über ein eigenes Rezept für *Ruou*, der hier meist aus Mais und Cassava (seltener aus Reis) hergestellt wird. Ein sehr schöner Rundweg führt vorbei an weiteren Ansiedlungen, Reisterrassen und Pflaumenhainen bis zum Tay-Dorf **Na Kheo,** das schon fast ein Vorort von Bac Ha ist (1½ Std. ab Ban Pho).

- Vom Sao-Mai-Hotel bis zum neuen Krankenhaus gehen, dort rechts.
- In Na Kheo auch Möglichkeit zu *Homestay*.

Märkte der Region

- **Bac Ha:** Tgl. rund um die Markthallen, Haupttag So, mit Tiermarkt. Ab 10–11 Uhr treffen die Touristenscharen aus Sa Pa ein und fotografieren sich gegenseitig – ein Argument dafür, in Bac Ha zu nächtigen. Flower Hmong, Nung, Tay.
- **Lung Phin** (12 km N): So. Weniger geschäftig, aber eine Alternative zu Bac Ha.
- **Can Cau** (20 km N): Sa. Der bunteste Markt der Region. Hügelgelände, sehr belebt bis chaotisch. Fast ausschließlich Flower Hmong, ab und zu Tay, Black Dao, Lu. Karawanen von Kleinbussen verstopfen die Straße, es gibt Verkaufsstände nur für Touristen. Dennoch: lohnend.
- **Si Ma Cai** (30 km N): So. Bis 2008 war das grenznahe Si Ma Cai (bedeutet „Pferdemarkt") *off limits* für Ausländer. Die 10 km ab Can Cau lohnen wegen der herrlichen (und unverbauten!) Landschaftskulisse, der Ort selbst ist nichtssagend. Weiterfahrt nach Pha Long (→ unten) nur mit 4WD.
- **Sin Cheng** (40 km N): Mi. Nahe Si Ma Cai (10 km SW) und als „Neuentdeckung" sehr gefragt. Recht ursprünglich, auch mit Tiermarkt.

⊻ Auf dem Samstagsmarkt von Can Cau

378vi kb

- **Muong Khuong** (ab Lao Cai 50 km NW): So. Distrikthauptstadt, 2–3 Guesthouses. 20 km von der chinesischen Grenze entfernt. Flower Hmong, Giay, Tay, Black Dao, mongolisch-stämmige Y Ty.
- **Pha Long** (ab Lao Cai 70 km NW): Sa. Wenig besucht, unmittelbar an der chinesischen Grenze. Ab Muong Khuong besonders schöne Landschaften mit Reisterrassen. Gute Straße, aber weiter nach Si Ma Cai nur per 4WD. Flower Hmong, Nung, Pa Di, Dao Tuyen, Tu Di (sehr selten, ganz in Schwarz).
- **Coc Ly** (48 km W): Di. Im Flachland, unmittelbar am Song Chay gelegen; Touren nutzen das gerne zu Bootsexkursionen. Seit 2010 verkürzt eine Brücke die Strecke nach Bac Ha auf 24 km. Flower Hmong, ab und zu Tay, Black Dao.
- **Cao Son:** Mi. Lao Cai 80, Bac Ha 125 (über Muong Khuong), 52 (über Coc Ly), Coc Ly 28 km. Ab Lao Cai 2½ Std. per Bus über Muong Khuong.
- **Lung Khau Nhin** (12 km nördl. Cao Son): Do.
- **Muong Hum** (ab Lao Cai 42 km): So.

⌃ Hmong-Frauen auf dem Markt

Nordwest-Alternativroute ab Hanoi über das Hoang-Lien-Son-Massiv

- **Entfernungen ab Hanoi** (in km): Son Tay 45, Nghia Lo 210, Tu Le 260, Mu Cang Chai 310, Than Uyen 350, Tam Duong 410, Sa Pa 450.

Son Tay

Am 21. November 1970 wagte die Elitetruppe der *Green Berets* – mit tatkräftiger Unterstützung der *US Air Force*, die über 100 Flugzeuge für dieses Manöver einsetzte – einen Helikopter-Angriff auf nordvietnamesisches Terrain. Doch die 70 amerikanischen Kriegsgefangenen des Lagers Son Tay, die man befreien wollte, waren just am Tag zuvor verlegt worden. Als *Son Tay Raid* ist dieses

Ereignis in die Militärgeschichte eingegangen.

Knapp 100 Jahre zuvor hatten die Franzosen in Son Tay eine bedeutende Schlacht ausgefochten. Die Belagerung der mächtigen, 1822 von *Kaiser Minh Mang* erbauten **Zitadelle,** forderte viele Opfer, war aber am Ende erfolgreich. Erhalten sind Reste der einst 1,3 km langen Festungsmauer, des 20 m breiten Wassergrabens und das relativ intakte **Südtor** (das Nordtor wurde notdürftig restauriert).

Im unmittelbaren Umkreis von Son Tay liegen **Chua Thay** und **Chua Tay Phuong,** die zu den bedeutendsten Pagoden Vietnams zählen, sowie der Weiler **Mong Phu** mit seinem einmaligen Ensemble an historischen Häusern (→ Umgebung von Hanoi).

Nghia Lo

Das 10 km lange und rund 4 km breite, von Bergen umringte Tal von Nghia Lo, eingebettet in eine Senke zwischen dem Roten und dem Schwarzen Fluss, war 1951 Schauplatz einer blutigen Schlacht zwischen Franzosen und Söldnern (meist Tay) und dem Vietminh; *General Giap* erlebte hier eine seiner schwersten Niederlagen.

Die Bezirksstadt in der Provinz Yen Bai ist ein lebhafter Ort mit einem florierenden **Markt** (bis zur Dämmerung). Besucher sind Tay und Viets sowie Thai, Muong, Dao.

☒ Die Reisterrassen von Mu Cang Chai

Unterkunft, Essen und Trinken

- **Nghia Lo②**, 232 Dien Bien, Tel. 0216/3870106, www.nghialohotel.com.vn. Ein „richtiges" Hotel (wenn man nicht zuviel erwartet) mit 55 Zimmern auf sieben Etagen.
- **Muong Lo②**, 99 Dien Bien, Tel. 0216/3879666. Am südlichen Ortseingang gelegen. 35 helle Zimmer mit Blick ins Grüne. Separates **Restaurant** im hölzernen Thai-Haus.
- **Restos** findet man z.B. in der kleinen Straße Ao Sen nahe dem Hotel *Nghia Lo.*

Tu Le

Langgezogenes Straßendorf, bekannt wegen seiner heißen Quellen, kurz vor dem 20 km langen Khau-Pha-Pass mit spektakulären Reisterrassen. Ab hier sieht man fast nur noch Hmong.

Mu Cang Chai

Endlose Reisterrassen sind die Attraktion der Gegend! Besonders besuchenswert Ende September/Anfang Oktober, wenn der Reis seine Farbe von grün auf gelb zu wechseln beginnt und sich die Felder mit Mensch und Tier beleben, um die bevorstehende Ernte vorzubereiten. (Eine zweite Ernte ist hier und da Ende Mai/Anfang Juni möglich.) Der Travelblog „Vietnam Coracle" nennt die 50-km-Route von Tu Le bis westlich von Mu Cang Chai auf der QL32 „Theatre of Rice", eine geradezu hypnotische Show, bei Sonnenaufgang besonders schön golden beleuchtet von der Herbstsonne (www.vietnamcoracle.com). Gerühmt werden die Terrassen der Weiler La Pan Tan, Che Cu Nha und De Xu Phinh. Der Ort selbst bietet nicht so viel.

Adobe Stock © raquelm.

Unterkunft, Essen und Trinken

■ **Suoi Mo Guesthouse**②, Tel. 0216/3878643. Solide, etwas oberhalb des Ortes gelegen. 17 Zimmer, mit AC zahlt man mehr. Mit großem Restaurant.

■ Weitere **Ess- und Übernachtungsmöglichkeiten** an der Durchgangsstraße.

■ Im Weiler **La Pan Tan** findet man das **Do Gu Homestay**①, (über Booking.com), Tel. 977363345, www.fb.com/homestaydogu.

Than Uyen

Schon wenig hinter Mu Cang Chai – mit Ausblicken auf den Song Nam Mu, einem Nebenfluss des Song Da – verlässt man die Provinz Yen Bai und erreicht die Provinz Lai Chau. Hier trifft die N 279 Richtung Son La (→ dort) auf die N 32.

Tam Duong

Der Ort hieß bis 2007 Binh Lu – bevor das alte Tam Duong zur Provinzhauptstadt Lai Chau wurde. Wie auch immer: Von hier geht es links Richtung Lai Chau (34 km) und rechts über den Tram-Ton-Pass nach Sa Pa (40 km).

Lebhafter **Markt** (Do) mit Thai, Dao, Giay und den attraktiven Lu.

Der Nordosten

Die Berge östlich des Roten Flusses sind fächerförmig angeordnet und erreichen im Durchschnitt nur Höhen um **1000–1500 m,** mit den höchsten Erhebungen, um 2000 m, an der Grenze zu China. Anders als im Nordwesten wechseln sich Kalksteinformationen und härteres **Schiefergestein** ab, die Gebirge sind weniger schroff, die Böden deutlich fruchtbarer, die Flusstäler breiter, und hier und da breiten sich große Seen aus (Ba Be). Die reichen Bodenschätze des Nordostens (Eisenerz, Phosphat, Bauxit usw.) bilden den Grundstoff für die Industrie des Deltas, und entlang der Küste nördlich der Ha-Long-Bucht erstrecken sich reiche Kohlevorkommen.

Der Nordosten ist die Heimat der zahlenmäßig stärksten **Minorität** Vietnams, der Tay (1,35 Mio.), die wie ihre Vettern, die Nung, vornehmlich in mittleren bis niederen Höhenlagen siedeln und sich bereits stark an den vietnamesischen Lebensstil assimiliert haben. Weitere bedeutende Minderheiten sind Dao und Hmong (→ Exkurs „Bergvölker des Nordens“).

Verkehrswege und Flüsse folgen den Tälern und laufen **fächerförmig auf Hanoi** zu. Die N 1A und die Bahn nach Nanning/Beijing verbinden Hanoi mit Lang Son, der größten Stadt des Berglands. Die N 3 führt nach Ba Be und Cao Bang. Die N 2 nach Ha Giang. Die Bahnlinie nach Nordwesten folgt dem Roten Fluss bis Lao Cai. Das Problem sind die **Querverbindungen,** meist enge, schmale Passstraßen, die durch unwegsame, weder landwirtschaftlich noch industriell genutzte Regionen führen und bis heute nicht nur während der Regenzeit nur schwer oder auch gar nicht passierbar sind.

Lang Son

Die Stadt nahe der chinesischen Grenze ist eigentlich ganz angenehm (Seepromenade) und überaus betriebsam mit allein **drei Märkten: 8 Dong Kinh,** gleich gegenüber **7 Bo Song,** und **3 Ky Lua,** der älteste und traditionellste, an dem auch der **Nachtmarkt** (*Cho Dem,* 17–23 Uhr) stattfindet. Die Ethnien, die einst die Region beherrschten, allen voran Tay und Nung, sind heute nur noch

selten vertreten (bzw. kleiden sich wie Vietnamesen und sind dadurch „unsichtbar“ geworden).

Grotten-Liebhaber kommen in den **Höhlen** Nhi Thanh und Tam Thanh am Nordrand der Stadt auf ihre Kosten. In beiden findet man buddhistische Altäre, erstere durchfließt ein Fluss, bei der anderen locken ein Teich und ein schöner Aussichtspunkt auf die umliegenden Berge und Reisfelder.

Geschichte

Ironie der Geschichte: Von amerikanischen Bombardements wegen seiner Nähe zur chinesischen Grenze verschont geblieben, wurde die Provinzstadt am Ky-Cung-Fluss, Station der Bahnen nach Nanning und Beijing, nur wenige Jahre darauf von dem einstigen Verbündeten China dem Erdboden gleichgemacht. **Die Schlacht um Lang Son,** das den chinesischen Truppen im März 1979 erbitterten Widerstand leistete, dauerte eine Woche, dann war der einst so schöne Ort mit seinen alten Holzhäusern und französischen Villen in Schutt und Asche gelegt.

Nach der inoffiziellen Wiederaufnahme des **Grenzverkehrs** zwischen Vietnam und China 1988 blühten Handel, Schmuggel und Schwarzmarkt auf und führten dank der guten Straßen- und Bahnverbindung mit Hanoi zu einem beispiellosen **Boom.** Tag für Tag schleppten Zigtausende Lastenträger zerlegte Fahrräder, Landmaschinen, Fernseher, Videogeräte, Schuhe, Jeans, Schnaps, Bier und Zigaretten über die grüne Grenze, im Austausch dafür erwarben die Chinesen Fleisch, Gemüse, Obst, Reis, Shrimps, Taschenkrebse und Schwalbennester.

Praktische Informationen

- 103.000 Einw., 270 m, Tel. 0205.
- **Information:** *Lang Son Tourism,* Inter-Agency Building, Nguyen Chi Thanh Street, Tel. 3776565, https://langsontourism.com.vn.
- **Geld:** *VietinBank,* 51 Le Loi, mit ATM.

Unterkunft

10 **Muong Thanh**③, 68 Ngo Quyen, Tel. 3866668, https://booking.muongthanh.com. 125 Zimmer. Zentrale Lage, mit Pool.

6 **Hoang Son Hai**②, 57 Tam Thanh, Tel. 37104 79. Relativ modern mit Lift, 32 DZ.

1 **Van Xuan**②, 147 Tran Dang Ninh, Tel. 3710440. 30 Zimmer, nach hinten mit Balkon und schönem Blick auf den Phai-Loan-See und die Berge. Hell und freundlich.

5 **Hoang Nguyen**①-②, 84 Tran Dang Ninh, Tel. 3874575. Minihotel, in dem viele Touren absteigen. 13 Zimmer.

Essen und Trinken

2 **New Century Buffet,** 433 Duong Tran Dang Ninh, Tel. 787636868, www.fb.com/Newcenturybuffetls. Die eleganteste Wahl, direkt am See mit großer englischer Speisekarte.

9 **Minh Quang,** 44 Ngo Quyen. Englische Karte, zu empfehlen ist *suckling pig.*

4 **Com Binh Dan,** 42 Minh Khai. Gute, saubere Garküche.

An- und Weiterreise

- 148 km nordöstlich von Hanoi, per Zug (tgl., ca. 5 Std.) oder auf der gut ausgebauten N 1A (2½–3 Std.) zu erreichen.
- **Überlandstraßen** führen südöstlich nach **Tien Yen** (100 km) am Golf von Tonkin und nordwestlich nach **Cao Bang** (135 km).

■ **Bus:** Tgl. von/nach Cao Bang (ca. 5 Std.) sowie Tien Yen und Haiphong. Der Busbahnhof Ben Xe Phia Bac ist 3½ km außerhalb an der 1A Richtung Hanoi. Nach Dong Dang und Cao Bang verkehren mehrmals tgl. Minibusse vom Zentrum.

■ **Nach Cao Bang:** Die Strecke ist landschaftlich sehr schön, wenn auch wenig belebt. Imposante Passstraße hoch über dem Song Thuong, 1947–50 eine der heiß umkämpftesten Routen Vietnams im Unabhängigkeitskampf gegen die Kolonialherren. In **That Khe** (65 km) zwei ordentliche Restaurants. Hinter Dong Khe (87 km, großer Markt) erstreckt sich das Tal von Bong Lau (93 km) mit einem Mahnmal für die Viet-Minh-Kämpfer und den Überresten eines französischen Forts. Am Straßenrand zunehmend Blockhäuser der Tay und (je nach Saison) viele Holzfäller und Frauen, die Brennholz verkaufen. Von Weitem sehen die Holzscheite in den Bastkörben wie knusprige Baguettes aus.

■ **Nach China:** Grenzübergang ist das 1992 wiedereröffnete Huu Nghi Quan (Freundschaftstor) 3 km nördlich der Grenzstadt **Dong Dang,** 18 km nördlich Lang Son. Die Grenze ist tgl. 7–17 Uhr geöffnet, zwischen den Grenzstationen liegen etwa 500 m Niemandsland. Die nächstgrößere Stadt auf chinesischem Boden ist Pingxiang (20 km).

■ **Per Zug:** Die Bahnlinie von Hanoi nach Nanning und weiter bis Beijing (rund 3000 km) wurde 1996 wieder in Betrieb genommen. Züge verkehren 2x die Woche (ab Hanoi Di und Fr), der Aufenthalt an der Grenze beträgt ca. 1½ Std., chinesisches bzw. vietnamesisches Visum ist Voraussetzung. Es ist nicht möglich, in Dong Dang in den Zug nach China zuzusteigen (→ auch unter Hanoi). Nach Nanning gibt es tgl. einen Nachtzug.

Cao Bang

Reisende kommen nach Cao Bang, um die märchenhaften **Ban-Gioc-Wasserfälle** zu sehen, und wegen der wunderschönen Karstlandschaft und Reisterrassen der Umgebung. Die unwegsame Dschungelregion entlang der Grenze zu China war eine Zeit lang die unfreiwillige Heimat *Ho Chi Minhs:* 1941–1945 während der Vorbereitungen zum Aufstand gegen Kolonialregime und japanische Besatzer, und 1946–1954 als Sitz der Exilregierung, die den bewaffneten Kampf gegen die Franzosen steuerte.

Cao Bang ist noch heute zu weiten Teilen von bewaldeten Bergen und Dschungel bedeckt und verfügt neben wasserreichen Flüssen und Seen über zahlreiche Bodenschätze (Phosphat, Mangan, Wolfram). Die Mehrzahl der Bewohner gehören den ethnischen Minderheiten der Tay und Nung sowie der Dao und Hmong an. Zumal die Nung arbeiteten eng mit dem Viet Minh zusammen und boten *Ho Chi Minh* und den Genossen Unterschlupf.

Die auf einer Halbinsel zwischen den Flüssen Hien und Bang Giang gelegene **Provinzkapitale** war einst die bedeutendste französische Garnisonsstadt Tonkins (1884–1945). 1979 von den Chinesen in die Bedeutungslosigkeit gebombt, bescherte der zunächst nur schleppende, nach der Neuaufnahme des Grenzverkehrs aber rapide Wiederaufbau dem Ort u.a. eine der größten Markthallen Vietnams.

Praktische Informationen

- 74.000 Einw., 650 m, Tel. 0206.
- **Geld:** *Agribank* ATM, 26 Hoang Dinh Giong.
- **Märkte:** Der Große Markt ist nach wie vor der Mittelpunkt des Ortes. Hier gibt es alle Dinge des täglichen Lebens.

Unterkunft

4 **Sunny**③, 40 Kim Dong, Tel. 3828888, http://caobanghotel.com.vn. Gute Wahl in zentraler Lage. 52 Zimmer.

2 **Thanh Loan**②, 131 Vuon Cam, Tel. 3857026. Hell, geräumig, teilweise mit Flussblick. 12 Zimmer.

8 **Hoang Anh**②, 131 Kim Dong, Tel. 3858969, www.fb.com/hoanganh131kdcb. Freundliches, effizientes Minihotel ohne Plüsch und Staub. Gut die Eckzimmer 201, 701 mit Balkon und Flussblick. 18 Zimmer.

7 **Anh Duong**①, 78 Kim Dong, Tel. 3858467. Freundlich und sehr sauber. Sieben Zimmer.

6 **Huong Sen**①-②, → Essen und Trinken.

Essen und Trinken

3 **Garküchen** gibt es abends am Anfang der Vuon Cam.

6 **Huong Sen,** 100 Kim Dong. Ordentliches Restaurant mit Flussblick. Auch Hotel mit Rooftop-Café. In der kleinen Gasse gegenüber dem Café

5 **Trung Nguyen.**

1 **Pizza & Beefsteak Chi,** 220 Nuoc Giap, Tel. 91 4593569. Pizza etc., auch Frühlingsrollen. Freundlich, sprechen Englisch, gut für Reiseinfos.

An- und Weiterreise

- **Überlandstraßen** verbinden mit **Lang Son** (135 km) und westwärts mit **Bao Lac** (135 km, großer Ethnienmarkt alle fünf Tage) und **Ha Giang** (265 km); ab Bao Lac entlang dem tiefgrünen Song Gam nur mit 4WD ratsam (z.T. sehr steinige, unbefestigte Straße). Für die gesamte Strecke benötigt man mind. 10 Std. Zum Ba-Be-See auf der N 3 bis Na Phac (86 km) und von dort bis **Cho Ra** (34 km).
- **Bus:** Tgl. von/nach Lang Son (4 Std.) und Hanoi (7 Std., auch *Sleeper*); nach Cho Ra/Ba Be Aussteigen in Phu Thong, von dort weiter nach Cho Ra. Tgl. nach Bao Lam (10 Std., Übernachtung) und weiter bis Ha Giang (5 Std.). Busbahnhof 7 km westlich der Ortsmitte. Bis dahin mit Stadtbus oder Taxi.
- **Entfernungen** (in km): Hanoi 287, Lang Son 135, Ha Giang 265, Cho Ra (Ba Be) 120, Pac Bo 55, Ban Gioc 87.

Pac-Bo-Höhle

Hier betrat **Ho Chi Minh** Anfang 1941 nach über 30-jährigem Exil erstmals wieder heimatlichen Boden und begann unter Mithilfe der einheimischen Nung den Widerstand gegen die japanischen Besatzer und die vom Mutterland abgeschnittenen Franzosen zu organisieren.

Wie alle *Ho-Chi-Minh*-Gedenkstätten (mit Ausnahme des gegen seinen ausdrücklichen Willen errichteten Mausoleums in Hanoi) eine verzaubernde Idylle. Ein glasklarer, selbst noch im Nieselregen blaugrün schimmernder Bergbach. Ein pittoresker Lotosteich. Abgerundete Felsblöcke dienen als Sesselgarnitur und Schreibtisch und eine Tropfsteinhöhle als heimeliges Nachtlager. *Suoi Le Nin* (Lenin-Quelle) und *Nui Cac Mac* (Karl-Marx-Berg) hatte der Vater der vietnamesischen Nation augenzwinkernd die Umgebung seines Unterschlupfes getauft. Im Ort leben die Nachfahren der Nung, die einst mit *Ho Chi Minh* im Dschungel kämpften und inzwischen vom Verkauf von Souvenirs, Limonaden und Karaoke-Shows leben. Am Eingang befindet sich ein kleines **Museum.**

■ **Pac-Bo-Höhle,** 55 km nordwestlich von Cao Bang, unweit der chinesischen Grenze. Inkl. Besichtigung ca. 4–5 Std. **Museum** tgl. 8–11.30 und 13–16.30 Uhr, Eintritt 20.000 đ.

Ban-Gioc-Wasserfälle

Die **größten Wasserfälle Vietnams** liegen zur Hälfte bereits auf chinesischem Territorium – vom gegenüberliegenden Ufer des grünen Grenzflusses Quay Son grüßen fröhlich Honeymoon-Hotels herüber. Die mächtige, bis zu 300 m breite und 50 m hohe mehrstufige Kaskade ist am eindrucksvollsten während und kurz nach der Regenzeit (Mai bis September), präsentiert sich aber auch in der restlichen Zeit überaus ergiebig und kristallklar. Man kann Bambusflöße mieten (50.000 đ/Std.), schwimmen und wan-

Ban-Gioc-Wasserfälle

dern, kleine Restos bieten Erfrischungen und einfache Tellergerichte an.

Die Fahrt zu den Wasserfällen führt durch eine wunderschöne Hügellandschaft und ist allein schon die Reise wert: Karstberge, Flusstäler, Zuckerrohr, Reisterrassen, hier und da Agaven, Wasserräder, Büffel, Pferde. Einen Besuch wert ist der noch recht ursprüngliche **Markt von An Lai** (16 km), auf dem man neben Nung und Dao den seltenen Hmong Xanh Lam (Blue Hmong) begegnet, deren hellgrüne, hauchdünne Krägen wie Libellenflügel von den Schultern abstehen. In Trung Khanh (62 km) findet an wechselnden Tagen ein großer Entenmarkt statt (wie vielerorts hier nach dem Mondkalender: alle fünf Tage).

2 km vor Ban Gioc kann die 3 km lange **Kalksteinhöhle Nguom Ngao** besichtigt werden. Eintritt inkl. Guide 40.000 đ (Taschenlampe nicht vergessen, zahlreiche Fledermäuse).

■ **Ban-Gioc-Wasserfälle,** 87 km nordöstlich, tgl. Minibusse, Sommer tgl. 7–18, Winter 7.30–17.30 Uhr, Eintritt 45,000 đ.

Ba-Be-Nationalpark

Ba Be („Drei Meere") ist eine Region mit Flüssen, Seen, Höhlen und Wasserfällen, die von bis zu 1600 m hohen Bergen und Kalksteinfelsen eingefasst sind. Sie lässt sich auf Trekking-Touren, per Fahrrad und auf Bootstouren entdecken. Der **Ho Ba Be** erstreckt sich 9 km lang über drei miteinander verbundene Täler und ist bis zu 35 m tief. Er ist der größte natürliche Süßwassersee Vietnams. Auf dem 23.000 ha großen Gelände, das 1992 zum Nationalpark erklärt wurde, leben verschiedene Minderheiten, vornehmlich Tay und in höheren Lagen Hmong und Rote Dao.

Vom Nordteil des Sees (Be Lam) führt der Nang-Fluss (Nam Nang) durch eine pastorale Idylle von Bambushainen, Buchten, Regenwald und steil emporragenden Kalksteinfelsen. Man durchmisst die 250 m lange, bis zu 35 m hohe Puong-Höhle (Hang Puong), in der Tausende Fledermäuse nisten, unternimmt einen Abstecher zum imposanten Dau-Dang-Wasserfall (hin und zurück ca. 1 Std.) und erreicht dann den See. Ein herrliches Stück nahezu unberührter Natur – wenn man die Augen zukneift, mag man sich allerdings auch auf einem Voralpensee wähnen. Nur dass die Vegetation eine andere ist. Gelegentlich sieht man Myriaden von Schmetterlingen und hier und da ein paar bunte Eisvögel.

Praktische Informationen

■ 900 m, Tel. 0209.

■ Es gibt **keine Geldautomaten.** Bargeld mitbringen.

■ **Eintritt** 25.000 đ. Die Parkverwaltung bietet Touren vom Bootstrip bis zum mehrtägigen Trekking inkl. Übernachtung in Tay- und Dao-Dörfern an. Boote kann man auch privat mieten.

■ **Information:** https://babenationalpark.com.vn ist eine umfassende Website, die einen guten Überblick über die Möglichkeiten in der Region verschafft.

■ **Boote:** Ablegestelle ist am Ortsende von Cho Ra (→ unten). Den See erreicht man nach knapp 2 bzw., mit Abstecher zum Dau-Dang-Wasserfall, 3 Std. Nach einer Schleife über den See (mit oder ohne Exkursionen zu verwunschenen Teichen, Tay-Dörfern etc.) kehrt das Boot entweder zum Ausgangspunkt zurück oder lädt seine Passagiere, so-

Adobe Stock © pomphotothailand

fern diese motorisiert sind, am Pier der Parkverwaltung (2 km) ab.

■ **Thai Nguyen** (80 km nördlich von Hanoi): Lohnenswertes Museum der Ethnischen Kulturen (→ Umgebung von Hanoi).

Unterkunft, Essen und Trinken

■ **Ba Be Jungle Houses**④, mitten im Dorf Coc Toc, Tel. 986016068, https://babejunglehouses.com. Viel schicker kann ein Dschungelresort gar nicht aussehen: Die Zimmer sind im typischen Stelzenhausstil der Tay eingerichtet, es gibt einen Garten und eine Outdoorküche, und vom Balkon blicken die Besucher direkt auf den See.

■ **Homestay**①: In Tay-Weilern wie Pac Ngoi kann man günstig im Pfahlhaus übernachten. Sauber, aber nur bedingt pittoresk. *Mr. Linh's Homestay* im Dorf Bo Lu liegt am See und hat auch Privatzimmer, Resto, Café. Tel. 989587400, www.mrlinhhomestay.com.

Anreise

■ 100 km südlich von Cao Bang, 240 km nördlich von Hanoi (5–6 Std., auf der N 3 über Thai Nguyen bis Phu Thong oder Na Phac, von dort 40 bzw. 36 km bis Cho Ra). Zwischen Cho Ra und dem Parkeingang liegen 14 km. Es gibt keine Direktbusse von Hanoi (Busbahnhof Gia Lam): umsteigen in Thai Nguyen bis Phu Thong, von dort stdl. nach Cho Ra, weiter per *Xe Om* (18 km).

Thac-Ba-See

Der vom Chay-Fluss gespeiste Ho Thac Ba ist mit 80 km Länge, 10–15 km Breite und einer Fläche von 234 km² der **größte künstliche See** des Landes; 1961 bis 1971 entstand hier mit russischem Know-how das erste und größte Wasserkraftwerk des damaligen Nordvietnam. Der glasklare, bis zu 60 m tiefe See ist extrem fischreich und präsentiert sich mit seinen Fjorden, Klippen und 1000 kleinen Inseln, umgeben von Wäldern und üppiger Natur, als eine ausgesprochene Schönheit. An den Ufern leben vorwiegend Tay, Nung, Mong, Dao, Phu La und Cao Lan.

⌃ Bootsfahrt im Ba-Be-Nationalpark

⟩ Gebirge in der Provinz Ha Giang

Praktische Informationen

Unterkunft

LaVie VuLinh Lodge②-③, Tel. 919373286, www.lavievulinh.com. Nachhaltiger Tourismus, von jungen, in Hanoi geschulten Dao betrieben. Ein wunderbarer Ort zum Entspannen, Schwimmen, Trekken, Bootfahren, Biken. Übernachtung in Pfahlhäusern am Seeufer; sehr einfach, aber mit Charme. Dao-Küche und französische Metzgerei.

Anreise

Von Hanoi bis Cat Lem an der N 70 (146 km); von dort ausgeschildert bis Vu Linh, Ngoi Tu-Village (30 km). Mit dem Bus ab My Dinh-Busbahnhof bis Cat Lem, von dort per *Xe Om*.

Provinz Ha Giang

Die nördlichste Provinz des Landes, Ha Giang, ist eine der ärmsten und zugleich **landschaftlich schönsten Regionen Vietnams.** Seit die Straßen in den 2010er-Jahren besser ausgebaut wurden, gilt der „Northern Loop" in Vietnams Motorrad-Szene als eine der schönsten Strecken des Landes, wenn nicht die schönste: von Ha Giang über Yen Minh, Dong Van, Meo Vac, Bao Lac (mit Abstecher zu „Vietnams Nordpol" Lung Cu mit dem Flaggenturm auf dem Weg nach Dong Van – lohnt sich vor allem der schönen Strecke wegen) und Rückfahrt nach Hanoi mit letzter Übernachtung an den Ba-Be-Seen. Am schönsten ist die Strecke auf den ca. 21 km **zwischen Dong Van und Meo Vac:** Man kommt sich vor, als wäre man auf einem anderen Planeten! Die atemberaubende Gebirgsregion des Geoparks wirkt fast unwirklich, wie eine Fantasy-Filmkulisse, eine Mischung aus *Jurassic Park, Mittelerde* und *Fantásien* aus der „Unendlichen Geschichte". Karstberge, gewundene Straßen, Reisterrassen und Minderheitendörfer – und hinter jeder Kurve wird es schöner und schöner.

Eine Region noch ohne Seilbahnen, Amusement Parks, Luxusresorts und Golfplätze – mystisch, abgelegen. Für Entdecker und Abenteurer läuft sie dem populären, gezähmten Sa Pa allmählich den Rang ab. Ha Giang braucht jedoch Zeit: Mindestens vier Tage sollte man ab Hanoi einplanen. Am besten entdeckt man die Provinz per Motorrad, Geländewagen, Mietauto oder auf einer organisierten Tour ab Hanoi. Man sieht mehr von der Landschaft, und Busse decken die Highlights der Region nicht lückenlos ab.

Der höchste Gipfel der von Bergwäldern bedeckten Region misst 2419 m, die Winter sind oft kühl und neblig, in höheren Lagen kann sogar Schnee fallen. In den über 1000 m hoch gelegenen

507v aw

Weilern **Dong Van** und **Meo Vac** nahe der chinesischen Grenze zu Yunnan finden zwei der wichtigsten (und nach wie vor authentischsten) **Minoritäten-Märkte** des Nordens statt, auf denen vor allem Weiße Hmong (ca. 80 %) sowie Tay, Dao, Nung, Lolo etc. Handel treiben.

Praktische Informationen

- **Motorrad-Route:** www.vietnamcoracle.com/ha-giang-extreme-north-motorbike-loop.
- **Motorrad- und Geländewagen-Touren:** z.B. *Coung's Motorbike Adventure,* www.cuongs-motorbike-adventure.com (→ Hanoi).
- **Trekking und Homestay:** z.B. über *HanoiKultour,* → Spezialanbieter in Hanoi.
- **Travel Permit:** In Ha Giang benötigen Touristen eine Reisegenehmigung, diese kann jedes Hotel vor Ort ausstellen. Sie kostet ca. 10 $ (300.000 đ).

Ha Giang

Die **Hauptstadt** der gleichnamigen Provinz ist für Reisende lediglich der Ausgangspunkt für Trips in der spektakulären Region.

Die Stadt wurde von den Franzosen 1886 den Weißen Hmong abgerungen und zu einem ihrer wichtigsten Stützpunkte im Norden ausgebaut. Seit den Massakern der chinesischen Invasionstruppen (1979) herrscht die postsozialistische Architektur der 1990er-Jahre vor.

[>] Blick über Dong Van und die umliegende Berglandschaft

Praktische Informationen

- 30.000 Einw., 700 m, Tel. 0219.
- **Geld:** *Agribank* mit ATM, Nguyen Trai.
- **Orientierung:** Zentrum ist die Ecke Nguyen Trai (am Fluss) und Tran Hung Dao (Brücke über den Song Lo). Hier befinden sich die meisten Hotels und Restaurants.
- **Motorrad mieten:** *Johnny Nam Tran* vermietet Motorräder und -roller und bietet geführte Touren (auch per Auto und Trekking) an. Er spricht Englisch und ist eine gute Quelle für *Homestay-*, Hotel- und Routentipps. Group 18 Nguyen Trai Ward, Tel. 09177 97269.

Unterkunft, Essen und Trinken

- **Huy Hoan**①-②, 395 Nguyen Trai, Tel. 3861288, https://huyhoanhotel.com. Lift. 82 Zimmer, Gemeinschaftsbalkon. Sauna und Massage.
- **Hoang Anh**②, 15 Nguyen Trai, Tel. 3863559. In einer ruhigen Seitenstraße der Tran Hung Dao. 30 Zimmer (Lift).
- **Cao Nguyen**②, 297 Nguyen Thai Hoc, Tel. 3866 966, www.caonguyenhotel.vn. Modernes Hotel mit 40 geräumigen Zimmern.
- **Truong Xuan Resort**②-③, 430 Nguyen Van Linh, Tel. 3811102. Hübsche Lage am Lo-Fluss, 5 km Richtung Dong Van. Mit **Restaurant,** Sauna, Bädern, Kayak- und Motorrad-Verleih. Sechs Bungalows.
- Ess-Straße ist die **Quang Trung** (Verlängerung der Nguyen Trai). Gut ein Dutzend Restos preisen ihre Spezialitäten an (Ziege, Huhn, Fisch usw.).
- **Phu Oanh,** kleine Nudel-Küche neben der 31 Nguyen Thai Hoc (www.vietnamcoracle.com/breakfast-in-ha-giang).

An- und Weiterreise

- **Hanoi** (328 km): Auf der N 2 über Phu To (102 km, Bahn) und Tuyen Quang (165 km) entlang des Tals des Song Lo. Per Bus von Hanoi ab Busbahnhof My Dinh, ca. 7 Std., zahlreiche Busse.
- **Cao Bang** (265 km): → dort.

■ **Quan-Ba-Pass:** Etwa 40 km von Ha Giang entfernt führt die Straße über den Quan-Ba-Pass, mit wunderbarer Aussicht auf die kleine Stadt Tam Son und die „Feen-Brüste" genannten Kalksteinhügel („Fairy Bosom").

■ **Cho Ra** (Ba Be): Die N 279 zwischen den Nationalstraßen 2 (Ha Giang) und 3 (Cao Bang) ist passierbar.

■ **Bac Ha:** Eine fantastische Route verbindet Tan Quang 46 km südlich von Ha Giang und Bac Ha (150 km): zu Hoang Su Phi und Xin Man → Hoang Su Phi.

Dong Van

Der kleine Ort ist der beliebteste Übernachtungsstopp des *Northern Loops.* In dem über 1000 m hoch gelegenen Dong Van findet jeden Sonntag einer der wichtigsten und buntesten **Märkte der Bergvölker** statt.

Rundherum 160 km atemberaubende **Traumlandschaft,** scheinbar ansatzlos von einer Klima- und Vegetationszone zur anderen wechselnd. Mal sind die Passhöhen von dichten Regenwäldern, mal von luftigem, alpin anmutenden Nadelgehölz bedeckt, mal taucht man in subtropische Täler voller Palmen, Bananen und Reisterrassen, mal in pittoreske Karstlandschaften ein. Das **Plateau von Dong Van** ist eine faszinierende Steinlandschaft und der einzige Geopark Vietnams. Den ersten hohen Pass, der in die Region hineinführt, wird von den Vietnamesen Quan Ba genannt, „das Tor zum Himmel".

Dong Van wurde um 1920 als französischer Vorposten gegen China errichtet. Die gedeckten Markthallen stammen noch aus dieser Zeit. Zwar sind etwa 90 % der Einwohner der Region Hmong Trang (Weiße Hmong) – der Rest setzt sich aus Tay, Nung, Giay, Red Dao, Lo Lo, Co Lao u.a. zusammen –, aber jedes einzelne Tal scheint unterschiedliche Sitten und Gebräuche zu haben, kleidet sich anders, stickt, webt und färbt anders oder trägt anderen Schmuck.

Der Sonntagsmarkt von **Meo Vac** (22 km, tolle Strecke über den 1500 m hohen **Ma-Pi-Leng-Pass** mit Wahnsinnspanoramen!) ist kaum weniger attraktiv. Vorherrschende Minderheiten neben Weißen Hmong und Tay sind Nung, Dao und die besonders farbenprächtigen Lo Lo; großer Viehmarkt.

Praktische Informationen

■ **Klima:** In den regenlosen Monaten Dez. bis März sinken die Temperaturen auf bis zu 1–5 Grad ab. Beste Reisezeit sind Okt./Nov. und März/April.

Unterkunft, Essen und Trinken

■ **Hoa Cuong**②, 5 Residental, Tel. 3856868 oder 0812948999, www.kshoacuong.vn. Ordentliches 3-Sterne-Hotel. 81 Zimmer.

■ **Oanh Hieu,** 4C 3 Thang 2 Street (Main Street). Restaurant mit allem von Fisch über Wasserbüffel bis zum Schildkröten-Hotpot (umfangreiches Menü auch auf Englisch).

■ **Coffee 68,** www.fb.com/coffee68dongvan. Hübsches Café auf dem Marktplatz links der Pho Co, mit Restaurants und Shops rundherum, auch *Pho Co Coffee* am Ende der Pho Co in einem alten Haus.

In Meo Vac

■ **Auberge de Meo Vac**②-③, Tel. 335728959, www.fb.com/Chungpuameovac. Charmant-rustikales Hmong-Haus am Ortsrand. Vier Zimmer (Gemeinschaftsbad) mit Komfort-Betten, Dorm. Vorzügliche Verpflegung.

■ **Hoa Cuong**②, Tel. 3871888 oder 0944571888. Im Zentrum beim Markt, 27 Zimmer. (Ein Marktbesuch lohnt sich übrigens!)

In Yen Minh

■ **Thao Nguyen**①-②, Tel. 7831985. Beliebt als Zwischenstation (Dong Van 34, Meo Vac 47 km) mit recht ordentlichen Zimmern.

■ **Son Hai**①, 3 Thi Tran Huyen, Tel. 3852091. Freundliches Motel.

An- und Weiterreise

■ **Anreise:** 150 km nordöstlich. Auf dem Weg passiert man weitere sehenswerte Sonntagsmärkte bei Quan Ba (50 km) und Yen Minh (95 km; 4 km nördlich zweigt die N 180 nach Meo Vac ab). In **Sa Phin** (135 km) steht der außergewöhnliche **Königspalast** (Nha Vuong) der Weißen Hmong. Der von 2 m hohen, massiven Mauern umgebene zweistöckige Bau wurde im Auftrag der Franzosen 1902/03 von chinesischen Baumeistern errichtet, um die kriegerischen Hmong Trang um ihren *Warlord Vuong Chinh Duc* (1865–1947), der den Kolonisten 15 Jahre erbitterten Widerstand geleistet hatte, auf ihre Seite zu ziehen. *Chinh Duc* wurde Jahre später sogar zum General der Französischen Armee ernannt, wandte sich gegen Ende seines Lebens aber dem Viet Minh zu. Kurz nach seinem Tod leitete sein Sohn *Chinh Sinh* die Befreiung Ha Giangs von den Franzosen in die Wege. www.dongvangeopark.com.

■ **Bus:** Die Strecke ist gut ausgebaut. Tgl. fährt ein Bus von/nach Ha Giang. Zwischen Dong Van und Meo Vac gibt es keine Busverbindung.

Hoang Su Phi

Die wildromantische, noch kaum entdeckte Bergregion rund um das bis zu 2400 m hohe Song-Chay-Massiv an der chinesischen Grenze ist die Heimat der größten Anzahl ethnischer Minderheiten in ganz Vietnam (Experten haben bis zu 22 gezählt). Die **Märkte** der beiden größeren Orte **Hoang Su Phi** und **Xin Man** sind ein kunterbuntes Stelldichein von Black- und Flower-Hmong, Tay, Long-Skirts- und Red-Dao, Nung, Giay, Phu La, San Chi, San Riu, Man Ta Pan u.a. Malerische Schluchten, verwegen geschwungene Reisterrassen, Pflaumen-

Adobe Stock © suthiwan

haine, Wasserfälle und immer wieder neue Panoramen des in der Tiefe mäandernden Chay-Flusses prägen diese wundersame Landschaft. Weiterfahrt bis Bac Ha.

Praktische Informationen

- 300–900 m, Tel. 019.
- **Märkte:** So in Hoang Su Phi, Xin Man, Mi in Mau Due (Distrikt Xin Man).

Unterkunft, Essen und Trinken

Panhou Retreat③, 20 km ab Tan Quang, 13 km Richtung Thong Nguyen, Tel. 966615050, www.panhouretreat.com. *Michel Galey* hatte schon immer ein Gespür für außerordentliche Plätze (Whale Island!). Sein Öko-Objekt ist weit genug von Sa Pas Busladungen entfernt, um noch auf Jahre hinaus Exklusivität zu garantieren. „Base Camp" nennt er nüchtern seine Bungalows am Fluss, doch dafür ist die Anlage nicht nur zu komfortabel, sondern auch zu schön. Recht hat er freilich insofern, dass man hier weniger seinen „Urlaub" verbringt, als von hier aus zum Erkunden und Trekken aufbricht. **Restaurant,** Bar, traditionelles Badehaus mit Holzbottichen. 23 Zimmer.

- **Song Chay**①-②, im Zentrum von Hoang Su Phi, Tel. 982610368, www.fb.com/SongChayHotel. 18 Zimmer mit Balkon.

An- und Weiterreise

- Fantastische Route von **Tan Quang** 46 km südlich von **Ha Giang** bis **Bac Ha** (150 km); wohl die menschenleerste Gegend, die wir in Vietnam je gesehen haben. Entfernungen ab Tan Quang: Hoang Su Phi 60 km, Xin Man (auch Coc Pai genannt) 100 km, Bac Ha 150 km. Busse fahren tgl. ab Ha Giang und Tuyet Quang bis Xin Man (ab Tan Quang).

Frisches Obst auf dem Markt von Hoang Su Phi

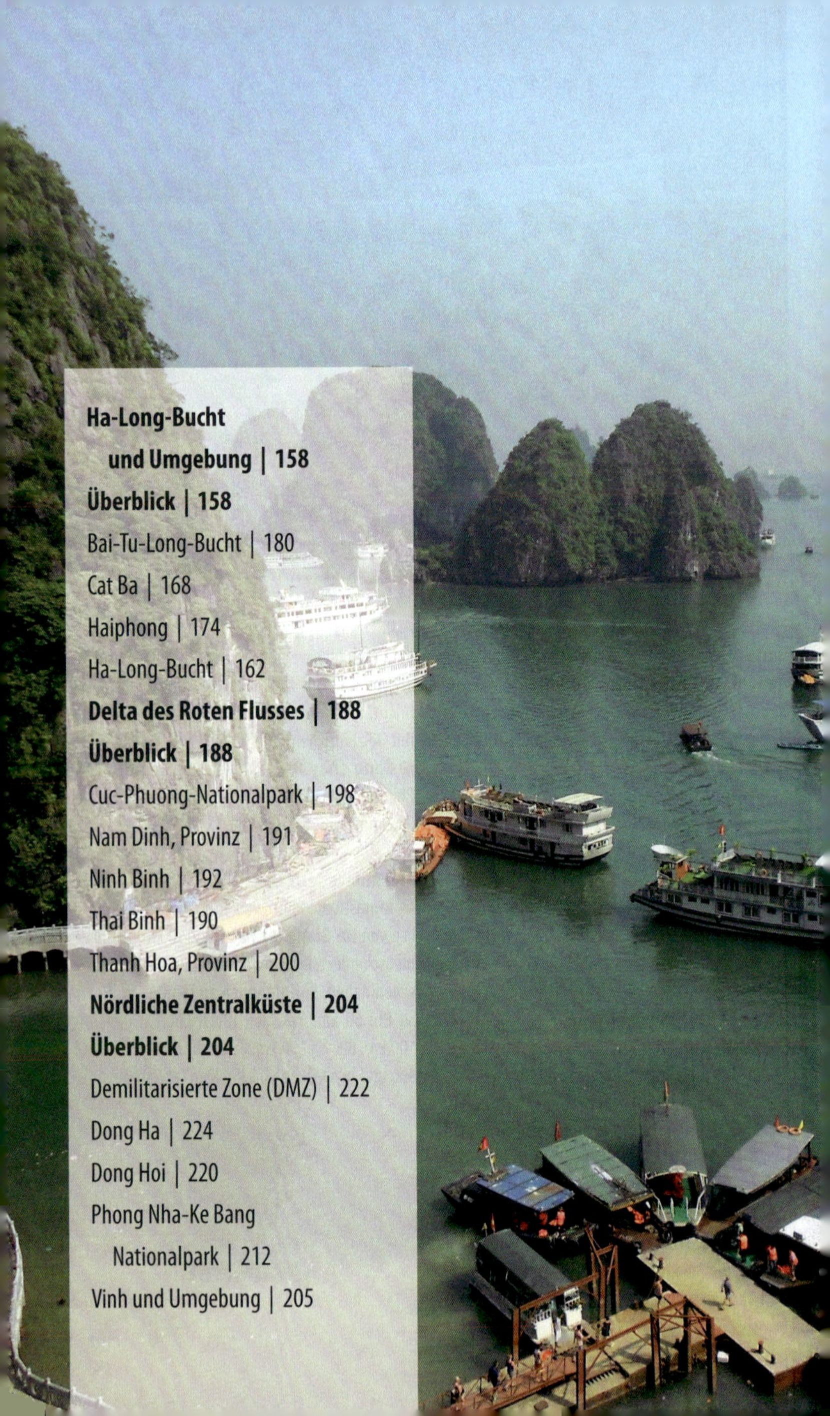

3 Nordküste

Weltberühmt: die Ha-Long-Bucht. Rundherum ist es genauso schön. Nicht enden wollende Karsthügel-Landschaften und eine der größten Höhlen der Welt. Insgesamt: Die Keimzelle Vietnams. Die labyrinthische Küste beflügelte den Aufstand gegen China und die Unabhängigkeit.

In der Bucht Ha Long

HA-LONG-BUCHT UND UMGEBUNG

Spektakuläre Naturschauspiele rund um das Weltwunder Ha-Long-Bucht, feinsandige Strände, lebendige Städte, wertvolle Kulturdenkmäler und fantastische Nationalparks wie Cuc Phuong und Cat Ba.

Die Küste zwischen der Hafenstadt Haiphong, der drittgrößten Stadt Vietnams, und der chinesischen Grenze fasziniert mit den einmaligen Kalkstein-Archipelen Lan Ha (Cat Ba), Ha Long und Bai Tu Long. Weiter südlich, von Haiphong bis zum 17. Breitengrad nördlich von Hue, gilt es weitere einmalig schöne Karstlandschaften zu entdecken: die Trockene Ha-Long-Bucht bei Ninh Binh und die spektakuläre Höhlenwelt von Phong Nha-Ke Bang.

NICHT VERPASSEN!

- Die mystische Karstfelsen-Zauberwelt der **Ha-Long-Bucht** muss man gesehen haben | 162
- Rock Climbing und Dschungel-Trekking mit Wahnsinns-Kulisse: auf der Insel **Cat Ba** | 168
- Einsame Inseln, leere Strände und Abenteuer in der **Bai-Tu-Long-Bucht** | 180
- Die Kalksteinfelsen-Landschaft der **„Trockenen Ha-Long-Bucht"** bei Ninh Binh ist viel zu schön für nur einen Tagesausflug | 192
- **Phong Nha-Ke Bang** – Höhlen so groß, dass darin Wolkenkratzer verschwinden könnten | 212

Diese Tipps erkennt man an der gelben Markierung.

Überblick

Die grandiose Insel-Zauberwelt im Meer erstreckt sich an der 300 km langen Küste im Nordosten des Landes zwischen **Haiphong** und der **chinesischen Grenze:** Die **Ha-Long-Bucht** mit der nördlich daran anschließenden **Bucht Bai Tu Long.** Sie gehört zu großen Teilen zur Provinz **Quang Ninh** mit der Provinzhauptstadt **Ha Long. Cat Ba,** die größte Insel der Ha-Long-Bucht an deren südwestlichem Rand, gehört zur Verwaltungseinheit der Hafenstadt Haiphong.

Eine Schnellstraße, der 105,5 km lange **Hanoi-Haiphong Expressway** (CT.04), verbindet die beiden Städte und läuft annähernd parallel zur N5 und der Zuglinie. Weiter geht es auf der CT.06 und QL.18 bis zur Ha-Long-Bucht (Fahrzeit 2½–3 Std.).

[>] In der Ha-Long-Bucht

412v ds

Ha Long Bay, Cat Ba oder Bai Tu Long Bay?

Die Unterschiede zur Lan-Ha-Bucht weiter südlich wie auch zur Bai-Tu-Long-Bucht weiter nördlich sind eher administrativer als geologischer oder gar ästhetischer Natur. Während die Ha-Long-Bucht jedoch aus allen Nähten platzt – zahlreiche Touristenboote schippern Tagesausflügler und Übernachtungsgäste durch die Gewässer –, präsentiert sich die Lan-Ha-Bucht mit der Insel **Cat Ba** im Vergleich gemütlicher und intimer. Auch von Cat Ba aus starten Bootstouren, die in die Ha-Long-Bucht und bis in die Bai-Tu-Long-Bucht führen können. Es lohnt sich, für einen Cat-Ba-Trip mehr als nur zwei Tage einzuplanen, denn die Insel bietet neben kurzen und langen Boottrips jede Menge weitere Aktivitäten: Trekking durch den Nationalpark, *Rock Climbing,* Strand, Restaurants und Bars und Entdeckungstouren zu den Mangrovenwäldern.

Individualisten, die das wirkliche Inselabenteuer suchen, sei Inselhopping in der **Bai-Tu-Long-Bucht** empfohlen – dort, wo niemand Englisch spricht, und wo man nur sporadisch auf andere westliche Touristen trifft.

Anschluss Seite 206

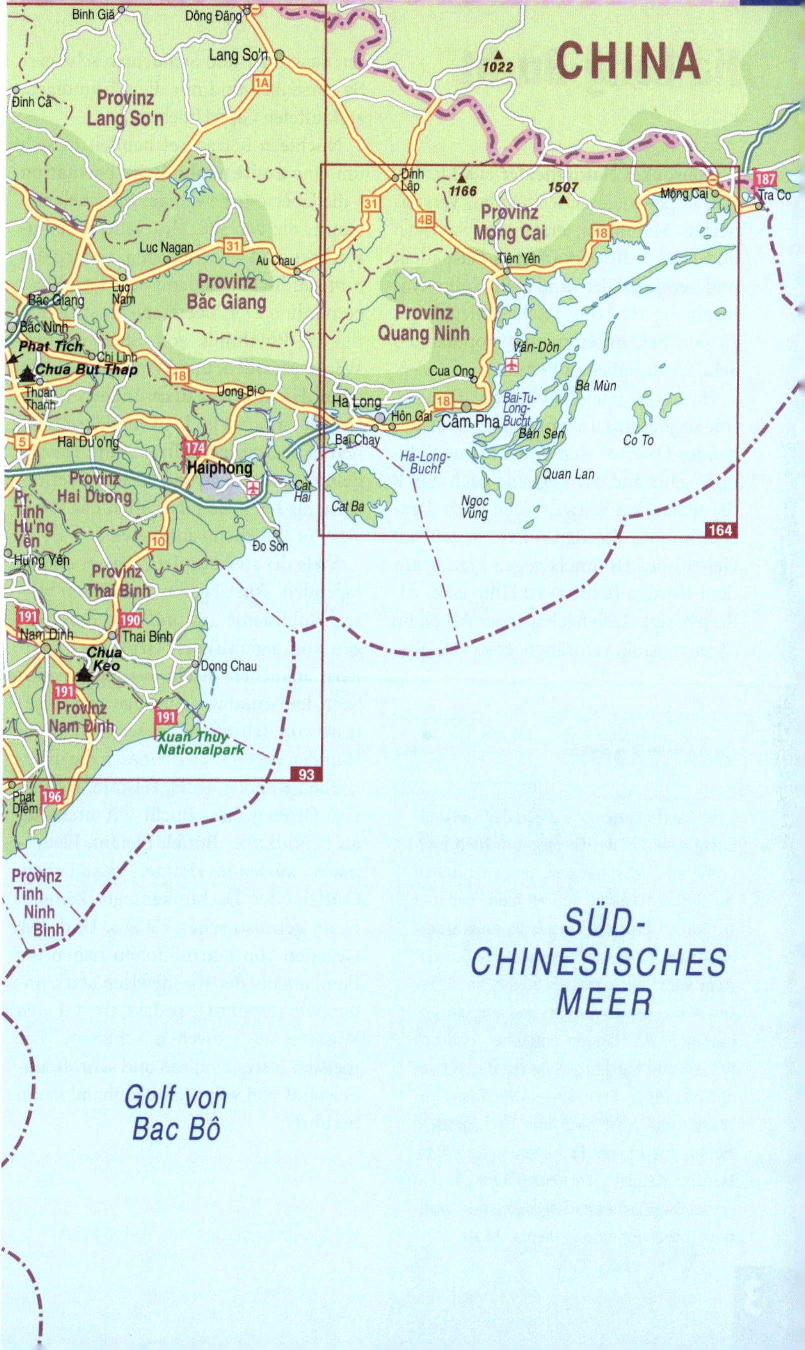
© Reise Know-How
0 50 km
VinamK3a 14/25
CHINA
1022
Binh Giã
Dông Đăng
Lang So'n
1A
Đinh Cá
Provinz Lang So'n
Dinh Lâp
1166
1507
31
4B
Móng Cai
Tra Co
187
Provinz Mong Cai
18
Tiên Yên
Luc Nagan
Au Chau
Luc Nam
Provinz Băc Giang
Băc Giang
Băc Ninh
Phat Tich
Chi Linh
Chua But Thap
Thuan Thanh
Provinz Quang Ninh
Vân-Dôn
Cua Ong
Ba Mùn
Uong Bi
Ha Long
Hôn Gai
Câm Pha
Bai-Tu-Long-Bucht
Bân Sen
Co To
Bai Chay
Ha-Long-Bucht
Quan Lan
5
Hai Du'o'ng
174
Haiphong
Cat Hai
Cat Ba
Ngoc Vung
Provinz Hai Duong
Pr. Tinh Hu'ng Yên
164
10
Đo Son
Hu'ng Yên
Provinz Thai Binh
191
190
Nam Dinh
Thai Binh
Chua Keo
Dong Chau
Provinz Nam Dinh
Xuan Thuy Nationalpark
93
Phat Diêm
196
Provinz Tinh Ninh Binh
SÜD-CHINESISCHES MEER
Golf von Bac Bô

Ha-Long-Bucht

Ein **barockes Naturtheater** aus Menhiren, kariösen Drachenzähnen, versteinerten Mammuts, erstarrten Sauriern und Feen – die verkarsteten Felsnadeln und Bergkegel der rund **2000 Kalksteininseln** der Ha-Long-Bucht zählen längst zu den bekanntesten und populärsten Sehenswürdigkeiten Vietnams.

Ha Long, „Herabsteigender Drache" (im Gegensatz zu Thang Long, „Aufsteigender Drache", dem alten Namen Hanois), entstand der Legende nach durch die wütenden Schweifhiebe einer Drachenmutter, die den Vietnamesen auf Geheiß des Himmels gegen Feinde aus dem Norden (China) zu Hilfe eilte. Als ihr massiger Leib nach getaner Arbeit im Meer versank, verdrängte er so viel Wasser, dass Täler und Schluchten schlagartig versanken und nur die schrundigen, zerklüfteten Gipfel blieben.

Nüchtern betrachtet handelt es sich um eine **uralte geologische Formation** – die Überreste gewaltiger Muschelkalkbänke, die vor 300 Mio. Jahren heranwuchsen und stehenblieben, als sich das hinterindische Festland aus dem Meer empor hob. Der Meeresspiegel stieg und fiel im Rhythmus von Eiszeiten und Wärmeperioden, und Wind und Wellen taten das ihre, das ursprünglich flache Kalksteinplateau im Lauf von Jahrmillionen in abertausende Inseln und Felsnadeln zu zersplittern und bizarr zu verformen, als seien sie tatsächlich das Werk eines urzeitlichen Fabelwesens.

Viele der steil aus dem Wasser empor ragenden, skurril geformten Felsen weisen Hohlräume auf und sind durchzogen von gigantischen **Grotten.** Im Innern mancher Inseln erstrecken sich Seen, kreisrund wie ein Auge und eingefasst von schroffen Felswänden. Kein Wunder, dass die Vietnamesen die malerischen Klippen, Riffs, Felstore, Höhlen und Grotten ihrer Bucht seit alters her als Schildkröte, Büffel, Elefant, Fledermaus, küssende Hähne, Essstäbchen, Griffel oder Dschunkensegel kennen. Denn genauso sehen sie aus. Und: Die Gezeiten von Jahrmillionen haben die Fundamente der Kreidefelsen stark unterspült (erodiert), sodass sie auf den Wassern zu schweben scheinen. Die meisten Inseln sind rau und schroff, unbewohnt und von Menschenhand kaum berührt.

Was ist Karst?

Karst-Landschaften wie die in der Ha-Long-Bucht sowie in der Gegend um Ninh Binh und Phong Nha, mit den für sie typischen zerklüfteten Felsen und Höhlen, bildeten sich durch **Erosionsvorgänge an wasserlöslichem Kalk- und Gipsgestein.** Das Gestein wird durch Wasser gelöst, an seiner Oberfläche ausgewaschen und langsam abgetragen. An Hängen entstehen dadurch Rinnen und Furchen, in denen das Wasser abfließt. Im porösen Gestein versickert das Wasser und frisst nach und nach größere Hohlräume hinein: Es bilden sich Höhlen. Manchmal stürzen diese Hohlräume ein, und an der Oberfläche werden sogenannte **Dolinen,** trichterförmige Senken, sichtbar.

> Schwimmendes Dorf in der Ha-Long-Bucht

Inseln und Grotten

Der Besuch einer oder mehrerer Inseln und Grotten in der Bucht gehört zum Standardprogramm der Bootstouren. Manchmal stauen sich die Reisegruppen und treten sich gegenseitig auf die Füße.

■ **Sung Sot** (frz. Ile de la Surprise), die meistbesuchte Insel, entfaltet in ihrem Inneren eine fantastische Grottenlandschaft mit den Ausmaßen einer Kathedrale, Tropfen für Tropfen in Jahrmillionen geschaffen und für die Touristen von heute in poppiges, kitschig-quietschbuntes, psychedelisches Licht getaucht und mit sicheren, begehbaren Pfaden versehen.

■ **Dau Go,** die Grotte der Hölzernen Pfähle, verdankt ihren Namen *Tran Hung Dao,* der in ihren immensen Hohlräumen heimlich die Bambuspfähle sammeln ließ, mit deren Hilfe er 1288 die Flotte der Mongolen im Bach-Dang-Fluss versenkte.

■ **Thien Cung,** eine der größten Grotten des Archipels, wurde erst 1993 entdeckt.

■ **Ti Top,** die Insel wurde nach dem russischen Astronauten *Titov* benannt, der sie 1962 zusammen mit *Ho Chi Minh* besuchte. Sie besitzt einen beliebten Sandstrand.

Zum Programm vieler Bootstouren gehört auch ein Besuch der **schwimmenden Dörfer,** wo Fischer-Familien, oft seit Generationen, in Käfigen und Netzen unter Wasser Fische, Krebse, Langusten und auch Perlen züchten. Allerdings belasten längst nicht nur die schwimmenden Dörfer das Wasser, die Artenvielfalt und die Umwelt der Bucht, Abfall und Abwasser landen meist ungefiltert in den Gewässern der Bucht. Laut einiger Studien ist die kontinuierlich steigende Zahl der Touristenboote, deren (Toiletten-) Abwasser meist direkt ins Meer fließt, mittlerweile die Hauptursache der **Gewässerverschmutzung.** Jährlich besuchen mehr als drei Millionen Menschen die Ha-Long-Bucht, die 1994 von der UNESCO in die Welterbe-Liste aufgenommen wurde. Gut 500 Tourenschiffe verkehren in der Bucht.

Zahlreiche Besucher der Ha-Long-Bucht äußern sich schockiert über das Ausmaß der Vermüllung der Gewässer. Täglich werden rund zwei Tonnen Abfall von Müllsammelschiffen aus dem Wasser der Bucht entfernt. Auch die Indus-

409v aw

trie und die Urbanisierung der Küste tragen ihren Teil zur Umweltbelastung in der Bucht bei. Die Abwassersysteme der Kohlebergwerke der Region wurden altersbedingt jedoch in jüngerer Zeit verbessert.

Klima

Hauptsaison sind die Monate Mai bis September mit Temperaturen um 30 °C oder mehr, aber auch die Zeit der heftigsten Regenfälle und u.U. **Taifune.** Im Oktober/November beruhigt sich das Wetter, es ist oft sonnig und Niederschläge gibt es bis Januar kaum noch. Dafür kann ab Januar trübes **Nebelwetter** einsetzen, das zu Abkühlungen bis um 10 °C führen kann (aber nicht muss). Ab April wird es wieder wärmer, mit Werten um 20 °C und mehr, doch können dann ebenso gut wieder erste Regenfälle einsetzen. Kurz: Das Wetter an der Bucht ist reine Glückssache!

Ha-Long-Stadt

Die meisten Reisenden verschwenden keine Zeit in Ha Long City, sondern streben direkt die Wunderwelt zu Wasser in der Ha-Long-Bucht an. Vorsichtig ausgedrückt ist ein Besuch der Stadt optio-

nal; schön ist sie nicht. Genau genommen besteht sie aus den seit 1994 zusammengefassten Orten **Bai Chay** und **Hon Gai,** die mit einer Brücke und einer Seilbahn verbunden sind. Praktisch alle Hotels und touristischen Einrichtungen liegen in Bai Chay, das auch über einen eigenen Busbahnhof verfügt. Von hier aus und von Tuan Chau Island (12 km westlich von Halong City) startet die große Masse der Bootstouren in die Ha-Long-Bucht. Entlang der 3 km langen Uferpromenade breitet sich heute ein vietnamesischer „Ballermann" mit Karaoke-Bars, Clubs, Rummelplätzen, Souvenirshops, Hotelhochhäusern und allerlei Bausünden aus. Man hat die Promenade verbreitert und verlängert, Palmen gepflanzt, Strände aufgeschüttet, die Infrastruktur an die Peripherie verlegt und immer neues Bauland erschlossen. Hier vergnügen sich in erster Linie Einheimische (die generell etwas weniger auf lange Bootstouren stehen und lieber auf dem Festland übernachten) und zunehmend Gäste aus China. Die meisten Besucher kommen in großen Gruppen. Wer eine „Local Experience" dieser Art sucht und sich bewusst darauf einlässt, kann dem durchaus etwas abgewinnen. In den Sommermonaten, an Feiertagen und an den Wochenenden potenzieren sich allerdings die Hotelpreise und es wird sehr voll, außerhalb dieser Zeiten kann es wegen Überangebot hingegen sehr günstig sein.

Etwas ursprünglicher zeigt sich Hon Gai. Ein Spaziergang über den Markt gleich am Hafen bietet sich an, hier findet man auch Nudelsuppen und andere einfache *Streetfood*-Speisen.

Der 106 m hohe „Dichterberg" Nui Bai Tho, in dessen Flanke *Kaiser Le*

Bootstouren

■ **Touren vor Ort:** Touren in die Bucht lassen sich auch direkt in Tuan Chau *(Tourist Wharf)* buchen, ab 150.000 đ für 4 Std. Reichlich Informationen für Selbstorganisierer gibt's online unter https://tuanchau-halong.com.vn. Hinzu kommen der Eintrittspreis zur Bucht sowie zu einzelnen Höhlen und anderen Sehenswürdigkeiten, je nach Tour. Der Akt lohnt sich aber nicht wirklich. Eine Komplettbuchung ab Hanoi inklusive Übernachtung(en) ist meist nicht viel teurer und deutlich unkomplizierter. Wirklich entspannt, zeit- oder geldsparend sind selbstorganisierte Touren also nicht. Darüber hinaus lohnt es sich gerade bei den Touren in die Ha-Long-Bucht, etwas Zeit in die Planung zu investieren, und vorab – in Hanoi oder bereits zu Hause – Angebote zu vergleichen.

■ **Veranstalter in Hanoi:** Seriöse Ein- und Mehrtagestouren verschiedener Preisklassen, von der Backpacker-Partycruise bis zum Luxus-Trip, auch in Kombination mit Cat Ba und Bai-Tu-Long-Bucht, können bei Reiseveranstaltern und in so gut wie allen Hotels gebucht werden (→ Hanoi), z.B.:

■ **Premium** (ab ca. 180 $ p.P. für 2 Tage/ 1 Nacht): *Treasure Junk,* www.treasure-junk.com, Start von Hong Gai, lassen die populärsten Höhlen bewusst aus („eine Beleidigung für die Erhaltung eines Welterbes"); *Glory,* www.halonggl orycruise.com; *Ginger Jasmine,* www.jasminecruises.com; *Paloma,* www.palomacruise.com; *Bhaya,* www.bhayacruises.com; *Indochina Sails,* www.indochinasails.com.

■ **Luxus** (ab ca. 250 $ p.P. für 2 Tage/1 Nacht): *Violet,* www.jasminecruises.com; *Emeraude,* www.emeraude-cruises.com; *Indochina Junk,* www.indochina-junk.com.

Thanh Tong 1468, verzaubert vom Genius Loci des Orts, ein Poem einmeißeln ließ, bietet einen grandiosen Ausblick vom Grat des Hügels.

Seilbahn, Riesenrad und Vergnügungspark

Die Ha-Long-Bucht von oben: Eine Mitte 2016 eröffnete Seilbahn verbindet Bai Chay mit dem Ba-Deo-Hügel in Hong Gai. Das Konstrukt wirft mit Superlativen nur so um sich: Die etwa 2 km lange Bahn mit zwei Kabinen für je 230 Leute („größte Seilbahnkabine der Welt") und einem 188,88 m hohen Masten („höchster Seilbahnmast der Welt") kann rund 2000 Passagiere pro Stunde transportieren. Die Fahrt endet – denn ein weltberühmtes Naturwunder mit UNESCO-Titel allein ist zweifelsohne der Attraktionen nicht genug – im Vergnügungspark **Sun World Ha Long** (https://halong.sunworld.vn/en), wo man auf ein Riesenrad (mit 215 m über dem Meeresspiegel, Sie erraten's, „höchstes Riesenrad der Welt") umsteigen und sich außerdem ein Wachsfigurenkabinett ansehen kann, wo einem Größen wie *Barack Obama, Albert Einstein* und *Steve Jobs* begegnen.

- **Queen Cable Car** (Nu Hoang), 360.000 đ, Kinder bis 1,30 m 260.000 đ, Kinder unter 1 m gratis, Eintritt *Sun World* 150.000 đ.

Praktische Informationen

- 250.000 Einw., Tel. 0203.
- **Geld:** Etliche ATM an der Uferpromenade.
- **Post** (Buu Dien): An der Uferpromenade.
- **Taxi:** *Mai Linh*, Tel. 628628.

Unterkunft

1 **Novotel Ha Long Bay**④-⑤, 160 Ha Long Road, Bai Chay, Tel. 3848108, https://all.accor.com.

Adobe Stock © Pavel

Eines der ersten ausländisch geführten Hotels vor Ort, ein Vorreiter in Sachen Qualität und Service. Pool, Spa, 250 Zimmer, einige mit Balkon und Blick auf die Bucht.

4 **Muong Thanh Luxury Quang Ninh**④-⑤, Block 1, Area 2, Bai Chay, Tel. 3738999, https://luxuryhalong.muongthanh.com. Ein weiteres Riesen-Hotel der *Muong-Thanh*-Kette, gegenüber dem Vergnügungspark, 34 Etagen, 508 Zimmer, Pool, Spa, Fitness, Tennis.

7 **Nam Dat Hotel**②-③, 8 Doan Thi Diem, Tel. 36 11358. Modernes Hotel in Hong Gai.

■ Die meisten steuern unbeirrt die von Minihotels gespickte Straßenzeile **Vuon Dao** an. Eine kleine Spur besser – und neuer – sind die Häuser der benachbarten **Anh Dao** (z.B. 6 **Alex Hostel**①, 28A Anh Dao, Bai Chay, Tel. 928515535; 6 **Halong Backpacker Hostel**①, 41 Anh Dao, Tel. 98548 4983, www.fb.com/halongbaybackpackerhostels, Bett im Sechser-Dorm, Gratis-Bier 19–20 Uhr).

Essen und Trinken

5 **Quang Vinh** (Asia), 24 Vuon Dao. Gutes Essen und faire Preise, lecker sind die gefüllten Tintenfische. Herr *Vinh* ist immer äußerst hilfsbereit.

■ **Royal Park,** 400 m künstlicher Strand mitsamt Shops, Cafés, Bars, Restaurants usw. Da die Fluktuation hoch ist, sind Empfehlungen obsolet – eine sichere Adresse ist das 2 **Trung Nguyen Café.**

3 **Ngoc Suong Seafood & Bar,** www.fb.com/ngocsuongsnb. Meeresfrüchte par excellence in lebhafter Esshalle; untouristisch. Beim Wiegen nach Preisen fragen. In der Neustadt 1,5 km westlich des Hafens. Dort liegen auch die *Seafood*-Restaurants **Thien Anh** (beim *Hotel Mithrin*) und, eine Spur vornehmer, **Cua Vang** (*Golden Crab,* 9 Cai Dam).

☒ Das Riesenrad des Vergnügungsparks Sun World Ha Long thront über der Stadt

Stadtverkehr

■ **Bus 3** verkehrt zwischen den Busbahnhöfen Bai Chay und Hong Gai und passiert sowohl die Post (Hotels) als auch den Hafen. 6–8 und 16–18 Uhr alle 15 Min., 8–16 Uhr alle 60 Min., 7000 đ. **Bus 1** fährt stündlich über Hong Gai nach Van Don (70 km, ca. 1½ Std.).

An- und Weiterreise

■ **Entfernungen** von Bai Chay (in km): Hanoi 160, Haiphong 70, Ninh Binh 190, Van Don 50, Mong Cai 175, Lang Son 230.

Bus

■ **Hanoi:** Ab Gia Lam oder My Dinh alle 30 Min., Fahrzeit 3½–5 Std. Vom Busbahnhof Bai Chay (5 km außerhalb) nach Hanoi, Haiphong (2–3 Std.), Thai Binh, Nam Dinh, Ninh Binh, Vinh, Da Nang usw.

■ **Regionalbusse** nach Cam Pha, Cua Ong, Van Don, Tien Yen, Mong Cai (5–6 Std.), Tra Co, Lang Son (1–2x tgl.) fahren in Hon Gai ab.

Boot

■ **Cat Ba:** Tgl. ab Tuan Chau (14 km, Moped-Taxi *(Xe Om)*, *Grab* oder Taxi). Fahrtzeit 1 Std., Ankunft am Fährhafen Gia Luan im Norden der Insel, mit Bus 30–40 Min. nach Cat Ba Town (→ dort).

■ **Quan Lan:** Per *Speedboat* ab Hon Gai, Fahrzeit 1 Std. Zuverlässiger und schneller ist die Verbindung ab Van Don (→ dort).

☒ Bootstour ab Cat Ba

Cat Ba

Bei dem aus über 350 Inseln bestehenden **Lan-Ha-Archipel** handelt es sich geologisch betrachtet um die gleichen Karst- und Kalkstein-Formationen wie die der Ha-Long-Bucht. Die 350 km^2 große **Hauptinsel Cat Ba** ist nicht nur die mit Abstand größte, sondern auch die abwechslungsreichste der Bucht. Gut die Hälfte ihres Areals und der angrenzenden Gewässer wurden 1986 zum **Nationalpark** erklärt. Einzig Sandstrände und Badebuchten sind für eine Insel dieser Größe relativ rar.

Cat Ba lässt sich durch reibungslose Bus-Boot-Bus-Verbindungen von Hanoi aus gut erreichen. Freundliche, auf internationale Besucher eingestellte Hotels und Veranstalter, die familiäre, entspannte Stimmung in dem überschaubaren Hauptort und eine Vielzahl von Aktiv-Freizeitangeboten machen die Insel auch für Alleinreisende zu einer weitgehend problemlosen, sehr angenehmen Destination. Am besten meidet man allerdings die Sommerferien-Zeit der Einheimischen zwischen Ende Juli und Ende August, da die Hotelpreise sich dann vervielfachen und Unterkünfte oft ausgebucht sind.

Praktische Informationen

■ 13.000 Einw., 0–330 m, Tel. 0225.

■ **Adressen:** Die Promenadenstraße Mot Thang Bon (1 Monat 4, in Erinnerung an den Besuch *Ho Chi Minhs* auf der Insel am 1. April 1959) wird im Folgenden 1-4 geschrieben.

528v aw

■ **Information:** *Tourist Information Center* schräg gegenüber dem Kai, 228 1-4, www.catba.com.vn. Infos, Tickets usw.

■ **Geld:** *Agribank* (gegenüber 209 1-4) und *SG Bank* (251 1-4), beide mit ATM.

■ **Klima:** Beste Zeit ist September bis November. Dezember bis Februar/März sind deutlich kühler (10–20 °C), oft auch sehr neblig. Spätestens ab März beginnt die Regenzeit. Juni, Juli, August sind feucht und heiß – und zudem Hochsaison der Einheimischen.

■ **Bus:** Lokalbusse verbinden Cat Ba Town mit dem Fährhafen Ben Pha auf der anderen Seite der Insel, von wo aus man das Festland erreicht. Nach Tuan Chau (Ha Long City) ab Fährhafen Gia Luan, nach Haiphong ab Phu Long. Im Sommer sind die Frequenzen deutlich höher.

■ **Apotheke:** 191 1-4.

■ **Touren:** Jedes Hotel bietet Touren in die Umgebung an, beispielsweise in die Lan Ha Bay oder in die Halong Bay. Es gibt ein- und zweitägige Ausflüge mit Wanderungen, Kajaktouren, Klettern usw. Am besten die Preise und Angebote vergleichen.

12 **Cat Ba Sailing,** 198 Nui Ngoc, Tel. 964008882, www.catbasailing.com. Das Unternehmen bietet Bootstouren in die Buchten Ha Long und Bai Tu Long auf eigenen kleinen Privatdschunken mit einem oder zwei Zimmern, Ein- bis Mehrtagestouren mit Übernachtungen auf dem Boot (→ Website). Außerdem vermittelt es Motorräder und Mountainbikes, und ist überhaupt sehr hilfsbereit.

10 **Blue Swimmer Adventures,** 237 Cai Beo, Tel. 0915063737, www.blueswimmersailing.com. Vorbehaltlos zu empfehlen (ehemalige Handspan-Leute), informative Website mit Preisangaben. Boot, Kajak und Mountainbike; Strandübernachtung im **Basecamp** (Hütte, Zelt).

■ **Asia Outdoors,** www.asiaoutdoors.com.vn. *Rock Climbing* und andere Abenteuer in der Lan-Ha-Bucht, auch für Anfänger geeignet! *Top Rope, Deep Water Solo,* Trekking, Mehrtages-Bootstouren, *Stand Up Paddleboard,* Kayaking, Strand-Yoga. Erfahrener und professioneller Veranstalter. Vermieten auch Ausrüstung für Kletterer (Butterfly Valley). Entspannte, sehr nette Leute!

Unterkunft

17 **Le Pont Bungalow Hostel**②-③, Cat Co 3 Street, Tel. 2884888, www.fb.com/lepontcatbabun

Cat Ba

galow. Hübsch gelegen, auf mehreren Ebenen über dem Strand. Dormbetten und DZ in Bungalows, Bar, BBQ und ein gepflegtes Restaurant in Schiff-Form.

7 Sea Pearl Hotel Cat Ba③, 219 1-4, Tel. 369 6128, https://seapearlcatbahotel.com.vn. Sehr ordentlich, gut ausgestattet. Resto im 11. Stock, Bar im Erdgeschoss. 85 Zimmer, nach vorne mit Meerblick. Mit BF-Buffet. Laute Bar.

Unser Tipp: **4 Nam Phuong**①, 188 1-4, Tel. 3888561 oder 0396941996. Einfach und günstig, mit super-freundlichem Team. Der Clou ist die nackte Felswand als Rückwand des Hotels. Sieben Zimmer, große Fenster, Zimmer ganz oben mit Terrasse.

6 Thao Minh New Star Hotel①-③, 197 1-4, Tel. 0983244005, www.khachsancatba.vn. 40 Zimmer, gute Ausstattung (Duschkabinen, Wasserkocher, Lift).

14 Cat Ba Dream①, 226 1-4, Tel. 3838274, FB: Catba dream hotel. 32 Zi., nach vorn zwei Panoramafenster (Bad eher klein) bzw. Fenster nach vorn/zur Seite (großes, wenn auch kahles Bad, Balkone). Luftige Lobby plus Terrasse im 2. Stock, Lift.

15 Hoang Ngoc①-②, 245 1-4, Tel. 0396973865. Ordentlich, mit Lift, freundlichem Service, geräumigen Zimmern (20) und Bädern, davon zehn mit Balkon/Meerblick.

Unser Tipp: **5 Phuong Mai Family**①, 193 1-4, Tel. 914618308. Tatsächlich familiär, das Hotel von *Mr. Khan* und seiner Frau. Statt durch eine Rezeption geht man durch einen Friseur-, Massage-

und Beauty-Salon (den man so oder so ausprobieren sollte!). Nach vorne einfache, aber schön helle Zimmer mit Blick aufs Meer, in der 2. Etage mit Balkon.

In Viet Hai (beim Nationalpark)

UNSER TIPP: 1 **Whisper Nature Bungalow** ②, Tel. 3888615 oder 0982391543. Die sechs Zweier-Bungalowzimmer am Rande des Weilers Viet Hai beim Nationalpark sind geräumig und funktionell. Mitten im Grünen, sehr schöne Umgebung. DZ oder Bett im Zehner-Dorm (für 1–2 Pers.). Gratis-Mountainbikes. Sehr nett, familiär und hilfsbereit mit Tipps beim Planen des Nationalpark-Treks, Touren, Kayaking-Trips und Bootsfahrt hin und/oder zurück und Fahrt von der Anlegestelle zum *Guesthouse*, entweder per Fahrrad (ca. 30 Min., das Gepäck wird transportiert) oder Elektrobus.

Essen und Trinken

8 **The Noble House,** 222 1-4, Tel. 313888363, FB: The Noble House Cat Ba, 17–3 Uhr. Unten Terrasse, im 1. Stock Pizzapasta, ein bisschen viet, ein bisschen veggie. Im dritten Stock schwungvolle **Bar** mit Blick auf die Bucht, mit Terrasse. Laute Musik, Tischkicker, Billard.

9 **Bien Dong,** 8 Nui Ngoc, Tel. 913476288, www.fb.com/biendongcatba. Mittags und abends. Freundlich, gutes, frisches *Seafood,* ohne „Aufschlag" für *Seaview* (ca. 5–11 $, oder Kilopreis).

13 **Cat Ba Oasis Bar & Restaurant,** 228 1-4, Tel. 974580585, www.fb.com/CatbaOasis. Gute Bar, immer voll, auch Speisen, Cocktails und Café. Mit Tischkicker und Bühne für Live-Musik und Tischen draußen.

17 **Le Pont,** → Unterkunft. Gepflegtes Restaurant in Schiff-Form, auf mehreren Ebenen, mit Meerblick über dem Cat Co 3 Strand. *Seafood* vom Grill, Pekingente, Fleischspieße, Salate, Cocktails, Bier etc. Romantisch (abgesehen vom Geknatter der Schiffsmotoren und -generatoren).

16 **Boom Buffet,** Tel. 979825899, www.fb.com/boombuffet.catba. Günstiges, nettes *Seafood*-Resto am Südende der 1-4 Ecke Cat Tien Street, mit Tischen am Wasser auf der gegenüberliegenden Straßenseite unter Palmen, Essen ansprechend präsentiert. Große Auswahl, auch z.B. Frühstück und Hühnerschenkel mit Honigsauce.

2 **Phuc Quan,** Restaurant mit hervorragender Küche, 6 km Richtung Phu Long vor der 200 m langen Grotte Minh Chau. Probieren: die fantastischen *tu hai* (Muschelart), berühmt sind auch Waldhühner- und Wildgerichte.

Street Food und Garküchen

3 **Phuong Nhung,** 185 1-4. Eine *pho* zum Frühstück geht immer. Und weitere günstige vietnamesische Speisen.

11 **Banh Da Cua Dong,** Nudelsuppe mit dunklen Nudeln, frischen Kräutern und allerlei Fleisch für wenig Geld. An der kleinen Seitenstraße der Nui Ngoc auf dem alten Spielplatz/Mini-Rummelpark (rundherum gibt es weitere Garküchen zum Entdecken).

■ **Banh Cuon Nhung,** gedämpfte Reismehl-Crêpes mit Hackfleisch und Pilzen, z.B. an der 2 Nui Ngoc oder beim Markt.

■ **Xoi Thap Cam,** Klebreis-Portion zum Mitnehmen: An der 1-4 Auschau halten nach der Frau mit dem Xoi-Wagen, meist Nähe Nui Ngoc.

■ **Straße Ha Sen,** Alltag auf Cat Ba statt touristisches Einerlei. Am Morgen ist hier viel los: Kinder frühstücken, bevor sie zur Schule gehen, überall gibt es *bun ca* (Nudelsuppe mit Fisch), *xoi* (Klebreis), *banh my* (Baguette-Sandwiches), Kaffee u.v.m. zum Entdecken.

Ausflüge

Nationalpark: Eine sehr empfehlenswerte, lange Wanderung führt vom Parkeingang 13 km nördlich der Stadt durch den Dschungel zum Frosch-See (Ao Ech) bis zum Weiler Viet Hai, wo man

411vaw

Mittag essen oder übernachten kann, und ans Meer. Von dort aus fährt man mit dem Boot zurück (1 Std.). Die Wanderung ist anspruchsvoll und dauert etwa 4–6 Std. Sie ist auf eigene Faust machbar, viele empfehlen jedoch einen Tourguide (der zudem auch etwas über den Nationalpark erzählen kann). In der Regenzeit sind Vorkehrungen gegen Moskitos und Blutegel zu treffen. Im Nationalpark lebt der Goldkopflangur – eine der am stärksten bedrohten Primatenarten der Welt –, den man kaum zu Gesicht bekommen wird (www.eprc.asia/cat-ba-langur). Ein kürzerer Trip führt vom Parkeingang über steile Treppen den Berg hoch zum Gipfel, zum Ngu Lam Peak – wer fit ist, schafft den Aufstieg in 30 Minuten. Belohnt wird man mit einer traumhaften Aussicht! Die Höhle Trung Trang ist eine beliebte Attraktion, der Eintritt ist im Nationalparkticket inklusive, die kleine „Hospital Cave" (Quan Y, im Krieg ein verstecktes Armee-Hospital, Eintritt 40.000 đ) befindet sich auf dem Weg zum Nationalpark.

Nationalpark 7–16 Uhr, Eintritt 80.000 đ, Tel. 3688981. Anfahrt: Öffentlicher Bus (grün) ab Pier, *Xe Om* oder Miet-Motorroller. Per Mountainbike zum Parkeingang geht theoretisch auch, setzt aber eine gehörige Portion Fitness voraus – es geht stramm bergauf! Am besten und einfachsten klappt die Besichtigung mit einer organisierten Tour ab Cat Ba oder Halong City. Privatboote zu organisieren ist nicht immer möglich – aktueller Stand vorab bei Veranstaltern, *Whisper Nature* (→ Unterkunft) oder Hotel erfragen.

■ **Fort Cannon:** Ein Aussichtspunkt mit unschlagbarem Panorama (Sonnenuntergang!). Cat Ba diente im Zweiten Weltkrieg wie im amerikanischen Krieg als wichtiger Beobachtungsposten für Luftangriffe auf Hanoi und Haiphong aus Richtung Japan und Guam. Das 1942 errichtete Fort, 177 m hoch über der Stadt, ist seit 2012 Museum. Die beiden französischen Kanonen von 1910, die dort ausgestellt werden, hatten mit der Anlage freilich nie etwas zu tun. Zu Fuß ca. 1 Stunde, steil bergauf. Eintritt 40.000 đ.

■ **Strände:** Drei kleine Badebuchten mit feinem Sand, Cat Co 1, Cat Co 2 und Cat Co 3, sind vom Hauptort zu Fuß erreichbar (15–25 Min.); Cafés, Liegen, Umkleide etc. jeweils vorhanden, nicht immer kostenlos. Es lohnt, den am weitesten entfernten, aber schönsten Cat Co 2 anzusteuern. Elektrobusse düsen herum (10.000 đ).

■ **Bootstouren:** Touren ab Cat Ba in die Buchten Lan Ha, Ha Long und Bai Tu Long, auch mit Übernachtung auf der Dschunke, werden von zahlreichen Veranstaltern und Hotels angeboten, auf der Insel sowie in Hanoi (→ oben). Auf der rund 1 km entfernten Insel Monkey Island, die oft von Ausflugsbooten angesteuert wird, leben klauende Affen (Snacks und Kameras gut festhalten), ein kurzer, aber steiler Weg führt hoch zu einem Aussichtspunkt. Für die Kletterei über spitze Felsen braucht man gute Schuhe.

■ **Klettern:** Per Boot in die Lan-Ha-Bucht, *Top-Rope*-Klettern an den Kalkfelsen, und von oben eine tolle Aussicht! Macht auch Anfängern Spaß. Das Sichern wird von den Guides übernommen. Halb- und ganztags möglich, auch in Kombination mit Schnorcheln oder Kayaking. Fortgeschrittene können auch günstig Ausrüstung mieten und selbstständig im Butterfly Valley klettern. *Asia Outdoors*, www.asiaoutdoors.com.vn.

■ **Phu-Long-Mangrovenwälder:** Für Entdecker! In den Westen der Insel, nach Phu Long (25 km von Cat Ba Town, 13 km vom Nationalpark-Headquarter) verirren sich bislang kaum Touristen. Eine idyllische Landschaft mit Mangrovenwäldern, Flüssen, Fischerdörfern und der Thien-Long-Höhle, die an manchen Stellen so schmal ist, dass man auf dem Bauch kriechen muss. Per Scooter oder Mountainbike (Infos z.B. bei *Blue Swimmer Adventures*, www.blueswimmersailing.com).

An- und Weiterreise

■ **Hanoi:** Tgl. Bus-Boot-Bus mit Hotel-Pickup und Drop-Off, z.B. mit *Good Morning Cat Ba*, Büro in Hanoi 9B Cho Gao, Hang Buom, auf Cat Ba 228 1-4, Cat Ba Town, Tel. 888000896, www.goodmorningcatba.com; Hanoi – Cat Ba 7.30, 8, 10.30, 12.30, 14 und 15 Uhr, Cat Ba – Hanoi 6, 9, 12.30, 13, 15.30 und 16 Uhr, ca. 4 Std., 24 $.

■ **Ha Long City:** Aktuelle Fahrpläne bei der Tourist Info am zentralen Pier in Cat Ba Town (saisonabhängig). Lokalbus ab Pier zum Hafen Gia Luan, von dort Fähre nach Tuan Chau (Ha Long). Von Tuan Chau nach Hon Gai per *Xe Om* oder per Taxi.

■ **Haiphong:** Aktuelle Fahrpläne bei der Tourist Info am zentralen Pier in Cat Ba Town (saisonabhängig). Per *Hydrofoil* 45 Min., mehrmals tgl.

◁ Im Cat-Ba-Nationalpark

▽ Der idyllisch gelegene Cat Co 2 ist der schönste der drei Strände von Cat Ba

Haiphong

Überblick

Die 1876 von den Franzosen gegründete Industrie- und **Hafenstadt** am Golf von Tonkin ist die viertgrößte Stadt Vietnams und wird wie Hanoi und Ho Chi Minh City selbstverwaltet. Vietnams größter Hafen liegt nicht am Meer, sondern an einem Fluss, rund 20 km vom Golf entfernt. Und da das Hafengebiet selbst weitflächig abgesperrt ist und nur wenige Zugänge zum Song Cam erlaubt, hat man als Besucher kaum je den Eindruck, sich in einer wichtigen Hafenstadt zu befinden.

Teile der Stadt sind **französisch** geprägt, mit ockerfarbenen Kolonnaden, Villen, Palästen, Theatern und Hotels, und verströmt dezidiert urbanes Flair. Der Grundriss zeugt noch von einem von Flussläufen und Kanälen durchzogenen franko-vietnamesischen „Klein-Venedig"; die meisten Wasserwege wurden allerdings in den 1990er-Jahren in schattige Avenuen, Parks und Vergnügungszentren umgewandelt. Wie zur Kolonalzeit dominieren Business und Entertainment das Herz der Stadt.

Am leblosesten (ähnlich wie in Hanoi) wirkt noch die einstige Prachtstraße der französischen Ära, die von den siegreichen Viets 1954 in Dien Bien Phu umgetauft wurde.

Das neue Haiphong ist Richtung Süden gewachsen, an der Le Hong Phong, mit Big C, Thuy Duong Plaza mit Kino und vielen neuen Restos und Biergärten. Der Verkehr in der Stadt, einst beschaulich, wird immer hektischer und steht dem in Hanoi in naher Zukunft wohl in nichts mehr nach. Flanieren kann man noch in der Parkzone zwischen Tran Hung Dao und Tran Phu, zum Kaffeetrinken geht man an die Minh Khai.

Adobe Stock © Huntergol

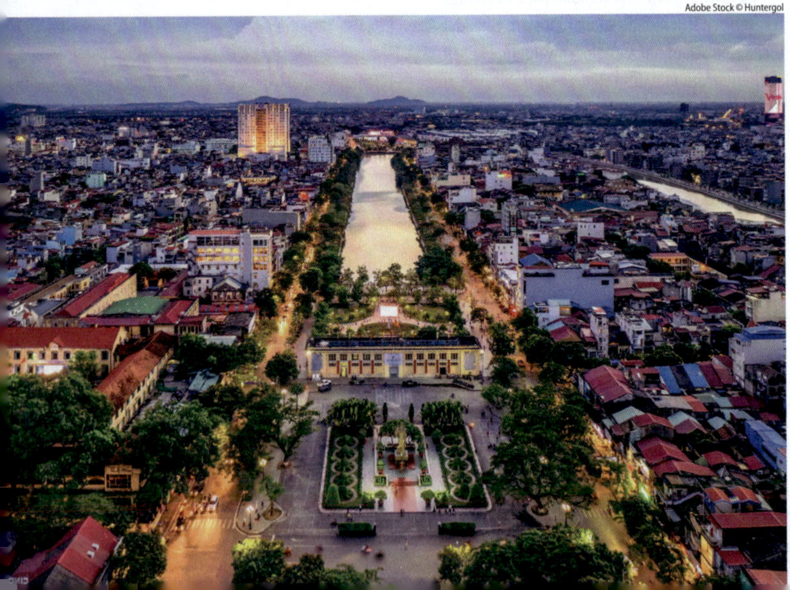

Sehr früh aufstehen muss man, um den Blumenmarkt Cho Lung (an der Ha Lung) zu sehen.

Orientierung

Heutiges **Zentrum** ist das Gebiet Nguyen Duc Canh – Oper – Tran Phu. Das einstige Quartier Français liegt um die Hauptstraße Dien Bien Phu, an der auch die meisten Hotels, Restaurants und öffentlichen Gebäude liegen. Von ihr zweigen südwärts die Minh Khai zum Bahnhof und die Dinh Thien Hoang zur Oper und nordwärts die Ben Binh und Cu Chinh Lan zu den Bootsablegestellen ab. Die **Altstadt** (Quartier Indigène) mit den Märkten Cho Sat (Gebrauchswaren und Elektrogeräte) und Cho Tam Bac (Lebensmittel) schließt sich westlich an.

Geschichte

Der **Bach-Dang-Fluss** im Norden des Stadtstaats spielte gleich zweimal eine entscheidende Rolle in der vietnamesischen Geschichte. 939 beendete der Sieg **Ngo Quyens** die 1000-jährige Fremdherrschaft der Chinesen, und 1288 vertrieb **Tran Hung Dao** dort die als unbesiegbar geltenden Mongolen *Kublai Khans*. Beide lockten die gegnerische Flotte in das flache, mit eisenbewehrten Holzpfählen gespickte Mündungsgebiet des Flusses; bei Einsetzen der Ebbe saßen die schweren Kriegsdschunken manövrierunfähig fest und waren den Angriffen der Vietnamesen schutzlos ausgeliefert. Modelle der berühmten „Speer-Falle" am Bach Dang sind in zahlreichen Museen Vietnams zu sehen.

Als sich **1876** die **Franzosen** der Stadt bemächtigten, war Haiphong kaum mehr als ein großes Fischernest. Mithilfe Zigtausender Zwangsarbeiter stampften

„Haiphong bietet ein exemplarisches Beispiel für die Struktur der kolonialen Ausbeutung in Vietnam. Für jede Tonne, die eingeführt wurde, wurden 10 Tonnen ausgeführt. Der Hauptanteil jeder Tonne, die eingeführt wurde, diente so gut wie ausschließlich den Bedürfnissen der französischen Kolonialisten, Waffen für ihre Truppen, Automobile, Konserven, Weine und Konsumwaren aller Art. Den Hauptanteil der 10 Tonnen, die dafür ausgeführt wurden, machten Bodenschätze, Edelhölzer und andere natürliche Reichtümer des Landes aus. Zur Zeit des Waffenstillstandsabkommens waren in Haiphong 218 Personen im Import-Export-Geschäft tätig, 161 davon waren Franzosen, 24 Chinesen, 20 Inder und nur 13 Vietnamesen. Die Zement-Fabrik, der mit Abstand größte französische Industriebetrieb in Haiphong, beschäftigte bis zu 6000 Arbeiter; zwischen 1925, als die Fabrik die Produktion in großem Maßstab aufnahm, und 1949 wurden 60 % der Erzeugnisse exportiert, der Rest fand Verwendung bei französischen Forts, Baracken, Gefängnissen, Verwaltungsgebäuden und Villen der französischen Kolonialisten."

(*Wilfred B. Burchett,* „North of the 17th Parallel", 1955)

☒ Blick über das abendliche Haiphong

französische Architekten binnen weniger Jahre eine städtische Siedlung mitsamt Opernhaus und Kathedrale aus dem Boden, bauten die Fluss-Anlegeplätze zum größten Hafen Indochinas aus und verbanden die Stadt durch Eisenbahnlinien mit Hanoi, Südchina und den Kohlegruben von Hon Gai. Schon 1930 zählte Haiphong mehr als 100.000 Einwohner. Als die wütenden Kolonialisten ein Vierteljahrhundert später die Stadt verlassen mussten, hinterließen sie eine Wüstenei gesprengter Fabriken, überfluteter Hafenanlagen und gebrandschatzter Verwaltungsgebäude.

Als einziger Hafen des Nordens, über den Rüstungsgüter in die DRV gelangen konnten, erfuhr Haiphong im **amerika-**

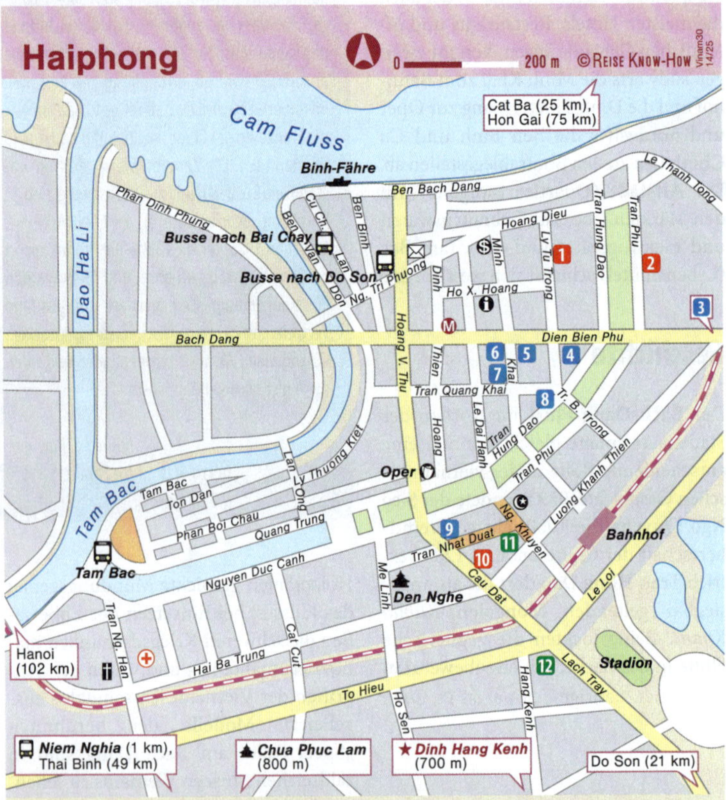

Übernachtung
1 Maxim's
2 Avani Harbour View
10 Hoang Hai

Essen und Trinken
3 Corner Café
4 Bia Hoi Hanoi
5 Texas BBQ
6 Maxim's
7 Bo Nuong
8 Lau Tu Xuyen
9 Thanh Nga

Einkaufen
11 Ga-Markt
12 Hang-Kenh-Markt

nischen Krieg eine „Sonderbehandlung". Zwischen 1964 und 1973 regneten Zigtausende Tonnen Bomben und Sprengstoffe auf die Stadt nieder, im Frühjahr 1972 ließ Präsident *Nixon* die Hafenausfahrt verminen.

Sehenswertes

Opernhaus

Das 1904 eröffnete, über 400 Zuschauer fassende Theater wurde, vom Kristallüster bis zum Samtvorhang, ausnahmslos aus Materialien erbaut, die seinerzeit aus Frankreich eingeschifft worden waren. Zu seinem 100. Jahrestag wurde es mit französischer Hilfe restauriert.

Dinh Hang Kenh

Das wuchtige, auf 32 Eisenholz-Säulen ruhende Gebäude, einst Versammlungshaus und Kultstätte der Gemeinde Hang Kenh, besticht durch mehr als 200-jährige **Schnitzarbeiten,** meist Drachen; Forscher wollen 308 gezählt haben. Nahezu alle Reliefs befinden sich noch im Originalzustand.

Den Nghe

Der hundertjährige **Tempel** ist *Le Chan* geweiht, einem weiblichen General der Trung-Schwestern, die sich 38 n. Chr. gegen die Chinesen aufgelehnt hatten. Das Innere wird von einem kunstvoll verzierten Steinaltar beherrscht. Den Dachfries um den Innenhof schmücken Keramikfiguren, die Kriegsszenen darstellen. Die vergoldeten Sänften stammen aus dem 19. Jh.

Chua Phuc Lam

Großzügige Anlage, auch **Du Hang** genannt, mit mehreren Gebäudeteilen, Höfen, Schildkrötenteichen und einer Pagode des 17. Jh., deren dreistufiger Altar *(tam bao)* bemerkenswerte Statuen birgt (*Quan Am,* Buddhas). Schöne Schnitzarbeiten.

Cho Ga

Im Gegensatz zu den kommerzialisierten Großmärkten am Fluss bietet der kleine Cho Ga mit seinen Seitengassen noch pures, unverfälschtes, exotisches Markttreiben. Am schönsten und lebhaftesten sind die Straßen **Nguyen Khuyen** und **Tran Nhat Duat** – mit zahllosen Ess-Ständen! – in der Zeit zwischen 16 und 18 Uhr.

Praktische Informationen

- 840.000 Einw. (Großraum 2 Mio.), Tel. 0225.
- **Information:** *Haiphong Tourism Information & Promotion Centre,* 18 Minh Kai, Tel. 3569600, www.haiphongtourism.gov.vn.
- **Geld:** Reichlich ATM entlang der Hauptverkehrsstraßen.
- **Post:** 3 Nguyen Tri Phuong.
- **Taxi:** *Taxi Hai Phong,* Tel. 0766479879.
- **Vietnam Airlines,** 166 Hoang Van Thu (ggb. Oper), Tel. 3810880.
- **Museum** (Bao Tang Hai Phong), 66 Dien Bien Phu, Di–So 8–11 und 14–17 Uhr, Eintritt frei. Schöne historische Fotos der Stadt u.a.

Unterkunft

UNSER TIPP: **2 Avani Harbour View**④-⑤, 12 Tran Phu, Tel. 3827827, www.avanihotels.com. Eleganter Kolonialstil, aufmerksamer Service, zwei Restaurants, Pool, Fitnesscenter etc. Sehr guter Tour-Service, Exkursionen u.a. nach Do Son und in die Ha-Long-Bucht. 122 Zimmer mit allem Komfort.

10 Hoang Hai②-③, 109 Cau Dat, Tel. 3846666, https://hoanghaihotel.vn/en. Ordentliches Mittelklassehotel in lebendigem Viertel mit gutem Service und anständigen Preisen. Lift, Resto. 34 DZ.

1 Maxim's②-③, 3K Ly Tu Trong, Tel. 3746540. Seriös, ruhig, keineswegs halbseiden, wie der Name vermuten lässt. 28 Zimmer.

Essen und Trinken

- Für eine *Street-Food*-Entdeckungsreise eignen sich u.a. die Lach Tray, der **12 Hang-Kenh-Markt** und der **11 Ga-Markt.**

Einige Haiphong-Spezialitäten

- Krabbensuppe **Banh Da Cua** (mit den „roten Nudeln" heißt sie *banh da cua do*) – zum Frühstück oder am Abend, manchmal bis spätabends. Z.B. vom Bahnhof her die Khanh Thien überqueren, nach 100 m links kleine Gasse.
- Unter **Be Be** versteht sich eine Art Garnele, neu und angesagt wird sie in der Bun-Suppe gegessen.
- **Gia Be,** eine seltsame lange Muschel, gibt's im *Food Court* des Dong-Quoc-Binh-Marktes (Richtung Do Son-Strand, ca. 1,5 km ab Bhf.).
- **Banh Beo:** Anders als im Süden sind dies hier im Bananenblatt gedämpfte längliche Reiskuchen mit Hackfleisch, Pilzen und Zwiebeln, gedippt in würzig-süßsaurer Fischsauce. Gut an der Le Dai Hanh nahe Kreuzung Tran Quang Khai oder an der 1 Le Dai Hanh.
- **Banh Mi Cay** oder **Banh Mi Hai Phong,** „Bread Stick", Pastete und Kräuter in einem langen, dünnen Baguette und mit Chi-Chuong-Chilisauce.
- Die **Chi-Chuong-Chilisauce** mit Tomaten ist eine Haiphong-Spezialität, allerdings wird sie mittlerweile oft ersetzt durch günstige Sauce aus dem Supermarkt.
- **Oc Cay,** Schnecken mit Chili (sehr scharf!) findet man auf dem Hang-Kenh-Markt.

Restaurants

7 Bo Nuong, mehrere Stände (nur am Abend) an der Tran Quang Khai Ecke Minh Khai. Rind vom Tisch-Grill, gut und günstig.

4 Bia Hoi Hanoi, 5 Tran Hung Dao. Große, halboffene Bierhalle mit Snacks aller Art.

8 Lau Tu Xuyen, 3 Tran Quang Khai. *Hotpots* mit Meeresfrüchten *(hai san)* in lockerer, ungezwungener Atmosphäre.

5 Texas BBQ, 22H Minh Khai, Tel. 313507761. Sollte es einen nach *Fast Food* hungern.

6 Maxim's, 51B Dien Bien Phu. Café, Resto und Bar. Viele Expats aus der Ölbranche.

3 Corner Café, So 7 Lo 8a Le Hong Phong, Tel. 93 6660800. Café-Lounge mit WiFi, im Obergeschoss Resto und Piano-Bar.

9 Thanh Nga, 90 Tran Nhat Duat. Köstliche *nem cua,* mit Krebsfleisch gefüllte Frühlingsrollen mit Brühe und Kräutern. Man bezahlt pro Stück, für einen Mittagssnack reichen eineinhalb pro Person.

An- und Weiterreise

Entfernungen

- Von Haiphong (in km): Hanoi 102, Do Son 21, Cat Ba 25, Bai Chay 70, Hon Gai 75, Tra Co 275, Thai Binh 68, Nam Dinh 95, Ninh Binh 120.

⊠ Der Bahnhof von Haiphong

Brücke Haiphong – Cat Hai

■ Die 5,4 km lange Brücke Tan Vu-Lach Huyen verbindet Haiphong mit der Insel Cat Hai. Cat Hai liegt etwa 2 km von der Insel Cat Ba entfernt.

Bus

■ **Von Hanoi** alle 10 Min. ab Gia Lam oder Ciap Bat (2 Std., 70.000 đ), **nach Hanoi** ab Busbahnhof Niem Nghia und Cau Rao, 5 km südlich des Stadtzentrums. Bei Ankunft der Fähren aus Cat Ba und Hon Gai stehen Minibusse nach Hanoi am Anleger.

■ **Nach Bai Chay** und **Mong Cai** alle 20–30 Min. ab Ben Xe Lac Long, 22 Cu Chinh Lan.

■ **Nach Cai Rong (Insel Van Don)** ab Lac Long mehrmals tgl. von 5 bis 18 Uhr, 3 Std.

■ **Nach Do Son** alle 30 Min. ab 2 Hoang Van Thin (bei der Post). Fahrzeit 30 Min., auch Minibusse nach Hanoi.

■ **Ben Xe Tam Bac,** beim Sat-Markt. Tgl. mehrmals u.a. nach Hanoi, Ninh Binh (mit Hoang-Long-*Sleeper* 2½ Std., oder weiter bis Hue), Thanh Hoa, Vinh, Lang Son.

■ **Ben Xe Niem Nghia,** 277 Tran Nguyen Han. Tgl. mehrmals u.a. nach Thai Binh, Nam Dinh, Hanoi und Hue.

Flug

■ Der Flughafen Cat Bi liegt 7 km südöstlich vom Zentrum entfernt. Tgl. von/nach Ho Chi Minh City und Da Nang.

Zug

■ Tgl. Hanoi (Long Bien) – Haiphong (Bahnhof 75 Luong Khanh Thien), Fahrzeit ca. 2½ Std.

Fährboot

■ Fahrpläne saisonabhängig.

■ Die Ablegestelle (Ben Binh) erreicht man von der Dien Bien Phu über die Ben Binh oder Cu Chinh Lan. Im Winterhalbjahr ist der Verkehr deutlich reduziert; auch eine Verbindung mit Bai Chay (Ha Long City) gibt es nur im Sommer.

■ **Mong Cai** (an der chinesischen Grenze): Per *Hydrofoil* 7.30 Uhr, Fahrzeit 4 Std. Per *Slowboat* 6.30 Uhr, Fahrzeit 7 Std.

■ **Cat Ba:** *Hydrofoil* (Schnellboot) 4x tgl. ab Ben-Binh-Hafen, Dauer 45 Min.; *Slowboat* 12 Uhr, Dauer 2½ Std.

Bai-Tu-Long-Bucht

Für Entdecker mit Zeit! Die Traumlandschaft der weltberühmten Ha-Long-Bucht geht im Norden nahtlos über in die **Bucht Bai Tu Long** („Kinder des Drachens") – genauso schön und mit Tausenden Inseln und Inselchen, nur touristisch weit weniger erschlossen. Die „besseren" und längeren Ha-Long-Bootstouren führen auch durch Teile der Bai-Tu-Long-Bucht, müssen aber für Übernachtungen auf dem Boot in die Ha-Long-Bucht zurückkehren.

Das abgesunkene Kalksteinplateau Bai Tu Long umfasst **600 größere Inseln,** von denen etwa 25 besiedelt sind. Von Van Don, Quan Lan, Ba Mun, Tra Ban, Ngoc Vung und Co To haben westliche Reisende meist noch nie etwas gehört. Einheimische Touristen machen hier Sommerurlaub (Juli und August), danach wird es so ruhig, dass man oft ganze Strände und Hotels für sich allein hat. Allerdings schließen manche Unterkünfte außerhalb der Saison oder sind nach dem Sommer abgewohnt, das Personal müde.

Auf den Inseln spricht so gut wie niemand Englisch, da die Restaurants und Unterkünfte nur auf **einheimische Gäste** eingestellt sind. Eine Drei-Tages-Tour mit *Homestay*-Übernachtung auf Quan Lan bietet *Ethnic Travel* (ab 226 $, https://ethnictravel.com.vn). Die Hotel-Preiskategorien hier beziehen sich auf die Nebensaison, in der Sommersaison (Mitte April bis Mitte September) und an Feiertagen bezahlt man das Doppelte, auch an den Wochenenden oft mehr.

Van Don ist die nach Cat Ba größte Insel des Nordens. Sie ist seit 2005 durch eine Brücke mit Cua Ong verbunden. Der lebhafte Fischereihafen Cai Rong im südlichen Teil der Insel stellt neben Hon Gai das Sprungbrett für Trips zu weiteren Inseln der Bucht dar.

Diverse Inseln werden für Resorts erschlossen, und die Zahl der Bootsverbindungen steigt laufend.

Adobe Stock © huythoai

Van Don

Van Don (oder Cai Bau) ist mit 30 km Länge und bis zu 15 km Breite die mit Abstand größte und bevölkerungsreichste Insel des Archipels. Man muss hier nicht lange verweilen (außer man möchte im Ort Hunde- und Katzen-*Hotpot* essen); der Blick über den Haupt-Hafen Cai Rong ist jedoch bemerkenswert mit seiner Kalksteinfelsen-Kulisse, die An- und Abfahrt mit dem Boot ist atemberaubend schön! Entlang der Ostküste, unterbrochen durch vorgelagerte Felsenkaps, erstreckt sich der kilometerlange **Strand** Bai Dai (Long Beach).

Van Hoa an der Nordküste war bereits im 12./13. Jh. Hafen der Tran-Dynastie, in dem Schiffe aus Java, Siam, Japan und China Handel trieben. Jahrhunderte später Hauptquartier des französischen Abenteurers *Jean Dupuis,* einem der legendären Anführer der ersten Tonkin-Expedition von 1873, errang Van Hoa im 19. Jh. unter dem Namen Port Wallut den zweifelhaften Ruf als einer der größten Kohlehäfen des Nordens.

Der lebhafte Fischereihafen **Cai Rong** im südlichen Teil der Insel dient als Sprungbrett für alle weiteren Inseln des Archipels.

☒ Eine Brücke führt von Van Don nach Cua Ong

Praktische Informationen

- Tel. 0203.
- **Orientierung:** Hotels befinden sich am Hafen. Zum Strand Bai Dai 6–8 km, nach Van Hoa 25 km.
- **Taxi:** Tel. 3874874.

Unterkunft

UNSER TIPP: **Thanh Dat Hotel**① (Uoc Hien), So 02 Duong Nguyen Van Linh, Tel. 3836688, www.fb.com/thanhdathoteldongvan. Direkt am Hafen, an der Ecke. Toller Ausblick von den Balkonen! Die freundliche Besitzerin *Ms. Hien* spricht Englisch. Fünf Zimmer (man kann sich das Essen auch auf den Balkon bestellen).

An- und Weiterreise

- Zwischen **Hanoi** (My Dinh und Gia Lam) und **Cai Rong** (Hafen oder Busbahnhof beim Markt) bis ca. 15 Uhr mehrmals tgl. Busse, ca. 5–6 Std. Auch etwas luxuriösere Kleinbusse (9 Pers.) ab 8 $, 6x tgl., 4 Std. Von **Bai Chay/Hon Gai** mit Stadtbus alle 30 Min. bis Cai Rong (ca. 2 Std.).
- **Flug:** Der Ende 2018 eröffnete **Van Don International Airport** (VDO) ist Vietnams erster privat betriebener Flughafen. Hier kommen sowohl nationale als auch internationale Flüge an. Er befindet sich rund 6 km von Cai Rong entfernt, nach Ha Long City sind es 60 km.
- **Boote ab Cai Rong zu den Inseln:** Die Fahrpläne sind saisonabhängig und unbeständig – ohne Gewähr. Am besten ruft man vorab im Hotel an.

Quan Lan

Wasserbüffel waten herum, ein paar Kinder kommen neugierig angerannt ... Ruhigen, ländlichen Insellalltag erlebt man hier, einen winzigen, freundlichen Hauptort, und einsame Strände – Quan Lan hat so viel feinsten **Sand,** dass er exportiert wird, zur Glasherstellung und

Adobe Stock © sitriel

Aufschüttung von Stränden anderswo. Dies und die Abholzung auf der sehr flachen Insel führen bei Taifunen allerdings zu größeren Schäden, weshalb sich Bewohner dafür einsetzen, den Sandabbau zu reduzieren. Quan Lan hat großes touristisches Potenzial. Gleich drei von Filao-Bäumen gesäumte **weiße Strände** gibt es an der 25 km langen Südostküste: Minh Chau, Son Hao und Quan Lan.

Der im 18. Jh. versandete Hafen **Van Don,** nach dem heute Archipel und Hauptinsel benannt sind, war 1149 der erste bekannte Hafen der vietnamesischen Geschichte, von ihm sind lediglich Ruinen übrig geblieben.

Rund ein Dutzend Kilometer trennen die beiden einzigen größeren Weiler, **Minh Chau** im Norden und **Quan Lan** an der flachen, marschigen Südwestküste mit einem bemerkenswerten, nahezu unverändert aus dem 18. Jh. überkommenen **Dinh** auf 32 Eisenholz-Säulen. Ursprünglich 1573 am alten Hafen Van Don errichtet, wurde er 1728 abgetragen und an neuer Stelle wiederaufgebaut. Tausende pilgern zum alljährlichen **Tempelfest,** dem größten Ereignis des Archipels, bei dem u.a. kostümierte Ruderleute die Seeschlachten der Tran-Dynastie gegen die Mongolen (1288) nachstellen. Der Chua nebenan ist dem einheimischen *General Tran Khanh Du* gewidmet, einem der wichtigsten Befehlshaber der Flotte *Tran Hung Daos.*

Praktische Informationen

- 4000 Einw., Tel. 0203.
- **Geld:** Es gibt keine ATM auf der Insel, also reichlich Bargeld mitnehmen.
- **Orientierung:** Im Ort gibt es keine Hausnummern. Hotels und Restaurants reihen sich an der Straße auf dem nordwestlichen Landzipfel auf, wo sich der Tempel Chua Quan Lan befindet, ca. 8 km südwestlich vom Son-Hao-Pier. Der Ort Minh Chau liegt im Norden der langgezogenen Insel, ca. 10 km vom Hauptort entfernt, dazwischen befinden sich mehrere Strände auf der südöstlichen Seite Quan Lans, die außerhalb der Sommersaison praktisch menschenleer sind. Der hübsche Aussichtspunkt Eo

Gio liegt auf dem Nordwestzipfel, ca. 7,5 km vom Hauptort. Ein *TukTuk* oder *Xe Lam* (von *Lambretta*) vom/zum Pier kostet 20–30.000 đ. Fahrräder und Mopeds (oft in schlechtem Zustand – unbedingt die Bremsen prüfen!) vermieten die Hotels. Achtung, die Straßen sind nachts nicht beleuchtet, Fahrräder haben kein Licht.

■ **Tempelfest:** Am 16.–18. Tag des 6. Mondmonats.

Unterkunft

UNSER TIPP: **Ann**②-③, Tel. 3877889 oder 0913 072072, http://annhotel.com.vn. Sehr zu empfehlen! Die freundlichen Teammitglieder sprechen fließend Englisch und sind behilflich bei der Weiterreise etc. 21 sehr saubere, moderne Zimmer mit guten Bädern und z.T. mit Balkon und sehr schönem Blick. Es gibt ein brauchbares Restaurant, *Scooter* werden vermietet.

■ **Villa Homestay Hoa Giay**②, Tel. 972214319, www.fb.com/villahoagiay. Geschmackvoll eingerichtetes *Guesthouse*. Sieben Zimmer, auch Fünf-Bett-Zimmer; schön ist Zi. 301.

■ **Ngan Ha Hotel**①-②, Tel. 0916513144, https://khachsannganha.com. 31 Zimmer, manche mit schnuckeligem begrünten Balkon und riesigen Betten.

■ **Tuan Thuy Hotel**①, Tel. 3877329, https://tuanthuy.xtadia.com. Freundlich, sauber, günstig, wenn man verhandelt. Café gegenüber.

■ **Villa Song Chau**②, Tel. 904337952, https://villasongchau.com. Solides, dreistöckiges Haus mit schönem Garten und 16 Zimmern, außerhalb der Saison z.T. geschlossen.

■ **Minh Chau Beach Resort**③, Tel. 0868388389, www.minhchauresort.vn. Dreistöckiges Haus, nur wenige Schritte vom Strand entfernt. Funktionelle Hotelzimmer, aber weder „Seaside-Charme" noch Meerblick. Pool, Resto. 60 Zimmer.

◁ Wasserbüffel auf Quan Lan

▽ Quan Lan besticht durch paradiesische Strände

413v aw

Essen und Trinken

- **Ngan Ha:** Im Restaurant des Hotels trifft man meist auf die wenigen anderen westlichen Reisenden, falls welche da sind. Vietnamesische Speisen, nicht besonders preiswert, aber große Portionen.
- **Im Zelt:** Gleich beim Ortseingang links gibt es ein einfaches Restaurant in einem Zelt mit schlichten, schmackhaften Reis- und Nudelgerichten (Speisekarte auf Englisch, z.T. sehr lustig übersetzt), nette Leute und eine riesige Musikanlage.
- **Beim Markt:** Gegenüber vom Tempel findet am Morgen ein kleiner Markt statt, hier bekommt man Klebreis, *banh bao, banh cuon,* Reiskuchen und andere Leckereien.
- **Am Son-Hao-Strand:** Im Resort gibt es ein Restaurant, die Speisekarte ist allerdings auf Vietnamesisch. Das Personal spricht kaum Englisch, bemüht sich aber.

An- und Weiterreise

- Ab **Hon Gai** per *Speedboat,* Fahrzeit 1½ Std., zurück am Vormittag ab Van Don (Cai Rong).

Ba Mun (Cao Lo)

Die einzige Insel des Archipels mit Resten von primärem **Regenwald** und großem Artenreichtum (u.a. Hirsche, Languren, Gibbons, Warane, Wildschweine, Adler, seltene Orchideen). Die 18 km lange, unbewohnte, im Durchschnitt nur 1 km breite und rund 2000 ha große Insel wurde 1997 zum **Naturreservat** erklärt, um der illegalen Jagd und Abholzung Einhalt zu gebieten. Eine Rettungsstation für bedrohte Tiere, die Opfer des Tierschmuggels wurden, sollte hier entstehen, wegen mangelnder Finanzierung ist ihr Status jedoch unklar. Dschungeltrekking ist möglich, Informationen sind jedoch schwierig zu bekommen, und Einrichtungen jeglicher Art wird man (noch?) vergeblich suchen.

Ban Sen (Tra Ban)

Die zweitgrößte Insel nach Van Don ist spärlich besiedelt, ansonsten wild und waldig. Übernachtungsmöglichkeiten gibt es keine, und nur jeweils ein Boot am Morgen zum Ort **Tan Lap** von der nahen Insel Quan Lan, und um die Mittagszeit zurück, mit unbeständigen Abfahrtszeiten. Das Team vom Hotel *Ann* auf Quan Lan kann telefonisch ein Miet-Moped vermitteln (überteuert und mit schlechten Bremsen). Ein Abenteuer!

Ngoc Vung

Die 12 ha große bewohnte Insel mit Relikten aus der Zeit der Tran-Dynastie und einem schönen kilometerlangen Strand an der Südseite der Insel lässt sich per Fahrrad erkunden. Die Bewohner von Ngoc Vung leben hauptsächlich von der Fischerei und der Perlenzucht.

Praktische Informationen

Unterkunft

- **Nha Nghi Tien Hai**①, Tel. 0377550536, https://nhanghidaongocvung.com.vn. Das *Guesthouse* liegt ca. 1 km vom Strand entfernt. Brauchbare Zimmer, ohne AC. Alle Mahlzeiten können nach Vorbestellung im *Guesthouse* eingenommen werden.

Anreise

- Per **Schiff** zu erreichen von **Ha Long** und **Cai Rong.**

414v aw

Co To

Die vom Festland am weitesten entfernte (bewohnte) Insel (ca. 5000 Einw.), berühmt u.a. für ihre exzellenten Perlen und den größten Fischmarkt der Region. Die Westküste ist derart flach, dass das Hafenpier 500 m weit ins Wasser gebaut werden musste. Anfang der 2000er-Jahre sind zahlreiche Umsiedler aus dem Delta gekommen, die die bis dahin weitgehend brachliegenden Ebenen nach wie vor urbar machen und die künftige Selbstversorgung der Insel garantieren sollen. Die Ostküste Co Tos ist felsig, hat aber zumindest einen schönen Strand (Bac Van Chai) zu bieten. Der Archipel weist noch zwei weitere größere und mehrere Dutzend kleinere Inseln auf.

Praktische Informationen

Unterkunft

- **Co To Ecolodge**④, Tel. 0988071100, www.cotoecolodge.com. 12 luxuriöse, renovierte Zimmer, am Hong-Van-Strand, mit Restaurant, Strandbar, Gratis-Fahrrädern. Das Team spricht Englisch und kann auch die An- und Abreise arrangieren.

Anreise

- Ab **Van Don,** ca. 3 Std.

Mit dem Moped auf Ban Sen unterwegs

Adobe Stock © Prophoto

Mong Cai

Die **Grenzstadt** Mong Cai am Delta des Song Ka Long ist lediglich durch eine Brücke von China getrennt. Seit dem 1. September 2022 ist das Städtchen direkt von Hanoi aus erreichbar – in 3 Std., statt bisher 6 Std. Die Verantwortlichen erhoffen sich mehr einheimischen Tourismus in der und für die Region. Seit der Versöhnung zwischen China und Vietnam Ende 1991 ist Mong Cai eine hektische Industrie-Boomtown mit überquellenden Märkten *(Made in China)*, Warenlagern und einem gigantischen Casino – man kommt sich schon geradewegs wie in China vor!

Bei Tien Yen zweigt von der gut ausgebauten N 18 die N 4B nach **Lang Son** (100 km) ab.

Von Tien Yen nach Norden zu flacht die Küste zunehmend ab und geht teils in Mangrovenwälder, teils in langgezogene Dünen und Strände über.

Praktische Informationen

- 109.000 Einw., Tel. 0203.
- **Grenze:** Geöffnet tgl. 7–19 Uhr. Reisende mit chinesischem Visum können die Grenze überschreiten. Von der Nachbarstadt Dongxing (Provinz Guangxi) nach Nanning sind es rund 250 km.

Unterkunft, Essen und Trinken

- Sollte es für das 200-Betten-Casinohotel **Li Lai International Hotel**②-③ nicht reichen (mit Pool, www.lilaihotel.com.vn), ist die Auswahl in der Stadt riesig.
- Vor dem großen **Cho Trung Tam** (Zentralmarkt) öffnen ab 17 Uhr zahlreiche Garküchen; Spezialität ist *lau*.

Anreise

- Mehrmals tgl. per **Bus** von Hanoi (8 Std.), Hon Gai (175 km, 4–5 Std.).

Die Ostküste Co Tos ist felsig

■ Von/nach Haiphong, Hon Gai und Van Don auch per **Hydrofoil** (→ dort). Der Hafen Dan Tien ist 15 km entfernt (Minibus).

Tra Co

Der 18 km lange **Strand** der Halbinsel von Tra Co – eigentlich eher eine langgezogene, mit dem Festland durch einen Damm verbundene, von Dünen gesäumte Sandbank – ist 9 km von Mong Cai entfernt und galt als der **schönste** Nordvietnams, ehe er nach der chinesischen Invasion von 1979 lange Zeit für *off limits* erklärt wurde. Erst seit Ende des 20./Anfang des 21. Jh. ist wieder Leben in die kleine 5000-Seelen-Gemeinde eingekehrt, die immerhin über eine der ältesten katholischen Kirchen (1880) Vietnams verfügt sowie über einen außergewöhnlich schönen und wertvollen **Dinh.** Das seit 1436 bestehende, zuletzt 1993 restaurierte Kult- und Gemeindehaus ruht auf 48 bis zu 4,65 m hohen und 1,50 m breiten Eisenholz-Säulen, die noch original aus dem 15. Jh. stammen. Gewaltiges Wölbedach im chinesischen Stil und wunderbare Holzschnitzereien.

Das einwöchige **Tempelfest** (ab 30. Tag des 5. Mondmonats) beginnt mit einer feierlichen Bootsprozession, es finden u.a. Schweinerennen, Kochwettbewerbe und zum Abschluss ein großer Blumentanz statt.

☑ Am ruhigen Strand von Tra Co

Adobe Stock © Hanoi Photography

DELTA DES ROTEN FLUSSES

Oft nicht einmal 50 und maximal 100 Kilometer rund um Vietnams Hauptstadt Hanoi ist man in einer anderen Welt: Kalksteinkegel ragen aus sattgrünen Reisfeldern und Feuchtgebieten: Willkommen in der „Trockenen Ha-Long-Bucht". Gräber und Tempel künden von der Frühzeit Vietnams: Hoa Lu. Üppiger Regenwald beeindruckt in Cuc Phuong, dem ältesten, noch von *Ho Chi Minh* initiierten Nationalpark Vietnams.

Überblick

Das Delta des **Song Hong** ist die Wiege der vietnamesischen Kultur und Zivilisation. Das fruchtbare und leicht kultivierbare Schwemmland sowie die reichen Metallvorkommen der nahen Berge führten schon lange vor der „Zivilisierung" durch China zur Entstehung von **Hochkulturen.**

Ausgrabungen weisen nach, dass schon Tausende von Jahren vor unserer Zeitrechnung Menschen im Delta siedelten. Die Dong-Son-Kultur der Bronzezeit 800–300 v. Chr. wird von den Vietnamesen mit den Hung-Königen identifiziert, auf die sie ihre Abstammung zurückführen.

In dem dicht besiedelten Delta leben heute fast ein Drittel aller Vietnamesen. Einheimische Ökonomen gehen davon aus, dass etwa 30 % mehr Menschen in der Landwirtschaft tätig sind, als der Boden ernähren kann. Aufgrund der chronischen **Überbevölkerung** werden aller Fortschritte zum Trotz weite Teile seiner Bewohner vermutlich auch in Zukunft nur am Rande des Existenzminimums leben können. Immer mehr wandern aus, etwa in den Nordwesten oder das Zentrale Hochland, um ihr Auskommen zu finden.

Vor Jahrtausenden befand sich an der Stelle des heutigen Deltas noch das Meer, ehe es von den Flüssen aus den Bergen Chinas nach und nach mit fruchtbaren Schwemmstoffen aufgefüllt wurde. Noch heute wächst das Delta weiter, an manchen Stellen bis zu einen Meter im Jahr.

Der Song Hong, **„Roter Fluss"** genannt wegen der eisenhaltigen Lehmsedimente, die er zu Tal führt, entspringt im südchinesischen Yunnan und fließt annähernd 500 km durch Vietnam, ehe er südlich von Haiphong in den Golf von Tonkin mündet. Der Rote Fluss sorgt seit Jahrtausenden für fruchtbare Reisfelder, wird aber ebenso regelmäßig zur Ursache von Katastrophen. Regen, Taifune und Schneeschmelze im Gebirge können ihn völlig unberechenbar binnen weniger Stunden um 3 oder 4 m ansteigen lassen, seine **Hochwasser** erreichen mehr als 10 m über Normalpegel und treten manchmal sogar mehrere Male im Jahr auf, in der Regel zwischen Juni und Oktober, am häufigsten im August. Um sich vor den katastrophalen Flutwellen zu schützen, begannen die Vietnamesen schon vor mehr als 2000 Jahren, das Delta mit einem Netzwerk von **Deichen** und Dämmen zu durchziehen, die heute eine Gesamtlänge von mehr als 3000 km erreichen. Durch Ablagerungen hat sich das Flussbett im Lauf der Zeit allmählich gehoben und liegt inzwischen teilweise sogar höher als das umliegende Land.

Das Delta umfasst die Provinzen Ninh Binh, Nam Dinh und Ha Nam südlich von Hanoi, Thai Binh und Hai Duong östlich Hanois, die Großräume Hanoi und Haiphong sowie Teile der Provinzen Vinh Phuc, Bac Ninh und Hung Yen rund um die Hauptstadt.

Klima

Während die **Temperaturen** im Sommer auf weit über 30 °C ansteigen können und selbst die Nacht kaum Abkühlung bringt, schwanken sie in den Wintermonaten zwischen milden, sonnigen und kühlen, nebligen Tagen. Die tiefste je in Hanoi gemessene Januar-Temperatur betrug 6 °C, die höchste immerhin 34 °C. Die meisten Niederschläge fallen zwischen Mai und August (Überschwemmungen können noch bis Oktober auftreten), am trockensten ist es zwischen November und März.

Entfernungen

- **Von Hanoi** (in km): Nam Dinh 87, Ninh Binh 90, Thai Binh 110, Thanh Hoa 155, Vinh 295.
- **Von Hue** (in km): Thanh Hoa 500, Ninh Binh 565, Hanoi 660.

Der Song Hong

Adobe Stock © Angela Meier

Thai Binh

Die realsozialistische Retortenstadt Thai Binh, Hauptstadt der gleichnamigen Provinz, lohnt – außer als Ausgangspunkt für die **Keo-Pagode** (→ unten) – kaum einen Besuch. Die kleine Provinz, die sich nur geringfügig über dem Meeresspiegel erhebt, ist die **dichtbesiedeltste Region Vietnams.** Ihre Landschaft ist geprägt von Reisfeldern, Deichen und Salinen. Obwohl über keinerlei nennenswerte Industrie verfügend, leben hier 1350 Menschen pro Quadratkilometer, etwa achtmal soviel wie in Niedersachsen. Jedes noch so kleine Fleckchen Erde wird für den Anbau von Reis, Jute, Rattan, Erdnüssen und Maulbeerbäumen genutzt, und selbst dem Meer trotzt man noch Salz ab, dennoch ist die Region arm, weil die Landwirtschaft allein so viele Menschen nicht ernähren kann. Jahr für Jahr sind Zigtausende gezwungen auszuwandern, um im Nordwesten, im Zentralen Hochland oder anderswo ihr Auskommen zu finden.

Praktische Informationen

- 268.100 Einw., Tel. 0227.
- **Entfernungen** (in km): Hanoi 110, Ninh Binh 48, Haiphong 68.

Unterkunft

- **Petro Thai Binh**④ (mit Tourismusbüro), 458 Ly Bon, Tel. 3658222, www.petrothaibinhhotel.vn. 182 Zimmer.

Chua Keo

Eine der **schönsten Pagoden** Vietnams und eine der wenigen, die nicht während der letzten Kriege zerstört oder geplündert wurde. Ursprünglich eine Gründung der Ly-Dynastie (11. Jh.), entstammen die meisten der heutigen Gebäude inmitten der außergewöhnlich großzügigen, von einer 2–3 m hohen Mauer umfriedeten Anlage mit künstlichen Teichen, Gärten und knorrigen Bo-Bäumen dem **16.–17. Jh.** Die Gebäude stehen frei im Raum, ohne verbindende Gänge. Im Verein mit den eindrucksvollen, extrem nach unten gezogenen und die eigentlichen Bauten weit überragenden Dächern wirkt die Anlage größer, ja monumentaler, als sie tatsächlich ist.

Die Schnitzereien der mächtigen, dreiflügeligen Eingangspforte aus Eisenholz zeigen einen Himmel mit Wolken, Drachen und gezackter Sonne. Die Dachkonstruktion der Haupthalle stützt sich auf Drachen und Phönixe und wird von aus steinernen Lotossockeln emporstrebenden Säulen getragen. Das diffuse Dämmerlicht des Sanktuariums wirkt feierlich und lässt die goldenen Buddhas und Bodhisattva geheimnisvoll schimmern. Mit Ausnahme der tausendarmigen *Quan Am* (17. Jh.) entstammen die Statuen dem 19. Jh.

Ungewöhnlich ist auch, dass sich hinter der Haupthalle noch ein weiterer Tempel befindet; er ist dem Andenken des buddhistischen Mönchs *Minh Khong* gewidmet. Der dreistöckige Glockenturm mit zwei Bronzeglocken aus dem 17. und 18. Jh ist mit schönen Schnitzarbeiten versehen. Die in den Galerien sichtbaren Boote kommen beim jährlichen Pagodenfest am 13.–15. Tag des 9.

Adobe Stock © bvh2228

Mondmonats bei traditionellen Bootswettbewerben zum Einsatz.

■ **Chua Keo,** 10 km südwestlich von Thai Binh. Z.B. als Abstecher auf dem Weg Haiphong – Ninh Binh (120 km).

Provinz Nam Dinh

Wenig ist geblieben vom einstigen Glanz der gleichnamigen Provinzhauptstadt, der drittgrößten Stadt des Deltas (nach Hanoi und Haiphong), die noch bis ins 20. Jh. als ein wichtiges geistiges und religiöses Zentrum galt, in dem Mandarinatsprüfungen und Literaturwettbewerbe stattfanden. Die Franzosen walzten die Stadt nieder, um nach dem Ersten Weltkrieg **Textilfabriken und Baumwollwebereien** anzusiedeln, und die Amerikaner belegten sie mit Bombenteppichen, um die Straßen und Eisenbahnlinien südlich der Hauptstadt zu unterbrechen.

Die vorwiegend flache Provinz Nam Dinh ist eine der wichtigsten landwirtschaftlichen Regionen des Nordens, wächst aber immer mehr zu einem Textilindustrie-Zentrum heran, wovon mehrere größere Industrieparks zeugen.

Zu entdecken gibt es den noch kaum touristischen **Nationalpark Xuan Thuy.** Seine Feuchtgebiete eignen sich insbesondere für Bootstouren und Vogelbeobachtungen, seltene Arten wie Tüpfelgrünschenkel, Schwarzstirnlöffler und Löffelstrandläufer kommen hier vor.

■ **Xuan Thuy National Park,** Giao Thien Village, Giao Thuy District, Tel. 3741501, vuonquocgiaxuan thuy.org.vn.

⌃ Chua Keo

Ninh Binh und Umgebung

Ninh Binh

Die Hauptstadt der gleichnamigen Provinz, Ninh Binh, liegt inmitten einer der faszinierendsten Landschaften Vietnams, die „Trockene Ha-Long-Bucht" genannt wird. Die Stadt selbst ist keine Schönheit. Im Bestreben, sie zu einem Touristenmagneten zu machen, wurde und wird sie rücksichtslos zubetoniert und in ein Planquadrat von Highways, Busparkplätzen, Souvenirpagoden und Schuttplätzen verwandelt. Und vor den Toren Ninh Binhs zermahlen zahllose Zementfabriken den hochwertigen Kalkstein der Karstkegel zu Baumaterial. In der Stadt Ninh Binh muss man sich also nicht zwingend aufhalten oder dort übernachten – man kann auch direkt die spektakuläre Umgebung ansteuern.

Bis 1954 galt gerade die Region um Ninh Binh und Nam Dinh übrigens als Hochburg des Katholizismus, wovon zahlreiche Kirchen zeugen; noch heute ist der Anteil der Christen der höchste im Nordteil des Landes.

Praktische Informationen

- 130.000 Einw., 1 m, Tel. 0229.
- **Information:** *Tourism Promotion Information Center,* 6 Trang An, Dong Thanh Ward, Tel. 3884101, https://dulichninhbinh.com.vn/en.
- **Geld:** *Vietcombank* mit ATM, Tran Hung Dao.
- **Post:** Tran Hung Dao.
- **Taxi:** *Mai Linh,* Tel. 6252525.
- **Privat-Transport:** Fahrräder, Motorräder und Mietwagen (Minibus) kann man bei jedem Hotel oder *Guesthouse* mieten.

„Trockene Ha-Long-Bucht"

Wie in einem Traumbild ragen bizarre **Karstkegel** aus dem Grün der Reisfelder, dazwischen Flussläufe, Kanäle und Deiche, Grotten, Pagoden, Königsgräber und Landkirchen. Tatsächlich handelt es sich geologisch um die gleichen erodierten Kalkstein-Formationen wie in der Ha-Long-Bucht (zur Karst-Entstehung → Exkurs „Was ist Karst?", S. 162). Die Region um Ninh Binh war vor Urzeiten vom Meer bedeckt. Der Name mag irreführend sein, denn „trocken" ist die Landschaft bloß im Vergleich zur Ha-Long-Bucht; an einigen Stellen kann man Bootstouren durch die Feuchtgebiete unternehmen. Diese sind derart märchenhaft, dass die Macher des *King-Kong*-Streifens „Kong: Skull Island" wesentliche Teile des Films hier drehten. Der Monster-Affe stapft durch das untiefe Wasser bei Van Long und kämpft in dieser traumhaften Kulisse gegen garstige Höllen-Reptilien. Besonders schön ist es hier zur Regenzeit, wenn alles unter Wasser steht und tausend Blumen blühen (Aug./Sept.), und im Frühjahr, wenn der junge Reis grün leuchtet (Feb./März).

[>] So trocken ist die „Trockene Ha-Long-Bucht" gar nicht – Ruderboot-Ausflug in Van Long

Die Bucht ist perfekt für **Fahrradtouren!** Am besten bewegt man sich auf Nebenstraßen und Wegen, ausgerüstet mit einem Smartphone mit *Google Maps*. An Wochenenden und vietnamesischen Feiertagen, wenn es bei den Haupt-Sehenswürdigkeiten laut und sehr voll wird, kann man diese mitsamt den ganzen Tourbussen und aufdringlichen Verkäuferinnen durchaus auch einfach links liegen lassen und stattdessen die kleinen Wege querfeldein inmitten von Reisfeldern erkunden – dort hat man die atemberaubende Szenerie oft tatsächlich komplett für sich alleine.

Tam Coc

Tam Coc bedeutet **„Drei Grotten"**, der Weg zu ihnen führt per Ruderbötchen (man muss nicht selber pullen, einheimische Frauen sind hier am Ruder) über den schmalen, von Reisfeldern und Kalksteinkegeln gesäumten Ngo-Dong-Fluss. Die größte und längste der drei Grotten misst 140 m, aber der Weg selbst ist das eigentliche Ziel. Die Fahrt durch die Reisfelder dauert rund 2 Stunden hin und zurück. Die Szenerie während der Fahrt ist wunderschön, leider ist aber aus der einstigen Idylle mittlerweile um die Anlegestelle ein Rummelplatz aus Autobahn, Busparkplatz, Hotels, Tour-Restaurants und Souvenirläden geworden. Wochenenden meiden!

Knapp 3 km entfernt erhebt sich die auf verschiedenen Ebenen in den Fels gebaute Pagode (Chua) **Bich Dong** (1428). Eine steile Treppe führt zur Grünen Grotte mit den drei in Stein gehauenen Buddhas der Vergangenheit, Gegenwart und Zukunft. Mit nichts zu vergleichen ist die Aussicht über das weite, leuchtend grüne Meer der Reisfelder, aus dem steinerne Dolomiten wachsen.

Nur 300 m weiter liegt versteckt, über ein Gewirr von Dämmen erreichbar, der kleine **Chua Linh Coc** mit naiven, volkstümlichen Wandmalereien. Auch hier führt ein Pfad bergauf zu einer weiteren Felsenpagode und einer Grotte.

415v aw

Praktische Informationen

- **Anfahrt:** 8 km südwestlich. Nach 4 km Richtung Thanh Hoa rechts über eine Kanalbrücke.
- **Bootsfahrt** (ab Van Lam Port): 200.000 đ pro Boot (max. 2 Pers.). Tipp: Gegen 16 Uhr fahren, dann ist es ruhiger.
- Die Frauen von Tam Coc sind für ihre Hartnäckigkeit berüchtigt, wenn es darum geht, Getränke und Souvenirs zu verkaufen.

Essen und Trinken

- **Bamboo Bar** und **Anh Em Café** in Tam Coc. Für Snacks und Drinks.

Hoa Lu

Hier finden sich die Ruinen einer alten Kaiserstadt (968–1009). Von der Zitadelle sind nur die Grundmauern erhalten, auf den Fundamenten baute man den Kaisern der sogenannten „Frühen Le-Dynastie" Ende des 17. Jh. zwei sehr sehenswerte Tempel. Die heutigen Eingangstore mit Brücken und Teichen sind Rekonstruktionen der ursprünglichen Anlage.

Als das Reich nach dem Tode *Ngo Quyens,* der 939 die Unabhängigkeit errungen hatte, in zahllose Fürstentümer zu zersplittern drohte, ergriff der Mandarin *Dinh Bo Linh* die Macht und verlegte die **Hauptstadt 968** in seinen Heimatort Hoa Lu, der ihm durch seine Lage besser vor der Rache der Chinesen geschützt schien als das Co Loa der Ahnen. Als Kaiser **Dinh Tien Hoang** baute er einen Hof mit buddhistischen und daoistischen Beratern und einer schlagkräftigen Bauernarmee von 200.000 Mann auf, sein Nachfolger **Le Dai Hanh** führte erste Expansionskriege gegen *Champa* und brandschatzte Indrapura. 1009 stürzte *Ly Thai To* die Dynastie und machte Thang Long, das heutige Hanoi, zur Hauptstadt.

Den Dinh wurde auf den Fundamenten eines Heiligtums erbaut, das bereits zu Lebzeiten des Kaisers bestand. Auf

Adobe Stock © jon_chica

dem steinernen Vorplatz wurden Opferungen und Zeremonien abgehalten. Das niedrige, massig wirkende Gebäude stützt sich auf gedrungene Holzsäulen. Üppige Schnitzarbeiten zieren das Dachgebälk, ferner finden sich in Säulen geschnitzte und in Steinsockel gehauene Schriftzeichen, deren Ornamente sich noch im Fußboden fortsetzen, sowie ein schöner, von Blüten und Früchten umrankter Ständer für Räucherstäbchen aus dem Holz des Eisenbaums.

Das **Grabmal** *Dinh Tien Hoangs* ist das älteste Kaisergrab Vietnams. Es ist erst seit 2002 auf dem Vorplatz platziert, ursprünglich befand es sich auf einer der umliegenden Hügelkuppen (während das Grab *Le Dai Hanhs* beim Dinh Le am Fuße des Hügels lag).

Im zweiten Raum stehen **Statuen** des Kaisers *Dinh Tien Hoang* und seiner Söhne, ihm zur Seite *Dinh Lien*, der älteste, gegenüber dessen Halbbruder *Hang Lang* und *Dinh Tue*, der jüngste. Ein *Shakespeare*-Drama im Fernen Osten: Als der Kaiser *Hang Lang*, den Sohn einer Nebenfrau, zu seinem Nachfolger bestimmte, ließ *Dinh Lien* dem Rivalen die Kehle durchschneiden, wenig später fand man ihn selbst mitsamt dem Vater ermordet, und Thronfolger war der erst sechsjährige *Dinh Tue*. An seiner Statt ließ sich *General Le Hoan* 980 zum Kaiser ausrufen und führte unter dem Namen *Le Dai Hanh* erste Eroberungsfeldzüge gegen Champa. Ihm ist der zweite Tempel geweiht.

Entstehungsgeschichte und Architektur des **Den Le** ähneln denen des Dinh-Tempels, man merkt, dass er nur ein Imitat ist. Auch hier liegt das Heiligtum im hinteren Raum. Die Statue des Kaisers in der Mitte, auf einer Seite seine Söhne, auf der anderen *Duong Van Nga*, die Gattin des ermordeten Kaisers und jetzt Mutter seiner Söhne.

Ein kleines Museum präsentiert Fundstücke der ehemaligen Zitadelle.

☐ In der alten Kaiserstadt Hoa Lu

■ **Den Dinh,** 12 km nördlich von Ninh Binh, tgl. 7–17 Uhr, Eintritt 20.000 đ.

Van Long

Noch einmal Reisfelder, Ruderboote, Grotten und Kalksteinklippen – etwas kleiner, aber dafür noch weit weniger überrannt als Tam Coc und Trang An. Oben auf den Felsen lebt eine Gruppe der extrem seltenen **Delacour-Languren**, einer vom Aussterben bedrohten Primatenart (→ „Cuc-Phuong-Nationalpark"). Mit etwas Glück bekommt man die scheuen Tiere hier sogar zu Gesicht (am besten gegen 16 Uhr, bei gutem Wetter und nicht zu vielen Touristen).

■ **Van Long,** 20 km nördlich von Ninh Binh, Bootsfahrt mit Ruderfrau 100.000 đ (ca. 1 Std, max. 2 Ausländer pro Boot, für Vietnamesen bis zu 4 Personen).

Trang An

Die Szenerie ist ganz ähnlich wie bei Van Long, nur gleitet man eineinhalb Stunden lang sanft mit dem Boot – oft haarscharf! – durch insgesamt neun bis zu 300 m lange Grotten. Das Gelände wurde im Jahr 2004 geflutet (das heißt **künstlich** angelegt) und erst 2008 eröffnet (250.000 đ p.P.).

Chua Bai Dinh

Der **größte Pagodenkomplex Vietnams.** Er wurde erst 2010 gebaut, auf einer Fläche von 80 ha, an einem Hügel mit vielen Treppenstufen. Darauf stehen **500** übermannsgroße **Arhats** (gemäß der Legende der 500 Arhats, die *Buddha Sakyamuni* zu dessen Lebzeiten dienten und bis zum Erscheinen des nächsten Buddhas in der Welt verbleiben). Eine **16 m** hohe und **100 Tonnen** schwere **Buddha-Statue** ist nicht zu übersehen, ebenso ein Glockenturm mit einer **36 Tonnen** schweren **Bronzeglocke.** Alles ist jeweils „das Größte Südostasiens". Das Ganze hat aber mit lokalen Vorbildern nicht das Mindeste zu tun, bedient sich vielmehr idealisierter und globalisierter Muster aus China, Indien und Japan. (Echt ist hingegen eine Reliquie des historischen *Buddha Sakyamuni;* es gibt davon weltweit offiziell nur acht.)

Auf der Kuppe des 200 m hohen Hügels, der dem Komplex seinen Namen gibt, steht noch die kleine ursprüngliche Pagode.

■ **Chua Bai Dinh,** Eintritt frei. Die Fahrt im Elektrobus vom 3 km entfernten Parkplatz kostet 60.000 đ pro Weg.

Phat Diem

Der Kim-Son-Distrikt gilt seit über 100 Jahren als **Hochburg des Katholizismus** in Nordvietnam. Obwohl 1954 allein aus dieser Region mehr als 100.000 Christen in den antikommunistischen Süden flüchteten, stellen sie noch heute über die Hälfte der Bevölkerung.

Die **Kathedrale** von Phat Diem ist eine der größten Vietnams – und sicher die kurioseste. 1880 von dem einheimischen Priester *Père Six* konzipiert, stellt sie eine faszinierend verspielte, aber Ehrfurcht einflößende **Synthese** aus Katholizismus und Buddhismus, französischer und vietnamesischer Architektur dar. Fast jedes Detail – der sechs Türme, des fünftorigen Portals, des gedrungenen doppelstöckigen Schiffs – verweist auf eine Pagode, und doch entsteht auf der Netzhaut letztlich der Eindruck einer Kirche. Vom frei stehenden Glockenturm ruft eine riesige Glocke, zuweilen aber auch die buddhistische Trommel zur Andacht; und neben den Statuen der vier Evangelisten befinden sich große Steinplatten, auf denen die Mandarine Platz nahmen, um dem merkwürdigen Schauspiel der Fremden zuzusehen. Im Innern erinnern Darstellungen von sechs Märtyrern unter den meterdicken, über 10 m hohen Eisenholzpfeilern des Kirchenschiffs an die Christenverfolgungen im 19. Jh.

Als die Kathedrale 1891 eingeweiht wurde, lag sie noch am Meer. Aufgrund der Verlandung des Deltas ist sie heute 10 km von der Küste entfernt. 1933 wurde in ihr der erste Bischof Vietnams geweiht. Im amerikanischen Krieg stark beschädigt, durfte sie im Gegensatz zu vielen anderen danach wieder aufgebaut werden.

■ **Phat Diem,** 28 km südwestlich von Ninh Binh. Per Motorrad, Mietwagen oder Lokalbus Richtung Kim Son.

■ **Kathedrale,** tgl. 9–17 Uhr, Messen: Mo–Fr 5, 17.30 und 19, Sa/So 5, 9.30 und 16 Uhr.

■ Für abenteuerlustige Selbstfahrer lohnt ein Umweg über den **Strand von Thinh Long.** Weniger um zu baden, sondern der geisterhaften Atmosphäre wegen. Schöne Fahrten entlang von Flüssen, Kanälen und Küsten.

Praktische Informationen

Unterkunft

In Ninh Binh

Es gibt wenig Grund, sich in der Stadt Ninh Binh aufzuhalten, die Umgebung ist weit schöner. Ein paar Unterkünfte sind der Vollständigkeit halber aufgeführt. Die meisten Unterkünfte bieten **Abholservice** ab Hanoi oder Ninh Binh gegen Gebühr.

■ **The Queen Hotel**②, 20 Hoang Hoa Tam, Tel. 38 93535. 30 Zi. Rooftop-Bar mit Panoramablick auf die „Bucht".

■ **Thanh Thuy**①-②, 53 Le Hong Phong, Tel. 387 1811. Familiäres *Guesthouse* mit guter Küche. 25 Zimmer, im *Guesthouse* oder im Neubau.

In der Umgebung

■ **Emeralda Resort**⑤, Tel. 3658333, www.emeraldaresort.com. Sehr weitläufige, zur *Ana-Mandara*-Gruppe zählende Anlage am Rand des Van-Long-Reservats (16 km). Bei Hanoi-Expats der Klassiker. Restaurant, Bar, Spa mit großem Indoor-Pool. 172 Zimmer in ein- bis zweistöckigen Villen.

■ **Tam Coc Garden**⑤, Tel. 378253555, www.tamcocgarden.com. In spektakulärer Landschaft nahe der Bich-Dong-Pagode (10 km). Acht Steinbungalows mit je zwei geräumigen Terrassenzimmern. Pool und Gratisräder.

■ **Chez Loan**③-④, in Tam Coc, Tel. 948577322, www.hotelchezloan.com. Häufig empfohlenes Hotel und Restaurant. 12 Zimmer, einige mit Balkon, Gratis-Fahrräder. Die Mitarbeiter sprechen Englisch und Französisch.

■ **The Long**①-③, in Tam Coc, Tel. 3595595. Das erste Hotel vor Ort, seitdem ständig erweitert und modernisiert. 44 Zimmer. Nicht schlecht, aber viele Gruppen.

■ **Duc Tuan Hotel**①-②, in Tam Coc, Tel. 3618 024. 12 ordentliche Zimmer zumeist mit Fenster. Resto, Fahrrad- und Motorradvermietung.

■ **My Tam Coc Bungalow**②-③, in Tam Coc, buchbar über Booking.com. Lesertipp: „Sehr schön gelegen. Zimmer sind sehr sauber und die Betten bequem. Toller Pool. Wir waren vier Nächte hier und rundum zufrieden."

Essen und Trinken

Die lokale Spezialität der Region ist Bergziegenfleisch *(de)*, unterwegs findet man zahlreiche Restaurants, z.B. in der Umgebung von Trang An. Typisch ist auch „burnt rice", also Reis, der unten im Reiskocher etwas angebrannt und deshalb schön knusprig ist, oft serviert mit Schweinefleisch. Auch Hundefleisch *(thit cho)* ist in Ninh Binh beliebt. Gut speist man auch in den Hotels *Thanh Thuy* (→ oben) und *Xuan Hoa*.

■ **Rung & Bien,** 2 Tran Hung Dao. „Wald & Meer" ist der programmatische Name des großen, halboffenen Restos, in dem man Wild und *Seafood* speist.

■ **Chookie's Beer Garden,** 17 Luong Van Tuy, Tel. 974712243, www.fb.com/chookiesninhbinh. Traveller-Resto mit Burger & Co, auch Reisebüro.

An- und Weiterreise

■ **Entfernungen** von Ninh Binh (in km): Hue 565, Vinh 200, Thanh Hoa 70, Nam Dinh 25, Haiphong 120, Hanoi 93, Tam Coc 8, Hoa Lu 12, Kenh Ga 21, Nam Dinh 28, Phat Diem 28, Cuc Phuong 64, Mai Chau 140.

■ **Zug:** Bahnhof 1 Hoang Hoa Tham. In Ninh Binh halten die Züge SE5–8. Von/nach Hanoi ca. 2 Std.
■ **Bus:** Busbahnhof an der Le Dai Hanh nahe der Lim-Brücke. Mehrmals tgl. von/nach Hanoi (2½ Std.), Haiphong (3 Std.), Cat Ba, Bai Chay, Vinh, Hue sowie Nam Dinh, Thanh Hoa, Kim Son (Phat Diem), Son La (6 Uhr). Auch *Open-Tour*-Busse von/nach Hanoi und Phong Nha – Hue halten in Ninh Binh.
■ **Laos:** → Thanh Hoa.

Cuc-Phuong-Nationalpark

Immergrüner Tropenwald mit üppiger Vegetation, bis zu 70 m hohen Baumriesen und Hunderte Meter langen Lianen, die sich über Farne, Orchideen und Würgefeigen schlängeln, manche davon sehen aus wie riesige Korkenzieher: Wer einmal sehen möchte, wie Vietnams Urwälder vor den Kriegen ausgesehen haben, sollte den Cuc-Phuong-Park aufsuchen. Er ist Vietnams erster Nationalpark und wurde 1962 von *Ho Chi Minh* persönlich initiiert. Das Terrain am Südhang eines Kalksteinmassivs besteht im Wesentlichen aus **tropischem Primärwald** auf hügeligem und von Höhlensystemen durchzogenem **Karst.** In einigen der Höhlen und Grotten wurden Gräber und Steinwerkzeuge **prähistorischer Menschen** gefunden, die hier vor etwa 7500 Jahren lebten. Auch die Überreste eines **Ichthyosauriers** oder „Fischsauriers", einem Reptil, das vor geschätzten 200 Millionen Jahren im Meer lebte, wurden im Park gefunden. Zuletzt besiedelten Generationen der ethnischen Minderheit der **Muong** das Tal. In den 1980er-Jahren wurden sie durch die Regierung aus der Mitte des Parks an den Rand umgesiedelt. Eines ihrer Dörfer kann auf einer Zweitages-Tour besucht werden (6–8 Std. Trek, Unterkunft im Pfahlhaus möglich).

Cuc Phuong beheimatet eine reiche Pflanzen- und Tierwelt, darunter Arten, die es nirgendwo sonst auf der Welt gibt, wie Landkrabben- und Fasanenspezies oder den vom Aussterben bedrohten **Delacour-Schwarzlangur.** Der wegen seiner prägnanten Fellzeichnung, der weißen Hüften und Oberschenkel auch als „Kurze-Hosen-Affe" bezeichnete Langur ist einer der seltensten Primaten der Welt, es gibt nur noch rund 200 Exemplare, und zwar ausnahmslos im Norden Vietnams.

Adobe Stock © mauriziobiso

Ein Delacour-Schwarzlangur im Nationalpark

1991 kam der Dresdner Biologe *Tilo Nadler* auf der Suche nach dem sagenhaften Langur nach Cuc Phuong und engagierte sich für die Haltung, Züchtung und Wiederauswilderung einheimischer Affenarten. Mit den ersten beiden illegal gewilderten und beschlagnahmten Delacour-Languren gründete er 1993 hier das Primaten-Rettungszentrum **Endangered Primate Rescue Center.** Heute tummeln sich etwa 160 Tiere im Zentrum, darunter Arten, die ausnahmslos hier gehalten werden – außer dem bereits erwähnten Kurze-Hosen-Affen beispielsweise auch etwa der äußerst seltene Cat-Ba-Langur und der Grauschenklige Kleideraffe.

Die bedrohten Tiere wurden aus den Händen von Wildtier-Schmugglern gerettet, die sie als teure Delikatesse oder exotische Heimtiere verkaufen wollten. Nur einige wenige davon haben eine Chance, sich je wieder in freier Wildbahn zurechtzufinden und zu überleben.

Wer im Park übernachtet, kann am frühen Morgen die Gibbons in der Rettungsstation singen hören – ein lang gezogenes, hohes „Uuui!". In freier Wildbahn wird man im Park allerdings kaum größere Tiere beobachten können, dafür sind diese zu scheu und zu selten. Aber wer die Augen offen hält (oder sich auf den ausgezeichneten Spürsinn der Park-Guides verlässt), wird so einiges entdecken können, was da kreucht und fleucht: zum Beispiel bis zu 50 cm lange Stabheuschrecken, Gottesanbeterinnen, eine Vielzahl von Vogelarten und Fledermäusen. Die beste Zeit, den Park zu besuchen, sind die Monate April und Mai, dann tanzen Tausende von weißen Schmetterlingen wie Schneegestöber durch den Park. Von Juli bis Oktober ist mit viel Regen (und Blutegeln) zu rechnen, von Dezember bis Februar kann es unangenehm kalt werden.

Das Parkzentrum bietet eine Reihe von **Touren** an, von Nacht-Trekking und Vogelbeobachtungen bis zu mehrtägigen Touren (→ Park-Website). Ein Highlight sind nächtliche geführte Besuche der Rettungszentren, wo man konfiszierte Vertreter seltener nachtaktiver Tierarten wie Binturong (Marderbär), Schuppentier und Bengalkatze im Wachzustand erleben und Loris (kleine, zum Umfallen niedliche Halbaffen mit Kulleraugen) mit Insekten füttern kann. Der Park lässt sich auch gut auf Fahrradtouren erkunden.

Praktische Informationen

■ **Besucherzentrum:** *Visitor Center* beim Parkeingang, Eintritt 60.000 đ, Tel. 2293848006 oder 338141214, www.cucphuongtourism.com.vn.

■ **Räder:** Am Parkeingang kann man Fahrräder (120.000 đ/Tag) und Motorräder (250.000 đ/Tag) mieten.

■ **Wanderrouten:** Die 100 m lange Höhle *Cave of Prehistoric Man* liegt relativ nahe der Straße, die vom Besucherzentrum bis zur Parkmitte führt, und ist in ca. 45 Min. und über 220 Treppenstufen zu besichtigen. (Vorsicht, z.T. sehr eng, schlüpfrig und dunkel, eine Taschenlampe ist ratsam.) Zum *Thousand Year Old Tree* führt ein 7 km langer, z.T. asphaltierter Rundwanderweg mit zahllosen Stufen und mehreren Rastplätzen von der Parkmitte hin und zurück. Zur Parkmitte (18 km) gelangt man per Fahr- oder Motorrad.

■ **Touren:** Das Besucherzentrum bietet zahlreiche Ein- und Mehrtages-Treks mit unterschiedlichem Schwierigkeitsgrad. Für einige Routen ist ein Guide obligatorisch, sie sind fachkundig und sprechen Englisch. Details → Website.

083vi

■ **Rettungszentren:** Die Rettungszentren befinden sich unweit des Parkeingangs, Guides vom Besucherzentrum bieten Führungen an.

Endangered Primate Rescue Centre, Tel. 3848002, www.eprc.asia. Bedrohte Primaten. Führung auch mit EPRC-Experten möglich, auch auf Deutsch, mit Voranmeldung. Nachtführung mit Lori-Fütterung auf Anfrage (empfehlenswert!).

Carnivore and Pangolin Education Centre, Tel. 978331441, https://svw.vn. Vom Aussterben bedrohte Schuppentiere (Pangolin) sowie Binturong, Schleichkatzen und weitere nachtaktive Tiere, und eine Ausstellung mit Infos zu Tierschutz und illegalem Wildtierhandel.

Unterkunft, Essen und Trinken

■ **Muong-Homestay**①-③, beim Parkeingang, im Pfahlbauhaus oder Bungalow am knapp 2 km entfernten Mac-See oder in der Parkmitte (18 km vom Eingang). Ein paar neuere Zimmer, ansonsten etwas in die Jahre gekommen. Günstige Zimmer z.T. ohne Warmwasser, AC, nur nachts Strom. DZ mit Bad und AC. Durch das Besucherzentrum zu buchen.

Der „Kurze-Hosen-Affe" wirbt für den Cuc-Phuong-Nationalpark

■ Luxuriös dagegen ist das **Cuc Phuong Resort & Spa**④-⑤, Dong Tam Village, Tel. 2296299555, www.cucphuongresort.vn, 2 km vom Eingang entfernt, mit Pool, Tennis und Golfplatz. Villen und Bungalows.

■ Die **Restaurants** im Park bieten auf Vorbestellung einfache, eher überteuerte Mahlzeiten.

Anreise

■ 45 km nordwestlich von Ninh Binh, 120 km südwestlich von Hanoi. **Für einen Tagesausflug nicht empfehlenswert.**

■ Per **Bus ab Hanoi** (Busbahnhof Giap Bat) zum Nationalpark 15 Uhr, zurück 9 Uhr, Tel. 0988118215. Mehrmals tgl. Giap Bat bis Nho Quan, von dort zum Park per **Taxi** oder **Moped-Taxi.** Reisezeit 2½–3½ Std.

■ Die Parkverwaltung kann ein **Privatauto ab Hanoi** organisieren.

■ **Ab Ninh Binh** gibt es keine öffentlichen Verkehrsmittel.

Provinz Thanh Hoa

Mit Thanh Hoa verhält es sich ähnlich wie mit der Stadt Vinh und der Provinz Nghe An: Hier fährt eigentlich niemand hin (mit Ausnahme derer, die über die Grenze nach Laos reisen wollen). Und genau das ist vielleicht ein Grund, hinzufahren. Sehenswert ist vor allem das Naturschutzgebiet Pu Luong, eine wunderbare, praktisch touristenfreie Landschaft, die einige Reisende als „besser und authentischer als Sa Pa" bezeichnen. Die Provinz in der fruchtbaren Ebene des Song Ma ist die Wiege der frühesten vietnamesischen Zivilisation, der **Bronzekultur von Dong Son** (800–300 v. Chr.), benannt nach dem gleichnamigen Weiler 6 km westlich der Stadt Thanh Hoa.

Thanh Hoa brachte mehr Dynastien hervor als jede andere Region Vietnams: die Frühen *Le* (980–1009), *Le* (1428–1789), *Trinh* (1537–1787) und *Nguyen* (1802–1945).

Pu-Luong-Naturreservat

50 km südöstlich von Mai Chau und 70 km nordwestlich von Cuc Phuong erstreckt sich ein weiteres Gebiet mit grandiosen Landschaften: Kalksteinberge, Regenwald, Bambuswälder, Reisterrassen, Bambus-Wasserräder und Wasserfälle – mit noch weit weniger „ausgetrampelten Pfaden" als die von Mai Chau. Übernachtungsmöglichkeiten gibt es in Thai- und Muong-Dörfern in Pfahlbauhaus-*Homestays*, allerdings trifft man hier kaum auf Leute mit Englischkenntnissen. Unter Fans von Motorradtouren gilt das Naturreservat schon länger als „Geheimtipp". Neue Resorts haben die Region in jüngerer Zeit vermehrt in den Fokus gebracht.

Praktische Informationen

■ **Touren:** Mehrere Anbieter in Hanoi organisieren mittlerweile Trekking-, Geländewagen- und Motorradtouren nach Pu Luong (→ z.B. *HanoiKultour, Coung Motorbike Adventures, Flamingo, Handspan*).

■ **Per Motorrad:** Wer auf eigene Faust losziehen möchte, findet auf der Website www.vietnamcoracle.com gute Tipps für Pu Luong (und anderswo).

■ **Entfernungen** (in km): Hanoi 190, Mai Chau 50, Ninh Binh 150.

Unterkunft

Unser Tipp: **Pu Luong Treehouse**②-③, Tel. 966963851, https://puluongtreehouse.com. Familiäre, freundliche Unterkunft in einem hübschen Garten mit Aussicht über Reisfelder, mit Restaurant und Bar (Bier, Wein, Drinks, guter Kaffee), sehr gutes, liebevoll zubereitetes Essen. Besitzerin *Zoom* spricht sehr gut Englisch. Im Pfahlbauhaus (max. 10 Pers.) oder in Bungalows auf Stelzen, jeweils inkl. BF.

■ **Homestay:** Z.B. bei *Mr. Ba* im Weiler Ban Hieu, Tel. 0376406177 (Englischkenntnisse begrenzt). Wer es etwas luxuriöser als im einfachen Thai-*Homestay* mag:

■ **Pu Luong Retreat**④-⑤, Tel. 969500026, www.puluongretreat.com. Neun Bungalows und Stelzenhaus, mit Blick über das Tal und Infinity-Pool. Auch Touren und Mittag- und Abendessen er-

417v aw

☐ Im Pu-Luong-Naturreservat

419v aw

hältlich. Transport ab Hanoi hin und zurück (mind. 2 Pers.).

- **Les Bains de Hieu**④-⑤, www.fb.com/lesbainsdehieu, buchbar in Hanoi bei *Viet Attitude Travel*, Tel. (04) 39323680, www.vietattitude.com. Auch dieses *Homestay* wurde zur komfortablen „Ecolodge" aufgemotzt.

Zitadelle der Ho-Dynastie

Die Zitadelle **(Thanh Nha Ho),** 1397–1401 erbaut, war unter dem Namen Tay Do (Hauptstadt des Westens) für kurze Zeit Hauptstadt des Landes, bevor 1407 die chinesischen *Ming* die Herrschaft der *Ho* beendeten. 2011 wurde die Anlage von der UNESCO zum **Weltkulturerbe** erklärt. Erhalten ist nicht viel, aber das Quadrat der immensen 850 m langen Mauern und die vier bis zu 34 m breiten Eingangstore geben einen Eindruck von den Ausmaßen. Vor allem die bis zu 16 t schweren Steinquader, welche, ohne Mörtel aufeinandergeschichtet, die Befestigungsmauern bilden, sind beeindruckend.

- **Thanh Nha Ho,** 60 km nördlich, bei Vinh Loc.

Thanh Hoa

Die im amerikanischen Krieg stark zerstörte Stadt am Fluss Ham Rong (allein an der Brücke verloren die Amerikaner über 70 Flugzeuge) präsentiert sich heute in gesichtslosem Neo-Postsozialismus-Barock.

Sie bietet kaum klassische Sehenswürdigkeiten, dafür viel vietnamesisches Alltagsleben. Ein Spaziergang über einen der Märkte bietet sich an, und bei einem Museumsbesuch können uralte Bronze-

Eindringliche Warnung

trommeln bestaunt werden. Der Strand von **Sam Son,** 16 km östlich der Stadt, ist für jene, die in den Sommermonaten echt vietnamesisches überfülltes Halligalli erleben möchten.

Praktische Informationen

- 435.000 Einw., Tel. 0237.
- **Website:** www.fb.com/visitthanhhoa.

Unterkunft

- **Sao Mai**②-④, 20 Phan Chu Trinh, Tel. 4747666. 100 Zimmer auf großstädtischem Niveau, hauptsächlich für Geschäftsleute. Die Zimmer sind groß und okay, die Reinigung könnte ein wenig gründlicher sein.
- **Van Chai Resort**④-⑤, Tel. 3793333, www.vanchai-vn.com. Schöne, moderne Anlage mit Pool und Spa am Strand von Sam Son. 82 Zimmer in gemütlichen, zweistöckigen Ziegelvillen.

An- und Weiterreise

- Thanh Hoa liegt an der N 1 sowie an der Bahnlinie Ho Chi Minh City – Hanoi. Regelmäßig Busse von/nach Hanoi, Hue, Vinh, Ninh Binh, Nam Dinh, Sam Son.
- **Laos:** Der Grenzübergang **Na Meo** (230 km) an der N 217 ist für Ausländer geöffnet. Bus (Di–Sa, 8 Uhr) ab Ben Xe Noi Tinh bis Sam Neua. Umgekehrt gibt es tgl. einen regulären Bus Sam Neua – Thanh Hoa (10–12 Std.). Von/nach Na Meo auch Verbindung mit Mai Chau (150 km).
- **Entfernungen** (in km): Hue 500, Vinh 140, Sam Son 16, Ninh Binh 60, Hanoi 150.

Adobe Stock © kunio

Der Strand von Sam Son bei Thanh Hoa

NÖRDLICHE ZENTRALKÜSTE

Eine Region Vietnams, die von westlichen Reisenden noch nicht so lange wahrgenommen wird. Ihr neuer Star ist Song Doong, eine der größten Höhlen der Welt. Und mehr als 300 weitere Höhlen und Grotten in einer spektakulären Karst- und Dschungellandschaft im Nationalpark Phong Nha-Ke Bang.

Die riesigen Provinzen Quang Binh, Ha Tinh und Nghe An sind dünn besiedelt und wenig bekannt, und über die Stadt Vinh heißt es oft, hier gebe es schier gar nichts! Bei Dong Hoi passiert man die schmalste Stelle Vietnams (50 km) und weiter südlich den 17. Breitengrad, einst Grenze (DMZ) zwischen Nord- und Südvietnam.

[>] Von der Anfang des 19. Jh. erbauten Zitadelle von Vinh sind nur noch zwei Tore erhalten

Überblick

Die nördliche Zentralküste, streckenweise noch bis ins 14. Jh. hinein Domäne der **Cham** und während der Kolonialzeit Teil des Protektorats **Annam,** ist die ärmste und am wenigsten entwickelte Küstenregion Vietnams. Die Böden sind sandig und kaum fruchtbar, die klimatischen Verhältnisse trotz Küstennähe extrem. Die Winter sind rau und neblig, im Sommer führen Hitzewellen zu Dürren, und zwischen August und Oktober fallen Taifune ein und verwüsten das Land.

Der **Ben-Hai-Fluss** am 17. Breitengrad südlich von **Dong Hoi** und nördlich von Dong Ha wurde auf der Genfer Konferenz 1954 zur Demarkationslinie zwischen dem kommunistischen Nordvietnam und Südvietnam bestimmt. Rund 100 km nördlich von Hue begann nach 1954 das Territorium **Nordvietnams.** Die heißumkämpfte **Demilitarisierte Zone** (DMZ) diente bis 1975 als Grenze zwischen den beiden Staaten. Keine Region Vietnams war zwischen 1964 und 1973 derart massiv amerikanischen **Bombardements** ausgesetzt wie das Gebiet beiderseits des 17. Breitengrads und bis weit über den 20. (Nam Dinh, Ninh Binh) hinaus.

Entfernungen

- **Von Hanoi** (in km): Vinh 295, Dong Hoi 490, Phong Nha 535, Dong Ha 580, Lao Bao 660, Savannakhet (Laos) 830, Hue 660.
- **Von Hue** (in km): Dong Ha 80, Savannakhet (Laos) 400, Dong Hoi 170, Phong Nha 210, Vinh 365, Hanoi 660.

Vinh und Umgebung

Die Industrie- und Hafenstadt Vinh, Hauptstadt der **Provinz Nghe An,** ist die größte Stadt zwischen Hanoi und Hue. Und keiner fährt hin. Hässlich sei sie, steht in einem Reiseführer. Ausländische Touristen machen höchstens auf dem Weg zum Grenzübergang nach Laos hier Halt oder rasten hier kurz bei einem Bahn- oder Bus-Zwischenstopp. Die Region hat aber immerhin einige bemerkenswerte Revolutionäre hervorgebracht – allen voran **Ho Chi Minh,** dessen Geburtshaus in der Nähe der Stadt heute eine Pilgerstätte einheimischer Besucher darstellt.

Mag sein, dass sich die Stadt westlichen Besuchern nicht sofort erschließt. Zwar besteht ein Überangebot an Hotels, aber die Tourismusbranche richtet sich praktisch nur an Einheimische. Kaum jemand spricht Englisch, so das Gefühl, und wer sich nicht auskennt, hat schon Mühe, überhaupt etwas zu essen zu finden. Wären da nicht die Leute von *Vinh Guru:* Eine Gruppe junger Leute gründete 2014 diese Reiseagentur, um Westlern ihre Heimat und deren bewegte Geschichte etwas zugänglicher zu machen. Sie tut dies mit rührendem Enthusiasmus und führt ihre Gäste nicht nur durch die Stadt, sondern auch tiefer in die Provinz hinein und durch den Dschungel des **Pu-Mat-Nationalparks.**

Nicht nur die Hauptstadt Vinh, sondern ganz **Nghe An,** Vietnams flächenmäßig größte Provinz (knapp 16.500 km^2), blieb bislang vom internationalen Tourismus weitgehend unberührt. „Hier ist nichts“, sagen viele. Dabei könnte man auch sagen, dass die Provinz alles hat: Strände, Berge, Wälder, traumhaft abgelegene Karstlandschaften mit Reisfeldern und kleinen Dörfern mit Pfahlbau-Häusern ethnischer Minderheiten.

Adobe Stock © nam

Anschluss Seite 160

Geschichte

Die Provinz Nghe An gilt seit den Anfängen der vietnamesischen Geschichte als eine **Region der Rebellen und Revolten** und ist nicht von ungefähr die Heimat von *Ho Chi Minh* und zahlreichen weiteren revolutionären Helden wie z.B. des Patrioten *Phan Boi Chau* (1867–1940, ein früher Denker des Widerstandes) und der Anführerin und Märtyrerin *Nguyen Thi Minh Kai* (1910–1941, von den Franzosen exekutiert). Während der tausendjährigen chinesischen Okkupation nahmen hier Aufstände und Revolten ihren Ausgang, und 1418 sammelte **Le Loi** hier seine Truppen, um die Besatzer aus dem Land zu vertreiben.

Die französische Kolonialregierung siedelte Fabriken an, aber auch unter ihrer Herrschaft blieb die Region ein Unruheherd. Auf dem Höhepunkt der Weltwirtschaftskrise 1930 kam es zu Aufständen und Demonstrationen verbündeter Bauern und Arbeiter der Provinzen Nghe An und Ha Tinh, der sogenannten **Sowjets von Nghe Tinh.** Französische Elitetruppen benötigten mehr als ein Jahr, um mit brutaler Gewalt „die Ordnung wiederherzustellen".

Vinh wurde in den **Kriegen** des 20. Jh. mehrmals dem Erdboden gleichgemacht: erst von den Franzosen und dann von den Amerikanern, da der Hafen einen wichtigen Knotenpunkt für Lieferungen zum Ho-Chi-Minh-Pfad darstellte. Nach 1975 wurde die Stadt mit Unterstützung der DDR wieder aufgebaut.

Sehenswertes

Ho Chi Minh Square

Die Statue des *Ho Chi Minh* thront am nordöstlichen Ende von Vinhs „Central Park" über einem Platz, der stark an jenen vor dem Ho-Chi-Minh-Mausoleum in Hanoi erinnert. Abends wird der Platz, mit Flutlicht beleuchtet, zum lebendigen Treffpunkt von Vinh, mit spielenden Kindern, flanierenden Familien und fitnessbewussten Power-Walkern. Hinter der Statue führt ein Spaziergang durchs Grüne und an einen See mit Schwanenbooten und einer künstlich angelegten Insel.

Zitadelle

Zwei Tore der 1804 erbauten, einst sternförmigen Zitadelle sind noch erhalten. Sie liegen an der Dao Tan (Nähe Nguyen Chich) und nördlich des Stadions Nähe Dang Thai Than.

Museen

Ebenfalls an der Dao Tan zu finden ist das **Xo Viet Nghe Tinh Museum,** das an den Aufstand der Nghe-Tinh-Sowjets gegen die französische Unterdrückung erinnert. Vor dem Museum steht auf dem ehemaligen Areal des Gefängnisses ein Monument zu Ehren der zahlreichen Revolutionäre, die hier zwischen 1929 und 1937 inhaftiert waren.

☒ Das Geburtshaus von Ho Chi Minh in Kim Lien

■ **Xo Viet Nghe Tinh Museum,** 10 Dao Tan, https://btxvnt.org.vn, tgl. 8–17 Uhr, Eintritt frei.

Dung Quyet Mountain

Über 400 Treppenstufen und durch Kiefernwäldchen erklimmt man Vinhs **Aussichtspunkt,** etwa 5 km südlich des Stadtzentrums (N1A), und blickt über die Stadt, den Lam-Fluss, die Hong-Linh-Berge und den Cua-Lo-Strand (falls die Aussicht nicht zugewuchert ist!). Auf dem Berg befindet sich ein großer Tempel zu Ehren des Kaisers *Quang Trung* (1753–1792).

■ **Dung Quyet Mountain,** der Haupteingang zum Berg liegt an der Ngo Thi Nham auf der Ostseite (ausgeschildert „Nui Dung Quyet").

Ho Chi Minhs Geburtsort

Ein Pilgerort der Vietnamesen: In der Gemeinde **Kim Lien,** ca. 14 km westlich der Stadt, kann man die einfachen Holz- und Bambushäuser mit Strohdächern betrachten, in denen der Nationalheld *Ho Chi Minh* am 19. Mai 1890 geboren wurde und frühe Jahre seiner Kindheit verbrachte (mehr zu *Ho Chi Minhs* Leben → Exkurs „Ho Chi Minh", S. 642). Die Häuser wurden von Dorfbewohnern 1956 und 1959 an den Original-Standorten rekonstruiert. Ein Museum zeigt Artefakte und Bilder. Die Beschriftungen sind zum großen Teil auch auf Englisch. Führungen gibt es vor Ort nur auf Vietnamesisch. Eine gute Option ist der Besuch der Stätte mit einem der Guides von *Vinh Guru* (→ Praktische Informationen), die als Einheimische auch eine junge, frische Sicht auf die Geschichte ihres Landes vermitteln.

■ **Kim Lien,** N46A Richtung Westen, Dörfer Hang Tru (Mutterhaus) und Sen (Vaterhaus). Sommer tgl. 7–11.30 und 13.30–17, Winter 7.30–12 und 13.30–17 Uhr, Eintritt frei.

Strand Cua Lo

Der einst geschäftige Hafen und Fischerort Cua Lo liegt gut 16 km nordöstlich von Vinh und hat einen **10 km langen, von Pinien gesäumten Sandstrand,** zahlreiche Hotels und *Seafood*-Restaurants. Der Strand gilt bis heute für ausländische Touristen als „Geheimtipp" – was sich allerdings herumspricht und dementsprechend gibt es eine überschaubare touristische Infrastruktur mit günstigen Unterkünften, Cafés und Restaurants. In der Sommersaison (Mai bis Sept.), insbesondere während der Schulferien im Juni und Juli, wird er von einheimischen Touristen gestürmt, und es wird schon mal laut (Karaoke), in der Nebensaison kann es hier dagegen lauschig sein.

Pu-Mat-Nationalpark

Ein spannender, 91.000 ha großer, von westlichen Touristen noch kaum bereister Nationalpark im Truong-Son-Gebirge rund 100 km westlich von Vinh. Das Gebiet beheimatet einige sehr seltene Tier- und Pflanzenarten – darunter die **Saola** (Vietnamesisches Waldrind), ein erst 1992 in Vietnam entdecktes Huftier. Die vom Aussterben bedrohte,

420v aw

Oryx-Antilopen ähnliche Saola gehört zu den seltensten Huftieren der Welt.

■ **Pu-Mat-Nationalpark,** Eintritt 60.000 đ. *Vinh Guru* (→ Praktische Informationen) bietet ein- und zweitägige **Touren** in den Nationalpark, mit Trekking und Bootstour, Khe-Kem-Wasserfall und Übernachtung in einem Pfahlbauhaus des Thai-Volkes.

Praktische Informationen

■ 500.000 Einw., 2–5 m, Tel. 0238.
■ **Website:** https://vinhlongtourist.vn/en
■ **Information:** *Vinh Guru,* 110 Phan Chu Trinh, Tel. 0971900990 (bis 22 Uhr), http://vinhgurutours.com.
■ **Geld:** *Vietcombank,* 15 Quang Trung.
■ **Taxi:** *Mai Linh,* Tel. 3575757.
■ **Flug:** *Vietnam Airlines,* 7 Le Nin, Tel. 3595777.

Unterkunft

Aufgrund des Überangebotes an Hotels bietet Vinh außerhalb der Hochsaison

(Juni bis Anfang Sept.) insbesondere in der Mittel- und Luxusklasse ein sehr gutes Preis-Leistungs-Verhältnis.

Unser Tipp **Muong Thanh Song Lam**③-⑤, 13 Quang Trung, Tel. 3737666, www.fb.com/KhachSanMuongThanhSongLam. 425-Zimmer-Hotel mit Panorama-Bar auf der 33. Etage, gute Lage, Pool.

■ **Saigon Kim Lien**②-④, 25 Quang Trung, Tel. 3838899, http://saigonkimlien.com.vn/en. Hotel der *Saigon*-Kette an der Hauptstraße, 77 Zimmer, auf den oberen Etagen mit Aussicht über die Stadt. Restaurant, Bar, Spa.

■ **Muong Thanh Grand Phuong Dong**②-④, 2 Truong Thi, Tel. 3562299, https://grandphuongdong.muongthanh.com. 177 Zimmer, zentral am Kreisverkehr gegenüber Park.

■ Am Strand von **Cua Lo** (16 km) findet man zahllose Unterkünfte von der günstigen für 5 $ bis zum noblen Hotel.

Essen und Trinken, Nachtleben

Hinweis: In Vinh kann es, wie in der tiefen Provinz und in kleinen Städten in Vietnam auch, außerhalb der üblichen Essenszeiten schwierig sein, ein offenes Restaurant zu finden. Wer am späten Morgen oder mitten am Nachmittag hungrig ist, versucht es am besten bei *Vuvuzela, Miao's Pizza* oder *Saigon Kim Lien* (→ unten).

Unser Tipp **Aalsuppe:** *Chao luon* ist die Spezialität Nummer Eins in Vinh. Der Aal zergeht auf der Zunge, gegessen wird die Suppe oft mit dicken, flachen Reisnudeln *(banh muot)* und Baguette. In vielen Straßenrestaurants erhältlich (einfach nach „Chao Luon"-Schildern Ausschau halten), typischerweise zum Frühstück zwischen 6 und 9 Uhr. Bekannt für sehr gute Aalsuppe ist **Long Tuyen Luon Dong,** QL46A Xom 8 Hung Chinh, Tel. 0942001667

421v aw

oder 0943117808, etwas teurer, 6 km westlich vom Zentrum entfernt an der Hauptstraße. Nach eigenen Angaben 6–17 Uhr geöffnet (aber man klärt das im Zweifelsfall besser telefonisch vorab mit Vietnamesisch sprechender Hilfe, bevor man extra rausfährt!).

■ **Chao Canh:** Suppe mit dicken Reisnudeln und Schweinefleisch, eine weitere Spezialität Vinhs, z.B. bei **Huong Van,** 31 Dang Tat.

■ **Food Street:** An der Straße Dao Tan beim Tor der Zitadelle („Night Food Market") gibt es ab 18 Uhr bis spätnachts Suppen und diverse andere *Street-Food*-Leckereien. Gegenüber des Busbahnhofes an der Le Loi findet man Ess-Stände mit Nudelsuppen, Klebreis *(xoi),* Frühlingsrollen *(nem)* und anderen Spezialitäten.

■ **Saigon Kim Lien,** 25 Quang Trung, Tel. 38388 99, www.saigonkimlien.com.vn. Vietnamesische und westliche Gerichte im Restaurant des Hotels.

■ **Miao's Pizza,** 38 Kim Dong, Tel. 3833158. Man sollte hier vielleicht nicht gerade die himmlischsten Holzofen-Pizzen der Welt erwarten, aber es gibt auch weitere, ganz witzige kleine *Fast-Food*-Gerichte (z.B. Koreanische Reiskuchen) und Salate.

■ **Vuvuzela,** 45 Quang Trung, Tel. 932321556, www.fb.com/Vuvuzela.Vinh, 10–22 Uhr. Eher teures, auf westlich gemachtes Restaurant/*Beer Club* der *Vuvuzela*-Kette mit sehr umfangreicher Karte und lauter Musik, einige vergleichen es mit dem amerikanischen *Hooters;* Steaks, Pizza, Salate usw. und Import-Biere. Gleich daneben ist das Korea-Grill-Restaurant **Gogi House,** www.fb.com/GogiHouseVinh.QuanthitnuongHanQuoc.

■ **Pho Xanh Garden Coffee,** 135E Phan Dinh Phung, www.fb.com/phoxanhcoffee. Riesiger Café-Garten im Park, mit allem, was des Kaffee-Liebhabers Herz begehrt.

■ **Ngau Coffee & Store,** 36 Le Loi, Tel. 07978668 66, www.fb.com/ngau2vinh, 8–23 Uhr. Flippig dekoriertes Café, das gute Laune macht. Mit diversen Kaffeesorten, Shakes und Säften in allen Farben.

■ **King of Drinks,** 33 Le Mao, Tel. 914088546, www.fb.com/kingofdrinks1, 6–23 Uhr. *Take-Away* mit Kaffees, Säften, Shakes und Smoothies. Angesagt bei Vinhs Jugend, die sich abends auf dem Bürgersteig davor auf einem Meer von kleinen Plastikhockern trifft.

■ **Barbetta Station,** 8 Nguyen Tai, Tel. 9838587 85, www.fb.com/barbetta.station. Modernes Café mit einer kleinen Dessert-Auswahl.

■ **Rooftop Café/Bar Hotel Muong Thanh-Song Lam,** 13 Quang Trung, Tel. 3737666, www.fb.com/KhachSanMuongThanhSongLam, 7–23 Uhr. Bar auf der 33. Etage mit Blick über die Stadt, Sa abends oft mit Live-Musik.

An- und Weiterreise

■ **Entfernungen** (in km): Kim Lien 14, Cua Lo 16, Dong Hoi 200, Hanoi 295, Hue 365, Da Nang 470.

■ **Bus:** Busbahnhof 77 Le Loi. Regelmäßig nach Hanoi, Thanh Hoa, Ninh Binh, Dong Hoi (4 Std.), Da Nang (8–9 Std.), Ho Chi Minh City und Buon Ma Thuot. Regionalbusse und Busse nach Laos verkehren vom Großen Markt am Südende der Le Loi (dort: Quang Trung).

■ **Nach Laos:** Ab Busbahnhof nach Phonsavan, 12 Std.

■ **Zug:** Der Bahnhof (Ga Vinh) liegt nordwestlich, 1 km westlich der Kreuzung Le Loi/Phan Boi Chau. Zahlreiche Verbindungen, z.B. von/nach Hanoi 5x tägl., ca. 6 Std., von/nach Hue 4x tägl., 7–8 Std.

■ **Flug:** Der Flughafen liegt 7 km von der Stadt entfernt, mit dem Taxi ca. 15 Minuten, 100.000 đ. *Vietnam Airlines* und *Vietjet Air,* tgl. von/nach Hanoi, Ho Chi Minh City, Da Nang, Buon Ma Thuot.

☒ Vinhs Spezialität: Aalsuppe

Nationalpark Phong Nha-Ke Bang

Dieser Ort ist unterirdisch schön: Vietnams spektakulärste, gigantische Höhlen verbergen sich in der traumhaft wilden, ältesten Karstlandschaft Asiens, deren Entstehung im Paläozoikum, vor etwa 400 Mio. Jahren, begann (zur Karstentstehung → Exkurs „Was ist Karst?", S. 162). Der Nationalpark birgt bis heute unentdeckte Gebiete und Mysterien. Die erst 2009 erforschte **Son-Doong-Höhle** gilt als die **größte Höhle der Welt.** Sie ist so groß, dass sie ganze Wolkenkratzer verschlucken könnte, so riesig, dass ihre Kammern sogar Wolken und eigene Wettersysteme beinhalten. Das Betreten der Höhle bleibt allerdings nur einigen wenigen Besuchern vorbehalten, die bereit sind, 3000 $ für eine Sechs-Tages-Tour auszugeben.

Aber bekanntlich kommt es ja nicht nur auf die Größe an. Die mannigfaltigen inneren Werte diverser weiterer Höhlen und Grotten, die z.T. erst vor Kurzem der Öffentlichkeit zugänglich gemacht wurden, sind nicht weniger atemberaubend. Bizarre **Tropfsteinformationen** und kilometerlange **unterirdische Flüsse, Seen und Strände** lassen Besucher in eine Wunderwelt wie auf einem fernen Planeten eintauchen.

Für Klaustrophobiker und Höhlenmuffel (einige Höhlentouren erfordern zudem ein Mindestalter von 10 bzw. 16 Jahren) bieten der 123 ha große Nationalpark und dessen Umgebung nicht zuletzt auch über der Erde zahlreiche Abenteuer und Naturwunder. 84 % des Waldes gelten als von Menschen unberührter **Primärwald** (Urwald), der mehr als 2700 Pflanzen- und über 800 Wirbeltierarten beheimatet – darunter rund 100 bedrohte Spezies, z.B. Riesenmunjak, Nebelparder, Hatinh-Langur und Südlicher Weißwangen-Schopfgibbon. Man vermutet, dass eine Vielzahl weiterer Arten im Park noch nicht identifiziert wurden.

Die UNESCO listet den Nationalpark seit 2003 als **Welterbe** aufgrund seiner Artenvielfalt, intakten Karst-Regenwaldgebiete, einzigartigen Höhlen-Ökosysteme und geomorphologischen Merkmale von beträchtlicher Bedeutung. Und **Hollywood** wählte diesen Ort (neben der Ha-Long-Bucht und der Provinz Ninh Binh), um Teile des Films „Kong: Skull Island" (2017) zu drehen. Der Monster-Affe in dem Streifen stapft also durch Vietnams schönste Karstlandschaften!

Doch auch Phong Nha-Ke Bang ist keine heile Welt. Wie in den meisten Nationalparks in Vietnam ist die Bekämpfung illegaler **Wilderei und Abholzung** in der Praxis nur beschränkt effektiv. Bei mehreren bedrohten, mutmaßlich noch

Blindgänger-Warnung

Es empfiehlt sich nicht, Straßen und Wege auf eigene Faust zu verlassen. Quang Binh war im **Vietnamkrieg** das Ziel schwerer Bombardierungen und zählt heute neben Quang Tri zu den vietnamesischen Provinzen, die am ärgsten mit Blindgängern verseucht sind.

im Park vorkommenden Tierarten liegen die jüngsten Nachweise Jahre bis Jahrzehnte zurück. Auch die unkontrollierte Entwicklung der Tourismus-Infrastruktur könnte der Natur schaden. Pläne, eine Gondel-Seilbahn durch die Son-Doong-Höhle zu bauen, wurden zwar aufgrund zahlreicher Proteste aus dem In- und Ausland auf Eis gelegt, gänzlich vom Tisch sind sie jedoch nicht.

Reisetipp: Zwischen September und November wird die Region von Stürmen und Überflutungen heimgesucht, und zahlreiche Touren werden in dieser Zeit generell nicht durchgeführt. Die beste Zeit für einen Besuch sind die Monate März bis Mai, mit milden Temperaturen und weniger Touristen. Von Dezember bis Februar kann es sehr kühl werden, z.T. mit Temperaturen im einstelligen Bereich.

Die Höhlen

In dem riesigen Gebiet um den sich erst seit ein paar Jahren als Tourismus-Destination etablierenden Ort **Phong Nha** liegen Hunderte von Höhlen. Ständig werden neue entdeckt und erforscht, und laufend kommen Touren hinzu. Hier eine Auswahl älterer und neuerer „Klassiker" für Anfänger und Fortgeschrittene:

Hang Phong Nha

Ein guter Einstieg: Phong Nha war die **erste Höhle,** die der **Öffentlichkeit** zugänglich gemacht wurde, und sie gab dem Ort seinen Namen. Eine **Tour** in einem **Drachenboot** auf dem Son-Fluss führt durch die verträumt-schöne Landschaft mit Karstfelsen-Kulisse und dann hinein in eine Höhlenwelt aus Sand, Granit, Wasser, Kalkstein, Stalagmiten,

Vor der Phong-Nha-Höhle

423v aw

Stalaktiten, Gewölben, Sandbänken und Riffen. Weiter geht es ein Stück zu Fuß bis 1,5 km ins Innere der Höhle. Sie diente während des Krieges als Zufluchtsort und Waffendepot. Eine schwimmende Brücke wurde damals tagsüber in der Höhle vor den amerikanischen Bomben versteckt (in der Felswand am Höhleneingang sieht man noch immer einige Einschusslöcher) und nachts dazu genutzt, Nachschub über den Fluss zu transportieren.

Phong Nha ist auch ohne Tourguide einfach an einem halben Tag (2–3 Std.) zu besuchen, sie ist allerdings auch die „touristischste" Höhle. Wer früh aufbricht, hat die Chance, weniger Gruppenboote anzutreffen, in denen Guides oft mit ihren Lautsprechern ziemlich viel Lärm verursachen. Die Gesteinsformationen wurden anfangs (ähnlich wie in einigen Höhlen in der Ha-Long-Bucht) mit kitschig-grellbunten Discoleuchten angestrahlt. Mittlerweile wurden diese aber durch eine dezentere Beleuchtung ersetzt.

- **Hang Phong Nha,** Start an der Bootsanlegestelle in Phong Nha, Bootsfahrt 360.000 đ pro Boot (max. 14 Personen), Eintritt Höhle 150.000 đ p.P.

Wie entstehen Tropfsteine?

Durch Felsspalten sickert **kohlensäurehaltiges Wasser** in den Untergrund. Auf seinem Weg löst das Wasser **Kalk** aus dem Gestein. An der Höhlendecke entweicht beim Heruntertropfen **Kohlendioxid** aus dem Sickerwasser, wodurch Kalk austritt, wieder fest wird und sich ablagert. Nach und nach entsteht durch diese Ablagerungen ein von der Decke herabhängender Tropfstein, ein **Stalaktit.** Beim Aufprall der Wassertropfen auf den Boden wird erneut ein bisschen Kohlendioxid freigesetzt, und es entsteht ein von unten emporwachsender Tropfstein, ein **Stalagmit.** Wachsen Stalaktiten und Stalagmiten zu Säulen zusammen, sprechen wir von **Stalagnaten.** All dies geschieht natürlich nicht über Nacht: Es dauert zwischen 1000 und 10.000 Jahre, bis ein Stalaktit 50 Zentimeter lang gewachsen ist.

(Zur Entstehung von Karsthöhlen → Exkurs „Was ist Karst?", S. 162)

Hang Thien Duong (Paradise Cave)

Die „Wow"-Höhle für Eilige: Wer sich bei knapper Zeit in Phong Nha für nur eine einzige Höhle an einem Tag entscheiden muss, dem sei die **„Paradieshöhle"** empfohlen: Der über Holztreppen und -stege begehbare Teil der insgesamt 31 km langen und bis zu 100 m hohen Höhle ist ein Paradies aus Tropfsteinen, von denen manche glitzern wie Märchenschlösser, andere aussehen wie riesige Orgelpfeifen, Quallenschwärme oder zottelige Hunde, weitere wie Tannenzapfen, Buddhas, Nikoläuse und Popcorn. Vom Parkplatz geht es 1,5 km zu Fuß oder mit dem Elektrobus (100.000 đ hin und zurück) zum Aufstieg, von dort 500 m die Treppe hoch zum Höhleneingang.

- **Hang Thien Duong,** ca. 22 km vom Dorf Phong Nha, Ho Chi Minh Highway West bei km 16, Eintritt für den 1-km-Rundgang 250.000 đ, *Paradise Cave Eco-Tourist Site,* Tel. 3506777, www.dongthienduong.com. 7-km-Tagestour mit Schwimmen und

422v aw

Mittagessen in der Höhle z.B. buchbar bei *Phong Nha Farmstay* (→ Phong Nha, Unterkunft). Der Besuch ist auch als Teil von Nationalpark-Touren mit Dschungel-Trekking und mehreren Höhlen möglich.

Hang Toi (Dark Cave)

Hier wird's dreckig: Per *Zipline* geht es zur Höhle, dann kriecht und schwimmt man, mit Schwimmweste, Helm und Stirnlampe ausgestattet, durch die **schlammige Finsternis** (ca. 1 Std.). Badesachen mitbringen (es gibt Umkleiden und Schließfächer). Guides führen die Gäste in Gruppen durch die Höhle. Wer nicht im Rahmen einer geführten Tour kommt, muss manchmal warten, bis zehn Leute zusammen starten können, oder ankommende Gruppen werden bevorzugt, und wer Pech hat, kommt überhaupt nicht rein. Am besten informiert man sich in der Unterkunft, bei einem Tourenveranstalter oder bei *Easy Tiger Hostel* über die aktuelle Situation, denn in Sachen Organisation und Information sowie bei den Eintrittspreisen tappt man hier schnell mal im Dunkeln.

■ **Hang Toi,** ca. 18 km vom Dorf Phong Nha, Ho Chi Minh Highway West, Eintritt 450.000 đ p.P. (16. Sept.–14. März 250.000 đ p.P.).

⌃ Paradise Cave

Adobe Stock © Janos

Hang Tra Ang

Für Wasserratten: Die Höhle wurde 2016 der Öffentlichkeit zugänglich gemacht. Ein Acht-Kilometer-Trek führt durch den Dschungel. Die ca. 1 km lange und 50 m breite Höhle mit Tropfsteinformationen kann durch den **unterirdischen Fluss** schwimmend erkundet werden.

■ **Hang Tra Ang,** Tagestour z.B. von *Jungle Boss* (→ Praktische Informationen, Lokale Tourenanbieter), 800.000 đ p.P. bei min. 20 Teilnehmern.

Hang En

Nochmals *Hollywood:* Diese Höhle ist so märchenhaft, dass sie im *Peter-Pan*-Film „Pan" (2015) als Eingang zum „Nimmerland" verwendet wurde. Hang En mit ihren gewaltigen Kammern und prähistorisch anmutenden Landschaften ist die „kleine", erschwinglichere Schwester der Rekordhöhle Son Doong. Sie wird als die **drittgrößte Höhle der Welt** bezeichnet und ist nur im Rahmen einer geführten Tour zu besichtigen. Ihr Name bedeutet „Seglerhöhle", benannt nach den Vögeln, die zu Abertausenden hier nisten und ein- und aussegeln.

■ **Hang En,** Zwei-Tages-Tour (25-km-Trek) mit Zeltübernachtung in der Höhle an einem Sandstrand am Fluss, um 330 $, *Oxalis* (→ Praktische Informationen, Lokale Tourenanbieter).

Hang Son Doong

Gilt als die **größte Höhle der Welt:** Bis zu 200 m hoch, 150 m breit und mindestens 6,5 km lang, eine mystische unterirdische Welt mit Flüssen, Dschungellandschaften, Wolken, gigantischen Tropfsteinen und Dolinen (Karsttrichter), durch die das Tageslicht scheint. Die Höhle wurde 1991 von dem Einheimischen *Ho Khanh* entdeckt – der dann aber vergaß, wo sie lag. Erst 18 Jahre später konnte er den Eingang erneut finden und die Höhle mit Forschern der *British Cave Research Association* erkunden. Die Son-Doong-Höhle („Bergflusshöhle") ist nur auf einer Sechs-Tages-Tour des Veranstalters *Oxalis* besuchbar. Dies setzt einiges an Trekking-Fitness voraus, kostet 3000 $ und muss **mindestens ein Jahr im Voraus gebucht** werden.

■ **Link-Tipp:** Video mit Drohnenflug durch Teile der Son Doong unter www.vimeo.com/121736043.

Phong Nha

In dem kleinen Ort Phong Nha (nahe Son Trach) bildete sich entlang des Highway 20 ab der Bootsanlegestelle am Fluss Richtung Osten eine Art Zentrum. Der Highway 20 verbindet den Ho Chi Minh Highway East mit dem Ho Chi Minh Highway West und wird auch „Victory Road" genannt, im Gedenken an die jungen Helden, die die Region und ihr Land im Alter von 20 Jahren verteidigten und ihr Leben opferten. Direkte Busse aus Hanoi, Ninh Binh und Hue halten mittlerweile hier, die Zahl der Hotels und Hostels hat sich in kurzer Zeit vervielfacht, und der Straßenabschnitt wird immer mehr zum **Backpacker-Hotspot.**

Praktische Informationen

■ 1000 Einw., Tel. 0232.
■ **Website:** www.visitphongnha.com
■ **Information:** *Phong Nha Tourism Center,* Tel. 918841455, www.phongnhatourism.com.vn, tgl. 7.30–16.30 Uhr.
■ **Geld:** Es gibt nur zwei ATMs in Phong Nha und diese sind nicht unbedingt zuverlässig. Am besten reichlich Bargeld mitbringen.
■ **Verkehr:** In Phong Nha gibt es kein Taxiunternehmen. Die meisten Unterkünfte verleihen Fahrräder, *Scooter,* Motorräder und Mietautos mit Fahrer (→ auch *Thang's Phong Nha Riders*).

☐ In der Hang-En-Höhle kann man in einem Zeltcamp übernachten

☐ Blick über Phong Nha

Adobe Stock © Malulein Photography

Phong Nha

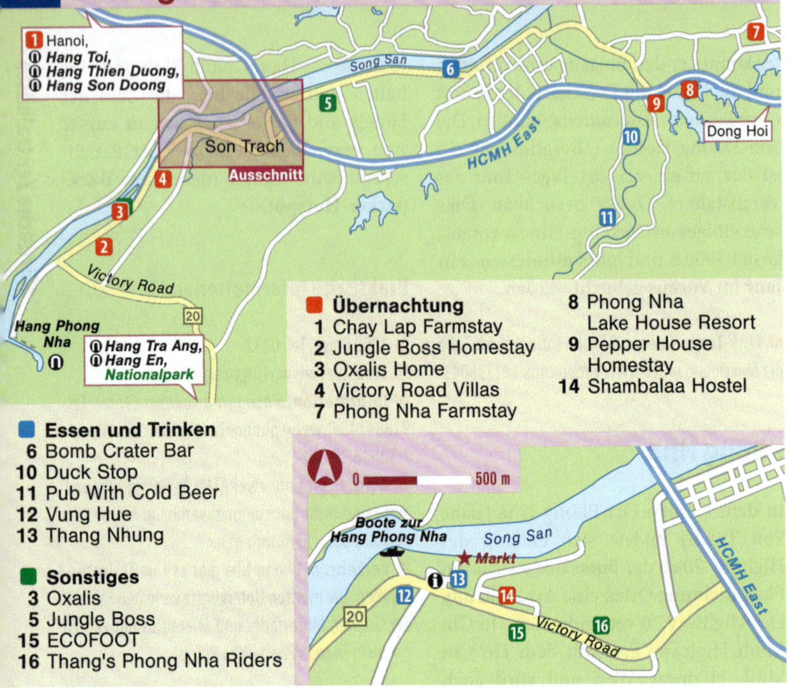

Lokale Tourenanbieter

3 **Oxalis,** Tel. 919900357, www.oxalisadventure.com. Der einzige Veranstalter, der Touren in die Son-Doong-Höhle leiten darf. Bietet auch viele weitere Höhlentouren, die Guides wurden von der *British Cave Research Association* ausgebildet.

5 **Jungle Boss,** Tel. 917800805, https://jungle bosstours.com. Ein- und fünftägige Höhlentouren und Dschungel-Trekking, z.B. durchs Abandoned Valley mit Erkundung der Fluss-Höhlen Hang En und Dark Cave duch den „Hintereingang".

15 **ECOFOOT,** Tel. 962606844, https://ecofoot.com.vn. Dschungeltouren durch den Nationalpark (z.T. per *Scooter* mit Fahrer) und Besuch der Wildtier-Rettungsstation mit konfiszierten Tieren, die Opfer von Wilderern wurden, wie Languren, Stachelschweine, Schildkröten, Schuppentiere und Pythons. Auch Touren mit Übernachtung im Zelt im Dschungel oder in einer Höhle und nächtlichen Tierbeobachtungen.

16 Touren per Motorrad: **Thang's Phong Nha Riders,** Tel. 918915823, https://thangphongnharider.com, bietet Höhlentouren, zweitägige Trips nach Hue via DMZ, nach Hoi An etc., als Passagier oder Selbstfahrer.

DYO-Tour durchs Bong Lai Valley: Man kann auch auf eigene Faust eine schöne Fahrradtour durch die Landschaft unternehmen mit Stopps u.a. bei *Duck Stop* und *Pub with Cold Beer.* In der jeweiligen Unterkunft nach einer Route oder Karte fragen.

Unterkunft

14 **Shambalaa Hostel**①, Tel. 3677889, www.fb.com/shambalaahostel. 2017 eröffnetes Hostel, das sich in wenigen Jahren einen guten Ruf erarbeiten konnte. Gratis-Fahrräder.

2 Jungle Boss Homestay③, Tel. 0943748041. Zwei Häuser 2 km südwestlich, mit Zimmern im Bambus-Look, mit AC, WC/Dusche, Moskitonetz, auch Familienzimmer. Fahrrad und Wäscheservice.

7 Phong Nha Farmstay③, Tel. 3675135, www.fb.com/thephongnhafarmstay. Villa, 9 km östlich, ruhig, umgeben von Reisfeldern. Restaurant, Veranda-Bar mit Musik- und Filmabenden, Pool. International geführt, familiär, sehr hilfreich beim Planen und Buchen aller Touren, Aktivitäten, Weiterfahrt etc. Zimmerbuchung nur bei mind. zwei Nächten Aufenthalt. BF, AC. Auch Familienzimmer.

4 Victory Road Villas⑤, Tel. 886199599, www.victoryroadvillas.com. Betrieben von *Farmstay.* Villen am Fluss, mit 1, 2 oder 3 Schlafzimmern, Küche, Lounge, mit Freiluft-Badewanne, Balkon, Gemeinschaftspool, Grillplatz, Blick auf Reisfeld mit Bombenkrater, Gratis-Fahrräder, Kajakvermietung. Frühstück in der Villa, im *Capture*-Restaurant oder in der Nudelküche.

8 Phong Nha Lake House Resort①-③, Tel. 3675999, https://phongnhalakehouse.com. Am Dong-Suon-See 9 km östlich. Acht Bungalows, sechs Villen mit DZ, Familienzimmer und 16 Dorm-Betten. BF, AC, Restaurant, Pool.

9 Pepper House Homestay③, Tel. 16787315 60, www.fb.com/PepperHouseHomestay. Hübsche, moderne Bungalows mit großem Pool in der Mitte, umgeben von Pfefferplantagen und Reisfeldern.

3 Oxalis Home③-④, Tel. 3677680, https://oxalishome.com. Hotel des Tourenanbieters, 2 km südwestlich, mit Fluss- oder Bergsicht, Café und kleinem Sandstrand, Kajaks.

1 Chay Lap Farmstay③-④, Chay Lap Village, Ho Chi Minh Highway West, Tel. 0931357677, www.chaylapfarmstay.com. Die Luxus-Unterkunft von *Oxalis,* 17 km westlich, mit Bungalows (drei Preiskategorien), Restaurant, Garten und großem Pool mit Bar. Gute Mountainbikes.

Essen und Trinken, Nachtleben

■ **Markt:** Ein Bummel über den kleinen, quirligen Markt 500 m westlich, der täglich am Morgen abgehalten wird, lohnt sich, hier gibt es auch frische Früchte.

13 Thang Nhung, 400 m westlich von *Easy Tiger.* Erkennt man am großen Grill an der „Hauptstraße" und dem Schild „The best BBQ pork & noodle shop in the world (probably)". Leckere vietnamesische Speisen – Gegrilltes, Suppen, Sandwiches etc.

12 Vung Hue, https://nhahangvunghue.com. Umfangreiche Karte (engl.) mit guten vietnamesischen Speisen (Fisch etc.), 600 m westlich, südlich der Bootsanlegestelle an der Straße, die auf der gegenüberliegenden Seite von der TL20 abzweigt.

6 Bomb Crater Bar, am Fluss auf halbem Wege zwischen Zentrum und Phong Nha Farmstay, 5 km östlich, neben einem riesigen Bombenkrater. Netter Zwischenstopp auf einer Fahrradtour: Bier, Kaffee, Fruchtsäfte und Snacks, Baden im Fluss oder einfach den Sonnenuntergang genießen.

10 Duck Stop, www.fb.com/DuckStop. Kleine Farm an der Fahrrad-/Motorradtour-Route durchs Bong Lai Valley im „Nirgendwo", ca. 8 km südöstlich. Hier gibt's Getränke, man kann vom farmeigenen frischen Phong-Nha-Pfeffer probieren, beim Entenfüttern helfen – und dabei ein Bad in einer Horde aufgeregter, flauschiger Entenküken nehmen!

11 Pub With Cold Beer, weiterer Stopp an der Bong Lai Valley-Route, 10 km südöstlich. Hier gibt es, offensichtlich, kaltes Bier. Und das Mittagessen, Huhn vom Grill (mit farmfrischer Haus-Erdnusssauce), kann man, wenn man möchte, vor dem Grillen selber schlachten.

An- und Weiterreise

Die genannten **Unterkünfte** und **Touranbieter** in Phong Nha sind sehr hilfsbereit beim Arrangieren von An- und Weiterreise.

■ **Bus:** Mehrere Busunternehmen fahren beispielsweise ab Hanoi direkt nach Phong Nha.

■ **„Easy Rider":** Motorradtouren z.B. nach Hue via DMZ. *Phong Nha Motorbike Tours,* www.phongnhamotorbiketours.com.

■ **Zug:** Züge stoppen in Dong Hoi. Transfer Dong Hoi –Phong Nha (ca. 45 km, 1 Std.) kann von der Unterkunft in Phong Nha organisiert werden. Preis vorab verhandeln! Öffentliche Busse (angeschrieben Dong Hoi – Phong Nha) fahren stündlich 5.30–17 Uhr ab Busbahnhof Nam Ly (1,3 km vom Bahnhof, Brücke und Gleise überqueren, beim Nam-Ly-Markt rechts, Haltestelle auf der gegenüberliegenden Seite des Busbahnhofs). Mehrere Stopps in Phong Nha, ca. 90 min, Infos unter www.visitphongnha.com/plan-your-visit/getting-here/dong-hoi.

■ **Flug:** Dong Hoi tgl. von/nach Hanoi, mehrmals tgl. von/nach Ho Chi Minh City. Transfer Dong Hoi – Phong Nha → oben.

Dong Hoi

Die **Provinzhauptstadt von Quang Binh** war noch vor wenigen Jahren der Ausgangspunkt für Touren und Ausflüge zu den Höhlen im Nationalpark Phong Nha-Ke Bang. Mittlerweile ist das Angebot an Unterkünften direkt in Phong Nha viel größer geworden, und internationale Touristen bleiben kaum mehr über Nacht in Dong Hoi. So bleibt die im Krieg dem Erdboden gleichgemachte, entspannte Stadt, die sich gut per Fahrrad erkunden lässt, etwas für Entdecker. Bäume über Bäume säumen die kleinen Gassen der nach 1975 unaufdringlich wieder aufgebauten Viertel im alten Zentrum am Fluss, und mittendrin ragt die zerbombte Ruine der Tam-Toa-Kirche (1886) in den Himmel. Nördlich und südlich erstrecken sich endlose, von

Die Ruine der Tam-Toa-Kirche in Dong Hoi

Adobe Stock © Vietnam Destinations

Sanddünen gesäumte Strände – die kilometerlange, unterwegs mehrfach ihren Namen ändernde Hauptstraße führt immer am Fluss entlang und biegt schließlich zum feinsandigen **Nhat-Le-Strand** ab.

Im Frühjahr 2016 wurde der idyllische Ort von einer Umweltkatastrophe getroffen: Ein massives **Fischsterben** – mehr als 100 t toter Fische wurden an der Küste Zentralvietnams angeschwemmt – machte Tausende Fischer arbeitslos. Betroffen waren die Provinzen Ha Tinh, Quang Binh, Quang Tri und Thua Thien-Hue. Als Ursache der Wasserverseuchung wurde die nicht ordnungsgemäß funktionierende Kläranlage des taiwanesischen Stahlwerkes *Formosa Steel* in Ha Tinh ausgemacht. Der Tourismus hatte mit schweren Einbußen zu kämpfen, zahlreiche Touristen stornierten ihren Strandurlaub (Dong Hoi sowie die Provinz Quang Binh wird zum allergrößten Teil von einheimischen Urlaubern besucht), *Seafood*-Restaurants waren verwaist. Inzwischen ist Dong Hoi wieder gut gebucht.

Praktische Informationen

- 120.000 Einw., Tel. 0232.
- **Orientierung:** Der Bahnhof ist 3, der Busbahnhof 2,5 km vom Zentrum Tran Hung Dao Ecke Ly Thuong Kiet (Post) entfernt.
- **Information:** Das Hotel *Nam Long* (→ unten) führt eine informative Website, Stadtspaziergänge und Radtouren-Routen sind auch online gestellt, hilfsbereit mit Reisetipps und -buchungen; ebenso *Tree Hugger Café* (→ unten).
- **Geld:** Banken und ATMs an der Tran Hung Dao und Ly Thuong Kiet.
- **Taxi:** Tel. 3835835 und 3841841.
- **Flug:** *Vietnam Airlines,* 35 Tran Hung Dao, Tel. 3850827.
- **An- und Weiterreise:** → Phong Nha.

Unterkunft

- **Nam Long**①-②, 22 Ho Xuan Huong. Hotel in einer ruhigen Seitengasse der Flusspromenade. Familiär und hilfsbereit, buchen Bustickets (auch nach Laos); Fahrräder, Stadtpläne mit Spaziergängen und Fahrradtouren, auch Phong-Nha-Höhlentouren. **Nam Long Plus**②, 28 Phan Chu Trinh, Tel. 0918923595, ist die neuere Variante, mit Lift; www.namlonghotels.com.
- **Sun Spa Resort**④-⑤, My Canh, Tel. 3842999, https://sunsparesortvietnam.com. Luxus-Resort zwischen Bao-Ninh-Strand und dem Fluss, etwas abseits gelegen. 234 Zimmer, Bungalows und Villen, zwei Pools, fünf Restaurants, Spa, Tennis, Fahrräder, Mountainbikes, Fitnesscenter, Spielplatz.
- **Saigon Quang Binh**③-④, 20 Quach Xuan Ky, Tel. 3822276. Vierstöckiges *Saigontourist*-Haus mit Pool am Flussufer. 95 Zimmer.
- **Tu Quy Hotel**②-③, 63 Truong Phap, Tel. 3840 776, https://myquangbinh.vn/en/khachsantuquy. Sauber und effizient. 20 Zimmer, Suiten mit Superblick auf Fluss und Strand.

Essen und Trinken

- **Tu Quy,** 11a Co Tam. Kleines Restaurant mit guten, günstigen vietnamesischen Speisen. Englische Karte mit Fotos.
- **7th Heaven,** 39 Duong Van An, Tel. 3818191, www.fb.com/theheaven7th. Auf westliche Gäste ausgerichtetes Restaurant mit vietnamesischen und westlichen Speisen. Montags geschlossen.
- **Tree Hugger Café,** Tel. 0935983831, www.fb.com/treehuggercafe. Café mit Frühstück (Müsli, Omelettes, Waffeln usw.) und kleiner Speisekarte.

Demilitarisierte Zone (DMZ)

Die Weltmächte legten nach dem ersten Indochina-Krieg, der mit der Niederlage der Franzosen bei Dien Bien Phu endete, auf der Genfer Konferenz 1954 den **Ben-Hai-Fluss** etwa auf halber Strecke zwischen Dong Hoi und Dong Ha, unmittelbar am **17. Breitengrad,** als (eigentlich vorübergehend gedachte) Grenze zwischen dem kommunistischen **Nordvietnam** und dem von den USA unterstützten **Südvietnam** fest. Das Gebiet 5 km beidseits des Flusses wurde zur kampffreien, **„demilitarisierten Zone"** erklärt. Am 20. Juli 1956 sollte Vietnam durch landesweite Wahlen wiedervereinigt werden. Diese fanden jedoch nie statt, da US-Präsident *Eisenhower* zu Recht einen klaren Wahlsieg *Ho Chi Minhs* fürchtete. Die DMZ wurde zum Ort der heftigsten, blutigsten Kämpfe des Krieges.

Übrig geblieben ist hier heute nur noch wenig, was Besuchern den Schrecken dieser Schlachten und endlosen Bombardierungen annähernd vor Augen führen könnte. Auch die einzelnen Stätten, die an den Krieg erinnern und die der Öffentlichkeit zugänglich gemacht wurden, sind an sich kaum erhellend. Interessierte besuchen die DMZ deshalb am besten im Rahmen einer Tour, die oft von einheimischen Zeitzeugen geführt wird. Deren Erinnerungen und Erzählungen machen die Geschichte des Ortes weit besser erlebbar.

DMZ-Touren werden zahlreich von **Hue** aus angeboten. Sie sind an einem Tag machbar, wegen der langen Hin- und Rückfahrt sitzt man dabei allerdings die meiste Zeit im Bus. Als Alternative bietet sich an, die DMZ auf dem Weg zwischen Hue und Phong Nha von **Dong Ha** aus zu besuchen: Die Provinzhauptstadt von Quang Tri ist, außer als

www.fotolia.de © John

Ausgangspunkt für Touren und als Station auf dem Weg von oder nach Laos kaum von Interesse, bietet aber akzeptable Übernachtungsmöglichkeiten (Bus Phong Nha – Hue mit Guide und Halt bei den Vinh-Moc-Tunnels → Phong Nha, An- und Weiterreise).

Die wohl eindrücklichste Stätte der DMZ und Umgebung sind die **Vinh-Moc-Tunnel,** in denen sich ein ganzes nordvietnamesisches Dorf vor den amerikanischen Bomben versteckte (→ unten). Zu weiteren Tourenstopps gehören der Ort der früheren Militärbasis **Khe Sanh, „The Rockpile"**, ein Karstfelsen, der den Amerikanern als Ausguck diente und den man von der Ferne aus betrachtet. Des Weiteren ein monströses **Monument der Wiedervereinigung** am Ben-Hai-Fluss und der **Helden-Friedhof Truong Son** mit mehr als 10.000 Gräbern nordvietnamesischer Männer und Frauen, die entlang des Ho-Chi-Minh-Pfades starben. Jeder Grabstein trägt die Inschrift „Märtyrer" *(liet si),* viele davon sind namenlos. Lohnenswert ist ein Besuch im **Mine Action Besucherzentrum** in Dong Ha (https://landmines.org.vn/visitor-center), welches zeigt, dass die zerstörerische Wirkung des Krieges insbesondere in dieser Region bis heute anhält: In Quang Tri wurden seit dem Kriegsende 1975 mehr als 7000 Menschen durch Blindgänger getötet oder verletzt.

Tunnel von Vinh Moc

Der Stopp gilt als **Highlight** auf DMZ-Touren. Die Dorfbewohner begannen 1966, dieses 2 km lange Tunnelsystem an

[<] Verrosteter Panzer

[v] Eingang zu den Tunneln von Vinh Moc

der Küste nördlich des 17. Breitengrades zu graben, um den amerikanischen Flächenbombardierungen zu entkommen. Rund 300 Menschen (über-)lebten bis zu 27 m tief unter der Erde. Während der Angriffe ging ihr Alltagsleben manchmal über Stunden, manchmal sogar über Tage hier unten weiter. Die Tunnel wurden auf drei Ebenen angelegt, mit Schlaf- und Versammlungsräumen, Küchen und einem Krankenhaus. 17 Kinder wurden in den Tunneln geboren. Einige der Ein- und Ausgänge liegen an pittoresken Stränden. Die Tunnel sind mit etwa 1,60 m Höhe und 1,20 m Breite etwas weniger eng gebaut als die Cu-Chi-Tunnel in der Nähe von Ho Chi Minh City.

- **Anfahrt:** 2 Zufahrten ab der N1, jeweils 14 km weit, 7 km nördlich des Ben-Hai-Flusses bei Ho Xa sowie unmittelbar an der Brücke; Letztere führt am Strand von Cua Tung entlang.
- **Tunnel,** tgl. 7–17 Uhr, 40.000 đ. Ohne Guide kann man sich leicht verlaufen. Ein kleines Museum zeigt Fotos und Dokumente.

Dong Ha

Militärbasis Khe Sanh

Die Bergfestung Khe Sanh war zwischen Januar und März 1968 Schauplatz der **erbittertsten Schlacht des Vietnamkriegs.** 75 Tage lang belagerten vier Divisionen der nordvietnamesischen Armee die bestausgerüstete, aber auf einen Angriff dieser Größenordnung unvorbereitete Festung der *Marines.* Aus Angst vor einem „zweiten Dien Bien Phu“ ordneten *Präsident Johnson* und *General Westmoreland* an, die Stellung müsse gehalten werden, „koste es, was es wolle“. 100.000 Tonnen Sprengstoff, Napalm- und Phosphorbomben regneten auf das Bergland nieder, kein Platz dieser Erde wurde jemals einem solchen Bombardement unterzogen.

Aber der Feind belagerte nur, griff die Festung nicht an. Während die Augen der Welt auf Khe Sanh gerichtet waren, bereiteten die Truppen der *Nordvietnamesischen Volksarmee (NVA)* und der *Südvietnamesischen Befreiungsfront (FNL)* im Süden die **Tet-Offensive** vor. Sie attackierten in einem Überraschungsangriff Hue, Quang Tri, die Amerikanische Botschaft in Saigon und mehr als 100 weitere Städte im Süden. Die USA antworteten mit massivem Beschuss und Bombardierungen. Nordvietnam unterlag zwar mit großen Verlusten, doch in den USA begann die Stimmung in der Bevölkerung zu kippen. Medienberichte über Khe Sanh und die Tet-Offensive von Journalisten vor Ort zeichneten ein weit negativeres und schmutzigeres Bild des Krieges, als die Regierung der Öffentlichkeit weismachen wollte. Khe Sanh kann man auch als ein Symbol für die Sinnlosigkeit des Krieges bezeichnen: Die entlegene Festung wurde wenig später verlassen, für unnütz befunden – nachdem die Schlacht Tausende Menschenleben gekostet hatte.

Heute ist der Ort der früheren Basis ein Fleck im Niemandsland. Was man hier sieht, sind Überreste der Landebahn, rekonstruierte Bunker, ein paar alte amerikanische Kriegsflugzeuge und Helikopter, die aus anderen Fundorten im Land irgendwann hierher transportiert wurden, um die Stätte aufzupeppen, Kriegsschrott und ein kleines **Museum.** Ausgestellt sind unter anderem ein paar zurückgelassene Gegenstände von Soldaten und alte Fotos. In den Erklärungen wird betont, dass die Amerikaner „in Panik flohen". Gezeigt wird auch, dass in der Region ansässige Stämme ethnischer Minderheiten die nordvietnamesischen Truppen unterstützten, und wie sie sich dabei verteidigten: mit Pfeil und Bogen. Bemühung um gute Geschichtsvermittlung ist hier nur beschränkt erkennbar, das Museum spricht eher unfreiwillig für sich. Ein paar Einheimische verkaufen draußen manchmal alte „dog tags", Erkennungsmarken der US-Armee, als Souvenir.

- **Anfahrt:** Von Khe Sanh (63 km westlich von Dong Ha Richtung Lao Bao) 3 km auf dem Ho Chi Minh Highway West, Zufahrt ausgeschildert.
- **Museum,** tgl. 7.30–17.30 Uhr, Eintritt 50.000 đ.

Praktische Informationen

- 94.000 Einw., Tel. 0233.
- **Information:** *Tam's Café*, 211 Ba Trieu, Tel. 0905 425912, www.tamscafé.jimdo.com. Informatives Travellercafé mit Allroundservice: Touren (z.B. DMZ-Tour per Motorrad mit Fahrer, auch ab/nach Hue, Phong Nha, Dong Hoi), Buchungen, Essen und Trinken, Stadtplan (mit *Street-Food*-Tipps etc.), Hostel.
- **Geld:** *Vietcombank* ATM, 189 Le Duan, und weitere in der Stadtmitte.
- **Mine Action Besucherzentrum,** Dong Luong (ab Hung Vuong), Tel. 0935211281, www.landmines.org.vn/visitor-center. Lehrreiche Ausstellung zu den Auswirkungen des Krieges und Folgeschäden durch Landminen. Mo–Fr 8–17 Uhr, Sa/So auf Anfrage, Eintritt frei.

Unterkunft

- **Saigon Dong Ha**③, 1 Bui Thi Xuan, Tel. 35778 88, https://saigondonghahotel.com. Großes, bewährtes Hotel mit Pool.
- **Grand Quang Tri Muong Thanh**③-④, 68 Le Duan, Tel. 3898888, https://grandquangtri.muongthanh.com. Hotel der riesigen *Muong-Thanh*-Kette. Antworten zeitnah auf Anfragen. 175 Zimmer.
- **Thuan An Hotel**①-②, 9 Le Van Huu (ggb. Busbahnhof), Tel. 3554554. 18 Zimmer, günstig und freundlich.
- **Phung Hoang**②-③, 295 Le Duan, Tel. 974689 668, www.phunghoanghotel.com.vn. Sauber, guter Service, empfehlenswert. 50 Zimmer.

An- und Weiterreise

- **Entfernungen** (in km): Quang Tri 12, Vinh Moc 41, Khe Sanh 65, Hue 75, Lao Bao 80, Dong Hoi 90, Savannakhet (Laos) 330.
- **Zug:** Die meisten Züge halten in Dong Ha, z.B. mehrmals tgl. nach Dong Hoi, 2 Std., Hue, 1 Std., Da Nang, 4 Std., Hanoi, 13 Std.
- **Bus:** Regelmäßig Busse von/nach Hue, 1½ Std., Dong Hoi, 2 Std., Da Nang, 4 Std., Khe Sanh, 1½ Std. und nach Phong Nha. Der Busbahnhof liegt an der Kreuzung N 1/N 9.
- **Laos:** Beliebter Grenzübergang **Lao Bao.** Am besten Direktbus nach Savannakhet ab Dong Ha bei *Sepon* oder *Tam's* buchen (oder in Hue, wo die Touristenbusse über die Grenze starten), alles andere ist zeitraubend, umständlich und teuer.

Hue, Da Nang, Hoi An –
Das Zentrum Vietnams | 228

620v sb

4
Zentrum

» Marmorberge. Kaisergräber. Verbotene Stadt. Parfüm-Fluss. Shiva-Heiligtümer. Buddhistische Pagoden. Chinesische Tempel. Japanische Brücke. Schwimmende Laternen. Dreimal Weltkulturerbe im Radius von 150 Kilometern, dazwischen Wolkenkratzer. Daneben Strände, Inseln, Dschungel und Reisfelder.

‹ Hoi An ist vielleicht die „Laternenhauptstadt" von Vietnam

HUE, DA NANG, HOI AN – DAS ZENTRUM VIETNAMS

Die Gegensätze könnten größer nicht sein. Hue. Kaiserstadt. Ja, aber ... vietnamesisch wurde Hue erst, als Hanoi schon 500 Jahre auf dem Buckel hatte, und Hauptstadt gar erst 1802, kurz bevor die Franzosen die Stadt eroberten. Mittlerweile lebt der Tourismus hier von den Überresten der Vergangenheit und trotzdem hat sich ein eigenes Selbstbewusstsein entwickelt und die Stadt ist durchaus quirlig geworden – auch, was das Nachtleben angeht.

Da Nang. Die Stadt ist heute, gleich nach Ho Chi Minh City und Hanoi, der prosperierendste Ort des Landes – und das sieht man. Da Nang will das Vietnam von übermorgen sein; dies mit einem Hang zu Wolkenkratzern, Luxus-Resorts, Golfplätzen und Shopping- und Amusement-Welten entlang des Strandes, der sogar noch länger ist als der von Nha Trang.

Hoi An. Eine Zeitreise. Gut erhaltene Häuser der früheren Handelshafen-Stadt aus dem 17. und 18. Jahrhundert. Heute ist der Ort vor allem bei asiatischen Touristen der angesagteste Ort ganz Vietnams!

NICHT VERPASSEN!

- Am frühen Morgen, kurz nach Sonnenaufgang zu den **Kaisergräbern** in Hue radeln – durch eine Landschaft wie eine Filmkulisse | 243
- Hinten auf einem Motorrad über den **Wolkenpass** von Hue nach Da Nang fahren | 267
- Der modernen Stadt **Da Nang** von oben beim Wachsen zusehen und dann Surfen gehen | 269
- Sich in Hoi An etwas **schneidern** lassen und das beste „vietnamesische Sandwich" **Banh Mi** probieren | 301, 297

Diese Tipps erkennt man an der gelben Markierung.

Hue

Hue hat es nicht eilig. Die Diva am Parfüm-Fluss scheint ihre Werte und ihr Welterbe zuweilen eher widerwillig preiszugeben. Sie gibt sich eher konservativ, verträumt, und ja, auch ein bisschen träge. Hue kann verzaubern, man kann Hue lieben, aber dafür braucht man Zeit. Gerade dies schätzen manche an dem Ort – oft die, für die das nahe Hoi An zu überlaufen, zu anbiedernd, zu populär ist – für andere sind die „klassischen" Sehenswürdigkeiten, sprich die Zitadelle und vielleicht ein paar Kaisergräber, schon an einem Tag abgehakt, und sie ziehen schnell weiter. Schade, denn ihnen entgehen Hues wahre Stärken und verborgene Schätze: Das verwunschene, atemberaubende Umland

621v sb

mit sehr abwechslungsreichen und ursprünglichen Landschaften und wunderschönen kleinen alten Tempeln und Gräbern, die nur von wenigen entdeckt werden und innerstädtisch durchaus ein Nachtleben, das sich sehen lassen kann.

Überblick

In der früheren **Kaiserstadt** Hue lassen sich die Spuren von Vietnams letzter Dynastie (1802 bis 1945) bestaunen. Die Zitadelle mit der Kaiserstadt und der Verbotenen Purpurnen Stadt (oder dem, was davon noch übrig ist) gilt als Hauptattraktion Hues. Einige Kilometer außerhalb der Stadt befinden sich sechs Kaisergräber, imposante, palastartige Mausoleen, mit denen die Kaiser oft schon zu Lebzeiten ihrem Ego ein Denkmal setzten. Die Gräber lassen sich wunderbar auf Fahrradtouren oder mit einem Motorrad-Guide erkunden – denn hierbei ist auch der Weg das Ziel: Auf dem Weg zu den etwas weiter entfernten Gräbern fährt man durch wunderschöne Landschaften mit Dörfern, Wäldchen, Reisfeldern, Bananenplantagen, Flüssen und verborgenen kleinen Tempeln. Und wen die Besichtigungsmüdigkeit befällt, besucht die fast menschenleeren Strände (Thuan An und Lang Co), wandert durch den Dschungel des Bach-Ma-Nationalparks, genießt den Blick von oben auf dem Bach-Ma-Berg oder dem Hai-

⌃ Insbesondere die Kaisergräber rund um Hue sind einen Ausflug wert – wie hier Gia Long

Zentrum

0 — 50 km ©Reise Know-How

Vinam K4 14/25

Van-Pass, erkundet einen gespenstisch verlassenen, überwucherten Wasser-Vergnügungspark oder begibt sich auf eine kulinarische Entdeckungstour durch die Stadt.

Die **UNESCO** führt Hues Monumente seit 1993 als Welterbe auf. Einige der Strukturen wurden in den Kriegen zu Ruinen zerbombt, die meisten bedeutenden Denkmäler mussten in Teilen wiederhergestellt werden – dies ist laut UNESCO nach professionellen internationalen Standards durchgeführt worden. Noch immer trifft man beim Besuch auf Baustellen und Renovierungsarbeiten.

Übrigens: Der **Fluss Song Huong,** der durch Hue fließt, wird als „Parfüm-Fluss" oder „Fluss der Wohlgerüche" bezeichnet, sein Name müsste aber korrekt eher mit „Duft-Fluss" übersetzt werden. Von den zahlreichen Namensdeutungen sind die meisten im Reich der Märchen und Legenden anzusiedeln. Am plausibelsten erscheint noch jene, die auf die duftenden Pollen verweist, die der Fluss zu bestimmten Zeiten des Jahres mit sich führt.

▷ Unterwegs auf dem Parfüm-Fluss

Klima

Im Gegensatz zum nur 100 km entfernten Da Nang lassen die Nordost-Monsune nördlich des schützenden Wolkenpasses die Temperaturen zwischen **Oktober und Februar** deutlich, in vielen Fällen bis unter 10–15° C absinken und bringen viel Regen. Auch mit Taifunen ist zu rechnen. Zudem gilt Hue aufgrund seiner geografischen Gegebenheiten als die **Regenstadt** Vietnams. Während der warmen und **trockenen** Südwest-Monsune zwischen **März und Oktober** können die Temperaturen dagegen im Sommer auf 30 °C und mehr steigen. Mit weniger Regen und weniger Touristen ist dies die beste Reisezeit.

Orientierung

Auf dem linken, dem Südufer des Parfüm-Flusses, liegt das „alte Hue" mit der **Zitadelle** und dem **Zentralmarkt** Dong Ba. Auf dem rechten Ufer, der Nordseite, erstreckt sich das ehemalige europäische Viertel mit Bahnhof, zahlreichen Hotels, Restaurants und Cafés. Hier befindet sich auch das „Backpacker-Viertel" mit der **Hue Night Walking Street.** Einheimische und Touristen treffen sich hier, um nachts Spaß zu haben. Bei Bier und Snacks, Livemusik und reichlich Unterhaltung. Los geht's freitags und am Wochenende ab 18 Uhr, die Straßen werden für den Verkehr gesperrt. Die *Walking Street* bleibt freitags und samstags bis 2 Uhr morgens geöffnet, sonntags schließt sie um Mitternacht.

Geschichte

In Kürze: Hue war bis 1945 gut 140 Jahre lang Kaiserstadt. *Kaiser Gia Long* gründete 1802 die **Nguyen-Dynastie,** Vietnams letzte Dynastie, verlegte die Landeshauptstadt von Hanoi nach Hue und ließ die Zitadelle bauen (so wahnsinnig

622v sb

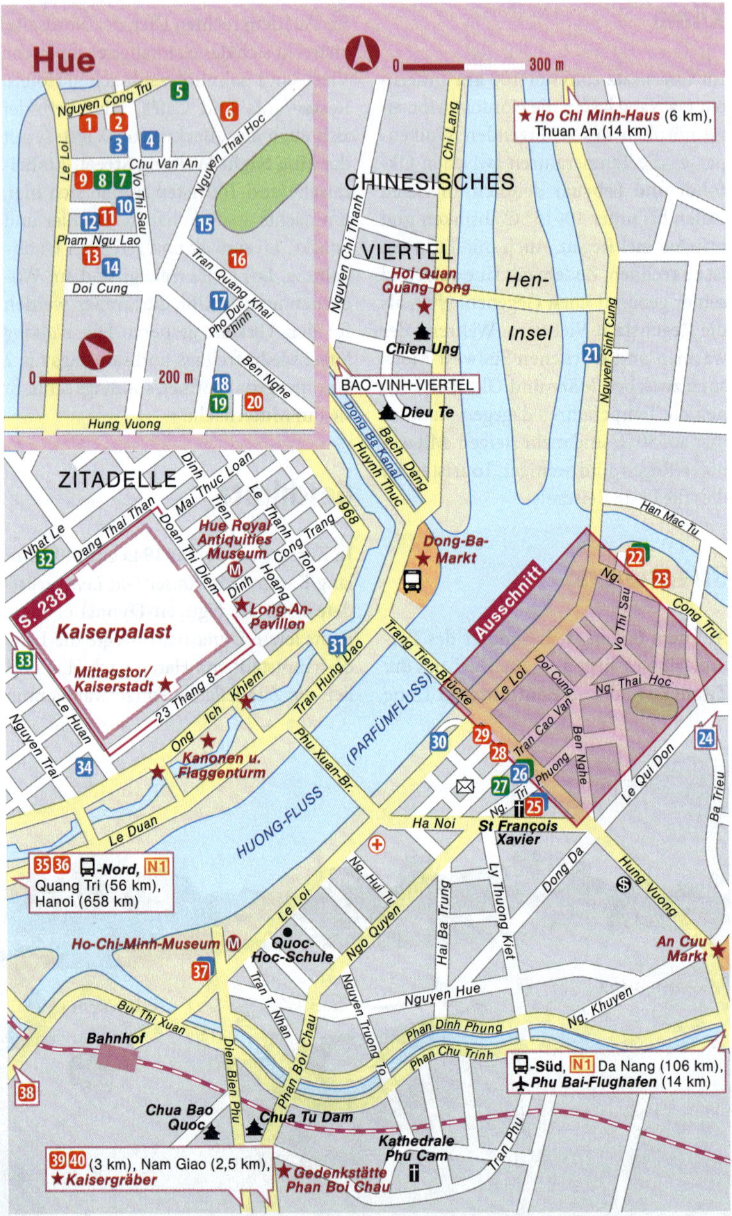
Hue
0 300 m
★ Ho Chi Minh-Haus (6 km), Thuan An (14 km)
Nguyen Cong Tru
Le Loi
Chu Van An
Nguyen Thai Hoc
Vo Thi Sau
Pham Ngu Lao
Doi Cung
Tran Quang Khai
Pho Duc Chinh
Ben Nghe
0 200 m
Hung Vuong
1 2 3 4 5 6 7 8 9 10 11 12 13 14 15 16 17 18 19 20
CHINESISCHES VIERTEL
Chi Lang
Nguyen Chi Thanh
Hoi Quan Quang Dong
Chien Ung
Hen-Insel
Nguyen Sinh Cung
21
BAO-VINH-VIERTEL
Dieu Te
Dong Ba Kanal
Bach Dang
Huynh Thuc
ZITADELLE
Dinh Tien
Mai Thuc Loan
Le Thanh Ton
1968
Nhat Le
Dang Thai Than
Doan Thi Diem
Hue Royal Antiquities Museum
Dinh Hoang
Cong Trang
Dong-Ba-Markt
Han Mac Tu
22 23
Ng. Cong Tru
Vo Thi Sau
Ausschnitt
32
S. 238
Kaiserpalast
Long-An-Pavillon
31
Trang Tien-Brücke
Le Loi
Doi Cung
Ng. Thai Hoc
33
Mittagstor/ Kaiserstadt
23 Thang 8
Khiem
Tran Hung Dao
(PARFÜMFLUSS)
Le Huan
Ong Ich
Tran Cao Van
Ben Nghe
24
Nguyen Trai
Kanonen u. Flaggenturm
Phu Xuan-Br.
30 29 28 26 27 25
Phuong
Le Qui Don
34
HUONG-FLUSS
Ng. Tri
Ba Trieu
Ha Noi
St François Xavier
Le Duan
35 36 -Nord, N1 Quang Tri (56 km), Hanoi (658 km)
Ng. Hui Tu
Ly Thuong Kiet
Dong Da
Hung Vuong
Le Loi
Hai Ba Trung
Ngo Quyen
Ho-Chi-Minh-Museum
Quoc-Hoc-Schule
An Cuu Markt
37
Tran T. Nhan
Nguyen Truong To
Nguyen Hue
Ng. Khuyen
Bui Thi Xuan
Phan Dinh Phung
Bahnhof
Dien Bien Phu
Phan Boi Chau
Phan Chu Trinh
-Süd, N1 Da Nang (106 km), Phu Bai-Flughafen (14 km)
38
Chua Bao Quoc
Chua Tu Dam
Kathedrale Phu Cam
Tran Phu
39 40 (3 km), Nam Giao (2,5 km), ★ Kaisergräber
Gedenkstätte Phan Boi Chau

Übernachtung
1 Than Thien
2 Hue Nino Hotel, Holiday Diamond, Four Seasons
6 Serene Palace
9 Orchid
11 Amigo
13 Backpacker Hostels, Asia, Moonlight
16 Villa Hue
20 Jade
22 Hue Riverside Villa
23 Canary
25 Sunny A und Sunny B
28 TTC Imperial
29 Saigon Morin
35 Casting Homestay
36 Thuy Bieu Homestay
37 Azerai La Residence
38 Riverside Resort
39 Vedana Lagoon Resort & Spa
40 Pilgrimage Village

Essen und Trinken
3 Risotto Restaurant Hue
4 La Bistro Carambole
10 Shiva Shakti
12 DMZ Bar
14 Jalapeño Restaurant
15 Little Italy
17 Quan Hanh
18 La Boulangerie Française
21 Vy Da Xua
24 Goc Pho
25 Family Home Cafe & Restaurant
26 Café on Thu Wheels, Nina's Cafe
30 Xoi Thit Hon
31 Lac Thien
34 Les Jardins de la Carambole
37 Le Parfum

Sonstiges
5 Stop and Go Café
7 The SinhTourist
8 Hanh Café
19 Hue Adventures
22 Huetourist
26 Café on Thu Wheels
27 Mandarin Café
32 Le Family Riders
33 Vespa Adventures

uralt und „antik" sind die berühmten Bauten und Monumente in und um Hue also nun auch wieder nicht, die Kaiserstadt als solche entstand erst zu Beginn des 19. Jh.). 1885 stürmten die Franzosen die Zitadelle. Während der französischen Kolonialzeit residierten die Kaiser weiterhin in Hue, allerdings als bedeutungslose Marionetten. *Kaiser Bao Dai,* der letzte von insgesamt 13 Nguyen-Kaisern (→ Kasten „Die Kaiser von Hue", S. 235), dankte 1945 ab. Während der Tet-Offensive 1968 nahm der kommunistische Norden das zu **Südvietnam** gehörende Hue ein, kurz darauf schlugen die Amerikaner und Südvietnamesen zurück. Im Zuge dieser **erbitterten Kämpfe** wurden viele Gebäude zerstört, und Tausende von Menschen kamen ums Leben, darunter viele Zivilisten. 1975 räumte der Süden Hue kampflos. Die Gebäude der Kaiserstadt wurden als unerwünschte Zeugen der feudalen Vergangenheit dem Zerfall überlassen. In den 1990er-Jahren wurde ernsthaft mit der Restaurierung der Bauten begonnen, im Zuge der Erkenntnis, dass die Zukunft der Stadt im Tourismus liegt.

Und nun im Detail (→ auch „Geschichte" im Kapitel „Land und Leute"): Als Hue zum ersten Mal in seiner Geschichte vietnamesisch wurde, hatten einheimische Kaiserdynastien das Delta des Roten Flusses schon seit über einem halben Jahrtausend regiert. Zwar trat **Cham-König Jaya Sinhavarman III.** das Land zwischen Ben-Hai-Fluss und Wolkenpass im Tausch gegen eine Tran-Prinzessin aus Hanoi bereits **1306** an das vietnamesische Herrscherhaus ab, aber als die Prinzessin sich weigerte, die Ehe zu vollziehen, blieb die Region noch lange umstritten und heiß umkämpft.

Der Nguyen-Clan

Als im Nachfolgekampf um die Macht der abgesetzten Le-Kaiser **1558** der **Clan der Trinh** den rivalisierenden **Clan der Nguyen** in die abgelegene Südprovinz verbannte, sagten sich die erzürnten Nguyen von Hanoi los und gründeten jenseits des 17. Breitengrads ein autonomes Fürstentum, das mitsamt Hofhaltung, Zentralverwaltung und Mandarinen demjenigen von Hanoi wie ein Ei dem anderen glich.

Die beiden gleichen und doch vollkommen verschiedenen Staaten bekämpften sich in einem blutigen **Bürgerkrieg** (1627–1672), in dem das militärisch wie zahlenmäßig weit unterlegene Südreich nicht zuletzt dank portugiesischer Entwicklungshilfe in Form von Waffen, Kanonenfabriken und Befestigungsanlagen dem Ansturm der Trinh erfolgreich standhielt. Während die beiden Staaten auf vietnamesischem Boden länger als ein Jahrhundert nebeneinanderher lebten und jeder der beiden Teile für sich beanspruchte, das wahre Reich zu repräsentieren, setzten die Nguyen ihre Kolonisationszüge gegen die Cham und die Khmer fort und drangen nach und nach bis ins Mekong-Delta vor.

1786 machten die Rebellen der **Tay-Son-Revolte** gegen das feudalistische System dem Spuk ein Ende, verloren aber über dem Versuch, das Land zu einen, ihre reformerischen Ziele und vermochten sich nicht zu halten. Der nach Siam und Kambodscha geflüchtete **Thronfolger des Südreichs, Nguyen Anh,** eroberte dank tätiger Mithilfe französischer Missionare und Abenteurer den Süden zurück, stürmte **1802** auch Hanoi und ließ sich zum **Kaiser Gia Long** krönen. Zur Hauptstadt des wiedervereinigten Reiches, das jetzt zum ersten Mal in seiner langen Geschichte den Namen Viet Nam trug, bestimmte er seine **Heimatstadt Hue.**

Die Kaiserstadt Hue

„Als Hue von 1802 ab als neue Kaiserstadt aufgebaut wurde, wurde sie als eine bewusste Kopie der chinesischen Hauptstadt Peking konstruiert. Ihre Mauern, Wälle, Tore, Gärten und Paläste wurden errichtet, um ganz bestimmte Mauern, Tore und Paläste in Peking zu imitieren. Wenn der vietnamesische Kaiser (der als einziger hoher Würdenträger seines Landes niemals einen Fuß auf chinesisches Territorium setzte) durch seine Kapitale ging, vollführte er die gleichen Bewegungen und die gleichen Rituale, die der Sohn des Himmels in Peking vollführte."

(*Alexander B. Woodside,* 1976)

Der **Kaiser** steht an der Spitze einer zivilen und einer militärischen Hierarchie von Mandarinen, die in jeweils neun Ränge aufgeteilt sind; jeder Rang definiert sich durch unterschiedliche Kleiderordnung, Gehaltsstufe und Macht am Hof. An der Spitze des Zivilmandarinats stehen die sechs Ministerien für Finanzen, Justiz, Krieg, Riten, Berufungen und öffentliche Arbeiten. Auf regionaler Ebene herrschen streng hierarchisch Generalgouverneure über Provinzgouverneure und Distriktspräfekte über Kreispräfekte usw. Gouverneure und Präfekte haben der Zentralverwaltung am Hof detaillierte Protokolle über den politischen, wirtschaftlichen und militärischen Stand ihres Zuständigkeitsgebiets zu liefern. Zu diesem Zweck wird die

Mandarin-Route errichtet, eine Kette von Post- und Kurierstationen, die von Hue nach Norden bis zur chinesischen Grenze und nach Süden bis zum Golf von Siam reicht.

Um **1850** leben in dem von Hue regierten Viet Nam etwa 8 Millionen Menschen (heute sind es fast 100), doch schon zu dieser Zeit ist kultivierbares Land Mangelware, sodass die Nguyen-Kaiser ihren Beamten fixe Gehälter zu zahlen beginnen, statt sie, wie bis dahin üblich, mittels üppiger Landgüter zu entlohnen. Trotzdem gehen immer mehr entrechtete und landlose Bauern auf die Barrikaden, und eine Revolte jagt die andere. Die Examina, die zum Staatsdienst berechtigen, degenerieren zu stereotypen Abfragungen, die nur noch totes Herrschaftswissen konservieren; käufliche Mandarine und Präfekten terrorisieren das Volk.

Geblendet vom Glanz ihrer eigenen Paläste, Tempel und Pagoden verlieren Kaiser und Hof zunehmend den Blick für die Realitäten. Das starre Festhalten an **Riten und Institutionen,** die sich längst als unglaubwürdig erwiesen haben, ist nur noch durch die totale Orthodoxie zu erretten: Wenn das konfuzianische Streben nach Harmonie versagt hat, liegt es nur an der unvollkommenen Praxis, aber nicht an den Regeln, die es nur um so strenger zu handhaben gilt.

Die Manifestationen dieses Rückzugs in eine „glorreiche Vergangenheit“ mag man als beeindruckend oder gar prachtvoll bezeichnen, sind aber tatsächlich nichts weiter als weltfremde und reaktionäre Insignien einer Herrschaft, die von sinnentleerten Zeremonien und Ritualen geprägt und vom eigenen Volk total isoliert ist. Bezeichnend sind die ständigen Klagen des Hofs über „unerträgliches Chaos, Störungen kaiserlicher Prozessionen und ungebührliche Straßenhändler außerhalb der Palastmauern“. Tatsächlich müssen sich Respekt und Achtung der einheimischen Bevölkerung vor den pompösen Chinoiserien der imperialen Traumstadt in engen Grenzen gehalten haben. Die Herrscher von Hue sind nicht mehr die „Väter“ ihres Landes. Und als sie ihre „Söhne“ rufen, um sie gegen die fremden Eindringlinge zu verteidigen, da folgen jene nicht mehr.

Die Kaiser von Hue

- **Gia Long,** 1802–1820.
- **Minh Mang,** 1820–1841.
- **Thieu Tri,** 1841–1847.
- **Tu Duc,** 1847–1883.
- **Duc Duc,** 1883, 3 Tage.
- **Hiep Hoa,** 1883, 4 Monate.
- **Kien Phuc,** 1883/84, 7 Monate.
- **Ham Nghi,** 1884–1885, exiliert wegen Rebellion nach Algerien.
- **Dong Khanh,** 1885–1889, erster Kaiser von Frankreichs Gnaden.
- **Thanh Thai,** 1889–1907, exiliert nach Réunion.
- **Duy Tan,** 1907–1916, exiliert im Anschluss an Rebellion nach Réunion.
- **Khai Dinh,** 1916–1925.
- **Bao Dai,** 1925–1945, Kaiser von Frankreichs und Japans und Präsident von Amerikas Gnaden; starb 1997 an der Côte d'Azur.

Hue unter den Franzosen

Unter *Gia Long* und seinen Nachfolgern *Minh Mang* und *Thieu Tri* blühte das von inneren Widersprüchen zerrissene Kaiserreich noch einmal für kurze Zeit auf, ehe es während der Regierungszeit von **Tu Duc** buchstäblich zerrann: 1847 bombardierten die Franzosen Da Nang, 1859 besetzten sie Saigon, 1885 stürmten sie die Zitadelle in Hue.

Unter den Franzosen blieb Hue bis **1945** formell „Kaiserstadt", war faktisch aber nur noch die unbedeutende **Hauptstadt des Protektorats Annam,** an dem die Kolonialherren weder ökonomisch noch politisch das geringste Interesse zeigten. Hue erhielt einen Bahnhof und ein kleines Europäerviertel und versank ansonsten in Schönheitsschlaf. Der Hof steckte den Kopf in den Sand und feierte unbekümmert sich selbst, von wenigen Unbotmäßigen abgesehen, die von den Franzosen prompt ins afrikanische Exil abgeschoben wurden.

Südvietnam

1945 wehten über Zitadelle und Stadt die roten Fahnen der Republik. *Bao Dai,* der letzte Kaiser von Frankreichs Gnaden, übergab den Abgesandten *Ho Chi Minhs* die Insignien seiner imperialen Würde und dankte als Kaiser ab. Die Franzosen eroberten Hue schon im Jahr darauf zurück, gewannen aber nie mehr die volle Kontrolle über Umland und Provinz. Die **Zweiteilung Vietnams durch die Genfer Konferenz 1954 schlug Hue dem Süden zu.** Während die geschäftstüchtigen Bewohner Saigons statt Franzosen jetzt Amerikanern das Geld aus der Tasche zogen, braute sich im „intellektuellen" Hue der nichtkommunistische Widerstand gegen Diem zusammen. Von hier brach im Juni **1963** der buddhistische Mönch *Thich Quang Duc* nach Saigon auf, um sich **aus Protest zu verbrennen.** Das Bild der menschlichen Fackel ging durch die Weltpresse und leitete den Anfang vom Ende des Diem-Regimes ein.

Zerstörung im Vietnamkrieg

Während der **Tet-Offensive** im Frühjahr **1968** nahmen Truppen der Befreiungsfront und der Nordvietnamesischen Armee die Stadt ein und verteidigten sie drei Wochen gegen die Angriffe der Amerikaner und ihrer südvietnamesischen Verbündeten. Artillerie und Luftwaffe legten die halbe Stadt in Asche, ehe die *US-Marines* Hue in blutigen Straßenschlachten zurückerobern konnten. Nur sieben Jahre später, am 24. März 1975, räumten die Truppen des Saigoner Regimes die Stadt kampflos.

Sehenswertes

Zitadelle und Kaiserstadt

In dem weitläufigen, 5,2 km² großen Areal mit Befestigungswällen, Kanälen, Toren und Gärten umschließen drei Stadtanlagen einander schachtelartig: Die **Zitadelle** Kinh Thanh umschließt die **Kaiserstadt** Hoang Thanh, die wiederum die **Verbotene Purpurne Stadt** Tu Cam Thanh umschließt. Während die Zitadelle außer zu Verteidigungszwecken als Wohnstatt der zahllosen Palastwächter, Diener, Handwerker und Händler diente, waren die Kaiserstadt das administrative und politische Zentrum des Hofes und die Purpurne Stadt die Wohnstätte der kaiserlichen Familie und ihrer Eunuchen.

Die Zitadelle

Die bis zu 21 m dicken und 6 m hohen Backsteinmauern des äußeren Festungswalls erreichen eine Gesamtlänge von 11 km. Modell für die Befestigungsanlage, deren Bau 1802 begonnen wurde und sich über drei Jahrzehnte hinzog, standen die Bauten des französischen Festungsspezialisten *Vauban* (1633–1707).

In das Innere der Zitadelle gelangt man durch zehn befestigte Tore und Brücken. Die Zitadelle beherbergt noch heute fünf Stadtbezirke, in denen etwa 50.000 Menschen leben. Kleine Geschäftsstraßen mit Restaurants und Cafés an der Süd- und Ostseite gehen über in Wohnviertel und fast ländliche Gebiete mit Gemüsefeldern und kleinen Seen. Auf den engen Brücken auf der Flussseite und im inneren der ersten Befestigungsmauer herrscht zuweilen ziemlich viel motorisierter Verkehr.

Flaggenturm. Vor dem Haupttor der Zitadelle erhebt sich auf einem kolossalen dreistöckigen Sockel der 37 m hohe Flaggenturm Cot Co, auch Ky Dai, „Ritter des Kaisers“, benannt. Der 1809 erbaute Backsteinturm wurde im Lauf der Jahre mehrfach zerstört, u.a. 1904 und 1947, und datiert in seiner jetzigen Gestalt aus dem Jahr 1949. Während der Tet-Offensive 1968 wehte drei Wochen lang die rote Fahne mit dem gelben Stern von seiner Spitze, für viele Vietnamesen das Zeichen, dass sich der Wind endgültig gedreht hat. Zu Kaisers Zeiten wurde die gelbe Flagge der Himmlischen Dynastie nur an Festtagen gehisst.

☐ Das Cua Thuong Tu, eines der Tore zur Zitadelle

623v sb

Hue, Kaiserstadt

0 100 m ©Reise Know-How Vinam24 14/25

■ **Essen und Trinken** ■ erhaltene bzw. wiederhergestellte Gebäude

1 Café

Hoang Thanh – Kaiserstadt

1 Mittagstor (Ngo Mon)
2 Brücke des Goldenen Wassers (Cau Trung Dao)
3 Halle der Höchsten Harmonie (Dien Thai Hoa)
4 Park
5 Stallungen und Marstall
6 Pavillon der Berühmten Seelen (Hien Lam Cac)
7 Dynastische Urnen (Cuu Dinh)
8 Generationentempel (The Mieu)
9 Tempel der kaiserlichen Ahnen (Hung Mieu)
10 Westtor (Chuong Duc)
11 Tempel Phung Tien
12 Pavillons und Wohnbereich der Kaisermutter
13 Schatzkammer der Kaisermutter
14 Nordtor (Hoa Binh)
15 Bibliothek (Kham Van Dien)
16 Schatzkammer (Noi Vu)
17 Osttor (Hien Nhon)
18 Generationentempel (Thai Mieu)

Tu Cam Thanh – Verbotene Stadt

19 Goldene Pforte (Dai Cung Mon)
20 Hallen der Mandarine Ta Vu und Huu Vu
21 Palast der Gesetze des Himmels (Dien Can Chanh)
22 Kaiserlicher Palast (Can Thanh)
23 Palast der Kaiserin (Khon Thai)
24 Kaiserlicher Harem (Luc Vien)
25 Wohnbereich der Konkubinen
26 Ruhepavillon
27 Lesepavillon (Thai Binh Lau)
28 Theater (Duyet Thi Duong)

Neun Kanonen. Das Haupttor schützen neun „magische" Kanonen, die die vier Jahreszeiten und die fünf Elemente (Feuer, Wasser, Erde, Metall und Holz) repräsentieren und daher nie zum ernsthaften Schießen gedacht waren. *Kaiser Gia Long* hatte sie 1804 als Symbol seiner Unbezwingbarkeit aus erbeuteten Waffen der besiegten Tay-Son-Rebellen gießen lassen, jede der Kanonen vom Kaliber 22 ist 5 m lang und wiegt über 10 t.

Die Kaiserstadt

Eintritt kostet der Besuch der Zitadelle ab der zweiten Mauer in die Kaiserstadt. Am besten liest man sich vorab in die Geschichte ein und bringt dieses Buch mit den Infos und dem Plan des riesigen Komplexes mit, damit man weiß, wo man sich befindet; oder man bucht eine (Audio-)Tour. In der Kaiserstadt gibt es Toiletten und Verpflegungsmöglichkeiten. Alternativ kann man den Rundgang hinter dem Eingangstor nach links beginnen, wo sich z.B. mit dem Generationentempel und den Pavillons der Kaisermutter einige sehr schöne Gebäude und Tore befinden. Für den Besuch der Kaiserstadt sollte man mindestens zwei Stunden einrechnen.

Die Kaiserstadt, eine Festung innerhalb der Festung, ist von einer 4 m hohen Mauer von 2,5 km Umfang umgeben. Vier Tore führen in jede der vier Himmelsrichtungen. Am besten betritt man die Kaiserstadt durch das **Mittagstor** (Ngo Mon) auf der Flussseite. Sorgfältig abgeschirmt von bösen Geistern und Winden, missgünstigen Feinden und niederem Volk war es früher nur der Elite des Landes erlaubt, durch das festungsähnliche Mittagstor in die Kaiserstadt einzutreten – freilich nur durch die Seitenpforten, die Mitte war dem Himmlischen Herrscher vorbehalten.

Die Massigkeit des 1834 erbauten Mittagstores wird durch den elegant wirkenden hölzernen Aufbau oben auf dem Tor gemildert, den Ngu Phung oder **Fünf-Phönix-Pavillon** mit neun glasierten Ziegeldächern. Neun steht für die „himmlische" Zahl, die wie die Farbe Gelb des mittleren Dachs allein dem Kaiser zusteht und zu der sich fast alle Bauelemente addieren. Man beachte auch, wie sich in Ziegeln und Giebeln, Maueröffnungen und Pforten immer wieder das chinesische Schriftzeichen für „Glück und langes Leben" findet.

Von der Balustrade des Ngu Phung verfolgte die kaiserliche Familie militärische Paraden, Zeremonien und Feste, und an dieser Stelle erwartete *Kaiser Bao Dai* am 30. August 1945 die Abgesandten *Ho Chi Minhs*, um seiner Kaiserwürde abzusagen. Damit endeten über 1000 Jahre vietnamesischer Monarchie.

Die **Brücke des Goldenen Wassers** (Trung Dao) führt über den Lotosteich auf den **Hof der Feierlichkeiten** (Dai Trieu Nghi). Auf dem terrassenartig ansteigenden und durch neun Stelen unterteilten Hof nahmen die Würdenträger des Reiches entsprechend ihren neun Rängen Aufstellung, auf der rechten Seite die zivilen, auf der linken Seite die militärischen Mandarine. Mit niedergeschlagenen Augen dem Thron zugewandt, erwarteten sie in prächtigen Seidenroben die kaiserliche Majestät und fielen bei ihrem Erscheinen zu einem Kotau (Verbeugung) nieder. Für Normalsterbliche galt es als hohe Auszeichnung, zu außerordentlichen Gelegenheiten diesem Schauspiel beiwohnen zu dürfen.

Über den Hof erreicht man die **Halle der Höchsten Harmonie** (Dien Thai Hoa) in Gold und Rot. Darin befindet sich ein Thron für den Kaiser. (Ein Wächter ermahnt am Eingang, dass das Fotografieren im Inneren verboten ist.) Hier fanden alle wichtigen Festlichkeiten, Zeremonien und Krönungen statt.

Die Drachenmotive des weit geschwungenen, auf 80 rot lackierten Säulen ruhenden Daches, die sich im Innern der Halle fortsetzen, symbolisieren die Einheit von Himmel und Erde und veranschaulichen das Ausmaß der kaiserlichen Macht. Im hinteren Teil der Halle läuft ein Info-Film über die Zitadelle mit englischen Untertiteln und einer Animation des Komplexes in knalligen Farben.

Hinter der Halle der Höchsten Harmonie erstreckt sich ein weiterer Hof, der die Kaiserstadt mit der Verbotenen Stadt verbindet. An seinen Längsseiten stehen die **Hallen der Mandarine,** Ta Vu und Huu Vu, in denen sich die Mandari-

Georg W. Alsheimer

„Auf der 14 Kilometer langen Strecke vom Flugplatz in die Stadt sah ich zum ersten Mal das leuchtende Grün der Reisfelder: Ein tiefes Licht-Grün, das mit der strahlenden Bläue des Himmels und der dunkel aufragenden Kette der bis zu 2000 Meter hohen annamitischen Berge die Farbkontraste bildet, die für die klassische Landschaft Hues charakteristisch sind."

(*Georg W. Alsheimer,* 1968)

„Die Zitadelle kann als der schönste Teil der Stadt bezeichnet werden: die rechtwinkligen Straßen, die kleinen Häuser mit den Blumengärten, die schattigen Alleen, die Drachentore. Vaubansche Geometrie und fernöstliche Mystik ... In diesen Mauern haben die Befreiungskämpfer während der Tet-Offensive wochenlang Bomben, Schiffsgeschützen und dem Angriff der US-Marines standgehalten. Auf dem hohen Mast der Zitadelle dort oben wehte 26 Tage lang ihre Flagge."

(*Georg W. Alsheimer,* 1979)

Der **Psychiater Erich Wulff** (1926–2010) lehrte mit anderen deutschen Ärzten von 1961 an Medizin an der Universität Hue und half, das dortige Psychiatrische Krankenhaus aufzubauen. Im November 1967 erklärten die südvietnamesischen Behörden, die in ihm den „subversiven Autor" *Georg W. Alsheimer* vermuteten, *Dr. Wulff* zur **Persona non grata,** kurz darauf legte er vor dem Zweiten Russell-Tribunal Zeugnis über die amerikanischen Kriegsverbrechen in Vietnam ab. Die Ausweisung rettete *Wulff* das Leben, seine langjährigen Kollegen *Prof. Krainick* und Frau, *Dr. Alteköster* und *Dr. Discher* wurden wenige Monate später ermordet. Angeblich „durch den Viet Cong", wie *Wulff* selbst argwöhnt durch „Schwarze Propagandaeinheiten", gedungene Provokateure im Sold der amerikanischen Geheimdienste.

Unter dem **Pseudonym Georg W. Alsheimer** veröffentlichte *Erich Wulff* zwei der schönsten und lesenswertesten Bücher, die je über Vietnam geschrieben wurden: 1968 erschienen die „Vietnamesischen Lehrjahre" und 1979 die „Reise nach Vietnam".

426v aw

ne zur Audienz beim Kaiser vorbereiteten, der sie im **Palast der Gesetze des Himmels** (Dien Can Chanh) empfing. Dieser schloss einst den Hof nach Norden ab, von ihm existieren nur noch Mauerreste.

Die Hallen der Mandarine wurden während der Tet-Offensive erheblich beschädigt und wurden restauriert. Heute können sich Touristen hier gegen Geld als Mandarine verkleiden und auf einem Thron fotografieren lassen.

Ahnentempel. Die beiden „Generationentempel" im Osten und Westen des Mittagstores dienten dem Kult der kaiserlichen Ahnen: rechts (östlich) der 1804 unter *Gia Long* errichtete Thai Mieu, links (westlich) der 1821 unter seinem Sohn *Minh Mang* erbaute The Mieu. In dessen sanftem Dämmerlicht sind goldverzierte Thronsessel der 13 Nguyen-Kaiser, Totentafeln, Altäre und Opfertische erkennbar. Noch heute finden hier am 30. Januar, dem Todestag *Kaiser Gia Longs*, Ahnenrituale statt.

Auf dem Hof hinter dem The Mieu reihen sich die neun **dynastischen Urnen** (Cuu Dinh). Jede der gewaltigen, 2 m hohen Bronzeurnen steht für einen Vorfahren der Nguyen-Herrscher und soll die Macht und Beständigkeit der Dynastie symbolisieren. Die aufwendigen Gussarbeiten nach altchinesischem Vorbild wurden 1835 von *Kaiser Minh Mang* in Auftrag gegeben und 1837 abgeschlossen. Die zentral stehende größte Urne personifiziert *Gia Long*, den Gründer der Dynastie selbst. Ihr Gewicht soll 2600 kg betragen. Jedes Gefäß trägt einen Namen („Urne des Überflusses",

⌃ In der Kaiserstadt:
Tor zum Wohnbereich der Kaisermutter

427vds

„Urne der Geheimnisse“ etc.) und ist mit feinen Ziselierungen geschmückt, die Planeten, Tiere, Pflanzen und Landschaften darstellen.

Der anschließende **Pavillon der Berühmten Seelen** (Hien Lam Cac) erinnert an verdienstvolle Männer der Dynastie.

Die Verbotene Purpurne Stadt

Die Verbotene Stadt innerhalb der Kaiserstadt, der **private Bereich des Herrschers** und seiner Familie, war von einer 4 m hohen Mauer mit sieben Toren umschlossen, von denen jedes einem bestimmten rituellen Zweck diente. Purpur war, wie Gelb, ausschließlich dem Kaiser vorbehalten und die vorherrschende Farbe der Paläste dieses Teils der Stadt. „Verboten“ war sie allen Männern mit Ausnahme des Kaisers selbst, sämtliche Diener, Palastwachen usf. waren Eunuchen. Außer ihnen und der kaiserlichen Familie lebten hier nur noch die Konkubinen des Herrschers, allein *Minh Mang* sollen mehr als 300 Frauen zur Verfügung gestanden haben, die die fünf Pavillons des **Harems** bewohnten.

Von den Palästen und Pavillons, Theatern, Tempeln und Gärten der Verbotenen Stadt ist so gut wie nichts mehr erhalten. Vieles wurde bereits während der Belagerung Hues durch das französische Expeditionskorps 1947 zerstört, den Rest besorgten die Kämpfe während der Tet-Offensive und das tropische Klima. Auf der Seite im Bereich des Harems kann man an einigen Stellen hinter die Mauer spazieren und das brachenähnliche Gebiet mit fast komplett zerstörten Mauer-Überresten sehen.

Einige Gebäude wurden und werden mit Hilfe der UNESCO renoviert oder nach alten Plänen und Fotografien neu errichtet, u.a. das **Theater** und der **Lesepavillon** im rückwärtigen Teil der Verbotenen Stadt, mit den rekonstruierten prachtvollen Dachmosaiken, die sich zu farbenfrohen Ornamenten, Fabelwesen oder Figuren fügen.

■ **Kaiserstadt,** 15. April–15. Okt. tgl. 7–17.30, sonst 7–17 Uhr (Öffnungszeiten können abweichen), Eintritt 200.000 đ. Ein Guide am Eingang (Englisch oder Französisch) kostet nochmals 200.000 đ, die Tour dauert ca. 1 Std., danach genug Zeit einplanen zum Selberentdecken und für Fotos. Auch lokale Veranstalter bieten Touren an. Der Audioguide kostet 100.000 đ. Es werden auch Kombitickets für die Kaiserstadt und die Kaisergräber angeboten (ab 420.000 đ).

Kaisergräber

Die sechs Grabmäler der Nguyen-Dynastie liegen zwischen 7 und 14 km südlich von Hue. Gerade die näheren Gräber eignen sich als Ziele von Fahrradtouren durch wundervolle Landschaften, sie liegen inmitten von Hügeln und Reisfeldern, Pinienwäldern und Bambushainen. Wer wenig Zeit hat, kann sich auf zwei oder drei beschränken. Am eindrucksvollsten und populärsten sind **Minh Mang** und/oder **Tu Duc,** außergewöhnlich ist **Khai Dinh.** Aber auch das abgelegene, wenig besuchte **Gia Long** lohnt sich, die Landschaft ist traumhaft! Man kann letzteres z.B. mit einem Motorrad-Guide besuchen und den Ausflug mit einem Abstecher zum verlassenen Wasserpark verbinden.

Die Grabanlagen sind inspiriert von den chinesischen Ming-Gräbern, aber trotzdem keine Kopien. Die meisten wurden bereits zu Lebzeiten des Kaisers begonnen und zum Teil auch fertiggestellt. Geomanten berechneten vor Baubeginn die beste Lage, wobei himmlische wie irdische „Strömungen", aber auch Wind- und Wasserverhältnisse eine Rolle spielten. Von ihrem Aufbau her sind alle Grabmäler nach dem gleichen Schema angelegt:

■ Jede Grabanlage ist wie die Kaiserstadt von einem **Mauerwall** umgeben.
■ Der Eingang führt auf einen gepflasterten **Ehrenhof** mit einer von rituellen Steinfiguren gesäumten **Geisterallee.** In der Regel stehen auf jeder Seite der Allee ein Elefant, ein gesatteltes Pferd sowie je zwei Militär- und Zivilmandarine, erstere mit rundem Hut und Schwert, letztere mit zylindrischem Hut und Jadezepter. Die Figuren sollen den Kaiser schützen und ihm das letzte Geleit geben.
■ Es folgt der **Stelen-Pavillon** mit der großen Marmortafel, in die der Nachfolgekaiser die Taten und Tugenden seines jeweiligen Vorgängers eingravieren ließ.
■ Dahinter schließt sich der **Tempel** zur Verehrung des Kaisers und der Kaiserin an, in dem Reliquien der kaiserlichen Familie aufbewahrt werden. Ihm zur Seite Pavillons für Konkubinen und Bedienstete sowie zur Zubereitung der Opfergaben.
■ Erst dann folgt das eigentliche, eher unscheinbare **Mausoleum,** das von einer Mauer umschlossen ist. Die meisten der wertvollen Grabbeigaben wurden im Lauf der Zeit geplündert.

■ **Kaisergräber,** tgl. 7.30–17 Uhr, Eintritt: Dong Khanh 100.000 đ, Gia Long, Minh Mang, Tu Duc, Khai Dinh je 150.000 đ, Thieu Tri 50.000 đ. Kombi-Ticket Zitadelle, Tu Duc und Khai Dinh 420.000 đ (erhältlich in der Zitadelle).

< Blick zurück: die Innenseite des Mittagstors

428v ds

Lang Gia Long

In stimmungsvoller Landschaft: Das Grabmal des Gründers der Dynastie (1802–1820) ist am weitesten von Hue entfernt, nämlich 14 km. Der Vorteil ist, dass dieses Grab **am wenigsten besucht** wird. Zudem liegt es in wunderschöner Natur, die man manchmal fast für sich alleine hat. Die Arbeiten wurden in *Gia Longs* 13. Regierungsjahr begonnen und waren bei seinem Tod noch nicht vollendet. Wie kein anderer war *Gia Long* bestrebt, seinen letzten Ruheplatz in vollkommener Harmonie mit der von ihm erwählten Landschaft anzulegen. Obwohl beinahe 80 % der Anlage zerstört wurden, teilt sich dieses Bestreben dem Betrachter durchaus mit, wenn er den Minh-Thanh-Tempel auf dem Weißen Berg oder den Stelen-Pavillon auf dem Blauen Berg inmitten eines kleinen Pinienwäldchens besichtigt.

Lang Minh Mang

Prächtige Architektur: Die majestätische, in strenger Symmetrie erbaute Grabanlange für *Minh Mang* (1820–1841) wurde von seinem Nachfolger *Thieu Tri* 1841–43 fertiggestellt. Sie liegt 12 km von Hue entfernt an der Stelle, an der sich die beiden Flussarme Ta Trach und Huu Trach zum Song Huong, dem Parfüm-Fluss, vereinigen. Die Mehrzahl der Gebäude hinter der 3 m hohen Umfassungsmauer ist in gutem Zustand.

Drei Eingangstore, das Große Rote Tor (Dai Hong Mon) und das Linke und Rechte Rote Tor, führen auf den weiten gepflasterten Ehrenhof mit den Steinfiguren und zu dem erhöhten Stelen-Pavillon. Über drei auf verschiedenen Ebenen angelegte Höfe und durch das Tor Hien Duc erreicht man den in Rot und Gold ausgeschmückten **Sung-An-Tempel,** in dem das Herrscherpaar verehrt wurde.

Von der Rückfront des Tempels aus gelangt man durch das Hoang-Trach-Tor und über drei Brücken über den künstlich angelegten **See der Makellosen Klarheit** (Trung Minh) zum **Minh-Lau-Pavillon.** Die immer wiederkehrende Zahl Drei repräsentiert die Mächte des Himmels, der Erde und des Wassers. Vom Pavillon aus führt eine weitere Brücke über den **See des Zunehmenden Mondes** (Tan Nguyet), ehe man über 36 Stufen zum Grabmal gelangt, das von einer kreisförmigen Mauer, Symbol der Sonne, umgeben ist. Ein schweres Bronzetor lässt kein weiteres Vordringen zu.

‹ Grabmal Minh Mang

Lang Thieu Tri

Etwas bescheidener: Das Grabmal von *Thieu Tri* (1841–1847), einer der 78 Söhne des *Minh Mang,* ist quasi eine Miniaturausgabe desjenigen seines Vaters. Die im Todesjahr des Kaisers begonnene Anlage wurde im Jahr darauf fertiggestellt und liegt 7 km von Hue entfernt.

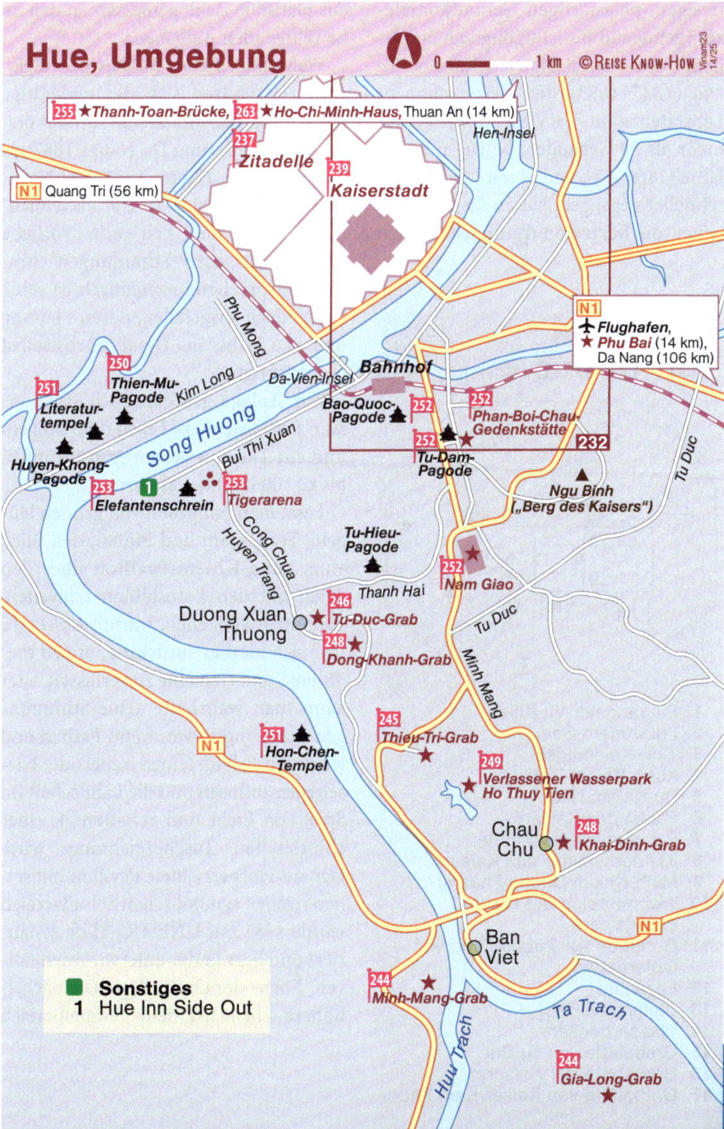

Sie wird nur **selten besucht,** obwohl ihre Pavillons und Tempel durchaus sehenswert sind.

Lang Tu Duc

Brutale Zwangsarbeit: Die Bauzeit des riesigen, palastartigen Gesamtkomplexes (genügend Besichtigungszeit einplanen!) des vierten Nguyen-Kaisers, *Tu Duc* (1847–1883), den dieser schon zu Lebzeiten zum Verweilen nutzte, mit mehr als 50 Gebäuden, betrug nur drei Jahre (1864–67), und es wäre sogar noch schneller gegangen, hätten die 3000 Arbeiter, die **härteste Frondienste** leisten mussten, nicht rebelliert. Der Chay-Voi-Aufstand von 1866 wurde niedergeschlagen und das Los der Arbeiter danach noch härter als zuvor. Eine populäre Verserzählung der Zeit spricht sogar von 30.000 Aufständischen, eine durchaus plausible Zahl, gemessen an den zu bewältigenden Aufgaben.

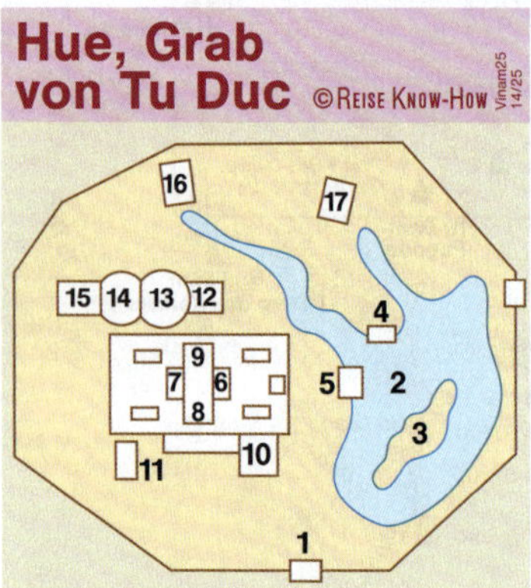

1 Eingangstor Vu Khiem
2 Luu-Khiem-See
3 Tinh-Khiem-Insel
4 Xung-Khiem-Pavillon
5 Du-Khiem-Haus
6 Palast des Kaisers
7 Palast der Kaisermutter
8 Kleiderkammer des Kaisers
9 Minh-Khiem-Duong-Theater
10 Wohnbereich der Frauen des Kaisers
11 Gebäude zur Zubereitung von Opfergaben
12 Ehrenhof
13 Stelenpavillon
14 Wasserbecken
15 Grabstätte von Tu Duc
16 Grabstätte der Kaiserin
17 Grabstätte von Kaiser Kien Phuc

Während *Tu Ducs* 36-jähriger Regierungszeit vollzog sich der endgültige Niedergang der Monarchie von der ersten Bombardierung Da Nangs 1847 bis zur Eroberung Hanois 1883. Der Nachwelt präsentiert sich *Tu Duc* als feinsinniger Poet, der sich mit Vorliebe „schwärmerischen Stimmungen" hingab. Entsprechend romantisch ist seine Grabanlage ausgefallen, deren Planung und Bau er bis ins Detail höchstselbst beaufsichtigte.

Zur Anlage gehören auch Pavillons zum Schachspielen, Lesen oder Angeln und ein Theater, dessen Aufführungen bis zu 100 Nächte währten.

Lässt man, umgeben von grünen Hügeln, Frangipani und Pinien, den Blick vom **Xung-Khiem-Pavillon** über den Teich mit den Lotosblüten schweifen, kann man verstehen, warum *Kaiser Tu Duc* sich hierher zurückzog, um zu meditieren und Gedichte zu verfassen. Hier kann man wahrhafte „Hue-Stimmungen" nachempfinden, wenn Farben und Konturen sich im feinen Nebel oder Nieselregen auflösen und die Landschaft im Spiel von Licht und Schatten zu einer chinesischen Tuschezeichnung wird. Der aus Holz errichtete Pavillon mit seinen reichen symbolischen Schnitzereien wurde 1985 mit UNESCO-Hilfe restauriert und liegt in der unteren, „meditativen" Ebene der Grabanlage. Die nächsthöhere Ebene ist dem Tempelbereich

148vi kb

vorbehalten, während der Ehrenhof sich in der dritten Ebene befindet.

Eine Treppe führt vom Teich zum Tempel **Hoa Khiem,** in dem der Kaiser und die Kaiserin verehrt werden. Zu seinen Lebzeiten benutzte *Tu Duc* ihn als Palais, in dem er während seiner Besuche wohnte. In unmittelbarer Nähe befinden sich das Theater, der Tempel der Kaisermutter und ein paar Schritte entfernt der Harem.

Hat man die Ehrengarde der Elefanten, Pferde und Mandarine durchschritten (deren Figuren angesichts der Lebensgröße des Kaisers besonders „zierlich" ausgefallen sind), gelangt man zum **Stelen-Pavillon.** In diese größte Marmorstele Vietnams sind 4916 chinesische Schriftzeichen eingraviert. Den 20 t schweren Block schaffte man aus Thanh Hoa, 500 km nördlich von Hue, herbei. *Tu Duc* hat als einziger der Kaiser die Inschrift, die mit gewählten Worten in vier „Kapiteln" seinen Lebensweg schildert, selbst verfasst. Der letzte Abschnitt besteht aus einer lyrischen Klage über sein unglückliches Schicksal, denn ohne

Wächter einer Geisterallee

Nachfahren aus der Welt scheiden zu müssen, erscheint ihm wie eine Strafe des Himmels. Auffallend der immer wiederkehrende Begriff *khiem* sowohl bei seiner Lebensbeschreibung als auch bei den Bezeichnungen der Anlage, der mit feiner Untertreibung die „Bescheidenheit" seiner Taten und Bauwerke beklagt. Das **Grab** selbst liegt innerhalb eines ummauerten Quadrats, enthält aber nicht die sterblichen Überreste *Tu Ducs,* die aus Sorge vor Grabräubern vielmehr an einem geheimen Ort bestattet wurden. Sein Adoptivsohn *Khien Phuc* (er starb 1884 und regierte gerade einmal sieben Monate) und die Kaiserin liegen in dem Kiefernwäldchen jenseits des Sees begraben.

■ Das 1886 erbaute **Minh-Khiem-Duong-Theater,** das älteste noch erhaltene Vietnams, wurde 2005 nach jahrelangen Restaurierungsarbeiten wiedereröffnet. In diesem stimmungsvollen Rahmen sollte man sich eine Kostprobe der traditionellen **Hofmusik Nha Nhac,** die 2003 zum Kulturerbe erklärt wurde (→ auch Kapitel „Musik und Theater", „Instrumente"), nicht entgehen lassen. Tgl. 10 und 14.30 Uhr, jeweils 30 Min., ab 70.000 đ.

Lang Dong Khanh

Vom Grabmal des *Tu Duc* gelangt man nach ca. 500 m zum Grabmal von *Dong Khanh* (1885–1889). Es ist die kleinste Anlage, erbaut im Todesjahr des Kaisers, der nur 27 Jahre alt wurde. Obwohl er der erste von der Kolonialmacht eingesetzte Kaiser war, hält sich das Gerücht, *Dong Khanh* sei von den Franzosen beseitigt worden, seine Todesursache jedenfalls blieb ungeklärt.

Ein kleiner, etwas versteckter Seiteneingang führt zum Haupttempel, der sich deutlich durch farbenfrohe Dekoration (vor allem die leuchtenden Glasfenster) und französischen Einfluss von den anderen Grabanlagen unterscheidet. Die Porträts im Inneren zeigen den Kaiser und seine beiden Gemahlinnen. Weil seine erste Frau unfruchtbar blieb, vermählte er sich mit einer zweiten, die ihm einen Sohn gebar, den Großvater *Bao Dais.* Ein Großteil des ursprünglichen Mobiliars ist noch im Original erhalten: Vitrinen mit Vasen und Geschirr aus Frankreich und China, halbleere Parfümflakons, goldene Tabakdosen, Schränke mit Kleidungsstücken.

In der näheren Umgebung sind noch weitere Grabmäler kaiserlicher Familienangehöriger zu finden, auf dem gegenüberliegenden Hügel z.B. das von *Bao Dais* Mutter *Tu Cung.*

Lang Khai Dinh

„Modern" bis kitschig: Das **10 km** von Hue entfernte Grabmal aus dem 20. Jh. ist nicht mehr im traditionellen Stil, sondern als **Stahlbetonkonstruktion** erbaut. Es stellt ein kurioses Exempel dafür dar, welche Wirkung der französische Einfluss auf den vietnamesischen Geschmack ausüben konnte. *Kaiser Khai Dinh* (1916–1925), ein Sohn *Dong Khanhs,* war ein Lebemann, liebte Pomp und war die perfekte Marionette der Kolonialherren. Die Grabanlage, in seinem fünften Regierungsjahr begonnen, wurde 1931 von seinem Sohn *Bao Dai,* der bis zu seinem Tod 1997 an der Côte d'Azur residierte, vollendet.

Die Grabstätte schmiegt sich in Etagen an einen Hügel, auf den eine steile und von Betondrachen gesäumte, von Terrassen unterbrochene Treppenfront zum Thien-Dinh-Palast führt. Eine der Terrassen bildet den Ehrenhof Bai Dinh mit den obligatorischen Steinfiguren und dem achteckigen Stelen-Pavillon. Über weitere Höfe gelangt man zum Palast und genießt einen grandiosen Ausblick über die Landschaft.

Das überladene Dekor im Inneren des Tempels lässt sensible Gemüter am liebsten gleich wieder kehrtmachen. Der Boden ist mit knallbunten Fliesen belegt, den Plafond ziert ein monumentales Deckengemälde – neun Drachen, die die Wolken durchbrechen –, die Wände sind von Tausenden bunter Glas- und Porzellanscherben bedeckt, die sich mosaikartig zu Bildern fügen. Manche dieser hübschen Blüten sind, wenn man genauer hinsieht, aus Bruchstücken japanischer Bierflaschen zusammengesetzt.

Der zweite Raum mit dem Grab wird von der lebensgroßen vergoldeten Bronzestatue des Kaisers auf einem erhöhten Thron beherrscht. Der stilisierte Sonnenuntergang im Hintergrund – die Sonne als Symbol kaiserlichen Glanzes – vervollkommnet die Wirkung noch: Götterdämmerung. Im dritten Raum findet man den Altar zur Verehrung der Majestät.

Wie kommt man hin?

■ Am schönsten per **Fahrrad** oder **Scooter!** Mittlerweile sind auch alle Gräber per **Mietauto** erreichbar. Die Kaisergräber liegen entlang des Parfüm-Flusses südlich der Stadt. Vom Minh-Mang-Grab aus ist es möglich, auf dem Nordufer des Flusses über die Thien-Mu-Pagode nach Hue zurückzukehren.

■ **Route:** *Google Maps* ist das „Tool" der Wahl. Unterwegs sollte man sich das Dörfchen **Thuy Xuan** nicht entgehen lassen. Hier werden Räucherstäbchen von Hand hergestellt und neugierige Besucher sind gerne gesehen. Auch organisierte Touren ab Hue legen hier einen Zwischenstopp ein.

■ **Per Boot (plus Fahrrad):** Die Gräber per Boot zu besuchen ist nicht unbedingt die beste Variante. Man kann auch einfach nur eine Bootstour unternehmen und die Gräber über Land besuchen. Wer sich auf eigene Faust ein Boot mieten will, sollte vor oder nach dem großen Touristenauftrieb aufbrechen. Am schönsten ist es auf dem Fluss in den frühen Morgenstunden und kurz vor der Abenddämmerung.

Die Gräber von *Tu Duc* und *Dong Khanh* sind knapp 2 km vom Fluss entfernt, das von *Khai Dinh* gut 3 km. An den Pforten einiger Kaisergräber können Fahrräder für wenig Geld ausgeliehen werden. Damit fällt das Erkunden der oft ausladenden Anlagen leichter.

Verlassener Wasserpark

Die wohl eigenartigste „Sehenswürdigkeit" in der Umgebung von Hue findet sich am Thuy-Tien-See (Ho Thuy Tien) etwa 9 km südlich der Stadt: Ein Wasser-Vergnügungspark, der nie gänzlich fertiggestellt wurde und seit mehr als zehn Jahren sich selbst und der Natur überlassen ist. Gespenstisch überwucherte Wasserrutschen, kaputte leere Fischaquarien, eine Art Amphitheater, ein paar seltsame Kunstinstallationen und, als Highlight, ein wunderschöner Turm in Form eines Drachens im See, dem man über eine Treppe im Inneren ins Maul klettern kann. Zwischen seinen Zähnen stehend hat man einen schönen Ausblick über die friedliche Wald- und Hügellandschaft. Der einstige Geheimtipp hat sich mittlerweile herumgesprochen und heute ist der verlassene Wasserpalast als **„Lost Place"** fester Bestandteil einer organisierten Ausflugsfahrt in die Gegend

429v aw

rund um Hue. Was sicher auch daran liegt, dass der Ort hervorragende Fotogelegenheiten für die sozialen Medien bietet. Was wiederum dazu führt, dass viele Touristen für ein *Selfie* oder ein, zwei Fotos hierher kommen. Auch Motorrad-Guides und einige Touren-Anbieter (z.B. *Vietnam Backpackers Hostel*) machen auf Wunsch einen Abstecher hierher.

■ **Ho Thuy Tien,** über die Straßen Dien Bien Phu – Minh Mang – Khai Dinh, dann rechts in die Thuy Tien abzweigen. Der Eintritt ist frei, wer selbst mit dem *Scooter* oder Auto herkommt, muss jedoch für das Parken zahlen (5000/10.000 đ).

Im verlassenen Wasserpark

Tempel und Pagoden

Chua Thien Mu

Die besonders schön auf einem kleinen Hügel oberhalb des Parfüm-Flusses errichtete Thien-Mu-Pagode liegt 5 km westlich von Hue.

Nach der **Legende** erschien *Nguyen Hoang,* dem Gouverneur von Thuan Hoa, der damals südlichsten Provinz Vietnams, 1601 eine Himmlische oder Gnädige Frau (*Thien Mu* oder *Linh Mu*), die ihm den Platz seiner künftigen

Hauptstadt, nämlich Hue, weissagte. Der Vorfahre der späteren Nguyen-Dynastie folgte ihrer Weisung, brachte seinem Land Wohlstand und Glück und errichtete aus Dankbarkeit an dem Platz, an dem er der *Thien Mu* begegnet war, die gleichnamige Pagode.

1844 war es *Kaiser Thieu Tri*, der den 21 m hohen achteckigen **Phuoc-Duyen-Turm** errichten ließ, der mit seinen sieben Stockwerken als **Wahrzeichen** der Stadt gilt.

Die auf einer Schildkröte ruhende Marmorstele von 1714 im Pavillon rechts erzählt vom Bau der Pagode. Die mehr als 2 t schwere, 2,50 m hohe Glocke links wurde 1710 gegossen. Für die Herstellung ihrer Gussmasse, berichtet eine Stele, waren 50 gleichzeitig brennende Schmelzöfen notwendig. Ihr Klang ist über eine Strecke von 10 km zu hören. An Wächterfiguren vorbei gelangt man zu der 1907 nach einem schweren Taifun wieder aufgebauten **Haupthalle** Dai Hung mit dem lachenden, dickbäuchigen Buddha *Di Lac*. Eine schöne Darstellung der *Quan Am* auf einer Lotosblüte ist im folgenden Gebäude zu sehen.

In einem Nebengebäude links wird wie eine Reliquie der klapprige **Austin** aufbewahrt, mit dem der Bonze *Thich Quang Duc* 1963 nach Saigon aufbrach, um sich dort am 11. Juni aus Protest gegen das Diem-Regime mit Benzin zu übergießen und zu verbrennen. Die Fotografien und Filmaufnahmen gingen um die ganze Welt.

■ **Chua Thien Mu,** vom Zentrum aus über die am Nordufer des Flusses verlaufende Le Duan, die später zur Kim Long bzw. Nguyen Phuc Nguyen wird. Mit dem Fahrrad (4 km) ca. 20 Min.

Literaturtempel

Als 1802 *Gia Long* seine Heimatstadt Hue zur Kaiserstadt bestimmte, gründete er auch einen neuen Van Mieu für die für den Staat so wichtigen Mandarinatsprüfungen. Die alle drei Jahre abgehaltenen Examina fanden in Hue bis 1918 statt. Vor allem Stelen mit den Namen der erfolgreichen Kandidaten und einige Pavillons sind heute noch auf dem Gelände unweit der Thien-Mu-Pagode zu sehen (ca. 700 m weiter westlich).

Hon-Chen-Tempel

Weiter flussaufwärts führt eine drachengesäumte Treppe vom Parfüm-Fluss zu einem malerischen „Jadebecher-Tempel". Er ist *Prinzessin Lieu Hanh* geweiht, der Tochter des **daoistischen** Jadekaisers *Ngoc Hoang*. Weil sie ein kostbares Jadegefäß zerbrochen hatte, war sie von ihrem Vater auf die Erde verbannt worden.

Wie verflochten die populären religiösen Vorstellungen sind, wird hier besonders deutlich, denn für viele Vietnamesen ist die (daoistische) *Lieu Hanh* identisch mit der Cham-Göttin *Thien Y A Na*, die mit *Po Nagar* identifiziert wird, welche wiederum Züge der (buddhistischen) *Quan Am* trägt usw.

Der Dien (oder Den) wurde 1832 unter *Minh Mang* erbaut. Zu seinen regelmäßigen Besuchern zählte *Kaiser Dong Khanh*. Das verborgene Heiligtum im Obergeschoss erreicht man über eine schmale Treppe hinter dem Altar, man sollte einen der Mönche bitten, es einem zu zeigen.

■ **Hon-Chen-Tempel,** Eintritt 50.000 đ. Am 15. Tag des 7. Mondmonats findet eine farbenprächtige Prozession statt.

Bao-Quoc-Pagode

Die hübsche Pagode liegt unweit der Le Loi auf dem Ham-Long-Hügel. Ihre Anfänge datieren aus dem Jahr **1674,** und obwohl sie 1949 schwere Feuerschäden erlitt, ist sie wieder in recht gutem Zustand. Im Inneren herrscht die Ruhe und Bescheidenheit eines Klosters. Alle Gebäude gruppieren sich um einen orchideengeschmückten Innenhof.

Der **Altar** des Sanktuariums wird von der Dreiergruppe der Buddhas *A Di Da, Thich Ca* und *Di Lac* (Vergangenheit, Gegenwart und Zukunft) beherrscht, eine Stufe tiefer stehen Bodhisattva und der Jadekaiser *Ngoc Hoang* mit seinen Wächtern. Über den Innenhof gelangt man in einen Seitentrakt mit Ahnentafeln, vergilbten Fotografien von Angehörigen des Kaiserhauses und einer Statue der barmherzigen *Quan Am.*

■ **Bao-Quoc-Pagode,** auf der Dien Bien Phu stadtauswärts gleich nach dem Bahnübergang rechts abbiegen.

Tu-Dam-Pagode

Die Pagode datiert bis 1695 zurück, aber eine Totalrenovierung Mitte der 1930er-Jahre hat alle Spuren historischer Bausubstanz erfolgreich getilgt. 1951 wurde hier die *Vereinigte Buddhistische Gesellschaft* gegründet, die die verschiedenen buddhistischen Strömungen des Landes zusammenführte und eine Renaissance des Buddhismus in Vietnam zur Folge hatte. In dem liebevoll gepflegten Garten findet man die Büste des Laien *Dr. Tam Minh,* des Begründers der Bewegung. In den 1960er-Jahren war Tu Dam Zentrum des **buddhistischen Widerstands,** an der Stelle, an der heute ein Lotosteich den Betrachter erfreut, hat sich 1963 einer der Mönche verbrannt. Auch während der Tet-Ereignisse 1968 blieb die Pagode nicht von Kämpfen verschont, vereinzelte Einschussstellen im Mauerwerk sind noch heute sichtbar.

■ **Tu-Dam-Pagode,** rund 500 m südlich der Bao-Quoc-Pagode in der kleinen Tu-Dam-Straße, die Dien Bien Phu und Phan Boi Chau miteinander verbindet.

Phan-Boi-Chau-Gedenkstätte

Wenige Schritte von der Tu Dam-Pagode entfernt stößt man auf das Grabmal mit dem **überdimensionalen Bronzekopf** des Patrioten *Phan Boi Chau* (1867–1940). Der ehemalige Mandarin, der wegen seiner antikolonialistischen und nationalistischen Einstellung als „Vorläufer“ *Ho Chi Minhs* gilt, wurde von den Franzosen 1925 in Hanoi zum Tode verurteilt und erst nach heftigen Protestdemonstrationen der Bevölkerung zu lebenslänglichem Hausarrest in Hue begnadigt.

Nam Giao

Am Nam Giao (Himmelsaltar) brachten die Kaiser alle drei Jahre in einem Ritual den Mächten des Himmels und der Erde **Schlachtopfer** dar. Die Zeremonienstätte, geografisch der mittlere Punkt einer Linie zwischen dem Haupttor der Zitadelle und dem Berg Ngu Binh, dem „Schild des Kaisers“, besteht aus drei übereinandergelagerten Plattformen, Symbol für Himmel und Erde. Die obere, dem Himmel geweihte **Plattform** beschreibt einen Kreis mit einem Durchmesser von 42 m. Die mittlere ist quadratisch angelegt, ebenso wie die untere, auf der die nächtlichen Opferzeremonien stattfanden. Die Esplanaden waren (von unten nach oben) rot, gelb und blau umrandet, das Spektakel dauerte Tage und war das wichtigste Ereignis im kultisch-religiösen Leben von Hue.

■ **Nam Giao,** ca. 2,5 km vom südlichen Stadtrand über die Dien Bien Phu oder die Phan Boi Chau.

Tigerarena und Elefantenschrein

Die relativ gut erhaltene Arena Ho Quyen wurde 1830 von *Minh Mang* gebaut und diente noch bis 1904 als blutiger Schauplatz von **Kampfspielen** zwischen Tigern und Elefanten. Man findet ihre Überreste am südlichen Flussufer, wenn man die Bui Thi Xuan ca. 2,5 km stadtauswärts geht. Unweit davon stößt man in schönster ländlicher Umgebung auf die Reste eines Tempels, der einem Kriegselefanten *Kaiser Gia Longs* gewidmet ist. Die geschändete Statue (die Smaragdaugen und Elfenbeinzähne wurden geraubt) und ein Grabstein erinnern an die heldenhaften Taten des treuen Tieres.

Kathedrale Phu Cam

Die wuchtige Kirche, halb Kathedrale, halb Pagode, wurde 1962/63 auf Veranlassung des berüchtigten Erzbischofs von Hue, *Ngo Dinh Thuc,* errichtet. Von der einst zartblauen Fassade ist nurmehr verwittertes Grau geblieben. Der Komplex dahinter war eine Missionsstation der Redemptoristen.

Eine kleinere katholische Kirche, **Saint François Xavier** (um 1910), befindet sich auf der 18 Nguyen Tri Phuong, unweit des Hotels *Binh Minh.*

■ **Kathedrale Phu Cam,** 80 Nguyen Hue, Messen So 5.30, 8, 15 und 18.30 Uhr.

Museen

Royal Antiquities Museum

In dem kleinen Museum bei der Zitadelle werden Gebrauchsgegenstände aus dem Besitz der **Nguyen-Kaiser** gezeigt: Truhen, Tische und Kultschränke aus Palisander und Ebenholz, Ruhebetten, Sänften, Gewänder, Geschirr, Keramik und vieles andere mehr.

■ **Royal Antiquities Museum,** Bao Tang Co Vat, 3 Le Truc, innerhalb der Zitadelle, nahe dem Hien-Nhon-Tor. Eintritt im Ticketpreis für die Kaiserstadt inbegriffen.

Ho-Chi-Minh-Museum

Das Museum liegt schräg gegenüber der Quoc-Hoc-Schule (→ unten).

■ **Ho-Chi-Minh-Museum,** 6 Le Loi, tgl. 7–11, 14–17 Uhr, Eintritt frei.

Quoc-Hoc-Schule

Hier ging *Ho Chi Minh* zur Schule (1907–08), genauso wie der General *Vo Nguyen Giap,* der Sieger von Dien Bien Phu, der Widerstandskämpfer *To Huu, Pham Van Dong,* der langjährige Ministerpräsident, und *Ho Chi Minhs* späterer Gegner *Ngo Dinh Diem.*

Die 1896 gegründete Lehranstalt galt als eine der besten Oberschulen Vietnams und war in der Tradition des konfuzianischen *Quoc Tu Giam* für die Elite unter den jungen Vietnamesen gedacht. Die „Vaterländischen Studien“ (Quoc Hoc) vermittelten jedoch in erster Linie westliches Wissen und französische Bildung, geschrieben wurde in Quoc Ngu, dem romanisierten Schriftsystem.

Ho Chi Minh erinnerte sich an seine Zeit dort nur ungern: „Die einzige Sorge der französischen Kolonisatoren war, ihnen treu ergebene Diener heranzubilden statt Menschen, die fähig sind, ihrem Volk und ihrem Land nützlich zu sein." (Man hat ihm natürlich trotzdem im Hof ein Denkmal gesetzt.)

■ **Quoc-Hoc-Schule,** die roten Backsteingebäude, die noch immer Lehrzwecken dienen, findet man in der 10 Le Loi. Gleich daneben befindet sich die Hai-Ba-Trung-Oberschule für höhere Töchter.

Dong-Ba-Markt

Der beliebte und dementsprechend belebte Markt erstreckt sich in der Tran Hung Dao von der Trang-Tien-Brücke bis zur Gia-Hoi-Brücke am Nordufer des Parfüm-Flusses. In dem ungemein lebendigen, dreistöckigen Gebäude gibt es alles, was das Herz begehrt – farbenfroh angerichtet. In seiner heutigen Form wurde er Ende des 19. Jh. errichtet und ist seit seiner Gründung ein wichtiger Teil der Stadt. Hier wird alles verkauft: von traditioneller, vietnamesischer Kleidung bis hin zu Souvenirs, exotischem Obst und Gemüse. Gleichzeitig ist er ein beliebtes Touristenziel mit zahlreichen Besuchern aus der ganzen Welt.

■ **Dong-Ba-Markt,** Tran Hung Dao, tgl. 6–18 Uhr. Gleich daneben befindet sich die Dong Ba Bus Station.

Chinesisches Viertel

Die Chi Lang auf der linken Flussseite hinter der Brücke über den Dong-Ba-Kanal ist die Hauptstraße einer durch den Parfüm-Fluss und die Kanäle Dong Ba und Cua Hau gebildeten „Insel", auf der sich das chinesische Viertel von Hue befand.

Die **Versammlungshallen** (Hoi Quan) der Gemeinden Hai Nam, Quang Dong und Fukien und ihre typischen, der Meeresgöttin *Thien Hau* oder dem chi-

624v sb

nesischen General *Quan Cong* geweihten Tempel befinden sich seit der Tet-Offensive und der Flucht der meisten Chinesen in den 1970er-Jahren in miserablem Zustand oder sind bereits zu Wohn- oder sonstigen Zwecken wegrationalisiert worden. Dennoch kann ein Gang durch die Chi Lang für Liebhaber verwitterter Gemäuer, verblichener Farben und nostalgischer Stimmungen reizvoll sein. Wohlstand und wieder gezeigte Religiösität haben sogar mancher Pagode zu einem neuen Anstrich verholfen.

Bao-Vinh-Viertel

An dieser Straße etwas außerhalb des alten Stadtkerns reihten sich einst Dutzende traditioneller **nha ruong** aus dem 18. und 19. Jh., einstöckige, ziegelgedeckte Holzhäuser aus massivem Jackfruit- oder Eisenholz, die vornehmlich von chinesischstämmigen Kaufleuten errichtet worden waren. Einige wenige stehen noch und lassen sich leicht mit dem Fahrrad erreichen. Die Huynh Thuc Khang hinter dem großen Markt 4–5 km immer am Kanal entlang. Eine wirklich lohnenswerte Fahrt in eine andere Welt (ein anderes Hue).

Phu-Mong-Viertel

Mitglieder der kaiserlichen Familie und hohe Mandarine ließen sich in „freier Natur" Gartenvillen *(nha vuon)* als Sommersitze erbauen, die alle nach dem gleichen Prinzip gestaltet waren: vor dem Haus ein Steingarten mit einer Landschaft *en miniature*, ein Wasserbecken, ausgesuchte Pflanzen, die zu jeder Jahreszeit erfreuen sollten (Blüte, Duft, Blattfärbung). Das Viertel Phu Mong liegt auf dem Weg zur Thien-Mu-Pagode, die gleichnamige Straße zweigt von der Kim Long ab.

Thanh-Toan-Brücke

Die wenig besuchte **Holzbrücke** im Weiler *Thuy Thanh* wurde 1776 errichtet und erinnert an die Japanische Brücke in Hoi An. Am Schrein in ihrem Zentrum wird die Frau eines Mandarins verehrt, der den Bau der Brücke veranlasste. 6 km östlich, stadtauswärts über die Straßen Ba Trieu, Truong Chinh/Hoang Quoc Viet. Ein schöner Fahrradausflug!

Praktische Informationen

- 450.000 Einw., Tel. 0234.
- **Geld:** *Vietcombank*, 78 Hung Vuong. Es gibt im Stadtgebiet ATMs der führenden Banken.
- **Post:** 8 Hoang Hoa Tham.
- **Sightseeing:** *CitySightseeing Hue* fährt mit seinen zweistöckigen, roten *Hop-on-hop-off*-Bussen alle Sehenswürdigkeiten Hues an. Die Tickets sind 4, 24 oder 48 Stunden gültig. Es gibt auch eine dazugehörge App. Infos unter www.city-sightseeing.com/de/166/hue.
- **Flug:** *Vietnam Airlines*, 23 Nguyen Van Cu, Tel. 3824709.
- **Hospital:** 16 Le Loi, Tel. 3822325.
- **Hue-Festival:** Internationale Kunst und Kultur an historischen Stätten. Alle zwei Jahre (das nächste Mal 2026) neun Tage im April.

< Beliebt bei Einheimischen und Touristen: der Dong-Ba-Markt

Touren und weitere Aktivitäten

In allen Hotels kann man Exkursionen und Bootsausflüge buchen, Qualität und Englischkenntnisse variieren. Gute Touren lassen sich auch bei den lokalen Veranstaltern buchen (→ unten). Beliebte Ziele sind u.a. Zitadelle, Kaisergräber, Nationalpark Bach Ma und Trips über den **Wolkenpass** nach **Hoi An.** Tagesausflüge in die ehemalige **DMZ** (*Demilitarized Zone,* → Kapitel „Nördliche Zentralküste“, S. 222) werden ab 25 $ angeboten, davon ist aber ein Großteil Fahrzeit. Auch die Fahrt zu den Höhlen von **Phong Nha** ist weit. Eine gute Option sind Touren in eine Richtung, von Hue über DMZ bis nach Phong Nha (→ dort) mit Aufenthalt und Tourenangebot dort (bzw. in die andere Richtung).

- **Stadttouren und Kaisergräber** werden per Bus und Boot, *Cyclo,* Geländewagen, Fahrrad oder Motorrad angeboten.
- **Bootstouren:** Eine Tour auf dem Parfüm-Fluss ist schick, aber da es auf dem armen Fluss mittlerweile von einer ganzen Armada von Booten aller Art nur so wimmelt, ist das Vergnügen eher gering. Die Anmietung eines eigenen Bootes ist nahezu unmöglich geworden, da die Behörden die privaten Bootsleute weitgehend vom Fluss vertrieben haben und nur mehr auf Massenbetrieb setzen. Auch lokale Veranstalter (z.B. *Café on Thu Wheels*) können Boote arrangieren. *Hue Day Tour* beispielsweise bietet halbtägige Bootsfahrten auf dem Fluss an. Infos unter www.huedaytour.com/tour/boat-trip-perfume-river.

⊡ Die freundlichen Cyclofahrer warten auf Kundschaft

Lokale Veranstalter

27 **Mandarin Café,** So 06 Duong Ba Nguyen Dinh Chi, Tel. 366350366, https://mandarin.vn. Bietet einen guten Gratis-Stadtplan mit eingezeichneter Tour-Route zu Fuß an, mit kurzen Beschreibungen und Infos.

26 **Café on Thu Wheels,** 3/34 Nguyen Tri Phuong (in der kleinen Gasse, in der sich auch die *Sunny*-Hotels und das *Nina Café* befinden), Tel. 768426215, www.fb.com/cafeonthuwheelshuevietnam. Arrangiert u.a. zwei verschiedene Motorradtouren mit Fahrer, (Besuch von zwei Gräbern und weiteren Sehenswürdigkeiten, eine mit Zitadelle und eine mehr in der weiteren Umgebung).

22 **Huetourist,** 11 Nguyen Cong Tru, Tel. 913458464, https://huetourist.vn. Privater Veranstalter mit etwas anderen Touren aller Art, z.B. zur Tam-Giang-Lagune per Boot zum Sonnenuntergang mit *Seafood* oder ins Dorf A Luoi mit Wandern durch Wälder und ländliche Umgebung.

5 **Stop and Go Café,** 42 Nguyen Cong Tru, Tel. 0905126767, www.stopandgo-hue.com. Diverse Touren, Bustickets.

Motorrad- und Geländewagen-Touren

Eine erstklassige Option! Es gibt Anbieter für Touren per Motorrad (mit Fahrer oder zum Selberfahren) und per Geländewagen, auch nach individuellen Wünschen.

19 **Hue Adventures,** 16/7 Nguyen Cong Tru, Tel. 905771602, www.hueadventures.com. Von der maßgeschneiderten Halbtagestour in und um Hue bis zu mehrtägigen Trips (z.B. mit Vinh-Moc-Tunnels, Khe San, Phong-Nha-Höhlen, Prao). Auch Touren mit Boot und Fahrrad. Privattouren oder kleine Gruppen, alle Fahrer sprechen Englisch.

32 **Le Family Riders,** 78 Tue Tinh, Thuan Hoa Ward, Tel. 372069887, www.lefamilyriders.com. Z.B. Hue-Hoi An (oder Hoi An-Hue) mit Hai-Van-Pass als ein- oder mehrtägige Tour, My Son, DMZ, Phong Nha.

33 **Vespa Adventures,** 117 Le Huan, Tel. 0772993 585, www.vespaadventures.com. Touren per *Vespa* mit Fahrer, z.B. *Street Food Tour* am Abend. (Auch in Hoi An, Hanoi, Ho Chi Minh City.)

■ **Vietnam Jeep Tours,** www.vietnamjeeptours.com, → auch Da Nang und Hoi An.

Kochkurs

1 **Hue Inn Side Out,** → Karte S. 245, 16/572 Bui Thi Xuan, Tel. 794519027, www.fb.com/Hueinnsideout. Am Parfüm-Fluss selber Hand anlegen und Hue-Spezialitäten kochen. 2½–3 Std., jeweils morgens oder nachmittags.

Bus-Reiseagenturen

7 **The SinhTourist,** 38 Chu Van An, Phu Hoi Ward, Tel. 2838389597, www.thesinhtourist.vn.

8 **Hanh Café** (Ha Phuong), 28 Chu Van An, Tel. 896565123, www.hanhcafe.vn.

■ **Open Tour:** Mit *SinhTourist* nach Hanoi (über Ninh Binh), Fahrzeit ca. 15 Std., nach Hoi An (über Da Nang), Fahrzeit 4 Std.

■ **Hoang Long:** Eine echte Alternative zu den *Open Tours,* mehrmals tgl. nach Hanoi, Da Nang, Nha Trang. Einziges Manko: Start ist ab Busbahnhof. Tel. 02253920920, www.hoanglongasia.com. Weitere Busse → www.vexere.com.

Stadtverkehr

■ **Taxi:** *Mailinh,* Tel. 3898989.

■ **Grab:** Hue ist mit *Grab*-Fahrzeugen gut versorgt. Sie sind eigentlich immer die günstigere Alternative zu Taxis.

■ **Stadtbus:** Es gibt fünf Linien, die allerdings nicht sehr häufig verkehren. Mit Linie 5 kommt man zum Nam Giao, mit Linie 3 nach Thuan An, mit Linie 1 zum Nordbusbahnhof.

■ **Cyclo:** Sich in einer Fahrradrikscha in der Stadt herumkutschieren zu lassen, ist ganz nett. Tipp: Sich vom Hotel ein *Cyclo* und einen vernünftigen Fixpreis organisieren lassen, z.B. am Abend von der Südseite des Flusses auf die Nordseite zum Essen, dann mit dem Taxi zurück.

■ **Fahrrad und Motorrad:** Hue ist fürs Fahrradfahren geradezu wie geschaffen. Im Stadtzentrum kann der Verkehr ziemlich hektisch sein, doch schon wenige Minuten außerhalb des touristischen Zentrums und auf den Nebensträßchen der Stadt gibt

625v sb

es vieles zu entdecken, und die ländliche Umgebung ist einfach traumhaft. Räder sind ab 1 $/Tag fast überall zu mieten, Motorräder ab 5 $.

Unterkunft

Unterkünfte Thuan-An-Strand, Bach Ma und Lang Co → dort.

37 Azerai La Residence⑤, 5 Le Loi, Tel. 3837475, https://azerai.com/azerai-la-residence-hue. In der einstigen Residenz des französischen Generalgouverneurs von Annam lebt das Art déco der 1920er-Jahre wieder auf. Die 122 Zimmer, alle mit Balkon oder Terrasse, sind allerdings z.T. unnötig beengt geraten. Resto, Bar, Terrassen, Pool mit Flussblick, Spa, *Health Club,* Tennis.
28 TTC Imperial⑤, 8 Hung Vuong, Tel. 3882222, https://ttchospitality.vn. 15-stöckiger, auf „Hue-Stil" getrimmter Mammut der globalen Massenhotellerie. Pool im 3. Stock. 195 Zimmer.
40 Pilgrimage Village⑤, 130 Minh Mang, Tel. 3885461, www.pilgrimagevillage.com. Gelungenes Ensemble zwei- bis dreistöckiger Villen in schöner Gartenanlage 3 km vom Zentrum, auf dem Weg zu den Kaisergräbern. Alles hat Stil und Klasse. 74 große, helle Deluxe-Zimmer mit ausladenden Terrassen oder Balkonen sowie 25 Bungalows (z.T. mit eigenem Pool). Pool, Spa, mehrmals tgl. gratis Shuttle von/nach Hue.
29 Saigon Morin⑤, 30 Le Loi, Tel. 3823526, www.morinhotel.com.vn. Das historische, 1998 von *Saigontourist* restaurierte *Grand Hotel Morin* von 1901. Sehr stilvoll (mit kleineren Servicemängeln). 180 Zimmer. Schöner Innenhof mit Pool.

[>] In der Night Walking Street treffen sich Einheimische und Urlauber für Speis und Trank

39 Vedana Lagoon Resort & Spa⑤, in Phu Loc 35 km südlich von Hue, Zone 1, Phu Loc, Tel. 36816 88, www.vedanalagoon.com. 27 ha großes *Wellness & Spa*-Luxusresort des *Pilgrimage Village* an und über der Lagune. 27 Villen, manche auf Pfählen über dem Wasser, 1x tgl. Hue-Shuttle.
UNSER TIPP: **9 Orchid**③, 30A Chu Van An, Tel. 3831178, www.orchidhotel.com.vn. Ein kleines Juwel im Allerlei der Reihenhotels, und mit nur 18 Zimmern (alle mit Fenstern!) klein genug, sich besonders aufmerksamen, freundlichen Service leisten zu können. Eine Wucht die Honeymoon-Suite mit Jacuzzi und einmaligem Panorama.
22 Hue Riverside Villa③-④, 16/7 Nguyen Cong Tru, Tel. 3818018, www.hueriversidevilla.com. Fünf Bungalow-Zimmer (DZ, Family, Honeymoon) mit Garten direkt am Fluss, durch eine verwinkelte Gasse erreichbar. Ruhig, familiär und sehr freundlich, und immer bereit für gute Tipps. Gratis-Fahrräder.
UNSER TIPP: **35 Casting Homestay**②, 292/16 Bui thi Xuan, Tel. 0913458464, www.fb.com/castinghomestay. Das witzige Haus mit hübschen alten Details von *Mr. Hao* und seiner Familie voller Sammelstücke und mit lauschigem Gärtchen liegt ca. 3 km westlich des Stadtzentrums (eine schöne kleine, kaum touristische Fahrradtour) im Kupfer-Dorf. Fünf Zimmer, Gratisräder.
36 Thuy Bieu Homestay②, 43 Luong Quang, Tel. 0913458464, www.huetouristvietnam.com. Ländliche Ruhe in einem Pampelmusen-Garten, ca. 7 km südwestlich des Stadtzentrums. Gratisräder.
13 Moonlight③-④, 20 Pham Ngu Lao, Tel. 39797 97, www.moonlighthue.com. Erfreulich, auch im Service. 90 Zimmer auf 15 Etagen, Panoramarestaurant im 14. Stock, darüber Pool und Sonnendeck.
6 Serene Palace③, 21/42 Nguyen Cong Tru, Tel. 3948585, www.serenepalacehotel.com. Ruhig, effizient, saubere Bäder, schöne Holzböden, gute Ausstattung (AC/Heater, PC, Safe). 30 Zimmer, z.T. mit schönen Balkonen zum Sitzen. Lift.
UNSER TIPP: **38 Riverside Resort**⑤, 588 Bui Thi Xuan, Tel. 3978484, www.hueriversideresort.com. Am Fluss, schräg gegenüber der Thien-Mu-Pa-

gode; zur Stadt mit Fahrrad (gratis), Boots-Shuttle (1x gratis), Taxi. 4 ha Garten, großer Pool, Spa, viel Ruhe, guter Service. 40 Zimmer mit Flussblick in fünf zweistöckigen Häusern, Superior mit Dusche oben, Deluxe mit Wanne unten.

13 **Asia**③-④, 17 Pham Ngu Lao, Tel. 3830283, www.asiahotel.com.vn. Professionell geführt, ansprechende Ausstattung. 87 Zimmer auf 12 Stockwerken mit Lift, Resto und Mini-Pool. Viel gelobte Frühstücksauswahl.

16 **Villa Hue**④, 4 Tran Quang Khai, Tel. 3831628, www.villahue.com. Ruhiges, sehr intimes und gut gelegenes „Boutique-Hotel" der Hue-Tourismus-Schule. 12 Zimmer.

2 **Holiday Diamond**②-③, 6/14 Nguyen Cong Tru, Tel. 935353117. Außergewöhnlich gastlich und hilfsbereit. 18 Zimmer (Zimmer 504 und 604 – Lift! – mit Fenstern und Flussblick). Sehr gutes Frühstück.

23 **Canary**②, 37 Nguyen Cong Tru, Tel. 3839699, www.fb.com/canaryhotelhue. 25 Zi. auf sieben Etagen (Lift). Sehr gut die Standardzimmer mit Fenster (ab 4. Stock), Deluxe ab 4. Stock mit 2 Fenstern.

20 **Jade**②, 43 Hung Vuong, Tel. 905931119, www.fb.com/JadeHotelHue. Familiär, sehr freundlich und hilfsbereit; ohne Lift. 12 Zimmer, nicht sehr groß, aber geschmackvoll.

2 **Four Seasons**②, 6/9/7 Nguyen Cong Tru, Tel. 3933232. Aufgeräumt, sauber, sehr nette Leute, sehr aufmerksam; ohne Lift. Elf Zimmer, einfach, aber mit guter Ausstattung (Zimmer 402 mit Balkon).

1 **Than Thien**②-③ *(Friendly)*, 10 Nguyen Cong Tru, Tel. 3834666, www.thanthienhotel.com.vn. Wie ein kleines Luxushotel: sauber, ruhig, sehr ansprechend möbliert, gute Bäder (Duschkabinen), aufmerksamer Service. 25 Zimmer.

2 **Hue Nino Hotel**②, 13/2/14 Nguyen Cong Tru (ganz am Ende der kleinen Gasse), Tel. 6252171, www.hueninohotel.com. Gepflegt, ruhig, geschmackvoll, individuell eingerichtet – und obendrein mit ganz besonders netten, kunstsinnigen Gastgebern! 16 Zimmer.

UNSER TIPP: 25 **Sunny A** (Binh Duong)①-②, 17/34 Nguyen Tri Phuong, Tel. 3829990. Wirklich klasse für den Preis! 26 saubere, top renovierte Zimmer, teils mit Balkon. Noch besser das gegenüberliegende **Sunny B** (Binh Duong 3, mit Lift), 34 Nguyen Tri Phuong, Tel. 3830145. Alle elf Zimmer mit Privatbalkon.

626v sb

Street Food: Hue-Spezialitäten

■ **Bun Bo Hue:** Die berühmte Hue-Reisnudelsuppe mit Rindfleisch, Wurst, Schweinshaxe, einem Stück „Blutpudding" (geronnenes gekochtes Schweineblut, *huyet,* im Norden *tiet*), frischen Kräutern und fein geschnittenen Bananenblüten. Ein toller, zentraler Spot abends bis spät auf dem Gehsteig an der 7 Ha Noi, 20–2 Uhr. Auch erhältlich in den dafür bekannten kleinen Restos an der Ly Thuong Kiet.

■ **Banh Khoai:** Knusprig gebratener Pfannkuchen aus Reismehl und Ei, mit Crevetten, Schweinefleisch und Sprossen. Wird in Reispapier gewickelt, mit frischen Kräutern, geschnittener Sternfrucht, grüner Banane und in Erdnuss-Sesam-Sauce gedippt. Quan Thuy: Kleines Straßenresto im Osten der Stadt, hier trifft man kaum auf Touristen. 160 Nhat Le.

■ **Banh Hue:** Kleine gedämpfte Reismehl-Küchlein, die meist mit Fischsauce gegessen werden. **Banh Beo:** Winzige runde weiße Scheiben, belegt mit getrockneten Crevettenflocken und knusprigen Schweinehaut-Stückchen. **Banh Bot Loc:** Durchsichtige *Dumplings* aus Maniok- statt Reismehl, gefüllt mit ganzen Crevetten und Schweinefleisch, gedämpft im Bananenblatt. **Banh Nam:** Längliche flache Küchlein mit Crevettenstückchen, gedämpft im Bananenblatt. Kaum touristisch in den Restos am Ende der Nguyen Binh Kiem.

■ **Com Hen:** Reis mit kleinen Flussmuscheln, dazu Sesam, Chili, Erdnüsse, Schwarte, Kräuter und Bananenblüten, oft auch mit Garnelenpaste. Einheimische essen es an der Han Mac Tu am Fluss.

■ **Che Hem:** Vietnamesische Kompott-Desserts mit Früchten, süßen Klebreisbällchen und Kokosmilch. Jugendliche Einheimische löffeln es gerne an den Wochenenden. Karte auf Vietnamesisch. *Tap cam* bedeutet „gemischt", *hat sen* mit Lotoskernen, in der Gasse 29 Hung Vuong.

30 **Xoi Thit Hon,** 10 Pham Hong Thai. Schweinefleisch mit Klebreis.

■ **Muc Gung:** Kandierter Ingwer. Wunderbar als Snack zu Tee oder Kaffee an kalten Tagen. Sieht aus wie *Cornflakes,* gibt es überall zu kaufen, z.B. auf dem Markt.

Die Reis-Küchlein Banh Beo und Banh Nam

430v aw

11 **Amigo**②, 66/3 Le Loi, Tel. 3838006. Gut ausgestattetes, ruhiges Minihotel. 15 Zimmer.

13 **Backpacker Hostels**①, 10 Pham Ngu Lao, Tel. 3933423, www.vietnambackpackerhostels.com. Filiale der Hanoier Institution in einer früheren Pension Francaise der 1930er-Jahre. Hübsche Terrassen und sehr effizient, aber auch etwas arg vollgepackt für den kleinen Platz. Mit Bar und Restaurant. Hilfreich bei An- und Weiterreise usw. Dorm-Betten und DZ.

Essen und Trinken, Nachtleben

31 **Lac Thien,** 6 Dinh Thien Hoang, Tel. 3527348. Der Klassiker gleich neben der Zitadelle, der typische Hue-Spezialitaten wie *banh khoai* (man kann beim Brutzeln zugucken) oder *Nem* bereits Anfang der 1990er-Jahre wieder hoffähig machte. Taubstumme Bedienung. Steht in jedem Reiseführer, sehr nett, und wenn man mit diesem Buch in der Hand hineinspaziert, wird man freundlich mit ein paar Brocken Deutsch begrüßt. Typisch vietnamesisches Straßenresto seit eh und je, mit Plastikstühlen an Metalltischen.

34 **Les Jardins de la Carambole,** 32 Dang Tran Con, www.fb.com/LesJardinsDeLaCarambole. In der Zitadelle. Gehoben und wunderbar stimmungsvoll, mit Kamin auf beiden Etagen. Das schöne Haus ist nicht alt, sondern gekonnt designt von dem französischen Besitzer *Christian*. Vietnamesische und französische Küche, Hauptspeisen ab ca. 5 $, Menüs (Vietnamesisch, Mediterran, Provencale) ca. 15–20 $. Das Stammhaus *La Carambole* (ehemals 19 Pham Ngu Lao, mit völlig anderem Konzept und anderer Preisklasse als *Les Jardins*) ist umgezogen an die 18 Vo Thi Sau, unter dem Namen 4 **La Bistro Carambole** (FB: Bistro la carambole).

37 **Le Parfum,** im Hotel *Azerai La Residence,* 5 Le Loi, Tel. 3837475, https://azerai.com/azerai-la-residence-hue/dining. Nicht günstig, aber exzellent. Bei schönem Wetter auch auf der Terrasse. Vietnamesische und französische Karte, Spezialitäten für zwei oder mehr Personen *(Hot Pots)* müssen mindestens sechs Stunden zuvor bestellt werden.

UNSER TIPP: 3 **Risotto Restaurant Hue,** 14 Nguyen Cong Tru, Tel. 932413313. Super Konzept: links ein italienisches, rechts ein vietnamesisches Restaurant. Hier findet jede und jeder seine Leibspeise. Betrieben wird es von einem wahnsinnig herzlichen Ehepaar, das immer für einen Plausch und eine Umarmung zu haben ist. Der Clou: *Happy Hour* ist von 10 Uhr morgens bis 22.30 Uhr abends, Bruschetta, das erste Bier und ein Teller Passionsfrucht sind gratis und es gibt leckere Angebote. Günstig ist es auch noch und ein netter Blick auf die belebte *Walking Street* ist inklusive.

15 **Little Italy,** 10 Nguyen Thai Hoc, Tel. 3864864, https://littleitalyhue.com. Italienisch, Western und Vietnamesisch (gleicher Besitzer wie die nahe *DMZ Bar*), bis Mitternacht.

10 **Shiva Shakti,** 2 Vo Thi Sau, Tel. 3935627, https://shivashaktiindianrestaurant.com. Indisch, gute Curries, aber auch Pizzapasta.

25 **Family Home Cafe & Restaurant,** 11/34 Nguyen Tri Phuong, Tel. 708030304. Zu Recht populär. Einfache, aber gute vietnamesische Küche, günstig, freundlich.

18 **La Boulangerie Française,** 46 Nguyen Tri Phuong, Tel. 3837437, www.laboulangeriefrancaise.org (auf Französisch), 7–20.30 Uhr. Bäckerei und Bäckerschule mit kleiner Terrasse.

14 **Jalapeño Restaurant,** 19 Pham Ngu Lao, Tel. 3846868, FB: Jalapeno Restaurant. Mexikanische und vietnamesische Speisen von früh bis spät.

26 **Café on Thu Wheels,** 3/34 Nguyen Tri Phuong, Tel. 768426215, www.fb.com/cafeonthuwheelshuevietnam. Gute, günstige Speisen, nette Stimmung von morgens bis abends. Familiärer Traveller-Treffpunkt, Besitzerin *Thu* ist die eigentliche Sehenswürdigkeit hier, sie hat für jeden einen lockeren Spruch parat. Man kann sich an den Wänden verewigen – wenn man noch eine freie Fläche zum Kritzeln findet!

26 **Nina's Cafe,** 16/34 Nguyen Tri Phuong, Tel. 3838636, www.fb.com/ninacafe.hue. Gemütlicher

Traveller-Treffpunkt mit leckeren vietnamesischen Speisen ab ca. 2 $.

17 **Quan Hanh,** 11-15 Pho Duc Chinh, Tel. 358306 650. Nur wenige Gerichte, aber alle absolut köstlich: *banh khoai, nem* und *banh beo.* Besser als im *Lac Thien!*

24 **Goc Pho,** 18 Le Quang Dao, www.fb.com/nhahanggocpho18lequangdao. Wahnsinnig voll, wahnsinnig gut, wahnsinnig günstig – da lohnt auch ein Taxi. Toll ist u.a. das gegrillte Schwein. Speisekarte nur auf Vietnamesisch.

21 **Vy Da Xua,** 131 Nguyen Sinh Cung, www.fb.com/nhahangvydaxua. Großes, schickes Café im Holzhaus, auf mehreren halboffenen Etagen am Fluss, nach vorne mit Gärtchen. Königliche Tees *(tra)* mit allerlei Früchten und Gewürzen drin, mit Thermoskanne zum mehrmals Nachgießen. Karte auf Vietnamesisch. Etwas abseits.

12 **DMZ Bar,** 60 Le Loi, Tel. 3993456, https://dmz.com.vn. Gleich neben dem hauseigenen Reisebüro. Drinks, Musik, Billard, drei Etagen mit Terrasse, Military-Motto mit Tarnflecken- und Sturmgewehr-Deko. Man beachte die riesige Karte der Demilitarisierten Zone an der Decke. Geöffnet 7 Uhr „bis der letzte Gast umfällt".

An- und Weiterreise

- **Entfernungen** von Hue (in km): Thuan An 14, Bach Ma 45, Quang Tri 63, Lang Co 65, Dong Ha 75, Da Nang 110, Khe Sanh 137, Lao Bao 155, Dong Hoi 160, Phong Nha 210, Vinh 365, Savannakhet (Laos) 400, Ninh Binh 565, Nha Trang 630, Hanoi 660, Ho Chi Minh City 1070.
- **Flug:** Der Flughafen Phu Bai liegt 14 km südlich und ist auf Expansion ausgerichtet. So wurde im Juni 2023 der Terminal 2 eröffnet, jährlich werden 1,5 Mio. Passagiere erwartet. Am günstigsten kommt man mit einem *Grab* hin (ca. 220.000 đ).
- **Zug:** Alle Züge halten in Hue. Der Bahnhof (Ga Hue) liegt am Südwestende der Le Loi, die Fahrkartenschalter sind täglich 7–19 Uhr geöffnet. Bitte beachten: Die Nachtzüge nach Hanoi und Ho Chi Minh City sind immer schnell ausgebucht.
- **Bus:** Der **Ben Xe Phia Nam** liegt auf dem rechten Ufer 4 km stadtauswärts. Expressbusse fahren u.a. nach Da Nang, Nha Trang, Buon Ma Thuot, Qui Nhon etc. Der **Ben Xe Phia Bac** liegt 5 km nördlich an der N1. Von hier fahren Busse nach Dong Ha, Dong Hoi, Phong Nha, Hanoi.

Hue, Umgebung

Thuan-An-Strand

Der Strand von Hue liegt auf einer langen, schmalen, von einer Lagune begrenzten Halbinsel 14 km nordöstlich der Stadt. Ein paar Restaurants und Erfrischungsstände vermieten Liegestühle und Sonnenschirme. Nur ein paar Hundert Meter weiter ist man gänzlich ungestört. Hochbetrieb herrscht hier nur im Sommer.

Auch hier, wie an vielen Strandkilometern Vietnams, gibt es große Pläne: Eine schnurgerade, **vierspurige Zufahrtsstraße** ab Hue wurde durchs Reisfeld gemeißelt, bald werden Bauprojekte den bisher recht ruhigen Strand beherrschen und wahrscheinlich wird es dann vorbei sein mit der bisherigen Ruhe an dem kilometerlangen Sandstrand.

⊡ Noch geht's ruhig zu am Thuan-An-Strand

627v sb

Praktische Informationen

Unterkunft

- **Lapochine Beach Resort⑤**, Tel. 3983333, www.fb.com/ResortLapochine. Exklusives Strandhotel mit 78 Zimmern und 30 Villen. Pool, Spa, Shuttle nach Hue. Das Resort war das erste Strandresort Hues.
- **Villa Louise Beach Resort④-⑤**, Phu Thuan Beach, Tel. 0917673656, www.villalouisehue.com. Schickes Strand-Boutiquehotel mit Meerblick, Pool, Gratis-Fahrräder.
- **Beach Bar Resort Hue①**, neben *Villa Louise Beach Resort*, Tel. 0917673656, www.beachbarhue.com. Vom Hauptstrand weiter südlich. Es gibt Betten im Achter- oder im Vierer-Dorm, inkl. BF, mit Ventilator, und Doppelzimmer. Alles recht einfach, aber okay.

Anreise

- **Stadtbus** Nr. 3 (unregelmäßig) von der Le Loi Ecke Doi Cung, ab 6000 đ. Ein **Taxi** kostet ungefähr 300.000 đ für einen Weg, ein **Motorradtaxi** ca. 150.000 đ. Am einfachsten ist die Tour mit dem gemieteten **Scooter.**

Ho-Chi-Minh-Haus

Auf dem Weg zum Thuan-An-Strand passiert man nach etwa 6 km ein für diese Gegend typisches Dorf: ein lebhafter Markt, ein Kanal, schmale Pfade, Obst- und Gemüsegärten, ein verwitterter Dinh. Inmitten dieser Idylle ein einfaches, strohgedecktes Holzhaus, in dem *Ho Chi Minh* zwei Jahre seiner Kindheit (1898–1900) verbrachte. Der damals achtjährige *Cung* lebte hier bis zum Tod seiner Mutter. Neben der Gedenkstätte wurde ein **Dokumentationszentrum** errichtet.

- Das Dorf heißt **Duong No.** Hinter der Brücke (Hinweisschild Nha Luu Niem Cach) biegt man rechts ein und folgt dem Weg ca. 300 m.

Bach-Ma-Nationalpark

Etwa auf halber Strecke zwischen Hue und Da Nang befindet sich ein Nationalpark mit dem 1444 m hohen **Berg Bach Ma,** Wasserfällen und Regenwald-Wanderpfaden. Der rund 40.000 ha große Park, ein ehemaliger Sommerkurort der Franzosen mit angenehm frischen Temperaturen, beheimatet eine **reiche Artenvielfalt,** mit rund 1700 Tier- und 2300 Pflanzen- und Pilzarten. Zahlreiche bedrohte Arten wie etwa Rotschenkliger Kleideraffe, Binturong (Marderbär) und Tigerpython wurden hier gesichtet. Auch die äußerst seltene Saola, das „vietnamesische Einhorn", ein antilopenähnliches Huftier, das erst 1993 wissenschaftlich beschrieben wurde und vom Aussterben bedroht ist, wird in dieser Region vermutet. Ein wahres Dorado ist der Nationalpark für Ornithologen: 330 Vogelarten werden hier gelistet, darunter Raritäten wie der endemische Edwardsfasan.

431v aw

Eine ca. 15 km lange, steile asphaltierte Straße windet sich vom Besucherzentrum beim Parkeingang bis fast zum Berggipfel. Mehrere lohnenswerte **Wanderpfade** (Karte im Besucherzentrum), die von der Straße aus starten, sind mit festem Schuhwerk und ein wenig Kondition gut zu bewältigen (bei Regen ist mit Blutegeln zu rechnen!). Der **Rhododendron-Pfad** (1,5 km) führt zu einem schönen Wasserfall: Über 200 m stürzen die Wassermassen in die Tiefe, und eine Treppe mit 689 Stufen führt nach unten. Die Rhododendren blühen im Februar und März. Auch die Kaskaden entlang des **Fünf-Seen-Pfades** (2 km) und des **Fasanenpfades** (2,5 km) sind sehenswert. Insbesondere bei nassem Wetter fordert der Fünf-Seen-Pfad Wanderern einiges ab: Die Kletterpartien an Halteseilen und eine Leiter herunter haben es in sich, auf dem Pfad müssen Flüsse mit rutschigen Steinen überquert werden, wenn der Fluss viel Wasser führt, muss man stellenweise durchs Wasser gehen (es gibt eine trockenere, einfachere, aber weniger szenische Abkürzung). An manchen Stellen kann man baden. Der kurze **Summit Trail** (500 m) führt zum Gipfel, von wo aus man – bei gutem Wetter – einen umwerfenden Rundblick von den Höhenzügen der Annamitischen Gebirgskette (Truong Son) bis zur Lagune und Küste von Lang Co genießt. Besonders spektakulär sind von hier aus die Sonnenauf- und untergänge. Den Gipfel auf der Asphaltstraße vom Besucherzentrum aus zu Fuß zu erreichen ist theoretisch machbar, aber kaum empfehlenswert, da man sich die Straße mit den Bussen teilen muss.

Praktische Informationen

- **Nationalpark:** *Visitor Center,* Tel. 543897360, www.bachmapark.com.vn, Eintritt 60.000 đ.
- **Wetter:** Die Bach-Ma-Bergregion ist die feuchteste von ganz Vietnam (Jahresniederschlag 9800 mm, niederere Gebiete 3000 mm). Mit Regen muss man vor allem Sept.–Jan. rechnen, März/April sind die trockensten Monate, Mai–Aug. die heißesten. Die Luftfeuchtigkeit ist immer hoch (75–95 %).
- **Touren:** Der Veranstalter *Than Nhat Travel (TNT)* in Hue, 1A Hung Vuong, Tel. 0911346356, https://tannhattravel.com, bietet eine gute Tagestour ab Hue, mit Fahrt zum Gipfel und geführter Fünf-Seen- und Rhododendron-Wanderung (insgesamt 9 km zu Fuß) inkl. Anfahrt und Mittagessen. Auch ab Hoi An möglich.

Unterkunft

- Einfache **Gästehäuser**① am Parkeingang oder Zimmer in skurrilen alten **französischen Villen**③ auf dem Gipfelplateau. Im Sommer und an Wochenenden ist eine tel. Reservierung für Unterkunft, Mahlzeiten und ggf. Transport empfehlenswert.

Anreise

- Bach Ma liegt 45 km südöstlich von **Hue,** 28 km westlich von **Lang Co** und 85 km nordwestlich von **Hoi An.** Abzweiger zum Park bei Cau Hai (oder Phu Loc), von dort 3 km bis zum Parkeingang (per Motorradtaxi *Xe Om* ca. 50.000 đ), bis zum Gipfel 16 km. Im Park darf man sich nur zu Fuß, mit dem eigenen Auto, per Taxi oder mit einem Minibus der Parkverwaltung bewegen (ab 50 $ zum Gipfel und zurück, 6 Plätze). Motor- und Fahrräder sind im Park nicht gestattet. Eine Alternative sind Touren oder ein Mietauto ab Hue.

Lang-Co-Lagune und Strand

Kurz vor dem Wolkenpass erstreckt sich die Landzunge von Lang Co zwischen tiefblauer Lagune und kilometerweit leuchtenden Sandstränden und silbern schäumender Brandung.

Die Strände sind oft fast menschenleer. Zumindest im Winter, zwischen Dezember und Februar, wenn es in der Regel zu kühl zum Baden ist (beste Badezeit ist von Mai bis September). **Vorsicht:** Gefährlicher Sog bei einsetzender Ebbe!

Lang Co ist eine Gründung katholischer Flüchtlinge aus Nordvietnam, die 1954 zugewandert waren, „nachdem ihre Bischöfe und Priester auf Anraten des New Yorker Kardinals *Spellman* den Gläubigen verkündet hatten, die *Jungfrau Maria* sei vor den gottlosen Kommunisten gen Süden entwichen. *Diems* Privilegien, *Spellmans* Gelder und der bemerkenswerte Fleiß der Nordvietnamesen hatten aus einem Streifen sandigen Küstengestrüpps eine Mustersiedlung mit sauberen weißgekalkten Häuschen, grünen Gemüsegärten und mehreren Kirchen gemacht“ *(Georg W. Alsheimer).*

Eine schmucke Kirche steht noch heute im Ortszentrum, seine Bewohner gelten nach wie vor als Antikommunisten.

< Auf dem Fünf-Seen-Pfad im Bach-Ma-Nationalpark

Die meisten Touren über den Hai-Van-Pass halten hier zum Mittagessen in einem der *Seafood*-Restaurants direkt am Wasser.

Heute gehören die 3 km herrlicher Sandstrand und das so gut wie unberührte Hinterland zu einem Projekt mit Zukunftsvision: Anfang der 2000er-Jahre entdeckte der Thailänder *Ho Kwon Ping* das unberührte Stückchen Erde und kaufte es kurzerhand dem Staat ab. *Ho Kwon Ping* war und ist nicht weniger als der Gründer und Chef der *Banyan Group,* einer weltweit agierenden Luxushotelgruppe. 2009 wurde eine Straße durch den Hang und zum Strand gehauen, seitdem wird gebaut und entwickelt. 2013 konnten die ersten Resorts eröffnet werden, fast 1000 Menschen aus den umliegenden Dörfern sind heute bei **Laguna Lang Co** beschäftigt.

Das **Banyan Tree Resort** und das nahe **Angsana-Hotel** sind sozial und ökologisch ausgerichtet. Neben den Beschäftigungs- und Fortbildungsmöglichkeiten für die Vietnamesinnen und Vietnamesen der umliegenden Dörfer gibt es beispielsweise eine hauseigene Glaswasserabfüllanlage, um die Menge an Einweg-Plastikflaschen zu verringern. Die Anlage verfügt über die Umkehrosmose-Technologie (RO) zur Reinigung von Wasser. Mit der Einführung dieser Wasserabfüllanlage sollen jedes Jahr schätzungsweise 350.000 Plastikflaschen eingespart werden. Örtliche Handwerker können ihre Produkte in den Shops der beiden Resorts verkaufen, es gibt eine eigene Pflegeserie mit Inhaltsstoffen aus dem Umland, Interessierte können an einer Tour teilnehmen und unter Leitung eines fachkundigen Führers die heimische Vogelwelt entdecken und vieles mehr. Die Entwicklung des Strands ist noch nicht abgeschlossen. Wer sich die angedachten Dimensionen einmal anschauen will: In der Lobby des *Angsana* steht ein dementsprechendes Modell.

628v sb

Praktische Informationen

Unterkunft, Essen und Trinken

■ **Banyan Tree⑤**, Cu Du Village, Tel. 3695888, www.banyantree.com/vietnam/lang-co. Mehrfach preisgekrönt unter den Freunden des Luxustourismus und durchaus ein Hingucker: Die schicken Villen sind an den Hang geschmiegt oder liegen an einem schmalen, künstlich angelegten Kanal, haben meist einen eigenen Pool und das durchgehende Konzept heißt: „Privatsphäre". Wer will, kann sich auch einen persönlichen Butlerservice zulegen. Das resorteigene **Thai-Restaurant Saffron** ist vom thailändischen Staat nach den „Thai-Select"-Kriterien offiziell zertifiziert, die beiden Chefköchinnen kommen natürlich aus dem Land des Lächelns und auch der Ausblick von hier über den Strand von Lang Co ist großartig.

■ **Angsana⑤**, Cu Du Village, Tel. 3695800, www.angsana.com/vietnam/lang-co. Gleich neben dem *Banyan Tree* und in denselben Händen. Hier werden eher asiatische Touristen angesprochen, die mit Familie unterwegs sind. Statt privaten Villen gibt es 220 Zimmer, teils mehrgeschossig, mit Dachterrasse, viele mit eigenem Pool. Der Hotelpool ist insgesamt mehr als 200 Meter lang, es gibt eine Poolbar und eigentlich alles, was das Herz des Reisenden mit größerem Übernachtungsetat erfreuen kann. Nicht zu vergessen der 18-Loch-Golfplatz, der für Gäste der beiden Häuser zugänglich ist.

An- und Weiterreise

■ Lang Co liegt 66 km südlich von **Hue** und 40 km nördlich von Da Nang und ist sowohl auf der N 1 als auch mit der Bahn zu erreichen (Expresszüge halten nicht!).

☐ Die Poollandschaft des Angsana lädt zum Planschen und Entspannen ein

Hai-Van-Pass (Wolkenpass)

Der **Deo Hai Van** bildete bis ins 15. Jh. hinein die natürliche **Grenze** zwischen Vietnam und Champa, ostasiatischer und südostasiatischer Kultur, und ist die **Wetterscheide** zwischen dem tropischen Süden und dem subtropischen Norden Vietnams.

Die 22 km lange und 496 m hohe Passstraße wird seit Eröffnung des **Tunnels** 2005 praktisch nur noch mit Motorrädern und einigen Reisebussen befahren, einmal abgesehen von Viehtransporten, die den Tunnel nicht benutzen dürfen. Die Passstraße beginnt kurz hinter Lang Co und endet knapp 20 km nördlich von Da Nang. Der 300 Mio. US$ teure und 6,7 km lange Tunnel durch den Wolkenpass verkürzt die Strecke Hue – Da Nang um etwa eine Stunde.

Die Ausblicke auf die Lagune von Lang Co, grüne Reisfelder und weiße Sandstrände oder die Bucht von Da Nang mit den Marmorbergen im Hintergrund sind wahrhaft spektakulär – es sei denn, der Pass macht seinem Namen alle Ehre und schränkt durch tiefhängende Wolken die Sichtweite ein. An keiner Stelle des Landes reichen die Ausläufer des Truong-Son-Massivs, der „Vietnamesischen Kordillere", derart nahe ans Meer heran und erreichen dabei Höhen von bis zu 1400 m.

Von den Kämpfen, die diese Berge im Lauf der letzten 2000 Jahre gesehen haben, zeugen heute noch am höchsten Punkt der Passstraße Befestigungsanla-

Da Nang und Hoi An, Umgebung
0 5 km
©Reise Know-How
Vinam21 14/25
Übernachtung
2 A La Carte
3 Holiday Beach, Chu Hotel
4 Premier Village
5 TIA Wellness Resort
6 Sandy Beach Non Nuoc
7 The Nam Hai
8 An Bang Seaside Village, Blue Whale
10 Christina's
12 Hoi An Chic
14 Palm Garden Resort
15 Hoi An Beach Resort
17 Victoria Hoi An Beach Resort & Spa
19 Hoi An Coco River & Spa
SÜDCHINESISCHES MEER
Essen und Trinken
1 My Hanh
3 Mini's Cafe, Tam's Pub and Surf Shop, Vertigo Bar
8 Soul Kitchen
9 Luna d'Autunno
13 Thi Nhan
17 A Roi, Man
Nachtleben
9 Bars
16 Cham Chi Club
Sonstiges
11 Hoi An Jeep Adventures
18 Jack Tran Tours
Hue
267
Wolkenpass
1166
N1
Hai Van-Tunnel
Ba Na (31 km)
Leuchtturm
Bucht von Da Nang
276
Nui Son Tra Monkey Mountain
693
270
269
Da Nang
My Khe-Strand
Hanoi
N14
Sun World Amusement Park
Le Van Hien
Kon Tum, Pleiku
Ngu Hanh Son Marmorberge
Non Nuoc-Strand
Lao Long Quan
HoChi Minh Highway East
N538
N1
Nguyen Tat Thanh
An-Bang-Strand
292
Tra Que
An My
Cua-Dai-Strand
Tra Kieu (6 km), My Son (32 km)
Thanh Phuoc An
281
Hoi An
291
Insel Cam Kim
Ho Chi Minh City
Dong Xuyen

434v aw

gen der Nguyen-Kaiser, Forts und Wehrtürme der Franzosen, Unterstände der Japaner, Geschützstellungen des Viet Minh und des Viet Cong, Betonbunker der Amerikaner und nicht zuletzt auch die „Highway"-Dimensionen der heutigen Passstraße. Die 1885–1888 von den Franzosen erbaute Route konnte von Fahrzeugen immer nur in einer Richtung passiert werden, dabei hatten die Kolonisten die ursprüngliche Mandarin-Straße von *Kaiser Gia Long* aus dem Jahr 1805 bereits erheblich verbreitert. Die reitenden Kuriere des Kaisers schafften die Strecke Saigon – Hanoi in immerhin 18 Tagen.

⌃ Auf dem Hai-Van-Pass

Da Nang und Umgebung

Überblick

Willkommen in der **Zukunft!** Da Nang, die einst beschauliche Kleinstadt, in der noch 1955 kaum 50.000 Menschen lebten, ist zur wohl modernsten Stadt Vietnams mit rund 1,1 Mio. Einwohnern emporgeschossen und heute die drittgrößte Stadt des Landes. Für Nostalgie und romantische Verträumtheit ist hier wenig Raum; Da Nang sieht sich **futuristisch,** es wächst und wächst in alle Richtungen und bildet in der Region einen wahren Kontrast zwischen gleich drei

Da Nang

0 200 m
Übernachtung
7 Brilliant
Essen und Trinken
1 Truc Lam Vien
2 Luna Pub
6 Quan Com Hue Ngon
9 Ohh La La Socola
10 Red Sky
11 Fatfish
Nachtleben
4 SkyBar 36
8 Bamboo 2 Bar
Einkaufen/Sonstiges
3 Easy Riders
5 GO Big C
Konsulat Laos
Tran Quy Cap
Ly Thuong Kiet
Phan Boi Chau
Dong Da
Markt
Nguyen Du
Ly Tu Trong
Le Loi
Nguyen Chi Thanh
Tran Phu
Bach Dang
Nguyen Thi Minh Khai
Quang Trung
Tran Cao Van
Ong Ich Khiem
Hai Phong
Bahnhof
Le Duan
Song Han-Brücke
Phan Dinh Phung
Markt
Le Duan
Bus von/nach Hoi An
Hoanh Hoa Tham
Trieu Nu Vuong
Ngo Gia Tu
Hung Vuong
Nguyen Thai Hoc
Han Markt
Pham Hong Thai
Yen Bai
Tran Ke Xuong
Hung Vuong
Tran Quoc Toan
Busbahnhof (1 km), Hue (106 km), Nha Trang (541 km)
Thai Phien
Ong Ich Khiem
Hoang Dieu
Trinh
Le Hong Phong
Tran Phu
Han-Fluss
Phan Chu
Hoang Van Thu
Bach Dang
Le Dinh Duong
Drachenbrücke
Cham-Museum
Nguyen Hoang
Ng. Van Linh
Flughafen (1 km)
Chua Tam Bao
Trung Nu Vuong
Huynh Thuc Khang
2 Thang 9
China Beach, Marmorberge (8 km), Hoi An (30 km)

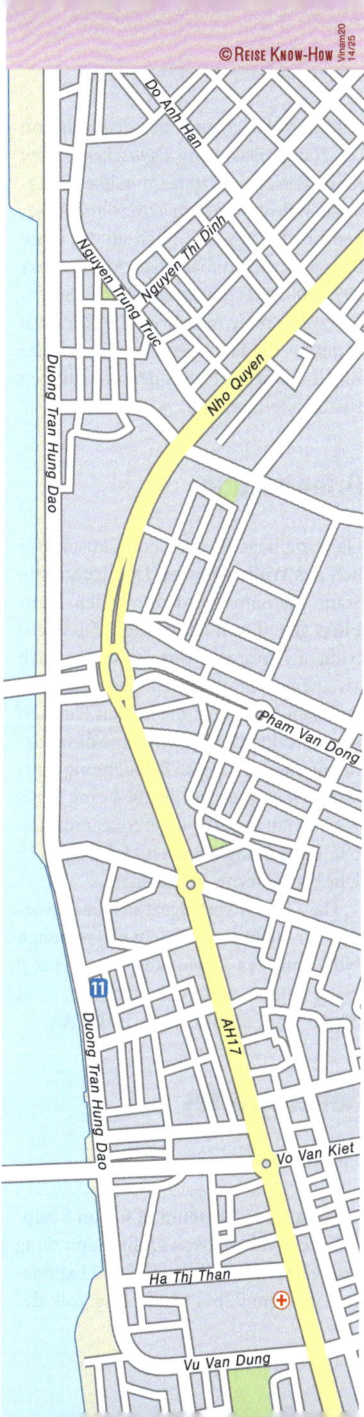

Welterbestätten: dem reizenden Hoi An, dem eher trägen, konservativen Hue und den alten Cham-Ruinen von My Son.

Der Großteil der westlichen Touristen sieht von Da Nang kaum mehr als den Flughafen oder Bahnhof auf dem Weg nach Hoi An. Da Nang ist vor allem bei asiatischen Urlaubern beliebt. Abgesehen vom **Cham-Museum** hat die Stadt kaum „herkömmliche" kulturelle oder historische Sehenswürdigkeiten zu bieten. Touristen, die hier Vietnams Klischee gerecht werdende Fotomotive wie konische Hüte, Reisfelder, Bambushütten und rote Lampions suchen, werden wahrscheinlich enttäuscht, aber das ist Da Nang herzlich egal.

Was man hier zu sehen bekommt, ist eine Stadt, die erst vor Kurzem wirtschaftlich die Füße auf den Boden gekriegt hat, und die noch in einer Phase voller **Optimismus,** Bau-Rausch und jugendlichem **Übermut** steckt, bevor sie möglicherweise bald zu einem Möchtegern-Singapur mutiert. Die Stadt südlich des Wolkenpasses trumpft mit einem Strand direkt vor der Haustür auf, mit tollen Surfmöglichkeiten und in der Umgebung mit der wilden Halbinsel Son Tra („Monkey Mountain"), den Marmorbergen und den Ba-Na-Bergen. Und nicht zuletzt liegt das Städtchen Hoi An nur 30 km entfernt.

Geschichte

Der an einer weiten Bucht gelegene, von hohen Bergen geschützte Hafen diente nacheinander den **Cham** (2. Jh.), den **Portugiesen** (1535), den **Franzosen** (1847) und den **Amerikanern** (1965) als „Einfallstor" nach Vietnam.

Die Region um Da Nang, jahrhundertelang Zentrum des hinduistischen **Champa,** wurde erst **1471** von den Vietnamesen erobert. Nur wenige Jahre später, **1535,** landeten in der Bucht von Da Nang die ersten Europäer in Vietnam. Dem Ruf der portugiesischen Handelsniederlassung **Faifo** folgten Chinesen, Japaner, Siamesen und Javaner, die aus der kleinen Hafenstadt südlich von Da Nang (dem heutigen Hoi An) ein blühendes Gemeinwesen machten.

1847 und **1858** bombardierten französische Kanonenboote die Stadt unter dem Vorwand, gefangene Missionare befreien zu wollen. Zwischen **1883,** als Da Nang in französischen Besitz überging, und dem Ende der Kolonialzeit trug die Stadt den Namen **Tourane** und wurde als einziger Ort des Protektorats Annam von den Kolonialherren selbst verwaltet.

Nach der Niederlage Frankreichs **1954** zogen Militärberater, Geheimdienstler und Wirtschaftsexperten aus den USA in die Villen und Paläste der Kolonisten ein. Als sich auch nach zehn Jahren amerikanischer Waffen- und Finanzhilfe für das antikommunistische Bollwerk Südvietnam die Dinge nicht zum Besseren wendeten, sondern der Einfluss der Kommunisten im Gegenteil ständig wuchs, landeten am **7. März 1965** die ersten amerikanischen Kampftruppen an der Red Beach vor Da Nang. Schon bald darauf standen 185.000 GIs Gewehr bei Fuß, um die vorgebliche Freiheit Südvietnams vor dem Sozialismus zu schützen. Während des amerikanischen Krieges konzentrierten sich zeitweise mehr US-Truppen in Da Nang als an jedem anderen Platz Vietnams.

Zwischen 1967 und 1972 ankerte das mit Bundesmitteln ausgerüstete Lazarettschiff „Helgoland" vor den Kais von Da Nang. Das vom *Deutschen Roten Kreuz* betreute Ärzteteam half amerikanischen Protesten zum Trotz ohne Ansehen der Person und blieb all die Jahre über praktisch unbehelligt. Als im März 1975 100.000 südvietnamesische Soldaten zusammen mit ihren US-Beratern kampflos die Flucht ergriffen, leitete die Kapitulation Da Nangs den endgültigen Fall Südvietnams ein.

Orientierung

Da Nang liegt an der Zentralküste südlich des **Wolkenpasses.** Die drittgrößte Stadt Vietnams wird durch den **Han-Fluss** geteilt, mit dem „alten" Stadtzentrum am Westufer. Das Ostufer hat sich als „neuer" Stadtteil etabliert. Mehrere **Brücken** verbinden die beiden Flussseiten, und abends übertrifft eine die andere mit knalliger Neon-Beleuchtung. Entlang des Flusses wurde 2024 eine neue, 1,2 km lange Fußgängerzone eröffnet. Die **Bach Dang Zone** ist täglich von 15 Uhr bis Mitternacht geöffnet.

Das Ostufer verlängert sich nach Norden zur Halbinsel mit dem 693 m hohen **Nui Son Tra** („Monkey Mountain"). Nach Süden erstreckt sich der rund 30 km lange Strand bis nach **Hoi An.**

Sehenswertes

Cham-Museum

Das **Da Nang Museum of Cham Sculpture** zeigt die weltweit größte Sammlung von Cham-Kunst mit über 300 Exponaten aus dem 7. bis 15. Jh. Das Volk der

Cham beherrschte diese Region des heutigen Vietnam über 1000 Jahre lang (→ auch Exkurs „Champa – das Königreich der Cham", S. 700). Die Sammlung ist sehenswert, auch wenn das Gebäude leider nicht besonders gut in Schuss ist. Die englischsprachige Broschüre, die verkauft wird, ist beim Gang durch das Museum sehr hilfreich, ebenso die große Übersichtskarte aller Cham-Fundstätten im Raum 4.

Die Ausstellungsräume sind periodisch nach Fundstätten geordnet. Vom Eingang aus gelangt man in den Raum mit Exponaten aus der **Tra-Kieu-Epoche** (7. Jh.), als Sinhapura die Hauptstadt Champas war. Wichtigstes Ausstellungsstück ist der **Sandsteinaltar** mit Darstellungen aus dem Ramayana-Epos, der in vier aufeinanderfolgenden Reliefs Brautwerbung und Hochzeitszeremonie von *Prinz Rama* und *Prinzessin Sita* zeigt. Hier wie auch bei den lebensnahen Plastiken von Elefanten, Löwen und dem heiligen Bullen *Nandi* zeigt sich noch deutlich der Einfluss Südindiens.

Die Übergangsphase des frühen 8. Jh. wird durch Fundstücke aus dem 30 km südlich Tra Kieu gelegenen **An My** dokumentiert. Die Einflüsse anderer südostasiatischer Kulturen nehmen zu, gleichzeitig werden immer mehr eigenständige Elemente herausgearbeitet. Auffallend sind die zahlreichen Götterdarstellungen mit breiten Wangenknochen und Nasenflügeln, gelocktem oder gedrehtem Haar und wulstigen Lippen, ein Zeichen dafür, dass die Cham sich von ihren indischen Vorbildern zu lösen beginnen und eigene Modelle verwenden.

Der wichtigsten Kultstätte der Cham, **My Son,** ist der linke Seitenraum gewidmet. In der Tempelstadt 60 km südlich von Da Nang lag zwischen dem 4. und 13. Jh. der geistige und religiöse Mittelpunkt Champas. Die Mehrzahl der Exponate stammt aus dem 8. und 9. Jh. Obschon traditionelle Hindu-Motive weiter überwiegen, ist der indische Einfluss deutlich zurückgegangen, der etwas raue, naturalistische Stil der vorherigen Epoche erscheint verfeinert und überhöht. Schmuckstück des Raumes ist der nach seinem Fundort My Son E1 benannte **Altar aus dem 8. Jh.** Reliefs stellen Hindupriester dar, die meditieren, predigen, tanzen, musizieren, Kranke durch Massage heilen und Pillen drehen. Auf einer anderen Seite findet sich ein reich geschmückter Lingam. Aus dem 9. Jh. stammt die lebensgroße Statue des Hindu-Gottes **Shiva,** der als Patron und Beschützer Champas galt, ein anderes Ausstellungstück zeigt ihn tanzend mit dem heiligen Stier *Nandi* an seiner Seite. Auch die Skulptur von **Ganesha,** dem elefantenköpfigen Sohn *Shivas,* entstammt dieser Epoche.

In Fortsetzung des Tra-Kieu-Saals schließt sich der Raum mit Funden aus **Dong Duong** (9.–10. Jh.) an. Das 875 gegründete Kloster wurde während des französischen Kriegs ebenso zerstört wie die damalige Hauptstadt Indrapura. Der Dong-Duong-Stil ist neu, insofern er zum ersten Mal buddhistische Themen und Motive in die Cham-Kunst einführt, und stellt den **Höhepunkt eines eigenständigen künstlerischen Schaffens der Cham** dar. Am schönsten verdeutlicht das die 1,14 m hohe, erst 1978 aufgefundene **Bronzestatue des Bodhisattva Lokesvara,** deren geradezu grazile Leichtigkeit sich deutlich von der vergleichsweise statuarischen Strenge des My-Son-

Shiva abhebt. Der Reliefschmuck eines Altars beschreibt die Geburt *Siddhartas* und stellt Szenen aus seinem späteren Leben dar. Götterfiguren werfen noch heute Rätsel auf, ob es sich um Inkarnationen *Shivas* oder um Buddhas (bzw. Bodhisattva) gehandelt haben mag. Die Plastik dieser Periode ist üppig, wirkt aber auch zuweilen schwerfällig und unfertig.

Die nachfolgenden Perioden, die von einer schrittweisen und „staatserhaltenden" **Rückkehr zum Hinduismus** zeugen, sind von verschiedenen Stilrichtungen beeinflusst, favorisieren einmal javanische, einmal Khmer-Elemente und kehren gegen Ende des 10. Jh. sogar wieder zum frühen Tra-Kieu-Stil zurück. Aus dieser Epoche stammen einige der anmutigsten Darstellungen von **Apsara,** heiligen Tempel-Tänzerinnen, besonders schön zu beobachten an dem Bruchstück eines Hochreliefs aus der „späten" Tra-Kieu-Periode.

In einem Seitenraum werden Exponate aus der **Thap-Mam-Epoche** (12.–14. Jh.) gezeigt, mit der das Kunstschaffen der Cham sich dem Ende nähert. Das Zentrum des Reiches, das dem Ansturm der Vietnamesen nicht mehr gewachsen ist, liegt seit dem Fall von Indrapura um die Jahrtausendwende 300 km weiter südlich in Vijaya (bei Qui Nhon). Khmer-Elemente der zeitlich parallelen **Hochkultur von Angkor** (Blütezeit im 12. Jh.) finden vermehrt Einlass. *Uroja,* die vorhinduistische Urmutter, wird in dekorativen Brüsten verehrt, die Altäre und Simse verzieren. Fantasiereich und degeneriert zugleich wirken die Tierplastiken wie das Monster *Makara,* ein Fabelwesen halb Krokodil halb Delfin, oder *Gajasimha* mit dem Kopf eines Elefanten und dem Körper des Löwen.

■ **Bao Tang Cham,** 2 2-9 (Südende Tran Phu), www.chammuseum.vn, tgl. 7.30–17 Uhr, Eintritt 60.000 đ, Audio-Guide auf Englisch 20.000 đ.

Brücken bei Nacht und Vergnügungspark

Am Abend leuchten und blinken Da Nangs zehn Brücken über dem Hang-Fluss in allen Farben um die Wette. Einen guten Blick über die nächtliche Stadt und die Brücken von oben hat man vom *Novotel,* vom Dachterrassen-Restaurant des Hotels *Brilliant* und vom 115 m hohen Riesenrad *Sunwheel* im Vergnügungspark.

■ **Asia Park,** 1 Phan Dang Luu, https://asiapark.sunworld.vn, tgl. 15–22 Uhr.

Strände („China Beach")

Von der Halbinsel Son Tra (Monkey Mountain) erstreckt sich ein einziger, 30 km langer Sandstrand bis nach Hoi An. Die Abschnitte heißen nacheinander von Nord bis Süd Son Tra, My Khe, My An, Non Nuoc, An Bang und Cua Dai (die letzten zwei werden Hoi An zugeordnet, → dort). Während des Krieges

⊡ Strandabschnitt mit Son Tra und Quan-Am-Statue im Hintergrund nannten die Amerikaner den Strand **„China Beach"**, die Soldaten kamen zur Erholung hierher („R&R", *rest and recreation*).

Am frühen Morgen kann man den Fischmarkt ganz am nördlichen Ende des Strandes (Son Tra) besuchen. Der Strand ist hier hübsch, riecht allerdings zuweilen „fischig", wie die Einheimischen sagen. Einheimische genießen den **Stadtstrand My Khe,** ein bisschen weiter südlich, am liebsten in aller Herrgottsfrühe. Sie kommen hierher zum Joggen und Schwimmen, und dann erst wieder am Abend zum Volleyballspielen und Picknicken. Hitze und Sonne tagsüber meiden sie. Entlang des Strandes befinden sich zahllose Luxusresorts, Villenkomplexe und Golfplätze – hier wird geklotzt, nicht gekleckert. Und zahlreiche Baustellen machen deutlich: Es werden noch mehr, allerdings hat die Covid-Pandemie deutliche Spuren hinterlassen und Bauruinen gibt es reichlich.

In jüngerer Zeit waren Da Nangs Strände mehrfach von **Küstenerosion** betroffen. Besonders schlimm traf es den südlichen Strand Cua Dai bei Hoi An, der praktisch verschwunden ist.

Die beste **Badezeit** liegt zwischen den Monaten Mai und Juli, dann ist das Meer am ruhigsten. Der Strand ist sehr flach, man kann ziemlich weit hinauslaufen, bevor man Schwimmtiefe erreicht. Speziell zwischen September und Dezember treten steife Brisen auf, die auch **Surfen** ermöglichen. Gute Surf-Gelegenheiten bieten sich am My-An-Strand. Von November bis März sind die Wellen am höchsten – dann ist diese Sportart nur etwas für Fortgeschrittene, denn an diesem Strandabschnitt gibt es ernsthaft **gefährliche Strömungen!** Für Anfänger eignet sich April bis September, mit kleineren Wellen und wärmerem Meer.

Aktuelle Surf-Infos: www.surf-forecast.com/breaks/China-Beach.

435v aw

Man hat gute Chancen, die Tiere tatsächlich zu beobachten (oft sind sie zwischen 13 und 15 Uhr sichtbar, im Sommer an sehr heißen Tagen schlafen sie allerdings gerne mal tagsüber).

Einheimische pilgern gerne an den Wochenenden zur 67 m hohen weißen buddhistischen **Statue der Quan Am,** die auch „Lady Buddha", „Goddess of Mercy" oder „Bodhisattva des Mitgefühls" genannt wird. Man sieht sie schon von Weitem, wie sie über Da Nang wacht, ähnlich der *Jesus*-Statue von Rio de Janeiro. Sie soll die Fischer bei Sturm schützen. *Quan-Am*-Darstellungen sind in Zentralvietnam allgegenwärtig, oft dargestellt mit der Flasche mit dem wundertätigen Wasser in der Hand.

Zu sehen sind unter anderem auch ein alter Helikopter-Landeplatz der Amerikaner, ein 800 Jahre alter Banyan-Baum, kleine versteckte Buchten und vor allem Natur. Auf dem Gipfel wird man bei schönem Wetter mit einer tollen Aussicht auf den Hai-Van-Pass (Monkey Mountain ist höher als Hai Van!) und über die Stadt und die Küste belohnt.

Halbinsel Son Tra („Monkey Mountain")

Einer der schönsten, wildesten Ausflüge in die Umgebung Da Nangs. Das Dschungelgebiet auf der Halbinsel Son Tra nördlich der Stadt, die von amerikanischen Soldaten „Affenberg" genannt wurde, ist seit 1997 **Naturschutzzone** mit nur zwei Luxusresorts (www.fb.com/SonTra.ResortSpaa, www.danang.intercontinental.com). Hier leben noch einige Exemplare des stark gefährdeten Rotschenkligen Kleideraffen, eine wunderschön bunte Primatenart (einschließlich der Geschlechtsorgane in Knallfarben), der aussieht, als würde er ein modisches Kostüm und gekonntes Make-up tragen.

◻ „Lady Buddha":
die Quan-Am-Statue von Da Nang

■ **Son Tra,** der Gipfel ist ca. 20 km vom Stadtzentrum entfernt, die Route auf der Halbinsel ist insgesamt etwa 40 km lang. Son Tra lässt sich per Motorrad (einige sehr steile Passagen!), mit einem „Easy Rider" (Guide mit Motorrad) oder auf einer Tour erkunden.

Marmorberge

Die Marmorberge **(Ngu Hanh Son),** fünf imposante, bis zu 100 m hohe bewaldete Felskegel, ragen 8 km südlich von Da Nang auf dem Weg nach Hoi An aus der Ebene. Sie sind nach den **fünf**

Elementen benannt: Thuy (Wasser), Kim (Metall), Moc (Holz), Hoa (Feuer) und Tho (Erde). Der höchste und wegen seiner **Grotten** und **Pagoden** am häufigsten besuchte Berg ist der Thuy Son.

In den Grotten und nahebei fand man Überreste von **Ziegelbauten** und **Steinfiguren** der Cham, denen die Höhlen zu Kultzwecken dienten. 1825 ließ *Kaiser Minh Mang* Pfade und Treppen anlegen, die die einzelnen Stationen miteinander verbinden.

Der ein-bis zweistündige Rundgang führt von der Tam-Thai-Pagode zur Grotte **Hoa Nghiem** mit einer Statue der *Quan Am* („Lady Buddha", → Halbinsel Son Tra).

Die Grotte **Huyen Khong** ist die größte und beeindruckendste. Aus 30 m Höhe fällt gebündeltes, meerfarbenes Sonnenlicht durch Felsspalten und lässt den Rauch der zahllosen Räucherstäbchen, die vor der Statue des *Thich Ca* (Buddha der Gegenwart) und den Schreinen der Schutzgeister glimmen, wie ein geheimnisvolles Nebelgespinst erscheinen. Während des Krieges diente die Höhle als Stützpunkt und Lazarett der Befreiungsfront. Eine Gedenktafel erinnert an Helden, die von der Spitze des Berges 19 amerikanische Hubschrauber abschossen.

Die steile Treppe zum höchsten **Aussichtspunkt** erfordert etwas Kondition. Von oben sieht und hört man Da Nang wachsen: Man blickt über die Stadt mit ihren vielen Baustellen, über den Strand und übers Meer.

Von **Tang Chon,** der letzten Grotte, führt der Weg treppab zur Linh-Ung-Pagode. Am Fuße des Berges verkaufen zahlreiche Marmorwerkstätten die immer gleichen Statuen und Souvenirs: Buddhas, Lady Buddhas, Löwen, Elefanten und dazwischen ein paar Delfine und Frauen mit nackten Brüsten. Einige davon sind fein geschnitzt; der günstige Marmor stammt allerdings nicht von den Marmorbergen, sondern aus China und Pakistan.

■ **Thuy-Son-Berg,** Touren über den Hai-Van-Pass beinhalten oft einen Stopp hier. Auch der öffentliche Bus Nr. 1 zwischen Da Nang und Hoi An hält bei den Marmorbergen. Eintritt 40.000 đ. Viele Treppen, wer sich ein paar davon ersparen will, nimmt den Glaslift (43 m) zur Pagode. Pro Strecke noch einmal 15.000 đ. Geöffnet 7–17.30 Uhr.

Ba-Na-Berge

Und noch eine von Vietnams Rekord-Gondelbahnen: Mit 5,8 km Länge führt die **längste Non-Stop-Seilbahn der Welt** auf den Berg. Ba Na war früher ein Kurort der Franzosen („Das Da Lat Zentralvietnams") und liegt etwa 40 km westlich von Da Nang. Auf der Seilbahnfahrt bietet sich ein atemberaubender Blick über Dschungel und Wasserfälle. Oben angekommen, erreicht man den Vergnügungspark **Ba Na Hills Fantasy Park.** „Disneyland für Vietnamesen" wird der Vergnügungspark wenig schmeichelhaft genannt und da ist etwas dran. Für den europäischen Geschmack geht's ein wenig zu kitschig zu, zu laut, zu bunt, zu grell. Für Freunde der sozialen Medien steht hier seit 2017 die „Goldene Brücke", millionenfach fotografiert und trotzdem immer Gekreische wert.

■ **Ba Na Hills,** Seilbahn 900.000 đ hin und zurück (stündlich ab 7.30 Uhr, letzte Rückfahrt 21 Uhr). Im Preis für die Seilbahn sind enthalten: Eintritt für den

Ba Na Hills Fantasy Park, Zugang zu allen Attraktionen, wie der „Goldenen Brücke", dem französischen Dorf, dem Garten *Le Jardin D'Amour*, der Linh Ung Pagode usw., Eintritt für *Luna Castle* und *Lava Funicular*, 105 Spiele im *Fantasy Park*, Tel. 905766777, https://banahills.sunworld.vn.

Praktische Informationen

- Großraum 1,1 Mio. Einw., Tel. 0236.
- **Information:** *Danang Visitor Center*, 18 Hung Vuong, Tel. 3550111, https://danangfantasticity.com, tgl. 8–12 und 13.30–17.30 Uhr.
- **Geld:** In der Stadt sind alle großen Banken mit Filialen und ATMs vertreten.
- **Post:** 271 Nguyen Van Linh, Mo–Fr 7–19 Uhr.
- **Flug:** *Vietnam Airlines*, 39 Dien Bien Phu, Tel. 3821130.
- **Konsulat Laos:** 16 Tran Quy Cap, Tel. 3821208, 8.30–11.30 und 13.30–16 Uhr.
- **Klinik:** *Family Medical Practice*, Ableger der israelischen Kliniken in Ho Chi Minh City und Hanoi, 96 Nguyen Van Linh, Tel. 3582699, 24-Stunden-Notruf 0913917303, www.vietnammedicalpractice.com.
- **Apotheke:** Phuoc Thien, 322 Hung Vuong (gegenüber *GO Big C Supermarkt*), Tel. 3689977, tgl. 8–21 Uhr.

5 Supermarkt: GO Big C, 255 Hung Vuong (Ecke Ong Ich Khiem), https://go-vietnam.vn, 8–22 Uhr.

☒ Die Strände Da Nangs sind das Highlight der aufstrebenden Stadt

Stadtverkehr

- **Taxi:** *Mailinh*, Tel. 3565656.
- **Grab** ist auch in Da Nang die günstigere Alternative.
- **Bus nach Hoi An:** Alle 20 Min. 6.30–17 Uhr verkehren gelbe öffentliche Busse von/nach Hoi An (Bus Nr. 1). Mehrere Haltestellen ab 166 Le Duan, z.B. an der 256 Bach Dang, 16 Trung Nu Vuong, 21 Nui Thanh, mehrere an der Le Van Hien; der Bus hält auch bei den Marmorbergen. 18.000 đ.
- Wer sich mit den öffentlichen Verkehrsmitteln fortbewegen will, sollte sich die **App BusMap** herunterladen (→ Hanoi).

Lokale Veranstalter

→ **auch Hoi An.**

3 Easy Riders, 12/20 Nguyen Thi Minh Khai, Tel. 0903597971, www.easyridervn.com. Halb- bis mehrtägige Touren per Motorrad mit Fahrer, z.B. Halbtages-Tour Monkey Mountain.

- **Surf Shack,** 33 An Thuong 4, Tel. 702579554, www.surfshackvn.com/surf-tour. Seit 2017 zuverlässiger *Surfboard*-Verleiher und Kursanbieter. Auch Ausflüge zu Surfspots stehen auf dem Programm.
- **Golf:** *Danang Golf Course*, Tel. 3958000, www.dananggolfclub.com; *Montgomerie Links*, Tel. 3941 942, www.montgomerielinks.com.

Unterkunft

7 Brilliant④, 162 Bach Dang, Tel. 3222999, www.brillianthotel.vn. Tadellos – mit Flussblick (Zimmer 9.–16. Etage), Indoor-Pool, Spa und Dachgarten-Bar (19–22 Uhr spielt ein Gitarren-Duo dezent im Hintergrund). 17 Etagen, 100 Zimmer.

Am Strand (Karte Seite 268)

2 A La Carte⑤, 200 Vo Nguyen Giap, Tel. 3959 555, www.alacartedanangbeach.com. Hochhaus mit 202 Zimmern, Rooftop-Bar mit Infinitypool und Aussicht aufs Meer und über die Stadt.

3 **Chu Hotel**③-④, 02-04-06 An Thuong 1. Mit gutem Restaurant *(Tranquilos)*, Bar, kleinem Garten, Konzerten; freundlich. 30 Zimmer, einige mit Meerblick.

3 **Holiday Beach**④-⑤, My-Khe-Strand, 300 Vo Nguyen Giap, Tel. 3967777, www.holidaybeachdanang.com. Mit Rooftop-Pool, vier Restaurants, Spa, Wellness- und Fitnesscenter. 94 Zimmer.

4 **Premier Village**⑤, 99 Vo Nguyen Giap, Tel. 39 19999, https://premier-village-danang.com. Villen ab 430 $ am My-An-Strand Nahe Da Nang und Golfplätze, zwei Restaurants, Spa, Fitnesscenter und Strandclub.

UNSER TIPP: **5** **TIA Wellness Resort**⑤, Vo Nguyen Giap, Tel. 3967999, https://tiawellnessresort.com. Alle Spa-Wellness-Anwendungen sind im Preis inbegriffen. Ein völlig neues Konzept: dezente Intimität, unaufdringlicher Service, Frühstück, wann und wo es beliebt: in der eigenen Villa (mit uneinsehbarem Pool und Privatgarten), am Infinitypool, am Strand, am äußerst ansprechend angerichteten Buffet oder selbst in der Lounge in Hoi An (per Shuttle). 87 Villen (mit Außenbereich rund 100 m²) ab 456 $ inkl. BF.

6 **Sandy Beach Non Nuoc**⑤, 21 Truong Sa, Tel. 3961777. Ansprechend modernisiert, mit großem Pool, Restaurants und Strandbar. 198 Zimmer, Bungalows und Villen.

Essen und Trinken

1 **Truc Lam Vien,** 10 Tran Quy Cap, Tel. 3843777, www.truclamvien.com.vn. Die Küche des legeren Café-Restaurants in einem riesigen, schönen Garten ist leicht und frisch. Viele Kaffee-Spezialitäten!

6 **Quan Com Hue Ngon,** 65 Tran Quoc Toan, www.fb.com/QuanHueNgonDaNang1. Spezialität sind Gerichte vom Tischgrill.

10 **Red Sky,** 248 Tran Phu, Tel. 3894895, https://redskydanang.com.vn. Beliebtes Steakhouse.

2 **Luna Pub,** 9A Tran Phu, Tel. 0932400298, www.fb.com/LunaPubDanang. Sehr gute Pizzen und Drinks.

11 **Fatfish,** 439 Tran Hung Dao, Tel. 3945707, www.fb.com/fatfishdanang. Ein Mix aus Mediterran und Asiatisch.

9 **Ohh La La Socola,** 14 Thai Phien, Tel. 093354 5201, https://mynguyenby.wixsite.com/ohh-la-la-socola. Kuchen, Pralinen, Schoko-Eis, Waffeln usw.

629v sb

Am Strand (Karte Seite 268)

UNSER TIPP: 3 **Tam's Pub and Surf Shop,** 38 An Thuong 5 (in der Nähe des My-An-Strandes), Tel. 0905406905. Eine Institution! „Weltberühmte" Burger gibt es hier und Surfbrett-Vermietung, aber die wahre Attraktion ist Besitzerin *Tam* mit spannenden Geschichten aus ihrer Jugend in Da Nang während des Krieges (und der harten Zeit danach). Davon erzählen auch die unzähligen alten Fotos an den Wänden. Geschichtsunterricht der etwas anderen Art.

1 **My Hanh,** 18 Vo Nguyen Giap, Son Tra, Tel. 3831 494, http://myhanhseafood.vn. Am Son-Tra-Strand nördlich von My Khe reihen sich Da Nangs Meeresfrüchte-Restaurants aneinander (an der „Tourist Street"). Das *Blue Whale* wird am häufigsten von Ausländern frequentiert, aber das beste und populärste ist *My Hanh.* Große Strandterrasse, immer voll (reservieren oder auf Platz in der ersten Reihe warten), englische Karte z.T. ohne Preise (Tagespreise per kg).

3 **Vertigo Bar,** 81 Ngo Thi Sy, Tel. 0934737871, FB: Vertigo bar. Kleine Sportsbar mit Drinks und Thai-Gerichten.

3 **Mini's Cafe,** 32 An Thuong 11, Tel. 0865855 156. Klein, fein, fabelhaftes Frühstück.

Street Food

Nicht so legendär wie in Hue und Hoi An, trotzdem gibt es das eine oder andere zu entdecken.

■ **Pho Viet Kieu,** 65 Phan Tu, Tel. 0329456309, www.fb.com/PhoVietKieu. Edel-*Street-Food:* Die klassische Nudelsuppe *Pho,* gepaart mit Rindfleisch aus Australien, und weitere vietnamesische Spezialitäten.

■ **Banh Xeo:** Toll! *Banh Xeo* sind frische Reismehl-Crêpes mit Schweinefleisch und kleinen Shrimps. Gegessen werden sie in Reispapier gewickelt mit frischen Kräutern und Dipsauce. Wunderbar bei *Mien Trung* in der Gasse K280/14 Hoang Dieu. Auch erhältlich in den Stuben rund um 27A Yen Bai.

■ **Street-Food-Straßen:** Einheimische essen an den Straßen Huynh Thuc Khang, Tran Ke Xuong und Pham Hong Thai; ein paar Straßenküchen haben

Auch am Strand von Da Nang muss auf das Eis nicht verzichtet werden

630v sb

Speisekarten mit Bildern. Hier gibt's z.B. *com ga* (Reis mit Hühnerschenkel) oder *mi hoanh thanh* (Wonton-Nudelsuppe mit Schweinefleisch und Kräutern).

Nachtleben

8 **Bamboo 2 Bar,** 216 Bach Dang, Tel. 0905544 769, www.bamboo2bar.com. Hier findet man fast immer einen Vietnamesen, der deutsch spricht.

4 **SkyBar 36,** 36 Bach Dang, Tel. 901151536, www.sky36.vn. Luxus-Rooftop-Bar des *Novotel;* die höchste von Da Nang.

An- und Weiterreise

Entfernungen

- **Von Da Nang** (in km): Marmorberge 8, China Beach 10, Hoi An 30, Ba Na 40, Tra Kieu 40, My Son 60, Wolkenpass 20, Lang Co 40, Ho Chi Minh City 970, Hanoi 760, Nha Trang 530, Qui Nhon 300, Kon Tum 300, Dong Ha 185, Hue 110.

Flug

- Der **internationale Flughafen,** während des Vietnamkriegs zeitweise der geschäftigste der Welt, ist 4 km vom Zentrum entfernt. *Vietnam Airlines* verbindet u.a. mit Hanoi, Ho Chi Minh City, Hue, Haiphong.
- **Taxi nach Hoi An:** Vom Flughafen (am besten *Mailinh*) 20–25 $. Hotels und Veranstalter berechnen oft nur 15 $.

Zug

- **Bahnhof:** Ga Da Nang, 202 Haiphong, ca. 1,5 km vom Zentrum.
- Alle Züge halten in Da Nang. Die Strecke nach Hue ist eine der schönsten in Vietnam (ca. 3 Std.).

Bus

- Bus nach **Hoi An** → Stadtverkehr.
- Der **Busbahnhof** (Ben Xe) liegt ca. 3 km westlich des Zentrums, 33 Dien Bien Phu, Tel. 3767678.
- **Express-Busse** verbinden u.a. mit Hanoi (18 Std., *Sleeper*), Ho Chi Minh City (10 Std., *Sleeper*), Hue (2 Std.), Nha Trang (10 Std., *Sleeper*), Kontum (8 Std., *Sleeper*).
- **Open Tour:** *SinhTourist,* 16/3 Thang 2, Thuan Phuoc Ward, Tel. 38389597. Auf Anfrage halten Busse auf dem Weg nach Hue oder Hoi An.
- **Nach Laos:** Jeden zweiten Tag verkehren Busse nach Savannakhet (über Grenzübergang Lao Bao) und Vientiane.

Hoi An

Die kleine Küstenstadt, so schreibt die UNESCO, ist mit ihrer Altstadt ein außergewöhnlich gut erhaltenes Beispiel für einen südostasiatischen Handelshafen aus dem 15. bis 19. Jh., eine Verschmelzung von einheimischen und fremden Kulturen im Laufe der Zeit (vor allem chinesischen und japanischen, mit späteren europäischen Einflüssen).

Neben dieser Zeitreise hat Hoi An noch weitere Stärken: Auch die **Atmosphäre** in der verkehrsberuhigten Altstadt voller bunter Seidenlampions, Läden, Schneidereien und Restaurants, und der nahe Sandstrand An Bang machen Hoi An zum Touristenliebling, zu einer einzigen riesigen Boutique – die aus allen Nähten platzt. Ein Expat-Magazin fragte vor einigen Jahren: „Lieben wir Hoi An zu Tode?" Aber irgendwie ist das Städtchen dann doch wieder zu schnuckelig, um ihm den ganzen Kitsch wirklich übel nehmen zu können, und viele Reisende bleiben hier länger hängen als geplant. Dem Rummel in der Alt-

631vs sb

stadt kann man leicht entkommen – dies am besten per Fahrrad. Vieles ist noch sehr ursprünglich, selbst im engeren Umkreis der Stadt: Dörfer, Reisfelder, Wasserbüffel, Flüsse, Lagunen, Pagoden ... Man könnte tagelang einfach herumfahren.

Nicht zu vergessen, dass Hoi An auch mit brauchbaren **Stränden** und dem dazugehörigen Strandleben locken kann: Cua Dai hat zwar deutlich unter Erosionseinflüssen gelitten, aber An Bang ist durchaus einen Zwischenstopp oder zumindest einen Ausflug wert. Hier hat sich in den letzten Jahren eine eigene Szene entwickelt – mit günstigen Unterkünften, entspannten Bars und Restaurants direkt am Strand, der wiederum gefühlt ewig lang ist und vielem mehr. Und das alles nur einen Katzensprung entfernt von reichlich Historie in der Altstadt von Hoi An.

⌃ Hoi An zieht vor allem asiatische und einheimische Touristen an

Geschichte

Bronze- und Keramikfunde weisen auf eine Besiedlung schon vor mehr als 2500 Jahren hin. Zwischen dem 2. und 10. Jh. war Hoi An **Haupthafen der Cham,** die als Seefahrer und Piraten die Meere unsicher machten, ehe sie auch als Händler und Kaufleute Reichtümer erwarben.

Chinesische Dokumente belegen einen schwunghaften Gewürz- und Seidenhandel mit der halben damals bekannten Welt von China bis Java und von Südindien bis Persien und Arabien. Während der Blütezeit Champas entstanden längs des Thu-Bon-Flusses auch die Tempelanlagen von Tra Kieu und My Son weiter landeinwärts.

Unter dem Namen **Faifo** – einer Verballhornung von Hai Pho, „Geschäfte am Meer" – war Hoi An während des 16., 17. und 18. Jh. einer der führenden Häfen Südostasiens und wurde in einem Atemzug mit Malacca und Macau genannt. Chinesische und japanische Kaufleute gründeten hier Handelsniederlassungen. Dschunken aus Kanton, Nagasaki, Manila und Batavia legten ebenso an wie Segelschiffe aus Lissabon, Bordeaux, Liverpool und Amsterdam.

Als **1535** die **Portugiesen** in Da Nang landeten, errichteten sie mit Genehmigung der Nguyen-Fürsten von Hue in Faifo ihre erste Handelsniederlassung im Südchinesischen Meer. Der Ruf der portugiesischen Musketen und Kanonen, die sich vermeintlich günstig gegen Naturprodukte wie Zimt, Pfeffer, Edelhölzer, Korallen und Rohseide tauschen ließen, lockte Händler und Spekulanten aus China, Japan, Siam und Java nach Hoi An. Annähernd 100 Jahre blieben die Portugiesen die einzigen Europäer in Vietnam, ehe auch Holländer, Briten und Franzosen vorübergehend Handelshäuser in Faifo errichteten.

Aufgrund der Wintermonsune aus Nordosten konnten die Dschunken der Kaufleute aus China und Japan Faifo nur im Frühjahr erreichen und nur mit Hilfe der Sommermonsune aus Südwesten wieder verlassen. Um die Geschäfte auch außerhalb der kurzen Saison kontrollieren zu können, zogen es viele Händler bald vor, **ganzjährige Niederlassungen** zu errichten oder sich selbst in Hoi An anzusiedeln. Auf einer Seite des Flusses entstanden chinesische, auf der anderen japanische Geschäftsviertel, die man durch eine überdachte Brücke miteinander verband.

Der schwunghafte Handel mit Produkten wie Seide, Baumwolle, Papier und Porzellan ließ in Hoi An bald auch Handwerk und Kunstgewerbe aufblühen. Als das japanische Kaiserreich 1637 jeglichen Kontakt mit dem Ausland untersagte, kehrten die meisten Japaner in ihre Heimat zurück. Zur gleichen Zeit (1631) sahen sich die Nguyen-Fürsten zum ersten Mal veranlasst, die weitere Verbreitung des Christentums zu verbieten, da mit den Handelsschiffen der Europäer auch immer mehr Missionare ins Land strömten.

Während der Tay-Son-Revolte **1780** teilweise zerstört, wurde Hoi An rasch wieder aufgebaut, verlor aber spätestens gegen Mitte des 19. Jh. zusehends an Bedeutung. Der Bau immer größerer Schiffstypen und die dramatische Versandung des Thu Bon (Hoi An liegt heute 4 km von seiner ehemaligen Hafeneinfahrt entfernt) ließ immer mehr Händler und Kaufleute der Stadt nach Da Nang ausweichen. Hoi An blieb auch noch nach 1888, als die Franzosen Da Nang (Tourane) zu ihrem Hauptstützpunkt in Annam erklärten, Provinzhauptstadt und Sitz zahlreicher Manufakturen und Webereien, doch der Bau der Eisenbahnlinie (1930) an der Stadt vorbei versetzte ihr den endgültigen Todesstoß und ließ sie in Dornröschenschlaf versinken.

Hoi An

Sehenswertes

Alte Häuser

Die meisten Holz- und Ziegelhäuser Hoi Ans stammen aus dem frühen 19. Jh., ihre Strukturen sind aber bedeutend älter und reichen bis ins 16. Jh. zurück.

Tan-Ky-Haus (101 Nguyen Thai Hoc)

Das für alle anderen Häuser repräsentative Handelshaus wird seit fünf Generationen bzw. annähernd 200 Jahren von einer Familie bewohnt, die aus Südchina nach Faifo kam und ihren Wohlstand dem Handel mit Tee, Zimt und Areca-Nüssen verdankt. „Tan Ky" steht in großen chinesischen Schriftzeichen auf einer Tafel über dem Hauptraum, dies war der Name des Urgroßvaters des jetzigen Bewohners. Keiner erzählt die Geschichte des Hauses besser als *Monsieur Le Chuong* selbst, der bei einer Tasse Tee über alte Zeiten plaudert, die verschiedenen Symbolismen der Holzschnitzereien erläutert, von der genauen Herkunft aller Materialien weiß und kenntnisreich auf Sinn und Vorzüge der jeweiligen Balken- und Dachkonstruktionen hinweist.

Entscheidend beim Bau von Häusern dieser Art war, den drei wichtigsten Elementen im chinesischen Leben den ihnen gebührenden Raum zu schaffen, der **Ahnenverehrung,** dem **Geschäft** und dem **Familienleben,** und zwar in dieser Reihenfolge. Die Häuser wurden von innen nach außen gebaut, zuerst kamen die Säulen, dann erst wurde der Dachfirst errichtet und zum Schluss das Ziegeldach. Durch den großen Innenhof dringen Licht und Luft ins Haus, in großen Tonnen wird Regenwasser aufgefangen. Hinter dem Lichthof erstrecken sich die Küche und das Lagerhaus, dessen

Übernachtung
1 Thien Thanh
6 Hoi An Historic Hotel
11 Hoang Trinh Hotel
12 Essence Hoi An Hotel & Spa
13 Royal Riverside
15 Vinh Hung Riverside Resort, Emerald Hoi An Riverside Resort
40 Windbell Villa
45 Anantara
46 Ancient House Resort
47 Hoi An Garden Villas
49 Sun Boat

Essen und Trinken
3 Minh Hien
5 Aubergine49
7 The Espresso Station
9 Ganesh
10 Canh Buom Trang
17 Food Court
18 Vy's Market
19 Mango Mango
20 Ca Mai
23 Reaching Out Café
24 Mango Rooms
25 Cargo Club, Café Tam Tam, Hai Café
26 Morning Glory
29 Green Mango
32 Bale Well
33 Bazar
34 Miss Ly
37 Café des Amis
38 Hoi An Coffee Hub
39 Markt, Garküchen
42 Dao Tien River
43 Mia Café

Nachtleben
41 3 Dragons Bar

Sonstiges
2 SinhTourist
4 Taste of Hoi An
8 Scooter Tours
14 TVH
16 Heaven and Earth Bicycle Tours Hoi An
48 Easyriders

Sehenswürdigkeit
21 Phung-Hung-Haus
22 Japanische Brücke, "Walking Bridge"
27 Tan-Ky-Haus
28 Folklore-Museum, Diep-Dong-Nguyen-Haus
30 Quan-Thang-Haus
31 Museum für Handelskeramik
35 Rehahn Gallery
36 Hoi-An-Museum
44 Precious Heritage Art Gallery Museum

Rückfront an die Uferstraße stößt. Die Wohn- und Schlafräume sind im Obergeschoss um den Hof herum angeordnet.

Naturgemäß überwiegen chinesische Elemente im Innern des Hauses, aber viele Details zeugen auf beeindruckende Weise von der kosmopolitischen Offenheit des alten Patriarchats von Hoi An. So sind die gedrechselten Säulen des Portiko im Innenhof mit Trauben verziert, einer Pflanze, die erst die Franzosen nach Vietnam brachten, während Elemente der schweren, reichverzierten Holzdecke in der Vorhalle mit ihren dreifach übereinander gewölbten Stützbalken deutlich japanischen Einfluss verraten.

Das Tan-Ky-Haus ist seit 1975 in kommunalem Besitz, sein rechtmäßiger Eigentümer, *Monsieur Le Chuong*, der bis zu seiner Pensionierung Französischlehrer der Stadt war, genießt lediglich „Wohnrecht".

Quan-Thang-Haus (77 Tran Phu)

Eines der schönsten und zugleich ältesten Häuser der Stadt. Man beachte die grünen Keramikziegel am First und die Art und Weise, wie die Vorderfront durch waagerechte Planken verschlossen wird.

Phung-Hung-Haus (4 Nguyen Thi Minh Khai)

Wie bei fast allen Gebäuden Hoi Ans verbinden sich in diesem Haus, das bereits seit acht Generationen von einer Familie bewohnt wird, chinesische, vietnamesische und japanische Stilelemente zu einer Einheit. 80 Säulen aus Eisenholz und ein Marmorfundament verleihen dem nahe der Japanischen Brücke gelegenen Haus die nötige Stabilität. Als Besonderheiten werden dem Besucher die gedrechselten Fensterläden und der freihängende Ahnenaltar im oberen Stock gezeigt. Als störend kann man empfinden, dass das gesamte Innere des Hauses zu einem **Souvenirshop** umfunktioniert worden ist.

Kapelle der Tran-Familie (21 Phan Chu Trinh)

Mit angenehmer Zurückhaltung wird der Besucher im Andachtsraum der Familie *Tran* empfangen. Die Nachfahren der Familie, die vor 300 Jahren aus China einwanderte, verehren hier ihre Ahnen, unter denen ein hochgestellter Mandarin unter *Kaiser Minh Mang* den Ehrenplatz einnimmt. Aus seinem persönlichen Besitz stammen verschiedene Elfenbeinschnitzereien, die Herr *Tran Van Le,* der sympathische Bewahrer der Familientradition, sehr eindrucksvoll beschreiben kann.

Diep-Dong-Nguyen-Haus (80 Nguyen Thai Hoc)

Das schöne Handelshaus neben dem nostalgischen alten *Shell*-Emblem diente einst als Kontor für chinesische Medizin und Heilkräuter. Die überaus wertvolle Antiquitätensammlung des Hausherrn, Möbel, Porzellan, Keramik, ist im ersten Stock des Hauses zu besichtigen.

Japanische Brücke

Die 18 m lange überdachte Holzbrücke über einen Seitenarm des Thu-Bon-Flusses verband das japanische mit dem chinesischen Viertel von Faifo. Wie die beiden Affen am japanischen Ende der Brücke anzeigen, wurde der Bau **1593,** im Jahr des Affen, begonnen und zwei Jahre später im Jahr des Hundes beendet – dafür stehen die steinernen Hunde am anderen Ende. Die Brücke ist, neben den bunten Lampions, Hoi Ans wohl meistfotografierte Sehenswürdigkeit. 2024 wurde sie nach anderthalbjähriger, aufwändiger Renovierung wiedereröffnet.

Die **Pagode** (Chua Cau) an der Nordseite der Brücke wurde erst nachträglich angebaut und dem daoistischen „Dämonenvertreiber" *Tran Vu* (→ Den Tran Vu, Hanoi) gewidmet, um das Cu-Monster zu bezähmen. Der Volksmythos machte dieses Wesen, das seinen Kopf in Indien, den Schwanz in Japan und Teile seines Körpers in Hoi An hatte, für unheilvolle Strömungen im Fluss verantwortlich, die

⊡ Es lohnt sich, bei einem Spaziergang die Augen offen zu halten und dann hübsche Kleinode zu entdecken – wie den „Five Elements Temple"

Japaner fürchteten jede Schwanzbewegung, weil sie die Erde beben ließ. Dem Einfluss des mächtigen *Tran Vu* und der soliden Bauweise der Brücke ist es zu verdanken, dass sie die Jahrhunderte erstaunlich intakt und mit wenig Veränderungen überstanden hat.

Versammlungshallen

Als ab dem späten 16. Jh. Kaufleute und Händler der chinesischen Südprovinzen den Hafen von Faifo immer häufiger anliefen und ein Teil ihrer Besatzung sich dort anzusiedeln begann, gründeten sie Versammlungshallen (Hoi Quan), in denen sie regelmäßig zusammenkamen, um Dinge des täglichen Handels zu besprechen und die gemeinsamen Ahnen und Schutzgötter zu verehren. Mit der Zeit wurden diese Versammlungshallen erweitert und dienten dann oft nur noch religiösen Zwecken. Jede der ursprünglich fünf chinesischen Gemeinden von Hoi An hatte entsprechend der Provinz, der sie entstammte, ihre eigene Versammlungshalle: Phuoc Kien (Fukien oder Fujian), Quang Dong (Guangdong oder Kanton), Hai Nam (Insel Hainan), Trieu Chau und Gia Ung.

Die Versammlungshallen der ersten chinesischen Siedler auf vietnamesischem Boden ziehen heute, wie man aus Widmungen, Flaggen und Emblemen ersehen kann, Chinesen aus ganz Südostasien an. Viele chinesische Familien, die seitdem in Malacca, Penang, Jakarta oder Singapur zu Wohlstand gekommen sind, führen ihre Abstammung auf Vorfahren in Faifo zurück.

Chua Ba

Eine Versammlungshalle, die von allen chinesischen Gemeinden Faifos besucht wurde, ist der 1773 gegründete, in anderer Form aber schon früher existierende Chua Ba. Die Pagode ist **Thien Hau** geweiht, der **Patronin der Seefahrer,** ohne deren tatkräftige Hilfe die wertvollen

632v sb

Handelsschiffe schutzlos der See ausgeliefert gewesen wären.

An der Pforte halten fast lebensgroß ihre beiden Helfer *Thien Ly Nhan* und *Thuan Phong Nhi* Augen und Ohren auf. Der mit dem grünen Gesicht kann mehr als 1000 Meilen weit hören, der mit dem roten Gesicht mehr als 1000 Meilen weit sehen. Ist Gefahr im Verzug, rufen sie *Thien Hau,* die dem Schiff und seiner Besatzung in eine Wolke gehüllt zu Hilfe eilt. Noch heute legen viele der Fischer von Hoi An ihr Schicksal in die Hand der barmherzigen *Ba Thien Hau.*

Die **Rückfront** des Chua an der Tran Phu (No. 46) ist überaus dekorativ mit großen chinesischen Zeichen bemalt – am besten von der Phan Chu Trinh aus (No. 31) zu bewundern.

Hoi Quan Phuoc Kien

Nur wenige Schritte vom Chua liegt die Versammlungshalle der Fukien-Gemeinde, deren Gründung auf das Jahr 1697 zurückgeht. Auch sie ist **Thien Hau** geweiht, nur dass sie reichhaltiger ausgestattet und besser instand gehalten ist.

Das bunte Wandbild am Eingang zeigt die Göttin bei dramatischem Wellengang schützend über einer Dschunke schwebend. Im Innern kann man das maßstabgerechte Modell eines jener Schiffe bewundern, mit denen sich die Chinesen einst auf die große Fahrt machten. Die mit prächtigen Gewändern geschmückte Göttin wird von ihren rot- und grüngesichtigen Helfern flankiert (→ Chua Ba).

Der offene Innenhof führt zu dem Raum, der den drei Grundpfeilern der chinesischen Lebensphilosophie gewidmet ist: **Ahnenverehrung, Wohlstand** und **Kindersegen.** Am Hauptaltar gedenkt man der sechs Ahnenväter, die Fukien im 17. Jh. als Erste verließen, um in Faifo zu siedeln. Der Altar zur Linken ist *Tan Tai,* dem Gott des Wohlstands, geweiht. In der Hand der drei Frauen am rechten Altar liegt der Fortbestand der Familie, sie entscheiden, ob eine Frau schwanger wird (die mittlere), das Kind die Geburt überlebt (die linke) und ob es ein Junge oder Mädchen wird (die rechte). Entsprechend den 12 Monaten des Jahres sind sie von 12 Ammen umgeben, die dem Neugeborenen erste wichtige Kenntnisse vermitteln sollen. Die handgeschriebenen Zettel sind Bittschriften von Frauen, die am 1. und 15. des Mondmonats hierher pilgern und um den ersehnten Nachwuchs flehen.

Hoi Quan Hai Nam

Die Versammlungshalle der Hai-Nam-Gemeinde (Hainan) stammt vom Ende des 19. Jh. und gedenkt 108 Kaufleuten der Insel, die man irrtümlich für Piraten hielt und unweit von Faifo tötete. Wenige Meter östlich des Ong-Tempels, 60 Tran Phu.

Hoi Quan Trieu Chau

Die 1776 erbaute Versammlungshalle der Trieu-Chau-Gemeinde beeindruckt durch ihre außergewöhnlich schönen kolorierten **Holzschnitzereien** um den Altar: In einem verzweigten Weinstock mit üppigen Reben verbergen sich Insekten, Vögel und Mäuse. Auch die Dachkeramiken sind reich mit Blüten und Rankwerk verziert, gedrechselte Dachbalken stützen sich auf Phönix und Drachen. 157 Nguyen Duy Hieu.

▷ Die älteste Pagode Hoi Ans: Chuc Thanh

Adobe Stock © alexat25

Hoi Quan Quang Dong

Die Versammlungshalle der aus Kanton (Guangdong) stammenden Gemeinde wurde 1786 erbaut und verehrt ebenfalls **General Quan Cong** als Schutzheiligen (→ unten). 176 Tran Phu, nahe der Japanischen Brücke.

Mieu-Ong-Tempel

Der farbenprächtige, 1653 gegründete Tempel im traditionell chinesischen Stil ist *Quan Cong (Thanh Quan)* gewidmet, dem sagenumwobenen **General der Drei Königreiche** (3. Jh.). *Quan Cong* ruht überlebensgroß mit rotem Gesicht, langem Bart und feistem Schmerbauch auf einem Drachenthron. Seine beiden Getreuen, der Zivilmandarin *Quan Binh, General Chau Xuong,* und sein weißes und rotes Pferd halten Ehrenwache. Dahinter schließt sich eine vietnamesische Pagode zu Ehren der Göttin *Quan Am* an, die zum Hoi-An-Museum umfunktioniert wurde (→ Museen).

Chuc-Thanh-Pagode

Die von verwitterten Gräbern umgebene Pagode ist die **älteste** Hoi Ans. Der buddhistische Mönch *Minh Hai* aus China soll sie 1454 gegründet haben. Von der alten Bausubstanz ist mit Ausnahme der Glocken und eines außergewöhnlichen, einen Karpfen darstellenden Holzgongs nur wenig erhalten. Der Karpfen, Symbol für Ausdauer und Geduld, ist ein sehr beliebtes Motiv, dem man in Hoi An häufig begegnet. Über die Hai Ba Trung stadtauswärts, links in die Ton Duc Thang einbiegen (ca. 2 km).

Museen

Im Anbau des Mieu Ong wurde ein **Hoi-An-Museum** eingerichtet (*Museum of History and Culture,* 7 Nguyen Hue). Auswahl und Zusammenstellung der Exponate wirken etwas willkürlich, und die Information ist eher spärlich. Der Eintritt ist im Besichtigungsticket (→ Praktische Informationen, Sightseeing) inbegriffen. Auch das **Museum of Folk Culture** (33 Nguyen Thai Hoc) und das **Museum of Trade Ceramics** (80 Tran Phu) sind kein Muss.

Markt

Sehenswert sind der riesige **Markt** (Cho Hoi An) und die **Verkaufsstände der Fischerfrauen** am Bon-Fluss. Toll ist der Markt frühmorgens vor Sonnenaufgang, wenn die Fischhändler kommen. Außerdem werden hier Blumen, Früchte, Bambuskörbe und Keramik verkauft. Sehenswert ist auch die Stoffabteilung – wer Zeit hat, kann hier selber die Stoffe aussuchen und sich dann daraus bei einem der zahlreichen Schneider etwas anfertigen lassen. Und nicht zuletzt ist der Markt auch ein kulinarisches Erlebnis (→ Essen und Trinken).

Uferpromenade und An Hoi

Die Uferstraße Bach Dang ist zu einer Promenade mit Dutzenden Cafés, Restaurants und *Street Food* geworden. Auch auf der gegenüberliegenden **Insel** An Hoi kann man am Fluss flanieren und speisen. Nach Einbruch der Dun-

Auf dem Markt gibt's auch die berühmten Hoi-Aner-Nudeln

633v sb

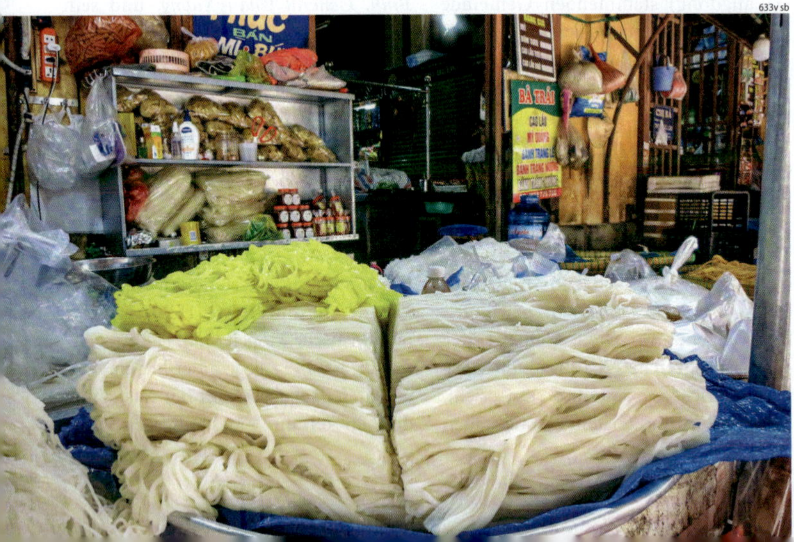

kelheit leuchten hier die vielen bunten **Seidenlampions,** gleich auf der anderen Seite der Brücke, die die Altstadt mit An Hoi verbindet (Nguyen Phuc Chu). Die Lampions kann man hier auch als Souvenir in allen erdenklichen Größen kaufen oder in Kursen selber basteln.

Strände

Der **An-Bang-Strand** liegt gut 4 km nördlich der Stadt – man fährt einfach auf der Hai Ba Trung geradeaus bis zum Ende. Am Sandstrand gibt es Liegen und Sonnenschirme (manche mit hübschen Strohdächern), die man gratis benutzen kann, wenn man in den dazugehörigen Cafés und Restaurants weiter oben etwas konsumiert. Beste Badezeit ist März bis September. Im Juni bis August machen Einheimische hier Urlaub, Andrang herrscht aber vor allem frühmorgens und am Abend, tagsüber entfliehen die meisten der Sonne, und man sieht fast nur westliche Touristen. Am belebtesten ist der Strand direkt nach dem Ende der Hai Ba Trung geradeaus, wo sich auf der Düne vor dem Strand viele Restaurants mit Holzveranden und Bambusmöbeln befinden. Weiter südöstlich den Strand entlang, Richtung Cua-Dai-Strand, wird es bei den kleinen Restaurants am „Hidden Beach" und „Wild Beach" und seitlich davon eher ruhig. Manchmal findet man den Strand hier jedoch ziemlich vermüllt vor.

Der **Cua-Dai-Strand** war einmal toll – er ist aber mittlerweile wegen der Küsten-Erosion praktisch verschwunden. Mit Sandsäcken wird versucht, das bisschen Sand, das noch übrig ist, zu halten. Erhoffen kann man sich hier allenfalls Erfolge bei den Aufschüttungsversuchen und fallende Preise in den *Seafood*-Restaurants und Resorts.

Cam-Nam-Insel

Die kleine **Flussinsel** Cam Nam ist mit Hoi An durch eine Brücke (beim Markt) verbunden. Hat man diese überquert, befindet man sich schon bald mitten im dörflichen Alltag. Gockel krähen, ab und an plärrt der öffentliche Lautsprecher. Mit dem Fahrrad lässt es sich hier herrlich in den kleinen Gassen umherirren. Besonders schön sind die Wege und Pfade am Ufer entlang. Dutzende kleine Cafés gibt es hier, und als lokale Snacks bieten sich auf den Terrassen am Fluss *hen tron, banh dap* oder *cao lau* an.

Cam-Kim-Insel

Die Insel ist um einiges größer als Cam Nam, sie ist mit der An-Hoi-Insel im Westen durch eine Brücke verbunden. Ebenfalls ein schöner Ausflug per Fahrrad, die Insel lässt sich aber auch per Boot erreichen. Das Dorf **Kim Bong** auf der Nordseite ist bekannt für seine Holzschnitzereien.

Fahrradausflüge durch die Dörfer An My und Tra Que

Die nächste Umgebung von Hoi An ist wunderschön ländlich und flach und lässt sich leicht per Fahrrad erkunden. Praktisch alle Unterkünfte bieten Miet- oder Gratisräder. Abseits der Hauptstraßen kann man zwischen Stadt und An-

Bang-Strand rund um das Dorf **An My** herum einfach querfeldein radeln, vorbei an Reisfeldern, Flüsschen und Palmen. Am nördlichen Dorfende lässt der Bauer einen mit etwas Glück auf einem seiner Wasserbüffel reiten. Manchmal hat man die Gegend fast für sich alleine, gelegentlich trifft man hier allerdings auch auf ganze Scharen von geführten Fahrradtouren, die in Hoi An angeboten werden.

Das Gemüsedorf **Tra Que** passiert man auf dem Weg zum An-Bang-Strand. Vor dem Strand führt die Hai Ba Trung über eine kleine Insel, wo sich Hoi Ans Kräuter- und Gemüsegärten befinden und man den Dorfbewohnern beim Pflanzen, Wässern und Ernten zusehen kann. Bei Hunger bietet sich ein Stopp im Restaurant *Baby Mustard* an (→ Kochkurse, S. 294).

Praktische Informationen

- 152.000 Einw., Tel. 0235.
- **Klima:** Achtung: Besonders zu Beginn der Regenzeit im **Oktober,** aber auch noch im **November,** kann es zu heftigen **Überschwemmungen** kommen – Besucher gondeln dann im Boot durch Hoi An.
- **Website:** www.hoiannow.com.
- **Information:** *Hoi An Office of Tourist Services,* 8 Hoang Dieu, Tel. 3915106 oder 0843428888, www.hoianworldheritage.org.vn.
- **Geld:** Die großen Banken haben in Hoi An Filialen und reichlich ATMs.
- **Gesundheit:** *Hoi An Hospital,* 4 Trang Hung Dao, Tel. 3861365, tagsüber.
- **Apotheke:** *Huy Hoang,* 268 Ly Thuong Kiet. *Binh Thuan Pharmacy,* 115 Tran Hung Dao, Tel. 0916894 258.
- **Post:** 6 Tran Hung Dao (6.30–19 Uhr).
- **Taxi:** *Mailinh,* Tel. 3929292. Taxistände sind an der Hoang Dieu (Ecke Phan Chau Trinh) und Nguyen Phuc Chu (An Hoi).
- **Grab:** Mit *Grab* ist man auch in Hoi An gut und günstig unterwegs.

Mit dem Fahrrad ist das Gemüsedorf Tra Que schnell erreicht

Sightseeing

■ **Altstadt-Ticket:** Im *Hoi An Office of Tourist Service* werden Tickets verkauft, die zum Besuch von fünf Sehenswürdigkeiten nach Wahl berechtigen (einmalig 120.000 đ für Ausländer; man sollte das Ticket aufbewahren für erneute Besuche an anderen Tagen). Die Touristinfo gibt einen dementsprechenden Flyer heraus, auf dem alle Sehenswürdigkeiten eingezeichnet sind.

■ **Festliche Abende:** An jedem 14. Tag des Mondmonats – d.h. am Vorabend des Vollmonds – leuchten in der Altstadt die Lampions, traditionelle **Spiele** und **Musikvorführungen** finden statt. Sehenswert!

■ **Fußgängerzone:** Die historische Altstadt erkundet man am besten zu Fuß oder per Fahrrad. Für Motorräder und Autos ist sie 9–11 Uhr und 15–21.30 Uhr gesperrt.

■ **Tipp:** Am frühen Morgen durch die dann noch leeren, stillen Straßen spazieren.

Gratis

Ohne Besichtigungstickets kann man sich u.a. Folgendes umsonst ansehen:

■ **Japanische Brücke**

■ **Hoi Quan Van Le Nghia,** 64 Tran Phu.

■ **Hoi Quan Hai Nam,** 10 Tran Phu.

■ **Museum für Handels-Keramik,** 80 Tran Phu.

■ **Phung-Hung-Haus,** 4 Nguyen Thi Minh Khai.

■ **Diep-Dong-Nguyen-Haus,** 80 Nguyen Thai Hoc.

■ **Heritage-House,** 104 Thai Phien.

■ **Galerien,** 46 u. 60 Nguyen Thai Hoc.

Lokale Veranstalter, Reiseagenturen

14 **TVH** *(Thomas Vietnam Holidays),* 72b Nguyen Phuc Tan, Tel. 0905196802, www.tvh-travel.de. Individualtouren unter deutscher Leitung. *Thomas Weingärtner* lebt seit 2002 in Hoi An und bietet Stadtführungen, Rad- und Motorradtouren mit Mietmotorrädern (bis 250 ccm) und vieles mehr an.

11 **Hoi An Jeep Adventures,** → Karte S. 268, Nguyen Chi Thanh, Tel. 0905101930. Tages-Trip nach Bho Hoong und Trung Mung, Dörfer der ethnischen Minderheit Co Tu, und zahlreiche weitere ein- und mehrtägige Touren.

48 **Easyriders,** 132 Huyen Tran Cong Chua, Tel. 09 06500129, www.hoianeasyriders.wordpress.com. Guides mit Motorrad. Sehr zu empfehlen, auch für Tagestouren. *Leo* spricht fließend Englisch. Ebenfalls gut ist *Mr. Thong,* 109 Le Hong Phong, Tel. 0914 245217, www.easyrider-hoian.com.

18 **Jack Tran Tours,** → Karte S. 268, 03 Phu Dong Thien Vuong, Tel. 834331111, http://jacktrantours.com. Ein kleines Juwel: Eine einheimische Fischerfamilie, die sich einen anderen Lebensunterhalt gesucht hat. Aktiv-Touren, z.B. Reisfeld-Tour per Fahrrad, mit Lernen der Feldarbeit (Pflügen mit dem Wasserbüffel, Reis säen etc.), Rudern des kleinen runden Korbbootes, Fischen, Wasserbüffel reiten.

4 **Taste of Hoi An,** 58B Tran Cao Van, Tel. 9051 01930, www.tasteofhoian.com. Geführte Touren durch Hoi Ans Garküchen und Essstände.

16 **Heaven and Earth Bicycle Tours Hoi An,** *Pascal & Thu,* 61 Ngo Quyen, Tel. 3864362, www.vietnam-bicycle.com. Fahrradtouren in der Umgebung, auch mit *Homestay.*

8 **Scooter Tours,** 30 Tran Hung Dao, Tel. 9384 05917, https://scootertoursvietnam.com. Halb-, bis Mehrtages-Touren mit E-Scootern in die ländliche Umgebung, auch mit Fahrer.

2 **SinhTourist,** 587 Hai Ba Trung, Tel. 3863948, www.thesinhtourist.vn.

■ **Foto-Touren,** Tel. 0988705755, www.hoianphotowalks.com. Stadt-, Land- und Nachtspaziergänge, von Smartphone- bis Profikamera, 39 $.

Street-Food-Touren und Kochkurse

Die meisten Kurse beginnen mit einem Einkauf auf dem Markt, manchmal werden auch Kräutergärten besucht, zum Schluss wird das gemeinsam Zubereitete verzehrt. Meist halbtags, zwei bis zehn Personen. Ein Spaß auch für Nicht-Kochfans! Frühzeitig buchen.

Unser Tipp: **Eat Hoi An,** 37 Phan Chau Trinh, Tel. 905411184, www.eathoian.com. Eine Foodietour mit *Phuoc* durch die Gassen von Hoi An ist ein schönes Abenteuer: *Phuoc,* genannt „Mr. Happy" kennt alles und jeden, öffnet viele Töpfe und ist voller Geschichten. Und wer dann auf den Geschmack gekommen ist, macht einen Kochkurs bei seiner Frau *Na* – mit Führung durch den lokalen Markt. Auf dem Weg ins Gemüse- und Kräuterdorf Tra Que, wo die beiden leben, gibt's einen Spaziergang durch das Gemüsegrundstück der Familie und anschließend wird in Omas Bauernküche gekocht. Und das leckere Ergebnis kann sich immer sehen lassen.

634v sb

■ **Morning Glory,** 106 Nguyen Thai Hoc, Tel. 224 1555, www.fb.com/MorningGloryOriginal. Halbtageskurs, Bootstour zu den Märkten oder Fahrradtour in die Umgebung.

■ **Red Bridge,** Thon 4, Cam Thanh, Tel. 5103933 222, https://redbridge.visithoian.com. Halb-, Ganztags- und Abendprogramme, auch mit Trip in die Tra-Que-Kräutergärten.

■ **Green Bamboo Cooking School,** 21 Truong Minh Hung, Tel. 0905815600, https://greenbamboo-hoian.com. 8–15.30 Uhr inkl. Transport vom/zum Hotel.

■ **My Grandma's Home Cooking,** 61 Ngo Quyen, Tel. 3864362, www.cooking-hoian.com. Mit Bootsfahrt zur Insel der (bald 100-jährigen) Großmutter; Marktbesuch ist optional.

■ **Baby Mustard,** Tra Que Village, Tel. 905640577, www.fb.com/babymustard. Im Kräuterdorf Tra Que, wo Kräuter, Gemüse und Reis gleich hinter der Küche wachsen. Sehr gelobt!

Unterkunft

Karte Seite 268

7 **The Nam Hai**⑤, Block Ha My Dong B, Tel. 3940 000, www.fourseasons.com/hoian. Luxus und Zen-Philosophie. Riesig (31 ha), exklusiv und eigenwillig, so gibt sich das Strandhotel mit Garten- und Strandvillen am An-Bang-Strand. Shuttlebus nach Hoi An (10 km).

17 **Victoria Hoi An Beach Resort & Spa**⑤, Tel. 3927040, www.victoriahotels.asia/en/destination/victoria-hoi-an. Häuser im Stil des alten Hoi An (ein bis zwei Stockwerke, Ziegeldächer, offene Dachgiebel), dazwischen kleine „Straßen" – eine gelungene Anlage. Die Mehrzahl der 109 Zimmer, davon 52 Bungalows und Suiten, liegen zum Meer, die übrigen zum Fluss.

14 **Palm Garden Resort**⑤, Lac Long Quan, Tel. 3927927, www.palmgardenresort.com.vn. Solide, teilweise richtig hübsche Strandanlage mit 160 Balkonzimmern in dreistöckigen Häusern und 20 geräumigen, gut ausgestatteten Bungalows. Pool, Spa, Resto, Shuttlebus.

15 **Hoi An Beach Resort**④-⑤, 1 Cua Dai, Tel. 392 7011, www.hoianbeachresort.com.vn. Alle Bungalowzimmer mit Balkon, geräumig, gut ausgestattet. Privatstrand (über der Straße), zwei Pools, Tennis, Shuttlebus. 121 Zimmer.

19 **Hoi An Coco River & Spa**④, 99 Tran Nhan Tong, Tel. 3930777, www.cocoriverresort.com. Schöne Anlage am Fluss, mit Pier zum Sitzen, Trinken, Träumen, Essen, zwei- bis dreistöckig, Pool, Spa, Shuttlebus Hoi An, Gratisräder.

12 **Hoi An Chic**④-⑤, Nguyen Trai, Tel. 3926799, www.hoianchic.com. Pfiffige Anlage, zweistöckig, mitten in den Reisfeldern – fantastisch! Der Pool auf dem Dach allerdings ist eher unpraktisch. Gratis Shuttle zum Ort. 17 Zimmer mit Balkon/Terrasse.

8 **Blue Whale**③-④, An Bang Beach, Group 3, An Tan Zone, Tel. 0359143253. *Bed & Breakfast* ca. 200 m vom An-Bang-Strand entfernt, mit vier Zimmern. Freundlich, entspannt, hilfsbereit, Vermieterin *Linh* spricht gut Englisch.

10 **Christina's**④-⑤, www.christinas.vn. Villa-Apartments im Tra-Que-Kräuterdorf, ca. 2 km südlich des An-Bang-Strandes. 20 Zimmer, Pool, Gemeinschaftsküche, Gratisräder.

8 **An Bang Seaside Village**④, am An-Bang-Strand (4 km), Block 7, An Bang Village, Tel. 090355 6050, www.anbangseasidevillage.com. Sehr familiär. 19 Zimmer in verschiedenen Häusern, nur die zwei *Beachfront*-Bungalows sind etwas separat. Nett, aber etwas teuer.

☒ Autorin Ulrike Niederer ist Feuer und Flamme beim Kochkurs mit „Eat Hoi An“

Karte Seite 284

45 **Anantara**⑤, 1 Pham Hong Thai, Tel. 3914555, www.anantara.com/de/hoi-an. Nostalgisch-schöne Atmosphäre am Fluss in Gehweite zur Altstadt. Zwei Reihen zwei- bis dreistöckiger „Hoi-An-Häuser“, von denen die erste auf den Fluss schaut (obere Stockwerke haben mehr Licht und Luft). Alle Zimmer liegen auf zwei Ebenen (Vorraum und Schlafzimmer mit Bad) mit Veranda; nette Details. Pool, Spa, Restaurant, Strand-Shuttle, Gratisfahrräder. 94 Zi.

UNSER TIPP: 46 **Ancient House Resort**④-⑤, 377 Cua Dai, Tel. 3923377, www.ancienthouse resort.com. Ein Boutiquehotel auf halbem Weg zwischen Altstadt und Strand (Gratisräder, Shuttlebus), erfrischend anders (von Ausnahmen abgesehen alle Räume mit Blick ins Grün). 52 helle, luftige Zi. (obere Stockwerke wählen) mit großzügigen, lichtdurchlässigen Balkontüren (statt Fenstern), Moskitonetz und vielen hübschen Details. Pool.

15 **Vinh Hung Riverside Resort**④, auf der An-Hoi-Insel, 111 Ngo Quyen, Tel. 3910577, www.vinhhungresort.com. Eine Oase der Ruhe mit vielen Annehmlichkeiten; herrlich das Frühstück im Freien mit Blick auf den Fluss. 82 Zimmer. Pool, Spa, *Healthclub*, Tennis.

15 **Emerald Hoi An Riverside Resort**④-⑤, auf der An Hoi-Insel, 127 Ngo Quyen, Tel. 3934999, https://emeraldhoianriverside.com/en. Modern, klar gestylt, mit Infinitypool vor dem Fluss. 52 Zimmer, bis auf die Suiten alle gleich groß.

12 **Essence Hoi An Hotel & Spa**⑤, 132 Hung Vuong, Tel. 3915915. Modern und geschmackvoll, wie man es von der Hanoier Kette kennt. Pool, Gym, gratis Leihräder, Shuttle zum Strand. 70 Zimmer. Unbedingt Zimmer nach hinten zu den Reisfeldern buchen!

6 **Hoi An Historic Hotel**④-⑤, 10 Tran Hung Dao, Tel. 3861445, www.hoianhistorichotel.com.vn. Seit 1991, mit 160 Zimmern in vier Gebäuden das mit Abstand größte Hotel im Ort. Pool, Tennis, Shuttle zum Strand.

UNSER TIPP: 1 **Thien Thanh**④, 16 Ba Trieu, Tel. 3916545, www.hoianthienthanhhotel.com. In-

tim, pfiffig eingerichtet, guter Service, Frühstücksterrasse mit Blick ins Grüne. Ein kleines Schatzkästlein. Nur 24 Zimmer, z.T. mit Balkon. Kleiner Pool.
40 **Windbell Villa**③-⑤, 127 Nguyen Tri Phuong, Cam Nam, Tel. 3930888. Auf der Insel Cam Nam. Gelungene Mischung aus *Homestay* und kleinem Hotel rund um einen Pool im Grünen. Acht schicke, geräumige Zimmer mit Bädern, Balkon und Gratisrad.
13 **Royal Riverside**③, 40 Nguyen Du, Tel. 3666 979, www.royalriversidehoian.com. Am Fluss, 45 Zimmer auf fünf Etagen. Mit Pool.
47 **Hoi An Garden Villas**③, 145 Tran Nhat Duat, Tel. 3939639, www.hoiangardenvillas.com. Acht Zimmer, Garten, Pool, hochwertige Ausstattung, Gratisräder – alles passt! DZ/Twin.
49 **Sun Boat**②-③, 54 Huyen Tran Cong Chua, Tel. 3922555. Pool, Fluss, zu Fuß 20 Min. zum Ort oder per Gratisrad. 30 Zimmer, einige mit Balkon und Aussicht auf den Fluss.
11 **Hoang Trinh Hotel**②, 45 Le Quy Don, Tel. 391 6579, https://hoangtrinhhotel.com. Sympathisch, etwas abseits vom Trubel, mit Blick auf eine Tempelanlage. 16 Zi., schön Zimmer 201 mit Balkon.
■ **Cham Island,** → dort.

Essen und Trinken, Nachtleben

Karte Seite 268

■ Gleich nach dem Ende der Hai Ba Trung geradeaus befinden sich auf beiden Seiten auf der Düne am **An-Bang-Strand** mehrere Terrassen-Restaurants und diverse 9 **Bars.**
9 **Luna d'Autunno,** Tel. 0359470374, www.fb.com/lunahoian. Die Pizza ist schon fast legendär; Fanny-Eis.
8 **Soul Kitchen,** Tel. 0906440320, www.soulkitchen.sitew.com. Cocktails, Wein, *Seafood & BBQ*. Live-Musik Do–So ab 17.30 Uhr.
■ Am **Cua Dai Beach** 5 km östlich finden sich zahllose Strandlokale, die vornehmlich auf vietnamesische Kundschaft zielen. Allerdings ist der Strand weggespült … Empfehlenswert ist das *Seafood*-Restaurant 17 **Man,** 5 Lac Long Quan, www.nhahangman.com. Nicht am Wasser, sondern an der Straße liegt das Restaurant 17 **A Roi,** es ist jedoch bekannt für gutes *Seafood.* Fast nur Einheimische, aber Karte auch auf Englisch, an der Straße Au Co gegenüber *Golden Sand Resort.*
13 **Thi Nhan,** 128 Cua Dai, Tel. 905444011. Das wohl frischeste *Seafood* von Hoi An. Die Besitzer sind Fischer, ihre Ware hat nie im Kühlfach gelegen, und das schmeckt man. Total unprätentiös, aber seit der „Entdeckung" durch die *NY Times* preislich etwas abgehoben!

Karte Seite 284

39 **Markt,** Haupteingang an der Tran Phu zwischen Tran Quy Cap und Tieu La. Eine ganze Halle mit zahlreichen Ständen, die lokale Köstlichkeiten anbieten. Man sitzt dicht an dicht auf Bänken vor der verglasten Essensauslage und schaut bei der Zubereitung zu.
17 **Food Court,** auf der An-Hoi-Halbinsel, am Ostende der Nguyen Phuc Chu. Ansammlung von Garküchen mit lokalen Speisen, organisiert, einheitlich, „sauber", an langen Tischen, mit Speisekarten und Preisen.
■ **Am Fluss:** *Cao lau* & Co. kann man abends auch direkt am Wasser an kleinen Holztischen genießen. Schön, stimmungsvoll, allerdings kein Geheimtipp mehr … Cong Nu Ngoc Hoa, gleich nach der „Walking Bridge".
32 **Bale Well,** 38 Phan Chu Trinh. Eine Institution. *Set Menu* (Frühlingsrollen, *banh xeo,* Satay-Spießchen, Kräuter und Dip-Sauce) mit Demonstration, wie man die Köstlichkeiten richtig rollt und isst. Im Gartenrestaurant. – Nur wenige Meter weiter ist der berühmte Brunnen, an dem der Legende nach einst der ganze Ort Wasser für die *Cao Lau* holte – angeblich durften die Nudeln nur mit diesem Wasser gemacht werden, um schmackhaft zu sein.
34 **Miss Ly,** 22 Nguyen Hue, Tel. 3861603. Unkompliziertes, schmackhaftes Viet-*Fastfood* – kein Wunder, dass *Miss Ly* ein Renner ist! Lohnend: das *Tasting Menu!*

Street Food – Hoi-An-Spezialitäten

■ **Cao Lau:** Die lokale Spezialität. Dicke Reisnudeln mit Schweinefleisch, Croutons, Röstzwiebeln und Kräutern. Untouristisch z.B. in der kleinen Garküche *Thanh,* 26 Thai Phien. Lecker und zentral in der Altstadt bei *Hai,* 6A Truong Minh Luong (kleine Gasse), Tel. 3914406.

■ **Banh Mi** (auch: *Banh My*): Das „Vietnamesische Sandwich" im Baguette (Letzteres ein Erbe der Franzosen), oft mit Schweinefleisch, Huhn, Paté, Wurst *(xuc xich)* und/oder Spiegelei *(op la)* bzw. Rührei, Chilisauce und Koriander. Das beste *banh mi* Vietnams gibt es in Hoi An, sagen viele; nach Meinung des amerikanischen TV-Kochs *Anthony Bourdain* beim inzwischen berühmten Imbiss-Restaurant *Banh Mi Phuong,* 2B Phan Chau Trinh *(tap cam,* „gemischt"; auch Veggie-Variante erhältlich). Andere schwören auf *Madame Khanh's Banh Mi Queen,* 115 Tran Cao Van, oder *Phi Banh Mi,* 88 Tran Cao Van. So weit die Superstars; eher „Geheimtipps" sind die Stände von *Lien* auf dem Ba-Le-Markt, Le Thanh Tong (von der Cua Dai stadtauswärts rechts, zweiter Stand links), und der freundlichen *Lanh,* die bis spätabends an der Cua Dai Ecke Tran Nhan Tong steht.

■ **Mi Quang:** Dicke Reisnudeln (manchmal mit Turmeric/Gelbwurz und deshalb gelb) mit unterschiedlichen Zutaten, oft Schweinefleisch, Crevetten, Wachtelei, Erdnüsse, Kräuter.

■ **Banh Xeo:** Reismehl-Crêpes mit Schweinefleisch und kleinen Shrimps, gewickelt in Reispapier mit frischen Kräutern und Dipsauce.

■ **White Rose:** *Dumplings* aus Reismehl, gefüllt mit Schweinefleisch *(banh bao)* oder Crevetten *(banh vac),* garniert mit geröstetem Knoblauch.

■ **Com Ga:** Reis mit Hühnerfleisch. In Hoi An bekommt man dieses Gericht besonders lecker zubereitet. In den Restaurants an der Phan Chau Trinh.

■ **Banh Dap:** Snack aus weichem gedämpften Fladen aus Reismehl und einem Reiscracker, übereinandergelegt, gedippt in eine spezielle Fischsauce. Zu finden auf der Flussinsel Cam Nam.

■ **Bun Thit Nuong:** Dünne Reisnudeln mit gegrilltem Schweinefleisch, Kräutern, Erdnüssen und Fischsauce. Fast überall in Vietnam populär.

■ **„Mango Cake"** *(banh xoai):* Nein, da ist keine Mango drin. Süße weiße Kugeln aus Klebreis, Erdnüssen und Zucker. Straßenverkäuferinnen bieten sie an jeder Ecke an.

440v aw

▷ Banh Mi, das berühmte Brötchen

441v aw

■ **Ms. Vy's Restaurants,** www.msvy-tasteviet nam.com: **26** **Morning Glory,** 106 Nguyen Thai Hoc, Tel. 2241555. *Gourmet Dining* auf zwei Etagen – für viele Besucher Hoi Ans No. 1 – immer ausgebucht! **25** **Cargo Club,** 107 Nguyen Thai Hoc, Tel. 3911227. Unten Kaffee, Kuchen und Desserts, oben Speisesäle mit schmackhafter Globalkost (Pizza-Pasta-Suppen-Tapas-Fusion), darüber *Open-Air-*Terrasse. Berühmt für tolles Frühstück. **18** **Vy's Market,** 3 Nguyen Hoang, Tel. 3926926. *Street Food.*

3 **Minh Hien,** 50 Tran Cao Van. Vegetarisch, auch Veggie-Varianten der Hoi-An-Spezialitäten.

UNSER TIPP **37** **Café des Amis,** 52 Bach Dang. Der frankophile Patron *Kim* trotzt mit seinem kleinen Resto schon seit Jahren beherzt dem Trend zu *Fastfood* und pseudohistorischem Allerweltsschick. Alles kommt mit seinem spezifischen Eigengeschmack und viel Gemüse auf den Tisch und setzt Akzente, die über das Übliche weit hinausragen. Kenner lassen sich ein Menü nach Gusto zusammenstellen (Shrimps, Languste, Taschenkrebs), toll ist auch die gefüllte Ente.

19 **Mango Mango,** 45 Nguyen Phuc Chu, Tel. 391 1863, www.themangomango. com. Kreative Fusionsküche, nicht günstig, aber gut und schön präsentiert.

24 **Mango Rooms,** 111 Nguyen Thai Hoc, Tel. 3910 839, www.mangorooms.com. Snacks, edle Fusionsküche, Cocktails. *Happy Hour* 17–19 Uhr.

20 **Ca Mai** *(Mai Fish),* 45 Nguyen Thi Minh Khai. Hübsch renoviertes altes Stadthaus, kleine Terrasse am Fluss und wohltuend wenig Folklore, auch nicht auf dem Teller. Eher teuer.

33 **Bazar,** 36 Tran Phu. Bar, Lounge, Resto in einem Altstadthaus, sehr schick, eher teuer. Clou ist der wunderbare Garten nach hinten, in dem abends vietnamesisch-mediterran gegrillt wird.

29 **Green Mango,** 54 Nguyen Thai Hoc, www. greenmango.vn. Gehobene Ost-West-Fusionsküche in feinem Ambiente.

5 **Aubergine49,** 49A Ly Thai To, Tel. 2212190, www.hoian-aubergine49.com. Neueres, hoch ge-

⌃ Cao Lau, eine Spezialität von Hoi An

lobtes Restaurant zwischen Altstadt und Strand. Eurasisch-globales Essen, von Tra-Que-Kräutern bis zur weißen Schokomousse.

9 **Ganesh,** 24 Tran Hung Dao, Tel. 3864538, www.ganesh.vn. Toller Inder in der Altstadt.

25 **Hai Café,** 98 Nguyen Thai Hoc, Tel. 3863210. Café und Restaurant in einer Villa, mit Kochkursen.

42 **Dao Tien River,** 19/4 Phan Boi Chau, Tel. 3622 100, www.daotien.net. Nett dekoriert, gutes Essen (Viet & Western) und etwas abseits des Rummels mit einer prächtigen Flussterrasse.

10 **Canh Buom Trang** *(White Sail),* 2/24 Le Loi, Tel. 0905575213. Etwas versteckt gelegenes, aber vorzügliches kleines *Seafood*-Resto. Alles wird frisch zubereitet, ist gut und günstig. Englische Karte, aber meist einheimische Gäste.

Cafés und Bars

UNSER TIPP: 38 **Hoi An Coffee Hub,** 11/5 Nguyen Thai Hoc, Tel. 913786626, FB: Hoi An Coffee Hub. Wer noch keinen *Salted Coffee* probiert hat, hier ist eine hervorragende Gelegenheit. Das Café liegt versteckt am Ende einer schmalen Gasse und in einem lauschigen und schattigen Hinterhof. Als

Der überraschend andere Salted Coffee wird im Coffee Hub ganz klassisch mit eiskaltem grünen Tee serviert

635v sb

Oase der Ruhe abseits des touristischen Trubels in der Altstadt und trotzdem mittendrin. Es gibt auch kleine Gerichte für den kleinen Hunger.

43 **Mia Café,** 20 Phan Boi Chau. Sehr gepflegt, perfektes Englisch, eigene Rösterei, leckere Snacks.

23 **Reaching Out Café,** 131 Tran Phu. Einmalig! Tee, Kaffee und Gebäck vom Feinsten – und Stille! Das Café in dem wunderbaren Altstadthaus beschäftigt als Bedienung Taubstumme, und auch die Gäste werden angehalten, einmal nicht zu quatschen. Das funktioniert sogar.

25 **Café Tam Tam,** 110 Nguyen Thai Hoc. Das von Ex-Travellern gegründete Haus ist eine Institution, Keimzelle ist ein ehemaliges Tee-Lagerhaus.

7 **The Espresso Station,** 28/2 Tran Hung Dao, Tel. 0905691164, www.theespressostation.com. Endlos viele Kaffeesorten, kleine Speisen und Muffins, ruhig in einer Gasse, mit Gärtchen.

■ **Bier:** Abends in einer der zahlreichen Bierpinten an der Ly Thai To, auf Plastikstühlen mit den Einheimischen. Hierher verirren sich kaum Touristen.

41 **3 Dragons Bar,** 51 Phan Boi Chau, Tel. 39147 42, www.3dragonshoian.com. *Sports Bar.*

Unser Tipp: 16 **Cham Chi Club,** → Karte S. 268, 47 Cua Dai, Quang Nam, Tel. 989890901. Liegt ein bisschen außerhalb auf der Strecke zum Cua Dai Beach, aber einfach mit dem Rad oder *Grab* zu erreichen. Entspannen am Flussufer, Billard, DJ oder Live-Musik – oder einfach nur Drinks genießen. Hier kann man auch die Nacht zum Tag machen, neue Leute kennenlernen oer alte Freunde wiedertreffen.

Shopping

Dank des Besucherstroms hat sich Hoi An zu einem kleinen **Shoppingparadies** entwickelt – und sehr viele bleiben auch deshalb länger, als sie eigentlich geplant hatten.

■ **Handicraft Workshops,** Hoi Ans Tradition als **Textil- und Seidenstadt,** die nach 1975 schon fast zum Erliegen gekommen war, zeigt sich nicht nur in einer Fülle von Boutiquen und Schneidern,

Hoi Ans Altstadt ist kein Geheimtipp

442v aw

sondern auch in Verkaufsausstellungen. **41 Le Loi** war der bescheidene, aber immer noch besuchenswerte Anfang. Interessant ist u.a. das *Outlet* von *Yaly Couture* in einer ehemaligen Großweberei auf **358 Nguyen Duy Hieu.**

■ **Schneider:innen:** In Hoi An sind es mittlerweile Hunderte, es ist unübersichtlich geworden. Es gibt eine Handvoll große Namen, die um einiges teurer sind als die anderen, aber hohe Qualität liefern (z.B. *Yaly Couture; Avana; A Dong Silk,* 40 Le Loi und 62 Tran Hung Dao, https://adongsilk.com; *Thu Thuy Silk,* 60 Le Loi, www.fb.com/thuthuysilk.vn). Für maßgeschneiderte Anzüge lohnt es sich, entsprechend mehr auszugeben, für einfachere Anfertigungen wie T-Shirts etc. kann man auch einen der günstigeren Schneidershops ausprobieren. Preise sind verhandelbar (man beachte die Website von *Yaly Couture* mit aktuellen Preisen). Am besten bezahlt man nicht vorab den vollen Preis, sondern höchstens die Hälfte. Theoretisch lassen sich Teile über Nacht anfertigen, jedoch erfordern die Stücke nach der ersten Anprobe meist ein bis zwei **Nachbesserungen,** bis sie wirklich passen! Viele bringen ihre Lieblingskleider oder Bilder aus dem Internet oder Katalogen zum Schneider, um sie kopieren zu lassen.

■ **Yaly Couture,** das größte Stoff- und Schneiderimperium Hoi Ans, hat Shops auf 47 Nguyen Thai Hoc und 47 Tran Phu sowie ein großes *Outlet* auf 358 Nguyen Duy Hieu; www.yalycouture.com.

■ **Kimmy,** 70 Tran Hung Dao, Tel. 3862063, www.kimmytailor.com. Inhaberin ist Frau *Xuan.*

■ **Reaching Out,** 131 Tran Phu, www.reachingoutvietnam.com. Schönes kaufen und Gutes tun. Talentierte Menschen mit Handicap arbeiten als Kunsthandwerker, in den anschließenden Werkstätten kann man bei der Arbeit zusehen.

UNSER TIPP: **Precious Heritage Art Gallery Museum** und **Rehahn Gallery,** 26 Phan Boi Chau, Tel. 949820698, und 7 Nguyen Hue, www.rehahnphotographer.com. Wer es nicht ins Ethnologische Museum in Hanoi schafft, sollte hier einen Stopp einlegen. Ein Fotograf und zwei Ansätze: In seiner *Precious Art Gallery* zeigt der französische Fotograf *Rehahn* in einem französischen Haus aus dem 19. Jh. nicht nur seine Bilder, sondern setzt sie auch in einen größeren Zusammenhang. Auf seiner acht Jahre langen Recherchereise traf er 53 von 54 ethnischen Gruppen Vietnams und dokumentierte die Menschen, ihre Sitten und Bräuche. Heute präsentiert er in fünf Räumen und auf einer Fläche von über 500 m² Hunderte von Portraits, 62 Original-Trachten, lässt Stammeslieder erklingen und vieles mehr – ein unbedingt sehenswertes Gesamtkunstwerk. In seiner Galerie stellt er seine aktuellen Fotoprojekte und Bücher sowie seine bekanntesten Werke aus. Kauf nicht ausgeschlossen!

■ **Metiseko,** 140 Tran Phu, www.metiseko.com. *Eco chic* aus Hanoi.

■ **Hot Chili Fashion,** 56 Duong Phan Boi Chau, www.hotchilihoian.com. Witzige Kleider, T-Shirts, Bademode etc.

■ **Schmuck:** Zwei Läden/Werkstätten ragen weit über das Mittelmaß hinaus. *Lotus Jewellery,* 53A Le Loi und 82 Tran Phu (www.lotusjewellery-hoian.com).

An- und Weiterreise

■ Hoi An liegt 30 km südlich von **Da Nang** und ist auf dem Highway entlang der Marmorberge und dem Strand zu erreichen. Ein Taxi vom/zum Flughafen Da Nang (40 Min.) kostet ca. 25 $ (verhandelbar). Viele Hotels in Hoi An und Privatautos bieten einen günstigeren Abholservice.

■ **Flughafen-Shuttle:** *Barri Ann Travel* bietet stündlich einen Shuttle, Flughafen Da Nang – Hoi An zwischen 5 und 23 Uhr, Hoi An – Flughafen Da Nang 4 bis 22 Uhr, Fahrzeit 1 Std., 160.000 đ p.P. Buchung mind. 2 Std. vorher. Tel. 915105499, https://barrianntravel.com.

■ **Zug:** Der nächste Bahnhof befindet sich in **Da Nang;** schöne Bahnstrecke nach Hue.

■ **Bus:** Vom Busbahnhof Hoi An (Nguyen Tat Thanh Ecke Nguyen Tuan, etwa 1 km nördlich) fahren Busse in die nähere Umgebung. Bus Nr. 1 nach Da Nang startet von hier. Fahrzeit ca. 1 Std., 20.000 đ.

- **Motorrad:** Sehr schön bei gutem Wetter sind Touren per Motorrad mit Fahrer nach Hue über den Hai-Van-Pass (→ Hue).
- **Open Tours:** Mit *SinhTourist* nach Hue 8.30 und 13.45 Uhr, ca. 4 Std., nach Nha Trang 18.15 Uhr, 8–9 Std., www.thesinhtourist.vn.
- **Nach Laos:** Reiseagenturen bieten tägliche Busverbindungen nach Savannakhet (um 30 $) und Vientiane (um 35 $) an. Wer sparen muss, sollte sich auf dem Busbahnhof von Da Nang nach den Preisen erkundigen.
- **Entfernungen** → Da Nang.

[>] Auf den Cham-Inseln finden sich traumhafte Strände

Hoi An, Umgebung

Cham-Inseln

Cu Lao Cham, rund 20 km vor Hoi Ans Küste, ist eine Gruppe von **acht Inseln** mit Stränden und Tauch- und Schnorchelmöglichkeiten. Lediglich die Hauptinsel **Hon Lao** ist bewohnt. Das Inselinnere ist gebirgig mit tropischer Vegetation, die Ostküste fällt steil ab. In Felsen und Grotten nisten Salanganen, Ranger kontrollieren die „Ernte" der Schwalbennester. Die gesammelten Nester werden als teure Delikatesse verkauft („Bird's Nest"-Suppe, als wertvoller Bestandteil gilt der Vogelspeichel). An der flachen Westküste findet man das noch relativ malerische Fischerdorf **Bai Lang** mit Strand und geschäftigem Hafen und Pfade durch bewaldete Hügel. Den beliebtesten Strand, **Bai Chong,** erreicht man zu Fuß (1 Std.) oder per Boot. Das individuelle Entdecken der Insel ohne Tour und Arrangements ist eher etwas für Fortgeschrittene. Die Anreise per Fährboot kann anstrengend – bzw. ein Erlebnis – sein (Abzocke, chaotisches Gedränge beim Ein- und Aussteigen). Die Fortbewegung auf der Insel ist schwierig; Fahrräder können mitgebracht werden, allerdings sind die Wege z.T. gefährlich steil. Ausländern ist das Selberfahren von Rollern nicht gestattet. Gebiete auf der Ostseite der Insel sind u.U. für Ausländer gesperrt. Am besten erkundigt man sich in Hoi An nach der aktuellen Situation.

Adobe Stock © avtk

Wassersport, Tauchen

- **Cham Island Diving School,** 41 Tran Hung Dao, Tel. 3910782, https://vietnamscubadiving.com. Touren zur Cham-Insel, z.B. mit Schnorcheln, Übernachtung im Zelt am Strand inkl. Verpflegung, mit vier Tauchgängen 140 $.

Anreise und Unterkunft

- **Saison,** auch für Tauchgänge, März bis September. An Wochenenden und vietnamesischen Feiertagen wird es hier sehr voll!
- **Fährboot:** Tgl. ab Cam Kim Hafen, 37 Nguyen Hoang (oder man fährt zum Hafen Cua Dai), ca. 1½ Std. bis Bai Lang. Alternativ kann man versuchen, in Hoi An über die Unterkunft oder am Hafen ein *Speedboat* zu organisieren. Auf der Insel bewegt man sich am besten per Motorradtaxi *(Xe Om)*.
- Gute **Tauch- und Schnorchelausflüge,** auch mit Camping-Übernachtung am Strand, z.B. mit *Cham Island Diving School* (→ oben).
- **Übernachtung:** *Homestay Bai Huong* arrangieren Übernachtungen bei Familien in Bai Huong sowie Mahlzeiten und Schnorcheln, Fischen, Trekkingtouren, www.homestaybaihuong.com.

Marmorberge, Strand

→ Da Nang und Umgebung.

Cham-Ruinen My Son

Die Ruinen der Tempelstadt My Son, seit 1999 UNESCO **Weltkulturerbe,** liegen im Unterschied zu anderen Cham-Stätten in einer Talsenke und sind in Tempelgruppen angeordnet (also keine Turm-Heiligtümer wie auf den Hügeln von Nha Trang oder Phan Rang). My Son war der **größte Tempelkomplex Champas.** Zwischen dem 4. und 13. Jh. war er dessen religiöser und kultureller Mittelpunkt und überlebte damit ungleich länger als fast alle anderen bedeutenden Kultstätten Südostasiens. Von rund 70 Bauwerken aus fast allen Epo-

443v ds

chen Champas, die französische Archäologen Anfang des 20. Jh. entdeckten (und in Gruppen A–H einteilten), sind heute nur mehr die Überreste von knapp 20 erhalten. Das abgelegene Dschungelgebiet wurde 1968 von der US-Luftwaffe zur *free fire zone* erklärt und zu einem der meistbombardierten Ziele Zentralvietnams. Einschüsse und Bombentrichter sind z.T. noch sichtbar.

Die Gründung des *Shiva* geweihten Heiligtums wird *König Bhadravarman* zugeschrieben, dessen politisches Zentrum sich im 4. Jh. auf dem Gebiet des heutigen Tra Kieu befand. Die meisten Gebäude der Tempelgruppen, bestehend aus Kalan, Mandapa (Kulthalle), Bibliothek und Nebenhäusern, sind nach Osten ausgerichtet. In den Tempeltürmen (Kalan, den hinduistischen Weltenberg Mehru und Wohnsitz der Götter symbolisierend) befand sich das Heiligtum mit dem Symbol *Shivas,* dem Lingam, oder mit Darstellungen des Gottkönigs *Bhadresvara.* Im Mittelpunkt der Kulthandlungen standen Waschungen, bei denen heiliges Wasser über Lingam und Yoni gegossen wurde.

Aus der Frühzeit My Sons sind keine Überreste erhalten, da die Cham bis zum 7. Jh. ausschließlich Holz und Lehm als Baumaterialien verwendeten. Erst aus der Zeit *König Prakasadharmas* (653 bis ca. 686), unter dessen Herrschaft My Son erweitert wurde, sind erste Zeugnisse überliefert: massige und doch zugleich leicht wirkende Backsteinbauten mit verzierten Giebeln und Reliefs aus Sandstein, die deutlich indischen Ein-

⌃ Cham-Ruinen von My Son

fluss erkennen lassen, aber auch bereits einen eigenständigen Stil hervorgebracht haben. Im 11. Jh. entwickelten *Harivarman IV.* und seine Nachfolger nochmals eine rege Bautätigkeit, die mit dem Niedergang der Dynastie durch die Übergriffe der Khmer und Vietnamesen beendet wurde.

In zwei umfunktionierten Hallen (Mandapa) sind einige Fundstücke (Friese, Statuen, Teile von Altären usf.) ausgestellt, wertvollere und interessantere Funde zeigt das sehenswerte Cham-Museum in Da Nang.

Anreise und Preise

- 15 km südlich von Hoi An zweigt von der N 1 kurz hinter der Brücke über den Thu-Bon-Fluss die ausgeschilderte Straße nach Tra Kieu (7 km) und My Son (35 km) ab. Nach dem Ticketschalter am Parkplatz überquert man zu Fuß eine Brücke, ein Geländewagen besorgt den Weitertransport bis zu den Tempelanlagen (2 km).
- Das **Ticket** (150.000 đ) beinhaltet Eintritt, Hin- und Rücktransport. Der Rundgang durch My Son ist knapp 2 km lang.
- Ein **Xe Om** (Motorradtaxi) von Hoi An nach My Son und zurück kostet um 10 $, ein Taxi um 20–30 $.
- **Öffnungszeiten:** 6.30–17.30 Uhr. Tipp: Am besten besucht man My Son am frühen Morgen oder am späteren Nachmittag, um die Massen und drückende Hitze möglichst zu meiden.
- **Touren,** morgens oder nachmittags, mit oder ohne Boot, werden in allen Hotels und Reisebüros um 20 $ angeboten.

Per Fahrrad unterwegs zwischen Hoi Ans Altstadt und Strand

444v aw

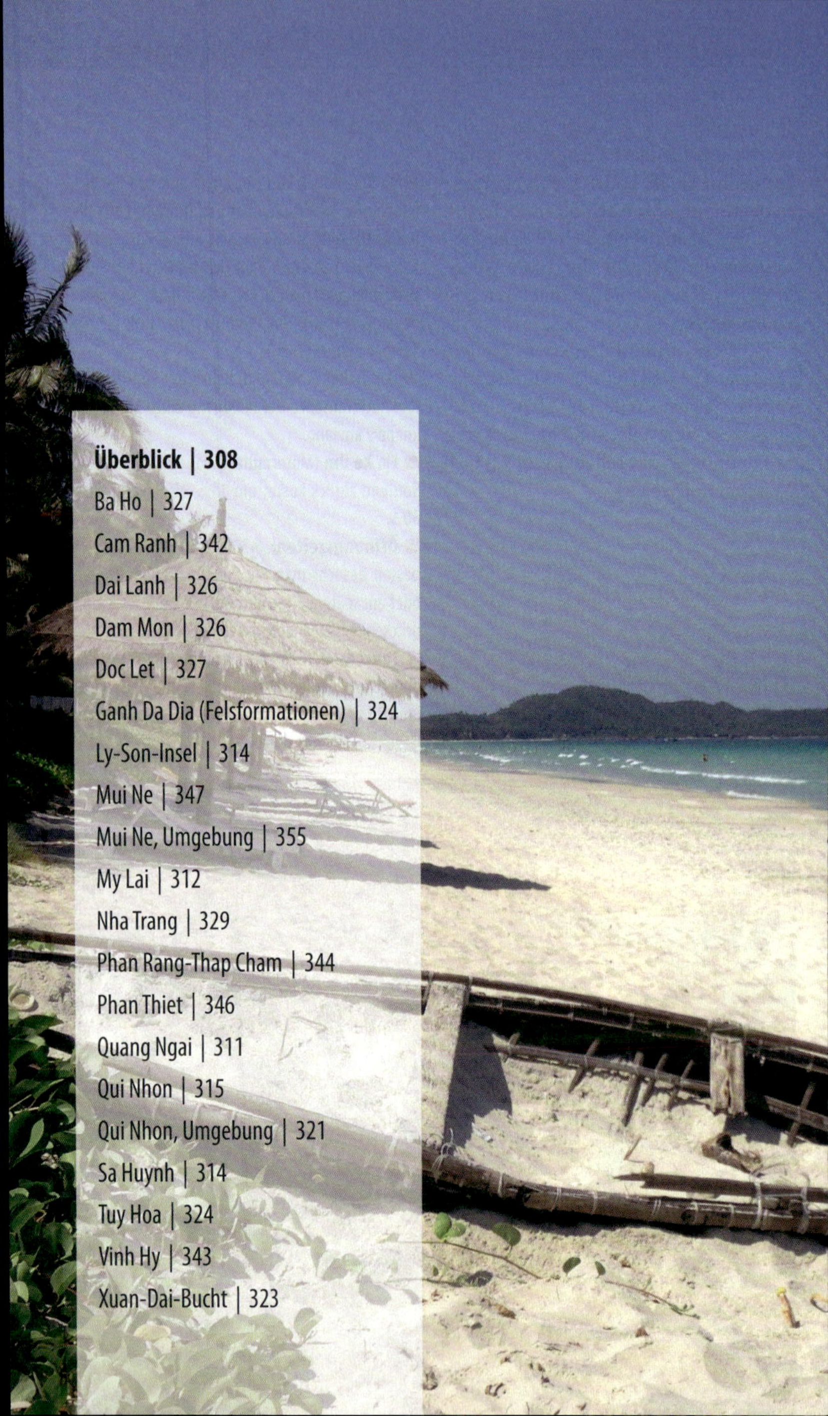

445v aw

5
Südküste

»Strände, Strände, Strände. Noch mehr Strände. Steilküsten. Sanddünen. Buchten. Inseln. Lagunen. Naturhäfen. Schnorcheln, Tauchen, Kitesurfen. Mangos, Drachenfrüchte, Kakteen und Kokospalmen. Stammland der Cham. Orte von Kriegsverbrechen.

< Der Strand von Doc Let

SÜDKÜSTE Überblick

Die Städte Nha Trang und Mui Ne stehen für Strand, Party und Strandpartys. Und dazwischen gibt es alles andere, in jeder Abstufung: In Qui Nhon ist der Stadtstrand leer, und Ausländer fühlen sich noch als Exoten. Das intime, familienfreundliche Bai Xep bietet westlichen Komfort und Luxus in einem unaufdringlichen Fischerdörfchen. In dem kleinen Fischerhafen Vinh Hy fühlt man sich an einem Ort, in dem die Zeit stehen geblieben ist. Rund herum: Jede Menge komplett einsame Strände und Buchten für Entdecker und Abenteurer.

NICHT VERPASSEN!

- **Son My** – Ein kleines Dorf, das durch das Massaker von My Lai traurige Geschichte schrieb | 313
- **Qui Nhon** – Nha Trang ohne ausländischen Tourismus | 315
- **Bai Xep** – Die kleine Traumbucht ist der neue Liebling der Backpacker | 321
- **Lac Canh** – Fröhliches Grillparadies in Garagenatmosphäre, eine Institution in Nha Trang | 339
- **Mui Ne** – Sahara-Feeling auf den großen Sanddünen | 347

Diese Tipps erkennt man an der gelben Markierung.

Die Südliche Zentralküste gehörte bis zum 15. Jh. und teilweise noch darüber hinaus zum hinduistischen Königreich Champa. Der 700 km lange, **schmale Küstenstreifen** erstreckt sich zwischen dem Truong-Son-Massiv im Westen und dem Südchinesischen Meer im Osten. Er zählt mit spektakulären Steilküsten, Naturhäfen, Inseln und **kilometerlangen weißen Stränden** zu den abwechslungsreichsten und touristisch am besten erschlossenen Regionen Vietnams. Dennoch fährt man an manchen Stellen kilometerweit auf zum Teil neuen, fast leeren Küstenstraßen durch atemberaubend wilde Landschaften, vorbei an gottvergessenen Traumstränden und Buchten, die mitunter noch schwierig zu erreichen sind. Es gibt noch sehr viel zu entdecken!

Allerdings wird gerade in diesen stillen, scheinbar unverdorbenen Ecken ein großes Problem von Vietnam besonders deutlich: **Müll.** Täglich werden Unmengen von Plastikabfällen vom Meer ans Ufer gespült, weshalb auch abgelegene Küstenabschnitte ohne Infrastruktur nicht selten aussehen wie eine einzige große Müllhalde. Laut der Non-Profit-Organisation *Ocean Conservancy* sind die Länder China, Indonesien, Philippinen, Thailand und Vietnam für 60 % des Plastikmülls, der weltweit in die Meere geworfen wird, verantwortlich.

☐ Macht doch Spaß auf Kundschaft zu warten

389vi kb

Entfernungen

- **Von Da Nang** (in km): Quang Ngai 120, Sa Huynh 180, Qui Nhon 290, Tuy Hoa 400, Nha Trang 520, Cam Ranh 570, Phan Rang 625, Phan Thiet (Mui Ne) 770, Ho Chi Minh City 970.
- **Von Ho Chi Minh City** (in km): Phan Thiet (Mui Ne) 200, Ca Na 315, Phan Rang 345, Cam Ranh 400, Nha Trang 450, Tuy Hoa 570, Qui Nhon 680, Sa Huynh 790, Quang Ngai 850, Da Nang 970.

Klima, Geografie und Vegetation

Es ist das ganze Jahr über tropisch warm, die Durchschnittstemperatur in Nha Trang beträgt 26,9 °C. Zwischen August/ September und Mitte bis Ende Dezember können **Regengüsse** und zwischen Juli und November sogar **Taifune** auftreten.

Mal weichen die **Höhenzüge** des Hochlands weit von der Küste zurück und machen flachen, fruchtbaren, von zahlreichen Flüssen bewässerten Ebenen Platz, auf denen Reis, Plantagenprodukte wie Zuckerrohr, Mangos, Kokosnüsse oder *Cash Crops* wie Mais, Cassava, Erdnüsse und Baumwolle gedeihen, mal schieben sich die Ausläufer der bis zu 2000 Meter hohen Kordillere bis unmittelbar an die Küste heran.

Je nach der Distanz zu den Bergen, die Niederschläge mal eher begünstigen – und saisonale, teils segensreiche, teils katastrophale Überschwemmungen her-

Anschluss Seite 325

vorbringen –, mal eher abhalten – und im Extremfall nahezu afrikanisch anmutende Steppen generieren –, variieren **Klima,** Bodenbeschaffenheit und Vegetation teilweise beträchtlich.

Während rund um das sonnenverwöhnte, aber nicht zu heiße Nha Trang mit die besten **Mangos** Vietnams reifen (selbst entlang der N 1 reihen sich die mächtigen Bäume mit ihren dunkelgrünen, langgliedrigen Blättern), sind nur 250 km weiter südlich im regenarmen Phan Rang und Phan Thiet die Böden derart sandig und trocken, dass lediglich Weintrauben und die Kakteenfrüchte Thang Long gut gedeihen. Seitdem die ursprünglich an Baumstümpfen, heute aber zunehmend an Betonpfählen rankenden **Drachenfrüchte** industriell vermarktet und meist unreif geerntet werden, sind sie leider längst nicht mehr so köstlich wie ehedem.

Infrastruktur

Alle großen Küstenstädte liegen an der N 1 und der Bahnlinie Ho Chi Minh City – Hanoi. Flughäfen befinden sich in bzw. bei Nha Trang (Cam Ranh International Airport CXR; u.a. nach Hanoi, Ho Chi Minh City, Da Nang, Hue, Vinh, Can Tho, Hai Phong, Bangkok, Hong Kong, Siem Reap, Peking, Shanghai, Moskau).

Quang Ngai

Hierher kommen Reisende nur auf dem Weg zum Museum und zur **Gedenkstätte in Erinnerung an das Massaker von My Lai** 15 km nordöstlich der Stadt nahe der Küste, zum **My-Ke-Strand** und zur **Insel Ly Son.** 2009 wurde nahe der Provinzhauptstadt die erste Erdölraffinerie Vietnams eingeweiht (bis dahin musste Vietnam sein Öl noch günstig verkaufen, um es „raffiniert" für ein Vielfaches des Preises zurückzukaufen). „Unsere Stadt wird schöner" lässt sich unter diesen Umständen nicht behaupten. Aber die Lebensqualität ist sprunghaft gestiegen.

Praktische Informationen

- 58.000 Einw., Tel. 0255.
- **Information:** *Quang Ngai Tourist,* 310 Quang Trung, Tel. 3837578, www.quangngaitourist.com.vn.

Die Erdölraffinerie bei Quang Ngai macht die Stadt zwar nicht schöner, steigert jedoch die Lebensqualität enorm

Adobe Stock © Hien Phung

■ **Geld:** *Vietcombank,* 30 Phan Chu Trinh.
■ **Taxi:** *Mai Linh,* Tel. 3836666.

Unterkunft

■ **Central Hotel**②-④, 1 Le Loi, Tel. 3829999, www.centralhotel.com.vn. Komfortables *First-Class*-Hotel mit Pool am Südrand der Stadt. 90 Zimmer.
■ **Hung Vuong**②-③, 45 Hung Vuong, Tel. 37 10477, www.fb.com/hungvuonghotelquangngai. Funktionelles Haus im Zentrum. 64 Zimmer.
■ **Dong Khanh Hotel**①-②, 30–46 Ba Trieu, Tel. 3824481. Mit Lift und 90 Zimmern.

Essen und Trinken

■ **Com Ga:** Hühnchen mit Reis gilt als Spezialität der Stadt.
Viet Chay Sala, 83 Cach Mang Thang Tam. Vegetarisch, Menü auch auf Englisch.
■ **Hoa Vien,** 150 Phan Boi Chau. Gute vietnamesische Küche.
■ **Com Binh Dan,** 30 Phan Chu Trinh (bei der Post). Gut sortierte, saubere Garküche.
■ **Bittet Op La,** 34 Phan Boi Chau. Fantastische *Sizzling Steaks* mit Spiegelei.

An- und Weiterreise

■ **Entfernungen** (in km): Hoi An 100, Da Nang 130, Qui Nhon 175, Hue 240, Nha Trang 405, Ho Chi Minh City 860, Hanoi 890.
■ 28 km südlich führt die N 24 (sehr schöne Strecke!) nach **Kontum** (200 km).
■ **Bus:** Der Busbahnhof (Ben Xe Quang Ngai) liegt an der QL1A im Südosten der Stadt, 1 km südlich der Le Thanh Ton. Busse u.a. nach Ho Chi Minh City, Nha Trang, Qui Nhon, Buon Ma Thuot, Kon Tum, Pleiku, Hoi An, Da Nang.
■ **Zug:** Der Bahnhof liegt 2 km westlich der Hung Vuong am Ende der Nguyen Chanh. Es halten alle Züge.
■ **Flug:** Der Flughafen Chu Lai liegt 45 km nördlich der Stadt. Tgl. Flüge von/nach Hanoi und Ho Chi Minh City.

My Lai

Das Massaker von My Lai

Am 16. März 1968 landeten Soldaten der *Charlie Company* während eines „Routine“-Auftrags, im amerikanischen Militärjargon „Search and Destroy“ (Aufspüren und Vernichten versteckter Vietcong) genannt, in dem Dorf Son My und richteten in den Weilern My Lai und My Khe ein Blutbad an. Sie **massakrierten 504 unbewaffnete Zivilisten,** fast ausnahmslos Frauen, Kinder und Greise, in weniger als fünf Stunden. Die Soldaten schossen auf alles, was sich bewegte, vergewaltigten und verstümmelten Frauen und Mädchen und zerschmetterten Babys an den Stämmen von Kokospalmen.

Der Hubschrauberpilot **Hugh Thompson,** der aus der Luft überall Tote und Sterbende sah, landete zwischen den Soldaten und den Dorfbewohnern und versuchte das Massaker zu stoppen. Er evakuierte elf Überlebende. Die Gräueltaten wurden zunächst vertuscht. Maßgeblich am Bekanntwerden der Geschehnisse beteiligt war der damals 22-jährige Soldat **Ronald L. Ridenhour,** der von dem Massaker hörte (er selbst war an dem Tag nicht vor Ort gewesen) und ein Jahr nach dem Geschehen Briefe an *Präsident Nixon* und zahlreiche Abgeordnete sandte, was schließlich interne Untersuchungen auslöste. Der während des Einsatzes befehlshabende **Leutnant William Calley** wurde als einziger wegen Massenmordes zu lebenslänglicher Haft verurteilt. Auf Betreiben *Nixons* wurde das Urteil in Hausarrest umgewandelt, und *Calley* wurde nach drei Jahren begnadigt.

Erst im November 1969 wurde die Berichterstattung des Investigativjournalisten **Seymour M. Hersh** veröffentlicht. Auch die Fotos des Armeefotografen **Ron Haeberle,** die das Blutbad in My Lai belegen, gingen um die Welt. My Lai war jedoch alles andere als ein Einzelfall. Zahlreiche weitere Massaker kamen, wenn überhaupt, erst viele Jahre später nach und nach ans Licht.

Son My Gedenkstätte und Museum

Ein kleines, beeindruckendes Museum erinnert an das Massaker. Zu besichtigen sind u.a. eine Stele mit den Namen der Ermordeten, Massengräber, die Ruinen der Häuser, die von den amerikanischen Soldaten nach dem Massaker niedergebrannt wurden, und Fotos des Geschehens. Manchmal werden Führungen auf Englisch angeboten.

- **Son My Memorial Park,** tgl. 7–16.30 Uhr, Eintritt 20.000 đ.
- **Anreise:** 14 km nördlich von Quang Ngai, Wegweiser Son My bei der Brücke über den Tra-Khuc-Fluss. Nach 10 km Fahrt erreicht man die Gedenkstätte. Per Taxi von Quang Ngai ca. 500.000 đ hin und zurück. Einige Hotels in Quang Ngai organisieren Touren. Von Hoi An mit dem Auto ca. 3 Std.
- Der 8 km lange **My Khe Beach** liegt, abgetrennt von einer Lagune, 3 km von Son My entfernt. Gutes Strand-Resto, Unterkunft → Quang Ngai.

Mahnmal an der Son My Gedenkstätte

Adobe Stock © hcongthanh

Insel Ly Son

Die 10 km² große vulkanische Insel 30 km nordöstlich von Quang Ngai ist für den Anbau einer speziellen Art von Knoblauch bekannt. Sie hat sich vor allem als Urlaubsort für einheimische Touristen entwickelt, ausländische Gäste sieht man hier kaum. Schön ist ihre spektakuläre Felsküste. Landschaftlich noch etwas schöner als die Hauptinsel ist das kleinere Eiland **An Binh.** Auf dem Archipel leben rund 20.000 Menschen. Englischkenntnisse wird man so gut wie keine vorfinden.

Praktische Informationen

Unterkunft

- **Muong Thanh Holiday Ly Son**②-③, an der Südküste, Tel. 3867333, https://holidaylyson.muongthanh.com. Mit Pool. Komfortabel und wahrscheinlich einer der wenigen Orte auf der Insel, wo evtl. ein bisschen Englisch gesprochen wird.
- **Phuoc Loc Hotel**①, im Dorf Thon Dong, Tel. 39 8874224, www.fb.com/nhanghibinhdanlyson. Einfaches, gemütliches Gästehaus im Osten der Insel.

Anreise

- Mehrmals tgl. ab 5.30 Uhr mit **Bus** Nr. 3 ab Quang Ngai (1 Std.), **Schnellboot** ab Hafen Sa Ky (Chau Binh) 25 km nördlich. Achtung, Fahrplan ändert sich je nach Saison und Nachfrage! Andrang an Wochenenden, Feiertagen und in den Sommerferien.

Sa Huynh

2 km südlich des Fischerhafens Sa Huynh lädt ein schöner, von Palmen gesäumter Strand zum Verweilen ein. Auf das wehrlose Dorf fand während des Krieges eine **Helikopter-Attacke** der

US-Luft-Kavallerie statt, die *Francis Ford Coppola* zu seinem berühmten „Walkürenritt" in „Apocalypse Now" inspirierte. 60 km südlich von Quang Ngai, 115 km nördlich von Qui Nhon.

Qui Nhon
(auch: Quy Nhon)

Die Provinzhauptstadt von Binh Dinh liegt an einem 4 km langen **Sandstrand** und ist theoretisch ein Badeort wie Nha Trang und Mui Ne – nur ohne Jetskis, Partys, russische Speisekarten und mit nur wenigen ausländischen Gästen. Der Tourismus ist zwar im Aufblühen, jedoch bisher fast ausschließlich durch **einheimische Touristen.** Informationen auf Englisch für Reisende gibt es kaum, und praktisch alle Hotels und Lokale sind auf Einheimische ausgerichtet. Ausländer sind immer noch eine Attraktion.

Der Stadtstrand kann sich sehen lassen (die wahren Paradiesbuchten liegen allerdings ein paar Kilometer südlich), er ist außerordentlich sauber, badetauglich und tagsüber komplett menschenleer – Vietnamesen sind sehr sonnenscheu. Am Strand und an der Strandpromenade gibt es so gut wie keine Schatten spendenden Bäume; man ist – abgesehen von dem kleinen Park und einigen Sonnenschirmen bei der *Surf Bar* – auf weiten Strecken der prallen Sonne ausgesetzt. Umso mehr geht bei Sonnenaufgang am

☐ Um die Insel Ly Son findet immer zum Jahresanfang ein traditionelles Fischerbootrennen statt

☐ Qui Nhon

446v aw

Strand die Post ab, wenn Einheimische in Scharen schwimmen gehen (viele mit Schwimmwesten, oft auch bekleidet), joggen, Feder- oder Volleyball spielen oder sich im Park bei der Strandpromenade mit Frühgymnastik fit halten. Nach dem Mittagessen halten die Qui Nhoner eine lange Siesta, sie ruhen sich im schattigen Park oder in ihren Geschäften aus. Abends dann erwacht die Stadt am Strand zu neuem Leben: Die Bahnen des kleinen Rummelplatzes an der Promenade blinken in allen Farben, überall werden Plastikstühle und mobile Snack-Stände aufgebaut.

Qui Nhon lässt sich bestens per **Fahrrad** entdecken. Hinter den Straßen An Duong Vu und Xuan Dieu, die parallel

zum Strand verlaufen, erstreckt sich die Stadt mit wuseligen Straßen und Gassen und jeder Menge kleiner Garküchen – noch hat die Stadt Flair. Das Einerlei der üblichen „touristischen Entwicklung" nagt allerdings schon an ihr: Der Verkehr auf der sechsspurigen Straße parallel zum Strand wird immer hektischer, laufend entstehen neue Hotels und Karaoke-Bars.

Unter Travellern begann es sich herumzusprechen, dass sich an der Küste südlich der Stadt traumhafte Sandstrandbuchten mit hohem Hängenbleib-Faktor finden; allen voran das Fischerdörfchen **Bai Xep.**

Cham-Türme Thap Doi

Die zwei Cham-Türme von Thap Doi (spätes 11. Jh.) liegen leicht erreichbar 2 km außerhalb des Zentrums auf dem Weg zur N 1 auf der Höhe 888 Tran Hung Dao.

■ **Cham-Türme,** tgl. 8–11 und 13–18 Uhr, Eintritt 20.000 đ.

Quy Hoa Leprakolonie

Direkt südlich der Stadt Qui Nhon liegt ein zauberhaft schöner, ruhiger **Sandstrand** mit ein paar Fischerbooten, gesäumt von einem Kiefernwäldchen. Hier befindet sich ein Lepra-Krankenhaus inmitten eines kleinen Dorfes, eine Kolonie, in der (ehemalige) Leprapatienten gemeinsam mit ihren Familien leben und arbeiten. Die Kolonie wurde 1929 von einem französischen Priester gegründet. Die kleinen, französisch anmutenden Häuschen in dem friedlichen Dorf sehen aus wie aus längst vergangenen Zeiten. Neben dem Dorf befindet sich die Grabstätte des berühmten Poeten *Han Mac Tu,* der hier 1940 an Lepra verstarb.

Lepra (Aussatz) ist eine durch Bakterien hervorgerufene Infektionskrankheit, die Nerven absterben lässt. Heutzutage ist die Krankheit heilbar und in Vietnam mittlerweile unter Kontrolle, jedoch noch nicht ausgerottet.

Der Quy-Hoa-Strand ist per Taxi in 5–10 Min. zu erreichen. Manchmal wird für das Betreten der Anlage 5000 đ Eintritt verlangt, manchmal ist am Dorfeingang niemand zugegen.

Binh Dinh Museum

Ein kleines, zentral in der Stadt gelegenes **Provinzmuseum** mit zahlreichen Cham-Kunstwerken, dazwischen ein paar amerikanische Waffen, Fotos von Qui Nhon aus Kriegszeiten und von *Agent-Orange*-Opfern und eine *Honda 67,* die zum Transport von Waffen und Lebensmitteln diente.

■ **Binh Dinh Museum,** 28 Nguyen Hue, Di–So 7–11 und 14–17 Uhr, Eintritt 10.000 đ.

Praktische Informationen

■ 457.000 Einw., Tel. 0256.
■ **Orientierung:** Qui Nhon liegt auf halber Strecke zwischen Hoi An und Nha Trang, 10 km östlich der N 1 an der Spitze einer geschützten Halbinsel.
■ **Geld:** Alle führenden Banken sind auch mit ATM in der Stadt vertreten.
■ **Post:** 197 Phan Boi Chau.

Adobe Stock © Leonid Andronov

■ **Flug:** *Vietnam Airlines,* 272 Tran Hung Dao, Tel. 905837635, tgl. 8–11 und 13.30–16.30 Uhr.

■ **Taxi:** *Mai Linh,* Tel. 3838383. *Sun,* Tel. 3686868.

■ **Grab** verkehrt auch hier zuverlässig.

Unterkunft

19 Royal Hotel & Healthcare Resort③-⑤, 1 Han Mac Tu, Tel. 3747100. Strandanlage mit zwei- bis dreistöckigen Häusern und 132 geräumigen Balkon-Zimmern mit guten Bädern (Wanne plus Dusche). Eigentlich schöne Anlage, leider sind Teile davon, wie etwa das Café, ziemlich heruntergekommen; zwei Pools, vier Restos (Vietnamesisch, Western).

16 Seagull Hotel③, 489 An Duong Vuong, Tel. 38 46377, www.seagullhotel.com.vn. Am Stadtstrand. Zimmer im elfstöckigen Bau, teilweise mit kleinen Balkons und Ausblick auf den Ozean. Pool, Panorama-Bar im 11. Stock.

17 Hoang Yen Hotel③, 5 An Duong Vuong, Tel. 3746900, www.hoangyenhotel.com.vn. Am Stadtstrand. 105 Zimmer, 8 Stockwerke, BF-Buffet, Pool, Garten-Café, Karaoke, Massage.

3 Y Linh②, 18 Nguyen Hue, Tel. 3894455. Vierstöckig mit Lift und 24 Zimmern. Schön die Zimmerflucht 402 mit Panoramafenster aufs Meer.

3 Sunflowers Hotel②-③, 13-17 Nguyen Hue, Tel. 3891277. 50 geräumige, gut ausgestatte Zimmer, Deluxe mit Balkon und Meerblick.

15 Anh Vy①, 8 An Duong Vuong, Tel. 3847763, FB: Khách san Anh Vy. Mini mit 12 Zimmern, zur Seite mit Fenster je nach Stockwerk, nach vorne mit kleinem Balkon, aber laut.

15 Au Co Mini Hotel By The Sea①-②, 24 An Duong Vuong, Tel. 3747699. Alternative gleich nebenan, zehn Zimmer.

2 Homestay Lan Anh①-②, 09 Nguyen Hue, Tel. 905370086, www.fb.com/Homestayquynhon. Das *Homestay* verfügt über sechs Häuser im Zentrum von Quy Nhon und einem Holzhaus, dem „La Beach House". Überall kann man es aushalten.

14 Ly Ky①-②, 368 Xuan Dieu, Tel. 913611479, www.fb.com/lykyhotel. 39 moderne geräumige Zimmer, z.T. große Fenster mit Meerblick, für den Preis empfehlenswert.

⌃ Cham-Türme Thap Doi bei Qui Nhon

Essen und Trinken

1 **C.ine,** 94 Xuan Dieu. Seit Jahren sehr populäres *Seafood*-Restaurant.

5 **Quán Pho 114,** 114 Xuan Dieu. Freundliches Restaurant mit *Seafood* und anderen Speisen.

12 **Gia Vy 2,** 14 Dien Hong, Tel. 932798669, www.fb.com/banhxeogiavy2. Ihr *banh xeo* (Reismehl-Pfannkuchen mit Sprossen und wahlweise Shrimps oder Rindfleisch, Kräuter, gewickelt in Reispapier, mit Dipsauce) ist der kulinarische Stolz der Quy Nhoner. Sehr lecker! Restaurants gibt es unzählige, das *Gia Vy 2* ist das bekannteste.

11 **Que Huong 2,** 185 Le Hong Phong, www.fb.com/nhahangquehuongquynhon. Allround-Resto auf zwei Etagen, englische Karte und sehr günstige Preise. Spezialität ist *com ga,* Huhn mit Safranreis.

10 **Bo De Chay,** 109 Tang Bat Ho. Vegetarisch. Einfache, sehr günstige Speisen.

4 **Co Bon,** 232 Tran Hung Dao. Beliebte Garküche, die wegen ihres Renners *bun thit nuong* (Nudeln mit gegrilltem Fleisch und Kräutern) bereits nur noch so genannt wird. Gut und günstig sind auch *nem, bo la lot* und die Reisgerichte.

13 **Ngo Van So,** vergnügliche kleine Essgasse voller Nudelshops, Eis- und Che-Stuben etc.

9 **Sau Thu,** 69B Hai Ba Trung. Hervorragende, saubere Garküche mit großer Auswahl und Tischen im Freien.

■ **Street Food Snacks:** Spätabends stehen entlang der An Duong Vuong gegenüber des Strandes zahlreiche mobile Stände mit *xoi* (Klebreis), *banh tran trong* (eine Art Salat aus zerstückeltem Reispapier, einem Wachtelei, getrockneten Shrimps oder Rindfleisch, gerösteten Zwiebeln, grüner Mango), *che* (Dessert-Mix, z.B. mit süßer Kokosmilch, Bohnen, Jelly, Früchten) etc.

8 **Seaview Café,** 24 Nguyen Hue, im 8. Stock des *Saigon*-Hotels. Gemütlich, schöner Panoramablick, Fanny-Eis.

Morgens im Hafen von Qui Nhon

Tay Son

Der Distrikt Tay Son, westlich von Qui Nhon, war die Heimat der Brüder *Nguyen,* die sich 1771 an die Spitze der Bauernaufstände des Südens stellten und nach und nach ganz Vietnam eroberten. Der jüngste der drei, **Nguyen Hue,** zerschlug 1789 einen letzten Versuch der Chinesen, mit einem 200.000 Mann starken Heer in der früheren Kolonie wieder Fuß zu fassen und bestieg noch im gleichen Jahr den Thron von Hanoi als **Kaiser Quang Trung,** starb aber bereits drei Jahre später, lediglich 40 Jahre alt.

Die nach dem Tay-Son-Distrikt benannte Revolte stürzte Ende des 18. Jh. die Macht der Fürstenhäuser *Nguyen* in Hue und *Trinh* in Hanoi, deren Rivalität Vietnam 250 Jahre zuvor ins Chaos gestürzt und in der Folge in zwei Reiche geteilt hatte. Das heutige Regime feiert *Nguyen Hue* als Revolutionär und die Tay-Son-Revolte als antifeudalen Aufstand.

7 **Surf Bar,** im nördlichen Drittel des Strandes, Xuan Dieu. Hübsche, gepflegte Café-Bar direkt am Strand, mit Holztischen, -stühlen und -liegestühlen, Sonnenschirmen, Stranddusche. Ein paar Strandmeter weiter gibt es die 6 **Surf Bar 2,** auch nicht schlecht.

18 **The Quy Nhon Sports Bar,** an der An Duong Vuong Ecke Tay Son, Tel. 792905201, www.fb.com/TheQNSB. Australisch und schlicht eine typische Sportsbar mit Spielen und einer nicht zu verachtenden Rooftop-Bar.

An- und Weiterreise

- **Entfernungen** (in km): Quang Ngai 170, Pleiku 185, Nha Trang 240, Hoi An 270, Da Nang 300, Ho Chi Minh City 680.
- **Von Süden:** Die Küstenstraße 1D führt hinter Song Cau durch eine reizvolle, teils wüstenartige Dünenlandschaft und entlang pittoresker Steilküsten direkt bis nach Qui Nhon (36 km).
- **Von Norden:** Eine 7 km lange Brücke über die Thi-Nai-Lagune verbindet Qui Nhon mit der langgezogenen Halbinsel **Phuong Mai.** Pittoreske Landschaften, unerschlossene Strände. Abzweig von der N 1 zur Küstenstraße kurz hinter Ngo May (40 km).
- 15 km nördlich zweigt bei Binh Dinh die N 19 nach Tay Son, **Pleiku** und Kon Tum ab.
- **Flug:** Der Flughafen Phu Cat liegt 35 km nördlich des Zentrums. Tgl. Verbindungen mit Ho Chi Minh City und Hanoi. Taxis, *Grab* und ein Shuttlebusservice sorgen für die Anbindung zur Stadt. Am besten in der Unterkunft nachfragen.
- **Zug:** Alle Expresszüge halten am Bahnhof Dieu Tri 12 km westlich. Der Bahnhof von Qui Nhon selbst wird selten angefahren. Zugtickets können im kleinen Bahnhof von Qui Nhon gekauft werden.
- **Bus:** Der Busbahnhof (Ben Xe) liegt an der Kreuzung Tay Son/D 1. Expressbusse fahren u.a. nach Da Nang, Da Lat, Buon Ma Thuot, Pleiku, Dong Hoi, Vinh, Nha Trang, Ho Chi Minh City. Nach Da Lat, Ho Chi Minh City, Da Nang mit *FUTA,* https://futabus.vn.
- **Open Tour:** Alle Veranstalter lassen Qui Nhon links liegen und Passagiere an der N 1 aussteigen.
- **Laos:** Tgl. 6 Uhr nach Pakse (600 km) über Bo Y, ca. 20 Std.

⊡ Bai Xep

Qui Nhon, Umgebung

Bai Xep

Eine traumhafte kleine Strand- und Felsenbucht, wunderbar zum Verweilen und Entspannen, von einem Abendessen bis zu ein paar Tagen (vereinzelt bleiben Leute hier wochenlang hängen ...). Bai Xep ist ein winziges Fischerdorf ca. 10 km südlich der Stadt Qui Nhon. Die Atmosphäre im Dorf ist noch komplett „local", man wähnt sich in den kleinen engen Gassen kaum an einem touristisch erschlossenen Ort, bis man die Bucht am Ende des Dorfes erreicht. Der kleine Sandstrand eignet sich gut zum Baden. Halligalli und laute Partys hat man hier nicht zu erwarten.

Südlich von Bai Xep geht es entlang der Küste weiter mit kleinen **Traumstränden und -buchten.** Besonders schön ist die Felsenbucht mit Sandstrand etwa 4 km südlich von Bai Xep. Hier befinden sich eine Backpacker-Unterkunft, eine Bar und ein Restaurant. „Strand-Hopping" per Fahrrad ist machbar, allerdings ist die Hauptstraße hier ziemlich hügelig und Busse fahren oft sehr schnell.

Praktische Informationen

Unterkunft, Essen und Trinken

Alle Unterkünfte befinden sich nebeneinander am Strand am Ende des Dorfes. Die Zufahrt von der Hauptstraße ist ausgeschildert.

UNSER TIPP: **Haven**③, Tel. 866815105, www.havenvietnam.com. Mit Meeresrauschen einschla-

447v aw

fen und aufwachen ... Sehr schöne, ruhige DZ, teilweise mit Meerblick auf zwei Etagen, zwei mit Veranda und eines mit Privatbalkon, und ein *Family Room.* Insgesamt gibt es 16 Zimmer in drei Gebäuden und ein **Restaurant** samt Pizzaofen und Grill. Die Stimmung ist gut und familiär, geboten werden Ausflüge, Bootsrundfahrten und vieles mehr. Internationales, gut gelauntes Management.

- **Life's a Beach**①-③, Tel. 978931085, https://lifesabeachvietnam.com. *Life's a Beach* ist eine Institution in Bai Xep und wird seit 2014 von den Briten *Gavin, Steve* und ihren Familien geführt. Das Konzept des Hauses mit Entspannungsmöglichkeiten und Ausflügen sowie netter Unterkunft hat sich bewährt: Mittlerweile gibt es einen Ableger im kleinen Fischerdorf Nhon Ly.
- **Avani Quy Nhon**⑤, Ghenh Rang, Tel. 3840132, www.avanihotels.com/en/quy-nhon. Sehr gepflegte, luxuriöse dreistöckige Anlage 16 km südlich der Stadt. Alle Zimmer haben Balkon, sind überaus geräumig und blicken aufs Meer. Top-sauberer Privat-Strandabschnitt. Pool und Spa. 63 Zimmer.
- **Street Food:** Im Dorf gibt es *banh mi* (Baguette-Sandwiches) und ein paar einfache Imbiss-Lokale mit vietnamesischen Speisen (Menü auf Englisch) und *Seafood,* u.a. auch frische Seeigel. Vom Strand die Gasse ein paar Meter hoch, auf beiden Seiten. Sehr nett ist eines etwas versteckt in der Nebengasse rechts.

Anreise

- Unterkünfte können **Privattransfers** organisieren.
- **Per Bus:** T11 ab Qui Nhon Zentrum gegenüber *Coop Mart,* 7 Le Duan. Ab Busbahnhof Qui Nhon Bus T11 (100 m südlich vom Terminal).

☒ Das Turmheiligtum Banh It

Cha Ban

Die Region um Qui Nhon war jahrhundertelang eine Hochburg der **Cham,** die Ruinen der alten Hauptstadt **Vijaya** (auch als Cha Ban bekannt) liegen nur 27 km weiter nördlich. Vijaya wurde nach dem Fall von Indrapura (Dong Duong) um 1000 erbaut und blieb trotz aller Attacken der Vietnamesen und Khmer annähernd ein halbes Jahrtausend lang nahezu unversehrt. Erst 1471 gelang es den Truppen *Kaiser Le Thanh Tons,* die Festung endgültig einzunehmen und dem Erdboden gleichzumachen. Ihre 100.000 Einwohner wurden bis fast auf den letzten Mann massakriert. Erst der Fall Vijayas ermöglichte den Vietnamesen, ihr Reich auszudehnen und weiter nach Süden vorzustoßen.

Während der Tay-Son-Rebellion im 18. Jh. diente Cha Ban unter dem Namen Hoang De kurze Zeit als **Hauptstadt der Zentralprovinzen** und wurde von *Nguyen Nhac,* einem Bruder *Nguyen Hues,* gegen die Angriffe des späteren Kaisers, *Gia Long,* ausgebaut.

Im Innern der weitläufigen Zitadelle sind noch Überreste der Cham-Metropole zu erkennen – Gräben, Brunnen, Steinwälle, Granitstraßen, Statuen von Löwen und Elefanten. Als einziges großes Monument von Bedeutung blieb der 20 m hohe Ziegelturm **Canh Tien** (Kupferturm), dessen Dachaufbau – mit aufgesetzten steinernen Schlangen, Elefanten und Fabelwesen – noch recht gut erhalten ist.

15 km nordwestlich ragen die Elfenbeintürme **Thap Duong Long** aus der hügeligen Landschaft. Die drei üppig mit Schlangen und Elefanten dekorierten Türme aus dem 12. Jh. sind 22 und 24 m

Adobe Stock © Hien Phung

hoch und lassen deutliche, wenn auch nicht immer geglückte Anklänge an die Khmer-Architektur erkennen. Der Weg dorthin ist der gleiche wie zum Quang-Trung-Museum, von dort führt die Straße ca. 10 km weiter nördlich.

Ein weiteres Turmheiligtum der Cham – **Banh It** oder Thap Bac, Silberturm – befindet sich auf einem Hügel 19 km nördlich von Qui Nhon und ist von der N 1 aus zu sehen. Von der Tempelgruppe aus dem 11. Jh., die ursprünglich sechs Bauten umfasste, sind vier geblieben, von denen der 22 m hohe Hauptturm noch gut erhalten (bzw. restauriert) ist.

Quang-Trung-Museum

Außer für seine Ausstellung zum Tay-Son-Aufstand der *Nguyen*-Brüder ist das Museum für seine Demonstrationen der Vo oder Vo Vi Nam genannten **Kampftechnik** bekannt, die *Nguyen Hue* entwickelt haben soll. Das Tay-Son-Fest am 5. Tag des 1. Mondmonats stellt seinen Sieg über die Chinesen nach und bietet eine gute Gelegenheit, den Kampfspielen beizuwohnen.

Bao Tang Quang Trung. 45 km nordwestlich von Qui Nhon gelegen. Von der N 19 Richtung Pleiku führt nach 25 km eine beschilderte Abzweigung zum 2 km entfernten Museum. Folgt man der Straße 10 km weiter, gelangt man zu den Elfenbeintürmen (→ oben).

Xuan-Dai-Bucht

Auf halber Strecke zwischen Qui Nhon und Tuy Hoa: Buchten, Lagunen, Salinen, Fisch- und Shrimpsfarmen noch und noch. Ein Abstecher von der N 1 lohnt sich. Ende des 18. Jh. errichteten die rebellierenden Tay Son um *Nguyen Hue* in der von der 15 km langen Bergkette Co Ngua („Pferdehals") geschützten Bucht bei **Song Cau** einen Hafen. Dünen und Kokosnusshaine, Inseln und Halbinseln gilt es zu entdecken. Auf der Ostseite der Halbinsel, der Seite zum offenen Meer, liegt ein wundervoller, langer Strand mit weißem Sand, der noch wenig erschlossen ist. Die Straße führt durch eine fast menschenleere Dünenlandschaft mit Kiefernwäldern.

Praktische Informationen

- **Entfernungen** (in km): Nha Trang 175, Tuy Hoa 55, Qui Nhon 50.
- **Route:** Etwas nördlich zweigt die schöne Küstenstraße 1D von der N 1 ab und schlängelt sich direkt bis Qui Nhon (36 km), während die N 1 über den Cu-Mong-Pass und 10 km an Qui Nhon vorbei führt. Von/nach Qui Nhon per *Xe Buyt* (Stadtbus).
- **Aktivitäten:** Touren ab Nha Trang und Qui Nhon schippern kurz durch die Bucht, besichtigen die bizarren Felsformationen von Da Dia und genießen lokale Hummer und Krabben, ansonsten steckt der Tourismus noch in den Kinderschuhen.

Felsformationen Ganh Da Dia

Etwa 40 km nördlich von Tuy Hoa befinden sich am äußeren Landzipfel an der Küste die spektakulären Formationen von Da Dia. Die **schwarzen wabenförmigen Basaltsäulen** hatten sich vor Jahrmillionen beim langsamen Erkalten von Lava geformt. Da Dia ist ein beliebtes Ausflugsziel Einheimischer; an Wochenenden und Feiertagen kann es hier voll sein mit *Selfie-Stick*-schwingenden Besuchern. Auf der Küstenstraße lässt sich die verkehrsreiche N 1 vermeiden. Eintritt 40.000 đ.

Tuy Hoa

Die freundliche kleine, kaum touristische **Provinzhauptstadt** am Da-Rang-Fluss bietet sich an als Zwischenstopp. Wahrzeichen der Stadt ist der auf einem Hügel gelegene, 20 m hohe Cham-Turm **Thap Nui Bao,** der im 14. Jh. errichtet wurde. Zu beiden Seiten der Stadt erstrecken sich von Pinien gesäumte **Strände.** Die Strandpromenade im Ort heißt Doc Lap.

Praktische Informationen

- 123.000 Einw., Tel. 0257.
- **Geld:** *Incombank,* 236 Hung Vuong.
- **Flug:** *Vietnam Airlines,* 87 Phan Dinh Phung, Tel. 3381510. Der Flughafen liegt 6 km südlich. Tgl. von/nach Ho Chi Minh City und Hanoi.

Unterkunft

- **CenDeluxe Hotel**③-④, 2 Hai Duong, Tel. 3818 818. „Five-Star", seit 2009. 218 Zimmer, 17 Etagen, vier Restaurants, Pool, Gym, Strandshuttle etc.
- **Kaya**③, 238 Hung Vuong, 3819999, https://kayahotel.com.vn. Renoviert, Mitarbeiter sprechen Englisch. 28 geräumige Zimmer.
- **Cong Doan**②, 53 Doc Lap, Tel. 3823187, https://dulichcongdoanpy.com.vn. Realsozialismus am Strand. 100 geräumige Zimmer z.T. mit Balkon und Meerblick.

Anschluss Seite 310
Kannack
Provinz Binh Đinh
Chanh Oai
Kon Dong
Phu Cat
370
Pleiku
320
Dap Da
19
Tay Son
An Khê
Phu Phong
Binh Đinh
19
HCMH East
1571
315
Dieu Tri
Qui Nhon
Kông Chô
Provinz Gia Lai
321
Bai Xep
Chu' Sê
1A
Vân Canh
Nho'n Hoà
Adun
324
Phú Thiên
Sông Câu
Ayun Pa
La Hai
323
Xuân Đài-Bucht
324
Ganh Da Dia
Chi Thanh
Provinz Phu Yen
Ea Đrăng
25
324
Tuy Hoa
Es Súp
Cung Sơ'n
Provinz Đăk Lăk
Sông Da Rang
1A
376
Buon Đôn
Buôn Hô
Đai-Lanh-Pass
Kap Varella
326
Đai-Lanh-Strand
372
Van Ninh
Buôn Ma Thuột
La Knop
26
2051
326
Đâm Môn
Provinz Khanh Hoa
Hon Ong
17
327
Dôc Let
Krông Pach
Dray-Sap-Wasserfälle
327
Ninh Hoa
374
Ba-Ho-Wasserfall
Lak-See
Ninh-Van-Bucht
Lak
2405
329
Nha Trang
334
Provinz Đak Nông
27C
Khánh Vinh
Hon Tre
1500
Đông Trang
334
Provinz Lam Đong
334
Bai-Dai-Strand
2289
379
Gia Nghia
Đà Lat
342
Elefanten-Fälle
20
Don-Duong-Stausee
Cam Ranh
28
Cam Lap
27
Provinz Ninh Thuan
Tân Sơn
343
Viñh Hy
Pongour-Fälle
27
1A
344
Po Klaung Garai
Di Linh
Ninh Chu
Bao Lôc
HCMH East
345
1528
Phan Rang-Thap Cham
344
Provinz Dong Nai
Po Rome
28
346
Cà Ná
1648
Gia Băc
Provinz Binh Thuan
Tuy Phong
SÜD-CHINESISCHES MEER
1A
Lu'o'ng Sơ'n
346
1302
Phan Thiêt
Dünen
Phan Ri
356
347
Hon Rom
Mui Ne
© Reise Know-How
0
50 km

UNSER TIPP: **Nui Thom Ecolodge**④-⑤, 10 km nördlich, Nui Thom, Tel. 3789999. Schöne Anlage (50 ha) auf einem Hügel oberhalb des Weilers An Phu (Markt, gute *Seafood*-Restos) und dem von pittoresken Felsen eingerahmten Strand (5 Min. per *Buggy*). Sehr freundlicher, aufmerksamer Service, mit Spa, Gym, Golf, Tennis, Wassersport und Mini-Zoo. 93 großzügige, komfortable Zimmer in verschiedenen Häusern, Pool-Villen.

Essen und Trinken

- **Nem Ninh Hoa 159,** 159 Le Thanh Ton, Tel. 382 3934. Günstig und lecker, Frühlingsrollen zum Selberrollen.
- **Café Huy Tung,** 123 Nguyen Trai. Tolles Café, auf mehreren Etagen, drinnen und draußen.

An- und Weiterreise

- **Zug:** Fast alle Züge halten in Tuy Hoa, Bahnhof 146 Le Trung Kien.
- **Entfernungen** (in km): Nha Trang 120, Qui Nhon 110.

Dai Lanh

Am Fuße des 12 km langen **Dai-Lanh-Passes** 150 km südlich von Qui Nhon (85 km nördlich von Nha Trang) erstreckt sich der halbkreisförmige **Strand** von Dai Lanh. Im Norden von dem mächtigen Felsvorsprung Mui Dai Lanh begrenzt, dem ehemaligen Cap Varella der Franzosen und östlichsten Punkt des vietnamesischen Festlands, geht der Strand im Süden in die (je nach Jahreszeit gewaltigen) Sanddünen der 30 km ins Südchinesische Meer ragenden **Halbinsel Hon Gom** mit dem Fischerhafen Dam Mon (19 km, → unten) über.

Lohnender Abstecher (rund 40 km) zum **Mui Dien** (Cap Varella) mit dem 86 m über dem Meer aufragenden französischen Leuchtturm (1890) und dem 1,5 km langen **Mon Beach** (mit Cafés, *Seafood*-Restos und Bungalows um 100.000 đ). Von Norden ab Flughafen (San Bai) Tuy Hoa über Hoa Hiep, von Süden ab dem Fischer- und Tiefseehafen **Vung Ro.**

Dam Mon

Der malerische Fischerhafen an der geschützten Ostseite der mit **Dünen,** Sandstränden und Casuarina-Wäldern gespickten Halbinsel Hon Gom war in der Kolonialzeit als Port Dayot (benannt nach einem französischen Marineoffizier des 19. Jh.) bekannt. 1933 logierte hier *Jacques-Yves Cousteau,* der nach ersten Tauchgängen in den kristallklaren Gewässern der Van-Phong-Bucht beschloss, sein Leben dem Meer zu widmen und zum berühmtesten Meeresforscher des letzten Jahrhunderts wurde.

Praktische Informationen

- **Dam Mon** ist durch eine 19 km lange Straße mit der N 1 verbunden.
- **Tauchen und Schnorcheln:** Das *Whale Island Dive Centre* von *Rainbow Divers* bietet Tauchgänge, Tauchschein-Kurse und Schnorcheln an, Tel. 767600 219, www.divevietnam.com.

Unterkunft

Whale Island Resort③-④, Tel. 935466245, https://whaleislandresort.com. 28 Bungalows auf der Insel Hon Ong mit Fan, WC, Dusche, Moskitonetz, inkl. BF und Transfer. Mittag- und Abendessen. Das Resort hat sich das Motto „Zurück zur Natur" auf die Fahnen geschrieben und wird unter ökologischen Aspekten geführt.

Ba Ho

Drei **Wasserfälle mit Seen,** die zum Baden und Picknicken einladen. Festes Schuhwerk und gute Fitness sind für die Kletterpartie Voraussetzung! 27 km nördlich von Nha Trang (schöne Strecke auf der Küstenstraße) am Fuß des Ro-Tuong-Passes. 100.000 đ, zzgl. Parkgebühr 4000 đ.

Doc Let

Hier erstrecken sich von schmalen Dünenketten gesäumte, gepflegte **Sandstrände** und türkisblaues Meer, 35 km nördlich von Nha Trang. Beliebter Bade-Tagesausflug bei russischen Urlaubern aus Nha Trang.

Praktische Informationen

Unterkunft

Paradise Resort④, Tel. 938284948, www.paradiseresortdoclet.com. Betont einfach, aber sauber, und unter seinem kroatischen Besitzer *Vladimir* wohltuend lässig. Kajaks und Motorboot zum Fi-

Doc Let (Eintritt zum Strand: 30.000 đ)

448v aw

Nha Trang, Zentrum
0 400 m
1 2 3 4 Thap Ba Hot Springs, Nord (1 km), Qui Nhon (230 km), Ninh-Van-Bucht
5
6
Bo Ke
Hai-Dao-Insel
Po-Nagar-Türme
Pham Van Dong
2 Thang 4
Hon-Chong-Felsen, Hon-Chong-Strand
Bo Ke Nam
10
Ng. Binh Khiem
11
Nguyen Cong Tru
Dam Markt
Phan Boi Chau
Le Loi
Phan Chu Trinh
Pasteur-Institut, Yersin-Museum
7 8
Long-Son-Pagode und Buddhastatue,
Süd (1 km),
Ho Chi Minh City (443 km)
Pagode
23 Thang10
Tran Qui Cap
Thong Nhat
Hoang Van Thu
Le Thanh Phuong
Yet Kieu
Chua Hoi Phuoc
Trung Nu Vuong
Pasteur
Yersin
9
Ly Thanh Ton
Quang Trung
12
Tran Phu
Le Hong Phong
Bahnhof
Thai Nguyen
Ly Tu Trong
Hoang Hoa Tham
13
Ng. Chanh
Tran Hung Dao
Le Thanh Ton
Nguyen Trai
15
14
Markt Xom Moi
16
Bach Dang
Nguyen Thien Thuat
To Hien Thanh
Hung Vuong
Krieger-denkmal
SÜDCHINESISCHES MEER
17 18
Ausschnitt
Nguyen Thi Minh Khai
19
Biet Thu
Tran Quang Khai
Ozeanograf. Institut,
Cau-Da-Hafen,
Bao-Dai Villen (2 km),
Vinpearl Land
ehem. Flughafen
Nguyen Thien Thuat
Nguyen Thi Minh Khai
Hung Vuong
20
21
22
23
Biet Thu
30
24
Skylight
25
31
26
27
28
29
Tran Quang Khai
Tue Tinh
32
33

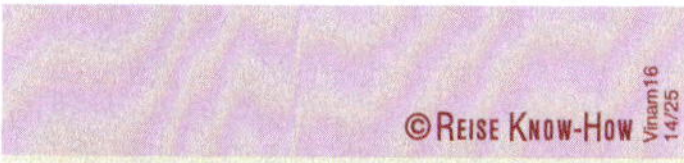

Übernachtung
1 Six Senses Ninh Van Bay
2 L'Alya Ninh Van Bay
3 Amiana Resort
5 La Paloma Villa
7 Mia Nha Trang Resort
12 Sunrise
13 Sheraton Nha Trang Hotel & Spa
14 Intercontinental
15 Kim Ngan
20 Novotel
21 Golden Sea Hotel
25 Nha Trang Inn
26 Green Peace

Essen und Trinken
4 Thien Phuoc
6 Thuy Duong Restaurant, Gio Bien
8 Nha Trang Xua
9 Nha Hang Chay Thien Y
10 Nhat Phong 3
11 Lac Canh
17 Vuon Xoai
19 Ngoc Trai
22 Lanterns
24 Truc Linh 2
27 Da Fernando
28 Why Not
29 Olivia Pizza
30 Galangal
31 Sailing Club, Sandals
32 Louisiane Brewhouse
33 Story Beach Club

Sonstiges
16 Vietnam Active
18 Ever Blue Travel
23 Rainbow Divers
31 Sailing Club

schen/Schnorcheln. 25 sehr geräumige Fan-Zimmer mit Terrasse oder Balkon, vier Apartments, inkl. aller Mahlzeiten.

Anreise

- **Bus:** Nr. 3 ab Nha Trang, stündl. 6.30–17.30 Uhr, 1½ Std.

Nha Trang

„Vergiss Nha Trang!", hört man immer öfter. Die wunderbare Bucht, der saubere Strand, das Panorama – das alles ist zwar noch da, nur leider verkommt Nha Trang immer mehr zu einer seelenlosen Betonwüste. Zugebaut mit Hotelklötzen am Strand, dazwischen eine breite Straße. Die Stadt ist längst zum „Ballermann Sibiriens" geworden, der überwiegende Teil der Gäste kommt aus Russland und China.

Nha Trang eignet sich praktisch ganzjährig zum Tauchen und Schnorcheln, für Ausflüge zu den vorgelagerten Inseln und natürlich für lange Partynächte. Kinder können sich im Vergnügungspark auf der Insel Hon Tre vergnügen, die man per Seilbahn erreicht. Idyllische Strände, Ruhe und menschenleere Küstenstraßen? Das Paradies der Südküste findet sich rund um Nha Trang.

Klima

Die günstige Lage inmitten einer geschützten Bucht sorgt für ein durchgängig angenehmes und mildes Klima. Die

449v aw

Regenzeit setzt erst im Juli ein und dauert bis Dezember. In den niederschlagreichsten Monaten Oktober/November kann es zu heftigen Stürmen und sogar Taifunen kommen.

Hochsaison an den Stränden ist zwischen März und Juli, aber baden, tauchen und schnorcheln ist das ganze Jahr über möglich. Schwimmen und Sonnenbaden sind vor allem am Vormittag angesagt, da die Sonne schon relativ früh hinter den Bergen versinkt. Zwischen November und Januar/Februar weht oft eine erfrischende bis kräftige Brise.

Orientierung

Die Uferstraße **Tran Phu** verläuft auf einer Länge von ca. 6 km parallel zum Strand und mündet im Süden in den Hafen von **Cau Da.** Gen Norden führt sie als Pham Van Dong zum Strand von Hon Chong und 16 km an der Küste entlang, ehe sie 25 km südlich von Ninh Hoa auf die N 1 trifft.

Dutzende Hotels, Restaurants und Cafés säumen die Tran-Phu-Straße, allerdings die meisten auf der gegenüberliegenden Seite des Strandes – man hört also eher Straßenlärm als Meeresrauschen. Direkt am Strand befinden sich z.B. der *Sailing Club* und der *Story Beach Club* mit gehobener, eher teurer Gastronomie, gepflegter Einrichtung, gutem Service und Privatstrand-Abschnitt.

Von den **Cham-Türmen** im Norden der Stadt genießt man einen wunderbaren Blick auf die Mündung des Song Cai.

Geschichte

Einst Hafen und Stützpunkt der Cham, wurde Nha Trang während der Kolonialzeit zu einem „mondänen" Seebad mitsamt Meeresforschungszentrum und Pasteur-Institut ausgebaut. In den Jahren zwischen 1965 und 1971 schwoll die Einwohnerzahl der Stadt, deren Strände sich auch bei den Amerikanern großer Beliebtheit erfreuten, von 50.000 auf über 250.000 an.

Mit der Wiederinbetriebnahme des alten US-Militärflughafens im Zentrum der Stadt begann ab 1992 der Aufstieg Nha Trangs zur Touristendestination. Ab Mitte der 1990er-Jahre breitete sich die Beachfront immer weiter aus, die Promenade wurde um mehr als das Doppelte nach Norden verlängert, völlig neue Straßen und Viertel wurden erschlossen, und auch der längst zu klein gewordene **Flughafen** musste weichen und wurde 2004 nach Cam Ranh verlegt.

Sehenswertes

Strände

Der Hauptstrand erstreckt sich über eine Länge von **6 km.**

Der **Hon-Chong-Strand** befindet sich nördlich des Cai-Flusses. Um das Kap Hon Chong mit seinen skurrilen Felsblöcken ranken sich Mythen und Legenden (Fußstapfen *Buddhas*).

Strände bieten auch einige der **Inseln** wie Hon Tre oder Hon Mun (→ unten).

☐ Am Strand von Nha Trang

Markt

Das Treiben in den kleinen Straßen und Gassen rund um den imposant-hässlichen **Cho Dam** ist interessanter als der Markt selbst. Das turbulente Gewirr der Fischerquartiere entlang der beiden Mündungsarme des Cai-Flusses fällt allerdings immer mehr der Sanierung zum Opfer, und bald wird man wohl auch die runden **Schwimmenden Körbe** *(thung chai)*, mit denen sich die Fischer von Boot zu Boot und zwischen den Ufern bewegen, nicht mehr sehen.

Cham-Türme Po Nagar

Die auf einer Anhöhe über dem Cai-Fluss errichtete **Tempelgruppe** (Thap Ba) ist *Po Nagar*, der Muttergöttin der Cham geweiht – die im Lauf des *Shiva*-Kults zu *Bhagavati*, der Gattin (weiblichen Energie) *Shivas* umfunktioniert wurde. Das Heiligtum der „Herrin der

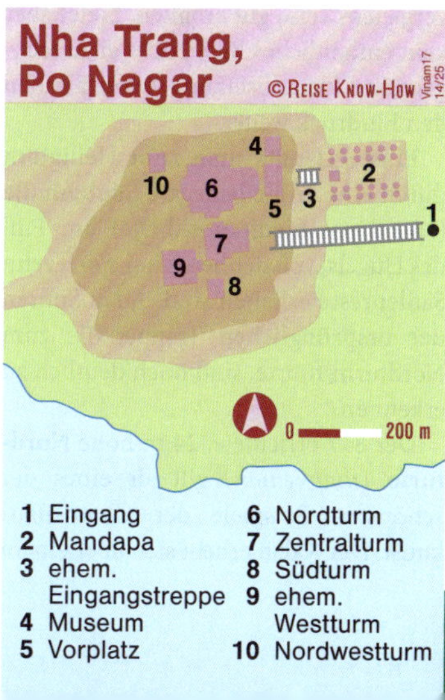

Adobe Stock © Oleg Zhukov

Stadt“ (Yan Po Nagar) wurde zwischen dem **7.** und **12. Jh.** errichtet. Von den ursprünglich zehn Bauten sind nur noch vier erhalten, da immer wieder Malaien, Javaner und Khmer in die Bucht einfielen, das Heiligtum plünderten und die Kultobjekte von Kauthara, wie Nha Trang unter den Cham hieß, raubten. Da die Anlage immer von Neuem wieder aufgebaut werden musste, ist sie zwar vergleichsweise gut erhalten, bietet aber kein einheitliches Bild. Nicht allzu fachgerechte Instandsetzungen verfälschen den Eindruck weiter.

Einst gelangte man zum Heiligtum durch eine große bedeckte **Säulenhalle** (Mandapa, Meditationshalle) am Fuß des Hügels, von der heute nur noch zehn Säulenreste erhalten sind. Auch Spuren der ursprünglichen Treppe, die zum Nordturm führte, sind noch deutlich zu erkennen.

Der 817 errichtete, 24 m hohe **Nordturm** *(thap chinh)* gilt als eines der schönsten Beispiele der Cham-Baukunst. Der Kalan erhebt sich über einem quadratischen Grundriss und verjüngt sich nach oben in einer dreistöckigen Pyramide. Über dem Eingang, dessen massive Stützpfeiler mit Sanskrit-Inschriften verziert sind, tanzt der vierarmige *Shiva* mit dem heiligen Stier *Nandi* und zwei Musikanten an seiner Seite. Im Inneren prangt auf einem steinernen Lotosthron die schwarze Statue der prächtig geschmückten zehnarmigen **Po Nagar,** der „Großen Mutter“. Bis 918 befand sich anstelle der Statue ein goldener Lingam, der von den Khmer geraubt wurde. Der Schrank im Hintergrund enthält die prunkvollen Gewänder der Göttin, die während einer aufwendigen Zeremonie dreimal im Jahr (zum Tet-Fest, am 30. März und 15. Juli) gewechselt werden.

Der **Zentralturm** *(thap nam)* wurde im 12. Jh. aus den Überresten früherer, zerstörter Türme rekonstruiert. Er ist deutlich dem Nordturm nachempfunden, das Dach bildet aber nur eine einfache Pyramide, und die Ornamente sind weniger ausgeprägt. Wie auch im (wiederum verkleinerten) **Südturm** befindet sich in seinem Innern ein Lingam, das Symbol des Weltschöpfers *Shiva. Ganesha*, dem elefantenköpfigen Sohn *Shivas*, war der heute nicht mehr zugängliche **Nordwestturm** geweiht.

Fantastischer Blick auf die Mündung des Cai-Flusses. Im Inneren der Türme zieht man die Schuhe aus.

■ **Cham-Türme,** tgl. 8–18 Uhr, Eintritt 30.000 đ.

Long-Son-Pagode

Die bedeutendste Pagode der Stadt wurde 1886 gegründet, aber mehrfach umgebaut. Rechts vom Hauptgebäude führen 152 Stufen auf den Hügel Trai Thuy mit einer 14 m hohen, weithin sichtbaren weißen Statue eines **Sitzenden Buddha.** Man genießt einen schönen Panorama-Blick auf Nha Trang und den Strand. Von Flammen umrahmte Porträts von Mönchen erinnern an Proteste und Selbstverbrennungen gegen die Buddhisten-Verfolgung des Saigoner Regimes 1963.

■ **Long-Son-Pagode,** 23 Thang 10, ca. 500 m westlich vom Bahnhof, tgl. 7–18 Uhr, Eintritt frei.

Pasteur-Institut und Yersin-Museum

Das Institut wurde 1895 von **Alexandre Yersin,** dem Lieblingsschüler *Louis Pasteurs,* eingerichtet. Weitere Institute gab es in Saigon, Da Lat und Hanoi. *Yersin* brachte den Kautschuk nach Vietnam und machte damit indirekt Hunderttausende zu Sklaven der französischen Gummibarone (*Michelin* u.a.). Der gebürtige Schweizer entdeckte den Pest-Bazillus, entwickelte Impfstoffe gegen Cholera, Meningitis und Tetanus und half entscheidend mit – oft genug gegen den erklärten Willen seiner Auftraggeber –, das marode Gesundheitssystem Vietnams zu reformieren. *Yersin* verbrachte fast ein halbes Jahrhundert in Nha Trang und wurde 1943 auf eigenen Wunsch nahe der Stadt begraben. Vietnam verlieh ihm die Ehrenbürgerschaft.

Yersins Arbeitsräume und Bibliothek sind heute ein kleines **Museum.**

■ **Pasteur-Institut,** 10 Tran Phu, Mo–Fr 7.30–11.30 und 14–17 Uhr, Sa 7.30–11.30 Uhr, Eintritt 26.000 đ.

Ozeanografisches Institut

Das 1923 gegründete *Institute of Oceanography* mit dem *National Oceanographic Museum and Aquarium* beherbergt total überfüllte und veralgte Becken und Aquarien mit Haien, Schildkröten und Korallenfischen sowie eine kuriose Sammlung von Meeresgetier aller Art, teils ausgestopft auf Endlosregalen, teils in Spiritusgläsern. Das Institut liegt im äußersten Süden der Tran Phu zwischen dem Hügel der Bao-Dai-Villen und dem Hafen Cau Da.

■ **Ozeanografisches Institut,** 1 Cau Da, www.vnio.org.vn, tgl. 6–18 Uhr, Eintritt 40.000 đ.

☒ Die Cham-Türme Po Nagar in Nha Trang

Hot Springs

Die 2001 entdeckten, 35–40 °C heißen Quellen von **Thap Ba** 2,5 km westlich der Cham-Türme (Zufahrt dort) bilden das Zentrum eines vorbildlich angelegten Thermalzentrums. Ab 100.000 đ kann man es sich in heißem Mineralwasser oder Natriumchloridschlamm wohl ergehen lassen und den großen **Swimmingpool** nutzen.

■ **Hot Springs,** https://tambunthapba.vn, tgl. 7.30–17.30 Uhr.

Skylight

Das **360-Grad-Skydeck** im 44. Stock des *Premier Havana Nha Trang Hotel* bietet Gästen die Möglichkeit, die Stadt vom höchsten Punkt aus anzuschauen – bis in die späte Nacht hinein. Als Nervenkitzel dient der gläserne **Skywalk-Balkon** am Pooldeck. Immerhin kann man hier 43 Etagen nach unten schauen, was für eher schwache Gemüter oder Höhenängstliche ganz schön aufregend sein kann. Spätestens dann wird's Zeit für einen Cocktail in der Bar – natürlich mit Aussicht.

■ **Skylight,** 38 Tran Phu, Loc Tho, Tel. 3528988, https://skylightnhatrang.com, tgl. 17.30–1 Uhr, Tickets ab 200.000 đ, ein Willkommensgetränk ist inklusive.

Bai Dai

Der über 10 km lange, einsame und (noch) total unverbaute **Long Beach** liegt 19 km südlich auf dem Weg zum Flughafen Cam Ranh. Der Strand gilt für viele bis heute als der beste und entspannteste Strand in Nha Trang.

Die Inseln

Hon Tre (Bambus-Insel)

Die größte Insel. Es gibt zwei größere Fischerdörfer und den gigantischen Vergnügungspark **VinWonders Nha Trang** inklusive Resort. Hierher führt übrigens die längste Seilbahn der Welt, die über Wasser geht: 3,3 km ist sie lang, der Einstieg befindet sich in Nha Trang, südlich des Zentrums.

■ **VinWonders Nha Trang,** www.vinwonders.com/en/vinwonders-nha-trang, Eintritt 800.000 đ, bis 1 m Größe frei. Die Seilbahn kostet extra: ab 450.000 đ je nach Größe und Tageszeit.

▷ Auf Hon Lao (Monkey Island)

□ Übersicht S. 325, Stadtplan S. 328

Hon Mun (Elfenbein-Insel)

Gleich unterhalb von Hon Tre gelegen, rund 10 km südöstlich von Nha Trang. Berühmt für seine glasklaren Gewässer und Korallenbänke, ideal zum **Tauchen** und **Schnorcheln.** Mit fast 350 registrierten Arten werden rund um Hon Mun mehr Korallentypen gezählt als in der ganzen Karibik zusammen. Meeresbiologen haben außerdem fast 150 Fisch- und 200 Mollusken-Arten gezählt, deren Bestand in den letzten Jahren allerdings rapide abgenommen hat. Zum Schnorcheln hervorragend geeignet ist auch die kleine Nachbarinsel **Hon Mot.**

Adobe Stock © Nemo67

Hon Mieu

Auch Tri Nguyen. Mit der Fähre vom Hafen Cau Da zu erreichen. Hauptattraktion sind die großen **Fischzucht-Teiche** (unterteilt in Speise-, Zier- und Kampffische), außerdem werden Krustentiere und Schildkröten aufgezogen. Das *Café My A* sorgt für das leibliche Wohl.

Hon Hai Yen (Seeschwalben-Insel)

Von Nha Trang aus gerade noch sichtbar als eine von mehreren Kalksteininseln vor der Küste, in deren Grotten Tausende von Salanganen nisten. Die Sammler, die die begehrten Nester von den steilen Felswänden klauben, gehen einem überaus gefährlichen Handwerk nach, die feuchten, glitschigen Höhlen sind von schwindelerregenden Bambusleitern durchzogen. Die 5–8 cm großen Schwalbennester bestehen aus dem gelatinösen Speichelsekret der Vögel und gelten außer als **Delikatesse** auch als Potenzmittel, weshalb sie vornehmlich nach China, Hongkong und Taiwan verkauft werden.

Hon Lao (Monkey Island)

Die hiesige Affenpopulation stammt ursprünglich aus dem Norden Vietnams und war mit dem sowjetischen Weltraumprogramm verknüpft. Aufgrund der Besucherscharen hat sich später ein regelrechter Freiluftpark (Affen- und Hundeshows, Elefantenreiten etc.) etabliert. Nicht jedermanns Geschmack. Eintritt 150.000 đ.

Anreise

■ **Cau Da:** Vom Hafen an der Südspitze von Nha Trang kann man Boote zu den vorgelagerten Inseln

383vi kb

mieten. Hier starten die Vier-Insel-Touren zahlreicher Anbieter.

■ **Ben Da Chong:** Von dem Touristenhafen (Tel. 3839446) an der N 1 15 km nördlich von Nha Trang fahren tgl. 7–16 Uhr Boote nach Hon Lao/Monkey Island, Hon Heo und Hon Thi.

■ **Hon Tre:** Die Insel Hon Tre erreicht man auch per Seilbahn, → oben.

■ **Inseltouren:** Die meisten Hotels und Reisebüros bieten verschiedene Inseltouren an.

Praktische Informationen

■ 535.000 Einw., Tel. 0258.

■ **Information:** *Khanh Hoa Tourist,* 61 Yersin, Phuong Sai Ward, Tel. 3815174, www.nhatrang-travel.com. Eher spärliche Informationen, sprechen aber Englisch. Gratis-Stadtpläne gibt es bei den *Tourist Information Centers* im *Sheraton, Novotel, Havana* und *InterContinental.*

⌃ Künstlerische Freiheit ...

■ **Geld:** ATMs sind weit verbreitet.

■ **Post:** 4 Le Loi, tgl. 7–21 Uhr.

■ **Gesundheit:** *Benh Vien 22-12,* 34/4 Nguyen Thien Thuat, Tel. 0769115115, https://benhvien22-12.com.

■ **Apotheke:** 59 Hung Vuong, tgl. 7–22.30 Uhr.

■ **Wellness:** *Su Spa,* 229 Nguyen Thien Thuat, Tel. 3523242, https://suspa.com.vn, tgl. 9–23 Uhr. Nha Trangs Top-Spa-Oase!

■ **Flug:** *Vietnam Airlines,* 91 Nguyen Thien Thuat, Tel. 3526768.

■ **Shopping:** *Nha Trang Center,* 20 Tran Phu, www.nhatrangcenter.com. Shops von *Samsonite* bis *Birkenstock, Fast Food* von *KFC* bis *Lotteria, Foodcourt* und Spiele im 3., ein Supermarkt *(Citimart)* im 2. Stock.

■ **Markt:** Authentischer als der Hauptmarkt Cho Dam, da kaum je von Touristen frequentiert, ist der Xom-Moi-Markt, 49 Ngo Gia Tu.

■ **Fotogalerie:** Ausstellungsraum des international preisgekrönten Fotografen *Long Thanh,* 126 Hoang Van Thu, Tel. 0903507189, www.longthanhart.com, Mo–Sa 8–17.30 Uhr.

Touren

18 Ever Blue Travel, 93 Nguyen Thi Minh Khai, Tel. 3516612 oder 0986833555, https://everbluetravel.com.vn. High-End-Touren und Buchungen aller Art.

Motorrad

■ **Vietnam Riders,** Tel. 976733255, www.vietnamrider.com. Motorrad-Touren von einem Tag bis zu einem Monat, bewährt seit 1999. Als Passagier oder Selbstfahrer. Büro ist in Da Lat, vermittelt hier aber immer noch Touren bzw. Fahrer. Auch maßgeschneiderte Touren, müssen in Nha Trang weder starten noch enden. Z.B. Drei-Tages-Tour Nha Trang bis Da Lat, mit abgelegenen Stränden, auf atemberaubenden Strecken oder Trip ins Zentrale Hochland.

■ **Nha Trang Easy Rider Travel,** Tel. 878889231, www.fb.com/easyridertravel. Eine mögliche Alternative.

Tauchen und Schnorcheln

■ Vietnam zählt zwar nicht unbedingt zu den Top-Tauchdestinationen der Welt, aber Nha Trang gehört **ganzjährig** zu den besseren Tauchspots des Landes. Schön ist es zum Tauchen und Schnorcheln vor der **Insel Hon Mun,** mit der reichen Korallen- und Tierwelt des Marineparks (allerdings wird man kaum etwas „Großes" wie etwa Wasserschildkröten oder Stachelrochen zu Gesicht bekommen). Die Bucht ist 12–32 m tief, von Nov. bis Feb. ist die Sicht eingeschränkt und das Wasser um 3–4 °C kälter. Eine Tauchtour mit zwei Tauchgängen kostet um die 80 $, ein Tauchschein-Kurs (3 Tage) ab ca. 320 $.

16 Vietnam Active, 14B Nguyen Trung Truc, Tel. 903551422, www.vietnamactive.com. Bietet Einsteiger- bis Fortgeschrittenenkurse, Schnorcheltouren und *Free Diving.*

23 Rainbow Divers *(Jeremy Stein),* 46–54 Nguyen Thien Thuat, Tel. 767600219, www.divevietnam.com. Sehr erfahrener Veranstalter (auch Whale Island, Con Dao, Phu Quoc).

31 Sailing Club, 72–74 Tran Phu, Tel. 988484416, www.sailingclubdivers.com. Mit *Rip-Curl*-Shop.

Stadtverkehr

■ **Taxi:** *Mai Linh,* Tel. 3838383.

■ **Grab** ist ebenfalls vor Ort.

■ **Stadtbus:** Sechs Linien, die Busse sind klimatisiert. Linie 4 fährt über die Nguyen Thien Thuat und Tran Quang Khai gen Süden zum Hafen Cau Da und dem *Vinpearl Terminal,* im Norden zu den Chamtürmen Po Nagar und zum Nordstrand (Hon Chong).

■ **Fahrrad:** Verleihstellen entlang der Biet Thu und Hung Vuong, ab 25.000 đ pro Tag. Motorräder 7–10 $.

Unterkunft

Im Zentrum

3 Amiana Resort⑤, Pham Van Dong, Tel. 3553 333, www.amianaresort.com. Luxus-Anlage mit Privatstrand ca. 5 km nördlich vom Hon-Chong-Strand, Strand-Bungalows und -Villen und Pool.

20 Novotel⑤, 50 Tran Phu, Tel. 6256900, https://all.accor.com. Innen von schlichter, funktioneller Eleganz. 154 Zimmer auf 18 Etagen, bis auf 13 Standardzimmer alle mit Balkon und Meerblick. Pool im 3. Stock, Spa, Gym, Strandbad.

13 Sheraton Nha Trang Hotel & Spa⑤, 26 Tran Phu, Tel. 3882222, www.marriott.com/en-us/hotels/nhasi-sheraton-nha-trang-hotel-and-spa. Größer und barocker als das Novotel und mit deutlich besserer Küche. 284 Zimmer auf 25 Stockwerken.

14 Intercontinental⑤, 32–34 Tran Phu, Tel. 388 7777, www.ihg.com. Etwas neuer als das *Sheraton.* 279 Balkon-Zimmer auf 19 Etagen.

12 Sunrise⑤, 12 Tran Phu, Tel. 3820999, https://sunrisenhatrang.com.vn. Wie ein Hotel in Miami Beach – Marmor, Stuck, Säulen und Rokoko, aber

Adobe Stock © sitriel

guter überdurchschnittlicher Komfort und Service. Pool, Spa, Strandbad, drei Restaurants. 122 Zimmer mit Meerblick.

7 **Mia Nha Trang Resort**⑤, Bai Dong, Cam Hai Dong, Tel. 3989666, www.mianhatrang.com. Bildschönes Strand-Resort zwischen Flughafen und Nha Trang – allerdings auch ziemlich abgelegen. 50 Zimmer, Condos und Villen.

UNSER TIPP: **5** **La Paloma Villa**③, 1 Hon Chong (200 m nördlich Po Nagar oder über die Tran Phu), Tel. 905026364, https://lapalomanhatrang.com. Traumdomizil für Individualisten, eine ruhige Oase mit Garten und schönem Pool, weit ab von der Travellerszene wenige Schritte vom Hon-Chong-Strand. Sehr guter Service; Hausherr *Mr. Bu* ist ein prominenter Fotograf. Geschmackvolle Zimmer in zwei Gebäuden, 16 im Haupthaus, acht im Nebengebäude mit Balkon oder Terrasse, inklusive Kaffee, Tee, Früchte, Pickup Bus-/Bahnhof, Stadt-Shuttle.

26 **Green Peace**②-③, 102 Nguyen Thien Thuat, Tel. 3522835, www.fb.com/greenpeacehotelnhatrang. Funktionell, schnörkellos, sauber; Lift. 20 Zimmer, klein, aber gut ausgestattet (z.T. ohne Fenster).

21 **Golden Sea Hotel**②-③, 27A Hung Vuong, Tel. 3527988. 39 Zimmer auf 9 Etagen, freundlich, mit Lift. Zimmer z.T. klein, aber hell, mit Fenster, teils mit Balkon, modernem Bad.

25 **Nha Trang Inn**②, 255 Nguyen Thien Thuat, Tel. 3527527. Etwas rückversetzt von der Straße, sauber, aufgeräumt, freundlich. *Mr. Minh* betreibt auch eine Reiseagentur und spricht sehr gut Englisch. 12 geräumige Zimmer auf drei Etagen (kein Lift).

15 **Kim Ngan**①-②, 52 Hoang Hoa Tham, Tel. 352 4411. Ein kleines Stück vom Strand und Ausgehviertel entfernt wird es gleich ruhiger – und günstiger. 22 Zimmer, z.T. mit Balkon. Lift.

Ninh Van Bay

Die Bucht ist ein **Luxus-Hideaway** nördlich von Nha Trang auf der Südseite der Halbinsel Hon Heo.

Im Hafen von Nha Trang wird Fisch getrocknet

1 Six Senses Ninh Van Bay⑤, Tel. 3524268, www.sixsenses.com/en/resorts/ninh-van-bay. Exklusives Resort, nur per Boot erreichbar, Ruhe und Abgeschiedenheit wie auf einem anderen Planeten. 32 Strandvillen (jede 176 m² groß mit eigenem Pool!) 600–2700 $ inkl. BF.

2 L'Alya Ninh Van Bay⑤, Tel. 3624777, https://lalya.com. Nahezu identischer Standard wie *Six Senses*. 35 Villen (Beach, Lagoon, Rock Hill) ab 620 $ inkl. BF, Transfers.

Essen und Trinken

11 Lac Canh, 77 Nguyen Binh Kiem (Ecke Ngo Quyen). Bereits eine Legende. Fröhlich-anarchische Garagenatmosphäre, jeden Abend brechend voll, super gut und super Preise. Renner ist das *Beef BBQ* vom Tischgrill, unbedingt versuchen, zergeht auf der Zunge, *chao tom, Shrimp Pie* am Zuckerrohr. Ein Phänomen: An keinem anderen Ort Vietnams lassen sich ganze Busladungen von Touristen auch nur annähernd auf die „Abgründe" der einheimischen Gastronomie (Hygiene, Rauchschwaden, Geräuschkulisse) ein wie hier.

22 Lanterns, 30/A Nguyen Thien Thuat, Tel. 247 1674, www.fb.com/lanternsvietnam. Popularität muss nicht automatisch zum Stillstand führen. Bildschöne Terrasse, mehr als ordentliches Essen – vietnamesisch wie Western – und anständige Preise. Resultat: besser reservieren. Auch *Cooking Class* und *Street-Food-Tour.*

30 Galangal, 1A Biet Thu, https://galangal.vn. Offene Küchen, „Street Food" für Anfänger und Vorsichtige im (hygienischen, gemütlichen) Restaurant. Menü oder *à la carte.*

24 Truc Linh 2, 18 Biet Thu, www.fb.com/truclinhrestaurant. Erfolgreiches *Seafood*-Lokal in der Travellermeile auf drei Etagen.

27 Da Fernando, 96 Nguyen Thien Thuat. Für Pizza und Pasta: Einer der besten Italiener vor Ort.

31 Sandals, im *Sailing Club,* 72 Tran Phu, Tel. 3524 628, https://sailingclubnhatrang.com/dine. Smarte Fusionsküche mit Meerblick. Der Service ist top. Eine Alternative ist **29 Olivia Pizza,** 2 Nguyen Thien Thuat, www.fb.com/pizzaolivianhatrang.

33 Story Beach Club, B4 Tran Phu, Tel. 9742424 37. Chic, zwei Etagen, am Strand, etwas teurer, *Seafood,* asiatische und westliche Küche.

6 Thuy Duong Restaurant, 1 Pham Van Dong, Tel. 3543787, www.fb.com/nhahangthuyduongnt. Von *Seafood* bis zur Bratwurst; gemäßigte Preise. Gepflegte Gartenatmosphäre und schöne Terrasse am Meer, am Nordende der Tran-Phu-Brücke.

8 Nha Trang Xua, Thai Thong Village, Vinh Thai, Tel. 935810808, www.fb.com/NhahangNhaTrangXua. Schöne Anlage 6 km westlich vom Zentrum mit Lotosteich und 300 Jahre altem Dinh. Touristisch, aber authentisch, Buffet oder *à la carte.*

9 Nha Hang Chay Thien Y, 5 Vo Tru, www.fb.com/thienysm. Vegetarisch, einfaches Reis- oder Nudelgericht.

4 Thien Phuoc, 5 Pham Van Dong. Top frisches *Seafood* und luftige Terrassen über dem Meer. Manko: 8 km nördlich des Zentrums; per Taxi kein Problem.

■ **Bo Ke:** Wo einst der Fischmarkt war, erstreckt sich heute die Promenade Bo Ke, an der sich ein *Seafood*-Resto ans andere reiht. Gut ist z.B. **10 Nhat Phong 3,** 63B Cu Lao Trung, Tel. 91409 2372, www.fb.com/nhatphongseafood.

19 Ngoc Trai, 75 Nguyen Thi Minh Khai, Tel. 977 061694, https://ngoctrairestaurant.vn. Wer Einheimische nach dem besten und vergnüglichsten Garten-Resto fragt, landet unweigerlich hier. Günstig, englische Karte.

17 Vuon Xoai, 94 Nguyen Thi Minh Khai, Tel. 913 463793, www.fb.com/nhahangdepnhatnhatrang. Noch etwas größer als das *Ngoc Trai* und die Speisekarte – auch auf Englisch – noch umfangreicher (Meer und Wald).

UNSER TIPP: **6 Gio Bien,** 10 Pham Van Dong, www.fb.com/giobienvip. Austern, Muscheln, Tintenfische, Schnecken, Shrimps, Taschenkrebse vom Frischesten und Feinsten – und spottgünstig dazu. Keine englische Speisekarte, dafür Fotos und Preise.

Street Food und lokale Spezialitäten

■ **Banh Can:** Ein wunderbarer Snack: Winzige runde Küchlein aus Reismehl, belegt z.B. mit Tintenfisch, Garnelen, Rindfleisch oder Huhn.

■ **Bun Ca Nam Beo:** Nudelsuppe mit gekochtem, frittiertem oder gegrilltem Fisch. B2 Phan Boi Chau, beim Markt.

■ **Nem Ninh Hoa:** Die vermutlich besten *nem* der Stadt, gegrillte Schweinehack-Spieße mit Reispapier und üppigen Beilagen zum Selberrollen.

■ **Grill-Ente:** Ein Spaß an der Straßenecke auf Plastikstühlen, mit leckerer Dip-Sauce. Phan Chu Trinh Ecke Sinh Trung.

■ **Bo Nuong La Lot:** Rindfleisch in Blätter gewickelt und gegrillt, und weitere Spießchen und Grill-Leckereien. Beliebter Abend-Snack bei jugendlichen Einheimischen.

■ **Zum Entdecken:** Die **Straße Bach Dang** ist eine wahre Essmeile, hier lassen sich in zahllosen kleinen Straßen-Restos lokale Speisen probieren. Auch vor dem **Dam-Markt** (4–18 Uhr) gibt es einige Essstände für Entdecker.

■ **Snacks zum Mitnehmen:** Leckere Nha-Trang-typische Snacks sind getrocknete Mangoscheiben („Mango Cake", *banh xoai*) und getrocknete kleine Fische mit Sesam. Z.B. an den Ständen vor dem Dam-Markt.

■ **Krokodil:** Vor etlichen Restaurants sieht man ganze Krokodile, die am Spieß gegrillt werden. Das Fleisch schmeckt ähnlich wie Huhn, nur etwas zäher und fischiger. Krokodile werden in Vietnam ihrer Haut und ihres Fleisches wegen auf zahlreichen Farmen gezüchtet. Das Wirtschaftsmagazin „Forbes" berichtete 2016 von einem von der Tierrechtsorganisation *PETA* aufgedeckten Fall, in dem auf einer Farm in Vietnam Krokodile lebendig gehäutet wurden. Siam-Krokodile sind in der Wildnis vom Aussterben bedroht, in Vietnam vermutlich ausgestorben.

Street-Food-Stand am Abend in Nha Trang

Auf dem Trottoir oder – Clou! – im ersten Stock an richtigen Tischen.

Cafés und Bars

31 **Sailing Club,** 72 Tran Phu, www.sailingclubnhatrang.com. Die Strandbar unter australischer Leitung (seit 1993) ist eine Institution. Tagsüber kann man sich am Strand aalen, trinken, speisen (sehr guter Service, hohe Qualität, Speisen ca. 10–20 $ und aufwärts) oder aufs Meer flüchten (Windsurfen, Katamaran etc.), und ab 22 Uhr (Eintritt) bis spät geht die Post ab; jeden Sa ab 21.30 Uhr *Beach Party.*

32 **Louisiane Brewhouse,** Lo 29 Cong Vien Tran Phu, Tel. 3521948, https://louisianebrewhouse.com.vn, tgl. 7.30–24 Uhr. Das frankophone Gegenstück mit Mikro-Brauerei. Außerdem Café, Bar, Resto sowie Strandbad mit Pool, Liegen, *Relax-Center* (Massagen), Wassersport, auch Kochkurse.

28 **Why Not,** 24 Tran Quang Khai, Tel. 901905464, www.fb.com/whynotbar79. Bar, geöffnet bis spät. Weitere *Nightspots* sind nur ein paar Meter entfernt, am Knick zur Nguyen Thien Thuat: *Oasis, Holland, Red Sun, Booze Cruise.*

An- und Weiterreise

Entfernungen

■ **Von Nha Trang** (in km): Cam Ranh 40, Doc Let 50, Dam Mon 90, Tuy Hoa 90, Phan Rang 105, Buon Ma Thuot 190, Da Lat 215, Qui Nhon 240, Phan Thiet/Mui Ne 250, Ho Chi Minh City 445, Quang Ngai 410, Da Nang 540, Hue 650, Hanoi 1300.

Zug

■ **Bahnhof** (Ga Nha Trang): 17 Thai Nguyen.

■ **Expresszüge** benötigen nach Da Nang 9–11 Std., nach Hanoi 24–30 Std., nach Ho Chi Minh City 7–10 Std.

■ Der **Sonderzug SNT1/2** verkehrt ausschließlich zwischen Nha Trang (19 Uhr) und Ho Chi Minh City (Ankunft 3.30 Uhr).

Adobe Stock © TruongGiang

■ Schlafwagen der privaten **Golden Trains** sind komfortabler und werden an den SNT1/2 angehängt (→ Praktische Reisetipps A–Z, Verkehrsmittel).

Bus

■ **Busbahnhof Süd** (Ben Xe Phia Nam) liegt stadtauswärts an der 58 Duong 23/10. Phia Bac, der **Nord-Busbahnhof,** liegt ca. 1,5 km stadtauswärts an der 2-4 Straße Nr. 1, Ecke Dien Bien Phu. Busse fahren u.a. nach Ho Chi Minh City (ca. 9 Std.), Da Lat (3 Std.), Qui Nhon (4 Std.), Buon Ma Thuot (4 Std.), Kon Tum (7½ Std.), Da Nang (ca. 10 Std.), Mui Ne, Hue, Tuy Hoa, Quang Ngai, Vinh und Hanoi.

■ **Busse:** Z.B. *SinhTourist,* 130 Hung Vuong, Tel. 35 24329, www.thesinhtourist.vn; *Hanh Café,* 10 Hung Vuong, Tel. 896565123, https://hanhcafe.vn; *FUTA Bus Lines,* https://futabus.vn.

⌃ Nem Ninh Hoa gibt es in Nha Trang an jeder Ecke

Flug

- **Flughafen:** In **Cam Ranh** 35 km südlich. Sehr schöne Panoramastraße entlang der Küste.
- **Transport:** Per **Minibus** vom Stadion zum Flughafen von Nha Trang, 50.000 đ. Per **Taxi** 300.000 đ, ca. 50 Min., *Grab* ist normalerweise günstiger.
- Es gibt tgl. Verbindungen mit *Vietnam Airlines* von/nach **Hanoi, Da Nang, Ho Chi Minh City** und mit *Vietjetair* nach Ho Chi Minh City und Hanoi.

Cam Ranh

Hier beginnt der **Küstenabschnitt für Entdecker!** Die Bucht von Cam Ranh war als Militärgelände lange Zeit für Besucher kaum zugänglich. Heute macht eine neue Küstenstraße die Gegend um Cam Ranh und Phan Rang (dazwischen liegen der Nui-Chua-Nationalpark und das Fischerdorf Vinh Hy) etwas besser erreichbar. Sie bietet zudem einen atemberaubenden Blick auf türkisblaues Meer, Felsklippen und endlose einsame Sandstrände und Fischerdörfer. Der Weg ist das Ziel: Die Stadt Cam Ranh selbst ist kaum sehenswert und wird erst langsam touristisch erschlossen, vorwiegend auf einheimische Gäste ausgerichtet. Umwerfend schön ist die Landschaft auf dem **Kap Cam Lap,** dem südlichen Landzipfel der Bucht, der wie eine lange, dünne Nase ins Meer ragt. Abgeschliffene Boulder stehen wie abstrakte Skulpturen an der Küste. Ausländische Besucher verirren sich noch kaum hierhin.

Der Naturhafen von Cam Ranh war zwischen 1964 und 1973 die **größte Marinebasis** der Amerikaner in Vietnam. Fahrrinnen für Flugzeugträger und U-Boote wurden ausgebaggert und rund um die Bucht breite Asphaltstraßen angelegt. Die Bauteile für die gigantischen Piers und Docks wurden direkt aus den USA importiert und an Ort und Stelle zusammenmontiert.

Adobe Stock © DangKhoa

Nach dem Abzug der Amerikaner war Cam Ranh für einige Jahre (1980–1989) größter russischer Marinestützpunkt außerhalb der Sowjetunion. Seitdem interessieren sich die USA wieder für die Bucht (u.a. als Ersatz für ihre verlorenen Basen auf den Philippinen).

Im Norden der Bucht liegt der **Internationale Flughafen Cam Ranh.**

Praktische Informationen

- **Cam Lap:** www.vietnamcoracle.com/cam-ranh-bay-cam-lap-promontory.
- **Entfernungen** (in km): Nha Trang 40, Phan Rang 55.

Essen und Trinken

- Südlich der Stadt liegen entlang der N 1 zahllose, auf Stelzen ins Wasser gebaute **Seafood-Restaurants.**

Vinh Hy

Das kleine **Fischerdorf** liegt zwischen Cam Ranh (ca. 45 km) und Phan Rang (ca. 35 km). In der etwas versteckten Bucht ruhen Fischerboote. Die Küste geht über in das hügelige Waldgebiet des Nui-Chua-Nationalparks. Das Dorfleben nimmt seinen Lauf, weit weg von den Touristen-Hotspots Nha Trang und Mui Ne. Außer dem einen oder anderen Motorradfahrer verirrt sich kaum ein ausländischer Tourist in diese verschlafene Ecke. An den Wochenenden und Feiertagen ist es hier etwas belebter mit

451v aw

einheimischen Familien, ansonsten trifft man hier fast nur Dorfbewohner. Vinh Hy ist kein Badeort, aber das erstaunlich große, aufgeräumte und günstige Resort bietet bei ausreichender Nachfrage Fahrten mit dem **Glasbodenboot.**

Praktische Informationen

Unterkunft, Essen und Trinken

- **Vinh Hy Resort**②-④, Vinh Hy Village, Tel. 9181 14989, www.resortvinhhy.com. Bungalow-Zimmer. Blick auf die Bucht, zwei Pools. Begrenzte Englischkenntnisse.
- **Amanoi**⑤, www.aman.com/vi-vn/resorts/amanoi. Wer das nötige Kleingeld hat: 1000 $ und mehr

⌃ Vinh Hy

‹ Die Bucht von Cam Ranh

kostet eine Nacht im Sechs-Sterne-Resort in den Hügeln von Vinh Hy.

- Das **Vinh Hy Resort** bietet von früh bis spät eine umfangreiche vietnamesische Speisekarte. Im Dorf finden sich **Garküchen** mit Nudelsuppen & Co.

Anreise

- **Ab Nha Trang** tgl. mit *Hanh-Café*-Bus (→ dort) bis Phan Rang (Bus hält meist an der Hauptstraße im Nirgendwo), dann mit Taxi oder Motorrad-Taxi *(Xe Om)* nach Vinh Hy.

Phan Rang-Thap Cham

Wild und fast menschenleer ist die Küste nördlich und südlich der Stadt Phan Rang-Thap Cham, der Hauptstadt der Provinz Ninh Thuan. Die Fahrt entlang der Küstenstraße ist spektakulär, mit malerischen einsamen Buchten und Felsklippen.

Die Region ist eine der trockensten und dürrsten Vietnams. Außerhalb der dichter besiedelten Zonen bestimmen Dünen, Salinen, Kakteen, Rinderherden und Ochsenkarren das Bild. Die sandigen Böden lassen Weintrauben und Drachenfrüchte gedeihen und bilden die Basis für Glasherstellung.

Die Gegend um Phanh Rang-Thap Cham ist die Heimat Zehntausender **Cham,** die im Gegensatz zu den moslemischen Cham des Südens noch weitgehend ihren hinduistisch-brahmanischen Glauben beibehalten haben und mehrmals im Jahr ein großes Fest bei ihrem Heiligtum **Po Klaung Garai** unweit der Stadt feiern.

Nur wenige Kilometer nördlich der Stadt stehen zwei **Cham-Türme** unmittelbar an der N 1. Von den ursprünglich drei sind nur noch zwei erhalten; verwittert und teils schon eingefallen, zeigen sie dennoch deutlich die Merkmale der klassischen Cham-Architektur des 8. Jh.

Am **Strand** von **Ninh Chu** (6 km), in den 1970er-Jahren Privatstrand des Saigoner Regimes unter *Präsident Thieu,* gibt es einige Resorts.

Sehenswertes

Po Klaung Garai

Die drei Ziegeltürme des **Cham-Heiligtums** thronen auf der Spitze eines imposanten, fast 100 m hohen und dicht mit Kakteen bewachsenen Granithügels, der über der Küstenandschaft aufragt. Es gibt kunsthistorisch wertvollere Zeugnisse der Cham-Kultur, aber die pure Majestät der Anlage springt ins Auge.

Das Heiligtum ist dem legendären Fürsten *Klaung Garai* (1151–1205) gewidmet, der in der Mythologie der Cham den Platz *Shivas* einnahm und zusammen mit Po Nagar über den (selber als Gottheiten verehrten) Königen rangierte. Es entstand im 13. Jh., als der Niedergang der Cham bereits begonnen hatte. Formen und Schmuck sind schon stark vereinfacht, und der Baustil wirkt deutlich schwerfälliger als weiter im Norden, zudem sind die meisten Friese und Reliefs Nachbildungen der Originale, die z.T. geplündert wurden.

Über dem Eingang des Hauptturms *(kalan)* tanzt ein sechsarmiger *Shiva.* Im

Adobe Stock © CravenA

Innern passiert man den Wächter und Stier Nandi, bevor man zum Mukha-Lingam (stilisierter Phallus), dem Symbol *Shivas,* mit dem Antlitz und Insignien von Po Klaung Garai gelangt.

Die Anlage wird von Angehörigen der Cham-Minderheit noch heute als Heiligtum verehrt. Besonders beeindruckend sind die Zeremonien des zehntägigen Kate-Festivals in den ersten Tagen des siebten Mondmonats. Eine kleine Ausstellung im Besucherzentrum zeigt Kleidung und Alltagsgegenstände der Cham.

- **Po Klaung Garai,** 7 km westlich von Phan Rang, Eintritt 15.000 đ.

⌂ Po Klaung Garai

Po Rome

Die Türme von Po Rome 15 km südlich von Phan Rang gelten als das letzte große Turmheiligtum der Cham. Sie entstanden Anfang des 17. Jh. zu Ehren des letzten Herrschers eines unabhängigen Champa, *König (Po) Rome,* der 1651 in vietnamesischer Gefangenschaft starb. Die einfach ausgeführten, aber in ihrer trostlosen Verlassenheit beeindruckenden Ziegelbauten mit Statuen von Königinnen und heiligen *Nandi*-Stieren stehen auf einem Felshügel 5 km westlich der N 1 und sind nur auf einem schmalen Pfad zu erreichen.

Praktische Informationen

- 167.000 Einw., Tel. 0259.
- **Geld:** *Vietinbank* mit ATM, 468 Thong Nhat.
- **Taxi:** *Mai Linh,* Tel. 3898989.

Unterkunft

- **Ho Phong**②, 363 Ngo Gia Tu, Tel. 3920333. Beste Wahl, sauber, mit guten Bädern. 28 Zimmer auf vier Etagen (Lift).

■ **Phung Hung②**, 260–262 Ngo Gia Tu, Tel. 3830 830. Mini, zentral, mit sieben Zimmern, teils mit Fenster.

In Ninh Chu

Bessere Auswahl als Phan Rang-Tham Cham und in Strandnähe ist Ninh Chu.

■ **Sai Gon Ninh Chu Hotel & Resort⑤**, 19 An Duong Vuong, Tel. 707477477, https://saigonninhchuhotel.com.vn. Das Hotel verfügt über mehr als 120 Zimmer, die in sechs Kategorien unterteilt sind. Alle Zimmer sind elegant ausgestattet und haben Meerblick.

■ **Aniise Villa Resort③-⑤**, Tel. 6251868, www.aniisevillaresort.com. Hell, luftig, mit Strand, Garten, Pool etc. Bungalows und Villen.

■ **Anh Duong Hotel②**, 66 Yen Ninh, Tel. 38900 09. Modern, hell, luftig, mit kleinen Balkonen.

In Ca Na

Ein Sandstrand mit Granitfelsen, leider unmittelbar an der N 1 gelegen, was das Vergnügen deutlich einschränkt. Als Zwischenstopp auf der wunderschönen Fahrt auf der Küstenstraße nach Phan Rang-Thap Cham (ca. 50 km).

■ **Ca Na②**, Tel. 983128758, http://canahotel.com.vn. Restaurant und Anlaufstelle vieler Tourbusse. 20 Zimmer, acht Bungalows am Strand.

An- und Weiterreise

■ **Zug:** Bahnhof Thap Cham, 6 km westlich von Phan Rang. Es hält nur ein Zug am Tag.

■ **Bus:** Der Busbahnhof befindet sich 300 m nördlich des Stadtzentrums. Es gibt unter anderem Busse nach Da Lat (3 Std.), Ho Chi Minh City (7 Std.) und Nha Trang (2 Std.).

■ **Entfernungen** (in km): Nha Trang 105, Da Lat 110, Phan Thiet 145, Ho Chi Minh City 335.

Phan Thiet

Die sympathische Kleinstadt mit einem der größten, aber dennoch malerischen **Fischerhafen** Vietnams ist eine Alternative zum hektischen und von ausländischen Pauschaltouristen überlaufenen Mui Ne. Hier war einst *Ho Chi Minh* als Lehrer tätig.

Phan Thiet, hauptsächlich für seine **Fischsauce** *(nuoc mam)* bekannt, liegt beiderseits des Ca-Ty-Flusses, 10 km von dem populären Badeort Mui Ne entfernt. Der zunächst von Pinien-, dann von Palmwäldern gesäumte **Strand** (dem Vernehmen nach oft vermüllt) erstreckt sich nördlich der Flussmündung und reicht, unterbrochen nur von einigen Vorsprüngen, Hügeln und Lagunen, bis zu dem auf einer felsigen Halbinsel gelegenen **Mui Ne.**

Von Interesse sind außer dem Hafen der lebendige Markt – authentischer als der große Zentralmarkt ist der Cho Phu Thuy – und die Duc-Thanh-Schule, in der *Ho Chi Minh* 1910–11 unterrichtete und der ein kleines **Museum** angeschlossen ist.

■ **Ho Chi Minh Museum,** 39 Trung Nhi, Di–So 8–12 und 14–16.30 Uhr, 10.000 đ.

Sehenswert ist auch der dem Wal-Kult – den schon Khmer und Cham praktizierten – gewidmete **Tempel Van Thuy Tu.** Der 1762 errichtete Dinh birgt die Überreste von über 100 Walen, das größte Skelett ist 22 m lang. 54 Ngu Ong.

Auf dem Weg nach Mui Ne (km 6) passiert man die drei Ziegeltürme von

Po Shanu, einem der südlichsten Cham-Heiligtümer Vietnams aus der Frühzeit des Reichs (8. Jh.).

Restaurants *(Seafood)* in Phan Thiet sind deutlich günstiger als in Mui Ne. Touristisch ist der Ort praktisch nur auf einheimische Besucher ausgerichtet, Unterkünfte sind meist weder überragend noch besonders günstig.

Praktische Informationen

- 350.000 Einw., Tel. 0252.
- **Geld:** In der Innenstadt sind alle großen Banken auch mit ATMs vertreten.

Unterkunft, Essen und Trinken

Es gibt keinen Grund, in Phan Thiet zu übernachten, dafür sind die Strände und Attraktionen von Mui Ne einfach zu schnell zu erreichen. Wer aber in der Stadt strandet, könnte hier reinschauen:

- **Ocean Dunes**③-⑤, 1 Ton Duc Thang, Tel. 353 0088, www.sealinkscity.com/oceandunes/en. Das einstige Luxusresort am Stadtrand hat seine Dünen an den grassierenden Bauboom verloren, doch die Anlage selbst, mit Meerblick und Privatstrand, ist noch formidabel. Und mittlerweile auch erschwinglich. 123 helle, geräumige Zimmer auf fünf Stockwerken, guter Service, leckeres Frühstück, Pool, **Restaurant,** Bar etc. – kein Wunder, dass betuchte Einheimische sowie Expats aus Ho Chi Minh City hier gerne absteigen (an Wochenenden wird es eng).

An- und Weiterreise

- **Zug:** Bahnhof Binh Thuan 12 km westlich; es halten nicht alle Züge. Der private *Golden Trains* verkehrt tgl. nur zwischen Ho Chi Minh City und Phan Thiet (→ Praktische Reisetipps A–Z, Verkehrsmittel). Taxi nach Mui Ne ca. 25 $.
- **Bus:** Der Busbahnhof (Ben Xe Binh Thuan) liegt 2 km nördlich der Flussbrücke an der Hauptstraße Tran Hung Dao. Nach Ho Chi Minh City ca. 6 Std., Phan Rang, Nha Trang. Z.B. *FUTA Bus,* 20 Huynh Thuc Khang, Tel. 19006067, https://futabus.vn.
- **Mui Ne:** Per Stadtbus (→ Mui Ne) 35.000 đ.

Mui Ne

Was viele Reisende nervt: dichteste Bebauung, Massen von Strandurlaubern, ein oft schneidend scharfer Wind am Strand – nicht umsonst ist Mui Ne das Paradies der Kitesurfer! Beliebt bei Russen. Vorteile: Ein bisschen Luxus zur Abwechslung, gutes Essen, Nachtleben. November bis April fast garantiert schönes Sonnenwetter (→ unten). Und natürlich die grandiosen roten und weißen Dünen.

Mui Ne heute: auf **8 km Strand** sehr viele Resorts plus einer Vielzahl von *Guesthouses* aller Art. Das hört sich auf Anhieb viel an, ist es aber nicht. Die Dimensionen sind bescheiden und werden es auch bleiben; es ist schlicht kein Platz für die Großen mehr da. Unbebaute Grundstücke sind längst eine Rarität, und notgedrungen bebaut man bereits die Dünen und die Strände jenseits von Mui Ne.

Noch Mitte der 1990er-Jahre lebten die Menschen der kargen Böden wegen ausnahmslos von Fischfang und Fischsaucen-Herstellung *(nuoc mam)*, besaßen aber weder Motoren noch Benzin, weit aufs Meer hinauszufahren. Auf die

Mui Ne

Übernachtung
1 Saigon Emerald Resort
5 Nhat Quang Guesthouse
8 La Marina
9 Hai Yen Family Hotel 2
13 Grace Boutique Resort
19 Lotus Village Resort
21 Sea Winds Resort
22 Shades Resort Apartments
23 Full Moon Beach Resort
25 Hong Di
26 EverGreen Resort
29 Blue Ocean, Villa Aria
30 Ananda Resort, Sunsea Resort
31 Cham Villas
32 Sailing Club Mui Ne
33 Unique Mui Ne Resort
35 Allezboo Beach Resort & Spa
36 Anantara Mui Ne

Essen und Trinken
7 Dong Vui Food Court
10 Sindbad
11 BiBo
12 Ngoc Suong
17 Boke Mr. Crab (Branch No. 2)
18 Boke Mr. Crab (Branch No. 1)
20 Vietnam Home
24 Lam Tong
27 Tropical
28 Breeze
30 Sukhotai
31 Ratinger Löwe
32 Sandals
34 Shree Ganesh, Forest Restaurant
37 Cay Bang

Nachtleben
16 Dragon Beach
24 Jibe's

Sonstiges
2 Tam Hanh
3 Mr. Binh Adventure Tours
4 MANTA Sail
6 Phuong Trang
14 SinhTourist
15 Easy Rider Muine
24 Jibe's
32 Sailing Club

Landkarte kam Mui Ne erst, als Europäer aus Ho Chi Minh City 1995 das erste Resort errichteten.

Heute bildet der **Dong Vui Food Court** (www.dongvuifoodcourt.com) die Mitte und das Rückgrat des Dorfes. Hier trifft man sich bei günstigen Getränken und Mahlzeiten aus aller Welt. Ansonsten ist es recht ruhig im und rund ums Dorf. Die Urlauber teilen sich auf in die Gruppe, die hier Strandurlaub für ein oder zwei Wochen macht, und Besucher, die in zwei bis maximal drei Tagen die Sehenswürdigkeiten ansehen und dann weiterziehen.

Klima

Geschützt durch die Dünen weist Mui Ne ein spezielles **Mikroklima** auf – es regnet spärlicher als selbst im regenarmen Phan Thiet, und es weht 200–250 Tage im Jahr beharrlich eine **erfrischende Brise,** die Mui Ne zu einem Dorado der Wind- und Kitesurfer (bester Monat: Januar) gemacht hat.

Praktische Informationen

- 25.000 Einw., Tel. 0252.
- **Website:** https://muinevietnam.vn/en.

Orientierung

- Mui Ne liegt auf einer hügeligen Halbinsel und gehört zur Stadt Phan Thiet (21 km östlich des Zentrums). Zwischen km 11 und 18 erstreckt sich der **Strand** (Hauptstrand), mit den schönsten und breitesten Abschnitten zwischen km 11 und 13. Die anderen sind entweder felsiger oder windiger (sodass der Strand abgetragen wird). Bei km 17 liegt das

☐ Mui Ne war und ist bis heute in seinem Inneren ein Fischerdorf

636v sb

langgestreckte Fischerdorf **Ham Tien.** Hinter der Strandstraße verlaufen Ketten von Dünen, durch die ein Highway gepflügt wurde, der das Hinterland erschließt – mit Mega-Feriendörfern, Golfplatz etc. –, und den Strandabschnitt zwischen km 8 und 21 (Ort Mui Ne) umgeht und Phan Thiet mit **Hon Rom** und der **Küstenstraße** gen Norden verbindet.

■ Achtung: Der **Verkehr** auf der Straße ist recht chaotisch!

■ **Little Russia:** Spätestens seitdem auch russische Maschinen in Ho Chi Minh City und Nha Trang landen, sind beträchtliche Teile Mui Nes fest in russischer Hand.

■ **Transport: Lokal-Busse** pendeln 7–21 Uhr alle 15 Min. zwischen Phan Thiet und Suoi Cat (ca. 10 km hinter Mui-Ne-Dorf). 20–35.000 đ. **Taxi:** *MaiLinh,* Tel. 3898989. Fahrräder (1–2 $) und Motorräder (ab 6 $) vermieten fast alle Hotels.

■ **Entfernungen** von Mui Ne (in km): Phan Thiet 22, Khe Ga 55, Phan Rang 145, Saigon 220, Da Lat 275, Nha Trang 275, Da Nang 840.

Adressen

■ **Geld:** Entlang der Hauptstraße gibt es etliche ATMs. Im Zweifelsfall ist es auch nicht weit nach Phan Thiet, hier sind die dazugehörigen Filialen.

■ **Arzt und Apotheke:** *VITA Clinic,* 139 B Nguyen Dinh Chieu, 24 Std., Tel. 3631418, www.vitahealthvn.com. Apotheke, 101 Nguyen Dinh Chieu.

■ **Spa:** Originell wie seriös ist *Nina Spa* in einem Teak-Haus von 1867, tgl. 9–23.30 Uhr, 165 Nguyen Dinh Chieu, Tel. 946449529, www.ninahomestayspamuine.com.

Reiseagenturen

14 **Open Tours: SinhTourist,** 144 Nguyen Dinh Chieu, Tel. 3847542, www.thesinhtourist.vn. Tgl. nach Ho Chi Minh City (ca. 6 Std.), Nha Trang (ca. 6 Std.) und Da Lat (ca. 4 Std.).

6 **Phuong Trang** *(FUTA Bus),* 20 Huynh Thuc Khang, Tel. 19006067, https://futabus.vn. Mehrmals tgl. Ho Chi Minh City, Nha Trang, Da Lat.

2 **Tam Hanh,** 16 Huynh Tan Phat, Tel. 3833277, www.tamhanhtravel.com. Ho Chi Minh City, Nha Trang, Da Lat, Hoi An.

Touren

■ Zum Standardprogramm der Ausflugstouren, die in allen Unterkünften gebucht werden können, gehören: **Fairy Stream, White Dunes** und **Red Dunes.** Kosten: ca. 150.000 đ. Es werden *Sunrise-* und *Sunsettouren* angeboten, gefahren wird in russischen Geländewagen.

3 **Mr. Binh Adventure Tours,** 81 Huynh Thuc Khang, Tel. 0989297648, www.fb.com/MrBinhEasyRiderMuiNe. Motorrad- und Geländewagentouren vom Halbtagesausflug bis zur Mehrtagestour ins Hochland.

15 **Easy Rider Muine,** 130D Nguyen Dinh Chieu, Tel. 984444129, https://easyridermuine.com. Alles ist möglich, inkl. Camping in den White Dunes, per Auto oder Geländewagen.

Wassersport

Weit über ein Dutzend Kitesurf-Center, zum Teil mit eigenen Ausrüstungsshops, rangeln um die Kundschaft.

24 **Jibe's,** 84–90 Nguyen Dinh Chieu, Tel. 3847405, https://jibesbeachclub.com/water-sport-center. Der Pionier (2000), mit eigenem *Beach Club.*

32 **Sailing Club,** 24 Nguyen Dinh Chieu, Tel. 3847440, https://sailingclubkiteschool.com. Gehört zum *Sailing Club Resort,* ist schon lange da und genießt einen guten Ruf.

4 **MANTA Sail,** 108 Huynh Thuc Khang, Tel. 902628603, https://mantasailing.org. Das 2008 gegründete *MANTA Sail Training Centre* ist das erste

und einzige gemeinnützige Unternehmen in Vietnam, das das Ziel hat, die menschliche Gesundheit und das ökologische Gleichgewicht durch Wassersport zu fördern.

Unterkunft

Die Preise für die Unterkünfte variieren nach Saison – im Winter sind sie mit Abstand am höchsten –, viele Anlagen fordern an Wochenenden und Feiertagen Aufpreise. Stehen die Resorts dagegen halb leer, werden selbst ungefragt Rabatte angeboten.

36 **Anantara Mui Ne**⑤, 12A Nguyen Dinh Chieu, Tel. 3741888, www.anantara.com/en/mui-ne. Elegante, offene Anlage mit tropischem Garten, ausgezeichneter Küche, Spa. 90 Zi./Suiten.

31 **Cham Villas**⑤, 32 Nguyen Dinh Chieu, Tel. 374 1234, www.chamvillas.com. Intime und charmante Anlage (was sich herumgesprochen hat; langfristig buchen!). Vom üppigen tropischen Garten bis zu den zurückhaltend dekorierten Räumlichkeiten: weder Protz noch aufgesetzte Exotik. Manche Einrichtungen, vor allem die Bäder, wirken etwas veraltet. 18 Bungalows.

32 **Sailing Club Mui Ne**⑤, 24 Nguyen Dinh Chieu, Tel. 3847440, www.sailingclubmuine.com. Vergnügliches Resort des populären australischen *Sailing Club* in Nha Trang mit einem Hauch von New Mexico (ockerfarbene Lehmarchitektur). Blühende Gärten, beste Wassersportmöglichkeiten, lebhaftes Nachtleben. Der Pool ist etwas kümmerlich, und auch der Strand gehört nicht zu den besten in dieser Ecke. 31 Zimmer, Bungalows.

29 **Blue Ocean**⑤, 54 Nguyen Dinh Chieu, Tel. 384 7322, www.blueoceanresort.com.vn. Äußerst gepflegt, aufmerksam im Service, umsichtig geführt (australisch-schweizerisch): Das hebt diese Anlage weit aus dem Angebot heraus. Zwei Häuser à 16 Zimmer, alle geräumig und mit Balkon oder Veranda, und 52 Bungalows.

☐ Strandbars und Wassersport – in Mui Ne ist einiges geboten

638v sb

29 **Villa Aria**⑤, 60A Nguyen Dinh Chieu, Tel. 9772 61506, www.fb.com/villaariamuine. Intime, zweistöckige Anlage von schlichter Eleganz, alle 22 Zimmer haben Balkon oder Veranda mit Komfortliegen. Hübsche Dining-Plätze, am Pool ist etwas wenig Platz.

22 **Shades Resort Apartments**③-⑤, 98A Nguyen Dinh Chieu, Tel. 3743236, http://shadesresort muine.com. Gelungen „anders", neuseeländisch geführt. Neun Apartments mit bestem Equipment und Superküchen, cool, modern, relaxed. Kleiner Strand, großer Pool, schöne Terrassen.

35 **Allezboo Beach Resort & Spa**④-⑤, 8 Nguyen Dinh Chieu, Tel. 938085487, www.fb.com/allez boobeachresort. Gelungene, gepflegte Anlage in üppigem, weitem Grün mit schönem Strand; ein klein wenig abseits (vom Rummel), aber mit lebhaftem Nachtleben (wie in der gleichnamigen Bar in Ho Chi Minh City). 55 Zimmer.

33 **Unique Mui Ne Resort**③-⑤, 20B Nguyen Dinh Chieu, Tel. 3741617. Moderner sechsstöckiger Bau am Strand, von einer französischen Viet Khieu geleitet. 68 große Zimmer. Beeindruckend sind die sechs *Ocean Front Suiten* und die *Penthouses* mit Panoramablick.

30 **Sunsea Resort**⑤, 50 Nguyen Dinh Chieu, Tel. 3847700, www.sunsearesort-muine.com. Harmonisch, freundlich, effektiv, man hat Platz. Französisch geführt. 12 Bungalows mit großzügigen Veranden; Standardzimmer blicken auf einen Pool. Rundbungalows sind größer und schicker. Schöner Pool am Strand.

UNSER TIPP: **23** **Full Moon Beach Resort**③, 84 Nguyen Dinh Chieu, Tel. 3847008, www.fb.com/ fullmoonbeachmuine. Ein Klassiker (seit 1996) in neuem Outfit mit korrekten Preisen. Liebevolle Details (die gute alte Thermosflasche!), harmonische Farben, witzige Bäder und gute Ausstattung (jedes Zimmer hat Moskitonetze und Sitzgelegenheiten außen), schöner Pool und Garten. 27 Zimmer. Gute, lebhafte Atmosphäre, Surf- und Kitezentrum.

13 **Grace Boutique Resort**④-⑤, 144A Nguyen Dinh Chieu, Tel. 786348572, https://graceboutique resort.com. Nicht ganz günstig, aber die Besitzer garantieren für Ordnung und Funktionalität ihrer insgesamt sehr hübschen und charmanten Anlage. 14 Zimmer auf drei Etagen. Richtig toll ist die *Ocean Front Romance Jr. Suite*, ein allein stehender Bungalow mit Terrasse direkt am Strand.

30 **Ananda Resort**③-⑤, 48 Nguyen Dinh Chieu, Tel. 3741692. Kleines Resort in Bestlage (Strand), französisch geführt, mit angeschlossener Kite-Schule. Manchmal etwas eng, teilweise Riesenfensterfronten, hinter denen man sich wie ausgestellt fühlt. Fünf Zimmer, 17 Bungalows (*Beachfront* lohnt nicht, davor sind noch Pool, Resto, Bar), Family.

19 **Lotus Village Resort**③-⑤, 139 Nguyen Dinh Chieu, Tel. 3743868, www.lotusvillageresort.com. Die rundum gelungene Anlage ist zweigeteilt durch die Straße. Auf der Dünenseite – mit eigenem Pool – 32 sehr geräumige, gut ausgestattete Zimmer. Am Strand, 20 Zimmer.

1 **Saigon Emerald Resort**④, Tel. 903380556, https://saigonemerald.com. Weiträumige Anlage mit großem Garten an einem schönen Strandabschnitt. Wer Ruhe und Abstand vom Mui-Ne-Rummel (ca. 10 km, freier Shuttleservice) sucht, ist hier richtig. 65 Zimmer mit z.T. sehr großen Bädern, manche mit Meerblick, Villa mit Meerblick. Gratis-Fahrräder, Abholservice vom Bus oder Bahnhof.

26 **EverGreen Resort**③-④, 105B Nguyen Dinh Chieu, www.fb.com/evergreen105. Eine Entdeckung! Neun DZ im Privathaus einer nach 30 Jahren aus den USA zurückgekehrten Viet Khieu *(Monique)*. Schön, aufgeräumt, picobello sauber; hinter dem Haus großer Garten mit viel Platz, Pool und Blick auf die Dünen. Freundlich, hell, gute Ausstattung (Regendusche, Wasserkocher etc.).

UNSER TIPP: **8** **La Marina**③, 246/2B Nguyen Dinh Chieu, Tel. 3743848, https://lamarinamuine. com. Sehr schön. Mit Pool, der von üppigen, tropischen Pflanzen beschattet ist. Drumherum *Cabanas,* in denen es sich erstklassig entspannen und hervorragend frühstücken lässt. Die Frühstücksauswahl ist gewaltig. Die Zimmer sind geräumig, nett ausgestattet und haben einen Balkon/Terrasse. Je weiter nach oben, desto mehr Ausblick aufs Meer. Das Team ist nett und die Lage auch dank der Nähe zum *Dong Vui Food Court* (→ unten) super. An die Strandpromenade sind es nur ein paar Schritte.

5 Nhat Quang Guesthouse②-③, 46 Huynh Thuc Khang, Tel. 938154111, www.fb.com/nhatquangfamily. Schöner, intimer Strand, Pool, viel Grün, sauber, ohne steril zu wirken, freundlicher Service und augenscheinlich sehr kinderfreundlich. Manko: Etwas abseits vom Schuss. 28 geräumige Zimmer.

9 Hai Yen Family Hotel 2③, 132 Nguyen Dinh Chieu, Tel. 3847890. Gut im Neubau mit sieben Meerblick-Balkonzimmern.

25 Hong Di②, 70 Nguyen Dinh Chieu, Tel. 3847 014. Mit die preisgünstigste Unterkunft direkt am Strand. 30 Zimmer. Etwas simpel und chaotisch, aber nicht schlecht.

21 Sea Winds Resort①-②, 139 Nguyen Dinh Chieu, Tel. 0933007533. Über der Straße, mit viel Grün, kleinen Veranden, freundlicher Service, für den Preis okay. 16 Zimmer.

Essen und Trinken

Unser Tipp: **7 Dong Vui Food Court,** 246 Nguyen Dinh Chieu, Tel. 834517858, www.dongvuifoodcourt.com. Die Mitte und das Rückgrat des heutigen Mui Ne. Hier trifft sich täglich und ganz entspannt die ganze (Urlauber-)Welt bei günstigen Getränken und Mahlzeiten. Gleich 13 *Take Aways* umrahmen verschiedene Sitzgelegenheiten – unter Bäumen, an der Bar oder im Freien. Es gibt Vietnamesisch, Indisch, Italienisch, Englisch, Fisch und Meeresfrüchte etc. Dazu eine gut ausgestattete Bar mit heimischem Wein aus Da Lat, *Craft Beer* und allem, was des Durstigen Herz begehrt. Das Essen wird nach Bestellung an den Tisch gebracht, bei Getränken gilt *Selfservice*. Tipp: Unbedingt die Burger probieren – vielleicht die besten weit und breit.

12 Ngoc Suong, 124A Nguyen Dinh Chieu. Ableger des berühmten *Seafood*-Imperiums mit Filialen

639v un

in Ho Chi Minh City und Nha Trang. Gute Küche, nicht überteuert, schöne Zweiertische direkt am Wasser (Reservierung Tel. 3847515).

31 Ratinger Löwe, in den Cham Villas, Tel. 374 1234, www.ratinger-loewe.com. Schweinsbraten, Kohlroulade, Rostbratwürste und deutsche Biere.

32 Sandals, im *Sailing Club,* www.sailingclubmuine.com/dine. Mediterran-vietnamesische Fusionsküche, für viele die beste in Mui Ne.

30 Sukhotai, im *Sunsea Resort,* https://sunsearesort-muine.com/sukhothai-restaurant. Gute Thai-Küche, hübsches Strand-Resto.

28 Breeze, 69 Nguyen Dinh Chieu, Tel. 3741682, http://muinehills.com/breeze-restaurant. Frühstück, Mittag- und Abendessen am Pool des *Mui Ne Hills* mit Panoramablick auf die Küste; abends DJs bis spät.

Man gönnt sich ja sonst nichts: Frühstück im La Marina Hotel

640v sb

27 Tropical, 97 Nguyen Dinh Chieu. Gute französische Küche – Fondue Bourguignonne, Lavastein-Gerichte – in tropischem Gartenambiente (Minigolf!).

10 Sindbad, 133 Nguyen Dinh Chieu, FB: Sindbad, Mui Ne. Deutsch geführte Döner-Stube, sehr populär.

24 Lam Tong, 92 Nguyen Dinh Chieu, www.fb.com/LamTongQuan. Das Plus ist die Terrasse am Meer, weshalb es auch in jedem *Guidebook* steht. Fisch, Fleisch oder Nudeln – bessere „Einheitsküche", mehr nicht.

17 Boke Mr. Crab (Branch No. 2), 112 Nguyen Dinh Chieu, Tel. 973857146. *Seafood BBQ* mit schöner Terrasse direkt am Strand (Tische 1–12 in der ersten Reihe!).

18 Boke Mr. Crab (Branch No. 1), 179 Nguyen Dinh Chieu. *Open-Air-BBQ*-Stände auf einer unbebauten Freifläche etwas außerhalb. Gegrillt wird, was gefällt, vom Lobster bis zum Krokodil.

11 BiBo, 191 Nguyen Dinh Chieu. Gutes und wirklich frisches *Seafood* – das meiste kommt aus den Bassins und nicht vom Eis.

Im Dong Vui Food Court kann man gut und gerne ein paar Stunden verbringen und neue Bekanntschaften machen oder alte pflegen

20 Vietnam Home, 74 Nguyen Dinh Chieu, www.fb.com/VietNamHomeMuiNeRestaurant. Riesenauswahl, von Vietnamesisch über *Seafood* bis zum gegrillten Krokodil. Terrasse im Obergeschoss.

34 Shree Ganesh, 57 Nguyen Dinh Chieu. Indisch zu zivilen Preisen.

34 Forest Restaurant, 65B Nguyen Dinh Chieu, www.fb.com/forestmuine. Hübsche Dschungel-Ruinen-Kulisse, belebende Atmosphäre, abends traditionelle Musik. Die Küche (vietnamesisch, westlich, Fusion) ist leider zweitrangig.

Zum Entdecken

37 Cay Bang, 2–4 Nguyen Dinh Chieu. Tolle Terrassen am Meer, hervorragendes *Seafood,* superpopulär bei Einheimischen. Einziges Manko: Karte ohne Preise, da muss man bei der Bestellung tüchtig nachfragen.

Nachtleben

24 Jibe's, 90 Nguyen Dinh Chieu, https://jibesbeachclub.com. Kommt seit Jahren gut an. Kiter-Treff mit Boutique, Resto, Bar, Lounge.

16 Dragon Beach, 120/1 Nguyen Dinh Chieu, https://dragonbeach.vn. Angesagte Strandbar mit reichlich *Happy Hours* und Programm.

An- und Weiterreise

■ **Ho Chi Minh City:** Alternativ zur N 1: Kombination aus N 51 (bis Ba Ria, evtl. Abstecher nach Long Hai) und N 55 (über Xuyen Moc, Binh Chau, Ham Tan); von da ab schöne Fahrt über die **Küstenstraße** Ke Ga – Phan Thiet.

■ **Phan Rang:** Entlang der spektakulären Küsten- und **Dünenstraße** Mui Ne-Hon Rom-Bau Ba (White Lake), die nach 42 km bei Luong Son auf die N 1 trifft.

■ **Nha Trang:** Seit 2015 zweigt beim Bau Ba (White Lake) ein vierspuriger Highway ab, der nach 23 km zu dem pittoresken Fischerort Phan Ri führt (von dort Abzweiger zum AH1 Richtung Norden) – hübsch, weil (noch) vergleichsweise ursprünglich und untouristisch, mit einem lebendigen Markt und zahlreichen kleinen, günstigen *Seafood*-Ständen.

■ **Da Lat:** Alternativ zur N 27 (Phan Rang): über die N 28 bis Di Linh. Oder, schöner, von Luong Son aus (→ oben) geradewegs nach Norden (Ninh Gia); die an einem Staudammprojekt entlangführende Straße erreicht nach 70 km die N 20 nach Da Lat.

Mui Ne, Umgebung

Suoi Tien (Fairy Stream)

Eine der Attraktionen auf den Ausflugstouren. Hier läuft man **barfuß** den Baulauf des Suoi Tien hinauf, der Untergrund ist meist sandig oder schlammig, und gerät immer tiefer in eine Art **Schlucht.** Linkerhand erscheint bald eine **Dünenlandschaft,** die ein wenig an Australien erinnert und eine gute Einstimmung für die weißen oder roten Dünen ist. Leider ist hier kein Spaziergän-

⊡ Im Tal des Fairy Stream bekommt man einen ersten Vorgeschmack auf die Dünen

637v sb

ger allein – besonders asiatische Touristen lieben den *Fairy Stream*. Dementsprechend gibt es reichlich Verpflegungs- und Einkehrmöglichkeiten.

Rote Dünen

Die *Red Sand Dunes* sind zwar die kleineren der beiden Dünen-Attraktionen (→ Weiße Dünen), aber dank ihrer schnellen Erreichbarkeit und der rostigen rot-braunen Farbe bei Sonnenuntergang ein absolutes Highlight und ein Hingucker. Der einzige Nachteil ist, dass die meisten Touren zur selben Zeit hier enden und es damit voll werden kann auf den Dünen. Aber nichtsdestotrotz: Der **bernsteinfarbene Sand** strahlt ein intensives feuriges Rot aus, der Wind streicht darüber und die Sonne geht Postkarten- und *Social-Media*-mäßig prächtig unter. Was will man mehr?

Hon-Rom-Bucht

Die Bucht hinter Mui Ne, im Nordosten. Rauher, hügeliger, felsiger. Vorbei an dem zugigen Kap Ganh Mui Ne im Rücken des Fischerorts (der noch kaum erschlossene „Hintere Strand" **Bai Sau** ist ideal zum Schwimmen und Wandern abseits der Massen, birgt aber auch gefährliche Strömungen) signalisiert eine Ansammlung von Straßenrestos den Zugang zu pittoresken weißen **Sanddünen** und einem roten Canyon. Die Straße führt in der Folge zu einer weiteren, noch größeren Bucht, **Hom Nghe** (Abzweiger, Endstation des Lokal-Busses), zum White Lake (→ unten, 30 km) sowie zur N 1 (42 km).

Sonnenuntergang mit reichlich Zuschauern auf den Roten Dünen

641v sb

Weiße Dünen am Bau Ba (White Lake)

Der Weiße See, auch Lotos-See genannt, erstreckt sich zu Füßen der mächtigsten und **schönsten Dünenformation** der Region und ist unbedingt einen Ausflug wert. Das intensiv blau schimmernde Gewässer vor der imposanten Kulisse der vietnamesischen „Sahara" ist ein Anblick, den man nicht so leicht vergessen wird. Manchmal ziehen große Rinderherden durch die Dünen, und man wähnt sich in Afrika. Allerdings müssen die Dünen mit lautstarken *Quads* ab den Parkplätzen für die Geländewagen erobert werden, die von tollkühnen Fahrern gesteuert die Hänge rauf und runter schießen. Die lautstarken 15 Minuten Action kosten stolze 300.000 đ, was das Dünenvergnügen ein wenig einschränkt.

Ke-Ga-Leuchtturm

Die Fahrt zum höchsten (54 m) und ältesten Leuchtturm Vietnams (1897) führt entlang einer **spektakulären Fels-, Strand- und Dünenküste.** Wildromantisch, eher an Nordpazifik oder Südatlantik als an „Südsee" erinnernd wie bei Mui Ne (Nadelhölzer statt Palmen!). Per Boot oder Thung-Chai-Korb kann man sich auf die nur wenige Meter entfernte Insel übersetzen lassen und den Leuchtturm besteigen.

■ **Ke-Ga-Leuchtturm,** Abzweiger ab N 1 4 km westlich von Phan Thiet, bis zum Leuchtturm 45 km. Eintritt 10.000 đ. Wenn man den Leuchtturm mit dem Tretboot oder Kanu erkunden möchte, kann man vor Ort eines zu 40–100.000 đ p.P. mieten.

Ta-Cu-Berg

Ein 588 m hoher Berg in flacher Küstenlandschaft – das ist eine Attraktion. Bereits 1861 wurde eine Pagode, Chua Linh Son, auf ihm errichtet und 100 Jahre später der **größte liegende Buddha Vietnams** (49 m lang, bis zu 10 m hoch) hinzugefügt. Der Aufstieg zum Ta-Cu-Berg – nur 2 km von der N 1 entfernt – dauert etwa 1½ Std. – oder 10 Min. per Seilbahn (250.000 đ hin- und zurück, Eintritt inklusive).

Insel Phu Quy

Die von einem massiven, bis 42 m tiefen Korallenriff umgebene Vulkaninsel liegt rund 100 km südöstlich von Mui Ne. Besiedelt ist nur die felsige Nordküste, im flachen Süden erstrecken sich **Strände,** die höchste Höhe der 16,5 km² großen Insel beträgt 106 m. Sehenswert sind neben dem lebhaften Fischerhafen die Linh-Son-Tu-Pagode (1747) auf dem Cao-Cat-Hügel. Das Leben dreht sich um die Fischerei – praktisch die einzige Einkommensquelle der Insulaner. Ideal zum Kitesurfen.

Praktische Informationen

■ 30.000 Einw., 0–106 m, Tel. 0252.

■ **Anreise:** Die Fahrt mit der Fähre ab Phan Thiet dauert 2½ Stunden und kostet ca. 800.000 đ für einen Weg, der Fahrplan ist wetterabhängig. Einige Kite-Surfing-Veranstalter von Mui Ne laufen den Archipel an. Motorroller-Verleih auf der Insel.

www.fotolia.de © tienduc

6

Zentrales Hochland

» Für Entdecker:
In Kon Tum bei den Bergvölkern
Jagen und Sammeln lernen.
In Dak Lak Kaffee, Pfahlhäuser und Elefanten.
In Da Lat Kitsch unter Kiefern –
Romantik auf Vietnamesisch.

‹ Traditionelles Haus der Bahnar

ZENTRALES HOCHLAND

Wohin ganz genau? Dies ist wohl eine der gängigeren Reaktionen, wenn man über Reiseziele wie Buon Ma Thuot, Dak Lak, Yok Don oder Kon Tum zu sprechen beginnt. Das Zentrale Hochland, nahe der laotischen und kambodschanischen Grenze, ist eine der noch am wenigsten von Touristen besuchten Regionen Vietnams. Hier gibt es keine Strände, und die Berge sind weniger hoch als im nördlichen Hochland Vietnams. Doch wer sich in die Abgeschiedenheit der Provinz Kon Tum wagt, hoch zu Dörfern, die man nur zu Fuß erreicht, durch Bambuswälder und vorbei an Reis-, Mais- und Maniokfeldern, erlebt noch Begegnungen mit den Bergvölkern, so authentisch und ursprünglich wie wohl nirgends sonst in Vietnam.

In der Provinz Dak Lak beherrschen Kaffeeplantagen das Bild, die Hauptstadt Buon Ma Thuot gilt als Vietnams Kaffee-Hochburg. Im Yok-Don-Nationalpark lebt die größte Gruppe von Vietnams letzten wilden Elefanten, im Cat-Tien-Nationalpark wurde 2010 das letzte Java-Nashorn Vietnams getötet. Die selten gewordenen Gibbons kann man hier noch frei lebend beobachten. In der Stadt Da Lat legt dann die Wildnis eine Verschnaufpause ein – hier verbringen Einheimische gerne ihre Flitterwochen.

NICHT VERPASSEN!

- Mit den Bergvölkern im Pfahlbauhaus Reiswein trinken in **Kon Tum** | 363
- Robusta so weit das Auge reicht – in den **Kaffeeplantagen** um Buon Ma Thuot | 374
- Per Motorrad die Gegend abseits der Hauptstraßen erkunden mit den **Easy Riders** von Da Lat | 387
- Im **Cat-Tien-Nationalpark** übernachten – und am Morgen die Gibbons singen hören | 391

Diese Tipps erkennt man an der gelben Markierung.

Überblick

Noch gegen Ende der Kolonialzeit (1953) siedelten weniger als 30.000 Vietnamesen im Zentralen Hochland **(Tay Nguyen).** Die Region war 2000 Jahre lang die Domäne übers Meer zugewanderter **malayo-polynesischer Stämme** wie Ede und Jarai und eingeborener **Mon-Khmer-Völker** wie Bahnar, Sedang und Kohor. Erst die großen Emigrationswellen haben die Akzente deutlich verschoben: 1954 flohen 1 Mio. Katholiken aus dem Norden in den Süden, und ab dem Jahr 1976 folgte über Jahre hinweg ein stetiger Zustrom Hunderttausender aus dem übervölkerten Norden in Richtung Süden. Gegenwärtig stellen Vietnamesen bereits mehr als die Hälfte der Hochlandbewohner.

457v aw

Heute werden die Ureinwohner als „ethnische Minderheiten“ bezeichnet. **Spannungen** zwischen den Bergvölkern und zugezogenen ethnischen Vietnamesen aufgrund umstrittener Landrechte bestanden noch einige Zeit. Zwischen 2001 und 2004 kam es deswegen zu heftigen Unruhen.

Trotz seiner Abgeschiedenheit und geringen Bevölkerungszahl galt das Hochland stets als **strategisch bedeutsam.** Im Indochina- und im Vietnam-Krieg gerieten die Bergvölker zwischen die Fronten: Die Franzosen, die Amerikaner wie auch die Vietnamesen drückten ihnen Waffen in die Hände. Sie kämpften und starben in Schlachten, die nicht ihre waren. In den Kriegsfilmen „Apocalypse Now“ und „The Green Berets“ werden sie dargestellt, wie sie Seite an Seite mit den Amerikanern kämpfen. 1965 fanden bei Pleiku die ersten Gefechte zwischen regulären Truppen des Nordens und des Südens statt, auf dem Höhepunkt des Vietnamkriegs diente das Hochland als Rückzugsgebiet der Befreiungsfront und Aufmarschzone der Nordvietnamesen.

Regionen wie Da Lat und Buon Ma Thuot versorgen heute nicht nur den Großraum Saigon, sondern halb Vietnam mit Obst und Gemüse. Praktisch der gesamte **Kaffee** des zweitgrößten Kaffeeproduzenten der Welt wird im günstigen Klima des Hochlands angebaut.

⌃ In der Provinz Kon Tum

Klima

Trockenzeit ist von November bis April, Regenzeit von Mai bis Oktober mit heftigen (aber häufig kurzen) Regenschauern. Aufgrund seiner Höhenlage weist Da Lat ein spezielles, kühleres Klima auf, mit Durchschnittstemperaturen zwischen 15 und 20 °C und einer kürzeren Trockenzeit von Dezember bis März. In Da Lat, sagen die Einheimischen, erlebt man vier Jahreszeiten an einem Tag; ab Mittag Sommerhitze, und nach Sonnenuntergang kann es sehr frisch werden.

Verkehr

Das Straßennetz ist insgesamt gut und weitgehend bei jedem Wetter passierbar.

Besonders schön und abwechlungsreich (z.T. alte, ursprüngliche Wälder) sind die N 24 Kon Tum – Quang Nai und die N 14 Kon Tum – Da Nang. Bestens ausgebaut, aber weniger reizvoll sind die N 19 Pleiku – Qui Nhon und die N 26 Buon Ma Thuot – Nha Trang. Die N 27 Da Lat – Buon Ma Thuot führt durch eine z.T. pittoreske, aber überaus menschenleere Gegend. Die N 28 Da Lat – Phan Thiet sowie die N 723 Da Lat – Nha Trang sind kürzere Alternativen zur Route über Phan Rang (N 27).

Entfernungen in km

- **Von Ho Chi Minh City:** Da Lat 300, Buon Ma Thuot (N 14) 350.
- **Von Da Lat:** Phan Rang 110, Buon Ma Thuot 200, Nha Trang 230 (N 27) bzw. 140 (N 723), Phan Thiet 175 (N 28), 250 (N 27).
- **Von Nha Trang:** Buon Ma Thuot 185, Pleiku 385, Kon Tum 435.
- **Von Qui Nhon:** Pleiku 190, Kon Tum 240.
- **Von Buon Ma Thuot:** Nha Trang 185, Pleiku 200, Da Lat 200, Kon Tum 250.
- **Von Kon Tum:** Pleiku 50, Da Nang 320.

Kon Tum und Umgebung

In dem entspannten Städtchen Kon Tum am Fluss Dak Bla, Hauptstadt der gleichnamigen, nur sehr dünn besiedelten Provinz Kon Tum, begegnet man bislang kaum westlichen Touristen. Hier trifft man Einheimische, unter anderem aus dem Volk der **Bahnar, Jarai** und **Sedang,** die rund die Hälfte der Bevölkerung ausmachen (→ Exkurs „Bergvölker des Südens", S. 364). Kon Tum ist die Basis für die spannendsten, interessantesten Ausflüge zu den **Dörfern der Bergvölker** im Zentralen Hochland. Es lohnt sich, dafür mehrere Tage einzuplanen. Schon am Stadtrand sieht man die ersten Rong-Häuser, die Gemeindehäuser der Bahnar. Das wahre Abenteuer beginnt jedoch erst in den entlegenen Siedlungen in den Bergen, die nur zu Fuß erreichbar sind. Wer einen möglichst authentischen Einblick in das Leben der Bergvölker Vietnams sucht, echten Kontakt mit den Menschen und einen *Homestay,* der diesen Namen noch verdient.

Auch in der Stadt Kon Tum hinterließen die Franzosen ihre Spuren. Missionare richteten bereits um 1860 erste Missionsstationen zur **Christianisierung** der Bahnar ein; viele Angehörige der Bergvölker sind heute Christen, die alten Kirchen sind sonntags voll. In den weiter entfernten Siedlungen pflegen die Stämme aber nach wie vor ihre alten Traditionen, Rituale und Naturreligionen.

Wenig Sichtbares lässt heute darauf schließen, dass Kon Tum während des **Vietnamkrieges** ein trauriger Schauplatz erbitterter, verlustreicher Kämpfe war. Im Frühjahr 1972 konnte Südvietnam während der Oster-Offensive die Stadt trotz massiver Bombardierung gegen den Norden halten. Im März 1975 fiel Kon Tum während der Frühjahrs-Offensive, die dann am 30. April mit dem Fall Saigons zum Sieg von Nordvietnam führte.

Bergvölker des Südens

Die ethnischen Minderheiten Zentralvietnams werden oft „Montagnards" oder „Degar" genannt, früher wurden sie von den Vietnamesen auch als „Moi" („Wilde") bezeichnet. Sie sind auf den ersten Blick nicht so einfach von den Vietnamesen (Kinh) zu unterscheiden wie die Bergvölker des Nordens, da sie im Alltag kaum mehr ihre bunten Trachten tragen. Spektakulär sind hingegen ihre **Gemeinschaftshäuser,** die Rong, von denen einige bis zu 100 m lang, andere bis zu 30 m hoch sind, ihre Feste und Riten, bei denen der **Gong** eine zentrale Rolle spielt, und kunstvolle **Grabstätten** mit Totenhäusern, Grabbeigaben aus dem persönlichen Besitz des Verstorbenen und bis zu mannshohen Holzskulpturen. **Grabrituale** beinhalten oft tagelange Gelage mit Reiswein, Gongmusik und der Opferung von Wasserbüffeln. Nach mehreren Jahren wird das Grab aufgegeben und unter Festlichkeiten ein größeres gebaut, das von Statuen von Tieren und Menschen umgeben wird, oft auch Darstellungen von Schwangeren und kopulierenden Paaren.

Offiziell sind in Vietnam 53 verschiedene ethnische Minderheiten anerkannt. Die Einteilung in Völker, Stämme und Unterstämme ist jedoch nicht unumstritten, die Liste hier ist nicht vollständig.

Jarai

Malayo-polynesisch. 514.000
Gia Lai, Kon Tum, Dak Lak, Khanh Hoa

Die matriarchalischen Jarai (oder Gia Rai) brachten die Kultur der Südsee nach Vietnam und Kambodscha. Legendär sind ihre Hochzeits- und Begräbnis-Zeremonien, berühmt auch ihre Musikinstrumente (Trommeln, Gongs, Flöten, Harfen). Viele der ursprünglich halbnomadischen Pferde- und Rinderzüchter wurden in den letzten Jahren sesshafte Pflanzer, die sich dem profitablen Anbau von Kaffee, Tee, Tabak und Baumwolle widmen.

Ede

Malayo-polynesisch. 400.000
Dak Lak, Phu Yen, Khanh Hoa

Die Ede (oder Rade) sind wie die Jarai Animisten und matrilinear, bemessen Reichtum in Form von Gongs und Bronzekrügen (zur Gärung von Reiswein). Ihre Langhäuser maßen früher bis zu 100 m, mit separaten Eingängen für Männer und Frauen. Der Treppeneingang für Frauen ist oft mit Holzsymbolen für zwei Brüste, Halbmond und Elefanten-Stoßzähne verziert. Der Mann zieht nach der Heirat in das Haus der Familie der Ehefrau.

Bahnar

Mon-Khmer. 290.000
Kon Tum

Die Familien der Bahnar (oder Ba Na) sind bilinear, Männer wie Frauen erben und sind, wenn auch arbeitsteilig, nahezu gleichgestellt. Ihre imposanten Rong-Pfahlbauhäuser, die an Segelschiffe erinnern, weisen steile, bis zu 30 m hohe Dächer auf. Die Gemeinschaftshäuser werden für Feste, Zeremonien und Versammlungen genutzt und dienen Junggesellen als Übernachtungsort.

Sedang

Mon-Khmer. 212.000
Kon Tum, Gia Lai, Quang Ngai, Laos

Die Sedang (oder Xo Dang) führten oft blutige Kriege untereinander wie gegen die Bahnar, die sie an siamesische Sklavenhändler verkauften. Ursprünglich brachten sie auch Menschenopfer dar. Sie leben in Pfahlbauhäusern (früher in Langhäusern).

Kohor

Mon-Khmer. 100.000
Lam Dong

Zu den Untergruppen der Kohor (oder K'ho) zählen die Lat und Chil von Da Lat. Obschon relativ früh christianisiert, spielen Tanz und Musik noch heute eine wichtige Rolle in ihrer totemistischen Geisterwelt. Ihre Langhäuser sind vergleichsweise kurz (max. 30 m).

Mnong

Mon-Khmer. 127.000
Dak Lak, Dak Nong, Lam Dong

Die Mnong sind seit Jahrhunderten als Elefantenjäger bekannt. Viele Gruppen leben in ebenerdigen Häusern, andere in Pfahlhäusern, deren Strohdächer oft fast bis zum Boden reichen. Schmuck (Silber, Kupfer, Zinn) wird von beiden Geschlechtern getragen. Ihre hölzernen Begräbnisstatuen sind bevorzugt Pfauen und Elefantenzähne.

Bru und Van Kieu

Mon-Khmer. 95.000
Quang Nam, Thua Thien Hue

Als Bewohner des 17. Breitengrads hatten sie das Pech, in der umkämpftesten Zone des Vietnamkriegs zu leben. Beide Völker sind patrilinear und betreiben z.T. noch heute halbnomadische Brandrodung. Die Dächer der Pfahlhäuser sind oval, erinnern an Schildkrötenpanzer und sind teilweise mit hölzernen Vögeln oder Büffelhörnern dekoriert.

Tipp: Mehr über die Bergvölker ist im *Museum of Ethnology* in Hanoi zu erfahren, wo in einem Park begehbare traditionelle Häuser zahlreicher Stämme ausgestellt sind, sowie im *Dak Lak Museum* in Buon Ma Thuot, mit vielen Infos und Artefakten. Lesenswert: Die Website des *Council of Indigenous Peoples in Today's Vietnam* zur Geschichte und aktuellen Situation der Minderheitenvölker:

https://ciptvn.org

116v kb

Rong-Haus der Bahnar

Sehenswertes

Wooden Church

In der **Holzbasilika,** die die Franzosen 1913 aus wertvollen Hölzern errichteten, werden die Gottesdienste in der Bahnar-Sprache gehalten. Christliche Angehörige der Bergvölker kommen hierher, oft in traditioneller Bekleidung. Die hübsche Kirche ist eine Mischung aus romanisch-gotischem und Hochlandvölker-Pfahlbau-Stil, mit klassischen christlichen Symbolen und Bahnar-Kunst.

■ **Wooden Church,** Nha Tho Go, Nguyen Hue Ecke Ly Tu Trong, Gottesdienste sonntags 5, 8 und 16.30 Uhr.

Ehemalige Bischofsresidenz

Um 1925 entstanden, mit angeschlossenem Priesterseminar im französischen Stil mit deutlichen Zugeständnissen an die Bahnar-Architektur. Im ersten Stock findet sich ein kleines **Museum** mit Artefakten der Bahnar.

■ **Ehemalige Bischofsresidenz,** Tran Hung Dao etwa gegenüber Ecke Nguyen Van Troi, tgl. 7–11.30 und 14–17.30 Uhr.

[>] Die ehemalige Bischofsresidenz von Kon Tum

Kon-K'lor-Brücke

Etwa 2 km östlich des Zentrums führt die Hängebrücke (Cau Treo Kon K'lor) aus der Stadt und über den **Dak-Bla-Fluss.** Gleich davor auf der rechten Seite, nicht zu übersehen, steht ein Rong-Haus. Tran Hung Dao Richtung Osten, bis sie in die Bac Kan übergeht, und weiter bis zum Fluss.

Dörfer in Stadtnähe

Schon rund um die Stadt existieren Dutzende Bahnar-Dörfer mit Rong-Häusern sowie Weiler von anderen Minderheiten. Der Bahnar-Weiler **Kon K'tu** etwa, mit prächtigem Gemeindehaus und einer Kirche: Über die Kon-K'lor-Brücke stadtauswärts, nach 500 m links und dann 4 km immer der Straße nach, vorbei an den Dörfern **Kon K'lor** und **Kon K'ri,** zum Fluss. Man hat allerdings mehr davon, wenn man die Dörfer mit einem Guide besucht, der mit den Bewohnern kommunizieren und Interessantes über deren Alltag und Traditionen erklären kann. Auch Übernachtungen in den Weilern sind möglich.

Touren zu den Bergdörfern

Ungleich spannender sind Begegnungen mit Menschen in den entlegenen, weitgehend isolierten Bergsiedlungen der Provinz. Hierhin führen die Touren des Künstlers *Mr. An,* 1959 in Kon Tum geboren. Er ist auf Du und Du mit den Bergstämmen, spricht ihre Sprachen und führt seine Gäste mit viel Wissen und Humor tief in eine mystische Welt der Schamanen, Jäger und Matriarchinnen – etwa in das Alltagsleben der **Jolong,** einem Unterstamm der Bahnar. Es geht vorbei an Reis-, Mais- und Maniokfeldern und durch Wälder, wo die Dorfbewohner ihre Eichhörnchenfallen aufstellen. In der Pfahlbauhütte isst man mit der Familie am Boden neben der Feuerstelle, was der Bergwald und die durch Brandrodung gewonnenen Felder hergeben, kommt ins Gespräch, trinkt mit ihnen traditionellen Reiswein (bei diesen Stämmen sind die Frauen oft ganz schön trinkfest!), wäscht sich im Bergbach und rollt dann für die Nacht den Schlafsack auf dem Hüttenboden aus.

UNSER TIPP: **11** **Eva Café,** 5 Phan Chu Trinh, Tel. 3862944 oder 0905672442, www.fb.com/cafe

Adobe Stock © Hien Phung

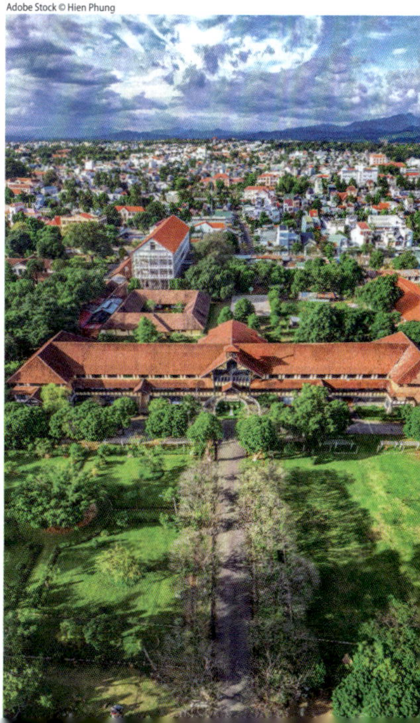

452v aw

evakontum, evacoffee@ymail.com. Touren mit *Mr. An* können von einem bis mehrere Tage dauern und werden vorab individuell besprochen und geplant. Je nach Art der Tour um die 80 $ pro Tag. Am besten frühzeitig Kontakt per E-Mail aufnehmen.

10 **Highland Eco Tours,** 41 Ho Tung Mau, Tel. 39 12788 oder 0905112037, www.vietnamhighlands.com. Auch *Mr. Huynh* bietet Touren und ist sehr hilfsbereit.

Praktische Informationen

- 172.000 Einw., 550 m, Tel. 0260.
- **Information:** *Kon Tum Tourist,* 2 Phan Dinh Phung *(Dakbla Hotel)*, Tel. 3863334, Mo–Sa 8–17 Uhr. Geringe Englischkenntnisse, besser für Tipps und Touren sind *Highlands Eco Tours* und *Eva Café* (→ oben).
- **Geld:** *BIDV* mit ATM, 1 Tran Phu, *Vietcombanken* 125 und 578 Tran Phu.
- **Taxi:** *Mai Linh,* Tel. 38383838.
- **Fahrräder:** Miete im *Konklor*-Hotel, 2 $/Tag.
- **Waisenhäuser:** In und um Kon Tum gibt es sechs „Waisenhäuser" bzw. Kinderheime, mit bis zu 700 Kindern in Obhut. Kinderschutz-Organisationen raten allgemein vom „Orphanage Tourism" ab, der oft mehr schadet als hilft. Mehr Infos unter https://vinhsonorphanage.org, https://thinkchildsafe.org.

Unterkunft

2 **Indochine Hotel** (Dong Duong)③, 30 Bach Dang, Tel. 3863335,www.indochinehotel.vn. 63 etwas abgewohnte Zimmer, einige mit Blick auf den Fluss. Rezeption freundlich und hilfsbereit, sprechen Englisch.

8 **Konklor**②, 155 Bac Can, Tel. 3861555, https://konklorhotel.vn. Ca. 2 km vom Stadtzentrum entfernt, ruhige Lage Nähe Kon-K'lor-Brücke, Bungalows in einem Garten. Kaum Tageslicht in den 25 Zimmern, da nur kleine Milchglasfenster. Gute Frühstückskarte mit Pfannkuchen usw. Freundlich, sprechen Englisch. Vermieten Fahrräder für 2 $/Tag.

9 **Green Hotel**①-②, 192 Bac Kan, Tel. 3912567. Nachahmer gegenüber vom *Konklor*-Hotel, zehn Zimmer in Bungalows im Grünen. Günstiger und Zimmer hübscher als im *Konklor* (aber leider ebenso kleine Milchglasfenster). Kaum Englischkenntnisse.

UNSER TIPP: 5 **Thinh Vuong Hotel**①-②, 17 Nguyen Trai, Tel. 3914729. 30 saubere, große Zimmer mit Lift und Computer, in einer ruhigen Straße, freundlich, sprechen Englisch.

7 **Truc Hoang Ha**①, 116 Ngo Quyen, Tel. 37009 99, FB: Khách san TRÚC HOÀNG HÀ. Für den Preis hübsche Zimmer, Lift. Lobby in der Garage etwas gewöhnungsbedürftig.

Essen und Trinken

UNSER TIPP: **Pho Kho:** *Street Food* vom Feinsten! Auch genannt „Zweischalen-Nudeln", in der einen Reisnudeln mit Schweinefleisch und gerösteten Zwiebeln, in der anderen eine süßlich-würzige Brühe mit dünn geschnittenem Rindfleisch oder Fleischbällchen, garniert mit viel frischen Kräutern, Sprossen, Limettensaft, Chili- und weiteren Saucen. Abends auf der Straßenkreuzung Nähe 178 Le Hong Phong.

■ **Bun Thit Nuong:** Das Gericht *bun thit nuong*, Reisnudeln mit gegrilltem Fleisch, frischen Kräutern und Salat, ist in Zentralvietnam weit verbreitet. Auch Varianten der Hue-typischen *banh beo* (kleine gefüllte Reiskuchen) und weitere Leckereien kann man z.B. an der 79 Hoang Van Thu genießen, mit Bildern von den Gerichten zum Draufzeigen.

3 **Hiep Thanh,** 529 Nguyen Hue, Tel. 3862470. Englische Karte mit vietnamesischen Speisen. Etwas kantinenartig, aber sauber und freundlich.

1 **Nem Ninh Hoa,** 15 Tran Phu. Frische Frühlingsrollen zum Selberdrehen.

4 **Hoan Vu,** 81 Nguyen Hue. Gutes Essen, englische Karte. Im ersten Stock offener Speisesaal.

6 **Country House Coffee,** 145 Ngo Quyen. Hübsche Café-Bar schräg gegenüber vom *Thinh Vuong Hotel*. Kaffee, Bier etc. Am Abend wird ein immer wechselndes, sehr leckeres Essen serviert (sicherheitshalber nachfragen!).

UNSER TIPP: 11 **Eva Café,** 5 Phan Chu Trinh, www.fb.com/cafeevakontum. Basis des Künstlers und Tourguides *Mr. An* (→ Touren zu den Bergdörfern) in verwunschen-schönem Garten, mit seinen Skulpturen, die er z.T. aus Kriegsschrott gebaut hat. Wenn er nicht gerade unterwegs ist, kann man von ihm viel über die Region erfahren. Zum Zeitpunkt der Recherche befand sich das Café im Umbau, Touren werden aber angeboten.

An- und Weiterreise

■ **Entfernungen** (in km): Pleiku 50, Quang Ngai 210, Qui Nhon 240, Buon Ma Thuot 250, Da Nang 320.

■ **Bus:** Haupt-Busbahnhof 281 Phan Dinh Phung. Nach Pleiku, Buon Ma Thuot (oft als Dak Lak angeschrieben, 5 Std.), Quang Ngai (5 Std.), Quy Nhon (5 Std.), Da Nang (6 Std.), Ho Chi Minh City (11 Std.).

■ **Laos:** Der Grenzübergang Po Y 90 km nordwestlich ist für Ausländer offen (*Visa on Arrival* in Laos 40 $); weiter nach Attapeu (200 km), Pakse (420 km). Bus nach Attapeu 5, 13 Uhr, 5 Std. Nach Pakse ab Pleiku.

■ **HCM Highway (N 14):** Gute Straße. Fantastischer Bergdschungel mit Pässen zwischen Plei Kan (Ngoc Hoi) und Kham Duc (Phuoc Son, 120 km). In Kham Duc ist das Hotel Be Chau Giang sehr empfehlenswert, 94 Pham Van Dong, Tel. 02353 681555, https://hotellychaugiang.com. Bei Thanh My (km 240) zweigt die N 14B nach Hoi An/Danang ab (80–100 km). Zwischen Prao (km 290, 3 Hotels, N 640 nach Da Nang) und Aluoi (km 400, 3 Hotels, N 49 nach Hue) weitere Pässe und kaum Verkehr, witterungsbedingt kann die Straße hier unpassierbar werden; Weiterfahrt bis Lao Bao (km 530) oder Dong Ha (km 550).

◁ Zu Besuch bei den Bergvölkern

Pleiku und Umgebung

Gleich vorweg: Pleiku muss man nicht zwingend gesehen haben. Die im US-Krieg arg zerstörte und unangenehm weiträumig wieder aufgebaute Stadt ist weder schön noch bietet sie wirklich nennenswerte Sehenswürdigkeiten, und die Museen sind unterdurchschnittlich. Wer sich zwischen Pleiku und dem eine Stunde entfernten Kon Tum entscheiden muss, dem sei mehr Zeit in Kon Tum mit spannenderen und besser zugänglichen Dörfern in der Umgebung empfohlen. Interessant sind in der Umgebung von Pleiku höchstens die Dörfer und vor allem **Friedhöfe der Jarai** mit ihren aufwendigen Totenhäusern und kunstvoll geschnitzten Holzskulpturen.

Die Provinz **Gia Lai** war eine der umkämpftesten Regionen des Vietnamkriegs. Im Tal von Ia Drang unweit der Provinzhauptstadt fanden 1965 die ersten offiziellen Kriegshandlungen zwischen den USA und Nordvietnam statt.

Hinweis: Für den Besuch der Jarai- und Bahnar-Dörfer braucht man offiziell eine Genehmigung und einen Guide. Guides können bei *Gia Lai Eco Tourist* angeheuert werden (→ Praktische Informationen).

Jarai-Dörfer

Mehr als ein halbes Dutzend Dörfer mit Rong-Häusern und Friedhöfen befinden sich in der Region der ehemaligen Yaly-Wasserfälle (heute Kraftwerk) nordwestlich von Pleiku. Lohnend ist der Besuch von **Plei Phun.**

14 km Richtung Kon Tum (N 14), Abzweiger links nach Yaly. Bei km 15.5 führt rechts eine Piste nach Plei Phun.

Bahnar-Dörfer

Östlich von Pleiku nahe der N19 sind die Bahnar-Dörfer Dektu, Deron, Dedoa und Dekop besuchenswert (33 km, auch *Homestay*). Die Totenhäuser und Statuen der Bahnar sind kleiner als die der Jarai, aber nicht minder schön und aufwendig.

Praktische Informationen

- 210.000 Einw., 785 m, Tel. 0269.
- **Information und Touren:** *Gia Lai Eco Tourist*, 82 Hung Vuong, Tel. 3760898, oder *Ms Anh* 976144 977, http://en.gialaiecotourist.com. Als Alternative können Touren zu Dörfern nördlich von Pleiku auch von Kon Tum aus unternommen werden.
- **Geld:** *Vietcombank*, 62 Phan Boi Chau.
- **Taxi:** *Mai Linh*, Tel. 3717979.
- **Flug:** *Vietnam Airlines*, 189 Nguyen Tat Thanh, Tel. 3823058.
- **Gongfestival:** Mitte November, Info über *Gia Lai Eco Tourist.*

Unterkunft

- **Hagl Hoang Anh**③, 1 Phu Dong, Tel. 3718459, www.fb.com/haglhotelpleiku.vn. Hochhaus am Ortsrand, 127 Balkon-Zimmer.
- **Elegant Hotel**②, 64 Nguyen Tat Thanh, www.fb.com/KhachsanElegant. 37 kleine, aber gut eingerichtete Zimmer.

■ **Duc Long②**, 95 Hai Ba Trung, Tel. 3876303. Minihotel mit 19 geräumigen Zimmern z.T. mit Balkon. – **Duc Long 2** ist neuer, 117–119 Tran Phu, Tel. 3748777. Die 53 Zimmer sind sehr geräumig (eher als Apartments gedacht) und kosten wenig mehr.

Essen und Trinken

■ **Street Food:** Nach *pho kho* Ausschau halten! Sehr leckere, günstige Nudelsuppe mit Fleisch und vielen frischen Kräutern. Z.B. Nachtmarkt oder *Pho Kho Gia Lai*, 22–24 Nguyen Van Troi, www.fb.com/PhoKhoGiaLaiHong, Morgen und Mittag.

■ **Nachtmarkt:** Diverse Essstände mit günstigen, guten Nudelgerichten, Fleischspießchen, Frühlingsrollen usw. Nguyen Thien Thuat und Hoang Van Thu.

■ **Ngoc Lam,** 127 Phan Dinh Phung. Gutes Essen auf drei Stockwerken, englische Karte.

■ **Thien Thanh,** 58 Pham Van Dong (Wegweiser an Hauptstraße), Tel. 971609052, www.fb.com/Nhahangthienthanh1. Großes Gartenlokal mit Pavillons und Blick auf Reisfelder.

An- und Weiterreise

■ **Entfernungen** (in km): Kon Tum 50, Qui Nhon 190, Buon Ma Thuot 200.

■ **Bus:** Von/nach **Kon Tum** (1 Std.) ab Bushaltestellen an den Hauptstraßen, oder Duc Long (Gia Lai) Busbahnhof, an der Ly Nam De nördlich der Ecke Chu Van An auf der gegenüberliegenden Straßenseite. Nach **Buon Ma Thuot** (oft als Dak Lak angeschrieben, 4 Std.). Auch Busse nach Qui Nhon, Da Nang, Quang Ngai, Da Lat, Ho Chi Minh City, Hanoi und weitere. Nach **Kambodscha,** Duc Long Station an der Ly Nam De, (Grenzübergang Le Thanh/O Yadaw, *Visa on Arrival* 30 $). Nach **Laos** (*Visa on Arrival* 40 $): Attapeu (6 Std.), Pakse (7 Std.).

■ **Flug:** *Vietnam Airlines, VietJet Air.* Ho Chi Minh City, Hanoi, Da Nang. Flughafen ca. 7 km nördlich. Taxi direkt nach Kon Tum (500.000–600.000 đ) oder Moped-Taxi (*Xe Om,* 300.000 đ), ca. 1 Std.

☐ Häuser in einem Bahnar-Dorf bei Pleiku

Adobe Stock © Quang

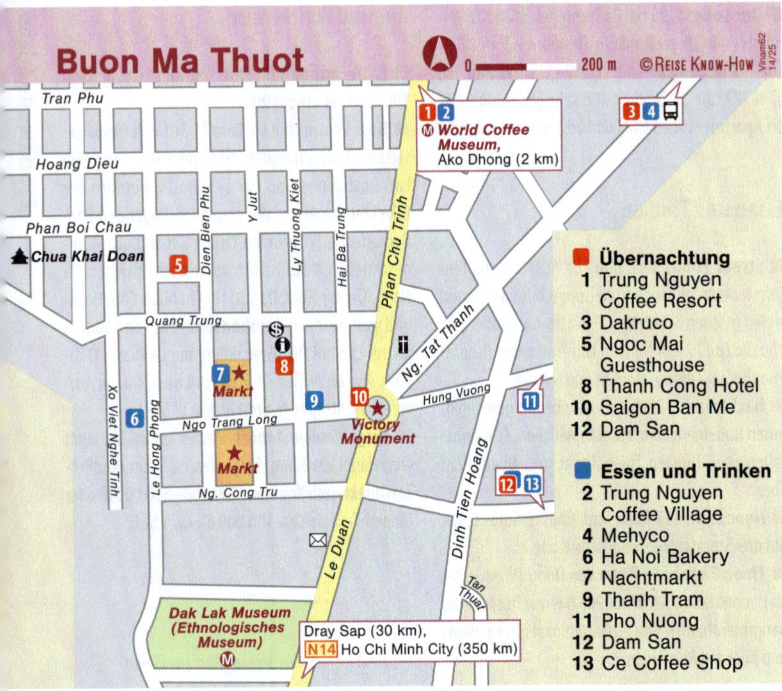

Buon Ma Thuot und Umgebung

Die **Kaffeemetropole** Vietnams entstand um 1910 aus einem französischen Milizposten und wirkt überraschend urban, mit klar definiertem Zentrum und rechtwinklig angelegten, dichtbebauten Straßen. Der neue Wohlstand (Vietnam ist der zweitgrößte Kaffee-Exporteur nach Brasilien) schlägt sich in gut sortierten Märkten und einer erstaunlichen Zahl von Geschäften, Hotels und Restaurants nieder. In der Provinz Dak Lak wird **Robusta** angebaut, die **Arabica**-Hochburg ist Da Lat. Am Zentralplatz erinnert die Replik eines Panzers **(Victory Monument)** an den Sieg der nordvietnamesischen Armee vom 10. März 1975, der zum Niedergang der Republik Südvietnam führte.

Buon Ma Thuot (BMT), auch „Ban Me Thuot" genannt, ist die Hauptstadt der **Provinz Dak Lak,** einst Hauptlieferant von **Kriegselefanten** für die Kaiser von Hue (und selbst die Könige Siams). Trotz ausgedehnter Waldgebiete und Savannen ist Dak Lak dank seines Wasserreichtums und seiner vulkanischen Basaltböden landwirtschaftlich sehr ergiebig; auf den fruchtbaren Plateaus reihen sich **Kaffee-, Tee, Pfeffer- und Gummiplantagen,** werden Reis und Mais angebaut und grasen gewaltige Rinderherden. Ethnien wie die **Ede, Mnong** und **Jarai** stellen heute knapp 40 % der Bevölkerung.

Sehenswertes

Dak Lak Museum

Auch bei knapper Zeit lohnt sich ein kurzer Rundgang. Das Museum, oft auch als **Ethnologisches Museum** *(Ethnographic Museum)* bezeichnet, informiert übersichtlich über die Bergvölker, Geschichte und Artenvielfalt der Provinz. Man erfährt u.a. etwas über Elefantenzähmung, traditionelle Gong-, Beerdigungs- und Büffelopferungsrituale und den Vietnamkrieg (aus nordvietnamesischer Perspektive). Weiter kann man das *Who-is-who* der bedrohten, kaum mehr in freier Wildbahn anzutreffenden Tierarten der Provinz, wie etwa Tiger und Leopard, ausgestopft betrachten. Auch die Abholzung der Wälder und der Wildtierschmuggel werden thematisiert. Beschriftungen finden sich auf Englisch, Französisch, Vietnamesisch und Ede.

■ **Bao Tang Dak Lak,** 12 Le Duan, Tel. 3605507, https://daklakmuseum.vn, Di–Fr 7.30–16.30, Sa/So 8–16.30 Uhr, 30.000 đ.

Nachtmarkt

Angeboten wird viel Ramsch und das eine oder andere Eigenartige (Smartphone-Hüllen, Unterwäsche, Albino-Igel und Eichhörnchen). Auf den Straßen um den Markt herum (Dien Bien Phu, Y Jut usw.) kann man den einheimischen Jugendlichen beim Abhängen zugucken – und an den zahlreichen Ess-Ständen für wenig Geld ausgefallene Snacks probieren, z.B. knusprig gegrillte, gefüllte Reispapierkuchen *(banh trang nuong),* frittierte Taro-Bällchen *(banh khoai mon)* oder ein knallgrünes Getränk aus Tigergras *(rau ma).*

World Coffee Museum

2018 wurde das sehenswerte Museum eröffnet, dessen Bauweise an ein Nha Dai (langes Haus) der ethnischen Gruppe der Ede erinnern soll. Es gibt historische vietnamesische Kaffeeverarbeitungswerkzeuge und Musikinstrumente ethnischer Gruppen zu sehen sowie eine Fotoausstellung, die den Besuchern einen Einblick in die Geschichte, Kultur und Entwicklung der Kaffeeindustrie ermöglicht – sowohl lokal als auch global. Aber im Grunde geht es eher um **Kaffeeverkostungen** und den dementsprechenden Verkauf.

■ **World Coffee Museum,** Nguyen Dinh Chieu, Tel. 899355368, https://baotangthegioicaphe.com, tgl. 7–18 Uhr, Eintritt 150.000 đ.

Ako Dhong Village

In dem nur 2 km vom Zentrum entfernten Ede-Dorf leben knapp 400 zumeist gut situierte Menschen. Die meisten besitzen moderne Häuser, nutzen gleichzeitig aber weiterhin ihre traditionellen Langhäuser mit sehr gepflegten, herausgeputzten Gärten mit geschnittenen Hecken, daneben geparkt stehen ihre Autos und Motorräder. Ein „authentisches Bergvolkkultur-Erlebnis" aus dem Bilderbuch ist hier also nicht zu erwarten. Ein Spaziergang die Phan Chu Trinh stadtauswärts bis zur Tran Nhat Duat.

Kaffee-Touren

Interessantes über Buon Ma Thuots Haupt-Einnahmequelle, den Kaffee, erfährt man auf geführten Touren, die den Besuch von **Kaffeeplantagen** beinhalten. Oft gehört auch ein Stopp auf einer sogenannten **„Wiesel-Farm"** dazu (→ Exkurs „Kaffee und Fake-Kaffee", S. 377). Ein Tässchen guten vietnamesischen Kaffee probiert man auf den Touren zuweilen allerdings erst auf Nachfrage. Auch eine Kaffee-Fabrik wird man ohne Spezialerlaubnis kaum von Innen zu sehen bekommen, denn die Produktion rund um den Röst-Prozess ist laut *Dak Lak Tourist* geheim. (Gute Kaffee-Touren gibt es übrigens auch in Da Lat, und auch Kaffee-Shopping ist dort ergiebiger.)

Dray-Sap-Wasserfälle

Durch den Bau von Staudämmen haben die Wasserfälle in der Umgebung an Spektakularität eingebüßt und sind nur noch in der Regenzeit wirklich sehenswert. Beliebt sind die Thac Dray Sap („Nebelfälle"), die an ihrer breitesten Stelle fast 200 m messen. Eine der Attraktionen ist die hölzerne **Hängebrücke** mit Ausblick auf den Wasserfall. Großes Areal zum Trekken entlang des gen Kambodscha fließenden Serepok-Flusses. Touren schließen oft auch einen Besuch der nahe gelegenen **Dray-Nur-Fälle** mit ein.

■ **Thac Dray Sap,** 30 km südwestlich. N 14 bis Dorf Ea Tling, Abzweiger 8 km. Café-Resto. Mit Stadtbus Nr. 13 von BMT (stündl., ab westlichem Ende Nguyen Tat Thanh vor der Kirche). Eintritt 80.000 đ.

Lak-See

Der 500 ha große Ho Lak ist der zweitgrößte natürliche Binnensee Vietnams, umgeben von Minderheiten-Dörfern und sanfter Berglandschaft. Abends und am frühen Morgen ist das Licht hier besonders schön, auch die Hinfahrt ist pittoresk. Der See befindet sich ca. 50 km südlich von Buon Ma Thuot Richtung Da Lat. Man kann den See mit traditionellen Holz-Kanus überqueren und auf Touren zu den Dörfern (z.B. **Jun, M'Lieng** oder **Le**) mehr über das Volk der Mnong, das hier siedelt, erfahren. Mit Übernachtungsmöglichkeit in Mnong-Langhäusern.

■ **Anreise:** An der N 27 150 km nördlich von Da Lat, 50 km südlich von Buon Ma Thuot, beim Ort Lien Son. Bus Nr.12 in BMT nach Krong No. ab westlichem Ende Nguyen Tat Thanh gegenüber der Kirche, stündlich.

■ **Unterkunft:** Das **Van Long Motel**①, N3 Y Jut, Tel. 938858809, https://dulichvanlong.com, bietet moderne, saubere Zimmer sowie Betten im Langhaus und Resto.

▷ Gezähmter Elefant im Yok-Don-Nationalpark

Ist Elefantenreiten Tierquälerei?

Die Tierschutzorganisation *Animals Asia in Vietnam* (www.animalsasia.org) spricht sich generell **gegen das Elefantenreiten** aus und strebt für die domestizierten Elefanten Vietnams besseren Schutz und tiergerechtere Tourismus-Alternativen (wie Beobachtung der Tiere in Freigehegen) an. Seit Juli 2018 bietet der **Yok-Don-Nationalpark** kein Elefantenreiten mehr an.

Dak Lak Water Park

Der **Wasserpark** Dak Lak liegt etwa 4 km nordöstlich von Buon Ma Thuot. Er ist der modernste seiner Art im zentralen Hochland. Im Wasserpark kann man sich abkühlen, im Strömungskanal Geschwindigkeit aufnehmen oder in Wellenbecken planschen. Auch für die Kleinen gibt es kinderfreundliche Highlights, Rutschen und Attraktionen.

■ **Dak Lak Water Park,** 11 Nguyen Chi Thanh, km 4, Tel. 935684567, tgl. 8–17.30 Uhr, Eintritt Erwachsene 40.000 đ, Kinder 30.000 đ.

Yok-Don-Nationalpark

Der 115.545 ha große Park zwischen dem Serepok-Fluss und der Grenze zu Kambodscha beheimatet eine Vielzahl seltener Tier- und Pflanzenarten, darunter Vietnams größte noch **wild lebende Elefantenpopulation,** die Wildrinder Gaur und Banteng, Leopard, Goldschakal und Pferdehirsch. Tiger-Sichtungen sind äußerst selten. Auf ein- oder mehrtägigen Treks kann man von den Park-Rangern viel Spannendes über die Herausforderungen beim Tier- und Naturschutz erfahren. Sie haben in dem riesigen Gebiet nach wie vor mit Wilderern zu kämpfen, die die schwindenden Bestände bedrohter Tierarten weiter gefährden.

■ 40 km nordwestlich von BMT, **Bus** (rosa und grüne Farbe) halbstündl. ab 4 Ly Thuong Kiet, Fahrt ca. 1 Std.

■ **Unterkunft**①, Tel. 3783049, www.yokdonnationalpark.vn. Gästehaus oder Zelt, Fahrradmiete 7 $/Tag.

■ **Aktivitäten:** Das Besucherzentrum bietet zahlreiche Aktivitäten, darunter Camping im Wald, Trekking mit den Park-Rangern, Kochkurs mit einer Ede-Familie. Am wahrscheinlichsten sieht man wild le-

453v aw

bende Tiere auf einer Nachttour, www.yokdonnationalpark.vn. Ein englischsprachiger Ranger muss frühzeitig gebucht werden, Infos unter https://tour.yokdonnationalpark.vn/EN/staff.html.

Elefantendorf Buon Don

Das Volk der **Mnong** in Buon Don (auch Ban Don) war früher berühmt für das Jagen und Zähmen wilder Elefanten. Noch im frühen 20. Jh. wurden jährlich rund 30 Tiere gezähmt. Gefangen wurden Jungtiere, die dann an Menschen gewöhnt wurden und verschiedene Kommandos und das Tragen von Lasten und Ziehen von Holz lernten, wie man im **Dak-Lak-Museum** in BMT erfährt. Heute sind die Tiere geschützt, die Jagd auf sie ist schon lange verboten. Wilderei ihrer Stoßzähne wegen sowie die Abholzung der Wälder haben ihren Bestand in Vietnam jedoch kritisch schrumpfen lassen. Nur noch rund 40 Exemplare soll es in der Provinz Dak Lak in freier Wildbahn geben; diese leben im nahe gelegenen **Yok-Don-Nationalpark.** In der Provinz werden zudem noch knapp 50 domestizierte Elefanten gehalten, in erster Linie für das umstrittene Touristen-Vergnügen **Elefantenreiten** (→ Infokasten auf S. 375). Höhepunkt ist ein großes Fest mit Elefantenrennen jeweils im März/April. Neben dem – stark kommerzialisierten! – Besucherzentrum von Buon Don kann man 1 km weiter nördlich auch die **Grabstätte** des legendären Elefantenjägers **Khun Su Nop** (oder Y Thu Knu) besuchen. Auch ein großer **Friedhof** mit Totenhäusern und Grabstatuen der Mnong (Pfauen, Elefantenzähne) liegt an der Straße nach Buon Don, ca. 500 m weiter hinter dem Yok-Don-Nationalpark an der gegenüberliegenden Straßenseite.

■ **Buon Don,** nach Eingang Yok-Don-Nationalpark ca. 5 km weiter, → dort. Besucherzentrum *Ban Don Tourist Centre,* Eintritt 40.000 đ.

Praktische Informationen

■ 340.000 Einw., 500 m, Tel. 0262.

■ **Information und Touren:** *Vietnam Highland Travel,* 24 Ly Thuong Kiet, Tel. 913434078, www.vietnamhighlandtravel.com. *Happy Travel,* 74 Nguyen Thai Binh, Tel. 905159726, http://daklaktour.com. *Dak Lak Tourist,* 51 Ly Thuong Kiet, Tel. 3852246, www.daklaktourist.com.vn. *DakViet Travel,* 32 No Trang Long, Tel. 905057890, https://dakviettravel.vn.

■ **Geld:** *Vietcombank,* 30 Quang Trung, ATM am Victory-Monument.

■ **Taxi:** *Mai Linh,* Tel. 3819819.

■ **Flug:** *Vietnam Airlines,* 17 No Trang Long, Tel. 35 94442.

Unterkunft

UNSER TIPP: **5 Ngoc Mai Guesthouse**①, 9 Nguyen Binh, Tel. 3853406. In diesem einfachen Guest House ist man nicht nur sehr günstig, sondern auch sehr gut aufgehoben: Mr. *Ha* spricht Englisch, verleiht Fahrräder, ist bei der Weiterreise behilflich, verteilt Stadtpläne und endlos viele Tipps.

UNSER TIPP: **12 Dam San**②-③, 212 Nguyen Cong Tru, Tel. 5003851234. Freundliches Hotel mit 80er-Jahre-Feeling, 40 geräumige Zimmer, Garten mit Pool, Touren.

10 Saigon Ban Me④-⑤, 1 Phan Chu Trinh, Tel. 36 85666, https://saigonbanmehotel.com.vn/en. Vier-Sterne-Haus mit 17 Etagen und 131 Zimmern. Keine Balkons. Pool, Panoramarestaurant im 16. Stock.

Kaffee und Fake-Kaffee

Was hat es mit dem „Weasel Coffee" auf sich, den es in Buon Ma Thuot wie auch überall sonst in Vietnam in den Städten massenhaft zu kaufen gibt? Dieser Kaffee, so wird gesagt, wird aus dem Kot von „Wieseln" produziert. Die putzigen, nachtaktiven Tierchen sind eigentlich keine Wiesel, sondern **Fleckenmusangs** aus der Familie der Schleichkatzen (Englisch *civet*). Diese Tiere fressen wahnsinnig gerne Kaffee-Früchte. Die Kaffeebohnen scheiden sie dann aus, auf ihrem Weg durch den Verdauungstrakt angeblich „fermentiert" und somit veredelt. Wilde Exemplare dieser Gattung schleichen nachts durch die Kaffeeplantagen, fressen von den besten, reifen Früchten und wieseln dann wieder zurück in den Bergdschungel. Ihr wertvoller Kot wurde früher mühsam in der Landschaft aufgesammelt, um daraus den teuersten Kaffee der Welt herzustellen.

Heute werden die Tiere auch auf Farmen gehalten. In Vietnam gibt es ein paar „Vorzeige-Farmen", die man auf Touren besichtigen kann. Ob die Tiere immer artgerecht gehalten werden, ist schwer nachprüfbar, und ob dann im „Weasel Coffee" immer drin ist, was auf der Packung draufsteht, ist reine Kaffeesatz-Leserei.

Ähnliches gilt übrigens auch für den „normalen" (also nicht „vorverdauten") vietnamesischen Kaffee, der in Vietnams Cafés serviert wird: Dieser wird nicht selten mit Mais- oder Sojabohnenpulver und künstlichen Aromen stark gestreckt, wie vietnamesische Medien berichteten.

Da muss sie durch, die teure Bohne: Kaffee-Civet auf einer Farm in Buon Ma Thuot

454v aw

3 Dakruco②-⑤, 30 Nguyen Chi Thanh,Tel. 3970 888, www.dakrucohotels.com. 3 km zum Zentrum, mit Pool, *Business Center,* Touren. 144 Zimmer in zwei Gebäuden.
1 Trung Nguyen Coffee Resort②-③, 149–153 Ly Thai To, Tel. 1900633617, https://trungnguyen healing.com/en/trung-nguyen-coffee-resort. Modernes Boutique-Hotel mit Garten neben der Trung Nguyen Coffee Village, etwa 2 km nördlich vom Zentrum. 33 Zimmer.
8 Thanh Cong Hotel①-②, 51 Ly Thuong Kiet, Tel. 3858376, www.fb.com/THANHCONGDAKLAK. Minihotel mit Lift, 30 Zimmer. Viele Zimmer ohne Außenfenster, sonst okay.

Essen und Trinken

- **Nudelsuppe:** Lecker am frühen Morgen ist die *bun bo* (Reisnudelsuppe mit Rindfleisch) an der 10 Le Hong Phong.
- **Rote Nudeln:** *Bun do, Street Food* auf kleinen Plastikhockern, abends an der Ecke Le Duan/Phan Dinh Giot.

7 Nachtmarkt, → Sehenswertes.
9 Thanh Tram, 22 Ly Thuong Kiet. Frische Frühlingsrollen *nem nuong* zum Selberdrehen.
12 Dam San, 212 Nguyen Cong Tru, Tel. 5003851 234. Restaurant im Hotel mit endlos langer Speisekarte auf Englisch – bis hin zur Turteltaube.
11 Pho Nuong, 150 Hung Vuong. Lebhaftes Familienrestaurant zum Draußensitzen, mit kleiner englischer Speisekarte.
6 Ha Noi Bakery, 123 Le Hong Phong, Tel. 3853 609, www.fb.com/hanoibakery. Kuchen, Backwaren, auch Wurst, Käse, Sandwiches, Konserven.

Cafés

2 Trung Nguyen Coffee Village, 222 Ly Thai To, Tel. 1900633617, https://trungnguyenhealing.com /en/gioi-thieu. Riesiges Café von Vietnams größter Kaffeemarke *Trung Nguyen,* in einem Park ca. 3 km vom Zentrum entfernt. Beinahe lauschig und stilvoll, wäre da nicht der schrecklich künstliche Wasserfall mittendrin. Schön zum Sitzen, in einem traditionellen Holzpavillon. Serviert werden viele verschiedene Kaffee-Spezialitäten, und die umfangreiche Karte, in der die Sorten wie gute Weine und unter dem Motto „Energie für den kreativen Geist" beschrieben werden, gibt es auch auf Englisch. Zum Kaffeegenuss ist es durchaus kurzweilig, diese genauer zu studieren: Man liest hier unter anderem, dass in Cafés zahlreiche Revolutionen, Menschenrechte, Kunst und Wissenschaft initiiert worden seien und wie gesund das „religionsfreie" Getränk sei. Viele Kaffee-Touren machen hier Halt, um im Garten mit den Kaffeesträuchern den Unterschied zwischen *Robusta, Arabica* und *Excelsa/Liberica* zu erläutern.
4 Mehyco, 153 Nguyen Van Cu, Tel. 3865221, http://mehyco.com.vn. Ebenfalls großer, grüner Garten einer Kaffeemarke, mit Seerosenteich, verwunschen-verträumter als bei *Trung Nguyen.*
UNSER TIPP: **13 Ce Coffee Shop,** 119 Nguyen Cong Tru, Tel. 902826909, www.fb.com/Cecaphe. Witziges, hippes Café mit netten, jungen Leuten, Retro-Deko und kleiner grüner Terrasse.

An- und Weiterreise

- **Entfernungen** (in km): Nha Trang 195, Pleiku 200, Da Lat 210 (N 27), Kon Tum 250, Ho Chi Minh City 350 (N 14).
- **Bus:** Der Busbahnhof befindet sich 3 km nordöstlich der Innenstadt an der Nguyen Tat Thanh. Es fahren täglich Busse nach Nha Trang, Ho Chi Minh City, Da Nang, Pleiku und Da Lat. Alternative nach Da Lat: Per Motorrad mit *Easy Rider,* erlebnisreicher, aber teurer und zeitaufwendiger.
- **Flug:** Flughafen 8 km westlich, u.a. von/nach Da Nang, Hanoi, Ho Chi Minh City, Vinh; mit *Vietnam Airlines* oder *VietJet Air.*

[>] Blick über die Dächer von Da Lat

Da Lat

Die Hauptstadt der Provinz Lam Dong ist in vieler Hinsicht anders als alle anderen Städte Vietnams, und ihre Atmosphäre steht auch im krassen Kontrast zum Rest der noch wenig touristischen Region des Zentralen Hochlandes. Da Lat liegt **1500 m** über dem Meeresspiegel. Aus der Nähe betrachtet wirkt die Stadt wie ein etwas surreales *Disneyland-Resort* mit französischem Touch, umgeben von Kiefernwäldern, die an den Schwarzwald oder die Vogesen erinnern.

Die Stadt hat durchaus ihren Charme mit ihren Cafés, Künstlertreffs, Blumengärten, Altstadtstrukturen und der frischen Luft. In tropischen Breiten sonst nicht gedeihendes **Obst und Gemüse** wie Erdbeeren und Artischocken gibt es hier in Hülle und Fülle, genauso wie den hier in der Höhe angebauten **Arabica-Kaffee** und **Weintrauben.** Für Einheimische ist Da Lat die **Flitterwochen-Destination** Nummer Eins, und der Herzchen-Kitsch findet im **„Tal der Liebe“** seinen Höhepunkt. Viele Hotels, Restaurants und Sehenswürdigkeiten sind vor allem auf einheimische Touristen ausgerichtet. Da Lats kühles Klima und lauschige Natur in der Umgebung bieten aber auch Sporthungrigen gute Gelegenheiten für **Trekking, Mountainbike-Ausflüge** und **Canyoning.** Der Ort ist zudem Gründungsort und Keimzelle der Easy Rider, die ein- und mehrtägige Touren per **Motorrad** anbieten.

Geschichte

Bevor die französischen Kolonialisten den Ort für sich zum Urlaubsdomizil erkoren, war das Lang-Biang-Plateau von Ethnien wie den Lat, einem Unterstamm des Volkes der Kohor, besiedelt. Es war der schweizerisch-französische Arzt und Bakteriologe **Alexandre Yersin,** Entde-

642v sb

cker des Pesterregers (1863–1943, s. auch Nha Trang), der den Ort 1897 für die Franzosen „entdeckte“ und wegen seines milden, „europäischen“ Klimas als idealen Standort für ein Sanatorium für erholungsbedürftige Soldaten und Beamte bestimmte. 1912 wurde Da Lat („Fluss der Lat“) durch die französischen Kolonialherren gegründet. Schon bald darauf begannen diese und einhei-

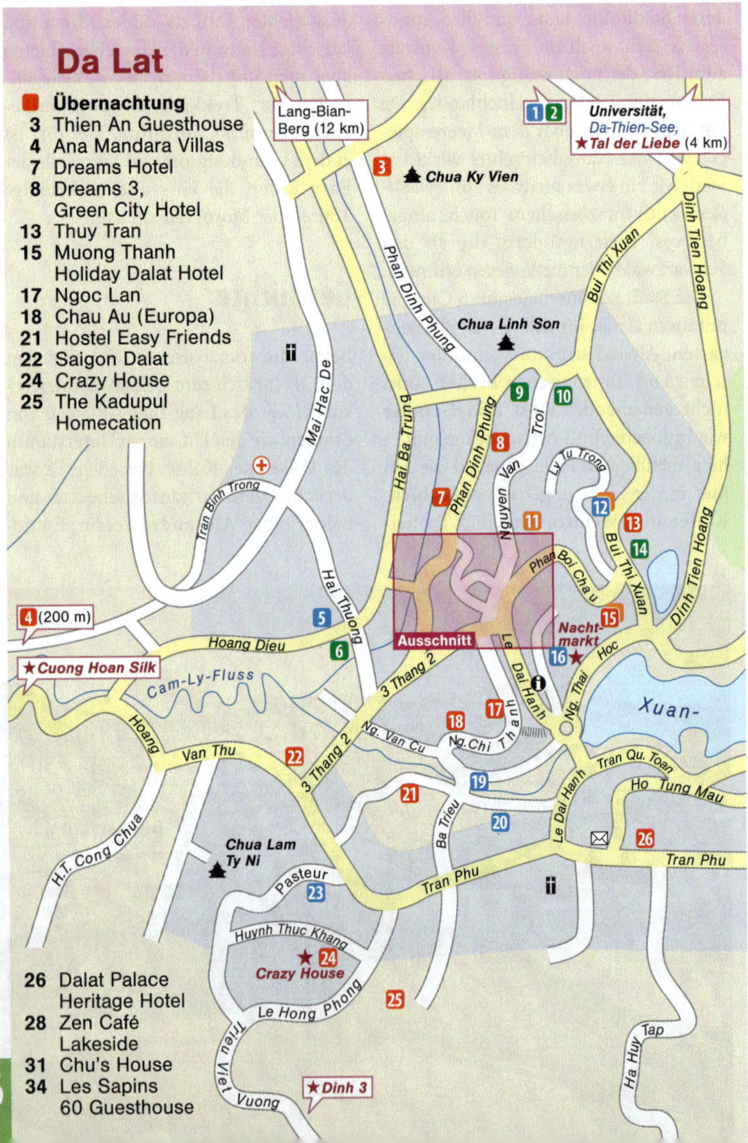

mische Neureiche die Pinienhügel mit ihren Wochenendvillen und Altersruhesitzen zu überziehen. Gouverneure ritten mit ihren Gästen auf Tiger- und Elefantenjagd und vergaben Lizenzen zur Erschließung von Tee- und Kaffeeplantagen, und 1917 wurden die Schienen für eine Eisenbahnverbindung mit Saigon (via Phan Rang) gelegt. Ein einheimischer Reiseführer von 1990 drückte

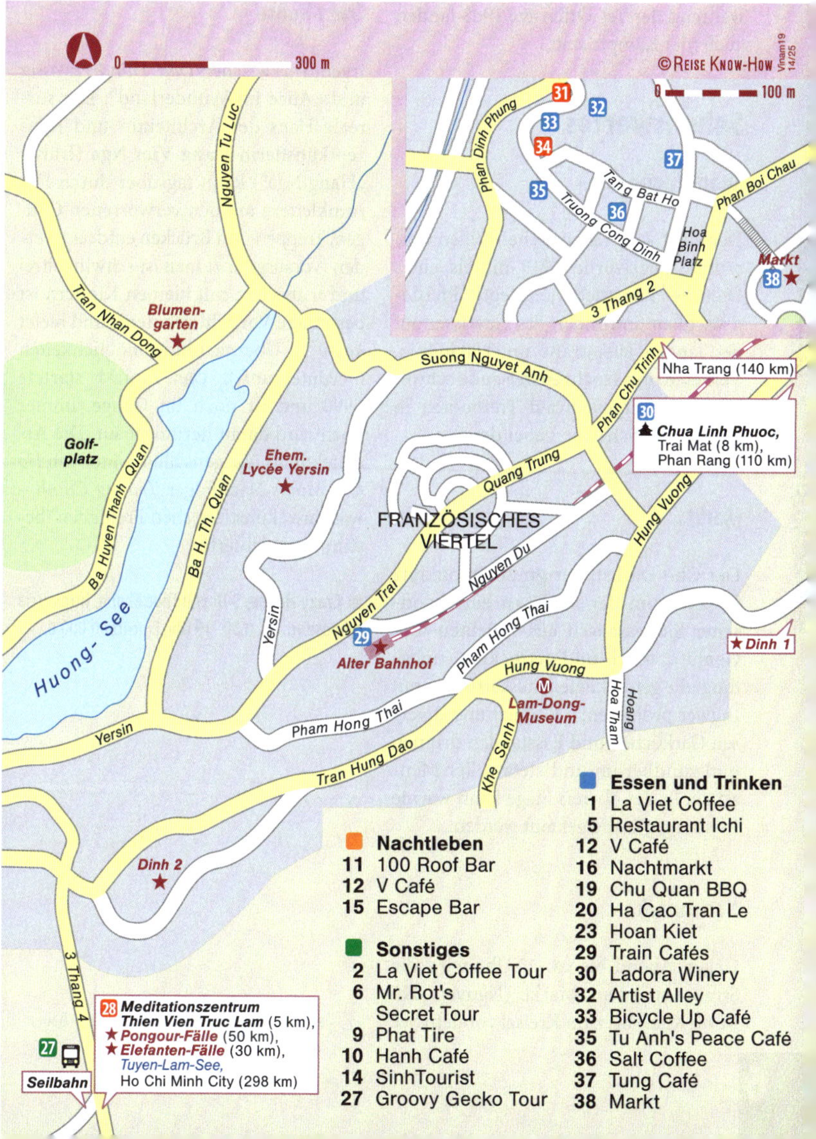

den Sachverhalt so aus: „Ein Höhenkurort, der ausnahmslos imperialistischen Aggressoren und einheimischen Schmarotzern vorbehalten war".

Von den Zerstörungen des Krieges blieb Da Lat weitgehend verschont, doch während der Tet-Offensive 1968 fanden auch hier Kämpfe statt.

Sehenswertes

Xuan-Huong-See

Der einst von französischen Villen umsäumte See wurde 1919 mittels eines Damms künstlich angelegt. Pferdedroschken umrunden das Gewässer auf der langen Uferstraße unter Bäumen, Verliebte und Hochzeitsreisende schweben selbstvergessen auf Tretbooten in Gestalt von Schwänen über den See.

Markt

Der Cho Da Lat, der große Betonklotz im Zentrum der Stadt, ist ein chaotischer Sinnesrausch aus Früchten und Gemüse, frisch und getrocknet (unbedingt die getrockneten Süßkartoffeln mit Ingwer probieren!), Blumen und diversen Garküchen und Essständen drinnen und rundherum und stets voller Menschen. In der oberen Etage kann warme Kleidung günstig gekauft werden.

Nachtmarkt

Gegen Abend bis ca. 23 Uhr wird die Straße vor dem Markt (Nguyen Thi Minh Khai) bis zum Kreisel vor dem See zum Nachtmarkt (Cho Dem) mit diversen Souvenirständen (inklusive dem unvermeidlichen Kitsch) und *Street Food* (→ Essen und Trinken).

Crazy House

Irgendwo zwischen *Dalí, Hundertwasser* und „Alice im Wunderland": Das surreale Haus der Architektin und Konzeptkünstlerin **Dang Viet Nga** (früher „Hang Nga") kann tagsüber durch Herumklettern auf den verworrenen Gängen, Treppen und Brücken entdeckt werden (vorausgesetzt man ist schwindelfrei und trittsicher, mit kleinen Kindern ist besondere Vorsicht geboten), und bietet auch Übernachtungsmöglichkeiten (→ Unterkunft). Das Projekt startete 1990 und ist noch im Gange, immer noch wird daran herumgebaut. Die Architektin ist übrigens die Tochter von *Ho Chi Minhs* Nachfolger *Truong Chinh* – was ihre „künstlerischen Freiheiten" bestimmt erleichterte.

■ **Crazy House,** 3 Huynh Thuc Khang, https://crazyhouse.vn, tgl. 8.30–19 Uhr, Eintritt 40.000 đ.

☒ Das Crazy House ist wirklich crazy anzuschauen

455v aw

Bao Dai Summer Palace

Der **Sommerpalast** des letzten vietnamesischen Kaisers, *Bao Dai* (1913–1997, reg. 1926–1945). 1955 ging er ins französische Exil. Der Palast **(Dinh 3),** mit wertvollen Möbeln, Antiquitäten und Erinnerungsstücken, wurde 1938 fertiggestellt und ist heute eines der architektonischen Highlights einer Stadtbesichtigung.

■ **Bao Dai Summer Palace,** 1 Trieu Viet Vuong, tgl. 7–17 Uhr, Eintritt 30.000 đ.

Blumengarten

Für Liebhaber von Orchideen, Rosen und Blumen aller Art. Man könnte den Ort allerdings auch als Abklatsch des „Valley of Love" bezeichnen, inklusive herumstehender Schneewittchen- und Zwergenfiguren. Angezogen fühlt sich vor allem asiatisches Publikum.

■ **Vuon Hoa Thanh Pho Da Lat,** am Nordufer des Xuan-Huong-Sees, 8 Pham Ngu Lao, www.dothidalat.com.vn, tgl. 9–17 Uhr, Eintritt 100.000 đ.

Valley of Love

Wenn schon **Kitsch,** dann die volle Ladung: Das „Tal der Liebe" (Thung Lung Tinh Yeu), 4,5 km nördlich vom Xuan-Huong-See, ist ein – ehemals wundervoll verträumtes – kleines Tal mit von Kiefernwald gesäumtem See, das mit hemmungslosem Schnickschnack zum Paradies für mit Selfie-Stick bewaffnete Liebespaare gestaltet wurde. Mit herzförmigen Installationen in allen Varianten, Schwanenbooten, *Disney*-Figuren und Fotogelegenheit im Cowboy-Kostüm auf einem Pferd.

■ **Valley of Love,** 7 Mai Anh Dao, tgl. 8.30–17 Uhr, Eintritt 250.000 đ.

Lam-Dong-Museum

Interessantes Museum zur Geschichte Da Lats, den ethnischen Minderheiten und der Fauna der Region, mit Dokumenten zum Befreiungskampf gegen Frankreich und Amerika. Zu den Exponaten zählen ein über 3000 Jahre altes Litophon (Steinxylophon), Kostüme, Schmuck und Musikinstrumente der Ma und Kohor.

■ **Bao Tang Lam dong,** 4 Hung Vuong, Tel. 3812 624, www.baotanglamdong.com.vn, Mo–Sa 7.30–11.30 und 13.30–17 Uhr, Eintritt 15.000 đ.

Das französische Da Lat

Zahlreiche alte französische **Villen** findet man an den Hängen an und unterhalb der Tran Hung Dao sowie der Nguyen Trai. Einige davon sind gut erhalten und werden z.B. als Hotel oder Restaurant genutzt, andere stehen leer und verfallen. Wie ein *Easy Rider* erzählte, wollten viele Leute die wunderschönen Villen nicht kaufen, da es in ihnen spuken soll. Sie würden heimgesucht von den Geistern der Vergangenheit; nachts höre man sie manchmal weinen.

Unweit des Bahnhofs befindet sich die einstige Eliteschule der Kolonisten, das **Lycée Yersin** (1935), eine Mischung aus Gymnasium und Kadettenanstalt und noch heute eine Schule. Vom ehemaligen Haupthaus mit dem charakteristischen Turm hat man einen schönen Blick auf den See.

Die **Residenz des französischen Generalgouverneurs** (**Dinh 2,** 12 Tran Hung Dao) galt Anfang der 1930er-Jahre als Nonplusultra moderner Baukunst.

Alter Bahnhof

Die Dächer des früheren Bahnhofs (Ga Da Lat) im Art-déco-Stil sind jenen der Gemeindehäuser ethnischer Minderheiten des Zentralen Hochlandes nachempfunden und sollen zugleich auch die Gipfel des Lang-Biang-Berges darstellen. Die Bergbahn zur Küste nach Thap Cham/Phan Rang wurde ab 1913 errichtet (Fertigstellung der Gesamtstrecke 1932), wobei die Kolonisten angesichts der extremen Höhenunterschiede Furka-Zahnradbahnen aus der Schweiz importierten. Nach Angriffen während des Krieges wurde die Linie 1969 eingestellt. 1990 wurden vier der ursprünglichen Loks in die Schweiz zurückverkauft. Auf den Gleisen stehen heute eine japanische Lok von 1936 und ein deutscher Güterwagen von 1930. Eine „nostalgische" Fahrt führt ins 8 km entfernte **Trai Mat,** wo man die imposant bunte, aus Abermillionen Scherben zusammengefügte **Linh-Phuoc-Pagode** mit siebenstöckigem Glockenturm anschauen kann.

■ **Alter Bahnhof,** Phuong 10 am unteren Ende der Nguyen Trai, Eintritt 10.000 đ, Bahn nach Trai Mat tgl. 9.55, 12, 14.05, 16.10 Uhr, ca. 5 $, Auskunft Tel. 915388667.

Linh-Son-Pagode

Besucher der 1938 errichteten Pagode empfängt am Ende der Aufgangstreppe eine Statue der *Quan Am* auf einer Lotosblüte, dahinter führen drachengesäumte Stufen zur Haupthalle, in der *Sakyamuni* verehrt wird. Die 1952 gegossene Bronzestatue des Buddhas wiegt mehr als eine Tonne.

■ **Chua Linh Son,** 120 Nguyen Van Troi, auf einem Hügel 1 km nordwestlich des Zentrums, tgl. 6–20 Uhr.

Lang-Bian-Berg

Die höchste Erhebung der Provinz (2167 m) bietet eine tolle Rundumsicht auf Wälder und Seen. Eine gut ausgebaute Straße (5 km) führt hinauf. Zu Fuß, teils auf der Straße, teils auf Trekkingpfaden, 2 bis 3 Stunden, oder per Geländewagen vom Fuß des Berges (300.000 đ pro Auto oder 50.000 đ pro Pers.). Eintritt zum Gipfel-Pfad 30.000 đ. Busse vom Zentrum: Nr. 5 (grün, beispielsweise ab der Phan Dinh Phung) oder Phuong Trang (orange) bis Lac Duong, stdl. Der Berg ist von 7 bis 19 Uhr geöffnet.

Veranstalter in Da Lat (→ Touren) unternehmen hier Aktivitäten wie Bergsteigen, Mountainbiking, Paragliding usw.

Truc-Lam-Pagode

Das 1995 gegründete Thien Vien Truc Lam ist eines von sieben zen-buddhistischen **Meditationszentren** in Vietnam. Über 160 Nonnen und Mönche leben in der gepflegten, parkähnlichen Anlage auf einem Hügel 5 km südlich der Stadt. Sehr schön ist der Abstieg zum idyllischen Tuyen-Lam-See (auch per Fahrzeug erreichbar).

■ **Chua Truc Lam,** am besten erreichbar per Seilbahn (2,4 km, tolle Aussicht!) nahe Busbahnhof südlich der Stadt am „Robin Hill" am Ende der Duong Di Cap Treo (Abzweigung an der Deo Prenn), tgl. 8–11.30 und 13.30–16.30 Uhr, 100.000 đ einfach, 120.000 đ hin und zurück (oder von der N 20 nach Ho Chi Minh City; Wegweiser).

Linh-Phuoc-Pagode

Ein *Must-See,* 8 km östlich von Da Lat, auch bekannt als **Ve-Chai-Pagode:** Ein kitschiges Gesamtkunstwerk rund um das Thema Glauben, Liebe, Hoffnung. Hier kommen Tourismus, Kommerz und Anbetung eindrücklich zur Geltung. Und es gibt reichlich Highlights, denn die Linh-Phuoc-Pagode hält die meisten **Rekorde** in Vietnam:

- Die Pagode ist mit den **meisten Porzellanstücken** geschmückt.
- Der **höchste Glockenturm** Vietnams mit einer Höhe von 36 Metern.
- Die **Statue des Bodhisattva Avalokiteshvara** besteht aus 600.000 Blumen und ist 18 Meter hoch.
- Die **größte goldene Eichenstatue** von *Khong Tuoc Vuong* in Vietnam.
- Die **höchste Indoor-Buddha-Statue** in Vietnam mit einer Höhe von 17 Metern.
- Das **größte Sutra-Set** in Vietnam.
- Das **größte Set an Tischen und Stühlen aus goldener Eiche** in Vietnam.
- Die **höchste Holzstatue von Bodhidharma** in Vietnam.
- Die **längsten 18 Höllenebenen** in Vietnam mit einer Länge von 300 Metern, eine Art „Geisterbahn".
- Das **Kunstwerk von „Song Tung Bach Hac".**
- Die **größte goldene Eichencouch** in Vietnam.

■ **Chua Linh Phuoc,** 120 Tu Phuoc, Trai Mat Village, Ward 11, tgl. 8–17 Uhr, Eintritt frei. Erreichbar mit Auto und *Scooter* (Parkplätze frei). Mit dem öffentlichen Nahverkehr: Am besten einen Bus wählen, der vom Busbahnhof Hoa Binh nach Xuan Truong fährt und hier hält. Zug vom Bahnhof Da Lat zum Bahnhof Trai Mat und ein paar Minuten zu Fuß.

Cuong Hoan Silk

Die **Seidenfabrik** liegt ca. 25 km von Da Lat entfernt und lohnt einen Besuch. Denn hier kann man den gesamten Prozess vom Kokon bis zum fertigen Stoff sehen. Die Kokons mit den Seidenraupen kommen aus China und werden hier zu Seide versponnen. Dazu werden sie in heißem Wasser eingeweicht und der hauchfeine Faden von geschickten Händen auf eine Maschine gegeben, die den Kokon ab- und auf eine Spule aufwickelt. Die so gewonnenen Rohseidenfäden werden nach mehreren Veredelungsprozessen auf einem großen Webstuhl zu wunderschönen Stoffen verarbeitet.

Die Fabrik wird am besten im Rahmen einer **Tour** besichtigt, damit einem jeder Vorgang erklärt werden kann. *Easy-Rider*-Touren kommen hier regelmäßig vorbei. Falls niemand da ist, der Englisch spricht, gibt es zumindest eine **englischsprachige Beschilderung.** Angeschlossen ist ein kleiner Shop mit Seidenprodukten, gleich zum Mitnehmen.

■ **Seidenfabrik Cuong Hoan Silk,** 7 Khu Pho Trung Vuong, TT. Nam Ban, Lam Ha, Lam Dong, Tel. 982852338, http://cuonghoansilk.com.vn. Am besten vor dem Besuch anrufen (lassen), um zu erfahren, ob geöffnet ist, Eintritt 20.000 đ.

Seen und Wasserfälle

Als besondere Attraktion gelten die Seen und Wasserfälle Da Lats, die man im Zweifelsfall aber nicht unbedingt gesehen haben muss; sie sind meist kaum mehr als kitschige Rummelplätze und zudem in der Trockenzeit im Winter kaum mehr als dürftige Rinnsale. Die lohnenswertesten Wasserfälle in der Umgebung sind die siebenstufigen, bis zu 80 m hohen **Pongour-Fälle** ca. 50 km südlich von Da Lat (Abbiegen von der N 20 bei Duc Trong, danach 8 km, Eintritt 20.000 đ) und die **Elefanten-Fälle** (etwa 30 km südwestlich der Stadt in der Nähe des Dorfes Nam Ban. Vorsicht, der Abstieg über die Treppe ist ziemlich rutschig! 7–17 Uhr, Eintritt 20.000 đ).

643vn un

Bei der Seidenherstellung geht es um Feinarbeit

Praktische Informationen

- 240.000 Einw., 1500 m, Tel. 0263.
- **Information:** *Dalat Trip*, 27 Truong Cong Dinh, Tel. 3516888, www.dalattrip.com, tägl. 9–18.30 Uhr. Infos, Stadtpläne etc., relativ effektiv.
- **Geld:** Im Stadtgebiet verteilt sind alle führenden Banken mit ATMs zu finden.
- **Post:** 18 Tran Phu, 2 Le Dai Hanh (am See).
- **Apotheke:** 34 Hoa Binh Platz.
- **Flug:** *Vietnam Airlines*, 63 Ho Tung Mau, Ward 10, Tel. 3833499.

Stadtverkehr

- **Taxi:** *Mai Linh*, Tel. 38383838.
- **Grab** ist auch in Da Lat zuverlässig und günstig.
- **Motorrad:** Hotels und Reisebüros vermieten Motorräder für ca. 120.000 đ pro Tag, mit ortskundigem Fahrer um 10–25 $ (→ auch *Easy Rider*).
- **Fahrrad:** Einige Hotels vermieten Räder für 1–2 $ (z.B. *Zen Café*), für Leute mit guter Fitness – in Da Lat geht es ständig bergauf!

Touren

- **Easy Rider:** Eine der schönsten Arten, Vietnam zu entdecken, ist per Motorrad – sei es als Fahrer oder als Passagier. Die *Easy Rider* bieten beides an. Da Lat ist die Keimzelle dieser Motorrad-Guides, hier fing Mitte der 1990er-Jahre alles an. Mittlerweile wird der Name von Dutzenden von Reiseagenturen und Motorradtaxi-Fahrern benutzt, die Unterscheidung zwischen „Original" und „Nachahmern" ist verschwommen. Einen oft empfohlenen *Riders*-Treff gibt es an der 70 Phan Dinh Phung (http://dalat-easyrider.com), ein weiterer befindet sich an der 3/62 Dao Duy Tu, Ward 4 (https://vietnameasyriders.com.vn). Zahlreiche Leute kommen absolut begeistert von ihren *Easy-Rider*-Abenteuern zurück, und viele einheimische Guides haben tolle Geheimtipps und persönliche, anekdotische Geschichten auf Lager. Tagestouren können z.B. Kaffeeplantagen, Wasserfälle, *Crazy House* oder Lang-Bian-Berg beinhalten. Mehrtägige Touren durchs Hochland auf atemberaubend schönen Strecken, z.B. bis nach Nha Trang, Hoi An, oder Mui Ne.

6 Mr. Rot's Secret Tour, 7 Hai Thuong (Villa Pink House), Tel. 0913953300, mrrotsecrettour@gmail.com. Witzige, unkonventionelle, von vielen begeistert empfohlene Tagestour mit dem quirligen *Mr. Rot*, der in einem Dorf des Kohor-Volkes aufgewachsen ist. Highlight ist der Besuch dieses Dorfes, wo man Einblicke in dessen Alltag erhält.

9 Phat Tire, 109 Nguyen Van Troi, Tel. 868979612, www.ptv-vietnam.com. Trekking, Mountainbiking, *Rock Climbing*, Abseilen, Canyoning, Kayaking, Verleih von Mountain- und Motorbikes, ein- bis zweitägige Biketouren und vieles mehr.

27 Groovy Gecko Tour, 14/33, 3 Thang 4, Tel. 3836521, www.groovygeckotours.net. Von der Halbtages-Stadttour bis zu mehrtägigen Touren durch das Zentrale Hochland per Auto, Motorrad oder Mountainbike.

2 La Viet Coffee Tour, 200 Nguyen Cong Tru, Tel. 3981189, https://laviet.coffee. Von der Farm bis in die Tasse: Die Kaffeefabrik bietet Führungen, und zur Erntezeit (Oktober bis Februar) Kaffee-Touren mit Besuch der Plantagen. Hier kann man selber Hand anlegen beim Pflücken, Sortieren, Rösten und Brühen.

Unterkunft

26 Dalat Palace Heritage Hotel⑤, 2 Tran Phu, Tel. 3825444, www.dalatpalacehotel.com. Der luxusrenovierte *Langbian Palace*, 1922 eröffnet. Was damals Rang und Namen hatte, gastierte hier. Mit Blick auf den Xuan-Huong. 43 stilvoll möblierte Zimmer. Nonplusultra sind die sechs *Luxury*-Zimmer mit großer Veranda.

4 Ana Mandara Villas⑤, Le Lai, Tel. 3555888, https://anamandara-resort.com. Innen aufwendig renovierte, äußerlich aber nahezu „naturbelassene" Kolonialvillen in einem Parkgelände am westlichen Ortsrand (Fahrgelegenheit zum Zentrum nötig). Spa, beheizter Pool. 70 Zimmer in 17 Villen.

24 **Crazy House**③-④, 3 Huynh Thuc Khang, Tel. 3822070, www.crazyhouse.vn. Da Lat skurril. Kein Raum der bizarren Fantasiehäuser der Künstlerin *Dang Viet Nga* gleicht dem anderen (→ Sehenswertes). Das „originelle Erlebniswohnen" wird allerdings getrübt durch den Besucherstrom, der täglich die Zauberwelt besichtigt. 12 Zimmer.

22 **Saigon Dalat**④, 2 Hoang Van Thu, Tel. 35567 89, https://saigondalathotel.com/en. Ansprechender Neubau mit Innenpool. 160 Zimmer.

17 **Ngoc Lan**④, 42 Nguyen Chi Thanh, Tel. 38388 38, https://ttchospitality.vn/ttc-hotel/ttc-hotel-ngoc-lan. Neubau eines Traditionshauses in Bestlage, geschmack- und stilvoll eingerichtet, alles wirkt hell, luftig, freundlich. 91 Zimmer, viele mit Balkon und schon ab der 3. Kategorie riesengroß.

15 **Muong Thanh Holiday Dalat Hotel**④, 4 Phan Boi Chau, Tel. 3578888, https://booking.muongthanh.com/khach-san-muong-thanh-holiday-da-lat. Intim trotz der Größe, 71 Zimmer, ruhig und doch zentral, mit Gärten und Innenhöfen zum Sitzen sowie Spa und Indoor-Pool.

UNSER TIPP: 7 **Dreams Hotel**②, 141 Phan Dinh Phung. Tel. 3833748, www.fb.com/dreamshoteldalatvietnam. Familiär, freundlich und unaufdringlich, man fühlt sich bei der Gastgeberin *Mrs. Dung* wohl. Wunderbares Frühstück (an einer langen Tafel in der Küche eingenommen) inklusive, Sauna mit Jacuzzi auf dem Dach frei. Alle 13 Zimmer mit Holzböden, TV, Minibar, großen, schönen Bädern und z.T. Balkon. Das 8 **Dreams 3**③ befindet sich ein paar Schritte weiter, 140 Phan Dinh Phung. 23 Zimmer, Zimmer 207 hat eine kleine Terrasse.

☒ Ladora Winery: Hier kommt er her, der Wein aus Da Lat – und er ist durchaus trinkbar

28 **Zen Café Lakeside,** Lang Dao Nguyen, Tieu Khu 157, Tel. 836168857, www.fb.com/zencafelakeside. Am Tuyen Lam Lake mit fünf Gästehäusern (16 große Gästezimmer) und einem Café/Restaurant.

21 **Hostel Easy Friends**①, 3 Doan Thi Diem, Tel. 0633510777. Einfaches, freundliches Hostel mit zwei Achter-Dorms und einem Vierer-Dorm.

3 **Thien An Guesthouse**②, 364 Phan Dinh Phung, Tel. 3520607. Etwas weiter stadtauswärts. 12 Zimmer, sehr sauber, sehr gute Ausstattung, hervorragendes Frühstück, Gratisräder.

18 **Chau Au (Europa)**②, 76 Nguyen Chi Thanh, Tel. 3822870, www.fb.com/kschauaueuropa. Clou sind die sechs riesigen Balkonzimmer mit schönem Blick auf die Unterstadt (alle für 4 Pers.), die übrigen sechs Zimmer sind keine Wucht.

8 **Green City Hotel**②, 174 Phan Dinh Phung, Tel. 3827999. Zentral und ansprechend eingerichtet mit 12 Zimmern.

13 **Thuy Tran**①-②, 4F Bui Thi Xuan, Tel. 3520161. Die Räume sind groß, schön und günstig – da kann man eventuell ein paar Abstriche in puncto Service und Sauberkeit verschmerzen. Mit Lift. 19 Zimmer (möglichst nach hinten).

34 **Les Sapins 60 Guesthouse**②, 60 Truong Cong Dinh, Tel. 3830839. Sehr sauber, hell, ansprechend möbliert, nettes Café im Erdgeschoss. Sechs Zimmer, teilweise mit Balkon.

31 **Chu's House**①-②, 65 Truong Cong Dinh, Tel. 3825097. In einem französischen Ferienhaus der 1930er-Jahre, sauber und freundlich, für den Preis exzellent. 13 Zimmer, z.T. mit Balkon.

UNSER TIPP: 25 **The Kadupul Homecation** ②-③, 4/36 D. Dao Duy Tu, Phuong 4, Tel. 91713 6747, https://kadupulhomecation.com. Zwar ein bisschen versteckt, aber trotzdem mittendrin. Ein *Homestay* mit sehr persönlichem Touch, Gemeinschaftsküche, super Frühstück, einer herzlichen Gastgeberfamilie und einfachen, aber gut durchdachten Zimmern. Alles da, was das Herz begehrt. Die Chefin spricht hervorragend Englisch und hilft bei allen Fragen wie Essen, Taxi oder Sehenswürdigkeiten.

Essen und Trinken

Unser Tipp: 30 **Ladora Winery,** Phat Chi Industrial Site, Tram Hanh, Tel. 918978470, https://ladofoods.com.vn/tour-ham-vang-da-lat, Di–So 8.30–16 Uhr, Eintritt inklusive Tour und Verkostung 100.000 đ. Es gibt ihn wirklich, den Wein aus Da Lat. Genossen wird er mittlerweile in zahlreichen Restaurants Vietnams wie beispielsweise im *Dong Vui Food Court* in Mui Ne (→ dort). Und er ist nicht so schlecht wie sein Ruf. Wer erkunden will, wo der Wein herkommt, ist in der *Ladora Winery* richtig. Es ist das größte Weingut Vietnams, befindet sich im Ort Tram Hanh, in einer der schönsten Bergregionen des Landes und bietet nicht nur ausgezeichnete Weine, sondern auch atemberaubende Landschaften und Aussichten. Allein der Weinkeller mit seinen 100 Eichenfässern ist ein Hingucker.

Unser Tipp: 38 16 **Markt, Nachtmarkt** und Umgebung: Tagsüber auch in der oberen Etage und von früh bis spät auf den Straßen rund um den Markt kann man sich quer durch die *Street-Food*-Spezialitäten essen: von gelben Nudeln *mi quang* über tolle Reisnudelsuppen wie *bun bo hue* und *bun rieu cua* (alles immer mit vielen frischen Kräutern), Ständen mit verschiedenen Grillspießchen zum Auswählen, Schnecken und Muscheln bis zur heißen Sojamilch *sua dau nanh.* Ein absolutes Muss ist die „Dalat Pizza" *banh trang nuong,* eine Art Crêpe aus Reispapier vom Grill mit Ei, Frühlingszwiebeln und unterschiedlichen weiteren Zutaten. Manchmal mit Herzchen oder Liebesschwüren aus Chilisauce verziert.

29 **Train Cafés,** auf einem Nebengleis am Alten Bahnhof von Da Lat stehen einige Waggons, die zu schicken Cafés umgestaltet wurden – samt historischer Lok. Immer gut für einen Kaffee und eine Zwischenmahlzeit.

19 **Chu Quan BBQ,** B1-18 KQH Golf Valley, Phuong 2, Tel. 0912016892. Lavastein-Tischgrill (mariniertes Fleisch, *Seafood,* Gemüse). Von jungen Leuten geführt, sehr angesagt bei den Einheimischen.

32 **Artist Alley,** 124/1 Phan Dinh Phung, Tel. 9416 62207, www.fb.com/painterbien. Schönes Ambiente, Kunst ist allgegenwärtig, vietnamesisches und westliches Essen.

23 **Hoan Kiet,** 8 Pasteur, Tel. 3979888, www.fb.com/hoankietdalat. Gutes Essen, angenehmes Am-

644v sb

biente, englische Karte. Riesenauswahl, zu empfehlen sind z.B. *Hotpots* und *ga nuong tay nguyen,* gut gewürztes Brathuhn nach Art des Hochlands.

UNSER TIPP: 20 **Ha Cao Tran Le,** 15 D Pham Ngu Lao, Phuong 1, Tel. 908971638, www.fb.com/hacaotranledalat. Alles, was des Reisenden Herz schon immer über *Dumplings* wissen wollte gibt es hier frisch, günstig und vor allem lecker. Beliebt bei Einheimischen, immer gut besucht und immer einen Spaziergang wert. Direkt gegenüber ist die An Phu Bus Station, hier halten beispielsweise die Busse aus oder nach Mui Ne.

5 **Restaurant Ichi,** 180 Xo Viet Nghe Tinh, Tel. 39 2594193, www.fb.com/restaurantichidalat. Sushi und Yakitori in einer Qualität, wie man sie nicht überall in Vietnam bekommt.

35 **Tu Anh's Peace Café,** 57 Truong Cong Dinh, Tel. 3511524. Restaurant und Café in alter Da-Lat-Tradition mit zeitgenössischem Angebot. Sehr freundlich.

1 **La Viet Coffee,** 200 Nguyen Cong Tru, Tel. 0966 592942, https://laviet.coffee. Café in der Kaffeefabrik, sehr trendy, auch kalt gebrühter Kaffee erhältlich. Führungen durch die Fabrik und Kaffee-Touren (→ Touren).

37 **Tung Café,** 6 Khu Hoa Binh, FB: Cafe Tùng Dalat. Da Lats legendär schummriger, verrauchter Old-School-Künstlertreff. Tolle Joghurts.

33 **Bicycle Up Café,** 82 Truong Cong Dinh, Tel. 370 0177, www.fb.com/Bicycleup. Da Lats Hipster-Café mit antiken Möbeln, witzigen Installationen und gutem Kaffee.

36 **Salt Coffee,** 3F Tang Bat Ho (off Truong Cong Dinh), Tel. 0986800966, www.fb.com/saltcoffee.vn. Witziges In-Café der Da Later Jugend.

12 **V Café,** → Nachtleben.

■ **Backwaren:** Gute Adressen auf der 3 Thang 2 nahe dem Hoa-Binh-Platz, z.B. No. 14, 15, 18.

Nachtleben

11 **100 Roof Bar,** 57 Phan Boi Chau, Tel. 898084 117, www.fb.com/cafe100mai. Labyrinth-Bar im *Crazy-House*-Stil, nett – für Drinks, und um sich darin zu verlieren.

12 **V Café,** 17 Bui Thi Xuan, Tel. 903342442, www.fb.com/vcafe.dalat. Bar, Café und Restaurant (in beliebiger Reihenfolge), ein Klassiker. Täglich Live-Musik.

645v sb

15 **Escape Bar,** 4 Nguyen Thi Minh Khai, Tel. 9033 42442, FB: Escape Bar, Đa Lat. *King Curtis'* drittes Standbein in Da Lat, ca. 50 Meter vom *V Café* entfernt, 16 Uhr bis Mitternacht. Tgl. Live-Musik.

An- und Weiterreise

Entfernungen

■ (in km): Ho Chi Minh City 300 (N 20), Phan Rang 110 (N 27), Phan Thiet 175 (N 28) bzw. 250 (N 27/ N 1), Buon Ma Thuot 200 (N 20/N 27).

■ **Mui Ne:** → dort.

■ **Nha Trang:** Die N 723 über Da Sa, Khanh Vinh ist rund 90 km kürzer als die Route über die Küste (140 statt 230 km) und passiert den 1700 m hohen Hon-Giao-Pass.

Bus

■ Der **Busbahnhof** (Ben Xe Lam Dong), 1 To Hien Thanh, ist 3 km vom Zentrum entfernt. Wer in der Stadt und/oder bei der Unterkunft bucht, wird normalerweise auch in der Stadt eingesammelt. Die meisten Hotels, Tourenveranstalter und *Easy Rider* in Da Lat sind beim Buchen der Weiterfahrt ab Da Lat sehr gern behilflich und auf dem neuesten Stand.

■ Mit **Futa** (Phuong Trang), Tel. 0838386852, 1 To Hien Thanh, aktuelle Fahrzeiten, Buchung und Haltestellen → https://futabus.vn ab **Da Lat:** nach **Ho Chi Minh City,** 8 Std.; in Ho Chi Minh City ab 231 Le Hong Phong (Distr. 5, *Booking Office*). Nach **Nha Trang,** 4 Std.; in Nha Trang ab 7 Hoang Hoa Tham. Nach **Da Nang,** 17 Std.; in Da Nang ab 201 Ton Duc Thang. Nach **Hue,** 17 Std.; in Hue ab 97 An Duong Vuong.

■ Nach **Buon Ma Thuot** mit **Tuan Anh,** 5 Std.; in BMT ab 36 Nguyen Van Cu.

Open Tour

14 **SinhTourist,** 22 Bui Thi Xuan, Tel. 3822663, www.thesinhtourist.vn. Nach Ho Chi Minh City, Mui Ne, Nha Trang.

10 **Hanh Café,** 4 Nguyen Van Troi, Tel. 3510639, www.hanhcafe.vn.

Flug

■ **Vietnam Airlines** tgl. von/nach Ho Chi Minh City, Da Nang und Hanoi, www.vietnamairlines.com. **Vietjet Air** tgl. von/nach Ho Chi Minh City und Hanoi, www.vietjetair.com. Der **Lien-Khuong-Flughafen** liegt 29 km südlich. Shuttle-Bus am besten über die Unterkunft buchen. Taxi zum Flughafen 450.000 đ, mit Taxameter ca. 600.000 đ.

☐ Die Dumplings im Ha Cao Tran Le gibt es mit verschiedenen Füllungen, sie kommen entweder gebraten oder gedämpft auf den Tisch – aber immer lecker

Cat-Tien-Nationalpark

Der 74.000 ha große Park entlang dem Dong-Nai-Fluss, etwa auf halber Strecke zwischen Saigon und Da Lat, gilt als der topografisch vielseitigste Vietnams, da er sowohl Berge wie Tiefebenen, Regenwälder wie Sümpfe und Savannen umfasst. Der Park beheimatet zahlreiche **bedrohte Tierarten** wie etwa den Gaur, den Asiatischen Elefanten, den Malaienbär, den Silber-Langur, das Hirschferkel und das Malaiische Schuppentier. Die meisten dieser seltenen Tiere bekommt man nur mit ganz viel Glück zu Gesicht. Zu den Highlights im Park gehören aber

Adobe Stock © James

Touren zu **Gibbons** in freier Wildbahn und zum **Krokodil-See,** in dem Siamesische Krokodile leben. Tiger und Leoparden wurden schon länger nicht mehr gesichtet, und der Park erlangte im Jahr 2010 traurige Berühmtheit, als hier das letzte Java-Nashorn Vietnams von Wilderern getötet wurde.

Ein Paradies ist der Park für Vogelliebhaber. Zumal nach der Regenzeit, zwischen Oktober und Dezember, bevölkern Abertausende **Vögel** den Park. Ornithologen haben mehr als 350 Arten gezählt, darunter der Prälatfasan und die seltene Davidbuschwachtel. Auch mehr als 450 Schmetterlingsarten kommen hier vor.

Der Park kann auf halb- bis mehrtägigen Wander-, Mountainbike- und Bootstouren entdeckt werden.

Siamesisches Krokodil im Nationalpark

Praktische Informationen

- **Information:** Tel. 0251/3669228, http://namcattien.org, Parkeintritt 60.000 đ.
- **Fahrräder:** Können (teuer!) im Park gemietet werden, 150.000 đ/Tag. Einige Unterkünfte in Parknähe bieten auch Fahrräder.

Touren

- Über das **Parkzentrum** können verschiedene Treks gebucht werden (Voranmeldung), auch die meisten Unterkünfte in Parknähe organisieren Touren.
- **Cat Tien National Park Tours,** https://cattiennationalparktours.com. Zwei- bis Dreitagestouren ab verschiedenen Orten Vietnams (z.B. Mui Ne oder Da Lat).
- **Primatenzentrum:** Gleich am Parkeingang liegt auf einer abgeschirmten Flussinsel das *Dao Tien Primatenzentrum,* eine Auffangstation für Gibbons, Languren und Loris, die zuvor ein tristes Af-

fenleben auf Märkten und in Vergnügungsparks fristeten und hier für ihre Auswilderung fit gemacht werden. Ein Besuch mit Führung ist möglich, www.go-east.org.

■ **Bärenzentrum:** Auch die *Cat Tien Bear and Wildcat Rescue Station,* eine Rettungsstation für Kragen- und Malaienbären, die von Wildtierschmuggel oder Bärengallenfarmen gerettet wurden, kann besichtigt werden, nähere Infos über das Parkzentrum.

Unterkunft

■ **Parkzentrum**②, http://namcattien.org. Das Headquarter im Park bietet einfache, eher überteuerte Zimmer und Zweier-Zelte an.

■ **Ta Lai Longhouse**②-③, Tel. 978972734, www.ta-lai-longhouse.com. Übernachten in einem traditionellen *Longhouse* aus Bambus in Parknähe. Die Betten im Gemeinschaftsraum (mit Moskitonetzen) können durch Vorhänge getrennt werden.

■ **Green Bamboo Lodge**②, Tel. 824402345, FB: Green Bamboo Lodge .Enjoy Nature. Bungalows, 2 Min. zu Fuß vom Park entfernt, 20 Zimmer.

■ **Green Hope Lodge**②, Hamlet 4, Nam Cat Tien, Tel. 972184683, www.greenhopelodge.com. Einfache Bungalows in Parknähe inkl. BF.

■ **Forest Floor Lodge**④-⑤, Tel. 914116746, www.fb.com/vn.forestfloorlodge. Luxus-Lodge am Fluss.

Anreise

■ Abzweige von der N 20 im Weiler Tan Phu 125 km nördlich von Ho Chi Minh City und 175 km südlich von Da Lat. Bushaltestelle *Tan Phu Post Office.* Ab Ho Chi Minh City (233 Le Hong Phong, Distr. 5) und Da Lat (1 To Hien Thanh) alle 30 Min. mit *Phuong Trang* (*FUTA,* futabus.vn), ca. 4 Std. Ab Tan Phu mit Mopedtaxi *(Xe Om)* bis zum Park (man muss mit dem Fahrer vorab hartnäckig verhandeln).

See im Nationalpark Cat Tien

Adobe Stock © danhvc

HAPPY INN
HOTEL

384vi kb

7

Ho Chi Minh City

» Chaotisch. Kosmopolitisch. Betörend. Brutal. Französische Belle Epoque, amerikanische Sixties-Beton-Kultur, sozialistischer Realismus, alle Facetten Südostasiens – mit chinesischen Tupfern – und eine neue futuristische Skyline unter tropischer Dauer-Sauna und Benzol-Wolken: Ho Chi Minh City hat nicht nur einige Sehenswürdigkeiten – es ist selber eine!

‹ Rastlos. Geschäftig. Mondän. Vernetzt.

HO CHI MINH CITY (HCMC)

Die Großstadt im Süden: Wolkenkratzer, Wachstum, Banken und *Big Business*. Mehr noch als Hanoi pulsiert die Stadt im Hier und Heute, blickt nach vorn und nicht zurück, auferstanden aus der Asche des Krieges. Ho Chi Minh City ist Tag und Nacht ruhelos, blinkend, groß und schnell. Und doch, es gibt sie noch, die kleinen Garküchen in den engen Nebengassen, mobile Straßenstände und Hühner und Gockel, die mitten im Chaos der Baustellen zwischen Autos und Motorrollern herumspazieren. Und Geschichten und Geschichte hinter jeder Ecke. Kriegsmuseum und Palast der Wiedervereinigung, alte französische Gebäude, asiatische Pagoden, koreanische Frisuren: Ho Chi Minh City ist ein Durcheinander, alles vereinend.

NICHT VERPASSEN!

- **Oper, Hauptpost** und weitere historische Gebäude sehen | 406, 407
- **Cho Lon** – Auf einem Bummel Chinatown, **Thien-Hau-Pagode** und Medizinläden entdecken | 410, 414
- **War Remnants Museum** – erschütternde Bilder von den Gräueln des Vietnamkriegs | 422
- **Banh Xeo** – luftige, knusprige Reismehl-Crêpes – und wir wissen, wo | 435
- Skyline – bei einem gepflegten Cocktail oder Kaffee in einer der **Rooftop-Bars** Großstadtgefühle aufkommen lassen | 440

Diese Tipps erkennt man an der gelben Markierung.

Überblick

Auf einen Blick, zumindest an der Oberfläche, erfasst man HCMC wohl am besten auf den Boulevards Nguyen Hue und Dong Khoi im Zentrum: Ein Durcheinander von modernen Wolkenkratzern und geschichtsträchtigen Gebäuden wie dem alten Rathaus und dem *Rex* und *Palace Hotel, McDonald's, Starbucks* und Metrohaltestellen. So sehr das westlichen Besuchern und Geschichtsinteressierten missfallen mag, Vietnams Regierung hat sich für Saigon – oder **Ho-Chi-Minh-Stadt,** wie das Konglomerat offiziell seit 1976 heißt – für eine volle Fahrt in die Zukunft entschieden, und das mit abmontierten Rückspiegeln.

Den alten Gebäuden im Stadtzentrum der einstigen „Perle des Orients" kann man buchstäblich beim Verschwinden zuschauen. Auch Protest und die öffentliche Diskussion, die aufflammte, als das 1880 erbaute *Saigon Tax Trade Center* der Abrissbirne zum Opfer fallen sollte, halfen nichts, das Gebäude steht heute nicht mehr. Die Vergangenheit der Stadt muss modernen Wolkenkratzern mit *Helipads, Shopping Malls* und der neuen Metro-Linie weichen. (Wer zumindest virtuell einen Spaziergang durch die alte Architektur von HCMC unternehmen will, dem seien *Tim Dolings* Website

646v un

www.historicvietnam.com und sein Buch „Exploring Ho Chi Minh City" empfohlen, das man mittlerweile als Friedhof für die dahingeschiedene Kolonialarchitektur von HCMC bezeichnen kann.) Doch nicht jeder Widerstand verhallt im Nichts. Als 2015 rund 6700 alte Bäume in der Stadt gefällt werden sollten, schlossen sich Tausende junger Bürger sehr wirkungsvoll über *Facebook* zusammen, um die Bäume zu retten.

Das **Konglomerat** Ho-Chi-Minh-Stadt erstreckt sich über ein Areal von insgesamt 2099 km² und umfasst neben den städtischen Bezirken *(quan)* wie **Ho Chi Minh City** und der einstigen Chinatown **Cho Lon** auch die Agrarbezirke Binh Chanh, Can Gio, Hoc Mon, Nha Be und Cu Chi, die zusammen das ökonomische und kommerzielle Zentrum des Landes bilden, in dem 6 % der Vietnamesen fast ein Viertel des Bruttosozialprodukts erwirtschaften und in dem sich über 30 % aller Klein- und Leichtindustriebetriebe und allen Handels konzentrieren.

Das Sein von HCMC, nicht das Bewusstsein von Hanoi, bestimmt heute Vietnam. Nach HCMC, nicht nach Hanoi, zieht es die Elite und die Jugend des Landes, fließen die Vermögen der über eine Million Exilanten, die nach dem Krieg in die „Große Freiheit" Kaliforniens, Kanadas oder Australiens aufgebrochen waren. Und pilgern die milliardenschweren Investoren, Banken und Konzerne des globalen Kapitalismus.

HCMC ist nicht nur größer als die Hauptstadt Hanoi, es wirkt auch moderner, weltoffener, freier, kompetenter und weniger konservativ und zugeknöpft. Und dabei gleichzeitig weniger dekadent und weniger kreativ; die wirklich Reichen, Mächtigen und Einflussreichen leben in Hanoi – haben aber am Ende das Sagen in HCMC. Die Stadt im Süden mag mehr Freiräume für Kunst, Musik und Nachtleben bieten, aber die Künstler und Improvisationstalente sitzen in Hanoi. Dort, wo ihre Inspiration zu

Im Häusermeer kommen Tradition und Moderne zusammen

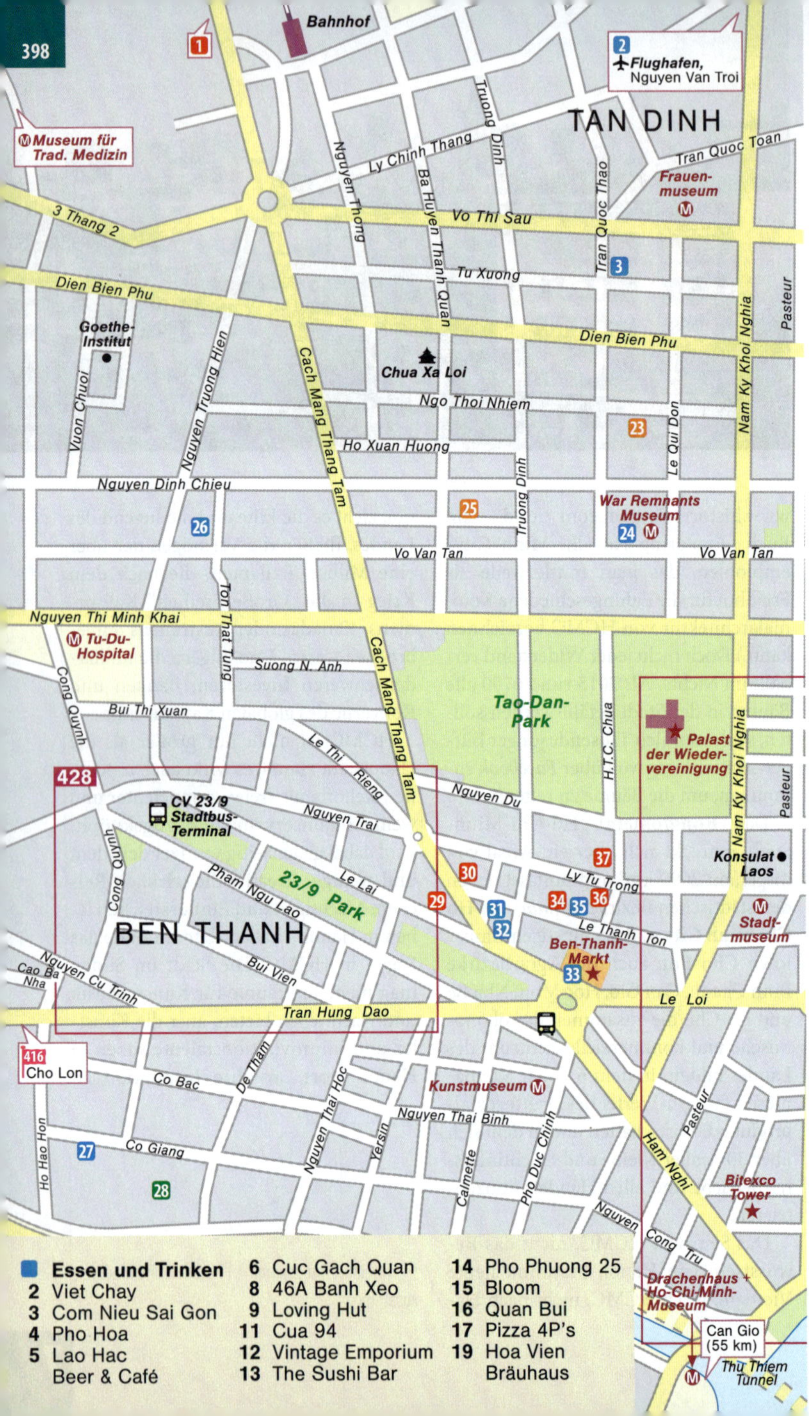
Bahnhof
1
2
Flughafen,
Nguyen Van Troi
Museum für
Trad. Medizin
TAN DINH
Tran Quoc Toan
Frauen-
museum
Truong Dinh
Ly Chinh Thang
Nguyen Thong
Ba Huyen Thanh Quan
3 Thang 2
Vo Thi Sau
Tran Quoc Thao
3
Tu Xuong
Pasteur
Dien Bien Phu
Goethe-
Institut
Cach Mang Thang Tam
Chua Xa Loi
Dien Bien Phu
Nam Ky Khoi Nghia
Vuon Chuoi
Nguyen Truong Hien
Ngo Thoi Nhiem
23
Le Qui Don
Ho Xuan Huong
Nguyen Dinh Chieu
25
Truong Dinh
War Remnants
Museum
24
26
Vo Van Tan
Vo Van Tan
Ton That Tung
Nguyen Thi Minh Khai
Tu-Du-
Hospital
Suong N. Anh
Cong Quynh
Bui Thi Xuan
Tao-Dan-
Park
H.T.C. Chua
Palast
der Wieder-
vereinigung
Le Thi Rieng
428
Nguyen Du
CV 23/9
Stadtbus-
Terminal
Nguyen Trai
Cong Quynh
37
Konsulat
Laos
30
Pham Ngu Lao
Le Lai
Ly Tu Trong
23/9 Park
29
31
34
35
36
32
Stadt-
museum
BEN THANH
Le Thanh Ton
Ben-Thanh-
Markt
33
Nguyen Cu Trinh
Cao Ba Nha
Bui Vien
Tran Hung Dao
Le Loi
416
Cho Lon
Co Bac
De Tham
Nguyen Thai Hoc
Kunstmuseum
Nguyen Thai Binh
Ho Hao Hon
27
Co Giang
28
Yersin
Calmette
Pho Duc Chinh
Pasteur
Ham Nghi
Bitexco
Tower
Nguyen Cong Tru
Drachenhaus
Ho-Chi-Minh-
Museum
Can Gio
(55 km)
Thu Thiem
Tunnel
Essen und Trinken
2 Viet Chay
3 Com Nieu Sai Gon
4 Pho Hoa
5 Lao Hac
Beer & Café
6 Cuc Gach Quan
8 46A Banh Xeo
9 Loving Hut
11 Cua 94
12 Vintage Emporium
13 The Sushi Bar
14 Pho Phuong 25
15 Bloom
16 Quan Bui
17 Pizza 4P's
19 Hoa Vien
Bräuhaus

Vinam77 14/25
©Reise Know-How
0
300 m
Übernachtung
1 Ma Maison Boutique Hotel
7 An Lam Retreats Saigon River
29 New World Saigon Hotel
30 Paradise Saigon Boutique Hotel & Spa
34 Sanouva Hotel, Nhat Ha 2
36 Grand Silverland Hotel & Spa
37 A & Em
Phan Dinh Phung
Ng. Huu Cau
Tran Quang Khai
Hai Ba Trung
Tan-Dinh-Kirche
Tan-Dinh-Markt
Den Trang Hung Dao
Dinh Tien Hoang
Vo Thi Sau
Chua Ngoc Hoang
Le-Van-Tam-Park
Pham Ngoc Thach
Dien Bien Phu
Konsulat Kambodscha
Nguyen Van Thu
Phung K. Khoan
Phan Ke Binh
Mai Thi Luu
Honorarkonsulat Österreich
Nguyen Dinh Chieu
Konsulat Deutschland
Tran Cao Van
Mac Dinh Chi
Nguyen Binh Khiem
Hoang Sa
DA KAO
Nguyen Thi Minh Khai
Cau Thi Nghe
Konsulat China
412
Historisches Museum
Zoo
Le Duan
Kathedrale Notre Dame
Nguyen Du
Saigon Trading Center
Den Hung Vuong
Thi-Nghe-Kanal
Vincom Tower
Ly Tu Trong
Le Thanh Ton
Nguyen Huu Canh
Nguyen Hue
Dong Khoi
Song Sai Gon
Ton Duc Thang
20 Hoa Vien Sai Gon – NTMK
21 Co Ba Xy Quang
22 Tib
24 Hum
26 Pi Vegetarian Bistro
27 Chi Tuyen
31 Café Vy
32 Cà phê Linh
33 Ben-Thanh-Markt
35 Nam Giao
Nachtleben
10 Indika
18 Lush
23 Acoustic Bar
25 Yoko Café
Einkaufen
28 Russian Market

Hause ist, zwischen alten, zerfallenden Mauern, Museen und Galerien, Zensur und Kontrolle in einem unüberschaubaren Wirrwarr von Gassen, kurz in dem ganzen Chaos, das Hanoi einzigartig macht und HCMC im Vergleich austauschbar aussehen lässt.

Saigon oder Ho-Chi-Minh-Stadt?

Offiziell wurde **Sai Gon** 1976 in Thanh Pho Ho Chi Minh, Ho-Chi-Minh-Stadt, umbenannt. Aber in der Alltagssprache blieb die Bezeichnung Sai Gon weitläufig bestehen, zumal im Süden. Im Norden hört man Thanh Pho Ho Chi Minh (oder auch einfach „Ho Chi Minh") etwas häufiger. Der Distrikt 1 heißt nach wie vor Sai Gon, der Code des Flughafens Tan Son Nhat lautet SGN, und die Bezeichnung blieb auch in diversen Eigennamen bestehen wie etwa dem des lokalen Biers *Sai Gon Bia.*

In diesem Buch wird der in Vietnam am häufigsten (Busse, Bahnen, Flughäfen) verwendete Name genommen: **Ho Chi Minh City,** abgekürzt **HCMC.**

Geografie und Klima

Die Hafenstadt Ho Chi Minh City liegt 50 km vom Südchinesischen Meer entfernt – die Vietnamesen nennen es übrigens offiziell Bien Dong, „Ostmeer" – am Nordrand des Mekong-Deltas inmitten einer weiten Tiefebene am Westufer des Saigon-Flusses (Song Sai Gon).

Das Klima der Stadt ähnelt dem von Bangkok, mit einer Regenzeit von Mai bis Oktober, einer Trockenzeit von November bis April und ganzjährigen

☐ Rue Catinat und Kai Rigaud de Genouilly in den 1930er-Jahren

VI163

Durchschnittstemperaturen zwischen 23 und 32 °C. Die heißesten Monate sind April und Mai, die kühlsten Dezember und Januar, die stärksten Niederschläge fallen im August und September.

Orientierung

Thanh Pho Ho Chi Minh setzt sich aus 19 Distrikten *(Quan)* zusammen, von denen die innenstädtischen nummeriert sind. Das Zentrum von HCMC heißt Quan 1, das von Cho Lon Q 5.

Die älteste Straße der Stadt ist die **Dong Khoi,** heute eine Shoppingmeile für Reiche, mit *Gucci, Louis Vuitton* und anderen Nobelmarken. Die schmale, von immergrünen Bäumen bestandene Straße erstreckt sich über 1,1 km vom Saigon-Fluss über die Oper bis zur Kathedrale Notre Dame und der Hauptpost.

Im Herzen des Stadtzentrums (Distrikt 1) befindet sich der **Thanh-Markt.** Westlich davon kommt man zu den Backpackermeilen **Bui Vien** mit der **Bui Vien Walking Street** als Pub-Meile, die an den Abenden des Wochenendes für den Verkehr gesperrt ist, und **Pham Ngu Lao** mit den günstigen Hotels.

Die **Tran Hung Dao** führt nach 5 km ins Zentrum von Cho Lon an der Chau Van Liem.

Mit Vollgas in den Verkehrskollaps?

Für Besucher ist HCMC allein schon wegen seines **wahnwitzigen Verkehrs** gewöhnungsbedürftig. Ein deutscher Tourist hat es einmal so ausgedrückt: „Ich war nahe daran, ein Taxi zu nehmen, nur um auf die andere Seite der Straße zu gelangen!"

Mehr als 9 Mio. Motorräder sind in HCMC gemeldet, hinzu kommen mehr als 800.000 Autos und Lastwagen. Die traurige Statistik: Jedes Jahr sterben in Vietnam durchschnittlich rund 6000 Menschen bei Verkehrsunfällen.

Ein **Metro-System** soll den drohenden Verkehrs-Kollaps abwenden: In Saigon sowie in Hanoi wird seit etlichen Jahren an einem U-Bahn-Netz gebaut. In Saigon gibt es bisher Baustellen für fünf Linien, wobei die Linie 1 fertig gebaut und im August 2023 getestet wurde. Die Eröffnung steht für Ende 2024 auf dem Plan – Ausgang ungewiss. Sie verbindet auf 19,7 km den Ben-Thanh-Markt im Bezirk 1 und das Long-Binh-Depot in der Stadt Thu Duc und passiert dabei die auch für Besucher interessanten Bezirke der Innenstadt. Ist das Netz einmal in Betrieb, wird die Herausforderung darin bestehen, die Einwohner davon zu überzeugen, vom Motorroller und Auto auf die Schienen umzusteigen – denn Privatfahrzeuge sind auch ein Symbol für Status, Wohlstand und Fortschritt.

Geschichte

Mehr als 100 Jahre lang haben nicht Vietnamesen, sondern **Ausländer** die Geschicke Saigons bestimmt. Von 1859 bis 1954 die Franzosen, die die Stadt als solche überhaupt erst begründeten. Und zwischen 1954 und 1975 die Amerikaner, ohne deren Finanzspritzen die **Hauptstadt der Republik Südvietnam** nicht überlebensfähig gewesen wäre.

Ihre Geschichte ist der Stadt nicht nur deutlich anzusehen, sie begründet ihre Sonder- und Vormachtstellung in Vietnam bis auf den heutigen Tag.

647v sb

Vietnam blickt auf eine fast 2000-jährige Geschichte zurück und ist schon seit über 700 Jahren eine unabhängige Nation, als **1674** Vietnamesen zum ersten Mal den Ort erreichen, der heute Ho Chi Minh City heißt. Sie vertreiben die ansässigen Khmer und errichten rund um den **Fischerhafen Gia Dinh** erste Ansiedlungen. Mit Genehmigung der Nguyen-Fürsten (das Kaiserreich ist zweigeteilt in die Fürstentümer der *Trinh* in Hanoi und *Nguyen* in Hue) lassen sich reiche Flüchtlinge aus China nieder und gründen den **Handelsumschlagsplatz Cho Lon** (*cho* = Markt, *lon* = groß). Noch während die Tay-Son-Revolte Ende des 18. Jh. versucht, den verfeindeten Clans den Garaus zu machen und Vietnam zu einen, erobert der Prinz von Hue, *Nguyen Anh,* mit Hilfe privater Waffenhilfe aus Frankreich den Süden zurück und errichtet **1790** die Zitadelle von Gia Dinh. Unter seinem Nachfolger *Minh Mang* umfasst die Zitadelle bereits den heutigen Stadtkern von HCMC, um den sich an Flussläufen und Kanälen entlang elf Dörfer und die Chinesenstadt Cho Lon gruppieren.

Das französische Saigon

„Saigon ist die Entstellung von Taingon (Tingan), wie die 1787 in Cho Lon angesiedelten Chinesen ihre dortige Niederlassung bezeichneten. Ehe die Franzosen Saigon besetzten (1859), zählte die Stadt 50.000 Einwohner, wurde aber von den Mandarinen bei ihrem Rückzug grossentheils zerstört. Bis jetzt bildet die Citadelle mit dem von Europäern bewohnten Quartier den Kern der Niederlassungen, um den sich die Eingeborenen in elf Dörfern gruppieren."

(*Adolf Bastian*, „Reise durch Kambodja nach Cochinchina", Jena 1868)

1859 besetzen französische Admiräle die Zitadelle. *Kaiser Tu Duc,* der vergebens hofft, auf diese Weise wenigstens den Rest seines Landes behalten zu können, tritt ihnen **1862** Saigon und die umliegenden Provinzen Gia Dinh, Bien Hoa und My Tho ab. Die französische Kriegsmarine, die die neue **Kolonie Cochinchina** regiert, baut mittels privater Spekulationsgelder den Hafen aus und legt jenes Netz von Boulevards und Avenuen an, das den Stadtkern Saigons bis heute prägt. Stadt und Hafen wachsen rasch dank der französischen Handels- und Exportunternehmen, die den einheimischen Reis auf dem Weltmarkt vertreiben und die Kolonie mit gewinnbringenden Kautschuk-, Kaffee- und Teeplantagen überziehen.

1897 verlegen die Franzosen die politische Macht der „Indochinesischen Union" nach Hanoi, doch die wirtschaftliche Vorrangstellung Saigons bleibt bestehen. Der Zweite Weltkrieg und die japanische Okkupation lassen die Einwohnerzahl auf 750.000 anschwellen. **1945** schließt sich Saigon der von *Ho Chi Minh* ausgerufenen Demokratischen Republik an, wird von den Franzosen aber zurückerobert. Im Verlauf des Indochinakriegs, überschreitet die Einwohnerzahl erstmals die Millionengrenze.

„Saigon ist eine angenehme, aber etwas farb- und charakterlose französische Provinzstadt am südchinesischen Meer. Der bessere Teil der Stadt beherbergt zahlreiche Geschäfte, Cafés und Kinos und eine kleine, einfache Kathedrale aus rotem Backstein. 20.000 Europäer, die sich in den schattigen, mit Tamarinden bestandenen Straßen des Zentrums möglichst unter ihresgleichen aufhalten, sind von annähernd einer Million Vietnamesen und Chinesen umgeben. Die Hälfte der einheimischen Bevölkerung lebt in Zehntausenden von Sampans auf dem Wasser."

(*Norman Lewis,*
„A Dragon Apparent", London 1951)

☒ Mit dem Grab-Moped lässt sich Ho Chi Minh City trefflich entdecken

Das amerikanische Saigon

Nach der Teilung Vietnams durch die Weltmächte wird Saigon **1954** Hauptstadt der von den USA politisch wie wirtschaftlich gestützten Republik Südvietnam. Aus dem kolonialen „Paris des Ostens" wird eine betriebsame Garnisonsstadt und Konsummetropole, die mit dem 5 km entfernten Cho Lon zusammenwächst. Zwischen 1955 und 1956, als *Präsident Diem* und amerikanische Wohltätigkeitsorganisationen Hunderttausende Katholiken in den Süden locken und „zur Sicherheit" ganze Landstriche von ihren Bewohnern säubern, wächst die Stadt auf fast 2 Mio. Einwohner an.

Militärkomplexe, wie der *Tan-Son-Nhat-Airport*, und die ersten Hochhäuser, die Hotels *Caravelle* und *Palace*, entstehen, und aus der eleganten Flanierstraße Rue Catinat wird die „Hure Vietnams", die neonflackernde Amüsiermeile **Tu Do** (Freiheit) mit Tausenden von Tanzbars und Stundenhotels. Diplomaten und Kriegsberichterstatter aller Herren Länder tauschen auf der Terrasse des *Continental* Informationen aus und observieren vom Dachgarten des *Rex* und *Caravelle* bei einem *Martini* die Aktivitä-

Der Fall Saigons

30. April 1975. Die dramatischen Fernsehbilder von der Evakuierung der letzten gut 100 Amerikaner vom Dach des *CIA*-Gebäudes unweit der US-Botschaft begründen das **„Vietnam-Trauma"** der USA. (Dieses Haus – mitsamt seinem charakteristischen Aufbau und der Leiter – steht heute noch, unmittelbar neben dem *Vincom Tower*, von dessen Vorplatz an der Dong Khoi aus man es betrachten kann; 22 Ly Tu Trong.) Überrumpelt von dem Zusammenbruch der südvietnamesischen Verbündeten, bleibt den Amerikanern nur noch die überstürzte Flucht durch die Lüfte. Während die Bajonette amerikanischer MPs unerbittlich die einstigen Verbündeten, deren Frauen und Kinder in Schach halten, klettert Botschafter *Graham Martin*, den eingerollten Sternenbanner unterm Arm, die Leiter zum rettenden Helikopter empor. Ein anderer Hubschrauber, an dessen Kufen sich Dutzende Verzweifelter klammern, die gleichfalls das Land verlassen wollen, trudelt, verliert an Höhe und schlägt mit dumpfem Krachen auf dem Dach der Botschaft auf.

Dabei hatte man sich an Leichen in der *Embassy* schon früh gewöhnen müssen. Nur wenige Monate nach Fertigstellung des nagelneuen Gebäudes, zu Tet **1968,** drangen vor den Augen von Millionen entsetzter amerikanischer Fernsehzuschauer „Vietcong" in das schwer bewachte Gelände ein und lieferten den „Boys" (Wachsoldaten und Botschaftspersonal) einen Kampf bis aufs Messer, ehe sie sich überwältigen ließen. Dies bedeutete den Wendepunkt. Die amerikanische Öffentlichkeit entzog den Politikern und Generälen, die ihnen jahrelang vorgelogen hatten, alles unter Kontrolle zu haben, das Vertrauen und zwang *Präsident Johnson* zur Aufgabe seines Amtes.

ten des „Viet Cong" auf der anderen Flussseite. Rund um die Stadt entstehen Slums und *Shanty-Towns* aus Bierkästen und *Cola*-Büchsen, die Einwohnerzahl überschreitet die Drei- und die Vier-Millionen-Grenze.

„Als wir uns durch einen Verkehrsstau in die Innenstadt von Saigon vorkämpften, hatte ich den schockartigen Eindruck, in einer amerikanischen Stadt zu sein, einem schäbigen Ort an der Westküste mit Chinatown und einer schlitzäugigen Minorität. Nicht nur Militärfahrzeuge aller Art, sondern Chevrolets, Mercedes-Benz, Volkswagen und Triumphs, und überall Weiße in Freizeitkluft. Die zivile Übernahme der Stadt ist noch erstaunlicher als ihre militärische. Für einen Amerikaner ist Saigon heutzutage weniger exotisch als Florenz. Wirkt Saigon tagsüber noch wie ein gigantischer PX-Supermarkt, erstrahlt es des Nachts wie ein Jahrmarkt in einem amerikanischen Provinznest."

(*Mary McCarthy*,
„Vietnam", New York 1967)

„Das Stadtzentrum erweckte Erinnerungen an die Provence, an Orange oder Montélimar, mit den zweistöckigen pastellfarbenen Häusern, den Arkaden, den sauberen Läden und den kleinen Feinschmeckerlokalen. Und vor allem mit den riesigen, schattenspendenden Bäumen, die die Straßen überdachten. (Während ich dies niederschreibe, sind manche von ihnen der Verkehrsplanung zum Opfer gefallen, die durch die Tausende amerikanischer Militärfahrzeuge notwendig wurde.) Das war noch die Perle des Orients. In den Seitenstraßen wimmelte es freilich auch damals schon von schmuddeligen, schwärenbedeckten Kindern, Bettlern und Krüppeln."

(*Georg W. Alsheimer*,
„Vietnamesische Lehrjahre",
Frankfurt 1968)

Das sozialistische Saigon

Als die Truppen Hanois Saigon am **30. April 1975** einnehmen, erben sie eine Stadt, die seit zwei Jahrzehnten nur von amerikanischer Unterstützung am Leben gehalten worden war. 2 Mio. haben kein Dach über dem Kopf oder hausen in zusammengeschusterten Wellblechbaracken, Hunderttausende Drogensüchtige, Kriminelle, Prostituierte, Bettler, Waisen- und Mischlingskinder bevölkern die Straßen. Als einzige Wirtschaftsmacht ist der von den Chinesen Cho Lons kontrollierte Schwarzmarkt übrig geblieben, die Elite Saigons, darunter die meisten Ärzte, ist ins Ausland geflüchtet.

Der notwendige, aber übereifrige Versuch der Kader, die Einwohnerzahl der von Versorgungsengpässen bedrohten Stadt durch Um- und Aussiedlung zu reduzieren, schlägt fehl. Als man **1978** dem Schwarzmarkt den Krieg erklärt und die Wirtschaft Saigons, nun Ho Chi Minh City, im Handstreich verstaatlicht, fliehen Hunderttausende Cho Lon-Chinesen mitsamt ihrem Vermögen als **Boat People** nach Übersee. Wie zuvor schon der gesamte Beamtenapparat werden sie von Partei-Kadern ersetzt, denen Ho Chi Minh City nach den jahrelangen Entbehrungen im Dschungel teils wie Sodom und Gomorrha, teils wie das Paradies auf Erden vorkommen muss. Bürokratie, Korruption und Chaos nehmen kein Ende und verbünden sich mit realsozialistischer Ignoranz und Inkompetenz. Der Westen lehnt jede Hilfe ab, das gedemütigte Amerika will seine Rache.

Von Hanoi jahrelang als „Dorn im Fleisch" der jungen Volksrepublik betrachtet, ist Ho Chi Minh City wieder zum Hoffnungsträger und Trendsetter Vietnams aufgestiegen. Der erste sozialistische Bürgermeister der Stadt, *Vo Van Kiet*, wurde 1991 sogar zum Ministerpräsidenten gewählt und war der erste Südvietnamese in einem hohen Staatsamt des wiedervereinigten Vietnam.

Sehenswertes

Dong Khoi

Als **Rue Catinat** elegante Flanier- und Ausgehstraße der Kolonisten und im Namen der „Freiheit" – **Tu Do** – sündige Rotlichtmeile der Amerikaner, ist die heutige „Straße der Volkserhebung" mit ihren Hotels, Restaurants, Cafés, Buchhandlungen, Boutiquen und Souvenirshops auch weiterhin das Herz der Stadt.

Die eineinhalb Kilometer lange, sich permanent neu erfindende Allee ist die älteste von den Franzosen angelegte Straße der Stadt und verbindet sinnigerweise Hafen (Ausbeutung) und Kathedrale (Bekehrung).

Ein Spaziergang entlang der Dong Khoi sollte am Saigon-Fluss beginnen. Das 1925–28 errichtete **Hotel Majestic** (No. 1) hat wahrlich wechselvolle Zeiten gesehen. Die Cocktailstunde auf dem Dach, „wo ein frischer Wind vom Saigonfluss heraufwehte", genossen außer *Graham Greene* japanische Besatzer, amerikanische Kriegsberichterstatter, Hanoier Funktionäre, russische und deutschdemokratische „Entwicklungshelfer" und nach 1989 die ersten kapitalistischen Besucher von Ho-Chi-Minh-Stadt. Im glitzernden **Maxim's** daneben

(No. 13–17) ging's garantiert frivoler zu als heutzutage.

Erst Mitte der 1990er-Jahre wiederauferstanden ist das **Grand Hotel** (8–24), nachdem es schon fast zum Geisterhaus verkommen war. Ein Jahr lang beherrschte seine unvergleichliche Fassade (1923) die Seitenstraße Ngo Duc Khe, heute duckt es sich im Schatten von Hochhäusern, die gerade noch einen Blick auf den Mongolenbezwinger *Tran Hung Dao* am Me-Linh-Square freigeben.

Die meisten Repräsentanten der „guten alten Zeit" sind bereits der Abrissbirne zum Opfer gefallen oder wurden bis zur Unkenntlichkeit neu gestylt. Am Lam-Son-Platz schweift der Blick zum **Caravelle,** Mitte der 1950er-Jahre das erste (damals zehnstöckige) Hochhaus Saigons, dessen Dachterrasse *Oriana Fallaci* und ihre Kollegen als „die grandiose Bühne des sterbenden Saigon" beschrieben haben.

Die 1899 vollendete **Oper** war jahrzehntelang der gesellschaftlicher Mittelpunkt der Stadt, ehe sie während der kurzen amerikanischen Ära die „demokratisch" gewählte Nationalversammlung der Republik Südvietnam beherbergte und erst nach 1975 wieder als Theater eröffnet wurde.

Gleich neben der Oper das älteste Hotel von HCMC, das **Continental** (132–134), seit seiner Einweihung 1880 freilich vielfach umgebaut. Über seine legendäre, der Wiedereröffnung 1989 zum Opfer gefallene Terrasse kann man bei *William Somerset Maugham, Noel Coward, Graham Greene, Michael Herr* und vielen anderen nachlesen.

Einige Schritte weiter, an der Ecke Le Thanh Ton, kann man linker Hand ein Auge auf die „barocke Patisserie" des

☑ Umgeben von Baustellen strahlt die Oper bis heute eine angenehme Ruhe aus

648v sb

1901–08 erbauten **Hôtel de Ville** (Rathaus) werfen, das heute Sitz des Volkskomitees von Ho-Chi-Minh-Stadt ist.

Am „Platz der Pariser Kommune“ (während des amerikanischen Krieges John-F.-Kennedy-Platz genannt) endet nach gut 1 km die Dong Khoi. Rechts das sorgfältig restaurierte Kolonialgebäude der **Sûreté,** der französischen Staatssicherheit, in deren berüchtigten Untersuchungsgefängnissen Zehntausende „Rebellen“ schmorten, ehe sie auf die „Teufelsinseln“ Con Dao und Phu Quoc verbannt wurden. Unmittelbar vor einem zwei der ältesten noch erhaltenen Kolonialbauten der Stadt, die von *Gustave Eiffel* mitentworfene **Hauptpost** (*Saigon Central Post Office,* 1886–1891) und die neoromanische **Kathedrale Notre Dame** (1877–1883).

Biegt man hinter der Kathedrale nach links in die Le Duan ein, öffnet sich eine weite, von hohen Tamarinden bestandene Anlage, die im Volksmund noch heute als *Reeducation-* oder **Umerziehungs-Park** bekannt ist. Noch bis Ende der 1980er-Jahre trafen sich hier Tag für Tag Abertausende ehemalige Beamte und Offiziere des Regimes von Ho Chi Minh City, die nach ihrem Aufenthalt in den Umerziehungslagern der Regierung vor der „Behörde für Auslandsbeziehungen“ auf eine Zulassung für die Auswanderung in die USA hofften. Auch zahllose Amerasier, Kinder von amerikanischen *GIs,* warteten hier auf ihre Chance auf eine bessere Zukunft. Heute ist hier an Wochenenden ein ungemein populärer Treffpunkt; man picknickt, trinkt und ratscht unter den hohen Bäumen des Parks. Sehenswert!

Gleich neben *Post Office* und Kathedrale, die eigentlich immer eingerüstet ist, befindet sich die „Buchstraße“, auch

☐ Die Hauptpost ist heute eine der touristischen Hauptattraktionen von Ho Chi Minh City

649v sb

bekannt als **Nguyen Van Binh Book Street.** Sie ist ein beliebtes Ziel für Buchliebhaber und Flaneure. Dabei handelt es sich um eine überschaubare Fußgängerzone, gesäumt von Buchhandlungen, Cafés und Ständen mit einer Vielzahl von Büchern – von Literatur bis hin zu akademischen Texten, von englischsprachigen Krimis bis zu Reiseliteratur (tgl. 8–21 Uhr).

Präsidenten-Palast (Palast der Wiedervereinigung)

Das vierstöckige, zwischen 1963 und 1968 entstandene Gebäude mit über 100 Zimmern galt damals als Nonplusultra avantgardistischer Architektur. Errichtet wurde es auf den Grundmauern des alten *Palais Norodom,* in dem die französischen Gouerneure seit 1869 residiert hatten, der 1962 jedoch zu Bruch ging, als ein desillusionierter Pilot der südvietnamesischen *Air Force* einen Angriff auf seinen eigenen Präsidenten flog. Der katholische Diktator *Ngo Dinh Diem,* seit 1954 „der starke Mann" der USA in Saigon, ließ unbeeindruckt einen neuen Palast in Auftrag geben, in den er freilich niemals einziehen sollte. Entsetzt von den öffentlichen Selbstverbrennungen buddhistischer Bonzen und aufgerüttelt von der Reaktion der Weltöffentlichkeit, ließen die Amerikaner *Diem* 1963 fallen und gaben ihn zum Abschuss durch seine eigenen Generäle frei.

Der Wiedervereinigungs-Palast wird heute für **Empfänge, Kongresse** und **Ausstellungen** genutzt. Die sorgfältigst restaurierten Konferenzräume, Sitzungssäle und Privatgemächer des Präsidenten (mitsamt Privatbar und -kapelle) sind sehenswerte Zeitzeugnisse einer vergangenen Epoche. Im obersten Stockwerk befand sich ein gigantischer Tanzsaal mitsamt Kasino und auf dem Dach ein Hubschrauberlandeplatz für die schnelle Flucht, während die eigentliche Kommandozentrale im Keller lag. Was für Zeiten!

■ **Präsidenten-Palast,** Besuchereingang 135 Nam Ky Khoi Nghia, tgl. 8–16.30 Uhr, Eintritt 65.000 đ, www.dinhdoclap.gov.vn und https://independencepalace.gov.vn.

Tao-Dan-Park

Riesige Bäume spenden Schatten in dem 10 ha großen, gepflegten Park hinter dem Palast der Wiedervereinigung. Hier kann man sich tagsüber in Cafés entspannen oder flanieren und die in Hecken geschnittenen Skulpturen bewundern. Am frühen Morgen ist hier viel los: Einwohner der Stadt halten sich beim Freiluft-Aerobic, Tai Chi, Federballspiel oder auf den Fitnessmaschinen im nördlichen Teil des Parkes in Form. Oder sie zeigen ihre Singvögel vor, die sie in Käfigen auf dem Motorroller von Zuhause mitgebracht haben. Solche „Gesangswettbewerbe" zum Morgen-Tee sind in Vietnam ein beliebtes Hobby älterer Männer.

Bitexco Tower

Der in Form einer geschlossenen Lotosblüte stilisierte Turm mit seinen 68 Geschossen und einer Höhe von 262 m galt 2010 als neues Wahrzeichen der Stadt.

Designt wurde der Wolkenkratzer von dem venezolanischen Architekten *Carlos Zapata*. Bei der runden Plattform, die im oberen Teil des Gebäudes steckt und Assoziationen mit dem Film „Mars Attacks!" weckt, handelt es sich um einen **Helikopter-Landeplatz** im 50. Stock. Direkt darunter befindet sich die Aussichtsetage **Skydeck** – ein komplett leerer Raum mit Glasscheiben bis zum Boden und einem tollen 360-Grad-Panorama.

■ **Saigon Skydeck,** 36 Ho Tung Mau, www.bitexcofinancialtower.com, tgl. 9.30–21.30 Uhr, Eintritt 240.000 đ, Kinder 4–12, Senioren ab 65 Jahre 160.000 đ.

Ben-Thanh-Markt

Der Knotenpunkt der Stadt. Kolonialismus, Sozialismus, Wildwest-Kapitalismus und Globalisierung, alles auf engstem Raum. Dazu Gewürze, Tropenfrüchte, Computerspiele, Suppenküchen, Schweinehälften, Jeans und junge Hunde. Der Cho Ben Thanh mit seinem Uhrturm ist ein Wahrzeichen der Stadt und der **größte Markt im Zentrum von Ho Chi Minh City.**

Die **1914** von den Franzosen errichteten Hallen bilden noch heute den **Verkehrsknotenpunkt** des Zentrums. Von Obst und Gemüse über Kleider, Snacks und Souvenirs findet sich hier so ziemlich alles, aber auch viel Ramsch. Der Markt ist touristisch, die Preise für Ausländer nicht unbedingt niedrig – man benötigt Verhandlungsgeschick. An den Ständen außen herum sind Fixpreise angeschrieben. Die *Street-Food*-Stände in der Mitte der Halle lohnen sich.

650v sb

⌄ Der Markt in Cho Lon gilt nicht nur bei Fans als der schönste Markt in Ho Chi Minh City

Die beiden Denkmäler in der Mitte des Platzes erinnern an den erfinderischen *Tran Nguyen Han,* der im 13. Jh. erstmals Brieftauben als Kuriere einsetzte, und an die Studentin *Quach Thi Trang,* die 1963 bei Protestdemonstrationen gegen die anti-buddhistische Politik der *Diem*-Administration von der Polizei erschossen wurde.

Weitere Märkte

Der **Cho Binh Tay** in **Cho Lon,** nur wenige Schritte vom Busbahnhof Cho Lon entfernt, ist der zweite große Zentralmarkt der Stadt und gemäß der Mehrzahl von Cho Lons Einwohnern in jeder Hinsicht deutlich chinesischer geprägt (Lebensmittel, Medizin, Essstände etc.) als der Ben-Thanh-Markt von HCMC. Architektonisch hat man dem Kolonialbau durch den Einzug neuer Decken und Fundamente (Rolltreppen etc.) den Garaus gemacht. Tgl. 7–18 Uhr.

Noch relativ untouristisch und dabei sehr gut sortiert ist der **Tan-Dinh-Markt** bei der gleichnamigen Kirche (aufgrund ihrer grellen Farbe auch „Pink Church" genannt) an der Hai Ba Trung. Der Markt wurde 1927 von den Franzosen gebaut, das historische Gebäude besticht durch seine schöne Außenfassade. Um die Markthalle drängen sich Obst- und Blumenstände, das Warenangebot kann mit jedem der großen Märkte konkurrieren, die Preise sind moderater. Und etwas dahinter kann man die wohl besten *banh xeo* der Stadt genießen, knusprige Reismehl-Crêpes mit Shrimps (→ Essen und Trinken).

⊡ Im Garten der Giac-Lam-Pagode

Tempel und Pagoden

Wie jede größere Stadt Vietnams weist HCMC eine Vielzahl von Pagoden und Tempeln auf (offiziell werden 180 gezählt), von denen viele sehenswert sind. Von Ausnahmen abgesehen befinden sich die schönsten und bedeutendsten Pagoden fast allesamt in Cho Lon oder der Umgebung Cho Lons. Auch eilige Reisende sollten wenigstens drei oder vier davon aufsuchen, die sehr unterschiedlich in ihrem Stil und gleichzeitig sehr charakteristisch für ihren Typ sind:

- **Chua Giac Lam** und **Chua Giac Vien,** traditionell buddhistische Pagoden der orthodoxen Richtung und berühmt für ihre antiken Holzstatuen;
- der farbenprächtige **Chua Ngoc Hoang,** ein typisches Beispiel für die pragmatische Vielschichtigkeit vietnamesischer Religiosität;
- oder die reichverzierte **Thien-Hau-Pagode** in Cho Lon, repräsentativ für die Pagoden und Versammlungshallen der chinesischen Stilrichtung.

Chua Giac Lam

Die Entstehungsgeschichte der Pagode reicht bis 1744, als hier ein kleiner Tempel existiert haben soll. 1804 von dem buddhistischen Mönch *Hai Tinh* zu einer Pagode erweitert und letztmals unter *Kaiser Khai Dinh* (1916–1925) renoviert, gilt Giac Lam als die **älteste Pagode** von Ho Chi Minh City.

Betritt man den Chua durch den rechten Seiteneingang, fallen in der Vorhalle die lackierten Ahnentafeln ins Auge, die die Namen und Ehrentitel der verstorbenen Mönche bewahren. Das anschließende Sanktuarium beeindruckt durch

Adobe Stock © Stefano

seine **118** goldüberzogenen **Holzstatuen,** die sich auf dem Altar drängen. In der ersten Reihe des Altars findet man den historischen *Buddha Thich Ca,* an seiner Seite je zwei Bo Tat (Bodhisattva), die wie *Buddha* selbst zur Erleuchtung verhelfen können. Hinter *Thich Ca* sitzt der lachende *Buddha Di Lac,* über dessen massigen Körper fünf Kinder krabbeln, neben ihm der daoistische Jadekaiser *Ngoc Hoang,* gefolgt von einer weiteren *Thich-Ca*-Statue, die das Kind *Siddharta* darstellt. Auch die folgende Reihe huldigt dem *Buddha,* dem zwei Wächter und seine Lieblingsschüler *At Nan* und *Ca Diep* (*Ananda* und *Kasyapa*) zur Seite stehen. Die Spitze der Altargruppe bildet *A Di Da,* der *Buddha* des unermesslichen Glanzes.

Die kunstvollen **Schnitzarbeiten** des Altars stellen die neun Drachen dar, die der Geburt des historischen *Buddhas* beiwohnten, stehen aber auch symbolisch für die neun Arme des Mekong (Cuu Long). Schnitzwerk und Symbolik der **98** massiven **Holzsäulen** zu beschreiben würde Seiten füllen. Einige der Szenen aus dem Leben *Buddhas* erinnern verblüffend an mittelalterliche Freskenmotive *(Giotto, Duccio).* An den Seitenwänden sind in Fünfergruppen die zehn **Höllenrichter** (Thap Dien Vuong), umgeben von weiteren Bodhisattva, platziert. Jede der Holzfiguren ist ein kleines Kunstwerk für sich, ausgearbeitet bis ins kleinste Detail und mit den jeweils charakteristischen Merkmalen ihrer Träger ausgestattet.

Der vielarmige Wunschbaum linker Hand des Altars trägt auf jedem seiner Zweige ein Kerosinlämpchen und einen mitfühlenden Bo Tat, an den man sich in der Not um Schutz und Hilfe wenden kann. Der Gläubige entzündet eines der Lämpchen, heftet einen Zettel mit seinem Namen und einem Wunsch an den Zweig und hofft auf baldige Erfüllung.

Der Chua ist stets gut besucht und sichtlich wohlhabend. Zahlreiche Mönche leben auf dem Gelände.

■ **Chua Giac Lam,** 163 Lac Long Quan, tgl. 5–12 und 14–18 Uhr. Vom rückversetzten Eingangsportal führt ein Pfad vorbei an Stupas, den Grabstätten ehemaliger Bonzen, zum rechten Nebeneingang (der Haupteingang ist verschlossen). Per *Xe Om* 20 Min. vom Zentrum.

Chua Giac Vien

Der Bonze *Hai Tinh,* Gründer des Chua Giac Lam, gilt auch als Patron der Pagode Giac Vien, seine Statue wird in einem der Nebenräume verehrt. Historische Schriften berichten, dass das sumpfige Gelände, auf dem der Chua errichtet wurde, erst aufgefüllt werden musste, ihr früherer Name **Chua Ho Dat** erinnert daran. Auch wenn die Anlage beider Pagoden sich sehr ähnelt, erscheint Giac Vien weniger streng und verbreitet im Einklang mit ihrer Umgebung eine Atmosphäre fast ländlicher Einfachheit. Giac Vien wird vergleichsweise wenig besucht, von Überfluss ist hier keine Rede.

In dem über einen kleinen Innenhof erreichbaren Sanktuarium reihen sich wie im Giac Lam über hundert Holzstatuen aus dem buddhistischen Pantheon: der historische *Buddha Thich Ca* in seinen unterschiedlichen Erscheinungsformen, Schüler, Wächter, Bodhisattva. *Quan Am,* Göttin der Gnade, steht an der Spitze der Altargruppe rechts von *A Di Da (Amitabha),* dem *Buddha* der Vergangenheit. An den Seitenwänden findet man weitere Bodhisattva sowie die Statuen der zehn Höllenrichter. Schöner, einfacher Wunschbaum.

■ **Chua Giac Vien,** 247 Lac Long Quan, tgl. 7–19 Uhr. Auf der gleichen Straße wie Giac Lam, aber nicht ganz einfach zu finden. Das Eingangstor rechts der No. 247 führt in eine lange schmale Gasse, an deren Ende man nach links abbiegt; man geht auf einen Tempel zu, folgt der Gasse rechts und gelangt an Stupas vorbei zur Pagode.

Chua Ngoc Hoang

Auch wenn der Tempel dem Jadekaiser *Ngoc Hoang,* der höchsten Gottheit des Daoismus, geweiht ist, nennt er sich nicht zu Unrecht Chua, da in dem rosafarbenen zweistöckigen Gebäude **buddhistische** *und* **daoistische** Gottheiten gleichberechtigt vertreten sind.

Der Haupteingang mit den Wächterfiguren führt auf einen buddhistischen Altar mit Bodhisattva und der Buddha-

Übernachtung
- 5 Liberty Central Saigon Centre Hotel
- 12 Rex Hotel Saigon
- 15 Continental Saigon
- 16 Park Hyatt Saigon
- 21 Silverland Sil Hotel
- 23 Silverland May Hotel, Prostyle Hotel Ho Chi Minh
- 24 Nhat Ha L'Opera
- 27 A & Em
- 28 Northern Saigon Hotel, Aquari Hotel
- 29 Silverland Jolie Hotel
- 34 Caravelle Hotel
- 45 Au Lac Charner
- 50 Hotel Majestic
- 52 Liberty Central Saigon Riverside Hotel
- 53 Hotel Grand Saigon
- 55 The Myst Dong Khoi

Essen und Trinken
- 2 Cong Ca Phe
- 3 Nha Hang Ngon
- 4 Saigon Xua va Nay
- 6 Xoi Ga
- 9 The Old Compass Cafe and Bar
- 10 Bach Dang
- 12 Rex Rooftop Garden Bar
- 18 Hoa Tuc, The Refinery
- 19 Restaurant 31
- 20 Le Jardin, Com Tam Moc
- 26 Skewers
- 31 Halal-Restaurants
- 33 Choi Go Jip
- 35 Brodard
- 36 Com Ba Ca (Garküche)
- 40 The Elbow Room
- 41 Com Tho Chuyen Ky
- 42 Givral
- 44 Nhu Lan
- 48 Saigon Indian
- 49 Tandoor
- 51 Schwimmende Rest.
- 54 Gartenstadt

Einkaufen
- 1 Diamond Plaza
- 7 Fahasa
- 11 Ginkgo
- 13 Vincom Center Mall
- 14 Parkson Plaza
- 22 L'Usine
- 30 Annam Gourmet
- 37 Saigon Kitsch
- 38 Maximark
- 39 Saigon Square
- 44 Nhu Lan
- 47 Fahasa

Trinität *Tam Phat,* beschützt von zwei grimmig aussehenden Generälen, die in Siegerpose über dem Blauen Drachen und dem Weißen Tiger thronen. Das Sanktuarium wird beherrscht von der prächtigen **Statue des Jadekaisers,** umgeben von seinen Ministern *Bac Dau* (Stern des Nordens) und *Nam Tao* (Stern des Südens) und den Wächterfiguren „Vier Diamanten". Zur Rechten des Jadekaisers die 18-armige *Chuan De,* zur Linken eine Reinkarnation des *Ngoc Hoang* mit Schildkröte und Schlange.

Die Seitenräume beherbergen den Höllenfürsten *Thanh Hoang* (rechts hinter dem Altar) und Figuren, die die Foltern der zehn Höllen demonstrieren, überragt von den zehn Höllenrichtern links. Auf der anderen Seite findet man dafür zwei barmherzige Bodhisattva, die den Schrecken des Höllenfürsten zu mildern wissen, *Dia Tang Vuong,* der sich der Seelen der Verstorbenen annimmt, und die gnadenreiche *Quan Am.* Der kleine Raum, durch den man den Chua verlässt, birgt zwölf Frauenfiguren aus bunter Keramik, jede von ihnen demonstriert eine bestimmte (gute oder schlechte) menschliche Eigenschaft und steht repräsentativ für ein Jahr des chinesischen Kalenders. Im ersten Stock wird noch einmal *Quan Am,* die Göttin der Gnade, verehrt.

■ **Chua Ngoc Hoang,** 73 Mai Thi Luu (etwas nördlich des Zentrums, → Karte Ho Chi Minh City, Übersicht), tgl. 7–18 Uhr. Die Straße zweigt links von der Dien Bien Phu ab, kurz bevor sie den Thi-Nghe-Kanal überquert.

☐ Thien-Hau-Pagode, Cho Lon

Chua Thien Hau

Die Thien-Hau-Pagode in Cho Lon gilt als die älteste im chinesischen Stil, sie wurde zu Beginn des 19. Jh. von der Kanton-Gemeinde gegründet und ist der barmherzigen Göttin *Thien Hau Thanh Mau,* der **Patronin der Fischer und Seeleute,** geweiht.

Wann immer ein Schiff in Seenot gerät, wird *Thien Hau* von ihren beiden Gehilfen gerufen, *Thuan Phong Nhi,* der 1000 Meilen weit hören kann, und *Thien Ly Nhan,* der 1000 Meilen weit sehen kann, und eilt den Seeleuten zu Hilfe. Ein Schiffsmodell erinnert an die ersten Kaufleute aus Kanton, die unter dem Schutz *Thien Haus* nach Cho Lon segelten. Auf dem Hauptaltar findet man gleich drei Statuen der Göttin, flankiert von ihren Gehilfen, der Göttin der Fruchtbarkeit (rechts) und der Gattin des Herrschers des Südens (links). Unter den farbenprächtigen Dekorationen mit Motiven chinesischer Legenden fallen besonders die glasierten **Keramikfiguren** um den offenen Innenhof auf, dessen Figuren sich zu Episoden und ganzen Geschichten fügen: wie eine Prinzessin ihren Freier erwählt, die Preisträger der Mandarinats-Prüfungen in ihr Heimatdorf zurückkehren usf.

Die Mönche werden von der Gemeinde gewählt und bekommen ein kleines Gehalt ausbezahlt, außerdem dürfen sie einen Teil der Opfergaben verkaufen, um von dem Erlös alte und bedürftige Gemeindemitglieder zu unterstützen. Opfergaben werden in Cho Lon heute wieder reichlich dargebracht, und die für chinesische Pagoden typischen **Räucherspiralen** glimmen unaufhörlich. Die großen Bronzegefäße für die Räucherstäbchen und die bronzene Glocke, die immer ertönt, wenn eine Spende dargebracht wird, wurden im Jahr 1830 gegossen. Der Ofen dient dem symbolischen Verbrennen von Papiergeld, mit dem man die Angehörigen im Jenseits unterstützt. Die (lebendigen) **Schildkröten,** welche die Pagode beschützen, findet man in einem offenen Verbindungsgang links.

■ **Chua Thien Hau,** 710 Nguyen Trai (Ecke Trieu Quang Phuc), tgl. 8–17 Uhr. Am Festtag *Thien Haus* am 23. Tag des 3. Mondmonats wird ihre Statue in einer Prozession um das Gelände getragen.

Pagoden in Cho Lon und Umgebung

Nahe der Thien-Hau-Pagode findet man drei weitere Chua bzw. Hoi Quan, Versammlungshallen, die die verschiedenen, miteinander rivalisierenden chinesischen Gemeinden Cho Lons im 19. Jh. errichteten und im Lauf der Zeit immer mehr zu kultischen Zwecken ausbauten.

Chua Nghia An

Der Chua schräg gegenüber der 1932 erbauten Moschee von Cho Lon ist *Quan Cong* sowie *Thien Hau* und dem bärtigen Glücksgott *Ong Bon* geweiht. *Quan Cong* (chin. *Kuan Kung*), ein sagenumwobener General der späten Han-Dynastie, findet seiner sprichwörtlichen Tapferkeit wegen in fast jeder chinesischen Pagode einen Schrein, ihm zur Seite stehen seine Gehilfen *General Chau Xuong* und *Mandarin Quan Binh* und nicht zu vergessen sein rotes Pferd mit den übernatürlichen Kräften. 678 Nguyen Trai.

Hoi Quan Tam Son

Die im 19. Jh. von der Fukien-Gemeinde errichtete Versammlungshalle ist der Fruchtbarkeitsgöttin *Me Sanh* geweiht. Auch hier findet man den rotgesichtigen *General Quan Cong* mit seinem Zauberpferd sowie *Thien Hau, Ong Bon* und *Quan Am,* die Göttin der Barmherzigkeit. Die leuchtend roten Säulen mit goldenen Schriftzeichen auf schwarzem Grund sind hier besonders dekorativ. 118 Trieu Quang Phuc.

Chua Quan Am

Der viel besuchte, 1816 von der Fukien-Gemeinde errichtete Chua ist *Quan Am* geweiht, der Göttin der Barmherzigkeit.

460v aw

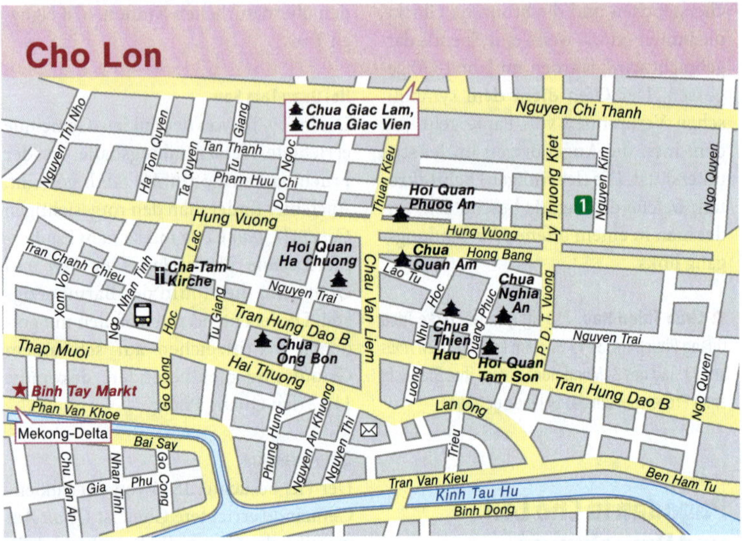

Ihre Statue findet man zwischen dem historischen *Buddha Thich Ca* und dem (sitzenden) *Buddha* der Zukunft, *Di Lac*, platziert. In einem Seitenraum noch einmal *Quan Am*, ganz in Weiß, zusammen mit *General Quan Cong* und seinen Gehilfen und der Himmelsgöttin *A Pho*. Seitlich des Altars kann man einen Blick auf das Bett von *Quan Am* werfen – auch ein Bodhisattva muss einmal entspannen. Den Chua findet man in der 12 Lao Tu, nahe der Chau Van Liem.

Hoi Quan Ha Chuong

Die dritte Versammlungshalle in der Nguyen Trai nach *Thien Hau* (Kanton-Gemeinde) und *Nghia An* (Trieu-Chau-Gemeinde), wurde von der Fukien-Gemeinde errichtet. Man scheint miteinander im Wettstreit gelegen zu haben, wer *Thien Hau*, der Beschützerin der Seefahrer, die schönste Pagode widmen kann, denn auch hier steht sie im Mittelpunkt. 802 Nguyen Trai.

Chua Ong Bon

Der bärtige *Ong Bon* ist der Patron des Glücks, aber auch der Tugend. Den Eingang zu seinem stets geschäftigen Tempel findet man in der 264 Hai Thuong Lan Ong.

Hoi Quan Phuoc An

Die erst zu Beginn des 20. Jh. errichtete Fukien-Versammlungshalle ist eine der schönsten Cho Lons, man beachte die Dachkeramiken und Eingangstore, die Holzschnitzereien und zahlreichen Kultgegenstände aus Porzellan und Bronze. Der Hoi Quan ist *General Quan Cong* gewidmet, links des Eingangs findet man sein lebensgroßes Zauberpferd. 184

Hung Vuong, unweit der Chau Van Liem.

Khanh Van Nam Vien

Dieser zweigeschossige, während des Zweiten Weltkriegs entstandene daoistische Tempel ist eine Rarität am Rande Cho Lons (und eine interessante Abwechslung nach all den Fukien-Pagoden). Neben daoistischen Gottheiten wie *Huynh Dai Tien,* einem Schüler des *Lao Tse,* dem der rechte Seitenaltar geweiht ist, findet man Statuen der buddhistischen *Quan Am* oder des konfuzianischen Dichters *Van Xuong.* Das Obergeschoss ist ganz **Lao Tse** und seiner Lehre vorbehalten, hier werden Bildnisse des Gründers, Meditationsregeln und alte Schriften des Daoismus aufbewahrt. Die Steintafeln links der Statue des *Lao Tse,* die auf den ersten Blick Landschaftsbilder darzustellen scheinen, sind tatsächlich Anleitungen zur Atemtechnik, die einzelnen Abbildungen entsprechen Organen und illustrieren deren Funktion beim Ein- und Ausatmen: Die Leber ist ein Bambushain, der Magen ein Bauer, der mit seinem Wasserbüffel pflügt, der Mund wird von einem Regenbogen repräsentiert usw. 46/5 Lo Sieu (von der Hung Vuong stadtauswärts rechts in die Nguyen Thi Nho einbiegen, zwischen No. 269 B und 271 B liegt die Lo Sieu).

Chua Go (auch Phung Son Tu)

Bei Ausgrabungsarbeiten für diese (vietnamesische) Pagode im nördlichen Cho Lon stieß man auf Überreste aus der Zeit von *Oc Eo* (2.–6. Jh.). Der Chua selbst wurde Anfang des 19. Jh. gegründet und gilt als „Historisches Monument“ wegen seiner antiken Kultobjekte und Statuen aus seltenen Hölzern. 1408 3 Thang 2 (kurz vor der Einmündung in die Hung Vuong).

Chua An Quang

Die Pagode war der letzte Aufenthaltsort des Mönchs *Thich Quang Duc* aus Hue, bevor er sich am 11. Juni 1963 in der Le Van Duyet mit Benzin übergoss und in Brand steckte. Die öffentlichen Selbstverbrennungen buddhistischer Bonzen machten weltweite Schlagzeilen und führten dazu – erst recht nachdem seine schöne Schwägerin *Madame Nhu* auch noch höhnisch von „Barbecues" geschwärmt hatte, mit denen die „Kommunisten in der gelben Kutte" sich selbst ausrotten würden –, dass die Amerikaner *Präsident Diem* 1963 fallenließen.

Die Pagode, Sitz der Vereinigten Buddhistischen Kirche Süd-Vietnams, blieb noch bis 1975 (und darüber hinaus!) ein Sammelplatz oppositioneller Kräfte. Sie steht in der 243 Su Van Hanh.

651vsb

Pagoden im Zentrum

Mit Ausnahme der Pagode des Jadekaisers *Ngoc Hoang* sind die Kultstätten des zentralen HCMC weniger bedeutend. Sie sind häufig vietnamesischen Helden gewidmet und werden daher *den*, Tempel, genannt.

Den Tran Hung Dao

Bereits im schönen Vorhof des 1925 gegründeten Tempels hat man dem allseits verehrten *Tran Hung Dao,* der 1288 die Mongolen *Kublai Khans* bezwang, eine Statue errichtet. Die „dunkle" Seite des Kultes um den Nationalhelden: Er gilt als Patron der Geisteskranken und der (auch erotischen) Träume und Exzesse. Sein Tempel liegt in der 36 Vo Thi Sau.

Den Hung Vuong

Der Tempel erinnert an die legendäre Hung-Vuong-Dynastie vor unserer Zeitrechnung, auf die die Vietnamesen ihre Ursprünge zurückführen. Das mit den vier heiligen Tieren Phönix, Drache, Einhorn und Schildkröte verzierte geschwungene Dach ruht auf zwölf massiven Pfeilern aus Ebenholz; aus über 300-jährigen Baumstämmen gearbeitet, repräsentiert jeder von ihnen ein Jahr des chinesischen Mondkalenders. Auch der schimmernde, sich auf dem Rücken von vier Schildkröten erhebende schwarze Altar ist aus Ebenholz gefertigt.

2 Nguyen Binh Khiem auf dem Gelände des Zoos gegenüber dem Historischen Museum.

Adobe Stock © saiko3p

▲ Chua Vinh Nghiem

◀ Bis heute sind die zahlreichen Pagoden in Ho Chi Minh City Orte der Einkehr und Anbetung

Chua Vinh Nghiem

Der zwischen 1964 und 1971 während des Vietnamkriegs errichtete Chua ist für die buddhistische Gemeinde von HCMC heute die wichtigste Pagode. Die Anlage mit den breitgeschwungenen, in Phönixfiguren auslaufenden Dächern und den drei hintereinanderliegenden Altarräumen folgt (bewusst oder unbewusst?) dem traditionellen Stil des Nordens, obwohl vordergründig auch japanische Vorbilder eine Rolle gespielt haben mögen. Die vietnamesisch-japanische Freundschaftsgesellschaft gehörte zu den Hauptsponsoren und spendete u.a. die „Große Glocke" für den Glockenturm Gac Chuong.

Im Zentrum der mittleren Halle steht eine 6 m hohe *Buddha*-Statue des „Verkünders der Lehre" *Thich Ca,* ihm zur Seite der „glückhafte Jüngling" *Van Thu (Manjusri)* und der „ringsum glückbringende" *Pho Hien (Samantabhadra),* der eine Weisheit, der andere rechte Sammlung symbolisierend. Die Reliefarbeiten des Altars stellen berühmte vietnamesische Pagoden dar.

Der Zugang zu den sieben Stockwerken des 40 m hohen **Pagodenturms,** der auf jeder Etage einen der Göttin *Quan Am* geweihten Schrein birgt, ist nur an wichtigen buddhistischen Festtagen und am 15. Tag des 1. Mondmonats möglich. Den Chua in der 339 Nam Ky Khoi Nghia passiert man auf dem Weg von und zum Flughafen.

Chua Xa Loi

Die Pagode war ein Zentrum des buddhistischen Protests gegen die Regierung Südvietnams. Im August 1963 stürmten Spezialeinheiten des Bruders von *Diem, Ngo Dinh Nhu,* die Pagode und verhafteten über 400 Mönche und Nonnen. Das nüchterne Sanktuarium der 1956–58 erbauten Pagode wird von einer überdimensionalen Buddhastatue beherrscht. 89 Ba Huyen Thanh Quan, tgl. 7–11 und 14–17 Uhr.

Kirchen

→ auch **www.historicvietnam.com.**

Kathedrale Notre Dame

Die neoromanische Backsteinkirche **Nha Tho Duc Ba** (Kirche Unserer Lieben Frau) wurde nach nur sechsjähriger Bauzeit 1883 eingeweiht und ist damit eines der ältesten erhaltenen Bauwerke der französischen Kolonialzeit. Als man auf dem schmalen Plateau, das sich über das umliegende Sumpfland erhob, die Fundamente für das künftige Gotteshaus aushob, stießen die überraschten Colons außer auf Überreste einer Steinzeitsiedlung auf Spuren einer Kultur, deren Existenz bis dahin noch vollkommen unbekannt war und erst sehr viel später dem alten hinduistischen Königreich Fu Nan zugeordnet werden konnte.

Notre Dame steht auf dem Platz der Pariser Kommune (Cong Xa Pari), was durchaus nicht unlogisch erscheint, da die Mehrzahl der vietnamesischen Freiheitskämpfer zunächst nicht *Marx* und *Lenin,* sondern die Ideale der französischen Revolution beim Wort zu nehmen versuchten, ehe ihnen die Kolonisten unsanft beibrachten, dass auch Demokratie „teilbar“ ist.

[>] Oft verstecken sich die Hindutempel hinter hohen Mauern, wie hier der Sri Theday Yutthapani

Momentan wird die Kathedrale umfassend renoviert. Die Wiedereröffnung soll 2027 stattfinden – Ausgang ungewiss.

Cha-Tam-Kirche

Im Herbst 1963 eskalierte der Unmut gegen das *Diem*-Regime, am 1. November putschten die Generäle. *Präsident Diem* und sein Bruder *Nhu* suchten Zuflucht im Schoß der Katholischen Kirche und flüchteten in die Cha-Tam-Kirche in Cho Lon, ehe sie sich ergaben und eine Überführung in „Sicherheitsverwahrung“ akzeptierten. Noch auf der Fahrt dorthin wurden sie von ihrer Eskorte exekutiert.

Die um 1900 erbaute pastellfarbene Kirche im Herzen Cho Lons befindet sich in der 25 Hoc Lac am Westende der Tran Hung Dao. Messen werden täglich abgehalten.

Weitere Kirchen

Die größte und älteste katholische Kirche der Stadt ist die **Cho Quan,** 133 Tran Binh Trong, auf halbem Weg zwischen HCMC und Cho Lon. Die **Tan-Dinh-Kirche,** 289 Hai Ba Trung, ist nicht zu übersehen: Sie ist dermaßen pink, dass sie aussieht wie eine Torte. Ihre Gründungsgeschichte lässt sich auf 1874 zurückdatieren, pinkfarben ist sie seit 1957. Geöffnet ist sie tgl. 5–11 und 13–21 Uhr. Cho Lons Hauptkirche **Nga Sau** befindet sich an der Einmündung der Ngo Gia Tu und der Hung Vuong.

Moscheen

Die wenigen Tausend Muslime (Inder, Indonesier, Malaien und Cham) haben heute die Wahl zwischen einem Dutzend

Moscheen. Die meisten wurden Anfang der 1930er-Jahre errichtet, als die verärgerten Kolonisten die Massenstreiks der Einheimischen mit dem Import günstiger Arbeitskräfte aus Indien beantworteten. 1975 verließen fast alle Inder Saigon.

Die 1935 erbaute **Jamia-Moschee** erhebt ihre vier Minarette nur wenige Schritte abseits der Dong Khoi in der 66 Dong Du. Die größte Moschee Cho Lons findet man in der 641 Nguyen Trai.

652v sb

Hindu-Tempel

Der 1895 erbaute Tempel **Mariamman** wurde der kleinen tamilischen Gemeinde von Ho Chi Minh City nach Jahren der Zwangsschließung 1990 wieder zurückgegeben. Der Hindu-Göttin *Mariamman* werden außergewöhnliche Wunderkräfte zugeschrieben, entsprechend gut besucht (vor allem am 1. und 15. Tag des Mondmonats) ist ihr Heiligtum. 45 Truong Dinh (nahe Ben-Thanh-Markt).

Der ungewöhnlich großzügige Schrein **Sri Thendayyuttya** mit seinen bunt gefliesten Wänden und Böden und den mit Götter- und Tierfiguren gespickten Tempelturm (Zugang möglich) ist das beeindruckendste Hindu-Heiligtum im Zentrum. 66 Ton That Thiep.

Museen

Historisches Museum

Das 1929 von der *Societé des Etudes Indochinoises* gegründete Museum vermittelt einen ersten Überblick über die wichtigsten Epochen der vietnamesischen Geschichte und die unglaubliche Bandbreite an Kunst- und Architekturstilen (indisch, chinesisch, indochinesisch).

14 Säle, die sich um zwei Innenhöfe gruppieren, sind jeweils bestimmten Epochen zugeordnet: 1. Prähistorie, 2. Hung-Vuong-Zeit, 3. Widerstand und Unabhängigkeit (1.–10. Jh.), 4.–6. Ly-, Tran- und Le-Dynastie, 7. Tay-Son-Aufstand, 8. Musikinstrumente und Kaisergewänder, 9. Keramik, 10. Oc Eo (1.–6. Jh.), 11. Frühe Kulturen im Mekong-Delta, 12. Champa, 13. Khai-Tuong-Pagode, 14. Ethnische Volksgruppen Südvietnams.

Zahlreiche Exponate sind allerdings lediglich (und z.T. auch noch schlechte) Repliken. Am meisten lohnt der Besuch der Säle 11 und 12 mit Originalstatuen und -friesen und dem berühmten Dong-Duong-Bronzebuddha aus der Frühzeit der Cham-Kultur.

■ **Bao Tang Lich Su,** 2 Nguyen Binh Khiem, Di–So 8–11.30 und 13.30–17 Uhr, Eintritt 30.000 đ.

War Remnants Museum

Das **War Remnants Museum** ist das zu Recht bekannteste und meistbesuchte der Stadt. Wer möchte nach dem Besuch dieser ebenso erschütternden wie lehrreichen Ausstellung noch an den „Wert“ von Kriegen glauben?

Ältestes Ausstellungsstück ist eine mobile französische **Guillotine,** die noch Ende der 1950er-Jahre durch ganz Südvietnam gezogen wurde, um einheimische Patrioten und Aufsässige zu exekutieren. Die letzte Hinrichtung mit ihrer Hilfe soll 1960 in Saigon stattgefunden haben. Das unmenschliche Gefängnissystem wird durch eine maßstabsgerechte Nachbildung der berüchtigten **Tigerkäfige** der Gefängnisinsel Poulo Condore (Con Dao) dokumentiert, in denen sowohl unter Franzosen als auch Amerikanern Männer und Frauen jahrelang dahinvegetieren mussten.

Verständlicherweise nimmt die Darstellung der Kriegsverbrechen der „US-Aggressoren“ den größten Platz ein. Ein Ausstellungssaal ist ausschließlich **Folterungen** und Massakern gewidmet – My Lai war bei Weitem keine Ausnahme, sondern nur eine Station unter vielen! Ein weiterer Raum demonstriert die verheerenden Auswirkungen chemischer Waffen an Mensch und Natur. Konservierungsgläser mit Föten veranschaulichen die grausige Effektivität von Dioxin-Killern wie *Agent Orange.*

Es gibt Ausstellungen zu verschiedenen Themen, etwa der Arbeit von im Krieg getöteten Fotojournalisten (u.a.

653v sb

Das Foto „The Terror of War“, auch „Napalm Girl“ genannt, ist bis heute eine der bedeutendsten Darstellungen von Gewalt und Gräueltaten, denen die Zivilbevölkerung in einem Krieg ausgesetzt ist. Ausgestellt ist das Foto des vietnamesischen Fotografen Nick Ut in der Fotoausstellung des War Remnants Museum

Dana Stone, Henri Huet und *Robert Capa*) oder der internationalen Solidarität mit Vietnam während des amerikanischen Krieges. Das Kriegsgerät des Gegners – *Skyraider*, Panzer und Granaten – wird im Hof gezeigt.

Das Museum ist in dem ehemaligen Komplex des *US Information Service* untergebracht, dessen Hauptquartier das heutige *Rex*-Hotel war.

■ **War Remnants Museum,** 28 Vo Van Tan, Ecke Le Qui Don, http://warremnantsmuseum.com, tgl. 7.30–12 und 13.30–17 Uhr, Eintritt 40.000 đ.

Stadtmuseum

In den früheren Ballsälen und Salons des prunkvollen **Gia-Long-Palastes,** der neo-klassizistischen Villa des Gouverneurs von Cochinchina (1886), werden heute die Etappen des antikolonialen (und antiimperialistischen) Widerstands dokumentiert sowie zeitgenössische Ausstellungen veranstaltet. Im Garten des einstigen Revolutionsmuseums steht u.a. der amerikanische Jet, mit dem ein südvietnamesischer Dissident den Präsidentenpalast in Schutt und Asche legte.

■ **Bao Tang Thanh Pho Ho Chi Minh,** 65 Ly Tu Trong, www.fb.com/museumofhcmc, tgl. 8–17 Uhr, Eintritt 30.000 đ.

Nha Rong (Ho-Chi-Minh-Museum)

Das „Drachenhaus" Nha Rong an der Einmündung des Ben-Nghe-Kanals in den Saigon-Fluss wurde 1863 von einer französischen Schifffahrtsgesellschaft im Kolonialstil mit „orientalischem" Dach errichtet und ist heute dem Andenken *Ho Chi Minhs* gewidmet. An dieser Stelle heuerte er 1911 als Küchenjunge *Ba* auf dem Passagierdampfer „Admiral Latouche Tréville" an, um erst nach 30 Jahren Exil nach Vietnam zurückzukehren.

■ **Nha Rong,** 1 Nguyen Tat Thanh, Di–So 7.30–11.30 und 13.30–17 Uhr. Eintritt 20.000 đ.

Frauenmuseum

Das Museum birgt eine Fülle dokumentarischer Materialien zur Geschichte der Frauenbewegung in Vietnam. In neun Sälen werden vor allem die Heroinen des Landes gewürdigt, von den *Hai Ba Trung,* den Schwestern auf Kriegselefanten, die vor 2000 Jahren lieber den Freitod wählten, als den chinesischen Besatzern in die Hände zu fallen, über *Ut Tich,* eine Mutter von sechs Kindern, die im Befreiungskampf gegen die Amerikaner fiel, bis zur buddhistischen Studentin *Quach Thi Trang,* die 1963 bei einer Demonstration vor dem Ben-Thanh-Markt von den Schergen *Diems* ermordet wurde. Die Auszeichnung als „Heldin" im amerikanischen Krieg erhielten 150 Frauen. Für interessierte Besucher: innen ist auch die Bibliothek zugänglich.

■ **Frauenmuseum,** 36 Ly Thuong Kiet, tgl. 8–17 Uhr, Eintritt 40.000 đ.

Museum für Bildende Künste

Dieses Museum beherbergt Tausende von Artefakten, Skulpturen und Gemälden, die die kulturelle Vielfalt und den Reichtum Vietnams vermitteln sollen. Das Gebäude selbst ist im Art-Déco-Architekturstil gehalten und vereint asiatische und europäische Architektur. Die Ausstellungsfläche umfasst 3514 m², aufgeteilt in drei Gebäude: Gebäude 1 mit modernen Kunstwerken vieler berühmter Maler vor 1975, moderne Künstler sind im Gebäude 2 untergebracht, und

654v sb

das Gebäude 3 zeigt eine riesige Sammlung antiker und moderner Kunst aus Materialien wie Stein, Keramik und Holz.

■ **Museum für Bildende Künste,** 97A Pho Duc Chinh, Tel. 38294441, http://baotangmythuattphcm.com.vn/lien-he, tgl. 8–17 Uhr, Eintritt 30.000 đ.

Museum für Traditionelle Medizin (FITO)

Eine Augenweide sind nicht nur ein Großteil der über 3000 Exponate zum Thema Heilkräuter, sondern mehr noch die sie umgebende Architektur: Teils sind wertvolle alte Holzhäuser, teils Rudimente davon, teils Nachbauten in bestem Kunsthandwerk in den fünfstöckigen Neubau einer privaten Pharmafirma integriert. Über traditionelle Medizin selbst erfährt man eher wenig, umso beeindruckender ist der Einblick in eine vergangene Zeit.

■ **Bao Tang Phito,** 41 Hoang Du Khuong (10), https://fitomuseum.com.vn, tgl. 8.30–17.30 Uhr, Eintritt 180.000 đ; Bus 2 ab Ben-Thanh-Markt bis Ba Thang Hai (3/2) Ecke Le Hong Phong, von dort 250 m.

Ao-Dai-Museum

Das kleine, 2014 eröffnete Museum widmet sich dem traditionellen vietnamesischen **Kleid** Ao Dai im Laufe der Zeit. Die Sammlung ist in einem hübschen Garten-Holzhaus untergebracht.

■ **Bao Ao Dai,** 206/19/30 Long Thuan, Distrikt 9 (ca. 22 km östlich des Distr. 1), Di–So 8.30–17.30 Uhr, Eintritt 100.000 đ.

Das Foyer des Frauenmuseums glänzt mit einer Ausstellung des französischen Fotografen Rehahn (→ Hoi An/Rehahn Gallery, S. 301)

Praktische Informationen

■ 9 Mio. Einw., Tel. 028.

■ **Information:** Neue Restaurants, Cafés, Veranstaltungen, aktuelle Infos und Nachrichten über HCMC und darüber hinaus: https://saigoneer.com; *HCMC Visitor Information and Support Center,* 188 D. Pham Ngu Lao, Phuong Pham Ngu Lao, Tel. 283920 3040, www.visithcmc.vn, tgl. 8–20.30 Uhr. Hier gibt es reichlich Kartenmaterial über HCMC und andere touristische Ziele in Vietnam. Es ist immer jemand da, der Englisch spricht. Ausführliche Beratung sollte man aber nicht erwarten.

Ankunft

Flughafen

■ Der **Tan Son Nhat Airport** liegt 7 km außerhalb des Zentrums.

■ **Info:** Ein Schalter in der Ankunftshalle bietet u.a. kostenlose Broschüren und Stadtpläne.

■ **Geld:** In der Ankunftshalle gibt es Wechselstuben und ATMs, auch vor den Terminals kann Bargeld gezogen werden.

■ **Taxi:** Die Fahrt zum Zentrum sollte nicht mehr als 250.000 đ kosten. *Grab* ist günstiger und genauso zuverlässig. Abgeholt werden die Urlauber dann im Parkhaus vor dem Flughafen, der Fahrer gibt den Abholort (Säule) per *App* durch. Wer wenig Gepäck hat, kann das Flughafengelände verlassen und sich einem dort wartenden *Xe Om* anvertrauen.

■ **Bus:** Bus 152, der unmittelbar vor dem Terminal hält, fährt alle 15 Min. über den Ben-Thanh-Markt direkt bis zum Hotelviertel Pham Ngu Lao (nur bis 18 Uhr, 5000 đ). Bus 109 (roter Minibus) fährt vom Flughafen bis 23/9 Park, mit mehreren Stopps, 15.000 đ, 45 Min., bei sperrigem Gepäck wird evtl. ein Aufpreis verlangt.

Geld

■ **ATM-Schalter** mit 24-Std.-Service *(Visa, Visa-Plus, Mastercard)* sind ein gewohntes Bild in der Stadt.

■ **Eximbank,** 135 Dong Khoi, tgl. 7–22 Uhr. Sehr günstige Wechselstube.

■ **Wechselstuben:** Rund um den Ben-Thanh-Markt wechseln zahlreiche Juweliere Bares zu gutem Kurs. Einfach schauen, wo die meisten Wechselwilligen anstehen.

■ Mit einem Repräsentationsbüro vertreten ist die **Deutsche Bank,** Le Duan, Unit 1001, 10. Stock, https://country.db.com/vietnam.

Gesundheit

■ **Family Medical Practice,** Diamond Plaza, 34 Le Duan, Tel. 38227848 (24 Std.), www.vietnammedicalpractice.com/hcmc/en. Empfehlenswerte israelische 24-Std.-Privatklinik.

■ **Victoria Healthcare Clinic,** 37–39 Luong Dinh Cua, An Khanh Ward, Tel. 39104545, www.victoriavn.com. Kleine Privatklinik, z.T. deutlich preisgünstiger als andere.

■ **Ngoc Minh Dai Traditional Medicine Clinic,** 22 Nguyen Khoai, Phuong 2.

■ **Apotheke:** 156 Pasteur, Mo–Sa 8–20 Uhr, Tel. 38223737. 197–199 Dong Khoi, Tel. 38290577.

■ **Spa:** Gut ist u.a. *L' Apothiquaire,* 41 Dong Khoi, https://lapothiquaire.vn.

Post und Telekommunikation

■ **Hauptpost:** Das stilvoll restaurierte Gebäude mit seinen Jugendstil-Lampen und Decken-Ventilatoren – und dem überlebensgroßen *Ho Chi Minh* – entstand zwischen 1886 und 1891 und lohnt unbedingt einen Besuch. Auch **Wechselbüro** sowie Schalter der **Paketdienste** *Fedex* und *DHL.* Am Ende der Dong Khoi, rechter Hand der Kathedrale auf dem Platz der Pariser Kommune (2 Cong Xa Pari). Tgl. 7–19 Uhr.

■ **Postamt Bezirk 1:** *Saigon Center,* 65 Le Loi, nahe Ben-Thanh-Markt.

Kulturinstitute

■ **Goethe-Institut,** 18 Duong 1, Tel. 38326716, www.goethe.de/vietnam. Filiale der Hanoier Zentrale mit interessanten Veranstaltungen.

■ **IDECAF** *(Institut d'échanges cultures avec la France),* 31 Thai Van Lung, Tel. 38295451, www.idecaf.gov.vn. Französischer Kulturaustausch mit Bibliothek und Kinovorführungen (auch deutsch!).

Diplomatische Vertretungen

■ **Deutschland:** Generalkonsulat, Deutsches Haus, 33 Le Duan, Ben Nghe, Tel. 38288100, in Notfällen Tel. 936342598, www.ho-chi-minh-stadt.diplo.de.

■ **China:** 175 Hai Ba Trung, Tel. 38292457.

■ **Indonesien:** 18 Phung Khac Khoan, Tel. 38251 888.

■ **Kambodscha:** 41 Phung Khac Khoan, Tel. 3829 2751.

■ **Laos:** 93 Pasteur, Tel. 38297667.

■ **Malaysia:** 2 Ngo Duc Ke, Tel. 38221468.

■ **Niederlande:** 29 Le Duan, Tel. 38235932.

■ **Österreich:** 121/40 Nguyen Van Huong, Tel. 351 93128.

■ **Schweiz:** *Bitexco Financial Tower,* 2 Hai Trieu, Tel. 62991200, Helpline 24/7: +41800247365.

■ **Thailand:** 77 Tran Quoc Thao, Tel. 39327637.

Polizei

■ **Notruf 113.**

Visa

■ In Visa-Angelegenheiten wende man sich an die unten genannten **Reiseagenturen.**

Saigons Skyline

462v aw

Reiseagenturen, Tourveranstalter

Interessierte sollten, wenn möglich, nicht gleich beim ersten Anbieter buchen. Selbst bei gleichen Preisen sind die Unterschiede in puncto Leistungsumfang, Service und Zuverlässigkeit gewaltig. Zumal Agenturen (die Touren nur vermitteln, aber nicht selber durchführen) berechnen Aufschläge und reduzieren gleichzeitig die Leistungen.

■ **Citytouren** und **Tagesausflüge** nach **Cu Chi** und/oder **Tay Ninh** sowie ins **Mekong-Delta** werden von zahllosen Veranstaltern angeboten. Wichtig: Preise vergleichen, Kleingedrucktes studieren.
■ **Mehrtägige Touren** ins **Delta,** zum **Cat-Tien-Nationalpark** oder nach **Phu Quoc** schließen gewöhnlich Unterkunft und (teilweise) Verpflegung ein. Hier differieren die Leistungen der Veranstalter naturgemäß besonders kräftig (Qualität der Unterkünfte, Mahlzeiten etc.).
■ **Preise** richten sich nach der Teilnehmerzahl; man trägt sich in Wartelisten ein oder sucht selber Gleichgesinnte (zu zweit sind die Kosten oft so hoch wie für vier oder fünf Personen).

UNSER TIPP: **Stadttouren auf Deutsch:** *Ralf Dittko* lebt seit Mitte der 1990er-Jahre in HCMC und spricht fließend Vietnamesisch. Seine Privattouren voller Geheimtipps und Anekdoten führen durch versteckte Gassen und auf Nebenstraßen durch die Geschichte, Kultur und Kulinarik der Stadt. Tel. 0903 770953, dittko@hanoikultour.com.

9 **SinhBalo Adventure Travel,** → Karte S. 428, 283/20 Pham Ngu Lao, Tel. 38376766 oder 09686 83199 *(Mr. Cuong),* https://sinhbalo.com. *Sinh,* einer der besten und erfahrensten Guides Vietnams (Gründer von *Sinh Café*) bietet neben Fahrradtouren durchs Delta und Zentrale Hochland auch alle gängigen Exkursionen an. Etwas teurer, aber individueller, authentischer. Unbedingt empfehlenswert.

21 **SinhTourist,** → Karte S. 428, 246 De Tham, Tel. 38389593, www.thesinhtourist.vn. Branchenriese im Billigsegment; viel Erfahrung, viel Routine sind garantiert.

■ Auch wenn nur bedingt auf Publikumsverkehr eingestellt, können u.U. folgende Veranstalter helfen, die normalerweise nur über Vorausbuchungen arbeiten.

Terraverde, 32 B2 Street, Sala Urban Area, 4. Stock, Tel. 62780340, https://terraverde.travel/de. Sehr zuverlässig, propagiert verantwortliches Reisen; nicht nur der Chef, Herr *Anh,* sondern auch viele seiner Guides sprechen deutsch.

XO Tours, Tel. 0933083727, https://xotours.vn. Auf dem Rücksitz einer *Vespa,* alle Guides sind Frauen. Informative *Food-* (der Klassiker), *Shopping-* und *Saigon-by-Night*-Touren.

Vespa Adventures, 169A De Tham, Tel. 07729 93585, https://vespaadventures.com. Vietnamesisch-amerikanische Firma (*Steve* und *Phuong*), die auf *Vespa*-Touren – auch bis Mui Ne oder Nha Trang – spezialisiert ist. Im firmeneigenen *Café Zoom.*

Back Of The Bike Tours, Tel. 935046910, https://backofthebiketours.com. *Street-Food*-Touren und Stadttouren per Motorrad.

Fahrradtouren: *Vietnam Bike Tours,* 165 Nguyen Thi Nhung, Tel. 855075999, www.vietnambiketours.com. Stadttouren, Cu-Chi-Tunnel, Vung Tau, Mangrovenwald Can Gio, Mekong-Delta sowie Touren in ganz Vietnam, Kambodscha und Thailand.

Sophie's Art Tour, Tel. 09337 52402, www.sophiesarttour.com. Einblicke in Vietnams Kunstszene, Galerien und das *Fine Arts Museum* mit der Kunsthistorikerin *Sophie Hughes.*

Vietnam Rider. Selber fahren oder als Beifahrer – Motorradtouren von einem Tag bis mehrere Wochen, Mekong Delta *Offroad,* nach Da Lat, Mui Ne oder bis nach Hanoi. Das Unternehmen sitzt in Da Lat. Infos über die Touren durch den Süden Vietnams unter www.vietnamriders.com/motorcycle-tours/south-vietnam-tours.

Open Tour

Für rund 55 $ (saisonabhängig!) kann man sich mit dem Bus durch Vietnam

(HCMC–Hanoi) kutschieren lassen. Kein Wunder, dass die Geschäftsidee erfolgreich ist – aber auch Trittbrettfahrer anlockt.

Open-Tour-Erfinder **SinhTourist** hat das größte *Know-how* und die besten Busse. Die meisten anderen Veranstalter sind finanziell und organisatorisch überfordert, die Tour in Eigenregie zu bestreiten, sodass sie die Strecken oft untereinander aufteilen. Nachteil: Man weiß nie, mit wem man fährt, keiner trägt die Verantwortung. → Verkehrsmittel, Open Tours.

21 SinhTourist, → Karte S. 428, 246 De Tham, Tel. 38389597, www.thesinhtourist.vn.

15 Hanh Café, → Karte S. 428, 273 Pham Ngu Lao, Tel. 1900088804.

■ Rein technisch gesehen keine „Open Tours", aber sogar empfehlenswerter – vor allem, wenn man die *Open Tours* erstmal richtig gründlich satt hat –, sind die sehr guten privaten Busunternehmen **Phuong Trang** sowie **Tam Hanh** und **Mai Linh,** die ebenfalls alle vom Travellerviertel abfahren; → „Weiterreise/Bus" am Ende des Kapitels.

Stadtverkehr

Stadtbus

■ **App:** *Busmap* (https://busmap.vn/en, Download).

■ Im Zentrum starten die meisten Busse vom **Stadtbusbahnhof CV 23/9** (= Cong Vien 23/9 – das ist der Park zwischen Le Lai und Pham Ngu Lao) aus. Ben Thanh gibt es zwar noch, aber mit deutlich reduziertem Angebot. Alle Ben-Thanh-Busse fahren auch CV 23/9 an (Start und Ziel der Route an der Frontscheibe). Die Busse fahren alle 10–20 Min. von 4.30 bis gegen 19 Uhr, der Fahrpreis wird im Bus entrichtet. Eine normale Strecke kostet 5000 đ, zu den Busbahnhöfen in der Peripherie 7000 đ.

■ **02 Mien Tay:** Vom Me-Linh-Square über Le Loi – Ben-Thanh – Tran Hung Dao – Chau Van Liem zum Binh-Tay-Markt und Busbahnhof **Mien Tay** (Richtung Mekong-Delta).

■ **01 Cho Lon:** Von der Ham Nghi gegenüber dem Zentralmarkt fährt ein Bus mit anderer Route bis zum Busbahnhof Cho Lon.

■ **19 Ben Xe Mien Dong:** Von CV 23/9. Der Bus mit der Endstation Dai Hoc Quoc Gia hält am Busbahnhof Nord.

■ **13 Cu Chi:** Von CV 23/9 über den **Bahnhof** (Ga Ho Chi Minh an der Cach Mang Tang Tham) bis Busbahnhof Cu Chi. Zum Bahnhof fährt auch Bus **65.**

■ **14 Ben Xe-Ben Xe:** Verbindet die beiden wichtigsten Busbahnhöfe, **Mien Dong** für den Norden, und **Mien Tay** für den Süden.

■ **Bus 152** fährt zwischen Flughafen (Start und Ziel direkt vor dem Terminal) und Zentrum mit Haltestellen an der Le Lai, Ben Thanh und Tran Hung Dao (De Tham), 5000 đ.

■ **Bus 109** (roter Minibus) fährt vom Flughafen bis 23/9 Park, mit mehreren Stopps, 15.000 đ, 45 Min.

Metro

■ In HCMC wird seit etlichen Jahren an einem U-Bahn-Netz gebaut. Bisher gibt es **Baustellen für fünf Linien,** wobei die Linie 1 fertig gebaut und im August 2023 getestet wurde. Die Eröffnung steht für Ende 2024 auf dem Plan. Sie verbindet auf 19,7 km den Ben-Thanh-Markt im Bezirk 1 und das Long-Binh-Depot in der Stadt Thu Duc und passiert dabei die auch für Besucher interessanten Bezirke der Innenstadt und den Mien Dong Bus Terminal.

Cyclo und Xe Om

■ **Cyclos** fahren nur mehr für Touristen. Geeignet für Spazierfahrten außerhalb der *Rush Hour,* Preis pro Std. ca. 100.000 đ; verlangt wird deutlich mehr. Achtung: Viele Straßen sind für *Cyclos* gesperrt.

■ **Xe Om** *(ssä om):* Schnelle Motorradtaxis, deren Fahrer an allen Straßenecken auf Kundschaft warten (Kurzstrecke ca. 25.000 đ).

Mitfahrgelegenheit über Grab

■ Die **App** funktioniert in den Städten (Autos, Taxis und Moped), Fahrten sind deutlich günstiger, je-

655v sb

Der freundliche Grab-Biker ist dank des beschirmten Smartphones immer auf dem Laufenden

doch sprechen nicht alle Fahrer Englisch. Infos zu *Grab* → Kapitel „Praktische Reisetipps A–Z, Verkehrsmittel, Stadtverkehr".

Fahrrad und Motorrad

- **Fahrräder** *(xe dap)* werden wegen des mörderischen Verkehrs in der Stadt eher selten nachgefragt. In etwas ruhigeren Distrikten gibt es aber gute Bike-Shops, die auch vermieten, z.B. **Saigon Cycles** (auch Trekking-Bikes und Touren), 44 Phan Van Nghi, Tel. 54103114, https://xedapcaocap.com.
- **Motorräder:** 70- oder 100 ccm *Hondas* werden um 8–12 $ pro Tag gehandelt, Verleihstellen auf der Pham Ngu Lao (z.B. 18, 201). Sehr schön das von Ausländern betriebene **Saigon Scooter Centre** mit *Showroom* und „Museum", 89 Trinh Khac Lap, Tel. 0903013690, www.saigonscootercentre.com.

Taxi

- **Taxis** sind günstig und können auch telefonisch bestellt werden. Die Tarife der mehrere Dutzend Unternehmen unterscheiden sich kaum voneinander, faktisch sind zwei, *Mailinh* und *Vinasun,* empfehlenswert.
- **Vinasun,** Tel. 38272727, www.vinasun.vn.
- **Mai Linh,** Tel. 19006789, www.fb.com/MaiLinhCorp.

Unterkunft

Die Liste beschränkt sich auf Unterkünfte im **Zentrum.** An der **Pham Ngu Lao** unweit des Ben-Thanh-Marktes gibt es eine rege Traveller-/Backpacker-Szene, die an die Khao San Road in Bangkok erinnert. Die Preise sind etwa gleich, die Qualität der Unterkünfte ist aber deutlich besser.

Karte Seite 398

29 **New World Saigon Hotel**⑤, 76 Le Lai, Tel. 38228888, https://saigon.newworldhotels.com/en. Funktionelles Business-Hotel im Hongkong-Stil, mit 533 Zi. eines der größten der Stadt. Pool-Landschaft mit *Health Club* und Jogging-Pfad (!) im 2. Stock, Komfortklima.

7 **An Lam Retreats Saigon River**⑤, Tel. 06503785555, https://anlam.com/saigon-river/our-retreat. Intimer Luxus pur. 19 Suiten, 15 Zi. und vier Villen inmitten üppiger Gärten am Saigon-Fluss 12 km nördlich (per *Speedboat* 15 Min. zur City).

36 Grand Silverland Hotel & Spa④-⑤, 125–133 Ly Tu Trong, Tel. 38293888, https://grand-silverland-spa.hotel-rn.com. Dach-Restaurant und -Pool, Spa, Sauna, Minigolf. 89 Zi. (z.T. ohne Fenster).

30 Paradise Saigon Boutique Hotel & Spa④, 288 Le Thanh Ton, Tel. 38235555, https://paradisesaigonhotel.com. Mit Spa und Fitnesscenter, BF im 11. Stock. 68 Zi., nicht riesig, aber ansprechend und praktisch.

37 A & Em③-⑤, https://a-emhotels.com. Kleine, expandierende Hotelkette, die für ihre pfiffigen Lösungen und maßvollen Preise bekannt ist. Von den bislang zehn Häusern sind vor allem zwei sehr empfehlenswert: **39 Thu Khoa Huan** *(The White)*, mit 80 Zi. das größte Haus, alle mit Fenster, Wanne, PC, Tel. 38239292. **27 8A/1D2 Thai Van Lung** im Nachtclub-Viertel (→ Karte S. 412), das erste Haus (2007), mit 57 Zi., Tel. 38224492.

34 Sanouva Hotel④, 175 Ly Tu Trong, Tel. 38275275, www.sanouvahotel.com. Ansprechendes Haus mit gutem Service. 53 Zi. (klein, aber oho, mit zwei schmalen Fenstern und guten Bädern).

34 Nhat Ha 2③, 149 Ly Tu Trong, Tel. 38228871, https://nhatha2.com, mit 54 Zi., alle mit Fenster.

1 Ma Maison Boutique Hotel④-⑤, 656/52 Cach Mang Thang Tam, Tel. 38460263, http://mamaison.vn. Bildschönes Design-Hotel im Provence-Stil; sehr gute Küche (BF, Dinner). 12 DZ auf vier Etagen (kein Lift). Manko: vom/ins Zentrum 15–30 Min.

Karte Seite 412

55 The Myst Dong Khoi⑤, 6–8 Ho Huan Nghiep, Tel. 35203040, www.themystdongkhoihotel.com. Einzigartig originell, sehr geschmackvoll designtes und eingerichtetes Luxushotel. Mit Pool und Spa.

16 Park Hyatt Saigon⑤, 2 Lam Son Square, Tel. 38241234, www.hyatt.com/en-US/hotel/vietnam/park-hyatt-saigon. Das Nonplusultra in HCMC – ausnahmsweise kein Hochhaus – zwischen Postmoderne und kongenialen Viet-Elementen. Toll geschnittene Zimmer. 2015 renoviert. 245 Zi. (bis auf 30 alle „Standard").

34 Caravelle Hotel⑤, 19 Lam Son Square, Tel. 38234999, www.caravellehotel.com. Während des Vietnamkriegs war das Mitte der 1950er-Jahre entstandene *Caravelle* berühmt für seine rauschenden Dachgartenparties. Das von zehn auf 24 Stockwerke gestreckte Gebäude im Herzen von HCMC (1998) war lange die Nr. 1 der Stadt. 335 Zi./Suiten.

12 Rex Hotel Saigon⑤, 141 Nguyen Hue, Tel. 38292185/6, www.rexhotelvietnam.com. Das sechsstöckige ehemalige Hauptquartier des *US Information Service* wurde erst 1985 in ein Hotel umgewandelt und gilt seitdem als eines der profitabelsten Vietnams. Das Flaggschiff von *Saigon Tourist* wurde bereits mehrfach erweitert, zuletzt 2009 mit neuem Pool. Korrekter Service, Gäste aus aller Welt. 286 Zimmer.

50 Hotel Majestic⑤, 1 Dong Khoi, Tel. 38295517, www.majesticsaigon.com. Das schöne Traditionshotel (1925) am Saigon-Fluss wurde seit Mitte der 1990er-Jahre mehrfach saniert. Alles in allem ein charmantes Hotel mit viel Flair (inkl. Dachgarten-Café 6–24 Uhr) und gutem Service. 175 Zi.

15 Continental Saigon④-⑤, 132–34 Dong Khoi, Tel. 38299201, https://continentalsaigon.com. Das älteste und berühmteste Hotel der Stadt (1880), Treffpunkt der Zelebritäten von *William Somerset Maugham* bis *Graham Greene*, bietet 80 antiquierte Zimmer (Betten und Bäder sind aber neueren Datums).

53 Hotel Grand Saigon⑤, 8 Dong Khoi, Tel. 39155555, www.hotelgrandsaigon.com. Der dreistöckige Originalbau (1930) mit seiner klassizistischen Fassade ist heute Teil eines 20-stöckigen Hotelturms mit 230 Zimmern. Mini-Pool im Innenhof. 26 Suiten im Kolonialtrakt.

52 Liberty Central Saigon Riverside Hotel⑤, 17 Ton Duc Thang, Tel. 3871717, www.libertycentralsaigonriverside.com/en. Modern, funktional, aber ohne viel Flair – bis auf den Flussblick. Hübscher, aber kleiner Pool (20 Plätze) im 26. Stock. 170 Zi., z.T. mit Flussblick.

5 Liberty Central Saigon Centre Hotel④-⑤, 177 Le Thanh Ton, Tel. 38239269, www.libertycentralsaigoncentre.com/en. Mit Pool, Sauna, Gym auf dem Dach. 140 Zi.

21 Silverland Sil Hotel③-④, 20 Thai Van Lung, Tel. 38239922, https://silverlandhotels.com/silverland-sil-hotel. Im Ausgehviertel, mit Spa, Jacuzzi. 74 eher kleine Zi.

28 Aquari Hotel④-⑤, 9 Thi Sach, Tel. 38292828, https://aquarihotel.vn. 90 Zi., z.T. mit Flussblick, auf zehn Etagen, Spa und Gym.

28 Northern Saigon Hotel④, 11A Thi Sach, Tel. 38251751, www.northernhotel.com.vn. Nüchtern, aber professionell. 99 Zi., alle mit großen Fenstern, eine Seltenheit; sehr gut die großen Eckzimmer 709, 809, 909.

23 Prostyle Hotel Ho Chi Minh④-⑤, 26 Thi Sach, Tel. 38272839, www.prostyle-hotels.com/hcm/en. 80 geräumige, sachliche Zi., korrekt, z.T. ohne Fenster, aber ruhig. BF im 11. Stock.

24 Nhat Ha L'Opera④-⑤, 14 Cao Ba Quat, Tel. 38277436, https://nhathalopera.com. Schwülstiges Barock tobt sich nur in der Lobby aus, die 126 Komfortzimmer sind modern und funktionell, der Service ist effizient, die Lage bestens. Gut ist auch das

29 Silverland Jolie Hotel④-⑤, 4D Thi Sach, Tel. 35218999, https://silverlandhotels.com/silverland-jolie-hotel. 120 Zi. mit Holzböden auf neun Stockwerken, mit/ohne Fenster, Stadt- oder Flussblick.

45 Au Lac Charner④-⑤, 87–91 Ho Tung Mau, Tel. 39156666, https://aulachotel.vn/au-lac-charner-en. Interessante Gegend, zentral, sehr anständiges Haus. 91 Zi., zehn ohne Fenster.

☒ Das M Village ist ein schöner Verteter der Unterkunftsklasse rund um die Bui Vien Walking Street

23 Silverland May Hotel④-⑤, 28 Thi Sach, Tel. 38456888, https://silverlandhotels.com/silverland-may-hotel. Gut und effektiv, mit Resto, Bar, großer Indoor-Pool (15. Stock). 114 Zi., 27 mit Balkon.

27 A & Em③-⑤, → Beschreibung unter „Karte Seite 398".

Karte Seite 416

4 Hotel Nikko Saigon⑤, 235 Nguyen Van Cu, Tel. 39257777, https://hotelnikkosaigon.com.vn. Außen nicht schön, innen japanische Wohlfühloase mit 334 Zi. (Minimum 40 m²) auf 23 Etagen.

Karte Seite 428

Gleich nebenan dem Stadtbus-Terminal an der **Pham Ngu Lau (PNL)** halten die Busse aus Kambodscha, hier befinden sich auch die dementsprechenden Reisebüros und in dieser Ecke von Ho Chi Minh City gibt es Pubs, Restaurants, Bars und Cafés *en masse*. Was will das Travellerherz mehr?

23 Gia Vien Boutique Hotel③, 175/4 PNL, Tel. 39209988, www.giavienhotel.com. Mit kompetentem Personal. 40 Zi., nicht sonderlich groß, aber hochwertig ausgestattet; selbst die Standard-Zimmer ohne Fenster wirken nicht beengend.

16 Liberty Hotel Saigon Parkview③-④, 265 PNL, Tel. 38364556, www.libertysaigonparkview.com. Eines von drei Hochhaushotels aus der US-Ära der PNL, in den 2000er-Jahren umfassend renoviert. 89 Zi.

17 Elios Hotel③-④, 233 PNL, Tel. 38385584. 81 Zi., hell, ansprechend möbliert, gut ausgestattet, mit ausgezeichneten Bädern, zwei Lifts, Panorama-Frühstück im 12. Stock. Andererseits: Viele Standardzimmer nur mit Innen- oder Schießscharten-Fenstern.

UNSER TIPP: **7 Louis Hotel**②-③, 283/17 PNL, Tel. 904160920. Mittendrin und trotzdem relativ ruhig. Das Team tut wirklich alles, damit sich die Gäste wohlfühlen. Und bei Ticketwünschen hilft die Schwester des Gastgebers im Haus gegenüber aus. Die sauberen Zimmer sind ausreichend groß, modern eingerichtet und funktional mit Safe, Wasserkocher und Minikühlschrank. Es gibt eine Dachterrasse, wo man sich mit eigenen Getränken hinsetzen und die leichte Brise genießen kann und als absoluten Pluspunkt einen Aufzug!

19 Beautiful Saigon Hotel③, 40/27 Bui Vien, Tel. 945210669. Modern, sauber, effizient. Lift. 21 Zi. mit/ohne Fenster.

2 OYO 125 Madame Cuc 127②-③, 127 Cong Quynh, Tel. 38368761. Seit 1992. Herzlich, hilfsbereit und zuverlässig. Mit Lift. 20 Zi., Doppelbett oder zwei Betten. **3 Madame Cuc 184**② liegt schräg gegenüber, die 20 Zi. sind etwas kleiner; Tel. 3836 1679.

11 M Village Pham Ngu Lao②-③, 325–327 PNL, Tel. 865999781, https://mvillage.vn/en/branch/m-village-pham-ngu-lao. Gegenüber liegen Bus-Terminal und Park und reichlich Imbissstände, es sind nur ein paar Schritte zur Bui Vien Walking Street. Mit Dachterrasse, Gemeinschaftsräumen und Waschküche. Das Ganze wurde vor ein paar Jahren renoviert und strahlt vor allem nachts hell erleuchtet. Sehr beliebt, unbedingt frühzeitig buchen. Über das Stadtgebiet verteilt gibt es noch einige weitere Niederlassungen der Hotelkette.

5 Duc Vuong Hotel②-④, 195 Bui Vien, Tel. 39206991, https://ducvuonghotel.com. Gemütlich, rührig und trotz der Größe – 50 Zi. – fast familiär. Hilfreicher Service, schöner Dachgarten im 8. Stock.

6 Meraki Hotel①-②, 198 Bui Vien, Tel. 383860 09, www.fb.com/merakihotel. Hell, freundlich, gute Bäder (Duschen), Lift. 21 Zi., z.T. ohne Fenster, z.T. extrem große Fenster.

4 Hong Han Hotel②, 238 Bui Vien, Tel. 8383619 27, FB: Hong Han Hotel Ho Chi Minh. Seriöses kleines Mini (ohne Lift), ansprechend renoviert, mit Terrasse. 9 Zi.

656v sb

18 Mai Guest House②, 241/41 PNL, Tel. 938991 239. Sehr freundlich und sauber, 14 Zi., drei davon Twin mit toller Fensterfront und kleinem Balkon.

8 Ngoc Minh Hotel②-③, 283/11 PNL, Tel. 3836 5215, https://ngocminh-hotel.com. Hell und gefällig eingerichtet, Lift, BF auf Dachterrasse. 20 Zi., ab 3. Stock alle mit Fenster (z.T. groß und mit Balkon).

8 Bich Duyen Hotel②, 283/4 PNL, Tel. 383745 88. Sauber, funktionell, freundlich und eine der ersten Adressen in der *Guesthouse*-Gasse. 13 Zi. (klein, mit und ohne Fenster).

14 Hideout Hostel①, 175/11 PNL, Tel. 38367019, www.hideouthostels.com. Unserer Meinung nach eines der besten Hostels. Es gibt brauchbare 4-, 6-, und 8-Bett-Schlafsäle und Doppelzimmer. Ein Knaller ist die tägliche *Happy Hour.*

23 Flipside Hostel①, 175/24 PNL, Tel. 39205656. Auf fünf Stockwerken, 18er-, 14er-, Achter- und Sechser-Dorms, einige mit Balkon. Kleiner Pool auf der Dachterrasse.

Essen und Trinken

Die Auswahl an Restaurants, Garküchen und Essständen ist unerschöpflich. Neben der vietnamesischen haben die französische und chinesische – und in Maßen noch indische – Küche eine Tradition.

Vietnam light

Karte Seite 398

6 **Cuc Gach Quan,** 10 Dang Tat (Tan Dinh), Tel. 38480144, http://cucgachquan.com. Aus dem „Geheimtipp" ist eine Institution – für Touristen! – geworden. Dennoch: die „annamitische Art-déco-Atmosphäre" der kleinen, versteckten Villa ist immer noch toll, und das Essen bleibt ein Geschmackserlebnis.

22 **Tib,** 187 Hai Ba Trung, Tel. 1900292977. Renommierte Hue-Küche (seit 1993) ohne dekorative Verballhornung.

16 **Quan Bui,** 17A Ngo Van Nam, Tel. 38291515, https://quan-bui.com. Einfach, aber mit Stil. Gute vietnamesische Hausmannskost auf mehreren Etagen mit Dachgarten.

3 **Com Nieu Sai Gon,** 27 Tu Xuong, Distr. 3, Tel. 901301808, https://comnieusaigon.com. Show mit fliegendem Reis. Hier wird der Reis in Tontöpfen gekocht, dann wird der Topf mit einem Hammer zerdeppert, die Reisportion wird durchs Restaurant geworfen und von einem zweiten Kellner aufgefangen.

35 **Nam Giao,** 136/15 Le Thanh Ton, Tel. 382502 61, www.fb.com/QuanNamGiao. Köstlichkeiten aus Hue.

21 **Co Ba Xy Quang,** 44 Hai Ba Trung, Distr. 1, Tel. 38272709. Edles vietnamesisches Restaurant mit umfangreicher Karte; Frühlingsrollen, *Hotpot,* Klebreis, Ente, Vegetarisch etc.

15 **Bloom,** 3/5 Hoang Sa, Tel. 39101277, www.bloom-saigon.com. „Because Love Overcomes One's Misfortune" – traditionelle vietnamesische Speisen und *Street-Food*-Klassiker in einer französischen Villa. Ausbildungsstätte für benachteiligte Jugendliche.

Na, wenn das kein Angebot ist: am besten einfach mal probieren

657v sb

Karte Seite 412

3 **Nha Hang Ngon,** 160 Pasteur, Tel. 382771 31, www.fb.com/Nhahang.QuanAnNgon. Schickes Straßenessen rund um eine hübsche Kolonialvilla mit Garküchen, Grillstationen etc.; groß, lebhaft, ungezwungen, vergnüglich (auch wenn es auf der Straße selbst meist besser schmeckt); preisgünstiger als es aussieht.

18 **Hoa Tuc,** 74/7 Hai Ba Trung, Tel. 38251676, https://hoatuc.com. Im Hof der ehemaligen französischen Opiumfabrik (Legal? Aber ja, und wie! Die Kolonie verdiente sich dumm und dämlich dran!). Die Atmosphäre ist klasse, die Preise gesalzen, die Qualität der Küche hält sich in Grenzen.

Karte Seite 428

13 **Den Long – Home Cooked Vietnamese Restaurant,** 130 Nguyen Trai, Tel. 909949183, www.denlongrestaurant.com. Familiäres *fine dining* ist das Motto des Hauses. An einem der wenigen Tische in einem schön restaurierten alten Häuschen kommt man sich vor, als wenn man privat bei einer vietnamesischen Familie zum Essen eingeladen wäre. Der Service ist unaufdringlich und herzlich, die Gerichte werden hervorragend präsentiert und bieten so manche geschmackliche Überraschung.

Lokale Küche zum Entdecken

Nicht nur viele *bia hois* (Bierkneipen), sondern auch praktisch alle einfachen, guten, preisgünstigen Lokale und *Street-Food*-Küchen sind aufgrund der wahnwitzigen Grundstückspreise aus dem Zentrum verschwunden. Es gibt sie noch, aber viele liegen etwas weiter draußen.

■ **Food Blog:** Zahlreiche weitere Tipps für lokale Küche, mit Bildern und ausführlicher Beschreibung: www.legalnomads.com/saigon-street-food und www.eatingsaigon.com.

Karte Seite 398

8 **46A Banh Xeo,** 46A Dinh Cong Trang (Straße gegenüber der auffällig pinkfarbenen Tan-Dinh-Kirche, Hai Ba Trung), Tel. 38241110. Einfaches, unaufgeregtes Lokal, halb drinnen, halb draußen, sehr populär. Berühmt für seine *banh xeo*, Crêpes aus Reismehl, Eiern und einer Füllung aus Shrimps, Schwein, Zwiebeln, Sojasprossen und zahlreichen Kräutern. Hier werden die Crêpes mit Stäbchen in Stücke gerissen und in große Salatblätter gewickelt, nicht wie andernorts in Reispapier. Nur die Dip-Sauce ist hier etwas lieblos. Die Portion ist groß, aber verhältnismäßig teuer (wie so oft bei „Street Food" im Zentrum von HCMC).

27 **Chi Tuyen,** 175c Co Giang. *Bun thit nuong, Street-Food*-Klassiker (Reisnudeln mit gegrilltem Schweinefleisch und knusprigen Frühlingsrollen)! Zentral, lecker und für Distr. 1 günstig.

14 **Pho Phuong 25,** 25 Hoang Sa, Distr. 1. Hier soll die *pho* wie im Norden schmecken (weniger süßlich als im Allgemeinen die Süd-Variante).

4 **Pho Hoa,** Fans der vietnamesischen Nationalsuppe wallfahren auch zur 260C Pasteur, Tel. 38297 943.

33 **Ben-Thanh-Markt,** in der Mitte der Markthalle befinden sich kleine Imbissstände, wo man diverse Klassiker wie *hu tieu, bun thit nuong, banh cuon nong* und *bun bo hue* sowie einen vegetarischen Stand günstig und auf engstem Raum findet.

11 **Cua 94,** 84(!) Dinh Tien Hoang, Tel. 39101062. Tolle *cha gio* (Frühlingsrollen) und berühmt für seine Krebs- und Krabben-Leckereien. Atmosphärisch allerdings nicht der Renner und nicht ganz günstig.

24 **Hum,** 32 Vo Van Tan, Tel. 899189229, https://hum-dining.vn/en. Wunderschönes Ambiente, ruhiger Garten: eine Oase; z.B. nach dem Kriegsmuseum gleich nebenan und an zwei weiteren Standorten.

Karte Seite 412

41 **Com Tho Chuyen Ky,** 67 Ton That Dam, Tel. 382 90150. Seit mehr als 60 Jahren: Köstliche kantonesische Reisgerichte – der Reis wird nach alter Tradi-

tion in kleinen Tontöpfchen gedämpft (was ihm einen speziellen Geschmack verleiht). Für Entdecker – das umfangreiche Menü gibt es nur auf Vietnamesisch, es wird kein Englisch gesprochen. Am besten zeigt man auf *com tho ga* (Reis mit Huhn) oder *com tho bo* (Reis mit Rindfleisch). Empfehlenswert sind auch die Gerichte *ga ac tiem thuoc bac* (chinesische Hühnersuppe mit Kräutern) und *suon xao chua ngot* (Schweinerippchen im Teig gebraten, süß-sauer). Die Essstube liegt etwas versteckt hinter den Marktständen des Ton-That-Dam-Marktes, von der Ham Nghi kommend Richtung Nord, ca. 40 Meter nach den Gemüseständen links.

19 **Restaurant 31,** 31 Ly Tu Trong, Tel. 946940666. Halboffenes Hallenresto mit rauchenden Feuern und feucht-fröhlicher Garagenatmosphäre. Spezialität ist *bo tung xeo,* mariniertes, auf Holzkohle gegrilltes Rind, gleichfalls am Tisch grillen kann man Shrimps, Tintenfisch, Aal, Ziege, Wildschwein etc. Viele „Spezialitäten".

UNSER TIPP: 4 **Saigon Xua va Nay** (Saigon Gestern und Heute), 37 Nguyen Trung Truc, Tel. 3822 2337. Tagsüber Café, mittags einfache, aber gute Reisgerichte, abends *Hot Pots, BBQ,* Bier und wilde Nächte.

■ **Com Binh Dan:** Reisgerichte, solide Hausmannskost für den schmalen Geldbeutel. Mit bedienter Buffet-Auslage zum Draufzeigen. Es gibt einen Teller mit zwei Löffeln Reis, und eine Auswahl an Fleisch und Gemüse nach Wunsch, oft auch Tofu und Ei. Speisekarten gibt es nicht. Seit 1989 so gut wie unverändert (und unverändert populär, aber nicht mehr günstig!) ist das 36 **Com Ba Ca,** 11 Ton That Thiep. Besonders lecker *bo la lot,* in würzige Blätter gehüllte, scharf angebratene Hackfleischröllchen, gefüllte Tintenfische, Omelette und die würzige Gemüsesuppe *canh cua rau day.* Eine Filiale gibt es nahe dem Ben-Thanh-Markt auf der 42 Truong Dinh, Tel. 38225328.

20 **Com Tam Moc,** 85 Ly Tu Trong, Tel. 38248561, www.fb.com/ComTamMoc. Die bislang schönste vietnamesische *Fastfood*-Kette. *Com tam,* Bruchreis, würziger, klebriger als der normale, wird mit diversen Fleisch- und/oder Gemüsesorten serviert.

6 **Xoi Ga,** 15 Nguyen Trung Truc. Eine der berümtesten traditionellen Garküchen der Stadt, gleich hinter dem Ben-Thanh-Markt. Spezialität ist *xoi ga,* Klebreis mit Huhn.

Karte Seite 416

3 **Ca 3,** 290 Le Hong Phong, Tel. 944449898, https://ca3online.vn. Der Bürgersteig vor dem Ca Ba wird von 18 Uhr bis zur Morgendämmerung in die wohl größte *Open-Air*-Kneipe der Stadt verwandelt. Wenn auf dem Trottoir kein Platz mehr ist, werden die Stühle einfach auf die Straße gestellt. Gutes, günstiges Essen, wilde Atmosphäre (ab 21 Uhr) und jede Menge Bier. Super zum Leutegucken!

Karte Seite 428

UNSER TIPP: 1 **Tran Pizza,** 117/20 Cong Quynh, Tel. 356701285. Die *One-Man*-Pizza-Show (mittlerweile gibt's Gehilfinnen) ist einen kleinen Spaziergang ins Wohnviertel wert. *Hieu Tran* hat sich das Pizzabacken per *YouTube* beigebracht und wurde zu einer Art *Social-Media*-Star in HCMC. Und das zu recht: Die Pizzen gehören mit zu den besten, die man in Vietnam kriegen kann. Jede wird vor den Augen der Hungrigen handgefertigt und ganz nach Wunsch zubereitet. Bei Bedarf stellt der Inhaber noch ein paar Stühle und Tische in die Gasse und los geht's. Ein paar Getränke warten im Kühlschrank und die Kosten für alles halten sich in Grenzen. *Hieu* hat studiert, spricht hervorragend Englisch und ist immer gut für ein paar Tipps.

▷ Pho Tai: der vietnamesische Klassiker mit rohem Rindfleisch, muss man probieren

UNSER TIPP: 10 **Pho Quynh,** 323 PNL. Die Bude ist immer voll und längst kein Geheimtipp mehr. Aber hier zu sitzen und *Pho* zu genießen, dabei das Treiben auf den Straßen und Gassen zu erleben, umschwirrt von quirligen Bedienungen, das hat was. Die *Phos* sind übrigens hervorragend und passen morgens, mittags und abends auf den Speiseplan der Travellergemeinschaft. Tipp: *Pho Bo Kho,* eine Gulaschsuppe vietnamesischer Art, einfach total lecker. Gibt's auch ohne Nudeln, dafür mit frischem Baguette *(Banh Mie Bo Kho).*

Vegetarisch

Karte Seite 398

2 **Viet Chay,** 290/21A Nam Ky Khoi Nghia, Tel. 38483399. Auf dem Gelände der Vinh-Nghiem-Pagode. Hervorragend, freundlicher Service, am 1. und 15. des Mondmonats Buffet.

9 **Loving Hut,** 63 Mai Thi Luu und weitere Standorte, Tel. 38209702, https://lovinghut.com/vn. Vegan, gute Gerichte, schön präsentiert und vornehm serviert, kantinenartige Sitzordnung und eigenartig surreale Inneneinrichtung mit viel Giftgrün, die irgendwie an ein Spa oder ein Raumschiff-Filmsetting erinnert.

26 **Pi Vegetarian Bistro,** Level 3, 187/15 Dien Bien Phu, Tel. 0916414133, www.pivegetarian saigon.com. Sehr gute Speisen, umfangreiche Karte (Menü online).

Schwimmende Restaurants

Karte Seite 412

51 Die **Floating Restaurants** auf dem Saigonfluss sind eine uralte Tradition. Die Schiffe legen gegen 19 Uhr (an Wochenenden auch vormittags) von den Anlegestellen an der Ton Duc Thang schräg gegenüber dem *Majestic Hotel* ab und landen nach ca. 2 Std. wieder am Ausgangsort. Etwas gehobener ist die **„Bonsai"** (https://bonsaicruise.com.vn).

Asiatisch

Karte Seite 398

13 **The Sushi Bar,** 54 Nguyen Dinh Chieu, Tel. 838 223156, www.fb.com/Thesushibarthienque. Gutes und bekanntes japanisches Restaurant, wo man *Sushi* und *Sashimi* auch *al fresco,* auf der Terrasse, genießen kann.

Karte Seite 412

48 **Saigon Indian,** 73 Mac Thi Buoi, 1. Stock. Indischer gehts nimmer – geradlinig, unscheinbar, scharf und günstig.

33 **Choi Go Jip,** 161 Ham Nghi, 1. Stock, www.fb.com/choigojiprestaurant. Sehr guter und authentischer Koreaner. Zentral gelegen.

31 **Halal,** bei der Jamia-Moschee (1935) auf der Dong Du, dem Zentrum der Muslime in HCMC, findet man gute und günstige Restos wie *Bombay* und

658v un

Halal@Saigon. In der Moschee selbst werden Currys serviert.

49 **Tandoor,** 39A–39B Ngo Duc Ke, Tel. 9023025 13, https://tandoorvietnam.com. Die Hanoier Institution erstreckt sich in HCMC gleich über mehrere Stockwerke.

Internationale Küche

Karte Seite 398

19 **Hoa Vien Bräuhaus,** 16 Pho Quang, Q. Tan Binh, Tel. 39977666. *Pilsener Urquell* vom Fass, Schweinshaxen, Bratwürste und gute Stimmung. Gäste sind vornehmlich Einheimische, und 20 **Hoa Vien Sai Gon - NTMK,** 18 Nguyen Thi Minh Khai, Tel. 38290585; https://hoavien.vn.

17 **Pizza 4P's,** 8/15 Le Thanh Ton (Gasse) und weitere Niederlassungen in der Stadt, https://pizza4ps.com. Mit die besten Pizzen in ganz Vietnam machen – Japaner! In postmodernem Ambiente werden auch Vorspeisen, Salate, Desserts, „deutscher" Kartoffelsalat und Ochsenschwanzragout serviert – absolut fantastisch!

12 **Vintage Emporium,** 95B Nguyen Van Thu, Tel. 904413148, https://vintageemporium.net. Um die Ecke von *Bunker* und nahe *Indika* (→ Nachtleben), geschmackvoll eingerichtetes Café mit guten, gesunden Bistro-Speisen, Frühstücksangebot den ganzen Tag, Salate, Sandwiches etc.

Karte Seite 412

54 **Gartenstadt,** 34 Dong Khoi, Tel. 38223623, www.fb.com/GartenstadtRestaurant. Eines der ältesten europäischen Restos der Stadt, an Wochenenden Treffpunkt von deutschen Expats zum *Bundesliga*-Schauen. Von Garten kann freilich keine Rede sein, und die Preise sind gesalzen. Kleine Veranda im 1. Stock.

18 **The Refinery,** 74/7 Hai Ba Trung, Tel. 382305 09, https://therefinerysaigon.com. Trendiges Terrassen-Resto im Hof der einstigen Opium-Raffinerie; französisch-italienisch.

20 **Le Jardin,** 31 Thai Van Lung, Tel. 38258465. In der Garten-Oase des französischen Kulturzentrums werden typische herzhafte Bistro-Gerichte, aber auch vietnamesische Speisen serviert.

26 **Skewers,** 9A Thai Van Lung, Tel. 38224798, http://shgsaigon.com/skewers.html. Seit Jahren ein Liebling der Expats, die interessante Speisekarte führt rund ums Mittelmeer.

40 **The Elbow Room,** 52 Pasteur, Tel. 38214327, http://shgsaigon.com/elbowroom.html. *American Diner* und Bar mit Burgern, *Dogs,* Bratwurst und Pizza-Pasta-Allerlei. Fr Livemusik!

Cafés

Karte Seite 398

5 **Lao Hac Beer & Café,** 299B Hoang Sa, Tel. 938 938476. Noch cooler, noch schrulliger und weniger touristisch als *Cong Ca Phe* (→ unten). Am Fluss mit kleinen Balkonen, witzige Retro-Einrichtung.

UNSER TIPP: 31 **Café Vy,** 277E Le Thanh Ton, Tel. 38295416. Klassisches vietnamesisches Café mit einer riesigen Auswahl an heißen und kalten Kaffeegetränken aus beinahe unzähligen Bohnensorten und Zubereitungen. Kaufen kann man die Bohnen natürlich auch, frisch in Tüten gezogen. Hier treffen sich die Bauarbeiter der nahen Baustellen, Studenten, reichlich Stammgäste aus der Nachbarschaft und gelegentlich auch ein paar Touristen. Man sitzt auf putzigen Ministühlchen und an Minitischchen und genießt einen Ausblick auf das Leben auf der Straße. Vorab gibt's – ganz klassisch und gratis – grünen Eistee zur Bestellung dazu, nachgeschenkt wird davon reichlich.

32 **Cà phê Linh,** 1 Truong Dinh, Tel. 938328057. Das antike Holzhaus allein ist schon ein Hingucker. Am besten sitzt es sich oben auf der umlaufenden Veranda mit Blick auf den das Eckhaus umflutenden Verkehr und den Park gegenüber. Abends verwandelt sich das Café in eine Bar und zieht die Jugend aus nah und fern an. Nicht ganz günstig, aber sicher eine (Ruhe-)Pause wert.

659v un

Karte Seite 412

12 Rex Rooftop Garden Bar, 141 Nguyen Hue, www.rexhotelsaigon.com/dining/rooftop-garden. Der berühmte, inzwischen weitgehend „entkitschte" Dachgarten des *Rex*-Hotels ist nach wie vor ein Muss für HCMC-Besucher aus aller Welt – Speisen mit Aussicht und Livemusik.

2 Cong Ca Phe, u.a. 26 Ly Tu Trong, Tel. 9118111 65, http://congcaphe.com. Bezeichnet sich selbst als Hipster-Café. Witzig, ironisch, cool, im Retro-Communist-Design. Lecker ist z.B. der *Coconut Coffee.* Zahlreiche Filialen (auch in Hanoi).

9 The Old Compass Cafe and Bar, 63 Pasteur (3. Stock), Tel. 38232969, www.oldcompasscafe.com. Tagsüber Vintage-Café und Bistro, abends Weinbar mit interessanten Veranstaltungen und Konzerten. Gemütlich, intim, rustikal, geführt vom Autor des Reiseblogs *Rusty Compass.*

Im Café Vy gibt's gefühlt unendlich viele Kaffeesorten

Eiscafés & Bäckereien

Karte Seite 412

10 Bach Dang, Eisdiele an der Kreuzung Le Loi/Pasteur. Renner ist *Kem trai dua,* Eiscreme in Kokosnuss.

■ Ofenfrische Baguettes, Croissants und Hefegebäck bekommt man im **44 Nhu Lan** (50 u. 62 Ham Nghi), größer und cremiger fällt die Auswahl in den Traditions-Patisserien **35 Brodard,** 11 Nguyen Thiep, und **42 Givral** (seit 1950), 114 Ham Nghi, aus.

Do It Yourself

Karte Seite 412

■ **Supermärkte:** Wer deutsche Butter, *Nescafé,* englischen Tee oder französische Konfitüren braucht, kann sich beispielsweise im **1 Diamond Plaza,** 34 Le Duan, im **38 Maximark,** 65 Le Loi, oder im **30 Annam Gourmet,** 16 Hai Ba Trung, eindecken.

44 Nhu Lan, 64–68 Ham Nghi, https://nhulan.vn. Eine hervorragende Adresse für Wurst, Pasteten, Käse, Sandwiches, Brot und Gebäck, Gyros, Fruchtshakes und praktisch alles an südvietnamesischer Schnellküche. Riesenauswahl und angeschlossener Imbiss.

Unterhaltung, Nachtleben

Bars, Clubs und Livemusik

Karte Seite 398

25 Yoko Café, 22A Nguyen Thi Dieu, Distr. 3, Tel. 39330577, www.fb.com/Yokocafesaigon. Livemusik Do, Fr und Sa. *Pop, Rock, Jazz, Blues, Indie* und experimentelle Musik, meist lokale Künstler. Besitzerin ist die Sängerin *Tofu,* eine Größe in HCMC. Empfehlenswert für alle, die sich für die Musikszene hier interessieren. Tagsüber Café und Restaurant.

10 Indika, 43 Nguyen Van Giai, Distr. 1, Tel. 89946 8370, www.fb.com/IndikaSaigon. Musik, Konzerte, Ausstellungen, Café, Biergarten.

18 Lush, 2 Ly Tu Trong, www.lushsaigon.com. Club für Tanznächte. Di *Ladies' Night.*

23 Acoustic Bar, 6E1 Ngo Thoi Nhiem (Q3), Tel. 81 6777773, www.fb.com/acousticbarngothoinhiem. Live Pop-Cover-Bands.

Karte Seite 412

Unser Tipp: **43 Snuffbox Lounge,** 14 Ton That Dam, Distr. 1, Tel. 902338559, www.fb.com/speakeasysaigon. 20er-Jahre *Speakeasy Lounge.* Cocktails, Wein, kleine Speisen, Jazzkonzerte. Nicht günstig, aber *classy.* Im 1. Stock, neben dem alten Gebäude der *Banque de l'Indochine.*

☒ Grandioser Ausblick über die nächtliche Stadt: The View Rooftop Bar

46 Broma: Not a Bar, 41 Nguyen Hue, Tel. 3252 03217, www.fb.com/broma.not.a.bar. Angesagte *Rooftop*-Bar mit Livemusik, DJs, Cocktails, *Craft Beer* und Blick auf die Fußgängerzone.

56 Apocalypse Now, 2F Thi Sach, www.fb.com/apocalypsenowsaigon. Große, dunkle Bar mit DJs und lauter Musik, Tanzfläche, Party bis spät, eine Institution.

25 Habana Club, 142 Tran Nao, An Khanh, Tel. 392 769859, www.fb.com/havanabarclub, 10–1 Uhr. Beliebter Deutschen-Treff; Bar-Lounge mit Cocktails, Latino-Küche und Livemusik.

17 O'Brien's Factory, 74A2 Hai Ba Trung, Tel. 382 93198, FB: O'Briens Factory. Legendäre *Irish Bar* mit famoser Küche (Pizzas!) und Livemusik.

40 Bar 5 Saigon, 44 Pasteur, Tel. 903801676, www.fb.com/Bar5Saigon. Eine von *Heinz'* Bars ... Der Schweizer lebt seit 1991 in HCMC.

32 Blanchy's Lounge, 95 Hai Ba Trung, Tel. 89949 9779, www.fb.com/Blanchys.Lounge. Cocktails, internationale DJs, auf drei Etagen inkl. Dachterrasse.

8 Sax n' Art, 188/BB4 Nguyen Van Huong, Tel. 19 00068868, https://saxnartclub.com, 18–24 Uhr. Der erste Jazz-Club der Stadt, tgl. ab 20.30 Uhr Live.

Karte Seite 428

24 Gossip. Disco nahe der PNL, Eintritt. 79 Tran Hung Dao.

22 Tiem Bia Gà – Rooster Beers Taproom, 40 Bui Vien, https://roosterbeers.com. Einheimisches *Craft*-Bier in verschiedenen Sorten – von *IPA* über *blonde* bis *dark, pale, 000, wheat* bis *Pilsener,* eiskalt und frisch gezapft, das ist hier Programm. Man sitzt direkt am Straßenrand und kann gegen Sonnenuntergang beobachten, wie die Bui Vien Walking Street langsam erwacht und das Nachtleben eingeläutet wird.

5 The View Rooftop Bar, 195 Bui Vien, 9. Stock im *Duc Vuong Hotel,* Tel. 944795522, www.fb.com/TheViewRooftopBarHCM. Zugegeben: Die Cocktails der *Happy Hour* sind nicht immer erstklassig, dafür aber die Aussicht. Zu Füßen die Bui Vien Walking Street, am Horizont die Skyline von HCMC und das

Bier ist immer kalt. Besonders beliebt natürlich zum Sonnenuntergang. Das Team ist freundlich, oft gibt es Livemusik.

6 **Le'fe Rooftop Bar,** 198 Bui Vien, www.fb.com/lefecafe. Hier gibt's reichlich Livemusik, das Cocktailangebot ist riesig, Lage und Atmosphäre sind gut. Hat sich längst herumgesprochen und die Bar ist dementsprechend immer gut voll. Der Eingang befindet sich im *Meraki Hotel,* dann Aufzug bis in den 8. Stock.

LGBT+

→ **https://utopia-asia.com**

Kino, Musik und Theater

■ **Oper,** 7 Lam Son Square. Lohnenswert in der historischen Oper sind die *A O Shows:* Tanz und Akrobatik mit Reiskörben zu traditioneller Musik bringen vietnamesisches Landleben und Urbanisierung zum Ausdruck. Ticket-Vorverkauf in der Oper oder www.luneproduction.com/ao-show.

■ **Kino:** Regelmäßige Vorführungen ausländischer Filme im Original ohne Untertitel im **BHD Star Cineplex im Vincom Center.** Gute Adressen sind das französische Kulturinstitut **Idecaf,** 31 Thai Van Lung und **Galaxy,** 116 Nguyen Du, mit 3D-Leinwand.

■ **Wasserpuppentheater** (Roi Nuoc): Die Ensembles von HCMC halten keinen Vergleich mit denen von Hanoi aus, aber trotzdem: **Golden Dragon Water Puppet Theatre,** 55B Nguyen Thi Minh Khai, Tel. 39302196, www.goldendragonwaterpuppet.vn.

■ **Konservatorium,** 112 Nguyen Du, Tel. 38225841. Aufführungen klassischer wie traditioneller vietnamesischer Musik.

Kunst- und Fotogalerien

■ Es gibt mehr als 100 Galerien, z.B. **Lac Hong Gallery,** 97A Pho Duc Chinh, Tel. 908256094, www.fb.com/lachonggallery. Avantgarde: **Galerie Quynh,** 18 Nguyen Van Thu, www.galeriequynh.com. **San Art,** 132 Ben Van Don, www.fb.com/SanArtVN, unabhängiger *Artists Space.*

660v sb

■ **Factory Contemporary Art Centre,** 15 Nguyen U Di, Distr. 2, Tel. 37442589, https://factoryartscentre.com. Ausstellungen, Veranstaltungen, Restaurant, Café, Bar, Lounge.

■ **Réhahn Gallery,** 74 Dong Khoi, Tel. 949820698, www.rehahnphotographer.com/fine-art-gallery-saigon. Galerie des bekannten französischen Fotografen, der in Hoi An lebt und sein fotografisches Dasein den vietnamesischen Bergvölkern und ethnischen Minderheiten gewidmet hat.

Zoo und Botanischer Garten

■ Der **Zoo,** 2 Nguyen Binh Khiem, www.saigonzoo.net, tgl. 7–19 Uhr, Eintritt 60.000 đ (Ticket gilt für Zoo und Botanischen Garten), bietet keine Sensationen, kann aber nach dem Besuch des Historischen Museums auf dem gleichen Gelände eine Abwechslung sein. Nicht alle Zoogehege sind eine Freude anzusehen, einige davon wurden aber verbessert, und Tierschutzorganisationen arbeiten mit dem Zoo-Management zusammen. Bus 18 ab Ben Thanh-Markt.

■ Der angeschlossene, 1864 von den Franzosen angelegte **Hortus Botanicus Saigonensis** enthält neben Orchideen-Raritäten einige schöne alte Baumriesen. Auch Bonsai-Fans kommen auf ihre Kosten.

Sport

■ **Tai Chi:** Wer in den frühen Morgenstunden am Saigonfluss oder einem der Parks – zumal dem Tao-Dan-Park – unterwegs ist, wird Zeuge des vietnamesischen Fitness-Bewusstseins – *old school:* Aero-

⊡ Auf der Suche nach Souvenirs wird man in Ho Chi Minh City auf jeden Fall fündig

⊡ Der Botanische Garten von Ho Chi Minh City ist direkt an den städtischen Zoo angeschlossen

bic, Schattenboxen und Herumturnen auf den Trimm-Dich-Geräten im Freien. Auch oft abends bei Einbruch der Dunkelheit.

■ **Fitness:** Die Gyms der meisten Hotels können gegen Gebühr auch von auswärtigen Gästen benutzt werden.

■ **Schwimmbäder** *(Ho Boi):* Viele **Luxushotels** gestatten auswärtigen Gästen **Pool-Benutzung** gegen Gebühr, z.B. *Rex Hotel, Renaissance Riverside, Caravelle.*

Shopping

Souvenirs

■ Souvenir- und Antiquitätenläden bevölkern die **Dong Khoi** und ihre Seitenstraßen wie Wespen einen Pflaumenkuchen. Porzellan, Keramik, Lackwaren, Seidenmalerei, Wasser- und Opiumpfeifen, Gläser und Lampen aus der Kolonialzeit, Sturmfeuerzeuge aus US-Beständen, alte Kameras und Brillengestelle, falsche *Rolex* und echte Russen-Uhren, Antiquitäten und Kuriositäten, Kitsch und Ramsch, Preziosen und Imitate – auf der Dong Khoi gibt es fast nichts, was es nicht gibt. Wer sich die Zeit nimmt, einen Nachmittag herumzustöbern, kann immer noch unverhoffte Entdeckungen machen. Adressen und Läden ändern sich allerdings derart rasch, dass langfristige „Tipps" nicht viel wert sind.

■ **Antiquitäten:** Im Umkreis des Kunstmuseums (→ dort), vor allem auf der auf das Museum zulaufenden **Le Cong Kieu** gibt es zahlreiche Trödler und Händler mit einem witzigen Angebot zwischen Flohmarkt und Antiquität.

Total global

Gucci und *Cavalli, Vuitton* und *Ferragamo, Bally* und *Hermès,* alle sind schon da.

Die besten **Kaufhäuser** – in der Regel geöffnet tgl. 9.30–22 Uhr – für Luxusartikel, Kosmetik, Mode etc. sind:

1 Diamond Plaza, → Karte S. 412, 34 Le Duan, www.diamondplaza.vn. Mit Supermarkt.

14 Parkson Plaza, → Karte S. 412, 39 Le Thanh Ton, www.anphuoc.com.vn. Mit Supermarkt.

661vsb

1 Hung Vuong Plaza, → Karte S. 416, 126 Hung Vuong (Cho Lon), https://hungvuongplaza.com.vn.

13 Vincom Center Mall, → Karte S. 412, 72 Le Thanh Ton Ecke Dong Khoi, https://vincom.com.vn/vincom-center-dong-khoi. Sechsstöckig, mit großem *Zara* und Luxusmarken, Supermarkt, *Food Court* (Tower B) und Apotheke im Untergeschoss.

Weniger anspruchsvoll im Angebot, dafür aber auch deutlich günstiger sind:

2 An Dong Plaza, → Karte S. 416, 34–36 An Duong Vuong (Cho Lon). Mit rund 1500 Shops das größte und schillerndste Kaufhaus der Stadt.

39 Saigon Square, → Karte S. 412, 77–89 Nam Ky Khoi Nghi. Billigkaufhaus. Ob Ausschuss-Markenware oder gute Fälschung ist nicht zu unterscheiden.

In der Mall Saigon Square gibt's reichlich Souvenirs

28 Russian Market, → Karte S. 398, 328 Vo Van Kiet. Einkaufsparadies in Vietnam hergestellter Markenartikel (*Ralph Lauren, Camel, Adidas, Nike* etc. – oft Ausschussware) zu Spottpreisen, auch Winterklamotten, Skikleidung etc.

Asian Chic statt Einheitslook

- **Ginkgo,** mehrere Shops, z.B. 20 54–56 Bui Vien (→ Karte S. 428), und 11 10 Le Loi (→ Karte S. 412), https://ginkgotshirts.com/en. T-Shirts guter Qualität mit witzigen Aufdrucken (Verkehrsregeln, beladene Motorbikes, Plastikstühle etc.).

22 L'Usine, → Karte S. 412, 19 Le Thanh Ton, https://lusinespace.com. Erster lokaler Lifestyle-Store der Stadt, Boutique, Galerie und Café in einem.

12 Magonn, → Karte S. 428, 105 Nguyen Trai, Distr. 1, https://magonn.com. Modernes vietnamesisches Modelabel.

37 Propaganda-Pop: **Saigon Kitsch,** → Karte S. 412, 43 Ton That Thiep, Distr. 1, Tel. 38218019. Taschen, T-Shirts, Laptop-Taschen, Notizbüchlein und allerlei im Retro- und Propaganda-Design.

- **Schuhe:** Die Straße Ly Chinh Thang im Distr. 3 ist das Schuh-Paradies von HCMC.

■ **Taschen: Ipa Nima,** 280B1 Luong Dinh Cua, https://ipa-nima.com. International erfolgreich: Design-Handtaschen, Schmuck etc.

■ **Schrill & Schräg: Mai Lam,** 12, 9 Street, Binh An Ward, www.mailamwearableart.com. Mix aus Folklore, Vintage und Trash.

Bücher, Zeitschriften, Karten

47 7 **Fahasa,** → Karte S. 412, 40 Nguyen Hue, 60 Le Loi, https://fahasasg.com.vn. Buchhandlung, die ein schmales Sortiment an ausländischen Büchern, Zeitungen und Magazinen führt.

■ Die „Bücherstraße" ist die **Nguyen Van Binh,** mit Kiosken und Cafés (→ Karte S. 412).

Varia

■ **Schreibwaren,** Taschenlampen, Vorhängeschlösser etc. kauft man auf der Le Loi zwischen *Rex Hotel* und Ben-Thanh-Markt.

■ **Schneider: Cao Minh** (seit 1948), 74 Hai Ba Trung, https://caominh.com. Für einen guten Anzug sollte man fünf Tage rechnen. Gute Schneider findet man auch an der Le Thanh Ton, hinter dem Ben-Thanh-Markt.

■ **Gold:** Kenner schätzen, dass in keinem Land Asiens so viel Gold gehortet wird wie in Vietnam. Große Auswahl an Schmuck, Perlen, Jade, Edelsteinen an der Ecke Nam Ky Khoi Nghia/Le Loi und in der Le Thanh Ton hinter dem Ben-Thanh-Markt.

■ **Optik:** Preisgünstige Läden in der Le Thanh Ton zwischen Nam Ky Khoi Nghia und Pasteur.

■ **Schuhe** und preiswerte **Schuster** findet man in der Le Thanh Ton (z.B. No. 107) zwischen Phan Boi Chau und Nguyen Trung Truc. Lederschuhe werden ab 50 $ maßangefertigt. Sportschuhe: Hoang Phuc, 39 Le Loi.

■ **Friseure: Kim,** 178 De Tham. **Liem Barber,** 473 Nguyen Dinh Chieu, Tel. 779525954, www.fb.com/liembarbershop. Die coolsten Männerfrisuren der Stadt, *Mexican Gangster Style,* geschnitten von volltätowierten Jungs. Ein Erlebnis.

☐ Die Buchhandlung Fahasa bietet nicht nur Gedrucktes

Weiterreise

Entfernungen von HCMC

■ (in km): My Tho 70, Tay Ninh 96, Vung Tau 125, Vinh Long 130, Cao Lanh 170, Can Tho 170, Long Xuyen 190, Phan Thiet/Mui Ne 200, Phnom Penh 250, Chau Doc 250, Rach Gia 250, Da Lat 310, Ha Tien 340, Phan Rang 335, Ca Mau 350, Phu Quoc 370, Nha Trang 450, Buon Ma Thuot 510, Qui Nhon 680, Hoi An 930, Da Nang 970, Hue 1075, Hanoi 1730.

Flug

■ **Bus 152** fährt ab Ben-Thanh-Markt alle 15 Min. zum **Flughafen,** 5000 đ (bis 18 Uhr).

■ **Bus 109** (roter Minibus) fährt vom Flughafen bis 23/9 Park, mit mehreren Stopps, 15.000 đ, 45 Min.

■ **Vietnam Airlines,** *Contact Center,* Tel. 19001 100, Mo–Fr 7–19 Uhr, Sa/So 8–17 Uhr; **Union Square,** 49 Truong Son, Ward 2, Tel. 38446667, Mo–Fr 8–12 und 13.30–17 Uhr.

Zug

■ Der Bahnhof **Ga Sai Gon** liegt in der Stichstraße 1 Nguyen Thong, Tel. 8230105, rechts der Ausfallstraße Cach Mang Thang Tam, im Distrikt 3.

■ Der **Ticketschalter** befindet sich im Erdgeschoss des Bahnhofs vor dem Hauptwartebereich. Tickets erhält man aber genauso gut beim **Railway Service,** 275C Pham Ngu Lao, 7.30–18 Uhr.

■ Mehrere Züge fahren tgl. Richtung Hue (11–16 Std.) und Hanoi (29–41 Std.). Näheres unter www.vietnam-railway.com.

Bus

■ **FUTA** (https://futabus.vn, Büro 80 Trang Hung Dao). Fährt ab 274 De Tham tgl. nach Mui Ne (zwischen 6.30 und 23 Uhr, 6 Std.), mehrmals tgl. nach Vung Tau (zwischen 5.30 und 19 Uhr, 3 Std.) sowie 7x tgl. nach Nha Trang (zwischen 8 und 24 Uhr, 11 Std.) und 25x tgl. nach Da Lat (8 Std.). Wer ins **Mekong-Delta** will (Can Tho, Rach Gia, Chau Doc, Ha Tien), muss zum *Futabus*-Büro an der 231 Le Hong Phong (Q 5), von dort bringen einen Zubringer zum Ben Xe (Busbhf.) Mien Tay (weitere *Pick up Points* → jeweils Website). Oder man bucht gleich über die Unterkunft und wird dort abgeholt.

■ Ins Zentrale Hochland (Buon Ma Thuot) fahren die grünen Minibusse von **Mai Linh** (https://mailinh.vn/dich-vu/mai-linh-express.html).

■ **Sapaco** *(Saigon Passenger Transport Co.),* Tel. 19 009227, https://sapaco.net.vn. 9x tgl. nach PP, 1x tgl. nach Phnom Penh (6 Uhr). **Kumho Samco Buslines,** Tel. 35114648, https://kumhosamco.com.vn/en, 5x tgl. nach PP sowie nach Sihanoukville.

Busbahnhöfe

■ **Nach Norden:** Der Busbahnhof (Ben Xe) Mien Dong liegt 5 km nordöstlich vom Zentrum an der Xo

[>] Beim Anflug auf Ho Chi Minh City bietet sich ein beeindruckender Blick über die Millionenstadt

Adobe Stock © chriss73

Viet Nghe Tinh. Bus 19 fährt alle 6–15 Min. ab CV 23/9, Fahrzeit ca. 40 Min., 7000 đ. Expressbusse u.a. nach Nha Trang, Qui Nhon, Da Nang, Buon Ma Thuot sowie Vung Tau, Phan Thiet, Da Lat. Hier kommt auch die Metro-Linie 1 vorbei.

■ **Nach Süden:** Der Ben Xe Mien Tay, der das Mekong-Delta bedient, liegt 10 km außerhalb im Vorort An Lac westlich von Cho Lon. Bus 39 oder 102 ab CV 23/9, Fahrzeit ca. 45 Min., 7000 đ. Jede Destination hat ihren eigenen Schalter, Fahrpreise sind angeschrieben. Expressbusse starten ab 5 Uhr u.a. nach My Tho, Vinh Long, Can Tho, Long Xuyen, Chau Doc, Rach Gia und Ca Mau.

■ Die beiden Busbahnhöfe Mien Dong – Mien Tay werden von einem **Shuttlebus** verbunden.

■ Aktuelle Busse → **www.vexere.com.**

Boot

■ Nach **Vung Tau, Con Dau** und **Phu Quoc** → dort.

Nach Kambodscha

■ **Flug:** Tgl. mit *Vietnam Airlines* oder *Cambodia Angkor Air* von/nach Phnom Penh und Siem Reap.

■ **Bus:** Tgl. nach Phnom Penh (240 km), Fahrzeit 6–7 Std., mehrere Anbieter. Meist wird man im Hotel abgeholt.

■ **Boot:** Ab **Chau Doc,** per **Slowboat** mit Umsteigen an der Grenze und etwa einstündigem Bustransfer ab Nek Luong (ca. 7 Std.). Oder per **Expressboot** direkt bis Phnom Penh, https://hangchautourist.vn.

■ **Bootstour:** Schönste Möglichkeit. Zwei- oder Drei-Tages-Touren von HCMC nach Phnom Penh per Bus und Boot mit Übernachtung auf dem Boot veranstalten z.B. *YTC* und *Mekong Eyes* (→ Kapitel „Mekong-Delta, Touren").

■ **Visa-on-Arrival** für Kambodscha sind an jeder Grenze erhältlich.

Adobe Stock © Holger

NICHT VERPASSEN!

- In **Cu Chi** einmal als Tunnelratte im Untergrund verschwinden | 449
- Exotisch fremd und vertraut zugleich ist die **„Kirche" der Cao Dai** in Tay Ninh | 453
- Das **Can Gio Mangroven-Reservat** – nur Affentheater oder faszinierende Wasserwelt? | 456
- **Con Dao,** geschichtsträchtige Insel mit Traumstränden | 461

Diese Tipps erkennt man an der gelben Markierung.

UMGEBUNG VON HO CHI MINH CITY

Um die vielfältige Umgebung von Ho Chi Minh City zu erkunden, sollten Prioritäten gesetzt werden: Religion, Geschichte, Natur oder Bade- und Tauchfreuden? Es gibt einiges zu erleben.

Unterwegs in den Tunneln von Cu Chi

Überblick

- **Die Tunnel von Cu Chi:** Das beeindruckende System unterirdischer Gräben und Stollen des Vietcong. 60 km W.
- **Cao-Dai-Tempel in Tay Ninh:** Das Zentrum der skurrilen und farbenfreudigen Cao-Dai-Sekte verstört oder begeistert. 100 km NW.
- **Nui Ba Den:** Der Berg der Schwarzen Frau ist der populärste Wallfahrtsort Südvietnams. 115 km W.
- **Can Gio:** Undurchdringliche Mangrovenwälder vor den Toren der Stadt unweit der Mündung des Saigon-Flusses. 55 km SO.
- **Vung Tau:** Das Strandbad der Einwohner von Ho Chi Minh City ist per *Speedboat* in einer guten Stunde zu erreichen. 130 km SO.
- **Ho Coc und Binh Chau:** Strände und heiße Quellen. 150 km O.
- **Con Dao:** Strände, Tauchen und berüchtigte Gefängnisse. Per Schiff oder Flug. 200 km S.

Cu-Chi-Tunnel

Die Tunnel von Cu Chi stellen nicht nur ein Symbol für den Widerstand des vietnamesischen Volkes gegen Fremdbestimmung und Unterdrückung dar, sondern sind auch ein eindrucksvolles Beispiel für den herrschenden Pragmatismus. Gegen harte Dollars kriechen ergraute ehemalige Vietcong gemeinsam mit ihren einstigen Feinden durch das unterirdische Labyrinth.

„Die anderen brachten mir bei, wie man VC [Vietcong] von Zivilisten unterscheidet. Rennen sie, müssen sie VC sein. Bleiben sie stehen, sind sie besonders raffinierte VC. So oder so musst du sie kaltmachen."

„Wenn wir eine Leiche fanden, gingen wir wie folgt vor. Hatte der Tote keine Waffe bei sich, war er als VC verdächtig. Konnte man ihm heimlich eine

unterschieben, war er einer. Und wenn er außer der Waffe noch etwas anderes bei sich hatte, war er ein Nordvietnamese."

„Wenn du in Vietnam bist, kannst du nicht rumsitzen und dir überlegen, ob der VC nicht vielleicht Recht haben könnte. Er kann nicht Recht haben. Er will dich töten."

(Aus: *Robert Jay Lifton*, „Home from the War. Vietnam Veterans: Neither Victims nor Executioners", 1973).

Geschichte

Die ersten Tunnel wurden **1948** im Kampf gegen das **französische Kolonialregime** in den roten Lehmboden von Cu Chi getrieben. Bauernfamilien brachten in ihnen ihre Vorräte und manchmal auch sich selbst in Sicherheit, örtliche Widerstandskämpfer verbargen in den Stollen Waffen, Munition und Nahrung. Als anderthalb Jahrzehnte später die Amerikaner in der strategisch wichtigen Region nur wenige Kilometer vor den Toren Saigons das Hauptquartier ihrer 25. Division errichteten, ahnten sie zunächst nicht, dass der Feind direkt unter ihren Stiefeln lauerte.

Eine beinahe unglaubliche Geschichte, die man sich immer wieder erzählt, spielt am Weihnachtsfest 1966. Während der aus den USA eingeflogene Superstar *Bob Hope* die Truppen der 25. Division mit seinen Sketchen unterhielt und inbrünstig „White Christmas" knödelte, spielte zur gleichen Zeit und praktisch unmittelbar unter seinen Füßen der vietnamesische Entertainer *Pham Sang* für die Genossen Partisanen auf.

Als die Amerikaner die Existenz der Tunnel entdeckten, die sich zu diesem Zeitpunkt bereits über **Hunderte von Kilometern** erstreckten, erklärten sie Cu Chi zur *free fire zone.* Sie siedelten die Zivilbevölkerung, Zigtausende Männer, Frauen und Kinder, zwangsweise aus, kasernierten sie in „strategische Wehrdörfer" und belegten die „gesäuberten" Landstriche mit Bombenteppichen. Sie pflanzten schnell wachsende Grassorten, nur um sie rasch wieder niederzubrennen, und besprühten das Gelände nacheinander mit Napalm, Giftgas und Dieselöl. Alles vergebens. „Tunnel rats", kleinwüchsige Soldaten, meist Thais oder Koreaner, wurden in die Tunnel geschickt, kamen aber meist nur mit durchschnittener Kehle oder von Teller-

Adobe Stock © kuzovkov

☑ Unterirdischer Kommandostand der FNL (Rekonstruktion)

minen zerfetzt wieder ans Tageslicht. Der deutsche Bundesgrenzschutz lieferte Schäferhunde, die sich durch die Tunnel schnüffeln sollten, doch die Partisanen führten sie mit Chilipfeffer und amerikanischer Rasierseife an der Nase herum. Die Anzahl der VC nahm auch nicht ab, sondern ständig zu, denn immer mehr Zwangsumsiedler in den stacheldrahtumgürteten Wehrdörfern, deren Ernten von den Amerikanern systematisch vernichtet wurden, schlossen sich ihnen an.

Zur Zeit der Tet-Offensive **1968** reichte das unterirdische Netzwerk, mit allen seinen Zweigen und Querverbindungen mehrere Hundert Kilometer lang, von der kambodschanischen Grenze bis direkt vor die Tore Saigons. Teile dieses Netzes, das sich durchschnittlich 5–6 m unter der Oberfläche befand, bestanden aus **drei oder gar vier Stockwerken,** die bis zu 20 m tief in die Erde reichten. Mittels geheimer Falltüren verbunden wie getrennt, enthielten sie **unterirdische Lazarette, Konferenzräume, Schlafsäle, Werkzeugdepots, Frischwasserbrunnen, Vorratslager und Pagoden** sowie Feldküchen, deren Kamine ihren verräterischen Rauch erst Hunderte Meter entfernt ableiteten. Einige Tunnel verliefen sogar unter Flussläufen oder besaßen Aus- und Eingänge, die nur unter Wasser zu erreichen waren.

Ein ganzes **Heer von Widerstandskämpfern** verbrachte ohne Unterbrechung oft **Wochen, ja Monate und Jahre** in den unterirdischen Stollen und Verliesen, und mehr als 10.000 Partisanen sind in ihnen umgekommen. Ihr spektakulärster Erfolg war die zeitweilige Besetzung der amerikanischen Botschaft in Saigon am Tet-Fest 1968. Nachdem sie durch die Tunnel nach und nach in die Stadt eingesickert waren, verbargen sie sich so lange bei unverdächtigen Helfern, bis sie gemeinsam losschlagen konnten.

Die Tunnel heute

Zwei Sektionen, **Ben Dinh** und **Ben Duoc,** wurden für Besucher „renoviert" und ihre Tunnel selbst so erweitert, dass auch ausgewachsene Mitteleuropäer und amerikanische Vietnam-Veteranen sich in ihnen bewegen können. Dennoch ist die Tour für Klaustrophobiker nur begrenzt geeignet – man kriecht durch an manchen Stellen 1,20 m hohe und 80 cm breite Stollen.

Es ist sinnvoll, die nicht nur deutlich authentischere, sondern auch erheblich weniger überlaufene der beiden Stationen, Ben Duoc, aufzusuchen.

Ben Dinh. Die meisten Touren laufen diese Station an, die oft einem Rummelplatz gleicht. Souvenirshops, Cafeterias, von überall her herangekarrte Waffenarsenale, Schießstände („One shot, one dollar", wahlweise mit russischer *AK 47* oder amerikanischer *M 14*) und ein pompöses, mit Pagoden gespicktes War Memorial (1996) beherrschen die Szene. Fehlen nur noch *Micky Maus* und *McDo.* Trotzdem: Einen Besuch wert!

Ben Duoc. Die rund 5 km weiter entfernte Station ist authentischer, wird aber von Touren seltener besucht. Man sieht vielleicht etwas weniger, erlebt aber mehr. Man ist näher an der Landschaft. Die Tunnel sind nicht mannshoch ausgebaggert und grell ausgeleuchtet. Altmodische Schaubilder vermitteln ein Gefühl für die Dimensionen.

Praktische Informationen

- **Orientierung:** Der Ort Cu Chi liegt rund 45 km westlich von HCMC an der N 22 nach Tay Ninh (96 km), die Sektionen Ben Dinh und Ben Duoc sind 15 bzw. 20 km vom Ort entfernt.
- **Eintritt:** 125.000 đ, Schießplatz 50.000 đ.
- **Öffnungszeiten:** 7–17 Uhr.
- **Bus:** Stadtbus 13 nach Cu Chi von der Busstation an der Pham Ngu Lao zum Ort Cu Chi (ca. 90 Min.), dann Bus 79 bis Ben Duoc (ca. 40 Min.).
- **Taxi:** Ein Taxi hin und zurück und Wartezeit kostet ca. 50 $.
- **Easy Rider:** Per Motorrad mit Fahrer, z.B. *Saigon Riders,* 149 $ p/P., Tel. 0919767118, www.saigonriders.com.
- **Touren:** Die Tunnel und der Cao-Dai-Tempel können auf organisierten Halb- oder Ganztagestouren ab HCMC erkundet werden. Ein Vorteil ist, dass der Guide gleich mit an Bord ist und reichlich erzählen kann. Die Touren werden von allen Unterkünften und Reisebüros angeboten. Wer auf Nummer sicher gehen will, fragt bei anderen Reisenden nach, wie die Tour war und entscheidet sich dann für einen Anbieter. Ein Kriterium ist sicher, wieviele Menschen in den Bus gepackt werden.

Cao-Dai-Tempel

Tay Ninh, die Hauptstadt der gleichnamigen, an Kambodscha grenzenden Provinz ist die Heimat der **Cao-Dai-Sekte,** eine der schillerndsten Religionsgemeinschaften Asiens, wenn nicht der Welt. „Christ and Buddha looking down from the roof of the Cathedral on a Walt Disney fantasia of the East, dragons and snakes in Technicolor", schauderte es *Graham Greene,* der gleichwohl von der Sekte und ihrem „Heiligen Stuhl" derart fasziniert war, dass er ernsthaft einen Beitritt erwogen haben soll. Der Caodaismus stellt eine Mischung aus Buddhismus, Konfuzianismus, Katholizismus, Daoismus, Hinduismus und Islam dar.

Nach Jahren der Repression unter dem sozialistischen Regime – nicht ganz unverständlich, hatten die Caodaiisten doch traditionell stets an der Seite der Fremdherrscher gestanden – kann die Sekte ihren Glauben (wenn auch nicht ihre „Politik") seit 1985 wieder so gut wie unbehelligt ausüben. Ihre Privatarmee beherrschte nach der Kapitulation der Japaner 1945 weite Teile des Südens und kollaborierte mit den Franzosen gegen den Viet Minh, bekämpfte andererseits aber auch Diem und den wachsenden Einfluss der Amerikaner.

Während des Vietnamkriegs war die Provinz Tay Ninh einer der Endpunkte des Ho-Chi-Minh-Pfads. Zwischen 1976 und 1979 legten die *Khmer Rouge* weite Teile der Grenzregion in Schutt und Asche.

Der Heilige Stuhl der Cao Dai

Tay Ninh wurde 1927 zum **Zentrum des Caodaismus** erklärt und gleichzeitig auf einem mehr als 100 km² großen Gelände der Bau des „Heiligen Stuhls" begonnen, der zehn Jahre später vollendet wurde und eine imposante Mischung aus Kathedrale, Tempel und Pagode darstellt.

Das beeindruckend bunte **Wandgemälde** im Vestibül stellt programmatisch *Sun Yat Sen* (1866–1925), den Gründer der chinesischen Republik, *Victor Hugo* (1802–1885) und den vietna-

Adobe Stock © danhvc

mesischen Dichter und Gelehrten *Trang Trinh* (auch: *Nguyen Binh Khiem,* 1492–1587) dar. *Victor Hugo,* mit Uniform und Dreispitz als Mitglied der *Académie Française* ausgewiesen, schreibt mit einem Federkiel die Worte „Dieu et Humanité/Amour et Justice" nieder („Gott und Menschlichkeit/Liebe und Gerechtigkeit"), während der Konfuzianer und Daoist *Trang Trinh* als Symbolfigur des Ostens die gleichen Begriffe mit einem Tuschepinsel in chinesischen Zeichen malt. *Sun Yat Sen,* der Inbegriff des asiatischen Nationalismus, hält beiden den Tintenstein.

Strenger Symbolismus und zeremonielle Organisation bestimmen den architektonischen Aufbau genau wie alle kultischen Handlungen. Das **Kirchenschiff** steigt, zusätzlich akzentuiert durch Säulen, in neun Ebenen an, die den neun Stufen zum Himmel entsprechen, denen wiederum die neun Ränge der höchsten Würdenträger entsprechen. Der tiefblaue Himmel mit Sternen aus Spiegelglas, der das Schiff überwölbt, wird von einer doppelten Zwölferreihe drachenumschlungener Säulen getragen. Dem achteckigen Altar mit sechs Stühlen für die Kardinäle und einem Stuhl für den Papst schließt sich der achteckige Nordchor mit der großen Weltkugel an, über die das „Auge, das alles sieht", wacht. Das in ein Dreieck gezeichnete **Auge,** von dem neun Strahlen ausgehen, ist das Emblem für *Cao Dai,* das Höchste Wesen, das als Schöpfer und Erlöser verehrt wird. Näheres zu Geschichte und zur Lehre des Caodaismus → Land und Leute, Religion und Spiritualität.

⌃ Der Heilige Stuhl der Cao Dai, die Cao-Dai-Tay-Ninh-Kirche

⟩ Victor Hugo, Sun Yat Sen (li), Trang Trinh (re)

Die Zeremonie

Viermal täglich, um 6, 12, 18 und 24 Uhr, findet die Gebetszeremonie statt, sie dauert etwa eine Stunde. Zu den Klängen eines Orchesters mit traditionellen vietnamesischen Instrumenten nehmen im Kirchenschiff links „Dienerinnen“, rechts „Diener“ (d.h. Laien) in weißen Gewändern Aufstellung. Das Mittelschiff ist den höheren Rängen der Hierarchie vorbehalten, deren farbige Zeremonialgewänder ihre Zugehörigkeit signalisieren, rot steht für Konfuzianismus, gelb für Buddhismus und blau für Daoismus.

Die Vertreter der einzelnen Glaubensrichtungen sind mit klar definierten Aufgaben betraut, Ritus und Ordnung untersteht den Konfuzianern, Finanzen und Öffentlichkeitsarbeit den Buddhisten, und Erziehung und innere Angelegenheiten den Daoisten. Die Hierarchie reicht von einfachen „Dienern“ bis zu Bischöfen und Kardinälen, der Papstsessel freilich ist seit 1933 unbesetzt. Wie in der römisch-katholischen Kirche, die der Organisation der Sekte als Vorbild diente, werden Konzile einberufen. Alle Ämter können, zumindest theoretisch, jedoch auch von Frauen bekleidet werden. Die Vorschriften bezüglich Kleidung, Haartracht, vegetarischer und einfacher Lebensweise sind äußerst streng, für Laienanhänger aber gelockert.

Praktische Informationen

Orientierung: Tay Ninh liegt 96 km westlich von HCMC an der N 22. 10 km vor der Stadt führt ein Abzweig über den Long-Hoa-Markt nach 2 km zum Heiligen Stuhl. Das von hohen Mauern umgebene Tempelgelände liegt rund 4 km östlich der Stadt.

Bus: Lokalbusse fahren vom Tay-Ninh-Busbahnhof in der Le Dai Hanh ab (an dem die Stadtbusse nach Cu Chi stoppen). Von Tay Ninh zum Heiligen Stuhl (4 km) per *Xe Om*.

Touren: Alle Reiseagenturen von HCMC bieten Touren nach Tay Ninh an, meist in Kombination mit Cu Chi.

Tipp: Die Mittags-Zeremonie um 12 Uhr ist oft maßlos überfüllt mit Tour-Touristen. Wenn man auf eigene Faust hinfährt, am besten mittags in HCMC aufbrechen und am frühen Nachmittag ankommen. Oder man übernachtet in Tay Ninh. Manchmal wird man als individuell Reisender in die kommunale Küche der Cao Dai zu einem vegetarischen Essen eingeladen.

131vi kb

Nui Ba Den

15 km nordöstlich von Tay Ninh ragt unvermittelt der **986 m** hohe Granithügel Nui Ba Den aus der flachen Ebene der Reisfelder auf. Der legendenumwobene **„Berg der Schwarzen Frau"** ist seit alters her eine heilige Stätte, man hat menhir-ähnliche Kultsteine aus dem Neolithikum gefunden und Überreste von Cham-Heiligtümern. Heute ist der Berg der populärste Wallfahrtsort des Südens, der vor allem in den ersten drei Monaten nach dem Tet-Fest besucht wird. Die Legende erzählt von einer jungen Frau, die statt ihres armen Geliebten den Sohn eines reichen Mandarins heiraten sollte und sich deshalb von dem Felsen kopfüber in die Tiefe stürzte.

Der steile, von zahllosen Souvenirständen und Cafés gesäumte Weg zum Dien Ba, dem Tempel- und Pagodenkomplex, ist für Gipfelstürmer in 30 Minuten zu schaffen. Wer sich Zeit nimmt und von den überdachten Wegstationen die Aussicht genießt, braucht eine Stunde. Oben erwartet einen die **Sun World Ba Den Mountain** (https://badenmountain.sunworld.vn) mit *Disneyland*-artigen Attraktionen. Eine **Seilbahn** (Erwachsene 200.000 đ, hin und zurück 400.000 đ, Kinder bis 1,40 m 100.000/200.000 đ) bringt Pilger und Ausflügler zu den Tempeln und in den Park. Vorsicht! Während der Festivals im 1. und 5. Mondmonat herrscht großes Gedränge.

Can Gio

(„Monkey Island")

Ein guter Tipp, wenn man einmal für ein paar Stunden das Getriebe von HCMC hinter sich lassen möchte, sind die ausgedehnten Salzsümpfe und **Mangrovenwälder** der nahezu unbesiedelten Insel Can Gio im Mündungsdelta des Saigon-Flusses. Der **Can Gio Eco Forest Park** bietet einen Rundweg durch die Flora und Fauna des unter Naturschutz stehenden UNESCO Biosphären-Reservats. **Vorsicht!** Hier lebt eine Horde frei laufender, ziemlich aggressiver Affen. Lieblingshobby der Tierchen ist es, den Touristen Kameras, Snacks usw. aus den Händen zu reißen. Lohnend ist eine

Adobe Stock © huythoai

340vi kb

Bootsfahrt durch die Kanäle des undurchdringlichen Dickichts. Pythons, Otter, Kleinbären, Hirsche, Wildkatzen und Alligatoren werden in Käfigen und Freigehegen gehalten.

Abenteuerlustige steuern auch den schmalen **Strand** (viele Cafés und Restos) und den gleichnamigen Fischerort mit seinem lebendigen Markt an (Aussicht auf die Halbinsel Vung Tau).

Praktische Informationen

- **Anreise:** 55 km südöstlich. Per Bus 20 nach Nha Be ab Ben-Thanh-Markt.
- **Park:** Eintritt 60.000 đ. Rundweg 3–4 km. Ein Boot für sechs Personen kostet 40 $. Wochenenden und Feiertage sollte man meiden!

Vung Tau

Westliche Touristen zieht es selten in das **Strandbad der Einwohner von HCMC** – zumindest zum Baden. Zu voll, zu dreckig, zu stressig. Während es an den Wochenenden hier voll und laut wird und sich die Hotelpreise verdoppeln, fällt Vung Tau unter der Woche in einen entspannten Halbschlaf. Per Schnellboot ist die von Hotels, Restaurants und Cafés überquellende Halbinsel ohne Mühe in 1½ Stunden erreichbar.

◁ Blick auf den „Berg der Schwarzen Frau"

△ In den Sümpfen von Can Gio

Adobe Stock © huythoai

Jahrzehntelang am Standard von Urlaubern aus „sozialistischen Bruderländern“ ausgerichtet – noch Anfang der 1990er-Jahre mit Abstand größte russische Kolonie Vietnams –, lockt Vung Tau heute Gäste von Seoul bis Taipeh und natürlich auch eine neue Generation russischer Urlauber.

Orientierung

Vung Tau liegt auf einer Halbinsel südlich der Mündung des Saigon-Flusses. Der **Bai Truoc** (Vordere Strand) im Zentrum der Stadt ist gesäumt von Cafés, Restaurants und Kiosken der Strandpromenade Quang Trung. Die Uferstraße Ha Long („Petite Corniche“) führt über den Strand Bai Dua (1,5 km) nach 3,5 km zum Hauptstrand **Bai Sau** (Hinterer Strand oder *Back Beach* genannt, da „im Rücken“ Vung Taus liegend). Auf dem Weg passiert man einen französischen **Leuchtturm** (1910) und eine 32 m hohe **Jesus-Statue** hoch oben in den Hügeln, die man über ca. 900 Stufen erreicht und bis zu deren Kopf – respektable Kleidung vorausgesetzt – man hochklettern kann. Eine grandiose Aussicht gibt es als Belohnung. Am besten nimmt ma den Aufstieg am frühen Morgen in Angriff, bevor es heiß wird. Ein kleines Straßencafé befindet sich direkt daneben.

Der Hauptstrand Bai Sau erstreckt sich über mehr als 12 km, die Uferstraße heißt Thuy Van. An Wochenenden ist hier viel los, und das Angebot an Hotels, *Guesthouses,* Liegestühlen, Getränken und Snacks lässt kaum zu wünschen übrig.

⌃ Über Vung Tau thront ein 32 m großer Jesus

› Vung Tau ist heute ein beliebtes Ziel russischer Touristen

Praktische Informationen

- 250.000 Einw., Tel. 0254.
- **Information:** *Vung Tau Tourist Company,* 207 Vo Thi Sau., Tp. Vung Tau, Tel. 643856445, www.vungtautourist.com.vn.
- **Geld:** Im Stadtgebiet sind alle großen Banken auch mit ATMs vertreten.
- **Taxi:** *Mai Linh,* Tel. 3565656.

Unterkunft

- **Binh An Village Resort**⑤, 1 Tran Phu, Tel. 90 1555247, www.fb.com/langbinhanvungtau. Boutique-Resort in Hügellage am Meer, ruhig (aber an Wochenenden immer ausgebucht). Kein Strand, aber zwei Pools (Salz- und Süßwasser). Acht Villen (bis 4 Pers.), 6 DZ.
- **Grand Hotel**④-⑤, 2 Nguyen Du, Tel. 38568 88, https://brghospitality.vn/grand. Nostalgischer Charme zwischen Kolonialismus und Realsozialismus. 66 geräumige Zimmer.
- **Lan Rung Resort**④-⑤, 3–6 Ha Long, Tel. 367 9939, https://lanrung.com.vn. Schöner Meerblick (sofern man ihn hat), Pool und Felsstrand. 72 Zimmer (am Wochenende wird ein Aufpreis verlangt!).
- **Dic Star Landmark**④-⑤, 169 Thuy Van, Tel. 38 33363, https://landmark.diccondotels.vn. Einer von vielen Hotelkästen am *Back Beach,* aber gut gelegen und ausgestattet, mit Pool, Tennis, Gym, *Rooftop-Bar* etc. 88 Zimmer.
- **Tuan Vinh**②, 27 Pho Duc Chinh, Tel. 3854893. 21 Zimmer in Strandnähe (Bai Sau) auf 6 Etagen (Lift, z.T. mit Balkon).
- **Hotel 33**①-②, 33 Phan Van Tri, Tel. 09335504 68. Wohl die günstigste akzeptable Bleibe unweit des *Back Beach* mit freundlichen Besitzern und 10 Zimmern.

Essen und Trinken

- **Ganh Hao,** 3 Tran Phu, in Verlängerung der Quang Trung knapp 2 km nördlich des *Front Beach,* eine Dependance gibt es an der 9 Ha Long, https://ganhhao.com.vn. Sehr populäres und preisgünstiges *Seafood*-Resto mit Blick auf die Bucht.
- **Cay Bang,** 93–95 Tran Phu. Ebenfalls sehr beliebtes *Seafood*-Restaurant mit großer Auswahl.

- **Pho Hung,** 24 Hoang Hoa Tham. Gute, günstige Nudelsuppe.
- **Banh Khot,** 30 Ba Trieu. Vung-Tau-Spezialität: Winzige Reismehl-Pfannkuchen, oft mit Shrimps.
- **Bistro Nine,** 9 Truong Vinh Ky (im Zentrum, parallel Quang Trung), www.fb.com/bistro92018. Restaurant-Café mit mediterraner Küche (Chef *Jean Luc* ist Franzose), eigener Bäckerei und hausgemachtem Eis.
- **Tommy's,** 3 Le Ngoc Han, FB: Tommys Bar 3 - Vung Tau. Sportsbar und Restaurant mit vietnamesischen und westlichen Speisen, Tipps und Touren.
- Beim *Hydrofoil*-Terminal reihen sich australische Resto-Bars mit Viet-Western-Küche und tollem Panorama, z.B. **Lucy's Kitchen & Hotel** (138 Ha Long, FB: Lucy's Kitchen & Hotel, Sportsbar und Hotel mit TV).
- **Café Book,** 9 Thi Sach, Phuong 8, www.fb.com/cafesachngoctuocvungtau. Halb Café, halb Bibliothek. Hinter *Lotte Mart*.
- **Tiger Bar,** 4 Le Loi (nahe Grand Hotel), FB: Tiger Bar. Biergarten mit guten Snacks, bis spät.
- **Sushi Tokyo,** 201 Thong Nhat, Tel. 3807066, www.fb.com/sushitokyovungtau. Bekannt für gutes Sushi, schnellen Service und brauchbare Preise.
- **David Pizzeria,** 92 Ha Long. Pizza, tolle Pasta, Risotto, *Seafood*.
- **Don Quijote,** 36 Tran Hung Dao, FB: Don quijote. Spanisch-Französisch, eher teuer.
- **Red Parrot Bar,** 6 Le Quy Don. Livemusik, viele Expats.
- **Nachtleben** ist in Vung Tau z.T. eher auf der „anrüchigen" Seite *(Girlie Bars)*.

An- und Weiterreise

- **Entfernungen** (in km): HCMC 130, Ba Ria 10, Long Hai 25, Ho Coc 50, Con Dao 200.
- **Bus:** Mehrere Busse ab HCMC. Der Busbahnhof liegt zentral an der Nam Ky Khoi Nghia, ab hier weiter mit Taxi oder *Xe Om*.
- **Boot:** Zwei moderne Speedboote ab HCMC: *Greenlines* (zu bevorzugen; www.greenlines-dp.com, Tel. HCMC 0988009579, Vung Tau 0986908907); *Petro Pacific* (https://taucaotoc.vn, Tel. 889211234). Fahrzeit ca. 2 Std. Der Hafen in HCMC, Ben Nha Rong, befindet sich gleich nach der Khanh Hoi-Brücke von Distrikt 1 kommend, im Distrikt 4. Ticket-Kioske links beim *Floating Restaurant Elisa*.
- **Con Dao,** → dort.

Ho Tram/Ho Coc

Die schöne, ursprüngliche Küstenlandschaft mit Dünen und feinsandigen Stränden bei **Ho Coc** wurde bereits in den 1990er-Jahren von Individualisten entdeckt. **Ho Tram,** 12 km südlich, ist heute dank entsprechender Infrastruktur bereits Ziel internationaler Strandurlauber. In den Wäldern des Hinterlandes, die gemeinsam mit dem Küstenstreifen das Naturreservat Phuoc Buu bilden, waren bis Anfang der 1990er-Jahre sogar noch Elefanten heimisch. Wenig nördlich (26 km) liegen die 1928 von einem französischen Arzt entdeckten heißen Quellen von **Binh Chau,** deren Wasser an manchen Stellen mit bis zu 82 °C aus dem Boden sprudelt. Eine perfekte Umgebung für erholsame Ferien – allerdings hat in Ho Tram ein Casino im Las-Vegas-Stil eröffnet (mit 540 Zimmern), beschaulich ist es dann bestimmt nicht mehr.

☒ Con Dao wird bisher als Attraktion unterschätzt

■ **Minera Hot Springs Binh Chau,** Highway 55, Tel. 3871131, https://minera.vn/en, Eintritt 165.000 đ. Schöne, gepflegte Anlage mit weitläufigem Park und zahlreichen Bademöglichkeiten – vom Freibad bis zu Schlamm- und Fußbad.

■ **Minera Hot Spring Resort**⑤, Highway 55, Tel. 3871131, https://resort.minera.vn/en. Bungalowanlage direkt am Strand, die zur Anlage der Hot Springs gehört. Wellness wird hier groß geschrieben.

Praktische Informationen

■ Tel. 0254.
■ **Anreise:** Ab HCMC 125, ab Ba Ria (N 55) 28 km nach Ho Tram. Weiterfahrt Richtung Phan Thiet/Mui Ne ist möglich (→ dort).
■ **Tour:** Tourcafés in HCMC bieten hin und wieder Ho Coc an.

Unterkunft

■ **Ho Tram Beach Boutique Resort**⑤, Ho Tram Hamlet, Phuoc Thuan Ward, Xuyen Moc District, Tel. 913781524, www.hotramresort.com. Großzügige Anlage mit schönem Garten, Spa, Süß- und Salzwasserpool. 92 Zi. (drei Kategorien, alle mit Balkon) und Bungalows.

Con Dao

Der Con-Dao-Archipel besteht aus 14 Kalkstein-Inseln 180 km südwestlich von Vung Tau. Die bis zu 500 m hohe, größtenteils bewaldete Hauptinsel **Con Son** ist 15 km lang, 1–3 km breit und umringt von malerischen Felsenbuchten, **Sandstränden** und **Korallenriffen.**

Der 1993 etablierte **Con Dao Nationalpark** nimmt annähernd zwei Drittel der spärlich bewohnten Inselfläche und umliegenden Gewässer ein. In den **Wäldern** des bergigen Eilands überlebten Baumarten, die auf dem Festland nur noch selten vorkommen, wo sie, wie

Teak, Ebenholz und Eisenholz, jahrhundertelang als Baumaterial für Paläste, Pagoden und Gemeinschaftshäuser dienten. Die **Gewässer** werden von Hunderten Fischarten sowie Delfinen bevölkert; zwischen Mai und September kriechen Seeschildkröten an Land und legen Eier. Die reichen Seegras-Vorkommen rund um das Eiland ernähren die gewaltigen, bis zu 3 m langen und 300 kg schweren **Dugongs.** Die auch als Seekühe bekannten (genealogisch mit Walen und Elefanten! verwandten) Säugetiere – in der Umgebung der Insel gibt es ca. zehn Exemplare – halten sich zur Nahrungsaufnahme im Flachwasser auf, daher sind die Chancen nicht schlecht, sie beobachten zu können. Seit 1995 sind Mitarbeiter des *WWF* vor Ort, um die Population der Dugongs und Seeschildkröten zu überwachen.

Der Hauptort **Con Son** ist klein und unaufgeregt. Ein paar hübsche Häuser aus der Kolonialzeit, ein verschlafener Markt, eine Promenade mit den inseltypischen Mandelbäumen, ein paar Cafés. Aber die touristische Erschließung geht unaufhaltsam voran.

Schon im 16. Jh. hatten die Portugiesen den strategischen Wert der Inselgruppe erkannt und tauften sie nach dem malaiischen Pulau Kundur, „Insel der Kürbisse", **Poulo Condore.** Anderen Quellen zufolge verdankt sie ihren Namen dem Weltenbummler *Marco Polo*, der 1294 auf dem Eiland Zuflucht vor einem Taifun gesucht haben soll. In der Folge stritten Franzosen und Briten um ihren Besitz, ehe die französischen Kolonisten Poulo Condore ab 1862 zu einer berühmt-berüchtigten **Gefängnisinsel** ausbauten.

Adobe Stock © hecke71

Im historischen Gefängnis von Con Dao

Adobe Stock © CravenA

Speziell nach 1940 saß hier fast die gesamte Führung des antikolonialen Widerstands ein, Nationalisten wie Kaisertreue, Kommunisten wie Trotzkisten oder progressive Bürgerliche, missliebige Buddhisten, Journalisten, Studenten und Gewerkschaftsführer. Die **grauenvollen Zustände** auf der KZ-ähnlichen Gefängnisinsel sorgten selbst in Frankreich mehrfach für Skandale. Misshandlungen, Folterungen und ominöse Todesfälle waren an der Tagesordnung. Nach dem Rückzug der Franzosen übernahmen Südvietnamesen und Amerikaner die Anlagen und „perfektionierten" vor allem die berüchtigten **„Tiger-Käfige"**, 120 Beton-Kammern mit Gitterstäben an der Decke (originalgetreuer Nachbau im War Remnants Museum in HCMC).

Historische Baudenkmäler

Das **Phu-Hai-Gefängnis** ist das älteste und größte der Insel (insgesamt gab es nahezu ein Dutzend; eines bauten die Amerikaner noch kurz vor ihrem überstürzten Abmarsch aus Vietnam). Von den Franzosen bereits 1862 installiert, bietet es gewaltige Trakte für 100 und mehr Häftlinge, aber auch düstere Verliese für angekettete „Rädelsführer".

Die an den Decken offenen und vergitterten **Tiger-Käfige** im Phu-Thuong-Gefängnis, über die die Wärter auf langen Gängen spazieren und dabei die Häftlinge observieren konnten, wurden seit 1940 gebaut. Später ließen die Amerikaner einen neuen Gefängnistrakt rund um die *cages* hochziehen, der sie quasi einmauerte und jedem Blick entzog. Die Emissäre der internationalen Hilfsorganisationen, die man bereitwillig durch die Anlagen führte, waren entzückt, doch hinter den Fassaden ging das Grauen unvermindert fort.

Etwa 2000 der mehr als 22.000 politischen Gefangenen der Franzosen blieben für immer auf der Insel. Ihre zum Teil namenlosen Gräber liegen auf dem 3 km vom Ort entfernten **Hang-Duong-Friedhof,** darunter auch die von *Le*

⌃ Eingang zum Hang-Duong-Friedhof

Hong Phong und der erst 19-jährigen „Märtyrerin" *Vo Thi Sau* (sehr schön das „Gedächtnishaus" in der Le Duan), die 1952 auf Con Dao exekutiert wurden.

Im **Can-Dao-Museum** wird unter anderem von den Torturen der Widerständler anhand von Fotos und Dokumenten erzählt.

Strände und Inseln

Zwei Strände liegen unmittelbar am Ortsrand: Am **An-Hai-Strand** steht das *Con Dao Resort,* am **Lo Voi** tauchen in der Morgen- und Abenddämmerung hin und wieder Dugongs auf. Die schönsten Strände der Hauptinsel sind **Dat Doc** mit dem *Six Senses Con Dao,* 3–4 km nordöstlich des Lo Voi sowie der am Flughafen gelegene **Dam Trau.** Ein gutes Revier zum Sonnenbaden und Schnorcheln findet man an der Felsküste 3 km nördlich des Hafens Ben Dam, 13 km von Con Son entfernt (Ende der Straße).

Einige der prachtvollsten Strände kann man auf den Nachbarinseln **Cau, Tre Lon** und **Bay Canh,** der zweitgrößten Insel des Archipels, finden. Dort gehen auch die Schildkröten zur Eiablage an Land (April–August).

Praktische Informationen

- 5000 Einw., Tel. 0254.
- **Website:** https://condao.com.vn/en.
- **Klima:** Regenzeit Juni–Sept. Vor der Regenzeit können Sandflöhe am Strand ganz schön piesacken. Okt./Nov. herrschen heftige Winde.
- **Geld:** In Con Son gibt es einige ATMs, die als zuverlässig gelten. Wer etwaigen Problemen aus dem Weg gehen will, bringt reichlich Bares mit.
- **Apotheke:** 4 Nguyen Hue.
- **Nationalpark:** *Headquarter* am Stadtrand, 29 Vo Thi Sau, Tel. 983830669, https://condaopark.com.vn/en, Eintritt 60.000 đ. Wanderungen und

Adobe Stock © IamJoyful

Bootstouren. Pfad bis zum Ong-Dung-Strand an der Westseite der Insel (2 km).

■ **Museum:** 10 Nguyen Hue, tgl. 8–17.30 Uhr, Eintritt 20.000 đ. In dem modernen Museum kann man in die Geschichte der Insel und die Schicksale der Häftlinge und Bewohner eintauchen.

■ **Phu Hai Gefängnis:** Nguyen Chi Thanh, tgl. 8–18 Uhr, Eintritt im Museumspreis inklusive.

■ **Tauchen:** Alles in allem der beste Tauch-Spot Vietnams. Schöne Korallenriffe, vielfältige Tierwelt, Wracktauchen. Nov.–Feb. ist die See oft rau und aufgewühlt, beste Zeit ist März–Aug.

Rainbow Divers, www.divevietnam.com. Haben auf Con Dao kein Büro (mehr), betauchen aber die Inseln.

Senses Diving, *Bar200,* Pham Van Dong, Tel. 98 7100088, https://divecondao.com. Tauchschule mit hohem Standard. Auch Schnorchel- und Inseltouren, Info und vieles mehr.

Unterkunft

■ **Six Senses Con Dao⑤**, Tel. 3831222, www.sixsensescondao.com. Nahezu unauffällig passen sich die 50 Villen des Resorts ihrer Umgebung an. Die Schönheit der sanft geschwungenen Bay mit den vorgelagerten Inseln wird nicht im Geringsten gestört. Es ist ein ganz besonderer „naturbelassener" Wohlfühlort, der seinen Preis hat. Alle Villen mit Privatpool, Innen- und Außenbad und vielen Extras. Gym, Spa, Pool, Deli und Restaurants.

■ **Saigon Con Dao Resort⑤**, 18 Ton Duc Thang, Tel. 3830336, https://saigoncondao.com/en. 117 Zi. in Villen und zweistöckigen Häusern auf einem Gartengelände, Meerblick, allerdings ohne Strand. Resto-Bar, Pool.

■ **Con Dao Resort④-⑤**, 8 Nguyen Duc Thuan, Tel. 3830939, http://condaoresort.vn. Am Strand am Ortsrand gelegen. Dreistöckiger Nutzbau mit 40 Balkonzimmern. Große, helle, aber kahle, einfache Zimmer. Resto, Privatstrand und Pool.

■ **Thien Tan Star Hotel③-④**, 4 Nguyen Duc Thuan, Tel. 3630123, www.fb.com/khachsanthientan. Das Plus ist die Strandlage, die 29 Zi. sind nicht aufregend, aber ok.

Essen und Trinken

■ **Thu Tam** und **Thu Ba,** Nguyen Duc Thuan (www.fb.com/nhahangthutam) und 7 Vo Thi Sua. Zwei lokale *Seafood*-Restaurants ohne *chices* Ambiente, aber mit stets frischer Ware in guter Zubereitung.

■ **Infiniti Cafe & Resto,** Pham Van Dong, Tel. 39 08909, www.fb.com/Infiniticaferesto. Eine wahre Wohlfühl Café-Bar mit gutem Frühstück, Eiscreme, *Fast Food* und Drinks bis spät.

An- und Weiterreise

■ **Flug:** Der Flughafen Co Ong liegt ca. 15 km vom Hauptort Con Son. Tgl. HCMC – Con Dao und zurück mit *Vietnam Airlines.* Größere Hotels bieten kostenlosen Abholservice.

■ **Boot:** Nur ab Vung Tau, ca. 13 Std., nicht wirklich zu empfehlen. Umständlich, Fahrpläne unzuverlässig, Boote oft voll, Platz reservieren schwierig. Infos unter https://phuquocexpressboat.com/en/tour/vung-tau-con-dao.

◁ Abendstimmung am Strand auf Con Dao

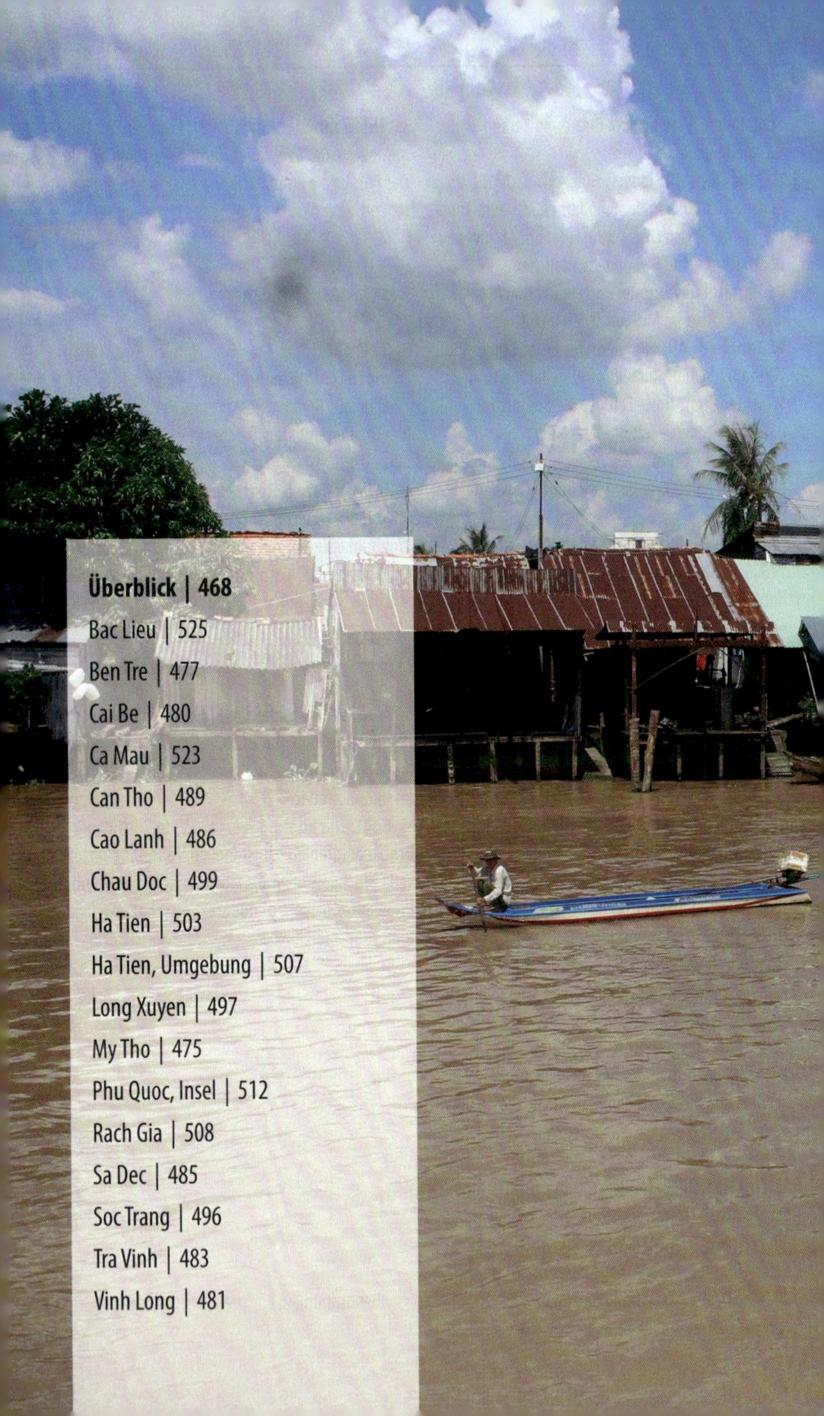

300vi kb

8

Mekong-Delta

» Topfeben. Tropisch. Träge.
Mäandernde Flussarme,
schnurgerade Kanäle, Mangrovensümpfe –
das Leben findet auf und am Wasser statt.
Reiskammer und Obstparadies.
Boote aller Art schippern auf
schwimmende Märkte, in verträumte Seitenarme,
bis nach Kambodscha und übers Meer
zur Insel Phu Quoc.

< Der Fluss ist die Hauptstraße

MEKONG-DELTA

Die südlichste Region Vietnams versorgt als Reiskammer des Landes seit dem 19. Jh. nicht nur den Süden, sondern auch die Zentralregion (Hue) und in Notzeiten selbst den Norden. Das durch jahrtausendelange Sedimentablagerungen des Mekong entstandene fruchtbare Schwemmland wächst noch heute zwischen 40 und 70 cm im Jahr.

Die lebendige Metropole Can Tho zählt zu den wachstumsstärksten Städten Vietnams, ist aber auch ein Zentrum des Tourismus. Cai Be, Ben Tre und Vinh Long sind bekannt für ihre *Homestays.* Sa Dec ist noch ein „Geheimtipp" ebenso wie die kleinen Khmer-Enklaven Tra Vinh und Soc Trang. Über die geschäftigen Grenzstädte Chau Doc und Ha Tien geht es nach Kambodscha. Ha Tien ist wie das etwas südlichere und deutlich größere Rach Gia auch Fährhafen für die Boote nach Phu Quoc, der größten Insel Vietnams.

NICHT VERPASSEN!

- **Homestay,** inmitten von Bambus, Mangos, Papaya, Hunden, Hühnern, Fischreusen | 482
- Durch das wunderschön mystische Wald-Feuchtgebiet rudern im **Xeo Quit Forest** | 487
- Bootstour zum Schwimmenden Markt von **Cai Rang** (Can Tho) | 491
- Früchte in allen Farben, violette Reiskuchen und weitere **Spezialitäten des Südens** kosten in Can Tho | 495
- Schlemmen mit den Füßen im Sand an den **Stränden** von Phu Quoc | 516
- *Seafood*-Dinner auf dem spektakulären **Nachtmarkt** von Duong Dong (Phu Quoc) | 520

Diese Tipps erkennt man an der gelben Markierung.

Überblick

Das topfebene Mekong-Delta ist seit jeher ein Land der **Extreme.** Vietnamesen besiedelten die brachliegende Region erst gegen Mitte des 18. Jh., zuvor zählte sie jahrhundertelang zum Machtbereich der **Khmer,** die die sumpfigen, fieberverseuchten Niederungen jedoch nie kultivierten. Im 19./20. Jh. gebar das Delta patriotische, zu allem entschlossene **Freiheitskämpfer** gegen Franzosen und Amerikaner, aber auch opportunistische religiöse **Sekten** und bis an die Zähne bewaffnete Geheimbünde (Cao Dai, Hoa Hao). Während der Jahre des Realsozialismus leisteten die Händler und Bauern des Deltas **passiven Widerstand** gegen die Kollektivierungen Hanois, heute zählen ihre Volkskomitees zu den treuesten und unkritischsten Anhängern des Status Quo.

Gut 1 Mio. Khmer – und eine erkleckliche Zahl Cham – bevölkern das Delta

662v sb

noch heute. In einigen kleineren, abgelegeneren Provinzen stellen sie bis zu einem Drittel und mehr der Bewohner. 1975 reklamierten die mit China verbündeten ultranationalistischen kambodschanischen **Khmer Rouge** das Delta für sich und verübten brutale Grenzübergriffe gegen Vietnam, was zur vietnamesischen Invasion in Kambodscha (1979) und in der Folge zu Kriegsstreitigkeiten mit China führte.

Obwohl die vietnamesischen Herrscher bereits um 1750 begannen, **Kanäle** anzulegen, um ganzjährige Navigation zu ermöglichen, Sümpfe trockenzulegen und zusätzliche Anbauflächen zu gewinnen, wurde das Delta im großen Maßstab erst im späten 19., frühen 20. Jh. von den Franzosen erschlossen. Mit Ausnahme der ausgedehnten **Mangrovensümpfe** um Ca Mau und in der Ebene der Reetgräser *(Plain of Reeds)* nahe der kambodschanischen Grenze steht heute nahezu die gesamte Landfläche unter Kultivierung.

⌃ Das Mekong-Delta bietet abwechslungsreiche Bootstouren

Südliches Vietnam, Mekong-Delta

Die ökonomisch wie ökologisch gefährliche **Reis-Monokultur,** die die Franzosen wie die Amerikaner jahrzehntelang nach Kräften gefördert hatten, weicht schon länger einer größeren Vielfalt. Außer *Cash Crops* wie Soja, Mais, Erdnüsse und Zuckerrohr werden in immer größerem Maßstab Obst- und Gemüseplantagen sowie Fisch- und Shrimpsfarmen angelegt. Der unkontrollierte Einsatz von Chemie schädigt allerdings nicht nur die Umwelt, sondern in zunehmendem Maße auch die Menschen selbst.

Während der **Regenzeit** (Mai–Okt.) steigt der Mekong an und setzt weite Gebiete des Deltas unter Wasser. Dank des natürlichen Stau-Regulativs durch den tiefer gelegenen Tonle-Sap-See in Kambodscha – bei Hochwasser ändert der Mekong einfach seine Laufrichtung und fließt in den See zurück – kommt es jedoch so gut wie nie zu den verheerenden Flutkatastrophen, wie sie im Delta des Roten Flusses gang und gäbe sind. Die **jährliche Überflutung** wird im Gegenteil eher als Segen gesehen, da sie sowohl für fruchtbare Sedimente wie für die natürliche Entsalzung des Wassers sorgt. Erst seit Beginn der 2000er-Jahre treten massiv Probleme auf, die schon Ende der 1990er-Jahre zu Todesopfern, Massenevakuierungen und Schäden in Milliardenhöhe führten. Durch die vermehrte Abholzung und Eindämmung in Kambodscha und die fortgesetzte Kanalisierung in Vietnam fließt der Mekong deutlich **schneller** als früher ins Meer ab, während zusätzliche Ost-West-Kanäle und nicht zuletzt auch das rasant gewachsene Straßennetz (befestigte und höher gelegte Schnellstraßen) den Abfluss der Wassermassen behindern.

Touren

Was im Norden die Bootstouren in der Ha-Long-Bucht sind, sind im Süden die Bootsfahrten auf dem Mekong. Der Unterschied: Während die Ha-Long-Bucht vor allem durch ihre Natur und Landschaft mit ihren traumhaften Karstfelsformationen besticht, bieten die Mekong-Cruises einen Einblick in den **Alltag der Menschen** im Mekong-Delta, wo sich das Leben, der Handel und die Wirtschaft am und auf dem Wasser abspielen. Dies ist nach wie vor spannend, auch wenn die schwimmenden Märkte, für den Tourismus im Mekong-Delta eigentlich das Aushängeschild, immer mehr zum Auslaufmodell werden. Sie werden kleiner und kleiner, abgelöst durch moderne Supermärkte und bessere Transportwege. Manchmal sieht man vor lauter Touristenbooten den Markt fast nicht mehr ...

Für die Mekong-Bootstouren gilt genauso wie für diejenigen in die Ha-Long-Bucht: Auch hier lohnt es sich, etwas mehr Geld für **bessere Qualität** und Exklusivität auszugeben. Man hat auf jeden Fall mehr davon, wenn man auf kleineren Booten bucht, die auch in die kleinen Flussläufe und Kanäle fahren können. Da über 99 % aller Ausflügler täglich den Mekong zwischen Vinh Long und Cai Be bevölkern, raten wir zu einer Exkursion nach Ben Tre.

In Ho Chi Minh City werden Tagestouren ins Delta angeboten. Das mag ein wenig anstrengend sein und viel Zeit wird im Bus verbracht, aber die Trips lohnen sich durchaus.

- Bedeutend mehr Erfahrungen bieten die Zwei-, besser noch **Drei-Tages-Touren** mit Übernachtung auf dem Boot (oder auch im Hotel bzw. *Homestay*). Wer aktiv(er) sein will, kann auch eine kombinierte Radtour buchen (z.B. mit *Sinhbalo*).
- **Homestays** bei Farmern und Pflanzern bieten sogar staatliche Veranstalter an (z.B. in Vinh Long, Can Tho, Ben Tre). Infolge des Massentourismus haben viele inzwischen nichts mehr mit einem *Home* zu tun, aber insgesamt wird das einfache Leben am Fluss begeistert aufgenommen.
- **Bootstour:** Der innovative Veranstalter *YTC* (*Delta Adventure,* www.mekong-delta-tours.com) ist wie kein anderer auf Boote spezialisiert (und betreibt auch ein *Floating Hotel* in Chau Doc). Er bietet auch Bootscharter (für 2–6 Pers. oder mehr) an.
- **Bootstour Exklusiv:** Speziell auf der Route Can Tho – Cai Be verkehren täglich exklusive *Vintage Cruiser* verschiedenster Größenordnung. Eine Zweitagestour inkl. einer Übernachtung auf dem Boot, Ruderboot-Exkursionen, Mahlzeiten und HCMC-Transfer kostet ab 239 $ p.P. Nebensaison ist April

Adobe Stock © Phuong

bis September. Empfehlen können wir z.B. die deutsch-vietnamesische *Mekong Eyes,* die auch mehrtägige Touren nach Kambodscha sowie Speedboote anbieten. Ihr Boot „Mekong Eyes Explorer" hat 16 Kabinen, die Privatboote „Dragon Eyes" haben je zwei, und das ganz private Hausboot „Gecko Eyes" hat nur eine Kabine. **www.mekongeyes.com** (Website auch auf Deutsch). Wir empfehlen den Einstieg in Cai Be statt Can Tho, um auch den Schwimmenden Markt von Cai Rang mitzuerleben. Weitere Anbieter: **https://transmekong.com** und **www.pandaw.com.**

■ **Auf eigene Faust:** Wer unbedingt einen Schwimmenden Markt erleben will, sollte nach Can Tho fahren. Wem es eher darum geht, dem Massentourismus zu entfliehen und etwa durch typische kleine Delta-Städte zu bummeln, ist in Sa Dec oder Ben Tre richtig. Für den Transport empfehlen sich die schnellen und zuverlässigen Minibusse von *Mai Linh* (https://mailinh.vn/dich-vu/mai-linh-express.html) und das Busunternehmen *FUTA* (https://futabus.vn).

■ **Tagestour auf eigene Faust:** Mit Bus oder Taxi zum Busbahnhof Mien Tay. Lokalbus nach My Tho nehmen (Fahrzeit 2 Std.). Per *Xe Om* (Motorradtaxi) zum Hafen (4 km). Den Fluss ein paar Hundert Meter entlang laufen, dort wird man direkt von Bootleuten angesprochen; eine dreistündige Tour (für zwei) kostet um die 30 $.

■ **Per Motorrad:** (Mehr-)Tages-Mekong-*Offroad*-Touren abseits der Highways, mit Fahrer oder ohne, *Homestay* und Bootsausflüge. *Vietnam Riders,* 4 Le Duan, Ho Chi Minh City, Tel. 976 733255, www.vietnamriders.com. *Saigon Riders,* Tel. 0919767118, www.saigonriders.com.

■ **Per Fahrrad:** Tages- bis mehrtägige Fahrradtouren ins Mekong-Delta, auch nach Phu Quoc oder Kambodscha. *Mekong Bike Tours,* 420/8 Vo Van Kiet, Ho Chi Minh City, Tel. 903195175, www.mekongbiketours.com.

◁ Schwimmender Markt im Mekong-Delta

Geschichte

Das Mekong-Delta ist geschichtlich die letzte Region des heutigen Vietnam, die von den Vietnamesen eingenommen und besiedelt wurde. Zwischen dem 1. und 6. Jh. Zentrum des untergegangenen Reichs **Fu Nan,** unterstand es mehr als 1000 Jahre lang den verschiedenen Königreichen der **Khmer,** die über genügend eigene Anbauflächen verfügten und es daher weitgehend unbesiedelt ließen. Vietnamesen und chinesische Ming-Flüchtlinge begannen erst im 18. Jh., das Land nach und nach zu erschließen.

Keine zehn Jahre nach der Einnahme Saigons 1859 besetzten die Franzosen auch das Delta. Erst ihren Agronomen und Ingenieuren gelang es, weite Teile trockenzulegen, zu entsalzen und der Landwirtschaft im großen Maßstab nutzbar zu machen. Dank Plantagenwirtschaft und Großgrundbesitz stieg **Cochinchina** innerhalb weniger Jahrzehnte zu einem der größten Reis-Exporteure der Welt auf; da die Produktionsmittel selbst aber im Wesentlichen die gleichen blieben (nämlich billige vietnamesische Arbeitskraft), litten die enteigneten und landlosen Bauern Hunger. Kaum irgendwo war der **antikoloniale Widerstand,** obwohl politisch kaum organisiert, heftiger als im Delta. Kaum irgendwo flüchteten sich aber auch so viele Menschen in Mystik und Spiritismus (Sekten, Geheimbünde).

Unter den **Amerikanern** änderte sich wenig daran, außer dass korrupte Beamte, Offiziere und Geschäftemacher des Saigoner Regimes an die Stelle der Kolonisten traten. Militärische Kontrolle über das Delta erlangten die US-Streit-

Der Mekong

Der Mekong entspringt in den Bergen Tibets und fließt 4000 km durch China, Burma, Laos, Thailand und Kambodscha, ehe er Vietnam erreicht. Wegen der Zahl seiner Arme im Mündungsbereich nennen ihn die Vietnamesen **Song Cuu Long,** „Fluss der Neun Drachen". Seine beiden, bereits in Kambodscha aufgesplitteten **Hauptarme** sind der **Tien Giang** oder Obere Mekong, der sich auf der Höhe von Vinh Long in sechs Nebenarme verzweigt, und der **Hau Giang** oder Untere Mekong (auch Bassac genannt), der über Long Xuyen und Can Tho dem Meer zufließt.

Mit rund 1300 Fischarten sowie zahllosen Reptilien- und Vogelarten zählt der Mekong zu den fünf **artenreichsten Flüssen** der Welt, fast vergleichbar mit dem Amazonas.

kräfte zu keinem Zeitpunkt, noch gelang es ihnen je, das geheime Hauptquartier der Befreiungsfront in der *Plain of Reeds* aufzuspüren.

Nach der Aufhebung der Kollektivierung zählten die Bauern des Mekong-Delta zu den ersten Gewinnern der Wirtschaftsreformen von 1986. Heute, da die Landwirtschaft nicht mehr zu den Prioritäten des aufstrebenden Landes zählt, geht die Entwicklung längst wieder an ihnen vorbei, reüssieren lediglich die Städte und der innerstädtische Handel.

Klima

Das Klima ist ganzjährig tropisch und feuchtwarm. Die Regenzeit dauert von Ende Mai bis September/Oktober, Überschwemmungen können aber ggf. noch bis Ende November einen geregelten Verkehrsbetrieb erschweren. Beste Reisezeit ist zwischen Dezember und April.

Verkehr

Das **Straßennetz** ist gut bis sehr gut, Regionalbusse steuern auch noch die letzten Winkel an. Die Eröffnung des **My Thuan-Can Tho Expressway** im Dezember 2023 und der damit einhergehende Brückenbau haben hier dazu beigetragen, die Reisezeiten von HCMC in die gesamte Mekong-Delta-Region auf zwei Stunden zu verkürzen – verglichen mit den vorherigen dreieinhalb Stunden. Die Fahrzeit zu vielen Orten des Deltas hat sich dadurch deutlich reduziert, Fähren gibt es jetzt nur noch auf Nebenrouten (z.B. Vinh Long/Mo Cai – Ben Tre).

Der **öffentliche Bootsverkehr** zwischen HCMC, Can Tho und Chau Doc wurde schon vor Jahren mangels Rentabilität aufgegeben. Dafür gibt es zunehmend mehr **Veranstalter** aller Preisklassen, die mit eigenen Booten a) regelmäßig **Rundtouren** veranstalten – in der Regel ab Vinh Long, Cai Be oder Can Tho, b) bis Chau Doc und weiter nach **Kambodscha** schippern (teilweise sogar bis Siem Reap) sowie c) relativ günstige **Charter-Boote** – auch für nur zwei bis vier Personen – mitsamt Besatzung zur Verfügung stellen.

Entfernungen

- **Von HCMC** (in km): My Tho 70, Ben Tre 85, Vinh Long 130, Can Tho 170, Cao Lanh 170, Long Xuyen 190, Tra Vinh 205, Soc Trang 230, Rach Gia 250, Chau Doc 250, Ha Tien 340, Ca Mau 350, Phu Quoc 370.

My Tho

Weder als Ort noch als Mekong-Destination ein echtes Highlight (dafür sind zu viele eilige Tagesgäste unterwegs). Die Provinzhauptstadt, Ende des 17. Jh. von chinesischen Ming-Flüchtlingen gegründet, war lange Hauptumschlagplatz für den Handel mit Kambodscha. Die Eisenbahnlinie nach Saigon (1883) war die erste in ganz Indochina.

My Tho ist schachbrettartig nach französischem Muster angelegt. Zentrum sind der Markt und die beiden Uferstraßen Trung Trac am Bao-Dinh-Kanal und 30 Thang 4, an denen auch die meisten Unterkünfte und Restaurants liegen.

Sehenswertes

Chua Vinh Trang

Die **älteste Pagode des Deltas** wurde 1849 im traditionellen vietnamesischen Stil erbaut und verfügt über ein sehenswertes Pantheon von Buddhas und Bodhisattva, Schnitzarbeiten und Kalligrafien. Leider ist der Chua durch Renovierungen verschandelt, sodass er eher einem Lustschlösschen als einem religiösen Gebäude gleicht. 60 Nguyen Trung Truc, 1,2 km vom Zentrum.

Warum haben die Boote auf dem Mekong Augen?

Viele Boote im Mekong-Delta haben vorne am Bug ein großes, auffälliges Augenpaar aufgemalt, oft schwarz und weiß auf rotem Grund. Man hört unterschiedliche Erklärungen dafür: Manche sagen, die Augen sollen Seeungeheuer, böse Geister, Krokodile oder Haie abschrecken. Oder sie seien dazu da, die Fischer bei Sturm und schlechter Sicht sicher wieder nach Hause zu bringen.

☐ Alles im Blick: Frachtboot auf dem Mekong

466v aw

Praktische Informationen

- 270.000 Einw., Tel. 0273.
- **Information:** *Tien Giang Tourist Company*, 63 Trung Trac, Phuong 1, Tel. 3886941, https://tiengiangtourist.com. Alternativ: https://vemekong.com.
- **Geld:** Die großen Banken sind mit ausreichend ATMs vertreten.
- **Taxi:** *Mai Linh*, Tel. 3878787.

Bootstouren

- Ausflüge durch die Kanäle, zu Inseln wie Con Phung (Insel des Kokosnussmönchs), Con Tan Long oder Thoi Son (Fruchtfarmen) oder zum *Floating Market* von Cai Be (ca. 1 Std.) organisiert man sich am besten selbst. Es gibt haufenweise **private Bootsanbieter,** die Preise sind daher flexibel (ab 150.000 đ pro Boot pro Std.).

Unterkunft

9 The Island Lodge⑤, 390 Ap Thoi Binh, Xa Thoi Son, Tel. 6519000, www.theislandlodge.com.vn. Schickes Boutique Resort auf der Insel Thoi Son (ca. 12 km), mit großem Pool, französische Speisen. 12 Zimmer.

2 Song Tien Hotel②-③, 101 Trung Trac, Tel. 387 2009. Aus dem Relikt der US-Ära ist nach der Generalüberholung ein recht komfortables Hotel mit 48 Zi. geworden.

5 Song Tien Annex Hotel②, 33 Trung Trac, Tel. 3937883. Günstiges Hotel sowohl aus der US- als auch der Realsozialismus-Ära. Bleibender Nachteil: kleine Fenster auf Außenkorridore, ansonsten ok, mit Lift und Resto-Bar im 6. Stock. 20 Zi.

8 Chuong Duong Hotel②-③, 10 30 Thang 4, Tel. 3870875, https://chuongduonghotel.vn. Ordentliche Anlage, mit tollem Flussblick. 27 Zimmer.

7 Minh Quan Hotel②-③, 69 30 Thang 4, Tel. 39 79979, www.fb.com/MINHQUANMYTHO. Minihotel am Fluss, recht ordentlich, mit Lift und Resto-Bar im 6. Stock. 19 Zi., teils ohne Fenster, teils mit Flussblick, z.T. mit Balkon (auch Triple). Restaurant mit Aussicht auf der obersten Etage.

1 Minh Tai Hotel①, 1 Nguyen Hue, Tel. 39748 58, https://dulich.tiengiang.gov.vn/en/khachsan minhtai. Akzeptabler Mini beim Markt mit 12 Zi. auf fünf Etagen (kein Lift).

Essen und Trinken

- Eine Spezialität der Stadt ist *Hu Tieu My Tho,* eine Glasnudelsuppe mit Schweinefleisch und getrockneten Shrimps, hervorragend z.B. im **4 Nam Son,** 32 Rach Gam, **10 Hu Tieu Chay 24,** 24 Nam Ky Khoi Nghia, serviert die Suppe vegetarisch.

6 Quan An Thu, 11 Trung Trac, www.fb.com/ban hxeothu46. Gute *nem* und *banh xeo.*

3 Song Tien, 1 Lanh Binh Can. Hinter dem gleichnamigen Hotel, mit Garten und reichhaltiger Speisekarte.

An- und Weiterreise

- **Entfernungen** (in km): Ben Tre 17, Vinh Long 65, HCMC 70, Can Tho 105, Chau Doc 180, Rach Gia 180, Ha Tien 270.
- **Bus:** Von/nach HCMC/Cholon, Vinh Long, Can Tho, Ca Mau, Chau Doc mehrmals tgl. Der Busbahnhof (Ben Xe Khach Tien Giang) liegt ca. 3 km nordwestlich an der Ap Bac (Nähe Ecke Ho Van Nhanh), die innerhalb des Zentrums Nguyen Trai heißt. Zum Bootsanleger von/nach Cai Be fährt ein Stadtbus *(Xe Buyt).*

Ben Tre

Die kleine Provinzhauptstadt, während des Vietnamkriegs in die Geschichte eingegangen als „die Stadt, die man vernichten musste, um sie zu retten“, wird nur alle Jubeljahre von Touristen angesteuert. Dies und seine üppige tropische Flora, sowie die schmalen, schattigen Kanäle und Pisten und die schicke Flusspromenade machen Ben Tre zu einem außergewöhnlichen Ausflugsziel. Trips per Boot und/oder Fahrrad sind hier – noch – kein Massentourismus-Vergnügen wie andernorts im Delta.

Die Provinz besteht aus drei fruchtbaren Inseln zwischen Mündungsarmen des Mekong, es ist eine der kleinsten Vietnams, hat aber die größte Anpflanzung von **Kokospalmen** (40.000 ha) im Land; pro Jahr werden über 200 Mio. Nüsse geerntet.

Phung-Insel

Die vom Song Tien umgebene 28 ha große Insel ist wegen ihrer zahlreichen Kanäle inmitten von Kokosnusspflanzungen ein beliebtes Ausflugsziel (Infos: https://conphungtourist.com). Sie wurde auch durch die Dao-Dua-Sekte bekannt, deren Mitglieder die **Kokosnuss** *(dua)* ins Zentrum ihres Lebens und ihrer Ernährung stellten. Tatsächlich gibt es vielfältige Verwertungsmöglichkeiten des Baumes vom Blattwerk über das Holz bis zur Wurzel, nicht zu vergessen die Frucht. Kokosprodukte werden noch heute auf der Insel produziert. Kuriose Überreste der Sekte sind ebenfalls zu besichtigen.

Vam Ho Bird Sanctuary

Gegen 16 Uhr kehren Hunderte Störche zu ihren Nistplätzen im Vogelpark zurück und färben die Bäume weiß. Außerdem kann man Reiher, Fledermäuse und mit Glück auch Schlangen beobachten.

Praktische Informationen

- 125.000 Einw., Tel. 0275.
- **Geld:** *VietinBank,* 142A Nguyen Dinh Chieu mit ATM.
- **Ben Tre Museum,** 146 Hung Vuong, Ward 3, Eintritt frei. Ben Tre war ein Zentrum der Widerstandsbewegung in den 1960er-Jahren. In einer schönen Villa wird der „Befreiungskampf" dokumentiert.
- **Vam Ho Bird Sanctuary** *(San Chim Vam Ho):* 35 km, je nach Bootstyp 2–5 Std. hin und zurück. Eintritt 150.000 đ.
- 2 **Nam Bo Tours,** 166 Hung Vuong, Tel. 9186522 39, https://nambotours.com. Vergleichsweise reeller und verlässlicher Veranstalter mit eigenen Autos, Booten etc. Von der zwei- bis dreistündigen Sightseeing-Tour (sehenswert die Ziegelfabrik!) bis zur mehrtägigen Exkursion.

Adobe Stock © Hien Phung

Unterkunft

3 Viet Uc Hotel②-③, 144 Hung Vuong, Tel. 3511 888, www.vietuchotel.vn/en.html. Sehr empfehlenswertes Stadthotel, vietaustralisch, mit 70 Zi. auf acht Stockwerken. Angenehm zentral.

1 Ben Tre Riverside Resort③-⑤, 708 Nguyen Van Tu, Tel. 753545454, https://bentreriverside.com. Gehört zu den wohnlichsten Häusern vor Ort (4 km) mit 80 Zi., z.T. mit Balkon und schönem Flussblick. Pool, City-Shuttle (gegen Gebühr), Leihräder (gratis). Essen sollte man lieber im Ort.

2 Hung Vuong Hotel①-②, 166 Hung Vuong, Tel. 3822408, http://hungvuonghotelbentre.vn. Nicht unsympathisch; altmodisch, aber solide und gepflegt. 39 Zi. z.T. mit Flussblick, Suite mit Balkon.

4 Oasis Hotel③, 151C My Thanh An, Tel. 3838 800, www.fb.com/OasisHotelbentre. Beliebte Anlaufstelle am gegenüberliegenden Flussufer, ca. 10 Min. per Fahrrad vom Zentrum. Neun Zi. Unter vietneuseeländischer Leitung, Pool, WiFi, Fahrrad-, Motorradverleih etc.

8 Mango Home Riverside③, My Thanh Village, www.mangohomeriverside.com. Stilvoll und ansprechend an einem Flusslauf im Grünen (10 km zum Zentrum). Neun Verandazimmer, Tourservice.

Blick über die Phung-Insel

Essen und Trinken

2 Hung Vuong, 166 Hung Vuong. Der Biergarten des Hotels (ein Resto gibt es auch, mit gedeckten Tischen) ist informell, gut und günstig, die Karte umfangreich und der Service ordentlich: Eine kleine Oase in dieser Stadt.

6 Nam Son, 40 Phan Ngoc Tong, am Markt. Eines der wenigen Restos im Zentrum; ordentlich, aber eher langweilig.

5 Markt: An der Westseite des Cho reihen sich zahlreiche Essstände aneinander. Innen auf der linken Seite befinden sich gut ein Dutzend sehr empfehlenswerter Garküchen und Trinkstände (u.a. Zuckerrohr!).

7 An Phan Ngoc: Kleine Straße mit zahlreichen kleinen Restos, Garküchen und Cafés (an der Hung Vuong) vier Blocks östlich vom Markt.

An- und Weiterreise

- **Von/nach Ho Chi Minh City:** Über die Rach-Mieu-Brücke bei My Tho, Fahrzeit ca. 2½ Std.
- **Bus:** Der Busbahnhof (Ben Xe Ben Tre) liegt ca. 3 km nördlich an der QL60. Busse mehrmals tgl. z.B. nach My Tho, Can Tho und HCMC.

Cai Be

Von Ho Chi Minh City aus eine der nächstgelegenen Stationen im Delta (rund 2 Std. Fahrt). Eine reizvolle Kleinstadt mit Obst- und Gemüsegärten, traditionellen Handwerksbetrieben, der imposanten Silhouette einer französischen Kirche (1935) und einem der beeindruckendsten *Ancient Houses* des Deltas – aber eines ganz sicher **nicht:** ein **Schwimmender Markt,** wie er allenthalben angepriesen wird (die paar Boote, die dort dümpeln, wirken tatsächlich nur wie gestellt).

Mr. Kiet's Ancient House

Eine Kostbarkeit inmitten von Frucht- und Orchideen-Gärten unweit des Marktes. Im Besitz der Familie *Tran* seit 1838, wurde das Haus 2003 mit japanischer Expertenhilfe restauriert. Die traditionelle Bauweise – z.B. Holzlamellen statt Fenster – gewährleistet ein optimales Raumklima. Vor dem weitläufigen, ganz in Hartholz errichteten Komplex überdauerte ein (später angebauter) Fassadenrest aus der französischen Ära (→ auch Unterkunft).

Praktische Informationen

■ **Tagestour:** Für einen kurzen Abstecher ins Delta – zumeist in Verbindung mit Vinh Long – an sich gar keine schlechte Wahl (auch wenn oft überlaufen), man darf nur keinen Schwimmenden Markt erwarten, bzw. sollte besser eine Tour wählen, die einen Markt anläuft, der diesen Namen verdient (wie z.B. **Cai Rang** bei Can Tho).

■ **Bootstour:** Zwischen Cai Be und Can Tho verkehren regelmäßig Kreuzfahrboote verschiedener Veranstalter; eine Zwei-Tages-Tour mit Transfer, Übernachtung und Vollpension kostet um 250 $ p.P. (→ alternativ dazu auch My Tho, Praktische Informationen, Bootstouren).

Adobe Stock © laranik

Unterkunft, Essen und Trinken

■ **Mekong Riverside Boutique Resort**④-⑤, Tel. 0273 3924466, https://mekongriversideresort.vn. Direkt am Fluss und einem natürlichen See gelegene Anlage mit 34 sehr ansprechenden Bungalows, alle mit Terrasse zum See oder Fluss, umgeben von tropischen Obst- und Gemüsegärten zur Eigennutzung. Fantastischer Pool, Spa.

Mekong Lodge④, Tel. 0273 3924027, https://mekonglodge.com. 30 Bootsminuten von Cai Be entfernt, am Ufer des Song Tien gelegenes *gay friendly* Öko-Resort (nur per Boot erreichbar). 30 Bungalows mit Garten- oder Flussblick. Z.B. Zwei-Tagespaket (je 1 ÜF, Lunch, Dinner, Ausflug, Bootstransfer) 83 $ p.P.

■ **Mr. Kiet's Ancient House**②-③, Tel. 9136846 17, https://kiethouse.com. Ein wunderbares *Homestay* in einem historischen Haus in Cai Be. Gutes Essen, superfreundliche Besitzer. Nur zwei DZ oder Übernachten im exquisiten „Schlafsaal".

■ **Xeo May,** www.fb.com/nhahangxeomay1. Hübsches Gartenrestaurant in der gleichnamigen Straße (rechts vor dem Hafen). Anlaufstelle vieler Touristengruppen.

Vinh Long

Bei Vinh Long fächert sich der Tien Giang (Obere Mekong) in eine Vielzahl von Mündungsarmen auf. Das Resultat sind viele kleine, fruchtbare, bezaubernde **Inseln,** die von Blumengärten und Obsthainen voller Mangos, Rambutans, Longans, Pflaumen, Mandarinen, Pomelos und Jackfruits nur so überquellen. Der Markt zählt zu den bestsortierten des Deltas: Allein an Mangos hat man während der Hauptsaison (März bis Juni) die Wahl zwischen über zehn Sorten.

Der einzige Literaturtempel des Südens, **Van Thanh Mieu,** wurde 1864 erbaut und liegt 2,5 km stadtauswärts an der Tran Phu. Was auf dem Weg dorthin wie überdimensionale Wespennester aussieht, sind Ziegelfabriken.

Einen Ausflug wert sind die **Khmer-Pagoden** bei Tra Vinh (→ unten).

An Binh

Von der Flusspromenade kann man mit der Fähre nach An Binh übersetzen, Spaziergänge durch die Dörfer und Gärten der Insel unternehmen und Früchte praktisch vom Baum pflücken (selbstverständlich nicht, ohne hinterher zu zahlen).

Die Touristenorganisation der Provinz vermittelte früher als alle anderen im Delta **Homestays.**

Achtung! Der einst so geruhsame Ort wird vom Tagestourismus aus HCMC buchstäblich überrollt. Entlang der Flusspromenade reihen sich Karawanen von Bussen, die ihre Ladung auf die Boote nach Cai Be ausgespuckt haben und auf die Passagiere in die Gegenrichtung warten. Am Nachmittag wird es zwar deutlich ruhiger, doch angesichts der Touristenschwemme sind auch die vielgelobten *Homestays* von **An Binh** oft nicht mehr, was sie mal waren.

◁ Die französische Kirche von Cai Be prägt das Stadtbild

Praktische Informationen

- 147.000 Einw., Tel. 0270.
- **Information:** *Cuu Long Tourist,* 1 Duong 1/5, Tel. 3823529, https://cuulongtourist.com. Kooperativ, aber teuer. Bootstouren, Fahrrad- und Motorradverleih, Vermittlung von *Homestays; Mekong Travel,* 8 Duong 1/5, Tel. 919002505. Für *Homestay*-Unterkünfte: https://vinhlongtourist.vn.
- **Geld:** *Agribank,* 22 Duong 3/2. ATM beim *Hotel Cuu Long* sowie weitere ATMs in der Stadt.

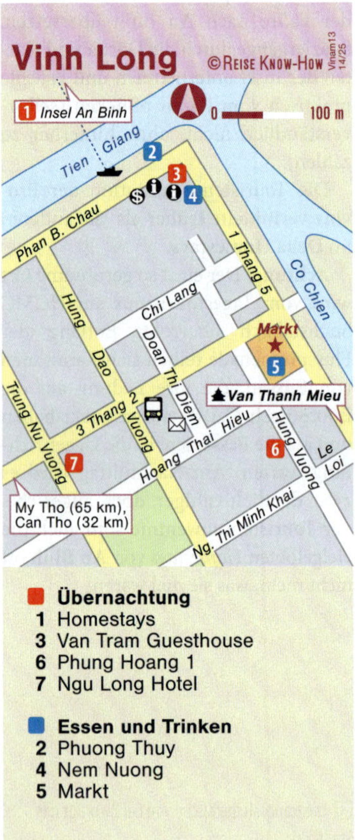

Unterkunft

7 **Ngu Long Hotel**②, 36 Trung Nu Vuong, Tel. 38 36626. Mit Lift, schöner Blick vom Resto im 7. Stock. 40 Zi.

3 **Van Tram Guesthouse**②, 1 Thang 5, Tel. 382 3820. Pension mit sechs Zi. Nicht übel, aber man zahlt für den Flussblick mit, und zeitweise sehr laut (Karaoke der Nachbarn). Fahrradverleih.

6 **Phung Hoang 1**①-②, 2H Hung Vuong, Tel. 38 25185. Rustikal, für Backpacker, freundlich, für den Preis ok. 12 Zi.

1 **Homestays**①: Privatunterkünfte auf der Flussinsel An Binh sind sehr beliebt. Zum Teil in schönen alten Häusern, einfach (KW, Gemeinschaftsbad), aber Delta hautnah. In der Regel 12–15 $ p.P. inkl. BF und Dinner. Empfehlenswert sind *Ba Linh,* Tel. 907267377, www.fb.com/BaLinhHomestay; *Nam Thanh,* Tel. 963266688; *Ngoc Sang,* Tel. 3858694. Direktbuchungen sind günstiger als z.B. über *Cuu Long Tourist.* Einfach die Fähre nehmen und Hinweisschildern folgen oder Abholung vereinbaren.

Essen und Trinken

2 **Phuong Thuy,** www.fb.com/phuongthuyrestaurant. Gutes Essen mit Flussblick, gegenüber dem *Cuu-Long-Hotel.* Englische Karte.

4 **Nem Nuong,** 33/7 Mau Than, Phuong 3, Tel. 878793688, www.fb.com/cotam.337. Einladende, saubere Nem-Stube.

5 **Markt,** 46 1 Thang 5. Zahlreiche Essstände gibt es beim Cho.

- An der Promenade locken **Cafés** zum Verweilen.

An- und Weiterreise

- **Entfernungen** (in km): HCMC 130, My Tho 70, Ben Tre 50, Can Tho 35, Tra Vinh 65, Sa Dec 25.
- **Bus:** Der Busbahnhof liegt im Stadtzentrum, 3 Thang 2. Hier von/nach HCMC jede Stunde, Fahr-

zeit ca. 2–2½ Std. Busse von *Phuong Trang* sind die beste Option. Nach Can Tho fährt Stadtbus *(Xe Buyt)* 23. Außerdem Tra Vinh, Sa Dec, My Tho, Long Xuyen, Rach Gia.

Tra Vinh

Schattige Alleen, ein Kanal, verwitterte Kolonialfassaden, ein bunter, lebhafter Markt – ein hübsches, sympathisches Städtchen und kaum touristisch. In der Region leben mehr als 300.000 Khmer, zumeist Anhänger des Hinayana-Buddhismus, die ungebrochen an ihren Traditionen festhalten. Hauptattraktion sind die **Khmer-Pagoden** 4 km vor der Stadt. In der gesamten Provinz gibt es rund 140 Khmer-, aber nur 40 vietnamesische Pagoden.

Im Ort der hübsche chinesische **Chua Ong,** 1556 gegründet, aber mehrfach umgebaut. Man beachte die Bemalung der Türflügel und Holzsäulen und die Keramiken am Haupttor, die Szenen aus dem Hofleben schildern. Der Tugendwächter und Glückbringer *Ong Bon* wird am Hauptaltar verehrt, neben ihm *Quan Am,* die Göttin der Barmherzigkeit.

55 km westlich der Provinzhauptstadt erstreckt sich der kilometerlange **Strand** von **An Bong,** der vielleicht schönste des – an Stränden armen! – Deltas. Den Kolonialisten, Soldaten wie Pflanzern der Region, war er jedenfalls jede Reise wert. Einfache Unterkunftsmöglichkeiten sind vorhanden.

Sehenswertes

Chua Sam Rong Ek

Die Pagode (viet.: Chua Kho Me) reicht in ihren Ursprüngen mehr als 1000 Jahre zurück und wurde von den hier siedelnden **Khmer** (Kho Me) mehrfach umgebaut. Der Chua unterscheidet sich deutlich vom vietnamesischen Stil. Die Dachform erinnert an einen thailändischen Wat, die Schriftzeichen sind in Pali, der heiligen Sprache des Buddhismus. Ausschließlich der „Erleuchtete" in seinen verschiedenen Erscheinungsformen wird verehrt. Stützfiguren, mythologische Fabelwesen, halb Mensch, halb Vogel. Das strenge, asketische Interieur entspricht ganz der Lehre des *Hinayana.*

Die vergoldeten **Deckenschnitzereien** auf purpurnem Grund und das in Handarbeit aufgetragene Golddekor der Holzsäulen bilden einen prächtigen Rahmen für die Schar goldener Buddhafiguren, die sich um den Altar gruppieren. So manche kunstvolle Holzfigur freilich steht neben einem billigen Zementguss (Infos: www.fb.com/phattuwat samrongek).

Chua Ang

Vom Chua Sam Rong Ek kommt man nach 2 km zur Ang-Pagode und dem verträumten **Ao Ba Om,** einem „Heiligen See" der Khmer, dessen Ufer von schattigen Baumalleen mit skurrilen Wurzeln gesäumt sind.

Die bunten **Wandmalereien** illustrieren Szenen aus früheren Existenzen *Buddhas.* Bei einer Renovierung 1939 wurden Episoden aus der jüngsten Vergangenheit hinzugefügt, deutlich erkennbar an allgegenwärtigen französischen Uniformen und Fahnen.

Während des **Neujahrfestes** der Khmer (13.–15. Tag des 4. Mondmonats), ebenso am **Ok Om Bok-Fest,** das die Wassergottheiten feiert und an den Sieg der Khmer über die Cham-Invasoren im 7. Jh. erinnert (15. Tag des 10. Mondmonats mit traditionellen Pirogenwettkämpfen), sind beide Pagoden Mittelpunkt bunter Prozessionen und Festivitäten.

Praktische Informationen

- 112.000 Einw., Tel. 0294.
- **Information:** *Tra Vinh Tourism Promotion Center,* 6A Nguyen Thi Minh Khai, Ward 1, Tel. 9155 15659, https://dulichtravinh.com.vn/lien-he und https://en.travinh.gov.vn.
- **Geld:** *Incombank,* 15A Dien Bien Phu. ATMs an der Hauptstraße.

Unterkunft, Essen und Trinken

- **Thanh Tra Hotel**②, 1 Pham Thai Buong, Tel. 6250657. Einfach, aber sauber und mit einer guten Lage, um die Stadt zu erkunden. 30 Zi., zentral.
- **Cuu Long Hotel**②-③, 999 Nguyen Thi Minh Khai, Tel. 3866867. Sauber, nicht sehr zentral. 53 Zi.
- **Palace 1 Hotel**①-②, 3 Le Thanh Ton, Tel. 3864 999. Geräumige Zimmer, für den Preis gut.
- **Hoan My Hotel**①-②, 105A Nguyen Thi Minh Khai, Tel. 3863399. Mit Lift und moderner Ausstattung. 23 Zi., z.T. ohne Fenster.
- **La Trau Xanh,** zum Hotel *Cuu Long* gehöriges Restaurant.
- **Thuy Hoang,** www.fb.com/nhahangtieccuoihoanggia. Am Markt mit englischer Karte.
- **Viet Hoa,** 80 Tran Phu. Chinesisch, gut sind Fisch-Kebab und *Hotpots.*

Ziegelbrennerei bei Sa Dec

291vi kb

An- und Weiterreise

■ 65 km von **Vinh Long** (wer nur die Pagoden besichtigen will, kann vor Tra Vinh aussteigen und für den Rückweg einen Bus Richtung Vinh Long anhalten). Weiterfahrt nach **Ben Tre** (110 km, 2 Fähren) und **HCMC** (205 km) möglich.

Sa Dec

Man kann nicht sagen, die Zeit sei an Sa Dec vorbeigegangen – aber der Tourismus ist es (auch der einheimische), und das, eingerechnet ihren sonstigen Reizen, macht Sa Dec zu einer kleinen **Perle** des Deltas.

Der herrlich anarchische, chaotische Markt am Fluss! Freundliche Menschen, die ehrlich verblüfft sind, Fremde zu sehen! „Sehenswürdigkeiten", die nicht aufgeschickt und aufgeplustert sind bis zum Vergessen! Alles ist lässig und unaufgeregt und noch sehr authentisch. Allein die weidenbestandene Phan Boi Chau mit ihrem kleinen Kanal oder die Uferstraße Nguyen Hue mit ihren Kaffeehäusern, Marktständen und der alten französischen Kirche im Hintergrund – einfach schön!

An einem Nebenfluss des Tien Giang gelegen war der kleine Ort Schauplatz des autobiografischen Romans „Der Liebhaber" von **Marguerite Duras,** die als Tochter der örtlichen Schulleiterin hier einen Großteil ihrer Jugend verbrachte. Szenen des Films von *Jean-Jacques Annaud,* die in Sa Dec spielen, wurden vor Ort gedreht. Die **Schule** (1902), an der *Madame Donnadieu* von 1924 bis 1930 unterrichtete, steht ebenso

noch (Hung Vuong/Ecke Ho Xuan Huong) wie das **Maison Bleue** (um 1860) des „Liebhabers", *Huyn Thuy Le,* Sohn eines chinesischen Mandarins (255 Nguyen Hue, heute weiß statt blau). Besuchenswert auch das Mandarin-Haus Kien An Cung (1916, heute Pagode, Ecke Tran Hung Dao/ Phan Boi Chau) und der Dinh Vinh Phuoc (1838) mit schönen Plastiken und Malereien (Ecke Tran Hung Dao/Hoang Dieu).

Schon zur Kolonialzeit als „Garten Cochinchinas" gerühmt, ist Sa Dec auch für seine **Blumengärten** berühmt: Ihre Rosen, Orchideen und Bonsais sind Schlager auf den Blumenmärkten von HCMC und Can Tho. Am Ostufer des Sa-Dec-Flusses kann man z.B. den **Tu Ton Rose Garden** (Vuon Hong Tu Ton) besuchen, tgl. 8–11 und 13–17 Uhr.

Praktische Informationen

- 153.000 Einw., Tel. 0277.
- **Information:** *Dong Thap Tourist*, So 12, Duong 30/4, Phuong 1, Tel. 3853949, https://dongthap.gov.vn.
- **Geld:** *Vietcombank* ATM, 251A Nguyen Sinh Sac.

Unterkunft

3 Bong Hong Hotel①-②, 251A Nguyen Sinh Sac, Tel. 3868288, www.fb.com/khachsan.bonghong.2020. Für den Preis ganz passabel. 44 Zi.; die besten liegen nach hinten im 1. Stock und haben eine Terrasse.

2 Thao Ngan Hotel①-②, 4–6 An Duong Vuong, Tel. 3774255, https://hotel84.com/dong-thap/khach-san-thao-ngan.html. Recht neu, zentral am Markt, mit Lift und 14 Zi.; ordentlich, aber schlechte Matratzen.

4 Phuong Nam①-②, 384A Nguyen Sinh Sac, Tel. 829575999, https://khachsanphuongnam.com. Solides Mini, modernisiert; allerdings recht laut. 22 Zi.

Essen und Trinken

- **My Lan:** *Bo kho*, eine Art Ochsenschwanzsuppe – aber mit mehr Fleisch als Suppe – mit Kräutern und *banh my* (Baguette): köstlich! Sauber, freundlich, gut, alternativ *pho bo* oder *bun bo hue*, 212 Hung Vuong.
- Und danach in eines der **1 Cafés** am Fluss (Nguyen Hue) und ein *sinh to* (Fruchtshake) oder *caphe da* (Kaffee mit Eiswürfeln) – das hat was!
- Ansonsten gibt es das Resto des **3 Bong Hong-Hotels** und am Abend die Stände am Markt.

Anreise

- 28 km westlich von **Vinh Long,** auf dem Weg nach Long Xuyen. **Busse** mehrmals tgl. von HCMC (3½ Std.), Vinh Long (1 Std.) und Cao Lanh (45 Min.).

Cao Lanh

Protzige Retortenstadt, aber als Hauptstadt der Provinz Dong Thap Ausgangspunkt für **Ausflüge** zu den ursprünglichsten Landschaftsreservaten und **Naturparks** des Deltas, die durch ein labyrinthartiges Gewirr von Kanälen, Flüssen und Seen zumeist nur per Boot erkundet werden können.

Die dünn besiedelte und oft von Überschwemmungen heimgesuchte Provinz beiderseits des Tien Giang ist die Heimat des sagenumwobenen Feuchtgebietes **Plain of Reeds** (Dong Thap Muoi). Die sich bis zur kambodschanischen Grenze erstreckenden **Sümpfe und Mangrovenwälder** der Ebene der Reetgräser boten Widerstandskämpfern bereits zur Zeit der französischen Kolonisation Unterschlupf. Im amerikanischen Krieg versuchte man die Aktivitäten der Partisanen vergeblich durch geballten Einsatz von Napalm und chemischen Kampfstoffen zu stoppen. Mehr als 15 Jahre lang befand sich hier die geheime Kommandozentrale der Befreiungsfront.

Sehenswertes

Storchenpark Thap Muoi

Die Störche leben das ganze Jahr über in den Mangroven und Bambushainen des rund 2 ha großen Parks und sind einfach aufzuspüren. Morgen- und Abenddämmerung sind die besten Zeiten für einen Besuch. 35 km nordöstlich, nur per Boot erreichbar (→ unten).

Xeo Quit Forest

Eine **Waldlandschaft** wie aus einem *Tim-Burton*-Film! Eine kurze, etwa 20-minütige Tour im Sampan-Ruderboot führt hier durch das Feuchtgebiet **Plain of Reeds** voller Sümpfe, Lianen, riesiger Cajeputbäumen und Wasserhyazinthen, auf kleinen Kanälen, die sich durch die Traumlandschaft schlängeln. Alternativ führt ein Rundwanderweg die Strecke entlang.

Das ehemalige **Camp Xeo Quit** (auch: Xeo Quyt) mit seinen Bunkern, unterirdischen Tunneln und kleinen Schilfhütten ist teilweise erhalten, teilweise rekonstruiert, die engen Verstecke können besichtigt werden. Hier versteckten sich während des Krieges zwischen 1960 und 1975 Viet-Cong-Generäle jahrelang. Bombenkrater zeugen noch von amerikanischen Angriffen. Ein kahl geschlagenes, früher vermintes Feld diente als tödliche „Helikopter-Falle".

■ **Xeo Quit Forest,** 20 km nordöstlich, in der Nähe des Dorfes My Hiep. Mehrere Tourenveranstalter (z.B. *Mekong Eyes* oder *YTC* und *Dong Thap Tourist*) haben einen Abstecher nach Xeo Quit im Programm. Mückenschutz mitbringen!

☐ Der Wald von Xeo Quit

468v aw

Tram-Chim-Nationalpark

Der 7500 ha große Park beherbergt 220 Vogelarten, darunter die seltenen, fast mannsgroßen **Sarus-Kraniche** (bis 1,50 m), die nach dem Krieg als ausgestorben galten, ehe man 1989 überraschend wieder Exemplare sichtete. Heute leben hier einige Hundert der stolzen weißen Vögel mit der einprägsamen, den Kopf überziehenden roten Halskrause. In der vietnamesischen Mythologie stehen sie für Stärke, Treue und langes Leben, Kranich-Statuen zieren zahlreiche Pagoden. Während des Höhepunkts der Regenzeit und der Überschwemmungen (Juli–Nov.) halten sie sich gewöhnlich in Kambodscha auf.

■ **Tram-Chim-Nationalpark,** 45 km nordwestlich. Da die Kraniche nur in der Morgen- und Abenddämmerung zu sehen sind, ist Leidensfähigkeit vonnöten. Mitten in der Nacht aufstehen, mit Auto oder Speedboot nach Tam Nong (45 km) und von dort etwa 1 Std. weiter per Boot fahren. Oder am späten Abend retour.

469v aw

Praktische Informationen

■ 64.000 Einw., Tel. 0277.

■ **Information:** *Dong Thap Tourist,* So 12, Duong 30/4, Phuong 1, Tel. 3853949, https://dongthap.gov.vn. Freundlich, Touren eher teuer.

■ **Geld:** *Vietinbank* mit ATM, 87 Ly Thuong Kiet.

■ **Dong Thap Museum,** 162 Nguyen Thai Hoc, tgl. 7–17 Uhr, Eintritt frei. Lohnend. Im 1. Stock Ethnologie, im 2. Kriegsgeschichte (Guerillakampf gegen Franzosen und Amerikaner).

Unterkunft, Essen und Trinken

■ **Xuan Mai Hotel**①-②, 33 Le Qui Don, Tel. 3852 852, https://dulich.dongthap.gov.vn/vi/khachsan xuanmai. Funktionelles, zentral gelegenes Minihotel. 24 Zi.

■ **Hoa Anh Hotel**①-②, 40 Ly Tu Trong, Tel. 22405 67, https://dulich.dongthap.gov.vn/en/khachsanho aanh. Günstig und zentral.

■ **Ngoc Lan,** 210 Nguyen Hue. Beliebter Essplatz an der Hauptstraße.

An- und Weiterreise

■ Stdl. Busverbindung mit HCMC (3 Std., https://futabus.vn), regelmäßig mit My Tho, Vinh Long, Tra Vinh, 1x tgl. nach Can Tho. Der **Busbahnhof** liegt zentral an der Vo Thi Sau. Der zweite, größere Bus-

◁ Das würzige Rindfleisch-Gericht Bo Kho

bahnhof liegt seit der Eröffnung der neuen Brücke auf der anderen Seite des Flusses. Hier halten die meisten Fernbusse.

■ **Entfernungen** (in km): HCMC 170, Can Tho 45, Sa Dec 35, Long Xuyen 25.

Can Tho

Die mit Abstand **größte Stadt des Deltas** und sein wichtigstes kommerzielles Zentrum, mitten im Herzen des Deltas am rechten Ufer des Hau Giang, des Unteren Mekong gelegen. Can Tho verfügt über eine Universität (seit 1966) und eine renommierte Hochschule für Reis- und Agrarforschung und steht seit 2004 unter Eigenverwaltung (Stadtstaat).

Ein lebendiger und dynamischer Ort ohne herausragende Sehenswürdigkeiten, aber von angenehmem und nahezu großstädtischem Flair.

Die **Ninh-Kieu-Promenade** entlang der Uferstraße Hai Ba Trung hat sich zu einer lebhaften, wenn auch eher seelenlos-aufgeräumt herausgeputzten Flaniermeile mit zahlreichen Restaurants und Cafés entwickelt, auf der oft mehr Touristen als Einheimische zu sehen sind.

Die sechsspurige, 2,75 km lange **Can-Tho-Brücke** (Cau Can Tho) über den Hau-Fluss verbindet die Stadt mit der Provinz Vinh Long. Von den Japanern finanziert und 2010 eröffnet, ersetzt sie seitdem den Fährverkehr mit den damit verbundenen langen Wartezeiten und Verkehrsstaus. Traurige Berühmtheit erlangte die Brücke vor ihrer Fertigstellung, als Teile des Bauwerks 2007 während der Bauarbeiten einstürzten und 54 Arbeiter dabei ums Leben kamen.

Sehenswertes

Stadtmuseum

Exponate zur Geschichte der Stadt von der hinduistischen Fu-Nan-Periode (Oc Eo) über die französische Kolonisation bis hin zur US-Ära. Integriert ist das **ehemalige Ho-Chi-Minh-Museum.**

■ **Bao Tang Tinh Can Tho,** 1 Hoa Binh, Di–Fr 8–11 und 14–17 Uhr, Sa/So 8–11 und 18.30–21 Uhr, Eintritt frei.

Chua Muniransay

Der Chua der kleinen Khmer-Gemeinde Can Thos mit etwa 3000 Gläubigen ist schon äußerlich durch eine steile drachengesäumte Treppe deutlich von einem vietnamesischen Chua unterschieden. Die Ausstattung des Gebetsraumes beschränkt sich auf das Nötigste; eine Statue des historischen Buddha *Thich Ca* und Schriftzeichen in Pali, der heiligen Sprache des Hinayana, bilden den einzigen Schmuck. In der 1946 errichteten Anlage leben acht Mönche.

■ **Chua Muniransay,** 36 Hoa Binh, 8–17 Uhr.

Gefängnis

Das **Can Tho Grand Prison** (1886) ist eines der wenigen noch erhaltenen französischen Gebäude der Stadt.

■ **Can Tho Grand Prison,** 8 Ngo Gia Tu, Mo–Fr 8–11 und 14–17 Uhr, Eintritt frei.

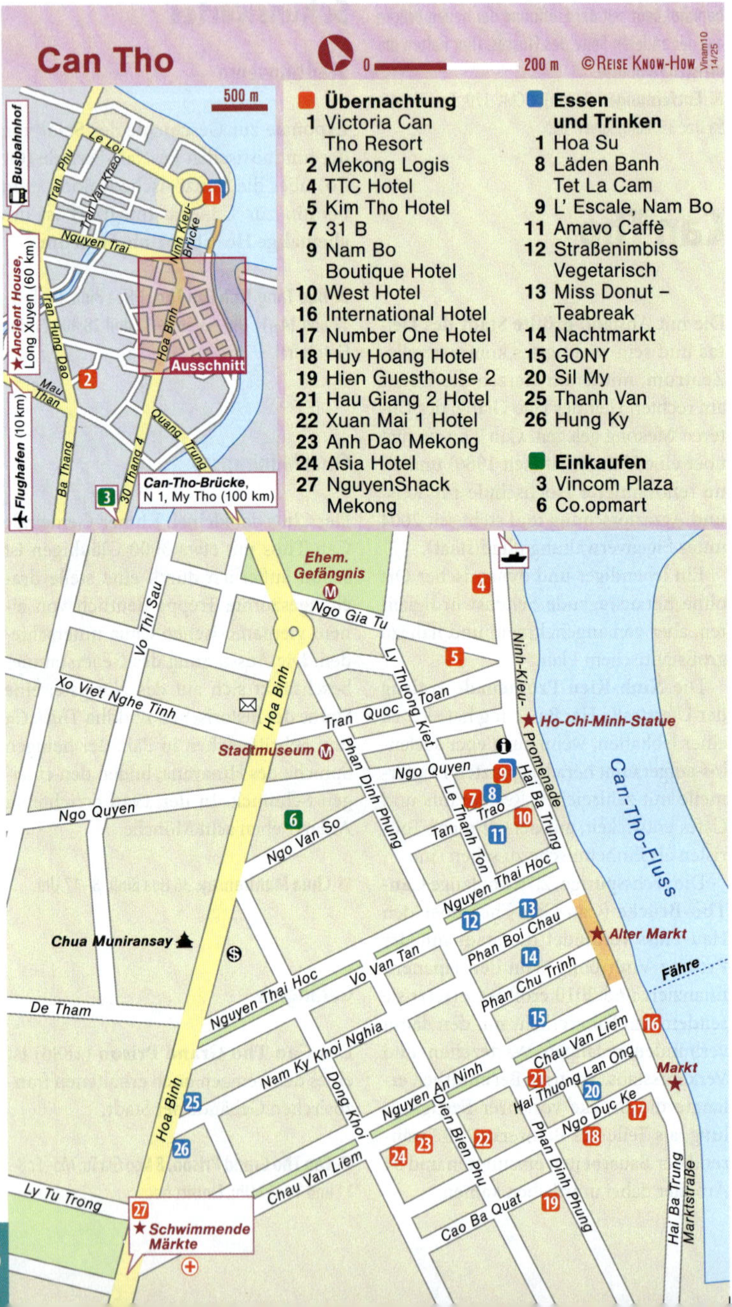
Can Tho
0 200 m
©Reise Know-How
Vinam10 14/25
500 m
Busbahnhof
Ancient House, Long Xuyen (60 km)
Flughafen (10 km)
Can-Tho-Brücke, N 1, My Tho (100 km)
Ausschnitt
Le Loi
Tran Phu
Tran Van Kheo
Nguyen Trai
Ninh Kieu-Brücke
Tran Hung Dao
Hoa Binh
Mau Than
Quang Trung
30 Thang 4
Ba Thang
Übernachtung
1 Victoria Can Tho Resort
2 Mekong Logis
4 TTC Hotel
5 Kim Tho Hotel
7 31 B
9 Nam Bo Boutique Hotel
10 West Hotel
16 International Hotel
17 Number One Hotel
18 Huy Hoang Hotel
19 Hien Guesthouse 2
21 Hau Giang 2 Hotel
22 Xuan Mai 1 Hotel
23 Anh Dao Mekong
24 Asia Hotel
27 NguyenShack Mekong
Essen und Trinken
1 Hoa Su
8 Läden Banh Tet La Cam
9 L' Escale, Nam Bo
11 Amavo Caffè
12 Straßenimbiss Vegetarisch
13 Miss Donut – Teabreak
14 Nachtmarkt
15 GONY
20 Sil My
25 Thanh Van
26 Hung Ky
Einkaufen
3 Vincom Plaza
6 Co.opmart
Ehem. Gefängnis
Ngo Gia Tu
Vo Thi Sau
Xo Viet Nghe Tinh
Ly Thuong Kiet
Tran Quoc Toan
Ninh-Kieu-Promenade
Ho-Chi-Minh-Statue
Stadtmuseum
Ngo Quyen
Phan Dinh Phung
Le Thanh Ton
Tan Trao
Hai Ba Trung
Can-Tho-Fluss
Ngo Van So
Nguyen Thai Hoc
Phan Boi Chau
Alter Markt
Chua Muniransay
Vo Van Tan
Phan Chu Trinh
Fähre
De Tham
Nam Ky Khoi Nghia
Dong Khoi
Chau Van Liem
Hai Thuong Lan Ong
Markt
Nguyen An Ninh
Dien Bien Phu
Ngo Duc Ke
Ly Tu Trong
Cao Ba Quat
Marktstraße
Schwimmende Märkte

Mekong-Delta

Cai Rang

Einer der größten **Schwimmenden Märkte** des Deltas ist nur 16 km vom Zentrum Can Thos entfernt. Hauptbetrieb ist von 5 bis gegen 9 Uhr, nach 12 Uhr löst sich das Treiben auf dem Fluss allmählich auf. Per Boot oder *Xe Om*. Rund 20 km weiter erreicht man den Schwimmenden Markt von **Phong Dien,** der zuletzt vorwiegend von Touren angelaufen wird.

Phung Hiep

Bis Anfang der 2000er-Jahre der mit Abstand größte **Floating Market.** Das wachsende Straßennetz hat ihm etwas das Wasser abgegraben. Von Touristenbooten wird er kaum noch angelaufen. An einem Schnittpunkt zahlreicher Wasserwege 35 km südöstlich, Anreise per Boot (hin und zurück ca. 5 Std.) oder Bus (Richtung Soc Trang).

Ancient House, Storchenpark

Das **Nha Co Vuon Lan** ist ein um 1870 errichtetes Herrenhaus eines Mandarin mitten im kleinen Ort **Binh Thuy** (6 km Richtung Long Xuyen). Es ist nach traditionellem Muster erbaut: Tor, Garten, großer Hof, Vorzimmer zum Empfang der Gäste, private Räume mit Ahnenaltar. Interessant ist die Kombination von westlichen (französisches Lavabo, Lampen) und vietnamesischen Stilelementen. Das Haus kann besichtigt werden. – Direkt an der Brücke ein schöner alter **Dinh,** dessen Ursprung bis 1852 zurückreicht. (Auch per Bus 58, 83 erreichbar.)

Rund 20 km weiter, kurz hinter Thot Not-Thoi Thuan, lohnt ein Abstecher zu einem **Storchenpark** (Vuon Co) nur 1 km abseits der Hauptstraße. In dem Bambuswäldchen sind die Vögel praktisch zu jeder Tageszeit zu beobachten. Zu erreichen auf einem schönen Spaziergang entlang eines kleinen Kanals oder per *Xe Om*. Der Eintritt kostet 20.000 đ.

■ **Ancient House,** Tel. 987055963, tgl. 8–12 und 14–17 Uhr, Eintritt 15.000 đ.

Märkte

Der zentrale alte Markt Cho Can Tho am Flussufer am Ende der Phan Chau Trinh im alten Marktgebäude bietet nicht viel mehr als den immer gleichen Souvenir-Ramsch. Direkt davor und weit interessanter ist der **Food-Nachtmarkt** zwischen Phan Boi Chau und Phan Chu Trinh. Allabendlich zwischen 19 und 22 Uhr kann man hier auf *Street-Snack*-Entdeckungstour gehen: Grillspießchen-Buffet, Crêpes, kleine Pfannkuchen, Klebreis *(xoi)*, frischer Zuckerrohrsaft *(mia da)*, Variationen der „Vietnam-Pizza“ (*banh trang nuong*, gegrilltes Reispapier mit Ei, Frühlingszwiebeln und allerlei Zutaten) und diverse andere Leckereien. Der lokale Markt, **Cho Tan An,** befindet sich an der 71 Hai Ba Trung, 300 m südlich des alten Kolonialmarktgebäudes. Der Nachtmarkt am Ende der Vo Van Tan bietet hauptsächlich Klamotten und Souvenirs.

Praktische Informationen

- 1,3 Mio. Einw., Tel. 0292.
- **Information:** *Can Tho Tourist,* 10–12 Hai Ba Trung, Tel. 836571968, https://canthotourist.vn, Mo–Sa 7–18 Uhr, So 7–11 und 13–17 Uhr. Touren, Bootstrips, Flug-, Speedboot- und Zugtickets, Fahrräder (5 $/Tag), *Homestays; Mekong Tours,* 93 Mau Than, Tel. 939871001, https://mekongtours.info. *Floating Market, Food-,* Motorbike-, Spa & Massage-Touren etc.
- **Geld:** Alle großen Banken sind mit Filialen und ATM vertreten.
- **Post:** 2 Hoa Binh.
- **Apotheke:** 29 Ngo Quyen.
- **Flug:** *Vietnam Airlines,* 66 Nguyen An Ninh, Tel. 3844320.
- **Taxi:** *MaiLinh,* Tel. 3656565.

6 **Supermarkt: Co.opmart,** 1 Hoa Binh.

3 **Vincom Plaza,** 209 Ba Muoi Thang Tu, https://vincom.com.vn. *Shopping Mall* mit Kino.

Bootstouren

- **Motorboote** (2–6 Pers.) können am Kai mit etwas Glück am frühen Morgen angemietet werden (um 200.000 đ p.P.). Zum *Floating Market* Cai Rang (noch im Stadtbezirk) fährt man 30 Min., nach Phong Dien 2 und nach Phung Hiep ca. 5 Std. Alternative ist Hin- oder Rückfahrt per Bus oder *Xe Om.* Boote und Touren können auch über *Can Tho Tourist* gebucht werden (Fixpreise).
- **Fährboote:** Vom Pier (Ben Tau Khach) an der Hai Ba Trung fahren tgl. Schnellboote u.a. nach Soc Trang und Ca Mau.

375vi kb

■ **Touren:** Zwischen Can Tho und Cai Be verkehren Kreuzfahrboote verschiedener Veranstalter; → Einleitung Mekong-Delta.

Unterkunft

UNSER TIPP: **1 Victoria Can Tho Resort**⑤, Cai Khe Ward, Tel. 3810111, www.victoriahotels.asia/en/destination/victoria-can-tho. 1998 das erste ausländische Hotel im Delta. Zweistöckige, sehr gelungen im Kolonialstil erbaute Anlage mit zentralem Swimmingpool und Blick auf den Mekong. Exzellenter Service, viele angenehme Details, vorzügliches Frühstück; 7–11 und 16–22 Uhr auf Wunsch Bootsshuttle ins Zentrum (dank der neuen Fußgängerbrücke ist das Zentrum auch einfach zu Fuß erreichbar). Spa, Fahrradverleih, Touren, *Victoria Cruises*, Frühstück-Cruises. 92 Zi., im Sommer *Promo-Rates*.

4 TTC Hotel③-⑤, 2 Hai Ba Trung, Tel. 3812210, https://ttchospitality.vn/ttc-hotel/ttc-hotel-cantho. Ein Hochhaus am breiten Mekong, die Aussicht ist superb. Mittelklassehotel mit Lift, Pool im 1., Dachterrasse im 10. Stock. 107 Zi.

10 West Hotel③-④, 88–92 Hai Ba Trung, Tel. 381 2266, https://canthowesthotel.vn. Inmitten turbulenten Markttreibens, mit kleinem Pool im 8. Stock. Angesichts der günstigen Preise sind Abstriche in puncto Sauberkeit oder Funktionalität in Kauf zu nehmen. 80 Zimmer.

☒ Früchte-Paradies Mekong-Delta

5 Kim Tho Hotel③-④, 1A Ngo Gia Tu, Tel. 38175 17. Für ein vietnamesisches Haus geradezu leicht, ja fast pfiffig. 50 Zi. Dachterrasse!

9 Nam Bo Boutique Hotel④-⑤, 1 Ngo Quyen, Tel. 3819139, http://nambocantho.com. Unter französischer Leitung. Sieben Suiten in Bestlage und z.T. mit Flussblick, geschmackvoll, geräumig, gut ausgestattet und mit (meist) sehr gutem Service; Lift, Frühstück im Dachrestaurant.

16 International Hotel②-⑤ (Quoc Te), 10–12 Hai Ba Trung, Tel. 6254567, www.fb.com/internationalhotelct. Das Urgestein aus der US-Ära direkt an der Promenade wurde 2015 renoviert. 56 Zi., lohnend sind die mit Flussblick, viele sind ziemlich laut (Cafés, Nachtclubs etc.).

17 Number One Hotel①, 1B Ngo Duc Ke, Tel. 70 4845266, www.fb.com/Numberonehotel. Freundlich, effizient, erfreulich. Neun Zi., nach hinten je nach Stockwerk (kein Lift), nach vorne hell mit zwei großen Betten und großem Fenster.

24 Asia Hotel②, 91 Chau Van Liem, Tel. 3812800, www.fb.com/Asiahotelct. Etwas abgewohnt; trotzdem besser als viele neue. 55 Zi.

27 NguyenShack Mekong②-③, Cai Rang, 188 Ong Tim Bridge, 6 km von Can Tho (15 Min. mit Boot oder Taxi), Tel. 6288688. *Robinson* am Mekong! Fünf Bungalows aus Holz und Bambus über dem Ong-Tim-Fluss gebaut, mit Fan, WiFi, WW, Minibar und Veranda mit Liegestühlen und Blick auf Wasser, Bäume und Reisfelder. Restaurant, Fahrradverleih, tgl. Touren mit Boot oder Rad.

21 Hau Giang 2 Hotel②, 6–8 Hai Tung Lan Ong, Tel. 3824836, www.fb.com/haugiang2. Gut für seinen Preis, Lift, Resto im 6. Stock. 34 Zi., geräumig, z.T. ohne Fenster.

2 Mekong Logis②, Hem 142 Mau Than, Tel. 383 4635, www.fb.com/mekonglogis. Der hübsche, ruhige, große Garten ist die Besonderheit; ansonsten: etwas abgelegen und nicht leicht zu finden. Acht DZ mit AC, Minibar, Moskitonetz.

22 Xuan Mai 1 Hotel②, 17 Dien Bien Phu, Tel. 38 23578. Populäres Backpacker-Quartier seit Jahren. 42 Zi.

Adobe Stock © Hien Phung

7 31B①-②, 10 Tan Trao, Tel. 939124078, www.fb.com/khachsan31B. Freundlich, mit Lift, Fahrradverleih. 13 Zi. auf sechs Etagen, von der obersten schöner Blick auf den Fluss.

18 Huy Hoang Hotel①, 25 Le Lai, Tel. 907738677. Frisch und hell, 30 Zi. Die Räume mit großem Deckenventilator im 3. Stock sind sauber und luftig, mit AC zahlt man mehr.

19 Hien Guesthouse 2①, 106/3 Phan Dinh Phung, Tel. 0913973320. Beliebter Backpacker-Hangout, man spricht Englisch; wenig Komfort. 17 Zi., Fan oder AC. Radvermietung.

23 Anh Dao Mekong③, 85 Chau Van Liem, Tel. 3819501, https://anhdaomekonghotel.vn. Wurde von einer Leserin empfohlen.

Essen und Trinken

9 L'Escale, 1 Ngo Quyen, Tel. 903936301, www.fb.com/Lescaleskygardenlounge. Romantisches *Fine Dining* auf der Dachterrasse (4. Etage, schöner Blick auf den Fluss) des Hotels *Nam Bo* mit französisch-vietnamesischer Fusionsküche, Weinkeller und Cocktailbar. Nicht günstig, aber stilvoll; Reservierung empfohlen. Das sehr viel größere Resto des Hauses, das **9 Nam Bo,** Tel. 939362433, www.fb.com/namborestaurantcantho, erstreckt sich über Parterre und 1. Stock; Viet- und Western-Küche, Pizza und Pasta.

25 Thanh Van, 17 Hoa Binh. Sehr leckere, günstige *nem,* englische Karte.

26 Hung Ky, 17A Hoa Binh, Tel. 932777289, www.fb.com/comgahungky17ahoabinh. Für Chicken-Fans: mit Reis, mit Nudeln, gebraten, gegrillt, in der Suppe, Flügel, Köpfe, Füße.

13 Miss Donut – Teabreak, 13 Vo Van Tan, Tel. 939565698, www.fb.com/missdonutcantho. Kuchen und Gebäck aller Art, auch Eis und Desserts.

15 GONY, 10 Nguyen An Ninh, Tel. 3810299, www.fb.com/cantho.gony.9. Spa, Café-Lounge und Restaurant in einem. Jung, modern, freundlich, guter und schneller Service, Karte auf Englisch. Einfache, günstige Gerichte, vietnamesische und westliche Küche. Gute Massagen und weitere *Spa-Treatments*.

11 **Amavo Caffè,** 16 Nguyen Thai Hoc, Tel. 62616 16, www.fb.com/AmavoCaffe, 7–23 Uhr. Italienischer Kaffee: Cappuccino, Espresso, Latte; Kuchen, Desserts.

Zum Entdecken

UNSER TIPP 20 **Sil My,** 13 Hai Thuong Lan Ong. Lebhaftes Resto, das zur besten Metzgerei der Stadt gehört, in einer kleinen Gasse im Zentrum. Spezialität ist *bo,* Rind, wir empfehlen *bo la lot* (würzige gegrillte Hackfleischröllchen, in Blätter eingewickelt) und *bo kho,* eine Spezialität des Mekong-Deltas: eine Art kräftige Gulaschsuppe, wahlweise mit Nudeln oder Baguette. Kein Industrieprodukt, daher jeden Tag anders, mal eher wie Suppe, mal wie Ragout oder Gulasch. Ein Einheimischer bezeichnete das Gericht als „halb französisch, halb vietnamesisch"; die Franzosen machten Rindfleisch-Gerichte in Vietnam populär, und die Vietnamesen interpretierten diese mit lokaler Machart und Gewürzen (u.a. Zimt und Anis) um. Auch lecker: *bo tung xeo* (mariniertes Rind vom Tischgrill); ein Renner ist auch der *Hotpot lau bo.* Sehr urig, günstig und immer voll; keine englische Karte.

12 **Vegetarisch:** Phan Boi Chau Ecke Phan Dinh Phung. Einfacher Straßenimbiss mit englischer Karte.

14 **Nachtmarkt:** Gegrillte Spießchen und diverse Straßen-Snacks, → Märkte.

1 **Hoa Su,** nördlich gleich nach der Fußgängerbrücke vor dem *Victoria Can Tho Resort,* Tel. 38207 17, www.fb.com/hoasurestaurant. Essen in kleinen, offenen Bambus-Hütten über dem Wasser. Neben Fisch und *Seafood* auch z.B. Strauß, Schlange, Feldratte, Schildkröte, Aal und Frosch. Auf vietnamesische Gäste ausgerichtet, sehr umfangreiche Karte mit halbwegs verständlicher englischer Übersetzung.

8 **Banh Tet La Cam:** Der traditionelle Klebreiskuchen aus Can Tho ist berühmt. Seine knallig-violette Farbe bekommt er durch das Mitkochen von La-Cam-Blättern. Die Füllungen reichen von süßer Mungbohnenpaste bis zu Speck und gesalzenen Eiern. Gekocht werden die Kuchen in Bananenblätter gewickelt. Einheimische essen *banh tet* vor allem an Feiertagen – benannt ist er deshalb nach dem lunaren Neujahr Tet – er ist aber in speziellen Läden ganzjährig erhältlich, z.B. an der 44 Tan Trao.

■ **Street Food:** Für diverse Klassiker wie *pho, bo kho* und *hu tieu* empfehlen Einheimische die Straße De Tham.

An- und Weiterreise

■ **Entfernungen** (in km): Vinh Long 35, Sa Dec 50, Long Xuyen 60, Soc Trang 60, My Tho 100, Chau Doc 115, Rach Gia 115, HCMC 170, Ca Mau 175.

■ **Bus:** Der Busbahnhof liegt rund 5 km südwestlich des Stadtzentrums. Ab hier weiter mit Taxi oder *Xe Om.* Bei Buchung über die Unterkunft ist die Abholung meist inklusive. Regelmäßige Verbindungen nach HCMC und Rach Gia sowie in alle Zentren. Tgl. 5 Uhr nach Phnom Penh (7 Std.).

■ **Flug:** Flughafen Tra Noc, 11 km Richtung Long Xuyen, tgl. von/nach Hanoi, Phu Quoc und nach Con Dao. Taxis und Busse stehen normalerweise zum Eintreffen der Flieger bereit. Bis der Bus voll ist, kann es ein wenig dauern.

Blick über Can Tho

Soc Trang

Schläfrige Provinzstadt am Xang-Kanal 60 km südöstlich von Can Tho mit nahezu 30 % Khmer-Anteil. Oktober/November wird hier das größte **Khmer-Fest** des Deltas gefeiert.

Pagoden

Chua Doi (Flughund-Pagode)

Die reich dekorierte, innen mit bunten Wandmalereien aus dem Leben *Buddhas* bedeckte **Khmer-Pagode** (auch Mahatup genannt) wird auch wegen der riesigen **Flughunde** besucht, die die Bäume des Heiligtums zu Tausenden bevölkern. Tagsüber hängen sie allerdings nur schlafend in den Ästen, aktiv sind sie am Morgen und späten Nachmittag. Der 400 Jahre alte Chua brannte 2007 aus und wurde 2010 neu eingeweiht.

- **Chua Doi,** ca. 3,5 km südlich von Soc Trang, an der Van Ngoc Chinh.

Chua Kh'leang

Eine der ältesten **Khmer-Pagoden** des Deltas, um 1530 in Holz errichtet, bevor sie 1905 in Ziegelbauweise rekonstruiert wurde. Innen schöne Säulen und Schnitzereien, das Dach ist mit Garudas verziert. Gelbgewandete Mönche, Schüler und Andächtige verleihen einem das Gefühl, nach Kambodscha versetzt zu sein.

Gegenüber befindet sich das **Soc Trang Museum,** in dem Kostüme, Musikinstrumente etc. ausgestellt werden. Zeitweise finden Tanz- und Musikvorführungen statt.

- **Soc Trang Museum,** 4 Hung Vuong, Ward 6, Di–Sa 7.30–11 und 13–17 Uhr, Eintritt frei.

Chua Dat Set

Die originelle Lehmpagode wurde in 40-jähriger Arbeit von einem 1970 verstorbenen Mönch errichtet. Alles ist aus Lehm – Buddhas, Drachen, Löwen, Elefanten, ein 4 m hoher Turm. Kurios.

- **Chua Dat Set,** 68 Mau Than.

Oc-Om-Boc-Fest

Spektakuläre **Khmer-Bootsrennen** zu Ehren des Mondgottes und zur Feier des Endes der Regenzeit. In jedem der rund 30 Ngo-Boote (schmale, an den Enden gebogene Pirogen) sitzen an die 50 Ruderer, die Ufer sind von zehntausenden Zuschauern gesäumt. 14. und 15. Tag des 10. Mondmonats.

Praktische Informationen

- 174.000 Einw., Tel. 0299.
- **Information:** *Soc Trang Tourist,* 131 Nguyen Chi Thanh, Tel. 3822024, http://soctrangtourism.vn, Mo–Fr 7–11 und 13–17 Uhr.
- **Taxi:** *Taxi Soc Trang,* Tel. 3838383.
- **Geld:** *Agribank* (ATM), 20 B Tran Hung Dao.

Unterkunft

■ **Ngoc Thu Hotel**①-③, Tel. 3613108, www.ngocsuonghotel.com. Zweistöckiger Hotelkomplex im Grünen 2 km vor den Toren der Stadt mit Pool, Tennis etc. 120 Zi.

■ **Que Huong Hotel**①-②, 128 Nguyen Trung Truc, Tel. 3616615. Zentral und üppig ausgestattet. 48 Zi.

Essen und Trinken

■ **Hung,** 6/24 Hung Vuong. Große Esshalle mit Spezialitäten vom Grill.

■ **Mai,** 85A Hung Vuong. Sehr gutes Fischlokal.

■ **Hang Ky,** 1 Hung Vuong. Vietnamesische Speisen.

An- und Weiterreise

■ Per **Bus** stündlich von/nach Can Tho (1½ Std.), Bach Lieu (3 Std.), Can Mau (3 Std.), HCMC (5 Std.). Busbahnhof an der Le Duan gegenüber Ecke Vo Thi Sau, ca. 1,3 km südlich des Zentrums.

Long Xuyen

Die großzügig angelegte Hauptstadt der Provinz An Giang am Westufer des Hau Giang trägt schon deutlich südostasiatische Züge. Die Stadt wird von Reisenden kaum besucht, die meisten bevorzugen das weit attraktivere Chau Doc. Long Xuyen verfügt aber über einen kaum bekannten, sehenswerten *Floating Market,* außerdem einen lebendigen Markt am Fluss und eine gute Infrastruktur (Banken, Hotels, Restaurants, Cafés). Die

523v aw

während des Krieges (1965–1973) errichtete katholische Kirche ist die größte des Deltas und fasst über 1000 Gläubige.

Long Xuyen war Mitte des letzten Jahrhunderts Hochburg der 1939 gegründeten **Hoa-Hao-Sekte,** die zeitweise über 2 Mio. Anhänger zählte und wie die Cao Dai einen Staat im Staate bildete. Nach der Ermordung ihres Gründers, des „wiedergeborenen Buddhas" *Huynh Phu So,* durch die Viet Minh (1947), zerfiel die Sekte in rivalisierende Räuberbanden und Privatarmeen und ist heute im Gegensatz zu den Cao Dai kaum mehr aktiv.

⌃ Reisteller mit Seidenraupen

Praktische Informationen

- 380.000 Einw., Tel. 0296.
- **Geld:** *Vietcombank,* 1 Hung Vuong. *Vietinbank,* 20 Ngo Gia Tu.
- **Taxi:** *MaiLinh,* Tel. 3838383.

3 **Supermarkt: Co.op Mart Long Xuyên,** Nguyen Hue/Luong Van Cu, der größte des Deltas.

Unterkunft

Günstige „Hotels“ fungieren oft als Stundenhotels.

2 **Dong Xuyen Hotel**②-③, 9A Luong Van Cu, Tel. 3942260, https://dongxuyenhotel.vn. Neubau mit 58 Zi. Frühstücksbuffet.

Essen und Trinken

5 **Hong Phat,** 242/4 Luong Van Cu. Etwas mehr *Upmarket* und mit AC.
1 **Cafés,** entlang der Flusspromenade Pham Hong Thai.

An- und Weiterreise

■ **Entfernungen** (in km): Chau Doc 55, Can Tho 60, Rach Gia 65, HCMC 190, über Cao Lanh 150.
■ **Bus:** Der Busbahnhof (Ben Xe Long Xuyen, 146 Tran Hung Dao) liegt 2 km nördlich des Zentrums. Von/nach HCMC, Can Tho, Rach Gia etc. Am besten mit **4** **FUTA** (392 Pham Cu Luong, Tel. 3989999, https://futabus.vn) nach HCMC (5 Std.), Can Tho, Chau Doc.

Chau Doc

Die sympathische Kleinstadt am Westufer des Hau Giang nur wenige Kilometer von der kambodschanischen Grenze entfernt wird von zahlreichen Khmer und Cham bevölkert. Sie war in den 1970er-Jahren das Ziel zahlloser Attacken der von Beijing unterstützten **Khmer Rouge.**

Herz der lebendigen Stadt, mehr noch als anderswo, ist der von der alten französischen Markthalle dominierte und bis zur Flusspromenade ausufernde **Straßenmarkt.** Seit der Öffnung der Grenzübergänge Song Tien (Fluss) und Tinh Bien (Straße) im Jahr 2000 hat das beschauliche Städtchen einen sichtbaren Aufschwung in punkto Handel und Tourismus erlebt.

Eine Besonderheit Chau Docs sind die **Schwimmenden Häuser,** unter denen die Bewohner in heruntergelassenen Netzen und Drahtkörben Fische und Süßwassershrimps züchten. Die rapide Kommerzialisierung hat allerdings dazu geführt, dass die neuen Wellblechcontainer eher an Retortensiedlungen denn an Hausboote erinnern. Die überall brennenden Öfen sind für die Futterzubereitung der Tiere da.

Dinh Chau Phu

In dem 1926 erbauten Tempel an der Uferstraße Gia Long wird Nguyen Huu Canh, ein Nachfahre des berühmten Dichters *Nguyen Trai* (15. Jh.) verehrt.

Chau-Giang-Moschee

Ein Ausflug über den Fluss mit der Chau-Giang-Fähre führt auf eine Flussinsel mit Dörfern, die überwiegend von moslemischen Cham bevölkert sind. Ihre Frauen tragen teilweise noch den traditionellen Schleier und widmen sich der Seidenproduktion. Unweit vom Fähranleger (ca. 80 m links) liegt die Hauptmoschee mit einer Koranschule. Nach rund 800 m kommt man zum Dorf Chau Phong mit „Tourist Center", Café und Fahrradvermietung.

Nui Sam

Wie ein gigantischer Taschenkrebs *(sam)* erhebt sich der 230 m hohe Berg *(nui)* nur wenige Kilometer von Chau Doc aus der flachen Ebene. Dutzende

Kanäle

Die Kanäle **Thoai Ha** zwischen Long Xuyen und Rach Gia und **Vinh Te** zwischen Chau Doc und Ha Tien erschlossen um 1780–90 Regionen Vietnams, die mit Ausnahme weniger Khmer-Niederlassungen bis dahin praktisch unbesiedelt waren. Ihr Baumeister *Thoai Ngoc Hau,* ein hoher Mandarin im Dienste *Nguyen Anhs,* des späteren Kaisers *Gia Long,* wird in der Region verehrt. Sein Grab liegt am Nui Sam nahe Chau Doc.

kleiner Tempel und Pagoden liegen ihm zu Füßen bzw. sind in seine Felsen und Höhlen gebaut. Zwischen dem 22. und 26. Tag des 4. Mondmonats ist er Ziel Hunderttausender Wallfahrer, die sich Glück, Segen und Reichtum von der sagenumwobenen **Ba Xu** erflehen. In dem ihr gewidmeten Tempel **Mieu Xu Thanh** (um 1820, 1972 bis zur Unkenntlichkeit restauriert), befindet sich ein mit kostbaren Gewändern geschmückter Stein, der bereits seit dem 4./5. Jh. verehrt wird.

Weitere Ziele der Pilger – 2023 waren es 3,9 Mio. – sind das Grabmal von *Thoai Ngoc Hau,* dem Erbauer der Kanäle, und der 1847 erbaute **Chua Tay An.** Die im indisch-hinduistischen Stil errichtete, aber auch islamische Einflüsse verratende Pagode ist für ihre kunstvoll geschnitzten Holzstatuen bekannt.

Die Attraktion ist der Berg selbst. Die **Aussicht vom Plateau** bis weit nach Kambodscha hinein ist spektakulär. Oberhalb des Tempelkomplexes führen Fußpfade, an der Ostflanke des Berges führt eine Straße hinauf.

■ **Nui Sam,** 5 km südwestlich, Anfahrt: Stadtbus/ *Xe Om.* Es gibt zahllose Hotels und Unterkünfte jeder Preisklasse.

Vogelschutzgebiet Tra Su

Durch das Tra-Su-Feuchtgebiet mit Cajeputwäldern, Störchen und weiteren Wasservögeln führen Ruderboot-Touren auf kleinen Kanälen. Das Gebiet ist landschaftlich märchenhaft schön, aber touristisch sehr „durchorganisiert". Die Bootstour wirkt zuweilen etwas gehetzt, mit wenig Zeit für Vogelbeobachtungen und zum Fotografieren. Je nach Saison trüben zu viele Touristen die Ruhe und Idylle. Wochenenden meiden!

■ **Tra Su,** 23 km westlich. Ab 6 Uhr, Eintritt 200.000 đ, Ruderbootfahrt 100.000 đ p.P (ca. 20 Min.). Touren ab Chau Doc 20–50 $ p.P. (z.B. *Ms. San*). Manchmal auch Teil einer mehrtägigen Mekong-Tour.

Praktische Informationen

■ 100.000 Einw., Tel. 0296.
■ **Geld:** *Vietcombank* (mit ATM), 21 Phan Dinh Phung und 17 Le Loi.

Lokale Veranstalter

7 **Ms San Tours,** 277 Nguyen Van Thoai, Tel. 0918 669236, http://mekongchaudoctravel.com. Viel gelobte Touren-Veranstalterin.
■ **Hang Chau Tourist,** Tel. 3562771, www.hangchautourist.vn. Boote, Touren, Visa etc.

Unterkunft

12 Victoria Chau Doc Hotel⑤, 1 Le Loi, Tel. 3865 011, www.victoriahotels.asia/en/destination/victoria-chau-doc. Unmittelbar am Mekong gelegen, nur wenige Gehminuten vom Zentrum entfernt. Terrasse mit Pool, Restaurant und schönem Ausblick auf den Fluss. 93 Zi.

9 Chau Pho Hotel②-③, 88 Trung Nu Vuong, Tel. 3564139, http://chauphohotel.com. Moderner Bau. Etwas kahl und prosaisch, aber zumindest nicht kitschig; sauber und funktionell. 50 Zi.

UNSER TIPP: **2 Hai Chau Hotel**②, 63 Thuong Dang Le, Tel. 6260066. 16 Zi., einige mit Balkon, und sehr in Ordnung. Lift und Mini-Resto; guter Service.

10 Murray Guesthouse②-③, 11–15 Truong Dinh, Tel. 0944519518. Recht neu und familiengeführt, leider fast 2 km vom Zentrum. 10 untadelige Zimmer.

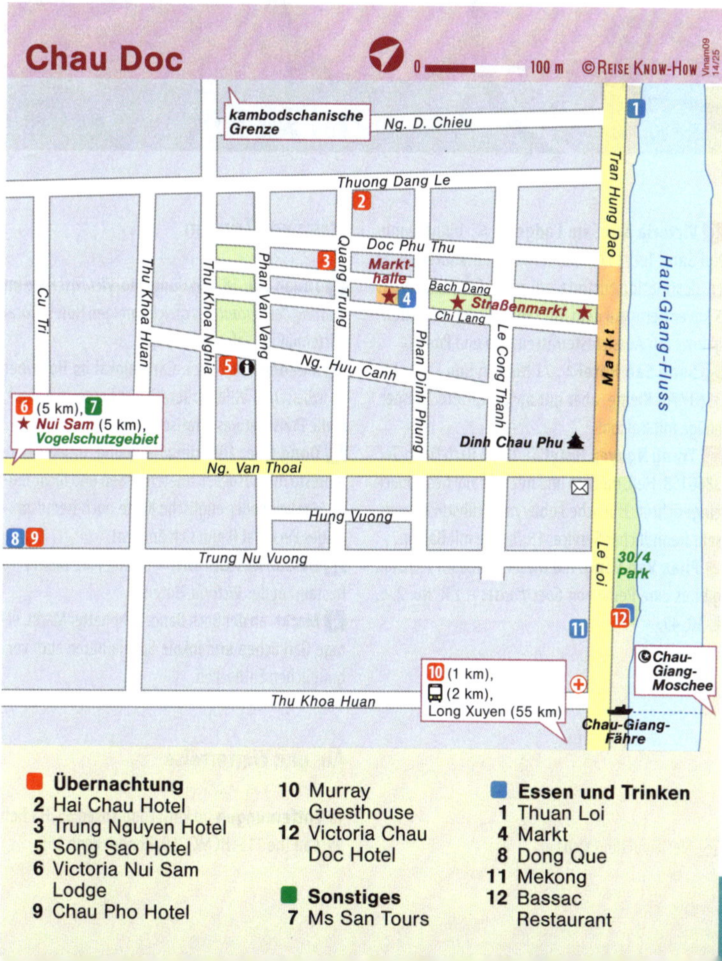

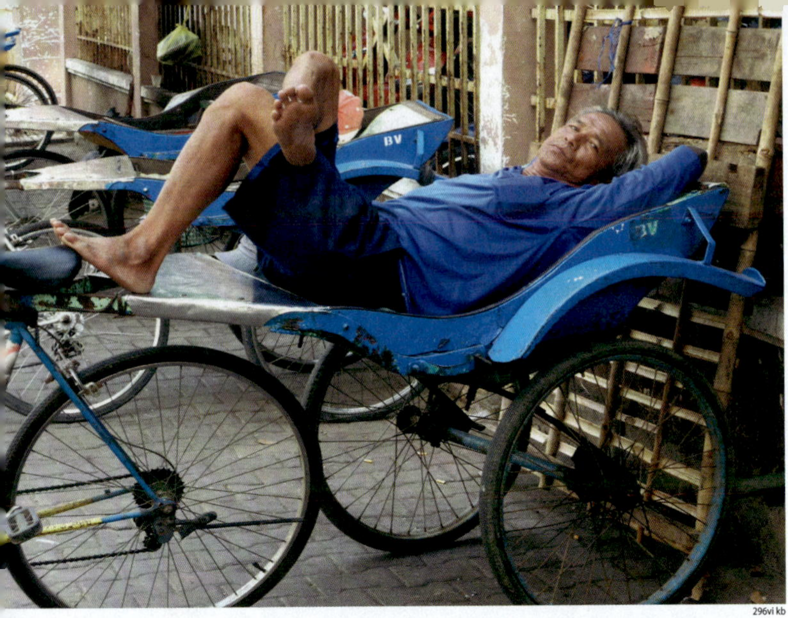

296vi kb

6 **Victoria Nui Sam Lodge**③-⑤, 1 Vinh Dong, Nui Sam, Tel. 3575886, www.victoriahotels.asia/en/destination/victoria-nui-sam. Grandios! Liegt 5 km entfernt auf dem Nui Sam. 26 geräumige Bungalows mit Aussichtsterrassen. Spa und Pool.

5 **Song Sao Hotel**②, 71 Nguyen Huu Canh, Tel. 3561776. Kleine, aber gut ausgestattete Zimmer, einige mit Balkon.

3 **Trung Nguyen Hotel**①-②, 86 Bach Dang, Tel. 3866158. Hell, modern und mit sehr viel Geschmack eingerichtet. Hübsche Lobby mit Frühstücksraum, sehr freundlicher Service. 15 Zi., alle mit Balkon.

■ **Phan Van Vang:** Auf dieser Straße im Zentrum gibt es eine Reihe von *Guesthouses* – z.B. No. 2, 6, 8, 10, 49.

Essen und Trinken

1 **Thuan Loi,** 18 Tran Hung Dao. *Viet Fast Food* im *Floating Restaurant* des gleichnamigen Hotels. Total mittelmäßig – aber tolle Lage!

11 **Mekong,** 41 Le Loi. Gartenlokal im Hof einer französischen Villa. Ordentliches Essen (u.a. *lau*), reelle Preise, etwas erratischer Service.

8 **Dong Que,** 108 Trung Nu Vuong. Intimes Gartenresto mit ausgezeichnetem Essen und nicht teuer. Manko: weder englische Karte noch fremdsprachiges Personal (kann sich ändern).

12 **Bassac Restaurant,** 1 Le Loi. *Fine Dining* im Restaurant des *Victoria*-Hotels.

4 **Markt,** an der Bach Dang. Sehr netter Markt, einige Garküchen und lokale Spezialitäten zum vergnüglichen Entdecken.

An- und Weiterreise

■ **Entfernungen** (in km): Long Xuyen 55, Ha Tien 95, Can Tho 115, HCMC 250, Phnom Penh 165.

Siesta auf dem Xich Lo

Bus

- Der Busbahnhof (Ben Xe Chau Doc) liegt 3 km südöstlich des Zentrums an der Verlängerung der Le Loi. **Regelmäßige Verbindungen** (z.B. mit *FUTA*, Tel. 3565888, https://futabus.vn) mit Long Xuyen, Can Tho (4 Std.), Soc Trang, Ca Mau, My Tho, Vinh Long, Rach Gia.
- **Von/nach HCMC** (6 Std.) alle 60 Min.
- **Ha Tien:** 6.45, 9, 12 Uhr, Fahrzeit 3 Std. Über den Nui Cam (mit 716 m höchster Berg des Deltas, Aufstieg 3–4 Std.), Triton und Ba Hon.
- **Kambodscha:** Grenzübergang Tinh Bien (Phnom Den) zwischen Chau Doc (20 km) und Takeo (43 km). Von der Grenze sind es 2 km bis Tinh Bien, von dort mit dem gelbgrünen Stadtbus *(Xe Buyt)* nach Chau Doc. Ein Bus nach Phnom Penh (5–6 Std.) fährt am Morgen.

Boot

- **Boot exklusiv,** → www.mekongeyes.com.
- **Frachtboote** fahren unregelmäßig nach Long Xuyen, Vinh Long und **Ha Tien** (8–10 Std.).
- **Kambodscha:** Tgl. 7.30 Uhr von/nach Phnom Penh mit **Express-** (5–6 Std.) oder **Slowboat** meist nur bis zur Grenze, dann Bustransfer ab Grenze oder Nek Luong (ca. 8 Std.), Infos unter www.fb.com/bluecruiservn und https://hangchautourist.vn.
- **Visa** für Kambodscha werden an der Grenze ausgegeben. 35 $ plus 2 Passfotos.

Ha Tien

Das malerische, nur 6 km von der kambodschanischen Grenze entfernte Städtchen am Golf von Thailand hat mehr als 25 Jahre gebraucht, sich von den **Greueltaten der Roten Khmer** zu erholen. Die abgeschiedene Grenzlage trug jahrelang ihren Teil dazu bei, dabei sind es kaum 200 km bis Phnom Penh oder 300 km (Luftlinie) bis zum thailändischen Trat.

Eine sehr angenehme, **atmosphärische Stadt,** mit ungewöhnlich vielen alten Häusern und Tempelchen. In wenigen Gehminuten ist man in hübschen Vororten mit von getrockneten Garnelen gelb leuchtenden Trottoirs. Strände und Felsbuchten, romantische Seen und einsame Inseln liegen in unmittelbarer Umgebung.

Die Stadt erstreckt sich im Schutz einer von Hügeln eingefassten Bucht entlang den Ufern des Song To Chau und des Dong-Ho-Sees (→ unten). Eine funktionstüchtige Straßenbrücke wurde 2003 angelegt. Seitdem ist das Stadtbild radikal im Umbruch. Die großen Markthallen am Fluss sind Grünanlagen gewichen, und der alte kolonial geprägte Stadtkern wird immer lebloser, während jenseits davon und zur Brücke hin ein neovietnamesisches „Businesscenter" (Trung Tam Thuong Mai) mit neuen Markthallen entstanden ist.

Ha Tien ist der Ausgangspunkt für die Weiterreise zur Insel **Phu Quoc** per Schnellboot sowie nach **Kambodscha.**

Geschichte

Die Geschichte der Stadt wie der gesamten Region westlich des Unteren Mekong ist eng mit der chinesischen Familie der **Mac** verbunden, die sich 1708 in dem nominell zu Kambodscha gehörigen, praktisch aber nahezu unbesiedelten, allenfalls von Piraten und Schmugglern bevölkerten Sumpfland zwischen den damaligen Machtbereichen Vietnams und Kambodschas niederließ. Fast 100 Jahre lang Objekt der Begierde von

Khmer, Thais und Vietnamesen, die in wechselnden Koalitionen Kriege um das Fürstentum der *Mac* führten, fiel Ha Tien erst 1798 endgültig an Vietnam.

Sehenswertes

Gräber der Mac

Nachdem *Gia Long* auf seiner Flucht vor den Tay-Son-Rebellen bei den *Mac* Unterschlupf gefunden hatte, ließ er 1802 nach seiner Krönung zum Kaiser aus Dankbarkeit die Gräber errichten, die man heute auf einem Hügel am Rande der Stadt sehen kann.

Die in einer gepflegten Anlage ruhenden 46 Familiengräber sind im traditionellen chinesischen Stil errichtet. Das größte, flankiert von Wächterfiguren und Löwen, ist das des Familienpatriarchen **Mac Cuu,** der sich angesichts der Wirren in Kambodscha 1708 dem Schutz Hues unterstellt hatte. Schöner Blick auf die Stadt.

Ein Spaziergang stadtauswärts führt zum Hügel Nui Binh Son (oder Nui Lang, Grabhügel) mit vorgelagerten Lotosteichen und dem kleinen chinesischen Den Mac Cuu (1899). Wer den Hügel in nördlicher Richtung umrundet, gelangt zum Chua Phu Dung (ähnliche Geschichte und Ausstattung wie der Chua Tam Bao, → unten, aber mit separater daoistischer Dämonologie).

Chua Tam Bao

1730 von *Mac Cuu* und seiner zweiten Frau *Nguyen Thi Xuan* als Tempel *(den)* gegründet, aber schon seit vielen Jahren ein buddhistischer Chua. Im Zentrum der heute von Nonnen geführten Pagode stehen daher ebenso *Quan Am,* die Barmherzige, wie der *A-Di-Da-Buddha* und der daoistische Jadekaiser *Ngoc Hoang.*

Chua Thach Dong

Grotten-Pagode (auch Thanh Van genannt) 3,5 km westlich auf dem Weg zum Mui-Nai-Strand. Schöne Ausblicke auf Kambodscha. Eine **Stele des Hasses** erinnert an das grausame Massaker an 130 vietnamesischen Zivilisten durch die Schergen *Pol Pots* am 14. März 1979.

Bai Mui Nai

Als Strand kein Highlight, aber akzeptabel für einen Ausflug. Zu Füßen eines Felsmassivs mit der Ruine eines französischen Leuchtturms und Blicken auf Kambodscha und Phu Quoc. 6 km westlich. Zwei **weitere Strände,** Bai No und Bai Bang, liegen in der Nachbarschaft (Gebühren fürs Parken werden fällig).

Dong Ho

Der Dong Ho oder **Ost-See,** eigentlich nur eine Erweiterung des To-Chau-Flusses, liegt malerisch eingebettet zwischen den Granitkegeln des Ngu Ho und des To Chau. Das Seeufer wird am Abend zur beliebten Flaniermeile – und in klaren Mondnächten, heißt es, sollen dort die Elfen tanzen.

Praktische Informationen

- 100.000 Einw., Tel. 0297.
- **Information:** *Ha Tien Tourist,* 236 Mac Thien Tich, Tel. 3701575, https://hatienphuquoc.com.vn. Als informeller Info-Spot für Traveller hat sich die *Oasis Bar* etabliert (→ unten).
- **Geld:** *Vietcombank,* ATM, 4 Phuong Thanh. *Agribank* mit ATM, 37 Lam Son.
- **Apotheke:** 48 Tran Hau.
- **Post:** 3 To Chau.
- **Taxi:** *Mailinh,* Tel. 38383838.

Unterkunft

4 **River Hotel**③-④, Tran Hau, Tel. 3955888. Zehnstöckiges „Vier-Sterne"-Hotel mit *Floating Resto,* Bar, Pool, Karaoke und Dachgarten. An Wochentagen oft *Discounts.* 80 Zi.

7 **Kim Co 2**①, 21–23 Lo 7, Tel. 3957957. In der Neustadt am Fischmarkt; das Schwesterhotel ist unser Favorit in Rach Gia. 30 Zi.

7 **Hotel Long Châu**②, 36–38 Lo 7, Tel. 773959 189, www.fb.com/khachsanlongchau. In der Neustadt, sauber und sehr ordentlich. 32 Zi.

Adobe Stock © sitriel

5 **Hotel Hai Phuong**①-②, 52 Dang Thuy Tram, Tel. 3852240, www.fb.com/hotelhaiphuong. Hell und sauber, zwei nette alte Leute, die richtig stolz auf ihr Haus sind. 22 Zi.

1 **Hai Yen Hotel**②, 15 To Chau, Tel. 903424333, https://haiyenhotel.vn. Alle 34 Zi., einige mit Balkon, können mit Fan oder AC (Aufpreis) genutzt werden. Schöner Blick von den großen Eckzimmern 304/404 und vom 5. Stock.

Essen und Trinken

3 **Oasis Bar,** 30 Tran Hau, Tel. 3701553. Lebhafte Expat-Bar (*Andy* und *Quyen*). Drinks, Bier, Kaffee, *Western Food* (*English Breakfast,* Müsli, etc.), toll für Reiseinfos! An der Promenade nahe des „Meerjungfrauen-Brunnens".

2 **Xuan Thanh,** 20 Tran Hau. Suppen, Fisch, Schweinefleisch (eine Spezialität der Region vom schwarzen Schwein).

⌃ Alt Ha Tien

6 **Nachtmarkt:** Zwischen Markt und Mac Thien Tich findet abends ein Nachtmarkt mit vielfältigem Essensangebot statt.

An- und Weiterreise

- **Entfernungen** (in km): Ba Hon 20, Hon Chong 30, Rach Gia 92, Chau Doc 95, Can Tho 205, HCMC 340, Phnom Penh 190, Sihanoukville 145, Kampot 75, Kep 47.

Bus

- Der **Busbahnhof** (Ben Xe Ha Tien) liegt an der N 80 Richtung Xa Xia/Kambodscha 2 km in Verlängerung der To-Chau-Brücke. Mehrmals tgl. u.a. von/nach HCMC (8½ Std.), Rach Gia, Can Tho, Chau Doc. Mit *FUTA* (https://futabus.vn) oder *MaiLinh.*
- **Nach Kambodscha:** Minibusse fahren nach Kep (1 Std.), Kampot (1½ Std.), Sihanoukville (4 Std.), Phnom Penh (5 Std.). Zuverlässige Info-Spots vermitteln Bustickets oder Privattransport (→ Praktische Informationen). Visa 35 $ (offiziell 30 $, man muss aber mit einem „Aufpreis" von ca. 5 $ rechnen, um die Sache zu „beschleunigen"). US-Dollar und zwei Passfotos bereithalten.

Boot

■ **Nach Phu Quoc:** Regelmäßige **Schnellboot**-Verbindung mit Phu Quoc. Tgl. mit *Ngoc Thanh, Superdong* oder *Phu Quoc Expressboat,* Tickets gibt's online unter https://superdong.com.vn/en und http://phuquocexpressboat.com, Ankunft in Bai Vong, mit Lam Dai Hai, Ankunft in Ham Ninh (Fahrzeit jeweils ca. 1¼ Std.). Abfahrtszeiten ändern sich ständig, je nach Saison und Wetter.

Ha Tien, Umgebung

Halbinsel Hon Chong

Der 3 km lange **Strand** (Bai Duong) 32 km südlich von Ha Tien gilt als schönster Festlandstrand des Mekong-Deltas. Pagoden, Grotten, pittoreske Felsinseln und Kasuarinabäume runden das Bild ab. In der Umgebung Pfefferplantagen, allerdings auch ein paar gewaltige Zementfabriken (von denen man am Strand freilich nichts mehr spürt).

Der Strand ist feinsandig, aber nicht breit, immer leicht feucht und teilweise vermüllt. Außer im Sommer und an Wochenenden herrscht kein Betrieb, aber für einen **Badeurlaub** sollte man Hon Chong **nicht** in Betracht ziehen!

☐ Fähren sind noch allgegenwärtig

342vi kb

Chua Hang

Die **Grotten-Pagode** am Südende des Strandes lockt das ganze Jahr über Einheimische an. Der Zugang zur Grotte liegt hinter dem Altar der in den Fels hineingebauten Hai-Son-Pagode. Im Inneren ist eine schöne hölzerne *Quan Am* mit 100 Armen und Attributen zu sehen. Durch eine weitere Grotte gelangt man an eine Meeresbucht mit dem malerischen Felspaar **Hon Phu Tu** (Vater und Sohn) – eine fotogene Miniatur-Ha-Long-Bucht mitten im flachen Mekong-Delta.

Praktische Informationen

Unterkunft, Essen und Trinken

■ **Hon Trem Resort**④, Binh An Village, ca. 37 km südlich von Ha Tien auf einem Küstenzipfel, 2 km vor dem Kap Hon Chong, Tel. 3854331. Geschlossene Anlage auf einer hügeligen Halbinsel, auf den ersten Blick eine Pracht, auf den zweiten eher durchschnittlich. Riesiger Pool, 15 Villen, 80 Zi.

■ **Green Hill Guest House**②, 179 Hon Chong, Binh An, Tel. 944607348, www.fb.com/GreenHill GuestHouse. Hübsche weiße 1070er-Jahre-Villa auf einer kleinen Anhöhe über dem Strand mit großzügiger Terrasse. Resto.

■ **Restaurant:** Hon Chong ist ein Paradies für Freunde von **Meeresfrüchten.** Muscheln, Schnecken und Austern aller Art.

☒ Sonnenuntergang in Rach Gia

An- und Weiterreise

■ **Abzweiger** von der N 80 bei dem Städtchen **Ba Hon** 20 km südlich von Ha Tien bzw. 70 km nördlich von Rach Gia. Zum Bai Duong 12–15 km.

Rach Gia

Die einstige Schmuddelstadt am Golf von Thailand war die erste im Delta, die aufräumte, Markt und Hafen vom Zentrum in die Peripherie verlegte, an ihrer Statt Parks und Promenaden anlegte und mit breiten Ausfallstraßen neue Stadtteile erschloss. Hektischer Verkehr auf den Straßen, *Shopping Malls* und öder, **steriler Einheitslook** à la deutsche Fußgängerzone machen die Stadt nicht wirklich schön. Neuestes Projekt ist die Erschließung des Strandes, wo stetig neue Hotels und Restaurants aus dem Boden schießen (Hoa-Bien-Viertel). Auch eine neue Küstenstraße wurde gebaut.

Für Phu-Quoc-Reisende ist Rach Gia wie der zähe Brei, durch den man sich fressen muss, um ins Schlaraffenland zu gelangen.

Das **Zentrum** liegt auf einer Flussinsel zwischen zwei kanalisierten Armen des Song Cai Lon.

Sehenswertes

Markt, Hafen, Strand

Von Markt und Hafen sind im Zentrum entlang der Uferstraße **Bach Dang** nur mehr Rudimente übrig geblieben. Der „Strand" lädt weniger zum Baden als zum Flanieren, Kaffee- und Biertrinken und Entspannen in Liegestühlen ein. Das Meer gleicht einer braunen Brühe.

Museum

Zu sehen sind interessante Ausgrabungsstücke des alten **Oc Eo,** das nur wenige Kilometer landeinwärts lag. Knochenfunde und Pfeilspitzen weisen sogar noch wesentlich frühere menschliche Ansiedlungen nach (3000–2000 v. Chr.). Eine weitere Abteilung widmet sich wie üblich dem revolutionären Widerstand.

■ **Bao Tang Kien Giang,** 21 Nguyen Van Troi, Mo–Fr 7.30–11 und 13.30–17 Uhr, Eintritt frei.

Dinh Nguyen Trung Truc

Dem Widerstandskämpfer *Nguyen Trung Truc* sind nicht nur eine Straße und eine Statue am Hauptplatz, sondern auch ein Tempel gewidmet. Nachdem er 1861 das Kanonenboot „Espérance" in die Luft gesprengt hatte, nahmen die Franzosen seine Familie als Geisel und drohten, sie an seiner Statt zu erschießen. *Truc* stellte sich daraufhin und wurde 1868 auf dem Marktplatz öffentlich hingerichtet. Sein Porträt ist am Altar des Tempels zu sehen.

■ **Dinh Nguyen Trung Truc,** 18 Nguyen Cong Tru.

Bac-De-Tempel

Bac De, einer Reinkarnation des Jadekaisers, sind zwei Tempel aus dem 19. Jh. gewidmet: **Hoi Quan Bac De,** eine Versammlungshalle der chinesischen Gemeinde (14 Nguyen Du) und **Chua Bac De,** eine Pagode im chinesischen Stil mit sehenswerten Wandmalereien (134 Tran Phu).

Adobe Stock © LuNhatThuyen

Praktische Informationen

- 250.000 Einw., Tel. 0297.
- **Geld:** *Vietcombank* mit ATM, 1 Huynh Man Dat. Gegenüber liegt die **Post.**
- **Taxi:** Tel. 3878787.

Unterkunft

11 Hoa Binh Rach Gia Resort②-③, 3–7 Co Bac, Tel. 3553355, www.hoabinhrachgiaresort.com.vn. Mit Pool und Karaoke. 80 Zimmer mit Garten-/ Meerblick.

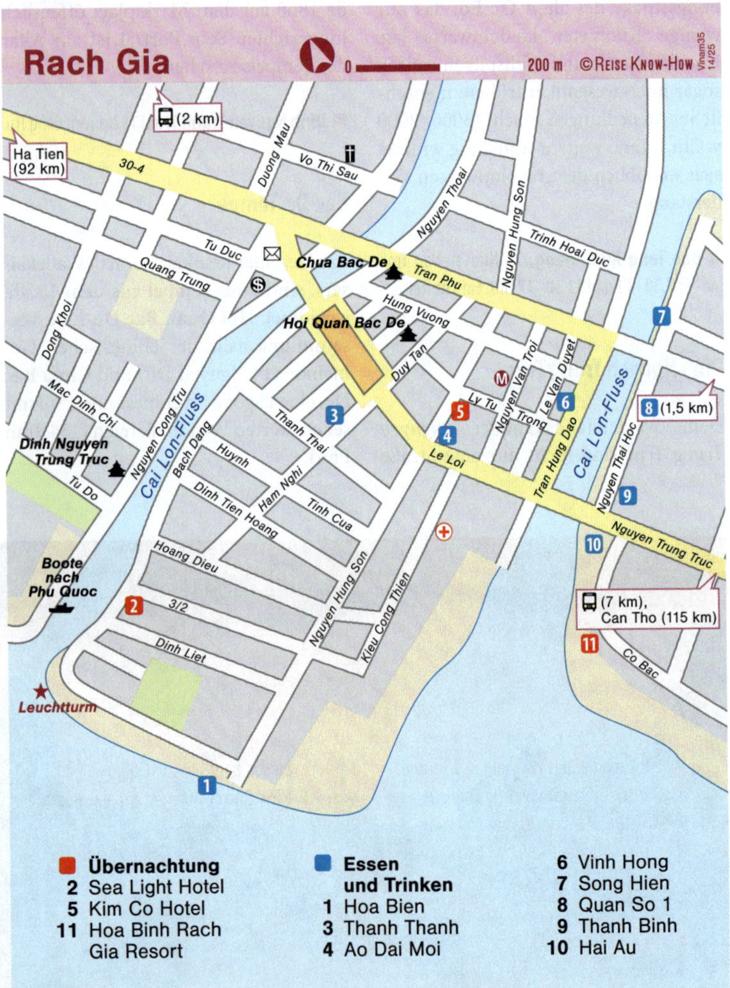

☐ Übersicht S. 470

2 Sea Light Hotel②-③, A11 Duong 3/2, Tel. 62 55777. Gehört zum Besten, was Rach Gia zu bieten hat (mit Pool). 65 geräumige Zimmer auf 18 Stockwerken mit tollem Blick.

5 Kim Co Hotel②, 141 Nguyen Hung Son, Tel. 3879610. Eine gute Wahl und immer voll (reservieren!). Helle, luftige Räume, ordentliche Bäder, halbwegs effektiver Service. 50 Zi.

Essen und Trinken

8 Quan So 1, 82 Lac Hong. Zum Selberbrutzeln auf dem Tischgrill: *Seafood* und Fleisch und Wraps und Allerlei.

10 Hai Au, 2 Nguyen Trung Truc. Anspruchsvolles *Seafood*-Resto mit schöner Flussterrasse, die allerdings fast immer von Gruppen (Hochzeiten etc.) belegt ist.

1 Hoa Bien, Nguyen Hung Son, www.fb.com/NhaHangHoaBien. *Seafood*-„Palast" mit großer Veranda zum Meer; mehr Atmosphäre geht nicht.

6 Vinh Hong, 31 Tran Hung Dao. Solides *Seafood*-Lokal, leider nur innen.

9 Thanh Binh, 2 Nguyen Thai Hoc. Lebhafte Garküche, auch am Abend noch sehr belebt; große Auswahl.

4 Ao Dai Moi, 161 Nguyen Hung Son. Suppen *(pho, won ton)* und Reisgerichte.

3 Thanh Thanh, 8 Ham Nghi. Café in einem hübschen kleinen Kolonialhaus, auch Suppen, Reis- und Nudelgerichte.

7 Song Hien, Nguyen Thai Hoc, gleich an der Brücke. Für Mutige. Kleine Bierhalle am Fluss, mit Glück erwischt man einen Tisch auf der Veranda. Gutes und günstiges Essen, aber kein Englisch.

■ **Kuchen:** 9 Ly Tu Trong (beste Auswahl). 42 Pham Hong Thai (am großen Platz).

Adobe Stock © Quang

☒ Im Hafen von Rach Gia wird Seafood getrocknet

An- und Weiterreise

■ **Entfernungen** (in km): Long Xuyen 65, Hon Chong 85, Ha Tien 92, Can Tho 115, Phu Quoc 120, Ca Mau 130, HCMC 250.

Bus

■ Der zentrale **Busbahnhof** liegt 500 m nördlich des Zentrums an der Nguyen Binh Khiem beim *Trade Center.* Im Stundentakt mit *Phuong Trang* nach HCMC (6 Std.) und Can Tho (3 Std.) sowie mehrmals tgl. nach Long Xuyen, Ba Hon, Ha Tien (3 Std.); die Minibusse von *MaiLinh* starten auch bis in die Nacht (bis 24 Uhr, Tel. 3929292). Ein zweiter, größerer Busbahnhof (Ben Xe Rach Soi) liegt 7 km südlich der Stadt.

Boot

■ Nach **Ca Mau** 2–3x tgl. ab **Ben Pha Rach Meo** 2 km südlich der Stadt (3–5 Std.).

■ **Nach Phu Quoc:** Ableger am Westende der Nguyen Cong Tru. Mehrmals tgl. **Schnellboote.** Tickets gibt's online unter https://superdong.com.vn/en und http://phuquocexpressboat.com.

Flug

■ Tgl. nach **Ho Chi Minh City.** Der Flughafen Rach Soi liegt 7 km östlich der Stadt.

Insel Phu Quoc

Phu Quoc, rund 50 km westlich des Festlands im Golf von Thailand gelegen, ist mit einer Fläche von 568 km² die **größte Insel Vietnams.** Ihre Nord–Süd-Ausdehnung beträgt annähernd 60, ihre breiteste Stelle misst 30 km. Die von **Regenwäldern** bedeckten **Berge** im Norden und Osten der Insel erreichen Höhen bis zu 600 m, entlang der flacheren Westküste, aber nicht nur dort, erstrecken sich Fischerdörfer und langgezogene **Strände.**

Phu Quoc zählt geografisch nicht zum Mekong-Delta. Seine kargen Sandsteinböden sind für Reisanbau und Obstplantagen ungeeignet. Neben Fischfang und -verarbeitung ist der **Anbau von Pfeffer** Haupteinnahmequelle der Inselbewohner. In den wenigen größeren Ansiedlungen wie **Duong Dong** (60.000 Einw.), **An Thoi** und **Ham Ninh** wird die Spezialität der Insel hergestellt, die in ganz Vietnam gerühmte und bis nach Europa und die USA exportierte **Nuoc Mam** (Fischsauce).

Wenn es in Vietnam eine **Trauminsel** mit Bade-Sandstränden, Dschungel und Sonnenuntergängen gibt, dann ist es Phu Quoc. Noch. Die Tourismus-Entwicklung knabbert an der Insel wie das Nichts an *Phantásien* in der „Unendlichen Geschichte". Und Tourismus-Entwicklung bedeutet in Vietnam einen Bau-Wahnsinn mit Mega-Hotels und den üblichen Golfplätzen, Amüsement-Parks, *Shopping Malls* und Karaoke-Schuppen. Bestes Beispiel ist das gigantische Resort des vietnamesischen Konzerns *Vinpearl* am Strand Bai Dai: 750 Hotelzimmer, Vergnügungs- und Wasserpark, Aquarium und Safari-Park mit Giraffen, Löwen, Zebras, Elefanten und Nashörnern. Weitere Überbauungen sind in Arbeit. Die Situation an der Küstenstraße ändert sich derzeit laufend, zunehmend werden Strandabschnitte für Baustellen gesperrt und bleiben anschließend zum Teil als Privatstrände für die Öffentlichkeit nicht zugänglich.

Das noch größere Ärgernis für Phu-Quoc-Reisende, und die wohl häufigste Beschwerde, ist jedoch die zunehmende **Vermüllung der Strände.** Je nach Strömung schweben Plastiktüten im Wasser wie gespenstische Quallen, und Resortbesitzer berichten, dass ihre Mitarbeiter jeden Morgen Dutzende von Säcken mit Abfall füllen. Manche Strände werden mehrmals täglich gereinigt. Der Müll wird nicht nur von den Inselbewohnern und Besuchern verursacht, er wird auch aus dem Golf von Thailand angeschwemmt, einiges davon soll von den Tausenden von Fischerbooten stammen. Der Großteil des Abfalls landet schließlich auf den zwei Müllhalden auf der Insel, entweder in der Nähe des Ong-Lang-Strandes an der Hauptstraße oder nördlich von An Thoi. Dort türmt sich der Müll und wird verbrannt (man kann sich das angucken gehen, beim Eindunkeln sieht es besonders dramatisch aus). Viel Unrat wird zudem in den Duong-Dong-Fluss gekippt.

Klima und Saison

Klima und Wassertemperaturen sind fast das ganze Jahr hindurch zum Baden geeignet. Regenzeit ist Juni bis Oktober mit dem Höhepunkt im Juli/August; auf dem Höhepunkt des Sommer-Monsuns kann die See derart rau sein, dass Baden unmöglich ist.

Teuer wird Phu Quoc in der Hochsaison von Dezember bis Februar sowie während der Tet-Ferien (vietnamesisches Neujahr). Auch während der vietnamesischen Schulferien, Ende Juni bis August, ist vermehrt mit einheimischen Touristen, höheren Preisen und gut gebuchten Hotels zu rechnen.

Geschichte

Das nahezu unbesiedelte Eiland trat **1765** in die vietnamesische Geschichte ein, als der französische Missionar (und spätere Bischof) *Pigneau de Béhaine* hier operierte und zehn Jahre darauf mit dem auf der Flucht vor den Tay-Son-Rebellen von Hue nach Phu Quoc geflüchteten Prinz **Nguyen Anh** paktierte. Zwar gelang es ihm nicht, *König Louis XVI.* zu einer bewaffneten Intervention zugunsten seines Schützlings zu bewegen, doch kehrte er mit einem zusammengekauften Söldnerheer aus Frankreich zurück, mit dessen Hilfe *Nguyen Anh* seine Widersacher bezwingen und sich selbst zum **Kaiser Gia Long** krönen konnte. Der Beginn der Nguyen-Dynastie und die Anfänge des französischen Kolonialismus in Vietnam wurden beide auf Phu Quoc geboren!

1869 besetzten die Franzosen die Insel, bauten ab der Jahrhundertwende das größte **Gefangenenlager** Cochinchinas und ließen sich von den Sträflingen **Pfefferplantagen** in den Urwald schlagen. Zur Zeit des Vietnamkriegs saßen bis zu 40.000 Inhaftierte des Saigoner Regimes hier ein.

☑ Sandstrand auf Phu Quoc

349vi kb

0 5 km
©Reise Know-How
Vinam54 14/25
Übernachtung
1 Peppercorn Beach Resort
2 Bamboo Cottages
3 Mia Homestay
4 Freedomland
5 Mango Bay Resort
6 Chen Sea Resort & Spa
7 Coco Palm Beach Resort & Spa
8 Have Fun
10 Salinda Resort
15 A 74, Langchia Home
16 Sea Star Resort, Tropicana Resort
18 Hiep Thanh Resort, Cassia Cottage Resort & Spa, Thanh Kieu Beach Resort
19 Thanh Hai Guesthouse, Sunshine Bungalow, La Mer Resort
20 La Veranda Resort, Arcadia Phu Quoc Resort, Phu Quoc Kim
21 Viet Thanh, Nhat Lan Resort
22 Thai Tan Tien Resort
23 Sunlight Bungalow
24 Mushrooms Backpackers
Essen und Trinken
8 The Cheeky Traveller
9 XOM Coffee & Bar
10 Tank Tops & Flip Flops Reggae Beach Bar
11 Buddy Ice Cream & Cafe
12 Nachtmarkt
17 Ganesh
18 The Spice House
20 La Veranda
21 May
Sonstiges
9 John's Tours
13 Rainbow Divers
14 Flipper Diving Club
Mt. Chao 382
Bai Thom
Hon Mot
Rach Tram
Bai Thom
Mt. Ham Rong 368
Mt. Chua 603
Ganh Dau
Rach Vem
Mt. Bai Dai 224
NATIONALPARK
Kap Da Chong
Autofähre nach Ha Tien
Doi Moi
Bai Dai
Mt. Vo Quap 478
Bai Bon
Cua Can
Mt. Chop Chai 333
Bai Ong Lang
Khu Tuong
Hundefarm
Ong Lang
Cua Duong
Mt. Da Bac 448
Ganh Gio
Ben Tram
Golf von Thailand
Ausschnitt
Duong Dong
Suoi Da Ban
Suoi Tranh
410
Ham Ninh
Internationaler Flughafen
Bai Truong (Long Beach)
Perlenfarm
Bai Vong
Boote nach Rach Gia u. Ha Tien
Suoi Lon
Duong Co
Bai Dam
Duong Dam
Kokosnuss-Gefängnis
Bai Sao
Dat Do
Bai Khem
Cay Dua
An Thoi
Hon Thom Cable Car
Kap Ong Doi
Dua
Dam
Thom
Roi
Leuchtturm
Bach Dang
Markt
Ng. Trai
30 Thang 4
Ly Tu Trong
Vo Thi Sau
Superdong-Tickets
Nachtmarkt
Flughafen, Vietcombank
Tran Hung Dao
Golf von Thailand
An Thoi (26 km)
Duong Dong
0 200 m

Sehenswertes

Weite Teile der Insel, insbesondere der waldige und gebirgige Nordosten, sind als **Nationalpark** deklariert. Ausflüge durch die halbwegs unberührten, wenn auch schon seit Langem ihres Wildreichtums beraubten Wälder, Richtung Bai Thom und Ganh Dau, sind lohnenswert.

An dieser Stelle muss auch von der Hunderasse **Phu Quoc Ridgeback** die Rede sein. Der Jagdhund mit dem markanten „Ridge" entlang der Wirbelsäule, einem Haarkamm, auf dem die Haare gegen den Strich wachsen, ist verwandt mit dem *Thai* und dem *Rhodesian Ridgeback.* Die Rasse gilt als ausdauernd, freundlich und neugierig, und die Phu-Quoc-Hunde sind gute Läufer, Schwimmer und Kletterer. Der Legende nach ging die Rasse aus der Verpaarung eines Meeresdrachen mit einem Einhorn hervor. In Cay Dong, 4,5 km nördlich von Duong Dong, gibt es eine **Hundefarm** *(Dog Racing Farm),* wo auch Rennen stattfinden, wenn genügend Zuschauer zusammenkommen.

Nur 6 km südöstlich der Hauptstadt laden die klaren Wasserstrudel und -becken der **Suoi** (Quellen) **Da Ban** zum Baden und Picknicken ein. Eintritt und gebührenpflichtiger Parkplatz. Noch etwas weiter südlich und schwerer zugänglich sind die **Suoi Tranh.** Auch hier wird Eintritt fällig.

Das **Kokosnuss-Gefängnis** *(Nha Lao Cay Dua)* 5 km nördlich von An Thoi wurde 1949 von den Franzosen errichtet. Auf seinem Höhepunkt, nach der Tet-Offensive 1968, beherbergte es über 40.000 Gefangene des Saigoner Regimes. Ein kleines Museum (→ unten) dokumentiert die unmenschlichen Zustände dieser Folter-Institution. Bis heute werden verborgene Massengräber auf der Insel entdeckt.

Ganz im Süden befindet sich auch eine der Attraktionen der Insel: die **Hon Thom Cable Car.** Die Seilbahn hält gleich drei *Guinness*-Weltrekorde, ist fast 8000 m lang und startet in An Thoi. Von

☒ Die Hon-Thom-Seilbahn

Adobe Stock © Вера Тихонова

hier geht's über das Meer und die Inseln Hon Dua und Hon Roi bis zur Insel Hon Thom und dem dortigen **Vergnügungspark „Sunworld"** mit Achterbahn, Wasserpark und der beliebten „Kissing Bridge".

■ **Sunworld,** Eintritt 1 Mio. đ, Kinder bis 1,40 m 650.000 đ, Tickets unter https://ticket.sunworld.vn.

Strände

Im Zentrum

Hauptstrand ist der von Kokospalmen und kristallklarem Wasser gesäumte **Bai Truong** *(Long Beach)*, der sich an der dem offenen Meer zugewandten Westküste über eine Länge von 20 km von Duong Dong bis fast zum Fischerhafen An Thoi an der Südspitze der Insel erstreckt. Hier ist am meisten los, und mit Baustellen ist zu rechnen. Nördlich der Hauptstadt ist die Küste unwegsamer und hügeliger, hier erstrecken sich, teilweise inmitten von Pfefferplantagen, die Buchten des Strandes **Ong Lang** (7 km) bis auf Höhe des an einer Lagune gelegenen Fischerdorfes Cua Can.

Im Norden

Schön ist der verschwiegene, noch wenig „entwickelte" **Bai Thom** (Aussicht auf Kambodscha), von dem aus man über einen Steg auf die kleine Insel Hon Mot laufen kann. Eigentlich traumhaft war auch der flache, 7 km lange **Bai Dai** mit der vorgelagerten, von Korallenriffen gesäumten **Hon Doi Moi** (Schildkröteninsel), bevor er von dem vietnamesischen „Disneyland" *Vinpearl* vereinnahmt wurde.

Der von Hügeln und Stränden eingerahmte Fischerhafen **Ganh Dau** (35 km) an der Nordwestspitze ist ein beliebter Ausflugspunkt. In den Cafés kann man Boote zu den Inseln Hon Ban und Doi Moi mieten. Eine besondere Empfehlung ist das noch recht idyllische Fischerdorf **Rach Vem** mit seinen pulverweißen Stränden.

Im Süden

Sein unglaublich heller, feiner Sand machen den **Bai Sao** – Sternenstrand – zum schönsten und einem der populärsten der Insel (20 km zur Hauptstadt). Allerdings wurde er in jüngerer Zeit vermehrt vermüllt angetroffen, auch stören die mietbaren und lauten *Jetskis* die Idylle. Müll kann es leider auch am nahen schneeweißen **Bai Khem** geben. Teile davon wurden für den Bau eines Luxusresorts gesperrt.

☒ Phu Quoc ist auch für seinen Pfeffer berühmt

Praktische Informationen

- 180.000 Einw., 0–600 m, Tel. 0297.
- **Website:** www.visitphuquoc.info, www.phuquocislandguide.com.
- **Information:** *Phu Quoc Explorer,* To 2, 30/4 Street, Tel. 6596979, https://phuquocexplorer.com. Fahrzeuge, Buchungen aller Art, Inselrundfahrten etc.
- **Geld:** ATMs diverser Banken entlang der Strandstraße Tran Hung Dao und in Duong Dong.
- **Apotheke:** 80 Tran Hung Dao; 70 Nguyen Trung Truc.
- **Museum:** Cay-Dua-Gefängnis, 5 km nördlich, An Thoi, Di–So 7.30–11 und 13.30–17 Uhr, Eintritt frei.
- **Transport:** Die Ostküste, die Hauptstadt und der Flughafen werden von den *VinBussen* 17, 19 und 20 auf verschiedenen Strecken abgefahren. Die Nutzung der grünen **E-Busse** ist **gratis** – dem *Beachtrip* steht also nichts im Wege. Die Busse verkehren regelmäßig in kurzen Abständen und bis in den späten Abend hinein. Die gängige Miete für Motorräder liegt bei 150.000 đ pro Tag, für Mountainbikes bei 80.000 đ pro Tag. Ein zuverlässiges und günstiges **Taxiunternehmen** ist *Mai Linh* (Tel. 397 9797). *Xe Om* (Motorradtaxis) können nahezu auf der ganzen Insel angeheuert werden und jede Unterkunft hat einen Fahrer an der Hand.

Aktivitäten

- **Wellness:** Aroma Spa, beim *Aroma Hotel,* Tel. 93 9926236, www.fb.com/aromahotelmassage.
- **Touren:** Für Trekking-, Motorrad- und Schnorcheltouren oder das beliebte *Squid Fishing* empfiehlt sich vor allem **9 John's Tours** (143 Tran Hung Dao, Tel. 918939111, https://phuquoctrip.com/en). Die Preise regeln sich je nach Transportmittel, Zeitdauer und Aufwand (Ausrüstung, Lunch u.Ä.). Mehrere Veranstalter bieten Touren zur Fischsauce-Fabrik, Pfeffer- und Hundefarm an (→ Information).
- **Pfefferfarm:** Es gibt auf der Insel einige Pfefferfarmen, die auch auf den Gratiskarten eingezeichnet sind. Manche werden regelmäßig von geführten Touren angefahren, bei anderen kann man einfach vorbeischauen. Viele haben einen Shop, in dem auch der Pfeffer probiert und gekauft werden

663v un

kann. Am besten vorher die jeweilige Website checken oder anrufen (lassen).

■ **Tauchen und Schnorcheln:** Besonders die Korallenriffe des nahen An-Thoi-Archipels, z.B. bei den Inseln May Rut und Mong Tay, sind lohnend.

13 **Rainbow Divers,** 11 Tran Hung Dao, Tel. 7676 00219, www.divevietnam.com. Das renommierte Unternehmen aus Nha Trang. Saison: Mitte Okt. bis Ende April.

14 **Flipper Diving Club,** 60 Tran Hung Dao, Tel. 939402872, www.flipperdiving.com. Ebenfalls ausländisch geführt und etwas preisgünstiger als *Rainbow Divers.*

■ **Squid Fishing:** Die Gewässer rund um Phu Quoc sind ein Dorado für Tintenfische; während der Saison kommen *Trawler* aus Thailand, Singapur und Malaysia hierher zum Kaufen. Gefischt wird in mondlosen Nächten, die Schwärme werden mit taghellen Scheinwerfern angelockt.

Unterkunft

■ Empfehlenswert ist der Abschnitt des Bai Truong *(Long Beach)* auf den Kilometern 2 bis 5 südlich der Hauptstadt Duong Dong (und rund 6–7 km nördlich des Flughafens). Alteingesessene Familienbetriebe mit in der Regel nicht mehr als 30 bis 40 Bungalows und/oder Zimmern – keine Bettenburgen! (Lediglich zur Hauptstadt hin findet man ein paar größere Resorts, fast ausschließlich mit Vietnamesen und Russen belegt.)

Alle von uns angeführten Anlagen liegen **nahe am Strand.** Die Straße Tran Hung Dao im Hauptort Duong Dong wird im Folgenden mit THD abgekürzt.

Die **Preise** außerhalb der Hochsaison – November bis Februar/März – sind deutlich niedriger und in der Regel verhandelbar.

■ **Achtung:** In der Hochsaison können alle Quartiere schon mal komplett ausgebucht sein, vor allem am Wochenende – rechtzeitig reservieren (und rückbestätigen lassen!) ist dringend angeraten (und sei es nur für die erste Nacht). Zwischen Weihnachten und Neujahr sowie zu Tet sollte man die Insel ohne feste Reservierung von Logis und Flug gänzlich meiden.

■ Viele Resorts bieten bei Vorausbuchung kostenlosen **Abholservice** vom Flughafen (bei Reservierung anfragen).

10 **Salinda Resort**⑤, Cua Lap Hamlet, Tel. 39900 11, www.salindaresort.com. Luxus-Strandresort am *Long Beach,* herausragend guter Service und tolle Betreuung, umwerfend gutes Frühstückbuffet. Mit kleinem Privatstrand, Pool und Poolbar, Restaurants, Spa, Mountainbikes.

20 **La Veranda Resort**⑤, Tel. 3982988, www.laverandaresorts.com. Das erste ausländische Top-Resort der Insel (2006). Trotz einer gewissen (grundstücksbedingten) Beengtheit Spitzenklasse auf Phu Quoc, hoch professionell und freundlich, gemütlich, mitten im Geschehen am *Long Beach.* 70 Zi.

6 **Chen Sea Resort & Spa**⑤, Tel. 3995895, www.chensea-resort.com. Architektonisch und im Design ein Genuss, schönes, weitläufiges Gelände mit Privatstrand. Für außerhalb benötigt man allerdings meist ein Taxi. 36 Bungalows, noch der kleinste *(Beachfront!)* bietet 78 m².

7 **Coco Palm Beach Resort & Spa**③-⑤, To 3, Ap Ong Lang, Xa Cura Duong, Tel. 985894488. Inmitten einies weitläufigen tropischen Gartens gibt es Zimmer und Bungalows in verschiedenen Kategorien und mit unterschiedlichen Ausblicken, die Einrichtung könnte als „Tropen-Chic mit reichlich Holz" bezeichnet werden. Beliebt bei deutschen Gästen, ein bisschen ab vom Schuss, aber dafür mit eigenem Strandzugang.

UNSER TIPP: 23 **Sunlight Bungalow**②, 100C/1 THD, Tel. 966770881, www.sunlightbungalow.com. Das Team in der netten Anlage ist ungemein freundlich und hilfsbereit, alles ist sehr sauber. Die Bungalows sind recht geräumig und zweckmäßig eingerichtet und haben eine kleine Terrasse. Nach hinten wird's luftiger. Auch das hauseigene Restaurant ist hervorragend, bietet für jeden Geschmack etwas, und das abendliche Fisch- und Meeresfrüchte-BBQ lockt Urlauber auch aus anderen Unterkünften her. Kleiner Tipp: Hier ein eiskaltes und einheimisches Phuo-Quoc-Bier genießen!

18 **Cassia Cottage Resort & Spa**⑤, THD, Tel. 3848395, https://cassiacottage.com. Einst Privatresidenz eines amerikanischen Gewürzhändlers aus Hanoi, mittlerweile veritables Resort. Man kann nicht viel daran aussetzen (viel Grün, Pool etc.), schon lange am Markt und hat viele Fans.

5 **Mango Bay Resort**⑤, am Ong Lang Beach 6 km nördlich von Duong Dong, Tel. 3981693, https://mangobayphuquoc.com/en. Schöne, weiträumige Anlage in australischem Besitz mit Liebe zum Detail, teils an Felsküste, teils an kleinen Strandbuchten, in tropischem Garten. 40 Zi. und Bungalows, auch hier wohnt man „natürlich", d.h. ohne AC, TV etc. Sehr gut, auch von der Lage her, gefallen uns die fünf Veranda-Zimmer mit großer Holzveranda (britisch-afrikanisches Kolonialflair). Gratis Kajak, Volleyball, Sprachkurs, Shuttle ins Zentrum, Rundboot, Spiele, Fahrräder, Schnorcheln, *Stand-Up-Paddleboard*. Hübsches Resto mit guter Küche (vietnamesische und westliche Speisen).

18 **Thanh Kieu Beach Resort**③-④, 100C/14 THD, Tel. 3848394, https://thanhkieuresort.com/en. Gepflegte weitläufige Anlage, sehr offen, grün, sauber und aufgeräumt; sehr schöner Strand. 40 Bungalows, Garten-/Meerblick.

16 **Sea Star Resort**③-⑤, 98/2 THD, Tel. 3982161, www.seastarresort.com. Sauber und aufgeräumt, geräumig und ansprechend möbliert, bestens ausgestattet mit AC, Kühlschrank, Wasserkocher, Föhn, Moskitonetz, TV. 24 Bungalows, 12 Beach Villas, 11 Zimmer.

20 **Arcadia Phu Quoc Resort**⑤, Tel. 2209999, http://phuquocarcadiaresort.com. Gute Lage, 19 Zi., z.T. mit Balkon, 22 Bungalows. Gute Ausstattung, vor allem der Bäder; die Bungalows sind auf zwei Seiten voll verglast und hier wird reichlich Luxus (aus)gelebt.

20 **Phu Quoc Kim**②-③, 118/2/1/1 THD, Tel. 942 110555, www.fb.com/PHUQUOCKIM. 20 Bungalows in einem sehr schmalen Schlauch, der sich zum Strand windet: recht beengt, aber insgesamt okay, mit AC, TV, Kühlschrank und BF; der *Seafront Bungalow* „bietet" einen exklusiven Blick auf Massage-Bänke.

16 **Tropicana Resort**③-⑤, 100C/4 THD, Tel. 384 7127, https://tropicanaresortphuquoc.com. Urgestein von 1997 am schönsten Abschnitt des *Long Beach*. Mit eigenem Strandzugang, Pool und zwei Hektar großem tropischem Garten. 32 Zi./Bungalows.

1 **Peppercorn Beach Resort**④-⑤, am Ganh Dau Beach ganz im Norden der Insel, Tel. 3989567, www.peppercornbeach.com. Ruhig, intim und abgelegen mit acht bestens ausgestatteten Bungalows mit AC, Deckenventilator und Meerblick. Mountainbikes sind gratis, Motorräder zu mieten.

664v sb

☒ Sollte man sich nicht entgehen lassen: eiskaltes Phu-Quoc-Bier

2 Bamboo Cottages③-⑤, am Vung Bau Beach 20 km nördlich, Tel. 2810345, FB: Bamboo Cottages. Familiengeführte Anlage (US-Vietnamesen), ruhig und schön gelegen, solarstrombetrieben, mit 19 Zi. ohne AC, TV, Kühlschrank, aber mit WW. Preis je nach Saison.

8 Have Fun②, 118/2/10 THD, Tel. 788030473, www.fb.com/HAVEFUNPhuQuoc. Ein hübsches Kleinod am Ende der Straße, wo man es nicht (mehr) vermuten würde. Nette Bungalows, gruppiert um einen Pool, ruhig gelegen und trotzdem mittendrin. In der Gemeinschaftsküche kann gebrutzelt werden und im Kühlschrank gibt's immer kaltes Bier und andere Getränke.

18 Hiep Thanh Resort③, Tel. 3981199, http://en.hiepthanhresort.com. Eher nüchtern, aber nicht unsympathisch. Reihenhauscharakter, aber sauber und praktisch. 20 Bungalows, 14 Zi. in zweistöckigem Haus, AC, TV, Kühlschrank.

21 Viet Thanh②-⑤, Tel. 977797685, http://vietthanhresort.com/en. Relativ viel Grün und Platz; lautes Resto am *Long Beach*. 40 Bungalows, Preis je nach Lage und Saison. Aufpreis für AC.

21 Nhat Lan Resort②-③, Tel. 904697697, www.fb.com/nhatlanresort. Ähnlich wie *Viet Thanh* daneben, aber eine Spur ambitionierter. 30 Bungalows mit AC oder Ventilator.

UNSER TIPP: **4 Freedomland**③, Tel. 90253 1888, www.fb.com/KiwukiluxuryresortPhuQuoc. *Back to the roots:* für *Peter,* kanadischer Viet Khieu und einst in der halben Welt tätiger Modefotograf. Und für seine Gäste, die in bildschön gestalteten Häusern aus Bambus, Holz und Naturstein in einem weitläufigen Grundstück scheinbar im „Dschungel" kampieren. Elf Bungalows ohne AC. Bis zum Ong-Lan-Strand sind es zu Fuß 15 Min., und abends wird gemeinsam gekocht und gegessen.

22 Thai Tan Tien Resort②, Tel. 3847782, http://thaitantienresort.com. Auf einer kleinen Anhöhe 50 m vom Strand entfernt, aber mit vollem Meerblick. 27 AC-Bungalow-Zi., geräumig, auch die Bäder, davor große Terrassen – ordentlich und solide. Strandresto und Liegestühle.

19 La Mer Resort③-④, 118 THD, Tel. 3992218, www.lamerphuquoc.com. Sympathische Anlage in der dritten Reihe, rund 5 Min. zum Strand. Geschickt im Rund gebaut, mit viel Grün, schöne Veranden, offene Bäder. 15 Bungalows.

19 Sunshine Bungalow③, Group 8, Quarter 7, „Long Beach Village", Tel. 3975777, www.fb.com/Sunshinebungalow. In der dritten Reihe. 12 Zi., hell, offen, intim. Herr *Dung* und seine Frau haben 12 Jahre in Deutschland gelebt.

15 A 74②, 74 THD, Tel. 926893993, www.fb.com/A74HOTELGROUP. Mehrstöckiges Haus mit Café und *Rooftop*-Bar an der Straße. 17 Zi. mit AC, WW, Kühlschrank, TV, WiFi.

19 Thanh Hai Guesthouse②, 118/2 THD, Tel. 384 7482. Familiäre Anlange in der vierten Reihe, mit Bistro. Acht Zi., 18 Bungalows.

24 Mushrooms Backpackers①, 170 THD, Tel. 93 7942017, www.fb.com/MushroomsPhuQuoc. Harte Matratzen in der Gesellschaft von Gleichgesinnten, an der Straße beim *Long Beach Resort,* rund 500 m zum Strand. Fahrradverleih.

15 Langchia Home①-②, 84 THD, Tel. 9448992 11, www.fb.com/langchiahomephuquoc. Witzig, sympathisch, an der Straße, geführt von Auslandsvietnamesen. Mit schicken Bungalows und Schlafsaal für 8 Personen. Ventilatoren und halb offene Dachkonstruktion, ansprechende Duschen und WCs, auch einige DZ; nettes Straßencafé.

3 Mia Homestay①-②, Nähe Ong-Lang-Strand, 7 km von Duong Dong, Tel. 907178869, FB: Homestay Mia Ông Lang Phú Quôc. Einfach, freundlich, gut für den Preis, hilfsbereit, familiär.

Essen und Trinken

12 Nachtmarkt (Cho Dem Dinh Cau) in Duong Dong. Spektakuläre Auswahl an *Seafood,* bevorzugt vom Grill, aber auch in diversen Zubereitungen (Musterplatten). Ab 17 Uhr, doch selbst um 21 Uhr kann man noch bestellen. Immer brechend voll, nicht selten muss man anstehen und auf einen Tisch

666v sb

Nuoc Mam

Ohne *Nuoc Mam*, wörtlich „Wasser vom salzigen Fisch", wäre jedes vietnamesische Gericht unvollkommen, und *Nuoc Mam* **aus Phu Quoc** gilt in Vietnam als die mit Abstand **beste und begehrteste.** Kein Wunder, dass die Jahresproduktion der Insel längst die 15 Mio.- Liter-Marke übersteigt (und selbst die Thais inzwischen Phu-Quoc-Etiketten auf ihre Flaschen kleben). Die cognacfarbene, streng riechende Vitamin- und Eiweiß-Bombe wird aus winzigen silbernen Sardinen, **Ca Com,** gewonnen, die erst an der Luft getrocknet werden, um dann wenigstens neun Monate in einem mit Salz und Wasser luftdicht verschlossenen Holzbottich ohne Konservierungsstoffe zu fermentieren. Die erste „Pressung" ergibt die hervorragendste Fischsauce, deren Qualität in Prozent gemessen wird. Je höher der Vitamin- und Eiweißgehalt, desto hochprozentiger und desto teurer und kleiner die Flasche. Alles unter 36 % wird man in Phu Quoc als verwässert abtun, 40 % sind exzellent. Ab einer Konzentration von 42 % (bis 60 %) gilt der Extrakt bereits als **Medizin.** Sowohl Magenweh als auch Halsschmerzen lassen sich mit *Nuoc Mam* kurieren.

[^] In riesigen Holzfässern lagert die berühmte Fischsauce von Phu Quoc bis zur Reife

warten. Unbedingt noch bei Tageslicht hingehen und bis zum Hafen runterlaufen und zum spektakulären Dinh-Cau-Tempel am Meer – zu Fuß immer am Strand entlang (mit kleinen Hindernissen).

9 XOM Coffee & Bar, 149 THD, Tel. 942536666. Hier treffen sich einheimische Studenten und *Digital Natives* bei einem köstlichen (Eis-)Kaffee. Entweder auf der Veranda des schönen alten Holzhauses oder auf der Terrasse im Schatten eines gewaltigen Baumes – mit Blick auf die quirlige Hauptstraße.

20 La Veranda, → Unterkunft. Exzellente Küche auf der offenen Veranda im ersten Stock; oder *BBQ* am Strand jeden Samstag (reservieren!).

665v sb

18 The Spice House *(Cassia Resort)*. Sehr gepflegtes Strand-BBQ mit ausgezeichneten Produkten, etwas teuer, aber meist angemessen.

21 May, beim *Viet Thanh Resort*. Turbulentes, manchmal aber auch ganz gemütliches Strandlokal. Gutes vietnamesisches Essen, günstig, große Portionen.

8 The Cheeky Traveller, 118 THD, Tel. 9393161 30, https://thecheekytraveller.com. Wer auf der Suche nach einer Bar oder einem Pub mit Livemusik, Billard, *Happy Hours* und leckeren Cocktails ist, ist hier richtig. Ist schon lange da und hat viele Fans. Keine Strandbar, aber dahin ist es nicht weit. Das Team ist hochmotiviert, immer zu einem Plausch aufgelegt und gibt auch gerne Tipps. Unbedingt den *Passion Fruit Gin Tonic* probieren, einen der *Signature-Drinks* des Hauses – sehr gut zum Abschluss eines sonnigen Tages.

Im „Tank Top & Flip Flops" lässt sich hervorragend ein schöner Strandtag verbringen

Unser Tipp: **10 Tank Tops & Flip Flops Reggae Beach Bar,** 156 THD, To 4 ap Cua Lap xã Duong, Tel. 379088730, https://thereggaebeachbar.com. Eine der ganz wenigen entspannten Beachbars, wie man sie beispielsweise aus Thailand kennt. Hier gibt's Snacks, kleine Gerichte, kühle Getränke, Livemusik, Liegen am Strand, Massage und einen herrlichen Sonnenuntergang. Liegt etwas versteckt, aber der Weg lohnt sich auf jeden Fall. Es gibt Leute, die hier den ganzen Tag verbringen – was wirklich kein Problem ist.

17 Ganesh, 97 THD, Tel. 3994917, www.indianrestaurantganesh.com. Der obligatorische Inder.

11 Buddy Ice Cream & Cafe, 6 Bach Dang, Tel. 3994181, www.fb.com/buddycafephuquoc. Eis aus Neuseeland, schon nahezu legendär. Crêpes, *Cheesecake,* Kaffee, Frühstück, *Fish'n'Chips* ... und kompetente Reiseinfo gibt's gratis dazu.

■ **Street Food:** Ausschau halten nach *com tam* (einfache Reisgerichte mit Fleisch und Gemüse), *banh canh* (Suppe mit dicken Nudeln und Schweinefleisch oder Fisch), *banh xeo* (knusprige Reismehl-Crêpes mit Shrimps, Sprossen und Fischsaucen-Dip), *banh mi* (Baguette-Sandwich mit Schweinefleisch und Paté). Und dazu ein einheimisches Phu-Quoc-Bier aus der großen Plastikflasche, günstig und köstlich. Einfach nachfragen, steht oft nicht auf der Karte.

An- und Weiterreise

■ **Entfernungen** (von Duong Dong in km): Cua Can 11, Ham Ninh 18, Bai Thom 30, An Thoi 32, Ganh Dau 35.

Flug

■ Je nach Saison etliche Flüge tgl. von/nach HCMC (45 Min.), Can Tho (30 Min.), Rach Gia und Hanoi (90 Min.) mit *Vietnam Airlines* und *Vietjet Air.* **Achtung:** In der Hochsaison oft ausgebucht! So früh wie möglich reservieren! Und: *Nuoc Mam* darf offiziell nicht im Flugzeug transportiert werden.

■ **Transport:** Der Flughafen liegt ca. 10 km südlich von Duong Dong; auf der Fahrt zur Stadt passiert man die Unterkünfte des *Long Beach.* Viele Resorts bieten Abholung an, entweder gratis oder gegen Gebühr. Ein **Taxi** zum *Long Beach* kostet rund 150.000 đ plus 20.000 đ Maut (nur ab Flughafen), nach Duong Dong ca. 200.000 đ.

Der grüne **E-Bus Nr. 17** verbindet den Flughafen mit Duong Dong und passiert dabei so gut wie alle Strandabschnitte am *Long Beach.* Der Bus wartet auf dem Parkplatz vor dem Flughafen auf der rechten Seite hinten, etwas abseits, 5 Min. Fußweg. Mitfahren ist gratis!

Schiff

■ Von/nach Phu Quoc verkehren Schnellboote: von **Rach Gia** (Fahrzeit rund 2½ Std.) und von **Ha Tien** (Fahrzeit rund 1¼ Std.). Die mit Abstand besten Boote – die übrigen sind unzuverlässig – sind die von *Superdong,* Ticket-Büro und Bus Shuttle an der 187 Nguyen Trung Truc, Duong Dong, Tel. 3980111, https://superdong.com.vn/en. Die Unterkünfte und Reisebüros rund um die Insel verkaufen die Tickets.

■ **Kambodscha:** Via Ha Tien, → dort.

■ **Tickets:** Wenn möglich, Tickets bereits in Ho Chi Minh City kaufen! Die Boote sind oft voll oder werden als voll ausgegeben, um (doppelt so teure) Schwarzmarkt-Tickets zu verkaufen.

■ **Inseltrips:** Ein kleines Paradies ist die Inselgruppe An Thoi südlich von Phu Quoc. Charterboote zu den vorgelagerten Inseln wie Hon Thom, der größten der 15 Eilande des Archipels, vermitteln die meisten Resorts. Ein Boot kostet 50–260 $ pro Tag.

Ca Mau

Ausländer in der südlichsten Provinz Vietnams sind rar, auf ihre Kosten kommen Ornithologen, Botaniker, Biologen und Abenteurer. Auch wenn die einst bitterarme Region dank Fisch- und Shrimpszuchten zuletzt zu halbwegs bescheidenem Wohlstand gelangt ist, fühlen sich Besucher hier immer noch wie in einem anderen Land.

Da das Schwemmland der Halbinsel Ca Mau nicht mehr dem „reinigenden" Einfluss des Mekong unterliegt, breiteten sich aufgrund des hohen Salzgehalts der Flüsse riesige Sümpfe und **Mangrovenwälder** aus, die mit einer Fläche von 200.000 ha zu den größten der Welt gehören. Ein idealer Unterschlupf der *Guerilla* bereits im antikolonialen Kampf, unterlagen die Wälder zwischen 1964 und 1973 intensivsten Attacken durch amerikanische Giftgase und Napalmbomben. Aller Wiederaufforstung zum Trotz sind immer noch mehr als ein Fünftel des ehemaligen Bestands verrottetes Ödland, halb Steppe halb Sumpf, ein Paradies für zahllose Vogelarten, Schlangen, Schildkröten, Krokodile und Insekten aller Art. Heute muss man die Bestände vor den profitablen und sich explosionsartig ausbreitenden **Shrimpszuchten** schützen.

Praktische Informationen

- 230.000 Einw., Tel. 0290.
- **Website:** https://camautourism.vn/en.
- **Geld:** *Vietinbank*, 94 Ly Thuong Kiet.
- **Taxi:** *Mai Linh*, Tel. 3822266.

Exkursionen

- **Ca Mau Vogelpark** (San Chim Ca Mau) bei Dam Doi 45 km südöstlich. Shrimpsfarmen und Taifune haben die Zahl der Störche, Ibisse, Kormorane etc. stark reduziert, lohnt aber nach wie vor. Eintritt 20.000 đ.
- **Mui Ca Mau Nationalpark** bei Ngoc Hien an der südlichsten Spitze *(mui)* Vietnams. Seit 2009 als Biosphärenreservat von der UNESCO anerkannt. Per Schnellboot ab Ca Mau (2 Std.) oder Nam Can 50 km südlich.
- **U Minh Nationalpark:** Der 80 qkm große, erst 2006 gegründete Untere-U-Minh-Park (U Minh Ha) in einem riesigen Mangrovenwald-Sumpf-Gebiet beginnt bereits wenige Kilometer nordwestlich. Zugang nur per Boot.
- **Hon Da Bac:** Die Silber-Stein-Insel aus eisenhartem Granit mit bis zu 50 m aufragenden Felskegeln glitzert wie ein surrealer Steingarten im Meer. Uralte Bäume, ein Tempel mit einem Walskelett und die besten **Austern** Vietnams locken. Die Insel ist durch eine 700 m lange Brücke mit dem Festland verbunden. 60 km nordwestlich.

Unterkunft, Essen und Trinken

- **Dong Anh**②, 25 Tran Hung Dao, Tel. 3576666 oder 0939369369, www.donganhhotel.com.vn. Sauber und zentral.
- **Quoc Te**②, 179 Phan Ngoc Hien, Tel. 366666, www.fb.com/hotelquocte. Preis und Leistung ok, gute Lage, recht einfach und ein wenig in die Jahre gekommen. 70 Zi.
- **Phuong Nam**①-②, 91 Phan Dinh Phung, Tel. 3831752. Sauber, funktionell, 24 Zimmer z.T. mit Balkon.
- **Pho Xua,** 126 Phan Ngoc Hien. Solide Küche, Shrimps sind die Spezialität des Ortes. Mit Garten und kleiner englischer Karte.

An- und Weiterreise

- **Entfernungen** (in km): Bac Lieu 70, Soc Trang 120, Rach Gia 130, Can Tho 185, HCMC 350.

Bus

- **Von Ho Chi Minh City** über Can Tho und Bac Lieu 8–9 Std. **Von Ca Mau** regelmäßig nach Bac Lieu, Rach Gia, Soc Trang, Can Tho, HCMC. Der Busbahnhof liegt ca. 3 km östlich des Zentrums an der N 1.

Flug

- Tgl. von/nach HCMC. Der Flughafen liegt 3 km östlich.

Boot

- Ca Mau hat mehrere Piers (Ben Tau). Vom Schnellboot-Pier Ganh Hao 3–4x tgl. per *Hydrofoil* nach **Rach Gia** (3 Std.) und nach Nam Can (1 Std.). Vom Pier B 2 km weiter südlich nach Nam Can, **Mui Ca Mau** Nationalpark und der Südspitze Dat Mui (2½ Std.).

☒ Alltagsleben am Fluss

Bac Lieu

Das nahe **Vogelreservat** ist ein „Geheimtipp" für Vogelfreunde. Die einladende Provinzhauptstadt beiderseits des My-Thanh-Flusses verfügt zudem über 30 außergewöhnlich gut erhaltene **Villen** aus der Kolonialzeit. Die reichen Händler und Mandarine des Ortes importierten sämtliche Materialien (Marmor, Stein, Eisen, Stahl) aus Frankreich. Heute beherbergen sie Verwaltungsgebäude, eine Bibliothek, eine Zeitung und auch ein Hotel (→ unten).

Praktische Informationen

- 240.000 Einw., Tel. 0291.
- **Taxi:** *Mai Linh,* Tel. 6250555.
- **Bac Lieu Vogelreservat** (Vuon Chim Bac Lieu), 6 km südlich. Lohnendes Salzwasser-Reservat während der Brutzeit (Nov. bis Jan.). Eintritt 40.000 đ inkl. Guide.
- **Vinh-Hung-Turm:** Die 9 m hohe Backsteinruine gilt als einziges Khmer-Relikt der Angkor-Periode im Delta. Eine nahebei gefundene Stele datiert auf das Jahr 892. Tgl. 16 Uhr Gebet der Mönche. 20 km nordwestlich.

Unterkunft, Essen und Trinken

- **Sai Gon Bac Lieu Hotel**③, 4 Hoang Van Thu, Tel. 947627629, www.fb.com/khachsansaigonbaclieu. Tagungscenter und Hotel mit großem **Restaurant.** 94 Zi.
- **Dat Ngoc**②, 488 Vo Thi Sau, Tel. 3956633. 50 geräumige Zimmer.

An- und Weiterreise

- **Bus:** Mit Minibus von/nach Ho Chi Minh City (280 km), Can Tho, Rach Gia, Soc Trang (50 km), Ca Mau (70 km).

533v aw

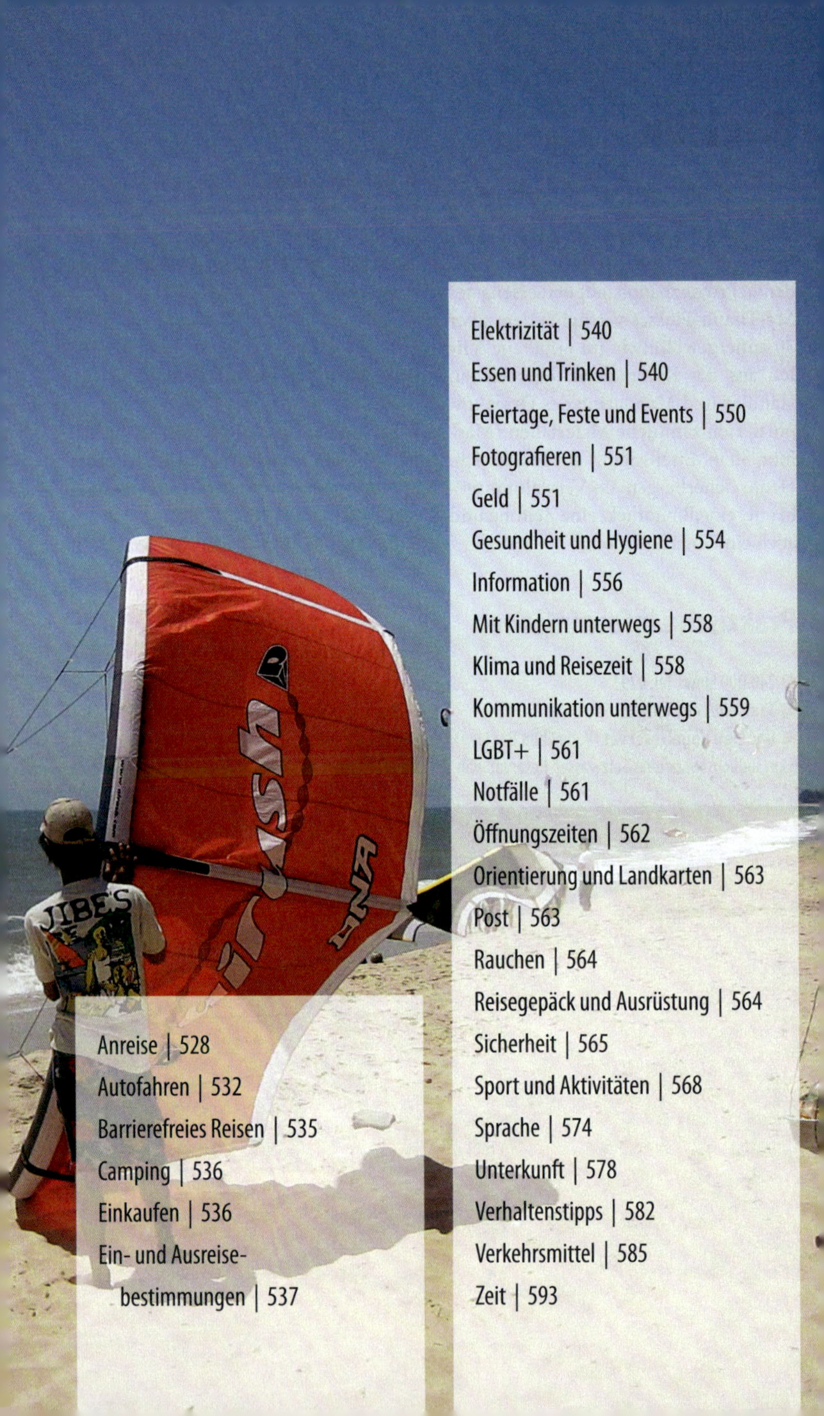

386vi kb

9

Praktische Reisetipps A–Z

Zwei Welten – nebeneinander

Anreise

→ Autofahren
→ Ein- und Ausreisebestimmungen
→ Verkehrsmittel

Vietnam ist außer auf dem **Luftweg** über die **Landesgrenzen** von China, Kambodscha und Laos zu erreichen. Die Landesgrenzen Vietnams mit Laos, Kambodscha (Anreise auf dem Mekong möglich) und China (Anreise mit der Transsib möglich) sind an bestimmten Übergängen für Ausländer geöffnet. Nachdem die lange Zeit unterbrochene Bahnlinie Nanning – Lang Son wiederhergestellt ist, kann man theoretisch von Berlin mit dem Zug bis Ho Chi Minh City reisen.

Rund um die Feiertage geht's auf den Flughäfen heftig zu – wie hier in Hanoi an Tet

Luftweg

Internationale Flughäfen sind u.a. **Ho Chi Minh City** (SGN), **Hanoi** (HAN) und **Da Nang** (DAD).

Nonstop von Europa nach Hanoi und Ho Chi Minh City (d.h. ohne Zwischenlandung, Flugzeit 11–12 Std.) fliegen *Air France* (ab Paris) und *Vietnam Airlines* (ab Paris, Frankfurt und München). Es gibt Gabelflüge (hin nach Hanoi und zurück ab HCMC oder umgekehrt).

Direkte Anschlussflüge (Flugzeit 14–16 Std.) bieten *Lufthansa* (ab Frankfurt und München, mit Umsteigen in Bangkok) und *Singapore Airlines* mit Umstieg in Singapur (auch nach Da Nang).

Außerdem gibt es zahllose Verbindungen mit mindestens einem Zwischenstopp im Heimathafen der jeweiligen Airline, die zwar günstiger sein können als Nonstop- oder Direktflüge, bei denen man aber auch eine längere Reisedauer einkalkulieren muss. Manche Airlines legen mehrere Zwischenstopps ein.

667v sb

Mini-„Flug-Know-how"

Check-In

Nicht vergessen: Ohne einen gültigen **Reisepass** oder Personalausweis für EU-Staatsbürger und Schweizer kommt man nicht an Bord. **Kinder** benötigen einen eigenen Reisepass.

Das (Hand-)Gepäck

Man darf pro Person in der Regel ein Handgepäck (7–10 kg) und zusätzlich ein Gepäckstück (23 kg) einchecken. Aufgepasst: Informieren Sie sich vor Ihrem Flug bei Ihrer Airline über die konkreten Bestimmungen, da diese mitunter stark voneinander abweichen. Beim Packen des Handgepäcks sollte man darauf achten, dass **Flüssigkeiten** jeder Art nur in geringen Mengen bis zu jeweils 100 ml mit ins Flugzeug dürfen. Diese Substanzen muss man separat in einem durchsichtigen Plastikbeutel (z.B. Gefrierbeutel) transportieren, den man beim Durchleuchten in eine der bereitstehenden Schalen auf das Fließband legen sollte. Auch **elektronische Geräte** müssen in diese Schale gelegt werden, ebenso Gürtel mit einer Schnalle aus Metall.

Aus Sicherheitsgründen dürfen **scharfe Gegenstände** wie Messer, Nagelfeilen oder Scheren nicht im Handgepäck untergebracht werden. Diese Gegenstände sollte man unbedingt zu Hause lassen oder im aufzugebenden Gepäck verstauen, sonst werden sie bei der Sicherheitskontrolle einfach weggeworfen. Darüber hinaus gilt, dass **leicht entzündliche Gase** in Sprühdosen (Schuhspray, Campinggas, Feuerzeugfüllung) und Feuerwerkskörper etc. nicht im Koffer oder dem Handgepäck transportiert werden dürfen. Für die **Raucher:** Ins Handgepäck und in den Koffer dürfen bei innereuropäischen Flügen weder Feuerzeug noch Streichhölzer, man darf ein Feuerzeug oder eine Streichholzpackung pro Person am Körper mitführen.

Ein kleiner **Tipp:** Um Stress und Ärger zu vermeiden, packen Sie neben den wichtigsten Dingen auch Utensilien ins Handgepäck, die Sie am ersten Tag im Urlaub gebrauchen könnten. Wenn es an den Strand geht, packen Sie z.B. direkt die Badekleidung ein. Falls das Gepäck Verspätung hat oder verloren geht, können Sie trotzdem schon den ersten Tag genießen und müssen nicht direkt einkaufen gehen.

Klimabewusst nach Vietnam reisen

Wer von Frankfurt über Singapur nach Hanoi und zurück fliegt, verursacht laut Emissionsrechner der Klimaschutzagentur *Atmosfair* eine sogenannte Klimawirkung von insgesamt 7422 kg CO_2. Das ist nicht wenig, bedenkt man, dass das „klimaverträgliche Jahresbudget eines Menschen" bei 1500 kg CO_2 liegt, ein Jahr Autofahren bei 2000 kg, und ein Mensch in Äthiopien auf 560 kg CO_2 im Jahr kommt. Wer also nach Hanoi fliegt, hat für mehr als vier Jahre sein Guthaben aufgebraucht. Klar, fürs Klima wäre es das Beste, gar nicht mehr zu fliegen. Aber an ferne Orte geht es fast nur mit dem Flieger. Wochenlange Schiffsfahrten wie in früheren Zeiten muss man sich, nicht nur zeitlich, leisten können.

Es gibt verschiedene gemeinnützige und profitorientierte Organisationen, bei denen man für „Klimasünden" bezahlen kann. Für jede Tonne CO_2 berechnen diese **Klimaschutzagenturen** eine freiwillige Abgabe zwischen 9 und 60 €. Dieses Geld wird gesammelt und dann in Klimaschutzprojekte investiert, die möglichst die gleiche Menge Kohlendioxid einsparen sollen. Wer eine der Klimaschutzagenturen unterstützen möchte, sollte sich vorher gut über das **Programm** informieren. Es gibt leider kein Prüfzertifikat, aber auf den jeweiligen Websites können sich Interessierte recht schnell einen Überblick verschaffen. *Atmosfair* empfiehlt, für den Hin- und Rückflug von Frankfurt über Singapur nach Hanoi 223 € in ein Klimaschutzprojekt zu investieren. Wer weniger einzahlen möchte, kann das natürlich auch tun. Als Belohnung gibt es ein Zertifikat und – vielleicht – ein etwas besseres Gefühl.

- **www.atmosfair.de**
- **www.climatefriendly.com**
- **https://de.myclimate.org/de**
- **https://klimatkompensera.se**

Im unglücklichsten Fall muss man eine (planmäßige oder außerplanmäßige) Übernachtung einkalkulieren.

Flugpreise

Je nach Fluggesellschaft, Jahreszeit und Aufenthaltsdauer kostet ein *Economy*-Ticket von Deutschland, Österreich und der Schweiz hin und zurück nach Hanoi oder HCMC ab etwa **800 €** (inklusive aller Steuern und Gebühren).

In Deutschland gibt es von **Frankfurt** und **München** aus die häufigsten Verbindungen. Tickets für Flüge von und zu anderen deutschen Flughäfen sind oft teurer. Da kann es attraktiver sein, mit einem **Rail-and-Fly-Ticket** per Bahn nach Frankfurt oder München zu reisen. Man kann je nach Fluglinie auch einen preiswerten **Zubringerflug** der gleichen Fluggesellschaft von einem kleineren Flughafen in Deutschland buchen.

Regionalflüge

Innerhalb Ost- und Südostasiens sind Hanoi, Ho Chi Minh City und die anderen größeren Flughäfen wie Da Nang direkt oder *nonstop* mit allen wichtigen Destinationen der Nachbarländer verbunden.

Low-Cost-Airlines

Air Asia verbindet Vietnam mit den anderen Ländern der Region. **Jetstar** verkehrt innerhalb Vietnams sowie in der Region. **Lion Air Thai** verbindet Vietnam mit Thailand. **VietJet Air,** Vietnams erster privater *Carrier,* verkehrt innerhalb von Vietnam sowie zu Zielen in Thailand.

- **www.airasia.com**
- **www.jetstar.com**
- **www.vietjetair.com**
- **https://lionairthai.com/en**

Rückflug/Weiterflug

Für die Einreise (45 Tage) wird offiziell ein **gültiges Ausreiseticket** innerhalb des Zeitrahmens verlangt, wenn auch nicht (immer) kontrolliert. Es empfiehlt sich also, eines dabei zu haben.

Landweg

Touristenvisa sind generell für **alle internationalen Grenzübergänge** gültig, dies schließt auch die Einreise auf dem Landweg über Laos, Kambodscha und China ein. Ausreisen kann man mit jedem Visum (auch *Visa-on-Arrival*).

Achtung: Visa-Erteilung und -Preise sind wie die Zahl der internationalen Grenzübergänge Schwankungen unterworfen. Es ist ratsam, vor Reiseantritt bei der vietnamesischen Botschaft seines Heimatlandes Auskünfte nach dem aktuellen Stand der Visa- und Reiseformalitäten einzuholen (→ Ein- und Ausreisebestimmungen). Manche **Grenzübergänge** sind nachts und über Mittag geschlossen.

Per Zug

Die Reise mit der **Transsibirischen Eisenbahn** von Moskau nach Beijing (via

Mongolei) muss wegen nötiger Visabeschaffung **mindestens neun bis zehn Wochen im Voraus** gebucht werden. Von Beijing nach Hanoi zweimal wöchentlich, ca. 42 Std.

Von/nach Kambodscha

- **Moc Bai** (Kambodscha: Bavet): An der Direktroute HCMC – **Phnom Penh** (235 km) nahe Tay Ninh. Es verkehren tgl. öffentliche Busse in beiden Richtungen, günstig sind Busse von Veranstaltern wie *SinhTourist, Sapaco* oder *Mai Linh* in HCMC und *Mekong Delta Tours* in PP. Fahrzeit ca. 6 Std.
- **Vinh Xuong** (Kambodscha: Kaoam Samnor): Grenzübergang für **Mekong-Boote** bei **Chau Doc** (30 km nördlich). Zwischen Chau Doc und Phnom Penh verkehren Anbieter beider Seiten. Besonders empfehlenswert und variantenreich ist *Delta Adventure Tours,* Ho Chi Minh City.
- **Tinh Bien** (Kambodscha: Phnom Den): Zwischen **Chau Doc** (30 km) und Takeo (43 km). Per *Xe Om* (Motorradtaxi) und Lokalbus *(Xe Buyt)* nach Chau Doc.
- **Xa Xia** (Prek Chak): Zwischen Ha Tien und Kampot. (55) km; offen 7–18 Uhr; Direktbusse (nur kambodschanische) zwischen Kep, Kampot, Sihanoukville, Phnom Penh und Ha Tien.
- **Xa Mat** (Kambodscha: Trapeang Phlong): 45 km nördlich von Tay Ninh an der N 22 B; nach Kampong Cham 80 km. Direktbusse ab HCMC.
- **Dinh Ba** (Kambodscha: Bontia Chak Cray): Von Cao Lanh (Mekong-Delta) 100 km über die N 30 bis Sa Rai, von dort 7 km bis zur Grenze, weiter bis Prey Veng (75 km) und Kampong Cham (80 km).
- **Le Thanh** (Kambodscha: O Yadao). 80 km westlich von Pleiku, mit Lokalbus bis Duc Co (60 km), bis zur Grenze **Xe Om,** von dort bis Ban Lung (70 km).
- **Visa für Kambodscha:** *Visa-on-Arrival* werden nur auf kambodschanischer Seite ausgegeben. E-Visa (elektronische Visa; 36 $) sind derzeit erhältlich für: Phnom Penh International Airport, Siem Reap International Airport, Sihanoukville International Airport, Poi Pet (Banteay Meanchey), Bavet (Svay Rieng), Cham Yeam (Koh Kong), Tropaeng Kreal Border Post (Stung Treng), → www.evisa.gov.kh. Botschaften und Konsulate befinden sich in HCMC und Hanoi bzw. in Phnom Penh und Sihanoukville. Einmonats-*Visa-on-Arrival* für Kambodscha am Flughafen und an den Grenzübergängen kosten ca. 30 $. Passfotos und Bargeld in US$ mitbringen!

Von/nach Laos

- **Lao Bao** 80 km westlich von **Dong Ha** an der N 9 nach Savannakhet bzw. Mukdahan auf dem thailändischen Ufer des Mekong (250 km). Die Hauptgrenze zwischen beiden Ländern. Zu empfehlen sind Direktbusse zwischen Savannakhet und Dong Ha oder Hue (410 km), da sonst Wartezeiten oder Zwangsübernachtungen fast garantiert sind. Zwischen Dong Ha und Lao Bao verkehren Lokalbusse.
- **Cau Treo** (Laos: Keo Nua): 100 km südwestlich von **Vinh** (380 km von Hanoi) an der N 8 nach Paksan und Vientiane (376 km). Grenzposten auf dem **Keo-Nua-Pass** (734 m), 34 km von **Lak Xao.** Zwischen Hanoi und Vientiane verkehren tgl. Charterbusse (Fahrzeit 20–24 Std.).
- **Nam Can** (Laos: Nong Het): 200 km nordwestlich von **Vinh** an der N 7 nach Phonesavan (130 km) und Luang Prabang (330 km). Reizvolle, aber beschwerliche, zeitaufwendige Route.
- **Na Meo** (Laos: Nam Soi): An der N 217, 230 km westlich von **Thanh Hoa;** geöffnet 8–17 Uhr. Gute Straße von/nach Sam Neua (90 km), weiter bis Luang Prabang. 2–3-mal tgl. Busverbindung Sam Neua – Thanh Hoa (10–12 Std.).
- **Tay Trang** (Laos: Sop Hun): 35 km südwestlich von **Dien Bien Phu** an der N 279 nach Muang Khoua (Meng Khuo, 100 km); von dort per Bus über Udomxi (Umsteigen) oder per Boot (8–9 Std.) nach Luang Prabang. Zwischen Muong Khoua und DBP tgl. eine Busverbindung.

Praktische Reisetipps A–Z

■ **Cha Lo** (Laos: Na Phao): 170 km nordwestlich von **Dong Hoi** bis Ba Don an der N 12A nach Thakhek (142 km) und Nakhon Phanom, Thailand.

■ **Bo Y:** 90 km nordwestlich von **Kontum** an der N 14 nach Attapeu (120 km). Tgl. Busse Attapeu – Ngoc Hoi (20 km, an der N 14), von dort weiter nach Kontum (69 km) oder Da Nang (260 km). Direktbusse nach Pakse → Qui Nhon.

■ **Ta Vang** (Laos: A Dot) an der N 14 zwischen Sekong und Thua-Thien Hue. Nicht für Ausländer offen.

■ **Visa für Laos:** *Visa-on-Arrival* (1 Monat) sind nur für Laos an den Grenzübergängen und Flughäfen erhältlich und kosten 30–42 $. Ein Passbild ist mitzubringen. Schweizer Staatsbürger benötigen für Aufenthalte von weniger als 15 Tagen kein Visum.

Von/nach China

■ **Huu Nghi** (Freundschaftstor): Bei Dong Dang 18 km nördlich von **Lang Son** an der Route nach Pingxiang (20 km) und weiter nach Nanning (260 km).

■ **Lao Cai** (China: Hekou): 340 km nordwestlich von Hanoi. Mit dem Bus nach Kunming → unten.

■ **Mong Cai** (China: Dong Xing): 350 km nordöstlich von Hanoi.

■ **Achtung: Grenzöffnungszeiten** sind in der Regel 7–12 und 13.30–18 Uhr. Lao Cai – Hekou 7–22 Uhr. Aufgrund der **Zeitverschiebung** schließt die chinesische Grenze z.B. bereits um 17 Uhr.

■ **Thanh Thuy** an der N2 nördlich von Ha Giang noch nicht für Ausländer offen.

■ **Visa für China** sind an der Grenze nicht erhältlich. Die chinesische Botschaft in Deutschland oder Hanoi erteilt Monatsvisa. Das Prozedere dauert mehrere Tage, der aktuelle Stand ist vorab zu klären.

■ **Zwei Bahnlinien** verbinden Vietnam mit China: Hanoi – Pingxiang – Nam Ninh (Nanning) und Hanoi – Yunnan.

Achtung: Zum Zeitpunkt der Recherche bleibt der internationale Zugverkehr zwischen China und Vietnam nach der Covid-Pandemie ausgesetzt. Aktuelle Infos unter www.seat61.com/Vietnam.htm.

Autofahren

→ Verkehrsmittel

Allgemeine Verkehrslage

In Vietnam sterben derzeit mehr Menschen im Straßenverkehr – im Durchschnitt ereignen sich in Vietnam täglich 79 Verkehrsunfälle, bei denen 31 Menschen ums Leben kommen und 66 weitere verletzt werden – als durch tropische Krankheiten wie Malaria oder Dengue-Fieber. 80 % aller tödlichen Unfälle passieren auf National- und Provinzstraßen, in über 65 % aller Fälle sind Motorräder verwickelt. Hauptursache sind zu schnelles Fahren und riskante Überholmanöver. Seit 2007 besteht allgemeine **Helmpflicht für Motorradfahrer** und Beifahrer, seit 2009 gibt es **Alkoholbegrenzungen** (0 Promille für Kfz-, 0,5 für Motorradfahrer). Im Stadtstaat Saigon decken öffentliche Verkehrsmittel gerade mal 7 % des Bedarfs. Vietnam ist heute der **viertgrößte Motorrad-Markt** der Welt (gleich hinter den Giganten China, Indien und Indonesien). Es wird geschätzt, dass mehr als zwei Drittel aller in Vietnam lebenden Menschen ein Zweirad besitzen und über 90 % der Haushalte einen Roller haben.

Hinzu kommt der Trend zum eigenen Auto, der viele Städte jetzt schon an ihre Grenzen stoßen lässt. Satte Importzölle und Luxussteuern sollen dem entgegenwirken – ein *Mercedes* oder *BMW* kostet dann das Dreifache wie bei uns –, doch fahren die Behörden ihren Kurs nie konsequent genug; herrscht eine Konsumflaute und fallen die entsprechenden Steuereinnahmen aus, wird rasch wieder zurückgerudert.

Abseits der verkehrsreichen Hauptrouten (N1, einige Strecken im Mekong-Delta etc.) geht es auf Vietnams Überlandstraßen aber immer noch halbwegs beschaulich zu. (→ auch Hanoi, „Wie man in Hanoi eine Straße überquert“ sowie Ho Chi Minh City, „Mit Vollgas in den Verkehrskollaps?“)

In alle Richtungen gleichzeitig: der Verkehr in Hanoi

Infrastruktur

Vietnams Infrastruktur wird laufend ausgebaut. In den letzten Jahren sind zahlreiche neue Schnellstraßen entstanden, wie z.B. ein Highway nach Sa Pa, nach Haiphong und zum Flughafen in Hanoi, die die Anfahrtszeit maßgeblich verkürzt haben.

Straßen

Die 2300 km lange **Nationalstraße 1 A oder N1** (QL 1A) verbindet Lang Son im äußersten Norden mit Ca Mau im äußersten Süden bzw. Ho Chi Minh City mit Hanoi. Einzelne mehrspurig ausgebaute Straßenabschnitte werden auch als AH 1 **(Asian Highway 1)** bezeichnet.

Im amerikanischen Krieg mitsamt allen Brücken immer wieder zerstört und meist nur provisorisch geflickt, ist die **N1** seit 1993 dank Krediten der Weltbank und des *IWF* und großteils mit

497v aw

ausländischer Hilfe (Japan, Südkorea, Australien) neu ausgebaut und kontinuierlich verbreitert worden. Ortsumgehungen wurden geschaffen und sämtliche Brücken erneuert. Trotzdem kann der Verkehr auf manchen Abschnitten noch heute zeitweise zusammenbrechen. Speziell im Zentrum können sintflutartige Regenfälle und Taifune die N1 im Nu in eine Schlammpiste verwandeln, halb Sturzacker, halb Dauerbaustelle.

Streckenweise fast allein unterwegs sind Motorradfahrer auf dem rund 1650 km langen **Ho-Chi-Minh-Highway,** der von Hanoi bis Da Nang parallel zur N1 verläuft, um wie einst der Ho-Chi-Minh-Pfad über Kontum, Pleiku und Buon Ma Thuot und entlang der laotischen Grenze westlich von Ho Chi Minh City zu münden.

Im ganzen Land, vor allem im Bergland des Nordens, sind zig Straßenprojekte im Gange, die zu erheblichen Verkehrsbehinderungen führen können.

Die **Untertunnelung des Wolkenpasses** (Hai-Van-Pass) zwischen Da Nang und Hue wurde 2005 abgeschlossen. Der 6,3 km lange, für 135 Mio. US$ von japanischen und amerikanischen Firmen gebaute Tunnel ist der längste Südostasiens.

Mietwagen

Mietwagen können fast überall angemietet werden (zur Not über das örtliche Touristenbüro). Urlauber müssen einen gültigen **internationalen Führerschein** oder einen temporären vietnamesischen Führerschein haben. Die meisten Besucher des Landes aber bevorzugen die **Autovermietung samt Fahrer** aufgrund ihrer Erschwinglichkeit und Bequemlichkeit. Auch kennt sich der Fahrer sicher besser aus und kann etwas unterwegs erzählen. Falls es Sprachprobleme gibt, helfen die einschlägigen Übersetzungs-Apps schnell weiter.

Die üblichen **Preise** für Limousinen betragen ca. 50–60 $ pro Tag (inklusive Benzin). Minibusse und Vans (Sieben-

Sitzer) kosten 60–80 $. Allradfahrzeuge sind im Prinzip nur während der Regenzeit und abseits der Hauptrouten erforderlich.

Pauschalpreise haben den Vorteil, dass man hinterher weniger unliebsame Überraschungen erlebt, aber den Nachteil (da die Berechnung von vorher vereinbarten km-Leistungen ausgeht), dass die Fahrer jedwede Abschweifung von der Direktroute meist boykottieren (und mit Argumenten – Straßen seien gesperrt, unpassierbar etc.–, die man schwerlich widerlegen kann).

Unterkunft und Verpflegung des Fahrers sind in der Regel im Preis enthalten. Fährt der Wagen ohne Passagiere zurück, wird für die Rückfahrt gemeinhin nur der halbe Preis berechnet.

Guides sind nicht obligatorisch. In Anbetracht dessen, dass Fahrer in der Regel nur über einen sehr beschränkten englischen Wortschatz verfügen (falls überhaupt), gilt es abzuwägen, ob man nicht doch einen Guide für 30–35 $ pro Tag nehmen will.

Bei der Planung der **Reiseroute** sind das unzulängliche Straßennetz (Baustellen!) und jahreszeitlich bedingte Überschwemmungen, Bergrutsche etc. zu berücksichtigen. Nach dem Motto „weniger ist mehr“ sollte man deshalb nie mehr als 300–400 km pro Tag einkalkulieren.

◁ Der „Wolkenpass“ Hai Van

Barrierefreies Reisen

Für Menschen mit körperlichen Beeinträchtigungen ist Vietnam sicher **kein einfaches Reiseziel:** Die öffentlichen Verkehrsmittel sind kaum auf Rollstühle und andere Hilfsmittel eingestellt. Und wer sich auf eigene Faust durch die teils engen und holprigen Straßen und Gassen bewegen will, wird sicher Schwierigkeiten bekommen. Die Bürgersteige sind, wenn vorhanden, oft eng und löchrig, von *Scootern* und Imbissständen blockiert und die Bordsteine hoch. Darüber hinaus sind nur wenige Gebäude mit Rampen und Aufzügen ausgestattet.

Da es **nur überschaubare Hilfen** für Reisende mit Beeinträchtigungen gibt, werden sie ziemlich auf sich allein gestellt sein sein. Es ist wichtig, frühzeitig Fluggesellschaften, Hotels und Reiseunternehmen zu kontaktieren, um sicherzustellen, dass die gewünschten Anforderungen und vor allem die benötigten Türbreiten für Rollstühle erfüllt werden.

Die Wege können etwas geglättet werden, indem man Inlandsflüge und Taxis oder *Grab* nimmt oder ein Auto oder einen Kleinbus (7-Sitzer) mit Fahrer mietet. In Sachen Unterbringung bietet die neue Generation von Luxushotels normalerweise ein paar barrierefreie Zimmer. Ansonsten heißt es: im Erdgeschoss wohnen und/oder darauf achten, dass es einen Fahrstuhl gibt.

■ Das Onlineportal **http://dulichtiepcan.com/en-us** führt Unterkünfte, Transportmittel, Restaurants und Attraktionen in ganz Vietnam, die mit dem Rollstuhl zugänglich sind.

Camping

In Vietnam gibt es praktisch und offiziell **kaum Möglichkeiten** zum Campen. Gecampt wird im Norden Vietnams möglicherweise bei Treks und Expeditionen zu Flora und Fauna der Bergwelt. Im zentralen Bergland rund um Da Lat können Trips inklusive Zelt organisiert werden, genauso im Süden rund um die Dünen von Mui Ne. Einige Reiseveranstalter bieten Camping auch als Option für den Besuch von Nationalparks an. An den Küsten des Südens gibt es einige wenige Campingplätze. Die sind aber eher auf ein jugendliches und studentisches vietnamesisches Klientel ausgerichtet.

Recht neu ist in Vietnam das **Glamping,** also die luxuriösere Form des Campings mit fest installierten Zelten, einer kompletten Infrastruktur und trotzdem ein wenig Campingfeeling. Rund um Da Nang hat sich hier ein überschaubares Angebot entwickelt, z.B. *CuDe Camping* am Cu De River (www.fb.com/cudecampingofficial) oder *Roc Rach Glamping* bei den Bana Hills (https://rocrachglamping.com).

Einkaufen

→ **Essen und Trinken**
→ **Geld**
→ **Öffnungszeiten**

Vietnam ist auf weiten Strecken nicht gerade ein Einkaufsparadies. Die besten Shopping-Orte sind Hoi An und Ho Chi Minh City.

Zu unterscheiden ist allgemein zwischen rein einheimischen Produkten (auch, aber nicht nur für den Touristenmarkt gefertigt), Lizenzprodukten ansässiger ausländischer Hersteller (wie *Adidas, Nike, Cardin, Vuitton, Triumph,* ja selbst namhafter Wintersportmarken!) und zollgünstiger Marken- oder Schmuggelware aus aller Welt *(Gucci, Ray Ban, Sony, Toshiba),* teils **Original** (aber dann absolut nicht günstig), teils hervorragender und auf Anhieb allenfalls für den Fachmann erkennbarer Fake, teils aber auch miserables, schundhaftes **Imitat.** Zwischen echten Schnäppchen und täuschend ähnlichem Schrott liegen oft nur wenige Handbreit.

Mitbringsel

Zu Vietnams Exportschlagern zählen seit geraumer Zeit auch **Kunsthandwerk** aller Art, **Einrichtungsgegenstände** und Mobiliar von erstaunlicher Qualität und Formschönheit. Natürlich wird allenthalben auch Murks und Kitsch produziert (wenn die Nachfrage nun mal da ist ...), aber die schiere Menge und Variationsbreite wirklich schöner, geschmackvoller Objekte und *Gadgets,* vom lackierten Bambuskästchen bis zum emaillierten Teeservice, ist wahrlich verblüffend.

Ein beliebtes (und preisgünstiges) Mitbringsel sind die typischen **konischen Hüte** *(non)* aus Palmblättern, die richtige kleine Kunstwerke sein können. Die schönsten findet man auf dem Zentralmarkt in Hue. Sehr gefragt sind die in Vietnam auf eine lange Tradition zurückblickenden **Holz-, Lack-** und **Keramikarbeiten.** Auch **Seide, Stickereien** und maßgefertigte **Kleidung** sind dank immer pfiffigerer Designs und besserer Qualität in der Gunst der Käufer gestiegen, ebenso wie Handwerkskunst der Ethnien und allerlei Schnickschnack im Ethno-Look.

UNSER TIPP: Wer vorhat, sich etwas **schneidern** zu lassen, sollte Schnittmuster, Fotos usw. von zu Hause mitbringen.

Antiquitäten

Die wirklichen Schätze, für deren Ausfuhr es einer **Zollgenehmigung** bedarf (die man in der Regel aber nicht bekommt) – das Angebot reicht von kolossalen Möbelstücken über Buddhastatuen, Cham-Friese, Keramik und Silberschmuck (Opiumpfeifen) –, befinden sich oft in „Hinterzimmern" und werden in der Regel erst bei ausdrücklichem Kaufinteresse vorgezeigt. Da alle Gepäckstücke bei der Ausreise geröntgt werden, wird man seine wertvollen Einkäufe ohnehin meist wieder los, keinesfalls sollte man die Zollbeamten zu bestechen versuchen.

Das Gros der Ware in den aus dem Boden sprießenden Antiquitätenläden sind freilich (oft ausgezeichnet gemachte) Kopien und Imitate.

Ein- und Ausreisebestimmungen

(Stand Mai 2024)

Hinweis: Aufgrund der sich ständig kurzfristig ändernden Bestimmungen und Gebühren sind alle Angaben ohne Gewähr. Wir raten, sich kurz vor der Abreise auf der Website des Auswärtigen Amtes oder bei der jeweiligen Botschaft zu informieren.

- Deutschland: www.auswaertiges-amt.de
- Österreich: www.bmeia.gv.at
- Schweiz: www.eda.admin.ch

Egal, welche Visumvariante man wählt: Der **Reisepass** sollte mindestens noch sechs Monate über das geplante Rückreisedatum hinaus gültig sein.

Jedes **Kind** benötigt seinen eigenen Reisepass. Reisen Minderjährige nicht in Begleitung beider Elternteile, kann man nach einer Einverständniserklärung des anderen Sorgeberechtigten gefragt werden. Weitere Informationen z.B. unter www.auswaertiges-amt.de, Stichwort „Minderjährige".

Visa

Reisende mit deutschem Pass können derzeit **für 45 Tage visafrei** ins Land. Schweizer und Österreicher benötigen ein Visum.

Reisende sollten direkt bei Einreise kontrollieren, dass sie einen Einreisestempel mit dem korrekten Gültigkeitsdatum erhalten haben. Andernfalls droht bei Ausreise ein Bußgeld. Aus- und Einreise, auch in Nachbarländer, sind problemlos möglich. Bei jeder Einreise wird ein neuer Stempel in den Pass gedrückt.

Für andere Zwecke und **längere Aufenthalte** ist ein Visum erforderlich, das vor der Einreise als E-Visum oder als Standardvisum beantragt werden kann.

E-Visum

Bei geplanten Aufenthalten über 45 Tagen kann ein E-Visum beantragt werden. Der **Online-Antrag** ist auf der Website der vietnamesischen Einwanderungsbehörde abrufbar: https://evisa.xuatnhapcanh.gov.vn.

Das E-Visum gilt für max. **90 Tage** und für mehrmalige Einreisen *(multiple entry)*. Die Bearbeitungszeit beträgt ca. drei Tage. Das Visum kann nur dann verlängert werden, wenn ein Folgevisum durch einen „Sponsor" garantiert wird.

Die **Einreise** mit E-Visum ist nur über ausgewählte Flughäfen und nicht an jedem Land- und Seeübergang möglich. Aktuelle Infos unter www.vietnambotschaft.org/konsularische-informationen/einreise-in-vietnam.

Standardvisum

Hier kann der Antrag **persönlich oder per Post** bei der Botschaft eingereicht werden. Visaarten können online unter **Vietnam Visa Application** beantragt und zusammen mit den erforderlichen Unterlagen bei der zuständigen vietnamesischen Auslandsvertretung in Deutschland eingereicht werden:

- **Botschaft der Sozialistischen Republik Vietnam,** Elsenstraße 3, 12435 Berlin-Treptow, aktuelle Infos unter www.vietnambotschaft.org/konsularische-informationen/einreise-in-vietnam.

Allgemein gilt: Bei Einreise mit einem Visum ist darauf zu achten, dass der bei der Passkontrolle angebrachte **Aufenthaltsvermerk** dem gesamten Gültigkeitszeitraum des Visums entspricht und nicht nur den 45 Tagen, die bei visafreier Einreise gewährt werden.

Die **Verlängerung** oder Änderung der Gültigkeitsdauer eines Visums in Vietnam liegt im Ermessen der vietnamesischen Behörden. Eine Verlängerung muss bei der zuständigen vietnamesischen Einwanderungsbehörde vor Ort beantragt werden.

Diplomatische Vertretungen

- **Deutschland: Botschaft der SR Vietnam,** Konsularabteilung, Elsenstr. 3, 12435 Berlin, Tel. 030-53630-108 oder -102 (Visastelle), www.vietnambotschaft.org.
- **Generalkonsulat der SR Vietnam,** Kennedy-Allee 49, 60596 Frankfurt/M., Tel. 069-79533650, https://vietnam-generalkonsulat.de/de.
- **Österreich: Botschaft der SR Vietnam,** Felix-Mottl-Str. 20, 1190 Wien, Tel. 01-368075510, www.vietnamembassy.at/de.
- **Schweiz:** Schlösslistr. 26, 3008 Bern, Tel. 031-3887872, www.vietnam-embassy.ch.

Tipp: Das Generalkonsulat in Frankfurt ist meist deutlich auskunftsfreudiger und bei Sonderwünschen kulanter als die Botschaft in Berlin.

Visa on Arrival

Die klassischen *Visa-on-Arrival*, die direkt am Grenzübergang z.B. in Kambodscha und Laos ausgestellt werden, gibt es für Vietnam nicht. Jedoch kann über Reiseagenturen ein **vor-arrangiertes Visum** organisiert werden, das bei der Einreise ausgestellt wird. Dies ist nur bei Einreise über einen der **internationalen Flughäfen** möglich (Hanoi, Da Nang oder Ho Chi Minh City). Der Betrag *(Stamp-Fee)* wird bei der Einreise am Flughafen bezahlt – nur **in bar und in US-Dollar** (1 Monat ca. 25 $, 3 Monate ca. 50 $). Am Flughafen wird auch das Antragsformular ausgefüllt, falls es noch nicht vorhanden ist (Tipp: Kugelschreiber dabei haben!). Zwei **Passbilder** sind mitzubringen. Zusätzlich zur Visagebühr berechnen die Agenturen für dieses „Einladungsschreiben" Kosten. Diese variieren je nach Agentur (ca. 20 bis 40 $).

Visa-Dienste

- **www.myvietnamvisa.com**
- **https://vietnam.visaonline.travel**

Vorsicht: Bei vielen Online-Agenturen, die im Internet *Visa-on-Arrival* anbieten, handelt es sich um unseriöse kommerzielle Anbieter. Bitte auch die einschlägigen Foren, beispielsweise auf *Facebook*, beachten.

Visaverlängerung in Vietnam

Die Verlängerung eines Monatsvisums ist über Reiseagenturen möglich, allerdings teuer: ca. 50 $ für 15 Tage, 125 $ für einen Monat.

Ein- und Ausreise

Wichtig: Beim Verlassen des Flughafens Gepäckscheine (am Flugticket angeheftet) bereithalten. Die Übereinstimmung mit den Gepäckstücken wird häufig (auch bei Inlandsflügen) kontrolliert.

Kopien

Da man den Pass täglich aus der Hand gibt – in allen Hotels z.B. –, ist dringend angeraten, **Fotokopien von Pass und Visum** anzufertigen. Man kann auch wichtige Reisedokumente zu Hause einscannen oder fotografieren und diese in eine *Cloud* ins Internet stellen. Auf diese Weise hat man bei Diebstahl oder Verlust immer Zugriff auf seine Unterlagen und Dokumente.

Wird man unterwegs von der Polizei angehalten, sollte man grundsätzlich die Passkopie vorzeigen und erklären, das Original befinde sich im Hotel.

Zollbestimmungen

Es besteht ein **Einfuhrverbot** für Waffen, Munition, Rauschgift und Pornografie. Erlaubt ist die Einfuhr von 200 Zigaretten (oder 100 Zigarren bzw. 500 g Tabak), 1,5 l Alkohol über 22 Vol.-%, 3 kg Kaffee und 5 kg Tee. **Deklarierungspflichtig** sind Devisen im Wert von über 5000 US$ sowie Goldschmuck über 300 g. Ein **Ausfuhrverbot** besteht außerdem für Antiquitäten.

Auch auf **europäischer Seite** gibt es Freigrenzen, Verbote und Einschränkungen, die man beachten sollte, um böse Überraschungen am Zoll zu vermeiden. Bei Einfuhr in ein **EU-Land** gelten folgende Mengen- und Wertgrenzen:

- Für Personen über 17 Jahre: 200 Zigaretten oder 100 Zigarillos oder 50 Zigarren oder 250 g Tabak bzw. anteilige Zusammenstellung; 1 l Spirituosen über 22 Vol.-% oder 2 l bis max. 22 Vol.-% oder anteilige Zusammenstellung und 4 l nicht schäumende Weine und 16 l Bier; andere Waren bis zu einem Warenwert von 430 € (Reisende unter 15 Jahren nur 175 € nach Deutschland, 150 € nach Österreich).

Für die Einreise aus **Nicht-EU-Ländern** in die **Schweiz** gelten diese Freimengen:

- Für Personen über 17 Jahren: 250 Zigaretten/Zigarren oder andere Tabakprodukte; 1 l Spirituosen über 18 Vol.-% oder 5 l bis max. 18 Vol.-%; andere Mitbringsel bis zu einem Warenwert von 300 SFr in die Schweiz.

Falls die Reisemitbringsel diese Freigrenzen überschreiten, sind Einfuhrabgaben zu entrichten.

Einfuhrverbote und -beschränkungen bestehen z.B. für Tiere, Tierprodukte, Pflanzen, Medikamente, Betäubungsmittel und Drogen, Feuerwerkskörper, Lebensmittel, Raubkopien, Kulturgüter, Waffen und Munition; in Deutschland und Österreich auch für Pornografie und verfassungswidrige Schriften, Rohdiamanten; in der Schweiz auch für Radarwarngeräte u.v.m.

- **Deutschland:** www.zoll.de; „Zoll und Reise"-App
- **Österreich:** www.bmf.gv.at; BMF-App
- **Schweiz:** www.ezv.admin.ch; QuickZoll-App

Elektrizität

Generell 220 Volt (50 Hz). Stromausfälle treten immer noch auf, dauern aber selten lange an. Übliche Batterien sind überall erhältlich.

Deutsche Stecker passen in die meisten Steckdosen.

Essen und Trinken

→ Anhang, Glossar „Essen und Trinken"
→ Gesundheit und Hygiene

Die Grundpfeiler der vietnamesischen Küche sind **Reis,** die **Fischsauce Nuoc Mam** und frische **Kräuter.** Die starken, wenn auch niemals dominierenden Einflüsse chinesischer und französischer Kochkunst führten zu einer originellen, unverwechselbaren Küche, die für europäische Gaumen weder allzu scharf gewürzt noch allzu exotisch erscheint. Die ausgeprägte Vorliebe für frische Kräuter machen vietnamesische Speisen leichter und differenzierter als chinesische Gerichte. Es fehlt allenfalls die Schärfe und Raffinesse der thailändischen Küche.

Eine absolute Topgastronomie, die auf die Modernisierung und Neuinterpretation alter, überlieferter Traditionen setzen könnte, findet man allerdings nur selten.

Heute isst man in **Garküchen** und **Essständen** „auf der Straße" gut – und oft sogar besser, zumindest authentischer – als in so manchem modernen Restaurant, das mehr Wert auf Präsentation und Ambiente als auf gute Küchenprodukte setzt, die ohne Fantasie und Selbstbewusstsein zubereitet und globalen Geschmacksnormen angepasst werden.

Restaurants und Garküchen gibt es an jeder Straßenecke. Man sollte dort speisen, wo Vietnamesen essen, auch wenn das Restaurant eher schlicht aussieht. In Vietnam wird in der Regel frühzeitig gegessen. Mittags füllen sich ab 11.30 Uhr die Lokale, am Abend geht man traditionell bereits gegen 18 Uhr zum Essen. Restaurants in Großstädten und für Touristen passen sich aber mittlerweile mehr und mehr den international üblichen Essgewohnheiten und -zeiten an.

Auf den Tischen stehen Essstäbchen, Löffel, Saucen je nach Region (Chili-, Fisch- und Sojasauce), Chiliöl, frische Chili, Limetten, eingelegter Knoblauch, Pfeffer, Servietten (nicht durchschnupfsicher), Zahnstocher und manchmal kleine Schnapsgläschen bereit. Im Süden wird oft gratis ein Krug mit kaltem Tee serviert. Frische Kräuter kommen in einem Plastikkörbchen zum Gericht.

Anfangs werden üblicherweise Erfrischungstücher gereicht, der Tee zum Abschluss entfällt immer öfter. Die Tücher werden meist extra berechnet, ebenso kleine Extras wie Erdnüsse. Manche Restaurants bieten auch **englische Speisekarten.** Diese haben allerdings oft den Nachteil, dass nicht alle verfügbaren Gerichte aufgeführt werden (sondern nur, was Ausländer „gerne mögen"), oder dass keine Preise verzeichnet sind. Zur Vorbeugung etwaiger Dispute ist es in jedem Fall ratsam, stets vorab die Preise zu klären. Auch die **Rechnung** sollte vor dem Bezahlen kontrolliert werden – Einheimische tun dies immer minutiös! Denn oft wird etwas zu viel berechnet, oder Speisen, die bestellt aber nicht gebracht wurden, stehen trotzdem drauf.

Vietnamesen essen wie Chinesen mit **Stäbchen,** d.h. man bedient sich aus den Servierschüsseln und isst aus seinem eigenen Reisschälchen. Dieses kann (muss aber nicht) in die Hand genommen und näher zum Mund gebracht werden.

Nudelsuppe mit Stäbchen zu essen, ist anfangs eine Kunst: Die Nudeln werden mit den Stäbchen gefasst und zum Mund geführt, mit dem Löffel wird der Vorgang unterstützt. Notfalls kann auch geschlürft werden ...

Hund und Katze

Nicht wenige Vietnamesen schüttelt es genauso wie wohl viele Leser bei dem Gedanken, den „besten Freund des Menschen" zu verzehren. Für die neue Mittelschicht stellen Hunde immer häufiger geliebte Schmusetiere dar (Pudel stehen hoch im Kurs), teure Rassen werden zuweilen auch als Accessoire und Statussymbol angeschafft.

Für viele andere aber ist Hund ein unverzichtbares Leibgericht. Pro Jahr werden in Vietnam rund **5 Millionen Hunde** verspeist, damit ist Vietnam hinter China das Land mit dem zweithöchsten Konsum dieser Tiere. Der Verzehr von Hundefleisch ist im Norden verbreiteter als im Süden, auch Hunde-Diebstahl ist im Norden verbreitet – wobei seit einiger Zeit gerade teurere Rassen weniger gegessen, sondern öfter gegen ein hohes „Lösegeld" wieder abgegeben werden.

Hundefleisch schmeckt, ähnlich wie Pferdefleisch, leicht süßlich und ist dank seiner Proteine sehr sättigend: Es „wärmt", wie die Liebhaber sagen, weshalb es vor allem in der kühlen Jahreszeit gern gegessen wird. Außerdem soll es Glück im Geschäft bringen und wird an bestimmten Tagen im Mondmonat gegessen. Hundefleisch ist teuer und wird in speziellen Restaurants angeboten, die ihre Spezialität als **Thit Cho** oder **Thit Cay** anpreisen (man braucht also keine Angst zu haben, dass es einem „untergeschoben" wird). In bestimmten Regionen sieht man außerdem auch Katzenfleisch auf der Speisekarte, **Thit Meo,** z.B. als *Hotpot.*

Durch **Druck aus dem Westen** wird das Essen von Hunden und Katzen aber immer öfter infrage gestellt. Und seit Dezember 2021 ist Hoi An die erste Stadt in Vietnam, in der der Handel mit und der Verzehr von Hunde- und Katzenfleisch verboten wurde.

Bedrohte Tierarten

Der Handel mit Produkten aus bedrohten Tierarten ist in Vietnam **illegal.** Dennoch gelten wilde Tiere als Delikatesse, Heil- und Potenzmittel und Statussymbol – je seltener, desto wertvoller und teurer – und landen nach wie vor häufig auf dem Teller oder im Reisschnaps: Tigerpenis, Schuppentiere, Kragenbärengalle und -tatze, Hirschferkel ... die Liste ist lang, genauso wie die Rote Liste, auf der sie stehen. Hier sind westliche Touristen als Konsumenten kaum das Problem. In Hanoi werden jedoch als Backpacker-Gaudi Ausflüge ins **„Schlangendorf"** Le Mat angeboten, wo man in bestimmten Restaurants als „Mutprobe" Reisschnaps mit Schlangenblut und -herz trinken und Schlangengerichte essen kann. Tierschutzorganisationen geben zu bedenken, dass es für Laien so gut wie unmöglich ist, zu erkennen, ob es sich bei dem Tier auf dem Teller um eine bedrohte, in der Wildnis gefangene Art oder um ein auf einer Farm gezüchtetes Tier handelt. Die Königskobra sowie 23 weitere Schlangenarten sind in Vietnam selten geworden und stehen unter Schutz (→ Exkurs „Seltene und bedrohte Tierarten", S. 614).

Vegetarisch essen

Vegetarier müssen in Vietnam nicht verhungern – die Auswahl an **Tofu-, Gemüse- und Pilzgerichten** ist groß. In den Städten gibt es viele Veggie-Restaurants, angeschrieben mit **chay,** dem vietnamesischen Wort für „vegetarisch". Auch einzelne vegetarische Gerichte sind auf den Speisekarten mit *chay* bezeichnet, z.B. *Banh Mi Chay,* ein Sandwich.

Vegetarier sollten allerdings beachten, dass die weit verbreitete Nudelsuppe **Pho** mit **Fleischbrühe** gekocht wird. Und für Veganer gilt zu bedenken, dass **Fischsauce** *(nuoc mam)* als Würze in unzähligen Gerichten enthalten ist, und manchmal sogar im Kaffee.

Gerichte und Beilagen

Reisgerichte

Die einfachste und günstigste Mahlzeit besteht aus einem Teller mit zwei Löffeln Reis und Beilagen. Reis heißt *com.*

- **Com Dia** ist Reis mit Sauce, Gemüse und Kräutern sowie Fleisch oder Fisch (was gerade da ist).

- **Com Phan** ist im Grunde das Gleiche, nur dass die Beigaben separat gereicht werden, sodass das Gericht immer eine Spur teurer ist.
- Sehr populär ist **Com Suon,** Reisteller mit Schweinerippchen.
- **Fried Rice** dagegen ist meist eine Enttäuschung und längst nicht so gut wie sonst in Südostasien, im Süden heißt er *com chien,* im Norden *com rang.*
- **Sticky Rice** (Klebreis) heißt *xoi.*
- **Reisbrei,** *chao,* wird gerne zum Frühstück gegessen, z.B. mit Huhn.

Nudelgerichte

- **Reisnudeln** sind weiß und heißen entweder *pho* (etwas dicker) oder *bun* (dünn, spaghettiförmig), **Glasnudeln** (aus Mungbohnenpulver) heißen *mien,* **Eier- oder Weizennudeln** (meist *instant*) heißen *mì.*

Und jetzt wird's ein bisschen kompliziert: Manchmal werden typische Gerichte als Suppe, manchmal mit ein bisschen Brühe und manchmal als Nudelteller zubereitet – was man den Namen der Gerichte jedoch nicht ansieht. So ist z.B. eine **Pho Bo** eine Reisnudelsuppe mit Rindfleisch, ein **Pho Xao Bo** ein Teller Reisnudeln mit Rindfleisch und Blattgemüse, und **Bun Bo Nam Bo** eine Schüssel mit dünnen Reisnudeln und Rindfleisch mit ein bisschen Brühe, garniert mit Erdnüssen und Kräutern (manchmal steht auf dem Schild zum Gericht der Zusatz „tron", d.h. ohne Brühe).

Frühlingsrollen (Nem)

Frühlingsrollen sind eine der bekanntesten Spezialitäten der vietnamesischen Küche; der nordvietnamesische Name *nem* verdrängt zunehmend das südvietnamesische *cha gio.*

- **Nem Rang,** gebratene Frühlingsrollen, bestehen aus einer Füllung aus Hackfleisch, Garnelen, Sojasprossen, Glasnudeln, Eigelb, Morcheln, Frühlingszwiebeln und speziellen Kräutern, die in Reispapier eingewickelt und knusprig frittiert werden.
- **Glücksrollen** (im Süden manchmal *goi cuon,* im Norden *nem cuon*) bestehen aus den gleichen Zutaten, werden aber nicht frittiert. Man wickelt sich selbst die gewünschten Zutaten in die rohen, fast durchsichtigen Reispapierblätter ein. Anstelle von Hackfleisch werden bei Glücksrollen oft marinierte Streifen Schweinefleisch verwendet.

Suppen-Spezialitäten

Während die *sup* immer als Vorsuppe gegessen wird, kommen *canh* und *lau* stets als Abschluss auf den Tisch.

- **Canh Chua** ist eine mittels Tamarinde und grünem Rhabarber leicht gesäuerte dünnflüssige Suppe, die mit Einlagen wie Pilzen, Gurken, Tomaten,

490v aw

⊡ Bun Ca – Reisnudelsuppe mit Fisch

Zwiebeln etc. meist als *canh chua ca* (mit Fisch) oder *canh chua tom* (mit Shrimps) serviert wird.

- **Lau** ist die Bezeichnung für einen Feuertopf und meint eine Art von vietnamesischem Fondue. In einem Sud aus Fischgräten, Hühner- oder Rindsknochen, der im Feuertopf immer auf dem Siedepunkt gehalten wird, gart man sich am Tisch rohe Shrimps, Fischstücke oder hauchdünne Rinderscheiben zusammen mit Gemüsen, Kräutern etc.

Fleisch

Fleisch ist nicht nur verbreitet und preiswert (für Vietnamesen freilich ein relativer Begriff), sondern auch ausgesprochen gut.

- Mit Abstand am liebsten wird **Rindfleisch** *(bo)* gegessen. Ein Beefsteak *(bittet)* ist naturgemäß von unterschiedlicher Qualität, wird jedoch nur selten zäh oder ungenießbar sein.
- Preiswerter als Rind ist nur noch **Schwein** *(heo)*, das in Restaurants und Garküchen allerdings eher selten serviert wird, da es als „Alltagsfleisch" gilt.
- Eine Ausnahme sind die beliebten **Rippchen** *(suon)*, die erst gebeizt, dann gegrillt oder gebraten und mit Sesamkörnern bestreut werden.
- Als einfach und günstig gelten auch **Eingeweide** wie Herz, Leber und Nieren *(tim)*, die speziell bei Nudelgerichten Verwendung finden.
- **Ziege** *(de)* vom Holzkohlengrill ist die Spezialität mancher Essstände und kleiner „Biergärten" vor allem im Norden.
- **Hackfleisch** (vom Rind oder Schwein) findet fast nur als Füllung Verwendung.

Rinds-Spezialitäten

- **Bo Nhung Dam,** auf Speisekarten als „Vinegar Beef" bezeichnet, ist eines der besten vietnamesischen Gerichte. In einer mittels Tamarinde und Essig leicht gesäuerten und durch den Feuertopf auf dem Siedepunkt gehaltenen Rindsbouillon gart man rohe Scheiben vom Rind, die man mit Gemüsen und Kräutern nach Wahl in Reispapier wickelt.
- **Bo Nuong Vy** (Rind vom Rost) wird auch als „mongolischer Feuertopf" bezeichnet: Dünne Scheiben vom Rind und Gemüse werden auf dem Rost des Feuertopfs gegrillt.
- **Bo Tai Chanh** ist die vietnamesische Variante des *Carpaccio:* Dünne Scheiben vom Rind werden in Limonensaft mit Gewürzen und Kräutern „gegart"; entsprechende Zubereitungsarten gibt es auch für Kalb *(be)* oder Ziege *(de)*.
- **Bo La Lot** dagegen erinnern an *Cevapcici:* Kräftig abgeschmecktes Rinderhack wird in würzige Lot-Blätter gewickelt und scharf angebraten.
- **Bo Kho,** eine Art kräftiger Gulaschsuppe, wird im Süden gerne zum Frühstück gegessen, schmeckt aber zu jeder Tageszeit.

Geflügel

- **Huhn** *(gà)* gilt in Vietnam nicht als Billiggericht und kann sogar teurer sein als Rind.
- **Enten** *(vit)* werden weniger wegen ihres Fleisches, sondern wegen ihrer Eier und Federn geschätzt, ansonsten sind sie günstiger als Hühner.
- Beliebt und häufig zu finden sind **Tauben** (chim boa caau), die meistens gegrillt serviert werden.
- Regional und eher auf Märkten findet man **Wachteln** *(cut)*, Reis- und andere Vögel.

Fisch

Die in Restaurants am häufigsten servierten Meeresfische sind Thunfisch, Schwertfisch und diverse Makrelenarten.

- Edelfische wie **Pomfret** *(butterfish)* werden genau wie Schwalbennester, Austern oder Langusten *(tom cang)* längst im Lande selbst verzehrt und nicht nur exportiert.

- Süßwasserfische wie **Ca Loc,** eine Graskarpfenart, oder **Ca Tre,** Wels bzw. *Catfish,* werden oft im Ganzen zubereitet und sind absolute Delikatessen.
- **Ca Kho** ist Fisch, der mit *Nuoc Mam* und Rohrzucker im Tontopf geschmort wird; der karamellisierte Zucker und die salzige Fischsauce zusammen ergeben mit gestoßenem schwarzen Pfeffer einen köstlichen dickflüssigen Sud. Am besten schmeckt **Ca Kho** mit *Catfish (ca tre).*
- Will man einen Fisch im Ganzen haben, verlangt man einen **Mot Con Ca.** Besonders gut ist der **Ca Loc Nuong,** ein ganzer, gegrillter Graskarpfen mit zahlreichen Beilagen.

Meeresfrüchte

Angesichts der zahlreichen Wasserwege, Flüsse, Kanäle und Teiche bis zu der mehr als 3000 km langen Meeresküste ist es kein Wunder, dass viele Gerichte auf Wassertieren aller Art und Herkunft basieren (Süßwasser, Salzwasser oder Lagune).

- **Shrimps** *(tom),* **Aal** *(luon),* **Tintenfisch** *(muc)* und **Frösche** *(ech)* findet man auf fast jeder Speisekarte, **Muscheln** *(so)* und **Schnecken** *(oc)* gelten als Snacks und sind eher an Essständen zu finden.

Eier

Eier heißen *trung;* außer Hühnereiern *(trung ga)* finden auch häufig Enteneier *(trung vit)* Verwendung.

- Zum Frühstück eignen sich **gekochte Eier** *(trung luoc),* Rühreier *(trung chien* oder *trung rang)* und Spiegeleier, *trung op la* oder einfach *op la,* die Vietnamisierung des französischen „œufs plats".
- **Balut:** Ein eher zweifelhafter, aber bei den Vietnamesen beliebter Snack, sind angebrütete Enteneier (*trung vit lon* oder *hot vit lon*). Die ca. 19 Tage lang künstlich bebrüteten Eier werden 20–30 Min. gekocht oder gedämpft und dann meist mit Salz, Pfeffer, Chili, Zitrone und Koriandergrün noch warm verspeist. Soweit so gut, aber den enthaltenen Entenembryo, komplett mit Schnabel und Federn, mitzuessen, ist schon sehr speziell und nichts für zarte Gemüter. Soll aber, besonders für Schwangere, sehr stärkend sein.

Banh

Banh ist der Oberbegriff für Mehl, *banh my* z.B. ist Brot, das es in Form französischer Baguettes fast überall in Vietnam zu kaufen gibt, im Norden allerdings erheblich besser gebacken als im Süden.

- **Banh Trang** nennt man das Reispapier, in das nicht nur die Glücksrollen, sondern auch viele andere Gerichte gewickelt werden.
- **Banh Xeo** sind gebratene Crêpes aus Reismehl und Eiern und einer Füllung aus Schweinefleisch, Garnelen, Zwiebeln, Sojasprossen und Kräutern.
- **Banh Cuan** ist eine Spezialität des Nordens und lässt sich als eine Art Ravioli beschreiben, nur dass der Teig aus Reismehl besteht; die Füllung setzt sich aus Hackfleisch, Morcheln, Karotten, Gurken, Frühlingszwiebeln, Sojasprossen, Kräutern und manchmal auch Garnelen, Krebsfleisch usw. zusammen. *Banh cuan* werden nicht selten („schwäbisch") mit gerösteten Zwiebeln serviert.

Western Food

Gerichte wie Steak mit Fritten und Salat kann man fast überall bekommen und haben nichts mit dem Tourismus zu tun, sondern sind eine Hinterlassenschaft der Franzosen.

Ein paar Preise (Richtwerte)

- Kaffee im Straßencafé 20.000–40.000 đ
- Cappuccino 60.000 đ
- Kleine Flasche Wasser (0,5 l) 5000 đ
- Gericht in Garküche oder Straßenrestaurant 40.000– 80.000 đ
- Zigaretten 10.000–28.000 đ
- Flasche/Dose Bier 25.000–40.000 đ

- **Steak** heißt *bittet,* Pommes *khoai tay chien* oder (im Norden) *khoai tay rang,* Salat heißt *xa lach.*
- An Straßenständen kann man sich für wenig Geld **Sandwiches** mit *paté* (Pastete), Huhn, Wurst oder Schweinebraten zurechtmachen lassen.

Gemüse und Kräuter

- **Gemüse** *(rau)* findet in Restaurants und Garküchen meist nur als Beilage Verwendung, rein vegetarische Gerichte sind selten. *Fried vegetables* heißen *rau xao.*
- **Rau thom,** ein Teller mit Kräutern wie Kresse, Koriander, Minze, Zitronenmelisse, Wasserwinde, Basilikum etc. gehört zu vielen Gerichten normalerweise dazu, wird in Restaurants aber häufig Ausländern vorenthalten oder durch langweiligen *xa lach* ersetzt.

Da die Kräuter wohl kaum mit abgekochtem Wasser gewaschen worden sind, verzichten viele Reisende lieber auf sie. Wir selbst konnten niemals widerstehen und sind lange „unvorsichtig" gewesen, ohne jemals Ärger oder auch nur die leiseste Magenverstimmung gehabt zu haben.

☒ Köstliche Mang Cau

Gewürze

Vietnamesische Gerichte sind gut, aber nie scharf gewürzt. Außer kleinen Schälchen mit (je nach Gericht) süßen, sauren, scharfen oder salzigen Saucen, deren Grundbestandteil meist aus Fischsauce *(nuoc mam),* Zitronensaft oder Essig besteht, erhält man oft Schälchen mit Salz, Pfeffer und einer Limette; man mischt Salz und Pfeffer und drückt die Limette darüber aus. Knoblauch, Chilis, Ingwer und Zitrone kann man extra bestellen.

Eiscreme und Süßspeisen

- **Speiseeis** *(kem)* hatten die Franzosen eingeführt, ehe es durch die Amerikaner noch populärer wurde. Die mit Abstand beste „Marke" ist *Kem Bach Dang. Kem dua,* Kokosnusseis, wird häufig in kleinen ausgehöhlten Kokosnüssen serviert.
- In Restaurants bekommt man ausgezeichneten **Karamellpudding** *(kem karamen).*
- Sehr schmackhaft ist der **Joghurt** *(sua chua),* der in Eiscafés und an Straßenständen angeboten wird.

Früchte

Zumindest in Ho Chi Minh City und im Mekong-Delta kann man alle exotischen Früchte finden, die einem vielleicht schon anderswo in Südostasien ans Herz gewachsen sind, wie Mangos, Rambutan, Drachenfrucht, Guaven, Jackfruit, Durian oder Mangosteen, daneben findet man aber auch Äpfel, Weintrauben, Ananas, Bananen, Wassermelonen etc. Neben Mangos, deren Hauptsaison in der ersten Jahreshälfte liegt, und die im

Delta besonders günstig und gut sind, gehört die **Mang Cau** aus der Familie der Annonen (wie Zimt- und Rahmapfel), zu unseren Lieblingsfrüchten. Sie sieht von außen ein bisschen aus wie ein eingerolltes Gürteltier, rund, schuppig, grünlich-braun und etwas kleiner als ein Apfel. Ihr weißes Fruchtfleisch ist zuckersüß und enthält zahlreiche schwarze Kerne.

Getränke

Tee, Kaffee, Erfrischungsgetränke, Bier und Spirituosen sind überall erhältlich und sehr preiswert. Es kann allerdings vorkommen, dass der Inhalt der Flaschen nicht immer hält, was das Etikett verspricht. Das ist zwar unangenehm, wenn man einen russischen Wodka erstanden hat, der mit einheimischem Fusel gestreckt wurde, aber nichts im Vergleich zu dem, wenn etwa Mineralwasser durch Leitungswasser ersetzt wurde und womöglich Ruhr oder Schlimmeres verursacht. Das gilt auch für Getränke in Dosen.

Oft werden Getränke (ungefragt und ohne Aufpreis) mit Eis serviert. Wer sein Getränk **ohne Eis** haben will, sagt *khong co da* („nicht haben Eis"). Wir wollen nicht behaupten, vietnamesisches Eis sei „ungefährlich", aber auf all unseren Reisen hatten wir nicht ein einziges Mal Probleme. Aber selbstverständlich sollte man sich des Risikos bewusst sein.

Tee

Grüner Tee (*tra,* meist wie „tscha" gesprochen) ist in Straßenküchen als Eistee *(tra da)* ein günstiges, gängiges Getränk. Im Süden wird er oft gratis serviert, zum Essen oder auch in kleinen Straßencafés zum Kaffee. In gehobeneren Restaurants ist er dagegen kaum noch erhältlich – und schon gar nicht gratis.

Einst durfte Tee nirgendwo fehlen: Er wurde dem Gast in jedem Heim serviert, heiß, stark und aus winzigen Tässchen getrunken.

Tee wird in Vietnam grundsätzlich ungezuckert getrunken.

Kaffee

Vietnam ist der größte Kaffee-Exporteur Asiens. Der starke **Ca Phe** wird leidenschaftlich gern getrunken, und wird wie Espresso in kleinen Dosen genossen. Im Norden ist er oft besser (und etwas teurer) als im Süden. Am besten ist er als *ca phe fin,* dieser wird frisch mit einem kleinen Tropffilter aus Metall serviert. Manchmal kommt er allerdings nicht frisch, sondern vorgebraut aus der PET-Flasche. Vor allem im Süden wird der schwarze Kaffee *(ca phe den)* oft ungefragt schon **gezuckert,** wenn man nicht extra ohne Zucker bestellt. Der vietnamesische Kaffee **mit Milch** *(ca phe sua)*

512v aw

Ruou – Vietnams Reisschnaps

Man sieht sie oft, auch in den einfachsten Restaurants in der tiefsten Provinz Vietnams, auf den Tischen bereitstehen: die ominösen kleinen, schmalen *Ruou*-Gläschen. Denn kein soziales Ereignis, kein Geburtstag, kein Vertragsabschluss ist vollständig ohne *Ruou*, wie in Vietnam der Reisschnaps genannt wird (oft wird „Ruou" auch fälschlicherweise mit „Reiswein" übersetzt).

Ruou wird meist aus Reis, vorzugsweise **Klebreis,** gebrannt. Oft wird er mit **Früchten, Pflanzenteilen** oder auch mit **Tieren** – ganz oder in Teilen – versetzt. Die traditionelle Medizin spricht den meisten dieser Gebräue heilende oder stärkende Wirkung zu, und sie gelten vielfach als Potenzmittel. Dies führt leider zu Auswüchsen in der Verwendung von vermeintlich besonders „kräftigen und fähigen", und oftmals gefährdeten Tierarten – etwa eingelegte Tigerpenisse oder Kragenbären-Tatzen, um nur zwei Beispiele zu nennen.

„Viele der Kräuterliköre sind äußerst aromatisch und bieten einen interessanten Zugang zu vielen der exotischen, vietnamesischen Geschmäcker und Gerüche", sagt *Markus Madeja.* Der Schweizer Ethnologe lebt seit Mitte der 1990er-Jahre in Vietnam und ist hier zum Profi-Reisschnapsbrenner geworden. Mittlerweile besitzt er eine Schnapsfabrik, und sein *Ruou,* den er **Son Tinh** („Berggeist") getauft hat, wird sogar ins Ausland exportiert.

„Schon im 15. Jh. wurde das *Know-how* der Destillation aus China in die Provinzen in Nordvietnam gebracht, also gehören die Vietnamesen zu den ersten Völkern, die diese Technologie meisterten", weiß *Madeja.* Wie auch für andere Handwerke, entwickelten sich **spezialisierte Dörfer,** in denen sich beinahe die gesamte Bevölkerung dieser Beschäftigung widmete; in diesem Falle *Ruou* brennen und Schweine züchten. Die Schweine werden mit der ausgekochten Maische gefüttert. Oft ist der Verkauf der Schweine Haupterwerb und der *Ruou* nur Nebenverdienst.

Das Schnapsbrennen mit einfachen Hilfsmitteln in entlegenen, zum Teil noch immer von Armut geprägten Regionen resultiere oft in einem

Ruou, der sich nicht an modernen Qualitätsmaßstäben messen lassen könne. „Zu hohe Methanol- oder Aldehydgehalte führen zwar nur selten zu anhaltenden Gesundheitsschäden, doch wer sich schon einmal mit urigem Landruou besoffen hat, erinnert sich noch lange an den folgenden Kater. Vielen Besuchern läuft es kalt den Rücken herunter, wenn sie sich an ihre erste Erfahrung mit Einladungen zu Trinkgelagen mit beschwipsten, rotgesichtigen Vietnamesen erinnern", berichtet *Madeja.* Was aber nicht heiße, dass es in Vietnam keinen guten *Ruou* gebe. Besonders in den Provinzen im Delta des Roten Flusses fänden sich manche erstaunlich hochwertige Varianten.

Der **Geschmack** des *Ruou* ist bestimmt von der **Auswahl des Reises** und der lokal hergestellten **Hefe.** Von den Hunderten Reissorten, die im Delta angepflanzt werden, eignen sich nur wenige für die *Ruou*-Produktion. Wichtig für das Aroma sei die dünne Schale um das Reiskorn, die für den Speisereis wegpoliert wird. Auch die Herstellungsart der traditionellen Hefe ist ausschlaggebend für Qualität und Aroma.

Ruou trinkende Männerrunden erkennt man übrigens manchmal schon von Weitem, wenn sie „Mot, hai, ba, yo!" brüllen – „Eins, zwei, drei, Prost!"

[<] Ruou-Fabrik bei Da Lat

enthält in den meisten Fällen sehr süße, dickflüssige Kondensmilch, frische Milch ist vor allem außerhalb der größeren Städte sowie in den klassischen Straßencafés oft nicht erhältlich. Teurere Cafés bieten auch Cappuccino, Latte, Americano & Co. an. Bei heißem Wetter wird der Kaffee gerne **mit Eiswürfeln** *(den)* getrunken. Ein Kaffee kostet ca. 20.000–40.000 đ. (→ auch Exkurse „Kaffee und Fake-Kaffee", S. 377, und „Die Schattenseiten des Sonnenkaffees", S. 612.)

Bier

Einheimisches **Bia** ist gut und günstig. Vietnamesische Sorten wie *333* (sprich: *ba ba ba*), *Saigon* (beide aus Ho Chi Minh City), *Hanoi, Truc Bach, Halida* (alle aus Hanoi), *Huda* (Hue) und *Larue* (Da Nang) sind die größeren Marken. Es gibt aber auch kleine lokale Marken wie *Dai Viet, Zorok* und *Viet Ha* – oder seit 2015 *Bia Gá/Rooster Beer* in Ho Chi Minh City mit verschiedenen *Craft-Beer*-Spezialitäten. Alle sehr süffig, sodass man nicht die teureren internationalen Marken wie *Heineken, Carlsberg* oder *Tiger Beer* trinken muss.

■ **Bia Hoi,** das offene Bier, das man speziell in Hanoi gerne trinkt, ist deutlich schwächer, aber durchaus trinkbar (es sei denn vielleicht für Urbayern). Man bekommt es in den Straßenkneipen, die wie das Bier *Bia Hoi* heißen.

Erfrischungsgetränke

Der Sammelname für Erfrischungsgetränke ist *giai khat.* Einheimische Limonaden sind spottgünstig und durchaus genießbar, Markenware wie *Coke* oder *Seven Up* kostet rund doppelt so viel.

- Nahezu überall zu bekommen sind frischgepresste Zitronen- und Orangensäfte (**Nuoc Chanh** und **Nuoc Cam,** oft stark gezuckert); unbedingt versuchen sollte man auch einmal den Durstlöscher **Nuoc Mia** frisch aus der Zuckerrohr-Presse.
- **Stilles Trinkwasser** wird u.a. in preisgünstigen 1,5-l-Plastikflaschen angeboten (*Aquafina* oder *La Vie*), in einigen Läden und Restaurants bekommt man *Soda Water* von *Schweppes, Evian* und *Perrier* – allerdings teuer und ökologisch eher fragwürdig.
- Viele Cafés servieren köstliche **Kokosnussmilch** *(nuoc dua)* oder geeiste Kokosnuss *(dua lanh)*.
- Die Säfte aus pürierten Früchten, **Sinh To,** gehören mit zum Besten, was man in Vietnam trinken kann; auch ohne ihre vietnamesischen Namen zu kennen, kann man sie sich in der Auslage selber aussuchen: Mango, Papaya etc.; unbedingt einen Versuch wert ist die köstliche Mang-Cau-Frucht.
- **Rau Ma** gilt als eine Besonderheit für Freunde des Vegetarischen, ein pürierter und leicht gezuckerter Saft aus grünen Wasserwinden, der den Körper angeblich „kühl" halten soll.
- **Che** ist ein Sammelbegriff für Getränke auf der Basis von gezuckerter Kokosnussmilch mit einer „Einlage", die aus Trockenfrüchten, Bohnen, Lotossamen, Wasserkastanien, Reismehlklößen und anderem bestehen kann. Die Einlage ist vorgefertigt, man kann sie sich aus Gläsern oder Schüsseln selber aussuchen.

☒ Die ATMs der VP Bank geben bis zu 5 Mio. đ frei – ohne Gebühren

Feiertage, Feste und Events

→ Vietnam: Zu jeder Zeit

Gesetzliche Feiertage

1. Januar	Neujahr
1. 1. im Mondkalender (Januar/Februar)	Vietnamesisches Neujahr (Tet)
April	Gedenktag der Hung-Könige
30. April	Wiedervereinigungstag (Befreiung Saigons 1975)
1. Mai	Tag der Arbeit
2. September	Unbhängigkeitserklärung 1945

- **Traditionelle Feste** → Kapitel „Land und Leute/Feste".
- Am **Tet-Fest,** das sich nach dem Mondkalender richtet und daher jedes Jahr zu einem anderen Zeitpunkt gefeiert wird, sind mindestens drei Tage „offiziell" geschlossen, in der Regel aber dauert es bei vielen Geschäften, Restaurants usf. oft **eine Woche** und länger, bis wieder geöffnet wird. Tet-Termine der kommenden Jahre:

2025: 29. Januar, Jahr der Schlange
2026: 17. Februar, Jahr des Pferds
2027: 7. Februar, Jahr der Ziege

- Der **Gedenktag für die legendären Hung-Könige** (→ Kapitel „Geschichte/Am Anfang war ... der Reis") ist am 10. Tag des 3. Mondmonats, d.h. meist im April.

■ Fällt ein gesetzlicher Feiertag auf einen **Sa/So,** dann ist der folgende Arbeitstag frei.

Fotografieren

Einheimische sind keine exotischen Objekte. Sondern Menschen, die man um ihre **Einwilligung** bitten sollte, bevor man sie ablichtet. Ein kurzer Blick, eine Geste, ein aufmunterndes Lächeln genügen oft.

Geld

→ Notfälle

In Vietnam wird zum allergrößten Teil in der **lokalen Währung** bezahlt. Rein theoretisch machen sich Unternehmen sogar strafbar, die eine Zahlung in US-Dollar fordern oder Preise in Fremdwährungen anschreiben.

669v sb

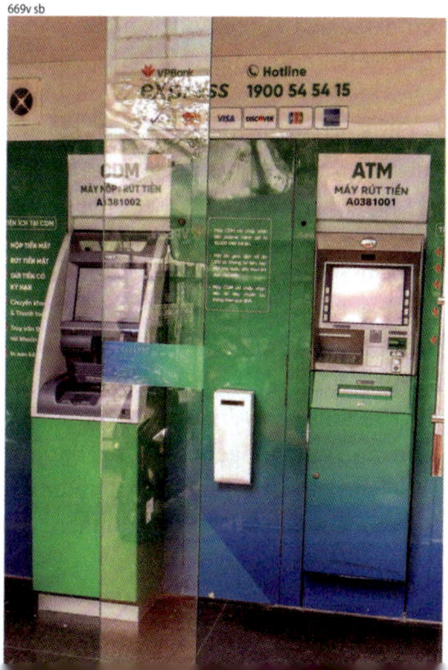

Da das staatliche **Bankenwesen** unflexibel und aufgrund der vielen faulen Kredite marode ist – noch immer sind die Banken Geldesel und letzte Retter für verlustbringende Staatsbetriebe, die Millionen von Menschen beschäftigen, die man nicht auf die Straße setzen will – horten viele Einheimische **Gold** statt Devisen. Insider schätzen, dass die privaten Goldreserven Vietnams diejenigen fast aller anderen Länder Asiens übersteigen.

Währung

■ Die einheimische Währung ist der **vietnamesische Dong** (VND, đ).
■ **Banknoten:** 1000, 2000, 5000, 10.000, 20.000, 50.000, 100.000, 200.000, 500.000 Dong.
■ **Vorsicht!** 20.000er- und 500.000er-Scheine haben eine ähnliche Farbe und werden, vor allem bei Dunkelheit, schnell **verwechselt.**

Banken

Nicht jede Bank wechselt für Nicht-Kunden Geld! **Bargeld** lässt sich aber auch in Wechselstuben (meist Juweliere) und Hotels wechseln. US-Dollar und Euro in bar werden nahezu überall akzeptiert.

ATMs (Geldautomaten) sind fast flächendeckend vorhanden (→ unten).

Wechselstuben, die oft in Juwelierläden untergebracht sind, berechnen zuweilen einen (geringfügig) besseren Kurs und sind meist auch an Wochenenden geöffnet. Kurse in Hotels, Tourcafés etc. sind normalerweise deutlich schlechter.

Die wenigen **ausländischen Banken** wickeln meist nur Geschäfts-Transaktionen ab, d.h. betreuen die Konten ausländischer Firmen etc. Seit Jahren eine Ausnahme ist die australisch-neuseeländische *ANZ-Bank* mit Filialen in Hanoi und Ho Chi Minh City.

Geldwechsel

In größeren Städten und Touristenzentren wechseln insbesondere die Filialen der großen Banken Währungen der Region sowie Euro oder Schweizer Franken zu guten Raten.

Große Wechselbeträge (50 und 100 $/€) erzielen beim Wechsel von Bargeld bessere Kurse als kleine. Unbedingt zu achten ist auf die **Unversehrtheit** der Scheine. Die Annahme eingerissener oder bekritzelter Banknoten wird oft verweigert.

Der **Rücktausch** von Dong in Dollar (oder eine andere Währung) ist schwierig und außerhalb Vietnams praktisch unmöglich.

Wechselkurse

1 €	= 27.383 Dong
1 SFr	= 28.970 Dong
1 US$	= 24.604 Dong

(Stand September 2024)

Aktuelle Tageskurse:
www.oanda.com/currency-converter

Reisekasse

Kredit- und Debitkarten

Mit **Kreditkarten** (*MasterCard, Visa;* aber nicht *Amex*) kann man in vielen Hotels, größeren Restaurants und *Shopping Malls* bezahlen, ansonsten ist Vietnam nach wie vor ein Land des Bargeldes – man sollte sich nicht darauf verlassen, dass in Shops, Bars, Cafes etc. bargeldloses Bezahlen möglich ist!

An den ATMs lässt sich mit Kredit- und Debitkarten Bargeld abheben. Eine Kreditkarte ist für Fernreisen dennoch quasi unverzichtbar geworden. **Hinweis:** Wer mit seiner normalen Bankkarte (statt einer Kreditkarte) im Ausland zahlt, nutzte dafür bisher meist den *Maestro*- oder *V PAY*-Standard (zu erkennen am entsprechenden Zeichen auf der Karte). Diese von den Kreditkartenfirmen *Mastercard* und *VISA* angebotenen Systeme laufen aus und werden durch die neuen Standards **Mastercard debit** und **VISA debit** ersetzt. Bankkunden erfahren das in der Regel dadurch, dass sie eine entsprechende neue Karte ausgestellt bekommen. Ob die neuen Karten dann schon überall funktionieren, lässt sich zurzeit noch nicht sagen. Im Zweifel erkundigen Sie sich vor der Reise bei Ihrer Bank.

Ob **Kosten für die Barabhebung** anfallen und wie hoch diese ggf. sind, variiert je nach Geldinstitut stark (siehe unten). Man sollte sich daher vor der Reise bei seiner Hausbank informieren, mit welcher Bank sie vor Ort zusammenarbeitet und z.B. auch bei www.geld-abheben-im-ausland.de die Konditionen für die Kreditkarten vergleichen, mit denen man im Ausland gebührenfrei Bargeld abheben kann. Achtung: Hat man bei Barabhebungen am Geldautomaten die

Wahl, sollte man den Betrag immer in der **Landeswährung VND** vom Konto abbuchen lassen und nicht in Euro. Bei einer Abbuchung in Euro wird die *Dynamic Currency Conversion* zugrunde gelegt, die erhebliche Kosten verursachen kann. Bei Abbuchung in Dong (đ) wird hingegen der offizielle Devisenkurs der eigenen Bank zugrunde gelegt, und dies ist am sichersten.

Geldautomaten (ATM)

Das Netz der ATMs *(Automatic Teller Machines)* wird ständig dichter, nicht nur in Banken, sondern auch in Hotels, Einkaufszentren, Flughäfen etc. Pro **Transaktion** können in der Regel 2–5 Mio. đ abgehoben werden (der Maximalbetrag hängt auch davon ab, wie gut bzw. schlecht gefüllt der Automat ist!). Die vietnamesischen Banken erheben **Gebühren** für das Abheben an ihren ATMs. Daher lohnt es sich, gleich größere Beträge abzuheben. So berechnet die *VIB Bank* genauso wie die *Vietcom Bank* pro Transaktion 50.000 đ und die *Agribank* 22.000 đ. (Bisher) Gratis ist die Abhebung bei der *TP* und der *VP Bank*.

Abheben sollte man am besten in **geschlossenen Räumen** – Bank, Hotel, Post etc. – und **während der Geschäftszeiten,** einerseits, um das Risiko des Ausgespähtwerdens zu minimieren, andererseits für den Fall einer Reklamation (zu wenig Cash, Karte steckt fest etc.).

Bargeld

Man sollte immer genügend Dong in bar bei sich haben; notfalls lässt sich vielerorts in US-Dollar oder Euro bezahlen. Mit anderen Währungen kommt man außerhalb der Städte nicht weit, man kann sie oft auch nicht tauschen.

Geldverlust

Im Fall von Geldverlust (oder Geldnot) kann man sich Geld über **Western Union** oder **WISE** schicken (lassen), selbst online über eine App, das eigene Bankkonto oder durch eine dritte Person von Deutschland aus. Der Betrag wird dann bei einer Filiale in Vietnam bar ausgezahlt. Je nach Höhe des Betrags wird eine Gebühr erhoben. Das Konkurrenzunternehmen **MoneyGram** ist in Vietnam ebenfalls vertreten. Eine weitere Alternative ist **PayPal.**

- **www.westernunion.com**
- **https://wise.com**
- **www.moneygram.com**
- **www.paypal.de**

Fazit

Am ratsamsten ist eine ausgewogene **Kombination von Zahlungsmitteln,** die aber auch davon abhängig ist, wo und wie man in Vietnam unterwegs ist. Erfahrungsgemäß sollte man sich außerdem nicht auf die Werbeversprechungen verlassen, Kreditkarten würden innerhalb von Stunden oder Tagen auch am fernsten Ort der Welt ersetzt.

Beste Wahl ist die Kombination von **Kreditkarte** (für größere Ausgaben, sofern gebührenfrei oder zu niedrigen Gebühren), **Debitkarte** mit **Bargeld** (Euro **und** Dollar).

Im Land sollte man am besten durchgängig – es sei denn, man residiert meist in Luxushotels – in einheimischer Währung bezahlen.

Kosten und Preise

Vietnam ist sehr kostengünstig – zumindest was **Low-Budget-Reisen** betrifft (d.h. in einfachen Hotels wohnen, mit öffentlichen Verkehrsmitteln reisen und vorwiegend „auf der Straße" essen). Da das natürlich nicht jedermanns Geschmack ist, muss man für höhere Ansprüche höhere Preise in Kauf nehmen. Und wer Luxus will, muss mittlerweile ebenso tief (wenn auch nicht tiefer) in die Tasche greifen wie in den Nachbarländern.

Staatliche, d.h. „von oben" festgesetzte Ausländerpreise, lange Jahre ein Ärgernis vieler Reisender, sind inzwischen abgeschafft. Insbesondere das **Zugfahren** sowie **Inlandsflüge** sind für Ausländer dadurch deutlich attraktiver geworden.

Private bzw. lokale Betreiber (z.B. von Buslinien, Fährbooten, Museen und Sehenswürdigkeiten etc.) erheben nach wie vor inoffizielle „Ausländerpreise". Viele Hotels gewähren Einheimischen von sich aus und ungefragt „Rabatte".

In Vietnam sind Kosten und Preise im Allgemeinen wenig transparent. Zudem herrscht eine **Verhandlungskultur.** Oft bestehen keine echten Fixpreise (z.B. auf den Märkten und in kleinen Läden, bei Motorradtaxis usw.). Verhandeln lässt sich fast alles, oft auch Hotelzimmerpreise. Um Streit und Abzocke zu minimieren, sollte über den genauen Preis immer vorab Klarheit geschafft werden.

Gesundheit und Hygiene

→ Anhang, Reisegesundheitsinformationen
→ Essen und Trinken

In Vietnam sterben mehr Menschen durch **Verkehrsunfälle** als durch tropische Krankheiten. Und die überwiegende Zahl der akuten Erkrankungen beruht in erster Linie auf der chronischen Mangel- und Unterernährung und dem notorisch geschwächten Immunsystem vieler Einheimischer speziell auf dem Land. Das heißt selbstredend nicht, dass man sich keine Sorgen zu machen braucht, doch Angst oder gar Hysterie sind definitiv fehl am Platz.

In größeren Städten findet man gute internationale **Privatkliniken.** An abgelegenen Orten ist ärztliche Hilfe allerdings mehrere Autostunden weit entfernt. Bei lebensgefährlichen Notfällen können Kliniken wie z.B. die *Family Medical Practice* in Hanoi Hubschrauber und Flugzeuge einsetzen.

Apotheken führen manchmal die erstaunlichsten Präparate in ihrem Sortiment. Aber nicht selten handelt es sich um „Ausschussware" (unsachgemäße Lagerung, überschrittenes Verfallsdatum u.Ä.) oder, weit schlimmer noch, um **Kopien** von Markenprodukten, denen allerdings wichtige Komponenten fehlen oder die überhaupt keinerlei Wirkstoffe enthalten.

Medikamente, auf die man dringend angewiesen ist – oder im Notfall sein könnte –, sollte man daher in keinem Fall erst während der Reise erstehen. Auch nicht in Bangkok oder sonstwo in

Asien. Gefälschte Medikamente sind in der gesamten Region ein Problem, und Verpackungen und Inhalte so täuschend „echt“, dass selbst Fachleute sie nicht auf Anhieb als Fake identifizieren können.

Impfungen sind nicht vorgeschrieben, Vorsorge ist aber dennoch ratsam (insbesondere Hepatitis A und B). Welche Impfungen man darüber hinaus vornehmen sollte, hängt von dem aktuellen Infektionsrisiko vor Ort, der Art und Dauer der geplanten Reise, dem Gesundheitszustand und dem vorhandenen Impfschutz ab. So kann bei einfachsten oder einfachen Reisebedingungen und längerem Aufenthalt auch eine Impfung gegen Cholera, Japanische Enzephalitis, oder Meningokokken sinnvoll sein.

Gesundheitsinformationen im Internet

- **www.fit-for-travel.de,** Infoservice des Tropeninstituts München.
- **www.die-reisemedizin.de**
- Auf der Website des Auswärtigen Amtes **https://vietnam.diplo.de/vn-de/-/1223296** findet man eine **Liste deutschsprachiger Ärzte** in Hanoi und Ho Chi Minh City.

Hygiene

Beim Essen auf der Straße ist das Risiko, sich hin und wieder einen **Mageninfekt** einzufangen, nicht komplett auszuschließen, besonders bei ungenügend erhitztem Fisch und Meeresfrüchten, Geflügel, Fleisch und Eiern. Auch rohes, ungeschältes Obst und Gemüse und frische Kräuter können mit Bakterien oder Parasiten kontaminiert sein – andererseits machen gerade die frischen Kräuter die vietnamesische Küche so einzigartig und lecker. Auch wenn dies kein Garant ist: **Straßenküchen,** die auch von Einheimischen immer gut besucht sind, lassen zumindest darauf schließen, dass diese der Qualität des Essens vertrauen, und dass die Zutaten schneller aufgebraucht werden und deshalb frisch sind. **Eiswürfel** sind zumindest in den Städten meist sauber. Industriell hergestelltes Eis aus Trinkwasser erkennt man an der runden Form mit dem Loch in der Mitte. **Leitungswasser** sollte man lieber nicht trinken.

Auf vielen **Toiletten** (Beschriftung: *nu* = Frauen, *nam* = Männer) fehlen Seife, Toilettenpapier und die Möglichkeit, sich die Hände abzutrocknen, manchmal kann man sich nicht einmal die Hände waschen. Das kann selbst in hüb-

Das Damenklo auf einer Bus-Raststätte

492v aw

schen, ansonsten sauberen und teuren Cafés in Städten wie Hanoi vorkommen. Oft wird man angewiesen, das Toilettenpapier nicht herunterzuspülen, sondern nach Gebrauch in bereitstehenden Abfalleimern zu entsorgen. Stehklos sind verbreitet, hin und wieder besteht auf Bus-Raststätten das Damenklo nur aus einer „Gemeischafts-Rinne" ohne Trennwände. Vereinzelt wird man auf Motorradtouren in abgelegenen Dörfern geheißen, hinten im Haus in einer Ecke mit Abfluss auf den Boden zu pinkeln, wenn man nach der Toilette fragt. Taschentücher, Feuchttücher und Handdesinfektionsmittel gibt es fast überall in kleinen Supermärkten zu kaufen.

Information

Es gibt rund 60 vietnamesische Radio- und TV-Stationen, über 600 Tageszeitungen und Magazine und über ein Dutzend Internetanbieter. Alle Massenmedien werden von der Regierung kontrolliert.

Radio und TV

Fast alle Hotels und *Guesthouses*, zumindest in den Zentren entlang der Küste, zunehmend aber auch Cafés, Bars etc., verfügen über Kabel- oder Satellitenfernsehen mit ausländischen Sendern wie *CNN, BBC* etc.

Die **Deutsche Welle** (DW-TV) ist täglich 16 Stunden auf *DDW-TV Asia* und sechs Stunden auf dem Kanal *DDW-TV Asia+* mit Nachrichten zu Politik, Wirtschaft und Kultur aus Europa zu empfangen. Infos unter www.dw.com.

Printmedien

Ausländische Zeitungen und **Zeitschriften** sind praktisch nur in Ho Chi Minh City und Hanoi erhältlich. Auch dort ist die Auswahl allerdings sehr gering (und vergleichsweise teuer).

Die Tageszeitung **„Vietnam News"** (https://vietnamnews.vn) gibt es als E-Paper und bringt Nachrichten aus Vietnam und aller Welt, dazu den Wetterbericht und montags sogar die *Bundesliga*-Ergebnisse. Die **„Vietnam Investment Review"** erscheint wöchentlich online (https://vir.com.vn) und enthält außer Artikeln über Vietnam nützliche Adressen, Anzeigen und Veranstaltungskalender, insbesondere im beigelegten „Time Out"-Magazin.

Weitere englischsprachige Medien sind **„Viet Nam Business Forum", „Viet Nam Courier"** und **„Vietweek".**

Adressen

Wer sich intensiver mit Vietnam beschäftigen will oder spezielle Fragen hat, kann sich an die folgenden Informationsstellen wenden.

Staatliche Einrichtungen

- **Vietnam Administration of Tourism,** www.vietnamtourism.com.
- **Auswärtiges Amt (Deutschland),** www.auswaertiges-amt.de/de/service/laender/vietnam-node.
- **Außenministerium (Österreich),** www.bmeia.gv.at.

Wichtige Websites

Reisen

Infos

- **www.vietnamcoracle.com:** Sehr zu empfehlen – nicht nur für Motorradtouren! Super Geheimtipps abseits der ausgetrampelten Pfade.
- **www.travelfish.org:** Sehr nützliche, aktuelle Online-Reiseseite für das Reisen auf eigene Faust.
- **www.rustycompass.com**
- **www.vietnamonline.com**
- **www.vietnamtourism.com:** aktuelle offizielle Tourismus-Website von Vietnam.
- **www.mofa.gov.vn/en:** Außenministerium
- **www.utopia-asia.com:** Infos für LGBT+

Airlines

- **www.vietnamairlines.com**
- **www.vietjetair.com**
- **www.jetstar.com**

Bahn

- **https://vr.com.vn/en**

Busse

- **https://vexere.com**

News

- **https://saigoneer.com:** Aktuelles, auch über HCMC hinaus – empfehlenswert.
- **https://tuoitrenews.vn:** Englischsprachiger Online-Auftritt der Zeitung „Tuoi Tre".
- **www.wordvietnam.com:** Expat-Magazin mit Veranstaltungen etc.
- **https://vietnamnet.vn/en:** Online-Zeitung.
- **https://vietnamnews.vn:** Online-Auftritt der „Viet Nam News".
- **https://thesaigontimes.vn**
- **http://vir.com.vn:** *Vietnam Investment Review.*

Blogs, Foren etc.

- **www.vietnam-kompakt.de**
- **www.vietnam-infothek.de**
- **www.reiselinks.de/vietnam.html**
- **www.vietnam-aktuell.de**
- **https://welcher-reisekoffer.de/vietnam-top10-reiseziele**
- **www.forum-vietnam.de**

- **Eidgenössisches Department für auswärtige Angelegenheiten (Schweiz),** www.eda.admin.ch.
- **Goethe Institut Hanoi,** www.goethe.de/hanoi.
- **Deutscher Akademischer Austauschdienst,** www.daad-vietnam.vn/de.
- **Deutsche Internationale Zusammenarbeit,** www.giz.de.
- **Friedrich Ebert Stiftung,** www.fes.de/referat-asien-und-pazifik/vietnam.

Wissenschaftliche Institutionen

- **Institut für Asien-Studien,** Rothenbaumchaussee 32, 20148 Hamburg, www.giga-hamburg.de/de.
- **Institut für Asienwissenschaften der Humboldt-Universität Berlin,** Invalidenstr. 118, 10115 Berlin, www.iaaw.hu-berlin.de.
- **Südostasien-Institut der Uni Passau,** Innstr. 53, 94032 Passau, www.sobi.uni-passau.de/suedostasien-studien/suedostasien.
- **Asienhaus Essen,** www.asienhaus.org.

- **Haus der Kulturen der Welt, Berlin,** www.hkw.de.

Private Organisationen

- **Freundschaftsgesellschaft Vietnam e.V.,** Duisburger Str. 46, 40477 Düsseldorf, Tel. 0211 490 111, www.fg-vietnam.de.
- **Deutsch-Vietnamesische Gesellschaft e.V.,** Marienstr. 19/20, 10117 Berlin, Tel. 030 28040990, www.vietnam-dvg.de.
- **Solidaritätsdienst-international e.V. (SODI),** Projekte zur Überwindung der Kriegsfolgen und Armutsbekämpfung, www.sodi.de.
- **Delegation der Deutschen Wirtschaft,** Landes-, Wirtschafts-, und Kontaktinformationen zu Vietnam, https://vietnam.ahk.de.
- **Mierke Investment & Development Consulting,** langjähriger Vietnamkenner, www.mierke.de.
- **Ostasiatischer Verein,** www.oav.de.
- **Blue Dragon Children's Foundation,** sehr verdienstvolle australische NGO in Vietnam, die Opfern von Menschenhandel und Straßenkindern hilft, www.bluedragon.org.

Mit Kindern unterwegs

→ Hinweise zur Benutzung:

Vietnam ist ein sehr **kinderliebendes Land,** Familie ist hier das Ein und Alles. Reisende mit Kindern berichten oft, sie hätten den Eindruck gehabt, wegen ihres Nachwuchses sogar bevorzugt behandelt zu werden. Über spielende, lärmende Kinder wird sich hier kaum jemand aufregen. Allerdings werden die Kleinen **oft angefasst,** auch von Wildfremden. Das ist zwar in den meisten Fällen lieb gemeint, aber man sollte sich dessen bewusst sein.

Für kleine Vietnamreisende ist die einheimische **Küche** möglicherweise eine zu große Herausforderung. Den Schnabel kleiner Mäkler kann man vielerorts auch mit westlichen Standards wie Pommes und Pizza stopfen; oder man bestellt einfach einen Teller Nudeln oder Reis und lässt die Kleinen vom eigenen Teller probieren.

Für Kinder gelten an den meisten Orten **ermäßigte Eintrittspreise** – entweder bemessen am Alter oder an der Körpergröße (z.B. unter 1 Meter gratis).

Klima und Reisezeit

→ Land und Leute, Klima
→ Reisegepäck und Ausrüstung

Im Prinzip kann man Vietnam das ganze Jahr über bereisen. Da im Norden subtropisches und im Süden tropisches Klima herrscht und die Monsune die einzelnen Landesteile zu ganz unterschiedlichen Zeiten bestreichen, sind die **regionalen Unterschiede** allerdings groß. Die einzigen Monate, die wirklich ungünstig sind, sind **Oktober** und **November.** Im Zentrum toben Taifune, und heftige Regenschauer können sämtliche Verkehrsverbindungen für Tage lahm legen. Im Süden ist es bedeckt und regnerisch, und das Mekong-Delta kann unter Wasser stehen. Andererseits ist der **No-**

▷ Berglandschaft in der Provinz Ha Giang

494v aw

vember der ideale Monat für den Norden und speziell für eine Tour durch das Bergland des Nordens – nicht zu heiß und feucht, aber auch nicht so kühl wie speziell im Januar und Februar.

Generell sind die Wintermonate zwischen **Dezember und März** eine gute Reisezeit – allerdings kann es speziell im Januar, Februar und bis in den März hinein im Norden unangenehm kühl und grau sein (in Sa Pa schneit es sogar manchmal!). Zudem stellt die Zeit während der **Tet-Ferien** (→Feiertage, Feste und Events) die ungünstigste Zeit überhaupt dar: Vielfach sind Hotels von einheimischen Urlaubern belegt, Preise steigen um ein Vielfaches.

Während der **Regenzeit** zwischen Juni und August ist das Klima durchaus annehmbar. Es regnet in der Regel maximal eine oder zwei Stunden am Tag, zumeist am späten Nachmittag oder frühen Abend, untertags ist es oft heiter.

Wichtiger Hinweis

Vom 8. bis 11. September 2024 zog der **„Supertaifun" Yagi** über **Nordvietnam** und richtete die schlimmsten Schäden seit über 30 Jahren an, inklusive Erdrutsche und Überschwemmungen. Mehrere hundert Menschen kamen ums Leben, Hunderte wurden verletzt und die Auswirkungen auf die Natur waren gewaltig. Besonders betroffen waren die **Provinzen Sapa, Lao Cai, Cao Bang, Quang Ninh** und **Ha Giang.** Das Auswärtige Amt gab eine Reisewarnung heraus. Sicher wird schnell wieder ausgebessert und wiederaufgebaut. Aber wie lange es dauert, bis die Infrastruktur voll funktionsfähig ist, ist kaum vorhersehbar.

Kommunikation unterwegs

Internet

Die Zahl der Internetnutzer in Vietnam liegt bei rund 78 Millionen.

Praktisch alle Unterkünfte, Cafés, öffentliche Räume etc. gewähren **kostenlosen WiFi-Zugang.**

Insbesondere wenn man die kostenlosen WiFi-Netze auf seinem *Tablet, Smartphone* oder *Laptop* nutzt, sollte man wissen, dass diese in der Regel

nicht geschützt sind. Man sollte darüber z.B. keine sensitiven Anmeldedaten (Bank-Login u.Ä.) eingeben, wenn man sich nicht durch einen zusätzlichen Dienst wie z.B. einen VPN-Anbieter *(Virtual Private Network)* wie beispielsweise https://nordvpn.com/de absichert.

Handy und Smartphone

Das eigene Mobiltelefon lässt sich auch in Vietnam problemlos nutzen, allerdings geht es beim Telefonieren wegen der internationalen **Roaming-Gebühren** ganz schön ins Geld. Das gilt umso mehr für die Internetnutzung mit dem Smartphone. Rechnungen mit vierstelligen Summen nach 14 Tagen Urlaub und täglich 20 MB sind da keine Ausnahme! Solche Kosten kann man am besten umgehen, wenn man sich auf SMS beschränkt (der Empfang ist i.d.R. kostenfrei) oder über eine kostenlose WLAN-Verbindung E-Mails schreibt, *Skype* bzw. *Facetime* zum Telefonieren nutzt oder auch *WhatsApp* und andere kostenlose Bericht-Apps zur Kommunikation bevorzugt.

Es lohnt sich auf jeden Fall, gleich zu Beginn der Reise in eine **vietnamesische SIM-Karte** zu investieren. Sie sind im Vergleich zu Deutschland unglaublich günstig und ermöglichen die Nutzung aller für Vietnam wichtigen Apps wie *Google Maps, Grab, WhatsApp, BusMap* und *Facebook*.

Es gibt drei anerkannt gute Haupt-Kartenanbieter: **Viettel, Vinaphone** und **Mobifone.** *Viettel* und *Vinaphone* sind in Sachen Abdeckung und Geschwindigkeit ungefähr gleich, aber *Viettel* läuft besser auf dem Land. *Mobifone* ist bekannt für eine fast lückenlose Abdeckung der ländlichen Gebiete.

Alle Anbieter haben **SIM-Karten für Touristen** im Programm. Diese laufen normalerweise 30 Tage, lassen typischerweise 5 GB *Traffic* am Tag zu und können wieder aufgeladen werden. Die Kosten für so eine Karte samt vietnamesischer Telefonnummer sowie evtl. 100 Telefonminuten ins lokale Netz und Registrierung liegen bei ca. 200.000–500.000 đ. Man kann sich gleich bei der Anreise am Flughafen dementsprechend ausstatten.

- **Viettel:** https://myvt.vn/simtourist
- **Vinaphone:** https://vinaphone.com.vn
- **Mobifone:** www.mobifone.vn

493v aw

Papierattrappen: iPads zum Verbrennen für die verstorbenen Ahnen

LGBT+

Gleichgeschlechtliche Liebe ist in Vietnam **nicht strafbar.** Sie wurde einfach verdrängt, war nicht vorgesehen, da mit dem Ethos Familie nicht vereinbar. Outings einiger Künstler haben in den letzten Jahren eher Erstaunen als Ablehnung hervorgerufen. In Szene-Bars in Ho Chi Minh City und Hanoi mischen sich zwanglos Touristen mit Einheimischen.

Vietnamesen, Frauen wie Männer, gehen übrigens ganz selbstverständlich mit Freunden Hand in Hand bummeln – zu verstehen als Zeichen freundschaftlicher Gesinnung.

Obwohl es **keinerlei Gesetze** und insofern auch keine legale Handhabe gibt, gegen Schwule und Lesben vorzugehen, neigen lokale Behörden immer wieder dazu – unter dem Vorwand von Prostitution und Drogenkonsum –, ihre Treffpunkte aufzulösen, sodass die Szene ständiger Fluktuation unterworfen ist. Neuigkeiten, Adressen und Reiseangebote finden sich auf der Internetseite www.utopia-asia.com.

Notfälle

→ Geld

Verlust von Geldkarten

Bei Verlust oder Diebstahl der Kredit- oder Debitkarte sollte man diese umgehend sperren lassen. Tipp: Die Notrufnummer, mit IBAN bzw. Kreditkartennummer u.a. im Mobiltelefon speichern.

Ländervorwahlen

- **Nach Vietnam:** Landesvorwahl **0084,** dann Ortskennziffer (ohne Null), dann Teilnehmernummer.
- **Von Vietnam:** Landesvorwahl **0049** (für Deutschland), **0041** (Schweiz), **0043** (Österreich), dann Ortskennziffer (ohne Null), dann Teilnehmernummer.

Nützliche Telefonnummern

Polizei	113
Feuerwehr	114
Ambulanz	115
International Operator	110
Zeitansage	117

Die wichtigsten Vorwahlnummern

Hanoi	024
Hoi An	0235
Hue	0234
Nha Trang	0258
Phan Thiet	0252
Ho Chi Minh City	028

- **Deutscher Sperr-Notruf** für alle Debit- und Kreditkarten, Tel. 0049 116116, aus dem Ausland Tel. 0049 30 40504050. Der Sperr-Notruf bietet auch eine kostenlose **SperrApp** für *iOS* und *Android* an.
- **Österreichischer Sperr-Notruf für Bankomat-Karten,** Tel. 0043 1 2048800.
- **Schweizerischer Kartensperrservice des TCS,** Tel. 0041 844 888111.

Ansonsten gelten für österreichische und schweizerische *Mastercard, VISA, American Express* und *Diners Club,* dass man sich vor der Reise die Rufnummer der ausstellenden Bank notiert haben sollte.

Ausweisverlust/dringender Notfall

Wird der Reisepass gestohlen, muss man dies bei der örtlichen Polizei melden. Außerdem sollte man sich an die diplomatische Auslandsvertretung seines Landes wenden, um sich einen Ersatz-Reiseausweis ausstellen zu lassen (ohne einen solchen kommt man nicht an Bord eines Flugzeuges!).

Auch in **dringenden Notfällen,** beispielsweise medizinischer oder rechtlicher Art, Vermisstensuche, Hilfe bei Todesfällen sind die Auslandsvertretungen bemüht zu helfen.

Deutschland

- **Hanoi:** Botschaft, 27 Tran Phu, Ba Dinh District, Tel. 024 32673335 oder (im Notfall) Tel. 936342598, https://vietnam.diplo.de/vn-de.
- **Ho Chi Minh City:** Generalkonsulat, Deutsches Haus, 33 Le Duan, Ben Nghe, District 1, Tel. 028 382 88100.

Österreich

- **Hanoi:** Botschaft, 53 Quang Trung, Tel. 024 394 33050, dringende Notfälle Tel. 0903424443, www.bmeia.gv.at/oeb-hanoi.
- **Ho Chi Minh City:** Honorarkonsulat, 118/40 Nguyen Van Huong, Compound Eden, Thao Dien Ward, District 2, Tel. 028 35193128, www.bmeia.gv.at/oeb-hanoi/bilaterale-beziehungen/oesterreichische-stellen.

Schweiz

- **Hanoi:** Botschaft, 44B Ly Thuong Kiet, Hanoi Central Office Building, 15. Stock, Tel. 024 39346 589, www.eda.admin.ch/hanoi.
- **Ho Chi Minh City:** Konsulat, Bitexco Financial Tower, 37. Stock, 2 Hai Trieu, District 1,Tel. 028 6299 1200, www.eda.admin.ch/hochiminhcity.

Bei Notfällen im Ausland helfen rund um die Uhr:

- **Deutsches Auswärtiges Amt:** www.auswaertiges-amt.de, Tel. 0049 30 18172000 (auch App „Sicher Reisen" für *iOS* und *Android*).
- **Außenministerium Österreich:** www.bmeia.gv.at, für generelle Anfragen Tel. 0043 1 90115 3775, für dringende Fälle Tel. 0043 1 901154411 (auch „Auslandsservice-App" für *iOS, Android* und *BlackBerry*).
- **Eidgenössisches Departement für auswärtige Angelegenheiten (Schweiz):** www.eda.admin.ch, Tel. 0041 800 247365 oder 0041 058465 3333 (auch „itinerisApp" für *iOS* und *Android*).

Öffnungszeiten

Vietnam geht im Allgemeinen eher früh zu Bett. Selbst in größeren Städten schließen die meisten **Restaurants, Cafés** und **Karaoke-Bars** spätestens um **23 Uhr,** im übrigen Land wird um diese Zeit meist schon tief geschlafen. Lediglich in Ho Chi Minh City, nur sehr begrenzt in Hanoi und in manchen Touristenzentren wie Mui Ne haben Lokale, Bars und Clubs auch noch nach Mitternacht geöffnet und bei Bedarf bis zum frühen Morgen.

- **Banken:** In der Regel Mo–Fr 8–11.30 und 13–16.30 Uhr, oft auch mittags durchgehend und Samstagvormittag geöffnet. Es gibt jedoch, speziell in den Großstädten, Ausnahmen.
- **Behörden:** Mo–Fr 7.30–16.30 Uhr. Behörden machen lange Mittag und gewähren am Nachmittag oft nur noch beschränkten Besucherverkehr, sodass die günstigste Besuchszeit zwischen 8 und 11 Uhr liegt.

■ **Geschäfte:** Es gibt keine einheitliche Regelung. Viele Geschäfte öffnen gegen 8 Uhr und schließen gegen 20 Uhr. Ausnahmen sind freilich häufig, zahlreiche Geschäfte und Kaufhäuser haben auch am Sonntag offen.
■ **Museen:** Von Ausnahmen abgesehen 8–11.30 und 13.30–16.30 Uhr. Mo in der Regel geschlossen.
■ **Postämter:** Tgl., auch So, durchgehend geöffnet. Die Hauptpost in HCMC z.B. bis 20, für manche Dienste (Telefon, Fax) auch bis 22 Uhr oder länger.

Orientierung und Landkarten

Vietnams geografische Nord-Süd-Ausrichtung macht Entscheidungen leicht. Fast alle größeren Städte sowie Strände und Sehenswürdigkeiten reihen sich entlang der 1700 km langen Nationalstraße 1 zwischen Hanoi und Ho Chi Minh City. Lokale Reisebüros und Tourcafés sorgen für preisgünstige Exkursionen ins Mekong-Delta, ins Bergland des Nordens (Sa Pa) oder an die Ha Long-Bucht.

Sich in den Straße und Gassen zurechtzufinden ist normalerweise kein Problem. In Vietnam geht niemand verloren. Die meisten Reisenden sind mittlerweile eh mit dem *Smartphone* und einer oder mehrerer Apps unterwegs wie beispielsweise *Google Maps*. Eine Adresse zu finden ist also in Vietnam selten ein Problem, im Zweifelsfall einfach fragen.

Hinweis: Wenn bei einer **Adresse** zwei Zahlen durch einen Schrägstrich getrennt sind, beispielsweise 77/4, dann gibt es hier eine Hausnummer 77. Diese aufsuchen und sich umschauen. Jetzt geht links oder rechts der 77 eine Gasse ab, wo weitere Häuser stehen. Das vierte Haus ist das Ziel. Wenn auf eine Zahl ein Buchstabe folgt, wie bei 77a, dann geht es darum, in dem Wohnblock 77 mit mehreren Eingängen den Eingang „a" zu finden.

In den touristischeren Orten gibt es in den jeweiligen **Touristeninformationen** normalerweise kostenlose oder zumindest preiswerte **Straßenkarten.** Allerdings sind sie nicht immer aktuell. Auf dem Land haben die Herbergseltern meist schon eine handgemalte Karte kopiert und vorbereitet, die sie ihren Besuchern beim *Check-In* in die Hand drücken.

Empfehlenswert sind die GPS-tauglichen **Karten** aus dem *world mapping project* **„Vietnam Nord"** (2020) sowie **„Vietnam Süd"** (2024), beide erschienen im Reise Know-How Verlag und im Maßstab 1:600.000. Sie haben ein ausführliches Ortsregister sowie farbige Höhenschichten und sind auf wasserfestem, praktisch unzerreißbarem *Polyart®* gedruckt.

Post

Auslandspost ist vergleichsweise teuer. Eine Postkarte nach Übersee kostet ca. 15.000 đ. Überseepost ist in der Regel fünf bis sieben Tage unterwegs. Viele Shops bieten inzwischen Paketdienste nach Übersee an. In Ho Chi Minh City und Hanoi findet man Expressbüros von *DHL* und anderen Anbietern.

Rauchen

Vietnam macht es Raucherinnen und Rauchern recht einfach, obwohl das Rauchen **in öffentlichen Räumen offiziell verboten** ist. Das gilt für alle Innen- und Außenbereiche von Gesundheits- und Bildungseinrichtungen sowie in Kinderbetreuungs- und Unterhaltungsbereichen für Kinder. An Universitäten, Hochschulen und akademischen Instituten ist das Rauchen nur in Innenräumen verboten. Auch an anderen öffentlichen Orten und Arbeitsplätzen ist das Rauchen in Innenräumen verboten – außer in Bars, Karaoke-Lounges oder Diskotheken. Aber Rauchwaren sind **günstig** und die Feierabend-Zigarette lockt beim Feierabend-Bier.

Gleichzeitig legen immer mehr **Unterkünfte** Wert darauf, dass sowohl in den Zimmern als auch in den Gemeinschaftsräumen nicht geraucht wird. Auch Taxis, *Grabs,* Fähren, Busse und Bahnen sind normalerweise rauchfrei, von den **Flughäfen** ganz zu schweigen. Ausnahmen sind hier ausgewiesene **Raucherräume.**

Reisegepäck und Ausrüstung

→ **Gesundheit und Hygiene**
→ **Klima und Reisezeit**
→ **Orientierung und Landkarten**

Kleidung

Wer mit öffentlichen Verkehrsmitteln reisen will, sollte so wenig wie möglich mit sich herumschleppen, denn es geht überall eng zu. Gepäck wie Kleidung sollten **robust** und nach Möglichkeit **leicht zu reinigen und trocknen** sein. Da Wäsche für wenig Geld überall gewaschen werden kann, ist man mit ein paar Hemden und leichten T-Shirts, einem Pulli, Regenjacke, bequemen Hosen, Badesachen, Unterwäsche, Socken, Sandalen und festen Schuhen bereits so gut wie ausgerüstet. Entsprechend Reisezeit und Region empfehlen sich allenfalls zusätzliche warme und wetterfeste Sachen. Fehlt etwas oder geht etwas kaputt, findet man in Vietnam fast immer einen Ersatz, zumindest in den Städten.

Was man mitbringen sollte

Spezialbatterien, Passfotos, Reiselektüre, Tampons, Verhütungsmittel und alles Wichtige für die Reiseapotheke sollte man von Zuhause mitnehmen – nicht, weil es diese Dinge nicht gäbe, sondern weil ihre Qualität manchmal zweifelhaft ist. Oft handelt es sich um Plagiate, denen man nur bedingt vertrauen kann.

Achtung: Dinge, die in den größeren Städten ohne Weiteres und ausreichend erhältlich sind, kann man in der Provinz oft vergeblich suchen.

Sicherheit

→ Verhaltenstipps

Aktuelle Reisehinweise zu allen Transitländern neben Hinweisen zur allgemeinen Sicherheitslage erteilen:

- **Deutsches Auswärtiges Amt:** www.auswaertiges-amt.de (Reise- und Sicherheitshinweise), Tel. 0049 3050000 (auch App „Sicher Reisen" für *iOS* und *Android*).
- **Außenministerium Österreich:** www.bmeia.gv.at (Bürgerservice), für generelle Anfragen Tel. 0043 501150 3775, für dringende Fälle Tel. 0043 501 1504411 (auch „Auslandsservice-App" für *iOS, Android* und *BlackBerry*).
- **Eidgenössisches Departement für auswärtige Angelegenheiten (Schweiz):** www.eda.admin.ch (Reisehinweise), Tel. 0041 800 247365 oder 0041 0584653333 (auch „itinerisApp" für *iOS* und *Android*).

Innenpolitische Lage

Vietnam gilt, im Vergleich zu anderen südostasiatischen Ländern, als sehr **sicheres Land,** mit einer stabilen, von keinerlei innenpolitischen Turbulenzen bedrohten oder auch nur geschwächten Regierung.

Kriminalität

Die Kriminalitätsrate ist niedrig und es gibt wenig Gewaltkriminalität gegen Ausländer. **Kleinkriminalität** in Touristengebieten gibt's natürlich. Dazu gehören Diebstahl und (kleine) Betrügereien. Nachtzüge sind generell ideal für Diebe. Auch, wenn Urlauber erschöpft und übermüdet nach einem Übernachttrip in Hanoi oder Ho Chi Minh City ankommen, sind sie vermeintlich leichte Beute. Außerdem kommen Diebstähle von Bargeld aus **Hotelzimmern** vor, was auch in teureren Hotels passieren kann. Für **allein reisende Frauen** besteht die Gefahr sexueller Belästigung und Übergriffe. Auch gibt es, meist in den Großstädten, Fälle von **Kreditkartenbetrug,** in denen Karten kopiert und Abbuchungen vorgenommen worden sind.

In **Hanoi,** vor allem rund um den Hoan-Kiem-See, gibt es immer wieder **Betrugsversuche:** Gebühren fürs Fotografieren werden plötzlich verlangt oder Schuhe von Touristen beschmutzt oder mit Klebstoff beschmiert, entzogen und eine „Rückgabegebühr" verlangt.

In **Ho Chi Minh City, Nha Trang** und **Hanoi** gibt es **Handtaschen- und Gepäckdiebstahl.** Das können Übergriffe von vorbeifahrenden Mopeds sein oder es passiert nach Ablenkungsmanövern durch Kinderbanden. In Ho Chi Minh City werden vermehrt ausländische Touristen unter einem Vorwand – beispielsweise mit Hinweisen auf eine Begegnung am Flughafen oder auf nahe Verwandte, die demnächst in Europa studieren oder arbeiten werden – angesprochen und in **Privathäuser** eingeladen. Die vermeintliche Familie entpuppt sich dann als Zocker-Gang, die die Opfer in fingierte Karten- bzw. Glücksspiele verwickelt – die Touristen nur verlieren können. Auch ist es nicht ausgeschlossen, dass **Speisen** oder **Getränke** besonders in

Drogen

Opium im 19. und Heroin im 20. Jh. traten ihren „Siegeszug" um die Welt von China und Südostasien aus an – und Vietnam liegt im Schnittpunkt der beiden Kulturen. Als die Truppen Hanois 1975 in den Süden einmarschierten, fanden sie über eine **halbe Million Drogensüchtige** vor, andere Schätzungen liegen noch weit höher. Obwohl in der einheimischen Presse heute relativ freizügig über Drogen diskutiert wird, liegen nur wenige wirklich zuverlässigen Daten vor. Die Drogenszene funktioniert, wenn überhaupt, **im Untergrund,** eindeutige Angebote auf der Straße oder sonst in der Öffentlichkeit sind selten.

Die bestehenden **Gesetze** gegen Handel und Konsum von Rauschgiften sind **drakonisch** (bis hin zur Todesstrafe), sind an Ausländern unseres Wissens bislang aber noch nicht vollstreckt worden. Angesichts der wachsenden Touristenströme sollte man sich aber besser nicht darauf verlassen, dass Vietnam diesen Kurs auch in Zukunft beibehalten wird.

Opium

Die Vietnamesen kannten kein Opium, ehe es die Briten, die mit seinem Export ihre Besitzungen in Indien finanzierten, nach China einführten und es über chinesische Händler und Piraten zu Beginn des 19. Jh. nach Vietnam gelangte. Die wiederholten „allerstrengsten" Edikte der Nguyen-Dynastie gegen den Opiumhandel belegen deutlich, wie verbreitet der Stoff um diese Zeit bereits gewesen sein muss. Die „krankhafte Sucht der Eingeborenen nach dem Gift" wurde von europäischen Experten gerne „physiologisch" gedeutet (wie Alkoholismus bei Indigenen), und kaum ein kolonialer „Erlebnisbericht" oder populärer Indochinaroman erging sich nicht genüsslich schaudernd in melodramatischen Schilderungen florierender **Opiumhöhlen.**

Die Fakten sehen anders aus. Waren es doch die Kolonialherren selbst, die in Vietnam ein **Staatsmonopol auf Opium** errichteten (d.h. als einzige daran verdienten) und schon aus diesem Grund ein reges Interesse daran hatten, Konsum wie Handel nach Kräften zu fördern. Im Indochinakrieg stellte Opium das **gängige Zahlungsmittel** für die Verbündeten dar, ehe 1954 die neuen Machthaber Südvietnams die Praktiken der ehemaligen Kolonialherren übernahmen und Geheimpolizei und Elitetruppen mit Rauschgifthandel finanzierten.

Spätestens 1965 galt Saigon als **Drogenzentrum der Welt,** und aus dem vergleichsweise „harmlosen" Opium wurde das mörderische Derivat **Heroin.** Hauptlieferant der Droge, die sich rasch zu einem ernsten Problem für die Einsatzbereitschaft der US-Truppen entwickelte, war ironischerweise der amerikanische Geheimdienst **CIA,** der als Finanzier der „antikommunistischen" Meo sowohl in Laos wie in den Bergregionen Thailands und Vietnams gezielt den **Anbau von Schlafmohn förderte** und mittels seiner Luftlinie *Air America* auch den Großteil des Vertriebs abwickelte.

Clubs und Bars mit Drogen versetzt werden. So sind vereinzelt Fälle bekannt, in denen **K.-o.-Tropfen** in von Touristen frequentierten Bars oder Clubs und auf der Insel Cat Ba eingesetzt wurden und es zu sexuellen Übergriffen kam.

Polizei und Verhalten

Kommt es zu einem **Diebstahl,** sollte man sofort die Polizei holen. Denn nachträglich protokollieren weder die Ausländerpolizei in Hanoi noch andere Polizeidienststellen Verlustanzeigen. Vielmehr hat sich die Polizei in der Vergangenheit mehrfach geweigert, Protokolle aufzunehmen. Das gilt vor allem dann, wenn Zweifel am Hergang der Tat oder an den Wertangaben bestanden.

Verhaltentstipps des Auswärtigen Amts
(Stand September 2024)

- Seien Sie in größeren **Menschenmengen** wie an Flughäfen und Bahnhöfen besonders aufmerksam und achten Sie auf Ihre **Wertsachen.**
- Bewahren Sie **Geld, Ausweise, Führerschein** und andere **wichtige Dokumente** sicher auf (z.B. im Safe); speichern Sie ggf. elektronische Kopien/ Fotos. Dies erleichtert im Falle von Diebstahl oder Verlust die Ausstellung eines Ersatzdokuments. Denken Sie unbedingt daran, eine **Kopie** der Datenseite des Passes und des gültigen Einreisestempels mit sich zu führen, um sich bei einer Polizeikontrolle ausweisen zu können.
- Lassen Sie – insbesondere in Bars oder Clubs – Ihre **Getränke und Speisen** nicht unbeaufsichtigt.
- Verzichten Sie **nach Einbruch der Dunkelheit** auf Fahrradtaxis *(Cyclos)* oder Motorradtaxis *(Xe Om).*
- Fragen Sie vor dem **Fotografieren** von Straßenverkäufern um Erlaubnis.
- Weisen Sie **Angebote** ggf. mit lauter Stimme als Abschreckungseffekt zurück und halten Sie sich von **Schuhputzern** möglichst fern.
- Sollten Reisedokumente, Bargeld oder sonstige Wertgegenstände abhandenkommen, zeigen Sie den **Verlust** sofort bei der **Polizei** am Tatort an.
- Seien Sie bei ungewohnten E-Mails, Telefonanrufen, Gewinnmitteilungen, privaten Einladungen und Hilfeersuchen **angeblicher Bekannter** skeptisch. Teilen Sie keine Daten von sich mit, sondern vergewissern Sie sich ggf. persönlich der Glaubwürdigkeit oder wenden Sie sich an die Polizei.

Prostitution

Zunehmende Berichte ausländischer Journale und TV-Sender Anfang der 1990er-Jahre, westliche (und fernöstliche) Sextouristen seien dabei, nach Thailand auch Vietnam zu „erobern", ließen die Behörden reagieren und in der Folge aufs Schärfste gegen das sogenannte „soziale Übel" vorgehen. Wenn auch freilich nur, was die Außendarstellung, das öffentliche Erscheinungsbild betrifft. Die überwiegende Mehrzahl der ausländischen Reisenden wird Vietnam heute für ein praktisch **„prostitutionsfreies" Land** halten, da das einschlägige Gewerbe nahezu **unsichtbar** ist und es weder GoGo-Bars, Love-Hotels, Rotlichtbezirke oder etwas Ähnliches gibt. Auch ist es Hotels z.B. unter Androhung hoher Geldstrafen oder gar von Lizenzentzug strikt untersagt, Ausländer und Einheimische (es sei denn sie weisen die Ehe nach) in gemeinsame Zimmer einzuquartieren. Einschlägige Gesetze bestrafen nicht nur Anbieterinnen, sondern theoretisch auch Freier mit **Geldbußen** bis zu 400 €.

Auf der anderen Seite geben selbst offizielle Statistiken der Regierung mehr als 200.000 professionelle Liebesdienerinnen im Lande zu. Auch wenn nach außen hin der Anschein gewahrt bleibt, blüht das Gewerbe. Zahlreiche Hotels verfügen über **Massagesalons** und **Karaoke-Bars,** in denen „hinter dem Vorhang" auch andere Dienste angeboten werden, viele Friseurläden, Spas und Schmuddelhotels fungieren als regelrechte Bordelle (in denen ausländische Besucher allerdings unerwünscht sind). Einer der zahlreichen Namen für Prostituierte lautet im Übrigen *bia om*, „Bier umarmen", und kennzeichnet damit die Nebentätigkeit vieler Bedienungen in Kaffeehäusern, Karaoke-Bars etc. Besonders in den grenznahen Orten, insbesondere an der Grenze zu China, befinden sich zahlreiche Karaoke-Bars, die zu den einschlägigen Etablissements gezählt werden können.

Sport und Aktivitäten

→ Camping

Caving

Ein Weltklasse-Erlebnis ist die größte Höhle der Welt in Phong Nha (https://oxalisadventure.com).

Golf

Die ersten Anlagen in Vietnam entstanden in den 1990er-Jahren. Unter der Woche ist die *Greenfee* deutlich günstiger als an den Wochenenden. Die spektakulärsten Plätze sind die *Fairways* des **Phoenix Golfplatzes** bei Hanoi und der **Montgomerie Links Golf** am Südchinesischen Meer bei Da Nang.

- **www.golfasien.de/golfplaetze/golfplaetze-vietnam**
- **www.leadingcourses.com/de/region/asien+vietnam**
- **www.golfasian.com/golf-holidays/vietnam**

Karaoke

Selbst in den abgelegensten Winkeln des Landes springt einem das magische Wort entgegen. Speziell in der Provinz dienen Karaoke-Schuppen überdies auch als **Bordelle.** Weitere Infos hierzu → „Prostitution" im Kapitel „Sicherheit".

Kayaking

Traumreviere sind die **Ha-Long-Bucht** und das Cat-Ba-Archipel. Im Angebot sind beispielsweise Zweitagestouren ab Hanoi inkl. Übernachtung und Verpflegung auf dem Boot (Minimum zwei Personen). Der Veranstalter *Handspan* (→ unten) offeriert **Wildwasser-Kayaking** im Bergland – teilweise in Kombination mit Rafting. Auch in einigen Nationalparks (Cat Tien, Yok Don) sowie in Da Lat werden Kayaktouren angeboten.

Klettern

Die Felswände hochgehen kann man auf der Insel Cat Ba und in Mai Chau (https://asiaoutdoors.com.vn).

Kochkurse

Auf dem Markt einkaufen, bei der Zubereitung von *bun bo Hue* und *chao gio* (Frühlingsrollen) helfen – und danach alles gemeinsam verzehren: klingt gut und ist gut. Kein Wunder, dass **Cooking Classes** ein Renner sind. In Hoi An sind sie schon fast eine Institution (man muss sich ja schließlich auch mal vom Shoppen erholen ...), und zumindest in Hanoi und Nha Trang findet man weitere gute Gelegenheiten.

Tauchen

Die besten Tauch-Spots in Vietnam: **Con Dao,** der wohl schönste Tauchort des Landes, mit Korallen und tiefen Felswänden, **Nha Trang** mit der „Electric Nose“, einer 40-Meter-Wand mit toller Topografie und Unterwasserwelt, **Whale Island** mit schönen Unterwasserfelsen (The Three Kings) und **Phu Quoc** mit hübschen Tauchstellen im Süden. Gute Tauchquartiere sind außerdem **Cham Island** (Hoi An), **Doc Let** und **Qui Nhon.**

Gute **Tauchschulen** mit Padi-Qualifikation finden sich vornehmlich in **Nha Trang.** Rund um die vorgelagerten Inseln gibt es um die 25 Tauchplätze. Beste Zeit ist von Mai bis Juni, aber auch im Winter sind die Konditionen gut; ungünstig sind lediglich Okt. bis Dez. Die Sicht liegt bei ruhigem Wasser zwischen 12–18, max. 20 m, die durchschnittliche Temperatur bei 25 °C an der Oberfläche und 22 °C in 12 m Tiefe. Nennenswerte Strömungen gibt es nicht, **Nachttauchen** ist möglich, da es viel Biolumineszenz gibt. Der ursprüngliche Fischreichtum ist durch Dynamitfischerei z.T. leider dezimiert und steht in keinem Verhältnis zur Vielfalt an **Korallen.** Mit fast 350 registrierten Arten werden an einigen Tauchplätzen mehr Arten gezählt als in der gesamten Karibik.

Die Qualität auf der technischen Seite (Equipment, Kompressoren – durchweg *Bauer* –, Boote etc.) ist bei den meisten Anbietern gut bis sehr gut, das Briefing ist ausreichend, die Gruppen mit meist vier Tauchern pro Guide erfreulich klein. Zwischen den Tauchgängen werden kostenlos Getränke und ein Imbiss angeboten. Die von Ausländern geführte Tauchschule **Rainbow Divers** hat auch Filialen auf Whale Island, Phu Quoc und Con Dao.

- **www.divevietnam.com**

Trekking

Trekking-Zentren liegen vor allem im Norden (Sa Pa, Bac Ha) und im Zentralen Hochland (Da Lat, Dac Lac) sowie in den **Nationalparks,** von denen besonders Cuc Phuong, Cat Ba, Cat Tien und Bach Ma zu empfehlen sind. Die Zahl der Anbieter ist Legion, zumal in Ho Chi Minh City, Hanoi und Sa Pa, häufig kann das ein- bis mehrtägige Trekking mit **Homestays** (Unterbringung in Dörfern der ethnischen Minoritäten) verbunden werden.

Wer höhere Ansprüche stellt und sich nicht nur auf sein Glück verlassen will, sollte eine Gruppen- oder Privattour über **Spezialveranstalter** wie *Handspan* in Hanoi oder *SinhBalo Adventure Travel* in Ho Chi Minh City buchen. *Rock Climbing* in der Ha-Long-Bucht veranstaltet *Asia Outdoors* in Cat Ba.

- **www.handspan.com**
- **https://sinhbalo.com**
- **https://asiaoutdoors.com.vn**

Wassersport

Die meisten **Strandresorts** bieten Wassersport und die dazu nötigen Geräte an: Segelboote, Katamarane, Surfbretter, manchmal auch Wasserski, Jetski, Paragliding etc. In **Mui Ne** treffen sich **Wind- und Kitesurfer** aus aller Welt; verschiedene, zumeist ausländisch geführte Unternehmen sind dort bereits ansässig. Beste Region zum Surfen ist der China Beach bei Da Nang.

- **https://windsurf-vietnam.com**

Reisen in Vietnam

Wer individuell und auf eigene Faust reisen möchte, wird es in Vietnam leicht haben. Es gibt Reisebüros und -veranstalter wie Sand am Meer. Die Schwierigkeit ist, die seriösen und effektiven von den unseriösen oder gar betrügerischen Anbietern zu unterscheiden.

Tatsächlich **unabhängig** vom staatlichen Einfluss sind nur wenige Veranstalter. Und wenn, sind sie mangels Kapital und Protektion „von oben" meist klein (bzw. notgedrungen klein geblieben).

Touren

Zahllose Anbieter betreiben ein- und mehrtägige Exkursionen in die jeweilige **Region.** Die berüchtigten Kaffeefahrten von einst (vollgestopfte Minibusse, mürrische Guides bar jeder Ahnung) sind mittlerweile deutlich effizienter und professioneller geworden. Trotzdem sollte man sich darüber im Klaren sein, dass es sich letztlich um nichts anderes als **Pauschalreisen** handelt. Manche finden sie „klasse", andere „total nervend".

Gegen **Tagesausflüge** ist noch am wenigsten zu sagen, denn selbst nur Cu Chi bei Ho Chi Minh City oder die Parfümpagode bei Hanoi mit öffentlichen Verkehrsmitteln anzusteuern kostet Zeit und Nerven. Auch **mehrtägige Ausflüge** (in der Regel *all-inclusive* mit Übernachtung, Transport und Verpflegung) haben selbstredend ihren Reiz. Man braucht nichts selber zu organisieren, kann sich entspannt zurücklehnen und seine Tage in der Gesellschaft von Gleichgesinnten aus aller Welt verbringen.

Die Qualität der Anbieter wechselt von Stadt zu Stadt, Region zu Region (und leider auch noch von Zeit zu Zeit). Am besten, man vergleicht einige Angebote und tauscht sich mit anderen Reisenden aus. Generell, wenn auch nicht zwingend, bieten **kleine, lokale, unabhängige Anbieter** meist individuellere und weniger in Routine erstarrte Touren an als die, die in landesweite Netzwerke eingebunden sind (→ dazu unsere Adressen in den jeweiligen Städten).

Insbesondere in Hanoi und Sa Pa gibt es spezielle Anbieter für **Trekking-, Kajaktouren** etc. Die Ausflüge sind meist kurzfristig organisierbar, werden allerdings nicht durchgeführt – oder entsprechend teurer –, wenn sich nicht genügend Interessenten einfinden.

Tagestouren

Von Ho Chi Minh City zu den Tunneln von Cu Chi, von Hoi An zum Cham-Heiligtum My Son, von Hanoi zur Parfümpagode oder von Sa Pa zum nächsten Hmong-Dorf: alles kein Problem. Es gibt meist nicht zehn, sondern hundert

Anbieter, die Ausflugsprogramme offerieren. Die Unterschiede in puncto Service, Leistungsumfang und Verlässlichkeit differieren allerdings gewaltig, sodass die Erfahrungen vieler Reisender zwischen „grandiosem Erlebnis“ und „albtraumhaften Abenteuerurlaub“ schwanken.

Um ein möglichst breites Spektrum an Touren nicht nur anbieten, sondern auch durchführen zu können, stecken nämlich fast alle Veranstalter – Konkurrenz hin oder her –, letztlich unter einer Decke. In der Praxis bedeutet das, dass sich in ein und demselben Bus Reisende wiederfinden, die nicht nur an den verschiedensten Stellen, sondern auch noch zu den unterschiedlichsten Preisen und Konditionen gebucht haben. Einen Ausweg aus dem Dilemma gibt es nicht. Es sei denn dies: Preise und Leistungen vergleichen. Und vor allem: Bei **identifizierbaren Veranstaltern,** die die Touren selbst durchführen, statt bei bloßen Wiederverkäufern (Agenten) und Hotels (deren Anbieter undurchsichtig bleiben) buchen.

Mehrtagestouren

Von Ho Chi Minh City ins Mekong-Delta, von Hanoi zur Ha-Long-Bucht oder von Nha Trang ins Zentrale Hochland, zwei, drei, vier oder fünf Tage inklusive Übernachtung im Hotel, auf der Dschunke, im Ethnien-Dorf *(Homestay)* – bei mehrtägigen Touren, an denen sich ja auch mehr verdienen lässt, kommen Überschneidungen, Überbuchungen etc. zwar seltener vor. Will man seine Tour jedoch nicht als verunglückten „Abenteuerurlaub“ abhaken müssen, ist man gut beraten, sich seinen Veranstalter sorgfältigst auszuwählen. Hier geht es schließlich nicht „nur“ ums Geld, sondern um ein paar Tage Lebensfreude – oder das genaue Gegenteil davon.

Spezialanbieter

Spezialisten, deren Kerngeschäft nicht nur gängige Pauschaltouren, sondern **maßgeschneiderte** und/oder **Trekking-, Aktiv- und Abenteuerreisen** sind, sind naturgemäß teurer – zuweilen deutlich. Dafür in der Regel aber auch weitaus professioneller, organisierter und mit hochwertigerer, meist ausländischer Ausrüstung (Zelte, Kajaks, Bikes o.Ä.) und besser geschultem Personal versehen. Eine Ausgabe, die sich meistens lohnt.

☑ Tourangebot gibt es in Ho Chi Minh City reichlich

670v sb

Privattouren

→ Verkehrsmittel

Fahrzeuge, Fahrer und Guides besorgen jeder Veranstalter und jede Unterkunft. Dass dabei nicht nur der Preis, sondern auch Qualität und Verlässlichkeit der Firma entscheidend sind, versteht sich von selbst.

Das größte Problem sind die **Fahrer,** auf die die Veranstalter in der Regel keinen Einfluss haben. Nur wenige Firmen verfügen über genügend eigene Fahrzeuge, normalerweise werden diese mitsamt den Chauffeuren angemietet.

Mietwagen – ob Limousine, Kleinbus oder Minivan –, sind relativ preisgünstig, zumal wenn man zu mehreren unterwegs ist. Der Preis richtet sich nach Zeitdauer und Fahrtziel, als Faustregel sind in etwa 70–100 $ pro Tag zu veranschlagen. (Mitreisende notfalls über das Schwarze Brett in Hotels, Cafés, *Guesthouses* usw. suchen.) Guides (nicht obligatorisch) schlagen mit etwa 40–50 $ pro Tag zu Buche.

Des Weiteren gibt es hervorragende Spezialanbieter für **Fahrrad**- und **Motorradreisen.** Mit Recht äußerst populär – und auch von unserer Seite aus ganz besonders zu empfehlen – sind die **Easy Riders.**

Ökotourismus

Das Etikett Öko/Eco – nachhaltig, verantwortlich –, suggeriert „umweltfreundlich", „heile Welt" etc. Man sollte allerdings wissen, dass sich vietnamesische Vorstellungen von „Eco" – *sinh thai* – teilweise anders interpretieren lassen als das, was wir unter Nachhaltigkeit verstehen. Es geht eben nicht nur um ein Reiseziel in schöner Natur mit Kleintierzoo und Karaoke. Sondern darum, diese Natur zu erhalten, traditionelle Kulturen zu stützen, Bewohner und Produkte einer Region für den Tourismus einzubinden, kurz: die Ausbeutung von Mensch, Natur und Ressourcen zu vermeiden. Qualitätsanbieter sind eher die Ausnahme.

Open Tours

→ Verkehrsmittel

Entwickelt von findigen Kleinunternehmern (Tourcafés), inzwischen jedoch längst in enger Kooperation mit Staatsfirmen – Namen wie *Hanh Café* usw. dürfen darüber nicht hinwegtäuschen –, bieten sie ein geniales System, sich durchs Land zu bewegen.

Ursprünglich bedeutete das: Zwischen Ho Chi Minh City und Hanoi pendeln täglich auf festen Routen Busse, die man nicht nur an Etappenzielen, sondern an jedem Punkt der Strecke verlassen oder zusteigen kann (daher der Name).

Heute bucht man **feste Streckenabschnitte** (z.B. HCMC – Mui Ne) und erhält einen kleinen „Rabatt", wenn man mehrere Abschnitte – oder am besten gleich das Gesamtpaket HCMC – Hanoi (1200 km) – beim selben Unternehmen bucht. Was wenig Sinn macht, dafür ist die Ersparnis einfach zu gering.

Vorteile

- *Open-Tours*-Busse fahren zu „zivilen" Zeiten ab, man wird in der Regel **vom Hotel abgeholt** (muss also nicht in aller Herrgottsfrühe zum Busbahnhof) und am Zielort zumindest **im Zentrum abgesetzt.**

- Das Personal spricht meist **englisch,** die **Preise** sind fix, und die Mitreisenden meist andere Ausländer.
- Unterwegs gibt es **Stopps** an obligatorischen Sehenswürdigkeiten.

Nachteile

Zwischen Theorie und Praxis klaffen Welten, und das Klagelied vieler Reisender ist entsprechend:

- Von Torturen statt Touren ist die Rede, wenn Busse heillos **überfüllt** sind („rollende Sardinenbüchsen"), und von Halsabschneiderei, wenn Nachfrage den Preis in die Höhe treibt, Flauten aber dazu führen, dass man in enge, miefige **Minibusse** gequetscht wird (weil der versprochene große Bus angeblich „in Reparatur" ist);
- von unwirschen **Begleitern,** die bei Pech, Pleiten und Pannen plötzlich ihr Englisch vergessen, und von hitzigen **Debatten,** wenn angekündigte Besichtigungen schlichtweg „vergessen" oder aus fadenscheinigen Gründen abgesagt werden;
- vom Ausgenommenwerden bei **Frühstücks- und Lunchpausen,** die prinzipiell dort abgehalten werden, wo Alternativen fehlen und die Mahlzeiten so fade wie **überteuert** sind;
- von rüdem Stehengelassenwerden, wenn man die **Vertragshotels** der Veranstalter nicht akzeptiert (und der Transfer zur gewünschten Unterkunft entfällt);
- von wüsten **Beschimpfungen,** beschwert man sich über falsche Plätze oder defekte Bord-WCs, da das Personal die Vordersitze an Einheimische weiterverkauft und/oder Gänge und WC mit Fracht vollgestopft hat – und und und ...

Fazit: Praktisch – aber ein mehr als gemischtes Vergnügen! Und dank privater Busunternehmen, die mit der Zeit zunehmend besser, effektiver und servicefreundlicher geworden sind, auch endlich mehr und mehr entbehrlich.

Reiseveranstalter in Vietnam

Maßgeschneiderte Reisen

- **TerraVerde, Ho Chi Minh City,** 32 B2 Street, Sala Urban Area, 4. Stock, Tel. 028 62780340, https://terraverde.travel/de. Innovative und extrem zuverlässige Agentur für anspruchsvolle Individualreisen und Kleingruppen (auch für Laos, Kambodscha, Myanmar). Spezialisiert auf nachhaltige, landestypische Erlebnisreisen wie mehrtägige Fahrradtouren im Mekong-Delta, geführte *Vespa*-Touren in Süd-/Zentralvietnam etc. Ansprechpartner ist Herr *Anh,* der als Bootsflüchtling nach Deutschland kam und dort studierte, ehe er 2004 nach Vietnam zurückging.
- **Exotravel, Ho Chi Minh City,** Hai Ba Trung, 16–18 Ward, Tel. 028 839959898; **Hanoi,** 66A Hoan Kiem, 3. Stock, Tel. 024 38282150; www.exotravel.com. Das größte und erfolgreichste ausländisch geführte Reisebüro in Vietnam, auch Vorreiter für ökologische und Naturkundereisen (*Birdwatching* etc.).
- **Handspan, Hanoi,** 78 Ma May, Tel. 024 392628 28, www.handspan.com. Spezialist (nicht nur) für Aktiv- und Abenteuerreisen *off the beaten tracks* (Trekking, Kayaking, Mountainbiking etc.). Nicht günstig, aber extrem professionell und zuverlässig.
- **SinhBalo Adventure Travel, Ho Chi Minh City,** 283/20 Pham Ngu Lao, Tel. 028 38376766, https://sinhbalo.com, www.cyclingvietnam.net. *Sinh,* Gründer von *Sinh Café* (1992) und legendärer Tour-Vorreiter, widmet sich heutzutage bevorzugt seiner Fahrrad-Passion, vor allem im Mekong-Delta und im Zentralen Hochland.
- **HanoiKultour, Hanoi,** 14/43/4 Nguyen Thi Dinh, Tel. 962848184, https://hanoikultour.com. Der Journalist *Christian Oster* lebt seit Jahren in Hanoi; seine Touren sind anders – individueller, aber auch bewusster – als alle anderen.

- **TVH** *(Thomas Vietnam Holidays),* **Hoi An,** 72b Nguyen Phuc Tan, Tel. 0905196802, www.tvh-travel.de. Rad- und Motorradtouren und Einblicke in den vietnamesischen Alltag mit *Thomas Weingärtner,* der seit 2002 in Hoi An lebt.
- **Ocean Tours, Hanoi,** 82 Ma May, Tel. 903234628, www.fb.com/oceantoursofficial. Junges, flexibles Team, trotzdem kompetent und zuverlässig, mit vielen *Extras* für den Traveller. Spezialist für Cat Ba und die Ha-Long-Bucht.
- **ODC Travel, Hanoi,** 13 Hang Huong, Hang Ma Ward, Tel. 38288729, www.odctravel.com.vn. 1993 erster privater Veranstalter Hanois *(Old Darling Café),* mit viel Erfahrung, blendender Organisation und transparenter Preisgestaltung.

Sprache

→ Anhang, Kleine Sprachhilfe Vietnamesisch

In vielen Hotels und Restaurants wird Englisch gesprochen. Es ist sicher hilfreich, einige Grundbegriffe des Vietnamesischen wie Zahlen, Grußworte u.Ä. zu beherrschen. Da die Sprache allerdings sehr schwierig auszusprechen ist und man deshalb nur eher selten verstanden wird, ist es von Vorteil, z.B. die Hoteladresse immer schriftlich dabei zu haben, damit das Taxi ans richtige Ziel fährt.

Vietnamesisch

Ein großer Vorteil: Die Vietnamesen schreiben im Gegensatz zu allen ihren Nachbarn in **romanischen Lettern.** Das bedeutet, dass man überall alles lesen

Die Essensbestellung auf Vietnamesisch kann aufgrund der vertrackten Ausspracheregeln zum Abenteuer werden – hier auf dem Ben-Thanh-Markt in Ho Chi Minh City

495v aw

und, wenn man sich auch nur ein bisschen Mühe gibt, binnen Kurzem Aufschriften, Fahrpläne, Plakate, Speisekarten u.Ä. entziffern kann. Die romanisierte Schrift mit **Akzenten,** die die jeweilige Tonhöhe markieren, setzte sich auf Betreiben der französischen Kolonisten gegen Anfang des 20. Jh. durch, nachdem europäische Missionare sie bereits im 17. Jh. entwickelt hatten. Vornehme Vietnamesen schrieben noch bis zum Ersten Weltkrieg Chinesisch (→ Schrift und Literatur).

Vietnamesisch ist eine eigenständige und unverwechselbare Sprache, die sich sowohl aus **südostasiatischen** (Mon-Khmer) wie **ostasiatischen** (sino-mongolischen) Elementen zusammensetzt. In Nord-, Mittel- und Südvietnam spricht man einen jeweils anderen **Dialekt,** der Unterschied ist in etwa so groß wie beispielsweise der zwischen Hanseatisch, Kölsch und Hessisch, d.h. die Abweichungen können gravierend sein (zumal für Ausländer), zuweilen verwendet man auch unterschiedliche Wörter für ein und denselben Begriff.

So simpel vietnamesische Wörter auf den ersten Blick aussehen mögen, so vertrackt ist ihre **Aussprache,** denn Vietnamesisch zählt zu den **Tonalsprachen.** Das bedeutet, dass die gleiche Silbe völlig unterschiedliche Bedeutungen annimmt, je nachdem in welchem **Tonfall** man sie ausspricht. Auch wenn man nach dem soundsovielten Anlauf noch immer nicht den „richtigen Ton" gefunden hat, sollte man nicht entnervt aufgeben, denn irgendwann bekommt man schon ein Gespür für die Sprache – und das ist auch notwendig. Denn auf dem Land, an Busbahnhöfen, Essständen, auf Märkten, einfach überall da, wo Touristen nicht üblich sind, kommt man ohne Grundkenntnisse nur schwer zurecht.

Und wenn es mit den Tönen mal wieder absolut nicht funktionieren will, schreibt man das Wort einfach auf einen Zettel. Was allerdings auch nicht immer hundertprozentigen Erfolg verspricht. Für einen Vietnamesen ist ein Wort ohne Akzente wie ein Auto ohne Räder.

Französisch

Französisch wird heute nur noch von einer Minderheit gesprochen. Zahlreiche Begriffe, die den Einheimischen bis dato unbekannt waren, wurden während der Kolonialzeit übernommen, d.h. vietnamisiert. Hier eine kleine Kostprobe:

Vietnam.	Französ.	Deutsch
ga to	gateau	Kuchen
ga	gare	Bahnhof
ga ra	garage	Garage
xà bông	savon	Seife
ốp la	oeufs plats	Spiegeleier
phó mát	fromage	Käse
vang	vin	Wein
cô nhắc	cognac	Kognac
cà rốt	carotte	Karotte
so mi	chemise	Hemd
mu tat	moutarde	Senf

Englisch

Französisch ist *out,* Englisch ist *in.* Im Zuge der Globalisierung geben Eltern für private Sprachkurse ihrer Kinder viel Geld aus – um in deren Zukunft und geschäftlichen Erfolg zu investieren. Die

Straßennamen in Vietnam

■ **Bach Dang:** Fluss bei Haiphong. Im Jahr 939 erkämpfte *Ngo Quyen* auf ihm die Unabhängigkeit, 1287 verteidigte *Tran Hung Dao* sie dort gegen die Mongolen.

■ **Dien Bien Phu:** „Des weißen Mannes Stalingrad". Der Fall der Dschungelfestung bedeutete 1954 gleichzeitig auch das Ende der französischen Kolonialherrschaft.

■ **Hai Ba Trung:** Der Heroismus der „Zwei Schwestern Trung", die im 1. Jh. die Chinesen vertrieben und sich zu Königinnen krönten, endete im gemeinsamen Freitod.

■ **Ham Nghi:** Der einzige Kaiser, der den Franzosen bewaffneten Widerstand leistete, wurde 1888 ins Exil nach Algerien verbannt.

■ **Hoang Dieu:** Von *Kaiser Tu Duc* eingesetzter Gouverneur von Hanoi, der nach der Erstürmung der Stadt durch die Franzosen 1882 Selbstmord beging.

■ **Hung Vuong:** Der legendäre „Ur-König" der frühen Vietnamesen vor der 1000jährigen Kolonialisierung durch China (um 700 v. Chr.).

■ **Le Duan:** Kampfgefährte *Ho Chi Minhs.* 1931–1936 und 1940–1945 in französischen Kerkern, von 1960 bis zu seinem Tod 1986 Generalsekretär der KPV.

■ **Le Lai:** Doppelgänger *Le Lois,* der sich im Krieg gegen China 1418 aufopferte.

■ **Le Loi:** Vertrieb 1428 nach zehnjährigem Guerillakrieg die Besatzungsmacht der chinesischen Ming und wurde als *Kaiser Le Thai To* Begründer der mächtigsten vietnamesischen Kaiser-Dynastie.

■ **Le Thai To:** *Le Lois* Name als Kaiser.

■ **Ly Thai To:** Gründer der Ly-Dynastie. Machte Hanoi 1009 zur Hauptstadt und leitete die Blütezeit des Buddhismus und der Monarchie ein.

■ **Ly Thuong Kiet:** General, der 1077 eine Invasion der Chinesen zurückschlug.

■ **Nam Ky Khoi Nghia:** „Erhebung des Südens". Erinnert an den Unabhängigkeitskampf Cochinchinas gegen Frankreich und Japan 1944/45.

■ **Ngo Quyen:** Besiegte 938 die Chinesen auf dem Bach-Dang-Fluss und wurde der erste Kaiser der vietnamesischen Neuzeit (938–944).

■ **Nguyen Dinh Chieu:** Blinder Lehrer und Dichter (1822–1888), der zum Widerstand gegen den Kolonialismus aufrief.

■ **Nguyen Du:** Der *Goethe* Vietnams (1765–1820). Verfasste Anfang des 19. Jh. den berühmten Versroman „Kim Van Kieu".

■ **Nguyen Hue:** Anführer der Tay-Son-Revolte (1771–1802), die das jahrhundertelang zweigeteilte Kaiserreich wiedervereinigte und reformierte. Als *Kaiser Quang Trung* der letzte Monarch, der eine Invasion der Chinesen zurückschlug.

■ **Nguyen Thai Hoc:** Revolutionär und Gründer der Nationalistischen Partei, 1930 von den Franzosen exekutiert.

■ **Nguyen Trai:** Dichter und Stratege (1380–1442). Unterstützte mit Proklamationen, Spottversen und Flugblättern *Le Lois* Kampf gegen die Chinesen.

■ **Pham Ngu Lao:** General der Tran-Dynastie, der 1285 und 1288 die Mongolen besiegte und später gegen Cham und Laoten ins Feld zog.

■ **Phan Boi Chau:** Nationalist und Republikaner (1867–1940), Symbolfigur des vorkommunistischen Widerstands gegen den franz. Kolonialismus.

■ **Phan Chu Trinh:** Antiroyalistischer Mandarin, Gelehrter und Gründer einer Eliteschule; arbeitete mit *Phan Boi Chau* wie mit *Ho Chi Minh* zusammen.

■ **Quang Trung:** Kaisername von *Nguyen Hue.*

■ **Tran Hung Dao:** Feldherr, der 1284 und 1287 die Mongolen *Kublai Khans,* die ganz Asien überrannten und bis vor die Tore Wiens rückten, aus Vietnam vertrieb.

■ **Tran Phu:** Erster Generalsekretär der KPV, 1930 von den Franzosen ermordet.

■ **Vo Thi Sau:** Als Märtyrerin verehrte Aktivistin des Widerstands, 1952 als 19-Jährige von den Franzosen auf der Gefängnisinsel Con Dao exekutiert.

■ **30 Thang 4:** Rückeroberung Saigons (30. April 1975), gespr. *ba muoi thang bon.*

■ **3 Thang 2:** Gründungsdatum der KP (3. Februar 1930), gespr. *ba thang hai.*

Nachfrage an Native-Speaker-Englischlehrern mit Diplom ist schier unendlich. Auch an den öffentlichen Schulen wird Englisch unterrichtet, in unterschiedlicher Qualität. Viele **Kinder** haben also zumindest Grundkenntnisse. Was man von den **Erwachsenen** nicht immer behaupten kann. Allerdings geben sich die Menschen, die im Tourismus und der Gastronomie beschäftigt sind, viel Mühe, sich Englisch anzueignen. Etliche größere Hotelketten wie beispielsweise *Angsana* und *Banyan Tree* (→ S. 266) haben diesbezüglich eigene Fortbildungsprogramme auf die Füße gestellt. Auch an den Universitäten des Landes wird größtenteils auf Englisch unterrichtet.

Deutsch

Nicht nur eine Vielzahl von Arbeitern und Facharbeitern, die heute in allen möglichen Berufen tätig sein können, sondern auch zahlreiche Ingenieure, Ärzte, Anwälte etc. sprechen als Fremdsprache Deutsch (oder Russisch), da sie in der DDR (oder der ehemaligen Sowjetunion) ausgebildet worden sind.

Namen in Vietnam

In jeder vietnamesischen Stadt trifft man auf die gleichen rätselhaften Namen auf den Straßenschildern. Der tägliche Umgang damit wird sicher leichter, wenn man weiß, was sie bedeuten (→ Exkurs links).

Gleichzeitig bieten diese Namen einen kleinen Exkurs zur Geschichte Vietnams wie auch dem Selbstverständnis der Vietnamesen. Helden über Helden, die dem übermächtigen China die Stirn boten. Aber eine im Verhältnis geradezu bescheidene Verherrlichung der jüngeren Vergangenheit und so gut wie überhaupt keine zeitgenössischen Namen. Auch als Sozialisten frönen die Vietnamesen keinem **Personen-,** sondern allenfalls dem **Ahnenkult.**

671v sb

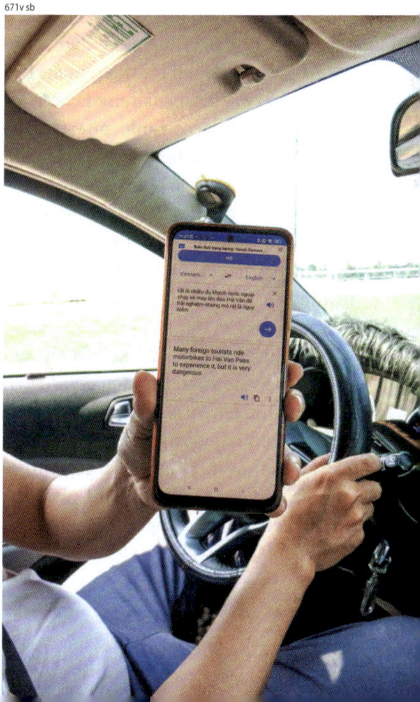

Auch wenn die Fahrer kein Englisch können: Der Google-Übersetzer weiß immer weiter

Personennamen

Vietnamesische Namen sind in der Regel dreigeteilt und setzen sich zusammen aus Familienname, Mittelname und Rufname. Beispiel: *Nguyen Van Quy. Nguyen* ist der verbreitetste Familienname, gut ein Drittel der Bevölkerung heißt so; daneben gibt es etwa 300 weitere Familiennamen wie *Le, Tran, Pham, Duong* etc. Der Mittelname gibt Aufschluss über Geschlecht (*Thi* ist weiblich, *Van* ist männlich) oder eine bestimmte Eigenschaft oder -art. Der Vor- oder Rufname ist oft symbolisch und kann ebenso Wünsche oder Gefühle, Blumen oder Gottheiten bezeichnen. Alle drei Namen sollen eine harmonische Einheit bilden.

Bei der **Anrede** verwendet man ausschließlich den Vornamen (im obigen Beispiel also *Quy*), aber in Ermangelung „persönlicher" Fürwörter wie „ich", „du", „Sie" stets in Kombination mit einer vorangestellen, das Alter oder den Rang des Angesprochenen markierenden Bezeichnung (wie beispielsweise Lehrer, älterer Onkel, jüngere Tante, älterer Bruder, kleine Schwester etc.). Im ersten Moment „neugierig" erscheinende Fragen vieler Vietnamesen nach Alter, Herkunft und Familienverhältnissen ihrer Gesprächspartner sind nur dazu da, die stimmige, „korrekte" Anredeform herauszufinden.

Von Ausländern wird keinesfalls erwartet, dass sie zwischen den Feinheiten der verschiedenen „Onkel" unterscheiden können, allerdings ist es ein Gebot der **Höflichkeit,** zumindest gegenüber Älteren ein „Mr" oder „Mrs" vor den Vornamen (!) des Angesprochenen zu setzen.

Unterkunft

→ Camping

Von Luxusherbergen bis zu preiswerten Minihotels und *Guesthouses* verfügt Vietnam über eine äußerst große und vielfältige Auswahl an Unterkünften aller Art. Das Preis-Leistungs-Verhältnis ist nahezu konkurrenzlos. Saubere, geräumige Doppelzimmer mit Klimaanlage, Bad, WC, TV, Minibar, Telefon, WiFi etc. sind schon ab 10 Euro zu haben.

Der Standard von Vietnams Unterkünften ist gut, speziell in den **unteren Kategorien.** Enge, muffige Verschläge sind selten in Vietnam. Selbst Billigunterkünfte verfügen in der Regel über saubere Zimmer und sind bestens ausgestattet – Klimaanlage, Minibar, Kabel-TV, Telefon, Gratis-WiFi gehören meist schon zum selbstverständlichen Standard einfacher Minihotels und *Guesthouses.*

Vietnams Nachteil hat sich schon lange zum Vorteil verkehrt – da es vor dem Jahr 2000 fast nichts gab, was internationalen Standards und Gepflogenheiten entsprach, sind fast alle Hotels erst nach der Jahrtausendwende entstanden. Und da die Konkurrenz groß ist, sind selbst „ältere" Hotels permanent gezwungen nachzubessern, um mit der rasanten Entwicklung Schritt zu halten.

In Großstädten und Touristenzentren wie Hoi An oder Sa Pa ist die Auswahl an Unterkünften schier unerschöpflich. Aber selbst in Orten, in die sich kaum je ein Ausländer verirrt, braucht man heute nicht mehr zu darben. Ein, zwei annehmbare Unterkünfte wird man nahezu überall finden – außer vielleicht in

Überblick Buchungsportale

Neben Buchungsportalen für **Hotels** (z.B. www.booking.com, www.hrs.de oder www.trivago.de) bzw. für **Hostels** (z.B. www.hostelworld.com) gibt es auch Anbieter, bei denen man **Privatunterkünfte** buchen kann. Portale wie www.airbnb.de, www.wimdu.de oder www.9flats.com vermitteln Wohnungen, Zimmer oder auch nur einen Schlafplatz auf einer Couch. Diese oft recht günstigen Übernachtungsmöglichkeiten sind nicht unumstritten, weil manchmal normale Wohnungen gewerblich missbraucht werden. Einige Regierungen greifen deshalb regulierend ein.

Hilfreich bei der Entscheidungsfindung sind die **Bewertungen** in diesen Portalen. Gäste bewerten eine Unterkunft nach oder während ihres Aufenthalts und sorgen im besten Fall für aussagekräftige Benotungen. Je mehr Nutzer eine Bewertung abgegeben haben, desto verlässlicher ist das Ergebnis. Vorsicht ist geboten, wenn nur sehr wenige Nutzer ihre Meinung abgegeben haben. Aber auch sonst lohnt es sich, kritisch zu lesen: Achtet man auf die zu den Rezensionen verfassten Texte, so erhält man oft Aufschluss über die Echtheit der Bewertung. Auch lassen sich Veränderungen im Qualitätsstandard erkennen, wenn eine insgesamt positiv bewertete Unterkunft in jüngster Zeit zahlreiche schlechte Bewertungen erhalten hat.

Über die Plattform **Airbnb** vermieten private und gewerbliche Vermieter ihr „Zuhause" oder einen Teil davon. In **Vietnam** vermittelt das Portal auch Wohnungen und Apartments, die Expats gehören und von denen nur ein paar Wochen im Jahr persönlich genutzt werden. Hier kann man zwar vielleicht ein paar Euro gegenüber einer *Guesthouse*- oder Hotelübernachtung sparen, allerdings kommt das Geld eben nicht den Einheimischen zugute. Wer dann noch in der *Airbnb*-Unterkunft selbst kocht, verpasst nicht nur die Gaumengenüsse der vietnamesischen Küche, sondern macht den örtlichen Restaurantbetreibern das Leben schwer. Denn sie verdienen nichts, können ihre Familien nicht ernähren usw. Vielleicht lohnt es sich, darüber ein paar Minuten nachzudenken, bevor das vermeintlich günstige Apartment in Hanoi über *Airbnb* gebucht wird.

Ob man sich für die **Buchung** über ein Online-Buchungsportal entscheidet, hängt weitestgehend von der Präferenz der Nutzer ab. Zu einer generellen Sondierung der Marktsituation und zur Einschätzung von Unterkünften sind die Portale meist recht empfehlenswert. Die Nutzung ist für Endkunden zunächst kostenlos, für die Betreiber der Unterkünfte fällt jedoch eine Provision an – die im Zweifel irgendwann eingepreist wird. Die Haltung der Betreiber ist unterschiedlich: Während manche über das Portal sogar günstigere Preise anbieten, freuen sich andere ausdrücklich, wenn man persönlich und direkt bucht.

der allertiefsten Provinz oder beim Trekking/Biking (wenn man den nächstgrößeren Ort nicht mehr schafft).

Auch an **Luxus-** und **First Class-Hotels,** oft Auslandsinvestitionen und/oder *Joint Ventures*, ist da, wo sie gebraucht werden, kein Mangel.

Ohne **Spa** und „Wohlfühlzone" kommt kein besseres Hotel oder Resort aus. Aber auch wer bescheidener wohnt, muss nicht verzichten: In allen Großstädten und Touristenzentren sprießen sie wie Pilze aus dem Boden. Allerdings sind die „Spas" manchmal von **zweifelhaftem Charakter,** und selbst für Einheimische ist es manchmal schwierig, auf Anhieb reine Massagesalons von schmuddeligen Angeboten zu unter-

Wäschewaschen

Auch im kleinsten *Guesthouse* kann man seine Wäsche waschen lassen. Das Resultat in Billig-Unterkünften ist allerdings nicht immer überragend. Man sollte **nichts Wertvolles** in die Wäsche geben, oder Kleidungsstücke, die abfärben, und bei der Rückgabe darauf achten, ob etwas fehlt.

scheiden. An manchen Orten fungieren Billighotels *(nha nghi)* als **Stundenhotels** (nicht nur, aber auch für junge Paare, die keine andere Möglichkeit für Intimsphäre finden). Prostitution ist illegal in Vietnam, und deshalb spielt sie sich unter dem Deckmantel von solchen Hotels, Massage- und Friseursalons und Karaokebars ab. Theoretisch ist es Einheimischen verboten, mit jemandem des anderen Geschlechts ein Hotelzimmer zu teilen, wenn sie nicht miteinander verheiratet sind. Bei ausländischen Paaren stellt dies jedoch gar kein Problem dar.

Hotel-Engpässe können in der Hochsaison hin und wieder auftreten, vor allem im höheren Preissegment. Speziell an den **Stränden** von Mui Ne, Hoi An und Phu Quoc – und das gilt für Luxusresorts ebenso wie für preisgünstigere Unterkünfte – ist während der Saison frühzeitige Reservierung angeraten. Und wer sich um Weihnachten und Neujahr an den Stränden tummeln will, kann gar nicht früh genug buchen.

Zu beachten ist außerdem, dass an manchen, von ausländischen Gästen selten besuchten Orten kaum jemand Englisch spricht, und dass dort Hotels, Restaurants und alle touristischen Angebote sich vor allem nach einheimischen Touristen und deren Bedürfnissen richten.

Faustregeln

- Nicht immer das **erstbeste** Zimmer nehmen. Immer mehrere, auch unterschiedlicher Kategorien, anschauen, nach dem Preis und möglichen Rabatten fragen, bevor man eine Entscheidung fällt.
- Die **besten** Zimmer einer preisgünstigeren Unterkunft sind fast immer den Standardzimmern einer „höherklassigen" vorzuziehen. Das gilt für jede Preiskategorie! Für 15–20 $ erhält man in Minihotels bereits eine kleine „Suite" mit Balkon, wofür einem in einem „besseren" Hotel gerade mal ein „Chauffeur-Zimmer" ohne Fenster oder zum Lichtschacht angeboten wird.
- Zimmer **ohne Fenster** oder nur mit Innenfenster sind zwar generell ruhiger, andererseits ist man dann fast zwingend auf die Klimaanlage angewiesen. Außer in Luxushotels funktioniert die aber meist nur eingeschränkt: zu laut, falsch angebracht (z.B. direkt über dem Bett), nicht regelbar usw. Die Folge: Entweder man friert furchtbar und holt sich eine Erkältung oder man schmort im eigenen Saft.

Kategorien

Preiskategorien in diesem Buch → „Hinweise zur Benutzung" im Vorspann.

- **Luxus:** Meist Ableger internationaler Konzerne (*Sofitel, Hilton, Renaissance* etc.) in Ho Chi Minh City, Hanoi, Da Lat, Nha Trang etc. Ab 200 $ pro DZ.
- **First Class:** Gehobener internationaler Standard, mit kleinen Einschränkungen allenfalls bei Service und Instandhaltung. Ab 100 $.
- **Economy:** Mittelklasse mit allem Komfort, wenn auch nicht immer erster Qualität (Klimaanlagen, Kühlschränke, Bäder, Mobiliar). Dies gilt vor al-

lem für die (oft staatlichen) Hotels außerhalb der Touristenzentren. Staatsmonopolistische Betriebe, die eher an progressiven Strafvollzug denn an Stätten der Gastlichkeit erinnern, sind allerdings definitiv im Aussterben. 60–100 $.

- **Budget:** So viele erstklassige Häuser findet man selten irgendwo. *Aircondition*, Minibar, Sat-TV, Telefon, eigenes Bad, manchmal sogar mit Badewanne, sind Standard. Aufgrund der typischen Bauweise der Minihotels – sehr großes Zimmer zur Straße, oft mit Balkon, weniger großes nach hinten, das kleinste in der Mitte – haben Zimmer im Innentrakt oft keine Fenster. 30–60 $.
- **Low Budget:** Selbst in dieser Kategorie findet man meist geräumige Zimmer mit ordentlichen Betten und eigenem Bad (8–30 $). Häufig in Ho Chi Minh City und Hanoi, aber auch schon an einigen Touristendestinationen, schießen **Hostels** aus dem Boden (oft noch mit dem Zusatz „Backpackers"), die Schlafsäle (Dorms) mit meist vier bis zehn Betten anbieten (4–10 $ p.P.).
- **Homestays:** Bedeutete einmal, dass man bei privaten Gastgebern – Ethnien in Sa Pa, Obstpflanzern im Mekong-Delta etc. – schläft und isst. Heute sind *Homestays* meist eigens für Touristen gebaut und damit nichts anderes als Minihotels.

Preise

Viele Hotels führen **Preislisten,** die nur das oberste Niveau angeben. Hartnäckiges Fragen nach günstigeren Zimmern und **Rabatten** lohnt sich oft. Nicht selten werden Zimmer günstiger abgegeben, wenn man auf die Klimaanlage verzichtet. **Unterschiedliche Preise** beziehen sich in der Regel auf Größe und Lage des Zimmers, bei mehrstöckigen Häusern ohne Lift auch auf die Etage (je höher, desto günstiger). Bei Häusern mit Lift ist es umgekehrt.

Hotels der oberen Preiskategorie berechnen zuzüglich zum Zimmerpreis **10 % Steuer** und **5 % Service;** die gebräuchliche **Abkürzung** dafür lautet ++.

Kreditkarten akzeptieren alle großen Hotels und mittlerweile selbst viele Minihotels. Allerdings werden häufig die **3 % Kreditkartengebühr** auf den Endpreis aufgeschlagen. Am besten vorher nachfragen.

Websites

- **www.vietnamtourism.com**
- **www.hotelvietnamonline.com**
- **https://hotels84.com**
- **www.vietnamstay.com**
- **www.hotels-in-vietnam.com**

Hotelnamen

Nicht mit dem Namen der Hotels selbst zu verwechseln sind die verschiedenen vietnamesischen Bezeichnungen für „Hotel".

Vietnam.	Deutsch (wörtlich)	Deutsch
khách sạn	Gast Stein	Hotel
nhà khách	Haus Gast	Hotel, Gasthaus
nhà nghỉ	Haus Ruhe	Hotel, Pension
phòng trở	Zimmer Verweilen	Fremdenzimmer

Verhaltenstipps

→ Autofahren
→ Essen und Trinken
→ Sicherheit

Zur **Begrüßung** liegt man mit einem freundlichen, sanften Kopfnicken nie falsch. Die vietnamesische Eigenart, die ausgestreckte Rechte mit beiden Händen zu umfassen und ausgiebig zu drücken, haben wir immer als sehr herzlich empfunden. Visitenkarten (auch Geschenke oder Geld) sollten mit **beiden Händen** gegeben werden.

Zu Beginn jedes Gesprächs, jeder Verhandlung oder neuen Bekanntschaft wird **Tee getrunken** (ggf. auch Wasser o.Ä.). Man nimmt sich Zeit, redet von Verwandten, vom Wetter, von Gott und der Welt, entspannt sich und lernt sich erst einmal kennen. Nichts wäre falscher und unhöflicher, als sofort mit der Tür ins Haus zu fallen und auf rasche „Ergebnisse“ zu drängen. Selbst auf unproblematische Fragen wird man unter diesen Umständen eindeutige Antworten, falls überhaupt, erst nach und nach erhalten.

Gesicht wahren

Oberstes Gebot: Gefühle werden nicht gezeigt, sondern mit einem Lächeln überspielt. Auch wenn der Fremde noch so sehr in Eile ist, Vietnamesen, geschweige denn Polizisten oder Beamte, lassen sich von arrogantem Auftreten, ungeduldiger Drängelei, Besserwisserei oder gar Geschrei nicht beeindrucken. Man wird nur „sein Gesicht verlieren“, die Wartezeit um so mehr verlängern und wahrscheinlich sogar unverrichteter Dinge abziehen müssen.

Umgekehrt sollte man aber auch einen Vietnamesen niemals dahin bringen, sein Gesicht zu verlieren. Zum Beispiel, indem man Unmögliches von ihm verlangt. Er wird sich winden und alle erdenklichen Ausflüchte finden, nur um das „unhöfliche“ Nein zu vermeiden. Auch allzu direkte Fragen, die womöglich eine „private“ (individuelle) Meinungsäußerung erforderlich machen, werden in der Regel allenfalls betretenes Schweigen und verlegenes Lächeln hervorrufen. Unverbindliche Erkundigungen nach Alter, Familie, Kindern und dergleichen werden hingegen keineswegs als Neugier oder gar Eindringen in die Privatsphäre, sondern als höfliches, wenn nicht gar freundschaftliches Interesse empfunden.

Gesten

Ebenso wie es nicht angebracht ist, Ärger zu zeigen oder laut und aggressiv zu werden, verlangt auch die Körpersprache **Zurückhaltung.** Man gestikuliert nicht beim Reden, deutet nicht auf Gegenstände oder Menschen mit dem Finger, steigt nicht über Sitzende hinweg und vermeidet, dass die Fußsohlen auf den Gesprächspartner zeigen. Mit einer Bewegung der ganzen Hand (Handrücken nach oben) winkt man jemand heran, mit einer drehenden Handbewegung wehrt man ab.

Nur mit angemessenem Verhalten gewinnt man die Herzen ...

Besuche

Man sollte stets seinen vietnamesischen Bekannten die Entscheidung überlassen, ob sie es für richtig finden, sie in ihrer Privatwohnung aufzusuchen oder nicht. Häufig ist eine **Einladung** mit einem Essen verbunden, dann wäre eine kleine **Aufmerksamkeit** für die Gastgeber angebracht.

Übernachtungen bei Einheimischen sind zwar erlaubt. Aber auch Privatleute, sei es in Hanoi oder irgendwo auf dem Land, sind verpflichtet, ihre Gäste bei der Polizei anzumelden.

Geschenke

Mit kleinen Geschenken wird man immer Freude bereiten, nur: Was schenkt man denn eigentlich? Eine **Spezialität aus dem Ausland,** etwas, das es in Vietnam nicht gibt, kommt immer gut an. Freunde kann man fragen, ob sie (Fach-) Bücher, Kosmetika, Medikamente benötigen, man wird es offen sagen. Bei einer Esseneinladung sind wie bei uns **Blumen, Getränke, Süßigkeiten** angebracht. Geschenke sollten verpackt, Geld im Kuvert übergeben werden. Dass man sie nicht sofort nach Erhalt auspackt, ist keine Ignoranz, sondern gehört zum guten Ton.

Schwierig wird es bei unerwarteten Einladungen z.B. in einem Minoritätendorf. Gastgeschenke sollten nur dem **Familienoberhaupt** übergeben werden. Bonbons oder Geld an Kinder zu verteilen ist die schlechteste Lösung und führt nur zu Bettelei.

Trinkgeld

Trinkgelder sind in Vietnam **nicht üblich.** Die Rechnungen teurer Restaurants und Hotels beinhalten bereits einen Servicezuschlag (meist 5 %), manche Hotels der Luxusklasse weisen darauf hin, dass ihr Personal keine Trinkgelder erwartet. Es bleibt also dem Ermessen des Gastes überlassen, was er gibt.

Kleidung

Ein einigermaßen zivilisiert gekleideter Reisender macht natürlich einen deutlich besseren Eindruck als einer im allzu lässigen Freizeitlook. In Vietnam legen selbst Leute mit geringem Einkommen sehr viel Wert auf gepflegtes Äußeres. Wer sich allzu nachlässig kleidet, wertet nicht nur sich selbst ab, sondern zeigt auch Missachtung gegenüber den Menschen, deren Land er bereist. Am Strand gibt man sich locker. Aber: Oben ohne ist bei Frauen kaum angesagt.

496v aw

Bettler und Straßenverkäufer

Hier gibt es keine allgemeingültigen, in Stein gemeißelten Tipps. Manche Bettler und Händler sind tatsächlich arm, bei anderen handelt es sich – gerade in touristischen Zentren – um organisierte Betrüger. Im Zweifelsfall kann man darauf achten, wie Einheimische darauf reagieren. Keinesfalls sollte man **Kindern,** die betteln oder auf der Straße verkaufen, etwas geben, denn dies hält sie von der Schule fern. Auch Frauen, die kleine Kinder mit sich tragen, haben diese manchmal zum Betteln „ausgeliehen". Manche Bettler in Ho Chi Minh City, meist Kinder und Jugendliche, kommen aus Kambodscha über die Grenze zum Betteln. Sie werden oft von der Polizei verhaftet und ausgewiesen. In Hanoi gibt es ziemlich penetrante Früchteverkäuferinnen, die vorbeigehenden Touristen ihre Tragekörbe auf die Schulter wuchten und dann für Fotos Geld verlangen, sowie „Schuhflicker", die den Touristen hastig Leim auf die Trekkingschuhe oder Flipflops schmieren und für diese „Reparatur" Geld wollen. In solchen Situationen gilt: Schnell reagieren, ruhig, aber bestimmt ablehnen, weitergehen. (Mehr zum Thema → Sa Pa.)

Pagoden

Pagoden in **angemessener Kleidung** (Schultern bedeckt, keine sehr kurze Hose) und **ohne Schuhe** zu betreten ist höflicher als mit, obwohl man Besuchern in dieser Hinsicht selten Vorschriften macht. Auf die erhöhte Eingangsschwelle sollte man nicht treten. Buddhafiguren gegenüber zeigt man Achtung, indem man sie weder am Kopf berührt, noch ihnen beim Sitzen die Füße entgegenstreckt.

Frauen allein unterwegs

Für allein reisende Frauen ist Vietnam weitgehend ein **unproblematisches Land.** Als Ausländerin kann man sich unkompliziert und frei überall bewegen. Um Risiken zu vermindern, sollten Alleinreisende trotzdem auf Folgendes achten: auf eindeutige Angebote entschieden reagieren, notfalls auch einmal schimpfen (die Sprache spielt dabei keine Rolle, Mimik und Tonfall sind wichtig).

Wen die ständige Frage nach dem Alter und ob man verheiratet sei nervt (und die schockierte Reaktion auf unverheiratete Frauen über 30) und damit lieber in Ruhe gelassen werden möchte, kann hier auch schamlos lügen.

Übrigens werden Frauen von vietnamesischen Frauen gerne **angefasst** und taxiert, das ist weder respektlos noch böse gemeint, sondern nur Ausdruck großer Neugierde – und kann der Anfang einer großen Freundschaft sein. Von Männern müssen sich Frauen jedoch keinesfalls anfassen lassen, wenn sie dies nicht wünschen – dies wäre auch für einheimische Frauen zweifellos intolerabel.

Verkehrsmittel

→ Anreise
→ Autofahren

Organisiert oder auf eigene Faust? Es spricht nichts dagegen, Vietnam auf eigene Faust und mit öffentlichen Verkehrsmitteln (Bus, Zug, Flug, Schiff) zu bereisen. Man kann Vietnam per Flugzeug, Bahn, Mietwagen, Taxi, Bus, Boot und sogar per Fahrrad und Motorrad erkunden. Preisgünstige *Open-Tours*-Busse verkehren auf festen Routen zwischen Ho Chi Minh City und Hanoi.

Inlandsflüge

- **www.vietnamairlines.com**
- **www.vietjetair.com**

Frühzeitig reservieren! Denn: Flüge sind häufig ausgebucht. Und: Seit man Inlandsflüge bei *Vietnam Airlines* auch online buchen kann, besteht leicht die Möglichkeit, ein *Super-Saver-Ticket* zu bekommen, das ist manchmal sogar günstiger als ein Zugticket! Durch die Vielzahl an limitierten Buchungsklassen (bis zu sieben) kann der Ticketpreis für dieselbe Strecke innerhalb von Stunden bis zu 50 % variieren.

Wer über eine **Reiseagentur** bucht, sollte bedenken, dass Tickets bei ausländischen Agenturen deutlich teurer sind als in Vietnam selbst.

Überbuchungen, überraschende **Terminänderungen** oder kurzfristige Absagen ganzer Flüge sind nicht mehr an der Tagesordnung, können hin und wieder allerdings immer noch vorkommen.

Adressen der Inlandbüros sind bei den jeweiligen Städten verzeichnet.

Zug

Fahrplan und Tickets

- **www.vr.com.vn/en**
- **www.seat61.com/Vietnam.htm**
- **http://vietnam-railway.com** (privat)

Zugfahren ist eine zuverlässige und sichere Art, durch Vietnam zu reisen. Allerdings muss man frühzeitig buchen und sollte nicht vergessen, dass so gut wie alle Verbindungen Klimaanlagen-gekühlt sind. Und das bedeutet: wirklich kalt!

Tickets können auch direkt an den Bahnhöfen am Schalter gekauft werden – die günstigste Variante, aber u.U. zeitaufwendig und nervenaufreibend. An manchen Orten muss man mit langen Wartezeiten, chaotischem Gedränge beim Anstehen am Schalter und wenig bis keinen Englischkenntnissen rechnen. Manchmal ist der Bahnhof zudem weit vom Zentrum entfernt, dann lohnt es sich vielleicht, gegen einen Aufpreis das Ticket im Hotel oder bei einer Reise-

Nützliche Vokabeln rund ums Zugfahren

Bahnhof	(nhà) ga (frz. gare)
Zug	xe lửa/tàu
Ticket	vé tàu
Sitzplatz	ngồi
hart, weich, AC	cứng, mềm, lạnh
Liegeplatz	nằm
Fahrplan	bảng giờ tàu
WC	vệ sinh

Geschichte der Eisenbahn

Der **Ausbau** des Eisenbahnnetzes begann **1905,** bereits zehn Jahre später erstreckte es sich dank des Masseneinsatzes vietnamesischer Zwangsarbeiter über 1500 km. Allein von den 80.000 Kulis, die die Gleise von Hanoi nach Nanning im Süden Chinas legten, starben 25.000 während der Bauarbeiten. Zwischen 1914 und 1930 kam der Eisenbahnbau fast völlig zum Erliegen, ehe das **Ende der Weltwirtschaftskrise** zu einem neuen Boom in den Kolonien führte. Die Streckenführung diente ausschließlich den politischen und kommerziellen Interessen der **Franzosen.** So verkehrten von Saigon zwar Züge nach My Tho (Flusshafen für Waren aus Kambodscha), Loc Ninh (Kautschukzone) und Da Lat (Kurort) und von Hanoi bis weit in den Süden Chinas hinein, die beiden wichtigsten Städte Vietnams wurden aber erst **Ende der 1930er-Jahre** durch den Ausbau der Strecke **Nha Trang – Da Nang** miteinander verbunden.

In den 1940er- und 1950er-Jahren unter permanentem Beschuss von Franzosen, Japanern und Viet Minh und in den 1960ern und 1970ern von (je nach Landesteil) Amerikanern, Vietcong und Nordvietnamesen, reichten die Mittel zwischen 1975 und 1990 nicht weiter, als die an zahllosen Stellen **unterbrochene Nord-Süd-Verbindung** – mit über 1000 zerstörten Brücken! – notdürftig wiederherzustellen.

agentur zu buchen. Diese bieten oft auch einen Abholservice beim Hotel an.

Das von den Franzosen errichtete Eisenbahnnetz verbindet den Norden mit dem Süden und **Ho Chi Minh City** mit dem mehr als 1700 km entfernten Hanoi. Von Hanoi führen Linien nach Osten zur Hafenstadt **Haiphong,** nach Norden nach **Lang Son** (und weiter bis Nanning/Beijing) und nach Nordwesten nach **Lao Cai.**

Zwischen Hanoi und Ho Chi Minh City verkehren tgl. fünf staatliche Expresszüge. Züge in Richtung Süden tragen jeweils ungerade Nummern (SE1 etc.), Züge nach Norden gerade Nummern (SE2 etc.). Die Fahrzeit beträgt je nach Zugtypus zwischen 30 bis 41 Stunden, Tickets kosten zwischen 60 und 110 $. Reservierungen sind bis zu zwei Monate vorher möglich.

Sogenannte **Golden Trains,** Waggons mit deutlich besserer Ausstattung (Vierer-Abteile) und eigenem Speisewagen, werden an den SNT 1/2 angehängt, der nur zwischen **Ho Chi Minh City** und **Nha Trang** und mit einem Halt in Phan Rang (Thap Cham) verkehrt. Die gleiche *Company* stattet Zusatzwaggons (mit *Soft Seats*) auf der Strecke **Ho Chi Minh City – Binh Thuan** (Phan Thiet) aus. Im Norden gibt es zwischen **Hanoi** und **Hue** sowie auf der Strecke **Hue – Da Nang** entsprechende (wenn auch bescheidenere) Waggons von **Livitrans** (https://livitrans.com/en).

Von Hanoi fahren tgl. mehrmals Züge nach Haiphong, Lang Son (weiter nach Nanning und Beijing) sowie nach Lao Cai. Auch auf dieser Strecke (Sa Pa) verkehren Spezialwaggons verschiedener Betreiber (→ Hanoi).

Kategorien

Sitzplätze gibt es in Holz- *(Hard Seat)* oder Stoff/Plastik-Klasse (*Soft Seat,* Einzelsitz). Die klimatisierten Expresszüge führen ausschließlich *Soft Seats.*

Liegeplätze (*Berths* oder *Hard Sleepers*) sind **Sechser-Abteile** mit Kissen und einer Decke. Die obersten Pritschen sind u.a. wegen des schlechteren Durchzugs am günstigsten, aber trotzdem empfehlenswerter als die untersten (teuersten), auf denen es sich zumindest tagsüber das gesamte Abteil bequem macht.

Schlafplätze *(Soft Sleepers)* sind ausnahmslos, auch in den normalen Expresszügen, klimatisierte **Vierer-Abteile** mit Matratze, Kissen und leichter Decke. Wegen der Klimaanlage kann es u.U. im Zug sehr kalt sein!

Mahlzeiten sind möglich und werden meist im Abteil verteilt. (Das vietnamesische Essen ist dem „Western Food" meist vorzuziehen.)

Reservierungen für *Soft Seats* (selbst auf Kurzstrecken wie z.B. Da Nang – Hue!) sollten mindestens einen, für Liege- und Schlafplätze mehrere Tage im Voraus vorgenommen werden.

Bus

- Fahrpläne und Tickets: **www.vexere.com.** Hierbei handelt es sich um ein junges *Startup*, das sich noch im Aufbau befindet und darum bemüht ist, alle Busfirmen übersichtlich aufzulisten. Bezahlt werden kann das Ticket manchmal mit Kreditkarte, manchmal gibt es die Option, es beim nächstgelegenen *Vinmart* oder *Circle K* abzuholen. Die Mitarbeiter des Unternehmens sprechen Englisch und sind (auch über den *Facebook-Chat* ihres Unternehmens, www.fb.com/VexereOfficial) sehr hilfsbereit.

Busfahren ist die **günstigste Reisevariante,** und in vielen Fällen die **unbequemste** – besonders für groß gewachsene Leute. In günstigen Bussen herrscht nicht selten Gefängnishof-Ton – es geht alles „zack-zack". Es handelt sich oft nicht um Wohlfühl-Urlaubsbusse, sondern hier werden Leute mit wenig Geld von A nach B gefahren. Bei besseren, neueren privaten Anbietern fühlt man sich manchmal etwas weniger wie auf einem Viehtransport (z.B. *Good Morning Sapa* oder *Good Morning Cat Ba*).

Die wenigsten Busse verfügen über eine Toilette. Auf längeren Fahrten werden Pausen eingelegt, essen kann man in einfachen Raststätten-Restaurants. Manche Busse sind klimatisiert und bieten WiFi. Manchmal werden während der Fahrt laute Karaoke-Videos gezeigt. **Sleeper-Busse** verfügen über doppelstöckige schmale Kajütenliegen, designt für Menschen mit einer maximalen Körpergröße von 1,60 m. Beim Einsteigen werden die Schuhe ausgezogen und in eine Plastiktüte gesteckt. Raststätten bieten meist Plastikslipper, damit man während der Pausen die Schuhe nicht an- und wieder ausziehen muss. Im Inneren der Busse steht im Allgemeinen sehr wenig Stauraum zur Verfügung. Nicht selten werden auch die Gänge belegt von zusteigenden einheimischen Passagieren, die am Boden sitzen bzw. schlafen.

Der Bus ist **nicht unbedingt das sicherste Verkehrsmittel.** In einem Leser-

Nützliche Vokabeln rund ums Busfahren

Überlandbus	xe đồ
Expressbus	xe đồ tốc hanh
Stadtbus	xe búyt
Busbahnhof	bến xe
Fahrkartenschalter	bán vé
Fahrkarte	vé xe

brief heißt es: „Wir fuhren mit einem Minibus, bis oben vollgestopft mit Vietnamesen weiter nach Ninh Binh, die absolute Höllenfahrt, da der Fahrer trotz Regen und fast überschwemmten Straßen sehr schnell fuhr und alles vor ihm überholte."

Beim **Buchen eines Tickets** ist zu beachten, dass Busbahnhöfe oft außerhalb des Zentrums liegen (Taxifahrt) und an den Schaltern oft kein Englisch gesprochen wird. Manchmal ist es zeitsparender und einfacher, die Tickets gegen einen Aufpreis im Hotel oder Reisebüro zu buchen (oder online, → oben).

Öffentliche Busse

Mit dem Bus erreicht man jeden noch so entlegenen Winkel Vietnams, vorausgesetzt, man nimmt Unbequemlichkeiten in Kauf. Busse sind oft heillos überfüllt. Ansonsten ist das vietnamesische Busnetz durchaus zu empfehlen, auch wenn sich mancherorts eine Bus-Mafia etabliert hat (v.a. im Zentralen Hochland), die Ausländern „Spezialtarife" abverlangt. Muss das Ticket im Bus gekauft werden, hängt der Preis oft auch von der Laune des Fahrers ab. Man erkundigt sich besser vorab, was die Fahrt normalerweise kostet. Die Busse fahren von festen Busbahnhöfen (meist am Stadtrand gelegen) ab.

Expressbusse *(xe do toc hanh)* fahren nach Fahrplan ab, meist früh am Morgen, eine Sitzplatz-Reservierung am Tag zuvor (kann u.U. das Hotel erledigen) ist angeraten.

Regionalbusse starten in der Regel erst dann, wenn sie voll sind und nehmen unterwegs Fahrgäste auf.

Stadtbusse *(xe buyt)* mit geregelten Haltestellen, Abfahrtszeiten und Tarifen übernehmen den Regionalverkehr im Umkreis vieler größerer Orte (Radius bis 60 km und mehr). Zu erkennen sind die Busse an ihrer hellgelben bzw. hellgrünen Farbe.

668v sb

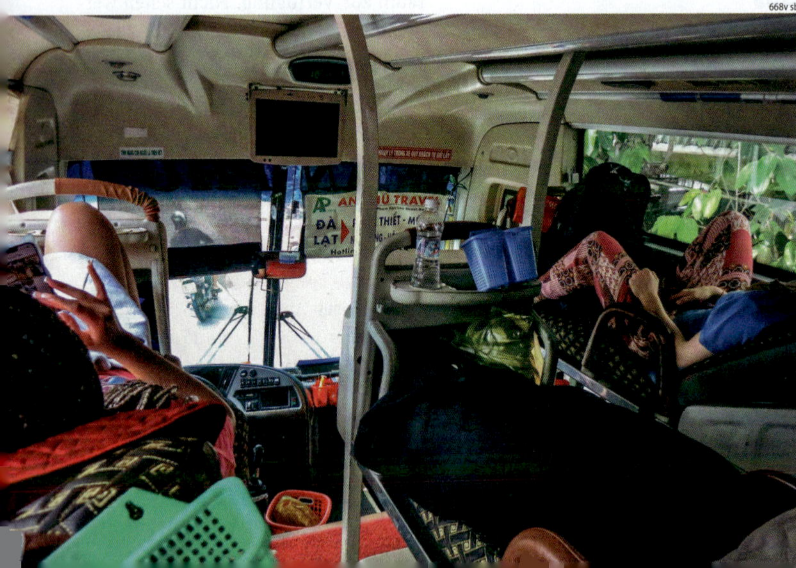

Größere Städte haben meist mehrere **Busbahnhöfe** *(ben xe)*, die in der Regel am Ortsrand liegen. Neben separaten Abfahrtsstellen für Stadtbusse, Minibusse und Expressbusse verfügen Städte wie Ho Chi Minh City und Hanoi auch über Busbahnhöfe, die verschiedene Himmelsrichtungen bedienen.

Private Busse

Privatfirmen übernehmen immer größere Anteile des Fahrbetriebs. Die Busse sind teurer, aber sowohl in der Ausstattung wie vor allem im Service deutlich besser als ihre staatlichen Pendants. In Ho Chi Minh City z.B. haben viele Firmen bereits Verkaufsbüros im Traveller-Viertel und starten von dort aus. Damit verdrängen sie die alten, „klassischen" *Open-Tours*-Anbieter und stellen schon heute in vielen Fällen die **bessere Alternative** dar.

Im **Norden** empfehlen wir das Unternehmen **Hoang Long** (http://hoanglongasia.com), im **Süden** die Busfirma **FUTA** (https://futabus.vn). Die Unternehmen haben vielerorts eigene Busbahnhöfe am Stadtrand, die mit Shuttlebussen (Minivans) bedient werden. Je nach Ort wird man entweder am Hotel abgeholt oder trifft sich am zentral gelegenen *Office*.

Weiter empfehlenswert sind u.a. **Phuong Nam** (http://phuongnamtravel.com.vn), **Tam Hanh** (http://tamhanhtravel.com) und **Mai Linh** (https://mailinh.vn/dich-vu/mai-linh-express.html), Letztere speziell fürs Mekong-Delta und das Hochland.

◁ Unterwegs im Sleeper-Bus von Mui Ne nach Dalat

Preisbeispiele (private Busse)

Hanoi – HCMC (1556 km) 36–41 Std., 35 $
Hanoi – Hue (675 km) 12 Std., 13 $
Hue – HCMC (1032 km) 19 Std., 23 $

Open Tours

- Mitte der 1990er-Jahre von Tour-Cafés eingeführt als eine Mischung aus Transport und *Sightseeing* für Ausländer, denen die öffentlichen Verkehrsmittel zu dubios und mühselig waren.
- **Tarife:** Preise sind **saisonabhängig** – je größer die Nachfrage, desto höher der Preis, variieren aber auch von Anbieter zu Anbieter. Das Ticket ist einen Monat lang gültig.
- Auf den meisten Routen verkehren **Tag- und Nachtbusse.**
- **Provisionen:** Veranstalter halten meist an Hotels und Restaurants, von denen sie Provisionen erhalten und die dementsprechend überteuert sind.
- **Achtung:** Nicht alle Busunternehmen sind seriös. Man ist gut beraten, vorab im Internet aktuelle Bewertungen zu lesen und Unterkünfte, Reiseveranstalter und Tourguides vor Ort nach Empfehlungen zu fragen.
- **Beispiele:** Hanoi – Hue – Hoi An – Nha Trang – HCMC 35 $; Hanoi – Hue – Hoi An – Nha Trang – Da Lat – HCMC 45 $; Hanoi – Hue – Da Nang – Hoi An – Nha Trang – Mui Ne – Da Lat – HCMC 55 $; Hue – Hoi An – Nha Trang – HCMC 25 $.
- **TheSinhTourist** (ehem. *Sinh Café*), www.thesinhtourist.vn, ist einer der bekanntesten Anbieter.
- **Mekong-Delta** → unten.

Erweiterungen

- **Mekong-Delta:** Einige Veranstalter bieten „Open Tours" ins Delta an (HCMC – Can Tho – Chau Doc), oft werden aber lediglich überteuerte Tickets für öffentliche Busse verkauft.

- **Kambodscha/Laos/Thailand:** Veranstalter bieten Pauschalarrangements für Bus-Transfers bis nach Bangkok (über Laos und Kambodscha, ggf. inkl. Übernachtung) an.

Schiff und Boot

Zu den beeindruckendsten Reiseerlebnissen in Vietnam gehören Bootsfahrten durch die **Ha-Long-Bucht** und im **Mekong-Delta.** Man kann sie bei Agenturen in Ho Chi Minh City und Hanoi buchen, sogar mit **Übernachtung auf dem Boot,** vom Luxus-Nostalgie-Raddampfer bis zur einfachen Dschunke. Es gibt aber auch preiswerte, wenngleich zeitaufwendigere und Privatinitiative erfordernde Möglichkeiten vor Ort.

Durch die Inselwelt der Ha-Long-Bucht und der benachbarten Archipele Cat Ba und Bai Tu Long führen **öffentliche Fähr- und Schnellboote,** z.B. von Haiphong, Hon Gai und Van Don aus. Auf den Flüssen und Kanälen des Mekong-Delta bieten lokale Tourismusbüros und private Bootsleute Exkursionen und Touren an (z.B. zu Schwimmenden Märkten), und der Markt an Übernachtungsbooten aller Art – im Gegensatz zur Ha-Long-Bucht oft von ausländisch geführten Veranstaltern! – nimmt zu.

Inseln, die täglich von Schnellbooten und Fährschiffen angelaufen werden, sind u.a. **Phu Quoc** im Golf von Thailand, **Con Dao** östlich von Ho Chi Minh City sowie im Norden **Cat Ba** und der Archipel **Bai Tu Long.** Auf küstennahen Inseln vor **Nha Trang** und **Hoi An** sind mittlerweile einige Resorts entstanden.

526v co

„Easy Riders"

Eine der schönsten Arten, Vietnam zu entdecken: hinten auf dem Motorrad! Die ersten privaten **Motorrad-Guides** tauchten Mitte der 1990er-Jahre in Dalat auf. Der Erfolg war so durchschlagend, dass sie mittlerweile fast überall im Süden vertreten sind. Viele nennen sich „Easy Riders" (ohne dass diese „Marke" geschützt wäre oder Qualität garantiert), andere laufen unter anderen Namen wie etwa „Motorbike Adventures" o.Ä.

Die Idee war bestechend, und ist es noch! Lokale Guides, unabhängig, mobil und selbstbewusst, die so gar nichts von der Art der meisten offiziellen Tourguides an sich haben. Keine Vermittlung von drögem, angelerntem Wissen, sondern konkrete, gelebte Praxis und persönliche Anekdoten *on the road!* Die ausländischen Reisenden sind begeistert! Und der Tenor ist immer der gleiche: „So viel über Vietnam – und die Vietnamesen – wie in diesen Tagen haben wir nirgendwo gelernt!" Auch wenn die *Easy Riders* keineswegs günstig sind (darauf beruht ihr Erfolg also nicht), sind ihre **Preise** doch fair und vor allem transparent. Ein paar faule Äpfel sind allerdings schon darunter ...

Unbedingt zu empfehlen! In einer Gruppe oder alleine, für ein, zwei oder drei Tage und in Kombination mit anderen Transportmitteln bis hin zu ein- oder mehrwöchigen Touren von Nord bis Süd; → Websites in den jeweiligen Orten, z.B. Hue, Da Nang, Hoi An, Da Lat, Ho Chi Minh City, Mekong-Delta – die meisten bieten auch längere, regionenübergreifende und maßgeschneiderte Touren, etwa auf dem traumhaften **Ho Chi Minh Highway.**

Motorrad

Mieten kann man Motorräder je nach Kubikgröße ab 5 $ (50 oder 75 ccm) bzw. 10 $ (125 ccm) pro Tag. Preisbeispiele pro Tag/Woche (bei einem Spitzenverleih): *Honda Super Cub 50 cc* 5/40 $, *Honda Wave 100 cc* 7/45 $, *Honda Future 125 cc* 10/65 $, *Vespa 125 cc* 10/65 $, *Honda Fortune 125 cc* 20/130 $. (Das Angebot an Motorrädern ist in Hanoi besser, in Ho Chi Minh City ist man mit *Scootern* besser dran.) Die meisten Verleiher erheben Kautionen, die später verrechnet werden.

Achtung: Für Maschinen über 50 ccm benötigt man einen vietnamesischen **Führerschein** oder einen dementsprechenden aus dem Heimatland (→ unten).

Der **Kaufpreis** für (echte, in Vietnam gefertigte) *Hondas* beginnt bei 800 $ *(wave 100 cc).*

Eine private **Versicherung** und entsprechende Ausrüstung (teilweise in Ho Chi Minh City und Hanoi erhältlich) sind dringend angeraten; außerhalb der großen Städte gibt es keinerlei Notarztsystem. Selbstfahrer sollten unbedingt die Hackordnung der Landstraße akzeptieren: Recht (und damit Vorfahrt) hat immer der Stärkere, sprich Auto oder Lkw.

Es besteht auf allen Straßen strikte **Helmpflicht** für Fahrer wie Beifahrer.

- **www.vietnamrider.com**
- **https://cuongs-motorbike-adventure.com**
- **https://saigonscootercentre.com**

Führerschein

Prinzipiell: Tagtäglich verkehren Tausende Ausländer illegal auf den Straßen Vietnams. Ein- oder zweimal im Jahr, speziell in Hoi An, Mui Ne oder im Delta, statuiert die Polizei ein Exempel, spricht Strafen aus und konfisziert Maschinen, aber das ist (bislang zumindest) auch alles (und der Schlag richtet sich vornehmlich gegen die Vermieter, weniger gegen die Fahrer).

Die Crux mit dem **Fahren ohne** (anerkannten) **Führerschein** ist weniger die Polizei (Kontrollen von Ausländern sind selten, und wenn, ist eine an Ort und Stelle zu entrichtende Geldstrafe zu verschmerzen), sondern die **Versicherung,** die unter diesen Umständen im Falle eine Unfalls keinen Cent erstattet! Und im Falle eines Personenschadens drohen in Vietnam überdies heftige Regressansprüche, wenn nicht gar Gefängnis.

Auch ein Verkehrsmittel ...

Fahrrad

Noch Mitte der 1990er-Jahre war Vietnam ein einig Volk von Fahrradfahrern. Inzwischen jedoch ist das *xe dap* nahezu vom Erdboden verschwunden. Praktisch nur noch Kinder und Marktfrauen benutzen es. In Großstädten ist es mittlerweile schwierig geworden, eine **Fahrradvermietung** zu finden – die Nachfrage ist angesichts des wahnsinnigen Verkehrs kaum mehr vorhanden. Fahrradtouren über Land sind hingegen bei **Reiseveranstaltern** im Trend:

- **www.handspan.com**
- **www.cyclingvietnam.net**
- **www.vietnam-tours.de**
- **www.veloasia.com**

Fahrräder werden oft direkt am Straßenrand verliehen, wie hier in Hoi An

Stadtverkehr

Stadtbus

Stadtbusse *(xe buyt)* gibt es in allen größeren Städten. Sie sind günstig, selten überfüllt, zum Teil sogar klimatisiert und in der Regel sehr gut benutzbar – vorausgesetzt, man hat Zeit.

Cyclo

Die **Fahrradrikscha** *xich lo* (frz. *cyclo pousse*) war noch bis Mitte der 1990er-Jahre das Standardverkehrsmittel für Personen- und Lastentransporte in allen Orten, auch in Ho Chi Minh City und Hanoi. Heute sind sie im Aussterben begriffen – die letzten Vertreter ihrer Zunft leben praktisch ausnahmslos nur mehr von Touristen und Vergnügungsfahrten. Insbesondere in Hoi An kommen sie noch verstärkt zum Einsatz, meist zur Freude asiatischer Touristen.

672v sb

Eine Einigung über den **Preis** vor Antritt der Fahrt ist unbedingt erforderlich. Ein annehmbarer Preis für eine Stunde pro *Cyclo* (nicht pro Pers.) ist 120.000 đ in Hanoi und 80.000 đ in Ho Chi Minh City.

Mitfahrgelegenheit über Grab

Grab (*grab* = engl. „greifen") ist so etwas wie das im Westen bekannte *Uber.* Übers *Smartphone* können Motorradtaxis, (Privat-)Autos und Taxis gebucht werden, die weit günstiger sind als reguläre Taxis und *Xe Om.* Die **Apps** funktionieren in den Städten gut, der **Preis** steht vorab fest. Zu empfehlen! Jedoch sprechen auch hier längst nicht alle Fahrer Englisch. Infos und App zum *Download* unter www.grab.com/vn/en.

Taxi

Taxis – in der Regel mit Taxameter – gibt es in allen Städten, sie können auch telefonisch gerufen werden. Fahrer sprechen eher selten Englisch und können auch meist wenig mit Stadtplänen anfangen. Am besten hat man die **Zieladresse** schriftlich dabei. Der Einstiegspreis für den ersten Kilometer beträgt knapp 0,40 $ (10.000 đ), für jeden weiteren Kilometer werden 15.000 đ verlangt. Den Betrag sollte man möglichst passend parat haben, beim Wechselgeld zieren sich viele Fahrer. Für längere Fahrten (z.B. auch vom oder zum Flughafen) werden oft Pauschalen ausgehandelt. Leider muss man überall vor **Taxi-Betrügern** warnen, die horrende Preise verlangen, Umwege fahren, Taxameter haben, die immer schneller werden, oder am Ende einfach eine zusätzliche Null an den Preis hängen. Seriöse Unternehmen sind z.B. *Mai Linh, Hanoi Taxi* und *Vinasun.*

Faustregeln: Wenn der Fahrer die Adresse nicht kennt – oder den Taxameter nicht anstellt: sofort aussteigen! Keinesfalls akzeptieren, wenn es heißt, ein Hotel sei voll, existiere nicht mehr o.Ä. (der Fahrer will nur woanders Provision verdienen).

Xe Om

Wie in vielen anderen Ländern Südostasiens füllen **private Motorradfahrer,** in Vietnam *Xe Om* genannt (*ssä omm,* wörtl.: Fahrzeug umarmen), die Lücken des öffentlichen Nahverkehrs. Der Preis ist unbedingt im Voraus auszuhandeln (Kurzstrecken ca. 25.000 đ).

Zeit

Vietnamesische Uhren gehen **6 Stunden vor** unserer mitteleuropäischen Winterzeit und fünf Stunden vor unserer Sommerzeit. Wenn es in Ho Chi Minh City 12 Uhr mittags ist, ist es in Frankfurt im Winter 6 und im Sommer 7 Uhr.

Vietnam selbst ist seit 1975 in eine einheitliche Zeitzone eingeteilt. In Hanoi wird es im Sommer merklich später und im Winter deutlich früher dunkel als in Ho Chi Minh City.

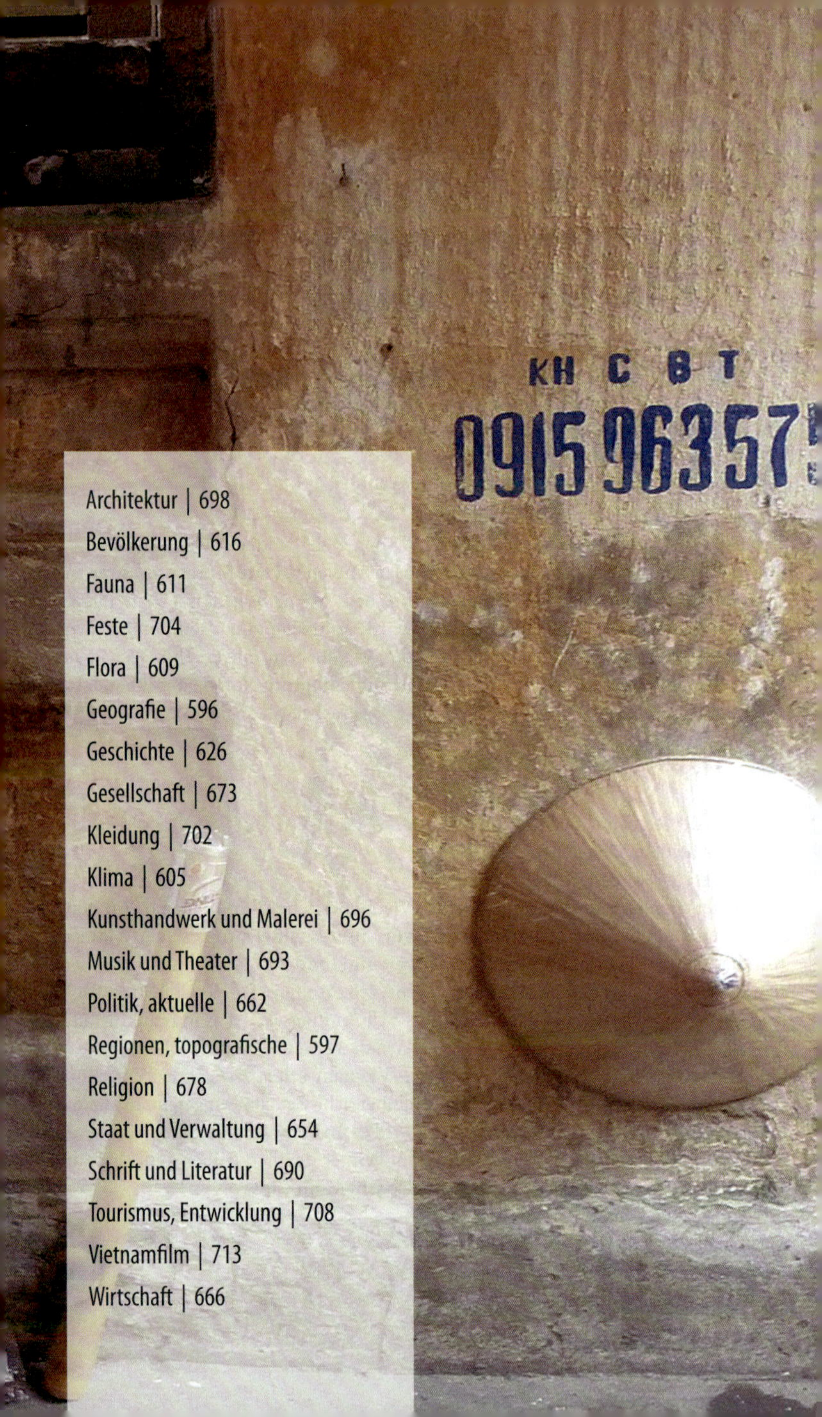
KH C B T
0915 96357

10
Land und Leute

Komme gleich wieder – die Gelassenheit der Vietnamesen

Geografie

Vietnam bildet den östlichen Rand der südostasiatischen Halbinsel im Süden der Landmasse Chinas. Sein nördlichster Punkt (23° 22") liegt ungefähr auf der geografischen Breite von Florida, sein südlichster Punkt (8° 02") ist dem Äquator fast so nah wie die Südspitze Indiens.

Angesichts der enorm langen Küsten (3260 km) und Landesgrenzen (4567 km) ist die tatsächliche Bodenfläche Vietnams eher bescheiden – mit einer Fläche von 331.236 km^2 ist Vietnam nur etwa **so groß wie Deutschland.** Im Norden grenzt Vietnam an China, im Westen an Laos und Kambodscha, im Süden und Osten an den Golf von Thailand und das Südchinesische Meer.

Trotz seiner Lage am Meer ist Vietnam ein extrem **gebirgiges Land.** Fast drei Viertel seiner gesamten Fläche sind von Gebirgen, Höhenzügen und Hochebenen bedeckt, aber seit Jahrtausenden leben hier Menschen, die in den Ebenen Reis anbauen und das Hochland meiden. Während der Großteil des Landes noch bis heute kaum besiedelt ist, drängen sich die Menschen im fruchtbaren Flachland auf engstem Raum. Auf weniger als einem Viertel der Fläche leben und arbeiten mehr als drei Viertel der gesamten Bevölkerung.

Aufgrund seiner extrem langgezogenen, S-förmigen Gestalt vergleicht man Vietnam gerne mit **zwei Reisschalen** an den Enden einer langen Tragestange. Die nördliche Reisschale bildet das Delta des Roten Flusses, die südliche das Delta des Mekong. Der schmale, mehr als 1000 km lange Streifen Land dazwischen (der „Bambusstab"), eingezwängt zwischen dem Meer im Osten und der Vietnamesischen Kordillere im Westen, misst an seiner engsten Stelle kaum 50 km.

Über 2300 **Flüsse** und größere Flussläufe durchziehen Vietnam, sodass man

284vi kb

entlang seiner Küste rein rechnerisch alle 20 km auf einen Flusslauf stößt. Ohne den ungeheuren Wasserreichtum wäre das typische Bild der vietnamesischen Landschaft nicht denkbar.

Vietnams **Küsten** weisen eine Länge von 3444 km auf. Südlich von Ho Chi Minh City, im Schwemmland des Mekong-Deltas sowie am Golf von Thailand, sind sie meist flach, sumpfig und oft von dichten Mangrovenwäldern bestanden. Nördlich von Ho Chi Minh City rücken die Ausläufer des langgestreckten Truong-Son-Gebirges immer näher an die Küste heran und bilden im Zentrum eine spektakuläre Abfolge von Kaps, Halbinseln, Buchten, Dünen, Stränden und Lagunen. In den großen Buchten nördlich des Schwemmlands des Deltas des Roten Flusses ragen Tausende Kalksteininseln wie Meeresungetüme steil aus dem Meer empor.

Geografie in Zahlen

N-S-Ausdehnung	1650 km
O-W-Ausdehnung	max. 600 , min. 50 km
Gesamtfläche	331.236 km²
Ebenen	25 %
Gebirge	75 %
Kulturfläche	90.000 km²
davon Mekong-Delta	40.000 km²
davon Delta Roter Fluss	15.000 km²
Landesgrenzen	4616 km
Grenze mit China	1297 km
Grenze mit Laos	2161 km
Grenze mit Kambodscha	1158 km
Küsten, ohne Inseln	3444 km
Flüsse	2860 km
Song Da (Schwarzer Fluss)	540 km
Song Hong (Roter Fluss)	550 km
Song Dong Nai	500 km
Song Ma	430 km
Mekong	230 km
Inseln	über 1000
Größte Insel	Phu Quoc 568 km²
Höchster Berg	Phan Si Pan 3143 m

Die topografischen Regionen

Trotz seiner verhältnismäßig geringen Fläche ist Vietnam topografisch wie klimatisch überaus vielfältig. Grob gerastert lassen sich drei Regionen mit insgesamt sieben unterschiedlichen Topografien unterscheiden (→ „Die Regionen im Überblick“ im Vorspann).

☐ Am Kap Varella (Dai Lanh)

Bac Bo – Der Norden

Der Norden umfasst nur 25 % der Landfläche, aber 40 % der Bevölkerung und ist eine **Region der Gegensätze.** Während sich im Westen die „Alpen von Tonkin“ über 3000 m hoch auftürmen, erheben sich die Tiefebenen am Golf von Tonkin kaum über dem Meeresspiegel. Der Norden weist die mit Abstand am dichtesten besiedelten Gebiete ganz Vietnams auf (an der Mündung des Thai Binh), aber auch die menschenleersten (an der Grenze zu Laos). Nirgendwo

472v aw

sonst haben Traditionen intakter überlebt und hängen die Menschen inniger am Brauchtum, trotzdem ist es der industriell fortgeschrittenste Teil des Landes.

Bac Bo ist die **Wiege** der vietnamesischen Kultur und Zivilisation. Schon in der Vorzeit lebten in den fruchtbaren, aber wegen ihrer Naturkatastrophen auch gefürchteten Niederungen Menschen, die Reis ernten konnten, „ohne zu säen". 1883 eroberten die Franzosen **Tonkin** und regierten von Hanoi aus die gesamte „Indochinesische Union" unter Einschluss von Laos und Kambodscha. Im Gegensatz zum Süden Vietnams steht der Norden schon seit 1954 unter ununterbrochener kommunistischer Verwaltung.

Am Westsee in Hanoi

Das Delta des Roten Flusses

Wenige Kilometer westlich von Hanoi münden der Schwarze (Song Da) und der Klare Fluss (Song Lo) in den Roten Fluss (Song Hong); von dieser Stelle breitet sich das Delta fächerförmig bis zum Golf von Tonkin aus. Mit 15.000 km² entspricht es etwa der Fläche von Schleswig-Holstein. In der fruchtbaren Ebene mit den beiden Millionenstädten Hanoi und Haiphong werden Reis und Industriepflanzen wie Maniok und Mais angebaut, sind aber auch eine Vielzahl von Industriezweigen angesiedelt (Kohle, Stahl, Maschinenbau, Textilien). Über 15 Mio. Einwohner machen die Region zu der bevölkerungsreichsten Vietnams und einer der dichtbesiedeltsten der Welt. Im Stadtstaat Hanoi ballen sich 2422 Menschen auf einen Quadratkilometer (Nordrhein-Westfalen: 532), und selbst in der rein agrarischen Provinz Thai Binh an der Mündung des Roten Flusses ist die Bevölkerungskonzen-

Topografische Regionen

1 Delta des Roten Flusses
2 Bergland des Nordens
3 Nördliche Zentralküste
4 Südliche Zentralküste
5 Zentrales Hochland
6 Nordöstlicher Süden
7 Mekong-Delta

tration noch mehr als doppelt so hoch wie an Rhein und Ruhr.

Der Rote Fluss. Der Song Hong, benannt nach seinen rötlichen Lehmse-dimenten, ist der einzige Fluss Südostasiens, der eingedeicht werden muss. Der 1200 km lange Strom, der im südchinesischen Yunnan entspringt, fließt 550 km durch Vietnam, ehe er sich südlich von Haiphong in den Golf von Tonkin ergießt. Aufgrund der Ablagerungen wächst das Delta stetig weiter ins Meer hinaus; Regionen, die vor Jahrtausenden von der See umspült waren („Trockene Ha-Long-Bucht"), liegen heute im Landesinneren. Mehrmals im Jahr, zumal während der sommerlichen Regengüsse, kann der Song Hong mitsamt seinen Nebenflüssen binnen Stunden um das Zigfache anschwellen. Dann schießen wahre Springfluten und Schlammlawinen in die Tiefebenen und lassen den Hochwasserpegel bis zu 10 m und mehr ansteigen. Um sich vor den katastrophalen Flutwellen zu schützen, haben die Vietnamesen das Delta schon vor mehr als 1000 Jahren mit einem Netzwerk von Deichen, Dämmen und Kanälen überzogen. Hanoi galt schon als „Venedig des Ostens", als Bangkok nichts weiter war als ein Sumpf.

Aufgrund der Verschlammungen liegt das eingedeichte Flussbett inzwischen oft höher als das umliegende Land, sodass Dammbrüche, erst recht, wenn sie mit Taifunen einhergehen, noch heute ganze Provinzen verheeren, Ernten vernichten und Hunderttausende obdachlos machen können. Die an ihrer Basis bis zu 30–40 m breiten Deiche tragen auf ihren Kronen oft Straßen und Verkehrswege. Ihre Gesamtlänge beträgt mehr als 3000 km.

Das Bergland des Nordens

Das fast sechsmal so große Bergland, das das Delta von Norden und Westen her hufeisenförmig umschließt, beherbergt kaum mehr als 10 Mio. Menschen. Die bis zu 3000 m hohen Gebirge und Hochplateaus sind die Heimat zahlloser **Bergstämme** wie der Tay, Thai, Muong, Nung oder Hmong (Meo), die zum Teil noch heute nomadisieren und Brandrodung betreiben. Fast alle Bodenschätze Vietnams, eingeschlossen die reichen Kohlevorkommen am Golf von Tonkin, liegen hier. In vorchristlicher Zeit Quelle früher Kulturen – aus Kupfer und Eisen schmiedete man Bronze –, nährten sie nach 1945 voreilige Ambitionen, das sozialistische Nordvietnam in einen blühenden Industriestaat zu verwandeln.

Die höchsten **Gebirgszüge** erheben sich westlich des Roten Flusses nach Laos hin und an der Nordgrenze zu China; der Phan Si Pan, der höchste Berg Vietnams, erreicht 3143 m. Die Provinzen Lai Chau und Dien Bien (mit der einstigen Dschungelfestung Dien Bien Phu) im nordwestlichen Zipfel sind mit einer Bevölkerungsdichte von 58 Menschen pro km² (Niedersachsen: 171) die mit Abstand dünnbesiedeltsten Regionen Vietnams. Die etwas flachere, aber weit umfangreichere Bergregion nördlich und östlich des Roten Flusses bildet „seit Anbeginn der Zeiten" die Nordgrenze zu China. Hier gibt es die meisten Bodenschätze wie Eisen, Zinn, Mangan, Phosphat, Kohle und Bauxit sowie Gold und Edelsteine.

[>] Im Bergland des Nordens

Trung Bo – das Zentrum

Zentralvietnam, die über 1000 km lange „Tragestange", in deren Bereich die Gebirgszüge teilweise bis unmittelbar an die Küste rücken und dort steil ins Meer abfallen, umfasst (umgekehrt proportional zum Norden) 40 % des Territoriums, aber nur 25 % der Bevölkerung. Die subtropische Nordküste, die tropische Südküste und das Hochland bilden drei völlig verschiedene Landschaften.

Der schmale **Küstensaum** wird von der mächtigen, parallel verlaufenden Kette des **Truong-Son-Gebirges** („Annamitische Kordillere", höchste Erhebung Ngoc Linh, 2598 m) oft bis auf 10 km oder weniger begrenzt. Der unmittelbar am Meer verlaufende Wolkenpass zwischen Hue und Da Nang ist die Klimascheide zwischen dem subtropischen Norden und dem tropischen Süden und bildete jahrhundertelang die natürliche Barriere zwischen dem „chinesischen" Vietnam und seinen indisierten Nachbarn. Weiter südwärts flacht sich die Kordillere zu den ausgedehnten, teils dschungelbedeckten, teils savannenartigen Hochplateaus des Zentralen Hochlandes ab.

Die zahlreichen, während der Regenzeit reißenden Flüsse wie der Song Giang bei Dong Hoi (fast ein Jahrtausend lang Südgrenze Vietnams), der Song Ma oder der Song Huong (Parfüm-Fluss) bei Hue bilden fruchtbare, aber relativ schmale und von Berg- und Hügelland umschlossene Ebenen.

Trung Bo mit Hue, der Hauptstadt der letzten vietnamesischen Kaiser-Dynastie (ab 1802), umfasst das Gebiet, das die Franzosen als Annam bezeichneten. Da es weder (wie Tonkin) über Bodenschätze noch über profitable Landwirtschaftsressourcen (wie das Mekong-Delta) verfügt, hat sich der Einfluss der Kolonialmacht hier deutlich weniger bemerkbar gemacht als in den anderen Landesteilen. Zwischen 1954 und 1975 faktisch zweigeteilt, unterlag Trung Bo als „Pufferzone" zwischen dem sozialistischen Norden und dem amerikanisch dominierten Süden im Vietnamkrieg ganz besonders verheerenden Verwüstungen.

Die Nördliche Zentralküste

Die dichtbevölkerte (11 Mio. Einwohner auf 51.000 km²), aber vergleichsweise wenig fruchtbare und oft von heftigen Taifunen beherrschte Region bis zum Wolkenpass bei Hue, der den subtropi-

schen Norden vom tropischen Süden trennt, ist traditionell eine der **ärmsten Landesteile.** Das Hoanh-Son-Massiv im Süden der Provinz Nghe An, Heimat vieler Revolutionäre und auch *Ho Chi Minhs,* bildete bis zum 13. Jh. die Südgrenze Vietnams.

Bis auf das fruchtbare Schwemmland von Thanh Hoa (das daher oft noch zum Delta gerechnet wird) grenzen alle Provinzen dieser Region im Westen an Laos. Der Ben-Hai-Fluss nördlich des 17. Breitengrads trennte zwischen 1954 und 1975 die Grenze zwischen dem sozialistischen Nordvietnam und dem „demokratischen" US-Satelliten Süd-Vietnam.

Die Südliche Zentralküste

Das Land südlich des Wolkenpasses wurde von den Vietnamesen erst zwischen dem 13. und 15. Jh. im Verlauf endloser Kämpfe mit den hinduistischen Cham eingenommen und besiedelt. Trotz einiger Ballungszentren wie **Da Nang, Qui Nhon** und **Nha Trang,** allesamt ehemalige Militärbasen der Amerikaner, ist die Bevölkerungsdichte (9 Mio. Einwohner auf 45.000 km²) deutlich niedriger als weiter im Norden. Das ganzjährig **tropische Klima** südlich des Wolkenpasses lässt auf den schmalen Küstenstreifen Kokospalmen und Zuckerrohr gedeihen und begünstigt den Anbau von Industriekulturen, andererseits reichen die Gebirgsketten des Truong-Son-Massivs nicht selten bis nahe an die Küste heran und schwemmen die reißenden Flüsse immer wieder fruchtbares Land ins Meer. Die südlichste Provinz der Zentralküste liegt nur 200 km nördlich von Ho Chi Minh City und gilt als eine der unbewohnbarsten und ärmsten der gesamten Küste.

Das Zentrale Hochland

Das spärlich besiedelte Hochland mit durchschnittlich 80 Einwohnern pro km² (4,4 Mio. auf 55.600 km²) besteht aus undurchdringlichen **Bergwäldern** und teils savannenartigen, teils bewaldeten **Plateaus;** das höchste (1500 m) ist das von **Da Lat,** 300 km nördlich von Ho Chi Minh City. Ursprünglich fast ausnahmslos von ethnischen Minderheiten wie den Jarai, Ede und Sedang bewohnt, die sich nicht nur deutlich von den Vietnamesen, sondern auch von den Bergstämmen des Nordens unterscheiden, sorgte die intensive Umsiedlungspolitik der Regierung Ende des 20. Jh. für einen starken Zuzug von Vietnamesen. Auf den Plateaus wird Kaffee, Tee und Kautschuk angebaut, weiden riesige Rinderherden und gedeihen dank des relativ milden „europäischen" Klimas (20–24 °C) Obst- und Gemüsesorten, die es nirgendwo sonst in Vietnam gibt.

Nam Bo – der Süden

Der Süden umfasst 35 % des Territoriums und 35 % der Bevölkerung und ist die an Bodenschätzen zwar ärmste, aber landwirtschaftlich mit Abstand ergiebigste Region Vietnams. Der Song Dong Nai, der drittlängste Fluss des Landes, bewässert das flache Nordost-Plateau (100–200 m), weiter gen Süden schließt sich das Delta des Mekong an. Nam Bo wurde von den Vietnamesen erst zwischen dem 17. und 18. Jh. erobert und besiedelt und war das **Cochinchina** der französischen Kolonialherren. Mit der von den Franzosen gegründeten Millionenstadt **Saigon** und dem fruchtbaren **Mekong-Delta** ist er der einzige der drei Landesteile, der mehr als 100 Jahre lang praktisch ununterbrochen westlichen Einflüssen ausgesetzt war, von 1859 als Kolonie der Franzosen und zwischen 1954 und 1975 als neokolonialistischer Vasall der USA.

Der nordöstliche Süden

Der Stadtstaat Thanh Pho Ho Chi Minh mit **Ho Chi Minh City** als seinem Zentrum ist mit über 9 Mio. Einwohnern die unangefochtene Wirtschaftsmetropole Vietnams und weist mit rund 4300 Menschen pro km² eine höhere Bevölkerungsdichte auf als selbst Hanoi. Ursprünglich ein kleiner Fischer- und Handelshafen der Khmer, wurde Saigon von den Vietnamesen 1674 besiedelt, aber als tatsächliche Stadt erst 1859 von den Franzosen begründet. Die teils sandigen, teils sumpfigen Böden der Region zwischen Ho Chi Minh City und der kambodschanischen Grenze sind ideal für Plantagen (Kautschuk und *Cash Crops* aller Art) sowie für die Viehzucht. *Offshore* im Südchinesischen Meer liegen reiche Erdölvorkommen, von denen insbesondere die boomende Region Ba Ria-Vung Tau profitiert.

Das Mekong-Delta

Das größte und ertragreichste Reisanbaugebiet ihres Landes erschlossen die Vietnamesen erst im 18. und 19. Jh., nicht lange bevor die Franzosen sich seiner bemächtigten und anfingen, den Reis in alle Welt zu exportieren. Das Delta des Mekong ist mit 45.000 km² dreimal so groß wie das des Roten Flusses, wird aber von der gleichen Anzahl Menschen bewohnt. Die **neun Mündungsarme** (Cuu Long), die das Delta bilden, sind von zahllosen Flussläufen, Kanälen und Sümpfen durchzogen. Transport und Kommunikation sind noch heute gebietsweise auf Wasserwege angewiesen und können während der sommerlichen Regenzeit zusammenbrechen. Die Bauern des Deltas erzeugen 90 % der gesamten Ernteüberschüsse Vietnams, Städte wie **Can Tho** und **My Tho** zählen mit profitablen Leicht- und Konsumgüterindustrien, Obstplantagen und Fischzuchten zu den am schnellsten wachsenden des Landes.

Der Mekong. Der Mekong entspringt in Tibet und fließt erst über 4000 km weit durch Südchina, Burma, Thailand, Laos und Kambodscha, ehe er Vietnam erreicht und sich in zahlreiche Arme und Nebenarme aufsplittert. Im Gegensatz zu dem wilden und reißenden Song Hong wirkt der Mekong geradezu gemächlich. Der tiefer als der Fluss gelegene Ton-Le-Sap-See in Kambodscha fungiert als natürliches Staubecken und hält die Wassermenge des Mekong ganzjährig annähernd konstant; bei Hochwasser ändert der Mekong einfach seine Laufrichtung und fließt „rückwärts" in den See ab. Die regelmäßigen Überschwemmungen (mit höchsten Wasserständen zwischen September und Oktober) beeinträchtigen zwar Transport und Verkehr, führen aber niemals zu verheerenden Flutkatastrophen und Ernteausfällen wie im nördlichen Delta.

332vi kb

Inseln

Die Vietnamesen sind traditionell Bauern, keine Seefahrer. Die Abertausenden Inseln entlang ihrer Küste haben sie nie sonderlich interessiert und sind in ihrer Mehrheit bis heute schwer erreichbar, da entweder gänzlich unbewohnt oder nur sehr spärlich besiedelt.

In der Vergangenheit errangen nur zwei Inseln einigermaßen Bedeutung, als Zufluchtsort für Rebellen oder als berüchtigte Gefängnisinseln: **Phu Quoc** im Golf von Thailand unweit der Grenze zu Kambodscha, die mit Abstand größte Insel Vietnams (568 km^2), und **Con Dao** (das Poulo Condore der Franzosen) rund 100 km südöstlich des Mekong-Deltas.

Heute sind die Gewässer zunehmend als **Wirtschaftsfaktor** interessant. Die während des Vietnamkriegs entdeckten **Erdöl-** und **Erdgasreserven** entlang der Küste stellen heute eine der wichtigsten Einnahmequellen des Landes dar. Und im Gefolge des **Tourismus** sind Inseln wie **Cat Ba** und **Phu Quoc,** die größten Inseln des Nordens (350 km^2) und Südens, die Eilande nördlich der Ha-Long-Bucht sowie vor den großen Zentren der Südküste (Nha Trang, Da Nang, Qui Nhon) als Touristenziele ausgebaut worden.

Seit Jahrzehnten machen sich mehrere Länder, darunter Vietnam und China, die Besitzrechte an den weit von allen Küsten abgelegenen Paracel- und Spratly-Inseln streitig, in deren Bereich Erdölvorkommen vermutet werden.

⌃ Leben am Mekong

Klima

→ Klima und Reisezeit, S. 558

Das extrem lang gestreckte Vietnam hat auf das Klima bezogen Halbinsel-Charakter. Der maritime Einfluss macht sich außer im Norden, der klimatisch eher dem kontinentalen Klima Südchinas gleicht, im ganzen Land bemerkbar. Anders gesagt: Während der Süden Vietnams nur zwei **Jahreszeiten** hat (Sommer- und Regenzeit), hat der Norden vier (Frühling, Sommer, Herbst und Winter).

Grundsätzlich zeichnet sich Vietnam durch ein tropisches **Monsunklima** mit hohen Temperaturen und hoher Luftfeuchtigkeit aus. Im Jahresverlauf wechseln sich der feuchtwarme, niederschlagsreiche Südwest-Monsun (Sommermonsun, Mai bis Sept.) und der kalte, trockene Festlandsluft mit sich führende Nordost-Monsun (Wintermonsun, Nov. bis März) ab. Aufgrund der geografischen Gegebenheiten in den einzelnen Landesteilen sind die regionalen Unterschiede allerdings erheblich.

Als Resultat des Einflusses beider Monsune bleibt der Süden ganzjährig feucht und warm und ist lediglich der Zeitpunkt der sommerlichen Regenzeit von Region zu Region verschieden (im Zentrum beginnt die Regenzeit erst, wenn sie im Süden bereits beendet ist). Während im Norden Regen- und Trockenzeiten sich weit weniger stark voneinander unterscheiden und der deutlich kühlere Winter extreme Temperaturschwankungen mit sich bringen kann.

Vietnam gehört zu den Ländern, die vom **Klimawandel** besonders betroffen sein werden. Analysen zufolge machen sich Temperaturanstieg, Veränderungen in Niederschlagsmengen und -intensität, Dürren, der Anstieg des Meeresspiegels und Salzwasservordringen bemerkbar. Die alljährlichen Taifune, sagen Experten, sind in ihrem Auftreten unberechenbarer geworden.

Norden

Die nördliche Klimazone zeigt deutliche **jahreszeitliche Unterschiede.** Das Klima ist subtropisch, mit kalten, nicht ganz trockenen Wintern und feuchtheißen, regenreichen Sommern. Im **Sommer,** zwischen Mai und Oktober, betragen die höchsten Durchschnittswerte 31–33 °C, die maximalen Temperaturen bis über 40 °C. Die Monate mit den stärksten Niederschlägen sind Juni bis September; in diesem Zeitraum (Regenzeit) fallen über 80 % der jährlichen Niederschläge und können im Küstenbereich und im Delta auch heftige **Taifune** auftreten.

Die **Wintermonate** (Trockenzeit) sind für die niedrigen Breitengrade (18–23 °C Nord) unverhältnismäßig kühl, da die Nordostwinde aus dem Innern Asiens eine erhebliche Temperaturabnahme bewirken. Da die Längs- statt Querausrichtung der Berge an der chinesischen Grenze keine natürliche Barriere bildet, kann die kalte Luft ungehindert bis zum 16. Breitengrad vordringen, wo sie erst von dem hier bis ans Meer reichenden Truong-Son-Gebirge (Wolkenpass) gestoppt wird.

Es bleibt im Tiefland frostfrei, doch sinken die Temperaturen im Winter häufiger auf **unter 10 °C.** In Hanoi be-

Klima

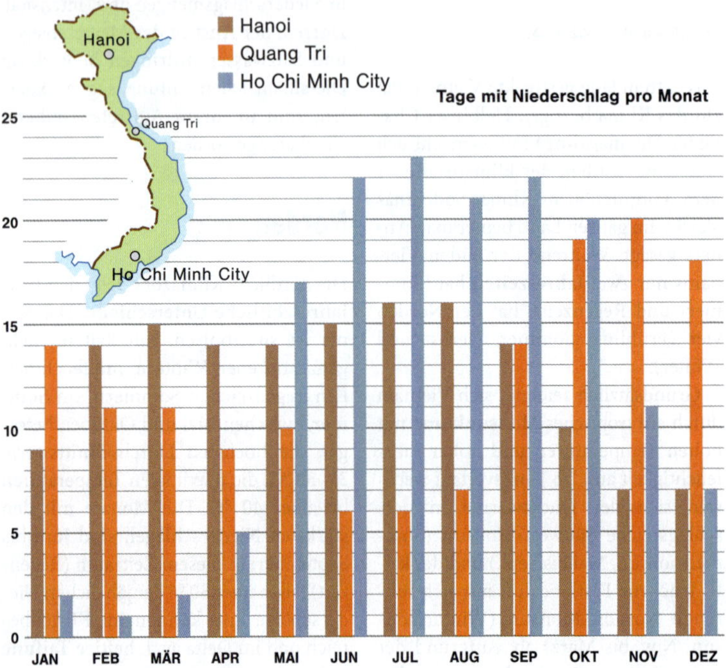
Hanoi
Quang Tri
Ho Chi Minh City
Tage mit Niederschlag pro Monat
25
20
15
10
5
0
JAN FEB MÄR APR MAI JUN JUL AUG SEP OKT NOV DEZ

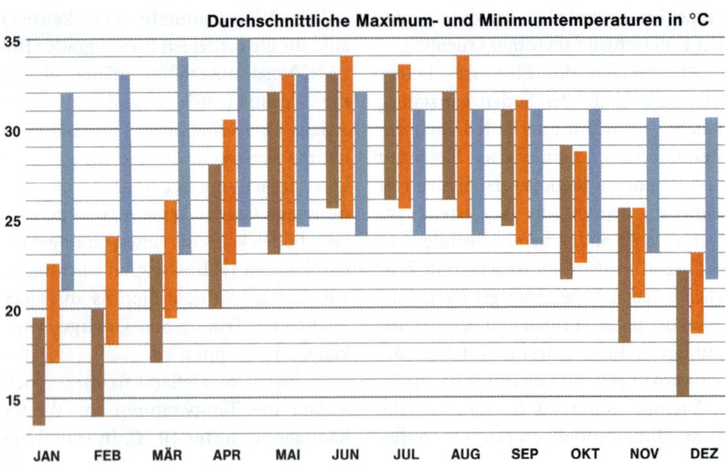
Durchschnittliche Maximum- und Minimumtemperaturen in °C
35
30
25
20
15
JAN FEB MÄR APR MAI JUN JUL AUG SEP OKT NOV DEZ

Durchschnittliche Niederschlagsmenge pro Monat in mm

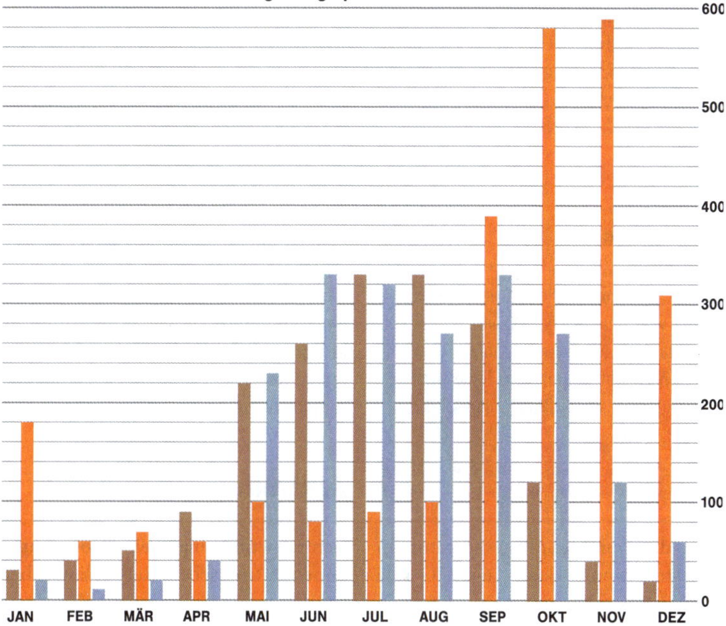

Durchschnittliche Luftfeuchtigkeit um 16.00 Uhr in %

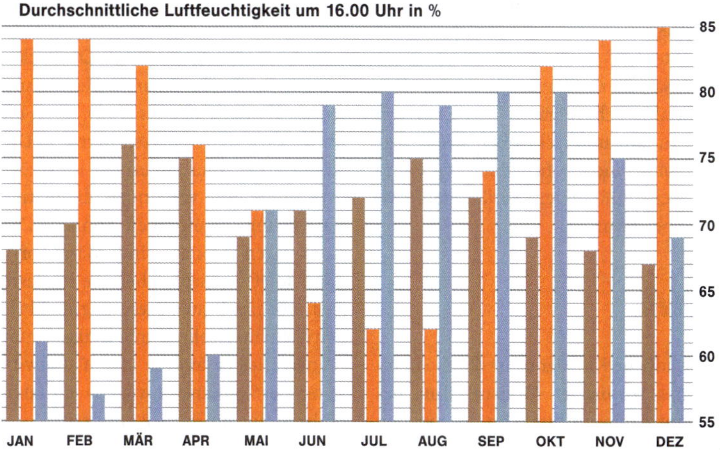

Südwest-Monsun

Feucht und heiß. Bläst aus dem Golf von Siam und bestreicht zwischen Anfang April und Ende Mai nacheinander das Mekong-Delta, die Region von Ho Chi Minh City und die südliche Zentralküste, ehe er, deutlich abgeschwächt, den Wolkenpass überquert und zwischen Oktober und November im Delta des Roten Flusses verhaucht.

Nordost-Monsun

Trocken, kalt und deutlich weniger kräftig. Kommt vom chinesischen Festland, erreicht das Delta des Roten Flusses im Lauf des Oktober und bestreicht nach und nach die nördliche Zentralküste, bis der Wolkenpass ihm Einhalt gebietet.

trägt die Durchschnittstemperatur im kältesten Monat (Jan.) 16–17 °C (bei Sonneneinstrahlung mit Spitzenwerten um 20–22 °C), die niedrigste Temperatur kann bis auf 5 °C fallen. In den Gebirgsregionen können die Temperaturen bis unter 0 °C sinken und in höheren Lagen (Sa Pa) zu Schneefall führen. Das **Frühjahr** (Feb./März) ist von einer von Jahr zu Jahr unterschiedlich ausgeprägten trüben und feucht-kühlen Witterung mit Nebel und feinem Sprühregen *(crachin)* bestimmt.

Süden

Die südliche Klimazone ist durch ein typisches **tropisches Monsunklima** bestimmt. Unbeeinflusst von den polaren Nordostwinden herrschen im feuchtheißen Süden hohe Temperaturen das ganze Jahr über. Die jährliche Durchschnittstemperatur in den Niederungen beträgt 26–27 °C, die Unterschiede zwischen den höchsten und niedrigsten Durchschnittstemperaturen betragen lediglich 3–4 °C (im Norden 16 °C). Deutlich zu unterscheiden ist zwischen einer sommerlichen **Regenzeit** (April/Mai bis Sept./Okt.) und einer „winterlichen" **Trockenzeit** (Nov. bis April). In der Regenzeit fallen rund 90 % aller Niederschläge. Kühlste und trockenste Monate sind Dezember und Januar, danach steigen Temperaturen wie Luftfeuchtigkeit kontinuierlich an, ehe Mai und Juni die ersten Regenschauer und leichte Abkühlung bringen.

Zentrum

Zentralvietnam bildet eine **Übergangszone** mit tropischem Regenklima, aber spürbar weniger ausgeprägter Trockenzeit. Der Gegensatz zwischen Winter und Sommer nimmt kontinuierlich ab, die Regenzeit verschiebt sich auf September bis Dezember/Januar. Die stärksten Niederschläge fallen im Herbst und frühen Winter (Sept. bis Nov.), wenn im übrigen Land Trockenzeit herrscht. Die Regenzeit ist hier außerdem mit Stürmen und Fluten verbunden, die heftige Verwüstungen anrichten können. Die trockensten Monate sind März/April, dann folgt bis September die heißeste Zeit, wobei es – im Gegensatz zum übrigen Vietnam – sehr sonnig ist und kaum regnet. Dies ist auf die „Föhn"-Einwirkung der heißen Laoswinde auf den Südwestmonsun zurückzuführen.

Das Zentrum ist durch die **Klimascheide** des Wolkenpasses geteilt. Die **südliche Zentral-Küste** ist insgesamt regenärmer als der Süden, dafür verteilen sich die Niederschläge gleichmäßiger und rücken jahreszeitlich nach hinten (September bis Januar). In den Küstenniederungen liegen die Temperaturen etwa wie im Süden.

Im **Zentralen Hochland** dauert die Trockenzeit länger an, etwa wie im Süden (Nov. bis April), während der es aber auch mal zu kurzen, heftigen Güssen kommen kann. Die Temperaturen liegen ganzjährig deutlich niedriger, mit milden („frühlingshaften") Wintern um 10–20 °C und möglichen Hitzewellen im Frühjahr und Sommer.

Die **nördliche Zentral-Küste** weist insgesamt höhere, aber unregelmäßigere Niederschlagsmengen auf, und man kann bereits zwischen warmen und kühlen Jahreszeiten unterscheiden. Zwischen Mai und August heiß und feucht wie im Süden, kann das Thermometer zwischen Dezember und Februar auch tagsüber unter 20 °C sinken. Hue gilt als eine der regenreichsten Städte des Landes (durchschnittliche jährliche Niederschlagsmenge ca. 3187 mm). Die jährliche Temperaturschwankung beträgt rund 10 °C, die niedrigste je in Hue gemessene Temperatur betrug 9 °C.

Als Besonderheit können im Küstenbereich **Taifune** (tropische Wirbelstürme) mit heftigen Regenfällen und Überschwemmungen auftreten, vor allem in der Zeit von Juli bis Oktober (an der Nordküste) bzw. Oktober bis Dezember (Südküste).

Flora

Wer einmal ein Tet-Fest in Vietnam miterlebt hat, wird das Land als ein einziges Blumenmeer in Erinnerung behalten. Die Vietnamesen lieben Pflanzen aller Art, ob sie ihnen unmittelbaren „Nutzen" bringen oder nicht. Beim Anflug auf Hanoi schweift der Blick meilenweit über monotone Agrarflächen, aus denen die Dörfer wie kleine, von Bambushecken eingefriedete botanische Gärten herausragen, durchzogen von den Grün-Oasen der Obstbäume und Gemüsebeete. Im Süden und im Zentrum umgeben meist schützende Palmenhaine und Kakteenhecken die Dörfer.

Ursprünglich waren mehr als **zwei Drittel** der Landfläche Vietnams mit **tropischem Wald** bedeckt, auf dem pro Quadratkilometer bis zu 150 verschiedene Baumarten stehen können (in Mitteleuropa entfallen auf die gleiche Fläche lediglich acht bis zehn Arten). Im Landesinneren herrschte immergrüner Regenwald vor, das komplexeste Ökosystem der Erde mit bis zu 50 m hohen Baumriesen, Hochplateaus und Küstengebirge waren von Laub abwerfenden Monsunwäldern bedeckt, und die nach dem Amazonasbecken gewaltigsten Mangrovenwälder der Welt schützten die Flachküsten vor den Urgewalten des Meeres. Der sagenhafte natürliche Reichtum des Landes an Edelhölzern, Gewürzen, Heilkräutern, Orchideen, Palmen, Bambus, Zuckerrohr und tropischen Früchten lockte zwei Jahrtausende lang Eroberer nach Vietnam.

Im vergangenen Jahrhundert hat sich der Waldbestand Vietnams drastisch re-

Der Ökozid der USA

Die Taktik der „verbrannten Erde" wurde schon von den Hunnen praktiziert – die planmäßige Vernichtung der Umwelt (Codename „Ranch Hand") als Teil der militärischen Strategie betrieben erst die Amerikaner in Vietnam.

Um Nachschub und Verstecke des Gegners zu enttarnen, „entfernten" die Amerikaner den Dschungel, der ihn schützte, um ihn seiner Grundlagen zu berauben, vernichteten sie die Reisernten, die Millionen ernährten. Zwischen 1961 und 1971 fielen über 76 Mio. l **Herbizide** auf das „befreundete" Südvietnam – allein die 40 Mio. l **Agent Orange** (neuere Studien sprechen von fast der doppelten Menge) enthielten 170 kg Dioxin, die giftigste Substanz, die auf der Welt bekannt ist (bei der Umweltkatastrophe von Seveso waren gerade 300 g freigesetzt worden). Das Gift ist noch heute, Jahrzehnte nach seinem Einsatz, im Erdboden und damit in der Nahrungskette und im menschlichen Körper nachweisbar. Mehr als 3 Mio. Menschen, darunter auch zahlreiche GIs, leiden noch heute an den Folgen. In Vietnam werden noch immer überdurchschnittlich viele Kinder mit Missbildungen geboren, Krebs (Haut-, Leber- und Gebärmutterkrebs), Nerven- und Immunkrankheiten sind unter der Bevölkerung mancher Regionen weit verbreitet.

Landstriche, die nicht vergiftet werden konnten, wurden mit **Napalm** verbrannt, danach von Bulldozern eingeebnet und mit schnell wachsenden Gräsern bepflanzt, die rasch entflammbar waren und Pflanzensprossen niederhielten (in Vietnam, z.B. in Cu Chi, noch heute „Amerikanisches Gras" genannt). Über die Regionen nördlich des 17. Breitengrads regneten mehr als 13 Mio. Tonnen Sprengstoff, etwa sechsmal so viel wie die Alliierten im Zweiten Weltkrieg auf das hochtechnisierte Deutschland abwarfen.

Agent-Orange-Opfer der dritten Generation

017vi PVT

duziert. Während 1945 noch 43 % der Landesfläche bewaldet war, ist der Bestand mittlerweile auf **unter 20 %** zurückgegangen, wobei der Anteil an Primärwäldern auf nur etwa ein Drittel geschätzt wird. Dennoch beherbergen Vietnams Wälder nach wie vor einen unschätzbaren **Reichtum** an verschiedenen Spezies. Mehr als 13.000 Pflanzen, davon über 7000 Großpflanzen, 800 Moosarten und über 600 Pilz- und Schwammarten wurden bisher bestimmt.

Einheimische Wissenschaftler schätzen, dass im amerikanischen **Vietnamkrieg** ca. 2,5 Mio. Hektar Waldland und über ein Fünftel der landwirtschaftlichen Fluren des Landes verloren gingen, als direktes Resultat der Bombenabwürfe, der Landrodung durch Panzer, des Einsatzes von Napalm und des Entlaubungsmittels Agent Orange. Nahezu ein Drittel des Landfläche (wenn auch nicht immer auf den ersten Blick erkennbar) gilt seitdem als Brachland, das nur noch zur Viehhaltung und zum Anbau bestimmter industrieller Kulturen Verwendung finden kann.

Jedoch führte auch der eigene **wirtschaftliche Wiederaufbau** Vietnams zur Zerstörung der Natur. In Ermangelung anderer Baustoffe griff man nach dem Ende des Krieges zwangsläufig auf das Holz zurück – für Millionen Vietnamesen noch heute die einzige Energiequelle. Bis 1987 ging durch Einschlag, Brandrodung, gewerbsmäßige Gewinnung von Feuerholz und Holzkohle sowie die Gewinnung neuer landwirtschaftlicher Ressourcen mindestens ebenso viel Wald verloren wie während des gesamten Krieges. Insgesamt wurde mehr als doppelt so viel Waldfläche abgeholzt, wie aufgeforstet wurde.

Ho Chi Minh hatte bereits 1955 die **Wiederaufforstung** als eine der vordringlichsten Aufgaben des neuen sozialistischen Staats bezeichnet, und bis heute werden jährlich 150–200.000 ha wiederaufgeforstet, die den fortgesetzten Verlust des Waldbestandes allerdings kaum wirklich aufhalten können. Außerdem mögen schnellwachsender Eukalyptus und Kiefern zwar der Bodenerosion entgegenwirken und Feuerholz liefern, das in Jahrhunderten gewachsene Ökosystem von Primärwäldern vermögen sie keinesfalls zu ersetzen. Zudem vernichten immer wieder **Naturkatastrophen** die gerade erst wiederaufgeforsteten Regionen – sei es durch die starken Monsunregen, sei es durch die aufgrund des immensen Waldverlusts bereits deutlich nachweisbaren **Klimaveränderungen,** deren Folgewirkungen (Dürreperioden, Überschwemmungen, Erosion) zunehmend mehr Landstriche verwüsten.

Fauna

Aufgrund der Längenausdehnung (mehr als 1600 km über 16 Breitengrade hinweg) und der äußerst unterschiedlichen klimatischen und geografischen Gegebenheiten zeichnet sich Vietnam durch eine extrem hohe und z.T. einzigartige Diversität an Tierarten und genetischen Ressourcen aus. Über 90 Arten werden zudem als endemisch eingestuft, d.h. sind ausschließlich in Vietnam zu finden. Von den 49 endemischen Vogelarten Indochinas z.B. hat Vietnam 33 (davon elf, die einzig und allein dort leben).

Die Schattenseiten des Sonnen-Kaffees

Kaffee kennt man in Vietnam, seit ihn die Franzosen im 19. Jh. einführten. Schwarz, stark, aromatisch, eher Genussmittel denn Alltagsgetränk (das ist in Vietnam traditionell der Tee).

Um 1992 begann Vietnam gezielt in das „braune Gold“ zu investieren – nach Erdöl gilt Kaffee als der meistgehandelte Rohstoff der Welt – und katapultierte sich binnen weniger als zehn Jahren vom Kleinverbraucher zum **zweitgrößten Kaffee-Produzenten der Welt** (nach Brasilien). Die Jahresproduktion beträgt plus/minus 1,85 Mio. Tonnen, von denen mehr als drei Viertel exportiert werden. Laut Prognosen wird das Marktvolumen des Kaffees 2028 voraussichtlich 2 Mrd. Euro erreichen, was einem jährlichen Wachstum von 7,59 % (2024–2028) entspricht.

Erfolgsgaranten sind die **idealen Anbaubedingungen** im Zentralen Hochland (intensive Sonneneinstrahlung, reiche Niederschläge), von Weltbank und IWF mitfinanzierte **staatliche Förderprogramme** und **Masse** statt Qualität: 99 % der Ernte bestehen aus der billigen, aber ertragreichen und widerstandsfähigen Sorte *Robusta*. (Die teurere Arabica macht das eigentliche Aroma im Kaffee aus, aber neue Dämpfungs- und Röstverfahren konnten die Unterschiede deutlich nivellieren.)

Der Kaffeeboom erschloss Hanoi wichtige Devisenquellen und schuf über 1,5 Mio. neue Arbeitsplätze, diente darüber hinaus aber auch als innenpolitisches Signal. Für den Löwenanteil der Produktion (etwa Zweidrittel) sorgen nicht staatseigene Firmen, sondern Privatunternehmen und mittelständische Betriebe und vor allem die **Minoritäten** des „politisch sensiblen“ Zentralen Hochlands, die – ungleich denen des Nordens – aufgrund ihrer Geschichte traditionell regimekritisch wenn nicht gar -feindlich eingestellt sind.

Vietnam ist heute der weltgrößte Exporteur der im Kongo entdeckten Sorte **„Robusta“**, die vor allem im Instantkaffee Verwendung findet. Gut 96 % der vietnamesischen Kaffeeproduktion macht die robuste Bohne aus. In rund 80 Länder der Welt exportiert Vietnam, 40 % der Produktion finden ihren Weg nach Europa. Dabei nimmt Deutschland allein rund 15 % (2021) der Ernte ab und ist damit der wichtigste Absatzmarkt für *Robusta* aus Vietnam.

Aber der **Klimawandel** schlägt heute deutlich durch: Die erhofften Regenfälle kommen nicht mehr unbedingt zur Regenzeit, sondern zu spät, zu früh, bleiben aus, oder es regnet schlicht zu viel. In der Folge gehen seit Jahren die Kaffee-Exporte, die eben zu einem großen Teil für

Sensationelle Entdeckungen von Spezies, die selbst in Vietnam bereits als ausgestorben galten, wurden nach 1990 vor allem in den entlegenen Regenwäldern des Hoang-Lien-Son-Gebirges im Nordwesten (Provinz Lai Chau) gemacht, wo seltene Arten lange beinahe im Verborgenen überleben konnten. 1994 entdeckte man in der Region von Vu Quang, in der Nähe der laotischen Grenze (Provinz Ha Tinh), eine bis dato völlig unbekannte Säugetierart, das sogenannte Vu-Quang-Wildrind, eine ziegen- bis hirschähnliche Huftiergattung mit langem, scharfem Gehörn.

den europäischen Markt bestimmt sind, zurück.

Dabei gilt die *Robusta*-Pflanze *(Coffea canephora)* als weniger anfällig für klimatische Veränderungen. Aber auch die sehr koffeinhaltige Bohne leidet unter den steigenden Temperaturen und den unregelmäßigen Regenfällen. Die *Robusta* ist nicht (mehr) so robust wie angenommen und nach aktuellen Studien sinken die Erträge ab einem bestimmten Hitzegrad überproportional.

Die Folge ist, dass die **Exportzahlen** seit Jahren **sinken:** 2018 wurden 1,88 Mio. Tonnen Kaffee ins Ausland verkauft, 2019 noch 1,61 Mio. und 2020 1,57 Mio. 2022 gingen die Zahlen noch weiter zurück auf 1,52 Mio.

Lösungen sind gefordert, und sowohl Regierungsstellen als auch Nichtregierungsorganisationen (NGOs) arbeiten daran, den vietnamesischen Kaffee und damit die ganze Kaffeeindustrie widerstandsfähiger und nachhaltiger zu machen. So startete beispielsweise das vietnamesische Landwirtschaftsministerium für die Jahre 2021–2025 ein Kaffee-Wiederbepflanzungsprojekt. Etwa 107.000 Hektar alte Sträucher sollen durch neue Sorten ersetzt werden, die resistenter gegen Schädlinge, Krankheiten und Klimaschwankungen sind – und die Verkaufszahlen sollen dank ihrer Widerstandsfähigkeit und Qualität wieder zu ungeahnten Höhen steigen.

Zu den bedeutendsten Arten zählen u.a. der asiatische Elefant, Tiger, Kouprey, Krokodile und Pythons. Anfang 2012 wurde erstmals eine Gruppe der äußerst raren Irrawaddy-Delfine in südvietnamesischen Gewässern gesichtet. Ein weiterer Meeressäuger, die Seegras fressenden Dugongs (Seekühe), sind um die Con-Dao-Inseln in einer kleinen Population anzutreffen. Die vier einheimischen Affenarten (mit zahlreichen Unterarten) sind die äußerst seltenen, teilweise erst im vorigen Jahrhundert entdeckten Languren sowie Makaken, Gibbons und die kleinen nachtaktiven Loris (www.khirireach.com).

Mit der Ausweisung von Schutzgebieten wurde in Vietnam gleich nach dem Ende der Kolonialzeit (1945) begonnen; in der Folge wurde 1962 der erste Nationalpark (Cuc Phuong) gegründet. Nachdem Vietnam 1994 dem Washingtoner Artenschutzabkommen beitrat, erarbeiteten Wissenschaftler des *WWF* zusammen mit dem vietnamesischen Forstministerium neue Entwicklungsprogramme, um die Überlebenschancen bedrohter Tierarten zu erhöhen. Heute verfügt Vietnam über mehr als 100 Naturschutzgebiete mit einer Gesamtfläche von über 15.000 Quadratkilometern, von denen bislang über ein Dutzend als Nationalparks ausgewiesen sind.

Der Handel mit bedrohten Arten ist zwar auch in Vietnam mittlerweile verboten, doch keiner kontrolliert so recht, was in die Kochtöpfe wandert oder über die Grenzen verschoben wird. Bärengallen, Schlangen, Tigerknochen, Vogelnester erzielen Höchstpreise und sind für Wilderer eine lukrative Einnahmequelle.

Die Küsten werden außer durch die zunehmende Ölförderung durch die polypenartig sich überall ausbreitenden Fisch- und Shrimps-Farmen (Antibiotika, Dünger, Pestizide) und die illegale Korallenförderung zur Herstellung von Zement gefährdet.

Seltene und bedrohte Tierarten

„Wilde Tiere werden Sie im Dschungel wohl kaum zu Gesicht bekommen", sagte ein Tourguide im Bus auf dem Weg zum Bach-Ma-Nationalpark in der Nähe von Hue, „wir haben alle gegessen." Da ist schon was dran: Immer noch werden in Vietnam bedrohte Tierarten als **Delikatessen, traditionelle Heilmittel** oder ausgefallene **Haustiere** gehandelt – und mit steigendem Wohlstand nicht selten auch als **Statussymbol.** Die Abholzung ihrer Lebensräume trägt ihr Übriges zum Verschwinden bei. Der Schutz von Tiger, Bär, Elefant & Co. ist zum Wettlauf mit der Zeit geworden.

Besonders schlimm steht es um Arten, die nur in Vietnam vorkommen und vom Aussterben bedroht sind. Darunter befinden sich fünf Primatenarten (Delacour-Langur, Cat-Ba-Langur, Östlicher Schwarzer Schopfgibbon, Tonkin-Stumpfnase und Nördlicher Weißwangen-Schopfgibbon), eine Schildkröte (Annam-Bachschildkröte), eine Vogelart (Edwardsfasan) und eine Wildrindart (Saola). Die folgende Liste ist nicht vollständig.

Für das **Java-Nashorn** ist es bereits zu spät: Das letzte seiner Art wurde 2010 im Cat-Tien-Nationalpark von Wilderern getötet. Rhino-Horn wird inzwischen u.a. aus Südafrika geschmuggelt. Vietnam und China gehören zu den größten Märkten. Das teure Horn wird nicht nur als traditionelles Heilmittel gegen Schmerzen und Fieber verwendet, sondern gilt auch als Statussymbol.

Der **Indochinesische Tiger** ist ein weiteres Schwergewicht, das man in Vietnam wahrscheinlich als ausgestorben bezeichnen muss. Vietnams letzte Tiger wurden vor einigen Jahren im Grenzgebiet zu Laos und Kambodscha vermutet, unter anderem in den Provinzen Kon Tum und Dak Lak. Der Bestand wurde auf höchstens 30 Tiere geschätzt. Mittlerweile bezweifeln Experten, dass überhaupt noch Tiger in Vietnam leben. Die Medizin, die aus Tigerknochen hergestellt wird, gilt als Wundermittel gegen Gelenk- und Knochenbeschwerden. Die Tiere werden aus Laos und Thailand nach Vietnam geschmuggelt, über gut organisierte kriminelle Netzwerke. Regelmäßig erfährt man aus vietnamesischen Medien von gefrorenen Tigerkadavern, die von der Polizei in Kofferräumen entdeckt wurden.

Weniger als 100 **Asiatische Elefanten** leben derzeit noch in Vietnams Wildnis – wohl das nächste große Tier, das in Vietnam von der Bildfläche verschwinden wird. Die Tiere gelten als geschützt, die Jagd auf sie ist schon lange verboten. Wilderei ihrer Stoßzähne wegen sowie

473vc

Schutzbedürftig: der Kleideraffe

die Abholzung der Wälder haben ihren Bestand in Vietnam jedoch weiter kritisch schrumpfen lassen. Die größte Population, rund 60 Exemplare, lebt im Yok-Don-Nationalpark in der Provinz Dak Lak. Im Jahr 2000 wurde ihr Bestand noch auf 150 Tiere geschätzt.

Das **Schuppentier (Pangolin),** ein dem Ameisenbären ähnliches insektenfressendes Säugetier, das aussieht wie ein übergroßer Tannenzapfen, wird in vietnamesischen Restaurants als Delikatesse angeboten und zudem ebenfalls zu traditioneller Medizin verarbeitet. Es ist mittlerweile auch vom Aussterben bedroht. Zwischen 2016 und 2021 konnten die Behörden in Vietnam 2156 Pangoline und 44.408 kg Schuppentier-Schuppen sichern.

Die **Jangtse-Riesenweichschildkröte** *(Rafetus swimhoei)* galt lange Zeit als nahezu ausgestorben, denn die Tiere wurden gejagt und ihre Eier beispielsweise als Heilmittel gegen Durchfall eingesetzt. Doch es besteht Hoffnung: Im Oktober 2020 fingen Wissenschaftler ein großes Exemplar im Dong-Mo-See.

Nur wenige Hundert Exemplare des **Kragenbären** (auch **Asiatischer Schwarzbär** oder **Mondbär** genannt) sollen in Vietnam noch in freier Wildbahn leben. Ihr Gallensaft gilt als Heilmittel. Insgesamt listet die *IUCN* die Tierart als gefährdet. Es besteht jedoch noch Hoffnung, dass sich die Bärenpopulation dereinst wieder erholt. Derzeit befinden sich in Vietnam und China noch gut 12.000 Kragenbären in sogenannten Gallenfarmen.

Das **Vu-Quang-Wildrind** oder Saola, auch „Asiatisches Einhorn" genannt, wurde erst vor „Kurzem" entdeckt (1994) und gilt als vom Aussterben bedroht. Ein sensationeller Fund, die sechste Großsäugetierart, die weltweit im 20. Jh. entdeckt wurde. Das Tier sieht aus wie eine Mini-Antilope. Sichtungen sind allerdings äußerst selten. Schätzungen zufolge leben noch ein paar Dutzend Exemplare im Bergdschungel an der Grenze zu Laos. Letztmalig wurde ein Wildrind im September 2013 durch eine *WWF*-Kamerafalle in Vietnam gesichtet.

474v aw

Delacour-Langur: Im Nationalpark Cuc Phuong haben deutsche Biologen die „Kurze-Hosen-Affen" wiederentdeckt, die bereits als ausgestorben galten. Die Anzahl der sich meist in Baumwipfeln aufhaltenden Tiere mit der markanten Schwarz-Weiß-Zeichnung wird auf unter 200 Exemplare geschätzt. Sie kommen ausschließlich in Vietnam vor.

Der **Handel** mit Produkten aus bedrohten Tierarten ist in Vietnam illegal. Bei Razzien werden geschützte Tiere von den Behörden konfisziert. Lebend gerettete Tiere werden in **Rettungszentren** untergebracht. Eine Wiederauswilderung ist nur in seltenen Fällen erfolgversprechend, zudem fehlt es an effektiv geschützten Lebensräumen; für die meisten Tiere, die den Wildtierschmuggel überlebt haben, stellen die Rettungszentren die Endstation dar.

Der Kragenbär im Rettungszentrum muss nicht mehr um seine Galle fürchten

Bevölkerung

Anders als in den meisten Ländern Asiens weist die Bevölkerung Vietnams eine **außergewöhnliche Homogenität** auf: fast 85 % aller Einwohner sind ethnische Vietnamesen, die politisch, sozial und kulturell auf eine lange gemeinsame Geschichte zurückblicken.

Die Reiskultur förderte frühzeitig Organisation und soziale Strukturen, engte den Siedlungsraum der Vietnamesen aber auch geografisch auf die Ebenen ein. Für ihren vielzitierten **„Marsch gen Süden"**, der ihnen nach und nach das hinduistische Champa (das heutige Zentralvietnam) und das zum Khmer-Reich gehörige Mekong-Delta einbrachte und mehr als einmal zum Beweis ihres „aggressiven Charakters" herhalten musste, benötigten die angeblich „von Natur aus kriegslüsternen" Vietnamesen mehr als sechs Jahrhunderte. Als sesshaftes Siedlervolk entwickelten sie eine geradezu kultische **Verehrung für die Ahnen und für das Land.** Nichts hat die Vietnamesen so geprägt wie seine ständige Verteidigung (unaufhörliche Kriege mit China), seine Verteilung (genossenschaftliche Sozialstrukturen versus Privatbesitz) und die schier endlose Suche nach Neuland (vom Marsch gen Süden bis zu den Emigrationswellen der jüngeren Vergangenheit).

Die ethnischen **Minderheiten** des Landes machen gut 13 % der Gesamtbevölkerung aus. Während die Muong aufgrund von Sitten, Gebräuchen und Sprachverwandtschaft als Zweig eines vietnamesischen „Urvolks" gelten, blicken die Bergvölker Zentralvietnams in der Mehrzahl auf malaiisch-polynesische, die des Nordens dagegen auf südchinesisch-mongolische Vorfahren zurück. Vornehmlich in Städten und Ballungszentren sind Chinesen ansässig und beherrschen wie überall in Südostasien Handel und Wirtschaft.

Die Vietnamesen (Kinh)

Die Kinh, wie sie sich selber nennen, entstammen einer jahrtausendealten Verschmelzung **austro-indonesischer Rassen,** die über das Meer kamen, mit **mongolischen Völkern,** die aus dem Norden zuwanderten.

Als die Chinesen Vietnam eroberten und kolonisierten, hatten seine Bewohner noch keine Schrift, aber bereits eine eigenständige Sprache, die sowohl südostasiatische (monotonisch, „Mon-Khmer") wie mongolische Elemente (variotonisch, „Thai") aufwies. Ihre Sitten und Gebräuche, wie Totemismus, Tätowierung, Betelkauen, Zähneschwärzen und Fruchtbarkeitsriten, teilten sie mit anderen Völkern Südostasiens, während ihre soziale Organisation eher auf ihre nordischen Vorfahren verwies.

Organisation und Gesellschaft. Die Vietnamesen sind zeit ihrer Geschichte von einer Zentralmacht regiert worden. Ein Jahrtausend lang von den chinesischen Besatzern, nach der Unabhängigkeit (938) vom Kaiser, in der Neuzeit von der französischen Kolonialmacht und ab 1954 (im Norden) bzw. 1975 (im ganzen Land) von der KP.

Im Prinzip kennen die Vietnamesen traditionell nur drei Formen der Ordnung und Organisation, **Familie, Dorf** und **Staat.** Die Familie bildet das Modell

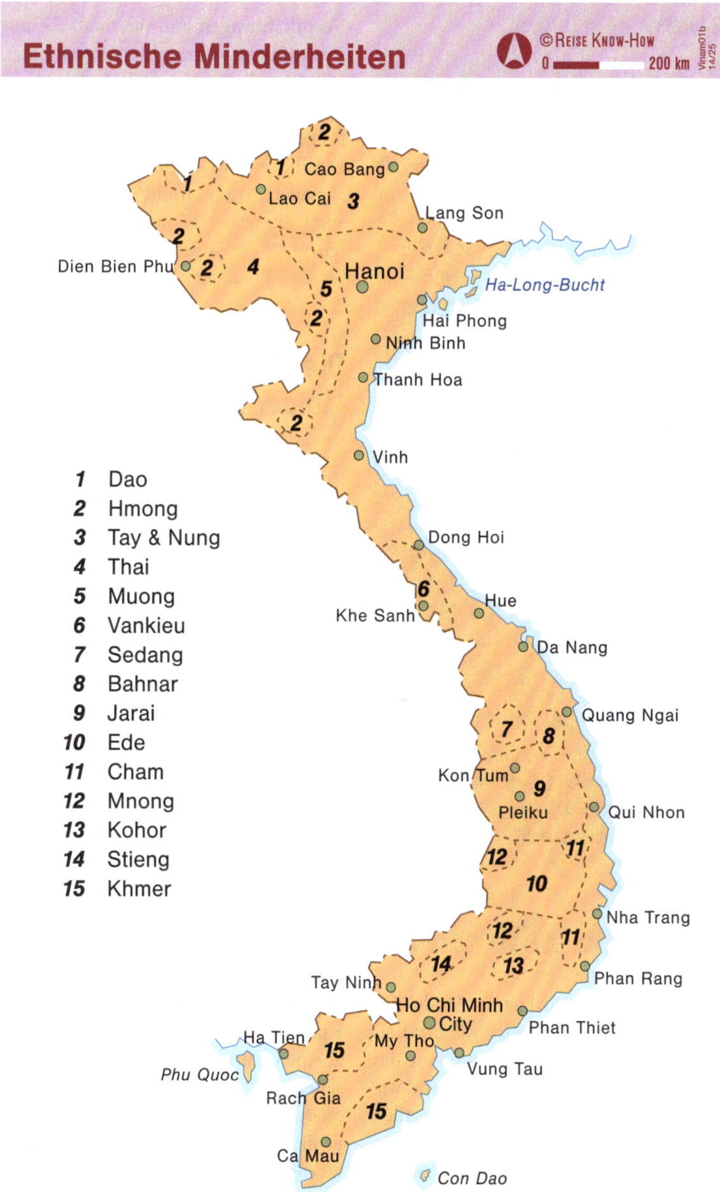
Ethnische Minderheiten
©Reise Know-How
0
200 km
Vinam01b 14/25
Cao Bang
Lao Cai
Lang Son
Dien Bien Phu
Hanoi
Ha-Long-Bucht
Hai Phong
Ninh Binh
Thanh Hoa
Vinh
Dong Hoi
Khe Sanh
Hue
Da Nang
Quang Ngai
Kon Tum
Pleiku
Qui Nhon
Nha Trang
Phan Rang
Tay Ninh
Ho Chi Minh City
Phan Thiet
Ha Tien
My Tho
Vung Tau
Phu Quoc
Rach Gia
Ca Mau
Con Dao
1 Dao
2 Hmong
3 Tay & Nung
4 Thai
5 Muong
6 Vankieu
7 Sedang
8 Bahnar
9 Jarai
10 Ede
11 Cham
12 Mnong
13 Kohor
14 Stieng
15 Khmer

Bevölkerung in Zahlen

Einwohnerzahl	1850	8,1 Mio.
	1910	13,2 Mio.
	1945	22,6 Mio.
	1960	30,1 Mio.
	1976	50,1 Mio.
	1983	57,2 Mio.
	1989	64,4 Mio.
	1991	70,1 Mio.
	1994	73,5 Mio.
	1997	76,5 Mio.
	2005	84 Mio.
	2012	91,5 Mio.
	2016	95,3 Mio.
	2017	96,1 Mio.
	2023	98,5 Mio.

Landbevölkerung	60,5 %
Stadtbevölkerung	39,5 %
Durchschnittsalter	31,9 Jahre
unter 14 Jahre	23,4 %
15–64 Jahre	68,7 %
über 65 Jahre	7,9 %
Lebenserwartung	75,8 Jahre
Zuwachsrate pro Jahr	1,53 %
Bevölkerungsdichte 1945	21 pro km²
Bevölkerungsdichte 2023	297,5 pro km²
Ethnische Vietnamesen (Kinh)	83 %
Landwirtschaft	33,1 %
Alphabetisierung	95,8 %

für das Dorf, das Dorf ist das Modell für den Staat. Und umgekehrt: wie der Kaiser (die Partei) dem Staat vorsteht, so das Familienoberhaupt der Familie, und wie der Vater für die Familie verantwortlich ist, so der Kaiser (die Partei) für das Volk. Das gesamte Dasein jedes Vietnamesen ist (horizontal) auf **gegenseitige Verpflichtungen** und (vertikal) auf **unumstößliche Hierarchien** ausgerichtet. Der Einzelne ist niemals Individuum, sondern in erster Linie Mitglied (mit festgelegten Rechten wie Pflichten) einer Familie, einer Dorfgemeinschaft, einer sozialen Gruppe und der Nation. (Die Vietnamesen, so könnte man sagen, hätten auf den Kommunismus gar nicht besser vorbereitet sein können.)

Die ethnischen Minderheiten

Abgesehen von **Chinesen** sowie **Khmer** und **Cham,** den letzten Abkömmlingen von Kulturen, die einst ganze Teile des Landes beherrschten, setzen sich die ethnischen Minoritäten Vietnams aus **Bergvölkern** *(montagnards)* zusammen, die im Bergland des Nordens und auf den Hochplateaus Zentralvietnams auf 65 % der Landfläche leben, insgesamt etwa 8 Mio Menschen. Im Wesentlichen lassen sie sich in vier Gruppen unterscheiden: die **mongolischen** und **sino-tibetischen** des Nordens, und die **malaiisch-polynesischen** und **Mon Khmer-Gruppen** des Zentralen Hochlands.

Die offizielle Statistik weist insgesamt **54 Völker** aus (einschließlich Vietnamesen und Chinesen). Aufgrund von Feldstudien weiß die Ethnologie jedoch schon seit geraumer Zeit, dass diese Klassifikation unzulänglich ist und vor allem zu kurz greift. Denn bei Licht gesehen sind die kulturellen Unterschiede zwischen einzelnen Stämmen der (angeblich) gleichen Ethnie oft sogar größer als die zwischen nominell unterschiedlichen ethnischen Gruppen. Eine neue,

018vi kb

und weitaus spezifischere Klassifikation ist überfällig, wird aber mit Sicherheit noch eine Weile auf sich warten lassen.

Manche dieser Völker leben schon seit Jahrtausenden in Vietnam wie die Muong, die als Zweig eines vietnamesischen „Urvolks" gelten, andere sind erst während der letzten Jahrhunderte eingewandert und siedeln nicht allein in Vietnam, sondern beiderseits der Grenzen zu China, Laos und Kambodscha und bis hin nach Nord-Thailand und Burma.

Die meisten sind weder ethnisch noch sprachlich miteinander verwandt, und jedes Volk – das sich wiederum in zahlreiche Untergruppen aufsplittert – hat seine eigenen Kultur- und Gesellschaftsformen. Manche leben schon seit Langem als sesshafte Bauern wie die Nung, andere sind Halbnomaden, wieder andere führen bis heute eine nomadische Existenz als Pferde- und Rinderzüchter.

Im Gegensatz zu den Vietnamesen, die nach chinesischem Vorbild in festen, ebenerdigen Häusern wohnen, bevorzugen die Bergstämme **hölzerne Pfahlbauten.**

Ihre **religiösen Vorstellungen** reichen von Magie, Animismus und Fetischismus (wie dem Glauben an unsichtbare Geister, die in Menschen eindringen und sich z.B. durch Kopf- oder Bauchschmerzen bemerkbar machen) über Geister- und Ahnenkulte bis zur Assimilation von Buddhismus und Katholizismus.

Rein äußerlich unterscheiden sich die Angehörigen der ethnischen Gruppen durch ihre unterschiedlichen **Trachten,** häufig in kräftigen Grundfarben mit geometrischen oder rituellen Mustern und ergänzt durch Schmuckgegenstände aus Silber, Elfenbein oder Perlmutt. Der geflochtene Tragekorb auf dem Rücken gehört fast zur Grundausstattung jedes Bergbewohners.

019vi kb

⌃ Thai-Mädchen bei Son La (Schwarze Thai)

› Muong-Frau bei Hoa Binh

Geschichte

Die Vietnamesen schenkten den Bergvölkern lange Zeit kaum Beachtung. So lange sie ihren Tribut entrichteten und sich am Kampf gegen fremde Eroberer beteiligten, ließ man sie weitgehend unbehelligt, und umgekehrt unternahmen die Bergvölker nur selten Versuche, in die Küstengebiete vorzudringen.

Gegenseitige Kontakte beschränkten sich so meist auf den Warenaustausch, Rinder, Pferde, Gewürze und Heilkräuter wechselten den Besitzer gegen Reis, Fisch und Salz. Auf diese Weise bewahrten die Bergstämme ihre ethnische Identität, auch wenn weder die Vietnamesen, für die sie pauschal *moi*, „Wilde", waren, noch die Kolonialisten, die sie als *montagnards* über einen Kamm scherten, sie jemals als rechtmäßige nationale Bevölkerungsgruppen ansahen.

Die alles in allem kluge und behutsame Minoritätenpolitik der frühen Kommunisten zahlte sich aus, als *Ho Chi Minh* viele von ihnen zur Zusammenarbeit mit der Widerstandsorganisation gewinnen konnte; besonders die Tay und die Nung spielten eine wichtige Rolle im Befreiungskampf. Während die DRV nach 1954 „Autonome Zonen" mit eigenem Wahlrecht einrichtete, verfolgte die Saigoner Regierung eine strikte „Missionierung" und „Vietnamisierung" der Bergvölker. Die Widerstandsbewegung FULRO („Front Unifié de la Lutte des Races Opprimées") im Zentralen Hochland, die sich ursprünglich gegen Franzosen und Amerikaner richtete, aber auch stets antikommunistisch blieb, war bis 1992 aktiv.

Minoritätenpolitik nach 1976. Seit der Wiedervereinigung wird eifrig am Mythos einer „vietnamesischen Nation unter Einschluss der Minderheiten" gewebt. Auch wenn den Minoritäten das Recht auf eine eigene Kultur garantiert bleibt, tendiert die Nationalitätenpolitik Hanois seitdem dazu, **„grundlegende Gleichheit"** zwischen den Völkern zu schaffen – was einerseits die offene Diskriminierung der Minderheiten ausschließt, andererseits die Gefahr birgt, durch graduelle Assimilation ethnische Besonderheiten und Anspruch auf eigene Lebensräume zu ignorieren.

Ebenso sind trotz gegenteiliger Garantien deutliche Bemühungen im Gange, die Minoritäten sowohl sprachlich wie kulturell in den vietnamesischen Staat zu integrieren. Die Kehrtwendung Hanois liegt vor allem darin begründet, dass fast alle landwirtschaftlichen Reserveflächen, Rohstoffvorkommen (Bodenschätze, Holz) und Anbauflächen für Exportprodukte (Kautschuk, Kaffee, Tee) im Siedlungsgebiet der Minderheiten liegen, deren Lebensraum daher dringend benötigt wird.

Die Auslandschinesen (Hoa)

Die ökonomisch und (bis 1980 auch zahlenmäßig) bedeutendste Minderheit sind die ethnischen Chinesen (Hoa), die zumeist schon seit mehreren Generationen in Vietnam leben, sich aber traditionell von der übrigen Bevölkerung abschotten und unter sich bleiben („Chinatowns"). Durch die Spannungen mit China zwischen 1976 und '79 sank ihre Zahl von einst 2–2,5 auf etwa 1,1 Mio. Die Mehrzahl lebt im Süden und vornehmlich in der ehemaligen Chinatown

Cho Lon bei Saigon. Seit dem wirtschaftlichen Aufschwung haben die Hoa dank ihrer weitverzweigten Geschäfts- und Verwandtschaftsbeziehungen mit Hongkong, Singapur, Festlandschina, Taiwan und den Überseechinesen in Kalifornien, Kanada, Australien schon annähernd wieder die ökonomische Vormachtstellung erreicht, die das sozialistische Regime ihnen nach 1976 mit allen Mitteln streitig zu machen suchte.

Geschichte

Seit der Unabhängigkeit im 10. Jh. ersuchten immer wieder politische Flüchtlinge aus China um Asyl in Vietnam. Eine der stärksten und einflussreichsten Einwanderungswellen gelangte im 17. Jh. nach dem Sturz der Ming-Dynastie ins Land. 1679 gründeten Ming-Flüchtlinge Cho Lon und besiedelten bis dahin unerschlossene Gebiete des Mekong-Deltas.

Die unterschiedlichen Emigrantengruppen organisierten sich in eigenständigen Sprach- und Herkunftsgesellschaften, sogenannten bang, die Steuer- und Polizeigewalt über ihre Mitglieder ausübten und Handel und Gewerbe unter sich aufteilten. Selbst zur Kolonialzeit lag der gesamte Reishandel z.B. fest in der Hand der Hokkien-Chinesen.

Der Zusammenbruch des Saigoner Regimes 1975 machte offenbar, dass die chinesische Bourgeoisie Cho Lons 100 % des Großhandels, 90 % des Import-Exports sowie 80 % der Nahrungsmittel-, Textil-, Maschinenbau-, Elektro- und Chemie-Industrie im Süden kontrollierte. Als Hanoi der Wirtschaftsmacht der Hoa mit bürokratischen Mitteln nicht Herr werden konnte, enteignete man 1978 die gesamte Privatwirtschaft (und damit die Mehrzahl der Chinesen). Dies führte zu einem Strom von Auswanderern und Wirtschaftsflüchtlingen, die weltweit als **Boat People** bekannt wurden (da sie nur auf diese Weise ihr Vermögen nach Übersee retten konnten, siehe unten) und zum endgültigen Bruch Chinas mit dem „undankbaren“ Vietnam.

Khmer und Cham

Die Khmer (vietn. Koh Me) sind, wie die Cham, Nachfahren von Völkern, die einst mehr als die Hälfte des heutigen vietnamesischen Territoriums beherrschten. Die vornehmlich im Mekong-Delta siedelnden Khmer stellen nach wie vor eine starke Minorität (ca. 1 Mio., darunter zahlreiche Flüchtlinge aus dem Pol-Pot-Kambodscha), während die Zahl der malaiisch-polynesischen Cham, deren hinduistische Königreiche dem Expansionsdrang der Vietnamesen jahrhundertelang widerstanden, auf knapp über 100.000 geschrumpft ist. Während die Khmer bis heute praktizierende Hinayana-Buddhisten sind (wie die Thai, aber ungleich den vietnamesischen Buddhisten, die sich zum Mahayana-Buddhismus bekennen), haben sich die Cham im Lauf der Jahrhunderte größtenteils zum Islam bekehrt.

Die Bergvölker des Nordens

Die meisten zählen zur Gruppe der **austro-asiatischen** Sprachfamilie, die sich wiederum in die Sprachgruppen der **Tay-Thai** (Tay, Thai, Nung, Giay, Lao, San Chay etc.), **Viet-Muong** (Muong, Tho, Chut), **Meo-Dao** (Hmong, Dao, Pha Then) usf. unterscheiden lassen. Zu grundlegend anderen Sprachfamilien gehören die **tibeto-burmesisch** sprechenden Tang (Cong, Ha Nhi, La Hu, Phu La, Si La, Lo Lo) vornehmlich im Nordwesten und die **Han** (chinesisch) sprechenden Ngai und San Diu im Nordosten.

Einige, wie die zugewanderten Tay und Nung oder die indigenen Muong, siedeln seit über 2000 Jahren in Vietnam, andere wanderten erst in den letzten Jahrhunderten ein. Großen und homogenen Völkern, die schon seit Langem sesshaft sind und sich an die vietnamesische Kultur angepasst haben, stehen andere gegenüber, die im Extremfall nur ein paar hundert Seelen zählen und ihre (halb)nomadische Existenz erst seit Kurzem – und oftmals unter Zwang – aufgegeben haben.

Im Gegensatz zu den Ethnien des Südens sind die des Nordens (mehr oder minder rigide) **patriarchalisch** ausgerichtet. Hochzeits-, Tauf- und Beerdigungsriten folgen bei vielen Völkern konfuzianischen Vorschriften. Jagen und Sammeln, zumindest als Haupternährungsquelle, ist für die meisten bereits Vergangenheit. Fast alle kultivieren Reis, Mais, Maniok, Süßkartoffeln, auch Obst (Aprikosen, Pfirsiche, Pfaumen, Orangen, Bananen), Tee, Tabak und Baumwolle, züchten Hühner, Schweine und Ziegen. Erst seit den 1990er-Jahren wird der Speisezettel zunehmend durch Gemüse (Gurken, Zwiebeln, Kürbisse etc.) bereichert.

Trachten

Anders als im Zentrum haben sich traditionelle Trachten und landesübliche Accessoires weitgehend erhalten. Die Kleidung ist meist äußerst fantasievoll und aus den unterschiedlichsten Materialien hergestellt, vom einfachen schwarzen oder indigofarbenen Baumwollstoff bis zum schweren, mit aufwendigen Stickereien verzierten Brokatgewebe. Die exakte Zuordnung fällt aber selbst Fachleuten oft nicht leicht – Farben, Muster, Stoffe, Kombinationen und Accessoires variieren traditionell von Region zu Region, ja selbst von Tal zu Tal. Eine zusätzliche Schwierigkeit besteht darin, dass die Ethnien ihre Stoffe heute oft nicht mehr selber weben, sondern auf dem Markt kaufen. Dadurch werden die ohnehin eklatanten Differenzen noch einmal verschärft – neue Farben, neue Stoffe, neue Kombinationen. Selbst viele Guides kennen sich nicht mehr aus.

Dem Laien bleiben meist nur oberflächliche Signale – die im Einzelfall nicht stimmen müssen. Faltenrock und Wadenwickel: **Hmong.** Schwarzer „Sarong“ mit bunter, hauteng geschnürter Bluse: **Thai.** Rasierte Brauen und Haaransätze: **Dao.** Ausnahmen bestätigen die Regel, sind aber häufig. Das Habit der Männer (Jäger und Sammler!) ist traditionsgemäß weitaus schlichter als das der Frauen: weite, dunkle Hose mit Hemd und Joppe, nur wenige farbige Attribute (Halstücher, Westen, Kopfbedeckung).

Im Detail → Kapitel „Bergland des Nordens“.

262vi kb

Die Bergvölker des Südens

Die Ethnien des Zentralen Hochlands (Tay Nguyen) unterscheiden sich von denen des Nordens durch ihre Verwurzelung in genuin **südostasiatischen** Sprachen, Sitten und Gebräuchen sowie durch ihre dunklere Hautfarbe und deutlich weniger ausgeprägten mongoliden Züge.

Zu unterscheiden ist zwischen den (kontinentalen) **Mon-Khmer**- und den (maritimen) **malaiisch-polynesischen** Gruppen. Die von der Küste kommenden malayo-polynesischen Jarai und Ede, entfernte Verwandte der Cham, besiedelten bereits vor unserer Zeitrechnung die fruchtbaren Plateaus, wo sie die Mon-Khmer sprechenden Ureinwohner vertrieben und sich ausbreiteten.

Die Minoritäten des **Tay Nguyen** tragen weitaus seltener – und wenn, weitaus weniger spektakuläre – Tracht als die Völker des Nordens und scheinen sich auch insgesamt von ihren Wurzeln weiter entfernt zu haben als jene – Erbe der französischen und amerikanischen Missionare (und ihrer willigen Saigoner Helfershelfer), die sie teilweise schon vor Generationen zu Katholizismus und Protestantismus bekehrten. Doch das ist oft nur ein dünner Firnis, unter dessen Oberfläche archaische und polytheistische Traditionen und Rituale weiter fortleben.

Die Mehrzahl der Völker ist matrilineal; Gatten werden von der Familie der Braut erwählt und leben in deren Haus; Kinder tragen den Namen der Mutter; Besitz wird an Töchter vererbt. Charakteristisch sind Langhäuser auf Pfählen und die bis zu 60–80 m langen Gemeinschaftshäuser *(rong* oder *buon)*, in denen Feste, Versammlungen und Zeremonien abgehalten werden, zudem die

⌃ Hmong auf der Leine

spektakulären Begräbnisstätten (mit Totenhäusern, Grabbeigaben, Holzskulpturen) und ihre Feste und ekstatische Musik (Gong-Festivals).

Im Detail → Kapitel „Zentrales Hochland".

Demografie

Als die Franzosen um 1860 ins Land kamen, lebten etwa **8 Mio.** Menschen in Vietnam, nach dem Krieg waren es 50, heute sind es rund **98,5 Mio.**

Die momentane Wachstumsrate von 1,53 % bedeutet, dass Vietnam jedes Jahr fast 1 Mio. Münder zusätzlich zu füttern hat – eine schwere Bürde für ein Land, in dem noch immer 33,1 % der Bevölkerung in der (ökonomisch gesehen) unprofitablen Landwirtschaft tätig sind. Gezielte Familienpolitik hat die Geburtenrate allerdings zuletzt deutlich gesenkt.

Urbanisierung

Als ein Volk von Reisbauern haben die Vietnamesen niemals eine **Stadtkultur** entwickelt. Als die Franzosen Vietnam Mitte des 19. Jh. kolonisierten, gab es nur eine einzige Stadt, die diesen Namen verdiente, nämlich Hanoi. Die heutigen Millionenstädte Ho Chi Minh City und Haiphong sind ebenso erst Gründungen der Franzosen wie etwa der Badeort Vung Tau, der Kurort Da Lat oder die Häfen Da Nang und Can Tho.

Dramatisch schwollen die Städte erst in den Jahren vor und während des **amerikanischen Krieges** an. Während die Amerikaner den Norden „in die Steinzeit" zurückbombardieren wollten, versuchten sie gleichzeitig, den Süden „vom Mittelalter ins 20. Jh." zu katapultieren. Die vorsätzliche Produktion von Flüchtlingsströmen zum Zweck reibungsloserer Kriegsführung entvölkerte ganze Landstriche während sie Militärbasen wie Da Nang, Bien Hoa, Qui Nhon, Cam Ranh und Nha Trang binnen wenigen Jahren auf das 10–20-fache ihrer ursprünglichen Größe anschwellen ließ. Nach dem Fall Saigons 1975 vegetierten 45 % aller Südvietnamesen (im Norden 18 %) in „urbanen Ballungsgebieten", einer beschönigenden Umschreibung für Slums und Shantytowns aus Pappe und Wellblech. Über 10 Mio. Menschen waren obdachlos, und das Grundnahrungsmittel Reis, das die Franzosen zuvor noch in alle Welt verscherbelt hatten, musste aus den USA (später aus der Sowjetunion) importiert werden.

Vietnams Statistiken berechnen administrative Großräume, nicht Städte in unserem Sinn – gut zu wissen, will man nicht angesichts von „Provinzhauptstädten mit 100.000 Einwohnern" an seinem Verstand zu zweifeln beginnen.

Boat People

Allein zwischen 1975 und 1982 verließen mehr als **1,5 Mio.** Menschen Vietnam. 150.000 zogen 1975 mit den letzten Amerikanern ab – Offiziere, Funktionäre und Beamte des Saigoner Regimes, die die Rache der Kommunisten fürchteten. 250.000 flüchteten 1978 nach China, nachdem Peking seine Landsleute aufgefordert hatte, Vietnam zu verlassen (nur Monate darauf fielen chinesische Truppen in Nordvietnam ein). Und mehr als eine halbe Million schiffte sich nach der Enteignung der Privatwirtschaft zwischen 1979 und 1982 in Boote ein. Dass die Mehrzahl der „Boat People" Wirtschaftsflüchtlinge chinesischer Abstammung waren, die diesen Weg wählen mussten, wollten sie ihre Kriegsvermögen und Spekulationsgewinne außer Landes bringen (damit aber die Piraten anlockten wie Honig die Bienen), macht ihren Exodus nicht weniger tragisch. Keiner weiß, wie viele die gefahrvolle Überfahrt nach Thailand, Malaysia, Indonesien oder Hongkong nicht überlebt haben – realistische Schätzungen schwanken zwischen 20 % und 40 %.

Als die Industrienationen sie nicht mehr als politische Flüchtlinge anerkannten und die umliegenden Länder sie gnadenlos abschoben bzw. in Lager sperrten, versiegte der Flüchtlingsstrom. Auch wenn Vietnam sich in einem umstrittenen (von der UNO mitfinanzierten) Repatriierungsabkommen verpflichtete, freiwillige Rückkehrer ohne Restriktionen wieder aufzunehmen und ihnen finanzielle Integrationshilfe zu gewähren, leben bis heute allein in der Volksrepublik China rund 300.000 Geflüchtete aus Vietnam.

Amerasier

American Asians, die illegitimen Sprösslinge von Vietnamesinnen und US-Soldaten, sind fast gänzlich von den Straßen der südvietnamesischen Städte verschwunden, auf denen sie lange Zeit als verachtete „Zeugen der Schande" hausten. Nachdem Washington den Con Lai und ihren Angehörigen die Ausreise auch ohne konkreten Vaterschaftsnachweis zugesagt hatte, sind die meisten von ihnen in die USA ausgereist. Ihre Zahl wird aus begreiflichen Gründen verschleiert (von beiden Seiten), Schätzungen gehen von 40–50.000 aus.

Exportarbeiter

Zur Zeit des **Zusammenbruchs des sozialistischen Blocks** befanden sich je etwa 20–30.000 Vietnamesen als „Gastarbeiter" in der Sowjetunion, ČSSR, DDR, Bulgarien, Libyen, Jordanien, Algerien, Irak. Im befreundeten Arbeiter- und Bauernstaat der DDR waren zwischen 1980 und 1990 rund 200.000 Vietnamesen tätig. Die westliche Presse berichtete mit Genugtuung („Arbeiterkontingente als Gegenleistung für Auslandsschulden"), unterschlug aber das eigentliche Problem, das sich angesichts von Millionen Billiglohnarbeitern weltweit kaum als „typisch sozialistisch" anprangern lässt. Heute leben rund 2,7 Mio. Vietnamesen ständig im Ausland, vor allem in den USA, in Kanada und Australien.

Der Export vietnamesischer Arbeitskräfte und „Kulis" war schon während der Kolonialzeit Tradition. Zu fragwürdiger Berühmtheit gelangte im Musical „South Pacific" die Tonkin-Bäuerin „Bloody Mary", die Schrumpfköpfe (!) an die GIs verkaufte. Während beider Weltkriege waren Zigtausende Vietnamesen gezwungen, für die Kolonialherren auf den Schlachtfeldern Europas und Nordafrikas zu kämpfen.

Geschichte

Die Geschichte der Vietnamesen ist von zwei deutlich voneinander unterschiedenen, ja gegensätzlichen Einflusssphären geprägt: der chinesischen und der indischen, dem Rationalismus und der Spiritualität. Mehr als tausend Jahre lang von den Chinesen in ihrem Stammland im Delta des Roten Flusses festgehalten und kolonisiert, befreiten sie sich erst im 10. Jh. von diesem Joch, benötigten aber noch einmal etliche Jahrhunderte, um sich nach Süden auszudehnen und zu der Nation zu werden, die sie heute sind.

Auf ihrem beschwerlichen „Marsch nach Süden“ stießen die Vietnamesen in die Tropen vor und verdrängten nacheinander die Kulturen der von Indien beeinflussten Cham und Khmer, die vor ihnen das heutige Zentral- und Südvietnam beherrscht hatten. Als sie 1674 zum ersten Mal den Ort erreichten, der heute Saigon heißt, blickten sie bereits auf eine mehr als 2000-jährige Geschichte zurück und waren seit über 700 Jahren eine unabhängige Nation.

Am Anfang war … der Reis

Der Reisanbau führt im „natürlich“ bewässerten Delta des Roten Flusses schon mehrere tausend Jahre vor unserer Zeitrechnung zu fester Ansiedlung und früher Organisation. Archäologische Funde belegen eine blühende Stammeskultur bereits zur frühen Bronzezeit. Maritime Ornamente wie Schiffe und Seevögel der bis zu 2 m hohen Bronzetrommeln von Dong Son, benannt nach ihrem Fundort im Norden Vietnams (ca. 700–300 v. Chr.), verweisen auf austropazifische Vorfahren, die über das Meer gekommen waren und sich im Delta des Roten Flusses mit tibetisch-mongolischen Einwanderern aus dem Norden vermischten. Der unversöhnliche Gegensatz zwischen **Wasser** und **Land,** Meer und Gebirge, Nord und Süd prägt nicht nur die Mythologie, sondern auch die Ursprünge der Vietnamesen von Anfang an. Sie selbst identifizieren die Dong-Son-Kultur der späten Bronzezeit mit den 18 Hung-Königen des legendären Reichs Van Lang (Land der Tätowierten).

Au Lac. *König An Duong Vuong* (257–207 v. Chr.) ist die erste historisch abgesicherte Figur der vietnamesischen Geschichte, aber alles, was man von ihm weiß, sind Legenden. Die Lac (abgeleitet von Lach, Deich) leben in losen **matriarchalischen** Dorfgemeinschaften, kultivieren mit Hilfe bronzener Sicheln und Pflugscharen Reis, halten Wasserbüffel, Hunde, Schweine und Hühner und pflegen wie alle indonesischen Völker (ganz im Gegensatz zu den Chinesen) Totemismus, Körpertätowierung und Betelkauen. Die Ruinen ihrer Hauptstadt, der Zitadelle Co Loa, sind noch heute bei Hanoi zu sehen.

Nam Viet. 207 v. Chr. erobert der abtrünnige chinesische General *Trieu Da* Südchina und das Delta des Roten Flusses und nennt sein von China unabhängiges Reich mit der Hauptstadt Canton Nam Yüeh oder „das Reich der Nicht-Chinesen im Süden“. „Yüeh“ (chin.) sprechen die Lac „Viet“ aus.

Tausend Jahre China

Während die Römer das Mittelmeer und halb Europa mit ihrer Pax Romana überziehen, weitet die Han-Dynastie ihre Machtsphäre über ganz Asien aus. Die Menschen am Roten Fluss haben noch keine Schrift, aber eine eigenständige Sprache, als Nam Viet **111 v.u.Z.** überrollt und als **Giao Chi,** „Land der Barfüßigen", nach und nach zu einer chinesischen Provinz domestiziert wird.

Fast 1000 Jahre lang setzen die Chinesen alles daran, den als „Barbaren" verachteten, aber auch als besonders rebellisch gefürchteten Viets ihre „überlegene Kultur und Zivilisation" aufzuzwingen. „Lose und unchinesische", da genuin südostasiatische Sitten und Gebräuche (wie Körpertätowierung, Betel-Kauen, Zähne-Schwärzen), die sich aus der ursprünglich **mutterrechtlichen Familienorganisation** der Viets ergeben und das rationale Ordnungs- und Gesellschaftssystem des Konfuzianismus immer wieder ins Wanken bringen, werden strengstens verfolgt und geahndet.

Als besonders schockierend empfinden die patriarchalisch erzogenen Chinesen die „freizügigen Sitten" der einheimischen Frauen. Als sich 39 n.u.Z. ausgerechnet zwei streitbare Schwestern auf Kriegselefanten (die **Hai Ba Trung**) an die Spitze des revoltierenden Lac-Adels stellen und die Besatzer zurückschlagen, greifen die Han energisch durch. *Trung Trac* und *Trung Nhi* ziehen es vor, sich in die Fluten des Roten Flusses stürzen, als den rachedurstigen Chinesen in die Hände zu fallen, und werden zu den **ersten Heldengestalten** der vietnamesischen Geschichte.

Die Namen Vietnams

Vietnam hat im Lauf seiner jahrtausendelangen Geschichte viele Namen besessen. Der Name „Vietnam" selbst findet erst seit weniger als 200 Jahren Verwendung.

- **Van Lang** („Land der Tätowierten"). Das Reich der mythischen Hung-Könige (Hung Vuong) fällt in die Bronzezeit und die Dong-Son-Kultur um 700–257 v. Chr.
- **Au Lac** (257–207 v. Chr.). Übergang zur Eisenzeit. Die Vietnamesen bezeichnen sich als Lac (abgeleitet von lach, „Deich"). Hauptstadt ist Co Loa, dessen Überreste noch heute bei Hanoi zu sehen sind.
- **Nam Viet** (207–111 v. Chr.). Souveränes Reich, das das Delta des Roten Flusses und das heutige Südchina umfasst; Yüeh oder Viet heißen „die Nicht-Chinesen im Süden".
- **Giao Chi** („Land der Barfüßigen"). Ab 111 v. Chr. Name der chinesischen Kolonie. Verballhornt zu „Cochinchine", bezeichnete es unter den Franzosen den heutigen Süden, den die Vietnamesen erst im 17./18. Jh. besiedelten.
- **An Nam** („Befriedeter Süden"). Chinesischer Name nach der Gebietsreform 679. Bezeichnete unter den Franzosen das heutige Zentral-Vietnam.
- **Dai Viet** („Großes Viet"), zeitweise auch Dai Co Viet. Der erste Name des unabhängigen Kaiserreichs hatte von 939 bis 1802 Bestand. Ab 1009 Hauptstadt Thang Long („Aufsteigender Drache"), das spätere Hanoi.
- **Viet Nam.** *Gia Long,* Gründer der letzten Dynastie (1802–1945), nannte sein Reich „Viet Nam" in Anlehnung an das chinesische Nam Viet vor 2000 Jahren.

„Wir haben ihnen beigebracht, wie man die Felder bestellt, Schulen errichtet und ihnen gezeigt, wie man ordnungsgemäß heiratet. Was aber passiert? Die Familienoberhäupter rufen noch immer zu wilden und zügellosen Festen auf, bei denen die Jungen und Mädchen sich in Scharen in die Büsche schlagen und Mann und Frau werden, ohne dass die Eltern das Geringste zu sagen hätten. Kurz gesagt, die Menschen hier sind wie die Wanzen."

(Aus dem Bericht eines chinesischen Mandarins, um 200 n. Chr.)

Während nach und nach eine **sino-vietnamesische** Oberschicht aus Beamten und halbfeudalen Landbesitzern entsteht, die chinesisch spricht, lebt und sich kleidet, widersetzt sich die Masse der Bevölkerung, das **Bauerntum,** hartnäckig jedem Bemühen um „Zivilisierung" und hält unbeirrt an Sprache, Sitten und Gebräuchen der Vorfahren fest.

In der Folge sich ausdehnender Handelsbeziehungen – an der Küste von Giao Chi werden Waren aus Indien, Java, den Philippinen, Ägypten, Syrien, Alexandria und Rom umgeschlagen und Elfenbein, Gold, Silber, Perlen, Schildpatt, Seide und Gewürze exportiert – kommt gegen **Ende des 2. Jh.** teils über China, teils auf dem Seeweg aus Indien, auch der **Buddhismus** ins Land. Als Gegenpol zur Strenge und „Wissenschaftlichkeit" des Konfuzianismus der herrschenden Klassen gewinnt der „sanfte, in sich gekehrte" Buddhismus rasch Anhänger und gewinnt in Verbindung mit traditionellen Ahnen- und Geisterkulten die Rolle einer heimlichen Opposition. Etwa zur gleichen Zeit etabliert sich südlich des Wolkenpasses ein hinduistischer Staat, das spätere **Champa.**

Als die Chinesen ihre Kolonie im **7. Jh.** in **An Nam** umbenennen, was soviel heißt wie „Befriedeter Süden", bleibt dies ein frommer Wunsch: die **Aufstände** der zunehmend landlosen und entrechteten Einwohner nehmen nur noch weiter zu. Attacken der Javanesen (Blütezeit von Borobodur) und Übergriffe der Cham wechseln einander ab und Mitte des 9. Jh. fallen die Nan Chao aus dem südchinesischen Yunnan ins Land (während andere Zweige dieses Volkes die ersten Königreiche Siams errichten).

939 gelingt es endlich es dem Provinzfürsten **Ngo Quyen,** die Chinesen zu vertreiben. Er lockt die schweren Kriegsdschunken der chinesischen Armada in das mit spitzen, eisenbewehrten Pfählen präparierte Mündungsgebiet des **Bach Dang**-Flusses; als der Feind bei weichender Flut den Hinterhalt entdeckt, sitzen seine Schiffe manövierunfähig fest und sind den Angriffen der Vietnamesen schutzlos ausgeliefert. Ngo Quyen wird der erste Herrscher eines unabhängigen Vietnam.

Das Kaiserreich Dai Viet (939–1672)

Das Reich steht von Anfang an vor einem Dilemma. **Chinesische Zivilisation** (konfuzianisch-patriarchalisch) als Machtinstrument der einheimischen Herrscher – militärisch wie ökonomisch vonnöten, das Land vor einer Aufsplitte-

› Trung-Schwestern, historische Darstellung

rung in autonome Fürstentümer zu bewahren – und **vietnamesisches Erbe** (südostasiatisch-matriarchalisch, mit einer starken Hinwendung zum Buddhismus) liegen in einem permanenten und letztlich unlösbaren Konflikt miteinander. Der Balanceakt führt zu einem jahrhundertelangen Machtkampf zwischen Zentralmacht und Aristokratie, der das Land je nach Stärke der Dynastie und ihrer Protagonisten mal zu einer beispiellosen kulturellen und humanistischen Blüte führt und mal in Anarchie und Chaos eines „finstersten Mittelalters“ stürzt.

Ly-Dynastie (1010–1224)

Mit dem heutigen Vietnam hat das Reich der ersten vietnamesischen Herrscherdynastie, die 1010 unter **Ly Thai To** die neue Hauptstadt **Thang Long (Hanoi)** begründet, noch wenig gemein: der Machtbereich der Viets geht kaum über das Delta des Roten Flusses hinaus. Eingekesselt im Norden von China, das weiterhin eine ständige Bedrohung des jungen Staates bildet, im Westen von undurchdringlichen Dschungeln und Bergen (Laos) und im Osten vom Pazifischen Ozean, bleibt für eine Expansion nur der Süden, wo mit dem hinduistischen Königreich Champa ein weiterer mächtiger Feind lauert.

Unter den Ly-Kaisern, die 1070 die erste Universität des Landes (Van Mieu, Literaturtempel) ins Leben rufen, erlebt der **Buddhismus** seine Blütezeit in Vietnam (während er in China unerbittlich verfolgt und nahezu ausgelöscht wird). Gleichzeitig fördern die *Ly* aus Staatsraison weiterhin **Konfuzianismus** und Mandarinat. Als die zunehmend heikle

Balance zwischen den Einflusssphären und den Interessen der Bauern und landbesitzenden Eliten zerbricht, hat das Herrscherhaus verspielt. Das Ende der Dynastie, die nach konfuzianischem Dogma „das Mandat des Himmels" verloren hat, besteht aus einem grandiosen Gemetzel, das jedes *Shakespeare*-Drama verblassen lässt.

„Eine leidenschaftliche und barbarische Welt. Die vietnamesischen Chronisten erzählen von erzwungenen Abdankungen, ermordeten Kinderkaisern, gewaltsam vermählten Prinzessinnen, von unversöhnlichen Kämpfen feindlicher Brüder, hingemetzelten Dynastien, Rivalität und Thronraub. Und im Hintergrund das Heer der Bauern, stets bereite Aufrührer im Dienste eines Ehrgeizigen, der gegen die bestehende Macht zu Felde zieht."

(Jean Chesneaux)

Tran-Dynastie (1224–1400)

Die konfuzianischen Literatur-Prüfungen, die zu Staatsdienst und Mandarinat berechtigen, werden demokratisiert, und Tausende durchgefallener Prüflinge, die als Privatlehrer und Gelehrte in ihre Dörfer zurückkehren, sorgen für ein **Bildungsniveau,** das in der damaligen Welt seinesgleichen sucht. Andererseits spitzt sich der Konflikt zwischen Buddhismus und Konfuzianismus, Großgrundbesitz und Zentralstaat immer mehr zu einem unversöhnlichen Machtkampf zu, mit Aristokratie und buddhistischen Klöstern auf der einen und Kaiserhaus und Mandarinat auf der anderen Seite.

Dank des genialen Schlachtenlenkers **Tran Hung Dao,** der Mitte des 13. Jh. im Lauf eines „Dreißigjährigen Krieges" gleich dreimal den Ansturm der Mongolen *Kublai Khans* abwehrt, ehe er sie – nach dem Vorbild *Ngo Quyens* – **1288** in der „Speerfalle" am Bach-Dang-Fluss endgültig zurückschlägt, wahrt Dai Viet seine Unabhängigkeit, kommt aber nie wirklich zur Ruhe.

Unaufhörliche Kriege mit den Cham verschieben die Grenze im Süden zeitweise bis auf die Höhe des heutigen Da Nang. Andererseits dringen die **Cham** zum wiederholten Male bis ins Delta ein und besetzen und plündern Hanoi. Die Unzufriedenheit wächst, und erneut verliert eine Dynastie ihre Legitimität. 1394 massakriert der Mandarin *Ho Qui Ly* die Herrscherfamilie und krönt sich zum Kaiser.

Chinesisches Intermezzo (1408–1428)

1408 marschieren Truppen der Ming-Dynastie ein und machen Dai Viet wieder zu einer chinesischen Provinz. Um jede Erinnerung an vietnamesische Identität und Geschichte ein für allemal zu tilgen, brandschatzen die *Ming* sämtliche Archive und Bibliotheken und stellen alle Manifestationen einheimischer Kultur und Tradition unter strengste Strafen. Gemäß einer Volkszählung leben 3 Mio. Viets und 2 Mio. Angehörige von Bergstämmen im Land, das zu dieser Zeit bis zum Wolkenpass reicht.

⊡ Konfuzius im Hanoier Literaturtempel

Le Loi

Nach jahrelangen Guerilla-Aktionen gelingt es dem wohlhabenden Grundbesitzer **Le Loi** unter Mithilfe seines genialen Chefstrategen, dem Dichter **Nguyen Trai,** eine schlagkräftige Bauernarmee aufzustellen und die Chinesen 1428 wieder zu vertreiben.

Als **Kaiser Le Thai To** baut Le Loi ohne Rücksicht auf Verluste jene zentralistische, konfuzianisch dominierte **Staatsmonarchie** auf, wie sie noch bis zur Ankunft der Franzosen fortbestehen sollte. Ohne Unterstützung oder Vermittlung durch eine verbindende Religionsgemeinschaft oder erbliche Aristokratie herrscht der Kaiser an der Spitze einer leistungsbezogenen und im Prinzip jederzeit ersetzbaren Hierarchie von Beamten und Bürokraten (Mandarinen). Im Idealfall wie ein Vater über seine Familie, im weniger idealen Fall wie ein despotischer Familientyrann.

Die **Le-Dynastie** herrscht nominell 360 Jahre, von 1428 bis 1788, über Dai Viet, wird aber de facto bereits nach 100 Jahren (1527) entmachtet.

Le Than Ton

Unter dem vierten Kaiser der Le-Dynastie, der **1460–1497** regiert, erreicht die konfuzianische Staatsbürokratie in Vietnam ihren **Höhepunkt.** Monarchie, Mandarinat und patriarchalische Familienstruktur werden weiter ausgebaut, daneben aber demokratische Reformen und das Wiederaufleben einheimischer Traditionen in die Wege geleitet. Amtssprache bleibt Chinesisch, doch die Volksschrift Chu Nom, die der Kaiser durch eine Dichterakademie fördert, gewinnt immer mehr Anhänger. Ein progressives Gesetzeswerk stellt die Rechte des Einzelnen und vor allem der Frau wieder mehr in den Vordergrund – konträr zu China und der eigenen Staatsideologie, aber in Übereinstimmung mit vietnamesischen Traditionen (Recht auf Besitz und Erbfolge für Frauen, Scheidungsrecht, Gültigkeit von Ehen ohne Zustimmung der Familien etc.).

Bereits unter seinen Nachfolgern werden die **systembedingten Schwächen** der vietnamesischen Monarchie wieder offenbar. Eine zu starke Zentralregierung tendiert zum Stillstand, da sie eine unflexible Beamtenschaft konformistischer Jasager erzeugt, eine zu schwache fördert Anarchie und lokale Rebellionen allmächtiger Provinzfürsten. Das auf Perfektion (oder konfuzianisch ausgedrückt: Harmonie) beruhende System bedarf perfekter Zeiten, um zu funktionieren – und die werden immer rarer.

517vco

Der Marsch nach Süden

Aller internen Probleme zum Trotz erweisen sich die Dynamik und relative Fortschrittlichkeit des vietnamesischen Systems allen Nachbarn im Süden als klar überlegen. Zur Zeit der „aufgeklärten" frühen Le-Herrscher fällt das von hinduistischem Gottkönigtum durchdrungene **Khmer-Reich** von Angkor seiner eigenen Dekadenz zum Opfer und hält das indisch orientierte **Champa** dem wachsenden Expansionsdrang Hanois nicht länger stand. Als die Vietnamesen 1471 unter Kaiser *Le Thanh Ton* Vijaya, die letzte Hauptstadt der Cham, erobern, ändert sich der Lauf ihrer Geschichte radikal. Aus einem kleinen, traditionell nach Norden ausgerichteten Feudalstaat im Schatten Chinas wird eine mächtige Nation Südostasiens werden.

Zunächst aber zerreißen **Bürgerkriege** das Land. Nach einem Umsturz im Jahre 1527 verhelfen zwei „kaisertreue" Fürstengeschlechter dem ins Exil geflüchteten Le wieder zum Thron, bekriegen sich danach aber gegenseitig, um die eigentliche Herrschaft an sich zu reißen. Die siegreichen *Trinh* erben Hof und Armee in **Hanoi,** die unterlegenen **Nguyen** rufen 1620 im „unzivilisierten" Süden einen Gegen-Staat mit der Hauptstadt **Hue** aus.

East meets West I

Auf der Suche nach dem sagenhaft reichen China *Marco Polos* tauchen **1535** die **Portugiesen** vor der Küste Vietnams auf. Sie errichten in Faifo (dem heutigen **Hoi An**) eine Handelsniederlassung und mischen sich auf Seiten der Nguyen gewinnbringend in den Bürgerkrieg ein (Forts und Kanonen gegen Gold, Seide, Elfenbein und Gewürze).

Die erste Berührung mit Europa und der wachsende Zustrom christlicher **Missionare** die den Händlern auf dem Fuße folgen, löst in der homogenen konfuzianischen Gesellschaft schwere Spannungen aus. So überlegen das rationale und „aufgeklärte" sino-vietnamesische System sich gegenüber der auf Angst und Sklaverei gegründeten Sozialordnung der hindustischen Nachbarn erwies, so unterlegen erweist es sich gegenüber dem christlich-humanistisch verbrämten Imperialismus der europäischen Eroberer.

1627 entwickelt der französische Jesuit **Alexandre de Rhodes** das Quoc Ngu, das in romanische Schrift übertragene Vietnamesisch mit den Betonungs-Akzenten, wie sie noch heute üblich sind, und publiziert ein vietnamesisches Wörterbuch.

Zwei Reiche (1672–1802)

Die Fürstentümer der **Trinh** im Norden und der **Nguyen** im Süden beanspruchen beide, das „rechtmäßige" Reich zu verkörpern, und gehen von dem gleichen System aus, entwickeln sich aber im Laufe der Zeit immer weiter auseinander.

Im **Norden** führen Schwäche und „Illegitimität" der Trinh zu einem fortgesetzten Verfall zentraler Autorität. Prunk und Luxus am Hof von Hanoi, von dem selbst europäische Augenzeugen beeindruckt sind, stehen in Kontrast zu Korruption und Machtmissbrauch, sodass Bauernrevolten und Mandarinatsintrigen einander abwechseln und zeitweise Staaten innerhalb des Staats entstehen.

Die Nguyen im **Süden** eignen sich zwischen 1620 und 1670 vollends das Terrain der Cham an und stoßen weiter in das Gebiet der Khmer vor, die im fruchtbaren, aber sumpfigen Mekong-Delta siedeln. Pioniergeist und Aufbruchsstimmung stehen Anarchie und Gesetzlosigkeit gegenüber. Die große **historische Chance** – Erschließung ungeahnter Landmassen, kosmopolitischer Kontakt mit dem Westen, „Blutauffrischung" durch Assimilation von Cham- und Khmer-Kultur – bleibt nicht nur ungenutzt, sondern der Hof von Hue wetteifert so lange in Prunk und Pomp mit dem Rivalen Hanoi, bis ihn auch dessen Probleme einholen. Der ständigen Steuern und Wehrdienste, der privaten Landaneignung und der Gesetzlosigkeit müde, erheben sich die Bauern.

Die Tay-Son-Revolte (1771–1802)

Die nach dem Herkunftsort der Brüder *Nguyen*, der Führer der Bauernaufstände im Süden, benannte Revolte erfasst in Windeseile das gesamte Land. 1775 nehmen die Aufständischen Hue und elf Jahre später Hanoi. Die *Nguyen*, ursprünglich Händler und Kaufleute, setzen die Familie *Le* wieder in ihre Rechte ein, doch als die alte Herrschersippe mit dem Erzfeind China paktiert, besteigt der jüngste der Brüder, *Nguyen Hue*, kurzentschlossen den Thron von Hanoi.

In seiner kurzen Regierungszeit als **Kaiser Quang Trung** (1789–1792) schafft *Nguyen Hue* die feudale chinesische Sprache ab und fördert Handel, Handwerk und Kleinindustrie (Minen, Bergwerke, Werften, Papierfabriken), „vergisst" darüber aber seine einstigen Verbündeten, die Bauern, die vergeblich auf eine Neuverteilung von Grund und Boden warten. Nach seinem frühen Tod droht das Reich von Neuem zu zerfallen.

East meets West II

1775 rettet der französische Bischof *Béhaine de Pigneau* in einem Akt wohlberechneter christlicher Nächstenliebe den jungen Prinzen **Nguyen Anh** vor den Tay-Son-Rebellen und schifft sich mit dessen kleinem Sohn nach Frankreich ein, um *Louis XVI* zu einer Intervention zugunsten seines Schützlings zu überreden. Nach dem Scheitern seiner Bemühungen rüstet der wackere Gottesmann mit Hilfe interessierter Spekulanten höchstselbst eine Flotte von Abenteurern, Deserteuren und siamesischen Söldnern aus und nimmt Kurs auf Vietnam zurück.

Während im Norden der Bürger *Nguyen Hue* als *Kaiser Quang Trung* ein letztes Mal eine Invasion der Chinesen verhindert, erobert der Prinz *Nguyen Anh* **1789,** dem Jahr der französischen Revolution, mithilfe seines Gönners den Süden zurück. Der wackere Gottesmann darf noch miterleben, wie sein Prinz den Thron besteigt und **1802** als **Gia Long** die letzte vietnamesische Kaiser-Dynastie begründet, aber sein Ziele hat er trotzdem nicht erreicht. Weder hat er den orientalischen Kaiser zum „wahren Glauben" noch Paris zum militärischen Schutz der Missionare in Vietnam bekehrt.

„Indochina“

Anfang des 19. Jh. als rein **geografischer Terminus** eingeführt, wird der Begriff **1887** zu einer ebenso absurden wie folgenschweren **politischen Realität.** Vietnam, Laos und Kambodscha – drei Länder, die weder ethnisch noch historisch oder kulturell das Geringste miteinander gemein haben – werden von den Franzosen willkürlich zu einer Einheit zusammengezwungen, während Vietnam selbst zur gleichen Zeit in drei Teile zerstückelt wird.

Der ökonomisch ergiebige **Süden** mit Saigon und dem Mekong-Delta wird **Kolonie Cochinchina.** Der an Bodenschätzen reiche **Norden** mit Hanoi und Haiphong **Protektorat Tonkin.** Und das für die Franzosen politisch wie wirtschaftlich uninteressante **Zentrum** (damit keine „Lücke“ entsteht) **Protektorat Annam.**

Die apostrophierte „Einheit“ Indochinas führt zu einer eindeutigeren **Vorrangstellung Vietnams** in der Region als je zuvor. Die rassistischen Kolonisten bevölkern die Nachbarländer gezielt mit den „zivilisierteren“ (hellhäutigeren) Vietnamesen, die sie den „ungebildeten Eingeborenen“ von Laos und Kambodscha als Siedler und Verwalter vor die Nase setzen. Als ein halbes Jahrhundert später Moskau die Umbenennung der gerade gegründeten KPV in KP Indochina verfügt (1930), zementiert ironischerweise ausgerechnet die **Kommunistische Internationale** den folgenschweren Fauxpas des „Klassenfeindes“. Vietnamesen in Laos und Kambodscha bilden zeitweise gleichzeitig Administration (als Helfershelfer der Kolonialherren) wie Opposition (als kommunistische Guerilla) – eine **schizophrene Situation,** aus der sich ein halbes Jahrhundert darauf der „erste Bruderkrieg zwischen sozialistischen Staaten“ und der „Kambodscha-Konflikt“ entwickelten.

Das Kaiserreich Viet Nam (1802–1883)

1802 erhält das nach langen Wirren wiedervereinigte Reich zum ersten Mal in seiner Geschichte seinen heutigen Namen. Hauptstadt wird Hue, die Heimat des *Nguyen*-Clans – scheinbar ideal mitten im Zentrum des Landes gelegen, von den tatsächlichen Zentren des Geschehens, Hanoi und dem aufstrebenden Saigon, aber eher gleich weit entfernt.

Gia Long (1802–1820)

Gia Long (ein Kunstname, zusammengesetzt aus „Gia Dinh“, Saigon, und „Thang Long“, Hanoi) ist der erste Monarch, der Vietnam von der chinesischen Grenze bis zum Golf von Siam regiert. Seiner „Aufgeklärtheit“ und den französischen Beratern zum Trotz etabliert er nach überliefertem konfuzianischen Muster von Neuem den **traditionellen Staat** seiner Vorväter mitsamt absoluter Monarchie und feudalem Chinesisch als Amts- und Hofsprache. Abertausende Zimmerleute, Holzschnitzer und Zwangsarbeiter werden rekrutiert, um das kleine Provinznest Hue in eine prunkvolle Residenz zu verwandeln, die sich seinen Vorstellungen nach mit Peking messen soll. Straßen und Kurierstationen durchziehen sein Reich von Norden nach Süden, und jeder größere Ort erhält eine Zitadelle.

„Als vor der Küste des Kaiserreichs Vietnam das erste Dampfschiff aus Europa auftauchte, sperrte sich der örtliche Gouverneur, ein hochgelehrter Mandarin, in seine Bibliothek ein, vertiefte sich in die Schriften des Konfuzius, schloss daraus messerscharf, es könne sich nur um einen Drachen handeln, und ging beruhigt seinem Tagewerk nach."

(*Frances Fitzgerald,*
„Fire in the Lake", 1972)

Minh Mang (1820–1842)

Der Rückzug des überzeugten Traditionalisten in **konfuzianische Orthodoxie** und „glorreiche Vergangenheit" führt angesichts des neuerwachten Kolonialstrebens der Europäer fast zwangsläufig zur Katastrophe. Das im Lauf der Jahrhunderte erstarrte System führt zum endgültigen Riss zwischen Zentralmacht und Bauerntum. Während der Hof in Pomp und selbstgefälligem Ritus erstarrt, verfällt die traditionelle Autonomie des vietnamesischen Dorfes mehr und mehr zu einer trügerischen „Idylle", einem Bollwerk nicht nur gegen selbstgefällige Großgrundbesitzer und Mandarine, sondern gegen „Außenwelt" schlechthin. Die beinahe tragikomischen Bemühungen *Minh Mangs,* das Volk seinem Staat anzupassen, reichen wie bei den Han vor 2000 Jahren bis zu strikten Festtagsverboten und Kleiderverordnungen (Frauen dürfen keine Röcke tragen!), erregen aber nur mehr die resignierte Spottlust oder den Zorn seiner Untertanen.

Tu Duc (1847–1883)

Die außergewöhnlich lange Regierungszeit des Schöngeistes *Tu Duc,* der trotz aller Bemühungen kinderlos bleibt, füllt wie schicksalshaft exakt die Zeitspanne aus, die die nicht einmal sonderlich engagierten Franzosen benötigen, das desolate und in die widersprüchlichsten Interessen zerrissene Reich zu erobern, dessen Obrigkeit, von panischer Angst befallen, sich fast wehrlos fügt.

„Die Frucht ist reif und die Zeit gekommen, sie zu pflücken. Wenn wir es nicht tun, dann tun es andere. Wir sollten nehmen, was wir kriegen können."

(*Gouverneur de Vilers,* 1881)

„Die Eroberung von fast 15 Millionen neuen Konsumenten und Märkten, auf denen unsere Industrieerzeugnisse gegen wertvolle Rohstoffe eingetauscht werden können, verdient gewiss all unsere Anstrengung."

(Französische Handelskammer, 1879)

East meets West III

Aus tiefer Sorge, die Briten könnten nach Indien und Singapur auch noch China an sich reißen, erhören die **Franzosen** endlich die jahrhundertealten Klagen ihrer Missionare und entsenden voller Empörung über die Christenverfolgungen im heidnischen Vietnam Kanonenboote. **1847** und **1858** lassen französische Admiräle Tourane **(Da Nang)** bombardieren und besetzen im Jahr darauf auf gut Glück **Saigon.** Als *Kaiser Tu Duc* den völlig verblüfften Franzosen daraufhin Saigon abtritt, um durch den

Verzicht auf die südlichen Provinzen womöglich den Rest seines Reiches zu sichern, kennen die Admiräle natürlich kein Halten mehr. Dank der tätigen Mithilfe von Waffenhändlern, Söldnern, Schmugglern und Abenteurern aller Art, die längst die traditionelle Vorkämpferrolle der Missionare übernommen haben, **besetzen** die Franzosen bis **1883 das ganze Land.**

Französische Kolonie (1859–1954)

Erobert eher durch individuellen „Unternehmergeist" (Missionare, Kaufleute, Spekulanten) als durch gezielte Aktionen des Staates, weiß Paris mit dem neuen Besitz lange Zeit nichts anzufangen. Jahrzehntelang wird die Kolonie Cochinchina lediglich von der Kriegsmarine regiert, und jedes der sogenannten Protektorate (Kambodscha, Tonkin, Annam und Laos) verwaltet sich nach einem anderen System.

„Ich hätte nie für möglich gehalten, dass ein derart absurdes und weltfremdes Konzept wie das unserer Kolonialregierung in Cochinchina überhaupt denkbar ist."

(Paul Doumer)

Nachdem es 1888 gelingt, das letzte Aufbäumen der alten einheimischen Ordnung zu zerschlagen – der jugendliche **Kaiser Ham Nghi** geht in den Untergrund, wird gefangen genommen und ins Exil nach Algerien verschifft –, entsendet Paris einen „starken Mann" nach Übersee, der endlich für Ordnung sorgen soll. Mittels ebenso ehrgeiziger wie rigoroser Maßnahmen baut Generalgouverneur **Paul Doumer,** der frühere Finanzminister und spätere Präsident Frankreichs (1932 in diesem Amt ermordet), in weniger als fünf Jahren, zwischen 1897 und 1902, einen **funktionstüchtigen Kolonialapparat** auf, der dem Mutterland zumindest nicht mehr auf der Tasche liegt – ein „sozialökonomisches Wunder", das auf dem Rücken von Abermillionen Vietnamesen ausgetragen wird.

Infrastruktur. Um das rückständige Land für den Weltmarkt zu öffnen und als Anlage/Rendite-Objekt für französisches Kapital interessant zu machen, überziehen die Franzosen Vietnam mit einem bis nach Südchina reichenden Eisenbahn- und Straßennetz und bauen die Häfen von Saigon und Haiphong aus, Voraussetzung für die exportorientierte **Plantagenwirtschaft** des Südens (Reis, Kautschuk) und die **Bergwerksprojekte** von Tonkin (Kohle, Eisenerz). Millionen Bauern werden landlos gemacht und als **Kulis** von einem Ende des Landes zum anderen verfrachtet; Hunderttausende sterben allein beim Eisenbahnbau.

Administration. Auch der letzte Anschein einheimischer Autonomie (Mitspracherecht des Hofs und der Mandarine auf lokaler Ebene) wird ausgemerzt und die gesamte Administration vom Gouverneur bis zum Verkehrspolizisten neu organisiert und straff zentralisiert – selbst Briefmarken dürfen nur noch von Franzosen verkauft werden. 1899 verrichten in Cochinchina 1358 Weiße die gleiche Arbeit, die im vorkolonialen Vietnam 50 Mandarinen oblag. 1925 regieren genausoviel Franzosen über Vietnam wie Briten über Indien mit einer zehnmal so großen Bevölkerung.

Opium fürs Volk. Die Finanzierung der „Entwicklungsprojekte" und die Kosten für Verwaltung, Armee und Polizei trägt die Bevölkerung. Haupteinnahmequelle sind die staatlichen Monopole auf Alkohol, Opium, Glücksspiel und Salz, die bis zu 70 % des Gesamthaushalts ausmachen. Import und Konsum von Opium, „aus Staatsraison" gefördert, vervielfachen sich in Windeseile. Die auf den ersten Blick „harmlose" Salzsteuer führt dazu, dass Abermillionen Vietnamesen, die sich von (nährstoffarmem) Reis ernähren, sich weder Salz noch aus Salz und fermentiertem Fisch gewonnene Nuoc Mam leisten können und unter schwersten Mangelerkrankungen leiden.

Wirtschaft. Die drei Säulen der Kolonialökonomie bilden **Reis, Kautschuk** und **Kohle,** deren Exportanteil bei 75 % liegt. Speziell der Süden wird zu einer Region von Latifundien entwickelt, die gezielt für den Weltmarkt produzieren. Obwohl die Reisproduktion ständig steigt und Vietnam zu den klassischen Reisexporteuren Thailand und Burma aufschließt, sinkt der Pro-Kopf-Verbrauch der Bevölkerung in der Kolonialzeit um über 30 %, und immer mehr Vietnamesen müssen hungern.

An einer Entwicklung oder gar Industrialisierung des Landes sind die Kolonisten nicht interessiert. Die Kohlebergwerke von Hong Gai liefern Rohstoffe, die sich ohne große Investitionen auf dem Weltmarkt absetzen lassen, aber die nahegelegenen Eisenerzgruben, die eine einigermaßen „moderne" Verhüttungsindustrie erfordert hätten, lässt man nahezu unberührt, und die Lokomotiven Vietnams füttert man mit einheimischem Holz. Die wenigen Fabriken decken fast ausnahmslos typischen Kolonialbedarf ab (Zigaretten, Streichhölzer, Bier, Limonade, Zucker, Flaschen, Papier, Zement), Importe bestehen zu über der Hälfte aus Luxusgütern für die neureichen Colons (Autos, Haushaltswaren, Wein, Cognac, Parfüm, Konserven).

Kollaboration und Widerstand

Das Kolonialregime schafft völlig **neue gesellschaftliche Verhältnisse.** Rang und Status eines Vietnamesen hängen nicht mehr vom jahrelangen Studium konfuzianischer Klassiker ab, sondern von der Gunst der Kolonialherren – wer katholisch wird und ein paar Brocken Französisch lernt, erhält Hemd und Hose und wird zum Dolmetscher, Aufseher oder Sekretär ernannt. Speziell in Saigon entsteht ein „Großbürgertum" aus Kollaborateuren der Oberschicht, die sich ihre Dienste mit Großgrundbesitz entlohnen lassen, neureichen Unternehmern, die Kulis für die Plantagen und den Eisenbahnbau beschäftigen, und chinesischen Kaufleuten, die sich als Groß- und Zwischenhändler unentbehrlich machen. Darunter wächst, zumal in Hanoi, eine einflussreiche, aber politisch ohnmächtige kleinbürgerliche Mittelschicht heran, die sich, Erbe des Konfuzianismus, durch eine ungewöhnlich hohe Zahl von Intellektuellen auszeichnet.

Während etwa zur gleichen Zeit in Ländern wie Indien, Indonesien oder Malay(si)a patriotisch-nationalistische Gruppierungen erfolgreich sind, da sie dort über religiöse Reformbewegungen (buddhistisch, hinduistisch oder islamisch) führen und auf diese Weise die Massen mobilisieren, bleibt dieser Weg in dem von der „weltlichen" Kultur des Konfuzianismus geprägten Vietnam versperrt. Progressive **Nationalisten** und **Republikaner** wie der ehemalige Mandarin **Phan Boi Chau** (1867–1940), die sich an den Idealen der Französischen Revolution oder panasiatischen Erneuerungseuphorien à la Japan orientieren, bleiben mit ihren „modernen" Ideen von den breiten Massen isoliert und sehen sich zum Schluss resigniert auf **ohnmächtige Terrorakte** gegen das Kolonialsystem beschränkt.

Die einzige Alternative verspricht die **1930** von **Ho Chi Minh** in Hongkong ins Leben gerufene **Kommunistische Partei.** Wie alle nationalen politischen Gruppen bilden die Kommunisten kaum mehr als eine verschworene Clique von Eingeweihten, im Unterschied zu allen anderen wissen sie jedoch, dass das Kolonialregime weder durch Attentate noch durch Verhandlungen und Reformen zu stürzen ist, sondern allein durch eine Mobilisierung der gesamten Bevölkerung und eine soziale Umwälzung der bestehenden Verhältnisse. Wie alle anderen Widerstandsgruppen werden sie von der französischen Geheimpolizei unnachgiebig verfolgt und können fast nur vom Ausland aus operieren. Bereits ein Jahr nach ihrer Gründung ist die KP fast ihrer gesamten Führung beraubt, die entweder auf der Gefängnisinsel Poulo Condore (Con Dao) einsitzt oder von den Franzosen kurzerhand exekutiert wird; *Ho Chi Minh* selbst wird 1931 in Hongkong festgenommen.

Der Sieg der Volksfront in Frankreich führt nach 1936 zu einer spürbaren Liberalisierung des Lebens und befreit Tausende politischer Gefangener aus ihren Kerkern – in der „Sache" selbst aber, macht Paris den Genossen in Vietnam unmissverständlich klar, gibt es kein Pardon. Der sozialistische „Minister für die Kolonien" in einem Telegramm nach Saigon: „Die öffentliche Ordnung ist mit allen Mitteln aufrecht zu halten! Französisches Recht und Gesetz haben in Indochina auch weiterhin zu herrschen!"

Zweiter Weltkrieg und Okkupation

Als **1939** der Zweite Weltkrieg ausbricht und sich die französische Kolonialverwaltung vom Mutterland abgeschnitten sieht, beschließen die ebenso ohnmächtigen wie reaktionären Kolonisten („Lieber Hitler als die Volksfront!"), sich ohne Widerstand der **japanischen Besatzungsarmee** zu ergeben. Die Kolonie bricht zusammen. Sämtliche Vorräte werden beschlagnahmt, die gesamte Reis-, Kohle- und Kautschukproduktion fließt nach Tokio, aber die eigentliche Zeche bezahlt das Volk von Vietnam, das jetzt von zwei Herren zugleich ausgebeutet wird. Allein 1945 sterben in dem ausgeplünderten Land mehr als zwei Millionen Menschen an Hunger.

Im Februar **1941** kehrt **Ho Chi Minh** nach 30-jährigem Exil nach Vietnam zurück und bereitet im Bergland von Cao Bang mit *Pham Van Dong* und *Vo Nguyen Giap* den Aufstand vor. Das Programm des **Viet Minh** (Liga für die Unabhängigkeit Vietnams), ein Bündnis mehr als 40 verschiedener Gruppen und Organisationen, sieht sowohl die **nationale** wie die **soziale Befreiung vom Ko-**

lonialismus vor. Die kommunistischen Kader zählen selbst zu dieser Zeit kaum mehr als ein paar hundert Mann, üben aber Vorbildfunktion aus und finden daher immer mehr Anhänger in der Bevölkerung. Propaganda-Einheiten gehen in die Dörfer, leben und arbeiten mit den Bauern, lehren sie lesen und schreiben und bewaffnen sie so weit wie möglich.

Im März **1945** überrollen die Japaner ohne Vorwarnung die französischen Garnisonen und ernennen *Bao Dai* zum Marionettenkaiser eines japanischen Vietnam. Mitte August, nach den Atombombenabwürfen der Amerikaner auf Hiroshima und Nagasaki, kapituliert Tokio. Der Viet Minh ruft zum **Aufstand** auf und lässt die Vorratsspeicher der Besatzer stürmen; über den Dächern von Hanoi, Hue und Saigon wehen die roten Fahnen.

Am 2. September proklamiert *Ho Chi Minh* in Hanoi die Unabhängigkeit der **Demokratischen Republik Vietnam** (DRV) und wird zum Ministerpräsidenten und Außenminister der provisorischen Regierung ernannt. *Bao Dai,* der letzte Kaiser von Frankreichs (und Japans) Gnaden, dankt ab und überreicht den Abgesandten des Viet Minh zeremoniell Schwert und Siegel der letzten vietnamesischen Herrscher-Dynastie.

Der Französische Krieg (1946–1954)

Die Franzosen sind nicht gewillt, ihre „Besitztümer" in Indochina aufzugeben, und drängen mit Macht nach Vietnam zurück. *Ho Chi Minh* evakuiert seine Regierung in den Dschungel von Cao Bang und ruft den **Kriegszustand** aus. Trotz einer Armee von 100.000 Berufssoldaten, darunter zahllose Afrikaner (meist Senegalesen) und Fremdenlegionäre (meist Deutsche), gelingt es den Franzosen nicht, die bewegliche und zwischen allen „Fronten" operierende **Guerilla** des Viet Minh zu zerschlagen. Das Resultat ist ein jahrelanges Patt: Die Franzosen herrschen über die Städte und „strategischen Punkte", der Viet Minh, der immer mehr Rückhalt in der Bevölkerung findet, beherrscht das Land.

Eskalation: Krieg der Stellvertreter

1950 erkennt die neugegründete **Volksrepublik China** die DRV diplomatisch an und unterstützt den Viet Minh mit Waffen und Munition (worauf die Sowjetunion flugs ihrem Beispiel folgt). Im Gegenzug schlagen sich die **USA,** die dem „anachronistischen" Kolonialstreben der Franzosen bis dahin ablehnend gegenüberstanden, gemäß ihrer **Domino-Theorie** (nach der der Verlust eines Staates an den Kommunismus den Verlust der gesamten Region nach sich ziehen würde) auf die Seite Frankreichs. Aus einem lokal begrenzten Kolonialkonflikt wird so ein **Stellvertreterkrieg der Weltmächte.**

Auf Druck der Amerikaner benennen die Kolonisten Cochinchina diskret in „Republik Südvietnam" um und installieren in der Hoffnung, *Ho Chi Minh* eine „westlich orientierte Leitfigur" entgegenstellen zu können, Ex-Kaiser *Bao Dai* als Regierungschef. Kurz darauf treffen die ersten amerikanischen Militärberater und Waffenlieferungen in Saigon ein. In den folgenden Jahren decken die **USA**

Der Französische Krieg in Zahlen

Truppen

	1948	1952	1954
Franz. Expeditionskorps	100.000	200.000	270.000
Franzosen		70.000	
Fremdenlegion		20.000	
Afrikaner		60.000	
Indochinesen		50.000	
Indochinesische Armee	90.000	260.000	
Viet Minh	70.000	270.000	350.000
Armee		110.000	
Guerilla	70.000	110.000	
Milizen		50.000	

Opfer

	Tote	Verwundete
Kolonialarmee	93.000	130.000
Franzosen	21.000	53.000
Söldner	72.000	77.000
Indochinesische Armee	17.000	35.000
Viet Minh	500.000	unbekannt

über **80 %** der französischen **Kriegskosten,** während der Viet Minh mit Hilfe Chinas zum ersten Mal eine reguläre Armee aufstellen kann.

Gezielter Einsatz von Napalm gegen die Zivilbevölkerung, Bombardements von Deichen und planmäßige Vernichtung von Reisernten, zwangsweise Evakuierung ganzer Landstriche und Kasernierung der Bevölkerung in Lager und Wehrdörfer – die „Errungenschaften", die man gemeinhin erst dem amerikanischen Krieg zuschreibt, sind bereits ab 1951 Mittel französischer Generalstäbe und amerikanischer Militärberater, die insgeheim längst ahnen, dass sie diesen Krieg nicht gewinnen können.

Dien Bien Phu

Die Entscheidung fällt **1954** in der **55-tägigen Schlacht** um Dien Bien Phu. Die strategische Dschungelfestung nahe der laotischen Grenze, die täglich von Transportflugzeugen und Fallschirmjägern versorgt wird, gilt als uneinnehmbar, ehe es dem Viet Minh und seinen Helfern unter General **Vo Nguyen Giap** „wie durch ein Wunder" gelingt, sie mitsamt schwerer Artillerie einzukesseln. US-Präsident *Dwight D. Eisenhower* und sein Vize *Richard Nixon* erwägen bereits den „taktischen" Einsatz von **Atombomben** (aparterweise „Operation Vulture", „Geier", genannt), werden aber noch rechtzeitig vom Kongress gestoppt. Die **bedingungslose Kapitulation** von Dien Bien Phu am **7. Mai 1954** bedeutet gleichzeitig die Kapitulation der französischen Streitkräfte in Vietnam und das **Ende der französischen Kolonialherrschaft.**

Zwischen den Kriegen (1954–1964)

Die **Genfer Konferenz** der Weltmächte beschließt einen **Waffenstillstand** und teilt Vietnam in **zwei neutrale Militärzonen** nördlich und südlich des 17. Breitengrads; über die weitere Zukunft des Landes sollen innerhalb von zwei Jahren freie und allgemeine **Wahlen** bestimmen. Eine gesonderte Schlusserklärung weist nachdrücklich darauf hin, dass die entmilitarisierte Zone **„in keiner Weise als** eine politische oder territoriale **Grenze"**, sondern nur als „provisorische militärische Demarkationslinie" anzusehen sei.

„Ich habe niemals mit Leuten, die mit den Verhältnissen einigermaßen vertraut waren, gesprochen oder korrespondiert, die nicht übereinstimmend der Meinung gewesen wären, dass bei Wahlen sehr wahrscheinlich 80 Prozent der Bevölkerung für den Kommunisten Ho Chi Minh gestimmt hätte."

(US-Präsident *Eisenhower,* 1954)

Die Teilung Vietnams (1954)

Die USA sabotieren die Genfer Beschlüsse und etablieren südlich des 17. Breitengrades einen **eigenständigen Staat Südvietnam,** der ohne Milliarden amerikanischer Hilfsgelder nicht einen Tag überlebensfähig gewesen wäre. Der Diktator **Ngo Dinh Diem,** Washingtons „starker Mann" in Saigon, schmettert alle Initiativen Hanois zu den bevorstehenden Wahlen mit dem Hinweis ab, in einem kommunistischen Staat seien „freie Wahlen" nicht möglich, und lässt sich gleichzeitig mit 98 % aller Stimmen zum Präsidenten Südvietnams wählen (obwohl seine amerikanischen Berater ihm einen Wahlausgang von 60 % empfohlen hatten).

Aufgrund der Genfer Beschlüsse setzt eine gigantische **Völkerwanderung** ein. Über 100.000 Kämpfer des Viet Minh ziehen mitsamt ihren Familien aus dem Süden in den Norden, während aufgrund gezielter Gerüchtekampagnen (Pseudoerscheinungen der *Jungfrau Maria,* Ankündigungen religiöser Pogrome im Norden) und „Kopfgelder", die amerikanische Hilfsorganisationen verteilen, rund **1 Mio. Katholiken** vom Norden in den Süden strömen. Zur gleichen Zeit ziehen die Franzosen aus dem Norden ab und hinterlassen eine Spur der Verwüstung, von überfluteten Bergwerken bis zu vernichteten Röntgenbildern in Krankenhäusern.

Ho Chi Minh

158vi kb

1890 als *Nguyen Sinh Cung* geboren, erhält er nach altem Brauch ab seinem 10. Lebensjahr einen neuen Namen und heißt fortan *Nguyen Tat Thanh* („Nguyen, der erfolgreich sein wird"). Seine Reisen als Matrose und Küchenjunge unternimmt er unter dem Namen *Ba,* ehe er sich 1917 in Paris den Namen zulegt, den er die meiste Zeit seines Lebens trägt, *Nguyen Ai Quoc* („Nguyen, der das Vaterland liebt" oder „Nguyen der Patriot"). Als *Ho Chi Minh* („Ho mit dem klaren Willen") tritt er erst 1941 auf, als er nach 30-jährigem Exil wieder nach Vietnam zurückkehrt.

- **1890:** Geboren am 19. Mai als Sohn eines Bauern, der das Gelehrtenexamen in Hue bestanden hatte, im Dorf Hoang Tru nahe Vinh.
- **1905–1909:** Gymnasiast u.a. am *Lycée Quoc Hoc* in Hue.
- **1911:** Einschiffung als Küchenjunge nach Marseille.
- **1912–1917:** Wanderjahre als Matrose, Steward, Heizer und Küchengehilfe mit Aufenthalten in den USA und London.
- **1917–1924:** Paris. Arbeit als Koch, Fotolaborant und Journalist *(L'Humanité).*
- **1920:** Gründungsmitglied der KPF; Herausgeber von „Le Paria".
- **1924–1925:** Moskau. Studium an der Universität der Werktätigen und Komintern-Funktionär für Koloniale Fragen.
- **1925–1927:** China. Gründung der *Thanh Nien* (Bund der Revolutionären Jugend Vietnams).
- **1927–1928:** Reisen als Komintern-Funktionär durch Westeuropa (u.a. Berlin).
- **1929–1930:** Thailand. Aufbau revolutionärer Zellen in Siam.
- **1930:** Gründungsmitglied der KPV in Hongkong.
- **1931–1933:** Verhaftung in Hongkong, Gefängnis; Gerüchte über seinen Tod (TBC).
- **1934–1938:** Moskau. Studium an der Lenin-Universität und Komintern-Funktionär für Koloniale Fragen.
- **1939–1940:** China. Aufbau des antikolonialen Widerstands.
- **1941:** Vietnam. Rückkehr nach 30 Jahren Exil und Gründung des *Viet Minh* (Liga für die Unabhängigkeit Vietnams).
- **1942–1943:** China. Verhaftung durch die Kuomintang, „Gefängnistagebuch" entsteht.
- **1944–1945:** Vietnam. Endgültige Vorbereitungen zum Aufstand .
- **1945:** August-Revolution; 2. Sept.: Verlesung der Unabhängigkeitserklärung in Hanoi.
- **1946:** März: Wahl zum Präsidenten der DRV, Juni–Sept.: Verhandlungen mit Frankreich in Paris, Nov: Die Franzosen bombardieren Haiphong, Dez.: erneuter Aufruf zum Widerstand.
- **1947–1954:** Exil-Regierung im Dschungel von Cao Bang; Guerillakrieg.
- **1954:** Mai: Kapitulation der Franzosen; Rückkehr nach Hanoi; Teilung Vietnams durch die Weltmächte.
- **1956:** Kurzzeitige Übernahme des Parteivorsitzes, als es anlässlich der brutalen Landreformen zu Aufständen kommt.
- **1960:** Beschluss, die Befreiungsfront in Südvietnam zu unterstützen.
- **1964:** Beginn des Vietnamkriegs.
- **1969:** 2. Sept.: *Ho Chi Minhs* Todestag wird auf den 3.9. verlegt, damit er nicht mit dem Tag der Unabhängigkeitserklärung zusammenfällt.

Demokratische Republik Vietnam (Norden)

Im Gegensatz zum „demokratischen" Süden geht der **kommunistische** Norden zu keinem Zeitpunkt davon ab, die Wiedervereinigung zu fordern. Abgeschnitten von den landwirtschaftlichen Ressourcen im Süden, kämpft das Land mit dem **Hunger.** Die „Wirtschaftshilfe" aus Moskau und Peking reicht nicht einmal aus, die dringendsten Kriegsschäden zu beheben. Die anders als in anderen kommunistischen Staaten traditionell **kollektive Führungsspitze** der KP ist zerrissen in eine eher gemäßigte, Moskau-orientierte Fraktion um *Ho Chi Minh,* dessen Stellvertreter (und Nachfolger) *Pham Van Dong* und *General Vo Nguyen Giap,* und eine radikale, eher Peking-orientierte um Generalsekretär *Truong Chinh.* Die von den Parteigängern Maos 1955/56 ohne Rücksicht auf Verluste als „Klassenkampf" durchgezogene **Landreform** führt zu **schweren Unruhen** im ganzen Land. *Truong Chinh* wird seines Amtes enthoben, und *Ho Chi Minh* übernimmt für kurze Zeit selbst das höchste Amt der Partei.

Republik Vietnam (Süden)

Ein Sumpf kaum glaublicher **Anarchie** und **Korruption.** Bis an die Zähne bewaffnete Sekten wie Cao Dai und Hoa Hao bilden Staaten im Staat, und berüchtigte Banditen wie die *Bin Xuyen* üben die staatliche Kontrolle über Prostitution und Glücksspiel aus. Unverhüllte Intrigen und Machtkämpfe zwischen den **Franzosen** – die nach dem Verlust der Kolonie um ihre ökonomische Existenz bangen und Ex-Kaiser *Bao Dai* und die Sekten unterstützen – und den **Amerikanern** – die wie üblich auf den „starken Mann" an der Spitze setzen, der zumindest den Anschein von Recht und Ordnung wahren soll – beherrschen die Szene. (Einen exzellenten Einblick in diese Zeit vermittelt *Graham Greenes* im Saigon von 1953 angesiedelter Roman „The Quiet American").

Der Katholik und stramme Antikommunist **Diem** macht sich das halbe Land zum Feind, indem er den Katholizismus quasi zur Staatsreligion erklärt, die von dem Viet Minh enteigneten Großgrundbesitzer wieder an die Macht bringt und seine Kritiker wahllos als Kommunisten denunziert und verfolgen lässt. Die USA lassen ihn gewähren, um den Anschein zu wahren, Südvietnam sei „selbstständig", und sehen tatenlos zu, wie Milliarden Dollar an Wirtschafts- und Entwicklungsgeldern in den Smokingtaschen einer kleinen Elite versickern, während ein Überfluss an Konsumwaren wie Kaugummi und *Coca Cola* das Bild eines sprunghaft gestiegenen Lebensstandards vorspiegeln. Tatsächlich sind die USA sogar gezwungen, amerikanischen Reis in das darbende Land zu liefern.

Als es **1963** zu den **buddhistischen Protestaktionen** von Hue und Saigon kommt und *Diems* Schwägerin Madame *Nhu* die öffentlichen Selbstverbrennungen der Mönche, die sich auf den Straßen Saigons in lebende Fackeln verwandeln, zynisch als „Barbecues" feiert, ermuntern die entsetzten Amerikaner *Diems* Generäle zum **Putsch.** Der Präsident wird gefangen genommen und kurzerhand liquidiert. Die Saigoner Politik der folgenden Jahre gleicht einer *Marx-*

Brothers-Groteske: Eine **Militär-Junta** putscht gegen die andere und wird nahtlos von einer dritten abgelöst.

Die Befreiungsfront

Ende **1960** organisiert sich der Widerstand gegen das Diem-Regime (und die Amerikaner) in der **Nationalen Befreiungsfront** (FNL), einer breit gefächerten **Koalition** aus Kommunisten, Sozialisten, Demokraten, Bauern, Mönchen, Arbeitern, Studenten und selbst Fraktionen der Sekten und ethnischen Minderheiten. Die Diemisten denunzieren die Widerstandsbewegung wie gewohnt als „kommunistisch" und begründen damit jenen Namen, unter dem sie durch die US-Medien wenig später weltberühmt werden sollte: **Viet Cong** (was nichts weiter heißt als „Vietnamesische Kommunisten"). Dank ihrer politischen und moralischen Überzeugungskraft kontrolliert die FNL bereits 1963 mehr als die Hälfte des südvietnamesischen Territoriums mitsamt eigenen Schulen und Hospitälern, Armee und Steuereintreibern. „Le Figaro" am 19.12.1963: „Die Front kontrolliert politisch die Mehrheit der Bevölkerung."

Der Amerikanische Krieg (1964–1975)

Im **August 1964** provoziert der US-Zerstörer „Maddox" einen **„Zwischenfall"** im Golf von Tonkin, der den amerikanischen Kongress veranlasst, *Präsident Johnson* volle Entscheidungsfreiheit im Einsatz militärischer Mittel zuzubilligen; wie die „Pentagon Papers" nachweisen, war der Befehl zu dieser Aktion bereits fünf Monate zuvor erteilt worden. Unter dem Codenamen „Rolling Thunder" nehmen die USA ohne Kriegserklärung die **Bombardierung Nord-Vietnams** auf, wenig später, **im März 1965,** landen im Süden erste amerikanische Kampfverbände bei Da Nang, offiziell zur „Sicherung gefährdeter Flughäfen", in Wahrheit als Vorhut eines gigantischen Truppenaufmarschs von insgesamt über 3 Mio. Soldaten.

Die Zahl der stationierten GIs steigert sich von 50.000 (Ende 1964) über 250.000 (Anfang 1966) auf über 550.000 (1968); einschließlich der von Washington ausgerüsteten Armee Südvietnam und SEATO-Verbänden aus Australien, Neuseeland, Thailand, Südkorea und den Philippinen stehen zeitweise mehr als **1,5 Millionen Soldaten** auf (süd-)vietnamesischem Boden, die über die avancierteste Kriegstechnologie verfügen, die die Welt je gesehen hat.

„Ein US-Major hat zu Protokoll gegeben: ‚Wir mussten die Stadt vernichten, um sie zu retten.' Diese Worte werden in die Geschichtsbücher als richtungsweisend für unser Engagement in Vietnam eingehen. Die Taktik der Verbrannten Erde in seinem eigenen Land zu verfolgen ist heroisch; sie in einem Land anzuwenden, das man zu retten vorgibt, ist feige und brutal."

(*I.F. Stone*, „Polemics and Prophecies", 1968)

Apocalypse Now

Anstelle einer klar definierten Front, die weder ideologisch noch militärisch existiert (Nord gegen Süd, Sozialismus gegen Freiheit), sehen sich die amerikanischen Truppen einem diffusen und letztlich un(an)greifbaren Gegner gegenüber, der sich allen gewohnten militärischen Kategorien und Technologien entzieht und „wie der Fisch im Ozean der Bevölkerung schwimmt". Der Feind kommt nicht von „außen", wie man ihnen gesagt hatte, sondern ist mitten unter ihnen.

In Ermangelung gültiger Kriterien betreiben die amerikanischen Generäle den Krieg bald wie die Vernichtung lästiger Insekten und messen den Erfolg ihrer Aktionen in zynischen und rassistischen Slogans wie „Body count", „Search and destroy" oder „Low-ratio kill". Binnen Kurzem wird das Land, „dessen Freiheit unter allen Umständen verteidigt werden muss", zum **meistbombardierten, – vergifteten und -vergasten Land** der Weltgeschichte – trotzdem pflegen die amerikanischen Militärs noch heute die Dolchstoßlegende, die Politiker und die Medien seien ihnen „in den Rücken gefallen" und hätten sie an der Ausübung ihres „Jobs" gehindert.

„Im Ganzen gesehen, begriffen die Generäle die Logik des Kriegs in Vietnam vollkommen: Will man dort bleiben, braucht man immer mehr Männer und immer mehr Waffen, man muss den Norden bombardieren und, je früher desto besser, den Hafen Haiphong verminen und die Deiche zerstören. Angesichts ihres Zieles hatten sie Recht, und vielleicht hatte sogar General Curtis LeMay Recht: Wollte man wirklich gewinnen, musste man Hanoi in die Steinzeit zurückbomben. Es war der einzige Weg."

(*Mary McCarthy*, „Sons of the Morning", 1974)

Der Ho-Chi-Minh-Pfad

Der Norden greift erst zur Zeit der Gründung der Befreiungsfront 1960/61 aktiv in den Widerstand im Süden ein. Zwischen Vinh und Dong Hoi nahe dem 17. Breitengrad wird ein **Versorgungspfad** angelegt, der auf der anderen Seite des Truong-Son-Gebirges auf laotischem Gebiet weiterführt. Auf den Schultern endloser Trägerkolonnen wandern Waffen, Munition und Medikamente, zentnerschwere Artilleriegeschosse und Kanonenrohre in den Süden; die schwersten Teile werden mit bambusverstärkten Fahrrädern oder auf dem Rücken von Ponies und Elefanten durch den Dschungel transportiert. Als Saigoner Truppen 1964 erste Abschnitte des Ho-Chi-Minh-Pfads entdecken, besteht der „Pfad" längst aus einem **Tausende Kilometer umfassenden Netzwerk** von Haupt-, Neben- und Parallel-Wegen.

Da weder Moskau noch Peking große Bereitschaft zeigen, das „abenteuerliche Unternehmen" der Genossen in Hanoi mitzutragen, halten sich die Hilfsmaßnahmen in Grenzen, erst als die Nachfolger des gestürzten *Chruschtschow* Ende 1964 der DRV uneingeschränkte Unterstützung versprechen, lässt auch *Mao* die Grenzen öffnen und liefert Kriegsmaterial und Transportmittel.

Unter ständigem Beschuss amerikanischer B-52-Bomber bauen Soldaten und Helfer die Dschungelwege zu Lkw-Trassen mitsamt versenkbaren Brücken, unterirdischen Reparaturwerkstätten und Sanitätsstationen aus. Das Zentrale Hochland und die Ost-Provinzen von Laos werden zum Experimentierfeld amerikanischer Hochleistungstechnologien: Infrarotluftbilder und Computer-

Der Amerikanische Krieg in Zahlen

Truppen (nur in Südvietnam)

	1964	1965	1968	1972
USA	16.000	185.000	536.000	25.000
Alliierte	–	22.000	60.000	40.000
Republik Vietnam	500.000	640.000	820.000	1 Mio.
FNL/NVA	130.000	130.000	280.000	320.000
davon NVA	13.000	36.000	100.000	250.000

1955–1975

US-Truppen	3,6 Mio. (2,6 Mio. in Südvientnam)
US-Militärausgaben	165 Mrd. US$*
US-Hilfe Südvietnam	24 Mrd. US$

Opfer

	Tote	Verwundete	Invaliden	Selbstmorde
USA	58.000	300.000	80.000	150.000**
FNL/NVA	920.000	unbekannt	unbekannt	unbekannt
Rep. VN	280.000	800.000	unbekannt	unbekannt
Zivilbevölkerung	4 Mio.	unbekannt	unbekannt	unbekannt

Zerstörungen

Luftkrieg USA	8 Mio. t Bomben (dreimal soviel wie im Zweiten Weltkrieg)
	7 Mio. t Chemische Stoffe
	20 Mio. Bombenkrater
Bodenkrieg USA	15 Mio. t Munition
Vernichtete Wälder	6 Mio. ha (im Süden)
Flüchtlinge	10 Mio. (im Süden)

*nach heutiger Umrechung 495 Mrd. US$. (Unmittelbar nach Ende des Irakkriegs wurde kalkuliert, dass Friedenssicherung und Wiederaufbau das Vier- bis Sechsfache der militärischen Ausgaben ausmachen.)

** nach der Rückkehr in die USA

animationen messen und analysieren jeden Quadratmeter Regenwald, elektronische Sensoren melden geringste Bodenerschütterungen im Umkreis von Meilen. Von 1000 Lkw bringen weniger als die Hälfte ihre Ladung in den Süden durch, und wer nicht von Bomben zerfetzt und von Giftgasen erstickt wird, geht an Malaria, Typhus oder Cholera zugrunde.

„Die Bars von Saigon gewähren einen Einblick in die Mentalität der Stadt. Viele der Mädchen, die sehr genau wissen, wie der Vietcong über die Verbrüderung mit den Amerikanern denkt, ändern bereits ihren gewohnten Trinkspruch ‚Chin chin, auf deine Gesundheit!' in ‚Chin chin, Ho Chi Minh!'"

(„Time Magazine", 8.3.1968)

Die Tet-Offensive (1968)

Drei Jahre bereiten sich Hanoi und die Befreiungsfront auf den entscheidenden Schlag vor. Am Morgen des **31. Januar 1968,** während des vietnamesischen Neujahrsfestes, greifen Truppen der FNL und der DRV beinahe jede Provinz Südvietnams an, erobern Städte wie Hue und Quang Tri und stürmen sogar die amerikanische Botschaft in Saigon. Militärisch erweist sich die Offensive als Desaster, denn die düpierten US-Truppen legen im Kampf um die Städte auch die letzte Rücksicht ab (200.000 Tote, 2 Mio. Flüchtlinge) und ganze Orte in Schutt und Asche (wie Ben Tre), sodass sich die Befreiungstruppen an allen Fronten wieder zurückziehen müssen.

Politisch aber erweist sich die Offensive als voller Erfolg. Die **amerikanische Öffentlichkeit,** von ihren Politikern und Militärs jahrelang mit überoptimistischen Berichterstattungen und getürkten „body counts" in Sicherheit gewiegt, erlebt **live und unzensiert** auf den Fernsehschirmen mit, wie ein „längst besiegter Gegner", „zahlenmäßig kaum der Rede wert" und „in den Dschungel abgedrängt", fast ohne Gegenwehr die hilflosen Regierungstruppen überrollt und den eigenen „Boys" blutige Schlachten liefert. Die **Protestkundgebungen der Kriegsgegner** werden zu Massendemos, und selbst die großen Meinungsblätter wie „Time", „Life" und „Newsweek" ergreifen Partei gegen den Krieg. Die Milliarden, die täglich wirkungslos im Dschungel verpuffen, werden zu einem ernsten Problem für die amerikanische Wirtschaft, und die Dollarkrise führt beinahe zu einem Zusammenbruch des Weltwährungssystems. *Präsident Johnson* zieht seine Nominierung für eine erneute Präsidentschaft zurück und kündigt Friedensgespräche mit Hanoi an.

Die Vietnamisierung des Krieges

Richard Nixon gewinnt **1968** die Präsidentschaftswahlen mit dem Versprechen, den Krieg zu beenden. Stattdessen sterben in den darauffolgenden drei Jahren mehr Menschen in Vietnam als je zuvor und weitet sich der Krieg auf die Nachbarländer **Kambodscha** und **Laos** aus. Der einzige Unterschied ist, dass weniger Amerikaner sterben, denn um Kosten zu senken und seinen Wählern den Anblick gefallener GIs zu ersparen, verkündet *Nixon* im Juli 1969 die „Vietnamisierung" des Krieges – eine zynische Umschreibung für den Abbau amerikanischer und die Aufrüstung zusätzlicher südvietnamesischer Truppen. Zählt man Polizei, Verwaltung und Milizen hinzu, steht nahezu die gesamte männliche Bevölkerung, die nicht auf Seiten des Gegners kämpft, im Sold der USA.

Mit der Eröffnung der **Pariser Friedensgespräche** im **Mai 1968** hat Hanoi einen ersten politischen Erfolg errungen, ansonsten ist die Lage verzweifelt. Häfen, Städte, Eisenbahnen und sämtliche Industrien sind zerbombt und lahmgelegt. Mehr denn je ist Hanoi auf die Hilfe der „Bruderstaaten" China und Sowjetunion angewiesen, die zur gleichen Zeit immer weiter auseinanderdriften und wechselweise mit Washington flirten. Als am 2. September 1969 **Ho Chi Minh stirbt,** der es jahrelang verstanden hatte, Hanoi aus dem wachsenden Konflikt zwischen Peking und Moskau nicht nur herauszuhalten, sondern die beiden Widersacher gegeneinander auszuspielen, scheint zumindest der Bruch mit *Maos* China immer unvermeidlicher.

Nach Visiten in Peking und Moskau ordnet *Nixon* **Ende 1972,** um sich in eine bessere Verhandlungsposition zu bringen, erneut **massive Bombardierungen von Hanoi** an, ehe *Henry Kissinger* und *Le Duc Tho* am **27. Januar 1973** ein „Abkommen über die Beendigung des Krieges und die Wiederherstellung des Friedens in Vietnam" unterzeichnen. Das Vertragswerk, das ihren Unterzeichnern den Friedensnobelpreis einbringt (den *Le Duc Tho* freilich ablehnt), sieht sofortigen Waffenstillstand und den **vollständigen Rückzug der US-Truppen** vor, ist aber ansonsten vage genug gehalten, um keine der beiden Seiten vor der Weltöffentlichkeit als „Verlierer" dastehen zu lassen.

Der Fall Saigons (1975)

Als im **März 1973** die letzten US-Truppen aus Vietnam abziehen, stehen zum ersten Mal seit über 100 Jahren keine Besatzungssoldaten mehr auf vietnamesischem Boden. Als der amerikanische Senat im Jahr darauf die Militär- und Wirtschaftshilfe für Saigon drastisch kürzt (*Präsident Nixon* muss wegen des Watergate-Skandals zurücktreten), bricht die vom geschenkten Dollar abhängige Ökonomie des Südens zusammen. *Präsident Nguyen Van Thieu* versucht, der wachsenden Opposition mit bürgerkriegsähnlichen Säuberungsaktionen Herr zu werden, aber nicht mal seine Truppen gehorchen ihm noch, als Hanoi im **Frühjahr 1975** eine Offensive unternimmt, die ursprünglich nur dazu vorgesehen war, das morsche Regime in Saigon weiter zu destabilisieren. Zur Überraschung der „Befreier" entwickelt sich die Attacke jedoch zu einem Landrutsch. Am 26. März fällt **Hue,** am 29. **Da Nang,** am 30. April **Saigon.** In einer dramatischen Rettungsaktion verlassen die letzten Amerikaner die Stadt mit dem Hubschrauber vom Dach ihrer Botschaft.

Die Wiedervereinigung (1975/76)

Die Wiedervereinigung der beiden Vietnams kommt für alle Beteiligten nicht weniger **überraschend** (und unvorbereitet) als die der beiden deutschen Staaten 15 Jahre später, aber ansonsten könnten die Unterschiede nicht größer sein. Denn hier schluckt ein **maroder sozialistischer Staat,** zermürbt von drei aufeinanderfolgenden Kriegen, einen noch maroderen kapitalistischen, der schon seit Langem verlernt hat, sich aus eigener Kraft am Leben zu erhalten.

Hatten sich die beiden Landesteile schon während der Kolonialzeit deutlich voneinander weg entwickelt – im Süden Plantagenwirtschaft, Handel und Markt-Ökonomie, im Norden Entwicklung von Bergbau und Schwerindustrie neben traditioneller Kleinbauern-Wirtschaft –, so erst recht während der vergangenen beiden Jahrzehnte.

Der Norden. Zentralistische Volksrepublik mit kommunistischer Einheitspartei und weitgehender, wenn auch wenig erfolgreicher Kollektivierung von Wirtschaft und Gesellschaft. Zur gleichen Zeit extrem konservativ und durchdrungen von den traditionellen konfuzianischen Elementen der bäuerlich-patriarchalischen Familie und der allumfassenden Bürokratisierung des gesamten Lebens. Antiwestlich, antikapitalistisch, isoliert und bitterarm. Praktisch alle Straßen, Brücken, Häfen, Eisenbahnlinien, Kraftwerke, Fabriken, Schulen und Hospitäler sind zerstört. Über drei Millionen Tote, Hunderttausende Kriegsinvaliden, Witwen und Waisen. „In die Steinzeit zurückgebombt."

Der Süden. Zu 90 % von den USA finanzierte Militärdiktatur, die selbst Reis einführen muss und in der mehr als 60 % der Bevölkerung Dienstleistungen als Schuhputzer, Kellner, Kaugummiverkäufer, Taxifahrer, Rikschakulis, Wäscherinnen oder Prostituierte verrichten. Kulturell heterogen und ohne gemeinsame Traditionen: 2,5 Mio. Anhänger von Sekten, 2 Mio. Katholiken, 1,5 Mio. Auslandchinesen. Vor dem Krieg lebten 15 % der Südvietnamesen in den Städ-

GI Joe in Nam

Über 3 Mio. Amerikaner dienten in Vietnam, zumeist als 18–19-jährige Wehrpflichtige oder Freiwillige. Einberufen wurden bevorzugt Arbeiter, Ungelernte, Südstaatler und Farbige (die Zahl der gefallenen Schwarzen war doppelt so hoch wie ihr Bevölkerungsanteil). Jeder GI wusste auf den Tag genau, wann er das Land wieder verlassen würde; die normale Dienstzeit *(tour of duty)* war auf 365 Tage beschränkt und schloss einen Erholungsurlaub (*rest & recreation,* im GI-Jargon: *intoxication & intercourse*) ein.

Entgegen dem von Hollywood vermittelten Bild war von zehn GIs nur einer aktiv „im Feld" – die übrigen neun dienten in der „Etappe", bereiteten Einsätze vor usf. Jeder Vierte nahm mehr oder minder regelmäßig Drogen (Heroin, Marihuana, Opium) zu sich. Größenwahnsinnige und rassistische Massaker an Frauen, Kindern, Greisen (My Lai!) waren zwar nicht die Regel, aber auch keine Ausnahmen.

Dank dem Einsatz von Hubschraubern und moderner Kommunikation überlebten mehr als 90 % aller Schwerverwundeten, viermal so häufig wie in jedem Krieg zuvor aber als lebenslänglich Behinderte. Hunderttausende leiden bis heute unter den Spätfolgen von *Agent Orange* und anderen Giftgasen.

Aufgrund des Rotationssystems kehrten die GIs, anders als die Veteranen anderer Kriege, einzeln nach Hause zurück, wo man sie entweder als Versager oder als Killer empfing. Mehr als dreimal soviele GIs als auf den Schlachtfeldern Vietnams fielen nach ihrer Rückkehr in die USA von eigener Hand.

„Wir haben den Feind getroffen /
Es waren wir selbst."

(Gedicht eines Vietnamveteranen)

Daten zur vietnamesischen Geschichte

- **ca. 800–300 v. Chr.:** Bronzezeit. Dong-Son-Kultur, Reich Van Lang der legendären Hung-Könige.
- **257–207:** Eisenzeit. Königreich Au Lac mit der Hauptstadt Co Loa.
- **207:** Eroberung durch Trieu Da, souveränes Reich Nam Yüeh (Nam Viet).
- **111:** Eroberung von Nam Viet durch die Han-Chinesen.
- **111 v.–939 n. Chr.:** Vietnam ist chinesische Kolonie bzw. Provinz Giao Chi.
- **39–43:** Aufstand, Herrschaft und Freitod der Schwestern *Trung*.
- **939:** *Ngo Quyen* besiegt die Chinesen am Bach-Dang-Fluss und wird erster Kaiser des unabhängigen Dai Viet.
- **1010–1225:** Ly-Dynastie. Blütezeit des Buddhismus und Beginn der Expansion nach Süden.
- **1010–1028:** *Kaiser Ly Thai To* gründet die Hauptstadt Thang Long (Hanoi).
- **1054–1072:** *Ly Thanh Ton* annektiert Champa bis Quang Tri und lässt 1070 den Literaturtempel in Hanoi errichten.
- **1225–1400:** Tran-Dynastie. Mongolen-Einfälle. Kriege gegen Champa.
- **1288:** *Tran Hung Dao* besiegt die Mongolen am Bach-Dang-Fluss.
- **1408–1428:** Dai Viet wird wieder chinesische Kolonie.
- **1428:** *Le Loi* besiegt die Chinesen und reformiert als *Kaiser Le Thai To* (1428–1433) die konfuzianische Monarchie.
- **1460–1497:** Höhepunkt der vietnamesischen Monarchie unter *Kaiser Le Thanh Ton*.
- **1535:** Portugiesen landen in Da Nang. Erste Niederlassung in Faifo.
- **1672–1786:** Teilung Dai Viets in die Fürstentümer der *Trinh* (Hanoi) und *Nguyen* (Hue).
- **1679:** Gründung Cholons durch chinesische Emigranten.
- **1771–1802:** Tay-Son-Revolte. *Kaiser Quang Trung* schlägt 1789 die Chinesen.
- **1802–1820:** *Gia Long* gründet die letzte Kaiser-Dynastie mit Sitz in Hue. Das Reich heißt erstmals Viet Nam.
- **1820–1841:** *Minh Mang* stabilisiert die konfuzianische Ordnung der Vorfahren. Kriege mit Siam um die Vorherrschaft über Kambodscha.
- **1847–1883:** *Kaiser Tu Duc* verliert Vietnam an Frankreich.
- **1847/1858:** Bombardierung von Tourane (Da Nang) durch die Franzosen.
- **1859:** Besetzung Saigons.
- **1862:** Abtretung von Cochinchina als französische Kolonie.
- **1883:** Die Franzosen erklären Annam und Tonkin zu Protektoraten und etablieren 1887 die Indochinesische Union.
- **1890:** Geburt *Ho Chi Minhs*.
- **1897–1902:** *Gouverneur Paul Doumer* baut den französischen Kolonialapparat auf.
- **1904:** Erste Widerstandsbewegung durch *Phan Boi Chau*.
- **1930:** Gründung der KPV in Hongkong unter dem Vorsitz *Ho Chi Minhs*.
- **1940–1945:** Okkupation durch Japan.
- **1941:** Gründung des *Viet Minh* (Liga für die Unabhängigkeit Vietnams).
- **1945:** *Ho Chi Minh* ruft in Hanoi die Demokratische Republik Vietnam aus.
- **1946–1954:** Der französische Krieg (Indochinakrieg).
- **1950:** Anerkennung der DRV durch Peking und Moskau und Beginn der amerikanischen Militärhilfe für Frankreich.
- **1954:** Kapitulation von Dien Bien Phu. Die Genfer Konferenz trennt Vietnam in zwei Militärzonen und schreibt landesweite Wahlen vor.
- **1960:** Gründung der FNL („Viet Cong"). Hanoi beschließt die aktive Unterstützung des Befreiungskampfes im Süden.
- **1963:** Buddhistische Opposition in Saigon und Hue. Sturz und Ermordung *Diems*.

■ **1964: Aug.:** Tonkin-Zwischenfall. Erste Bombardierungen der DRV.

■ **1965: März:** Erste reguläre US-Truppen (25.000 *Marines*) landen in Da Nang. **Juni:** *General Nguyen Van Thieu* wird Staatschef in Saigon. **Aug.:** Erste Einheiten der DRV greifen in Südvietnam ein.

■ **1968: Jan.:** Tet-Offensive. **März:** *Präsident Johnson* kündigt Pariser Friedensgespräche an (Mai).

■ **1969:** Amtsantritt *Nixons*. Ausweitung des Kriegs auf Kambodscha und Laos. Beginn des amerikanischen Truppenabbaus. **Sept.:** Tod *Ho Chi Minhs*.

■ **1973: Jan.:** Pariser Friedensabkommen zwischen *Le Duc Tho* und *Henry Kissinger*. **April:** Abzug der US-Truppen.

■ **1975: März:** Frühjahrs-Offensive der DRV. **30. April:** Einnahme Saigons. **Mai:** Erste Kriegshandlungen der Khmer Rouge gegen Vietnam.

■ **1976: April:** Wahlen zur ersten Nationalversammlung. **Juli:** Offizielle Wiedervereinigung und Ausrufung der SRV.

■ **1977:** Eskalierende Grenzzwischenfälle mit Kambodscha. **Sept.:** Aufnahme Vietnams in die *UNO*.

■ **1978: März:** Verstaatlichung des privaten Handels in Südvietnam. Fluchtwelle von Auslands-Chinesen *(Boat People)*.

■ **1979: Jan.:** Invasion Kambodschas und Sturz des *Pol-Pot*-Regimes. **17.2.–19.3.:** Chinesischer Straffeldzug gegen Hanoi.

■ **1986:** Der 6. Parteitag führt Wirtschaftsreformen ein (Doi Moi).

■ **1989:** Rückzug Vietnams aus Kambodscha.

■ **1991:** Der 7. Parteitag nimmt das Recht auf Privatbesitz in die Verfassung auf und beschließt stärkere Trennung von Partei und Regierung.

■ **1994:** *Clinton* hebt das Handelsembargo auf.

■ **1995:** Wiederaufnahme diplomatischer Beziehungen mit den USA. Voll-Mitgliedschaft im ASEAN-Bund.

■ **1997: 31.7.:** *Bao Dai*, letzter Kaiser Vietnams, stirbt im Exil.

■ **2001:** Erstes Handelsabkommen mit den USA.

■ **2007:** Beitritt zur Welthandelsorganisation *WTO*.

■ **2013:** *General Giap*, der Held von Dien Bien Phu, stirbt.

■ **2014:** Im Streit um Seegrenzen kommt es erstmals zu antichinesischen Demonstrationen.

■ **2018:** Staatspräsident *Tran Dai Quang* stirbt nach langer Krankheit. Sein Nachfolger wird der Partei-Generalsekretär *Nguyen Phu Trong*, der nun beide Ämter innehat.

■ **2019:** Vietnam und die EU unterzeichnen ein neues Freihandelsabkommen, das ab 1.8.2020 in Kraft tritt.

■ **2020: Jan.–März:** Die ersten SARS-CoV-2-Infektionen werden bestätigt. Die Regierung verhängt einen landesweiten *Lockdown* mit harten Quarantänemaßnahmen und schließt im März die Landesgrenzen. **Nov.:** Vietnam unterzeichnet gemeinsam mit 13 anderen asiatisch-pazifischen Ländern den Vertrag zur Gründung der „Regional Comprehensive Economic Partnership" (RCEP). Damit entsteht die größte Freihandelszone der Welt.

■ **2021: April:** Die Nationalversammlung bestätigt den bisherigen Premierminister *Nguyen Xuân Phúc* als neuen Staatspräsidenten und *Pham Minh Chinh* als neuen Premier.

■ **2022: März:** Vietnam öffnet wieder die Grenzen für Ausländer. **Juni:** Der Gesundheitsminister *Nguyen Thành Long* wird entlassen. Grund ist sein mangelhaftes Krisenmanagement in Sachen Corona.

■ **2023: Jan.:** Staatspräsident *Nguyen Xuân Phúc* tritt wegen Korruptionsvorwürfen zurück. Sein Nachfolger wird *Võ Văn Thuong*. **15.8.:** Neue Regelungen für die Visumvergabe an Touristen treten in Kraft. U.a. wird die Visumbefreiung für Reisende aus Deutschland von 15 auf 45 Tage erhöht.

■ **2024: 20.6.:** Der russische Präsident *Wladimir Putin* besucht trotz eines gegen ihn erlassenen Haftbefehls des *Internationalen Strafgerichtshofs* Hanoi. Dabei unterschreiben beide Länder eine Reihe von Kooperationsverträgen, wie beispielsweise ein Memorandum über den Zeitplan für den Bau eines Zentrums für Nuklearwissenschaft und -technologie, was vor allem deshalb interessant ist, weil Vietnam den Bau eines Atomkraftwerks plant.

ten, bei Kriegsende waren es 65 % – in einem Land ohne Industrie. 10 Mio. Flüchtlinge, je etwa eine halbe Mio. Drogensüchtige und Geschlechtskranke, rd. 2 Mio. Soldaten, Polizisten und Beamte einer faschistoiden und außer Landes geflohenen Junta. Abermillionen Hektar Acker- und Reisland wurden verwüstet, vergiftet und vergast. „Aus dem Mittelalter ins 20. Jahrhundert katapultiert."

Die Sozialistische Republik (SRV)

Ursprünglich hatte man geplant, die beiden Staaten fünf Jahre lang einen selbstständigen Kurs nehmen zu lassen, aber das Chaos im Süden und die Furcht vor separatistischen Tendenzen lässt Hanoi keine Wahl. Im April 1976 finden die ersten gesamtvietnamesischen Wahlen statt, im **Juli 1976,** mehr als ein Jahr nach Kriegsende, proklamiert die neugewählte Nationalversammlung die Sozialistische Republik Vietnam (SRV) mit der Hauptstadt Hanoi.

Verstaatlichung und Kollektivierung

Den an jahrelange Entbehrung und Disziplin ausgerichteten Kadern aus dem Norden kommt der chaotische und „lebenslustige" Süden wie ein einziger Sumpf vor, den man „austrocknen" muss, wenn man nicht in ihm versinken will. Aller Vorsätze zum Trotz gestaltet sich die Annexion des Südens wie eine **Fortsetzung des antikapitalistischen Kriegs mit anderen Mitteln.** Zwar rotten Zigtausende ehemalige Beamte und Offiziere des Saigoner Regimes auf Jahre hinaus (in extremen Fällen bis zu 10 oder mehr) in sogenannten **„Umerziehungslagern"** dahin, aber ein Blutbad, wie im Westen allgemein vorhergesehen, findet nicht statt.

Unfähig, dem florierenden **Schwarzmarkt** und der Korruption im Süden mit bürokratischen Mitteln Herr zu werden, beschließt Hanoi im März **1978** eine **„zweite Schlacht um Saigon".** Eine überraschende **Währungsreform** und die **Enteignung** der blühenden Privat- und Spekulationswirtschaft (speziell der chinesischstämmigen Handelsbourgeoisie von Cholon) führt zu einem Exodus Hunderttausender, die in der **Flucht übers Meer (Boat People)** die einzige Möglichkeit sehen, ihre in Gold und Devisen angelegten Vermögen aus der Kriegswirtschaft zu retten. Das durch den Zusammenbruch der Privatwirtschaft entstandene Vakuum und die realsozialistische Dreieinigkeit aus Inkompetenz, Korruption und Bürokratismus schaffen in dem von jahrelangen Kriegen geschundenen Land ein **Chaos** ohnegleichen. Das ohnehin arme Vietnam wird zu einem der ärmsten Länder der Welt.

Erst der Parteitag vom Dezember **1986** leitet fällige Reformen ein. *Nguyen Van Linh,* acht Jahre zuvor für „den Fehlschlag der Sozialisierung Saigons" noch degradiert, wird Generalsekretär und verkündet **Doi Moi,** die „Erneuerung"; *Vo Van Kiet,* der erste sozialistische Bürgermeister von Ho Chi Minh City, wird Planungsminister und 1991 zum Ministerpräsidenten ernannt. Im gleichen Jahr wird der Privatbesitz erstmals verfassungsrechtlich garantiert.

Boykott und Isolation (1975–1990)

„Die Regierung der Vereinigten Staaten wird zum Wiederaufbau Nordvietnams ohne jede politische Vorbedingung ihren Beitrag leisten."

(*Richard Nixon* am 1.2.1973)

Alle Bemühungen um Zusammenarbeit mit dem Westen scheitern am Veto der USA, die **1975** das gegen Nordvietnam verhängte **Embargo** auf ganz Vietnam ausdehnen und das ausgepowerte Land zwischen die **machtpolitischen Mühlsteine** der „Brudermächte" China und Sowjetunion treiben. Dank des amerikanischen Boykotts sind selbst humanitäre Maßnahmen und Hilfeleistungen von Seiten westlicher Staaten verpönt.

Die vietnamesische Führung unter Ministerpräsident *Pham Van Dong* sucht aus Rücksicht auf den Westen und um Peking nicht unnötig zu provozieren, eine einseitige Bindung an Moskau um jeden Preis zu vermeiden. Doch die Wut der Chinesen auf die „revisionistischen Verräter in Hanoi", die *Maos* Kulturrevolution eine deutliche Absage erteilt und sich angeblich „Moskau an den Hals geworfen" hatten, kennt keine Grenzen. Ende **1978** nimmt **Peking,** das sich von Hanoi und Moskau zunehmend „eingekreist" fühlt, die Enteignung der Auslandschinesen zum Vorwand, die **Beziehungen zu Vietnam abzubrechen.** Im November 1978, nach einem erneuten Scheitern aller Verhandlungen mit Washington, schließt die SRV einen offiziellen **Freundschaftsvertrag mit der Sowjetunion.**

Der Kambodschanische Krieg

Als 1975 die von Peking geförderten ultranationalistischen **Khmer Rouge** *Pol Pots* in Phnom Penh an die Macht gelangen, kommt es zum tödlichen Konflikt. Mit der gleichen Skrupellosigkeit und Brutalität, mit der sie ihr Land in einen steinzeitlichen Agrarkommunismus treiben, dem 2 Mio. ihrer Landsleute zum Opfer fallen, säubern sie ihr Kampuchea von Vietnamesen und „provietnamesischen Elementen" und verüben gezielte Grenzübergriffe gegen Vietnam, die sich mit Unterstützung Chinas zu regelrechten Kriegshandlungen und Massakern ausweiten.

Im **Januar 1979** fallen **vietnamesische Truppen** in Kambodscha ein, **befreien Phnom Penh** und etablieren eine neue, provietnamesische Marionettenregierung. Die ungeschminkte Wahrheit über die Khmer Rouge und die *Killing Fields,* die auf diese Weise ans Licht kommt, entsetzt die Welt – aber natürlich nimmt Hanoi niemand ab, es sei etwa aus „humanitären" Gründen in Kambodscha einmarschiert.

Chinesische „Strafaktion". Die günstige Gelegenheit, dem „undankbaren" Vietnam vor aller Weltöffentlichkeit „eine Lektion zu erteilen", lässt Peking sich nicht entgehen. Von *Deng Xiaoping* US-Präsident *Carter* zuvor vertraulich als „zeitlich begrenzte Strafaktion" angekündigt, überschreiten am **17.2.1979** 100.000 chinesische Soldaten die Grenze. Der 16-tägige „pädagogische" Krieg, der Vietnams maroder Wirtschaft den Todesstoß versetzen und Hanoi zum Rückzug aus Kambodscha zwingen soll, zerstört allerdings nur Vietnams nördliche Grenzprovinzen.

Der **Feldzug in Kambodscha** gestaltet sich zäh. In einer ironischen Umkehrung der Rolle, die die Amerikaner in Vietnam gespielt hatten, mühen sich die Vietnamesen jahrelang vergeblich ab, die Dschungelpartisanen der Khmer Rouge mit ihrer überlegenen Armee auszuschalten und das Marionettenregime von Phnom Penh der Weltöffentlichkeit als rechtens anzudienen. **1985** kündigt Hanoi unter dem Druck des Westens und der immer prekärer werdenden wirtschaftlichen und militärischen Probleme den **Abzug** seiner Truppen bis **Ende 1989** an. Im Sommer darauf distanziert sich die amerikanische Regierung unter *George Bush* erstmals von den Massenmördern um *Pol Pot* und führt zum ersten Mal seit über zehn Jahren wieder Gespräche mit Vietnam.

(Weiteres zur politischen Entwicklung → „Aktuelle Politik".)

Staat und Verwaltung

In Vietnam herrscht die **Partei,** nicht die Regierung. Diese soll lediglich die Vorgaben der Partei in praktische Arbeit umsetzen. Die Partei wird weder durch eine Opposition noch durch eine unabhängige Presse überwacht – gemessen wird sie in der Praxis einzig am Wirtschaftswachstum, das sie zustande bringt. Von der Entwicklung der Wirtschaft hängt nicht nur die gesellschaftliche Stabilität ab, sondern letztlich auch das Überleben der Partei, die ihr Land mit wachsendem Wohlstand zufrieden (und ruhig) stellen muss.

Die **Sozialistische Republik Vietnam** (SRV) ging im Juli 1976 aus der Vereinigung der Demokratischen Republik Vietnam (DRV, Nordvietnam) mit der von den USA ins Leben gerufenen Republik Südvietnam hervor.

Die Kommunistische Partei

Durch ihre **historische Verwurzelung** unterscheidet sich die KPV grundlegend von den ehemaligen „Bruderparteien" des Ostblocks. Das sozialistische Regime kam in Vietnam weder durch einen militärischen Umsturz noch durch einen von außen gesteuerten Coup an die Macht, sondern durch den Kampf um nationale Unabhängigkeit. Zudem ist die **Führung** der KPV im Unterschied zu anderen kommunistischen Parteien traditionell **kollektiv** angelegt. Das Kollektiv verhindert das Machtmonopol Einzelner – nicht einmal *Ho Chi Minh* verfügte je über uneingeschränkte Macht – und macht vietnamesische Politik vergleichsweise **berechenbar** – dramatische Säuberungsaktionen und abrupte Kurswechsel à la Beijing hat es in Hanoi nie gegeben –, fördert allerdings auch **Kompromisslösungen** und eine gewisse Unbeweglichkeit.

Der Führungsanspruch der Partei ist seit 1980 in der Verfassung festgeschrieben. Beschlüsse ihrer höchsten Instanz, des **Politbüros,** besitzen Gesetzeskraft bzw. können Gesetze außer Kraft setzen.

[>] Ho Chi Minh-„Altar"

Geschichte

Die KPV (Dang Cong San Viet Nam) wird im **Februar 1930** in **Hongkong** unter dem Vorsitz von *Ho Chi Minh* als Widerstandsorganisation gegen den französischen Kolonialismus gegründet. Von einem „Siegeszug" der Kommunisten kann lange keine Rede sein, im Gegenteil, konkurrierende Gruppen und Organisationen werfen den „moskauhörigen" Genossen nationale Defizite und mangelnden Aktionismus vor. Trotzdem werden die Kommunisten mehr als alle anderen Widerstandsgruppen von der französischen Geheimpolizei verfolgt; zeitweise sitzt fast die gesamte Führungsspitze der Partei auf der KZ-Insel Poulo Condore ein, die Generalsekretäre *Tran Phu* und *Le Hong Phong* werden hingerichtet bzw. ermordet.

Erst der Ausbruch des Zweiten Weltkriegs und die japanische Besetzung spülen die Kommunisten an die Front. Unter der Führung *Ho Chi Minhs,* der Anfang 1941 nach 30-jährigem Exil in die Heimat zurückkehrt, ruft die KP zu einer **nationalen Widerstandsfront** auf (Viet Minh), die unter Leitung der Kommunisten die Unabhängigkeit erringt.

Am **2. September 1945** proklamiert *Ho Chi Minh* die Demokratische Republik Vietnam (DRV) und löst aus taktischen Gründen kurz darauf die KP auf, ehe sie 1951 als Lao Dong (Partei der Werktätigen) wiederaufersteht. Unter dem Namen *Lao Dong* regieren die Kommunisten ab 1954 die Demokratische Republik Vietnam und unterstützen ab 1960 die Nationale Befreiungsfront in Südvietnam. Als KP fungiert die Partei offiziell erst wieder seit der Wiedervereinigung Vietnams 1976.

Struktur. Die Mitgliederzahl der KPV betrug nach offiziellen Angaben im Jahr 2021 5,1 Mio. Höchste Instanz ist der **Parteitag,** der in der Regel alle fünf Jahre zusammentritt. Das **Zentralkomitee** als höchstes Machtorgan zwischen den Parteitagen tritt ein- bis zweimal im Jahr zusammen und beruft als sein ständiges Verwaltungsorgan ein aus neun Personen bestehendes Sekretariat, dem ein **Generalsekretär** vorsteht, und ein 13-köpfiges **Politbüro,** die mächtigste Institution der Partei.

Der alle fünf Jahre stattfindende Parteitag ratifiziert letztlich nur, was zuvor in monatelangen Debatten und Diskussionen zwischen Distrikts- und Provinzkongressen, Politbüro und ZK ausgehandelt wurde. Die nach außen hin „einhelligen" Beschlüsse stellen lediglich **Kompromisse** dar, denen oft heftige Fehden

020vi kb

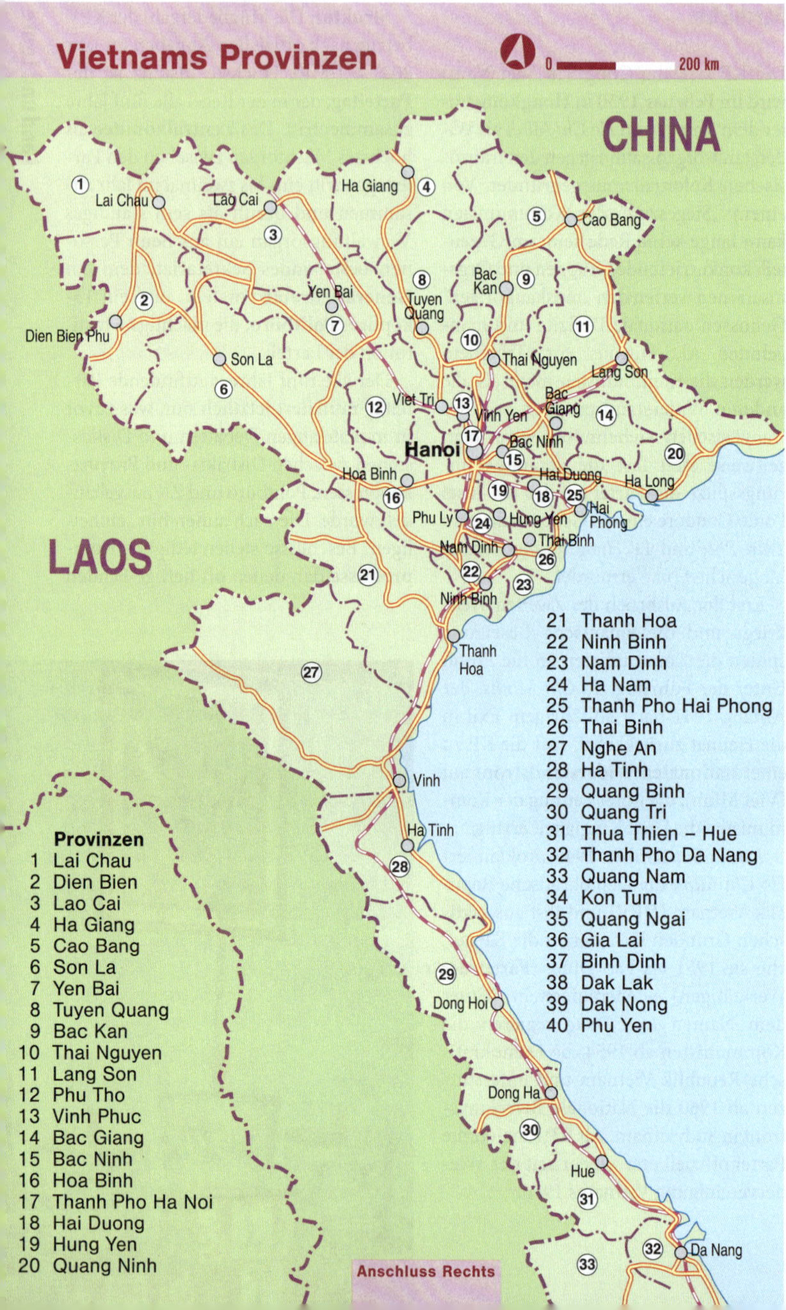
Vietnams Provinzen
0 200 km
CHINA
LAOS
Lai Chau
Lao Cai
Ha Giang
Cao Bang
Bac Kan
Tuyen Quang
Yen Bai
Dien Bien Phu
Son La
Thai Nguyen
Lang Son
Viet Tri
Vinh Yen
Bac Giang
Hanoi
Bac Ninh
Hai Duong
Ha Long
Hoa Binh
Phu Ly
Hung Yen
Hai Phong
Thai Binh
Nam Dinh
Ninh Binh
Thanh Hoa
Vinh
Ha Tinh
Dong Hoi
Dong Ha
Hue
Da Nang
Provinzen
1 Lai Chau
2 Dien Bien
3 Lao Cai
4 Ha Giang
5 Cao Bang
6 Son La
7 Yen Bai
8 Tuyen Quang
9 Bac Kan
10 Thai Nguyen
11 Lang Son
12 Phu Tho
13 Vinh Phuc
14 Bac Giang
15 Bac Ninh
16 Hoa Binh
17 Thanh Pho Ha Noi
18 Hai Duong
19 Hung Yen
20 Quang Ninh
21 Thanh Hoa
22 Ninh Binh
23 Nam Dinh
24 Ha Nam
25 Thanh Pho Hai Phong
26 Thai Binh
27 Nghe An
28 Ha Tinh
29 Quang Binh
30 Quang Tri
31 Thua Thien – Hue
32 Thanh Pho Da Nang
33 Quang Nam
34 Kon Tum
35 Quang Ngai
36 Gia Lai
37 Binh Dinh
38 Dak Lak
39 Dak Nong
40 Phu Yen
Anschluss Rechts

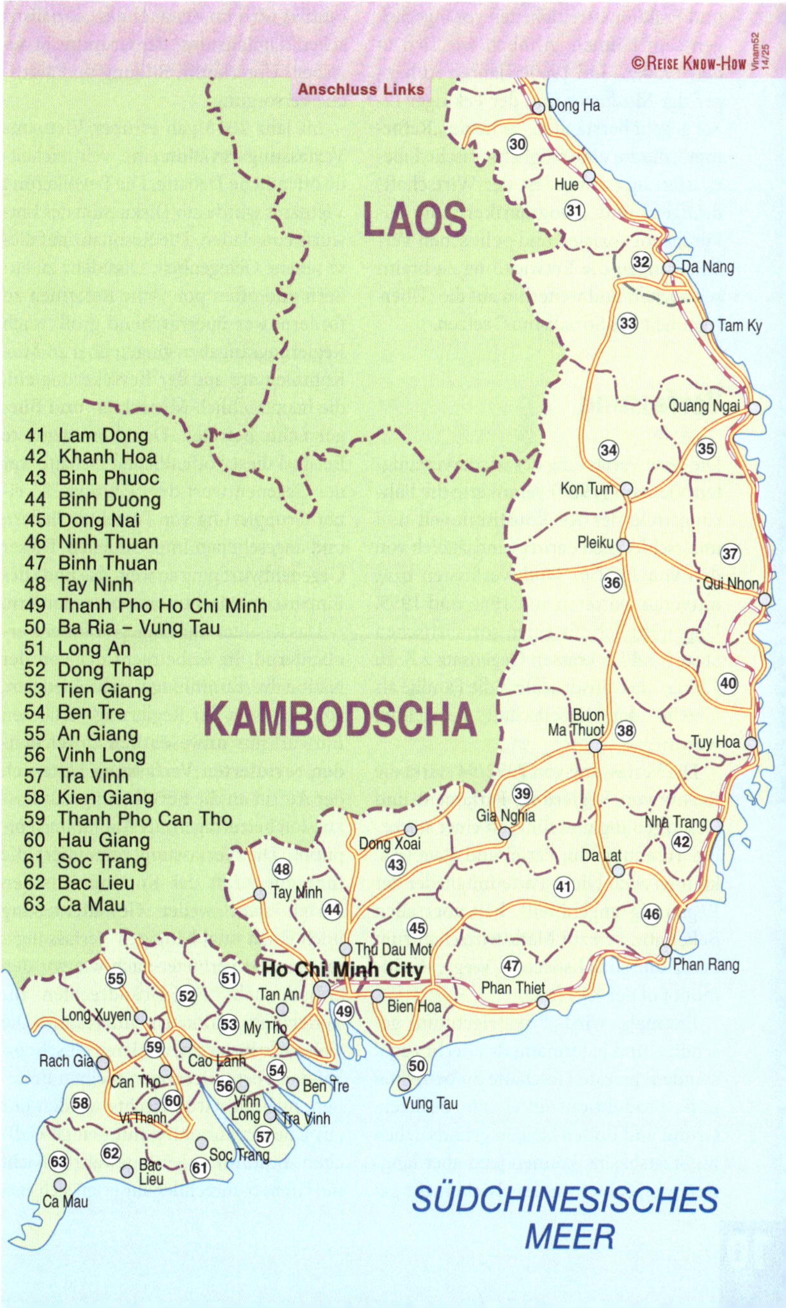
©Reise Know-How
Vinam52 14/25
Anschluss Links
LAOS
KAMBODSCHA
SÜDCHINESISCHES MEER
41 Lam Dong
42 Khanh Hoa
43 Binh Phuoc
44 Binh Duong
45 Dong Nai
46 Ninh Thuan
47 Binh Thuan
48 Tay Ninh
49 Thanh Pho Ho Chi Minh
50 Ba Ria – Vung Tau
51 Long An
52 Dong Thap
53 Tien Giang
54 Ben Tre
55 An Giang
56 Vinh Long
57 Tra Vinh
58 Kien Giang
59 Thanh Pho Can Tho
60 Hau Giang
61 Soc Trang
62 Bac Lieu
63 Ca Mau
Dong Ha
Hue
Da Nang
Tam Ky
Quang Ngai
Kon Tum
Pleiku
Qui Nhon
Buon Ma Thuot
Tuy Hoa
Gia Nghia
Nha Trang
Dong Xoai
Da Lat
Tay Ninh
Thu Dau Mot
Phan Rang
Ho Chi Minh City
Tan An
Bien Hoa
Phan Thiet
Long Xuyen
My Tho
Rach Gia
Cao Lanh
Can Tho
Ben Tre
Vinh Long
Tra Vinh
Vung Tau
Vi Thanh
Soc Trang
Bac Lieu
Ca Mau
30
31
32
33
34
35
36
37
38
39
40

und Fraktionsstreitigkeiten vorangegangen sein können. Ähnlich wie sich in den 1950er- und 1960er-Jahren Anhänger der Moskauer und der Pekinger Linie gegenüberstanden, so heute **„Reformer"**, die auf eine möglichst rasche Liberalisierung (zumindest der Wirtschaft) drängen, und **„Dogmatiker"**, die aus Furcht vor sozialen und politischen Veränderungen die Entwicklung zu bremsen suchen und weiterhin auf die „Überlegenheit des Sozialismus" setzen.

Verfassung

Die erste Verfassung des wiedervereinigten Vietnam **(1980)** verankerte die Führungsrolle der KP konstitutionell und unterschied sich darin grundsätzlich von den von *Ho Chi Minh* verfassten bzw. mitverantworteten von 1946 und 1959. Ungewöhnlich für einen sozialistischen Staat (und im krassen Gegensatz z.B. zu China), dass ausdrücklich die Familie als Urzelle der Gesellschaft bezeichnet wurde.

Die Verfassung von **1992/94** stärkt die Rechte von Regierung, Parlament und Gesetzgebung und führt zu einer stärkeren Trennung von Partei und Staat (u.a. können auch Nicht-Parteimitglieder der Regierung angehören), hält aber allen Bekenntnissen zur Marktwirtschaft zum Trotz am sozialistischen Weg (Machtmonopol der KP) fest.

Erstmals wird Privateigentum geschützt, und jedermann das Recht zugestanden, private Geschäfte zu betreiben und Produktionsmittel zu besitzen. Grund und Boden bleiben grundsätzlich im Staatsbesitz, können jetzt aber langfristig gepachtet werden. Nicht mehr garantiert wird im Zeitalter des „sozialistischen Kapitalismus" das Grundrecht auf Arbeit, Unterkunft, Bildung und ärztliche Versorgung.

Im Jahr **2013** gab es über Vietnams **Verfassungsrevision** eine weit reichende öffentliche Debatte. Die Bevölkerung Vietnams wurde zur Diskussion des Entwurfs eingeladen. Die Resonanz auf diese seltene Gelegenheit, Dissidenz zu äußern und offen politische Reformen zu fordern, war überraschend groß. Nach Regierungsangaben gingen über 26 Mio. Kommentare aus der Bevölkerung ein, die hauptsächlich **Menschen- und Bürgerrechte** betrafen. Das prominenteste Beispiel dieser öffentlichen Debatte war der Gegenentwurf der „Petition 72", einer Gruppierung von Parteimitgliedern und angesehenen Intellektuellen. Dieser Gegenentwurf ging so weit, das Ende des Einparteien-Machtmonopols zu fordern.

Das Resultat war hingegen äußerst ernüchternd. In Anbetracht der von der Nationalversammlung verabschiedeten, von dem von der Regierung verfassten Entwurf **nur unwesentlich abweichenden revidierten Verfassung** hatte sich der Aufruf an die Bevölkerung, zur Diskussion beizutragen, als Alibiübung entpuppt. Die Verfassung zementiert die führende Kraft der Kommunistischen Partei, sieht weder Gewaltenteilung noch einen unabhängigen Verfassungsrat vor und verbietet nach wie vor den „Missbrauch" von Grundrechten zur Verletzung nationaler Interessen. Die vielfach kritisierten, unklaren einschränkenden Formulierungen bleiben bestehen, mehrere Grundrechte werden nur „in Übereinstimmung mit den gesetzlichen Bestimmungen" gewährt. Nicht nur Menschenrechtler äußerten sich enttäuscht: Die Verfassung bestätige die führende Rolle des Staates in Vietnams Wirtschaft, hieß es in einer Stellungnahme der Amerikanische Handelskammer. Dies sei kein ermutigendes Zeichen dafür, dass das Land bestrebt sei, sich in der globalen Wirtschaft zu behaupten.

Nationalversammlung

Am Parteitag der **Kommunistischen Partei Vietnams** wird alle fünf Jahre das neue **Zentralkomitee** gewählt (zuletzt 2021), welches dann das **Politbüro,** den **Generalsekretär** und weitere Parteigremien bestimmt. Danach wählt die Bevölkerung die neue Nationalversammlung (500 Abgeordnete). Diese Nationalversammlung bestätigt darauf die von der Partei bereits intern designierte neue Führungsspitze, also den **Staatspräsidenten,** den **Premierminister** und den **Vorsitzenden der Nationalversammlung,** die aus den Reihen des Politbüros kommen.

Die Kommunistische Partei ist die einzige zugelassene Partei des Landes. **Oppositionsparteien** werden im sozialistischen Einparteien-Regime nicht geduldet, doch auch parteilose Kandidaten dürfen sich nach der Verfassung zur Wahl stellen. Die Nominierung der Kandidaten muss aber von der **Vaterländischen Front** genehmigt werden, der sozialpolitischen Dachorganisation der Kommunistischen Partei. Diese bestimmt also, wer als Wahlkreiskandidat überhaupt aufgestellt wird. 2016 wollten über hundert **Nicht-Parteimitglieder** kandidieren – so viele wie noch nie zuvor. Nur elf davon standen letztlich auf der Wahlliste mit insgesamt 870 Kandidaten und Kandidatinnen für die Nationalversammlung.

Nicht selten kommt es vor, dass das Familienoberhaupt für alle Familienmitglieder stimmt, obwohl das eigentlich nicht zulässig ist. Wahlpflicht besteht nicht, wohl aber ein gewisser Druck auf die Familien. Bei vergangenen Wahlen wurde die **Wahlbeteiligung** offiziell jeweils mit um die 98 Prozent angegeben.

Die Nationalversammlung ist in den vergangenen Jahren zunehmend selbstständiger und kritischer geworden. Zudem werden die Diskussionen im Parlament nach außen transparenter und im Fernsehen übertragen. Dennoch schätzen Experten die Kontrollfunktion des Parlaments gegenüber der Regierung als sehr eingeschränkt ein.

Regierung

Der **Ministerrat** entspricht in Aufgaben und Befugnissen einer westlichen Regierung und setzt sich aus dem Premierminister, seinen Stellvertetern und Fachministern zusammen; über Ministerrang verfügen auch der Direktor der Staatsbank, der Oberbefehlshaber der Streitkräfte und der Oberste Richter. **Häufige Personalwechsel** sind Folge des waltenden „Kompromiss-Prinzips", das ungeachtet ihrer Kompetenz immer wieder „verdiente Genossen" und bloße Repräsentanten in höchste Ämter und „Beraterposten" hievt. **Premierminister** ist seit 2021 *Pham Minh Chinh.* Seit Mai 2024 ist *Tô Lâm* **Staatspräsident.** Sein Vorgänger *Võ Văn Thuong* musste wegen Korruptionsvorwürfen zurücktreten.

Massenorganisationen

Laut sozialistischer Doktrin ist jedermann, ob Bauer, Arbeiter, Schriftsteller, Mann oder Frau, „automatisch" einer Organisation zugehörig. Schirmherr aller Organisationen ist die **Vaterländische Front.** Gewerkschaften und Jugendorganisationen fungieren als PR-Agenten der Partei und „langer Arm" des Staates, erfüllen aber auch die gleichen Zwecke wie Interessenvertretungen und Berufsverbände in westlichen Gesellschaften. So hat die 1930 gegründete **Frauen-Union** im Lauf der Zeit durchaus Rechte erkämpft, die auch im Westen keineswegs selbstverständlich sind (Urlaubsanspruch, Krankengeld, Kindergartenplatz, Schwangerschaftsurlaub, Anrecht auf Weiterbildung). Dass diese Rechte aufgrund von Kriegs- oder Misswirtschaft oft nicht wahrgenommen werden können, steht auf einem anderen Blatt.

530v aw

Verwaltung

Immer neue Gebietsreformen haben seit 1991 mehr als ein Dutzend **neue Provinzen** sowie fünf **Stadtstaaten** (Hanoi, Ho Chi Minh, Haiphong, Da Nang und Can Tho) entstehen lassen. Die Provinzverwaltungen und Volkskomitees der Städte sind angehalten, eigenverantwortlich auf Gewinn und Verlust zu wirtschaften, was einerseits einen erheblichen Zuwachs an Autonomie und Handlungsfreiheit mit sich bringt, andererseits aber **regionale Ungleichheiten** verschärft. Relativ eigenständigen, „unternehmerischen" Provinzen, die zudem von ausländischen Investitionen profitieren, stehen relativ unbewegliche, auf Direktiven der Zentralmacht wartende oder auch schlichtweg korrupte Provinzen gegenüber.

Die Provinzen Vietnams und ihre Hauptstädte

In der rechten Spalte der Liste (→ rechts) steht der Name der Provinzhauptstadt. Bei einer Neugliederung 2008 wurden die Provinz Ha Tay und Teile weiterer Provinzen dem Verwaltungsgebiet Hanoi hinzugefügt und die Hauptstadt durch diesen Kunstgriff deutlich vergrößert.

◁ Kontrast in Ho Chi Minh City

Mekong-Delta

Tien Giang	My Tho
Thanh Pho Can Tho	Stadtstaat
Hau Giang	Vi Thanh
Soc Trang	Soc Trang
Kien Giang	Rach Gia
An Giang	Long Xuyen
Vinh Long	Vinh Long
Tra Vinh	Tra Vinh
Ben Tre	Ben Tre
Ca Mau	Ca Mau
Bac Lieu	Bac Lieu
Dong Thap	Cao Lanh

Süden

Long An	Tan An
Thanh Pho Ho Chi Minh (inkl. HCMC, Cho Lon)	Stadtstaat
Dong Nai	Bien Hoa
Ba Ria – Vung Tau	Vung Tau
Tay Ninh	Tay Ninh
Binh Duong	Thu Dau Mot
Binh Phuoc	Dong Xoai

Zentrales Hochland

Lam Dong	Da Lat
Dak Lak	Buon Ma Thuot
Dak Nong	Gia Nghia
Gia Lai	Pleiku
Kon Tum	Kon Tum

Südliche Zentralküste

Binh Thuan	Phan Thiet
Ninh Thuan	Phan Rang
Khanh Hoa	Nha Trang
Phu Yen	Tuy Hoa
Binh Dinh	Qui Nhon
Quang Ngai	Quang Ngai
Thanh Pho Da Nang	Stadtstaat
Quang Nam	Tam Ky

Nördliche Zentralküste

Thua Thien – Hue	Hue
Quang Tri	Dong Ha
Quang Binh	Dong Hoi
Ha Tinh	Ha Tinh
Nghe An	Vinh
Thanh Hoa	Thanh Hoa

Delta des Roten Flusses

Nam Dinh	Nam Dinh
Ha Nam	Phu Ly
Ninh Binh	Ninh Binh
Thai Binh	Thai Binh
Thanh Pho Ha Noi	Stadtstaat
Phu Tho	Viet Tri
Vinh Phuc	Vinh Yen
Bac Giang	Bac Giang
Bac Ninh	Bac Ninh
Hai Duong	Hai Duong
Hung Yen	Hung Yen
Thanh Pho Haiphong	Stadtstaat
Quang Ninh	Ha Long

Bergland des Nordens

Lang Son	Lang Son
Thai Nguyen	Thai Nguyen
Bac Kan	Bac Kan
Cao Bang	Cao Bang
Ha Giang	Ha Giang
Tuyen Quang	Tuyen Quang
Yen Bai	Yen Bai
Lao Cai	Lao Cai
Dien Bien	Dien Bien Phu
Lai Chau	Lai Chau
Son La	Son La
Hoa Binh	Hoa Binh

Die Provinzen *(thinh)* sind unterteilt in **Distrikte (huyen)** und **Kommunen** (Dörfer/Städte), die von ihren jeweiligen Volkskomitees verwaltet werden.

Aktuelle Politik

Mit dem Kommunismus in Vietnam verhält es sich wie mit dem einbalsamierten *Ho Chi Minh:* ein Leichnam mit deutlich sichtbarem Verfallsdatum, öffentlich zur Schau gestellt, damit die Massen ergriffen vorbeidefilieren. Um Ideologien – oder gar Weltanschauungen – geht es längst nicht mehr, sondern einzig um Gesten der Loyalität und Unterwerfung. Vietnam ist eindeutig ein **autoritärer,** wenn auch **kein totalitärer Staat.**

Vietnams Revolutionäre wurden vor Jahrzehnten Kommunisten weniger aus ideologischer Erleuchtung – was gerade auch für *Ho Chi Minh* gilt –, sondern aus Verzweiflung über das Elend ihres Landes, an dem sie dem Kolonialismus die Hauptschuld gaben. Sie sahen im Kommunismus das beste (ja einzige) Instrument, die französischen Kolonialherren zu vertreiben und Vietnam unabhängig, respektiert und wohlhabend zu machen. Das sind zwar die gleichen Ziele wie heute. Aber die neue Zeit verlangt eigentlich neue Instrumente.

Im Alltag hat sich vieles, ja fast alles verändert – an den grundlegenden Koordinaten der vietnamesischen Politik jedoch fast nichts. Pluralismus und Demokratie nach westlichem Muster werden nach wie vor strikt abgelehnt – wer auch nur die leisesten Forderungen danach stellt, muss noch heute mit seiner Verhaftung rechnen. Zumal die Ereignisse in der ehemaligen Sowjetunion als warnendes Beispiel für die Ineffektivität und Anarchie von Demokratisierungstendenzen gelten. Am ehesten könnte man sich noch für das **Modell Singapur** erwärmen, ein System mit (vergleichsweise) Rechtssicherheit und freien Wahlen, aber dominierender Partei und autoritärem Regierungschef.

Außenpolitik

Das **Ende der Isolation** (US-Embargo) zeichnete sich 1989 ab, war angesichts des Zusammenbruchs des sozialistischen Lagers allerdings auch eine Frage des puren Überlebens. Den ersten notwendigen Schritt, den Rückzug aus Kambodscha, erbrachte man Ende 1989. Bereits im Jahr darauf waren Taiwan, Hongkong, Südkorea und Japan (anstatt Russland) die wichtigsten Handelspartner, und nahmen Länder wie Italien und Frankreich wieder **Entwicklungshilfe** und wirtschaftliche Zusammenarbeit auf. Ende 1991 folgte auch Deutschland. Trotz des Entfalls der sowjetischen Hilfe und der Fortsetzung des US-Embargo konnte Vietnam bereits 1992 sein Bruttosozialprodukt um über 5 % steigern.

1992 schloss man mit dem bis dato strikt antikommunistischen **ASEAN-Bund** einen Freundschaftsvertrag, der schon drei Jahre später in die Vollmitgliedschaft mündete.

Den endgültigen **Durchbruch** schaffte Vietnam 1993, als nacheinander *Weltbank, Internationaler Währungsfonds* (IWF) und die *Asiatische Entwicklungsbank* erstmals seit 1979 wieder **Kredite** bewilligten und umfangreiche Schuldentilgungen ermöglichten. Nachdem die **USA** kein Veto gegen die Hilfe für den einstigen Kriegsgegner eingelegt hatten, war es nur eine Frage der Zeit, bis das 1964 gegen Nordvietnam verhängte (und 1975 auf ganz Vietnam ausgeweitete) Embargo Washingtons fallen würde.

Im Februar 1994 verkündete *Präsident Bill Clinton* das **Ende der Blockade.** Seit 1996 gibt es wieder eine US-Botschaft in Vietnam, und 2001 wurde das erste Handelsabkommen zwischen beiden Ländern ratifiziert, das die Zölle vietnamesischer Ausfuhren in die USA von rund 40 auf 4 % reduzierte und als erster Schritt zur Aufnahme Vietnams in die **WTO** *(World Trade Organisation)* gewertet wurde, die 2007 erfolgte.

Schritt um Schritt wurden auch die Differenzen mit **China** beigelegt. Ende 1992 besuchte zum ersten Mal seit 20 Jahren ein chinesisches Staatsoberhaupt Hanoi *(Li Peng)*, bereits im Jahr zuvor waren die seit 1979 geschlossenen Grenzen wieder geöffnet worden. Im Nov. 2020 unterzeichnete Vietnam unter Federführung von China und gemeinsam mit 13 anderen asiatisch-pazifischen Ländern den Vertrag zur Gründung der *Regional Comprehensive Economic Partnership (RCEP)*. Damit entstand die größte **Freihandelszone** der Welt.

Vietnam und Deutschland

„Die Soldaten, die in Indochina Blut und Leben lassen, tun dies nicht bloß für Frankreich allein, sondern im Dienste der Freiheit der ganzen Welt."

(*Konrad Adenauer*, 1954)

„Es ist selbstverständlich, dass wir in dem harten Kampf, in dem Amerika steht, um in Vietnam die Freiheit zu verteidigen, uns angesprochen fühlen müssen. Denn wehe, wenn die Vereinigten Staaten dort versagen würden, dann frage ich Sie: Wie steht es um die Sicherheit Berlins und um die Sicherheit Europas?"

(*Ludwig Erhard*, 1966)

„Wir sind darauf vorbereitet, in beiden Teilen Vietnams gemeinsam mit anderen beim Aufbau dieses gequälten und verwüsteten Landes zu helfen, wenn endlich die Waffen schweigen."

(*Willy Brandt*, 1973)

Nur wenige Ereignisse der Nachkriegszeit haben das Bewusstsein vieler Deutscher so geprägt – aber auch so gespalten – wie die Kriege im fernen „Indochina". Während die **DDR** noch in ihrem Gründungsjahr (1949) diplomatische Beziehungen zur DRV aufnahm, wurde das Vietnambild im **Westen** jahrzehntelang von der Phrase der „Verteidigung Berlins am Mekong" bestimmt. Über 100.000 deutsche Fremdenlegionäre (manche sprechen von bis zu 200.000) standen Anfang der 1950er-Jahre „im Dienste der Freiheit", über 3000 fielen allein in Dien Bien Phu. Und als die weltweiten Proteste und Demonstrationen gegen die „Friedenspolitik" der USA in Vietnam 1967 auch Berlin und München erreichten, ging ein weiteres Mal ein tiefer Riss durch die (west)deutsche Öffentlichkeit.

Im **April 1991** bezogen die diplomatischen Vertreter der BRD (seit 1976 in Hanoi) die Villen der ehemaligen DDR-Botschaft (seit 1949 in Hanoi), und noch im gleichen Jahr wurden die nach 1979 eingefrorene **Entwicklungshilfe** und **wirtschaftliche Zusammenarbeit** wieder aufgenommen. Deutschland sagte Vietnam 2021 113,5 Mio. Euro an Entwicklungshilfe zu – in erster Linie zur Armutsbekämpfung (Beratung, Ausbildung, Kredite etc.) sowie zum Aufbau von Marktwirtschaft und Gesundheitsvorsorge.

Doi Moi

Doi Moi („Erneuerung“) wurde **1986** als vietnamesisches Pendant zur sowjetischen **Perestroika** ins Leben gerufen. Doi Moi setzte zwar radikal auf ökonomische Reformen (Übergang von der Plan- zur Marktwirtschaft) und konsequente Öffnung zum Westen (politisch wie wirtschaftlich), suchte aber zur gleichen Zeit das sozialistische Modell und die Macht der Kommunistischen Partei zu zementieren.

Die **Liberalisierung der Wirtschaft** (Privatisierung der Landwirtschaft, Förderung des privaten Unternehmertums, Öffnung für ausländische Investitionen) zeitigte binnen verblüffend kurzer Zeit ökonomische Erfolge. Gleichzeitig trieben viele der nicht mehr subventionierten Staatsbetriebe und staatlichen Einrichtungen (inkl. Erziehung und Gesundheit!) in den Bankrott und wurden Kräfte und Mechanismen freigesetzt, die zunehmend die innere Stabilität gefährdeten.

Partei und Regierung sagten dem Wildwuchs der beiden konkurrierenden, miteinander unvereinbaren Systeme Sozialismus und Marktwirtschaft (Wucher, Schmuggel, Korruption, Kriminalität etc.) zwar von Anfang an den Kampf an, können sich aber über deren Ursache (zu viele oder noch zu wenig Reformen?) bis heute nicht einig werden.

Rund 100.000 Vietnamesen, die in der ehemaligen DDR gearbeitet haben oder dort zur Ausbildung waren, bilden heute eine – in Asien einzigartige – Brücke zwischen Deutschland und Vietnam.

Die DDR hatte in Vietnam zwischen 1980 und 1988 rund 1 Mrd. Ostmark Entwicklungshilfe geleistet, die außer in Wiederaufbaumaßnahmen, Krankenhäuser, technische Werkstätten etc. vor allem in Plantagen floss (Kautschuk, Kaffee, Tee, Pfeffer), deren Produkte für den Export in die DDR bestimmt waren. Im gleichen Zeitraum kamen mehr als 200.000 Vietnamesen als „Gastarbeiter“ in die DDR und wurden zeitweise bis zu 80 % aller ins Ausland entsandten vietnamesischen Physiker, Techniker, Ingenieure, Ärzte und Wissenschaftler dort ausgebildet.

Wirtschaftliche Beziehungen

Die *Lufthansa* war (nach der *Air France*) die erste nichtasiatische Gesellschaft, die Vietnam wieder anflog (ab 1990). Siemens engagierte sich frühzeitig in der Telekommunikation. Seit 1994/95 rollen bei Hanoi *BMW* und bei Ho Chi Minh City (eingeweiht von *Helmut Kohl*) *Mercedes* vom Band. BHs, Rucksäcke, Trachtenjanker, Turnschuhe *(Triumph, Steilmann, Adidas),* Banken, Speditionen und Handelsriesen *(Metro)* bilden weitere prominente Vorreiter der deutsch-vietnamesischen Freundschaft.

Obwohl über 300 deutsche Firmen und Organisationen ständige Repräsentanzen in Vietnam unterhalten, rangiert Deutschland unter den ausländischen Investoren nur unter ferner liefen. Anders sieht es beim **Handel** aus, zu dessen guter Position nicht zuletzt auch die zahlreichen Fachkräfte, die in der früheren DDR studiert oder gearbeitet haben, beitrugen. Laut dem Auswärtigen Amt hat Deutschland im Jahr 2020 seine Position als größter EU-Handelspartner Vietnams verteidigt; das erzielte Handelsvolumen lag bei 14,4 Mrd. US$. Die Importe aus Vietnam stiegen auf 10,7 Mrd. US$, die deutschen Exporte nach Vietnam erreichten 3,7 Mrd. US$. Weitere Impulse bringt sicher das Freihandelsabkommen zwischen der EU und Vietnam, das 2020 in Kraft trat.

Zu den wichtigsten vietnamesischen **Exportprodukten** nach Deutschland gehören Elektronikartikel, Schuhe, Textilien, Kaffee, Pfeffer, Meeresfrüchte und Möbel. Wichtige Einfuhrprodukte aus Deutschland sind u.a. Maschinen, Fahrzeuge und Produkte der chemischen Industrie.

Innenpolitik

Vietnams Innenpolitik ist **Kaderkapitalismus plus Bürokratie** – der Rest ist Schweigen (sprich Zensur). Der einst so hoch gehaltene Kommunismus ist zum **Konsumismus** verkommen (alle Macht dem Bruttosozialprodukt, Bangkok statt *Marx* und *Coke* statt *Lenin*). Menschen- und Bürgerrechte werden mit Füßen getreten. Die **Korruption** wuchert überall, weil die Partei sich weder einer unabhängigen Justiz noch einer unabhängigen Presse aussetzen will (auf dem Korruptionsindex von *Transparency International* belegte Vietnam 2022 Rang 77 unter 180 Nationen. Die Gemeinschaft der Gleichen (wenn auch nur „gleich Armen") ist innerhalb weniger Jahre zerfallen und die **Kluft zwischen Arm und Reich** wächst rapide weiter, auch oder gerade wegen der unseligen Allianz von Parteikadern und Neureichen, die unverfroren dem Kapitalismus frönen, aber keinesfalls einem fairen und freien Markt. Der zum Scheitern verurteilte Balanceakt zwischen liberalen Wirtschaftsreformen und dem absoluten Herrschaftsanspruch der Partei führt allenfalls zu blumigen Wortschöpfungen à la „Demokratischer Sozialismus" und halbherzigen Kompromissen, die auf lange Sicht weder der Wirtschaft noch der Partei dienen.

Opposition

Protest gegen das herrschende Einparteiensystem kann sich nahezu ausnahmslos in Form von **Flucht** oder (nötigenfalls innerer) **Emigration** äußern. Auch wenn die wachsende Zahl der Kritiker selbst innerhalb der Partei Hanoi nicht wenig Kopfschmerzen bereitet.

Organisationen – seien es soziale, politische oder religiöse –, die sich nicht staatlicher Kontrolle unterstellen, werden radikal verfolgt. Notorische Regimekritiker werden ohne Anhörung inhaftiert. Informationen, Medien, Presse und Internet unterliegen der **Zensur.** Streiks, Protestkundgebungen und Aufrufe zu mehr Demokratie werden unterdrückt (in der Regel freilich gewaltlos). Die Justiz ist auf einem Auge blind (und zur Not auf beiden). Die **Todesstrafe** wird vollstreckt (in der überwiegenden Zahl wegen Drogendelikten).

Alles in allem: **kein Klima für eine Opposition.** Allenfalls für vereinzelte Stimmen. Die freilich zunehmend zahlreicher – und lauter – werden. Die Reformverlierer – allen voran die Bauern – beginnen zu meutern. Im Zentralen Hochland rebellieren die Minoritäten, denen man das Land wegnimmt. Jugendliche Blogger und Intellektuelle lassen ihrer Unzufriedenheit immer freieren Lauf. Jedoch: **Wer die Interessen des Staates verletzt, wird verurteilt und eingesperrt** – was noch immer regelmäßig mit Dissidenten, Bloggern und Aktivisten geschieht.

Wirtschaft

Vietnam zählt zu den am schnellsten wachsenden Volkswirtschaften der Welt. Zwischen 1990 und 2008 lagen die **Wachstumsraten** über **7 %.** Selbst 2020 und im Zeichen der aufziehenden weltweiten Coronavirus-Pandemie – sowie gewaltiger Einschränkungen seitens der Regierung – lag das Wachstum immer noch bei 2,9 %. Vietnam erholte sich gut nach der Pandemie. Aber ab 2022 wurde die weitere Entwicklung angesichts der schwachen Konjunkturlage bei den wichtigen Exportpartnern USA und Europa verhaltener eingeschätzt.

Ein Markt von rund 98 Mio. Kunden – was für ein **Potenzial!** Eine lernbegierige und disziplinierte Arbeiterschaft. Eine am Boden zerstörte Infrastrukur, die nach Innovationen und Investitionen schreit. Bodenschätze noch und noch. Ölreserven vor der Küste.

Und was für eine **Performance:** Durch Re-Privatisierung der Landwirtschaft binnen Kurzem vom Hungerleider zum zweitgrößten Reis-Exporteur der Welt. Trotz US-Embargos und Entfalls der traditionellen sozialistischen Absatzmärkte (Zusammenbruch des Kommunismus) bereits 1992 ein Wachstum um 5 %. Die Armut hat sich seit 1993 von 51 auf unter 4,4 % (2021) reduziert.

So beeindruckend die Zahlen sind, so zweischneidig sind sie.

Ebenso wenig wie in Vietnam noch der Kommunismus herrscht, hat die Planwirtschaft tatsächlich Platz für den Markt gemacht. In Vietnam regiert keinesfalls eine freie, sondern allenfalls eine sozialistische Marktwirtschaft – sprich **Kaderkapitalismus.** Nicht der Wettbewerb macht Menschen (und Firmen) reich, sondern ihre Interessens- und Beziehungsgeflechte. Politik und Kapital gehen eine geschmierte Symbiose ein. Die **Korruption** wuchert.

Rund die Hälfte des Bruttoinlandsprodukts sind **Anlage-Investitionen,** die zu rund 60 % vom Staat ausgehen. Gelder, die außer in die Taschen von Kadern und Funktionären zwar in Fabriken, Immobilien und Straßenbau fließen, aber ebenso in Bürotürme, Vergnügungsparks, Golfplätze, Villen und Resorts, in Stahlwerke und Staudämme, die keiner braucht, in Bier- und Motorradfabriken, die nie einen Dong erwirtschaften.

Bruttoinlandsprodukt (BIP) 2023

pro Kopf	14.458 US$
Wachstum	5,8 %
Zum Vergleich	
BIP 2020	10.930 US$
Wachstum 2020	2,9 %
Anteil am Wirtschaftswachstum	
Industrie	41,5 %
Dienstleistungen	44,9 %
Landwirtschaft	13,6 %

673v sb

Unter dem Stichwort „soziale Stabilität" müssen die staatlichen **Banken** marode Staatsunternehmen künstlich am Leben erhalten und **„politische Kredite"** für verlustbringende Geschäfte oder protzige Prestigeprojekte von Lokalregierungen garantieren. Zwar werden kurzfristig Arbeitsplätze gesichert (und die Führung in Hanoi braucht sich nicht mit Arbeiterprotesten herumzuschlagen), aber der Finanzsektor ächzt unter faulen Krediten, die Privatwirtschaft unter der Knute der subventionierten Staatskonkurrenz und der Mittelstand unter mangelndem Kapital und hohen Zinslasten.

Eine echte Erfolgsgeschichte scheint der **Außenhandel** zu sein. Es sind aber letztlich kaum vietnamesische Waren, die hier ausgeführt werden – über die Hälfte der Exporte sind **Produkte ausländischer Firmen,** die sich Vietnams günstiger Arbeitskräfte bedienen: Schuhe von *Adidas,* Hemden von *Ralph Lauren,* Tische von *IKEA*, Drucker von *Canon,* Handys von *Nokia,* Chips von *Intel,* PCs und *Smartphones* von *Samsung.*

Und: Die starke Abhängigkeit vom Export **agrarischer Produkte** (Reis, Kaffee, Tee, Kautschuk, Fischereiprodukte und Öl) macht das Land extrem verwundbar für Preisschwankungen auf den globalen Märkten.

Mit Vietnams lang ersehnter **Aufnahme in die Welthandelsorganisation** *(WTO)* 2007 und einem neuen **Freihandelsabkommen** zwischen Vietnam und der EU, das ab 1.8.2020 in Kraft trat, erschloss sich Hanoi erfolgreich neue, weltweite Märkte, musste aber im Gegenzug den eigenen Markt für ausländische Produkte und Direktinvestitionen öffnen. All das führte dazu, dass Vietnams **Leistungsbilanz** 2022 mit -0,9 % des BIP knapp im Minus lag. 2021 waren es noch -2,1 %.

⌃ Reis ist einer der Hauptexportartikel Vietnams, angebaut wird er auch im pittoresken Mai Chau

Das Embargo

Das US-Embargo stellte jegliche politische oder wirtschaftliche Unterstützung Vietnams unter Strafe (Trading with the Enemy Act). Anders als die USA hatten die meisten westlichen Staaten nach 1975 zwar diplomatische Beziehungen zur SRV aufgenommen, schlossen sich nach dem Einmarsch Vietnams in Kambodscha aber dem Boykott an. **Von 1979 bis 1989** besaß das vom Krieg verwüstete Vietnam weder Zugang zu modernen Technologien noch zu Krediten von Weltbank oder IWF und wurde zu einem der **isoliertesten Staaten der Welt.**

Auch als die meisten Staaten das Embargo nach dem Rückzug der Vietnamesen aus Kambodscha aufhoben oder lockerten, zögerte Washington die Entspannung trotz aller von Hanoi erfüllten Bedingungen weiter hinaus. Erst Präsident *Bushs* Stoßseufzer nach dem ersten Golfkrieg („Bei Gott, jetzt haben wir das Vietnam-Syndrom überwunden!") ließ erstmals hoffen. Am **3. Februar 1994** – nach einer Reihe großangelegter Suchaktionen beider Länder nach amerikanischen Toten und Vermissten auf vietnamesischem Boden und nicht zuletzt auf Drängen der großen US-Firmen – fiel das Embargo. Von den Vietnamesen wurde die längst überfällige Entscheidung aufrichtig begrüßt, doch von Euphorie konnte nach so langer Zeit keine Rede sein.

Staatsbetriebe

Radikal gekürzte oder gestrichene Subventionen für unrentabel wirtschaftende Staatsbetriebe sorgten 1990–2000 für Bankrotte und Massenentlassungen in vielen Schlüsselindustrien. Noch heute arbeitet fast die Hälfte der verbliebenen staatlichen Unternehmen **mit Verlust** und untergräbt damit auch das **Bankensystem,** das im Sinne „sozialer Stabilität" mit Hilfe fauler Kredite für die Fortführung verlustbringender Geschäfte einstehen muss. Mit Gewinn produzieren fast ausschließlich Export- und Konsumgüterbetriebe, die keine reinen Staatsbetriebe mehr sind.

Privatwirtschaft

Die kapitalmangelbedingte Neigung zu Einzelhandel und Dienstleistungen beschert Vietnam eine relativ effiziente Versorgung, führt aber zu hohen Defiziten bei der Produktivität. Das **Überangebot an Konsumgütern** braucht anderweitig benötigte Devisen auf, bringt Steuerverluste mit sich und drosselt die einheimische Produktion. Bis zu einem Drittel aller Waren setzt sich aus illegalen oder halblegalen Importen zusammen. Die „Auswüchse" des wild wuchernden Marktes rufen den Staat auf den Plan, aber Bereicherung und Korruption seitens unterbezahlter Funktionäre und Beamter, ja ganzer Armee-Einheiten bewirken, dass jede Maßnahme gegen die **Schattenwirtschaft** sie eher zu fördern droht.

Die größten Erfolge zeitigt die **private Nahrungsmittelproduktion.** Private und genossenschaftliche Erzeuger pro-

Reisterrassen bei Mu Cang Chai

duzieren heute praktisch alles Obst und Gemüse, 95 % der Reisernte und über 80 % der Kaffee- und Tee-Exporte.

Auslandsinvestitionen

Vietnams Investitionsgesetze zählen seit 1991 zu den freizügigsten der Welt, mangelhafte Rechts- und Finanzsysteme sowie die schleppende Bürokratie lassen Anleger jedoch noch heute verzweifeln.

Dennoch flossen bereits zwischen 1989 und 2000 über 35 Mrd. Dollar ins Land, seit 1992 außer in die drei Ursprungsbereiche Erdöl, Agrarproduktion und Tourismus zunehmend in Schwer- und Leichtindustrie, Logistik und Kommunikation, Bau- und Finanzgewerbe. Die Regierung vereinfachte in den letzten Jahren die Bedingungen für Auslandsinvestitionen, u.a. durch Steuervorteile. Dazu kommt, dass die Lohnkosten bei den Arbeiterlöhnen um gut zwei Drittel unter denen in der Volksrepublik China liegen. Parallel wuchs der Außenhandel deutlich. Wichtige Abnehmerländer vietnamesischer Güter waren die USA, China, Südkorea und Taiwan.

Das Ausland führt neue Technologien ein und schafft hochqualifizierte Arbeitskräfte, sorgt aber auch für einen Überfluss an Investitionen im Dienstleistungssektor (Tourismus) und Konsumgütern (Automobile). Großen Einfluss auf die Entstehung eines wachsenden **Mittelstands** üben die 2,7 Mio. **Auslands-Vietnamesen** (Viet Kieu) aus, die jährlich Waren und Devisen im Milliardenbereich ins Land schicken.

Landwirtschaft

Vietnams Nahrungsmittelproduktion hat sich seit der Wiedervereinigung 1976 mehr als verzehnfacht. Während man

257vi kb

bis 1988 selbst das Grundnahrungsmittels **Reis** importieren musste, stieg Vietnam nach der Reprivatisierung der Bauern und des Handels zum größten Reisexporteur der Welt auf (2023) – vor Thailand.

Auch mit anderen Landwirtschaftsprodukten konnte Vietnam die Weltmärkte erobern. Im Export von **schwarzem Pfeffer, Cashew-Nüssen** und **Kaffee** belegt es den ersten und zweiten Platz der Weltrangliste, rapide zugenommen haben auch Produktion und Ausfuhr von **Früchten** und **Gemüse** sowie von **Cash Crops** wie Baumwolle, Mais, Sojabohnen, Cassava, Erdnüssen etc.

Das Tiefland und die Küstenebenen wurden schon vor Generationen für den landwirtschaftlichen Nutzen gerodet. Neben Reis werden Getreide- und Gemüsearten angebaut (Mais, Yams, Maniok), die auch als Futter für Rinder, Wasserbüffel, Schweine, Hühner und Enten dienen. Während der Kolonialzeit wurden Industriepflanzen wie Kautschuk eingeführt, die noch heute größtenteils exportiert werden. Zu den häufigsten einheimischen Nutzpflanzen zählen Zuckerrohr, Bambus, Tee, Pfeffer, Zimt, Kokos-, Areca- und andere Palmen. Im Tiefland gedeihen tropische Früchte wie Mangos, Papaya, Rambutan und Durian, und im zentralen Hochland werden sogar „europäische" Früchte wie Erdbeeren, Weintrauben und Äpfel sowie Gemüsesorten wie Artischocken, Zucchini und Blumenkohl geerntet.

Neben Hühnern, Enten und Schweinen („vietnamesisches Hängebauchschwein") werden **Rinder** und **Wasserbüffel** gezüchtet, die auf dem Land z.T. noch heute als Nutztiere für Transportwesen wie Reisanbau unersetzlich sind. „Töte einen Büffel und du vernichtest das Leben von zehn Vietnamesen", wussten schon die Kolonisten. Seit knapp drei Jahrzehnten wird auch vermehrt Milchwirtschaft betrieben.

Noch immer ernähren sich **ein Drittel der Vietnamesen** (33,1 %) von der Landwirtschaft, erschaffen damit aber heute nur mehr 13,6 % des BIP. Während die Bauern vor zwei Jahrzehnten noch zu den Gewinnern der Wirtschaftsreformen zählten, hat sich ihre Lage in den letzten Jahren – Stichwort: Globalisierung – stetig verschlechtert. Hinzu kommt, dass nur etwa 39 % des Territoriums (Thailand: 50 %) kultivierbar ist und sich die Anbauflächen durch Bevölkerungswachstum und Verstädterung Jahr für Jahr weiter verringern.

Fischereiprodukte

Fischereiprodukte, die in über 50 Länder, vor allem in die EU und die USA, exportiert werden, bilden eine der wichtigsten Devisenquellen Vietnams.

Längst spielt dabei die **Aquakultur** (Fischzucht) die stärkste Rolle. In einem Land, in dem fast alle Felder nahe dem Meer, einem Fluss, Kanal oder See liegen, sind Fische, Frösche, Garnelen etc. die traditionelle Grundlage der Ernährung (und sei es auch nur in Form des flüssigen Extrakts *Nuoc Mam,* der salz- und vitaminhaltigen Fischsauce). Fischzucht in Teichen und überfluteten Reisfeldern wird in Vietnam seit Jahrhunderten betrieben, hinzugekommen ist die „industrielle" Aufzucht (Shrimps- und Fischfarmen), die auf der einen Seite zu einem wichtigen ökonomischen Faktor angewachsen ist, auf der anderen aber zunehmend **Umweltschäden** verursacht (Einsatz von Antibiotika und Dünger, Versalzung, Zerstörung von Mangrovenwäldern).

Forstwirtschaft

Wegen der hohen Verluste durch die chemische Kriegsführung der USA und den eigenen **Raubbau** (für Millionen Vietnamesen stellt Holz noch heute die einzige Energiequelle dar) haben Vietnams Wälder besorgniserregend abgenommen. Dazu beigetragen haben in den letzten 25 Jahren auch **Holzeinschlag** und **Brandrodung.** Folge: Die Primärwaldflächen Vietnams schrumpfen weiter.

Die schon von *Ho Chi Minh* geförderten Wiederaufforstungskampagnen halten mit dem Einschlag nicht Schritt (Vietnams florierende Möbelindustrie führt ihr Rohmaterial großteils aus dem Ausland ein!) und vermögen den Verlust der primären Regenwälder ohnehin nicht zu kompensieren. Verkarstung, Klimaveränderungen und die Zunahme von Flutkatastrophen sind die unausweichlichen Folgen.

Bodenschätze

Der Norden Vietnams ist reich an Bodenschätzen wie Kohle, Bauxit (aus dem Aluminium hergestellt wird), Eisen, Eisenerz, Titan, Chrom, Nickel, Gold, Silber und Edelsteinen. Die **Anthrazit-Vorkommen** von Hon Gai zählen trotz ihrer veralteten, z.T. noch aus der Kolonialzeit stammenden Maschinerie und Abbaumethoden zu den größeren Aktivposten der vietnamesischen Außenhandelsbilanz. Bedeutend ist auch der **Steinkohleabbau** an der chinesischen Grenze sowie seit 2022 die Förderung **Seltener Erden** im nordwestlichen und zentralen Hochland.

Erdöl

Während des Vietnamkriegs entdeckte die amerikanische *Mobil Oil* riesige Ölreserven vor der vietnamesischen Küste. Die Rohölförderung bildet seit 1987 eine der bedeutendsten Einnahmequellen des Landes. Immerhin verfügt Vietnam über **beachtliche Reserven** an Erdöl und Erdgas. 2022 waren das Schätzungen zufolge 4,4 Mrd. Barrel Erdöl und 700 Mrd. m^3 Erdgas.

Industrie

Aufgrund ausbleibender staatlicher Subventionen, fehlender Roh- und Treibstoffe und dem Wegfall der Absatzmärkte in Osteuropa verloren nach 1987 Hunderttausende Arbeiter der Kohlegruben von Hon Gai, der Maschinenfabriken von Haiphong und Hanoi, der Stahlkomplexe von Thai Nguyen oder der Textilfabriken von Nam Dinh ihren Lebensunterhalt.

Heute wird der weitaus größte Teil aller Industriegüter nicht mehr von Staatsbetrieben, sondern von der **Privatwirtschaft** und von **ausländischen Firmen** gefertigt. Speziell im Umkreis von Metropolen wie Ho Chi Minh City, Hanoi, Haiphong und Da Nang sind Sonderwirtschaftszonen nach chinesischem Muster entstanden.

Wasser und Reis

Reisanbau, die arbeitsintensivste, aber auch ergiebigste aller landwirtschaftlichen Kulturen – Reis ernährt auf einer gleichgroßen Fläche etwa viermal soviel Menschen wie Weizen –, führte im Delta des Roten Flusses schon vor 3000–4000 Jahren zu Besiedlung und früher Organisation. Der ruhige und immerwährende, **ewig gleichförmige Zyklus** von Aussaat, Umpflanzung, Bewässerung und Ernte bestimmt den Lebensrhythmus der Vietnamesen seit Jahrtausenden. „Zeit" ist die Spanne zwischen Regen und Trockenheit oder, wie lange es dauert, eine Schale Reis zu kochen, und vietnamesische Geschichte erzählt sich konsequenterweise als die Geschichte von „immer zu wenig Land für zu viele, die Reis essen wollen". Glück und Wohlstand ermessen sich an der Menge Reis, über die man verfügt, und Herrschaft definiert sich als Besitz von Land, das man kultivieren kann; noch in den 70er-Jahren des letzten Jahrhunderts pflegten reiche Südvietnamesen ihr Vermögen fast ausschließlich in Landbesitz anzulegen. Der Anbau von Reis ist mehr als nur eine ökonomische Aktivität, es ist eine **Lebensweise** und eine **Weltanschauung.**

Jeder Hektar eines Reisfelds, der zwischen 4 und 5 t Reis produziert, benötigt Tausende Hektoliter **Wasser.** Die Schösslinge müssen zwei Monate lang in Saatfeldern gezogen werden, ehe sie einzeln, Stück für Stück, in das bewässerte Reisfeld umgesetzt werden. In jedem Stadium des Wachstums muss der Wasserspiegel gleich hoch sein, damit die Sprösslinge weder verfaulen noch vertrocknen. Und damit das Korn zum Schluss reifen kann, muss das Wasser abgelassen werden. Nach dem Ernten folgen Dreschen, Schwingen und Schälen.

Auch ohne die ständige Gefahr von zu viel oder zu wenig Wasser, d.h. von Dürren oder Überschwemmungen, erfordert die Reiskultur genaueste Arbeitseinteilung und **soziale Organisation.** Effektive Bewässerungskontrolle geht weit über die Fähigkeiten einer Familie oder eines Clans hinaus, das Überleben hängt von der Kooperation ganzer Dörfer, ja Distrikte, Provinzen und zuletzt landesweiter Planung und Kontrolle ab. Schon im 11. Jh. wurde im Delta des Roten Flusses das Amt der „Deichinspektoren" eingeführt; Ende des 19. Jh. betrug die Gesamtlänge der Deiche über 4000 km.

Extrem **arbeitsintensive Zeiten,** in denen weitaus mehr Arbeitskräfte benötigt werden, als zur Verfügung stehen, wechseln mit Wochen und Monaten **erzwungener Untätigkeit** ab. Größe, Struktur und Zusammenhalt der Familie und des vietnamesischen Dorfes hingen jahrhundertelang eng mit diesem Faktum zusammen.

Seit 2000 ist Vietnam auch in der Elektronik- und **PC-Produktion** tätig, seit 2010 zählt das Land zu den führenden Herstellern von **Mobiltelefonen** weltweit. Dank der Wachstumstreiber wie Elektronik/Elektrotechnik, Textilien und Metallverarbeitung legte das industrielle Wachstum Vietnams zwischen 2011 und 2020 jährlich um 10 % zu.

Textilien und Lederwaren

Einen **dramatischen Aufschwung** hat seit Mitte der 1990er-Jahre die Produktion von Textilien, Kleidung und Lederwaren genommen, die zusammen genommen bereits den **Löwenanteil** (nach Elektronik) **von Vietnams Exporterlösen** ausmacht. Gut die Hälfte der verarbeitenden Betriebe sind allerdings reine Auslandsinvestitionen. 2013 stellte Vietnam über 1 Mrd. Paar **Schuhe** im Wert von 8,3 Mrd. $ her (u.a. im Auftrag von Branchenriesen wie *Nike* oder *Adidas*) und stieg damit zum weltweit drittgrößten Schuhfabrikanten (nach China und Italien) auf.

Gesellschaft

Vom Sozialismus ist nur noch geblieben, was dem Land Kopfschmerzen bereitet: marode Staatsfirmen, bankrotte Banken und eine Einheitspartei, die der Zukunft des Landes mehr und mehr im Wege steht. Die Erfolge der letzten Jahrzehnte – das phänomenale Wachstum und die Modernisierung in Städten und Küstenregionen – hat man immer nur dort erreicht, wo man den Sozialismus preisgegeben hat. Vietnam steht an einem Scheideweg. Auf der einen Seite steht die **Vision eines modernen, vergleichsweise hochentwickelten Schwellenlands.** Auf der anderen die **Angst vor stetig wachsendem Wohlstandsgefälle** und damit der Zunahme sozialer Spannungen. Das Bruttoinlandsprodukt pro Kopf liegt mit 14.458 $ (Schätzung 2023) noch unter den Werten anderer Länder der Region, auf dem Land sind bis zu 20 % der arbeitsfähigen Bevölkerung arbeitslos oder unterbeschäftigt.

Zwei Systeme

Durch die Wirtschaftsreformen sind erstaunliche Erfolge erzielt worden und geht es den meisten besser als je zuvor. Gleichzeitig hat aber die Unsicherheit zugenommen, da keiner mehr weiß, was er darf – bzw. wie weit er gehen darf –, und es beginnt sich ein **tiefer Riss** durch die Gesellschaft zu ziehen.

Während die einen zu Wohlstand und Ansehen gelangen (Städter, Händler, Gewerbetreibende), können die anderen (Angestellte, Beamte und ein Großteil der Arbeiter) von den staatlichen Löhnen weder leben noch sterben, während die Landbevölkerung (Bauern) sich häufig hilflos dem globalen Wettbewerb ausgesetzt sieht. Der neue Wohlstand ist oft ungleich verteilt, die **Kluft zwischen Arm und Reich, Stadt und Land** wächst rasant und bedroht nicht nur die Stabilität des Landes insgesamt, sondern aller seiner Teile.

Im Süden hat fast jede zweite Familie Verwandte im Ausland, wird von ihnen unterstützt, baut, investiert und treibt Handel. Andererseits muss jede zweite Familie ohne diese Hilfe auskommen, und praktisch jede im **Norden.** Seit 1990 haben allein Staatsunternehmen (inkl. die Armee) Millionen Menschen entlassen, die mit Schulabgängern und Bauern konkurrieren, die als Tagelöhner in die Städte ziehen. Jobs verspricht vor allem die boomende Privatwirtschaft, aber nicht jeder ist zum Unternehmer geboren und verfügt über die Qualifikation.

Mangelndes Startkapital, Konkurrenzkampf und die Unwägbarkeiten des globalen Dorfs (weltweite Konjunktureinbrüche, ausbleibende Touristen o.Ä.) lassen täglich fast ebenso viele Firmen scheitern wie neue gegründet werden.

Soziale Einrichtungen, die sich naturgemäß nicht selber tragen können und in die der Staat einst vorbildlich investiert hat (allen voran Schulen und Krankenhäuser), verkommen, und Bildung und Gesundheit sind schon lange nicht mehr für alle frei.

Die Grabenkämpfe um Ausmaß und Beschleunigung von Reformen und Liberalisierungen selbst innerhalb der Spitzengremien von Partei und Regierung verunsichern und demoralisieren Bevölkerung wie Kader.

„Wer will, kann im Sozialismus oder Kapitalismus leben. Er kann in einem Privatbetrieb arbeiten, seine jüngeren Kinder von Privatlehrern erziehen und seine älteren von Privatdozenten unterrichten lassen; er kann in privaten Videotheken amerikanische Filme angucken, in privaten Restaurants dinieren und sich privat verarzten lassen ... Sein Nachbar zieht es vor, im Sozialismus zu leben: Er arbeitet im Staatsbetrieb, begnügt sich für seine Kinder mit staatlichen Lehrern und Professoren, schaut Staatsfernsehen und geht in staatstreue Filme; isst in staatlichen Restaurants und konsultiert staatliche Ärzte ... So entstand Schritt für Schritt, Flicken für Flicken eine Zwei-Systeme-Gesellschaft, in groben Umrissen zwar erst, aber wenn das noch zwei, drei Jahre so weitergeht, dann hat Vietnam einen Staat neuen Typs kreiert, ohne es so recht zu wollen und gemerkt zu haben."

(*Cordt Schnibben,*
„Saigon Export", 1989)

Arbeitslosigkeit

Die offizielle Arbeitslosenquote von 2,4 % (Schätzung 2023) verschleiert das Problem. Landesweit dürfte wahrscheinlich fast **jeder Vierte** zumindest unterbeschäftigt sein. Hauptursache ist das unglückliche Zusammenfallen notwendiger Rationalisierungsmaßnahmen (Ausdünnung von Armee, Bürokratie und unrentabler Staatsbetriebe) und globaler Krisen, die seit 1997 mal zu stagnierenden Auslandsinvestitionen und Tourismuszahlen, mal zu sinkenden Weltmarktpreisen und Handelsdefiziten führten. Annähernd 8 % aller Jugendlichen finden keine oder zumindest keine adäquate Beschäftigung, wo selbst „verdiente Helden der Arbeit" und „tapfere Soldaten" auf der Straße stehen. Auch die **verdeckte Arbeitslosigkeit** unzähliger Straßenhändler und Kleinstunternehmer täuscht über die wahren Verhältnisse hinweg. Durch das nach wie vor hohe Bevölkerungswachstum entsteht Jahr für Jahr Bedarf an zusätzlich über 1 Mio. Arbeitsplätzen.

Armee

Die Armee, die Frankreich und Amerika schlug und mit 1,2 Mio. Mann einmal die viertgrößte der Welt war, wurde im Zeichen von Abrüstung und Kosteneinsparung um 70 % reduziert. Die 1944 gegründete Volksarmee verstand sich stets als Instrument der politischen Bewegung, ihr legendärer Gründer *Vo Nguyen Giap,* der Sieger von Dien Bien Phu, schied erst 1991 aus höchsten politischen Ämtern. Tatsächlich sind Armee und Partei in Vietnam nicht wirklich getrennt, was zur positiven Folge hat, dass die Armee keine separate Interessenscli- que darstellt und im öffentlichen Leben eine verblüffend geringe Rolle spielt.

Bildung und Erziehung

Das Bildungsniveau ist **traditionell hoch.** Der Anteil der Analphabeten liegt bei 4,2 %. Das **konfuzianische Wertesystem** sorgte bereits in der Vergangenheit dafür, dass ein ungewöhnlich hoher Prozentsatz der Bevölkerung des Lesens und Schreibens kundig war. Das Kolonialsystem setzte dagegen ganz auf städtische Eliten, die nach französischem Muster erzogen wurden, während Bauern und Arbeiter allenfalls zu 15 % eine Schule von innen sahen. Bildung für alle war denn auch eines der Hauptanliegen der frühen Kommunisten; *Ho Chi Minhs* Alphabetisierungskampagnen im Norden setzten schon lange vor 1945 ein.

Nach einer Studie der Weltbank liegt der Prozentsatz der Kinder, die eine Schule besuchen, sogar höher als in China, bemängelt werden allerdings praxisferne Lehrstoffe und doktrinäres Pauken (konfuzianisches Erbe). Die Grundschulpflicht beträgt fünf Jahre. An den 242 Hochschulen und Universitäten des Landes sind rund 2 Mio. Studenten eingeschrieben.

Ende des 20./Anfang des 21. Jh. kam es zu einer drastischen **Verschlechterung** des Schulwesens, vor allem in ländlichen Gebieten. Bildung macht sich nicht mehr „bezahlt". Bauern und Kleinhändler spannen ihre Sprößlinge lieber in den täglichen Arbeitsprozess ein, andererseits wandern Jahr für Jahr Zigtausende unterbezahlte Lehrkräfte in Handel, Export und Tourismus ab. Zusätzliche Dramatik trat durch die Abschaffung des traditionell unentgeltlichen Schulbesuchs ein – quasi im Gegenzug etablierten sich in den Städten immer mehr Privatschulen und -universitäten für Privilegierte. Wer es sich leisten kann, schickt seine Kinder ins Ausland.

Gesundheitswesen

Vietnam verfügt statistisch über eine sehr hohe Lebenserwartung (75,8 Jahre), aber Ausbildungsstand der Ärzteschaft sowie Versorgung und Ausrüstung der Hospitäler und Kliniken sind zumindest auf dem Land **unzureichend.** Seit 1990 ist die einstmals freie Krankenhausbehandlung kostenpflichtig. Kinder ab einem Jahr waren 2021 zu 83 % gegen Kinderlähmung, Diphtherie und Tetanus geimpft. Ein Teil der Bevölkerung kämpft noch heute mit den **Folgen des Krieges,** sei es direkt (als Schwerbeschädigte, Invaliden) oder indirekt als Opfer der auf Generationen hinaus wirksamen ökologischen Kriegsführung der USA, die sich in Form von Haut-, Leber-, Gebärmutterkrebs, Fehl- und Missgeburten manifestiert.

Aufgrund von Immunschwäche erkranken während der Regenzeit jährlich mehr als 1 Mio. Menschen an Malaria (vornehmlich in den Bergregionen), weit verbreitet sind auch Tuberkulose, Masern, Durchfallerkrankungen und Kinderkrankheiten. Aufklärung und Kampf gegen Aids wurden seit Bekanntwerden des ersten Falls 1991 landesweit verstärkt. 2021 gab es landesweit ca. 220.000–270.000 HIV-Positive und starben ca. 2600–4600. Auch die Corona-

Pandemie hinterließ Spuren: Bis 21. Juni 2023 zählte die *WHO* insgesamt 11,6 Mio. Infektionen und 43.206 damit Verstorbene. Gleichzeitig wurden 88,3 % der Bevölkerung vollständig grundimmunisiert.

Presse

Vietnams Medien sind bunter geworden, was vor allem daran liegt, dass sie ihr Geld mittlerweile selbst verdienen müssen. Das hat manche Beobachter zu der Annahme verleitet, die Presse sei freier geworden. Tatsächlich ist sie ähnlich wie in China lediglich **Sprachrohr** für Informationen von Partei und Regierung. Die Propaganda-Abteilung erlässt regelmäßig Edikte, welche Themen tabu sind bzw. welche Sprachregelungen gelten. Wer gegen die **Zensur** verstößt, muss mit Konsequenzen rechnen. In der „Rangliste der Pressefreiheit" von *Reporter ohne Grenzen (ROG)* erreichte Vietnam 2024 mit „sehr ernster Lage" einen traurigen Platz 174 unter 180 erfassten Gebieten.

Entsprechend dem vergleichsweise hohen Bildungsstand seiner Bürger verfügt Vietnam über eine **Vielzahl** von Publikationen und Presseorganen. Mögen sie sich in ihrem Erscheinungsbild noch so liberal gebärden – Zeitungen und Zeitschriften sind Organe des Staates und seiner Unterorganisationen und unterliegen regelmäßiger Kontrolle und Zensur. Über **Auswüchse,** die der Staat bekämpft – Arbeitslosigkeit, Wohnungsnot, Korruption, Drogen, Kriminalität, Aids, Prostitution – darf heute erstaunlich offen geschrieben werden (vorausgesetzt man trifft nicht die „Falschen"), empfindlich reagiert die Partei weiterhin auf **Systemkritik** jeder Art.

Als auflagenstärkste Tageszeitung (ca. 500.000) gilt das 1946 gegründete Parteiorgan „Nhan Dan" („Das Volk"), tatsächlich dürften die vergleichsweise progressiven Saigoner Lokalzeitungen „Tuoi Tre" und „Thanh Nien" landesweit erfolgreicher wie einflussreicher sein.

Eine kleine Zahl englisch- und französischsprachiger Zeitungen sowie Zeitschriften berichtet über Tagesgeschehen, Wirtschaft und Kultur und widmet sich den Ereignissen in aller Welt (→ dazu auch „Praktische Reisetipps A–Z, Information").

Internet

Das Internet hat sich in Vietnam rasant entwickelt. 2021 verfügten gut 20 Mio. Nutzerinnen und Nutzer über einen eigenen Internetzugang. Zudem geht bereits ein Großteil der Web-Nutzer über *Smartphones* online. Bei **Facebook,** das die vietnamesischen Behörden lange Zeit unterdrückt hatten, waren 2023 mehr als 90 % *User* aus Vietnam angemeldet.

Wie alle Medien unterliegt auch das Internet **rigider Zensur.** Missachtung der Mediengesetze wird oft genug mit langjährigen Haftstrafen sanktioniert – Reporter ohne Grenzen zählt Vietnam zum repressivsten *Internet Enemy* der Welt nach China und Iran, es vergeht kaum eine Woche ohne die Verhaftung allzu vorwitziger Blogger. Der Zensur unterliegen – neben der ominösen, aber nie konkret spezifizierten „Gefährdung der nationalen Sicherheit" – Zweifel an der Legitimität der KPV, Forderungen nach politischen Reformen, Kritik an der Regierung (sowie ihren Mitgliedern), Menschenrechte und Religion. Das sensible Thema „Grenzstreitigkeiten mit China" hingegen ist seit einigen Jahren freigegeben.

Zensur und Bespitzelung sind umfassend. Internetcafés sind zur Installation einer **Kontrollsoftware** verpflichtet, Blogger müssen ihre persönlichen Daten preisgeben und ihre Einträge autorisieren lassen, in- und ausländische Server oder Websites, an denen man Anstoß nimmt, werden gezielt – wenn auch manchmal nur temporär – blockiert, dazu gehören auch *Facebook* und *BBC*.

Rundfunk und Fernsehen

Die „Stimme Vietnams" nahm ihr Programm im Jahr 1945 mit der Übertragung der Unabhängigkeitserklärung *Ho Chi Minhs* auf. Nachrichten und Musikprogramme werden rund um die Uhr gesendet, ein Auslandsdienst sendet in Englisch, Französisch und neun weiteren Sprachen. Mit einem Kurzwellengerät kann man *BBC*, *Voice of America* und die *Deutsche Welle* empfangen.

Fernsehen wurde 1966 in Süd- und 1970 in Nordvietnam eingeführt. Über Satellit oder digital ist Vietnam mit verschiedenen internationalen Programmanbietern verbunden *(BBC, CNN, TV5, Deutsche Welle)*. Farbfernseher werden seit 1995 im Land gefertigt, 2013 wurden die ersten HD-Kanäle freigeschaltet. Jede größere Stadt und fast jede Provinz hat eine eigene TV-Station. Bereits 2006 ging in Vietnam einer der weltweit ersten Bezahlfernsehdienste für Mobiltelefone an den Start.

Löhne und Gehälter

Das statistische **Pro-Kopf-Einkommen** pro Monat bei Beschäftigten im Privatsektor und in den am weitesten entwickelten Landesteilen lag 2023 bei 4,68 Mio. Dong (176 Euro). In den am wenigsten entwickelten waren es 3,25 Mio. Dong (122 Euro).

Wenn sich die (nicht selten halb- oder illegalen) **Nebentätigkeiten** in vielen Fällen als profitabler erweisen als der eigentliche Beruf, mag das für die Betroffenen ein Segen sein, bedeutet aber eine **Katastrophe für das Gemeinwohl.** Lehrer, die mit Privatstunden und Abendkursen das Drei- bis Vierfache ihres Grundgehalts verdienen, vernachlässigen die Schule. Ärzte, die es nicht zu Privatpatienten bringen, verschieben Medikamente und Klinikausrüstungen, Polizisten und Beamte halten die Hand auf statt für Sicherheit und Ordnung zu sorgen.

Unter diesen Vorzeichen verwundert es kaum, dass Vietnam den zweifelhaften Ruf als **korruptes Land** genießt. Auf dem Länderindex von *Transparency International* belegte Vietnam 2023 Rang 77 (unter 180 Nationen). Zwar gibt es strenge Gesetze zur Bekämpfung der Korruption (bis hin zur Todesstrafe!), tatsächlich ermittelt und verfolgt werden aber nur wenige ausgewählte und besonders spektakuläre Fälle.

Religion

Blickt man auf die Zensus-Ergebnisse, sieht es so aus, als würden sich nur gut 13,7 % der vietnamesischen Bevölkerung einer Glaubensrichtung zugehörig fühlen: rund 6 % **Buddhisten,** 7,2 % **Christen** (6,2 % Katholiken, 1 % Protestanten), 1 % **Hoa Hao,** 0,6 % **Cao Dai** und 0,6 % **Muslime** sowie **Hindus** mit 0,1 %. Das mag daran liegen, dass die wesentlichste Glaubensrichtung, der **Ahnenkult,** in der Statistik nicht auftaucht, und dass spirituelle Praktiken oft eine **Mischform aus verschiedenen Strömungen** darstellen. Ein realistisches Bild bietet diese Statistik deshalb kaum.

Die Neigung der Vietnamesen zu pragmatischen Lösungen und praxisorientiertem Verhalten hat im Land niemals eine einheitliche religiöse Gemeinschaft entstehen lassen, die die Geschichte und das Selbstverständnis des Landes und seiner Bewohner auch nur annähernd so geprägt hätte wie der Buddhismus Kambodscha, Burma und Thailand oder der Islam den Iran und Irak. Ein Vietnamese kann heute Buddhist und morgen Daoist sein oder als Christ auch seine Ahnen verehren und trotzdem noch der gleiche bleiben. Das schmälert keineswegs seinen Glauben, es ändert nichts an seiner Identität. **Vietnamesen betrachten sich nicht als Mitglieder einer Religionsgemeinschaft,** wie es Christen oder Moslems tun, sondern als **Teilhaber an einer gemeinsamen Tradition und Kultur,** und sie bleiben auch dann in erster Linie Vietnamesen und glühende Patrioten, wenn sie schon seit Jahrzehnten praktizierende Katholiken sind und im Exil leben.

Dennoch ist Vietnam nicht etwa ein unreligiöses Land, sondern ganz und gar das Gegenteil ist der Fall – die verschiedenen Glaubenszugehörigkeiten sind lediglich derart miteinander verwoben und verknüpft, dass **keine eindeutigen Trennungslinien** mehr zu ziehen sind. Vietnamesen machen sich Religionen zu eigen, sie lassen sich nicht von ihnen beherrschen. Keine buddhistische Pagode, in der sich nicht auch daoistische Gottheiten fänden und volkstümliche Ahnen ihren Platz gleich neben animistischen Kultgegenständen hätten, denen wundertätige Wirkung zugeschrieben wird – mit großer Hingabe werden sie alle bedacht. Der Vietnamese neigt sich ehrfürchtig vor *Buddha,* fleht mit der gleichen Frömmigkeit Schutzgeister um Beistand an, betet vor Bildern von Tigern und Ikonen von *Ho Chi Minh* und vertraut der magischen Kraft eines Talismans. Religion ist ein Mittel, die Erscheinungen der übermächtigen Natur zu erklären oder zumindest zu bannen, Götter und Geister sind dazu da, Trost im Alltag zu spenden und das Schicksal in eine günstige Richtung zu beeinflussen. Die strengen Dogmen der Hochreligionen haben ihre Spuren, aber kein festgefügtes religiöses Bewusstsein hinterlassen. Ahnenkult und Animismus, Konfuzianismus, Daoismus und Buddhismus – alle zusammen formen sie eher eine Lebensweise als eine Religion, die den Alltag der Vietnamesen durchdringt und ihr Verhalten bestimmt.

▷ Auf dem Nui Sam (Chau Doc)

Animismus

Wie in allen traditionellen Bauerngesellschaften glaubt man auch in Vietnam daran, dass die **Natur beseelt** sei: Bereits die Schöpfungsgeschichte spricht vom Wasser- und Berggeist, aber auch heute noch respektiert und verehrt man die mächtigen **Naturgeister:** Mitten in Hanoi kann man alte knorrige Bäume sehen, die mit Räucherwerk, bunten Bändern und frischen Blumen geschmückt sind. Naturgeister, häufig weiblichen Geschlechts, können böse oder gut, dumm, dreist oder lustig, den Menschen wohl oder übel gesonnen sein. Mit Opfergaben und Riten besänftigt man vor der Aussaat oder einem Hausbau den Geist des Bodens, man spricht höflich vom Steingeist, da ihm als **Schutzgeist** besondere Abwehrkräfte zugesprochen werden. Denn ein markanter Stein oder Fels an einer Brücke, am Rand eines Ackers oder vor einem Hauseingang kann böse Geister vertreiben. Zudem hat jedes Dorf seine eigenen Schutzgeister – meist lokale Helden –, die im **Tempel des Dinh,** des Gemeindehauses, verehrt werden. Erfüllen Schutzgeister die Hoffnungen nicht, die man in sie gesetzt hat, können sie verstoßen und durch andere ersetzt werden.

Ahnenkult

„Die Menschheit setzt sich aus mehr Toten als Lebenden zusammen.“ Dem **Tag des Todes** wird in Vietnam mehr Bedeutung zugemessen als dem Geburtstag, denn die **Beziehungen zwischen den Lebenden und den Toten** spielen eine große Rolle. Deshalb vereinigt der Ahnenkult alle Vietnamesen, egal welchen Glaubens oder welcher weltanschaulichen Überzeugung, er bildet die Grundlage aller Tugenden (Pflicht und Verantwortung) und das Fundament für Familie und Staat. Der Glaube an die Existenz von **Geisterseelen** (die nach dem Tod

297vi kb

weiter ihre alten Wohnstätten aufsuchen und der Nahrung bedürfen) verbindet nicht nur die Toten mit den Lebenden, sondern auch die Lebenden mit zukünftigen Generationen. Der Einzelne ist niemals „allein“, er ist aufgehoben und geborgen als Glied einer langen Kette von Vor- und Nachfahren. Noch in den schlechtesten Zeiten muss er sich niemals als losgelöstes und unsicheres Individuum fühlen, sondern findet Beistand bei seiner Familie, seinem Dorf, seinem Vaterland – den Ahnen schlechthin. Auch der scheinbare „Heldenkult“ der Vietnamesen ist eine Form des Totenkults: *Tran Hung Dao, Le Loi* und *Ho Chi Minh* sind gemeinsame Ahnen des „Vietnamesentums“.

Auch wenn im heutigen Alltagsleben die **Zwiesprache mit den Ahnen** nicht mehr den prominenten Platz wie früher einnimmt, entzieht sich niemand der Fürsorge für die Seelen der Toten. Denn die Ahnen müssen zufrieden sein, damit sie die Lebenden nicht unglücklich machen. In fast jedem vietnamesischen Haus, jeder noch so schäbigen Hütte gibt es einen **Ahnenaltar,** um die Toten der letzten drei Generationen zu ehren und mit Opfergaben zu versehen. Normalerweise stehen auf dem Altar zwischen zwei Öllämpchen (Symbol für Sonne und Mond) Räucherstäbchen in ungerader Zahl, Wasser (oder Alkohol) und frische Früchte. An Festtagen kommen Klebreis, ein Huhn und Papiergeld dazu. Die Speisen werden nach angemessener Zeit (frühestens nach dem Abbrennen der Räucherstäbchen) wieder vom Altar genommen und verzehrt.

Konfuzianismus

Der Konfuzianismus ist keine Religion im eigentlichen Sinne, sondern eine praktische **Anleitung zum richtigen Leben** und eine Philosophie der gesellschaftlichen Organisation. Auch wenn sich heute kein Vietnamese als Konfuzianer bezeichnen würde, prägen die Ideen noch heute als Verhaltenskodex und bis in die Sprache hinein das alltägliche Leben.

Konfuzius (vietn. *Khong Tu,* 551–479 v. Chr.) sieht sich nicht als Religionsstifter, sondern als Bewahrer der Sitten und alten Werte. Seine Lehre knüpft an die Ahnenverehrung an und stellt die **Familie** in den Mittelpunkt – und die Familie ist das Vorbild für die gesamte hierarchisch abgestufte Gesellschaft, für den Staat schlechthin. Verhaltensregeln und moralische Vorschriften bestimmen die **Fünf** zwischenmenschlichen **Beziehungen** (Herrscher – Untertan, Vater – Sohn, Älterer – Jüngerer, Mann – Frau, Freund – Freund). Der zusätzliche Er-

475v co

Papiergeldopfer für die Ahnen

werb der **Fünf Tugenden** (Treue, Rechtschaffenheit, Aufrichtigkeit, Sittlichkeit und Weisheit) soll Menschlichkeit und Harmonie des menschlichen Zusammenlebens gewährleisten.

Ein Gedankengebäude, das in Vietnam früh zu einem hochzivilisierten und vergleichsweise egalitären Staat geführt hat. Die dynastischen Kaiser waren keine göttergleichen Wesen wie in den indisierten Nachbarstaaten der Cham, Khmer und Laoten, und nach dem Modell des Mandarinats sollten weder Herkunft noch Abstammung (Adel und feudalistische Erbfolge) über Rang und Einfluss in der Gesellschaft bestimmen, sondern **Bildung** und **Qualifikation,** die erst erworben und nachgewiesen werden mussten (Literatur-Examina).

Die **negativen Seiten** der Lehre zeigten sich im Lauf der Jahrhunderte, als unter den Schülern des *Konfuzius* die Lehre in immer komplizierteren Ritualen erstarrte, die harmonischen fünf Beziehungen allzu oft als autoritäres Abhängigkeitsverhältnis interpretiert wurden und jegliche Veränderung und Erneuerung auf Ablehnung stieß. Als Ideologie des Kaiserhofs, der Mandarine und Notablen (Oberschicht) konservierte sich der Konfuzianismus bis ins 21. Jh. Die Unfähigkeit, Geschichte als einen dynamischen Prozess zu begreifen, und seine bornierte Abscheu vor Handel, Wissenschaft und Technik machten das Kaiserreich zu einer leichten Beute des westlichen Kolonialismus, der zwar das bürokratische Staatsmodell abschaffte, aber die von konfuzianischer Tradition geformte (und daher leicht manipulierbare) Gesellschaftsordnung zu seinem eigenen Nutzen weitgehend bestehen ließ.

Konfuzianismus und Sozialismus

Der Sozialismus verwirrte die Konfuzianer keineswegs, im Gegenteil, sie sahen in ihm eine **Fortführung ihrer traditionellen Ideologie,** die die Verpflichtung gegenüber der Gesellschaft schon immer höher gestellt hatte als das Recht des Einzelnen.

Die Kommunisten der ersten Stunde waren fast ausnahmslos ehemalige konfuzianische Gelehrte, denen gesellschaftliche, ja kollektive Disziplin und die Ablehnung von Anarchie und bürgerlichem Individualismus schon ihr Leben lang vertraut waren. Der Funktionär ist Vorbild der Kader und die Partei das Modell für den Staat.

Die Vietnamesen waren, so gesehen, aufgrund ihrer konfuzianischen Anschauungen auf den Kommunismus gut vorbereitet. Die tiefe Verwurzelung in alten Traditionen und Denkweisen erklärt auch zu einem großen Teil, weshalb der weltweite Zusammenbruch des Sozialismus bisher weder Hanoi noch Peking zu einem radikalen Umlenken gezwungen noch ins Chaos geführt hat.

Daoismus

Der Daoismus verbreitete sich etwa zur gleichen Zeit in Vietnam wie der Konfuzianismus und fußt auf der mystischen Lehre des **Lao Tse** (vietn. *Lao Tu,* um 500–600 v. Chr.) und seinem Buch „Tao Te King" („Buch vom Dao und seiner Kraft"). Quasi als Gegenpol zum Konfuzianismus, wird nicht der Mensch, sondern die **Natur** mit ihren wechselseitigen Kräften **Yin und Yang** in den Mittelpunkt des Kosmos gerückt. **Dao** (chin.

Weg, Vernunft) bedeutet das Sein aller Dinge, die Harmonie der ewigen Weltordnung, das Urprinzip, das das Weltall bestimmt; es kann durch das Handeln der Menschen nicht beeinflusst werden, das Schicksal der Menschen wird nicht auf Erden beschlossen.

Die komplizierte esoterische Lehre hat sich in Vietnam nie durchsetzen können, bewahrt haben sich jedoch populäre Praktiken der Zauberei und Dämonenbeschwörung, der Astrologie, Wahrsagerei und Magie, versetzt und angereichert mit volkstümlichem Animismus, Aberglauben und Mystizismus, einheimischen Schutz- und Naturgeistern und vergöttlichten Gestalten der Geschichte wie *Tran Hung Dao*.

Die **Mächte der beseelten Natur** erscheinen in übernatürlicher Gestalt in den Geistern, Göttern und Dämonen der daoistischen Kosmologie, über die der Jadekaiser *Ngoc Hoang* herrscht, ihm zur Seite seine Minister *Bac Dau*, der Stern des Nordens mit dem Buch der Toten, und *Nam Tao*, der Stern des Südens, der über die Lebenden Buch führt. Auch *Lao Tu* selbst, auf einem Wasserbüffel reitend, wird als Gottheit verehrt. Dem Kult der Mütter ist im daoistischen Tempel (*den* oder *dien*) oft ein eigener Raum gewidmet. *Tu Phu*, die vier Mütter, stehen für die Himmelsrichtungen, repräsentieren aber auch Himmel, Erde, Wasser und Wald, und sind umgeben von Helfern (u.a. fünf Tigern) und Kindern, die die bessere Welt nach der Wiedergeburt symbolisieren.

In fast jeder buddhistischen Pagode finden sich auch Statuen der taoistischen Götterwelt. Seitenaltäre sind dem Mütterkult geweiht, und in den Höfen sind Grotten für die Naturgeister angelegt.

Buddhismus

Auch wenn sich noch so viele Vietnamesen als Buddhisten bezeichnen mögen (oder als solche bezeichnet werden), ist der Buddhismus in Vietnam kaum mehr als ein **Konglomerat aus einheimischen Ahnen- und Geisterkulten, taoistischer Götzen- und Dämonenanbetung und buddhistischen Praktiken** und hat auch zu keiner Zeit eine alles beherrschende Rolle wie in den südostasiatischen Nachbarländern von Kambodscha bis Burma gespielt. Für den westlichen Beobachter greifbarer und fassbarer als Animismus, Ahnenkult, Konfuzianismus und Daoismus und „historisch abgesichert" durch wertvolle Baudenkmäler der Vergangenheit und bestimmte Ereignisse (außerparlamentarische Opposition, Selbstverbrennungen), erregt(e) der vietnamesische Buddhismus im Westen eine Aufmerksamkeit, die er rein faktisch jedoch nur bedingt verdient.

Der Buddhismus kam in den ersten Jahrhunderten unserer Zeitrechnung fast zur gleichen Zeit auf dem Landweg über China wie auf dem Seeweg über In-

023vi kb

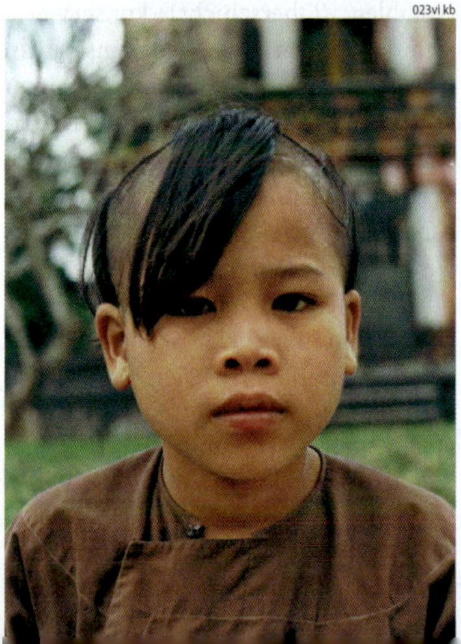

dien nach Vietnam. Die Legenden um Geburt und Leben des **Siddharta Gautama** (um 560–480 v. Chr.), eines Fürstensohns aus Nordindien, der bis zu seiner Erleuchtung unter dem Bodhi-Baum verschiedene Stadien menschlicher Existenz durchlief, trugen zur raschen Verbreitung und Popularität der Lehre bei. Als Korrektiv zum nüchternen Rationalismus und zur patriarchalischen Strenge des Konfuzianismus fand der „sanfte" und „kontemplative" Buddhismus rasch Anhänger und übernahm so etwas wie die Rolle einer indirekten Opposition gegen die Zwangsherrschaft der Chinesen. Die Ära nach der Unabhängigkeit, vom 10. bis etwa zum Ende des 14. Jh., war denn auch die Blütezeit des Buddhismus in Vietnam (der zur gleichen Zeit in China bereits verfolgt und unterdrückt wurde), ehe er ab dem 15. Jh. mehr und mehr der Staatsraison geopfert wurde und sich mit Elementen des Konfuzianismus, Daoismus und Geisterglaubens vermengte.

Mahayana-Buddhismus

Der Buddhismus strebt die Überwindung des Daseins an, das als Leid, Begierde, Elend und Schmerz interpretiert wird, um das **Nirwana** zu erreichen. Das Schicksal jedes Menschen – Wohlstand, Armut, sozialer Status, ja sogar Geschlecht – ist Resultat seines Handelns in einem früheren Leben. Durch gute Taten (Verdienste, selbstloses Handeln) kann jeder sein **Karma** (Schicksal) beeinflussen, um im Kreislauf der ewigen Wiedergeburten eine höhere Daseinsstufe zu erlangen und dereinst im vollständigen Erlöschen (Nirwana) aufzugehen.

◁ Ein Novize

Schon vor der Verbreitung des Buddhismus in Vietnam hatte sich die ursprüngliche Lehre in zwei Strömungen gespalten, den **Hinayana**- (Kleines Fahrzeug) und den **Mahayana-Buddhismus** (Großes Fahrzeug). Während der strengere und dogmatischere Hinayana (auch Theravada, Lehre der Alten, genannt) an der „reinen Lehre" festhält und die Gläubigen dazu anhält, durch Ansammeln von Verdiensten nach individueller Selbsterlösung zu streben, führt das „Große Fahrzeug" zur Erlösung für alle und kennt schier grenzenlose Erleuchtungswesen und Manifestationen Buddhas, die als „Nothelfer" angerufen werden können und auf dem beschwerlichen Weg zur Erleuchtung den Gläubigen beistehen.

Obwohl beide Glaubensrichtungen etwa zur gleichen Zeit nach Vietnam einströmten, versteht es sich, dass die pragmatischen Vietnamesen sich für das Große Fahrzeug als Weg der Erlösung entschieden, konnte man sich doch aus einem **breiten Spektrum von Gottheiten** diejenigen aussuchen, die am meisten Schutz und Hilfe versprachen.

Unter der Ly-Dynastie im **11.** und **12. Jh.** erreichte der Buddhismus, von den Kaisern als Gegenpol zum Konfuzianismus gefördert, seine geistige und künstlerische Blütezeit und gelangte der buddhistische Klerus auch zu wirtschaftlicher und politischer Macht. Dennoch mussten die Mönche bereits unter den Ly-Kaisern das nach der Unabhängigkeit errungene Bildungsmonopol wieder an konfuzianische Gelehrte abgeben, und reicherte sich der Buddhismus

Die Legende der Quan Am

Thi Kinh, eine jungverheiratete Frau, sah am Kinn ihres schlafenden Gatten ein Haar und wollte es mit dem Messer entfernen. Da erwachte der Mann und rief Haus und Hof zusammen, da er glaubte, sie wolle ihn töten. *Thi Kinh* wurde verstoßen und suchte, als Mann verkleidet, in einem Kloster Zuflucht. Dort verliebte sich die Tochter des Dorfältesten in den jungen „Mönch". Zurückgewiesen, gab sie sich voller Wut einem anderen hin, wurde schwanger und bezichtigte den jungen Mönch der Verführung. *Thi Kinh* wurde aus dem Kloster verstoßen, zog als Bettelmönch durchs Land und sorgte für das Kind. Erst bei ihrem Tod enthüllte sich, wer sie war und welches Unrecht man ihr angetan hatte. Der Himmelskönig, gerührt von ihrem Schicksal, machte *Thi Kinh* zu einer Göttin der Gnade.

zunehmend mit einheimischen und daoistischen Kulten an; ab dem 14.–15. Jh. sogar mit hinduistischen Elementen der besiegten Cham-Kultur. Unter *Kaiser Le Thai Tho* (*Le Loi,* 1428–34) und seinen Nachfolgern verlor er auch die letzten staatlichen Privilegien und Protektionen an den Konfuzianismus, auch wenn manche Kaiser ihn weiter förderten und öffentlich unterstützen. Bis heute ist der Buddhismus die Religion der Bauern und einfachen Leute und vor allem der Frauen geblieben.

Zu Beginn der **1920er-Jahre** setzte eine Erneuerungsbewegung ein, inspiriert und geleitet von studierten Mönchen, die sich an dem sozialen und karitativen Engagement der Katholischen Kirche orientierten. **1951** wurde die *Allgemeine Buddhistische Vereinigung* gegründet. Während der Regierungszeit des Katholiken *Diem* in Südvietnam führten die Gegensätze zwischen Buddhisten und Regierung zur Überraschung selbst der Vietnamesen, dazu, dass die traditionell apolitischen Mönche sich aktiv in die Politik einmischten. Hue wurde Zentrum der **Opposition,** die in spektakulären Selbstverbrennungen ihren extremsten Ausdruck fand. Auch nach dem Sturz *Diems* spielte die Vereinte Buddhistische Kirche um *Thich Tri Quang* eine entscheidende Rolle, mehrere südvietnamesische Regierungen mussten unter dem Druck der Buddhisten zurücktreten, und im Frühjahr 1966 kam es erneut zu Protestmärschen, Selbstverbrennungen und Hungerstreiks.

Buddhistische Heilsgestalten

Das Pantheon buddhistischer Pagoden **(chua)** ist reich und vielfältig, aber überschaubar, da es sich auf einen bestimmten „Personenkreis" beschränkt. Den höchsten Rang nehmen die Buddhas der Drei Generationen *(Tam The)* ein, *Thich Ca, A Di Da* und *Di Lac,* sie repräsentieren Gegenwart, Vergangenheit und Zukunft.

Thich Ca, der historische Buddha *Siddharta Gautama* (Gegenwart), wird meist als Lehrender mit erhobener Hand dargestellt, oft auch als Kind *Thich Ca Mau Cuu Long* (von neun Drachen umgeben) oder liegend auf dem Weg ins Nirwana.

A Di Da, der Gnaden- oder Fastenbuddha (Vergangenheit), wird als magerer Asket dargestellt. Er steht den Menschen auf dem Weg der Läuterung bei und wird oft von gnadenreichen *Bo Tat* (Bodhisattva) begleitet.

Di Lac verkörpert die Zukunft als fröhlich lachender dickbäuchiger Mönch.

Weitere Dreiergruppen können die drei mystischen Körper Buddhas *(Tam Than)* und die Trinität der Drei Kostbarkeiten *(Tam Bao)* bilden, die sich aus *Buddha, Dharma* (Lehre) und *Sangha* (Gemeinschaft der Mönche) zusammensetzt.

Bodhisattva sind Wesen, die bereits Erleuchtung erlangt haben, aber zugunsten anderer, die ihrer Hilfe bedürfen, auf den Eintritt ins Nirwana noch verzichten. Am beliebtesten unter ihnen ist die barmherzige *Quan Am* in ihren vielfältigen Darstellungen: als die Reine mit der bauchigen Wasserflasche oder auf der Lotosblüte, als die Hilfreiche mit 16, 100 oder gar 1000 Armen und Augen oder als die Gnadenbringende mit einem Kind im Arm.

Grimmige Wächterfiguren und die Gruppen der **zehn Höllenkönige** und der **18 La Han** *(Arhat)* runden das Bild der Heilsgestalten im buddhistischen Chua ab, zuzüglich Statuen der Pagodenstifter, verdienter Äbte, Ahnengeister, Heroen und anderer nicht-buddhistischer Gottheiten. Vor allem daoistische Götter haben ihren festen Platz in den Pagoden, allen voran der Jadekaiser **Ngoc Hoang** mit seinen Gehilfen. In chinesischen Versammlungshallen (Hoi Quan) dürfen **Thien Hau,** die Himmelsgöttin und Patronin der Seefahrer (eine Variante der *Quan Am*), und **Quan Cong,** der chinesische General der Drei Königreiche mit Helfern und Zauberpferd, nicht fehlen.

Pagode oder Tempel?

Prinzipiell unterscheidet man zwischen **buddhistischen Pagoden** *(chua),* **daoistischen Tempeln** *(den)* und **Gemeindehäusern** *(dinh).* Zeremonien und Kulthandlungen finden überall statt, exakte Abgrenzungen sind, wie immer, wenn es um „Religion" geht, nicht vorgesehen.

Chua

Der Chua bestand ursprünglich oft nur aus einem **Stupa,** der Reliquien des historischen Buddha barg. Charakteristisch für die aus dem indischen Stupa weiterentwickelten **Stockwerktürme** *(thap)* sind der quadratische Grundriss und die ungerade Zahl der übereinandergestaffelten Geschosse. Diese Form kommt unserer Vorstellung von „Pagode" am nächsten.

In Vietnam aber ist der von einer Mauer umschlossene Chua meist **dreigegliedert,** entweder durch drei getrennte rechteckige Gebäude, drei ineinander übergehende Hallen oder die Aufteilung in drei Altäre: den erhöhten Hauptaltar, den Altar der Rauchopfer und das Sanktuarium im dritten, dem Hauptraum. Neben den **Statuen** der Buddhas und Bodhisattva, deren Zahl wie Anordnung nicht festgelegt ist und in jedem Chua verschieden sein kann, finden sich fast immer auch Statuen daoistischer Gottheiten, Ahnengeister und lokale Götter. Nebengebäude dienen als Kult- und Wohnstätten der Mönche bzw. sind dem Andenken verstorbener Priester/Mönche und Mäzene geweiht.

Im Süden Vietnams, z.B. in Cho Lon und Hoi An, findet man viele chinesi-

Religiöse Begriffe

- **A Di Da:** Amitabha, Buddha der Vergangenheit.
- **At Nan Ananda:** Lieblingsschüler des *Thich Ca Buddha.*
- **Bo (De) Tat:** Bodhisattva; Wesen, die Erleuchtung erlangt haben, aber auf den Eintritt ins Nirwana verzichten, um anderen zu helfen.
- **Ca Diep:** Kasyapa, Lieblingsschüler des *Thich Ca Buddha.*
- **Dia Tang Vuong:** Ksitigarbha, Bodhisattva, der die Seelen Verstorbener aus der Hölle leitet.
- **Di Lac Maitreya:** Buddha der Zukunft.
- **Ho Phap:** Dharmapala, Wächter, Beschützer der Lehre.
- **La Han Arhat:** „Ehrwürdiger", „Verdienstvoller".
- **Long Than:** Gottheit der Drachen.
- **Ngoc Hoang:** Jadekaiser, *Nam Tao* (Südstern) und *Bac Dau* (Nordstern), seine Gehilfen.
- **Phap:** die Lehre.
- **Phat:** Buddha, seine Persönlichkeit.
- **Pho Hien:** Samantabhadra, Bodhisattva, der „Glückbringende".
- **Quan (The) Am:** Avalokitesvara, Bodhisattva, die „Gnadenbringende": *Thien Tu* – mit 100 Armen, *Thi Kinh* – die Kinderbringerin.
- **Tam Bao:** die drei Kostbarkeiten.
- **Tam Phat:** die drei Buddhas.
- **Tam The:** die drei Generationen.
- **Thanh Quan:** General der drei Königreiche (chin. *Quan Cong*), *Quan Binh* und *Chau Xuong*, seine beiden Gehilfen.
- **Thap Dien Vuong:** die zehn Könige der Hölle, Höllenrichter.
- **Thich Ca (Mau Ni):** Sakyamuni, Buddha der Gegenwart, der historische *Siddharta Gautama.*
- **Thien Hau (Thanh Mau):** Königin des Himmels, Beschützerin der Seeleute und Fischer.
- **Thien Vuong:** Lokapala, Wächter der vier Himmelsrichtungen.
- **Tu Phu:** die daoistischen Mütter.
- **Van Thu:** Manjusri, Bodhisattva, Gottheit der Weisheit.

sche Pagoden, die gleichzeitig als **Versammlungshallen** *(hoi quan)* der chinesischen Gemeinden dienten.

Den

Als Den bezeichnet man einen **Gedenktempel,** auch Dien, Tinh oder Mieu genannt. Es ist ein Ort, an dem die Götter, Geister und Dämonen des Daoismus, lokale Schutzgeister und/oder vergöttlichte Heroen wie *Tran Hung Dao,* die *Trung*-Schwestern etc. verehrt werden. Der rechteckige Grundriss ähnelt dem des Chua. Helden werden zuweilen durch Statuen, häufig aber auch nur durch einen Thron mit einer Gedenktafel oder durch Symbole wie Waffen oder Kleidungsstücke verehrt. Ein **Nghe** ist ein kleinerer Schutzgeisttempel.

Dinh

Das Gemeindehaus eines Dorfs hatte als **Versammlungs- und Gerichtsort** der männlichen Dorfbewohner und ihrer gewählten Ältesten große Bedeutung. Zugleich ist ein Dinh immer Kultstätte und **Tempel des Dorf- und Schutzgeistes,** einer als gemeinsamer „Ur-Ahn" aller Dorfbewohner verehrten Person der Geschichte oder der Legende. Ursprünglich im „indonesischen" Stil aus Holz und auf Pfählen gebaut, wurden sie später auch aus Ziegeln errichtet und glichen dann mehr chinesischen Tempeln.

Katholizismus

Als im 16. Jh. Portugiesen, Spanier und Franzosen nach Vietnam kamen, wollten sie nicht nur Waren tauschen, sondern auch den christlichen Glauben verbreiten; **Mission** und **Handel** waren von Beginn an untrennbar miteinander verknüpft.

Perioden zähneknirschender Toleranz wechselten mit strikten Missionierungsverboten und sogar Enthauptungen von Missionaren ab. Um den Katechismus ins Vietnamesische zu übersetzen, entwickelte der französische Jesuit *Alexandre de Rhodes* Anfang des 17. Jh. das **Quoc Ngu,** die noch heute verwendete romanische Umschrift des Vietnamesischen mit den Betonungsakzenten. Schon 1663 soll es 200.000 Christen in Tonkin gegeben haben, etwa 10 % der damaligen Bevölkerung. Allerdings waren Massentaufen ganzer Dörfer und Regionen die Regel. Den meisten Vietnamesen machte es wenig aus, außer zu Buddhas, Naturgeistern und Höllendämonen zusätzlich noch zu Maria und Jesus zu beten.

Als die Konfuzianer die Tätigkeit der Missionare energischer einzuschränken begannen, war es bereits zu spät, die Christenverfolgungen bildeten vielmehr den willkommenen Vorwand für militärische „Strafaktionen", in deren Verlauf Frankreich sich das Kaiserreich einverleibte. Da Katholiken von den Kolonisten einseitig gefördert und bevorzugt wurden, erfreute sich die christliche Kirche eines regen Zulaufs, hatte aber natürlich auch mit dem Vorwurf der Kollaboration und des Opportunismus zu kämpfen.

1954 bauten die Amerikaner den Katholiken *Diem* zum „starken Mann" des antikommunistischen Südvietnam auf und lockten zur Stärkung seiner Machtbasis mit Hilfe von Radiokampagnen und gefälschten Flugblättern, die allen Christen schlimmste Repressalien durch die gottlosen Kommunisten verhießen, fast 1 Mio. Nordvietnamesen in den Süden. Ganze Dörfer und Gemeinden brachen vom Roten Fluss auf, um sich „mit der *Jungfrau Maria* zu vereinen, die sich in Saigon nach ihren Kindern im Norden verzehrt", und unter dem Deckmantel humanitärer Hilfe heizten amerikanische Hilfsorganisationen die Flüchtlingsströme durch Kopfprämien an. Als Diem den Katholizismus quasi zur Staatsreligion erklärte, hatte er seine Rechnung allerdings ohne die „apolitischen" Buddhisten gemacht, deren wütende Opposition und spektakuläre Selbstopfer ihn letztlich zu Fall brachten.

Obwohl viele begüterte Katholiken Vietnam zwischen 1973 und 1975 verließen, gehören Katholiken noch heute meist zu den „Bessergestellten" im Land. Über das Seelenheil der über 6 Mio. Gläubigen wachen Erzbischöfe in Hanoi, Hue und Ho Chi Minh City. 2009 besuchte *Präsident Nguyen Minh Triet* als erster vietnamesischer Staatschef seit 1975 den Vatikan und wurde von *Papst Benedikt* empfangen.

Caodaismus

Die Anfang der 1920er-Jahre von dem Spiritisten *Ngo Van Chieu* nach einer übernatürlichen Begegnung mit dem höchsten Wesen (Cao Dai) gegründete **Sekte** ist ausnahmslos im Süden Vietnams verbreitet und zählt dort noch heute etwa 1,5 Mio. Anhänger. Ausgangspunkt des Caodaismus, einer eklektizistischen **„Ideal-Religion"**, die alle großen Lehren des Ostens und Westens zu vereinen sucht, sind die drei historischen Offenbarungen des Göttlichen, in frühester Zeit durch Moses und mythische Gestalten des Buddhismus, Daoismus und Konfuzianismus, in geschichtlicher Zeit durch *Jesus, Siddharta Gautama, Lao Tse* und *Konfuzius* und schließlich vereinigt in der Gestalt des *Cao Dai,* der höchsten Gottheit, die zur Erlösung der gesamten Menschheit führen wird. Außer buddhistischen Bodhisattva, vietnamesischen Heiligen und daoistischen Geistern offenbaren sich den Anhängern in spiritistischen Sitzungen auch Gestalten der Weltgeschichte wie *Victor Hugo, Jeanne d'Arc, Winston Churchill, Isaac Newton* oder *Louis Pasteur* als Sprachrohr des *Cao Dai.*

In den 1940er-Jahren nahm die Sekte derart zu, dass die Franzosen die Verbreitung ihrer Lehren verboten, zumal sie sich zunehmend dem antifranzösischen **Widerstand** anschloss und während des Zweiten Weltkriegs offen mit den Japanern paktierte. Mit Hilfe einer schlagkräftigen Privatarmee kontrollierten die Caodaiisten weite Teile des Südens und bildeten einen „Staat im Staat", um dessen Gunst sowohl Franzosen als auch Viet Minh buhlten. Erst unter dem Druck der Amerikaner und der Armee *Diems* mussten sie ihre Gebietsansprüche aufgeben und wurden aus dem politischen Geschehen gedrängt.

Der **Heilige Stuhl,** das religiöse Zentrum der Sekte, befindet sich bei Tay Ninh 100 km nordwestlich von Ho Chi Minh City (→ Kapitel „Tay Ninh").

Hoa Hao

Auch der **Reform-Buddhismus** der Hoa-Hao-Sekte, 1939 von dem „verrückten Bonzen" *Huynh Phu So* im Mekong-Delta gegründet, illustriert den Drang zu einer unabhängigen politischen Bewegung mit (pseudo-)religiöser Grundlage. Die lautstark gepredigte **Rückkehr zur „Einfachheit"** der frühen Buddhisten – Verzicht auf reich geschmückte Pagoden, aufwendige Zeremonien und Priesterschaft, stattdessen strikte Abstinenz und täglich viermaliges Gebet – stand von Beginn an in krassem Gegensatz zur radikalen **Militanz** der Sekte, die abwechselnd mit den Japanern, Franzosen und dem Viet Minh kollaborierte, jedoch auch die Bordelle und Spielhöllen Saigons kontrollierte.

Die Hoa Hao sollen im Mekong-Delta noch immer etwa 500.000 Anhänger haben, treten aber nach außen kaum in Erscheinung, da sie weder Kirchen haben noch eine bestimmte Tracht tragen.

Islam

In fast jeder größeren Stadt Vietnams findet man eine Moschee, aber die Minarette sind verstummt. Errichtet wurden sie von Zigtausenden Indern, die in den 1930er-Jahren von den Franzosen

024vi PVT

als Antwort auf die Demonstrationen und Massenstreiks der Einheimischen ins Land geholt worden waren. Da Vietnamesen nur selten zum Islam übertraten, gehören heute in erster Linie Angehörige der Cham-Minderheit und die wenigen Inder, die das Land nach 1975 nicht verlassen haben, zu den Moslems Vietnams (0,1 % der Bevölkerung).

Religionsfreiheit heute

Bedingt durch restriktive Maßnahmen der Regierung war die Mitgliederzahl aller religiösen Gemeinschaften nach 1975 stark rückläufig. Als Sitz oppositioneller Kräfte und Quelle antikommunistischer Aktivitäten wurden nach der „Befreiung" Kirchen und Klosterschulen geschlossen, Pagoden in öffentliche Gebäude umgewandelt, Priester und Mönche unter Hausarrest gestellt und „umerzogen", die Sekten enteignet und einige ihrer Führer sogar hingerichtet.

Obwohl die Verfassung Religionsfreiheit garantiert, stehen alle religiösen Gruppen weiterhin unter **staatlicher Beobachtung und Kontrolle** und unterliegen Druck und Verbreitung ihrer Schriften der Zensur. Politisches und soziales Engagement sind nach wie vor untersagt. Gegenüber der Religionsausübung zeigt die Regierung heute aber größte Toleranz. Seit 1989 ist eine umfassende Renaissance aller Religionen zu beobachten. Kirchen, Pagoden und Tempel wurden renoviert und wieder ihrer ursprünglichen Bestimmung zugeführt, an Fest- und Feiertagen sind sie heillos überfüllt. Auch Priesterseminare und buddhistische Novizen sind in begrenzter Anzahl wieder zugelassen.

Rauchopfer am Altar

Schrift und Literatur

Schrift

Von den Anfängen der vietnamesischen Kultur bis in unser Jahrhundert hinein existierten **Chinesisch** und **Vietnamesisch** als Sprachen nebeneinander, als Schrift dagegen kannte man bis zum 10. Jh. lediglich das chinesische **Chu Nho,** die „Gelehrtenschrift".

Aus dem Bedürfnis nach nationaler Identität und eigenständiger Kultur passte man die chinesischen Schriftzeichen an die vietnamesischen Lautwerte an und entwickelte das einheimische **Chu Nom.** Da aber auch diese stark vereinfachte Schrift das Studium des Chinesischen voraussetzte, blieb das Schreiben weiterhin einer gelehrten Elite vorbehalten, während umgekehrt das neue Zeichensystem derart „degeneriert" war, dass die Chinesen es nicht mehr entziffern konnten. Die meisten konfuzianischen Gelehrten, die mühselig Tausende komplizierter chinesischer Zeichen auswendig gelernt hatten, brachten für das simplifizierte System wenig Sympathie auf, während Reformer, Patrioten und progressive Literaten gezielt versuchten, das Nom – und damit die einheimische Sprache – zu fördern und festgefahrene gesellschaftliche und politische Konventionen aufzureißen.

Beide Schriften existierten jahrhundertelang nebeneinander, die Mehrzahl der Bauern beherrschte keine von beiden. Als Anfang des 19. Jh. der reaktionäre Traditionalist *Minh Mang* nicht nur das Chu Nom, sondern selbst die vietnamesische Sprache von seinem Hof in Hue verbannte, war der Bruch endgültig vollzogen: Das Volk sprach die Landessprache, konnte sie aber nicht schreiben, die Oberschicht sprach und schrieb wie vor der Unabhängigkeit Chinesisch.

Der französische Jesuit **Alexandre de Rhodes** (1591–1660) veröffentlichte 1651 neben einem Katechismus in romanischer Umschrift ein annamitisch-portugiesisch-lateinisches Lexikon in **Quoc Ngu** („Nationale Schrift"). Seine Transkription der vietnamesischen Laute in **lateinische Buchstaben mit Akzenten,** die die jeweiligen Tonhöhen markieren, wird noch heute verwendet, blieb aber mehr als 200 Jahre lang fast ausschließlich auf den Wirkungsbereich der christlichen Missionen beschränkt.

Erst durch die Ankunft der Kolonisten, die verständlicherweise eine leserliche (und kontrollierbare!) Schrift einem System „unentzifferbarer Zeichen" vorzogen, gewann das Quoc Ngu rasche Verbreitung. Erste Zeitungsgründungen, literarische Übersetzungen und die wachsende Notwendigkeit einer Übertragung westlicher Begriffe trugen zur Popularität des Quoc Ngu auch unter vietnamesischen Intellektuellen bei, sodass es sich um 1910 endgültig als offizielles Schreibsystem durchsetzte. 1918 kapitulierte auch der Kaiserhof und stellte die jahrhundertealten Mandarinats-Prüfungen ein.

Literatur

Literatur und Poesie haben im geistigen und politischen Leben Vietnams von jeher eine große Rolle gespielt. Seit der

Einführung der konfuzianischen Prüfungen für höhere Staatsbeamte Ende des 10. Jh. musste jeder Vietnamese, der politisch und gesellschaftlich mitreden wollte, auch „literarische" Fähigkeiten nachweisen: Ein guter Konfuzianer, der die Rituale beherrscht, so sagte man, weiß sich auch in Versen auszudrücken. Ob Kaiser oder Mandarin, Gelehrter, Bonze oder General, poetische Produktion blieb für die vietnamesische Elite bis in die Neuzeit selbstverständlich. Als Folge davon verstand man unter Literatur bis in unser Jahrhundert fast ausschließlich **Versdichtung** – auf der einen Seite eine gewaltige Überproduktion voll von tradierten Klischees und Stereotypen, auf der anderen eine literarische Tradition, die immer wieder Meisterwerke hervorbrachte.

Zu allen Zeiten haben **patriotische Themen** im Zentrum vietnamesischer Literatur gestanden. Die „Berge und Flüsse" des Landes, Synonym für die Heimat, wurden immer dann besonders aktuell, wenn es einer Bedrohung von außen zu widerstehen galt. Als **General Ly Thuong Kiet** 1076 das Land von den chinesischen Sung befreien wollte, feuerte er seine Landsleute mit Versen an – und siegte natürlich. Für **Nguyen Trai,** den konfuzianischen Gelehrten und Feldherrn *Le Lois,* galt es als Bestandteil der Kriegsführung, den Feind mittels Flugblättern, Spottliedern und Offenen Briefen zu überzeugen, dass es besser sei, „die Herzen zu erobern als die Zitadellen". Nicht zuletzt seinem rhetorischen Geschick war es zu verdanken, dass die Ming sich 1427 wieder aus Vietnam zurückzogen und eine Periode des Friedens beginnen konnte: Die „Große Proklamation über die Befreiung von der chinesischen Herrschaft" preist diesen Zustand. Mehr als ein halbes Jahrtausend später, als Vietnam erneut der größten Weltmacht seiner Zeit gegenüberstand, war es **Ho Chi Minh,** der zur Kontinuität des Themas beitrug.

Berge und Flüsse des südlichen Reiches/Gehören dem Herrscher des Südens/Das Buch des Himmels hat es so bestimmt/Warum also wagen eure Horden unser Land zu überfallen/Ihr werdet sehen: eure Niederlage ist gewiss.

(*Ly Thuong Kiet,* 11. Jh.)

Die Ruhe ist wiederhergestellt/Berge und Flüsse haben ihr Aussehen verändert/Das in Unordnung geratene Universum hat seine Harmonie wiedergefunden/Sonne und Mond kehren aus der Finsternis ins Licht zurück.

(*Nguyen Trai,* 15. Jh.)

Unsere Berge, unsere Flüsse, unsere Menschen werden immer bleiben/Ist der Feind erst geschlagen, bauen wir das Land wieder auf, zehnmal schöner denn je.

(*Ho Chi Minh,* 20. Jh.)

Aber die Vietnamesen dichteten auch in Friedenszeiten. Eine kulturelle Blüte erlebte das Land unter *Kaiser Le Thanh Tong* (1460– 97), der nicht nur ein fortschrittliches Gesetzeswerk schuf, sondern eine Dichterakademie gründete und zur Abfassung historischer und philosophischer Schriften sowie zur Archivierung von Legenden und Lyriksammlungen aufrief. Zu einer ähnlichen Entwicklung kam es im 17. Jh. unter den

Trinh, als immer mehr Werke in Chu Nom entstanden. Die ersten überlieferten Gedichte in der Nom-Schrift hatte bereits 1282 *Han Thuyen* verfasst, aber das gelehrte Vietnam verhielt sich weiterhin ablehnend und scheute davor zurück, seine hohen Gedanken in derart niederen Schriftzeichen auszudrücken. Erst unter *Le Loi* und als Reaktion auf die Schreckensherrschaft der Ming (1407–1727) wurde das Nom auch in Gelehrtenkreisen populärer, zahlreiche literarische Arbeiten entstanden, und selbst chinesische Klassiker wurden in Nom übertragen.

Obwohl das patriarchalische Bildungssystem **Frauen** wenig Möglichkeit bot, sich Wissen anzueignen, geschweige denn an die Öffentlichkeit zu treten, durchbrachen einige Damen der Oberschicht diese Regel. Die erste Poetin war *Dieu Nhan* (1072–1143), die Tochter eines Prinzen, die sich nach dem Tode ihres Gatten ins Kloster zurückzog und Verse schrieb. Im 18. Jh. verfasste *Dang Tran Con* das bewegende Antikriegsepos „Die Klagen einer Kriegersfrau". Die herausragende Gestalt aber war *Ho Xuan Huong,* die sich nicht mehr damit begnügte zu klagen, sondern vehement die verlogene Gesellschaftsmoral des späten 18. Jh. attackierte; die Konkubine eines Präfekten scheute nicht einmal davor zurück, an absolute Tabus wie freie Liebe und Sexualität zu rühren, wenn auch natürlich „elegant", in raffinierten Wortspielen und poetischen Bildern.

Als Nationalepos Vietnams gilt „Kim Van Kieu". Jeder kennt es oder weiß zumindest ein paar Verse zu zitieren, man sagt, es würde „der vietnamesischen Seele Ausdruck verleihen". **Nguyen Du** (1765–1820), der seine letzten Jahre am Hof *Gia Longs* in Hue verbrachte, erzählt die tragisch-anrührende Geschichte seiner Heldin in 3354 Versen. *Kieu* trennt sich voller Schmerz von dem Geliebten, um ihren hochverschuldeten Vater vor dem Kerker zu bewahren, verkauft sich als Kurtisane an ein Bordell, wird Mätresse eines Banditen und fällt in die Hände immer skrupelloserer Menschen; als sie nach zahllosen Leiden und Abenteuern schließlich ihren Geliebten wiederfindet, hält sie sich – unschuldig schuldig geworden – seiner nicht mehr für würdig und verzichtet auf seine Liebe. In der heftigen Anklage gegen das herrschende Unrechtssystem, das die Rechte des Einzelnen und insbesondere der Frauen brutal mit Füßen tritt, konnten (und können?) Millionen von Vietnamesen immer wieder anschaulich ihr eigenes Schicksal wiederfinden.

Die künstlerischen Ausdrucksmittel eines Versepos wie „Kim Van Kieu" waren aufgrund der Kolonisation an einem Endpunkt angelangt; neue Formen und Themen mussten gefunden werden. Die Einführung des lateinischen Alphabets und die Anfänge eines eigenständigen Journalismus führten zu neuen Schreibweisen und ab 1920 zu ersten Beispielen moderner Prosa. Der anfangs noch starke französische Einfluss schwand mit wachsendem Selbst- und Nationalbewusstsein, kämpferische, patriotische und sozialistische Literatur entstand. „Mit Feder und Gewehr kämpfen", hieß fortan die Devise, eindringliche Zeugnisse des Widerstands sind die Gedichte von *To Huu.*

Seit der „Befreiung" wendet man sich (notgedrungen) neuen Themen zu. Die Autoren scheinen damit weniger Probleme zu haben als ihr einziger „Verleger", der Staat, denn wie überall in autoritären Staaten gehen Zensur und vorbeugende Selbstzensur eine innige Verbindung ein. Dennoch konnten Romanciers wie **Nguyen Huy Thiep, Duong Thu Huong** oder **Bao Ninh** mit ihren realistischen Porträts der sozialistischen Gesellschaft Aufsehen erregen. Der Trend zu kritischer Meinungsäußerung existiert, auch wenn in letzter Zeit wieder schärfer als früher gegen Dissidenten vorgegangen wurde. Den Wandel kultureller Werte, den neuen Vietnamesen schlechthin, zeichnet **Pham Thi Hoai** mit Witz und Ironie. Die Schriftstellerin, die heute zeitweise in Deutschland lebt und deren poetische Erzählungen auch auf Deutsch erhältlich sind, gilt als Vertreterin der „neuen Generation" der Hanoier Literaten – selbst wenn ihre Texte im Ausland veröffentlicht werden und staatliche Kampagnen sie von Zeit zu Zeit als „Nestbeschmutzerin" diffamieren.

Musik und Theater

Die volksnahen Kunstformen Musik und Theater sind eng miteinander verbunden und entwickelten sich schon früh in Vietnam. Obwohl das Theater spätestens seit dem 13. Jh. als „hoffähig" galt und Musikdarbietungen bei keiner kaiserlichen Festivität fehlen durften, waren die Künstler selbst, nicht anders als in unserem Mittelalter, von der Gesellschaft geächtet und ausgestoßen. So war es Schauspielern strikt untersagt, sich an den Gelehrtenprüfungen zu beteiligen, und selbst ein großer Förderer und Liebhaber des Theaters wie *Kaiser Tu Duc* (1847–83) traf die Feststellung, dass Schauspieler schlicht nicht zur menschlichen Rasse gehörten.

Musik

Pauschal gesagt, folgt die Musik des Nordens der **chinesischen** Tradition, mit einer Fünftonleiter ohne Halbtöne, schnellen Tempi und kräftigen Tönen, während im Süden der Einfluss der von den Cham übernommenen **indischen** Musik mit Trommeln und improvisierten Vorspielen vorherrscht – man spricht von einer *dieu hat nam,* einer Melodie des Südens, und einer *dieu hat bac* des Nordens.

☑ Hofmusik

025vi kb

Mua Roi Nuoc (Wasserpuppentheater)

Wasserpuppentheater gehört heute zum Pflichtprogramm jedes Hanoi-Besuchers. Der **„Tanz der Marionetten auf dem Wasser"**, eine schon seit dem 10. Jh. im Delta des Roten Flusses existierende Kunstform, war fast ausgestorben, bis ausgerechnet der Tourismus die Wiederbelebung dieses einzigartigen Puppenspiels einleitete. Heute reist die Truppe des Hanoier Thang-Long-Theaters von Festival zu Festival.

Das Verfahren ist einfach: Man benötigt eine Wasserfläche, es kann auch ein überflutetes Reisfeld sein, und aus dem Holz des Feigenbaums geschnitzte und bemalte Figuren. Heutzutage stehen die unsichtbaren Puppenspieler statt im Dorfteich auf einer Bühne hüfttief im Wasser. Durch eine Bambuswand verborgen lassen sie die beweglichen bis zu 70 cm großen Puppen scheinbar ohne jede Anstrengung die unglaublichsten Bewegungen ausführen. Ein komplizierter Mechanismus von Fäden, Seilzügen und Bambusstangen macht es möglich. Am faszinierendsten für den Zuschauer ist die **Leichtigkeit** und **Wendigkeit,** mit der die auf den ersten Blick plump erscheinenden Figuren in und auf dem Wasser agieren.

Teu, Moderator und Spaßmacher, führt humorvoll durch die Vorstellung – auf einem Dorffest ist seine Figur der Publikumsliebling. Ein Trommelwirbel kündigt die erste Szene an und erst jetzt wird klar, wie wichtig das Wasser für das Geschehen ist, es wird zum wesentlichen Bestandteil jeder der kurzen Szenen: Heftige Wellen provoziert der Tanz des feuerspeienden Drachen *Rong,* rein wie ein Spiegel ist die Wasseroberfläche beim Auftritt der Feen, es spritzt gewaltig, wenn der Fuchs den Entchen nachstellt oder Kinder beim Bootsrennen wetteifern. Weitere Effekte werden durch Rauch, Licht und Musik (Trommel, Gong, Xylophon) erzielt.

Auch auf dem Land wird das kulturelle Erbe in seiner ursprünglichen Form wieder belebt: Die sehenswertesten Aufführungen „im Dorfteich" finden wie schon vor Jahrhunderten beim **Fest des Chua Thay** im März statt.

Jede Volksschicht und jeder Berufsstand hat seine spezifischen Lieder, die alle Vietnamesen von der Wiege bis zum Tod begleiten: einfache Kinderlieder, Spottverse und Schüttelreime, Lieder, die das schwere Los im Reisfeld erträglicher machen oder die Arbeit der Fischer auf hoher See, burleske Bänkelgesänge blinder Wandersänger, patriotische Weisen voller Stolz und Nationalgefühl, wehmütige Liebeslieder *(nam ai),* sehnsuchtsvoll bis zur Rührseligkeit, und Balladen, die die Meisterwerke der Literatur verbreiten halfen. Als Kunstformen wurden der **Hat A Dao** („Gesang der Sängerinnen") und der **Ca Hue** („Gesang von Hue") an den Höfen gepflegt.

Das Ende der Hofkultur und die Entwurzelung der traditionellen Dorfgemeinschaft durch Krieg und Sozialismus haben die alten Gesangsformen fast aussterben lassen. Zwar singt man gern und viel, aber doch lieber westlichen *Pop* im Karaoke-Schuppen als eigene Musik. *Ry Cooder* spielte mit dem großen alten Mann *Kim Sinh,* aber es wurde keine Wiederholung der kubanischen Erfolgsgeschichte, Auslandsvietnamesen wie *Nguyen Le* sind auf internationalen Jazzfestivals erfolgreich, aber im eigenen

Land kennt man sie nicht, und *Trinh Cong Son,* der populäre Protestsänger und Poet, ist tot. – Um traditionelles Liedgut unverfälscht zu hören, muss man zur rechten Zeit an einem unspektakulären Ort sein. Die süßlichen Vorführungen, die Touristen geboten werden, treffen nur bedingt die Originalität alter, oft genial einfacher Lieder und Musikformen.

Instrumente

Die traditionelle Musik Vietnams kennt etwa 30 Grundinstrumente. Blas- und Blechinstrumente sind selten – sie verstimmen im feuchten Klima permanent (werden aber – aus diesem Grund? – bei Beerdigungen gespielt). Wichtig sind Trommeln, Gongs und andere **Schlaginstrumente,** die für Zeremonien und Theateraufführungen unentbehrlich sind, und die vielfältigen **Saiteninstrumente** (Monochord, Zither, Mondlaute), die der vietnamesischen Musik zusammen mit dem Taktschlaginstrument **Song Lang** ihre spezielle Note geben. Originell ist das **Dan Bau,** das lediglich aus einer Saite und einem Resonanzkörper besteht und fremdartige Töne erzeugt, deren Höhe mit dem Handballen und einem Tremolo-Hebel reguliert werden.

2003 wurde die „elegante Musik" (Nha Nhac) der Kaiserzeit von der UNESCO zum **immateriellen unersetzlichen Kulturerbe** erklärt, eine Auszeichnung, die hoffentlich dazu beiträgt, alte Kunstformen vor dem Untergang zu retten. In Hanoi kann man beispielsweise wieder das höfische Singspiel *Ca Tru* erleben (→ dort).

Theater

Hat Cheo

Die Bauernoper ist die älteste Theaterform Vietnams. Das „Theater des Lachens" soll um 1000 im Delta des Roten Flusses entstanden sein – ab dem 15. Jh. wurde es am Hof verboten – und umfasst Drama, Lyrik, Musik, Gesang und Tanz. Teils spottlustige Satire, die sich oft genug gegen die Herrschenden richtete, war es stets mehr als nur bloße Volksbelustigung, sondern trug in spielerischer und unterhaltsamer Weise zur **Bewusstseinsbildung** der Bauern bei. Aufführungsverbote seitens der Obrigkeit waren häufig, ließen sich aber nie lange durchsetzen. Das Volkstheater ist im Norden noch heute populär und erlebt, nicht zuletzt durch Vorführungen für Touristen (meist eine Revue von Ausschnitten aus den populärsten Stücken), eine Renaissance.

Ca Tru

Das im 11./12. Jh. im Norden etablierte Singspiel, das auf der UNESCO-Liste der Weltkulturgüter steht, wird traditionell von drei Personen aufgeführt: einer Sängerin, die mit einem Schlaginstrument den Takt vorgibt, einem Lautenspieler und einem Trommler.

Hat Boi

Das „Schauspiel der Gebärden und des Gesangs" ist die vietnamesische Variante der chinesischen Oper. Bis ins letzte Jahrhundert die beliebteste Unterhaltung am Kaiserhof, hat heute kaum jemand mehr Zeit, sich auf den Gesang der langatmigen schwierigen Texte – untermalt von dramatischer Musik – und die kodifizierten Gesten und Bewegungen der Charaktere einzulassen.

Man muss sehr viel Glück haben, eine der seltenen klassischen Aufführungen mitzuerleben. Die schrillen Fernseh-Soaps, die sich vor allem bei Frauen und Kindern größter Beliebtheit erfreuen, haben mit den klassischen Vorbildern nichts mehr gemeinsam.

Cai Luong

Das „erneuerte“ oder „reformierte Theater” entwickelte sich Anfang des 20. Jh. und ist, basierend auf Hat-Boi-Stoffen, auf das Hier und Jetzt zugeschnitten. Hauptsache jedoch sind Musik und Gesang. In einem einzigen Stück können bis zu 40 Gesangseinlagen vorkommen, und wegen dieser „Ohrwürmer“ sind die Vorstellungen beim Publikum so beliebt.

Kunsthandwerk und Malerei

Kunsthandwerk

„Das einheimische Handwerk hat sich in Indochina in stärkerem Maße als in vielen anderen Kolonialländern erhalten. Die Ursache dafür ist der hohe Grad der kolonialen Ausbeutung durch die Franzosen. Jeder ökonomische Aufschwung, der etwa geeignet wäre, die Kaufkraft der Bevölkerung zu heben, muss hier ausbleiben; infolgedessen war die Masse der Bevölkerung stets zu arm, um französische Waren, gleich welcher Art, kaufen zu können. Sie waren einfach gezwungen, auf die Erzeugnisse des Handwerks alter Art zurückzugreifen.“

Eine Einschätzung
aus den 1950er-Jahren

Kunst am „Fließband“

290vi kb

In Vietnam hängt man immer noch am Althergebrachten. Gerade in den letzten drei Jahrzehnten ist ein vermehrtes Traditionsbewusstsein zu beobachten, das alte Techniken wiederaufleben lässt, sodass äußerst geschmackvolle Artikel gefertigt werden – nicht nur für Souvenirläden, sondern auch für den Eigenbedarf.

Holzschnitt

Schwarz-weiß-Holzschnitte wurden schon im 11. Jh. hergestellt, etwa 400 Jahre später produzierte man auch farbig. Meist waren ganze Dörfer und Dorfgemeinschaften auf die Herstellung dieser populären Volkskunst spezialisiert, von der Fertigung des Papiers und der Druckstöcke über Druck und Kolorierung mit Naturfarben bis zum Vertrieb auf Wochenmärkten. Heute werden vor allem noch die Tranh Tet oder **Neujahrsbilder** hergestellt. Als Symbol des Wohlstands erscheint das Schwein und verheißt Fruchtbarkeit mit einer Schar Ferkel. Glück bringen Pfirsich- und Pflaumenblüten, Chrysanthemen oder der Hahn. Die bunten, plakativen Darstellungen werden heute auch gerne als Postkartenmotive verwendet. In ganz Vietnam berühmt ist das **Handwerksdorf Dong Ho** nördlich von Hanoi.

Lackarbeiten

Das Handwerk kam im 15. Jh. aus China, wo es schon seit 2000 Jahren bekannt sein soll. Mit dem Lack aus dem weißlichen oder bräunlichen Harz des Cay Son oder Lackbaums kann man im Prinzip alle möglichen Materialien überziehen, meistens verwendet man aber Holz (Teak, Jackfruit, Lorbeer). Nach der Vorbehandlung der Oberfläche mit einer Fixierschicht werden hauchdünne Lackschichten aufgetragen, von denen jede einzelne mindestens eine Woche trocknen muss, bevor sie geschliffen, poliert und mit einer weiteren Lage überzogen werden kann. Elf Schichten gelten als Minimum, außergewöhnliche Kostbarkeiten können von 100 und mehr Schichten überzogen sein, wobei der Fertigungsprozess sich unter Umständen Jahre hinziehen kann. Weniger aufwendige Techniken werden natürlich für die Souvenirproduktion bevorzugt.

Charakteristisch für vietnamesische Lackwaren sind Einlegearbeiten aus Perlmutt, zuweilen findet man aber auch Gold- und Silberplättchen oder, als einfachste Variante, zerstoßene Eierschalen. Bevorzugte Farben sind Grün, Braun und Schwarz, doch auch mehrfarbige Schichten sind möglich.

Keramik

Vietnamesische Töpferkunst wird gerühmt und war selbst in China und Japan zeitweise hoch begehrt. Jede Dynastie bevorzugte unterschiedliche Tönungen und Techniken, mal jadefarben oder elfenbein, mehr oder weniger transparent, glatt oder gesprenkelt glasiert. Die berühmtesten Keramiken mit Farben zwischen „Mondschein" und „Meergrün" und metallischem Klang sind die der Thanh-Hoa-Schule der Ly-Dynastie (1009–1225). Die Blau-weiß-Keramik des 15. Jh. (Bat Trang) wurde bis nach Japan exportiert, kaum minder angesehen ist die kräftig blaue Hue-Keramik aus der Zeit der *Nguyen*-Fürsten (17. Jh.), die anfangs von chinesischen Töpfern in Long Tho bei Hue hergestellt wurde.

Seidenmalerei

Wohl nicht zuletzt aufgrund der gestiegenen Nachfrage hat die seit dem 13. Jh. in Vietnam bekannte Kunst der Seidenmalerei in den letzten Jahren einen enormen Aufschwung erlebt, verbunden mit einer Rückbesinnung auf traditionelle Themen. Anders als in der chinesischen Malerei verwendet man viele Farben, die Künstler stellen auch Menschen dar und richten ihre Sujets nicht allein auf die symbolische Darstellung der Natur aus.

Moderne Kunst

Doi Moi, die Zeit der Erneuerung, brachte dem ganzen Land neben politischen und sozialen Veränderungen auch einen enorem Kreativitätsschub. Vietnam wurde von einem „Kunstboom" erfasst und mit Galerien und Bildern überschwemmt, die keineswegs alle überragend waren. Jedoch mit der Erweiterung des Weltbilds der Künstler entwickelte sich die junge Kunst fort, wurde fantasievoll, politisch, aufbegehrend – ohne je auf dem Weg zur Moderne mit den Traditionen zu brechen. Die **Gang of Five** war nach dem berühmtesten Maler Vietnams *Bui Xuan Phai* die erste Malergruppe, die internationale Bekanntheit erlangte, Neo-Realisten wie *Hong Viet Dung, Ha Tri Hieu* oder der Expressionist *Tran Luong* gehörten dazu. Die Nachfolgegeneration, alle nach 1970 geboren, verschaffte sich mit neuen Formsprachen, Installationen, Performances und versierter Maltechnik internationale Anerkennung: *Nguyen Van Cuong* mit surrealistisch anmutenden Arbeiten, *Nguyen Quang Huy* mit ruhigen, klaren Bildelementen und *Nguyen Minh Thanh,* dessen Selbstportäts immer auch Selbstfindungen sind, können nicht die Vielzahl der Namen repräsentieren, die einen starken Eindruck hinterlassen und sich der „Tradition des Neuen" verpflichtet fühlen.

Architektur

Typisch für vietnamesische Gebäude ist ihre **horizontale Ausdehnung,** sodass selbst die Paläste der Vergangenheit niemals monumental wirkten und sich stets harmonisch in ihre natürliche Umgebung fügten – für die Paläste der Gegenwart gilt diese Regel, Erde, Mensch und Himmel miteinander zu versöhnen, freilich nicht mehr.

Ein **traditionell vietnamesisches Haus** ist einstöckig und rechteckig, die Zahl der Räume (darauf achtet man auch heute noch bei Neubauten) immer ungerade. Je nach geografischer Lage und sozialem Status der Bewohner sind die Wände aus Lehm oder Backstein, die Dächer mit Palmblättern oder Ziegeln gedeckt.

Der Eingang weist traditionell nach Süden, bietet aber nach Möglichkeit keinen direkten Zugang zum Innern, um bösen Geistern den Zutritt zu erschweren. Gegenüber dem Eingang im Hauptraum befindet sich der Ahnenaltar. Außerhalb des Hauses, auf dem Hof, liegen Küche, Brunnen und Stall. Eine Mauer umgibt den Hof im Idealfall.

Eine Besonderheit der Stadtarchitektur sind die **„Röhrenhäuser“** in Hanois Altstadt (→ Kapitel „Hanoi“).

Deutlich anders sind die **Häuser der Bergstämme,** die nach wie vor den südostasiatischen Pfahlbaustil aus Holz und Bambus bevorzugen, der – wie Felszeichnungen der Jungsteinzeit und Ornamente der Dong-Son-Trommeln zeigen – schon in der Frühzeit Vietnams verbreitet war.

Wirklich „historische“ Gebäude sind rar in Vietnam. Nicht nur Jahrhunderte der Kriege forderten ihren Tribut, sondern auch das Klima: Holzkonstruktionen, Lehmwände, Palmblattdächer können den Witterungseinflüssen der Tropen nur eine begrenzte Zeit widerstehen. Turnusmäßige Renovierungen aber waren stets auch Anlass zu „Modernisierungen“. Wenn vietnamesische Denkmalschützer „historische Monumente“ (meist Pagoden) benennen, bedeutet das nur bedingt historische Originale – der Geist, in dem ein Gebäude errichtet wurde, zählt für die Vietnamesen mehr als das Alter und die Authentizität der Materialien.

Am ehesten erhalten haben sich Überreste von Steinbauten (meist Befestigungsanlagen, z.B. Co Loa). Die Paläste und Hauptstädte der älteren Kaiserdynastien sind praktisch verschwunden – die „alte“ Kaiserstadt Hue stammt gerade mal aus den ersten Jahren des 19. Jh.

Auch die einstige Hafenstadt Hoi An, deren außergewöhnlich chinesisch-vietnamesisch-japanische Anlage und Architektur geradezu „mittelalterlich“ anmutet, ist kaum älter als 200 Jahre.

Cham-Heiligtümer

Von den Tempelanlagen der Cham, von deren Existenz die Welt erst Anfang des 20. Jh. erfuhr – damals schätzten die französischen Archäologen, die sie entdeckten, ihre Zahl auf etwa 300 –, sind durch die nachfolgenden Kriege kaum mehr als 100 übriggeblieben, die meisten in einem Zustand, der mit „Baufälligkeit“ nur unzureichend umschrieben ist.

Nachdem im französischen Kolonialkrieg bereits das Klosterheiligtum Dong Duong dem Erdboden gleichgemacht wurde, entging **My Son** im amerikanischen Krieg dem gleichen Schicksal nur mit knapper Not. Von den ursprünglich 70 Tempeln My Sons haben, mehr oder minder stark zerstört, nur knapp 20 die Flächenbombardements der Amerikaner überlebt. Die Vietnamesen versuchten seit 1981 zu retten, was zu retten ist. Der Wettlauf mit der Zeit und dem tropischen Klima hat sich gelohnt. My Son wurde von der UNESCO zum **Weltkulturerbe** erklärt, und die Monumente werden mit internationaler Hilfe sachgemäß restauriert und vor weiterem Verfall bewahrt. Unqualifizierte Restaurierungsarbeiten an Cham-Denkmälern durch unzureichende Kenntnisse oder Nachlässigkeit hatten in den letzten Jahren manchem Heiligtum eher geschadet als es zu erhalten.

Cham-Türme

Die roten Ziegeltürme der Cham, die unvermittelt aus der Landschaft ragen oder sie weithin sichtbar von Anhöhen und Hügeln aus beherrschen, sind das markanteste Kennzeichen Zentralviet-

Champa – das Königreich der Cham

Die austro-asiatischen, ursprünglich vermutlich aus Indonesien zugewanderten Cham beherrschten mehr als 1000 Jahre lang das heutige Zentralvietnam zwischen Dong Hoi und Phan Thiet und lieferten sich während dieser Zeit endlose Kämpfe mit den Chinesen und Vietnamesen im Norden und den Khmer im Süden ihres Machtbereichs. Unter dem Namen **Lin Yi** wurde ihr Reich erstmals um **200** von Geschichtsschreibern erwähnt. Ende des 5. Jh. sahen sich die Chinesen gezwungen, eine definitive Grenze zwischen Giao Chi (dem damaligen Vietnam) und Lin Yi festzulegen (am Hoanh-Son-Massiv nördlich von Dong Hoi), und untersagten strengstens jeglichen kulturellen Kontakt zwischen den Völkern. Der Name Champa selbst taucht in Sanskrit-Schriften erstmals um das Jahr **600** auf.

Als gefürchtete **Seefahrer** und Piraten unterhielten die Cham Kontakte mit Südindien und den indonesischen Inseln und beherrschten zwischen dem 4. und 10. Jh. als Händler, Kaufleute und Korsaren fast den gesamten **Gewürz- und Seidenhandel** zwischen Java, China, Indien und Arabien. Ihr Reichtum galt noch im 13. Jh. als so groß, dass die Mongolenhorden *Kublai Khans* Vietnam nur als „Aufmarschgebiet" zu nutzen gedachten, um das sagenhafte Gold- und Gewürzland der Cham zu erobern.

Im Gegensatz zum chinesisch-konfuzianischen Vietnam basierte die soziale Ordnung der Cham auf **hinduistischem** Gottkönigtum, elitären Kastensystemen und Sklaverei. Die Herrschenden sahen sich als Inkarnation Shivas und verfügten über unumschränkte weltliche wie sakrale Macht; daran änderte sich auch nichts, als ab dem 9. Jh. der Buddhismus an Einfluss gewann und zeitweise sogar zur Staatsreligion erklärt wurde. Über Lebensweise und religiöse Kulte des einfachen Volkes (Animismus, Erd- und Muttergöttinnen?) ist bezeichnenderweise so gut wie nichts bekannt.

Auf dem Höhepunkt seiner Macht setzte sich Champa aus dem Nordreich **Amaravati** (in der Region des heutigen Da Nang) und dem Südreich **Panduranga** (zwischen Nha Trang und Phan Rang) zusammen. Das weitaus bedeutendere Nordreich mit der Hauptstadt **Sinhapura** (Tra Kieu) und dem religiösen Zentrum **My Son,** das sich zwischen dem 4. und 8. Jh. ausschließlich auf den Hinduismus gestützt hatte, verlegte seine Machtzentren unter dem wachsenden Einfluss des Buddhismus 875 nach **Indrapura** (Hauptstadt) und **Dong Duong** (buddhistische Klosterstadt), hielt der heiligen Tempelstadt My Son als Sitz des Shiva- bzw. Lingam-Kults aber noch bis ins 13. Jh. hinein die Treue.

Im 10. Jh. befreiten sich die Vietnamesen von den Fesseln der Chinesen, zur gleichen Zeit begann im Süden der Aufstieg des Khmer-Reichs von Angkor. Gegenseitige und im Lauf der Zeit immer erbittertere Beutezüge, Strafexpeditionen und Eroberungskriege prägten die folgenden Jahrhunderte. Nach der ersten Plünderung und Brandschatzung Indrapuras durch die Vietnams. Während die Architektur der Vietnamesen stets bestrebt war, im Einklang mit der Natur zu bleiben und sich harmonisch in sie einzufügen, passte sich der vergleichsweise monumentale Baustil der Cham niemals an, sondern stellte sich in Kontrast zur natürlichen Umwelt. Wie ihre gesamte Kultur, war auch die Baukunst der Cham bewusst elitär; zu ihren von der Idee des Gottkö-

namesen (982) verlegten die Cham ihre Hauptstadt 300 km weiter südlich nach **Vijaya** (nahe dem heutigen Qui Nhon). 1177 nahmen die Cham vorübergehend Angkor ein, wurden von den Khmer aber ebenso zurückgeschlagen wie 200 Jahre später von den Vietnamesen, die die Cham nach der Eroberung Hanois 1371 in einem 20-jährigen Krieg weiter nach Süden zurückwarfen als je zuvor. Nach dem Verlust Vijayas **1471** war der Verfall Champas nicht mehr aufzuhalten, das Königreich zersplitterte in tributpflichtige Fürstentümer und Vasallenstaaten, in die nach und nach landlose Vietnamesen als Siedler einströmten. Die heute noch etwa 95.000 Nachfahren der Cham leben von den Küstenregionen abgedrängt in meist sehr ärmlichen Verhältnissen.

250vi kb

Lingam mit den Gesichtszügen von Po Klaung Garai

nigtums geprägten Tempeln und Heiligtümern hatten nur die Herrscher und ihre Priesterschaft Zutritt.

Die Cham-Türme erreichen eine Höhe von bis zu 35 m. Der **Kalan,** das Turmheiligtum, erhebt sich nach indischer Lehre auf einem quadratischen Sockel (als Symbol des Himmels). Das Eingangsportal liegt gen Osten, zur aufgehenden Sonne hin. Pfeiler, Säulen, Giebel, Friese und Schmuckbänder aus Sandstein, figürliche Darstellungen von Musikern, Tänzerinnen und Göttern verzieren den quadratischen Baukörper, über dem sich das nach oben zu verjüngende, pyramidenförmige Dach erhebt.

Einzelne Kalane findet man vor allem in der Region von Qui Nhon, aber meist stehen sie in Dreiergruppen zusammen; sind nur noch zwei Türme vorhanden, wurde ein dritter zerstört. Bis zum 7. Jh. wurden sie aus Holz und Lehm errichtet, die ältesten Exemplare datieren erst aus der Zeit, als sich die Ziegelbauweise durchsetzte. Das Geheimnis der glatt und fugenlos aufgetürmten Backsteine ist bis heute ungeklärt, ursprüngliche Vermutungen in Richtung pflanzlicher Bindemittel und Harze (wie sie häufig bei älteren vietnamesischen Holzpagoden nachweisbar sind) scheinen sich nach neuen Analysen nicht zu bewahrheiten. Während sich an dem architektonischen Grundaufbau der Anlagen über Jahrhunderte hinweg praktisch nichts änderte, waren ihre Verkleidungen und Ausschmückungen (Friese, Reliefs und Rundplastiken aus Sandstein) einem ständigem Wandel unterworfen und lassen sich in verschiedene Epochen und Kunststile unterteilen.

Das fensterlose Innere des Kalan ist dunkel und völlig schmucklos, alle Aufmerksamkeit soll sich auf das Kultbild des Gottes oder der Göttin (oder stellvertretend auf Lingam oder Yoni) konzentrieren. Die blutigen Stieropfer – einige Forscher vermuten wie bei den Ka-

li-Kulten in Indien auch ursprüngliche Menschenopfer – entwickelten sich im Lauf der Zeit zu rituellen Waschungen.

Von den anderen Bauten eines Cham-Heiligtums sind, falls überhaupt, meist nur noch Ruinen erhalten. Das **Mandapa** ist eine große frei stehende Säulenhalle mit einem flachen Balkendach, es diente zur Vorbereitung der Kulte, hier fanden Tempeltänze statt etc. Außer in My Son kann man die Überreste einer solchen Halle gut in Nha Trang (Po Nagar) studieren. Die Bibliothek, ein kleines, rechteckiges Gebäude mit zwei Räumen und einem schweren gewölbten Dach, bewahrte das Tempelgerät auf.

Kleidung

Chinesische Eroberer wie vietnamesische Kaiserdynastien trugen jahrhundertelange Kämpfe gegen die Bevölkerung und zumal deren weiblichen Teil aus, um die „korrekte“, d.h. chinesische Bekleidung mit **Hemd und Hose** durchzusetzen, und selbst im 19. Jh. musste *Kaiser Minh Mang* noch strengste Maßnahmen ergreifen, um den unbotmäßigen Frauen seines Landes das Tragen von Röcken und bunten Farben abzugewöhnen.

Farben waren den zeremoniellen Gewändern des Hofs und der Oberschicht vorbehalten, exakte Vorschriften legten fest, wer zu welchen Farben berechtigt war: Gelb stand nur dem Herrscher und seiner Familie zu, Rot, Violett und Blau kennzeichneten die Rangordnungen der Mandarine, Weiß (oder genauer: ungefärbt) war die Farbe der Trauer (weshalb noch heute bei Beerdigungen zumindest eine weiße Kopfbinde angelegt wird).

Tracht und Smartphone

Die Kleidung der **Bauern** und einfachen Leute war somit traditionell auf graues, schwarzes oder blaues Tuch beschränkt, und so ist es in vielen Teilen Vietnams bis heute geblieben. Das kragenlose Hemd und die weitgeschnittene Dreiviertelhose, die bei der Arbeit im Reisfeld bis über die Knie hochgekrempelt werden kann, werden gleichermaßen von Männern wie Frauen getragen und haben nichts mit „Maoismus" oder realsozialistischem Einheitslook zu tun.

Die optimale Kopfbedeckung gegen Sonnenbestrahlung wie Regenschauer zugleich ist der federleichte (nur von Frauen getragene) kegelförmige Hut aus Reisstroh **(Non La),** der mit einem Band unter dem Kinn befestigt wird. Das männliche Gegenstück dazu ist im Norden der grüne Tropenhelm, der früher aus Kork bestand und heute aus Schaumstoff hergestellt wird, und der im Süden mehr und mehr der amerikanischen Baseballmütze weicht.

Das berühmteste Kleidungsstück Vietnams ist das elegante Festtagsgewand **Ao Dai,** dessen schmal geschnittenes Oberteil bis zu den Knien herabfällt und seitlich bis zu den Hüften geschlitzt ist; darunter trägt man eine weite Hose. Ursprünglich trugen auch Männer den (in diesem Fall meist schwarzen und etwas kürzeren) Zeremonienrock zusammen mit einem Turban. Von den Sozialisten zunächst als dekadent verpönt, sieht man den Ao Dai heute wieder öfter, etwa als Schuluniform oder bei Hotel- und Büroangestellten.

Die Mode in den Städten orientiert sich stark an **Japan** und **Korea.** Bei jungen Leuten sieht man viel „Urban Chic" mit Jeans und T-Shirts, daneben bei den Frauen hochhackige Schuhe und elegante Kleider bis zum Knie.

520v aw

Feste

Mondkalender

Die offizielle Zeitrechnung erfolgt wie bei uns nach dem Gregorianischen Kalender, Feste und Zeremonien dagegen richten sich nach wie vor nach dem (chinesischen) **Mondkalender,** der bei Neumond den Monatsbeginn und bei Vollmond die Monatsmitte hat.

Mondmonate sind kürzer als Sonnenmonate, sie zählen nur 29 bzw. 30 Tage, daher wird zum Ausgleich alle drei Jahre ein zusätzlicher Monat eingeschoben. Der Beginn des Mondjahres fällt auf den ersten Neumond zwischen dem 15. Januar und dem 19. Februar, d.h. das vietnamesische Neujahrsfest liegt drei bis sieben Wochen später als unseres. **Tipp:** In Vietnam, aber auch in hiesigen Asien-Läden, gibt es Kalender mit beiden Zeitrechnungen zu kaufen (www.kalender-365.de/lunar-calendar.php).

Tierkreise des Mondjahres

2024	Jahr des Drachens
2025	Jahr der Schlange
2026	Jahr des Pferdes
2027	Jahr der Ziege
2028	Jahr des Affen
2029	Jahr des Hahns
2030	Jahr des Hunds
2031	Jahr des Schweins
2032	Jahr der Ratte
2033	Jahr des Büffels
2034	Jahr des Tigers

Tet Nguyen Dan

Das Tet- oder **Neujahrsfest** ist *die* Festlichkeit des Jahres, ähnlich unserem Weihnachtsfest, und markiert zugleich den ersten Tag des neuen Mondjahres wie den Beginn des Frühlings. Ein Fest für sich sind schon die Vorbereitungen. Familienbesuche werden arrangiert, neue Kleider angeschafft, Schulden zurückgezahlt, das Haus entrümpelt, denn ein gründlicher Hausputz soll den Herdgeist **Ong Tao** günstig stimmen, wenn er am 23. Tag des letzten Monats auf einem Karpfen zum Himmel steigt, um dem Jadekaiser Bericht zu erstatten. Auch die **traditionellen Tet-Speisen** werden vorbereitet: *banh day* und *banh chung,* runde und viereckige, in Bananenblätter gehüllte Klebreiskuchen, die Himmel und Erde symbolisieren und mit Schweinefleisch, Ei und Bohnen gefüllt sind.

Ganze Straßenzüge ertrinken in einem Meer von Kumquat-Bäumchen, Blumen und Blüten (Pfirsich- und Pflaumenzweige gelten als besondere Glücksbringer), und spezielle **Tet-Märkte** bieten bunte Süßigkeiten, Kuchen, kandierte Früchte und Fruchtliköre dar. Die Preise steigen, der Verkehr nimmt zu, die Märkte quellen über. Am letzten Tag des alten Jahres besucht man die Gräber der Ahnen, die Opfer am Ahnenaltar sind dem Anlass entsprechend, mancherorts stellt man **Cay Neu** vor den Häusern auf, an langen Bambusstangen befestigte Glocken, Gongs und Pfeile, die böse Dämonen fernhalten sollen, und durch die Straßen tanzen farbenfrohe Papierdrachen. Seit Feuerwerkskörper verboten sind, entfällt die wilde Knallerei um Mitternacht, aber ein (Staats-)Feuerwerk findet schon statt.

Nach all den hektischen Aktivitäten verlaufen die eigentlichen Feiertage eher still, es sind die Tage der **Familienbesuche** und Geschenke, der Glückwünsche und opulenten **Festmähler.** Nicht Tet feiern sagt man in Vietnam, sondern Tet essen *(an Tet)*. Selbst wer das ganze Jahr über bescheiden leben musste, hält sich an das Sprichwort „Das ganze Jahr über hungrig, aber an Tet drei Tage lang voll".

Dem ersten Tag des neuen Jahres wird besondere Bedeutung zugemessen: Vom ersten Besucher soll Glück oder Unglück des kommenden Jahres abhängen, selbst Kleidung, Geschenke, Gesprächsthemen können als gute oder schlechte Omen angesehen werden. **Kindern** wird in roten Umschlägen *li xi, happy money*, geschenkt, Kollegen und Freunde schauen vorbei, um „Chúc mùng nam mói" zu wünschen, ein gutes neues Jahr.

Für Reisende, die nicht die Gelegenheit haben, bei einer gastfreundlichen Familie eingeladen zu sein, kann dies unter Umständen eine sehr triste Zeit sein. Die zuvor so hektischen Straßen sind plötzlich ausgestorben, **fast alle Geschäfte drei Tage lang geschlossen** und die wenigen offenen Restaurants überfüllt. Auch nach den eigentlichen Festtagen läuft der Alltag nur schleppend wieder an. Sämtliche Hotels, Flüge und Eisenbahnplätze für die Zeit vor, während und nach dem Fest sind seit Langem ausgebucht.

Tet-Termine

2025	29. Januar
2026	17. Februar
2027	7. Februar

Traditionelle Feste

Da alle Festlichkeiten stets eng mit dem **Leben der Landbevölkerung** verknüpft sind, fallen die meisten Feste auf **Frühling und Herbst,** die Zeit der Aussaat und der Ernte von Reis. Tet- oder Jahreszeiten-Feste finden fast in jedem Mondmonat statt. Die oft mehrtägigen **Pagoden- oder Tempelfeste** künden quadratische bunte Fahnen schon von Weitem an. Meist bestehen solche Feste aus einer (religiösen) Zeremonie und Opferdarbringung, an die sich dann der unterhaltsame Teil *(hoi)* mit zahlreichen Wettkämpfen, Tänzen, Theateraufführungen etc. anschließt (→ „Feste, Feiertage und Events" im Kapitel „Praktische Reisetipps A–Z" und der Festkalender auf der folgenden Seite).

Festkalender (Auswahl)

Erster Mondmonat

- **1.–3. Tag:** Tet Nguyen Dan, Neujahr und Frühlingsbeginn, bedeutendstes Fest in ganz Vietnam.
- **5. Tag:** Dong-Da-Fest, Hanoi, zum Gedenken an den Sieg *Quang Trungs* 1789.
- **5. Tag:** Quang-Trung-Fest, Tay Son, Demonstrationen der Vo-Vi-Kampftechnik.
- **6. Tag:** Co-Loa-Fest, Hanoi, zum Gedenken an *An Duong Vuong,* den Erbauer der Zitadelle (3. Jh. v. Chr.). Prozession, Spiele etc., zehn Tage lang.
- **8. Tag:** Vieng Pha Markt, Nam Dinh; nur einmal im Jahr, ab Mitternacht bis morgens.
- **13.–15. Tag:** Lim-Fest bei Hanoi; traditioneller Gesangswettbewerb.
- **15. Tag:** *Buddhas* Todestag, Zeremonien in allen Pagoden.
- **15.Tag:** Fest der Vinh-Nghiem-Pagode, Ho Chi Minh City.

Zweiter Mondmonat

- **12.–16. Tag:** Dinh-Bang-Tempelfest, Bac Ninh, Cheo- und Wasserpuppentheater, Ringkämpfe, Hahnenkämpfe, Drachentanz.
- **15. Tag:** Beginn der Pilgerfahrten zum Chua Huong, Provinz Ha Tay (bis gegen Ende des 3. Mondmonats).
- **15. Tag:** Höhepunkt der Nui-Ba-Den-Wallfahrten, Provinz Tay Ninh (1./2. Mondmonat)

Dritter Mondmonat

- **5. Tag:** Tet Thanh Minh, Totengedenktag in ganz Vietnam.
- **5.–7. Tag:** Fest der Thay-Pagode bei Hanoi, Wasserpuppentheater, traditionelle Musik u.a.
- **8. Tag:** Pagodenfest Chua Lang, Hanoi.
- **8.–12. Tag:** Tempelfest der alten Hauptstadt Hoa Lu bei Ninh Binh.

■ **8.–10. Tag:** Hung-Tempelfest, Viet Tri; Märkte, Wettkämpfe etc.
■ **9.–10. Tag:** Dam-Fest, Hanoi; Bootswettrennen.
■ **23. Tag:** Prozession der Thien-Hau-Pagode, Cho Lon.
■ **24. Tag:** Fest der But-Thap-Pagode, Provinz Bac Ninh.

Vierter Mondmonat

■ **8. Tag:** *Buddhas* Geburtstag; festliche Zeremonien und nächtliche Lampionprozessionen.
■ **14./15. Tag:** Khmer-Neujahr; Festlichkeiten in allen Khmer-Pagoden des Mekong-Deltas, beispielsweise in Tra Vinh.
■ **22.–26. Tag:** Nui-Sam-Wallfahrt, Chau Doc.

Fünfter Mondmonat

■ **2. Tag:** Tempelfest Hai Ba Trung, Hanoi.
■ **5. Tag:** Tet Doan Ngo, Mittsommerfest, in ganz Vietnam; Drachenbootrennen.

Sechster Mondmonat

■ **16.–18. Tag:** Dorffest der Insel Quan Lan, Bootswettbewerbe.

Vorbereitung für das Tet-Fest

Siebter Mondmonat

■ **1.–10. Tag:** Cham Kate. Wichtigstes Fest der Cham, in Phan Rang, Nha Trang, My Son.
■ **7.–10. Tag:** Hon-Chen-Tempelfest, Hue.
■ **15. Tag:** Tet Trung Nguyen, Fest der Geisterseelen, an dem in ganz Vietnam der Ahnen gedacht wird.

Achter Mondmonat

■ **1. Tag:** Le-Van-Duyet-Tempelfest in Ho Chi Minh City.
■ **9. Tag:** Do-Son-Tempelfest, Haiphong; Büffelkämpfe u.a.
■ **10. Tag:** Con-Son-Tempelfest, Provinz Hai Duong, zu Ehren des Dichters und Feldherrn *Nguyen Trai* (15. Jh.).
■ **15. Tag:** Tet Trung Thu, Mittherbstfest in ganz Vietnam; Laternenprozessionen, Löwentänze u.a.
■ **18.–20. Tag:** Kiep-Bac-Tempelfest, Provinz Hai Duong, zum Andenken an *Tran Hung Dao* (13. Jh.).

Neunter Mondmonat

■ **1.–3. Tag:** Cham-Neujahr (Kate), Festlichkeiten und Prozessionen in allen Cham-Siedlungen, vor allem in Phan Rang und Umgebung.
■ **10.–16. Tag:** Fest der Keo-Pagode, Provinz Thai Binh; Bootsrennen u.a.
■ **15.–20. Tag:** Fest der Pagode Co Le, Nam Dinh.

Zehnter Mondmonat

■ **10. Tag:** Tet Thong Tan, Fest des neuen Reises, Opfergaben.
■ **14./15. Tag:** Ok-Om-Bok-Fest (Mondfest) in allen Khmer-Siedlungen des Mekong-Deltas, Bootsrennen in Soc Trang.

Entwicklung des Tourismus in Vietnam

Vietnams Aufstieg vom **weißen Fleck** auf der Landkarte (und nicht nur der Globetrotter) zum **populären Reiseziel** ist atemberaubend. Als 1989, 14 Jahre nach Kriegsende, zum ersten Mal wieder Touristenvisa erteilt wurden, kamen 70.000 ausländische Besucher nach Vietnam (von denen nur wenige Touristen waren). Nur fünf Jahre später waren es schon 1 Mio., 2019 über 18 Mio.

Dass bei einer solchen Geschwindigkeit nicht alles Gold sein kann, was glänzt, ist klar. Dennoch überwiegen eindeutig die **Vorteile,** für Einheimische wie Besucher. In einem der ärmsten und isoliertesten Länder der Welt (1989) muss heute kaum jemand mehr Hunger leiden und hat sich nicht nur eine einflussreiche Schicht Neureicher, sondern sogar eine aufstrebende urbane **Mittelschicht** heranbilden können. Fremde genießen einen Komfort, der noch vor wenigen Jahrzehnten selbst den Privilegiertesten des Landes verschlossen war.

Trau keiner Statistik, die du nicht selber gefälschst hast, hat *Churchill* gesagt. Man braucht keine Statistik, um festzustellen, dass Vietnam „in" ist – doch seine Erfolgsgeschichte ist derart einmalig, dass sie wert ist, in einer kleinen Chronologie dokumentiert zu werden.

1986

Der 6. Parteitag beschließt **Wirtschaftsreformen** (Doi Moi) und eine **Öffnung des Landes.** Die wenigen, handverlesenen ausländischen Besucher bestehen aus Mitgliedern sogenannter Freundschaftsgesellschaften und Solidaritätskomitees.

1989

Erste **Auslandsinvestitionen.** Deutsche Firmen (u.a. *Siemens*) gründen in Hanoi ein Koordinationsbüro. Die leerstehenden Grandhotels *Metropole* in Hanoi und *Continental* in Ho Chi Minh City werden renoviert, auf dem Saigon-Fluss ankert das australische *Floating Hotel* als **erstes Luxusdomizil** Vietnams. Erstmals werden **Touristenvisa** erteilt. Reisen im Land darf man allerdings nur „organisiert", d.h. mit Mietwagen, Chauffeur, Guide sprich „Aufpasser" und Übernachtung in ausgesuchten Devisenhotels. Schriftliche *Travel Permits* schreiben die exakte Reiseroute vor. Ausländische Besucher: 70.000 (20 % Touristen).

1990

Die **Lufthansa** fliegt als erste westliche Linie nach der *Air France* nach Ho Chi Minh City (Büro im *Floating Hotel*). Ausländer werden als *Lien Xo* („Russen", wörtl. „Sowjets") bestaunt und verursachen Volksaufläufe. **Hotels** sind prinzipiell, Restaurants – einst als „überflüssig und dekadent" abgeschafft – meistens staatlich. Ausländische Besucher: 180.000 (30 % Touristen).

1991

Die Verfassung erlaubt Vietnamesen erstmals **Privatbesitz.** Die deutsche Botschaft in Hanoi zieht in die Villa der ehemaligen DDR um. Findige Jungunternehmer treiben Handel mit *Travel Permits* und kutschieren **Traveller** nach dem Vorbild staatlicher Gruppentouren in gecharterten Minibussen durchs Land. **Hotels** führen **vier Preiskategorien:** für Einheimische, Angehörige sozialistischer Bruderstaaten, Auslandsvietnamesen und kapitalistische Ausländer. In die ehemaligen US-Quartiere der früheren Bahnhofsstraße Pham Ngu Lao ziehen erste Traveller ein. Besucher: 215.000 (30 % Touristen).

1992

Hotels und Restaurants schießen wie Pilze aus dem Boden. Die erste Auflage des **Reise Know-How „Vietnam"** und des „Lonely Planet" (mit Laos und Kambodscha) erscheinen auf dem Markt. Die **Insel Phu Quoc** wird für Ausländer geöffnet. Das Wirtschaftswachstum erreicht 8,6 %, Vietnam wird als neuer Tigerstaat eingestuft. Besucher: 360.000 (30 % Touristen).

1993

Durch den **Entfall der Travel Permits** wird Vietnam zum „Geheimtipp" – mit Ausnahme einiger Grenzgebiete steht das Land jedem Touristen offen. *Sinh-* und *Kim-Café* (Ho Chi Minh City) nehmen den Tour-Betrieb auf. In der Altstadt von Hanoi schießen erste Minihotels und Tourcafés aus dem Boden. Erste (staatliche) *Guesthouses* öffnen in **Hoi An** und **Sa Pa.** Einige Grenzübergänge nach Kambodscha und China werden für Ausländer geöffnet. Besucher: 670.000 (40 % Touristen).

1994

Präsident Bill Clinton hebt das seit 1975 bestehende **US-Embargo** auf. Erste große Traveller-Reisewelle, Vietnam wird als Reiseland salonfähig. Es wird geplant, gebaut und investiert, als würde es nichts kosten. In der Hanoier Altstadt stehen schon mehr Hotels als 1990 in der gesamten Stadt. In Ho Chi Minh City und Hanoi verkehren erste Taxis. Besucher: 1 Mio. (48 % Touristen).

1995

Erste **Hochhäuser** ragen in den Himmel über Ho Chi Minh City und Hanoi. Die Altstadt von Hanoi wird „aufgeräumt" (drastische Reduzierung des Straßenhandels, erste *Cyclo*-Verbote). Beginnende Erschließung von Cat Ba. In **Mui Ne** eröffnet mit dem *Coco Beach* das erste Strandresort Vietnams, Gäste sind nahezu ausnahmslos in Ho Chi Minh City lebende Ausländer. Hoi An avanciert zum Boutiquenstadel. Grenzen nach Laos werden für Ausländer geöffnet. *Kanzler Kohl* besucht Vietnam. Besucher: 1,3 Mio. (47 % Touristen).

1996

Erste **Luxushotels** außerhalb Saigons und Hanois öffnen ihre Pforten (Furama, Da Nang, Ana Mandara, Nha Trang). Die Preise steigen, die Leistungen stagnieren: Viele Geschäftsleute und Reisende fühlen sich „abgezockt". Besucher: 1,6 Mio. (41 % Touristen).

1997

Die **Asienkrise** schlägt ökonomisch wie touristisch voll durch. Stagnation. *Sinh Café* erwirbt eine Flotte koreanischer Busse und startet **Open Tours.** Besucher: 1,7 Mio. (41 % Touristen).

1998
Erstmals seit 1989 **Rückgang der Besucherzahlen.** Zahlreiche Hotels und Hochhäuser stehen leer oder werden nicht fertig gebaut. Gegen den Trend eröffnet die französische *Victoria*-Kette Hotels in Sa Pa und Can Tho. Besucher: 1,5 Mio. (40 % Touristen).

1999
Neuer **Aufschwung.** Da Nang wird dritter internationaler Flughafen, Phu Quoc Stranddestination. Laos, Kambodscha und Vietnam beschließen engere Kooperation im Tourismus. Besucher: 1,7 Mio. (49 % Touristen).

2000
Unter dem Motto „A Destination for the new Millenium" erleichtert Vietnam die Einreise *(Visa on Arrival).* Der **Pauschaltourismus** fasst endgültig Fuß. Hoi An entdeckt seinen Strand (drei neue Resorts). Besucher: 2,1 Mio. (52 % Touristen).

2001
Handelsabkommen mit den USA. Öffnung der Mekong-Grenze zu Kambodscha. **Abbau der Ausländerpreise.** Besucher: 2,3 Mio. (52 % Touristen).

☒ Tourismus und Kommerz (Mui Ne)

2002
Trotz der weltweiten Stagnation nach 11.9.2001 und dem Bali-Anschlag verzeichnet Vietnam („sicherstes Reiseland Asiens") ein **Rekordjahr.** Fast die Hälfte der Touristen sind bereits Strand- und Pauschaltouristen. Besucher: 2,6 Mio. (56 % Touristen).

2003
Erste Nonstop-Flüge von Europa (Paris). Vietnam und die USA einigen sich über Direktflüge. Phong Nha wird Weltkulturerbe. **SARS-Epidemie** und Irakkrieg bewirken Besucherrückgang auf 2,4 Mio. (52 % Touristen).

2005
Erste **Nonstop-Flüge** ab Frankfurt. **Tunnel unter dem Wolkenpass.** Mui Ne wird zum Mekka der Kitesurfer. Erstmals über 3 Mio. Besucher.

2007
Beitritt zur WTO (Welthandelsorganisation). Auslandsinvestitionen explodieren. Erstmals über 4 Mio. Besucher.

2011
Neuer **Besucherrekord:** 6 Mio. Die meisten kommen aus China, Südkorea, Japan, USA; aus Deutschland sind es 175.000 (2003: 44.000).

2012
Bevor weite Teile des Landes unter gigantomanischen **Hotel- und Entertainment-Anlagen,** Highways, Wasserkraftwerken und Atommeilern verschwinden, wirbt man mit dem entzückenden Slogan „Vietnam – Timeless Charm" für sich.

2013

Dank neuer internationaler Direktflüge und ausgebauter Infrastruktur schnellen die Besucherzahlen auf 7,6 Mio. hoch. Russland (Pauschal- und Badetourismus) und China (Tages- und Shoppingtourismus) führen die Besucherlisten an. **Deutschland** fällt auf Platz 25 zurück (100.000 Besucher), noch hinter Italien und Spanien.

2014

Ähnlich wie nach 1975 – als es angesichts des Boykotts der USA und des Bruchs mit China allerdings keine Alternative gab –, versucht Vietnam, sich zunehmend an **Russland** zu binden. Im Tourismussektor erhofft sich Vietnam durch die Gewährung spürbarer Erleichterungen wie Visabefreiung, Direktflügen oder Discounts eine deutliche Zunahme der Besucherzahlen aus Russland. Ab 2014 starten die ersten Direktflüge aus Sibirien nach Phu Quoc. Weitere Schwerpunkte des russischen Tourismus nach Vietnam sind NhaTrang, Mui Ne und Da Nang (mit Vietnams höchster Touristenbetten-Kapazität).

2015

Die Gästezahlen aus Vietnams größtem internationalen Markt **China** sinken. Schuld sind politische Spannungen zwischen den Ländern wegen der Territorialkonflikte um Inseln im Südchinesischen Meer. Nach der Installation einer chinesischen Ölbohrinsel in den umstrittenen Gewässern war es in Vietnam

320vi kb

zu Ausschreitungen gegen chinesische Unternehmen gekommen. Auch der Absturz des Rubels und die Euroschwäche sind spürbar. Vietnams Tourismus („Timeless Charm“) hadert mit einer Markenbildung. Auf Tourismusmessen präsentiert sich das Land im Vergleich zu anderen Südostasiatischen Ländern kalt und eher unzeitgemäß.

Rund 70 % der **Erstbesucher** kommen laut Studien kein zweites Mal nach Vietnam. Die Tourismusbehörde nennt Diebstahl, Verkehr, Nahrungsmittelhygiene und Verschmutzung als hauptsächliche Beschwerdepunkte. Die Tourismusbranche macht das im Vergleich niedrige Marketingbudget dafür mitverantwortlich.

2016

Erstmals mehr als 10 Mio. internationale Besucher.

2017–2019

Vietnam empfängt mehr als 13 Mio. internationale Touristen. Bis 2019 steigt die Zahl auf mehr als 18 Mio. Besucher an.

527v aw

2020–2022

Die **Corona-Pandemie** erreicht Vietnam: Ab 22. März 2020 wird allen ausländischen Besuchern die Einreise verweigert. Einzige Ausnahmen sind Diplomaten, Investoren und heimkehrende vietnamesische Staatsangehörige. Die strikte Politik führt dazu, dass 2021 nur noch 157.300 Menschen nach Vietnam einreisen – die Tourismusindustrie ist am Boden. Erst am 15. März 2022 beschließt die Regierung, die Grenzen für internationale Reisende ab 15. Mai wieder zu öffnen, die Einreise ist jetzt auch ohne Coronatest und/oder Quarantäne wieder möglich.

2023

Um die Tourismusindustrie anzukurbeln, werden zum 15. August 2023 die **Visumsregeln** vor allem für deutsche Staatsbürger (gemeinsam mit 24 anderen Ländern) deutlich vereinfacht: Für Aufenthalte bis zu maximal 45 Tagen wird kein Visum mehr benötigt. Bei Einreise ist lediglich ein Ausdruck des Rück-/Weiterflugtickets vorzulegen, aus dem sich die Ausreise innerhalb des zulässigen Zeitraumes ergibt. Außerdem muss der Reisepass ab dem Tag der Einreise noch mindestens sechs Monate gültig sein. Die Regelung wird vorläufig befristet bis zum 14. März 2025. Österreicher und Schweizer müssen sich nach wie vor bei einer Botschaft oder einem vietnamesischen Konsulat um ein Visum bemühen. Ziel der Maßnahme: 12,5–13 Mio. Touristen sollten 2023 wieder das Bruttoinlandsprodukt Vietnams ankurbeln.

◁ Auf der Insel Ngoc Vung

Second Hand: der Vietnamfilm

Es ist immer heiß, immer feucht, auf den Straßen wimmelt es, die Mädchen sind wunderschön und lächeln unergründlich, und irgendwo schwirrt immer ein Ventilator an der Decke.

Wir „kennen" Vietnam aus dem Kino. Aber das ist ein doppelter Trugschluss. Erstens ist kein einziger dieser Filme in Vietnam entstanden, sondern bestenfalls in Thailand oder auf den Philippinen. Und zweitens sind „Vietnamfilme" im Grunde nichts anderes als zeitgenössische *Western*, in denen es weder um den Krieg und schon gar nicht um Vietnam geht, sondern einzig und allein um die **amerikanische Psyche.** Gleichzeitig Täter wie Opfer, unschuldig in der Schuld und siegreich noch in der Niederlage, liegt Amerika mit sich selbst im Krieg – Bewältigung der Vergangenheit und zugleich Beschwörung einer besseren Zukunft.

Die „Erfahrung Vietnam", ob mystisch verschleiert **(„Apocalypse Now"),** religiös mythisiert **(„The Deer Hunter")** oder zum naturalistischen Heldenepos hochstilisiert **(„Platoon"),** ist in Wahrheit nur der zum Albtraum geronnene Amerikanische Traum, nachdem sich „das Trauma Vietnam" längst in den Straßen von Brooklyn und Detroit eingenistet hatte.

Das diskreditiert sie nicht (notwendigerweise) als schlechte Filme. Nur mit Vietnam haben sie nichts zu tun.

Einige der besten Exemplare des Genres haben Vietnam selbst denn auch gar nicht zum Schauplatz, dafür aber umso mehr zum Thema („**Taxi Driver**" von *Martin Scorsese*), während es zum Grundrepertoire selbst anspruchslosester Seifenopern gehörte, in der Figur eines Vietnamveteranen automatisch einen „Mann mit dunkler Vergangenheit" heraufzubeschwören. Von den „tragischen" (weil immer auch schuldigen) Helden ist der Weg nicht weit zu den mystischen Psychotikern, die wie **Rambo** „aus der Asche wiederauferstehen", um die Schande der Nation wenigstens nachträglich noch in einen Sieg umzumünzen.

Vietnam und die Vietnamesen sind in diesen Filmen noch weniger präsent – geschweige denn „wahrheitsgemäß" dargestellt – als die Indigenen in den *Western.* Aber die haben ihren Krieg ja auch schließlich verloren.

Erst nach 1991 wurden wieder internationale Großproduktionen in Vietnam selbst gedreht. Einen sehr intensiven, poetischen Film über das Vietnam der 1950er-Jahre schuf der in Frankreich aufgewachsene *Tran Anh Hung* mit **„Der Duft der grünen Papaya"** (1993), der allerdings zur Gänze in Studios in Paris entstand. Für sein gewalttätig-schönes Cinépoem **„Cyclo"** (dieses Mal tatsächlich in Vietnam, in Cholon, aufgenommen), erhielt er 1995 den *Goldenen Löwen von Venedig.* 1999 drehte der in Kalifornien aufgewachsene Exil-Vietnamese *Tony Bui* mit **„Three Seasons"** den ersten amerikanischen Film in Vietnam seit 1957.

Amerika gegen „Altes Europa" – schon vor knapp 70 Jahren gab *Graham Greene* Antworten auf Fragen, die da noch gar keiner stellte. Provozierte Kriege und Kriege „auf Verdacht" sind der

Leitfaden seines **„Quiet American"**, dessen kongeniale Neuverfilmung (2000/01 in Ho Chi Minh City, Hanoi, Ninh Binh und Hoi An gedreht) als „antiamerikanisch" über ein Jahr auf Eis lag, da er explizit von geheimen Verwicklungen der US-Politik in terroristische Massaker erzählte.

Bao Ninh war geschockt. Jahrelang hatte er sich in einem Plattenbau Hanois die Seele aus dem Leib geschrieben, das Trauma seines siebenjährigen Martyriums auf dem Ho-Chi-Minh-Pfad zu Papier zu bringen, als 1990 die ersten Videos der sagenumwobenen „Vietnamfilme" auf den Schwarzmarkt kamen und der junge Schriftsteller zu seiner Verblüffung feststellen musste, dass die Amerikaner zu nahezu **identischen Bildern, Symbolen und Metaphern** gefunden hatten, um das Grauen des Krieges zu beschreiben.

Während „The Sorrow of War" als „erster Antikriegsroman Vietnams" international Furore machte, überschüttete Hanoi das „kontroverse" Werk mit Preisen, ließ die Auflage aber umgehend in Kellern und Archiven verschwinden. (Machte nichts. Vietnams Leserschaft behalf sich mit Fotokopien.)

Für die meisten seiner Landsleute – schon damals hatten über die Hälfte aller Vietnamesen den Krieg nicht mehr aus eigener Anschauung erlebt –, waren „Rambo", „Platoon" und „Apocalypse Now" willkommener Thrill – aber mehr auch nicht. Die heimischen Strände, Palmen, Pagoden und Reisfelder notdürftig nachgestellt in Thailand, Malaysia oder Florida – zum Schießen! Nord- und Südvietnamesen wahllos in einen Topf geworfen und mehr schlecht als recht von martialischen Koreanern oder Chinesen gedoubelt – lachhaft! Zu feige, den Langnasen im offenen, ehrlichen Kampf (haha!) gegenüberzutreten – ja hätten sie etwa mit einem Schlachtruf auf den Lippen („Ho Ho Ho Chi Minh"?) der Postkutsche, sorry, dem Panzer hinterherjagen sollen, um sich abknallen zu lassen wie tumbe Turkeys? In jedem Streifen der Verlierer zu sein, war leicht zu verschmerzen. Jedes Kind wusste es schließlich besser.

Seitdem der Staat, wie Kuba oder die DDR einst Heger und Pfleger des Dokumentarfilms und der „Filmkunst", voll auf den Markt setzt, hat das **vietnamesische Kino** nicht mehr viel zu sagen – rund 300 TV-Filme stehen sechs bis acht Kinofilme im Jahr gegenüber; 1987 waren es noch 25 –, fängt aber erstmals an zu sprechen. Auch wenn aktuelle Themen wie Wildwest-Kapitalismus, Landflucht, Umweltzerstörung, Korruption und Zensur ausgespart bleiben (müssen), scheuen Vietnams Filmemacher vor Tabus nicht mehr zurück, die sie noch vor wenigen Jahren ins Abseits, wenn nicht in den Knast gebracht hätten (Klassenkampf, Bodenreform, Enteignung, Desertion). **Luu Trong Ninh** (Jhg. 1956), ihr größtes Talent, beruft sich offen auf das Vorbild Iran. Seine Filme – wie „Nga Ba Don Loc" („Kreuzung Don Loc", 1997), der ganz und gar „unheroische" Todestanz junger Minenräumerinnen auf dem Ho-Chi-Minh-Pfad, oder der pathetisch-anarchische „Ben Khong Chong" („Ufer der Frauen ohne Männer", 2001), dessen einsamer Held sich im Finale an einem Baum erhängt – laufen an den Kassen selbst Hollywoodstreifen den Rang ab. Der Krieg ist noch allgegenwärtig, aber nur mehr als Folie, Rückblende oder Erinnerung. Die Mehrzahl der neuen Filme spielt zwischen 1975 und '86, jenen trostlosen, scheinbar nie enden wollenden Nachkriegsjahren, in denen man den Frieden und sich selbst verlor. Eine Zeit, die auch viele Ältere heute als schlimmer empfinden als den Krieg selbst.

Filmografie (Auswahl)

- **The Green Berets.** 1968. R, D *John Wayne.*
- **The Deer Hunter.** 1978. R *Michael Cimino.* D *Robert de Niro, Christopher Walken.*
- **Apocalypse Now.** 1979. R *Francis Ford Coppola.* D *Martin Sheen, Marlon Brando.*
- **Rambo.** 1982 (1985, 1988). D *Sylvester Stallone.*
- **Platoon.** 1986. R *Oliver Stone.* D *Charlie Sheen, Willem Dafoe.*
- **Good Morning Vietnam.** 1987. R *Barry Levinson.* D *Robin Williams.*
- **Full Metal Jacket.** 1987. R *Stanley Kubrick.*
- **Born On the Fourth of July.** 1989. R *Oliver Stone.* D *Tom Cruise.*
- **Heaven and Earth.** 1993. R *Oliver Stone.*

In Vietnam gedrehte Filme

- **The Quiet American.** USA 1957. R *Joseph Mankiewicz,* nach *Graham Greene.* D *Audie Murphie, Michael Redgrave.*
- **L'Amant.** F 1992. R *Jean-Jacques Annaud,* nach *Marguerite Duras.*
- **Indochine.** F 1992. R *Régis Wargnier.* D *Catherine Deneuve.*
- **Dien Bien Phu.** F 1992. R *Pierre Schoendoerffer.*
- **Cyclo.** F/VN 1995. R *Tran Anh Hung.*
- **Three Seasons.** USA 1999. R *Tony Bui.* D *Harvey Keitel.*
- **The Quiet American.** USA 2001. R *Philip Noyce.* D *Michael Caine.*
- **La Verticale de l´été.** F/VN 2002. R *Tran Anh Hung.*

Der Rock'n'Roll-Krieg

Eindrücke eines Golfkrieg-Soldaten

„Als damals der Marschbefehl kam, haben meine Kameraden und ich uns als erstes kahlrasiert. Nach dem Haareschneiden haben wir uns im Aufenthaltsraum betrunken und uns Kriegsfilme angesehen. Wir mochten vor allem Filme wie Platoon, Full Metal Jacket oder Apocalypse Now. Den Durchschnittszuschauer mögen sie vielleicht abschrecken, aber für einen Jungen, der in den Krieg ziehen soll, sind sie wie der Anblick eines nackten Frauenkörpers. Das ist sexy, das ist aufregend, das ist Krieg! Das ist es, wofür du trainiert hast und wie du vielleicht sterben wirst. Der Vietnamkrieg war einerseits ein sehr ernüchternder Krieg, mit vielen Toten und diesem schalen Gefühl, dass alles umsonst war, auf der anderen Seite wurde er auch sehr romantisiert. Das war der Rock-'n'-Roll-Krieg! Da gabs bei jeder Stellung ein Dorf mit Huren und Whiskey, man hat Dope geraucht und Heroin genommen, und alles war total verrückt. Unser Golfkrieg war sehr sauber. Es war fast, als ob wir dafür bestraft wurden, dass die anderen in Vietnam so viel Spaß hatten. Es gab ja nicht mal eine eigene Musik im Golfkrieg. Wir haben die ganze Zeit Jimi Hendrix gehört, die Rolling Stones, Led Zeppelin."

(*Anthony Swofford,* „Jarhead", 1991)

11 Anhang

⊡ Die Golden Bridge in Da Nang

Literatur und Musik

■ **Websites:** Gute Online-Suchdienste nach vergriffenen Werken sind u.a.
- www.zvab.com (dt.)
- www.bookfinder.com (engl.)
- www.abebooks.com (engl.)

■ **Reprints** zahlreicher Werke zum Thema Vietnam, auch längst vergriffene, sind in Ho Chi Minh City, Hanoi und Hoi An zu finden.

Reiselektüre

Als ideale Reiselektüre (im handlichen Taschenbuchformat) und zum Einstimmen empfehlen wir:

■ *Greene, Graham:* **The Quiet American** (Der Stille Amerikaner). *Der* Kultroman zu Vietnam, spannend, vergnüglich und lehrreich. Amerika gegen „Altes Europa" – schon vor knapp 70 Jahren gab *Graham Greene* Antworten auf Fragen, die noch keiner stellte. dtv 2003.

■ *Fitzgerald, Frances:* **Fire in the Lake. The Vietnamese and the Americans in Vietnam.** Die brillanteste Analyse des Vietnamkriegs und seiner Vorgeschichte (und eines der besten und verständigsten Bücher über das Land überhaupt). Vintage Books 1972, TB 2002.

■ *Alsheimer, Georg W.:* **Vietnamesische Lehrjahre.** Wie ein deutscher Arzt in Hue (1961–1967) lernte, sich auf die Seite des vietnamesischen Volkes und der Gerechtigkeit zu schlagen. Unverzichtbar. Suhrkamp 1968.

■ *Fallaci, Oriana:* **Nichts und Amen** (auch: **Wir, Engel und Bestien**). Die wagemutigsten und einfühlsamsten Reportagen aus dem Vietnamkrieg. München 1974, dtv 1995.

■ *Herr, Michael:* **Dispatches.** Der Rock'n'Roll-Reporter des Vietnamkriegs ist Kult! New York 1968. Mehrere deutsche Ausgaben, Rogner & Bernhard 1979–92 (teilweise leider grausig übersetzt).

■ *Bao Ninh:* **The Sorrow of War.** Der erste authentische Roman eines nordvietnamesischen Soldaten über das Grauen des Krieges schlägt die Konkurrenz aus Amerika zum Teil um Längen. Vintage Classics 1994.

■ *Mangold, Tom, Penycate, John:* **The Tunnels of Cu Chi.** Eine einleuchtende Demonstration an einem exemplarischen Fallbeispiel, warum die Amerikaner den Krieg gar nicht gewinnen konnten. Orion Publishing Co 1985.

■ *Coffey, Maria:* **Mond über Vietnam. Streifzüge mit Boot und Fahrrad. (Three Moons in Vietnam).** Aus der Frühzeit des Vietnamtourismus (1994). Piper 2009.

■ *Grey, Anthony:* **Saigon.** Populärhistorischer Schmöker durch Vietnams tragische Vergangenheit anhand einer Familiensaga nach dem Strickmuster „wie sich die Geschichte rundet". Open Road Media 2018.

■ *Luttmer, Nora:* **Schwarze Schiffe** und **Der Letzte Tiger.** Aufbau Taschenbuch 2013. Zwei Krimis aus Hanoi mit großem Wiedererkennungseffekt – Kommissar *Ly* ermittelt.

■ *Frogier de Ponlevoy, David:* **Vietnam 151. Portrait eines Landes in ständiger Bewegung in 151 Momentaufnahmen.** CONBOOK 2019. Exakt und witzig – Beobachtungen mit einem Schuss Humor. Wer Vietnam mag, wird dieses Buch mögen.

■ *Königs, Hermann, Namesnik Sándor:* **Kultur-Schock Vietnam.** Reise Know-How Verlag 2020. Hintergründe und Entwicklungen, Geschichte und Politik, Alltag und Religion: eine Orientierungshilfe im fremden Alltag.

■ *Wick, Anemi, Frogier de Ponlevoy, David:* **Fettnäpfchenführer Vietnam – Wo der Büffel zwischen den Zeilen grast.** CONBOOK 2017. Kulturführer um den Alltag, die Menschen und die Gepflogenheiten des Landes besser zu verstehen.

Reportagen/Analysen (deutsch)

- *Alsheimer, Georg W.:* **Eine Reise nach Vietnam.** Suhrkamp 1980.
- *Wulff, Erich:* **Vietnamesische Versöhnung. Tagebuch einer Vietnam-Reise 2008 zu Buddhas und Ho Chi Minhs Geburtstag.** Argument Verlag mit Ariadne 2009.
- *Holzer, Werner:* **Vietnam oder Die Freiheit zu sterben.** Piper 1968. **Bei den Erben Ho Tschi Minhs.** Süddeutscher Verlag 1971.
- *Scholl-Latour, Peter:* **Der Tod im Reisfeld.** 30 Jahre Krieg in Indochina. dtv 2000. **Der Ritt auf dem Drachen. Indochina von der französischen Kolonialmacht bis heute.** Heyne Verlag 1994.
- *Giesenfeld, Günter:* **Land der Reisfelder. Vietnam, Laos, Kampuchea, Geschichte und Gegenwart.** 1988. Neue, erweiterte Auflage Argument Verlag mit Ariadne 2018.
- *Skrobanek, Walter:* **Nach der Befreiung. Tagebuch aus Vietnam 1975.** Horlemann 2008.

Geschichte allgemein

- *Hodgkin, Thomas:* **Vietnam, the Revolutionary Path.** Macmillan 1981. Herausragend.
- *Buttinger, Joseph:* **Vietnam, a Political History.** HarperCollins 1969.
- *Chesneaux, Jean:* **Vietnam. Geschichte und Ideologie des Widerstands.** Europäische Verlagsanstalt 1968.
- *Fall, Bernard:* **Street Without Joy.** Hrsg. Leo Cooper Ltd 2005. **The Two Vietnams.** Routledge 2021. **Last Reflections on a War.** Stackpole Books 2000. Auswahl, der Star-Reporter des Indochinakriegs fiel zu Beginn des amerikanischen Kriegs.
- *Geo Epoche Nr. 109:* **Die Geschichte Südostasiens.** G + J 2021. Vietnam im Kontext der geschichtlichen Entwicklung ganz Südostasiens.
- *Woodside, Alexander B.:* **Community and Revolution in Modern Vietnam.** Houghton Mifflin 1976. Brillante Analyse zwischen Ethno- und Politologie.
- *Ho Tschi Minh:* **Revolution und nationaler Befreiungskampf. Reden und Schriften 1920–1968.** Piper 1968.
- *Kapfenberger, Hellmut:* **Ho Chi Minh. Eine Chronik.** Neues Leben 2009.
- *McCoy, Alfred W.:* **The Politics of Heroin in South-East-Asia.** Harper & Row 1972.

Vietnamkrieg

- *McCarthy, Mary:* **The Seventeenth Degree,** Harcourt 1974. Sammelband exzellenter Essays der berühmten Romanautorin.
- *Lifton, Robert Jay:* **Home from the War. Vietnam Veterans: Neither Victims nor Executioners.** Simon & Schuster 1973. Warum mehr GIs von eigener Hand starben als im gesamten Krieg.
- *Shay, Jonathan:* **Achill in Vietnam, Kampftrauma und Persönlichkeitsverlust.** Hamburger Edition 1998. Der amerikanische Psychiater untersucht, wie das Verhalten entsteht, das den modernen Soldaten wie den historischen Krieger die zivilisatorischen Hüllen abstreifen lässt. Und wie es kommt, dass es ihm nach Beendigung der kriegerischen Ausnahmesituation oft unmöglich ist, sich wieder in „normalen Verhältnissen" zurechtzufinden.
- *Sheehan, Neil* (Hrsg.): **The Pentagon-Papers,** Racehorse 2017.
- *McNamara, Robert:* **Vietnam, Das Trauma einer Weltmacht.** Goldmann 1997. Verspätete Einsichten des größten Kriegstreibers im Vietnamkrieg.
- *Geo Epoche Nr. 80:* **Der Vietnamkrieg.** G + J 2016. Komplette und ausführliche Darstellung des Vietnamkriegs aus verschiedenen Blickwinkeln und Richtungen.
- *Frey, Marc:* **Geschichte des Vietnamkriegs.** C.H.Beck 2010. Sachlich, etwas trocken.
- *Neale, Jonathan:* **Der Amerikanische Krieg – Vietnam 1960–1975.** Atlantik 2004. *Jonathan*

Neale schildert eindrucksvoll, wie die Supermacht USA einen Krieg gegen eine kleine Bauernarmee gleich an zwei Fronten verlor: in Vietnam und zu Hause.

■ *Greiner, Bernd:* **Krieg ohne Fronten. Die USA in Vietnam,** Hrsg. Hamburger Edition 2009. Phänomenaler 550-Seiten-Essay, das Beste, das seit Langem über den Krieg publiziert wurde.

Vietnam nach 1975

■ *Beresford, Melanie:* **Economic Transition in Vietnam.** Edward Elgar Publishing Ltd 2001.

■ *Wiegersma, Nancy:* **Vietnam: Peasant Land, Peasant Revolution.** Palgrave Macmillan 1988. Brillant!

■ *Buro, Andreas, Grobe, Karl:* **Vietnam! Vietnam? Die Entwicklung der Sozialistischen Republik Vietnam nach dem Fall Saigons.** Palgrave Macmillan 1988. Standardwerk zwischen Sympathie und Enttäuschung.

Adobe Stock © Sasint

■ *Will, Gerhard:* **Vietnam 1975–79: von Krieg zu Krieg.** Institut für Asienkunde 1987.

■ *Chanda, Nayan:* **Brother Enemy. The War after the War.** Houghton Mifflin Harcourt P 1986. Vom Schrecken des Bruderkriegs mit Kambodscha.

Kunst, Kultur und Alltag

■ *Woodside, Alexander B.:* **Vietnam and the Chinese Model.** Harvard University Press 1988. Warum akzeptierten die Vietnamesen bestimmte chinesische Institutionen, lehnten andere jedoch ausdrücklich ab? Wie veränderten vietnamesische kulturelle Anleihen aus China die Dynamik der traditionellen Beziehungen zwischen Vietnam, Siam, Laos und Kambodscha?

■ *Petrich, Martin, Krücker, Franz-Josef:* **Vietnam, Laos und Kambodscha. Tempel, Klöster und Pagoden in den Ländern am Mekong.** DuMont 2013. Als Kunstführer sehr überzeugend und umfangreich.

■ *Chong, Denise:* **Das Mädchen hinter dem Foto. Die Geschichte der Kim Phuc.** Bastei Lübbe 2009. Das Foto von 1972, auf dem ein neunjähriges Mädchen mit schwersten Napalm-Verbrennungen nackt um sein Leben läuft, kennt wohl jeder. Aber kaum jemand kennt ihre Lebensgeschichte, die hier authentisch und einfühlsam dargestellt wird.

■ *Keller, Hans-Jörg:* **KulturSchlüssel Vietnam.** Hrsg. Max Hueber Verlag 2000. Ein Verhaltensführer mit hohem Informations- und Unterhaltungswert. Für Reisende, die die andere Kultur bewusst entdecken, Fettnäpfchen vermeiden und sich in allen Situationen angemessen verhalten wollen.

◁ Reisanbau in Vietnam

- *Schütte, Heinz:* **Hanoi, eine nachsozialistische Moderne. Beobachtungen, Impressionen, Reflexionen.** regiospectra 2010. Bietet einen tiefen und authentischen Einblick in die Seele, die Geschichte und den Alltag eines Landes. Quasi auf einem Spaziergang durch das moderne Hanoi.
- *Radulovic, Veronika:* **Sicherheitsabstand. Vietnam, Kunst, Politik, Freundschaften; eine Annäherung.** Hrsg. Kerber Verlag 2006. (Hrsg.): **connect. Kunstszene Vietnam.** Hrsg. Kerber Verlag 2009. Die Künstlerin lebte und lehrte 1993–2006 in Hanoi.

Küche und Kultur

- *Nguyen, Luke:* **ViEATnam 1&2.** Hrsg. Collection Rolf Heyne 2019/2013. Ganz und gar außergewöhnlich und großartig – und weit mehr als nur „Kochbücher"! Geschichten und Rezepte eines vietnamesischen Kochs (plus superbe Fotos!), die mehr über das heutige Vietnam erzählen als ganze Bibliotheken.
- *Chinn, Bobby:* **Der Geschmack Vietnams. Eine kulinarische Entdeckungsreise mit 110 Originalrezepten.** Christian 2008. Feine Plaudereien des Hanoier Kultkochs über Vietnam, das Kochen und das Leben im Besonderen.
- *Bingemer, Susanna, Gerlach, Hans:* **Vietnam. Küche und Kultur.** GRÄFE UND UNZER Verlag GmbH, 4. Aufl. 2007.
- *Mido, Jean-Philippe, Hando, Youssouf:* **Vietnam: 120 Originalrezepte.** Dorling Kindersley Verlag 2013.
- *Vandenberghe, Tom:* **Vietnam Street Food: Kulinarische Reiseskizzen aus Hanoi und Vietnam.** Hädecke Verlag 2016.
- *Langoth, Michael:* **Mekong Food.** Edition Styria 2013.
- *Leistner, Heike* und *Stefan:* **Asia Street Food.** Christian Verlag, 7. erweiterte Aufl. 2022. Mit nun 85 Rezepten aus Vietnam, Laos, Kambodscha, Thailand und Myanmar.

Reiseberichte und Memoiren

- *Lewis, Norman:* **A Dragon Apparent, Travels in Cambodia, Laos and Vietnam.** (1951), Eland Publishing 2003. Klassiker der Reiseliteratur.
- *Wintle, Justin:* **Romancing Vietnam. Inside the Boat Country.** Viking 1991. Bericht des ersten Backpackers im „neuen" Vietnam.
- *Downie, Sue:* **Down Highway One, Journeys through Vietnam and Cambodia.** Allen & Unwin 1993.
- *Hunt, Christopher:* **Sparring with Charlie, Motorbiking down the Ho Chi Minh Trail.** Blackstone Pub 2000.
- *Thich Nhat Hanh:* **Der Duft von Palmenblättern, Erinnerungen an schicksalhafte Jahre.** O.W. Barth 2023. Autobiografische Tagebücher (1962–66) des lange Zeit in Südfrankreich lebenden, aber 2022 in Vietnam verstorbenen Zen-Philosophen, von dem im gleichen Verlag weitere Schriften vorliegen.
- *Pham, Andrew X.:* **Mond über den Reisfeldern, Einmal Vietnam und zurück.** Goldmann Verlag 2003. Von der schwierigen Rückkehr eines US-Exilanten in sein Heimatland.
- *Pohl, Marie:* **Maries Reise.** FISCHER Taschenbuch 2004. Die 20-Jährige machte sich 1999 auf eine neunmonatige Reise, um in Havanna, Buenos Aires, San Francisco, Hanoi, Jerusalem, Tiflis und Helsinki „die interessantesten Personen meiner Generation zu suchen".

Belletristik

- *Marlantes, Karl:* **Matterhorn.** Arche Verlag 2012. Warum schreibt einer 35 Jahre nach dem Vietnamkrieg einen Mammutroman? Das Buch ist eine gute Antwort.
- *Viet Thanh Nguyen:* **Der Sympathisant.** Heyne Verlag 2018. Ein Politthriller, dessen Protagonist ein Mann mit zwei Gesichtern und zwei Seelen ist. Sohn einer Nordvietnamesin und eines französischen

Pfarrers. Nirgends gehört er wirklich dazu, nirgends fühlt er sich heimisch. 2016 ausgezeichnet mit dem *Pulitzer Prize for Fiction*.

- *O'Brien, Tim:* **Was sie trugen (The Things They Carried).** FISCHER Taschenbuch 2001. **Die Verfolgung (Going After Cacciato).** Hoffmann und Campe 1981. **If I Die in a Combat Zone.** Harper Perennial 2006. Die beste Prosa eines Vietnamveteranen, exzellent, halluzinatorisch.
- *Wolff, Tobias:* **In der Armee des Pharaos.** Rowohlt Tb. 1999. Apokalyptische Erinnerungen des späteren Faulkner-Preisträgers.
- *Kovic, Ron:* **Geboren am 4. Juli (Born on the 4th of July).** Heyne 1990. Mit *Tom Cruise* verfilmter Bestseller eines verkrüppelten Veteranen und Antikriegsaktivisten.
- *Caputo, Philip:* **Stoßtrupp durch die grüne Hölle (A Rumour of War).** Lübbe 1989. Einer der besten und authentischsten Romane des Vietnamkriegs.
- *O'Nan, Stuart* (Ed.): **The Vietnam Reader. The definitive collection of American fiction and nonfiction of the war.** Knopf Doubleday Publishing Group 1998. Anthologie.
- *Duras, Marguerite:* **Der Liebhaber aus Nordchina.** Suhrkamp Verlag 1994. **Der Liebhaber.** Buchgemeinschaften 2000. In meisterhafte Prosa gefasste Erinnerungen an Kindheit und Jugend in Vietnam.
- *Fried, Erich:* **und Vietnam und.** Wagenbach 2018. Gedichte.
- *Hougron, Jean:* **Es begann in Saigon.** Rowohlt 1961. Der Bestsellerautor der französichen Kolonie liegt in mehreren dt. Übersetzungen vor.
- *Thürk, Harry:* **Der Tod und der Regen.** Das Neue Berlin 1968. Lesenswerter Saigon- und Kriegsroman des DDR-Star-Autors.

Literatur aus Vietnam

- *Nguyen Phan Que Mai:* **Wo die Asche blüht.** Insel Verlag 2024. Sehr schön dicht, farbig und liebevoll erzählter Roman über die Schicksale der oft vergessenen „Amerasiern", den Kindern von US-amerikanischen Soldaten, die diese nach dem Krieg in Vietnam zurückließen. Die Autorin erzählt von den „zahlreichen jungen Frauen, deren Leben nichts weiter gewesen war als Brennholz im Hochofen der Kriege". Die Figuren im Buch sind zwar erfunden, aber die Lebensgeschichten basieren auf realen Ereignissen. Ungemein mitreißend, wir haben das Buch in einem Zug durchgelesen.
- *Duong Thu Huong:* **Roman ohne Titel.** Horlemann 1995. **Memories of a Pure Spring.** Penguin Publishing Group 2001. Die wichtigste und streitbarste Autorin des „alten" neuen Vietnam bezahlte ihr Engagement mit mehreren Aufenthalten im Gefängnis.
- *Nguyen Huy Thiep:* **Der pensionierte General.** Erzählungen. Mitteldeutscher Verlag 2009. Mit seiner Titelgeschichte sorgte der Autor 1986 für einen Skandal in Hanoi, heute: *der* Klassiker der Nachkriegsliteratur.
- *Le Minh Khue:* **Kleine Tragödien.** Mitteldeutscher Verlag 2011. Erzählungen aus Krieg und langer Nachkriegszeit.
- *Le Ly Hayslip:* **Geboren in Vietnam. Eine Lebensgeschichte.** Hoffmann und Campe 1992. Von *Oliver Stone* verfilmte Erinnerungen einer US-Exilantin an Kindheit und Krieg in Vietnam.
- *Truong, Monique:* **Das Buch vom Salz.** C.H.Beck 2016. Vergnüglicher Roman über den vietnamesischen Koch *Gertrude Steins,* in einer Nebenrolle *Ho Chi Minh.*
- *Ngo Thi Bich Thu, Großheim, Martin:* **Die Heuschrecke trifft den Elefanten oder David gegen Goliath.** regiospectra Verlag 2011. Vietnamesisch-deutsche Sprichwörter und Redensarten im Vergleich.

Sprache

- *Heyder, Monika:* **Vietnamesisch – Wort für Wort.** Reise Know-How Verlag 2019, Kauderwelsch

Bd. 61. Auch als AusspracheTrainer als mp3-Download erhältlich.

■ *Boscher, Winfried:* **Wörterbücher Vietnamesisch – Deutsch, Deutsch – Vietnamesisch.** Langenscheidt Bei Pons 2001.

Zeitschriften

■ **Journal of Current Southeast Asian Affairs.** Institut für Asien-Studien, www.giga-hamburg.de/ias.

Bildbände

■ *Smolan, Rick, Erwitt, Jennifer:* **Passage to Vietnam.** Against All Odds Productions 1994. Aus einer bemerkenswerten Zusammenarbeit zwischen Ost und West und 70 Fotografen aus 14 Ländern entstanden. Mit spektakulären Fotos und einem ausführlichen Text, bietet dieser Bildband vielleicht den intimsten und umfassendsten Blick auf Vietnam, der je zusammengestellt wurde.

■ *Griffiths, Philip Jones:* **Vietnam Inc.** Phaidon Press 2006. Reprint des jahrzehntelang vergriffenen Kultwerks (1971) und nach wie vor erschütterndes Dokument zum Vietnamkrieg.

■ *Page, Tim:* **The Mindful Moment.** Steidl Verlag 2002. Die besten Fotos (1965–1999) des berühmten Kriegsfotografen mitsamt einer persönlichen Rückschau.

■ *Page, Tim:* **Ein anderes Vietnam. Bilder des Krieges von der anderen Seite.** National Geographic Deutschland 2002. 1954–1975 aus Sicht vietnamesischer Fotografen, mit Kommentaren und Interviews von *Tim Page.*

■ *Miethig, Maria:* **Vietnam, seine Städte und Regionen.** KOMET 2007. Nicht allein opulenter Bild-, sondern auch gewichtiger Textband, insofern eine echte Rarität: zum Schmökern, aber auch zum wissbegierigen Lernen!

■ *Franchini, Philippe, Lam Duc Hien:* **Mekong. Der Fluss und seine Menschen.** Frederking & Thaler 2009. Liebevoll gemachtes, sehr persönliches Fotobuch.

Karten

■ **Reise Know-How Landkarte. Vietnam Nord** und **Vietnam Süd** (jeweils 1:600.000) 2020 und 2024. **Vietnam, Laos, Kambodscha** (1:1,2 Mio) 2023. Reiß- und wasserfest. Mit Höhenschichten-Relief und Gradnetz, klassifiziertem Straßennetz und ausführlichem Ortsindex. Auch als Digitalkarten erhältlich.

Spezialbuchhandlungen

■ **Geo Buchhandlung,** Rosental 6, 80331 München, Tel. 089 265030, www.geobuch.de.

■ **Dr. Götze,** Alstertor 14–18, 20095 Hamburg, Tel. 040 3574630, www.mapshop-hamburg.de.

■ **Travel Bookshop,** Rindermarkt 20, 8001 Zürich, Tel. 44 2523883, www.travelbookshop.ch.

■ **Motzko-Reise,** Bahnhofspromenade, 5017 Salzburg, Tel. 0662 883311-55, www.motzko.at.

Musik

■ *Nguyen Le:* **Tales from Vietnam,** 2009. Mit *Huong Thanh* (voc): **Moon and Wind,** 2012. **Dragonfly,** 2001. Neuinterpretation vietnamesischer Songs durch den Jazzgitarristen aus Paris. ACT Music.

■ *Tai Tu Nam Bo:* **Saigon, Masters of Traditional Music.** Wergo.

Glossar Essen und Trinken

Folgende Wörter und Begriffe sind schwierig auszusprechen – man wird Sie kaum verstehen. Diese Liste soll vielmehr zum Verstehen der Speisekarten und Beschilderungen sowie zum Mitbringen und Draufzeigen dienen. Lokale Spezialitäten sind in den entsprechenden Ortskapiteln aufgeführt.

ăn chay (cơm chay)	vegetarisch
thuần chay	vegan
bánh bao	Gedämpfte „Knödel" aus Reismehl, meist gefüllt mit Schweinefleisch und einem Wachtelei
bánh chưng	Quadratische, gedämpfte Klebreiskuchen, in Blätter gewickelt, traditionell zu Neujahr (Tet) gegessen.
bánh cuốn	Gedämpfte Rollen aus Reismehl
bánh đa/bánh tráng nướng	Große runde, flache Reiscracker
bánh mì	Baguette/Brot
bánh tráng	Reispapier
bánh trung thu	Mondkuchen. Traditionell zum Mondfest im Herbst. Rundes Gebäck mit fettiger, süßer oder salziger Füllung, z.B. Lotossamen, oder ein Eidotter, der den Mond symbolisiert.
bánh xèo	Crêpes aus Reismehl
bia	Bier
bò	Rind
bún	dünne, spaghettiförmige Reisnudeln
cá	Fisch
cà chua	Tomate
cam	Orange
cà phê	Kaffee
cà phê đen	Kaffee schwarz
cà phê phin	Kaffee aus d. Tropffilter
cà phê sữa đá	Kaffee mit Kondensmilch und Eiswürfeln
cà rốt	Karotte
chanh	Zitrone/Limette
chanh leo	Passionsfrucht
chè	Süße „Dessert-Suppe" aus Kokosmilch, Klebreisbällchen, Früchten
chim bồ câu	Taube
chó	Hund
chôm chôm	Rambutan
chuối	Banane
cơm	Reis
cơm nâu	gekochter Reis
cơm rang	gebratener Reis
cơm cháy	„burnt rice", knuspriger Reis mit Kruste
cua	Krabbe
cút	Wachtel
đa	Eis
đậu hư/ đậu phụ	Tofu
dê	Ziege
dứa	Ananas
dừa	Kokosnuss
dưa chuột	Gurke
dưa hấu	Wassermelone
đu đủ	Papaya
đường	Zucker
ếch	Frosch
gà	Huhn
hải sản	Seafood
heo	Schwein
kem	Speiseeis
khoai tây chiên	Pommes Frites
không có đường	ohne Zucker
lạc	Erdnüsse
lậu	Hotpot, „Fleisch-Fondue"
luộc	gekocht
lươn	Aal

măng cụt	Mangostane
mắm tôm	Garnelenpaste
mèo	Katze
mì	Eiernudeln *(instant noodles)*
miến	Glasnudeln
mít	Jackfruit
mì xào (bò)	pfannengerührte Eiernudeln (mit Rindfleisch)
mực	Tintenfisch
muối	Salz
nem	Frühlingsrollen
nem rán/ chả giò	gebratene Frühlingsrollen
nước	Wasser
nước cam	Orangensaft
nước mắm	Fischsauce
nước mía	Zuckerrohrsaft
nướng	gegrillt
ốc	Schnecken
ổi	Guave
ốp la	Spiegelei
ớt	Chili
pa tê	Leberpastete
phở	Reisnudelgericht; Reisnudelsuppe
phở bò	Reisnudelsuppe mit Rindfleisch
phở xào (bò)	pfannengerührte Reisnudeln (mit Rindfleisch)
rau	grünes Blattgemüse, Kräuter
rau muống	Wasserspinat
rùa	Schildkröte
rượu	Reisschnaps
sầu riêng	Durian
sen	Lotos
sinh tố	Fruchtshake
sữa	Milch
sữa chua	Joghurt
sữa đặc	Kondensmilch
sữa tươi	frische Milch
thanh long	Drachenfrucht
thập cẩm	gemischt
thịt	Fleisch
tiêu	Pfeffer
tim	Herz
tỏi	Knoblauch
tôm	Garnele
trà	Tee
trà đá	Eistee (meist grüner Tee)
trai/sò	Muscheln
trứng	Ei
trứng vịt lộn/ hột vịt lộn	Angebrütetes Entenei mit Embryo
tương ớt	Chilisauce
vải	Lychee
vịt	Ente
xì dầu/ nước tương	Sojasauce
xào	pfannengerührt, gebraten
xoài	Mango
xôi	Klebreis
xúc xích	Wurst

Weitere nützliche Begriffe

lạnh	kalt
nóng	heiß
bát (N), tô (S)	Schüssel
cốc (N), ly (S)	Glas
chai	Flasche
thìa (N), muỗng (S)	Löffel
đũa	Essstäbchen
ăn sáng	Frühstück
một	ein, eine
không	kein/ohne
có	mit
ít	ein bisschen
hơn	mehr
ngon	lecker
cảm ơn	danke
tính tiền/ thanh toán	bezahlen
Cái này giá bao nhiêu?	Wie viel kostet das?
Nhà vệ sinh ở đâu?	Wo ist die Toilette?

Kleine Sprachhilfe Vietnamesisch

(aus: Kauderwelsch Vietnamesisch – Wort für Wort, Band 61)

Aussprache

Außer Tonzeichen gibt es Zeichen zur Unterscheidung verschiedener Vokale: z.B. a, a¸, aâ oder o, oâ, ô. Stark generalisierend kann man folgendermaßen unterscheiden:

Vokale

a = wie a in Name (lang, halboffen)
ă = wie a in Lamm (kurz, offen)
â = wie a in *black* (engl.; kurz, geschlossen)
e = wie e in Wetter (wie ä, halboffen)
ê = wie e in See (halbgeschlossen)
i, y = i wie kurzes i, y wie langes i
o = offen
ô = Ofen
o', u'= ähnlich ö bzw. ü, aber „kehliger"
u = zu
uy = üi

Töne

Vietnamesische Wörter setzen sich aus drei Bestandteilen zusammen: Konsonanten, Vokalen und Tönen. Die falsche Aussprache des Tons führt zu Missverständnissen, wenn nicht völligem Unverständnis, da ein und dasselbe Wort je nach Tonlage vollkommen unterschiedliche Bedeutungen annehmen kann. Das Vietnamesische kennt sechs Töne, die in der Schrift durch Tonzeichen voneinander unterschieden werden:

Konsonanten

In Klammern steht die Aussprache in Süd- und Zentralvietnam.

ch = wie tsch (hinten im Mund gebildet)
d = wie s in Saat (wie j in jung)
đ = wie d in du

Wort	Tonzeichen	Ton	Intonation	Bedeutung
ma	ohne	Normalton (1.) ***thanh bằng***	normale Sprechlage	Geist, Gespenst
mà	ˋ	fallender (2.) ***thanh huyền***	tiefer sprechen	aber
má	ˊ	steigender (3.) ***thanh sắc***	höher als 1.	Mutter
mạ	.	tiefer (4.) ***thanh nặng***	tief und gepreßt	Reissetzling
mả	̉	Frageton (5.) ***thanh hỏi***	fragender Tonfall	Grab
mã	~	unterbrochen-steigender (6.) ***thanh ngã***	Vokal zweimal sprechen, dazwischen Knacklaut	Pferd

gh, g = wie g nur weicher
gi = wie s in Saat (wie j in Jack; engl.)
ngh = wie ng in singen
nh = wie gn in Signora
ph = wie f in Fisch
q = wie k in klein
r = wie s in singen (gerolltes r)
s = wie s in Messer (schön)
tr = wie tsch in Tscheche (Tritt)
v = wie v in Vase
x = wie s in Gras (stimmlos)

Kurzgrammatik

■ Die meisten Wörter sind kurz und einsilbig, jede Silbe bildet ein Wort (bố, em, ốc). Durch Zusammensetzung einzelner Silben entstehen mehrsilbige Wörter, die wie eines gesprochen werden (ban Tisch + ghế Stuhl = Möbel, quần Hose + áo Hemd = Kleidung).

■ Jedes Wort bleibt grundsätzlich unverändert, d.h. es gibt weder Beugung von Verben (Konjugation) noch von Substantiven, Adjektiven usf. (Deklination). Das erspart zwar viel Grammatik, macht es für Außenstehende aber trotzdem nicht leicht. Ob ein Wort Substantiv, Verb oder Adjektiv ist, kann man oft nicht an seiner Form, sondern nur aus seiner Funktion innerhalb des Satzes erkennen.

■ Die Satzstellung folgt im Allgemeinen der Regel Subjekt – Attribut – Prädikat – Objekt. Eigenschaftswörter stehen immer hinter dem Hauptwort, die Verneinung (khoâng) immer vor der Satzaussage (Verb bzw. Adverb) oder dem Adjektiv, z.B.:

Người Đức này không nói tiếng Việt.
Mensch deutsch dieser nicht sprechen Sprache Vietnam
Dieser Deutsche spricht nicht Vietnamesisch.

(Da es keine Beugung und kein grammatisches Geschlecht gibt, kann je nach Zusammenhang aber auch „diese Deutsche" gemeint sein.)

■ Ein genaues Äquivalent zum ich gibt es nicht. Wer von sich selber spricht, nennt sich „Onkel", „jüngerer Bruder", „Schüler", „Lehrer" etc., d.h. bestimmt sich durch die Art seiner Beziehung zu anderen.

Tôi, heute für das individuelle „Ich" benutzt, bedeutet einmal „Untertan des Königs". Für die 2. Person einzahl (du) werden entsprechende Anredewörter ông, bà, cô, em etc. verwendet, die 3. Person (er, sie, es) wird meist durch Anfügen von ấy gebildet; jede Frage oder Anrede lautet daher verschieden, je nachdem wer sie ausspricht und an wen sie gerichtet wird (ob z.B. eine Frau einen Mann, ein Kind, eine ältere oder jüngere Frau usf. anredet). Für die 1. Person Mehrzahl (wir) gibt es chúng tôi, das außenstehende Personen ausschließt, und chúng ta, das sie einschließt.

Mit *ông, bà* kann man bei älteren oder höhergestellten Personen nichts verkehrt machen,es ist höflich und unserem Sie bzw. Herr, Frau vergleichbar. Anh, chị (älterer Bruder/Schwester) hingegen setzt bereits ein gewisses Maß an Vertrautheit voraus.

ich	*tôi*	
du, Sie	*ông*	zu einem älteren Mann
	bà	zu einer älteren Frau
	anh	zu einem jüngeren Mann
	cô, chị	zu einer jüngeren Frau
	em	zu jungen Leuten
	cháu	zu Kindern
er, sie, es	*ông ấy, bà ấy, cô ấy* usw.	
wir	*chúng tôi/chúng ta*	
ihr, Sie	*các ông, các bà* usw.	
sie	*họ*	

Begrüßung

Bei der Begrüßung sagt man zu einem älteren Mann chào ông, zu einer älteren Frau chào bà usw. „Älter" heißt etwa ab 50, aber da Alter und Respekt in Vietnam synonym sind, heißt älter oft auch nur „älter als man selbst". Kommt man in einen Raum mit mehreren Leuten (informell!) kann man als Fremder auch cḧo ốc bạn sagen, „Guten Tag, Freunde“ – wie man sieht, ist es oft eine Frage des Fingerspitzengefühls. Ein „neutraler“ Gruß und daher immer richtig ist xin cḧo (bitten grüßen).

Ein Tipp: mit dem kleinen Wörtchen xin (bitten) schmuggelt man sich an jeder direkten Anrede vorbei und verhält sich trotzdem korrekt und höflich.

xin cḧo tôi ... (bitten geben ich ...)
Bitte geben Sie mir ...

Lexikon

Nachgestellte Klammern bezeichnen Begriffe, die nur im Süden gebräuchlich sind, vorgestellte bezeichnen Klassifikatoren (Haus, Fahrzeug etc.), die man auch weglassen kann.

Frageworte

wann?	bao giờ?
wie lange?	bao lâu?
wie weit?	bao xa?
wieviel?	bao nhiêu?
wo, wohin?	ở đâu?

Wieviel? Das kleine Wörtchen bao nhiêu (richtig ausgesprochen) wird einem auf Märkten, beim Cyclofahren, in kleinen Hotels etc. möglicherweise so manchen Dong ersparen. „Zu teuer“ heißt đắt quá.

Wo? Wenn man etwas sucht, gibt es zwei Möglichkeiten: „Wo“ ở đâu) wird immer nachgestellt:
chợ ở đâu = Wo ist der Markt?
„Ich suche“ heißt tôi tìm:
tôi tìm chợ = Ich suche den Markt.

Geografische Begriffe

Fluss	*sông*
Flussmündung	*cửa sông*
Kanal (schiffbar)	*sông đào*
Kanal (auf Feld)	*rạch, lạch*
Insel	*hòn đảo*
Kap	*mũi*
Berg	*núi*
Pass	*đèo*
See	*hồ*

Adressen

Adresse	*địa chỉ*
Brücke	*cầu*
Büro	*văn phòng*
Café	*quán cà phê*
Deutschland/ deutsch	*Đức*
Haus	*nhà*
Hochschule	*trường đại học*
Kino	*rạp chiếu phim*
Kirche	*nhà thờ*
Museum	*(viện) bảo tàng*
Pagode	*chùa*
Polizei	*công an*
Stadt	*thành phố*
Straße	*đường/phố*
Avenue/Boulevard	*đại lộ*
Tempel	*đền*
Theater	*nhà hát*
Tempel	*đền*
Theater	*nhà hát*
Tourismusbüro	*nhà du lịch*
Versammlungs-halle (Dorf)	*đình*

Nützliche Verben

bitten	*xin*
essen	*ăn*
gehen	*đi/đi bộ*
fahren	*đi/đi xe*
haben	*có*
helfen	*giúp*
können	*có, thể*
kommen	*đến*
machen, tun	*làm*
mögen, wollen	*muốn*
schlafen	*ngủ*
schreiben	*viết*
sehen	*nhìn xem*
sein	*là*
sprechen	*nói*
trinken	*uống*
verstehen	*hiểu*

Rede & Antwort

Guten Tag!	*xin chào*
Auf Wiedersehen!	*tạm biệt*
Entschuldigung!	*xin lỗi*
Danke!	*cảm ơn*
Vielen Dank!	*cảm ơn nhiều*
Bitte!	*xin mời*
ja	*có, vâng*
nein	*không*
es geht mir gut	*tôi mạnh*
mir ist heiß/kalt	*tôi nóng/lạnh*
ich bin erschöpft	*tôi mệt*
ich habe Durst	*tôi khát*
ich bin Deutschte/r	*tôi là người Đức*
wenig	*ít*
viel	*nhiều*
gut, o.k.	*tốt, hay*
prima	*hay lắm, rất hay*

Zahlen

1	*một*
2	*hai*
3	*ba*
4	*bốn*
5	*năm*
6	*sáu*
7	*bảy*
8	*tám*
9	*chín*
10	*mười*
11	*mười một*
12	*mười hai*
13	*mười ba*
20	*hai mười*
21	*hai mười mốt*
22	*hai mười hai*
23	*hai mười ba*
30	*ba mười*
40	*bốn mười*
50	*năm mười*
100	*một trăm*
110	*một trăm mười*
111	*một trăm mười một*
112	*một trăm mười hai*
200	*hai trăm*
300	*ba trăm*
1.000	*một ngàn (nghìn)*
10.000	*mười ngàn*
100.000	*một trăm ngàn*
1.000.000	*một triệu*

Zeiten

Stunde	*giờ*
Minute	*phút*
Tag	*ngày*
Woche	*tuần*
Jahr	*năm*
heute	*hôm nay*
morgen	*ngày mai*
gestern	*hôm qua*
Montag	*thứ hai*
Dienstag	*thứ ba*
Mittwoch	*thứ tư*
Donnerstag	*thứ năm*
Freitag	*thứ sáu*
Samstag	*thứ bảy*
Sonntag	*chủ nhật*
Vormittag, morgens	*sáng* (2-10 Uhr)
Mittag	*trưa*
Nachmittag	*chiều* (13-19 Uhr)
Abend, abends	*tối* (19-22 Uhr)
Nacht	*đêm*
1 Uhr	*một giờ sáng*
9 Uhr	*chín giờ sáng*
21 Uhr	*chín giờ đêm*
Monat	*tháng*
Januar	*tháng giêng*
Februar	*tháng hai*
März	*tháng ba*
April ...	*tháng tư ...*

usw. wie Zahlen (Monat 5, 6 ...)

Unterkunft

Hotel	*khách sạn*
Hotel, Gästehaus	*nhà khách*
Pension	*nhà nghỉ*
Fremdenzimmer	*phòng trọ*
Rezeption	*tiếp tân*
ich möchte mieten	*tôi muốn thuê*
- ein Zimmer	*một phòng*
- ein einfaches Z.	*- bình dân*
mit Ventilator	*- có quạt trần*
mit Aircondition	*- có máy lạnh*
mit zwei Betten	*- có hai giường*
ich bin (nicht) zufrieden	*tôi (không) hài lòng*
das ist	*cái này*
- sehr schön	*- rất đẹp*
- schmutzig	*- bẩn (dơ)*
- laut	*- ồn ào*
- kaputt	*- hư (hỏng)*
- zu teuer	*- đắt qúa*

Seife	*xà bông*
Badetuch	*khăn tắm*
Handtuch	*khăn mặt*
Decke	*mền (chăn)*
Thermoskanne	*bình thủy*
Moskitonetz	*mùng (màn)*
Schlüssel	*chìa khóa*
Wasser	*nước*
- heiß / kalt	*- nóng / lạnh*
W. läuft nicht	*nước không chảy*
Toilette	*(nhà) vệ sinh*
- Damen	*- nữ*
- Herren	*- nam*
Toilettenpapier	*giấy vệ sinh*
Bad	*nhà tắm*
Wäsche	*quần áo*
- zum Waschen	*- để bỏ giặt*
- zum Bügeln	*- để ủi*

Verkehrsmittel

Fahrrad	*xe đạp*
Cyclo	*(xe) xích lô*
Motorrad	*xe mô tô/xe Honda*
Auto	*xe hơi*
Taxi	*xe tắc xi*
Bus	*xe đò*
Stadtbus	*xe buýt*
Expressbus	*xe đò tốc hành*
Busbahnhof	*bến xe*
Eisenbahn	*xe lửa, tàu hỏa*
Speisewagen	*toa ăn*
Bahnhof	*(nhà) ga*
Schiff	*tàu thủy*
Boot	*thuyền*
Fähre	*phà*
Flussanlegestelle	*bến phà*
Hafen	*cảng*
Flugzeug	*máy bay*
Flughafen	*sân bay*
Fahrkartenschalter	*(quầy) bán vé*
Fahrkarte	*vé xe*
- nach	*- tới*
- 1 Person	*- một người*
Haltestelle	*bến xe đò, trạm*
Abfahrtszeit	*giờ đi*
Ankunft	*giờ đến*
weit	*xa*
langsam	*chậm*
schnell	*nhanh*
links	*trái*
rechts	*phải (mặt)*
geradeaus	*đi thẳng*
Meter	*mét*
Kilometer	*cây số*

Essen & Trinken

Restaurant	*nhà hàng*
einfaches Restaurant	*quán ăn*
Speisekarte	*thực đơn*
Getränke	*giải khát*
Rechnung	*tính tiền*

Einkaufen

Markt	*chợ*
Kaufhaus	*bách hóa*
ich suche	*tôi tìm*
ich möchte	*tôi muốn*
wieviel kostet	*bao nhiêu*
- das	*- cái này*
- ein Kilo?	*- một kilô*
- 100 Gramm	*- một trăm gram*
- ein Stück	*- một qủa (trái)*
zu teuer	*đắt quá*
ich zahle, gebe ...	*tôi trả, cho ...*
Zeitung	*báo*
Landkarte	*bản đồ*
Buchhandlung	*hiệu sách*
Fotogeschäft	*tiệm chụp hình*

Telekom

Post	*bưu điện*
Ansichtskarte	*bưu thiếp*
Brief	*thư*
Briefmarke	*tem thư*
Paket	*bưu kiện*
Telegramm	*điện tín*
Telefon	*điện thoại*
Telefonieren	*nói điện thoại*

Geld

Bank	*ngân hàng*
Geld	*tiền*
Geld wechseln	*đổi tiền*
Scheck	*ngan phieu*

Gesundheit

Krankenhaus	*bệnh viện*
Arzt	*bác sĩ*
Apotheke	*nhà thuốc tây*
Bauchschmerzen	*dau bụng*
Fieber	*sốt*
Schmerzen	*đau*
Medikament	*thuốc men*
Durchfall	*đi rửa*
Zahnarzt	*nha sĩ*
Zahnweh	*dau răng*
Ich bin krank	*tôi bịnh*
Zu Hilfe!	*cứu với*

Reisegesundheitsinformationen zu Vietnam

Stand: September 2024

Klima

Der Süden ist tropisch mit wenig schwankenden Temperaturen (Ho Chi Minh City ganzjährig um 27 °C); im Norden subtropisches Klima mit kühlen Wintern (Hanoi: Januarmittel 16,5 °C, Julimittel 29 °C); Hauptregenzeit von April bis Oktober.

Impfungen

Für die Einreise besteht zurzeit **keine Impfpflicht.** Nur, wer sich innerhalb der letzten sechs Tage vor der Einreise in einem Gelbfieber-Endemiegebiet aufgehalten hat, von dem wird zusätzlich eine gültige Gelbfieber-Impfbescheinigung verlangt. SARS-CoV-2: Mögliche aktuelle offizielle Regelungen und persönliche Schutzmaßnahmen beachten.

Standardimpfungen nach dem deutschen Impfkalender: speziell Tetanus, Diphtherie, Hepatitis B, Polio, sind empfehlenswert – weiterhin Dengue, Hepatitis A, Typhus und Tollwut.

Welche Impfungen man darüber hinaus vornehmen sollte, hängt von dem aktuellen Infektionsrisiko vor Ort, der Art und Dauer der geplanten Reise, dem Gesundheitszustand und dem vorhandenen Impfschutz ab. So kann bei einfachsten oder einfachen Reisebedingungen und längerem Aufenthalt auch eine Impfung gegen Cholera, Japanische Enzephalitis oder Meningokokken sinnvoll sein. Man sollte sich etwa vier bis sechs Wochen vor Reiseantritt von einem tropen-/reisemedizinisch erfahrenen Arzt oder Apotheker beraten lassen. „Keine Impfvorschriften" bedeutet jedoch nicht, dass es in Vietnam keine Infektionskrankheiten gibt.

Reiseapotheke

Es empfiehlt sich, eine individuelle Reiseapotheke mitzunehmen und diese unterwegs den Temperaturen entsprechend zu schützen, damit Sie für leichtere Erkrankungen und kleinere Notfälle gerüstet sind. Denn außerhalb der Städte ist die (schnelle) Versorgung mit Medikamenten nicht immer gewährleistet. Daher sollte man Medikamente gegen Durchfall, Reisekrankheit, Schmerzen und Fieber dabei haben. Am besten nutzt man *Paracetamol* und kein *Aspirin* oder *Ibuprofen,* denn Letztere wirken bei einer eventuellen Dengue-Infektion (→ unten) zusätzlich blutverdünnend.

Außerdem braucht man Wunddesinfektionsmittel, Insekten- und Sonnenschutzmittel, Fieberthermometer, Verbandmaterial und Salbe bei Insektenstichen oder anderen Hautreizungen. Bei Mückenstichen hilft beispielsweise auch *„heat it":* Per Wärmestift können juckende Insektenstiche mit dem *Smartphone* behandelt werden.

Nicht zu vergessen die Medikamente, die regelmäßig eingenommen werden müssen. Wer auf Nummer sicher gehen will, nimmt von seinem Arzt ein am besten auf Englisch verfasstes Schreiben mit, das die Einnahme verschreibungspflichtiger Medikamente bestätigt. Eventuell Ersatzbrille oder Kontaktlinsen mit Reinigungslösungen nicht vergessen.

Zur Reisevorbereitung gehört auch, sich um eine Auslandskrankenversicherung zu kümmern, die man dringend abschließen sollte.

Ortstypische Krankheiten

Darminfektionen

Ein Risiko für Durchfallerkrankungen besteht in Vietnam durchaus. Immerhin muss sich der Darm erst umstellen auf andere Gewürze, exotische Speisen usw. Während dieser Umstellungsphase kann es zu Verstopfung oder Durchfall kommen, normalerweise ohne Fieber. Ein, zwei Tage Diät mit Brot, Tee und Elektrolyt-Lösungen sollten helfen. Fieber oder lang anhaltender Durchfall können auch andere Ursachen haben, wie z. B. Cholera. In diesem Fall sollte man einen Arzt oder eine Apotheke aufsuchen.

Denguefieber

Im Jahr 2022 wurden in Vietnam mit ca. 367.730 Erkrankungen und 140 Todesfällen etwa fünf Mal höhere Zahlen als 2021 registriert. Das Auswärtige Amt warnt ausdrücklich vor der Viruserkrankung, die überwiegend von tagaktiven Mücken übertragen wird. Das Ansteckungsrisiko ist während der Regenzeit besonders hoch. Zum Schutz werden geschlossene Kleidung und wirksamer Mückenschutz (→ unten) empfohlen. Seit Februar 2023 ist eine effektive Impfung verfügbar.

Malaria

Ein Malaria-Risiko besteht ganzjährig, verstärkt in der Regenzeit. Im äußersten Süden und im Norden in den kühlen Monaten Oktober–April ist das Risiko kleiner. Die Stadtgebiete inkl. Ho Chi Minh City sowie der Großraum Hanoi bis zur Ha-Long-Bucht gelten als malariafrei.

Mit konsequentem Mückenschutz – vor allem in den Abend- und Nachtstunden – kann das Risiko weiter verringert werden. Am besten ist es, sich während der Dämmerung und nachts in mückengeschützten Räumen aufzuhalten, z.B. solchen, in denen eine Klimaanlage läuft, denn Mücken fliegen nicht vom Warmen ins Kalte. Beim Aufenthalt im Freien sollte man abends und nachts weitgehend körperbedeckende Kleidung mit langen Ärmeln und Hosen tragen. Unbedeckte Hautstellen sollten mit insektenabwehrenden Mitteln bedeckt werden. Die Räume selbst kann man mit Aerosolen, Verdampfern, Kerzen und Räucherspiralen mückensicher machen. Am besten schläft man unter einem Moskitonetz.

Die Mitnahme von verschreibungspflichtigen Anti-Malaria-Medikamenten zur Notfallselbsttherapie ist zu empfehlen. Ihr Arzt oder Apotheker bzw. eine qualifizierte reisemedizinische Beratungsstelle informiert über Art und Dauer der Behandlung.

Zika-Virus

Das Zikavirus gehört zu derselben Familie wie das Gelbfieber- und das Denguevirus. Zikavirus-Infektionen verlaufen jedoch vergleichsweise mild. Charakteristisch ist das Auftreten eines knotig-fleckigen Hautausschlages, begleitet von Fieber, Kopf- und Gelenkschmerzen sowie einer Bindehautentzündung. Die Symptome halten meist 2–7 Tage an.

Die Übertragung geschieht durch überwiegend tag-, aber auch nachtaktive Mücken. Eine Impfung oder medikamentöse Prophylaxe gegen die Erkrankung existiert nicht, wichtigste Schutzmaßnahme ist daher die Vermeidung von Mückenstichen durch geschlossene Kleidung und wirksamen Mückenschutz wie *Repellentien* (→ auch bei Malaria). Weiterhin ist eine Übertragung durch Geschlechtsverkehr möglich.

Da ein Zusammenhang zwischen Zika-Ausbrüchen und einem vermehrten Auftreten von Schädelfehlbildungen bei Neugeborenen nachgewiesen werden konnte, wird Schwangeren und Frauen mit Kinderwunsch, also bei möglicherweise bestehender Schwangerschaft, von Reisen in aktuelle Ausbruchsgebiete abgeraten. Reiserückkehrer aus betroffenen Gebieten, bei denen in den folgenden Wochen Zika-typische Symptome auftreten, sollten einen Arzt aufsuchen und auf die Reise hinweisen.

Bilharziose

Bilharziose (Schistosomiasis), die in den Tropen und Subtropen weit verbreitet ist, wird durch Saugwürmer verursacht. Diese leben in den Gefäßen des menschlichen Darmes oder der Blase und produzieren dort große Massen von Eiern, die mit dem Stuhl ausgeschieden werden. Gelangen die Eier in Süßwasser, schlüpfen Larven und entwickeln sich dann in ganz bestimmten Wasserschnecken weiter. Am Ende dieser Entwicklung entsteht eine „Zerkarie", die frei an der Wasseroberfläche schwimmt. Kommt ein Mensch mit zerkarienhaltigem Wasser in Kontakt, durchbohren diese die intakte Haut und wandern über die Leberpforte in die Gefäße von Darm oder Blase. Die erwachsenen Würmer leben dort zehn bis 15 Jahre und scheiden täglich zwischen 100 und 2000 Eier aus. Gelangen die Eier wieder in Süßwasser und ist die passende Wasserschnecke vorhanden, beginnt der Kreislauf von Neuem.

Die typischen Krankheits-Symptome sind zunächst Blut im Stuhl oder Urin und auch Durchfall. Je nachdem, wo die Parasiten sitzen. Besteht die Krankheit länger, kommt es zu schweren Störungen der Leber- oder der Blasenfunktion. Bei Erstkontakt mit Zerkarien entsteht oft eine allergische Hautreaktion und Fieber.

Schutz: Meiden von Süßwasserkontakt in Endemiegebieten.

Vogelgrippe

Im Oktober 2022 ist, nach einer Pause von mehr als acht Jahren, ein fünfjähriges Mädchen an einer Infektion mit einem Influenzavirus H5 erkrankt. Es hatte Fleisch von erkrankten Hühnern und Enten gegessen. Seit 2003 kommt es immer wieder zu Ausbrüchen bei Menschen und Hausgeflügel. Von ganz wenigen Ausnahmen abgesehen, gilt als Übertragungsweg weiterhin der direkte Kontakt mit infiziertem Geflügel. Man sollte daher auf Kontakt mit Vögeln und Geflügel, insbesondere auch auf den Besuch von Geflügelmärkten, verzichten.

Sonnenschutz

Die Stärke der Sonneneinstrahlung und damit das Hautkrebsrisiko, vor allem im Süden und in den Bergen, sollten nicht unterschätzt werden. Ein Sonnenschutzmittel mit Lichtschutzfaktor 30 oder höher – 50 ist einer guter Wert – gehört unbedingt ins Reisegepäck. Für die ersten Tage kann auch ein Sunblocker für Gesicht, Nacken, Unterarme und alle ungeschützten Körperbereiche eine gute Lösung zur Prävention sein. Generell ist es immer gut, den Schatten aufzusuchen. Auch Sonnenhungrige sollten die Mittagshitze mit der intensivsten Sonnenstrahlung meiden. Studien haben gezeigt, dass je nach Hauttyp schon 20 Minuten in der prallen Sonne zu Schäden führen können.

Achtung: Auch im Schatten oder bei bewölktem Himmel besteht Sonnenbrandgefahr!

Register

A

B

C

L

M

N

O

P

Die Autoren

Für uns, **Hella Kothmann** und **Wolf-Eckart Bühler,** war Viet Nam bereits während des Studiums ein Thema. In den 1980er-Jahren reisten und arbeiteten wir in Südostasien. Viet Nam jedoch war der weiße Fleck auf der Landkarte. Und dann, 1986 war das, kam *đoi moi,* die vorsichtige Öffnung.

Wir ergriffen die erste Gelegenheit mit einem 14-Tage-Visum und reglementierter Reiseroute. Wer konnte damals wissen, in welche Richtung sich das Land entwickeln würde? Wir waren neugierig, wissbegierig, auch ganz schön blauäugig und mussten manchen Preis dafür bezahlen. Aber wir kamen wieder und wieder und bereits 1992 war nicht nur unsere erste Auflage, sondern auch der erste Reiseführer über dieses Land überhaupt auf dem Markt. Für mehr als 30 Jahre wurde Viet Nam ein Teil unseres gemeinsamen Lebens, bis 2020 *Eckart* seine letzte Reise angetreten hat.

Mir ist die tiefe Verbundenheit zum Land und seinen Menschen geblieben, auch die Lust am Reisen und Entdecken. Beides steckt untilgbar in mir. Nur: Recherchieren und Termine – damit ist Schluss. Ich bin froh, dass kompetente Nachfolger gefunden wurden, die das Buch fortführen werden und wünsche *chúc may man.*

Hella Kothmann, Juni 2024

☒ Ulrike Niederer und Stefan Blank

☒ Hella Kothmann und Wolf-Eckart Bühler

144vi aw kb

675v sb un

Stefan Blank, geboren 1966, ist Reisejournalist und ausgebildeter Tauchführer. Während und nach dem Studium der Entwicklungspolitik führten ihn seine Wege nach Australien, Südostasien und Indien. Aufgrund seiner Erfahrungen dort studierte er Journalismus und bereist heute die Länder des Südens beobachtend, schreibend und fotografierend als teilnehmender Besucher. *Blanks* Geschichten und Reportagen erscheinen in etlichen Zeitungen und Reisemagazinen. 2008 erhielt er den Künstlerförderpreis der Stadt Friedrichshafen, 2013 wurde sein Reiseführer „Bali & Lombok", erschienen im Reise Know-How Verlag, mit dem *ITB BuchAward* ausgezeichnet. Für Reise Know-How und andere Verlage berichtet er aus Süddeutschland, Sri Lanka, Indonesien, der Karibik, Mauritius, Kalifornien, den Seychellen und Vietnam.

Ulrike Niederer, geboren 1970, war 1994 zum ersten Mal auf den Philippinen. Seitdem hat sie die Faszination für exotische Länder nicht mehr losgelassen und sie erkundet diese nicht nur über, sondern auch tauchend unter Wasser. Seit Jahren schreibt *Niederer* für verschiedene Verlage über ihre Heimat Süddeutschland, die Inseln des Indischen Ozeans und ist gemeinsam mit *Stefan Blank* Autorin des „InselTrip Bali" und des Vietnam-Reiseführers bei Reise Know-How.

Schreiben Sie uns!

Wir hoffen, dass Ihnen dieser Reiseführer gefällt und er Ihnen ein guter Begleiter auf einer außergewöhnlichen und spannenden Reise ist.

Weil ein Reiseführer von Erfahrungen lebt, sind wir an Ihren Erlebnissen interessiert: Haben Sie in unserem Buch ein Restaurant entdeckt, das es nicht mehr gibt, eine Sehenswürdigkeit, die wir noch nicht aufgeführt haben, oder eine falsche Adresse? Dann schreiben Sie uns! **Wir nehmen jeden Hinweis und jede Kritik ernst und arbeiten kontinuierlich daran, die Bücher aktuell zu halten und immer weiter zu verbessern.** Jede Mail wird gelesen und beantwortet. Auch wenn wir nicht jeden Wunsch erfüllen können, machen wir uns immer Gedanken über Ihre Anmerkungen.

Schreiben Sie uns:
per Mail an info@reise-know-how.de oder an
Reise Know-How Verlag Peter Rump GmbH, Postfach 140666, 33626 Bielefeld

Wenn sich Ihre Infos direkt auf das Buch beziehen, würde uns die Angabe der Seitenzahl und der Auflagenzahl bzw. des Erscheinungsjahres Ihrer Ausgabe die Arbeit sehr erleichtern. Besonders hilfreiche Beiträge und Ergänzungen zu den Büchern belohnen wir mit einem Sprachführer Ihrer Wahl aus der über 240 Bände umfassenden „Kauderwelsch"-Reihe.

Herzlichen Dank und gute Reisen
Ihr Reise Know-How Verlag